合同司法观点
总梳理系列

房屋买卖合同

04

纠纷处理
司法观点
总梳理

王　军／编著

法律出版社
LAW PRESS·CHINA
北京

图书在版编目(CIP)数据

房屋买卖合同纠纷处理司法观点总梳理 / 王军编著
. -- 北京 : 法律出版社, 2024
ISBN 978 - 7 - 5197 - 8323 - 5

Ⅰ. ①房… Ⅱ. ①王… Ⅲ. ①房屋-买卖合同-合同纠纷-处理-研究-中国 Ⅳ. ①D923.64

中国国家版本馆 CIP 数据核字(2023)第 180144 号

房屋买卖合同纠纷处理司法观点总梳理
FANGWU MAIMAI HETONG JIUFEN CHULI
SIFA GUANDIAN ZONGSHULI

王 军 编著

策划编辑 朱海波 杨雨晴
责任编辑 朱海波 杨雨晴
装帧设计 汪奇峰 臧晓飞

出版发行 法律出版社
编辑统筹 法律应用出版分社
责任校对 蒋 橙
责任印制 刘晓伟
经 销 新华书店

开本 710 毫米×1000 毫米 1/16
印张 63 字数 1100 千
版本 2024 年 5 月第 1 版
印次 2024 年 5 月第 1 次印刷
印刷 三河市龙大印装有限公司

地址:北京市丰台区莲花池西里 7 号(100073)
网址:www.lawpress.com.cn
投稿邮箱:info@lawpress.com.cn
举报盗版邮箱:jbwq@lawpress.com.cn
销售电话:010 - 83938349
客服电话:010 - 83938350
咨询电话:010 - 63939796

书号:ISBN 978 - 7 - 5197 - 8323 - 5
定价:238.00 元

凡购买本社图书,如有印装错误,我社负责退换。电话:010 - 83938349

序　言

契约，更多称为合同，与人类社会的发展紧密相连，长期以来在人们的生产生活中被广泛应用。特别是随着经济的发展和商业的繁荣，合同适用范围和应用方式更为广泛、灵活和新颖。在当今社会生活中，无处不现合同使用的现象。人们生活、生产和商事活动中时时刻刻在自觉或不自觉中使用合同，口头合同、书面合同、网上合同等合同形式千变万化，在发生纠纷后认定困难。合同使用多，必然伴随着合同纠纷多。合同纠纷数量在法院审理的民事案件总量中一直占很大比例，稳居榜首。商品房买卖一直是社会的热点问题，在不断发展的同时，也暴露出一些问题，产生不少纠纷，这时更应该持续关注和深入研究探讨问题的内在因素。

在民事法律实务图书市场，主要有三类书籍形式。第一类是裁判规则类，对民事纠纷归纳各类裁判规则，简单明确，让法官、律师和广大读者对号入座按争议类型进行类案参考，节约大量时间，提高效率。但不容忽视的是，现实生活中鲜活的案例绝没有百分之百的等同，任何一个细节忽视都存在可能造成处理上的偏差，完全照搬规则受到一定的限制。第二类是问答类，对司法实践中出现的疑难问题和多发争议，采用问答的形式，做出自己理解的解答，是很受欢迎的形式之一，但不可避免地因缺少鲜活案例诠释法律，容易造成理解上的偏差。第三类是依据法律条文的顺序进行编排，虽附有一定案例或对同一个问题有一定案例辅助阐述，但现实生活对一个法条或同一个争议反映出的争议纠纷呈现多样化，一个争议法院判决出现不同观点，执法尺度并不统一，呈现的面和深度并未能满足实际需求。笔者从检察院、法院再到退休后法律服务的阅历和几十年感悟，试图从另一类途径中寻找出有用、实效的办法，从法律理解、法律适用、纠纷处理三个方面诠释鲜活案例反映的实际疑难纠纷。

本书针对房屋买卖问题，涉及各领域的相关法律法规，而不是围绕一部法律法规适用之难点展开。现行房屋买卖相关的法律规定较为原则和模糊，且因数量较多，不同法律规范出台时间相隔较长。立法理念的变化、法律制度的革新，导致了不同法律规范之间的相互冲突矛盾，势必影响法官对合同案件的执法尺度。基于上述背景，笔者确立了编写本书的指导思想和定位。笔者撷取房屋买卖合同司法实践中存在争议的热点、疑点、难点问题，以司法实践和理论相结合为基础进行探讨。本书坚持问题导向与纠纷案件处理思路相结合,对已生效的纠纷案件进行总结、梳理,进而把握适用法律的精髓。本书以现行法律规定和民法典理论为基础,从房屋买卖合同纠纷存在的问题中选择某一部分作为重点探讨,未就该类合同纠纷全部展开。在全书编写中,笔者力争贯穿一个指导思想:即选材上的典型性、广泛性;使用上的实用性、方便性;效果上的准确性、有效性。笔者在选择生效判决时,注重研究有效利用纠纷裁判规则的方式和程度,使之对纠纷解决、理论更新和发展起到更大的积极作用。

本书以房屋买卖合同为主类型展开讨论,对社会生活中与百姓生活息息相关同时又频发争议的问题予以分析。本书分为十二个专题。第一个专题为房屋买卖合同篇,较为全面地介绍分析了房屋买卖合同性质、范围及共性问题。剩余专题依次为买卖合同关系、合同效力、合同责任、合同解除、预约合同、房屋交付、办证纠纷、借名购房合同、面积误差等篇。在每一专题中,基本上是对该类专题的理解、法律适用以及纠纷处理三大部分展开分析,便于读者重点查阅。围绕专题的纠纷类型特点进一步分类以确定具体内涵,如房屋买卖合同纠纷概述专题分为三大部分,即每一部分针对实践中存在的问题和争议进行剖析,用 164 个案例佐证阐述。在每一专题三大部分之下,笔者根据要分析问题的多少划分了若干细目并列入目录以供读者阅读。针对阐明的观点,均有一至三个案例作为实证。

本书有如下特点:第一,笔者省略案情介绍部分直接提取判决理由,突出生效判决的重点内涵,使论证简明扼要且信息量大;注重实务处理路径,减少过于学术性的概念、术语的理论阐述。第二,在每一专题中,笔者首先确定该类纠纷的争议焦点,即从实务纠纷中选择多发和疑难的问题,然后依据现行法律和司法解释规定、民事理论、最高人民法院公布或认可的案例,对其进行深入的分析,力争使法律条文变为看得清、摸得着的鲜活规则,为法官、律师办理房屋买卖合同纠纷案件提供有价值的参考与借鉴。第三,本书载明分析的案例有 1242 个,充分展示了房屋买卖合同纠纷案件裁判的实践形态。第四,笔者对生效判决中争议的焦点进行分类梳理,而不是罗列判决全部内容,尤其是对最高人民法院审理的案件和复杂疑难案件,这类案件往往有几个争议焦点,笔者对其多个争议焦点分别归置在不同专题中,力求实现重点研讨热点、疑点、难点的目标,减少重复或避免全部判决理由归置在一个规则下,实现有限阅读和理解最大化。第五,本书选择列出了法院内部就同一争议的不同判决,有利于展示客观认识现状,并提高进一步完善法律、取得共识、统一执法尺度的迫切性。本书根据 2020 年 12 月 29 日最高人民法院修正的《房屋买卖合同解释》和 2023 年 12 月 14 日颁布的《民法典合同编通则解释》编写。需要提醒的是,本书正文论述部分引用的相关法律法规、司法解释等的名称和条文序号为图书出版时生效的规定。而选取的案例中,为体现案例说理和裁判的真实情况,其涉及的法律法规、司法解释等的名称和条文序号原则上为裁判生效时的相关规定,请读者朋友在参考时注意。

众所周知,“法律的生命不在于逻辑,而在于经验”。社会在发展,经济在发展,法律也随之发展。《民法典》的颁布就是法律新的发展。新的发展需要新的实践、新的经验,笔者也在随着社会、法律的发展而不断前进。虽然笔者不断地刻苦学习、努力探索,但因水平有限,本书可能有诸多不足,恳请各位给予批评指正,使笔者能为法制建设、社会和谐做出自己应有的贡献。

王 军

2024 年春节

法律法规简称表

全称	简称
《中华人民共和国民法典》	《民法典》
《中华人民共和国民事诉讼法》	《民事诉讼法》
《中华人民共和国公司法》	《公司法》
《中华人民共和国刑法》	《刑法》
《中华人民共和国劳动法》	《劳动法》
《中华人民共和国劳动合同法》	《劳动合同法》
《中华人民共和国保险法》	《保险法》
《中华人民共和国企业破产法》	《企业破产法》
《中华人民共和国消费者权益保护法》	《消费者权益保护法》
《最高人民法院关于适用〈中华人民共和国民法典〉总则编若干问题的解释》(法释〔2022〕6号)	《民法典总则编解释》
《最高人民法院关于适用〈中华人民共和国民法典〉时间效力的若干规定》(法释〔2020〕15号)	《民法典时间效力规定》
《最高人民法院关于适用〈中华人民共和国民法典〉合同编通则若干问题的解释》(法释〔2023〕13号)	《民法典合同编通则解释》
《最高人民法院关于适用〈中华人民共和国民法典〉有关担保制度的解释》(法释〔2020〕28号)	《民法典担保解释》
《最高人民法院关于审理民间借贷案件适用法律若干问题的规定》(2020第二次修正)	《民间借贷规定》
《最高人民法院关于适用〈中华人民共和国民法典〉物权编的解释(一)》(法释〔2020〕24号)	《民法典物权编解释(一)》
《最高人民法院关于适用〈中华人民共和国民法典〉婚姻家庭编的解释(一)》(法释〔2020〕22号)	《民法典婚姻家庭编解释(一)》

续表

全称	简称
《最高人民法院关于适用〈中华人民共和国婚姻法〉若干问题的解释(三)》(法释〔2011〕18 号)(已失效)	《婚姻法解释(三)》
《最高人民法院关于适用〈中华人民共和国婚姻法〉若干问题的解释(二)》(2017 修正)(法释〔2017〕6 号)(已失效)	《婚姻法解释(二)》
《最高人民法院关于适用〈中华人民共和国婚姻法〉若干问题的解释(一)》(法释〔2001〕30 号)(已失效)	《婚姻法解释(一)》
《全国法院民商事审判工作会议纪要》(法〔2019〕254 号)	《九民纪要》
《第八次全国法院民事商事审判工作会议(民事部分)纪要》(法〔2016〕399 号)	《八民纪要》
《最高人民法院关于适用〈中华人民共和国民事诉讼法〉的解释》(2022 修正)	《民事诉讼法解释》
《最高人民法院关于民事诉讼证据的若干规定》(2019 修正)	《民事证据规定》
《最高人民法院关于人民法院办理执行异议和复议案件若干问题的规定》(2020 修正)	《执行异议和复议规定》
《最高人民法院关于人民法院民事执行中查封、扣押、冻结财产的规定》(2020 修正)	《查封、扣押、冻结规定》
《最高人民法院关于审理民事案件适用诉讼时效制度若干问题的规定》(2020 修正)	《诉讼时效规定》
《最高人民法院关于审理买卖合同纠纷案件适用法律问题的解释》(2020 修正)	《买卖合同解释》
《最高人民法院关于适用〈中华人民共和国合同法〉若干问题的解释(二)》(法释〔2009〕5 号)(已失效)	《合同法解释(二)》
《最高人民法院关于适用〈中华人民共和国合同法〉若干问题的解释(一)》(法释〔1999〕19 号)(已失效)	《合同法解释(一)》
《最高人民法院关于审理建设工程施工合同纠纷案件适用法律问题的解释(一)》(法释〔2020〕25 号)	《建设工程解释(一)》
《最高人民法院关于审理建设工程施工合同纠纷案件适用法律问题的解释(二)》(法释〔2018〕20 号)(已失效)	《建设工程解释(二)》

续表

全称	简称
《最高人民法院关于审理建设工程施工合同纠纷案件适用法律问题的解释》(法释〔2004〕14号)(已失效)	《建设工程解释》
《最高人民法院关于审理技术合同纠纷案件适用法律若干问题的解释》(2020修正)	《技术合同解释》
《最高人民法院关于审理城镇房屋租赁合同纠纷案件具体应用法律若干问题的解释》(2020修正)	《房屋租赁合同解释》
《最高人民法院关于审理商品房买卖合同纠纷案件适用法律若干问题的解释》(2020修正)	《房屋买卖合同解释》
《最高人民法院关于审理融资租赁合同纠纷案件适用法律问题的解释》(2020修正)	《融资租赁合同解释》
《最高人民法院关于适用〈中华人民共和国保险法〉若干问题的解释(四)》(2020修正)	《保险法解释(四)》
《最高人民法院关于适用〈中华人民共和国保险法〉若干问题的解释(三)》(2020修正)	《保险法解释(三)》
《最高人民法院关于适用〈中华人民共和国保险法〉若干问题的解释(二)》(2020修正)	《保险法解释(二)》
《最高人民法院关于适用〈中华人民共和国保险法〉若干问题的解释( )》(法释〔2009〕12号)	《保险法解释(一)》
《最高人民法院关于审理海上保险纠纷案件若干问题的规定》(2020修正)	《海上保险案件规定》
《最高人民法院关于审理劳动争议案件适用法律问题的解释(一)》(法释〔2020〕26号)	《劳动争议解释(一)》
《最高人民法院关于审理劳动争议案件适用法律若干问题的解释(四)》(法释〔2013〕4号)(已失效)	《劳动争议解释(四)》
《最高人民法院关于审理劳动争议案件适用法律若干问题的解释(三)》(法释〔2010〕12号)(已失效)	《劳动争议解释(三)》
《最高人民法院关于审理劳动争议案件适用法律若干问题的解释》(2008调整)(已失效)	《2008年劳动争议解释》

续表

全称	简称
《最高人民法院关于审理劳动争议案件适用法律若干问题的解释(二)》(法释〔2006〕6号)(已失效)	《劳动争议解释(二)》
《最高人民法院关于审理劳动争议案件适用法律若干问题的解释》(法释〔2001〕14号)(已失效)	《劳动争议解释》
《最高人民法院关于审理工伤保险行政案件若干问题的规定》(法释〔2014〕9号)	《工伤保险案件规定》
《最高人民法院关于审理物业服务纠纷案件适用法律若干问题的解释》(2020修正)	《物业服务解释》
《最高人民法院关于审理建筑物区分所有权纠纷案件适用法律若干问题的解释》(2020修正)	《建筑物区分所有权解释》

目录
contents

专题一　房屋买卖合同纠纷概述

专题二　房屋买卖合同关系纠纷

专题三 房屋买卖合同效力纠纷

专题四 房屋买卖合同责任纠纷

专题五 房屋买卖合同解除纠纷

专题六　商品房买卖预约合同纠纷

专题七　房屋买卖中的交付纠纷

专题八　办理不动产证纠纷

专题九　借名购房合同纠纷

专题十 房屋买卖中的面积误差纠纷

专题十一 房屋买卖合同程序纠纷

专题十二 房屋买卖合同其他纠纷

专题一　房屋买卖合同纠纷概述

房屋买卖合同纠纷是现实社会生活中常见的纠纷，也是颇有争议的实务问题。本专题着重讨论房屋买卖合同纠纷的一般性问题，对房屋买卖合同关系、效力、责任、解除、房屋交付、逾期办证等问题进行分类探讨。

一、房屋买卖合同理解

(一)合同成立必备条款

具备缔约主体和就合同必备条款达成合意,是合同成立的一般要件,即第一个要件。具备缔约主体并不要求当事人必须参加缔约,在有权代理的情况下,代理人的代理行为也产生缔约的效果。因为合同并非单方法律行为,所以缔约主体须为双方或者多方并且明确。在探讨合同成立的第二个要件,即合同主体就必备条款达成合意之前,首先需要厘清合同成立的必备条款。《民法典》第四百七十条规定合同内容一般包括当事人的名称或者姓名和住所、标的、数量等八项内容,但对合同成立的必备条款并未作出明确规定。对于各种有名合同或者无名合同订立中必备条款的认定,就需要结合合同性质以及交易习惯等来确认。例如在雇佣合同中,除了需要明确雇佣人和受雇人外,合同标的应为劳动的提供,而数量则是指劳动量及劳动报酬。至于房屋买卖合同,其成立的必备条款应是房屋基本情况、房屋价款。房屋基本情况主要是指房屋的位置,具体来讲应是按照双方的约定能够在房屋登记机构确定房屋的具体所指。房屋的基本情况表面上很容易确定,但在另一类合同,商品房预售合同中,因为房屋尚未建成未有登记,有时并不易明确。此时,如何在合同中把房屋基本情况明确下来就十分重要。

【案例1-1】 郑某、蔺某诉郭某房屋买卖合同纠纷案

二审法院认为,双方签订的《购房定金协议》已经具备了拟购房屋的基本状况、价款数额、价款支付方式等合同主要内容,且双方已开始实际履行协议内容,故原审法院将其认定为房屋买卖合同,并无不当。[1]

【案例1-2】 夏某梅诉余某房屋买卖合同纠纷案

一审法院认为,(1)本案中,涉案合同没有购买方,代理人虽称自己是购买方,但不能提供足够的证据予以证实,且合同约定"乙方购买此房由于其名下房子办理交易,待名额定好后再行交易此房,也可以用他人名额转交他人

〔1〕 北京市第二中级人民法院(2011)二中民终字第18216号民事判决书。

交易此房”,可以看出夏某梅既非合同的相对方,又无真实购买房屋之意思,双方的房屋买卖合同不成立。(2)夏某梅系居间方婉居公司的法定代表人并拥有全部股权,认为自己系买方也违反《房地产经纪管理办法》第二十五条第八项关于“房地产经纪机构和房地产经纪人员不得有下列行为……(八)承购、承租自己提供经纪服务的房屋”的规定。因此,夏某梅并非真正买房人,并无真实购买房屋的意思表示,因此双方签订的存量房买卖合同不成立。夏某梅要求余某继续履行合同和承担违约责任的诉讼请求,法院不予支持。(3)原告如认为被告需要承担其他法律责任的,可以另行主张。判决:驳回夏某梅的诉讼请求。夏某梅上诉后未缴纳案件受理费,二审法院按照自动撤回上诉处理。[1]

(二)房屋买卖合同形式

合同形式是指合同当事人意思表示一致的外在表现形式。一般房屋买卖合同可以采用书面、口头和其他形式。根据合同自由原则,当事人可以自由约定合同的表现形式,在不违反法律、行政法规强制性规定的前提下,根据自己的需要选择。房屋买卖合同不属于办理批准、登记手续才生效的合同,从成立时即生效。商品房买卖合同,依照法律规定应该采用书面形式。在实行商品房买卖合同网签的地区,购房人签署的是开发商联网打印的合同版本。

【案例1-3】 陈某某与蔡某某房屋买卖合同纠纷案

一审法院认为,基于陈某某与蔡某某系亲属关系,且二人均是完全民事行为能力人,双方在达成房屋买卖口头协议后,虽未订立书面合同,但双方已按口头约定履行了协议的主要义务,即陈某某向蔡某某交付了出售之房屋及该房屋的房地产权证,蔡某某也按约定支付了购房款21000元。因此,陈某某与蔡某某之间的房屋买卖事实成立,判决蔡某某与陈某某于2016年12月17日达成的房屋买卖口头协议合法、有效。二审法院亦持同样意见,维持一审判决。[2]

---

〔1〕 参见国家法官学院、最高人民法院司法案例研究院编:《中国法院2021年度案例》(房屋买卖合同纠纷),中国法制出版社2021年版,第89页。江苏省苏州市中级人民法院(2019)苏05终6956号民事裁定书。

〔2〕 重庆市第三中级人民法院(2012)渝三中法民终字第00774号民事判决书。

(三)房屋买卖合同义务

1. 购房人审查义务

购房人应尽到什么程度的审查义务,尤其是在房屋可能因婚姻关系存在共有人的情形下,是实践中的难点问题。从降低交易成本及保障交易秩序的角度来讲,对购房人审查义务的要求不应过高,也不应过低。卖房人有过婚姻关系时,购房人应当查看离婚证等相关材料进行审查。

【案例1-4】　秦某卫、李某诉宋某芳房屋买卖合同纠纷案

二审法院认为,根据本案查明的事实,2006年4月14日,宋某芳与北京某房地产开发有限公司签订北京市商品房预售合同。2008年,诉争房屋所有权人登记为宋某芳。宋某芳与翟某是在2007年经北京市大兴区人民法院调解离婚的,翟某在离婚时未提出分割诉争房屋的要求,在宋某芳取得房屋产权证书到本案诉讼之前,翟某亦一直没有对诉争房屋主张权利,并且在房屋出售委托登记表中产权人是宋某芳,共有人情况是无,配偶为房屋共有人一项是打的叉,宋某芳亦在出售声明中称她是合法的产权人,对房屋享有完整的处分权。综合以上情况,作为房屋买卖合同的相对方,秦某卫、李某在购房前对房屋情况已经尽到了足够的审查义务,其有理由相信宋某芳对本案诉争房屋享有完整的处分权,其交易行为应当得到法律的肯定和保护。宋某芳与秦某卫、李某签订的北京市存量房屋买卖合同及补充协议系双方当事人的真实意思表示,内容不违反法律法规的禁止性规定,合法有效,对翟某要求确认宋某芳与秦某卫、李某签订的北京市存量房买卖合同及补充协议的诉讼请求,一审法院未予支持并无不当。[1]

开发商是否存在故意隐瞒行为与购房人是否审查无关。由于开发商作为出卖人,掌握着房地产状况的绝大部分信息资源,并且具有行业专业知识和经验,因此在商品房预售合同中双方处于严重不对等的地位。为了保护弱势方的合法权益,不应要求购房人承担对方是否具备预售资格的审查义务。

【案例1-5】　赵某某诉某置业公司商品房预售合同纠纷案

一审法院认为,赵某某在购买商品房时未尽到对出售方是否取得商品房

---

〔1〕　参见国家法官学院案例开发研究中心编:《中国法院2015年度案例》(房屋买卖合同纠纷),中国法制出版社2015年版,第127~128页。

预售许可证进行审查注意义务。二审法院认为，某置业公司与赵某某签订商品房买卖合同时，未将没取得商品房预售许可的事实告知赵某某，存有过错。原审认定赵某某有审查义务不妥，法院予以纠正。[1]

2. 出卖人义务

(1)出卖人披露义务

从诚实信用原则及房屋交易的公平性出发，出卖人应当负有披露出卖房屋相关信息的义务，包括“凶宅”在内的负面关联信息。有法官认为，买受方没有主动询问“凶宅”信息的义务，其询问与否均不影响出卖方的告知义务。因此，出卖方只要不积极主动告知即应被认为是违反了“凶宅”信息披露义务，属于故意隐瞒真实情况，符合民法上欺诈的构成要件。[2] 也就是说，出卖人对其明知、影响房屋转让价格且足以动摇缔约意思或缔约条件的“凶宅”信息负有披露义务。若出卖人未履行这一义务，买受人理应获得权利救济。出卖人未如实披露“凶宅”等房屋负面关联信息的行为，违背了诚实信用原则，应当视为欺诈，善意买受人享有请求法院撤销合同的权利。对于买受人受到的损失，出卖人应当承担损害赔偿责任。

【案例1-6】 虞某静诉张某针房屋买卖合同纠纷案

一审法院认为，根据法庭上已查明的事实可知，公安机关出具的《询问笔录》及《现场勘查证明》已证明涉案房屋在原、被告签订买卖合同前曾发生租客跳楼自杀事件。作为涉案房屋权属人的被告，与原告签订涉案买卖合同前一直对该房屋进行出租收益，对涉及租户在该房屋发生跳楼自杀的重大事件是知道或者应当知道的，故被告抗辩对该事件不知情的理由不能成立。该事件必然会影响当事人对涉案房屋购买意向和价值判断，被告的隐瞒行为违背了公共秩序和善良风俗，违反了诚实信用原则。据此，一审法院判决撤销原、被告双方签订的房屋买卖合同、被告退还购房款45万元及利息、赔偿损失5000元。二审法院亦持同样意见，维持一审判决。[3]

出卖人对于足以影响购房人选择是否购买房屋的重大、关键交易信息，应当具有披露义务。但出卖房屋的相关情形如不为通常意义上的“凶宅”，即不为关键交易信息，出卖人没有主动向购房人披露的特定义务。在购房人并未就相关情形进行主动询问的前提下，出卖人不主动披露，合法合情合理，并无不妥。

---

[1] 安徽省马鞍山市中级人民法院(2015)马民一终字第00079号民事判决书。

[2] 参见郝延婷：《出卖方故意隐瞒“凶宅”信息构成欺诈》，载《人民司法·案例》2018年第29期。

[3] 参见国家法官学院案例开发研究中心编：《中国法院2016年度案例》(房屋买卖合同纠纷)，中国法制出版社2016年版，第180页。

【案例1-7】 康某斌、宋某诉刘某妹、陈某青房屋买卖合同纠纷案

一审法院认为,首先,就本案而言,虽被告的家人在系争房屋内病亡,但正如被告所言,生老病死系自然规律,家人在自家房屋内病亡亦属正常;此外,虽此后又有楼上他人坠亡于系争房屋之外一事,但坠亡的行为和结果均没有发生在系争房屋内,坠亡事件与系争房屋亦无直接关系。由此,原告以上述两起事件的先后发生即认定系争房屋为"凶宅",过于苛刻,与常理不符,本院对此主张不予支持。其次,正如前段所析,系争房屋并不应当认定为通常意义上的"凶宅"。由此,原告主张的两起死亡事件的相关情形并不是系争房屋的关键交易信息,被告并没有主动向购房人进行披露的特定义务。在购房人并未就相关情形进行主动询问的前提下,被告不主动披露,合法合情合理,并无不妥。[1]

【案例1-8】 季某强诉周某花房屋买卖合同纠纷案

一审法院认为,本案中,季某强之子因病而亡,属于正常的生老病死现象,其居住过的房屋非通俗意义上的"凶宅"。周某花也未能证明季某强之子病死于系争房屋内。相反,根据现有证据显示季某强之子病死于医院,户籍地亦非系争房屋。在系争房屋不属"凶宅"的前提下,季某强无须承担更多的披露义务,更何况季某强之子并没有病死于系争房屋之内。本案《房地产居间合同》合法有效,并无违反诚实信用、社会公德之情形,不符合解除合同的情形和条件,当事人应当恪守合同权利义务。现周某花未能履行合同义务,应当承担继续履行的民事责任。季某强的请求于法有据,本院予以支持;周某花的请求,并无事实与法律依据,本院不予支持。[2]

开发商或出卖人应以诚实信用为原则,在交易过程中进行合理、必要的说明,避免购房人的误解。

【案例1-9】 熊某诉北京银座兴业房地产经纪有限公司房屋买卖合同纠纷案

二审法院认为,银座兴业公司作为专业从事房地产经纪的公司法人,应在交易过程中遵循诚实信用原则,针对标的物的重要性质、特征,向买受人尽到必要的说明、告知义务。本案中,其以"新盘"的名义宣传销售曾经出租使用过的房屋,为避免买受人产生误解,应当在交易过程中进行合理、必要的说明。银座兴业公司虽辩称涉案房屋所在项目已经建成多年,且《销售协

---

〔1〕 参见国家法官学院案例开发研究中心编:《中国法院2018年度案例》(房屋买卖合同纠纷),中国法制出版社2018年版,第90页。上海市宝山区人民法院(2015)宝民三(民)初字第1763号民事判决书。

〔2〕 参见国家法官学院案例开发研究中心编:《中国法院2018年度案例》(房屋买卖合同纠纷),中国法制出版社2018年版,第94页。

议书》中明确载明需签署“存量房买卖合同”，买受人应知悉房屋并非未曾使用的事实，但“存量房”的概念系针对“增量房”而言，其文义本身并不包含房屋是否已经使用过的含义，而涉案房屋所属项目竣工的时间，亦与房屋是否曾出租使用之间不存在必然联系。故银座兴业公司的上述行为，在一定程度上会对买受人关于涉案房屋的认知产生影响，本院对此提出指正。[1]

开发商经银行等抵押权人同意出售已经抵押的商品房的，应将所售商品房已经抵押的事实告知购房人，以使购房人评估风险并决定是否购买。开发商订立商品房买卖合同时，故意隐瞒所售房屋已经抵押的事实，导致合同无效或者被撤销、解除的，根据《房屋买卖合同解释》第九条的规定处理。在商品房买卖合同订立时，作为买卖标的的商品房并未设定抵押，但在商品房买卖合同订立后，开发商将该房屋抵押给第三人的，应告知购房人，导致商品房买卖合同目的不能实现的，根据《房屋买卖合同解释》第八条的规定处理。

(2)开发商备案登记义务

根据《城市房地产管理法》第四十五条第二款“商品房预售人应当按照国家有关规定将预售合同报县级以上人民政府房产管理部门和土地管理部门登记备案”的规定，办理商品房预售合同备案登记是开发商的附随义务。在开发商未履行出售商品房备案登记，购房人主张备案登记的，法律应支持其诉求。

【案例1－10】 明某兰、王某诉四川省恒信置业有限公司北川分公司房屋买卖合同纠纷案

一审法院认为，关于被告是否应办理备案登记的问题。依照《合同法》第六十条“当事人应当按照约定全面履行自己的义务。当事人应当遵循诚实信用原则，根据合同的性质、目的和交易习惯履行通知、协助、保密等义务”以及《城市房地产管理法》第四十五条第二款的规定，办理该商品房预售合同备案登记是出卖方的附随义务，因此原告要求被告四川省恒信置业有限公司北川分公司履行合同义务，对签订的北川羌族自治县“恒信北城名座”5套房屋的购房合同在房屋主管部门进行备案登记的诉讼请求，本院予以支持。[2]

合同约定由开发商办理商品房预售合同登记备案手续的，开发商未履行通知购房人提交手续资料的义务，而导致逾期未办理登记备案的，应承担相应责任。

---

〔1〕 参见国家法官学院案例开发研究中心编：《中国法院2013年度案例》(房屋买卖合同纠纷)，中国法制出版社2013年版，第78页。

〔2〕 参见国家法官学院案例开发研究中心编：《中国法院2017年度案例》(房屋买卖合同纠纷)，中国法制出版社2017年版，第14页。

【案例1-11】 重庆宝龙长润置业发展有限公司与林某某商品房预售合同纠纷案

一审法院认为,关于商品房买卖合同逾期未办理登记备案的责任问题。首先,针对宝龙公司关于未办理本案合同登记备案的原因之一是林某某没有提交委托书的主张。由于对本案合同登记备案的事宜是由林某某委托宝龙公司办理的,结合双方之前办理46栋1号商铺合同登记备案所需的委托书是由宝龙公司提供的格式文本之情形,即使林某某没有提供办理本案合同登记备案所需的委托书,宝龙公司也应该根据交易习惯及诚实信用原则履行通知义务,而宝龙公司并未通知林某某需提交委托书;并且,宝龙公司在收到林某某发出的《关于解除买卖合同的函》后,也仅向林某某催收税费而未催收过委托书。故本院对宝龙公司的该项主张不予支持。其次,针对宝龙公司关于未办理本案登记备案的另一原因是林某某没有缴纳相关税费的主张。由于双方在合同及补充协议中并没有约定在办理合同登记备案之前林某某必须向宝龙公司缴纳相关税费,且该项主张也无相应的法律依据,故本院对此不予支持。因此,本院认定本案商品房买卖合同逾期未办理登记备案的责任在宝龙公司,林某某解除合同的条件已成就,林某某可以按照合同行使解除权。[1]

(3)出卖人瑕疵担保义务

商品房买卖合同中,开发商依合同负有瑕疵担保责任,包括权利瑕疵担保责任和物的瑕疵担保责任。权利瑕疵担保,是指开发商应对房屋享有完全的处分权,保证购房人不致因第三人主张权利而丧失房屋。物的瑕疵担保,是指担保给付的房屋应具有通常的品质和根据合同约定所需的特别品质。作为买卖标的物的房屋属于特殊的"物",其瑕疵包括品质、价值、效用上所存在的表面或隐藏瑕疵,开发商应当承担瑕疵担保责任。换言之,开发商交付的标的物品质不符合法律规定或合同约定的标准,致使该标的物的用途和价值降低或消灭,开发商应承担相应的法律责任。《民法典》第六百一十条、《房屋买卖合同解释》第九条、第十条规定了购房人在开发商瑕疵履行时的救济途径。开发商向购房人交付房屋后,购房人发现房屋存在质量瑕疵无法正常居住使用的,购房人可以主张解除房屋买卖合同。

【案例1-12】 黄某萍、张某俊诉竺某庆房屋买卖合同纠纷案

一审法院认为,竺某庆作为出售人,应对所出售房屋的质量瑕疵承担担保责任。系争房屋的白蚁问题系原告黄某萍、张某俊购买系争房屋前已经存

---

〔1〕 重庆市第一中级人民法院(2013)渝一中法民终字第03657号民事判决书。

在的质量问题,原告对此质量瑕疵无过错,该质量瑕疵应属被告竺某庆的责任。双方就系争房屋进行转让交易的过程中,在原告得知系争房屋存在白蚁质量瑕疵要求退房时,被告拿出5000元治蚁费用。被告辩称5000元系原、被告双方就白蚁问题达成最终解决方案,原告接受5000元即表明接受最终解决方案,但原告及居间方经办人员均否认5000元为最终解决方案。相反,2007年7月26日《补充协议》明确被告就白蚁质量瑕疵责任应担保至2008年7月1日前,被告虽否认《补充协议》系其授权居间方经办人员季某安、陆某波代为签订,但季某安、陆某波出庭作证均陈述代签《补充协议》系得到被告口头授权,被告支付5000元治蚁费也表明被告认可所出售房屋存在白蚁质量瑕疵并愿意承担质量责任,之后因白蚁问题并未得到根治,被告仍应对此质量瑕疵承担责任。故原告在过户前虽知道了系争房屋有白蚁质量瑕疵,但系在被告对该质量瑕疵已承诺承担担保责任的前提下与被告完成转让交易,故被告不能以原告已知晓质量瑕疵为由要求免除质量瑕疵担保责任。被告应当承担白蚁防治所需费用并承担原告的损失。二审法院认为,系争房屋的白蚁问题存在于原告购房之前,被告作为系争房屋的所有人对因白蚁问题引发的房屋质量瑕疵理应承担相应的担保责任。原审法院根据专业机构的评估结论,判决被告承担治蚁的相关费用及损失并无不当,应予维持。[1]

【案例1-13】 李某诉某公司房屋买卖合同纠纷案

一审法院认为,被告在出售房屋时未明确告知原告其所购房屋处于水泵房之上,其未履行告知义务,应承担民事责任。原告在使用了房屋后,发现噪声甚大,虽经被告多次进行整改维修,但未及改善,可见被告提供的合同标的物有瑕疵,其噪声经检测已超过正常范围,不宜作居住使用,现原告的生活确实受到较大影响,故被告的行为构成瑕疵履行,且该瑕疵不能补正,因此原告可解除合同,并请求损害赔偿。故法院判决支持了李某的诉讼请求。二审法院支持了原审法院的诉请,遂驳回上诉,维持原判。[2]

(四)购房人知情权

购房人享有全面、完整地了解所购房屋的相关信息的知情权。知情权,是指

〔1〕 参见最高人民法院中国应用法学研究所编:《人民法院案例选》2010年第3辑(总第73辑),人民法院出版社2011年版,第132~133页。

〔2〕 参见沈志先主编:《合同案件审判精要》,法律出版社2013年版,第195页。

自然人和其他组织享有的知悉和获取信息的权利。消费者作为商品或者服务的购买人,享有法定的消费者权利,而消费者权利中蕴含的消费者知情权又是私法上个人知情权的重要组成部分。购房人的知情权来源于消费者知情权。根据消费者知情权的一般含义,可将购房人的知情权界定为:在商品房买卖法律关系中,购房人从开发商等有关渠道依法查阅、复制、咨询与自身购房利益的权利和自由。它是获得权利的权利,属于基础性权利,具体体现为主动知晓信息权、被动知晓信息权、消化信息权和运用信息权。除此之外,购房人在购房中还享有获得真实信息、自由选择、人身健康和安全不受损害、经济利益不受损害、获得补救和赔偿的权利。实践中常见的是对房屋公摊面积的具体部位、具体测量数据、计算依据及方法等信息的知情权。作为经营者的开发商应履行相应的告知义务。购房人在无合同约定或法律规定的情况下,要求经营者以外的其他人承担告知义务的,则不应支持。

【案例1-14】 雷某琴诉西安鑫宇房地产开发有限责任公司、西安市房产测量事务所商品房买卖合同纠纷案

二审法院认为,雷某琴要求房产测量所与鑫宇房地产公司共同告知房产证内7.42平方米公摊面积的具体部位、测量依据、过程及结果,以维护其知情权。根据《消费者权益保护法》的有关规定,经营者应当向消费者提供有关商品或者服务的真实信息,经营者对消费者就其提供的商品或服务的质量和使用方法等问题提出的询问应当作出真实明确的答复,消费者享有知悉其购买、使用的商品或者接受服务的真实情况的权利。本案雷某琴作为消费者要求享有所购房屋公摊面积知情权,作为经营者的鑫宇房地产公司有告知义务。雷某琴与房产测量所不是经营者与消费者的关系,亦不是委托关系,故雷某琴要求房产测量所履行告知义务,依法不予支持。[1]

【案例1-15】 于某诉张某房屋买卖合同纠纷案

一审法院认为,在知情权方面,张某明知37号房屋存在纠纷,在订立合同的时候没有将真实情况告知于某,致使于某购买房屋后与他人发生纠纷,其行为违反了诚实信用原则,构成违约,张某应当按照双方认可的约定内容承担违约责任。二审调解结案。[2]

开发商在套内设置的相关消防管道、喷淋设施,均系由相关单位依照规范设计、安装,且经过有关消防、规划部门的审查及验收,系建筑物必要附属设施,是对

---

〔1〕 参见最高人民法院中国应用法学研究所编:《人民法院案例选》2008年第4辑(总第66辑),人民法院出版社2009年版,第174~175页。西安市中级人民法院(2007)西民二终字第161号民事判决书。

〔2〕 参见北京市高级人民法院编:《审判前沿——新类型案件审判实务》(总第43集),法律出版社2013年版,第89页。

公共消防安全的保障,亦是对购房者私有财产安全的保障。基于对公共利益的需求及个人受益角度,购房者对于室内消防设施的设置应负有一定的容忍义务,对上述消防设施的安装提供必要的便利和空间。从这个意义上讲,开发商并未侵犯购房者的知情权。

【案例1-16】 卢某远诉房地产公司商品房预售合同纠纷案

一审法院认为,涉案房屋所在的楼栋建筑高度116.55米,依据《建筑设计防火规范》等相关规定,需在该楼栋的公共部位、套内各房间设置自动喷水灭火系统。双方签订的《商品房买卖合同》虽未约定涉案房屋内设置消防设施,但案涉房屋内的消防管道、喷淋设施,均系由相关单位依照规范设计、安装,且经过有关消防、规划部门的审查及验收,系建筑物必要附属设施,每个商品房的业主对上述消防设施的安装都应提供必要的便利和空间,且设立室内消防设施是对公共消防安全的保障,亦是对原告私有财产安全的保障。基于对公共利益的需求及个人受益角度,原告对于室内消防设施的设置应负有一定的容忍义务。

原告认为,被告未告知室内消防喷淋设施,侵害业主的选择权和知情权,由此造成的额外装修损失应由被告承担。被告主张其已尽到必要告知义务,但其提供的照片显示的日期为2018年11月,不足以证明其在签订合同时已向原告提示室内安装消防喷淋设施等相关事项。原告的诉求能否成立,主要考虑告知室内安装消防喷淋系统的约定和法定义务。对此,法院认为:(1)合同并未约定被告须告知原告室内消防设施安装的情况。(2)合同第三条第三款约定"该商品房用途为住宅……层高3米,建筑层数地上38层,地下1层",即原告购买房屋所在楼栋系建筑高度大于100米的住宅,根据《建筑设计防火规范》的有关规定,建筑高度大于100米的住宅建筑应设置自动灭火系统,并宜采用自动喷水灭火系统,因此,案涉房屋内设自动灭火系统是消防规范的强制要求。(3)案涉房屋内的消防设施系由设计单位依照法律规定设计、安装且经过了消防部门的审查及验收,被告对该公共消防设施的存在并无过错,原告购买房屋所在楼栋高度超过100米的建筑,设立室内消防设施为消防规范的强制性要求,在设计符合要求,被告没有变更设计的情况下,在双方签订合同时,原告完全可以主动向被告了解室内消防设施的真实情况,原告未举证证明自己在签订合同时提出过要求告知合同和补充协议已经告知的内容外关于案涉房屋的哪些情况。综上,原告的诉求依据不足,理由不充分,不予支持。判决:驳回原告卢某远的诉讼请求。[1]

〔1〕 参见国家法官学院、最高人民法院司法案例研究院编:《中国法院2022年度案例》(房屋买卖合同纠纷),中国法制出版社2022年版,第23~24页。广西壮族自治区柳州市鱼峰区人民法院(2020)桂0203民初4670号民事判决书。

《房屋买卖合同解释》第六条第二款规定的履行"主要义务",能否简单理解为履行全部义务中的大部分,在实践中有争议。所谓主要义务,是指根据合同的性质而决定的直接影响到合同的成立以及当事人的订约目的的义务。如果双方在合同中特别约定将某些义务作为合同的主要义务,则某些义务也可以成为合同的主要义务。最高人民法院民一庭认为:《房屋买卖合同解释》第六条第二款规定:"当事人约定以办理登记备案手续为商品房预售合同生效条件的,从其约定,但当事人一方已经履行主要义务,对方接受的除外。"根据合同法鼓励交易、尽可能使合同生效的精神,以及当事人在签订合同后履行合同时的真实意思表示,不能将该条款规定的"主要义务"简单地理解为履行全部义务中的大部分,而首先应当从合同约定的义务的性质进行分析,其次应当从合同约定的内容进行考量,最后应当综合以上情况以及履行的数量等因素进行认定。[1]

实践中,不能将合同主要义务简单地理解为履行全部义务的大部分。

【案例1-17】 铁建公司与港丰公司房屋买卖合同纠纷案

最高人民法院认为,涉案合同中港丰公司的主要义务是支付购房款,铁建公司的主要义务是交付房地产。港丰公司向铁建公司支付购房款的行为即为履行合同的主要义务。对港丰公司支付的上述款项,铁建公司已经接受。据此,根据《房屋买卖合同解释》第六条第二款的规定,即使涉案合同约定到房地产部门登记后生效,而实际上双方并没有履行这一约定,涉案合同也应当认定为有效。鉴于预售合同不是未生效,而是有效,故对港丰公司提出的确认涉案合同未生效、铁建公司返还2000万元的诉讼请求,不予支持。[2]

【案例1-18】 新华公司与蓝田公司房屋买卖合同纠纷案

二审法院认为,预售合同不是未生效,而是已经生效。理由在于:确认合同的主要义务首先应当从合同约定的义务性质进行分析,不能将主要义务的履行简单地理解为履行全部义务的大部分。涉案合同中,蓝田公司的主要义务是支付购房款,新华公司的主要义务是交付房地产。蓝田公司向新华公司支付购房款的行为即为履行合同的主要义务。对蓝田公司支付的上述款项,新华公司已经接受。据此,根据《房屋买卖合同解释》第六条第二款的规定,即使涉案合同约定到房地产部门登记后生效,而实际上双方并没有履行这一约定,涉案合同也应当认定为有效。鉴于预售合同不是未生效,而是有效,故对蓝田公司提出的确认涉案合同未生效、新华公司返还2000万元的诉讼请

---

〔1〕 参见最高人民法院民事审判第一庭编:《民事审判指导与参考》2009年第1集(总第37集),法律出版社2009年版,第177~178页。

〔2〕 最高人民法院(2011)民申字第163号民事裁定书。

求,不予支持。在涉案合同有效的基础上,当事人之间所发生纠纷,可另循合法途径解决。故二审改判驳回蓝田公司的诉讼请求。[1]

(五)出卖人销售欺诈

所谓欺诈就是故意隐瞒真实情况或者故意告知对方虚假的情况,欺瞒对方,使对方作出错误的意思表示而与之订立合同。商品房买卖过程中影响购房人决定的因素一般是房价、地段、环境、房屋品质、投资回报和风险等,而仅凭有关部门通告的开发商存在的违规行为并不能直接认定开发商存在销售欺诈行为。

【案例1-19】 唐甲、郑某、唐乙与上海某房地产公司商品房买卖合同纠纷案

一审法院认为,本案的主要争议焦点为被告在房屋销售时是否存在欺诈行为。首先,本案唐甲等三人的诉讼主要依据上海市房地产交易中心通告,但是相关职能部门并未认定被上诉人在上述房屋销售中存在违规现象并作出处罚,唐甲等三人也未提供被告在销售房屋时有故意渲染房源紧张和故意抬高房价的行为,诱使原告作出错误判断,从而与之签订房屋买卖合同的相关证据。因此仅凭有关部门曾对被上诉人依法进行过调查,即认定被上诉人在销售中存在欺诈行为依据不足。其次,基于市场等因素,即使是同一房屋在不同的时间段和条件下价格也会有所波动,房屋价格的波动并不能充分证明被上诉人在销售系争房屋时存在欺诈行为。最后,根据一般的认知,对房屋的投资主要考虑房价、地段、环境、房屋的品质等,同时也应当考虑投资的回报和风险等综合因素。唐甲等三人在决定购买系争房屋时,"天赐公寓"作为现房,其周边环境、房屋品质及周边同类房屋的价格等条件已事实存在,对原告是否购买起了决定因素,而唐甲等三人投资行为与被告被公告行为所列存在违规保留房源、虚假购房主体之间无必然因果关系。因此,由于无足够证据印证双方签订系争房屋相关合同时并非真实意思表示,而且上述合同现均已实际履行,基于诚实信用和交易安全的原则,唐甲等三人要求撤销合同的请求无事实和法律依据。[2]

---

〔1〕 参见最高人民法院民事审判第一庭编:《民事审判指导与参考》2009年第1集(总第37集),法律出版社2009年版,第177~178页。

〔2〕 上海市第二中级人民法院(2006)沪二中民二(民)终字第1573号民事判决书。

【案例1－20】　冉某、张某诉重庆某房地产有限公司房屋买卖合同纠纷案

一审法院认为，在合同履行过程中，某公司在未取得建设工程竣工验收备案登记的情况下，将一期工程竣工验收备案的复制件粘贴到质量保证书和使用说明书上，于2011年12月10日将房屋交付给冉某、张某。经向有关部门核查，冉某、张某所购房屋竣工验收备案登记日期为2012年5月28日。二审法院认为开发商部分违约，遂判决开发商承担80%的违约责任，支付违约金14940.14元。[1]

开发商故意隐瞒房屋真实情况，诱使购房人作出错误意思表示的构成欺诈。

【案例1－21】　王某与重庆金科星聚置业有限公司商品房买卖合同纠纷案

二审法院认为，从王某与金科公司签订的商品房买卖合同附件五中关于私家花园、私家绿地的约定内容来看，足以让购房者认为，其对所购房屋的花园享有独自使用的权利，具有较强的私密性和安全性，加之涉案房屋相邻、相对等方位的别墅业主可对相应的花园进行独占性使用，故王某对案涉房屋的花园属于私家花园的预期，属于合理预期。该合理预期是促使王某购买涉案房屋的主要原因之一。但是，对于存在消防门这一设计问题，金科公司未举证证明其履行了告知义务，符合因故意隐瞒真实情况导致合同可被撤销的情形。故一审法院认定王某要求撤销合同的请求符合法律规定，应当得到支持并无不当。[2]

出卖人隐瞒抵押事实转让房屋的构成欺诈，购房人主张撤销合同的诉请受法律保护。

【案例1－22】　吴某强、吴某峰、吴某英诉胡某兰房屋买卖合同纠纷案

一审法院认为，《房屋买卖合同》对于被告先付清房款、原告后交付房屋过户登记的合同义务履行顺序约定虽然明确，但其成立前提应基于房屋无权利瑕疵的基础上。原告在向被告收受购房定金、签订《房屋买卖合同》时均未主动告知诉争房产存在未涂销的抵押登记，其提供给被告的《房屋所有权证》亦未记载有抵押登记，故意隐瞒了诉争房产设有抵押登记的事实且存在无法办理过户的客观情况，故被告基于其他买受人已经发生的维权情况，以三原告无法保证受让房产能够过户为由中止履行其付款义务，系行使不安抗辩权的表现，并未构成违约，原告主张被告违约应解除合同、被告向原告支付违约金并赔偿损失理据不足。而原告隐瞒所售房屋设有抵押权致使被告陷

---

〔1〕　参见吴兆祥主编：《房屋买卖、租赁案件裁判要点与观点》，法律出版社2016年版，第298页。

〔2〕　参见陈小康、陈娅梅：《开发商故意隐瞒房屋真实情况应担责》，载《人民司法·案例》2015年第22期。

入错误判断而作出错误的购房意思表示,原告的行为已构成欺诈。现被告以三原告签订合同时存在欺诈为由主张撤销合同,应予支持。合同被撤销后,三原告因该合同取得的50万元购房定金应当返还被告。判决:一、撤销三原告与被告签订的《房屋买卖合同》;二、三原告向被告胡某兰返还购房定金50万元。二审法院同意一审法院裁判意见,判决:驳回上诉,维持原判。[1]

出卖人对其明知、实际对房屋转让价格产生影响,足以动摇缔约意思或者缔约条件的房屋信息负有披露义务。在订立合同时,出卖人的单纯沉默不构成欺诈,但若负有信息披露义务,并因沉默获得利益,则构成欺诈。

【案例1-23】 肖某、潘某诉杜某荣房屋买卖合同纠纷案

一审法院认为,首先,被告在出售系争房屋前是否知晓该房屋曾发生过跳楼一事?虽系争房屋于2009年7月21日发生了跳楼自杀事件,属客观事实,但若被告出售房屋前并不知晓,即使被告未告知原告,也不存在隐瞒一说,更不存在欺诈。被告以不知晓进行辩称,对此本院认为,从其与原告之间的电话录音来看,其承认曾听说过"跳楼事件",只是自己并不在意这件事情,与被告的辩称相互矛盾,本院难以采纳被告的该项辩称,应推定被告在出卖房屋前知晓该起跳楼自杀事件。其次,该起跳楼自杀事件是否属于被告应当披露的信息?当事人在订立合同过程中,应遵循合同法的诚实信用原则,不得故意隐瞒与订立合同有关的重要事实或提供虚假情况,否则构成欺诈。按日常生活经验及民间习俗,房屋内若发生自杀等非正常死亡事件,往往会使房屋的价值下降,对于房屋的出售价格将产生实质性影响,从而影响买受人的缔约基础,应属于出卖人需要披露的信息。系争房屋于2009年7月发生跳楼死亡事件,被告在将房屋出售原告时,未予披露,并以正常的市场价格出售给原告,违反了诚实信用原则。最后,原告是否基于被告未披露该信息作出了错误的意思表示?被告出售系争房屋时未主动披露房屋内曾发生过非正常死亡事件的信息,致使原告陷于错误,并基于该错误进行了法律行为,即以正常的市场价格向被告购买了系争房屋,并准备作为结婚所用。而原告在通过其他途径得知该信息后,第一时间向被告提出交涉,明确表示不再履约,并就该事多次与被告进行电话沟通,尽管最后双方未能达成一致,但从侧面更能印证原告是基于错误所为的法律行为。综合上述三点事实与理由,被告负有告知原告系争房屋曾发生过非正常死亡事件的披露义务,但未予及时

---

〔1〕 参见国家法官学院、最高人民法院司法案例研究院编:《中国法院2021年度案例》(房屋买卖合同纠纷),中国法制出版社2021年版,第268页。广西壮族自治区南宁市中级人民法院(2019)桂01民终2300号民事判决书。

告知,致使原告陷于错误,在不知情的情况下与其签订了《上海市房地产买卖合同》及《补充协议》,被告的行为构成欺诈。[1]

【案例1-24】 洪某诉王某等房屋买卖合同纠纷案

二审法院认为,本案中王某、金某于2007年购买涉案房屋的价格明显低于市场价格,而洪某于2011年从王某、金某处购买该房屋的价格与当时的市场价格相当;王某、金某购买涉案房屋时知晓其中曾发生凶杀案件,而洪某在购买该房屋时对曾发生凶杀案件并不知情。故而,王某、金某是否披露案涉房屋曾发生凶杀案件的信息对其与洪某之间的合同能否订立,或者订立的条件产生了实质性的影响,按照诚实信用原则,王某、金某应向洪某披露该信息。现王某、洪某未予披露,并因此取得以几乎相当于市场价格的转让价格出售该房屋的利益,其行为已非单纯沉默,应认定构成欺诈。洪某据此提出撤销案涉房屋买卖合同的请求应获支持。[2]

购房人因出卖人的欺诈行为而诉请撤销合同时,不能仅以合同目的最终能够实现就简单认定购房人没有受到损害,而应该考虑购房人基于对出卖人的合理信赖而产生的信赖利益损失。因为诚实守信是当今市场经济环境下所倡导的价值取向,对交易相对方的信赖也是形成交易合意的基础。这种信赖一旦因一方当事人不当行为被打破,法院应给予另一方当事人重新选择交易相对方的权利,不能变相判令继续履行合同。

【案例1-25】 王某旭诉江某、北京天峰瀚海房地产经纪有限公司房屋买卖合同纠纷再审案

再审法院认为,本案中,涉诉房屋在签订买卖合同时存在抵押是不争的事实,该抵押事项属于涉诉房屋的重大事项,将影响合同双方当事人真实意思表示,出卖人有义务明确告知买受人。江某辩称因上述买卖合同是格式合同,合同书中所指的未抵押是指未向银行抵押,且签订合同前已向王某旭说明房屋存在抵押情况。本院认为该辩解缺乏合理性,且江某未能提供有力证据证明已将房屋存在抵押的情况明确告知王某旭,故江某的抗辩意见,本院不予采纳。天峰瀚海公司系专业提供房屋租售业务的居间服务机构,且作为合同的一方当事人,在明知涉诉房屋存在抵押登记的情况下,未如实向买受人报告房屋的真实情况,其行为明显不当。江某、天峰瀚海公司的行为已损害了王某旭对出卖人及提供居间服务的中介机构的合理信赖。原审法院认

---

〔1〕 参见国家法官学院案例开发研究中心编:《中国法院2017年度案例》(房屋买卖合同纠纷),中国法制出版社2017年版,第95~96页。

〔2〕 参见最高人民法院中国应用法学研究所编:《人民法院案例选》2013年第4辑(总第86辑),人民法院出版社2014年版,第143页。

为涉案房屋在签订买卖合同时存在他人抵押权并不必然影响合同目的的实现,但现无证据显示江某、天峰瀚海公司在抵押解除后将此情形及时、明确告知王某旭,且有真诚继续履行合同的意思表示。同时鉴于原审诉讼期间,江某未通知法院及王某旭,擅自将涉诉房屋再次抵押他人,后又通过天峰瀚海公司居间出卖给他人的事实,本院认为江某、天峰瀚海公司的行为构成欺诈,王某旭主张撤销该合同应予支持。江某、天峰瀚海公司所提交的证据,缺乏相关证明力,本院不予采信。原审法院认定事实不当,适用法律亦存在错误,本院予以纠正。[1]

购房人主张出卖人欺诈的,由法官根据具体案情裁定。

【案例1-26】 闵某、胡某先诉汇鑫源公司房屋买卖合同纠纷案

一审法院认为,两原告主张在订立合同时对于房屋价款的显失公平,因合同是双方当事人的意思,两原告经过实地查看房屋,后又对房屋进行装修,其对房屋状况已充分了解,合同内容是其自己的意志,并且未违反法律和社会公共利益,如果其认为房屋的价款显失公平可以拒绝签订合同,故该主张不成立。两原告主张被告出售的房屋应当是商服房,被告存在欺诈行为。欺诈是指一方故意陈述虚假情况或故意隐瞒真实情况,并诱使对方订立合同。双方签订的合同中明确约定案涉房屋的性质为住宅,原告陈述未看清合同内容,该房屋价值100余万元,原告该陈述与常理不符,故该主张不成立。综上所述,对原告的诉讼请求,法院不予支持。判决:驳回原告闵某、胡某先的诉讼请求。二审法院裁定:准许上诉人闵某、胡某先撤回上诉。[2]

【案例1-27】 靳某清诉远大公司商品房销售合同纠纷案

二审法院认为,靳某清以远大公司双方签订了房屋买卖合同,对方改动户型和结构,由之前宣传的一层一户变为一层两户,并改造屋面墙体,违反销售时的承诺,有悖诚实信用原则,严重影响居住安全,构成销售为事实依据,要求依据《消费者权益保护法》的有关规定赔偿。该诉讼请求既有违约之诉的内容,又有侵权之诉的内容。(1)双方签订的商品房买卖合同合法有效,远大公司已向靳某清交付房屋,靳某清已接收房屋。远大公司交付给靳某清的房屋与原宣传和双方合同相符,并无任何变更,设计变更和房屋结构变更的行为不是对靳某清所购房屋的变更行为,行为本身不构成对靳某清居住环

---

〔1〕 参见索宏钢主编:《再审疑难案件法官评述》,人民法院出版社2019年版,第58页。北京市第三中级人民法院(2016)京03民再34号民事判决书。

〔2〕 参见国家法官学院、最高人民法院司法案例研究院编:《中国法院2021年度案例》(房屋买卖合同纠纷),中国法制出版社2021年版,第43页。新疆生产建设兵团第八师中级人民法院(2019)兵08民终547号民事裁定书。

境的影响和对双方房屋买卖合同的违反。(2)靳某清起诉主张远大公司改动楼层户型和结构,严重影响其居住安全,但没有提供相应的客观证据,明显不能成立。且其主张3倍赔偿的依据是对其构成商品销售欺诈,因此,对靳某清主张影响其居住安全的主张不能采信和支持。(3)《最高人民法院关于贯彻执行〈中华人民共和国民法通则〉若干问题的意见(试行)》第六十八条规定,"一方当事人故意告知对方虚假情况,或者故意隐瞒真实情况,诱使对方当事人作出错误意思表示的,可以认定为欺诈行为"。远大公司先前宣传一层一户,与靳某清签订房屋买卖合同,并按照宣传内容和合同约定交付房屋,后来对涉案楼房的其他房屋进行了设计和结构施工变更。靳某清没有证据证明远大公司在其签订合同时就已经决定对该楼变更设计、改变和降低居住环境和品质,并且故意不告知或者作虚假告知等事实;宣传广告内容,方式亦不足以认定远大公司销售欺诈的行为。原审认定远大公司构成欺诈不当。(4)《商品房销售管理办法》规定,该办法所称分割拆零销售是指房地产开发企业以将成套的商品房住宅分割出售给买受人的方式销售商品住宅的行为。远大公司确实存在对靳某清所购买的15楼其他楼层多套房屋进行设计变更和结构变更,并且印制了变更后的宣传彩页,将一层房屋分别标注为A户型、B户型,对外进行销售宣传。但是目前为止,远大公司并未实际按照一层两户对外进行销售,没有分割拆零销售事实的实际发生。(5)《民事诉讼法》第一百一十九条第三项规定,起诉必须有具体的诉讼请求和事实、理由。本案靳某清主张远大公司将一层一户改为一层两户,楼房使用和购房主体已经发生变化,住户增加,侵犯了其单层单户使用电梯的权益,给其使用造成诸多不便,降低了房屋使用功能的安宁性和私密性,严重影响其使用权益,但是,根据查明的事实,远大公司将一层房屋分割成两套房屋对外出售的事实目前并未发生,远大公司在房屋户型、结构变更后并未改变一层销售给一户的原定销售方案,靳某清要求赔偿损失所依据的购房主体和公共设施使用主体发生变化、住户增加等事实目前并不存在。靳某清的本案起诉不符合上述法律规定的起诉条件,对靳某清的起诉应当驳回。判决:一、撤销一审判决;二、驳回靳某清的起诉。[1]

开发商在合同签订时未告知、买受人未询问有无售房手续,在无商品房预售许可证的情况下,开发商是否构成"故意隐瞒"并承担惩罚性赔偿责任,修订前后的法律对此均未作出明确规定,理论和实务中争议较大。从法律解释学的角度考

---

〔1〕 参见国家法官学院、最高人民法院司法案例研究院编:《中国法院2021年度案例》(房屋买卖合同纠纷),中国法制出版社2021年版,第85~86页。河南省焦作市中级人民法院(2019)豫08民终2536号民事裁定书。

量,《房屋买卖合同解释》中的“故意隐瞒”与《汉语词典》中的“隐瞒”及《民法典》《消费者权益保护法》中规定的“欺诈”中的故意隐瞒应作统一解释。从行为的性质分析,欺诈中的“制造假象”的行为属于作为的形式,而欺诈中的“隐瞒事实真相”既可以采取沉默的方式,即采取不履行告知义务的不作为方式隐瞒,也可以采用虚构事实、制造假象的作为方式隐瞒。由此看出,“隐瞒”和《房屋买卖合同解释》中“故意隐瞒”都应包含故意作为或不作为地掩盖事实真相不让人知道的内容。由此,如同欺诈行为不可能存在过失一样,不能将隐瞒理解为“问而不答”的消极不作为,而将故意隐瞒理解为“问而诓言”的积极作为。《民法典》及《房屋买卖合同解释》中“故意隐瞒”与“隐瞒”的含义相同。从语义上看,未告知是知而不告的典型不作为,而故意隐瞒系同时包含不作为和作为两种情形。从内容上看,虽然未告知和故意隐瞒都以行为人负有一定义务为前提,但未告知的事项的外延(除故意隐瞒的重要事项外,还包括一般事项)一般要广于故意隐瞒的法定事项的外延。从后果上看,未告知的法律后果往往也涵盖了故意隐瞒的法律后果。所以,未告知不能等同于故意隐瞒。在实践中,对未告知和与故意隐瞒应区别如下情形认定:其一,在签约时买受人已询问;其二,开发商未告知,在这两种情形存在时可径行认定开发商构成欺诈;其三,买受人未询问、开发商未告知时,不能直接认定开发商构成故意隐瞒,应通过举证证明买受人是否尽审慎注意义务及应有审查之责任,以及开发商在签约后、起诉前取得商品房预售许可证的合理之预期等情形。

行政职能部门的行政处罚作为民事欺诈事实证据问题。欺诈在行政法律、法规和合同法等民事法律、法规中都有相应的规定,但其在不同法律中的认定标准及所产生的法律后果不尽一致。虽然开发商在销售过程中实施的广告宣传和价格公示行为,被行政职能部门认定为虚假宣传、不正当价格行为等行政违法行为并受到了相应的行政处罚,但开发商的上述行为并不当然等同于合同法中规定的能够影响合同效力的欺诈行为。不能将相关行政职能部门的认定结论作为民事案件认定事实的依据。因为行政职能部门的认定结论是从行政管理的角度,依据有关行政法律、法规的规定进行审查后作出的,而上述行政违法行为是否构成合同法意义上的欺诈,需要依据合同法等相关民事法律、法规的规定进行分析认定。在民事案件中认定是否是合同欺诈,应当考察该行为是否使对方当事人对合同内容陷入了错误认识,并在违背真实意思情况下订立了合同。也就是说,以欺诈为由主张撤销合同的,应考察一方是否因另一方的欺诈违背其真实意思订立合同。商品房销售过程中,开发商的相关行为被认定为虚假宣传、价格欺诈等行政违法行为,并不必然构成合同法上的欺诈而导致商品房买卖合同被撤销。

【案例1-28】　刘某等诉靖江碧桂园公司商品房销售合同纠纷案

一审法院认为,综合分析被告在销售过程中的种种行政违法行为及因欺诈导致合同被撤销应具备的要件,不能认定原告主张的其因被告的虚假原价、虚假折扣、虚假优惠、虚假宣传等陷入了错误认识,从而作出了违背其真实意思表示的事实。原告以被告对其实施了广告欺诈、主体欺诈、价格欺诈等为由,要求撤销双方签订的《商品房买卖合同》,不予支持。二审法院持同样意见维持原判。[1]

(六)不可抗力

《民法典》第五百六十三条规定当事人可以不可抗力为由解除合同,第五百九十条规定不可抗力具有部分或全部免除责任的效果。随着政府对市场经济的介入,合同履行受到行政行为的影响也越来越广泛。但行政行为能否构成合同法上的不可抗力却颇有争议,如政府的拆迁规划、市政建设、限购政策等行政行为直接或间接地影响了商品房买卖合同等民事合同的履行,在个案中如何界定这种行为的民事效力却有不同观点。判断行政行为是否构成商品房买卖合同中的不可抗力,可先看行政行为主体与房屋买卖合同主体之间是否同一,再根据不可抗力三不要素,具体分析其对买卖合同履行是构成不可抗力或情势变更,并分别产生不同的法律效果。具体来讲,如果是同一政府主体先订立民事合同,后做出行政行为,可以认为其不具有不可预见性,且难以认定为不能避免或不能克服,因此不能构成不可抗力。如果政府主体订立合同之后其上级政府做出某项行为,导致合同无法继续履行,或一般民事主体订立合同之后,政府做出某项行为导致合同不能履行,这两种情况是否构成不可抗力,需放在个案中考虑以下因素确定:第一,该行政行为主体与合同主体之间的关联程度;第二,合同主体本身的专业水准及预见义务;第三,该行政行为是否提前向社会公示、听证、征求意见;第四,该行政行为是具体行政行为是否可以通过复议诉讼等救济措施进行补救。上述情况能同时满足不可抗力三要素的,则可认定为不可抗力,反之,则不构成不可抗力。常见的商品房买卖中的行政行为有以下几种:其一,拆迁行为。该地段的开发商作为从事建筑业的专业主体,应该对拆迁行为的迟延有预见并做好充分的履约准备。因此,一般情况下,拆迁导致交房的迟延不能以不可抗力为由免责。其二,限

〔1〕 参见郑兴、刘艳生:《开发商因虚假宣传被行政处罚并不必然构成合同欺诈——江苏泰州中院判决刘某等诉靖江碧桂园公司商品房销售合同纠纷案》,载《人民法院报》2016年11月10日,第6版。江苏省泰州市中级人民法院(2015)泰中民终字第00293号民事判决书。

购政策。因国家对于房地产市场的宏观调控并非令所有市场主体猝不及防的突变过程,而是一个从限贷到限购逐步加强和完善的发展过程。当事人在签订合同时对合同订立后可能出现的房地产市场风险及各种履行障碍均应有一定程度的预见和判断。司法实践中,一般不认定限购政策为不可抗力。其三,其他强制措施,如应对自然灾害或气候异常而采取的各种强制措施。此类行为要根据该自然现象与当地的地理位置、气候特点等综合判断其可预见性。如每年七八月高温炎热的气候是众所周知的,开发商应做好相应防范措施,该困难并非无法克服。因此,行政部门要求施工单位在高温期间部分时段必须停工或者缩短作业的文件不属于民法意义上的不可抗力。

(七)房屋回购合同

回购并非法律概念,字面意思是将房屋买回。在商品房按揭贷款买卖合同中,对开发商的回购义务的法律性质及效力,由于现行法律尚未有明确规定,实践中存在不同的观点。一般认为,回购实为保证的一种方式,在审判实务中已将回购作为保证的一种方式来处理,如广东省高级人民法院《关于审理商品房买卖合同纠纷案件若干问题的指导意见》第八条规定:"买受人未按照借款合同的约定还款,担保权人以执行回购条款为由请求出卖人承担连带保证责任、偿还买受人所欠贷款本息的,人民法院应予支持。"基于回购具有担保性质,开发商履行回购义务后享有的是代位追偿权,不能依据合同约定直接取得房屋所有权。有法官认为,根据担保法律的规定,银行对作为抵押物的房屋只是对房屋折价变卖、拍卖价款享有优先受偿权,且银行也不可能根据抵押合同直接取得房屋所有权,否则违反了禁止"流押"的法律规定。故回购在法律上只能解释为保证的一种方式,是对债权人的一种特殊保护,银行有权根据实际情况选择向借款人主张抵押物的优先受偿权或向开发商主张回购权。[1]

【案例1-29】 广州侨鑫房地产开发有限公司诉林某森、陈某丽商品房预售合同纠纷案

二审法院认为,从侨鑫公司回购行为性质分析来看其应当界定为侨鑫公司承担保证责任的一种形式,同时也是银行实现债权的方式。因此,回购只是在银行依法实现抵押权时,侨鑫公司回购房屋、付清贷款。也就是在对房产依法拍卖变卖时,为避免流拍或所拍价格不足以清偿贷款,侨鑫公司才负

〔1〕 参见李玉林:《合同纠纷前沿问题审判实务》,中国法制出版社2014年版,第155页。

有回购的义务,同时在回购房款不足以清偿贷款的情况下,还要继续承担保证义务。依据《担保法》第三十一条规定,保证人承担保证责任后,有权向债务人追偿。因此,侨鑫公司在履行保证回购责任之后取代银行所取得的只是抵押权人的法律地位,即享有的是代位追偿权。在银行并未取得房屋,侨鑫公司也未向银行出售房屋的情况下,侨鑫公司上诉提出其履行保证回购责任后,是银行解除抵押权,由侨鑫公司收回讼争房屋,缺乏法律依据,不予采信。[1]

---

〔1〕 参见最高人民法院中国应用法学研究所编:《人民法院案例选》2012 年第 1 辑(总第 79 辑),人民法院出版社 2012 年版,第 192 页。

二、房屋买卖合同法律适用

(一)房屋买卖合同解释

合同解释是指争议的合同确定何为其内容的一种活动。[1] 当各方当事人对具体条款产生争议时,运用特定规则将其主观真实意思通过客观标准发现和揭示,是合同解释在司法实践中的根本目的和作用。合同具体条款内容发生争议,其解释的主体是法官,合同解释是法官重要的解决纠纷裁判方法。

《民法典合同编通则解释》第一条规定:"人民法院依据民法典第一百四十二条第一款、第四百六十六条第一款的规定解释合同条款时,应当以词句的通常含义为基础,结合相关条款、合同的性质和目的、习惯以及诚信原则,参考缔约背景、磋商过程、履行行为等因素确定争议条款的含义。有证据证明当事人之间对合同条款有不同于词句的通常含义的其他共同理解,一方主张按照词句的通常含义理解合同条款的,人民法院不予支持。对合同条款有两种以上解释,可能影响该条款效力的,人民法院应当选择有利于该条款有效的解释;属于无偿合同的,应当选择对债务人负担较轻的解释。"

1. 不利于格式条款提供方的解释

开发商在出售商品房时为了重复利用而拟定的书面合同,该合同内容未与原告协商,应属于格式合同。在商品房买卖交易时,开发商大量使用格式合同经常引发纠纷。双方对格式合同的理解发生争议,应作出不利于提供格式条款一方的解释。格式条款和非格式条款不一致的,应当采用非格式条款。

【案例1-30】 王某伟诉葫芦岛市新大路城建综合开发有限公司房屋买卖合同纠纷案

一审法院认为,关于被告主张原告所购买商品房系按套计算价款的问题,虽然合同第四条约定计价方式为按套计价,且第五条约定,当事人选择按套计价的,不适用本条约定。但第五条中关于商品房交付后,产权登记面积

---

〔1〕 参见韩世远:《合同法总论》(第2版),法律出版社2008年版,第621页。

与合同约定面积发生差异的处理方式部分,在格式合同中又有所填充,这足以说明是双方对此项内容作出的共同选择,共同约定。双方即应按该约定对面积的差异进行处理。关于合同第四条及第五条前后两项约定存在矛盾,双方对该条的适用存在争议的问题,因该合同系由被告拟定并提供的格式合同,双方对格式合同的理解发生争议,应作出不利于提供格式条款一方的解释,故被告的主张本院不予支持。[1]

【案例1-31】 重庆腾鹏房地产开发有限公司与周某商品房预售合同纠纷案

二审法院认为,本案争议的关于"一户一表"的条款出现在合同附件部分,该合同附件的文本由腾鹏公司提供,其中关于"生活用水:一户一表"的条款系腾鹏公司为了重复使用而预先拟定的,并在订立合同时未与对方协商的条款,属于格式条款。无论是从通常理解的角度还是从作出不利于提供格式条款一方的解释的角度,均应当理解为腾鹏公司应为购房人安装能够自行到自来水公司交费的水表。[2]

合同条款有两种以上含义时,可以参照格式合同的解释规则,作出对合同条款制作者不利的解释。

【案例1-32】 刘某然与徐州久隆集团有限公司因商品房销售请求赔偿纠纷再审案

再审法院认为,双方于2000年6月30日签订的商品房购销合同第三十三条约定在主体结构不变的情况下,由乙方(刘某然)按实际需要调整隔墙,由甲方(久隆公司)负责出资施工,甲方保证乙方有非露天停车位,保证乙方停车安全。该条是由刘某然本人起草填写。对本案的整体合同而言是填充式合同,对格式部分适用《合同法》第四十一条格式条款解释的规定解释固定部分;而对填写部分,适用普通合同解释方法。按照合同解释的三项基本原则,即误载不害真意;对言行不一的矛盾行为不予尊重;有疑义时应作不利于条款制定人的解释,故第三十三条存在异议时应做出对起草人刘某然不利的解释。而原审将第三十三条约定解释为不利于条款接受人久隆公司属于不适当解释,混淆格式条款的解释和普通条款的解释的方法。故合同第三十三条不能解释为存在免费的停车位。[3]

---

〔1〕 参见国家法官学院案例开发研究中心编:《中国法院2012年度案例》(房屋买卖合同纠纷),中国法制出版社2012年版,第34~35页。

〔2〕 重庆市第一中级人民法院(2014)渝一中法民终字第02674号民事判决书。

〔3〕 参见最高人民法院中国应用法学研究所编:《人民法院案例选》2006年第1辑(总第55辑),人民法院出版社2006年版,第168页。

【案例1-33】 闫某文与包头市云彬房地产开发有限公司商品房预售合同纠纷再审案

再二审法院认为,双方所签订《商品房买卖合同》第七条约定,买受人逾期付款,应按日向出卖人支付违约金,且第十五条第1、2项约定,买受人不退房,出卖人按已付房价款的0.01%向买受人支付违约金。此项约定虽是合同约定,但未表明违约金的支付方式。根据权利义务相一致的对等公平原则,依据《合同法》第四十一条的规定,出卖人按已付房价款的0.01%向买受人支付违约金应解释为按日支付违约金。故一审法院对违约金的判决不当,包头市中级人民法院予以纠正。[1]

商品房买卖合同中的供水供电条款应理解为"一户一表"。

【案例1-34】 明某杰诉汉融公司商品房预售合同纠纷案

二审法院认为,双方对合同约定的"供水:一户一表;供电:一户一表"的理解发生分歧并导致争议。依据《城市供水价格管理办法》第二十七条和《供电营业规则》第七十五条的规定,明确要求供水供电企业应实行"一户一表甲"的模式,即供水供电企业应以直接使用对象为户安表并收费。此外,《关于印发22件民生实事工作实施方案的通知》等政府文件明确要求将居民住宅小区原有的总分表供水供电模式改造为"一户一表甲"的模式。因此,行业主管部门在实际操作也明确"一户一表"指的就是用户直接向所供水供电企业缴费,不同于总分表模式。综上,"一户一表"称谓在政府的政策指引及舆论宣传的背景下,在社会大众的普遍认知中也形成明确具体的内涵,即区别于"总分表制"供水供电模式,由供水供电企业直接与水、电的终端用户建立供水供电合同。故上诉人对合同中"一户一表"内涵理解正确,重庆市第五中级人民法院予以支持。对于上诉人要求履行安装"一户一表"的请求应否主张的问题,鉴于该安装行为涉及合同外的第三方,即供水供电企业,涉及供水供电企业的意见,对此,上诉人未举示相关证据,其要求安装"一户一表",证据不足。综上所述,明某杰的上诉请求证据不足,应予驳回;一审判决认定事实清楚,判决结果正确,但判决理由不当,予以纠正。判决:驳回上诉,维护原判。[2]

---

〔1〕 参见最高人民法院审判监督庭编:《全国法院再审典型案例评注》(上),中国法制出版社2011年版,第47页。

〔2〕 参见国家法官学院、最高人民法院司法案例研究院编:《中国法院2021年度案例》(房屋买卖合同纠纷),中国法制出版社2021年版,第79~80页。重庆市第五中级人民法院(2019)渝05民终881号民事判决书。

2. 综合运用解释方法

当事人签订的合同中，对某一具体事项使用了不同的词语进行表述，在发生纠纷后双方当事人对这些词语的理解产生分歧的，法院在审判案件时应当结合合同全文、双方当事人经济往来的全过程，对当事人订立合同时的真实意思表示作出判断，在此基础上根据诚实信用的原则，对这些词语加以解释。不能简单、片面地强调词语文义上存在的差别。

【案例1-35】　厦门东方设计装修工程有限公司与福建省实华房地产开发有限公司商品房包销合同纠纷案

最高人民法院认为，对《房产包销合同》第4条关于"《商品房预售许可证》颁发之日"的约定应当结合该合同的全文、尊重当事人在订立合同时的意思表示以及诚实信用原则予以解释。首先，从《房产包销合同》第3条关于包销期限的约定来看，双方一致确认包销期限自《商品房预售许可证》签发之日起30个月内，其中车位包销期限延长一年即车位包销期限为42个月。因此，《商品房预售许可证》签发之日也就是开始计算东方公司包销期限之日，办妥整个楼盘的《商品房预售许可证》是东方公司包销期限内履行全部包销义务的必要条件。其次，从《房产包销合同》中关于违约事项的约定来看，双方一致确认甲方（实华公司）应在2003年11月30日前办妥整个楼盘的《商品房预售许可证》的具体期限，而这一期限应当成为解释合同中关于《商品房预售许可证》"签发""颁发""下达"等不同用语的逻辑基础，也是当事人双方计算包销期限、确定包销保证金支付条件以及判断一方是否违约的时间界限。由于实华公司在2003年11月30日之前不仅未能办妥整个楼盘的《商品房预售许可证》，而且在此之前也未能办妥该楼盘中任何一份单个楼体的《商品房预售许可证》，故实华公司率先违约已成为本案中不争的事实，在此基础上探究"颁发之日"的真实意思表示已失去意义。最后，从东方公司于2004年2月19日给实华公司的回函中可以看出，东方公司对双方在《房产包销合同》第4条中所约定的"颁发之日"，一直主张是指整个楼盘《商品房预售许可证》的办妥之日。东方公司于2004年2月19日接到实华公司"关于'实华·蓝湾雅境'《商品房预售许可证》已批准发出的通知"后当日即提出了异议，明确表示了该《商品房预售许可证》仅为部分而非全部，由于该异议的提出是在双方诉讼发生之前，所以应当成为判断当事人真实意思表示的重要依据。一审认定东方公司对实华公司未按合同约定在2003年11月30日前办妥"实华公寓"楼盘的《商品房预售许可证》的事实未曾提出异议，属于认定事实错误。故此，一审判决仅凭《房产包销合同》中个别用语的不同，将"签发""颁发"解释为"单份"《商品房预售许可证》的签发或颁发，而将“办妥”解释为整个楼盘《商品房预售许可证》的办妥，无充分的证据支持。[1]

合同解释应首先探寻当事人的真意，在不能求得当事人真意，或依据一般解释方法明显不公平、不符合常理、违背诚实信用原则时，应该运用诚实信用原则、交易习惯等方法解释确定合同的含义。合同解释的方法并不是单一的，法院应当综合运用，准确把握条款的具体内涵，而不是仅仅拘泥于一种方法。

【案例1－36】 许某乐诉李某伟、北京链家房地产经纪有限公司房屋买卖合同纠纷案

一审法院认为，双方争议在于第二份补充协议是否变更了第一份补充协议约定的第二笔和第三笔款项的支付期限。首先，需要确定双方在第二份补充协议中约定的“本房屋的产权证如在合同约定的960天之前下发”中的“合同”，是指许某乐与开发商博宏公司所签商品房预售合同，还是指李某伟与许某乐所签北京市存量房买卖合同。本院认为，既然是“合同约定”，就应体现在合同条款中，但在李某伟主张的北京市存量房屋买卖合同中并无“960天”的内容，而在许某乐与博宏公司所签合同中却有“许某乐未能在房屋交付之日起960日内取得房屋所有权证书”的条款。因此，本院有理由相信双方争议的“合同约定的960天”应源自许某乐与博宏公司的合同，李某伟的主张缺乏事实依据。其次，双方在第一份补充协议中，明确约定了2013年6月30日前支付第二笔84万元和2014年6月30日前支付第三笔56万元购房款的具体日期。双方虽然约定“如第三笔款项与开发商下产权日期（2013年6月30日之前）冲突，以开发商下产权日期为准支付”，但双方对第二笔款项的支付期限并未设定任何条件，即李某伟应无条件将第二笔购房款于2013年6月30日之前支付许某乐。双方在第二份补充协议中虽然约定了李某伟于领到房屋所有权证后十日和三个月内，分别向许某乐支付第二笔和第三笔购房款。但是，该“十日和三个月内”的期限，应限定在“本房屋的产权证如在合同约定的960天之前下发”的前提条件，即只有在涉案房屋所有权证在许某乐与博宏公司所签合同约定的960天之前下发的情况下，才适用上述“十日和三个月内”的支付期限。该补充约定实质上是对第一份补充协议中“如第三笔款项与开发商下产权日期（2013年6月30日之前）冲突，以开发商下产权日期为准支付”的具体化。因此，在涉案房屋所有权证未能在2013年6月30日之前下发的情况下，仍应适用第一份补充协议约定的支付期限。李某伟未在2013年6月30日之前向许某乐支付第二笔购房款，其行为已经

---

〔1〕 参见《最高人民法院公报》2006年第4期。最高人民法院(2005)民一终字第51号民事判决书。

构成违约。许某乐要求解除北京市存量房屋买卖合同及补充协议,有事实及法律依据,本院予以支持。[1]

【案例1-37】 易某诉李某定金合同纠纷案

二审法院认为,现双方争议的关键点在于对无法解除合同情形之理解,即"无法与徐某解除买卖关系"是否仅指"法院裁定继续履行合同"这一种情形,其余情况下不存在无法解除合同的问题,因而也不能免除李某的违约责任。对此,法院认为,从该条款的字面文字看,此处的"甲方无法与徐某解除买卖关系"与"法院裁定继续履行合同"上下文之间是相连贯的,即协议中的无法解除买卖关系是指"法院裁定继续履行"这一种情形。但是,无法解除买卖关系事实上并不仅仅有"法院裁定继续履行"这一种情形,还有其他情况存在,如本案中所出现的因徐某于宽限期内办出贷款而无法解除买卖关系便是一种。而从该条款的文字来看,并未考虑其他无法解除买卖关系的情形,因而亦未对此作出全面的约定。故根据该条款,只能认定"法院裁定继续履行"属于"无法与徐某解除买卖关系"之情形,但不能认定"无法与徐某解除买卖关系"仅指"法院裁定继续履行合同"这一种情形,因为尚有其他无法解除买卖关系的情形存在,而本案中所出现的即属合同未作明确约定而事实上属无法解除买卖关系之情形。对于合同未明确约定的情况,应根据法律规定的精神作出解释和处理。定金责任是在债务人不履行约定债务的情况下所适用的,而本案是由于徐某在宽限期内办出了银行贷款导致李某无法单方解除其与徐某的买卖关系,并非李某在能够解除却不去解除与徐某的买卖关系以便逃避与易某签订买卖合同,即李某不存在不履行债务之行为,因此亦不应适用定金罚则。[2]

3. 文义解释

文义解释结合诚实信用原则的适用问题。解释有争议的合同内容,一方面对争议约定应直接按照文义解释的方式,另一方面应综合考虑案件实际,依据签订合同时的具体情况,根据现代人通常理解,结合诚实信用的法律原则,以不利于提供人的解释来确定争议内具体含义。

---

〔1〕 参见国家法官学院案例开发研究中心编:《中国法院2016年度案例》(房屋买卖合同纠纷),中国法制出版社2016年版,第175页。

〔2〕 上海市第一中级人民法院(2010)沪一中民二(民)终字第915号民事判决书。

【案例1-38】 穆某生诉北京业达房地产开发有限公司房屋拆迁安置补偿合同纠纷案

二审法院认为,在拆迁安置补偿过程中,经穆某生与业达公司协商一致,业达公司同意给穆某生回迁楼房车库一个,业达公司应当履行。依据交易习惯及诚实信用原则,“车库”通常理解为用于放置汽车的空间,而非放置自行车和其他物品的空间。现双方均认可11.37平方米的车库无法放置汽车,20平方米的车库可以放置汽车,因此,原审法院根据实际情况酌情判定业达公司给付穆某生20平方米以上车库一个,如不能交付,补偿穆某生车库折价款20万元,合情合理,二审法院予以维持。[1]

【案例1-39】 尹某诉张某、杨某房屋买卖合同纠纷案

一审法院认为,关于张某提出依据交易协议第3条、第4条的规定而单方解除合同的问题。尽管该协议上述条款中载明任何一方在房屋过户前,有权随时解除合同并赔偿对方相应损失的相关内容,但对于行使解除权的适用或限定条件,需要结合文义解释和目的解释加以分析才能作出妥当结论。首先,在交易协议缔约当时,1202号房屋购房合同及所有权证书均由出卖人取得,因此房屋交易必然存在一定程度的风险,双方当事人对此亦应知晓。因此,该协议第3条、第4条中特别强调了房屋过户日期尚难以确定,并在此情形下由任何一方自由选择合同解除并赔偿损失的解决方式。合同能否履行完毕难以确定是导致双方达成上述缔约内容的事实基础。从尊重缔约本意和文义通常理解的角度判断,房屋权属转移的不确定性持续存在才能成为任何一方选择解约途径并最大限度地降低风险的前提条件。张某以1202号房屋权属转移时点划分行使解约权利的界限不符合文义解释的基本结论,故难以被采纳。本案中,张某自认已经取得涉案房屋所有权证书,由此能够说明房屋交易已经具备履行条件,同时在此之前张某亦未行使解除权利。根据上述分析结论,张某已经不具备解除合同的约定基础。其次,房屋买卖双方的缔约目的是交易达成并诚信履行,即使因交易障碍暂时存在而行使任意解除权,亦不应违反诚信履约的基本原则。因此,交易协议第3条、第4条中的相应条款解释必须符合目的解释。本案中,当出卖人在明知交易障碍已经消除,能够通过自身行为实现合同目的的情形下,却单方行使解除权影响交易正常履行,有悖于诚信履约的基本原则,若依据上述条款赋予其单方解除权,则不利于守约方的利益保护,明显违反了合同目的解释原则。因此,交易协议第3条、第4条约定内容的文义解释、目的解释均无法得出张某具有行使

---

〔1〕 参见国家法官学院案例开发研究中心编:《中国法院2015年度案例》(房屋买卖合同纠纷),中国法制出版社2015年版,第213页。

单方解除权的约定依据。故张某以此为由主张合同解除的理由法院不予采纳。二审法院亦持同样意见维持原判。[1]

合同解释虽应从文义解释入手,但是进行文义解释时,不应仅满足于对词语含义的解释,不应拘泥于合同所使用的不当词句,应将其置于整体去把握,进行整体解释。解释的内容不仅应满足合同目的,还应符合诚实信用原则。对个案中争议的事项予以界定,如判定合同解除后违约责任的整体承担,才是法律本意之体现。

【案例1-40】 王某华诉海南雅居乐房地产开发有限公司商品房买卖合同纠纷案

双方当事人对"累计应付款"含义的分歧是本案的争议焦点。首先,一审法院认为,关于合同解除后违约金责任如何承担的问题及对合同关于违约金约定的理解问题。原、被告于2010年6月13日签订的海南清水湾认购书、合同补充协议均约定部分房款的付款方式为按揭贷款,同时约定如果按揭贷款未能办理下来,买受人应付清剩余原贷款,如果买受人逾期90日仍未缴清的,出卖人有权解除合同,买受人须向出卖人支付总房款10%的违约金。此后,因按揭贷款无法办理,原、被告经过协商,将付款方式变更为分期付款,并于2010年10月31日签订海南清水湾认购书(编号:YH0016770),双方亦约定:"如因认购方原因逾期向出售方支付以上约定购房款超过90日的,出售方有权解除本认购书及商品房买卖合同、另行处置该物业,认购方须按总房价的10%向出售方支付违约金。"结合上述合同的约定可知,无论付款方式是按揭贷款还是分期付款,对因买房人逾期付款超90日导致合同解除,买房人应承担总房款10%的违约金责任是具体、明确的。其次,合同解除制度设置的目的在于因一方当事人的根本违约致使合同履行利益不能实现时,对方当事人能从中获得一定的补偿。因合同解除意味着交易失败,被告合同履行的利益不能实现,因此无论原告已支付的款项是多少,其应承担的因根本违约导致合同解除后果的违约责任应是一样的,而不是原告支付的房款越多,被告获得的救济就应该越少。而且,商品房买卖合同第七条约定的违约责任是为了弥补因买受人违约给出卖人带来的损失,违约性质越严重则违约责任越严重,即合同解除的违约责任必然比继续履行情形下的违约责任重,因此以已付款项的多少来衡量解除合同的违约责任,违背当事人订立合同的本意,也不利于维护合同的稳定性。综上,原告主张解除合同违约金

---

〔1〕 参见北京市高级人民法院研究室编:《审判前沿——新类型案件审判实务》(总第56集),法律出版社2017年版,第44~45页。

应是未付房款5599000元的10%即559900元,没有事实根据和合同、法律依据,本院不予支持。被告主张以总房款26499644元的10%即2649964.4元计收违约金有事实根据和合同、法律依据,本院予以采纳。二审法院调解结案。[1]

【案例1-41】 工业公司诉汤某志房屋买卖合同纠纷案

一审法院认为,本案中,双方争议的焦点在于对《买卖合同》第十一条的理解与适用,该条约定:"乙方承诺必须在甲方服务十年以上,未满十年离开集团公司时应交还所购住房并返还购房款,不退还所购住房的按市场同地段同品质商品房价格计价购房款(组织行为除外)。或者因乙方原因而致甲方与乙方的劳动关系终止的,乙方应与甲方劳动关系终止之日起三日内向甲方支付购买价届时市场价之价差,而无论届时乙方是否已将该房转售第三人。乙方因违反劳动合同法律、法规和甲方规章制度,甲方解除劳动关系的,按照本条第一款约定履行。因甲方原因导致乙方在甲方的服务期不满十年,或者乙方在此期间按照国家规定办理退休,则不需要甲方支付上述款项。"但双方在买卖合同中并未就组织行为予以明确界定,故应综合汤某志的关系、"组织行为"的文义、约定该条款的目的、交易习惯及诚实信用原则等方面运用文义解释、目的解释等解释方法予以确定。汤某志在服务期满之前申请辞职系出于个人原因,汤某志以其离职应适用组织行为为例外约定的抗辩意见没有事实和法律依据,一审法院不予采纳。汤某志未在工业公司服务十年,按照《买卖合同》的约定应当退还案涉房屋。但汤某志至今未腾退案涉房屋,汤某志应当向工业公司支付至本判决生效之日起至实际腾退涉案房屋之日止的房屋占有使用费。就房屋占有使用费的标准,一审法院参照工业公司提交的涉案房屋市场租金情况确定为每月5000元。二审法院同意一审法院裁判意见。[2]

实践中,法官可以直接从文字上加以解释。

【案例1-42】 汪某诉李某、闫某房屋买卖合同纠纷案

一审法院认为,《补充协议》约定的"十五日",表述十分明确,直接从文字上加以解释,即是"十五个自然日"。按照交易惯例,如为工作日,则必须明确加以规定,表述为"十五个工作日"。且在三方所签订的《房屋买卖居间

---

〔1〕 参见武雪丽、陈玫伊:《合同解释后违约责任应整体承担》,载《人民司法》2015年第6期。

〔2〕 参见国家法官学院、最高人民法院司法案例研究院编:《中国法院2023年度案例》(房屋买卖合同纠纷),中国法制出版社2023年版,第52页。北京市第一中级人民法院(2021)京01民终3104号民事判决书。

合同》中亦有“工作日”的表述，故本院认定上述约定中的“十五日”应为自然日。[1]

文义解释是合同解释的通常原则。

【案例1-43】　宝瞻公司诉坤煌公司商品房预售合同纠纷案

二审法院认为，权属证书系证明权属状况的形式之一，系权属证明的一种类型，权属证明系包含权属证书在内的证明权属状况的材料。《补充协议》第十条亦约定该条关于办理房屋权属证书的内容与第十七条第四项关于办理房屋权属证明的内容不一致的，以后者为准。故宝瞻公司二审主张权属证明是指证明权属的除产权证外的其他证明文件或书面证明不能成立。根据《补充协议》第十七条的约定，坤煌公司在宝瞻公司年度完成纳税额、连续纳税额、连续纳税年限或者缴纳足额的违约金或保证金之前，可不予办理讼争房屋的土地权属证明。宝瞻公司无证据证明其已履行《补充协议》第十七条约定的义务，其以坤煌公司未办理讼争房屋的权属证书为由请求坤煌公司支付逾期办证违约金的主张不能成立。综上所述，宝瞻公司的上诉请求不能成立，应予驳回。一审判决认定事实清楚，适用法律正确，应予维持。判决：驳回上诉，维持原判。[2]

（二）重大误解合同认定

重大误解合同，是指一方因自己的过错而对合同的内容发生了错误认识并在此基础上订立的合同。一般来说，重大误解合同必须具备以下要件：其一，表意人对合同的内容发生了错误认识。行为人因对行为的性质、对方当事人、标的物的品种、质量、规格和数量等的错误认识，使行为的后果与自己的意思相悖，并造成较大损失。其二，错误认识必须是重大的。在交易中，一方或双方当事人可能因各种原因对法律行为的内容发生错误认识，但并非各种错误认识都可导致法律行为被撤销，否则就会给非诚信一方的不履行提供了借口。其三，错误认识是由误解方自己的过失造成的。如果误解方的错误认识并非自己的过错所致，而系由他人的行为所致，则表意人不得主张撤销法律行为。其四，表意人基于错误认识而

〔1〕　参见国家法官学院案例开发研究中心编：《中国法院2018年度案例》（房屋买卖合同纠纷），中国法制出版社2018年版，第236页。

〔2〕　参见国家法官学院、最高人民法院司法案例研究院编：《中国法院2021年度案例》（房屋买卖合同纠纷），中国法制出版社2021年版，第35～36页。福建省厦门市中级人民法院（2019）闽02民终1242号民事判决书。

作出了意思表示。这一要件说明:首先,表意人要将其意思表示表达出来,否则无法评价其是否存在误解。其次,表意人作出的意思表示必须是因为误解而造成的,即表意人的意思表示与其错误认识之间具有因果关系。只有同时具备上述四个要件,才能构成重大误解。

【案例1-44】 泉州龙凤置业有限公司诉安溪县感德镇潘田村民委员会房屋买卖合同纠纷案

二审法院认为,《合同书》第七条价格与费用部分约定:"小区内老人活动中心及居委会的工程项目由龙凤置业公司、潘田村委会双方另行约定;小区内其他配套设施由龙凤置业公司建设,但潘田村委会、移民办不再支付工程款。"从该约定内容看,小区内老人活动中心及居委会的工程款项目并不属于不再支付工程款的范畴。而合同三方当事人在《协议书(补充二)》中明确约定潘田村委会向龙凤置业公司购买两套房。本案双方当事人也在2005年7月25日另行签订《办公楼买卖合同》,约定潘田村委会向龙凤置业公司购买5层办公楼。故潘田村委会有关其向龙凤置业公司购买办公楼等属重大误解、诉争房屋属于龙凤置业公司应予配套的设施而不再支付工程款等上诉理由不成立,其上诉请求不予支持。龙凤置业公司已交付房屋,潘田村委会未按合同约定支付全部购房款,龙凤置业公司要求潘田村委会支付尚欠购房款及逾期付款利息,依法应予支持。原判正确,应予维持。[1]

【案例1-45】 叶某、陈某瑛诉上海垄盛房地产开发有限公司商品房预售合同纠纷案

二审法院认为,根据查明的事实及《最高人民法院关于贯彻执行〈中华人民共和国民法通则〉若干问题的意见(试行)》第七十条等规定,叶某、陈某瑛有关因垄盛公司误导而致其误认金山铁路为地铁,属重大误解的主张,不属于法律规定的"对行为的性质、对方当事人、标的物的品种、质量、规格和数量等的错误认识,使行为的后果与自己的意思相悖"等可以被认定为重大误解的情形,叶某、陈某瑛亦未充分举证证明其存在较大损失。对此,原审法院已有详尽阐述,二审法院均认同,在此不再赘述。[2]

---

〔1〕 参见国家法官学院案例开发研究中心编:《中国法院2014年度案例》(房屋买卖合同纠纷),中国法制出版社2014年版,第208页。

〔2〕 参见国家法官学院案例开发研究中心编:《中国法院2015年度案例》(房屋买卖合同纠纷),中国法制出版社2015年版,第12页。

(三)代理权认定

构成表见代理要满足以下条件:第一,行为人并没有获得本人的授权就与第三人签订了合同;第二,合同的相对人在主观上必须是善意的、无过失的。

【案例1-46】　崔某宽、葛某风诉龚某超、季某英房屋买卖合同纠纷案

二审法院认为,龚某云的代理行为构成表见代理,龚某超作为合同相对人应承担相应的责任。理由:(1)龚某超以自己的名义签订了拆迁安置补偿协议,且已于2010年12月28日和2011年1月1日出售了协议项下的安置房,其应对该协议妥善保管。但根据孙甲诉龚某超、季某英、周某房屋买卖合同一案以及孙乙诉龚某超、季某英、周某房屋买卖合同一案的审理可知,龚某云曾持以龚某超名义签订的拆迁安置补偿协议原件到不同中介处出售房屋,其中龚某超对龚某云出售房屋给孙甲一事不仅知情并签字确认,且丁某所提供的录音可以证实,龚某超在龚某云与崔某宽、葛某风签订房屋买卖合同时,曾到过房屋中介处,但并未阻止龚某云签订合同。据此,龚某超在处理自身事务方面的过失致使龚某云的行为在客观上已具备代理权的表象。(2)再从崔某宽、葛某风的主观因素分析,龚某云作为龚某超的父亲,持有拆迁安置补偿协议原件以及将被拆迁房屋赠与龚某超的文书,且以龚某超名义签订房屋买卖合同,加之龚某超曾到过中介处的事实,据此,对于信任龚某云具有代理权,崔某宽、葛某风应是善意且无过失的。(3)在王某诉龚某超、季某英、王某梅一案中,龚某超抗辩龚某云受案外人卢某的委托出售房屋给王某,该案中,龚某云并未以龚某超名义在拆迁安置协议上签字,在签订合同后提供的赠与手续亦为卢某出具,且龚某超还提供了由龚某云以个人名义签订的其他类似房屋买卖合同。综合该案的证据以及龚某超的抗辩可知,龚某云对于出售以龚某超名义取得的房屋和代理同村村民出售房屋是有明确区分的,据此,亦可推知龚某超为本案合同相对人。因龚某云代理龚某超签订《房屋买卖合同》的行为构成表见代理,龚某超为合同相对人,龚某云以龚某超名义收取的购房款应视为龚某超已收取相应款项。在龚某超拒绝履行合同义务的情况下,原审判决解除龚某超与崔某宽、葛某风的《房屋买卖合同》并无不当,龚某超应向崔某宽、葛某风返还购房款25.6万元。[1]

---

〔1〕 参见国家法官学院案例开发研究中心编:《中国法院2015年度案例》(房屋买卖合同纠纷),中国法制出版社2015年版,第202页。

【案例1－47】 孟某君诉烟台天鸿置业有限公司、乳山市渤海房产销售信息服务中心商品房预售合同纠纷案

一审法院认为，本案中，被告乳山市渤海房产销售信息服务中心以被告烟台天鸿置业有限公司的名义销售由烟台天鸿置业有限公司开发的海之缘花苑小区99号住宅楼并与买受人签订认购书、收取房款，应当认定被告乳山市渤海房产销售信息服务中心系被告烟台天鸿置业有限公司的销售代理人，被告乳山市渤海房产销售信息服务中心的行为后果应由烟台天鸿置业有限公司承担。由于被告乳山市渤海房产销售信息服务中心未向本院提交具体的授权委托书，应视为授权不明，代理人乳山市渤海房产销售信息服务中心应负连带责任。二审法院亦持同样意见，维持一审判决。[1]

明知委托书非被代理人签字，不构成表见代理。

【案例1－48】 武某诉补某军、王某霖房屋买卖合同纠纷案

二审法院认为，补某军根据中介人员提议，委托王某霖先与客户见面。“与客户见面”通常理解是对房屋买卖事宜进行初步接洽，介绍房屋现状、了解房屋价格、支付方式、履行期限等情况，并不包含签署相关法律文件。在补某军并未向王某霖出具合法有效的书面授权委托书的情况下，应认定王某霖并未得到补某军委托其签署售房文件的授权。故王某霖代理补某军签署《房屋买卖合同》《补充协议》等文件属于超越代理权，未经补某军追认，对补某军不发生效力。签订合同时，王某霖持有产权证并不能说明其有权签署售房文件。王某霖持有结婚证仅能说明其与补某军是夫妻关系，但出售房屋不属于家事日常代理范围，不能说明其有权签署售房文件。王某霖现场签署的《配偶同意声明》《承诺书》与是否得到补某军的授权无关。王某霖现场代替补某军签署《委托书》，不仅不能证明其有权签署售房文件，反而证明王某霖并未得到签署售房文件的正式授权。因此，王某霖并没有被授予代理权的外观表象，武某没有任何理由相信王某霖已经得到补某军委托其签署售房文件的正式授权。补某军委托王某霖先行与买受人见面不存在过错，亦谈不上可归责于被代理人的问题。武某主张构成表见代理，不能成立。相对人知道或者担心行为人是无权代理的，可以催告被代理人在一个月内予以追认。二审法院认为被代理人未作表示的，视为拒绝追认。王某霖代理补某军签署《委托书》时，武某在场。武某应当知道王某霖尚未取得补某军的正式授权，但武某未行使催告权。现无证据证明补某军表示追认，应视为其拒绝追认。据此

---

〔1〕 参见国家法官学院案例开发研究中心编：《中国法院2018年度案例》（房屋买卖合同纠纷），中国法制出版社2018年版，第171页。

判决:驳回上诉,维持原判。[1]

【案例1-49】 江某与乐某甲、乐某乙房屋买卖合同纠纷案

一审法院认为,原告江某与乐某乙签署案涉合同时,乐某乙提供了买受人是乐某甲的《商品房买卖合同》及乐某甲的离婚协议书。结合乐某乙庭审时主张签合同时其声称是案涉房屋的所有人,合同中乐某乙在签乐某甲名字时并未注明是代签,且在备注条款中也注明了卖方是用亲戚名义购买,签完合同15个工作日内作委托公证,可以推出,原告在签署合同时,因乐某乙的上述行为,认为案涉房屋乐某乙是实际产权人而有权出卖,而不是乐某乙代理乐某甲卖房,故原告主张乐某乙对乐某甲构成表见代理,没有事实依据,法院不予支持。案涉合同签署后,因乐某乙并未提供乐某甲的授权委托书,乐某甲对乐某乙的行为亦不予认可,故案涉合同对乐某甲不发生效力。根据《买卖合同解释》第三条的规定,乐某乙主张案涉合同无效,本院不予采纳。案涉合同未违反法律、法规强制性规定,对乐某乙、原告发生法律效力。[2]

子女代父母签订房屋买卖合同,不能仅凭近家属关系便认定构成表见代理。

【案例1-50】 汪某龙诉季某等房屋买卖合同纠纷案

一审法院认为,在本案中,主要涉及三个问题:其一是签订该房屋买卖合同的主体问题。虽然合同载明出售方系季某等三人,但签字处只有汪某龙和季某的签字,刘某兰为季某代签,故签订该房屋买卖合同的主体为汪某龙与季某、刘某兰。其二是季某的行为是否构成表见代理。构成表见代理需存在使相对人相信代理人享有代理权的事实和理由,并且要求相对人善意且无过错。从该房屋买卖合同的形式上看,季某代签刘某兰,是以被代理人名义订立的合同,但在明知案涉房屋系刘某兰单独所有,季某无任何授权委托的情况下,仅凭季某系刘某兰女儿的事实就认定季某有代理权,不符合表见代理的构成要件。同时,按照交易习惯,汪某龙及中介机构应当知道买卖房屋应当与具有房屋处分权的出卖人签订合同,作为房屋买受人,汪某龙应有起码的审查、注意义务,汪某龙与季某签订房屋买卖合同的行为,有一定过错,故季某以刘某兰名义签订房屋买卖合同的行为,不构成表见代理。[3]

---

〔1〕 参见国家法官学院、最高人民法院司法案例研究院编:《中国法院2020年度案例》(房屋买卖合同纠纷),中国法制出版社2020年版,第172页。北京市第一中级人民法院(2018)京01民终1299号民事判决书。

〔2〕 参见国家法官学院案例开发研究中心编:《中国法院2018年度案例》(房屋买卖合同纠纷),中国法制出版社2018年版,第161页。

〔3〕 参见国家法官学院、最高人民法院司法案例研究院编:《中国法院2020年度案例》(房屋买卖合同纠纷),中国法制出版社2020年版,第189页。四川省邛崃市人民法院(2018)川0183民初1077号民事判决书。

【不同处理】 个案中,有的法院认为亲属代售、代买行为构成表见代理。

【案例1-51】 肖某玉诉肖某芳房屋买卖合同纠纷案

一审法院认为,2018年10月13日,虽然原告与被告签订了《房屋买卖合同》,约定的付款时间是原告将房屋过户给被告,被告未支付购房款,但是通过庭审调查情况,结合法院确定的有效证据,能够确认原告系基于其与第三人签订的《不动产买卖合同》而直接将房屋过户给被告,且根据被告提交的原告在与第三人签订的《不动产买卖合同》第一页载明肖某阳系原告之子作为卖方代理人,故第三人将购房款直接给肖某阳,应当视为第三人履行了合同约定的付款义务。在此情形下,该交易行为也符合原告与第三人之间签订的《不动产买卖合同》第3—3、3—4条的约定,故第三人陈述,原告受第三人的指示与被告签订了《房屋买卖合同》,将房屋直接过户给被告的陈述意见法院予以采纳。综上,原告的合同解除权条件不成就,其要求解除其与被告签订的房屋买卖合同,并返还房屋的诉讼请求法院不予支持。判决:驳回原告肖某玉的诉讼请求。[1]

对不构成表见代理的,对被代理人不发生效力,被代理人也不承担行为后果,而是由行为人承担相应的责任。

【案例1-52】 孙某锦诉郭某忠、孟某房屋买卖合同纠纷案

一审法院认为,在本案中,孟某与郭某忠的叔嫂关系非直系亲属,不具有紧密的财产关系,不足以构成房屋买卖交易中作为相对人判断行为人具有代理权的身份条件。且授权委托书上记载的委托人身份证号码明显错误,稍加注意即可辨识。综上,孟某的行为不构成足以使孙某锦客观上有充分理由相信孟某具有代理权的表征,对孙某锦坚持孟某行为构成表见代理的主张,不予支持。行为人没有代理权、超越代理权或者代理权终止后以被代理人名义订立的合同,未经被代理人追认,对被代理人不发生效力,由行为人承担责任。在本案所涉及的北京市存量房屋买卖合同等合同、授权委托书、《承诺不自行办理缴税、过户的声明》、网上签约授权委托书,均无郭某忠签字,郭某忠亦未追认,且于诉讼中郭某忠对孟某的售房行为仍坚持不追认,故孟某的行为属没有代理权的个人行为,对郭某忠不发生效力。综上所述,孙某锦要求继续履行合同的诉讼请求,没有依据,本院不予支持。[2]

---

〔1〕 参见国家法官学院、最高人民法院司法案例研究院编:《中国法院2021年度案例》(房屋买卖合同纠纷),中国法制出版社2021年版,第225页。湖北省荆州市沙市区人民法院(2019)鄂1002民初1060号民事判决书。

〔2〕 参见国家法官学院案例开发研究中心编:《中国法院2018年度案例》(房屋买卖合同纠纷),中国法制出版社2018年版,第157页。

【案例 1－53】 陈某根诉刘某清、严某英房屋买卖合同纠纷案

一审法院认为，根据本案查明的事实，严某英是刘某清的母亲，持有刘某清的房产证，并且配合看房，但仅此因素，并不能得出陈某根在签约时有理由相信严某英有代理权的结论。陈某根主观上虽为善意，但存在过失，其在签约时未对严某英的代理权限进行谨慎的审查，在严某英无法出具书面授权委托书的情况下，听信严某英的单方承诺，有明显的过失。因此本案并不符合表见代理的构成要件。根据《合同法》第四十八条第一款的规定，严某英签订的《房屋买卖合同》未经刘某清追认，对刘某清不发生效力。因此，刘某清无须依照《房屋买卖合同》的约定承担责任。严某英签署的《产权人及共有人未到场声明》，应认定为严某英与陈某根达成的协议，合法有效。根据其中的约定，严某英应当依约承担向陈某根支付违约赔偿金 50 万元的责任。二审法院亦持同样意见，维持一审判决。[1]

行为人代理无民事行为能力人签订房屋买卖合同，相对人知晓行为人代理意思的，构成间接代理而不构成表见代理。间接代理人无代理权而实施代理行为，本人不追认该代理行为的，行为效果不归于本人，由代理人对相对人负债务不履行责任。

【案例 1－54】 孙某刚诉吕某民房屋买卖合同纠纷案

二审法院认为，吕某民是无民事行为能力人，应由其法定代理人吕某珍代理民事活动。因此，判断卫某军是否有权代理，应考察吕某珍是否授权卫某军签订协议书，或者吕某珍事后追认卫某军的代理行为。(1)从本案查明的事实来看，卫某军在签约时并未持有吕某珍的书面委托书，目前也没有证据可以证明吕某珍曾口头委托卫某军签订协议书。因此，可以认定吕某珍并未委托卫某军签署协议书。(2)根据《合同法》的规定，关于无权代理，相对人可以催告被代理人在一个月内予以追认，被代理人未作明确表示的，视为拒绝追认。可见，法律对于被代理人追认规定了严格的条件，追认必须以明示的方法作出。因此，本案中吕某珍到中介公司询问卫某军是否已经出售系争房屋，以及吕某珍委托律师办理宣告吕某民无民事行为能力两节事实，均不能认定吕某珍追认卫某军的代理行为。(3)房屋买卖是重大的民事活动，本案原告明知房屋产权人是吕某民，且吕某民是智力残疾人，仅凭卫某军持有房屋产权证、吕某民的身份证、银行卡等原件，也不足以认定原告有理由相信卫某军有代理权，因此也不能认定为表见代理。综上，本院认定卫某军无

---

〔1〕 参见国家法官学院、最高人民法院司法案例研究院编：《中国法院 2020 年度案例》（房屋买卖合同纠纷），中国法制出版社 2020 年版，第 184～185 页。福建省福州市中级人民法院（2018）闽 01 民终 9463 号民事判决书。

权代理吕某民签订《售房定金协议书》,《售房定金协议书》对吕某民不发生效力。原告要求吕某民履行买卖合同(实为《售房定金协议书》)配合办理过户手续的诉讼请求,应予驳回。《售房定金协议书》对吕某民不发生效力,应由行为人卫某军承担责任。因此,原告要求解除《售房定金协议书》、卫某军返还购房款的请求,本院予以支持。合同解除后,原告有权要求赔偿损失。原告主张的中介费损失,该费用客观上已经发生,卫某军应予赔偿。原告主张的房屋差价损失,因《售房定金协议书》无法继续履行客观上导致了原告丧失交易的机会,在目前房价上涨的情形下,房屋差价损失客观存在,但本院考虑到原告明知卫某军并非产权人也未获得授权,仍与卫某军签订协议,且未及时催告权利人是否追认卫某军的代理行为,综合考虑本案中原告及第三人的过错,双方实际履行情况等因素,酌定卫某军赔偿房屋差价损失90万元。〔1〕

公司认可职员相关签约行为是职务行为的,职员以该公司的名义与第三人签订的房屋买卖合同的效力及于该公司,其职务行为构成表见代理。

【案例1－55】 杭州千岛湖绿色世纪房地产开发有限公司与张某、邯郸市三强房地产开发有限公司房屋买卖合同纠纷案

一审法院认为,根据各方当事人诉辩主张,本案争议关键在于杨某某以世纪公司名义与张某签订的《预购房协议》对世纪公司是否具有约束力。从世纪公司与三强公司《合作开发协议》第4条约定的三强公司的权利义务内容来看,自本协议签订后,实施天清岛度假别墅项目所需资金全部由三强公司投资,并进行独立开发、独立核算、自负盈亏,其中所发生的债权债务及税收全部由三强公司承担;三强公司可自行确定销售价格、营销策划方案,但必须符合国家的政策法令,如有违反世纪公司有权监督;三强公司负责商品房销售,但商品房销售合同必须送世纪公司存档,在销售过程中有欺诈行为世纪公司有权阻止。因此,三强公司对案涉别墅享有销售权利。《合作开发协议》第5条虽有三强公司签订涉及天清岛度假别墅项目合同、协议,均需世纪公司盖章存档,否则世纪公司不承担任何责任的约定,但从该条款名称“合同和财务管理”及结合上述第4条约定内容来看,世纪公司盖章程序仅仅是世纪公司与三强公司之间内部存档手续,并不影响三强公司对外签订合同的效力。而且三强公司在本诉讼中认可杨某某相关签约行为是职务行为,因此杨

〔1〕 参见最高人民法院中国应用法学研究所编:《人民法院案例选》2019年第11辑(总第141辑),人民法院出版社2020年版,第116～117页。上海市第一中级人民法院(2017)沪01民终5107号民事判决书。

某某以世纪公司名义与张某签订的《预购房协议》的效力及于世纪公司。[1]

在代理制度中，为防止被代理人滥用代理权，确定了一系列对本人的保护制度，如代理利益取向、任意解除权和侵权损害赔偿。在基础代理利益取向中，基础理论认为代理行为须以本人利益为取向，凡不为本人计算的行为均应受到否定性评价，即自己契约之禁止和双方代理之限制，由此衍生出第三人善意取得的平衡制度。实践中，法官依代理利益取向和善意取得判断代理行为是否成立。

【案例1－56】　刘某明、吴某梅诉郁某毅、周某玉房屋买卖合同纠纷案

二审法院认为，郁某毅基于刘某明、吴某梅的公证授权委托及持有刘某明、吴某梅交予的讼争房产权属证书原件，以刘某明及刘某明、吴某梅的名义与周某玉签订《房产买卖协议》《存量房买卖合同》。周某玉亦基于对公证授权委托的信赖及郁某毅持有讼争房屋权属证书原件的状态，有理由相信郁某毅有权代为出售讼争房产。因此，讼争房产买卖是双方当事人的真实意思表示。且郁某毅在收到周某玉支付的购房款后亦基于公证委托事宜代为偿还了设在讼争房产上的债务，注销了讼争房产上的抵押权。根据公证委托书的授权权限，郁某毅作为刘某明、吴某梅的受托人有权出售讼争房屋，代为选定买方并与其商定房产交易价格、房款支付方式等。郁某毅、周某玉根据讼争房产的实际情况，最终商定以140万元作为成交价，符合交易自愿的原则。而根据厦门市现行的二手房交易管理制度，交易管理部门对二手房交易成交价合理与否采取审核制，并最终确定是否以买卖双方申报的价格作计税依据。本案讼争房产的成交价140万元已经房产交易管理部门的审核通过，并作为计税依据，说明该成交价尚属合理范围。一审根据讼争房产评估价，认定双方交易价格未明显低于市场交易价的70%，并非“明显不合理的低价”，并无不妥。刘某明、吴某梅在债务消除后才以郁某毅违背委托公证本意，与周某玉恶意串通，低价出售讼争房产等理由提起本案诉讼，有违诚实信用原则。刘某明、吴某梅要求赔偿经济损失5000元，缺乏事实和法律依据。[2]

《民法典》第九百二十五条规定了隐名代理。对此可以理解为：其一，委托人与受托人之间存在委托的合意且具有授权行为。其二，受托人在委托人授权范围内活动。其三，第三人知道隐藏于后的委托人存在。在满足上述三个要件后，根据隐名代理制度，委托人与第三人之间便建立起直接的权利义务关系。

---

〔1〕　浙江省高级人民法院(2014)浙民提字第23号民事判决书。

〔2〕　参见国家法官学院案例开发研究中心编：《中国法院2018年度案例》(房屋买卖合同纠纷)，中国法制出版社2018年版，第164～165页。

【案例1-57】 何某顺诉何某瑞、马某荣、王甲、王乙农村房屋买卖合同纠纷案

一审法院认为,不动产物权请求返还财产之请求权的主张不适用诉讼时效的规定,故马某荣、王乙主张何某顺之诉讼请求已过诉讼时效之答辩意见,法院不予采信。民事主体从事民事活动,应当遵循诚信原则,秉持诚实、恪守承诺。结合原、被告双方提供的证据及法院查明的事实综合判断,何某顺对何某瑞将案涉房屋卖给王某华一事应为明知,理由在于:(1)依照当地乡规民俗,1996年时案涉房屋所在地的村民法律意识不高、交通不便,亲属间委托处分物权的情况十分常见,且一般均系口头委托;(2)王某华自1996年即占有使用案涉房屋,何某顺的户口一直在崔家峪村,因清明扫墓、选举等事宜,其或家人几乎每年都回崔家峪村,其称2017年起诉时方知房屋被王某华占有使用之主张,其间间隔长达20余年,与常理不符;(3)结合崔家峪村委会之两份证明及村干部谈话、证人证言等证据可见,村内虽无人见到何某顺委托何某瑞出卖案涉房屋的委托书,但王某华购买案涉房屋且使用至今系村内公认之事实,结合当地熟人社会之特点,何某顺虽全家搬至顺义区生活,但其在崔家峪村尚有亲属及熟人,王某华在占有案涉房屋期间拆除了两家之间的院墙并占用案涉房屋院落内的面积加盖了洗澡间,何某顺在起诉前从未就此事向村委会提出异议与常理不符。综上,法院认为被告方提交的证据,证明力要明显大于何某顺提交的证据,故何某顺主张判令被告马某荣、王甲、王乙返还案涉房屋之诉讼请求,证据不足,法院不予支持。退一步说,无权处分他人财产的买卖合同,亦是有效的债权合同。即便何某瑞的确是在没有何某顺委托的情况下擅自出卖案涉房屋,故何某顺要求主张确认何某瑞与王某华于1996年11月21日签订的房屋买卖协议无效之诉讼请求,亦于法无据,法院不予支持。判决:驳回何某顺的全部诉讼请求。

二审法院认为,何某顺要求马某荣等返还涉诉房屋,其认为本人没有出售涉诉房屋。然而结合查明的事实,二审法院高度认同一审法院对于本案所作的说理性分析,故针对何某顺的上诉理由,仅作如下补充性论证。首先,从主体性角度。何某顺和何某瑞系兄弟关系,何某瑞于本案中辩称其是接受何某顺的委托出售涉诉房屋。同胞兄弟,面对市场交易,所作陈述不利于己方亲属者,当更接近事实本来面目,除非亲属间存在冲突性利害关系,综观本案,未见此类证据。其次,从时间性角度。对于何某顺而言,若故居被他人无理占有20余年而不过问,显然与常理相悖,何某顺以数次回村未进院落查看为由否定知晓王某华占有房屋难以令人信服,再结合相关的村委会调查笔录,法院认为何某顺不仅知晓且同意出售涉诉房屋,且缺乏否定涉诉契约效力的法律依据。最后,何某顺提出何某瑞与王某华、马某荣、王甲、王乙恶意串通一事,法院认为,何某顺的主张无证据支持,法院不予支持。综上所述,何某顺的上诉请求不能成立,应予驳回;一审判决认定事实清楚,适用法律正确,应予维持。判决:驳回上诉,维持原判。[1]

行为人没有代理权,仍然实施代理行为,经被代理人追认的,对被代理人发生效力。

【案例1-58】 刘某萍诉李某光、史某房屋买卖合同纠纷案

二审法院认为,关于房屋买卖合同效力问题,一方面,李某光作为涉诉房屋登记的所有权人,史某作为李某光的母亲,具有近亲属关系。另一方面,史某持有房屋钥匙及房屋产权证等相关材料。无论是从身份关系还是从掌控房屋的情况,史某均可以作为出售房屋的代理人身份。李某光的谈话录音表明其对于史某出卖房屋的事实是知晓的,虽然对于房款的付款方式存在异议,但也仅限于李某光与史某之间,李某光在知晓出售房屋情况后并未以任何方式向刘某萍主张不出售房屋或返还房屋的意思表示,因此,可以认定史某具有出售房屋的代理权。刘某萍与史某代表李某光达成的房屋买卖合同有效。刘某萍与史某于2013年达成了出卖房屋的合意,且达成合意后向刘某萍交付了房屋及房屋所有权证原件,并于2013年至2017年收取了刘某萍及其女儿所交付的全部房屋价款120万元。房屋买卖合同的买受人义务是支付房屋价款,出卖人义务为交付房屋并配合办理所有权转移手续,刘某萍已经支付了全部房款120万元,房屋买卖合同的买受人义务已经履行完毕,出卖人履行完毕房屋交付义务,李某光应当履行剩余的出卖人义务,协助刘某萍办理房屋所有权转移手续。判决:一、原告刘某萍与被告李某光继续履行案涉房屋买卖合同;二、被告李某光协助原告刘某萍办理房屋所有权转移手续。二审法院同意一审法院裁判意见,判决:驳回上诉,维持原判。[2]

家事代理的房屋买卖合同受法律保护。

【案例1-59】 汪某秀诉刘某高房屋买卖合同纠纷案

一审法院认为,本案的争议焦点为案涉房屋买卖合同的效力问题。第一,从庭审查明的情况看,原、被告签订的房屋买卖合同是双方当事人的真实意思表示,第三人确认合同无效的主要理由是原、被告规避第三人签订买卖合同,第三人不同意、未追认,这与签订合同后两日内被告与第三人共同将案

---

〔1〕 参见国家法官学院、最高人民法院司法案例研究院编:《中国法院2021年度案例》(房屋买卖合同纠纷),中国法制出版社2021年版,第220~221页。北京市第三中级人民法院(2019)京03民终11129号民事判决书。

〔2〕 参见国家法官学院、最高人民法院司法案例研究院编:《中国法院2022年度案例》,中国法制出版社2022年版,第187页。天津市第三中级人民法院(2020)津03民终4775号民事判决书。

涉房屋一楼正在经营的服装门面交付原告的事实明显不符,第三人显然知晓并同意房屋买卖,故第三人的该项主张与查明的事实不符,不予采纳。第二,从一般人的认知水平看,案涉房屋登记在被告名下,被告作为主要家庭成员与原告签订房屋买卖合同,与第三人共同交付第三人经营的一楼门面,原告有足够的理由相信并认可被告能够代表家庭出售房屋。因此被告的行为构成法律上的家事代理,其行为后果应由被告与第三人共同承担。第三,从合同的履行情况看,原告支付了合理对价,被告与第三人履行了房屋所有权证书及一楼房屋的交付义务,已构成法律上的善意取得,虽然未完成物权变更登记,但是不影响原告的主张权利。……综上,原、被告签订的房屋购买合同系双方当时的真实意思表示,合同内容不违反法律和行政法规的强制性规定,为有效合同。第三人作为房屋共有权人,应当与被告履行腾退房屋及协助过户义务。判决:一、原告汪某秀与被告刘某高于2017年6月2日签订的房屋购买合同有效;二、被告刘某高与第三人王某芳将位于建始县官店镇的房屋第二层腾退并交付给原告汪某秀,协助原告汪某秀办理案涉房屋的所有权及土地使用权过户登记;三、驳回第三人王某芳的诉讼请求。二审法院同意一审法院裁判意见,判决:驳回上诉,维持原判。〔1〕

(四)善意取得认定

在房屋买卖中的善意取得,是指无权处分人将房屋转让给购房人,如果购房人购房时出于善意,则购房人将依法取得房屋所有权。构成善意取得,首先要求购房人在主观上是善意的。一般来说,善意是指不知情,即不知道或不应当知道让与人转让房屋时没有处分该项财产的权利。

【案例1-60】 朱某某与汪某某房屋买卖合同纠纷案

再审法院认为,本案中,朱某某购房时曾看过房,确认当时有装修迹象。朱某某与紫云物业公司签订的买卖合同确认按现状交付,在正常情况下,出卖方无须对房屋再进行装修。但是朱某某疏忽,没有进一步追问装修的情况,以至于未能及时发现该房当时实际为汪某某装修,从而未能发现该房屋已经卖给了汪某某,在主观上存在过错。朱某某该过错系属未尽审慎义务,以致应当知道该房屋系一房二卖及紫云物业公司无权处分而未能知道,其行

---

〔1〕 参见国家法官学院、最高人民法院司法案例研究院编:《中国法院2022年度案例》,中国法制出版社2022年版,第190~192页。湖北省恩施土家族苗族自治州中级人民法院(2021)鄂28民终19号民事判决书。

为后果是对汪某某的合法债权构成侵害,不符合善意取得的要件。2007 年 7 月 25 日朱某某出具承诺书,明确“因百合路 × ×路的房产与向罗兰德公司购买的汪某某先生有纠纷,因此紫云物业公司将向现房屋所有人朱某某推迟两个月交楼。朱某某同意延迟交楼并保证在两个月内不向紫云公司主张交楼和入住的权利”。此时朱某某已确知一房二卖的情形,而且汪某某已经提起诉讼,但朱某某不顾自身风险,仍然于 2007 年 8 月 23 日通过招行体育西支行向紫云物业公司支付购房款 80 万元,其行为违反诚实信用原则,亦不符合一个善意购房人的主观心态。因此,朱某某在与紫云物业公司的交易过程中,存在依当时情形应当知道该房屋系一房二卖及紫云物业公司无权处分而竟然不知道及在已经知道房屋系一房二卖的情形下仍然冒险支付购房尾款 80 万元的主观过错,不属于善意取得,因而本案讼争房产虽然已经登记于朱某某名下,但不应受登记公信力的保护。[1]

【案例 1 -61】 卢甲诉卢乙、崔某云确认房屋买卖合同无效纠纷案

二审法院认为,本案中,卢乙与崔某云签署涉案房屋买卖合同时,卢乙是买卖标的房屋的登记所有人,且卢甲并未提供证据证明崔某云对该房的实际所有权人并非卢乙一事知情;崔某云信赖登记购买房屋,应属善意。至于房屋的交易价格问题,考虑到娄某永、娄某会曾就润生园小区回迁与卢乙签订一系列房屋买卖合同,且已经陆续向卢乙支付了购房款 30 万元,在购买润生园小区回迁房之合同迟迟不能履行及合同目的无法实现的前提下,崔某云与卢乙签订涉案房屋买卖合同,以娄某永、娄某会支付的 30 万元作为对价购买涉案房屋,具备合理性,仅凭此不足以认定卢乙与崔某云存在恶意串通之情形,故卢甲据此主张合同无效,缺乏事实依据,法院亦不予支持。综上所述,卢甲的上诉请求及理由,缺乏法律依据,法院不予支持。一审法院认定事实清楚,适用法律正确,应予维持。判决:驳回上诉,维持原判。[2]

关于善意取得中的无权处分,北京市高级人民法院《关于审理房屋买卖合同纠纷案件适用法律若干问题的指导意见(试行)》第十八条列举了典型的无处权分类型。但实践中出现不属于列举的几种常见情形对其是否属于无权处分的认定是疑难问题。交易开始时涉案房屋权利不存在瑕疵,购房人有处分权,但交易完成后,购房人借以取得房屋权利的买卖合同被法院生效判决确认无效。合同无效是自始无效,其效力追溯到合同签订之时,因此购房人自始未取得房屋的处分

〔1〕 广东省高级人民法院(2013)粤高法审监民提字第 132 号民事判决书。

〔2〕 参见国家法官学院、最高人民法院司法案例研究院编:《中国法院 2020 年度案例》(房屋买卖合同纠纷),中国法制出版社 2020 年版,第 270 ~ 271 页。北京市第二中级人民法院(2018)京 02 民终 6593 号民事判决书。

权。可见,即使交易时,房屋登记在购房人名下,但因购房人自始没有取得房屋的处分权,其出卖房屋的行为仍然是无权处分。审理此类纠纷不应仅仅从法律条文的字面意思进行评判,而应当从立法原意出发,严格进行法律逻辑推理,充分保护当事人的合法权益。

【案例1-62】 郭某平诉程某琛等房屋买卖合同纠纷案

再一审法院认为,本案中,程某琛与诉争房屋原产权人恶意串通所订立的买卖合同已被确认无效,其将房屋再行出售给商某国的行为系无权处分,但合同有效不以处分人对标的物享有处分权为要件,郭某平以程某琛取得诉争房屋所依据的合同无效为由主张程某琛与商某国签订的买卖合同无效,法院不予支持。程某琛与商某国签订的买卖合同系双方的真实意思表示,根据现有证据应当认定其合法有效。关于商某国购买房屋前是否已知房屋产权存在争议,仍以明显低于市场价的价款购得诉争房屋的问题。首先,根据已查明的事实,商某国系通过委托中介公司即北京中兴置业房地产经纪有限公司进行购房代理,所购房屋当时登记在程某琛名下,且中介公司出示了经公证的售房委托书,郭某平主张商某国购房前已知房屋产权存在争议,非善意购房人证据不足,法院不予支持。其次,本案中商某国与程某琛先后签订的两份买卖合同及商某国与中介公司签订的合同对诉争房屋售价有不同约定,综合双方提供的证据,法院认为商某国为购买诉争房屋实际支付的价款为673000元,该价款基本符合购房时的市场价格。另,2005年6月29日,商某国取得了诉争房屋的所有权证,随后装修入住。根据现有证据,商某国在诉争房屋的买卖中系善意第三人,构成善意取得。郭某平因此所受经济损失可另行向相关责任人追偿,本案对此不予处理。再二审法院亦持同样意见,维持一审驳回郭某平的诉讼请求。[1]

有法官认为,将无权处分法定共有房屋中损害赔偿请求权的享有主体限定为善意买受人,符合法的价值要求,是诚信原则的具体体现,并已为立法和司法实践所确认,应当作为司法裁判考量的因素。从统一司法裁判尺度、保护交易安全与提升登记的公信力等角度出发,应当采用推定善意规则,即受让人基于对登记信息的合理信赖而为的交易行为应推定为善意。[2]

---

〔1〕 参见国家法官学院案例开发研究中心编:《中国法院2015年度案例》(房屋买卖合同纠纷),中国法制出版社2015年版,第207页。

〔2〕 参见李丹、张荣华:《无权处分共有房产致买卖合同解除时的损害赔偿》,载《人民司法·案例》2017年第20期。

(五)立约定金认定

立约定金设立在主合同签订之前,其目的是担保合同的订立。当事人约定以交付定金作为订立主合同担保的,给付定金的一方拒绝订立主合同的,无权要求返还定金,接收定金的一方拒绝订立合同的,应当双倍返还定金。

【案例1-63】 颜某灵诉蔡某娜房屋买卖合同纠纷案

二审法院认为,本案双方当事人在2005年9月4日达成房屋买卖意向,但尚未签订正式的房屋买卖合同,上诉人蔡某娜先行收取被上诉人颜某灵的定金50000元即属于立约定金。此后,被上诉人之妻蔡某治两次在与上诉人蔡某娜的谈话录音中表示不再购买该房屋。虽然2005年10月26日被上诉人颜某灵又将一份《房屋买卖合同书》邮递给上诉人蔡某娜,表明其仍愿意购买该房屋,但该《房屋买卖合同书》系被上诉人单方草拟,其中的部分条款内容明显违反了2005年9月4日交付定金时双方所作的约定,这说明被上诉人并没有真正想按照双方原先约定内容与上诉人签订正式房屋买卖合同的意愿。上诉人蔡某娜为此在2005年10月28日复函表示不能接受被上诉人单方草拟的合同条款,合情合理,且在复函中上诉人仍表示同意按照原先约定与被上诉人签订房屋买卖合同,并限期被上诉人在2005年10月31日前来签订合同,否则没收定金。但被上诉人仍没有与上诉人签订合同,而是直接向原审法院起诉要求上诉人返还购房款50000元。以上事实可以说明,造成双方最终未能签订正式房屋买卖合同的原因在于被上诉人。根据《最高人民法院关于适用〈中华人民共和国担保法〉若干问题的解释》第一百一十五条的规定,被上诉人颜某灵作为给付定金一方拒绝签订主合同的,无权要求收受定金一方的上诉人蔡某娜返还定金,故其原审诉讼请求应依法不予支持。原审判决将该诉争款项50000元认定为预付款并判令上诉人予以返还欠妥,应予纠正。[1]

因不可归责于双方当事人事由无法订立本约时,不应适用定金罚则,反之,因一方原因时则应适用定金罚则。

【案例1-64】 李某诉周某苓房屋买卖合同纠纷案

二审法院认为,案涉定金的性质应为立约定金。现双方举示的现有证据

---

〔1〕 参见最高人民法院中国应用法学研究所编:《人民法院案例选》2006年第3辑(总第57辑),人民法院出版社2007年版,第205~206页。

并不能充分证明系因哪一方的主要原因导致了案涉房屋买卖合同不能订立，不适用定金罚则，出卖人应将案涉定金返还给买受人。判决：一、撤销一审判决；二、周某苓返还李某定金20万元。[1]

【不同处理】 实践中，各级法院对定金性质认识不同，其裁判处理亦有差异。

【案例1－65】 郭某婷诉万锦公司商品房预约合同纠纷再审案

一审法院认为，双定签订的《龙御尚城物业认购书》为商品房预约合同，万锦公司要求郭某婷交付的2万元为立约定金。在《延期付款协议书》上万锦公司并未签字，双方对《延期付款协议书》未达成合意，导致双方未能签订《商品房买卖合同》，双方未能达成合意属于不可归责于当事人双方的事由，双方都无过错。判决：被告万锦公司退还2万元给原告郭某婷。

二审法院认为，郭某婷通过认购的方式向万锦公司交付定金作为订立商品房买卖合同的担保，本案定金的性质为成约定金。郭某婷与万锦公司就《延期付款协议书》未达成合意，郭某婷仍应依约在7日内签订正式的《商品房买卖合同》并支付首付款。郭某婷未履行上述义务，构成违约，应适用定金罚则不予退还定金。一审认定事实清楚，实体处理不当，应予纠正。判决：撤销一审判决，驳回被上诉人郭某婷的诉讼请求。

再审法院认为，本案双方就《延期付款协议书》未达成合意，不影响双方签订《龙御尚城物业认购书》的法律效力。郭某婷在签订《龙御尚城物业认购书》后应约在7日内到万锦公司签订正式的《商品房买卖合同》并支付30%的首付款，但郭某婷并未履行上述义务，构成违约。根据《合同法》第一百一十五条“给付定金的一方不履行约定的债务的，无权要求返还定金”及《房屋买卖合同解释》第四条……的规定，郭某婷返还定金的请求权没有法律依据，二审法院不予支持并无不当。郭某婷称二审法院适用法律和案件性质不符，没有事实依据，再审法院不予支持。综上，郭某婷的再审申请不符合《民事诉讼法》第二百条的情形。裁定：驳回郭某婷的再审申请。[2]

---

〔1〕 参见国家法官学院、最高人民法院司法案例研究院编：《中国法院2021年度案例》（房屋买卖合同纠纷），中国法制出版社2021年版，第253页。重庆市第三中级人民法院（2019）渝03民终1440号民事判决书。

〔2〕 参见国家法官学院、最高人民法院司法案例研究院编：《中国法院2021年度案例》（房屋买卖合同纠纷），中国法制出版社2021年版，第2～3页。广西壮族自治区高级人民法院（2019）桂民申1862号民事裁定书。

(六)合同变更认定

当事人协商一致,可以变更合同。当事人双方就房屋买卖达成多次变更协议的,每次变更都是当事人的真实意思表示,后一意思表示与前面达成的协议不一致的,视为当事人对前一协议的变更,以最终的协议为准。

【案例1-66】 郝某与司某某房屋买卖合同纠纷案

二审法院认为,本案中,2009年6月8日,司某某与郝某签订的《房地产转让合同》合法有效,该合同对于双方当事人之间的权利义务作出了具体、明确的约定,各方应按照合同约定全面履行自己的义务。在该合同的履行过程中,郝某已按合同约定支付了应付的购房款150万元,但司某某未按合同约定于合同签订之日向郝某交付房屋,且因司某某与他人存在纠纷,同年7月30日涉案房产被法院查封,致使其不能按合同约定为郝某办理涉案房屋的权属变更登记手续,故双方协商一致对该合同内容进行了多次变更。通过2013年4月1日、4月19日、6月30日双方当事人签订的补充协议或房屋交接书,对于各自的权利义务进行了重新约定,意思表示真实,合法有效。最后一份(2013年6月30日)补充协议约定,"经协商司某某同意2013年7月10日前司某某退购房款及损失人民币共计300万元整。如不能按期退款,2013年7月11日办理好房产过户手续"。司某某认可在该协议上签名的真实性,但称是在郝某胁迫的情况下所签,郝某予以否认,司某某也不能提供证据证明其主张,本院不予采信。现司某某没有按该协议约定向郝某退还购房款和赔偿损失,且2013年7月3日涉案房屋已被解除查封,具备了办理产权手续的条件,故原审判决司某某协助郝某办理涉案房屋的产权变更登记手续,并无不当。关于郝某要求司某某赔偿租金损失92万元的问题,因双方已对2009年的协议内容作出变更,郝某的该上诉主张既没有合同依据,也与其签订2013年协议的真实目的相互矛盾,本院不予支持。关于剩余购房款60万元的问题,因2013年6月30日协议系双方当事人对涉案房屋转让事宜的最终约定,故司某某没有反诉请求郝某支付剩余购房款,原审判决郝某给付司某某购房款60万元,缺乏事实依据和法律依据,应予纠正。[1]

对于两份合同的争议解决方式约定不同的,因两份合同签订时间不一致,故合同签订时间在后的可视为各方对争议解决方式的变更,应以签订时间在后的为准。

---

〔1〕 山东省高级人民法院(2014)鲁民一终字第336号民事判决书。

【案例1-67】 杨某梅、冯某朋诉申某琦房屋买卖合同纠纷案

二审法院认为,本案系房屋买卖合同纠纷,杨某梅、冯某朋、申某琦、安宇公司就涉案房屋的买卖事宜先后于2017年3月9日签订《房屋买卖合同》、于2017年4月7日签订《补充协议》《广州市存量房买卖合同》。其中,《房屋买卖合同》《广州市存量房买卖合同》关于争议解决方式的约定并不相同,但由于《广州市存量房买卖合同》签订在后,故可视为各方当事人就争议解决方式达成变更,即变更为签订在后的《广州市存量房买卖合同》约定的争议解决方式。据此,涉案纠纷的争议解决方式应按照《广州市存量房买卖合同》第十六条约定的仲裁条款来确定,由相应的仲裁机构仲裁。虽然杨某梅、冯某朋主张《广州市存量房买卖合同》已经被撤销而无效,各方又未签订新的网签合同,并提供了安宇公司出具的《情况说明》予以证明,但上述证据不足以证明各方已经达成撤销《广州市存量房买卖合同》的一致意思表示及就争议解决方式达成新的约定,况且根据《最高人民法院关于适用〈中华人民共和国仲裁法〉若干问题的解释》第十条第一款"合同成立后未生效或者被撤销的,仲裁协议效力的认定适用仲裁法第十九条第一款的规定"及《仲裁法》第十九条第一款"仲裁协议独立存在,合同的变更、解除、终止或者无效,不影响仲裁协议的效力"的规定,即使如杨某梅、冯某朋主张《广州市存量房买卖合同》被撤销,也不影响该合同中的仲裁协议的效力。据此,杨某梅、冯某朋与申某琦、安宇公司之间存在有效的仲裁条款。根据《民事诉讼法》(2017修正)第一百二十四条第二项的规定,"依照法律规定,双方当事人达成书面仲裁协议申请仲裁、不得向人民法院起诉的,告知原告向仲裁机构申请仲裁",杨某梅、冯某朋不应向原审法院起诉,而应向有关仲裁机构申请仲裁。综上所述,原审法院裁定正确,本院予以维持。[1]

未采取书面形式变更合同重要条款的行为是认定的难点。

【案例1-68】 顾某明诉王某房屋买卖合同纠纷案

一审法院认为,顾某明与王某签署的房屋买卖合同并未就65万元首付款的支付方式作出具体约定,在合同履行过程中,双方就首付款的支付方式发生争议。从双方微信聊天记录来看,王某于合同约定的购房款支付期限到期前明确提出要以购房款直接清偿顾某明的银行贷款,而顾某明并未提出异议,且与王某及中介公司约定了前往银行的时间。其在之后的微信中已明确认可以购房款清偿银行贷款,以涤除抵押权的履行方式。结合王某与中介人

---

〔1〕 参见国家法官学院案例开发研究中心编:《中国法院2019年度案例》(房屋买卖合同纠纷),中国法制出版社2019年版,第27~28页。广东省广州市中级人民法院(2018)粤01民终2842号民事裁定书。

员的微信聊天记录以及中介人员的陈述,可以认定双方对于购房款直接清偿顾某明银行贷款以涤除抵押权的履行方式达成了合意。在案涉房屋存在抵押贷款的情况下,该种约定有利于保护买卖双方的交易安全和合同目的的实现,抵押权涤除亦为合同后续履行的前提基础,故双方就65万元首付款的支付方式,以微信交流的形式作出的约定,应作为双方合同的补充。王某按照双方约定的时间和中介前往银行,其提供的银行余额查询记录也证明其具有履行合同的能力和意愿,而顾某明并未按约前往银行,在事后不再配合办理银行还贷手续,而是单方提出支付方式为直接将款项汇入其账户。顾某明单方面变更履行方式,且未提出任何担保措施担保其能够在取得购房款后及时涤除抵押权,确保合同顺利履行,在此情况下,王某有权拒绝付款,其拒绝付款的行为并不构成违约,则顾某明在2020年1月6日解除合同的通知不能发生解除的效力。顾某明2020年1月为案涉房屋设定了新的抵押,且于抵押到期后明确表示不予涤除,造成合同无法继续履行,该行为构成了根本违约,应承担相应的违约责任。鉴于合同已无法继续履行,故判令案涉合同解除。合同解除后,顾某明应向王某返还其取得的购房款。王某应向顾某明返还房屋并支付从房屋交付后至实际返还日的占有使用费。王某主张的违约损失包括房屋差价损失和律师费,经计算为29.19万元。根据合同约定,实际损失超过违约金总额的,责任方应据实赔偿,现王某主张按实际损失要求承担违约责任,符合合同约定。判决:一、顾某明与王某签订的房屋买卖合同于本判决发生效力之日起解除;二、顾某明返还王某购房款5万元,并赔偿王某违约损失20.19万元;三、王某将涉案房屋返还顾某明,并向顾某明支付自2019年9月1日至实际返还日按照2200元/月计算的占有使用费;四、驳回顾某明的其他诉讼请求。顾某明未按时缴纳上诉费,二审法院裁定按自动撤回上诉处理。[1]

补充协议是否变更原合同,应结合条款内容及订立目的综合判断。

【案例1-69】 关某诉房地产公司商品房销售合同纠纷案

二审法院认为,关于《补充协议》是否对《认购书》约定进行变更,第一,从《补充协议》的首部内容可以看出,签订《补充协议》的原因是房地产公司未按约定的时间办理网签手续,针对认购期限延长一事双方达成了一致意见。第二,《补充协议》约定,在房地产公司能为关某办理房屋网签手续的前提下,因房地产公司有延期行为,故房地产公司向关某支付一定的补偿。该

〔1〕 参见国家法官学院、最高人民法院司法案例研究院编:《中国法院2022年度案例》,中国法制出版社2022年版,第46~47页。江苏省无锡市中级人民法院(2020)苏02民终5243号民事裁定书。

条款确定了补偿标准及补偿时间。该条款同时写明本协议暂延长至利息互抵完毕时止，若届时未能完成该房屋网签，支付利息数额早已超过互抵的25万元，约定的最后办理网签期限也已过期。双方亦未再达成新的协议。故《补充协议》该条款已不再具备履行条件。加之，双方均认可签订《补充协议》的目的是解决因房地产公司迟延办理过户手续，对于等待期给关某造成的损失问题。综上，《补充协议》应系合同履行过程中，房地产公司承诺向关某支付的一笔阶段性补偿。该300万元应当涵盖房地产公司违约给关某造成的装修损失在内的全部损失。判决：一、维持一审判决第一、二、四项；二、撤销一审判决第三、五项；三、房地产公司给付关某损失费2709548元；四、驳回关某的其他诉讼请求。[1]

（七）债权债务抵销认定

在双方互负有效存在的，已届清偿期的，标的物种类、性质相同的，依其性质或法律规定、合同约定得以抵销的债务时，违约金同样可以作为债务抵销的客体。抵销成功的部分债权债务，自抵销之日起消失，双方不再互负债权债务，但对于抵销不成功部分，如果抵销人仍对被抵销人负有债务，则应自付款之日计算相应的违约金或利息，而非自抵销之日。

【案例1－70】 周某芳诉王某扬房屋买卖合同纠纷案

二审法院认为，王某扬主张的抵销包括144382.50元违约金及12783.57元租金损失两部分。关于违约金部分，周某芳主张其迟延办理房屋产权转移手续的原因是其在国外，王某扬同意周某芳采用委托方式办理卖房手续，但通过委托方式办理手续的时间并非双方能控制的，故王某扬对于办理产权转移手续时间的延长系明知且默许的。对此，法院认为，王某扬对周某芳迟延办理产权转移、交房的容许，在没有王某扬明确表示的情况下，不能视为其放弃了追究周某芳相应违约责任的权利。王某扬有权要求周某芳依照合同约定承担违约金。周某芳虽向一审法院主张违约金过高要求酌减，但经一审法院审查，合同约定的违约金计算标准并无不当，未予以调整，因此，周某芳就144382.50元违约金部分提出的异议不能成立，该部分抵销自2014年4月28日起发生法律效力。关于租金损失，租金损失的产生条件以及具体数额并未在买卖合同和补充协议中约定，在未经周某芳确认的情况下，王某扬无

---

〔1〕 参见国家法官学院、最高人民法院司法案例研究院编：《中国法院2022年度案例》，中国法制出版社2022年版，第122页。北京市第二中级人民法院（2020）京02民终6057号民事判决书。

权单方确认。但周某芳支付的违约金已经可以弥补王某扬所主张的租金损失，因此，对于12783.57元租金损失部分，周某芳的异议成立，王某扬无权抵销，该部分抵销不发生法律效力。王某扬应向周某芳支付12783.57元，并按照买卖合同第八条第三款之约定，按每日支付应付款万分之五的标准向周某芳支付相应的逾期支付违约金。另外还需要指出的是，根据补充协议，王某扬应自物业交割手续完成后，即2014年2月24日，立即向周某芳支付剩余尾款，其虽于2014年4月28日行使法定抵销权，但已晚于协议约定的付款期限，故自2014年2月24日起至2014年4月28日止，其应以扣除周某芳认可抵扣的房产税和押金之后的剩余金额为基数，按照每日万分之五的标准向周某芳支付逾期付款违约金。[1]

合意抵销不以当事人互负债务标的物种类、品质相同为要件。合同解除权人主动发出解除合同通知并明示其债权与合同约定的第三人未届清偿期或未至给付条件的债权抵销，应视为其对期限利益或抗辩的放弃，应尊重其意思自治并维护诚实信用。

【案例1－71】 北京中亿创一科技发展有限公司与信达投资有限公司、北京北大青鸟有限责任公司等房屋买卖合同纠纷案

最高人民法院认为，中亿创一公司上诉主张根据《资产转让协议》约定及信达投资公司发出的落款时间为2009年11月4日的《解除合同通知》，信达投资公司的转让价款及违约金债权与北大青鸟公司基于《资产转让协议》第一条约定对信达投资公司债权发生抵销，该主张事实和法律依据充分，予以支持。一审判决对此认定法律适用不当，予以纠正。[2]

---

〔1〕 参见国家法官学院、最高人民法院司法案例研究院编：《中国法院2020年度案例》（房屋买卖合同纠纷），中国法制出版社2020年版，第231～232页。北京市第二中级人民法院（2018）京02民终4752号民事判决书。

〔2〕 参见最高人民法院民事审判第一庭编：《民事审判指导与参考》2015年第2辑（总第62辑），人民法院出版社2015年版，第252页。

三、房屋买卖合同纠纷处理

（一）合同履行处理

1. 合同履行方式处理

在实践中，原合同或变更后的合同对履行方式都没有约定，从而引起争议，导致双方当事人没有按变更后合同履行，这不是一方当事人的违约造成的。交付方式不是合同的必备条件，无交付方式不影响变更后合同的效力，双方仍应按变更后的合同履行，而不能恢复原合同效力。对于交付方式双方可采取自愿协商或向法院起诉的方式解决。

【案例 1－72】 李某胜诉单某德、徐某花房屋买卖合同纠纷案

一审法院认为，协议签订后，因房屋过户问题双方发生争议。2010 年 3 月 17 日，单某德和李某代、李某胜所签订的解除购房协议，是当时双方的真实意思表示，为有效协议。单某德称此协议系胁迫所签，因未提供有效证据本院不予支持。2010 年 3 月 19 日，双方对付款时间和金额及违约责任重新进行的约定应视为双方对 2010 年 3 月 17 日协议的变更，双方应按变更后的协议履行。2010 年 3 月 19 日，单某德、徐某花为付款进行了筹备，最终没有进行交付是因付款方式约定不明造成的，单某德、徐某花没有构成违约。两被告应按 2010 年 3 月 19 日协议内容及时支付房款及赔偿金 15.8 万元。两被告至今未能支付是造成此纠纷的原因，应承担全部责任。因未及时付款给原告造成了一定的经济损失，两被告应自 2010 年 3 月 19 日起按中国人民银行同期同类贷款利率支付利息。[1]

2. 房屋灭失后合同处理

作为买卖标的物的房屋在实际交付买受人而未办理产权过户手续的情况下

---

〔1〕 参见国家法官学院案例开发研究中心编：《中国法院 2012 年度案例》（房屋买卖合同纠纷），中国法制出版社 2012 年版，第 178 页。

灭失,房屋买受人请求出卖人协助办理过户手续的合同目的已在客观上不能实现,房屋买卖协议已无法继续履行,出卖人不再承担继续协助办理过户手续的合同义务,其请求终止房屋买卖协议符合法律规定,应予支持。

【案例1-73】 石门供销社诉夏某万房屋买卖合同纠纷案

二审法院认为,根据2010年《重庆市土地房屋权属登记条例》第四十六条第一项、《城市房屋权属登记管理办法》第二十四条、第二十五条的规定,房屋灭失的,原权利人应当申请注销登记。逾期不办理又无正当理由的,土地房屋行政主管部门可以直接办理注销登记。在合同履行过程中,夏某万拆除了《房屋买卖协议》的标的房屋,依照以上规定,石门供销社与夏某万已无法办理房屋产权过户手续。《合同法》第一百一十条第一项规定,当事人一方不履行非金钱债务或者履行非金钱债务不符合约定的,对方可以要求履行,但法律上或事实上不能履行的除外。石门供销社对夏某万负有协助办理房屋过户手续的义务,但是,根据以上事实与相关法律、法规与规章的规定,夏某万不得向石门供销社请求履行协助办理房屋过户手续的义务,石门供销社实际上不再承担继续履行合同的义务。一审判决石门供销社与夏某万签订的《房屋买卖协议》终止履行符合法律规定,夏某万的上诉理由不成立,应予驳回。[1]

3. 提前履行债务处理

债务人提前履行,是指债务人在合同履行期限到来之前开始履行自己的合同义务。《民法典》第五百三十条规定:"债权人可以拒绝债务人提前履行债务,但是提前履行不损害债权人利益的除外。债务人提前履行债务给债权人增加的费用,由债务人负担。"本条规定了债权人对债务人提前履行债务的处理。合同双方当事人应当严格按照合同所规定的期限履行,只有这样才能真正体现双方的合意,实现共同利益。期限利益对债务人而言,是一项权利,权利可以放弃,法律应当允许。提前履行意味着债务人对自己期限利益的放弃。提前履行可能会给债权人带来便利或者利益,但也有可能会给债权人带来不便,在某些情况下,还有可能损害债权人的利益。因此,在法律上,对提前履行应当予以确认,但是必须予以一定的限制。具体到房屋买卖合同中,房屋出卖人在交易中以能及时取得全部价款为主要目的。从交易角度看,贷款往往是房屋买受人资金不足时采取的付款方式,而采取贷款方式,双方需要办理一定的手续,成本较高。如果买受人能及时付

---

[1] 参见张娇东、李海霞:《已交付但未过户的房屋灭失后的合同处理》,载《人民法院报》2013年8月1日,第6版。

清全款,有利于交易且不会损害出卖人的利益,亦为房屋买受人积极履约的表现,本着诚实信用原则,出卖人应当接受。

【案例1-74】 杨某玲诉李某等房屋买卖合同纠纷案

二审法院认为,合同实际履行中,杨某玲未取得银行贷款,主动将付款方式变更为一次性支付,此种支付方式既没有改变付款数额,更没有使李某利益受损。一次性付款使得购房款的支付变得更加简便、快捷,杨某玲没有违约行为。李某拒绝接受杨某玲付款,是以自身行为表明不愿意继续履行合同,属于违约行为,应承担相应的法律后果。杨某玲要求继续履行房屋买卖合同应当予以支持,对于李某的反诉请求不予支持。[1]

4. 合同未约定费用处理

房屋转让过程中产生的契税、过户费,中介费、拍卖费等未在合同中明确约定应由何方承担的,应根据合同条文结合具体的履行情况综合认定。

【案例1-75】 嘉兴华权纺织有限公司与嘉兴市南湖区大桥镇八里村经济合作社房屋买卖合同纠纷再审案

再审法院认为,双方当事人2005年8月22日签订的《资产转让协议书》约定:华权公司支付转让费的总金额为1181万元,分四期支付。在转让时发生土地契税和已建房产契税、过户费、评估费、中介费等税费款项(总计58万元人民币,与首期出让金同时支付)均由华权公司承担。因此,根据文义理解,协议中约定的是转让时发生的所有税费均由华权公司承担。虽然括号中有"总计58万元人民币,与首期出让金同时支付"的表述,但该内容并不能推导出双方约定实际履行过程中发生的税费由华权公司包干58万元,超出部分由八里村合作社负担的意思,不足以推翻所有税费由华权公司承担的约定。从实际履行情况来看,2005年9月28日,毅添公司代华权公司汇款至拍卖公司账户58万元,由八里村合作社代收代支。后八里村合作社出具了一份收条,认可已收到了58万元,并言明:此款为专款专用,用于转让环节各种税费、评估、中介,手续费等。2016年12月19日,华权公司又自行向有关部门缴纳了各项税费77.7792万元。八里村合作社在支付中介费、公告费、拍卖佣金等费用41.5万元后,将余款16.5万元退回了华权公司,华权公司也于2006年12月20日向八里村合作社出具了收款收据。2011年1月11日,双方当事人签订《协议书》,确认八里村合作社已将本案资产交付给华权公

---

〔1〕 参见国家法官学院案例开发研究中心编:《中国法院2012年度案例》(房屋买卖合同纠纷),中国法制出版社2012年版,第131页。

司，并已办理好有关土地使用权和房产过户登记手续；华权公司已支付转让款1075.5338万元，尚有105.4662万元未付。因此，华权公司在支付了58万元，双方又未另作约定的情况下，再主动自行缴纳77.7792万元税费，说明华权公司也认可双方约定资产转让过程中的相关税费并不是包干58万元。在华权公司自行缴纳了相关税费后，八里村合作社将58万元的余款16.5万元退回了华权公司。因此，华权公司支付的税费达119.2792万元，已远超过了《资产转让协议书》约定的"总计58万元"，但华权公司并未对八里村合作社仅退回16.5万元提出异议，在此后签订《协议书》中双方也仅明确华权公司尚欠八里村合作社转让款，华权公司并未提出其多支付了税费，要求退回或冲抵转让款的意见，说明华权公司对实际由其承担所有税费已没有异议。综上所述，一审、二审判决认定本案资产转让过程中的相关税费应由华权公司承担，并无不当。[1]

【案例1-76】 孙某与谢某文、周某伟房屋买卖合同纠纷案

二审法院认为，本案争议的焦点是房屋买卖过程中需缴纳的税款是否均应由买方孙某负担。首先，根据我国税收法律、行政法规的规定，房屋出卖人依法应当缴纳营业税、土地增值税等，而房屋买受人依法应当缴纳契税、印花税等。依据《税收征收管理法》第四条及《税收征收管理法实施细则》第三条之规定，负有纳税义务的单位或个人必须依照规定履行纳税义务、缴纳税款、其签订的合同与税收法律、行政法规相抵触的，一律无效。其次，虽然双方在居间合同备注中载明"此次交易成交价为卖方净得价，买卖过程中发生的相关费用由买方即孙某按照国家规定缴纳"，但该约定并未明确"相关费用"包括双方在交易过程中各自应当缴纳的税款。最后，双方签订的买卖合同系居间合同成立后所签订的合同，该合同明确约定交易过程中产生的税费及相关费用由双方按照国家有关规定缴纳，该约定的内容具体、明确，且系双方真实的意思表示，双方均应严格履行。综上所述，此次房屋买卖双方应各自负担国家法律、法规规定应缴纳的税款，原审判决认定房屋交易过程的税款均应由孙某负担是错误的，本院依法予以纠正。现双方买卖房屋的产权因税款负担问题所产生的争议而未依照约定期限过户，而将房屋所有权转移到买方孙某名下本系卖方周某伟与谢某文应当履行的合同义务，现孙某要求周某伟与谢某文将本案涉案房屋的所有权过户到其名下，本院予以支持。[2]

---

〔1〕 浙江省高级人民法院(2014)浙民提字第18号民事判决书。

〔2〕 参见北京市高级人民法院编:《审判前沿——新类型案件审判实务》2008年第3集(总第21集),法律出版社2008年版,第197页。北京市第一中级人民法院(2007)一中民终字第13227号民事判决书。

5. 继续履行合同请求处理

根据《民法典》第五百八十条的规定，下列几种情形不适用继续履行：法律上或者事实上不能履行；债务的标的不适于强制履行或者履行费用过高；债权人在合理期限内未请求履行。在上述三种情况下，守约方不能强行要求违约方实际履行合同，即使通过诉讼主张强制履行也得不到法院的支持。在此情形下，守约方只能要求违约方支付违约金或者赔偿因不履行合同所造成的损失。

对不存在合同履行的现实困难，也不存在《民法典》第五百八十条规定的三种情形的，守约方要求履行合同，应当予以支持。实践中，法官应综合考虑房管部门意见、合同履行进度、房款交付情况、房屋实际状态等因素，确定涉案房屋买卖合同是否具备继续履行的条件。当事人对继续履行合同有约定的，从其约定。

【案例1－77】 宋某某诉陈某、某房地产信息咨询公司房屋买卖合同纠纷案

二审法院认为，双方合同约定，由被上诉人宋某某承担清偿房贷垫资义务，但贷款银行通知上诉人陈某2016年4月5日方可清偿贷款，因此，被上诉人宋某某在该日期前将房款存入上诉人陈某贷款账户即可。上诉人陈某要求被上诉人宋某某于2016年3月10日前清偿贷款否则将解除合同缺乏法律依据，一审法院对其解除合同的请求不予支持并无不当。另，根据《物权法》的规定，抵押期间，抵押人未经抵押权人同意，不得转让抵押财产，但受让人代为清偿债务消灭抵押权的除外。现被上诉人宋某某同意代为清偿债务以消灭抵押权，上诉人不能继续履行的主张不能成立。因被上诉人宋某某主张继续履行合同，上诉人不能举证证明本案具有不能继续履行的法定情形，故一审法院判决继续履行，上诉人以及被上诉人某房地产信息咨询公司协助被上诉人办理过户手续是正确的，法院予以确认。[1]

对于非金钱债务，在合同继续履行费用过高的情况下，债务人可以作不予履行的抗辩，债权人请求继续履行得不到支持。最高人民法院民一庭意见：根据《合同法》第一百一十条第二项规定，在履行费用过高的情况下，守约方请求人民法院判决违约方继续履行合同的，不予支持。[2]

【案例1－78】 医药公司与润天公司房屋买卖合同纠纷案

二审法院认为，在合同履行不能的情况下，人民法院不能判决合同继续履行。本案中，2005年10月底，西大街16号新商业楼经过竣工验收，但一楼

---

〔1〕 天津市第一中级人民法院(2016)津01民终字第5354号民事判决书。

〔2〕 参见最高人民法院民事审判第一庭编：《最高人民法院民事案件解析》(房屋买卖、租赁纠纷)，法律出版社2010年版，第413页。

西侧被建成了楼梯、大堂等公共空间,一层其余面积被分割成若干个相对独立、面积较小的摊位,不具备经营药店的条件。医药公司在 2007 年 4 月 30 日起诉,其已经知道润天公司不可能在一楼西侧为其建造 200 平方米的药房。因此,其只能请求润天公司承担继续履行合同之外的违约责任包括支付职工安置费、利润等,但不能要求继续履行合同。[1]

抵押权与继续履行合同的关系问题。讼争房屋被设定了抵押权,关系到讼争房屋是否能完成交易。因为涉及他人权利,只要讼争房屋交易障碍能消除,双方之间的合同即得以履行。抵押权无法消除,合同便不能履行。但这种履行不能,并非永久不能。如果购房人行使涤除权,法院应准许,并判决购房人直接代出卖人向抵押权人清偿债务消灭抵押权,再将该部分款项从未付购房款中扣除。抵押权消灭后,法官可判决继续履行合同。

【案例 1-79】 单某生、欧阳某香诉蒋某华、严某英房屋买卖合同纠纷案

二审法院认为,上诉人实际已取得讼争房屋,且已申领了房屋产权证,同时,双方合同约定了房屋买卖价款,被上诉人请求履行房屋买卖合同,并为讼争房屋撤销抵押权提供了款项,现双方之间的房屋买卖合同已无不能履行的障碍,双方应信守所签订合同确立的内容,全面履行双方之间确立的房屋买卖合同。[2]

【不同处理】 实践中,有的法院以涉案房屋存在多重抵押,涤除抵押权存在障碍为由,不支持原告继续履行的诉讼请求。

【案例 1-80】 黄某某、凌某某诉张某某、王某某房屋买卖合同纠纷案

二审法院认为,现黄某某、凌某某诉至法院提出要求判令张某某、王某某继续履行合同以及张某某、王某某与第三人甲银行、杨某某一起注销抵押登记及办理过户手续等诉请,但鉴于张某某、王某某在系争房屋上设定了诸多抵押,继续履行合同客观上存在障碍,因此,黄某某、凌某某要求继续履行合同等诉请无法实现。一、二审审理中法院均主持进行了调解,但各方当事人最终未能达成一致意见,系争房屋过户仍存在障碍,尚不具备继续履行合同的条件。在此情况下,上诉人黄某某、凌某某的诉请,法院难予以支持。原审据此所作的判决并无不当,法院依法应予维持。上诉人黄某某、凌某某的上诉请求,缺乏依据,法院难予支持。[3]

---

[1] 参见最高人民法院民事审判第一庭编:《最高人民法院民事案件解析》(房屋买卖、租赁纠纷),法律出版社 2010 年版,第 411 页。

[2] 参见国家法官学院案例开发研究中心编:《中国法院 2014 年度案例》(房屋买卖合同纠纷),中国法制出版社 2014 年版,第 8 页。

[3] 上海市第一中级人民法院(2015)沪一中民二(民)终字第 2449 号民事判决书。

继续履行合同请求事项。对提出要求继续履行合同的,应当明确继续履行的具体事项。原告(被告)诉讼请求中没有具体履行内容的,法官应当向原告(被告)释明,要求其变更诉讼请求明确具体履行的内容,如支付购房款、交付房屋、办理过户登记等,并告知仅判决继续履行合同存在履行内容不明确无法执行的风险;对坚持不变更的,可以根据原告(被告)的请求作出相应的判决,并告知原告(被告)对在履行中发生新的争议可就具体履行内容另行起诉。在不符合继续履行的情形下,债权人提出继续履行的诉讼请求,经法官释明后仍未变更的,有的法院对此依法不予支持。

【案例1-81】 赖某容诉赖某碧房屋买卖合同纠纷案

一审法院认为,赖某容与赖某碧签订《房产转让协议书》是债权行为,不会直接导致抵押财产物权变动,且协议书是当事人的真实意思表示,并不违反法律的禁止性规定,故协议书合法有效。但根据《担保法》第四十九条第一款及《物权法》第一百九十一条第二款的规定,因赖某容、赖某碧未对受让人代为清偿债务是否消灭抵押权作约定,赖某碧在合同约定的履行期限届满时亦未履行消灭抵押权的义务,致使赖某容无法办理房屋所有权转移登记,赖某碧对此应承担违约责任。但赖某容提出的诉讼请求是被告继续履行合同,办理房屋所有权转移登记,经法院释明后仍未变更诉讼请求,故对此依法不予支持。[1]

按照约定全面履行合同义务是合同履行的一项基本原则,除合同另有约定或出现可单方解除合同的法定情形外,无论是合同签订后的预期违约还是合同履行期届满后的实际违约,如另一方坚决要求继续履行的,除符合《民法典》第五百八十条规定外,法院应责令双方继续履行。在存在阴阳合同时,双方应继续履行的合同是阴合同,一方当事人不能以阳合同的效力问题作为抗辩理由。

出卖人单独出卖共有房屋且房屋买卖合同有效,其房屋买卖合同能否继续履行取决于共有人的意思。在共有人表示不同意时,法官应向购房人释明变更诉讼请求,其请求强制履行房屋买卖合同的诉请法律不予支持。对此,最高人民法院民一庭有倾向性意见。[2] 共有人擅自出卖共有房屋导致买卖有效履行不能现象在实践中频发,详见本书办理不动产证纠纷的第三部分。

【案例1-82】 李某诉王某房屋买卖合同纠纷案

一审法院认为,房屋为王某与何某夫妻二人的共同财产,登记在王某名

---

〔1〕 参见国家法官学院案例开发研究中心编:《中国法院2016年度案例》(房屋买卖合同纠纷),中国法制出版社2016年版,第186页。

〔2〕 参见最高人民法院民事审判第一庭编:《民事审判指导与参考》2014年第1辑(总第57辑),人民法院出版社2014年版,第153页。

下。王某未经何某同意擅自处分共有房屋,侵犯了何某的共有权。虽然本案原、被告签订的合同有效,但依据我国的法律规定,合同有效不一定能够引起物权变动。本案中李某要求王某依据合同约定协助办理过户手续,因王某欠缺处分权,且何某作为房屋共有权利人,不同意将房屋所有权转让给李某,故李某的诉请缺乏法律依据,不予支持。[1]

继续履行合同定金处理。根据《民法典》第五百八十八条之规定,违约金和定金不能并用。收受定金的一方只有在不履行合同的情况下,才需要双倍返还定金。如果守约方在要求违约方继续履行合同的情况下,虽经法院向其释明,仍坚持要求违约方适用定金罚则,法院在判令违约方履行合同的同时作出不支持守约方对违约方适用定金罚则的诉讼请求的裁决符合法律和司法解释的规定。

【案例1－83】　高某兴等诉福建德久能源实业发展有限公司房屋买卖合同纠纷案

一审法院认为,在该房产店面交易合同未解除的情况下,原告要求法院判令被告继续履行房产店面交易合同的请求于法有据,本院予以支持。鉴于出卖人订立房产店面交易合同的目的是取得价款,买受人支付价款的目的在于取得房产店面的所有权,在买受人已付清全部价款的情况下,出卖人有义务协助买受人办理房产店面产权变更手续,帮助买受人取得所购房产店面的所有权。现原告在未付清全部价款、仅支付定金的情形下依据合同约定要求被告办理产权变更手续,因合同约定了在被告履行办理产权变更手续这一义务之前,原告尚需履行承担改名过户变更税费及将剩余购房款交由银行监管资金担保代办的义务,故本院可以支持原告要求判令被告继续履行合同的诉讼请求。但在原告未先履行承担税费及通过银行监管资金担保代办的相应合同义务的情况下,原告无权要求被告单方先行履行产权变更过户手续之合同义务,故对原告的该项诉求本院不予支持。原告在要求被告继续履行合同的情况下,虽经本院向其释明,仍坚持要求对被告适用定金罚则。依据《合同法》的相关规定,收受定金的一方只在不履行合同的情况下,才需要双倍返还定金。故本院既已判令被告履行合同,就不再支持原告要求被告适用定金罚则的诉讼请求。[2]

购房人与出卖人签订的房屋买卖合同有效,购房人支付了全部房款,但出卖人意欲反悔,找借口拖延时间不协助办理过户手续。在出卖人违约迟延履行期间

---

〔1〕 参见国家法官学院案例开发研究中心编:《中国法院2018年度案例》(房屋买卖合同纠纷),中国法制出版社2018年版,第175页。

〔2〕 参见国家法官学院案例开发研究中心编:《中国法院2013年度案例》(房屋买卖合同纠纷),中国法制出版社2013年版,第70~71页。

限购政策颁布，购房人丧失购房资格。此种情况下法院对购房人继续履行合同的诉请不予支持，但应当支持购房人主张出卖人承担违约责任赔偿损失的诉求。

在二手房交易过程中，轮候查封并非成为履行不能的障碍，买受人继续履行的诉讼请求应得到法院的支持。

【案例1-84】 封某井诉张某溦房屋买卖合同纠纷案

二审法院认为，一审法院认定的事实无误，法院依法予以确认。法院认为，依法成立的合同，对当事人具有法律约束力。张某溦出售房屋时应是在根据自身情况慎重考虑后作出的决定，张某溦现以买卖合同继续履行则在上海无房居住作为拒绝合同继续履行的事由，既有违诚信，亦无法律依据，故对张某溦该上诉理由，法院不予采纳。本案一审审理中，根据封某井的申请，一审法院已对案涉房屋进行了司法查封，故张某溦关于无法过户至封某井名下的观点亦不能成立。综上所述，上诉人张某溦的上述请求不能成立，应予驳回；一审法判决认定事实清楚，适用法律正确，应予维持。判决：驳回上诉，维持原判。[1]

6. 合同僵局处理

在某些情况下，相互同时负有对等给付义务的合同双方，可能因种种原因，使合同履行长期陷入一种僵局的状态，即双方均怠于履行自己的给付义务，也不催告对方履行，更不主张解除合同，仿佛合同的履行已经被双方遗忘一般，双方任由时间经过而不采取任何行动。这种状态较多出现在民间交易中，双方存在一定人身关系，且所订合同从形式到内容都不甚完备。对此类合同纠纷，最佳的解决方式是酌情变更合同内容，调整房价后让合同可以继续履行。法官考虑各种因素，酌情对合同的房价进行变更，恢复双方利益的平衡。

【案例1-85】 杜某宝诉杜某娣房屋买卖合同纠纷案

一审法院认为，原、被告于2002年口头达成系争房屋的买卖合同，本应按约履行。但原告仅支付了部分房款15万元，尚有12万元余款未支付；被告也仅交付了房屋，未配合原告办理过户手续。鉴于无证据证明双方在口头约定时明确了支付余款与办理过户的时间和先后顺序，双方均有同时履行抗辩权，无法确定哪方违约在先。在过去十年时间中，系争房屋的买卖合同始终未能完全履行，同时也并未解除，双方都可以通过法律途径尽早解决纠纷，却始终僵持直至本案诉讼。在此期间，市场房价持续上涨，与2002年相比已

---

〔1〕 参见国家法官学院、最高人民法院司法案例研究院编：《中国法院2022年度案例》，中国法制出版社2022年版，第129～130页。上海市第一中级人民法院（2020）沪01民终9027号民事判决书。

发生了巨大的变化,显然不是原、被告双方在口头缔约之时所能预料。如果继续按照2002年约定的房价履行合同,将对双方造成明显的利益失衡。而双方显然都已意识到这一点,才会多次对房价进行磋商。因此,法院认为被告有权要求调整房价。根据本案实际情况,考虑系争房屋当前的市场价、原告已付房款的比例以及原定房价中的亲情因素,可酌情确定原告还应支付的房款余款为53万元。双方之间就系争房屋的买卖合同应在依法调整房价后继续履行。被告应在原告支付房款的同时,协助其办理过户手续,将系争房屋登记到原告名下,相关税费由双方负担。〔1〕

(二)存在抵押权合同处理

对是否存在抵押权登记发生争议时,不能仅凭行政机关出具的函件为准。

【案例1-86】 惠某鑫诉房地产开发公司、投资发展公司房屋买卖合同纠纷再审案

再审法院认为,相关行政部门出具函件表示涉案房屋存在抵押记录,但行政机关的函件并不具有登记效力。J栋所在小区经依法办理初始登记,×号房屋已经办理预售备案登记,从不动产查询信息可见,涉案房屋并无抵押登记。也正因如此,某银行福田支行在申请执行生效判决时遇到障碍,未能在执行程序中实现其抵押权。二审判决根据行政机关复函,认定涉案房产存在抵押权,并据此认定办理产权登记的前提条件不具备,属于适用法律错误。惠某鑫的再审请求理据充分,应予支持。判决:撤销一、二审判决,房地产开发公司、投资发展公司协助办理×号房屋所有权转移登记至惠某鑫名下。〔2〕

受让人代为清偿债务是抵押权人实现抵押权的一种方式,并不损害抵押权人的利益。购房人同意偿还房贷不损害银行作为抵押权人的利益,法院可判令解除抵押。

【案例1-87】 董某良诉董某尊、高某华房屋买卖合同纠纷案

一审法院认为,由于林某已于2012年7月在涉诉房屋上设定抵押,本院根据董某良的申请依法判决董某良代董某尊、高某华清偿欠付林某的全部债务,以便消灭抵押权。林某亦应当在足额实现债权的情况下及时办理抵押权

---

〔1〕 参见国家法官学院案例开发研究中心编:《中国法院2015年度案例》(房屋买卖合同纠纷),中国法制出版社2015年版,第111页。

〔2〕 参见国家法官学院、最高人民法院司法案例研究院编:《中国法院2023年度案例》(房屋买卖合同纠纷),中国法制出版社2023年版,第214页。广东省高级人民法院(2021)粤民再83号民事判决书。

登记手续,以保证房屋产权过户手续顺利完成。董某尊、高某华在履约过程中反悔,拒不履行协助办理过户登记义务,致使董某良长期不能取得诉争房屋所有权,又不得不代董某尊、高某华支付借款及利息。故董某良要求董某尊、高某华给付其代为偿还债务及该债务的利息,本院依法予以支持。二审法院亦持同样意见,维持一审判决。[1]

【案例1-88】 刘某诉王某房屋买卖合同纠纷案

一审法院认为,现原告刘某已经支付了定金及部分购房款,且同意全额支付涉案房屋的贷款,并可以全额支付剩余购房款。第三人某银行通州支行作为借款人及抵押权人的合法权益可以得到充分保障,合同应当继续履行。故对原告要求被告王某继续履行合同,办理房屋过户及解除抵押,第三人某银行通州支行协助解除抵押手续的诉讼请求,予以支持。二审法院亦持同样意见。[2]

非消费者购房人不享有对抗抵押权的物权期待权。

【案例1-89】 陈某怡诉发展公司、房地产开发公司商品房预售合同纠纷案

二审法院认为,首先,陈某怡与房地产开发公司签订涉案房屋《协议书》《认购书》时尚未成年,现仍系在读大学生,无证据显示陈某怡本人有足够的经济能力支付涉案房屋的购房款,从购房款的实际支付情况来看,多笔购房款系由其父母支付,故可以合理推断涉案房屋系由陈某怡家庭购房。其次,根据广州市的规定,本市户籍居民家庭继续执行限购2套住房(含新建商品住房和二手房)的政策。同时,《协议书》约定"鉴于广州实行限购政策,乙方因自身原因暂时不能签订广州市房管局规定的网签合同版本及办理备案手续",可以认定购买涉案房屋时陈某怡家庭成员名下已有其他住房,现陈某怡父亲名下仍有一套建筑面积为71.7893平方米的住宅房产,可以满足一般的家庭需要,故陈某怡家庭并非为满足基本居住需要而购置涉案房屋。最后,涉案房屋建筑面积为508.39平方米,房价款为6122280元,已超出满足基本居住需要的范畴。综上,结合涉案房屋的产权类型、购房的初衷、目的、出资的情况以及家庭的居住现状,一审法院认定陈某怡属于消费者购房人不妥,本院予以纠正。涉案房屋已经被房地产开发公司抵押给发展公司、某银行五羊支行,在抵押合同未被认定无效的情况下,发展公司、某银行五羊支行涉案房屋的抵押权应予承认并保护。陈某怡并非消费者购房人,其对涉案房屋并

---

〔1〕 参见国家法官学院案例开发研究中心编:《中国法院2016年度案例》(房屋买卖合同纠纷),中国法制出版社2016年版,第123页。

〔2〕 参见北京市高级人民法院编:《审判前沿——新类型案件审判实务》(总第48集),法律出版社2014年版,第90页。

不享有足以对抗抵押权的物权期待权,故陈某怡诉请要求发展公司、某银行五羊支行办理涉案房屋涂销登记手续,并要求房地产开发公司在涂销抵押后办理产权登记手续,缺乏法律依据,本院不予支持。陈某怡可按照其与房地产开发公司的合同关系另行主张权利。[1]

涉诉房屋上有抵押权存在,在抵押权未消灭的前提下,同时又涉及无权处分,无疑增加了处理房屋复杂程度。《民法典》第五百九十七条第一款规定:"因出卖人未取得处分权致使标的物所有权不能转移的,买受人可以解除合同并请求出卖人承担违约责任。"无权处分的出卖人在未经权利人同意的情况下擅自处分财产,在未办理所有权转移登记且权利人不予追认的情况下,不发生物权变动的法律后果。

【案例1-90】 李某生诉肖某房屋买卖合同纠纷案

二审法院认为,肖某系在其与李某良夫妻关系存续期间取得涉诉房屋的产权份额,肖某对涉诉房屋所有权的产权份额系其与李某良的夫妻共同财产。现李某良主张其对肖某处分涉诉房屋产权份额的事实并不知情,且不同意肖某处分该份额,李某生亦当庭表示肖某将涉诉房屋的产权份额转让给其时,其并不知晓肖某的婚姻情况,故肖某未征得共有权人的同意,单独处分涉诉房屋产权份额的行为构成无权处分。现李某生基于其与肖某之间的转让行为要求肖某将其名下的涉诉房屋的50%产权份额过户给李某生,缺乏依据。李某生上诉主张因涉诉房屋一直作为士生公司的办公场所使用,李某良不是产权证上登记的共有人,且李某良从未对《股权转让协议书》提出异议为由,主张登记在肖某名下的涉诉房屋的产权份额并非肖某与李某良的夫妻共同财产的上诉意见,依据不足,本院不予采纳。李某生的上诉请求,缺乏依据,本院不予支持。综上,原审判决并无不当,应予维持。[2]

作为购房人的权利与该房屋上的抵押权,其购房人的权利优先于抵押权受法律保护。

【案例1-91】 蒋某侠、巩某立诉平某兴、平某伟、王某平房屋买卖合同纠纷案

一审法院认为,蒋某侠、巩某立要求过户的权利优先于王某平的抵押权。蒋某侠、巩某立在抵押权设立之前,已全额交付房款并实际占有并居住多年,

〔1〕 参见国家法官学院、最高人民法院司法案例研究院编:《中国法院2023年度案例》(房屋买卖合同纠纷),中国法制出版社2023年版,第37~38页。广东省广州市中级人民法院(2021)粤01民终26620号民事判决书。

〔2〕 参见国家法官学院案例开发研究中心编:《中国法院2016年度案例》(房屋买卖合同纠纷),中国法制出版社2016年版,第134页。

且是因平某兴、平某伟擅自抵押给他人的原因未能完成过户。因此,其作为买受人的权利优先于其后在该房屋上设立的抵押权,王某平应协助办理案涉房屋抵押权注销登记手续。平某兴、平某伟将房屋抵押给他人,有违诚信原则,严重阻碍了蒋某侠、巩某立办理过户手续,该违约行为已事实造成蒋某侠、巩某立实际上要多支付土地的出让金。判决:一、王某平协助蒋某侠、巩某立办理案涉房屋的抵押权注销登记手续;二、平某兴、平某伟应于抵押权注销登记完成后三日内协助蒋某侠、巩某立办理案涉房屋的不动产所有权变更登记手续,变更登记至蒋某侠、巩某立名下,变更登记的所有费用由蒋某侠、巩某立负担;三、平某兴、平某伟支付蒋某侠、巩某立土地出让金损失19008.36元。二审法院认为,抵押权人对抵押物享有排他性的权利,但这种排他性并不是绝对的,在抵押权与其他权利产生冲突时,法院应考量权利产生时间、权利性质等因素,对何种权利应优先受到保护作出综合判断。同时,抵押权的设立是为债权提供担保,但买受人的权利系对居住性房屋的占有使用,涉及人的基本生存权利,现有法律规定均体现了对生存权的保护优先于其他债权的原则。相反,王某平属于出借款项谋取利益的营利性行为,其享有的是有担保的债权。因此,款项交付、实际占有使用在先的买受人蒋某侠、巩某立应优于抵押权人王某平而受到保护。判决:驳回上诉,维持原判。[1]

房屋买卖合同出卖人未按约定办理过户登记,又以该房屋设定抵押且办理抵押登记,购房人请求出卖人和抵押权人涂销抵押权登记的,法院依法支持。换言之,物权期待权人有权请求涂销成立在后的抵押权。

【案例1-92】 龚某兰、李某诉农行沙坪坝支行、大豪公司房屋买卖合同纠纷案

二审法院认为,本案的争议焦点为是否有权请求涂销抵押权登记,以及案涉房屋是否应确认为龚某兰、李某所有。对于第一个焦点,《执行异议和复议规定》第二十八条似乎仅赋予买受人消极排除他人对买卖合同项下不动产强制执行的权利,并未明确买受人能否积极行使权利,排除第三人的权利主张,将不动产过户登记至自己名下。但是,基于对该条文的目的解释,以及实现对物权纠纷的定分止争、促进物的最大化利用,应支持买受人的诉讼请求。该条作出例外规定,赋予其优先效力,优先于其他权利人,特别保护买受人的物权期待权。本案中已生效的执行异议之诉判决亦明确龚某兰、李某的权利

---

〔1〕 参见国家法官学院、最高人民法院司法案例研究院编:《中国法院2021年度案例》(房屋买卖合同纠纷),中国法制出版社2021年版,第170~171页。江苏省无锡市中级人民法院(2019)苏02民终2418号民事判决书。

可以对抗抵押权,买受人债权优先于抵押权获得保护,龚某兰、李某有权请求涂销抵押权登记。同时,《物权法》的功能在于定分止争,促进物的最大化利用,若判决驳回买受人的请求,将使权利陷入对决的僵局,并不利于解决纠纷。与此类似的法理有,《物权法》第二百零二条规定,抵押权人在主债权诉讼时效完成后请求实行抵押权的,人民法院不予支持。但司法实践中,对于抵押人在主债权诉讼时效届满后,能否请求涂销抵押权登记一直存在争议。最高人民法院2019年《九民纪要》第五十九条规定,因抵押权人在主债权诉讼时效届满前未行使抵押权,抵押人在主债权诉讼时效届满后请求涂销抵押权登记的,人民法院判决支持抵押人涤除抵押权的诉讼请求。该项裁判规则最终对抵押人提供了积极救济。综合以上理由,尽管本案抵押权没有法定消灭的事由,为使抵押物发挥其价值,对买受人要求涂销抵押权的诉请,法院予以支持。对于第二个焦点,《物权法》第三十条规定:"因物权的归属、内容发生争议的,利害关系人可以请求确认权利。"根据龚某兰、李某提出该诉请所依据的事实及理由,本案系商品房买卖合同纠纷,所涉争议应为合同的效力与合同的履行问题。当事人之间签订房屋买卖合同只是房屋物权变动的原因,物权是否能够发生变动则属于物权变动的结果。由此可见,本案并非物的归属、内容发生争议,故龚某兰、李某请求确权于法无据,法院不予支持。判决:一、撤销一审判决;二、由农行沙坪坝支行、大豪公司共同涂销案涉房屋抵押登记并由大豪公司配合办理过户。[1]

抵押权人同意出售抵押物,其抵押权即失去了对抗第三人的效力。购房人在付清全部购房款后,享有物权期待权。在抵押权人设立的抵押登记阻碍购房人实现物权期待权,抵押权人有涂销登记的义务。

【案例1-93】 乐仁堂公司诉中坤锦绣公司商品房买卖合同纠纷案

一审法院认为,本案中,乐仁堂公司与中坤锦绣公司签订商品房买卖合同之前,东方资产重庆分公司出具了同意销售抵押物的证明。东方资产重庆分公司作为抵押权人,明确同意抵押人将抵押财产进行转让,且上述同意销售抵押物的证明已向北京市海淀区城乡建设委员会、北京市海淀区房屋管理局公示。在此情况下,买受人乐仁堂公司已基于抵押权人东方资产重庆分公司的上述行为,产生了对购买案涉房屋后案涉房屋所有权可以依法变更的合理的信赖利益。由于中坤锦绣公司和东方资产重庆分公司的原因,导致东方资产重庆分公司的抵押权与乐仁堂公司的物权期待权产生冲突。而此时,因

---

〔1〕 参见国家法官学院、最高人民法院司法案例研究院编:《中国法院2021年度案例》(房屋买卖合同纠纷),中国法制出版社2021年版,第276~277页。重庆市第一中级人民法院(2019)渝01民终5241号民事判决书。

东方资产重庆分公司已同意抵押人转让抵押财产，故东方资产重庆分公司已不再享有以抵押权对抗买受人的物权期待权的权利，其只能主张由抵押人以转让所得价款清偿债务的债权。基于此，乐仁堂公司购买案涉房屋后，需要办理权属转移登记，而抵押登记的存在阻碍了乐仁堂公司取得案涉房屋的所有权，故东方资产重庆分公司、中坤锦绣公司分别作为抵押权人和抵押人，负有涂销登记的义务。判决：中坤锦绣公司与东方资产重庆分公司将北京市海淀区高梁桥斜街××号院5号和6号楼地下车库负2层××号车位以及对应的土地使用权解押。[1]

《民法典》第四百零六条是我国首次在立法层面确立抵押权追及效力的规定，它不仅赋予了抵押人自由处分抵押财产的权利，还赋予了抵押权人向抵押财产受让人追及行使抵押财产的权利，这一规则变化重塑了抵押财产物权变动类纠纷的裁判规则。同时，当事人基于意思自治主动选择将抵押登记在非债权人名下的，该“代持”抵押权并不因此而无效。法官应结合该抵押权的设立是否存在债权基础，该抵押权是否损害信赖登记的善意第三人利益及将该抵押权撤销是否损害债权人利益等因素综合认定其法律效力。

【案例1-94】 吴某方、施某、周某诉彭某、陈某抵押权纠纷案

二审法院认为，本案中，彭某与陈某签订抵押借款协议后登记为系争房屋抵押权，且彭某二审中认可其与姐姐向陈某转账系代唐某出借资金，加之另案生效调解书也已确认唐某对陈某享有债权，因此案涉抵押权实质上是为了担保唐某所享有的债权能顺利实现。针对抵押权人与债权人不一致的情形，该不一致仅是登记上的形式不一致，而实质上的抵押权人与债权人仍相统一，只是债权人须通过登记的抵押权人来实现其抵押权利。由此可见，案涉抵押权的设立具有相应的债权债务基础，并未突破抵押权的从属性，符合法律规定。此外，关于案涉抵押权所担保的具体债权数额，因与本案的审理无涉，对此不予涉及。根据法律规定，经依法登记的抵押权对外具有公示公信的效力，能够保护交易安全及利害关系人对公示的信赖利益。根据已查明的事实，案涉抵押权登记于2011年11月18日，而案涉房屋买卖合同签订于2013年10月12日，明显晚于抵押权登记之时。因此，案涉抵押权时吴某方尚未购买系争房屋，该抵押权设立显然不存在侵害其合法权益的情形。同时，吴某方作为购房人，其在交易时应对设定于系争房屋上的抵押权尽到审慎的注意义务，并据此作出购买与否的决定。本案中，吴某方称其签约时并

〔1〕 参见国家法官学院、最高人民法院司法案例研究院编：《中国法院2021年度案例》（房屋买卖合同纠纷），中国法制出版社2021年版，第281～282页。北京市海淀区人民法院（2019）京0108民初10866号民事判决书。

不知晓案涉抵押权的存在,对此其不承担相应的责任。现系争房屋因该抵押权而无法完成过户,房屋买卖合同履行受阻,根据合同相对性,吴某方仅有权向陈某主张权利。据此,吴某方作为房屋买卖合同当事人一方,起诉主张撤销设立在先的案涉抵押权缺乏法律依据。判决:撤销一审判决,驳回吴某方的全部诉讼请求。[1]

根据《民法典》第四百零六条的规定,在出卖房屋已经办理抵押登记的情况下,法院可以判决办理产权变更手续。也就是说,抵押人未经抵押权人同意可以转让抵押房产。

【案例 1－95】　郑某可诉金某房屋买卖合同纠纷案

一审法院认为,原告郑某可与被告金某于 2017 年 11 月 8 日签订的房产买卖合同有效,郑某可与金某结清购房款,金某也向郑某可交付了房屋。金某在取得房屋产权证后,依合同约定应当在 1 个月内履行房屋产权的过户变更登记。金某未能履行约定的义务,故郑某可要求其办理产权变更登记。金某在取得房屋产权证后,隐瞒房屋已实际出售的事实,将房屋抵押给他人,金某应当及时清偿债务消灭抵押权,以便履行其与郑某可之间的房屋买卖合同。郑某可在知道房屋存在抵押权,金某可能无法消灭抵押权的情况下,坚持要求金某办理房产的过户登记,并没有违反法律禁止性规定,且即使该房屋存在抵押权,该房屋产权变更并不能对抵押权人的抵押权产生实际性损害。因郑某可有权在法律规定的范围内处分自己的民事权利与诉讼权利,故对郑某可的诉讼请求,依法予以支持。判决:一、原告郑某可与被告金某 2017 年 11 月 8 日签订的房地产买卖合同有效;二、被告金某将其名下的案涉房屋产权变更至原告郑某可名下。[2]

(三)合同有效但履行不能处理

合同有效与合同履行是两个独立的问题。法律行为成立以后,可能会发生合同无法履行的情形,即法律行为成立之时尚属可能,成立之后才变为不能,此种情形被称为“嗣后不能”,关涉着债务履行及违约问题。在合同有效的情况下,若发生嗣后不能,除不可归责于双方当事人的情况以外,会涉及违约或责任承担问题。

---

〔1〕　参见郭伟清主编:《民法典新规则案例解析》,法律出版社 2020 年版,第 132 页。上海市第二中级人民法院(2019)沪 02 民终 8110 号民事判决书。

〔2〕　参见国家法官学院、最高人民法院司法案例研究院编:《中国法院 2022 年度案例》,中国法制出版社 2022 年版,第 232 页。江苏省江阴市人民法院(2020)苏 0281 民初 8981 号民事判决书。

合同履行不能只是一种事实状态,不能用来概括其他违约现象。《民法典》针对不同的情况,将违约的基本形态分为不履行、迟延履行、不适当履行、部分履行四种。在出现因可归责于债务人的事由而致合同全部履行不能的情况时,债务人不能继续履行义务,则产生不履行的责任,债务人虽被免除履行原债务的义务,但要承担其他违约责任。应注意的是,这里讲的履行不能,是债权客体给付不可能的状态,分为"事实上的履行不能"和"法律上的履行不能"两种情况。

在房屋已经政府生效征收决定书征收的情况下,当事人无权要求继续履行房屋买卖合同,办理房屋的分户产权。《民法典》第二百二十九条规定:"因人民法院、仲裁机构的法律文书或者人民政府的征收决定等,导致物权设立、变更、转让或者消灭的,自法律文书或者征收决定等生效时发生效力。"行政机关因公共利益需要,决定征收行政区划内建筑物、构筑物,建筑物(构筑物)的所有权变动自征收决定作出之日起发生法律效力,即被征收的建筑物(构筑物)的所有权通过征收决定的方式重新确定,并且转移至作出征收决定的行政机关名下。换言之,政府生效征收决定导致物权变动,合同当事人无权基于规定物权转移的合同再行主张权利,但并未丧失基于原所有权衍生的补偿或赔偿请求权。

【案例1-96】 李某等诉成都市新客站城际商旅管理委员会房屋买卖合同纠纷案

二审法院认为,成华区政府在报纸上刊登公告后,李某按照要求缴纳了相应的款项,成为五桂桥一期市场的1幢8号房屋权利人。无论是成华区政府还是成华区政府指派的新客站管委会,均应当为其办理分户产权证。房屋交付后,李某等人多年数次通过各种途径向成华区政府和新客站管委会主张为其办理房屋权属登记,但直至2013年3月7日成华区政府作出《房屋征收决定书》时止,新客站管委会仍未完成房屋权属的分户登记。后李某等业主针对成华区政府的征收决定提起行政诉讼,成都市中级人民法院作出的行政终审判决确认李某等业主主张的房屋征收决定违法的理由不能成立,判决驳回李某等人的诉讼请求。根据成华区政府已经发生法律效力的《房屋征收决定书》,李某所有的房屋在征收范围内,故该房屋已无法继续办理房屋分户产权证。二审法院判决:驳回上诉,维持原判。[1]

经济适用房、自住型住房、两限房、央产房是在我国经济发展过程中产生的性质特殊的房屋,此类房屋的购买、交易受到不同的政策约束。随着时间的推移,部分房屋在满足一定条件下可以上市交易。对涉及此类房屋的纠纷,既要查明合同

〔1〕 参见国家法官学院案例开发研究中心编:《中国法院2016年度案例》(房屋买卖合同纠纷),中国法制出版社2016年版,第249~250页。

效力及履行情况，亦需审查调整的政策相关房屋，以及房屋上市交易的政策规定。

【案例1－97】　高某诉毕某友房屋买卖合同纠纷案

一审法院认为，本案的争议焦点在于，是否存在客观的现实障碍导致双方无法继续履行合同。首先，根据第三人中国林业集团公司的陈述以及本院向在京中央和国家机关住房交易办公室调查的结果，涉案房屋尚未通过上市交易审核的原因是被告并未按照《中央在京单位已购公有住房上市出售管理办法》的规定向第三人中国林业集团公司补交房屋面积超标款并办理相关手续。上述手续的办理是被告作为涉案房屋出售人应尽的合同义务。现第三人中国林业集团公司明确表示可以接收被告补交的超标款并办理相关手续，在京中央和国家机关住房交易办公室也明确答复涉案房屋并不存在其他不得上市交易的情形，因此，被告以涉案房屋不能上市交易为由作为不能继续履行合同的抗辩事由，缺乏事实和法律依据，本院不予支持。其次，被告称其配偶不同意出售涉案房屋也是导致合同不能履行的原因。现被告的配偶刘某红作为被告的证人出庭作证，虽然当庭表示不同意出售涉案房屋，但是，根据其自述，其知道被告将涉案房屋出售给原告这一事实已经超过十年，且明知涉案房屋已被交付原告使用，但在法定的诉讼时效期限内未就此主张权利，故其当庭证言并不能证明被告主张。因此，根据现有事实，本院无法认定存在客观的现实障碍导致双方无法继续履行合同。现原告提出的各项诉讼请求，符合双方约定，于法有据，本院均予以支持。[1]

【案例1－98】　赵某某诉王某房屋买卖合同纠纷案

一审法院认为，北京市建设委员会于2008年4月8日发布的《关于已购经济适用住房上市出售有关问题的通知》规定，对于在该通知发布之日（含）前签订购房合同的已购经济适用住房，在购房家庭取得契税完税凭证或房屋所有权证满5年后，可以按市场价格出售。本案中，王某与北京某房地产开发有限责任公司就涉案房屋签订商品房买卖合同的日期为2004年7月30日，即上述通知发布之前，故王某可于取得契税完税凭证或房屋所有权证满五年后出售涉案房屋，即涉案房屋是在一定条件下允许流通之物。王某为出售其所有的经济适用房，与赵某某签订了《房屋买卖合同书》及《房屋买卖补充协议书》。这两份协议书是双方当事人的真实意思表示，签订时间是在2006年2月，且双方在协议中明确约定在限制期限届满后再办理房屋所有权转移登记，故上述协议合法有效，双方应当遵循诚实信用原则，全面履行各

〔1〕　参见国家法官学院案例开发研究中心编：《中国法院2015年度案例》（房屋买卖合同纠纷），中国法制出版社2015年版，第221页。

自的义务。双方签订协议时,无论是国务院部门规章,还是北京市地方政府规章,对已购经济适用住房上市交易均无购买年限及购买人资格的限制性规定。因此,王某以房屋五年内不得上市、赵某某不具有购房资格为由主张解除合同,于法无据,法院不予支持。王某已实际交付涉案房屋,赵某某已全额支付购房款并占有使用多年,房屋暂无法办理所有权转移登记是因政策限制所致,且双方对此知悉并约定了相应的解决方式,现王某以合同存在履行障碍、合同目的无法实现为由要求解除合同、腾退房屋,无事实及法律依据,法院不予支持。有关涉案房屋的相关协议应继续履行。涉案房屋契税完税证记载填发日期为2010年8月19日,涉案房屋登记至王某名下的日期为2010年8月20日,故相关政策要求的该房屋限制期限届满的日期应在2015年8月,距今甚为遥远。尽管赵某某在案件中将其诉讼请求表述为房屋限制上市交易期限届满10日内协助办理房屋所有权转移登记,但因所有权转移登记可以办理的期限尚未届至,故法院于现阶段对该项诉讼请求难以支持。[1]

保障性商品房买卖合同的履行受到限制。地方政府对保障性商品房的政策性限制并非效力性强制规定,房屋买卖合同只要是当事人的真实意思表示,即应当认定有效。若因地方政府行使了优先回购权,导致出卖人履行不能,购房人可依据双方签订的房屋买卖合同向出卖人主张违约责任,但是双方的房屋买卖合同不宜继续履行。

【案例1-99】 江某芳诉林某銮房屋买卖合同纠纷案

一审法院认为,讼争房屋系保障性商品房,地方政府对讼争房屋上市交易有明确的政策性限制,对此原、被告双方均系知悉。依据《厦门市保障性商品房销售合同书》约定,被告在取得产权未满5年转让的,由厦门市社会保障性住房建设与管理办公室(系厦门市原住宅建设办公室)回购;满5年上市转让的,厦门市社会保障性住房建设与管理办公室可优先回购。厦门市社会保障性住房建设与管理办公室关于回购林某銮所购保障性商品房的复函中明确表示其将依据合同约定的方式回购讼争房屋,明确其未放弃回购权,故原、被告双方签订的《房屋买卖协议》不宜继续履行。[2]

计划标的物未拆迁重建时买卖合同的继续履行问题。双方缔约时标的物并不存在,且属于事实不能履行的情况,出卖人未按合同约定履行交付义务系违约,

---

[1] 北京市第三中级人民法院(2014)三中民终字第13995号民事判决书。

[2] 参见国家法官学院案例开发研究中心编:《中国法院2017年度案例》(房屋买卖合同纠纷),中国法制出版社2017年版,第107页。

应承担违约责任。法官要在庭审中向购房人释明，是否变更诉讼请求要求返还购房款等，如购房人要求返还，应判决出卖人返还购房款，如购房人明确拒绝并坚持要求交付房屋，则判决驳回其诉讼请求。

【案例1－100】　刘某诉刘某阳、聂某忠、李某房屋买卖合同纠纷案

一审法院认为，庭审中，被告刘某阳称未如期交付原告车库是第三人李某拒绝履行二人之间动迁交房的义务、强行占有应动迁改建车库的房屋而导致的，如第三人李某迁出占用房屋则可以建成车库交付与原告。第三人李某称现占有的房屋系其个人所有，该房屋有合法手续，原、被告之间的买卖行为她不清楚，与她无关。而原告明确表示要求二被告必须交付车库、第三人李某迁出占用的车库。因"车库"未实际建成，客观上存在履行不能的情形，经本院释明，原告仍坚持表示不变更诉讼请求，不要求返还购房款，本院无法支持原告的诉讼请求；被告刘某阳提出的第三人李某拒绝履行动迁交房义务导致"车库"无法建成的抗辩理由，因其与第三人李某之间存在的法律关系与本案法律关系不一致，本院无法合并审理，故原告要求第三人李某迁出占用的"车库"的诉讼请求，本院无法支持；另原告要求二被告支付自2008年6月起至法院判决日止在外租赁车库费用(7000元/年)，因此部分不属于合同约定的范围，无事实和法律依据，故本院不予支持。判决：驳回原告的诉讼请求。[1]

消除限制履行因素后的履行问题。出卖人负有将房屋恢复至原登记的权利状态并消除行政限制的义务。在购房人同意按房屋现状交付并自愿承担恢复原状义务的情况下，出卖人应按诚实信用原则将房屋交付购房人，并于购房人将房屋恢复原状、消除行政限制后协助完成过户手续。

【案例1－101】　丁某如与石某房屋买卖合同纠纷案

一审法院认为，关于涉讼买卖合同能否继续履行的问题。虽然行政机关对涉讼房屋的权利转移作出限制，但物权未灭失，不能就此认定买卖合同法律上或事实上履行不能。行政机关限制交易的目的在于督促违法行为人纠正违法行为，履行法律手续；被告即使未出售房屋，也应按照行政机关的要求进行整改，使房屋恢复至合法状态，恢复原状系被告应尽的行政法上的义务。被告石某明知涉讼房屋附有违法建筑仍予出售，应依诚实信用原则全面履行合同义务；对于涉讼房屋存在的违法状态，应自行采取相应措施消除后交付原告。经法院释明，原告丁某如同意被告按现状交付房屋，并自愿替被告承

---

〔1〕 参见国家法官学院案例开发研究中心编：《中国法院2017年度案例》(房屋买卖合同纠纷)，中国法制出版社2017年版，第117～118页。

担恢复原状的义务,原告的意思表示不违反法律、行政法规的禁止性规定,亦符合行政机关的执法目的,法院予以准许。原告在恢复原状时,房屋的四至、外观形状、层高等应与登记内容一致,质量应符合国家规定的建筑标准。被告应于原告恢复原状、通过行政机关审查认可并撤销交易限制后再协助原告办理产权手续。二审法院认为,因行政机关的权利限制是为督促违法行为人改正违法行为,在上诉人未能积极履行相应义务的情况下,被上诉人同意上诉人按现状交付房屋,并自愿替代上诉人承担恢复义务,故在被上诉人完成恢复义务,行政机关撤销限制权利转移后,双方完成权利交付是可行的,买卖合同能够继续履行。[1]

法院查封的房产,因权利受到限制而依法不能在查封期间产生物权变动的法律后果,构成客观上的履行不能,当事人不能要求对方继续履行。

【案例1-102】 李甲诉杨乙、王丙房屋买卖合同纠纷案

二审法院认为,涉案房屋因另案被泰山区人民法院于2011年4月25日查封,因权利受到限制而依法不能在查封期间产生物权变动的法律后果,故上诉人李甲要求被上诉人杨乙履行协助过户义务,进而达到所有权转移的目的,目前在法律上尚不具备可行性,是客观上的履行不能。[2]

当民间借贷纠纷与房屋买卖合同纠纷发生冲突时,如果债权纠纷查封在前,导致物权纠纷的目的不能实现,在原告不变更诉求的前提下,仅认定签署的合同有效,其他诉求法院不再支持。

【案例1-103】 周某卫诉宋某堂、吴某美房屋买卖合同纠纷案

一审法院认为,原、被告签订的《房屋买卖合同》系双方真实意思表示,且不违反法律、法规的强制性规定,合法有效,故对于原告周某卫要求确认原告与二被告之间签订的《房屋买卖合同》有效的诉讼请求,法院予以确认。本案中,原告周某卫与被告宋某堂、吴某美已签订了《房屋买卖合同》,但未办理房屋过户手续,虽然杨某辉受原告周某卫委托看管过涉案房屋,但房屋的所有权并未转移,涉案房屋仍归二被告所有。第三人李某已于2013年申请对涉案房屋进行财产保全,涉案房屋目前处于司法查封状态,由第三人李某实际支配涉案房屋。原告周某卫要求二被告继续履行合同、协助办理过户手续,存在客观不能的情形,构成给付不能,故对原告周某卫要求二被告继续履行《房屋买卖合同》并办理产权变更登记手续的诉讼请求法院不予

〔1〕 参见《最高人民法院公报》2012年第11期。

〔2〕 山东省泰安市中级人民法院(2015)泰民再字第13号民事判决书。

支持。[1]

对法律上或者事实上不能履行的认定,应当根据具体案情确认。

【案例1-104】　贡合房地产开发(北京)有限公司诉北京圣特基业科贸有限公司、天津领先控股集团有限公司房屋买卖合同纠纷案

二审法院认为,本案中,虽然涉案房屋现在登记在美域高晟公司名下且其上有银行抵押权和公安机关、法院的查封措施,但是,美域高晟公司明确表态对涉案房屋不主张权利且承诺依据法院判决配合办理涉案房屋的过户手续,本案已经查明的案件事实也表明,目前涉案房屋的银行抵押权和公安机关、法院的查封措施只是涉案合同继续履行的暂时性障碍,当事人可以通过适当的方式予以消除,并不必然导致涉案合同在法律上或者事实上不能履行。故而,一审判决关于"圣特基业公司已不存在将剩余房屋过户给贡合房地产公司名下的可能性,即贡合房地产公司与圣特基业公司的《房屋买卖合同书》及《补充协议一》在事实上已无法履行"的认定错误,应予纠正。买受人贡合房地产公司坚持继续履行合同,出卖人圣特基业公司向密云法院起诉也要求继续履行合同,并在本案中作出了可行的消除合同继续履行障碍的承诺,二审法院本应根据作出裁判时涉案房屋上的抵押权和有权机关查封措施的状况及买卖双方、涉案房屋名义所有人美域高晟公司对于清除该履行障碍的意见和承诺作出相应的如何继续履行合同的裁判事项,但因为涉案合同的继续履行涉及买卖双方约定的房款总价的确认,这又牵涉对《补充协议四》等内容的审查判断,而一审法院并未对此进行审理,为保护当事人的审级利益,故二审法院不宜就此问题直接予以审理并作出相应认定。二审法院撤销一审判决,发回一审法院重审。[2]

(四)违反合同附随义务处理

所谓附随义务,是基于合同的性质、目的、交易习惯或惯例、法律和行政法规的规定及诚实信用原则产生的义务。附随义务直接来源法律规定,是在合同约定之外具有或然性的义务,可以弥补约定义务之不足,更好地确保实现合同目的并

---

〔1〕 参见国家法官学院、最高人民法院司法案例研究院编:《中国法院2020年度案例》(房屋买卖合同纠纷),中国法制出版社2020年版,第195~196页。山东省滨州市中级人民法院(2019)鲁16民终364号民事判决书。

〔2〕 参见国家法官学院、最高人民法院司法案例研究院编:《中国法院2020年度案例》(房屋买卖合同纠纷),中国法制出版社2020年版,第51页。北京市高级人民法院(2018)京民终249号民事裁定书。

维护双方当事人的利益。其最明显的特点是具有强制性,当事人不得约定排除,更不可能单方自行排除。违反附随义务的,亦应承担违约责任。

【案例1－105】 周某诉施某房屋买卖合同纠纷案

一审法院认为,原告周某在合同履行过程中两次向被告施某送达履约通知书要求被告继续履行合同,收取房屋价款。被告在收到履约通知后既未予以答复也未给原告履行付款义务提供必要的方便,并且在双方争议尚未解决的情况下将系争厂房出售给他人,导致合同无法继续履行。故被告施某存在违约行为,应当承担违约责任。二审法院亦持同样意见。[1]

违反附随义务的请求,不受法律保护。

【案例1－106】 中国工商银行股份有限公司莆田分行、中国工商银行股份有限公司莆田秀屿支行诉沈某钦房屋买卖合同纠纷案

一审法院认为,工商行莆田分行委托福建天友拍卖有限公司公开拍卖其下属支行原告工商行秀屿支行坐落于福建省莆田市荔城区某处一至三层砖混结构的房地产一处,沈某钦通过参加拍卖成功竞得该处房地产,沈某钦与工商行莆田分行、工商行秀屿支行之间形成了房屋买卖合同关系。上述委托拍卖、参加竞买均系双方的真实意思表示,不违反法律规定,合同合法有效。《拍卖规则和注意事项》亦约定,买受人办理房产证、土地证的过户手续,委托方负有协助办理的义务。鉴于在办理上述房地产的产权过户手续过程中需要提供相关税金费缴纳发票,工商行莆田分行、工商行秀屿支行与沈某钦虽约定过户费用、土地出让金及税金均由沈某钦负担,但需要工商行莆田分行、工商行秀屿支行作为行政管理上的纳税主体协助沈某钦缴纳相关税费,开具发票,协助提供相关申报材料,才能完成产权过户行为,故双方互负义务。现工商行莆田分行、工商行秀屿支行未能提供充分证据证明其已尽了全部协助义务,其主张沈某钦自行到房地产登记机关将莆政房权证荔城区字第HS050107号房屋所有权证项下房屋所有人及闽国用(2006)第0206号国有土地使用证项下土地使用权人过户登记至被告沈某钦名下,理由不足,亦不可能实现,不予支持。据此法院驳回二原告的诉讼请求。二审法院经审理后,维持了一审判决。[2]

---

〔1〕 参见国家法官学院案例开发研究中心编:《中国法院2014年度案例》(房屋买卖合同纠纷),中国法制出版社2014年版,第230页。

〔2〕 参见国家法官学院案例开发研究中心编:《中国法院2014年度案例》(房屋买卖合同纠纷),中国法制出版社2014年版,第69页。

(五)拆迁房屋买卖涉及权益处理

在拆迁房屋买卖中,拆迁户的特定身份权益转移范围是实践中的争议问题。处理此类纠纷,应本着有约定从约定的原则。由于约定不明或者当事人反悔等情况的拆迁买卖房屋纠纷屡见不鲜。在对合同条款或当事人的意思表示进行解读时,法院要查明案件事实,注重区分好当事人合意处分的是具体的标的物还是整个身份权利,妥当解决纠纷。换言之,拆迁补偿协议内容与房屋买卖合同内容不一定是等同关系,拆迁户可以将其全部拆迁权益转移给购房人,也可以是部分拆迁权益,具体范围以房屋买卖合同约定为准。

【案例1-107】　陆某平诉许某国、王某林房屋买卖合同纠纷案

一审法院认为,关于原告主张被告交付车库的诉讼请求,虽然《长江国际花园房屋拆迁实施意见》中载明底层储藏室随编号确定,但由于房屋买卖协议中明确约定所购房屋不包含车库,且协议所有条款均未涉及车库,故应认定买卖协议不含车库,对原告的诉讼请求不予支持。关于原告主张的楼层差价款的诉讼请求,拆迁安置补偿权利是拆迁部门给予拆迁户的权利,而原、被告之间是特定505室房屋的买卖合同关系,合同转让的是该房屋物权,并非拆迁安置补偿权利。被告作为拆迁户以何种价款与拆迁部门结算505室房屋与原告无关;且双方房屋买卖协议约定最终房款按实际面积结算,并未载明楼层差价款由原告享有。故对原告的此项诉讼请求亦不予支持。关于原告主张逾期交房补偿款5385.15元的诉讼请求,房屋买卖协议中已约定"甲方按拆迁协议的时间交房,若由于拆迁安置原因导致逾期交房,甲方不承担违约责任,甲方按拆迁补偿安置协议逾期交房的规定给乙方作逾期补偿",所以两被告应给付原告逾期补偿款,但仅应将从拆迁部门领取的119.67平方米的每平方米10元/月共3个月的延期过渡费共计3590.10元作为逾期补偿款给付给原告。拆迁部门给付被告每平方米5元共3个月的延期过渡费是被告作为拆迁户本应享有的临时安置补助费,不是拆迁部门给付的逾期补偿,此款不应给付给原告。[1]

购房人已经支付全部价款给出卖人并实际占有房屋但未办理不动产权属登记,因政府征收拆迁行为导致房屋物权灭失,购房人能够主张所购房屋产权消灭

〔1〕参见国家法官学院案例开发研究中心编:《中国法院2014年度案例》(房屋买卖合同纠纷),中国法制出版社2014年版,第215页。

的对价并依合同取得该房屋对应的征收拆迁补偿安置权益。

【案例1－108】 庄某峰、吴某蜂诉庄某进、林某花房屋买卖合同纠纷案

一审法院认为，庄某进作为涉案房屋登记的所有权人，在取得安溪县沼涛实验小学片区改造建设领导小组办公室对因征收涉案房屋拆迁补偿安置的所有权益（包括房屋拆迁补偿款、房屋搬迁费、安置房过渡费、奖励费、房屋安置权等）后，在一定意义上，是庄某进、林某花在《房屋买卖协议》中将合同权利出卖给庄某峰、吴某蜂房屋的对价。根据《合同法》第一百三十条之规定，庄某进在已收取了全部购房款的情况下，本应及时将出卖房屋过户登记至庄某峰、吴某蜂名下，现因政府拆迁的原因而致涉案房屋物权消灭。在此情况下，庄某进、林某花可选择解除合同，也可选择主张所购房屋产权消灭的对价——征收涉案房屋拆迁补偿安置的所有权益（包括房屋拆迁补偿款、房屋搬迁费、安置房过渡费、奖励费、房屋安置权等）。现庄某峰、吴某蜂请求确认其享有《房屋买卖协议》中庄某进、林某花出卖给庄某峰、吴某蜂涉案房屋对应的征收涉案房屋拆迁补偿安置的所有权益，符合法律规定以及权利义务相一致原则，应予支持。因此，原告诉讼请求合法，法院予以支持。庄某进、林某花经传票传唤无正当理由拒不到庭参加诉讼，又未在法院指定的举证期限内提交证据，视为自愿放弃参加庭审抗辩权利和举证、质证权利，不影响法院依查明的事实和证据进行裁判，法院依法缺席审理和判决。[1]

最高人民法院民一庭意见：被拆迁人与拆迁人按照产权调换方式签订拆迁补偿安置协议，明确了拆迁安置房产的位置和用途，此后该拆迁房产上设定了抵押权，被拆迁人请求排除抵押权人申请的强制执行，应予支持。[2] 也就是说，被拆迁人对拆迁安置房产的优先取得权能够阻却设定在后抵押权的实现。

（六）涉及配套设施纠纷处理

商品房住宅小区的配套设施在《房屋买卖合同解释》第三条中表述为房屋的“相关设施”，一般包括基础设施及相关设施。基础设施指供暖、供电、供水、

---

〔1〕 参见国家法官学院、最高人民法院司法案例研究院编：《中国法院2020年度案例》（房屋买卖合同纠纷），中国法制出版社2020年版，第159～160页。福建省泉州市安溪县人民法院（2018）闽0524民初1401号民事判决书。

〔2〕 参见最高人民法院民事审判第一庭编：《民事审判指导与参考》2018年第2辑（总第74辑），人民法院出版社2018年版，第164页。

小区景观、小区内道路、停车场等。公共配套设施包括商品房规划范围内的配套设施和商品房规划外的配套设施，如商业、服务业以及医疗教育、公共交通等公共设施的配套设施。上述多被称为配套设施及条件，对商品房买卖合同之标的房屋，具有附属性、延伸性的使用价值，在一定程度上成为房屋品质与价值的重要关联因素。在处理涉及配套设施的纠纷时应从合同内容确认提供设施是否纳入了合同义务以及属于什么义务，并考量配套设施与房产的效用关系等情况。

开发商较为笼统地宣传介绍商品房的区位优势等有利条件，一般不应归入合同义务。开发商在合同书、售房广告等宣传资料及其他载体方式述及房产相关附属或周边条件的，从两方面判断：其一，以一般经验认知所叙述对象为现实可能且具体明确的；其二，所述对象与房产有实质的配套利益关系因而构成房产价值因素的，可作为约定的房产配套设施而纳入合同义务。涉及配套设施的合同约定应区分不同情况处理：其一，对区内私有配套设施，属合同给付标的（房屋及所在小区）范围，应属于合同义务，按合同约定处理；其二，周边公共配套设施，系合同给付标的外具有配套意义的公共设施或环境条件，开发商对此不负有作成、交付的义务，客观上也无法履行。对于房产区位及周边环境等概况，开发商一般不负必须告知的义务，购房人可自行通过公共渠道了解相关信息。如果开发商售房时用以宣传或在合同中有明确表述，则开发商负有如实告知义务，义务性质为附随义务。对于开发商告知存在的周边公共配套设施实际并不具备是否构成虚假陈述或欺诈，应综合配套不到位的原因、对购房人实际利益的影响、开发商在合同表述及履行上的过错等情况，判断开发商是否要承担违反告知义务的违约责任。如果开发商对小区周边环境不在掌控之中，订约时开发商所告知的已经具备的或者尚在规划之中的公共配套设施后来发生变化，只要开发商已告知当时情况，就可以免责，购房人应自负此预期意外落空的风险。

【案例1－109】 官某林诉苏州工业园区建设发展总公司商品房买卖合同纠纷案

二审法院认为，园区公司不负有建造、交付小学的合同义务。合同中就小学问题的叙述基本真实，且未因此致损官某林子女就近上学的利益，故不构成违约，因而也不应承担违约责任。[1]

---

〔1〕 参见钟毅：《官某林诉苏州工业园区建设发展总公司商品房买卖合同纠纷案评析》，载王利明主编：《判解研究》2006年第5辑（总第31辑），人民法院出版社2007年版，第164页。

（七）合同撤销后的赔偿处理

1. 撤销权成立认定

开发商构成欺诈，购房人主张撤销房屋买卖合同的，法院应予支持。在具体赔偿的数额上，法院综合考虑合同的履行、当事人的过错程度以及预期利益等因素，根据公平、惩罚失信行为的原则，同时兼顾利益平衡，酌情确定开发商赔偿数额。

【案例1－110】 陆某兵、陆某诉海门中盛房地产开发有限公司商品房买卖合同纠纷案

二审法院认为，被上诉人购买房屋系为取得房屋所有权，包括占用、使用、收益、处分各项权能，而不只是为了占有、使用房屋。中盛公司在订立合同时隐瞒案涉房屋存在抵押的事实，致使案涉房屋所有权的完整性受到侵害，严重影响交易安全，违反诚实信用原则，原审法院据此认定上诉人存在欺诈行为，判决撤销案涉房屋买卖合同，由上诉人返还购房款并赔偿被上诉人相应利息损失并无不当。被上诉人虽然通过三角债权关系抵扣房款，但其采用何种形式支付房款并不影响其已向上诉人支付全部房款的事实。被上诉人与上诉人之间系普通购房者与开发商的关系，其通过社会公开渠道按照市场价向中盛公司购买房屋，理应与其他普通购房者一样，受我国法律同等保护。二审法院判决：驳回上诉，维持原判。[1]

【案例1－111】 肖某、潘某诉杜某荣房屋买卖合同纠纷案

一审法院认为，被告的行为构成欺诈。原告据此要求撤销双方签订的《上海市房地产买卖合同》及《补充协议》，于法有据。合同被撤销后，因该合同取得的财产，应当予以返还；不能返还或者没有必要返还的，应当折价补偿。原告要求返还已支付的房款22万元，可予支持。被告未尽到披露义务，系导致合同撤销的过错方，原告据此要求其赔偿中介费1万元及已付款与中介费自2014年12月16日起至实际支付之日止的中国人民银行同期贷款利率利息，也具有法律依据。[2]

---

〔1〕 参见国家法官学院案例开发研究中心编：《中国法院2017年度案例》（房屋买卖合同纠纷），中国法制出版社2017年版，第72页。

〔2〕 参见国家法官学院案例开发研究中心编：《中国法院2017年度案例》（房屋买卖合同纠纷），中国法制出版社2017年版，第96页。

【案例1－112】 曹某诉马某君、杜某元房屋买卖合同纠纷案

一审法院认为,因曹某与马某君间的买卖合同被撤销,马某君与杜某元间的买卖合同无效,系争房屋应恢复登记至曹某名下,曹某应返还马某君购房款。曹某委托雷某进代为办理房屋出售及收取房款等事宜,故雷某进收取的45万元应视为曹某收取的房款,曹某应予以返还。至于马某君要求曹某返还房屋契税6万元及房款利息等主张,鉴于马某君明知房价过低仍购买系争房屋,存在过错,相关损失应自行承担。至于马某君与杜某元间的房款返还等问题,与本案的诉请并不直接相关,可由当事人另行解决。一审宣判后,杜某元提起上诉,后又撤回上诉。[1]

2. 撤销权行使范围

名为房屋买卖合同实为融资担保协议构成流押的,法院可以根据当事人的请求撤销合同。

【案例1－113】 陈某玲与益阳市鸿基房地产开发有限公司商品房买卖合同纠纷再审案

最高人民法院经审查认为,本案争议的焦点是:陈某玲与鸿基公司签订的三份《商品房买卖合同》是否为双方当事人的真实意思表示,是否显失公平,是否应予撤销。2006年4月17日,鸿基公司、黄某延、天高公司签订了《玉鹿市场合作销售合同》约定,黄某延必须在7天为鸿基公司借贷到人民币500万元。次日,鸿基公司与黄某延的同乡陈某玲签订了案涉三份《商品房买卖合同》,陈某玲以每平方米500元的价格购得鸿基公司的门面房10008.54平方米,共计5004270元。无论是从鸿基公司、黄某延、天高公司签订的《玉鹿市场合作销售合同》中约定的讼争房屋销售价格,还是一审法院核实的房屋成本价格,均高于陈某玲买受房价数倍。陈某玲与鸿基公司签订房屋买卖合同的真实意思是以买卖的形式对鸿基公司进行融资,并以房屋作为出借人融资的担保。该房屋买卖合同非当事人真实意思表示,又显失公平,原判根据鸿基公司的请求,依照《合同法》第五十四条的规定予以撤销,并无不当,应予维持。[2]

重大误解是民事行为的法定撤销事由。判断是否撤销合同时应当注重当事人意思自治与维护交易安全之间的平衡。法律对于允许撤销的误解范围及条件

---

〔1〕 参见国家法官学院案例开发研究中心编:《中国法院2017年度案例》(房屋买卖合同纠纷),中国法制出版社2017年版,第102页。

〔2〕 参见最高人民法院立案庭编:《立案工作指导》2009年第3辑(总第23辑),人民法院出版社2010年版,第92~93页。

进行严格的限制，当行为人因对行为的性质、对方当事人及标的物的品种、质量、规格和数量等发生错误，使行为的后果与自己的意思相悖，并造成较大损失时，方可撤销合同。对于因重大误解而撤销房屋买卖合同的，出卖人则应返还购房人房款，不承担赔偿责任。

【案例1－114】 肖某诉刘某房屋买卖合同纠纷案

一审法院认为，根据本案查明的事实，原告肖某在与被告刘某及第三人亲亲我家公司就104号房屋订立《北京市房屋买卖居间合同》时，就刘某所售104号房屋是否附带004号储藏室一并出售明显存在重大误解，现004号储藏室刘某在订立合同前已转让给他人，故刘某有权撤销该合同。[1]

【案例1－115】 李某诉孙某和房屋买卖合同纠纷案

一审法院认为，本案争议的焦点在于原告李某购买存在部分非法建筑的房屋是否是在其充分了解房屋整体合法性之后所作出的真实意思表示。本案的基本事实是原告李某与被告孙某和在中介公司的组织下，经过一次看房即签订了房屋买卖合同并交付购房定金。之后在短时间内双方经历数次洽商甚至因矛盾激化导致公安机关的介入。庭审中被告孙某和认为其已将房屋格局明确告知李某，但李某认为直至签订合同时他对非法建筑的存在是不知情的，故对于该事实的认定，双方签订的房屋买卖合同及其他书面材料至关重要。作为明确记载原、被告权利义务的合同书，为防范争议的发生，出卖人有义务将涉诉房屋的瑕疵及其对当事人权利的不利影响在合同中作明确告知，但该合同书对于非法建筑及其面积未有涉及；被告孙某和提交的其他书面材料也无相关记载。综合考虑原、被告双方在短时间内进行洽商并且矛盾激化，本院确认李某对于非法建筑的存在不知情，其对所购买房屋的整体合法性存在重大误解，因重大误解签订的合同可以撤销，故原告李某要求撤销该合同的诉讼请求，本院予以支持。另外，针对孙某和认为其仅出售房屋产权证书面积的陈述，可计算出该房屋的价格明显高出房屋当地的市场价格，亦存在显失公平之处。合同被撤销后，因该合同取得的财产，应当予以返还，故原告李某要求被告孙某和返还定金的诉讼请求，理由正当，本院予以支持。[2]

购房人未实际看房存在一定过错，但不影响成立重大误解，商品房买卖合同仍可撤销，但可以在一定程度上减轻开发商的赔偿责任。

---

〔1〕 参见北京市高级人民法院编：《审判前沿——新类型案件审判实务》(总第40集)，法律出版社2012年版，第77页。

〔2〕 参见国家法官学院案例开发研究中心编：《中国法院2018年度案例》(房屋买卖合同纠纷)，中国法制出版社2018年版，第280页。

【案例1-116】 盖某某诉嘉兴市华源房地产开发建设有限公司商品房销售合同纠纷案

一审法院认为,原、被告订立的商品房买卖合同中并未以文字或者平面图的方式明确标示该房屋存在夹层,作为购买方,原告享有知悉涉案房屋的详细结构的权利,作为出售方,被告有义务向原告告知有关涉案房屋的真实信息。被告虽主张曾口头告知原告涉案房屋存在夹层的情况,并带领原告看过现场,但未能提供证据证明,法院不予采信。故法院认定原告在订立合同时对房屋的结构存在重大误解,对于原告据此要求撤销合同的诉请,予以支持。本案中,一方面,原告对房屋真实信息的理解来源被告的口头和书面描述,被告未能提供证据证明已将房屋的具体情况告知原告,原告对于房屋的结构存在重大误解,被告存在过错,应在返还购房款的同时对原告的损失承担赔偿责任。另一方面,虽然买卖标的物系尚在开发建设中的房屋,然而订立合同时该商铺所在的房屋已造至5楼,关于1层商铺存在夹层的事实已能通过实地看房而直观感受到。作为买房一方,为对房屋的情况有客观的了解,在房屋结构已基本形成的情况下,实地看房后付款比较符合通常情况下的一般做法。本案中原告陈述在订立合同之前未看过房屋,直至2011年年底被告通知交付的时候才知道房屋有夹层。法院认为,原告未尽购买方的谨慎注意义务,对于合同的撤销亦有一定的过错,故应适当减轻被告的赔偿责任,对于原告的损失,由被告承担80%为宜。至于原告的损失,原告主张以已付购房款为基数,按照银行同期贷款利率从付款之日起计算至判决确定的履行之日止,未超出相关规定,予以支持。[1]

一方当事人故意利用优势地位或利用对方没有经验等订立了房屋买卖合同,如果房屋交易价格达不到交易时交易地的指导价或者市场交易价70%的,应认定为显失公平,合同应予以撤销。

【案例1-117】 何某某、康某某、金某某诉施某、蒋某房屋买卖合同纠纷案

一审法院认为,本案中,一方面,房屋买卖合同约定的150万元的交易价格明显低于同期该房屋的市场交易价格,亦低于抵押借款合同中约定的抵押物价值225万元,甚至也远低于审税价207.4万元,形成了价值和价款过于悬殊的客观状况。另一方面,考虑施某并未提交证据证明其已实地看房,其在尚未签订买卖合同时即支付了大部分房款,未与产权人何某某、康某某、金某某的沟通即与何某某、康某某、金某某代理人完成了签订房屋买卖合同、付款、审税、过户等全部手续,在签约当日即申请办理过户手续等一系列违反交

[1] 浙江省平湖市人民法院(2012)嘉平民初字第1028号民事判决书。

易习惯的行为,以及施某明知审税价格远高于交易价格等因素,可以认定施某利用了何某某、康某某、金某某因欠款而抵押系争房屋并与代理人签订出售房屋委托书的劣势,在何某某、康某某、金某某未参与的情况下,与代理人磋商了价格并完成了本次交易。其对于转让价款明显低于市场价格在主观上应是明知的。基于以上理由,双方签订的房屋买卖合同存在显失公平的情形,故何某某、康某某、金某某主张撤销房屋买卖合同,符合显失公平的主、客观要件,合法有据,法院予以支持。二审法院亦持同样意见维持了一审判决。〔1〕

当事人主张合同价格显失公平请求撤销的,因现行法律没有明确显失公平的具体标准,如果合同明确约定了标的物价格、付款时间与支付方式、时间等主要内容,双方权利义务内容是完整和真实的,不存在一方当事人因胁迫或欺诈等而订立合同的情形,即便合同约定标的物价格比当时当地的同类标的物交易价格有所上涨,亦属于合同当事人应当预见的商业交易风险,法院不予支持撤销请求。

【案例1-118】 福建三木集团有限公司与福建省泉州市煌星房地产发展有限公司商品房预售合同纠纷再审案

最高人民法院认为,关于三木公司主张三份《商品房合同》价格显失公平的问题。我国现行法律没有明确显失公平的具体标准。本案三份《商品房合同》明确约定了预售房屋的面积、价格、付款时间与支付方式、交房时间等主要内容,双方权利义务内容是完整和真实的,不存在三木公司因胁迫或缺乏经验而订立合同的情形,且1.3487亿元购房款已在三份《商品房合同》订立前的2000年6月1日三方签订的《协议书》中明确。即便三份《商品房合同》项下房产价格比当时当地的同类房屋交易价格有所上涨,亦属于三木公司应当预见的商业交易风险。三木公司以福建华兴会计师事务所出具的《资产评估报告书》为据,主张三份《商品房合同》约定的房产价格显失公平,请求予以撤销,亦不符合撤销的法定要件。〔2〕

【案例1-119】 三亚广纳房地产有限公司与海南海春投资发展有限公司房屋买卖合同纠纷案

一审法院认为,海春公司以委托代理人颜某缺乏经验,合同签订的价格远低于市场价格为由,请求撤销合同,缺乏依据。首先,所谓利用优势,是指一方利用其在经济上的优越地位,而使对方难以拒绝对其明显不利的合同条件;所谓没有经验,是指欠缺一般的生活经验或交易经验,而不包括特殊经

〔1〕 上海市第二中级人民法院(2016)沪02民终字第7789号民事判决书。
〔2〕 参见《最高人民法院公报》2006年第5期。最高人民法院(2004)民一终字第104号民事判决书。

验。海春公司出具授权委托书委托其员工颜某代理涉案房屋的出售事宜,颜某的代理行为对外即代表海春公司的意思表示,颜某具备完全民事行为能力,海春公司作为一家投资公司,正常情况下在出售涉案房屋前应对楼市行情、市场风险有一定的了解,且在签订合同后,海春公司也接受了广纳公司支付的定金。其次,海春公司提交了海南省统计局与国家统计局海南调查总局发布的总第333期《海南统计月报》,欲证明当时交易价格低于市场价格,属于显失公平情形。如前所述,是否构成显失公平并非仅依据价格因素,还应从其他多方面综合认定,仅凭当时的交易价格不足以认定显失公平成立与否,且海春公司提交的并非同一地段、同一类型房屋、同一时间段的房屋交易价格,不足以证明其待证事实,不予采纳。综上,海春公司未能提交证据证明广纳公司存在利用优势或利用海春公司没有经验,致使双方权利义务明显违反公平、等价有偿原则等情形,也没有证据证明颜某可能与广纳公司串通损害海春公司利益,故对海春公司的主张,不予认可。[1]

买卖合同签订后标的物价格下跌的,买受人不得以重大误解为由撤销合同。

【案例1-120】　张某钧诉房地产公司商品房销售合同纠纷案

一审法院认为,对于张某钧以重大误解、显失公平为由,请求撤销案涉合同的请求是否能够得到支持的问题。首先,应判断案涉合同在订立时是否存在重大误解。张某钧对于自愿购买房地产公司的车位并无异议,但认为房地产公司工作人员的推介销售行为构成对后续购买车位行为存在重大误解。因合同协商内容的实质就是房地产公司向张某钧出售相关车位,而张某钧全过程参与了买卖车位合同的洽商且为其真实意思表示,故张某钧提出的房地产公司向其销售车位价格相比之后售价过高及其与后续购买车位的协商等问题,只能证实双方曾就后续128个车位的买卖进行过缔约协商但未能达成合意,但不能因此认定为房地产公司对张某钧构成欺诈,或张某钧对案涉合同内容存在重大误解。其次,案涉合同是否在订立时显失公平的问题。判定合同是否显失公平应针对合同约定内容进行评价,不能以合同的实际履行情况来评判订立合同时是否显失公平。案涉买卖合同的标的物价格是否显失公平,既应考虑签约主体签订合同时的主观因素,亦应考虑合同条款是否违反公平、等价有偿原则。……根据本案查明的事实,案涉合同确定的交易金额等条款是合同双方协商订立的,张某钧应该对合同的订立尽到注意义务。房地产公司在签约时并不存在利用优势或者利用张某钧没有经验致使双方

---

〔1〕 参见国家法官学院、最高人民法院司法案例研究院编:《中国法院2020年度案例》(房屋买卖合同纠纷),中国法制出版社2020年版,第273页。海南省澄迈县人民法院(2018)琼9023民初1310号民事判决书。

的权利义务明显违反公平、等价有偿原则的情形，故不应认定涉案合同订立时显失公平。由此可见，双方在订立案涉车位买卖合同时，并不存在重大误解、显失公平的情形，不存在张某钧行使合同解除权的事实依据。据此，对于张某钧要求撤销房地产公司于2019年8月27日签订的《买卖合同》的诉讼请求，无事实依据且与法律规定不符，依据不足，故法院不予支持；对于张某钧要求房地产公司退还其购买北京市朝阳区的地下车位的价款人民币234650元的诉讼请求，因没有事实和法律依据，故法院不予支持。判决：驳回原告张某钧的诉讼请求。[1]

在传统民间文化中，"凶宅"属物之瑕疵，会影响房屋的交换价值，出卖人对该信息故意隐瞒的亦构成欺诈，买受人因此而主张撤销合同，法院应予支持。合同履行完毕，不能成为法律上阻却合同被撤销的事由。

【案例1-121】 彭某、杨某诉陈某会、杨某全房屋买卖合同纠纷案

二审法院认为，陈某会、杨某全的欺诈行为所导致的直接后果是使彭某、杨某丧失了对于案涉房屋真实情况的知情权，使其在不知道案涉房屋的不吉信息的情况下选择购买房屋。从彭某、杨某提起本案诉讼的情况分析，如果在全面知晓了房屋的相关信息后，其不会作出购买案涉房屋的决定，故陈某会、杨某全的欺诈行为是在买卖双方信息不对称的情形下，隐瞒真实情况，诱使彭某、杨某作出了违背真实意思的购房决定。根据《合同法》第五十四条第二款的规定，案涉合同属可撤销之合同。综上，彭某、杨某要求撤销案涉房屋买卖合同的诉讼请求，二审法院予以支持。依据《合同法》第五十八条的规定，陈某会应当返还已收取的购房款119.30万元，并赔偿彭某、杨某因房屋交易而已经支出的交易税费等损失42685.03元。[2]

【案例1-122】 肖某等诉杜某某房屋买卖合同纠纷案

一审法院认为，被告杜某某负有告知原告肖某系争房屋发生过非正常死亡事件的披露义务，但未及时告知，致使原告陷于错误，在不知情的情况下签订了《上海市房地产买卖合同》及《补充协议》，被告的行为构成欺诈。原告据此要求撤销双方签订的《上海市房地产买卖合同》及《补充协议》，于法有据。[3]

未披露房屋主体结构外的非正常死亡事件信息，并不当然构成买受人行使撤

[1] 参见国家法官学院、最高人民法院司法案例研究院编：《中国法院2022年度案例》，中国法制出版社2022年版，第100~101页。北京市通州区人民法院(2020)京0112民初16402号民事判决书。

[2] 四川省成都市中级人民法院(2015)成民终字第7099号民事判决书。

[3] 参见郭伟清主编：《2016年上海法院案例精选》，上海人民出版社2017年版，第45页。

销权的依据。

【案例1－123】 沈某琦诉晏某芳、房屋信息咨询服务部房屋买卖合同纠纷案

一审法院认为,本案坠亡事件虽系非正常死亡事件,但其发生地点并非在案涉房屋主体结构内,且双方在交易过程中并未对"凶宅"有过超越一般认识的特别约定,故涉案房屋的情况未能达到"凶宅"认定标准。同时,基于平等、公平原则,在买受人未就房屋主体结构外的非正常死亡事件询问出卖人与中介服务者的情况下,无论其是否明知此类信息,其未予披露,并不构成欺诈。且本案原告对案涉交易性质、对方当事人及交易标的物均无错误认识,双方对交易事项均有充分明确约定,现原告依据个人感官、心理感受和认知,认为案涉房产因此坠亡事件导致房屋成为"凶宅",影响其正常使用和房屋价值,导致其重大误解要求撤销合同,已超出社会公众对"重大误解"的一般认识,亦不予支持。判决:驳回原告沈某琦的诉讼请求。二审法院裁定:准许上诉人沈某琦撤回上诉。[1]

3. 撤销权行使把握

实践中债权人请求撤销房屋买卖合同纠纷案件中的争议焦点常为以下几点:撤销权能否行使和第三人是否属于善意取得。对此,判断撤销权是否成立要审查以下几点:其一,应当明确债权人的债权是否合法、有效,是否存在与债务人串通的情形。其二,能否满足债权人撤销权的构成要件,有没有超过诉讼时效。其三,应结合证据及查明事实,分析判断受让人是否属于善意取得,对于交易价格是否合理的判断,应结合具体市场特点、交易行情及当事人财产情况进行分析,查明真实交易价格,查明是否属于债务人、受让人串通损害债权人的合法利益,同时也要查明是否为虚假诉讼。

【案例1－124】 吴某成、王某芝诉吴某债权人撤销案

一审法院认为,吴某与案外人孟某菁伪造公证书签订的《存量房买卖合同》经法院生效判决认定为无效,吴某通过非法途径取得涉案房屋产权,侵犯了二原告的合法权益。依据现有事实,张某、李某夫妇与吴某素不相识,其通过中介公司购买涉案房屋,且已支付对价,不存在主观恶意。对于《合同法》规定的"明显不合理的低价",张某以79万元购房款及16万元配套设施折价款的价格购买涉案房屋,单价为12334元/平方米,与附近小区同时期单价差

---

〔1〕 参见国家法官学院、最高人民法院司法案例研究院编:《中国法院2022年度案例》,中国法制出版社2022年版,第252页。浙江省绍兴市中级人民法院(2020)浙06民终3143号民事裁定书。

异不大,不属于明显不合理低价。故对二原告要求撤销吴某与张某签订的《存量房买卖合同》的诉讼请求,不予支持。张某与李某夫妻间过户的行为,系其对夫妻共同财产登记的自主行为,二原告要求撤销没有法律依据,不予支持。据此判决,驳回原告吴某成、王某芝的诉讼请求。[1]

撤销案确定赔偿范围的依据选择问题。实践中,对因房屋为"凶宅"构成欺诈而撤销的合同,可依据缔约过失规则,确定赔偿范围为"由此产生的费用和给相对人造成的实际损失",大多数为信赖利益的损失。对于房屋属"凶宅"但不构成欺诈而撤销合同的,购房人无法主张缔约过失责任,基于对购房人权益保护的周全性考虑,处理此类案件适用物的瑕疵担保制度更为妥当。

【案例1-125】 王某某诉缪某某房屋买卖合同纠纷案

一审法院认为,缪某某在503室房屋内发生自杀事件后不久即将该房屋出售给了王某某。虽该房屋在实物及权利形态上没有瑕疵,但民众普遍对于发生过此类事件的房屋存在忌讳心态,并可能因避讳心理而不购买此类房屋。缪某某明知503室房屋内发生过自杀事件,在出售房屋时未将该情况如实披露,对王某某是否选择购买该房屋造成重大影响,有违诚实信用原则,造成了王某某的利益受损,王某某要求撤销503室房屋的《上海市房地产买卖合同》及协议书,缪某某返还房款127.5万元,符合法律规定,法院予以准许。合同补充条款约定,王某某根据国家法律、法规、规章、政策规定承担本交易中缪某某、王某某双方所交生的税、费。现缴纳税、费的相关凭证为在王某某处,王某某主张上述费用均由其缴纳,法院予以采信。王某某缴纳的交易税、费及佣金、担保费均系其损失,王某某要求缪某某赔偿上述损失共计34158元,法院予以准许。合同撤销后,王某某应当将503室房屋返还给缪某某,鉴于该房屋上设有建行宝钢宝山支行的抵押权,王某某应还清贷款,注销抵押后将房屋及房地产权利返还给缪某某。[2]

合同一方因对方的欺诈行为而诉请撤销合同时,法官不能仅以合同目的最终能够实现就简单认定受欺诈方没有受到损害,对其诉求不予支持。

【案例1-126】 王某旭诉江某、天峰瀚海公司房屋买卖合同纠纷再审案

再审法院认为,本案中,涉诉房屋在签订买卖合同时存在抵押是不争的事实,该抵押事项属于涉诉房屋的重大事项,将影响合同双方当事人的真实意思表示,出卖人有义务明确告知买受人。江某辩称因上述房屋买卖合同是

---

〔1〕 参见国家法官学院案例开发研究中心编:《中国法院2018年度案例》(房屋买卖合同纠纷),中国法制出版社2018年版,第194页。

〔2〕 上海市宝山区人民法院(2015)宝民三(民)初字第818号民事判决书。

格式合同,合同书中所指出的未抵押是指未向银行抵押,且签订合同前已向王某旭说明房屋存在抵押情况。本院认为该辩解缺乏合理性,且江某未能提供有力证据证明已将房屋存在抵押的情况明确告知王某旭,故江某的抗辩意见,本院不予采纳。天峰瀚海公司系专业提供房屋租售业务的居间服务机构,且作为合同的一方当事人,在其明知涉诉房屋存在抵押登记的情况下,未如实向买受人报告房屋的真实情况,其行为明显不当。江某、天峰瀚海公司的行为已损害了王某旭对出卖人及提供居间服务的合理信赖。原审法院认为涉案房屋在签订买卖合同时存在他人抵押权并不必然影响合同目的实现,但现无证据显示江某、天峰瀚海公司在抵押权解除后将此情形及时、明确告知王某旭,且有真诚继续履行该合同的意思表示。同时鉴于原审诉讼期间,江某未通知法院及王某旭,擅自将涉诉房屋又抵押他人,后又通过天峰瀚海公司居间出卖他人的事实,本院认为江某、天峰瀚海公司的行为构成欺诈,王某旭主张撤销该合同应予支持。江某、天峰瀚海公司所提交的证据,缺乏相关证明力,本院不予采信。原审法院认定事实不当,适用法律亦存在错误,本院予以纠正。[1]

经济适用房符合条件可以上市交易的,需补缴土地出让金。根据交易习惯,土地出让金一般由出卖人承担。如果交易双方约定了土地出让金缴纳方式,且已实际履行,则一方不得以该约定违反国家规定和交易习惯为由撤销该履行。

【案例 1-127】 郭某诉李某经济适用房转让合同纠纷案

一审法院认为,郭某在签订购房协议时已经收到李某的房屋所有权证、土地证、产权界定卡,对该房屋属于经济适用房是明知的。购房协议第二条明确约定"房产交易价:交易净价款 52.5 万元整,此价款为不含税费价,由此交易所产生的一切税费由郭某承担"。该条款概括性地将交易所产生的一切税收和费用归由郭某承担,以保证李某在此次房产交易中获得交易净价款 52.5 万元整。6975 元的土地出让金属于政府征收的费用。郭某在缴纳 6975 元时并没有与李某协商一致约定是为李某垫付的,也没有拒绝缴纳此款并为此提出解除合同。2012 年 2 月 6 日郭某交付了经济适用房土地出让金 6975 元,2012 年 2 月 21 日郭某付给李某房款 2.5 万元也证明郭某缴纳的 6975 元并非为李某垫付的。据此判决,驳回原告郭某的诉讼请求。二审法院认为,本案当事人双方间经济适用房转让合同约定明确,且双方已经履行完毕。现上诉人郭某称双方争执的土地出让金 6975 元应由被上诉人李某支付,其本

[1] 参见索宏钢主编:《再审疑难案件法官评述》,人民法院出版社 2019 年版,第 58 页。北京市第三中级人民法院(2016)京 03 民再 34 号民事判决书。

人系垫付行为，该款李某应予返还的理由，依据不足，本院不予采信。二审法院判决：驳回上诉，维持原判。〔1〕

老年人房屋买卖合同的意思表示认定有其特殊性，这是基于其受多种因素影响，故对于行使撤销权中必须注重查明真实的意思表示。

【案例1－128】 张某荣诉路某林房屋买卖合同纠纷案

一审法院认为，依据查明的事实，张某荣系完全民事行为能力人。房屋买卖合同签订前，调解书已确认张某荣系案涉房屋的所有权人，张某荣对案涉房屋依法享有占有、使用、收益和处分的权利。案涉房屋的买卖在不动产登记中心进行。房屋买卖过程中，张某荣先后在《存量房买卖合同》、《存量房交易资金自由划转声明》、不动产登记询问笔录、不动产登记申请书、北京市不动产登记受理通知书上捺右手食指印，在经办人员的询问过程中，申请登记事项是否真实意思表示，并对申请不动产或份额是否为夫妻共有、是否办理过国有土地权证、是否办理过国有土地权的抵押登记的问题均能够明确回答。故张某荣对行为的性质、对方当事人、标的物的状况不存在错误认识，房屋买卖不存在重大误解。另外张某荣亦未举证证明在房屋买卖过程中，路某林采取欺诈手段或利用张某荣处于危困状态、缺乏判断能力等情形，导致张某荣在违背真实意思的情况下签订房屋买卖合同或房屋买卖合同成立时显失公平。现张某荣以房价款未实际支付以及房价款与实际市场价格差距较大主张存在欺诈或显失公平，于法无据。此外，《存量房买卖合同》的签订时间是2018年2月13日，不动产登记申请和受理时间是2018年3月1日，不动产转移登记的时间是2018年3月5日，即使本案存在张某荣所主张的重大误解、欺诈和显失公平，其应在此后的三个月或一年内提起诉讼，其于2019年9月4日提起诉讼，撤销权已消灭，张某荣所述的本人赡养及其子华某来的扶养问题，与本案房屋买卖合同效力的认定无关，其可另行解决。综上，张某荣主张的撤销合同等诉求缺乏事实和法律依据，法院不予支持。判决：驳回张某荣的诉讼请求。二审法院裁定：准许张某荣撤回上诉。〔2〕

---

〔1〕 河南省洛阳市中级人民法院(2015)洛民终字第1906号民事判决书。参见申文娟、樊蕾：《买卖双方约定土地出让金缴纳方式不违反国家强制性规定》，载《人民法院报》2015年11月12日，第6版。

〔2〕 参见国家法官学院、最高人民法院司法案例研究院编：《中国法院2022年度案例》，中国法制出版社2022年版，第56页。北京市第一中级人民法院(2020)京01民终7098号民事裁定书。

(八)以房抵债处理

所谓以房抵债,是在债务人不能按约定履行债务的情况下,债权人和债务人对于清偿债务作出的安排。社会生活中,以房抵债的情形比较常见。出借人出借一定款项给借款人,要求借款人提供一套房屋并委托出借人代办售房、收房款或过户等事宜,在借款人到期不能还款时,代理人直接将房屋出售,以房款冲抵借款,这种直接约定到期不能还款则以房屋抵债的合同,是法律禁止的"流押契约"。近几年,为了规避这一法律禁止,出借人往往要求借款人在签订借款合同的同时,再签订一份房屋买卖合同,约定到期不还款,就履行买卖合同把房子卖给出借人。实践中,涉抵房借款的房屋买卖合同纠纷,通常表现为两种类型:一类是出卖人(房屋登记所有人)起诉购房人与代理人,要求确认买卖合同无效;另一类是相关权利人(如共有权人)起诉出卖人与购房人,要求确认买卖合同无效。

以房抵债的问题非常复杂,既涉及法律关系性质的认定问题,又涉及让与担保、流押禁止等问题,更牵涉虚假诉讼的认定问题。《八民纪要》第十六条规定:"当事人达成以房抵债协议,并要求制作调解书的,人民法院应当严格审查协议是否在平等自愿基础上达成;对存在重大误解或显失公平的,应当予以释明;对利用协议损害其他债权人利益或者规避公共管理政策的,不能制作调解书;对当事人行为构成虚假诉讼的,严格按照民事诉讼法第一百一十二条和《民事诉讼法解释》第一百九十条、第一百九十一条的规定处理;涉嫌犯罪的,移送刑事侦查机关处理。"《九民纪要》第四十四条规定了履行期限届满后达成的以物抵债协议的效力,第四十五条规定了履行期届满前达成的以物抵债协议的效力。

1. 以房抵债成立认定

《民法典合同编通则解释》第二十七条规定:"债务人或者第三人与债权人在债务履行期限届满后达成以物抵债协议,不存在影响合同效力情形的,人民法院应当认定该协议自当事人意思表示一致时生效。债务人或者第三人履行以物抵债协议后,人民法院应当认定相应的原债务同时消灭;债务人或者第三人未按照约定履行以物抵债协议,经催告后在合理期限内仍不履行,债权人选择请求履行原债务或者以物抵债协议的,人民法院应予支持,但是法律另有规定或者当事人另有约定的除外。前款规定的以物抵债协议经人民法院确认或者人民法院根据当事人达成的以物抵债协议制作成调解书,债权人主张财产权利自确认书、调解书生效时发生变动或者具有对抗善意第三人效力的,人民法院不予支持。债务人或者第三人以自己不享有所有权或者处分权的财产权利订立以物抵债协议的,依据本解释第十九条的规定处理。”

《民法典合同编通则解释》第二十八条规定:“债务人或者第三人与债权人在债务履行期限届满前达成以物抵债协议的,人民法院应当在审理债权债务关系的基础上认定该协议的效力。当事人约定债务人到期没有清偿债务,债权人可以对抵债财产拍卖、变卖、折价以实现债权的,人民法院应当认定该约定有效。当事人约定债务人到期没有清偿债务,抵债财产归债权人所有的,人民法院应当认定该约定无效,但是不影响其他部分的效力;债权人请求对抵债财产拍卖、变卖、折价以实现债权的,人民法院应予支持。当事人订立前款规定的以物抵债协议后,债务人或者第三人未将财产权利转移至债权人名下,债权人主张优先受偿的,人民法院不予支持;债务人或者第三人已将财产权利转移至债权人名下的,依据《最高人民法院关于适用〈中华人民共和国民法典〉有关担保制度的解释》第六十八条的规定处理”。

【案例1-129】 曾某某、方某某、中国农业银行股份有限公司增城市支行、刘某某与钟某某房屋买卖合同纠纷再审案

再审法院认为,涉案房屋转让给曾某某前登记在增城荔城吉昌木器厂名下,该木器厂一直由刘某某单独经营,钟某某对刘某某的经营行为一直没有异议。刘某某向方某某借款也用于经营增城荔城吉昌木器厂,钟某某对此知道也没有表示反对。钟某某与曾某某是邻居,对涉案房屋办理到曾某某名下并由曾某某经营管理长达七年也没有提出异议。钟某某在涉案房屋办理到曾某某名下七年后称对涉案房屋抵偿债务不知情,有违常理和诚实信用。故曾某某有足够理由相信刘某某将增城荔城吉昌木器厂的涉案房屋抵偿给曾某某为刘某某、钟某某的共同意思表示。况且涉案房屋虽然属于刘某某、钟某某的夫妻共有财产,但刘某某向方某某借款也属于刘某某、钟某某的夫妻共同债务,钟某某也没有证据证明刘某某以涉案房屋作价28万元折抵对外债务损害了钟某某的利益。据此曾某某就涉案房屋与增城荔城吉昌木器厂、刘某某签订《房地产买卖合同》是当事人的真实意思表示,没有违反国家法律、行政法规的强制性规定,依法有效。一审判决认定涉案《房地产买卖合同》有效正确。二审判决以刘某某处分钟某某共有财产未经钟某某同意为由认定涉案合同无效,适用法律错误。[1]

关于《物权法》第一百八十六条、第二百一十一条(对应《民法典》第四百零一条、第四百二十八条)关于流押、流质规定,可否适用以物抵债的问题,有法官认为,折价作为担保物实现的方式,原则上是债务已届履行期限限时对抵押物的折

〔1〕 广东省高级人民法院(2014)粤高法民一提字第17号民事判决书。

价，以缔约时的价格取得抵押物，本质上就是流质或流押条款，依法应认定无效。[1] 有法官还认为，《物权法》关于禁止流押或流质的规定，意味着在履行期限届满前有关债务人不能履行债务时抵债物就归属于债权人的约定，因违反流质或流押的规定而无效。因此，债权人不能直接请求债务人履行交付或者权属变更义务，否则，其就可以基于合同的履行取得物权，从而架空了《物权法》关于禁止流质或流押的规定。但流押或流质条款无效，并不意味着整个以物抵债协议都无效。事实上，以物抵债协议仍然是有效的，其效力表现在当债务人不履行债务时，债权人可以通过折价、拍卖、变卖抵债物等方式受偿。至于债权人就拍卖所得的价款是否享有优先权，则取决于抵债物是否完成了相应的公示。《九民纪要》就该问题采让与担保说，即应当允许当事人签订以物抵债协议，但协议性质属于让与担保。[2]

债务履行期届满后订立的以物抵债协议，如果抵债物尚未交付给债权人，债务人反悔但未能提供证据证明有能力继续履行原债务，债权人请求债务人履行以物抵债协议的，应予支持，不需要履行清算程序。

【案例1－130】　袁某满诉北京福城源房地产开发有限公司等房屋买卖合同纠纷案

一审法院认为，福城源公司与联星公司签订的电（扶）梯设备制作合同约定的抵顶房屋为北京市密云区金融商业街8#8层的一套房屋，并未指明抵顶房屋的具体位置。虽然联星公司与施塔德公司之间的电梯设备购销安装合同约定的抵顶房屋为8#8层东南向的一套住房，但随后黄某方与福城源公司所签订的认购书及袁某满与黄某方所签订的北京市存量房买卖合同所约定的房屋位置均为北京市密云区新南路南侧，旧顺密路东侧福城新天地8号楼×02号，并未注明房屋的具体朝向。黄某方虽然与福城源公司签订认购协议书，但其未与福城源公司办理交接房屋的手续，袁某满与黄某方之间亦未有交付房屋的手续，且双方合同约定的×02号房屋面积与诉争的×03号房屋差距较大，袁某满虽然在一段时间内拥有诉争×03号房屋的钥匙，但系私自更换房门锁芯获得，并不是通过房屋买卖正常交付获得。综合上述事实，袁某满并未提供充分有效的证据证明其从黄某方处购买的房屋即为诉争的×03号房屋。现福城源公司明确表示将诉争的×03号房屋出售给赵某，并与赵某办理了正常的房屋买卖及交接手续，且黄某方表示其出售给袁某满

---

〔1〕 参见最高人民法院民事审判第二庭编著：《〈全国法院民商事审判工作会议纪要〉理解与适用》，人民法院出版社2019年版，第308页。

〔2〕 参见最高人民法院民事审判第二庭编著：《〈全国法院民商事审判工作会议纪要〉理解与适用》，人民法院出版社2019年版，第307页。

的房屋以合同约定为准，故对于袁某满要求以福城源公司、黄某方为被告依次办理诉争×03号房屋所有权转移登记手续的诉讼请求，不予支持。黄某方提出其与袁某满之间房屋买卖合同由于情势变更不能继续履行应予解除的意见，双方可以另案解决。在本案中，《认购协议书》是福城源公司向联星公司以诉争房屋抵债，联星公司又以该房屋向施塔德公司抵债，而施塔德公司授意黄某方为房屋所有人，因此福城源公司与黄某方签订的《认购协议书》实质是以房抵债合同。〔1〕

【案例1－131】 吉林鑫城房地产综合开发有限责任公司与汤某鹏房屋买卖合同纠纷再审案

最高人民法院认为，债务人未能按照借款合同清偿债务，与债权人达成以房抵债合意，并签订《房屋买卖合同》，不适用《最高人民法院关于适用〈中华人民共和国担保法〉若干问题的解释》第五十七条规定的禁止流质条款。双方签订的《房屋买卖合同》依法成立并生效，对双方当事人均具有约束力，当事人应当按照约定履行自己的义务，不得擅自变更或者解除。〔2〕

【案例1－132】 湖北江山重工有限责任公司与襄阳市慧江混凝土有限公司房屋买卖合同纠纷再审案

最高人民法院认为，以物抵债协议涉及多方当事人间多个债权债务关系的清偿安排，是各方当事人的真实意思表示，未违反法律法规的强制性规定，并不以协议约定的房屋物权转移登记为生效要件，因此四方协议与商品房合同均成立且已经生效；各方当事人原有的债权债务关系已经因以物抵债协议的成立而消灭，华康公司应按协议的约定履行交房义务。〔3〕

在审判或执行程序中，往往涉及以房抵债协议或者房屋买卖协议，在协议双方均认可协议真实性的情况下，实践中对是否审查协议真实性有不同观点。本书认为，在仅仅涉及双方当事人利益的情形下，以双方当事人的一致意思表示为准。但在涉及第三方利益的情形下，除了审查协议双方当事人的意思外，还要审查协议的内容是否侵害第三方利益。

---

〔1〕 参见国家法官学院案例开发研究中心编：《中国法院2018年度案例》（房屋买卖合同纠纷），中国法制出版社2018年版，第62页。

〔2〕 参见《最高人民法院公报》2020年第3期。最高人民法院（2018）民申1774号民事裁定书。

〔3〕 最高人民法院（2018）民再50号民事判决书。

【案例1－133】　河南华宸工程建设有限公司与郑州市市郊农村信用合作联社齐礼闫信用社、郑州豫东置业有限公司案外人执行异议之诉纠纷再审案

最高人民法院认为，关于2006年6月1日以房抵债协议，华宸公司和豫东公司虽然对其真实性表示认可，但华宸公司的诉讼请求为阻却执行已生效的民事判决，故在信用社对该协议的真实性提出异议的情形下，华宸公司应提交充足证据证明该协议的真实性。对于华宸公司在一审中提交的证据，二审法院依据《民事诉讼规定》的相关规定，结合华宸公司项目经理赵某峰到庭接受询问情况以及二审法院实地查看情况，作出相关认定，符合《民事诉讼法》关于认定证据证明力的相关规定。在本案审查再审申请期间，华宸公司提交的《郑州市房屋登记信息查询证明》可证明澳丽名苑4号楼东1单元9层西户房屋和澳丽名苑1号楼东1单元8层西户房屋这两套房屋的权利状态，但不能证明华宸公司在这两套房屋买卖过程中所起的作用，即无法直接印证以房抵债协议的真实性，故华宸公司关于此点的申请再审的理由不成立。[1]

当事人签订商品房买卖合同作为民间借贷合同的担保，借款到期后借款人不能还款，出借人向法院起诉履行商品房买卖合同且拒绝按照民间借贷法律关系变更诉讼请求，法院应裁定驳回起诉。

【案例1－134】　罗某英诉四川新鹏房地产开发有限责任公司、第三人蓝某彬商品房销售合同纠纷案

二审法院认为，审查罗某英与新鹏公司之间的关系，应从两者签订商品房买卖合同的真实目的进行判断。罗某英与蓝某彬在发生民间借贷关系之前并不相识，亦无经济往来，罗某英为确保向蓝某彬提供的资金安全，必然会要求蓝某彬提供相应担保。鉴于蓝某彬新鹏公司法定代表人的特殊身份，其行为可以代表新鹏公司，因此，新鹏公司与罗某英之间签订的《商品房买卖合同》实质上是为罗某英提供给蓝某彬的资金作担保，故该《商品房买卖合同》应属《借款合同》的从合同。双方未办理抵押登记，该担保方式属于非典型担保。根据双方签订的《借款合同》约定，在蓝某彬未按期归还借款时，罗某英有权将出借款转为对新鹏公司的购房款，该约定明显违反了《物权法》第一百八十六条的规定，依法应当无效。因“流质条款”无效并不必然导致担保的无效，故罗某英作为债权人可以在蓝某彬不能履行偿还借款的情况下，

〔1〕　参见最高人民法院民事审判第一庭编：《民事审判指导与参考》2015年第3辑（总第63辑），人民法院出版社2016年版，第208页。

要求新鹏公司承担相应的担保责任。综上,罗某英按商品房买卖合同关系起诉新鹏公司与本院查明的法律关系性质不同,在原审法院已经释明而罗某英不变更诉讼请求的情况下,应当依法驳回其诉讼请求。[1]

关于以房抵债协议仅部分履行的处理问题。一般情况下,清偿期届满后当事人达成的以房抵债协议,是当事人在旧债务未履行时就新的清偿方式所达成的合意,即债权人允许债务人或第三人给付房屋以替代原定的金钱给付,债权人并没有放弃原债权的意思,双方只是把新债务当成履行旧债务的方式方法。在以房抵债中没有约定或约定不明时新旧债务并非消灭,应认定二者并存,而不是原借款合同项下包括担保债务在内的债务均消灭。在上述情况下,债权人对原借款协议和以房抵债协议的履行之间可任意选择,且并不必然加重债务人负担而对其不公平。一般情况下,在达成以房抵债协议后新旧债务并存情况下,可以不限制债权人请求履行旧债务的权利。在以房抵债协议的目的不能实现时,如期限届满以房抵债未得到履行,或者债务人、第三人在期限届满前明确表示不履行以房抵债协议,或者抵债房屋因查封、灭失等事实上、法律上的原因履行不能,债权人可以请求履行旧债务。以房抵债协议届满后债务人只履行部分义务,债权人在扣除已履行的部分后仅能就未履行部分对应的旧债务请求履行。

2. 以房抵债性质认定

关于以物抵债协议的性质,本书认为未履行交付的以物抵债协议不宜被界定为代物清偿,因为若按照实践性合同原理处理以物抵债合同,该合同将因债权人未实现抵债之物而不得成立,从而并不具有法律效力。[2] 如此处理,有时会损害债权人合法权益,与鼓励交易原则未尽相合,也不恰当地削弱了意思自治原则的功效。[3]《九民纪要》采诺成合同说。[4] 实践中,亦有法院采用该学说,判定以房抵债协议有效,合同继续履行。

【案例1-135】 陈某诉安徽舒城县华鹏房地产开发有限公司买卖合同纠纷案

一审法院认为,被告欠原告借款80万元,遂签订《房屋认购预定书》以房抵债,但被告未与原告签订正式的房屋买卖合同,也未交付房屋。原告诉请

---

〔1〕 参见最高人民法院中国应用法学研究所编:《人民法院案例选》2017年第8辑(总第114辑),人民法院出版社2017年版,第86页。

〔2〕 参见陈永强:《以物抵债之处分行为论》,载《法学》2014年第11期。

〔3〕 参见崔建远:《以物抵债的理论与实践》,载《河北法学》2012年第3期。

〔4〕 参见最高人民法院民事审判第二庭编著:《〈全国法院民商事审判工作会议纪要〉理解与适用》,人民法院出版社2019年版,第300页。

被告履行房屋买卖合同，并办理房屋产权登记手续。法院认为，原、被告之间因以物抵债形成的房屋买卖合同关系合法、有效。[1]

最高人民法院民一庭观点：以物抵债协议如未明确约定消灭原到期债务，则新债务届期不履行债权人有权请求债务人履行旧债务，且不以以物抵债协议无效、被撤销或者被解除为前提。[2]

当事人双方签订以物抵债协议，如果协议中未明确约定以债权人受领抵债物作为成立要件，该以物抵债协议应为诺成合同，只要双方就以物抵债达成合意，该协议即成立。

【案例1－136】 张某与甲公司房屋买卖合同纠纷再审案

最高人民法院认为，甲公司因债务清偿期限届满无力偿还借款，经与张某协商出具案涉《承诺书》，约定以甲公司开发的商品房抵顶1250万元债务，同时约定了抵债房屋的转移和过户程序，及双方在此过程中的权利义务和违约责任，并由黄某对违约赔偿责任承担连带赔偿责任。该《承诺书》系各方当事人真实一致的意思表示，且不违反法律、行政法规的强制性规定，对当事人具有约束力。二审法院关于"从抵债的目的来看，以物抵债具有实践性。若仅有合意，未转移物权，则债务未消灭，抵债的目的未达成，债务人仍可另行选择偿债方式，即'以物抵债'协议并不产生强制履行的效力"的认定，缺乏法律依据。且在本案中，张某在起诉时明确提出了返还其已代偿的20万元款项的诉讼请求，但原审法院未进行审理便作出裁判，遗漏了当事人的诉讼请求，剥夺了其相应的辩论权利。故本案应由二审法院再审，再审期间，中止二审判决执行。[3]

以物抵债是我国法律实践中的一种特别现象，原本双方应当按照原合同约定履行债务，但在我国的相关实践中，当事人却常常通过再订立一份以物抵债协议的方式履行或了结原债权债务关系，其结果是旧债未结，新债未生。学者在分析上述现象后，通过批驳"契约说"，否定了以物抵债协议的独立性，明确以物抵债并不是可以脱离原债之关系的独立的新的协议，以物抵债的诉讼必须以原债权债务之关系为诉讼标的，法院主要审查的不是以物抵债协议自身是否属真实意思表示，而是应当审查原债权债务之关系以确定债权是否合法存在。以物抵债协议应当作为处分行为来考察，适用处分行为的法律规则，须满足行为能力、处分权与公示三要件。"处分行为说"既能简化并行的两个合同产生的复杂关系，减少诉讼

---

〔1〕 安徽省舒城县人民法院(2014)舒民二初字第00286号民事判决书。

〔2〕 参见最高人民法院民事审判第一庭编：《民事审判实务问答》，法律出版社2021年版，第14页。

〔3〕 参见贺小荣主编：《最高人民法院民事审判第二庭法官会议纪要——追寻裁判背后的法理》，人民法院出版社2018年版，第13～14页。最高人民法院(2017)民申128号民事裁定书。

成本和裁判成本，又能有效防范虚假诉讼，使法律关系更为明晰，亦使诉讼标的十分明确。[1] 关于新旧债关系，新债清偿说认为，以物抵债协议成立后，同时存在新旧两债，债务人不履行以物抵债协议的，债权人既可以请求履行以物抵债协议，也可以请求恢复履行旧债。《九民纪要》采新债清偿说。[2]

民间借贷关系的双方当事人在债务到期后对债权债务进行清算，经过协商一致将对账确认的借款本息转化为购房款，并签订房屋买卖合同。该房屋买卖合同并非为双方的借款合同的担保，由此引起的争议应当按照房屋买卖合同纠纷案件处理，而非民间借贷纠纷。双方当事人所签订的房屋买卖合同实为以物抵债协议，其在法律性质上为诺成性合同而非要物契约，合同在双方当事人达成一致时成立。当事人的合同行为并非属于债的更改，按《九民纪要》观点应为新债清偿。

【案例1－137】 李某和诉段某安、北京金色时光房地产经纪公司房屋买卖合同纠纷案

一审法院认为，段某安自李某和处借款150万元，偿还期限届满后，段某安未能清偿。后段某安与李某和达成协议，以段某安名下的涉案房屋作价150万元卖予李某和，段某安亦书写收条载明收到房款150万元，双方一致确认房款150万元即为借款150万元。从上述过程看，段某安与李某和之间存在民间借贷关系，债务履行期限届满后，为抵偿债务，段某安与李某和签订房屋买卖合同，约定将涉案房屋过户给李某和，李某和并未实际向段某安支付购房款，该行为属于债务履行方式的变更。参照北京市高级人民法院《关于审理房屋买卖合同纠纷案件若干疑难问题的会议纪要》第二十五条第二款的处理意见，李某和要求继续履行房屋买卖合同并办理涉案房屋过户手续的诉讼请求，法院予以支持。再审法院认为，段某安的再审理由不能成立，驳回了段某安的再审申请。[3]

应注意的是，以抵账方式进行的交易与以物抵债有所区别。

【案例1－138】 王某与杨某勤、鸡西市坚实房地产开发有限公司申请执行人异议再审案

最高人民法院认为，以抵账方式进行的房屋交易中，可以认定买受人已经向出卖人给付了房屋全部购房款。[4]

---

〔1〕 参见陈永强：《以物抵债之处分行为论》，载《法学》2014年第11期。

〔2〕 参见最高人民法院民事审判第二庭编著：《〈全国法院民商事审判工作会议纪要〉理解与适用》，人民法院出版社2019年版，第300页。

〔3〕 参见赵卉：《为抵债而签订房屋买卖合同属债的更改》，载《人民司法·案例》2019年第32期（总第871期）。北京市第三中级人民法院（2018）京03民申95号民事判决书。

〔4〕 最高人民法院（2019）民申1560号民事裁定书。

实践中，应准确认定以房担保与以房抵债的联系和区别。当事人以签订房屋买卖合同作为民间借贷合同的担保，但并未明确民间借贷到期后房屋买卖合同处理方式的，不应认定双方存在以房抵债的意思表示，出借人仍按民间借贷法律关系主张偿还借款的，法院应予支持。

【案例1－139】　王某云与营口弘逸房地产开发有限公司等民间借贷合同纠纷再审案

最高人民法院认为，以房抵债是对原债务履行方式的根本变更，需要双方当事人有明确的变更意思表示，即存在用特定物清偿债务的合意。本案中，双方在《还款协议》中明确约定，弘逸老边分公司以10套房产作为抵押，担保所欠王某云借款，虽后来弘逸老边分公司与王某云未办理上述房屋的抵押登记手续，但双方在最高人民法院询问时均认可该房屋无法办理抵押登记手续。而弘逸老边分公司与王某云之子王某签订的10份《商品房买卖合同》标的与《还款协议》中约定的用于抵押担保的10套房产完全一致。对此，双方存在不同主张，王某云主张双方通过签订《商品房买卖合同》并进行备案的方式作为上述借款的担保，弘逸公司主张双方将借款抵押关系变更为商品房买卖关系，以房屋抵顶上述借款。根据《民事诉讼法解释》第九十一条第二项的规定，弘逸公司在本案中负有举证证明双方已经将《还款协议》约定的以房屋担保的意思表示变更为以该房抵债的意思表示的事实。经审查：首先，双方之间并无书面的以房抵债协议，而《商品房买卖合同》是由弘逸老边分公司与王某云之子王某签署，并不能反映出双方同意以买卖合同约定的房屋抵顶弘逸老边分公司所欠王某云借款的意思表示；其次，上述买卖合同签订后，弘逸老边分公司并未向王某或王某云履行房屋交付的相关手续，王某云及王某也没有在《商品房买卖合同》约定的履行期限届满后要求弘逸老边分公司向其交付房屋；最后，在上述10份《商品房买卖合同》签订后，弘逸老边分公司又分两次给付王某现金共计10万元，并将备案登记中一套商品房出售后的款项给付王某。据此，弘逸公司主张双方已经将借款关系变更为商品房买卖关系，通过以房抵债的方式清偿了案涉借款，证据不足。原判决认定案涉《商品房买卖合同》并非真实的房屋买卖关系，而是案涉借款的一种担保方式，有事实依据，并无不当。弘逸公司以此为由主张原判决认定的基本事实缺乏证据证明的再审理由不成立。[1]

抵款协议不具备商品房买卖合同的主要内容，协议一方不能依此享有对房屋

〔1〕　参见最高人民法院第二巡回法庭编：《民商事再审典型案例及审判经验》，人民法院出版社2019年版，第42～43页。最高人民法院（2016）民申116号民事裁定书。

的物权期待权。换言之,抵款协议不具有商品房买卖合同的效力。

【案例1-140】 付某荣、渝鸿建材厂、荣申建材经营部诉君融公司房屋买卖合同纠纷案

一审法院认为,抵款协议系各方就君融公司欠付渝鸿建材厂、荣申建材经营部的款项所作的处置方案,本质上仍属于三方之间的债权债务关系。抵款协议中指定付某荣为案涉房屋权利人,约定付某荣在协议签订后与君融公司签订商品房买卖合同。在未建立商品房买卖合同之前,抵款协议并不能等同于商品房买卖合同。付某荣与君融公司未就案涉房屋签订商品房买卖合同相关事宜协商达成一致,付某荣不能享有对案涉房屋的物权期待权,无权要求君融公司交付案涉房屋并将产权转移登记至其名下,付某荣、渝鸿建材厂、荣申建材经营部可自行就君融公司欠付款项申报破产债权而获得救济。判决:驳回付某荣、渝鸿建材厂、荣申建材经营部的诉讼请求。

二审法院认为,抵款协议可以确认,案涉房屋系君融公司冲抵荣申建材经营部向其提供建材款之标的物,而非商品房买卖合同的标的物。抵款协议实质上属于以物抵债协议,而非商品房买卖合同。双方签订抵款协议以消灭君融公司欠付荣申建材经营部货款债务为目的,交付房屋及变更登记系抵款协议确定的实际履行方式,较之消费者基于商品房买卖合同而产生的物权期待权具有基础性的区别。因而,付某荣虽享有依据抵款协议拟受让案涉房屋的权利,但在完成该房屋法定登记之前,其并不足以形成优先于一般债权的利益。君融公司已经破产,其财产已无法全额清偿债务。君融公司继续履行抵款协议,实质将导致对付某荣、荣申建材经营部普通债权在破产程序之外给付全额。个别清偿,将损害君融公司其余债权人的利益,有违《企业破产法》第十六条有关人民法院受理破产财产申请后,债务人不得对个别债权人为债务清偿之规定。判决:驳回上诉,维持原判。〔1〕

当事人双方签订借款合同时,签订房屋买卖合同,以担保债务的履行,应认定当事人系债权债务关系。但当事人在民间借贷债务履行期限届满后签订合同约定以房抵债,性质上属于债务履行方式的变更,贷款人要求继续履行合同办理房屋过户登记手续的,应予支持。

〔1〕 参见国家法官学院、最高人民法院司法案例研究院编:《中国法院2021年度案例》(房屋买卖合同纠纷),中国法制出版社2021年版,第292~293页。重庆市第五中级人民法院(2019)渝05民终6740号民事判决书。

【案例1－141】　汇德投资有限公司诉御嘉置地有限公司商品房销售合同纠纷案

二审法院认为，本案中投资公司与置地公司在民间借贷债务履行期限届满前签订的商品房房屋买卖合同，该合同实为基础借贷的担保，但双方在民间借贷债务履行期限届满后于2018年11月18日签订的《协议书》，是在对债务进行了清算的基础上，约定不能偿还以房抵债，性质上属于债务履行方式的变更，该约定并未违反法律、行政法规的强制性规定，当事人应遵照履行。现置地公司仍未清偿债务，投资公司按照约定要求置地公司继续履行合同办理涉案房屋过户登记手续并交付涉案房屋的诉讼请求，理由充分，法院予以支持。[1]

以物抵债性质下房屋买卖合同，根据案件具体情况可认定当事人意思表示的性质为债务清偿而非买卖房屋。

【案例1－142】　王某肯诉龚某红等房屋买卖合同纠纷案

一审法院认为，首先，关于各方当事人的合同性质与效力。根据查明的事实，原、被告及第三人于2020年4月22日达成的《房屋买卖合同书》系通过房屋价款与孙某贵欠原告王某肯、第三人王某国的债务进行抵销，其形式上是买卖合同，实质上是以物抵债合同。因以物抵债的标的物系违章建筑，该合同自始无法履行，故本案当事人订立的以物抵债合同无效。本案诉讼过程中，法院根据《民事诉讼证据规定》第五十三条之规定，将此合同的性质、效力问题作为争议焦点交由各方当事人进行了充分的辩论，但原告仍基于房屋买卖合同且有效提出解除合同以及其他诉讼请求。法院认为，本案各方当事人订立的以物抵债合同无效。原告据此要求解除，法院不予支持。

其次，三被告与原告、第三人订立的以物抵债合同是否表明愿意承受孙某贵的债务。法院认为，本案不构成债务转移和债务加入等债务承担。其理由如下：一是原告没有证据证明三被告愿意主动承担孙某贵生前贷款债务，同意接收孙某贵生前债务义务。《房屋买卖合同书》仅约定三被告方将孙某贵的遗产房屋转让给原告及第三人，房屋价款与孙某贵生前债务抵销，根本没有约定原告主张的上述事实，为此原告应当承担举证不能的法律后果。二是三被告均非债务人，被告龚某红、王某瑶非孙某贵遗产的法定继承人，在孙某贵负有其他巨额债务的情况下，三被告之所以同意与原告第三人订立《房

---

〔1〕　参见最高人民法院中国应用法学研究所编：《人民法院案例选》2020年第10辑（总第152辑），人民法院出版社2021年版，第139页。北京市第二中级人民法院（2019）京02民终13120号民事判决书。

屋买卖合同书》,将孙某贵的主要遗产用来偏颇清偿债务,系三被告基于与原告、第三人的特殊关系的一种债务清理行为,而非债务承担行为。这种特殊关系可从孙某贵死亡后,原告、第三人远赴国外将孙某贵遗体运回可以看出。三是债务承担是承担人以其全部责任财产用来清偿债权人的债务。本案三被告与原告、第三人订立《房屋买卖合同书》是将孙某贵的特定财产(房屋)用来清偿债务,而不是将自己的其他责任财产用来清偿债务,即使被告孙某辉作为法定继承人愿意继承遗产,也只是将此房屋这一特定财产用来清偿债务,与债务承担的法律规则明显不同。故原告方基于债务承担,要求三被告承担相应责任的诉讼请求不成立,法院予以驳回。庭审中,原告明确表明本案是基于债务承担要求三被告承担责任,有关共同保证、债务限定继承等请求权基础,原告应另行主张权利,故本案驳回原告诉讼请求后,可依法基于共同保证、债务限定继承等请求权基础行使权利。判决:驳回原告王某肯的诉讼请求。[1]

最高人民法院第五巡回法庭法官会议纪要:以物抵债协议作为民事合同,其成立要件受制于当事人意思自治以及《合同法》的规定。《合同法》第二十五条(现为《民法典》第四百八十三条)确立了以诺成合同为原则、以实践合同为例外的合同成立规则。《合同法》分则中未规定以物抵债协议,该协议属于无名合同,参照与其性质最相近的买卖合同的规定,以物抵债协议应为诺成性合同。在当事人未约定以债权人实际受领抵债物作为以物抵债协议成立要件的情况下,该协议自双方达成合意时即成立。当事人达成以物抵债协议是为了清偿旧债,在以物抵债协议未履行前新债与旧债并存,但基于对债权人与债务人利益的平等保护,以及对当事人行为的可预期性要求,为了维护交易秩序的稳定,在以物抵债协议不存在履行障碍时,当事人不得单方要求履行旧债。[2]

【案例1-143】 甘肃长业房地产开发集团有限公司与刘某房屋买卖合同纠纷再审案

最高人民法院认为关于原审判决在案件审理范围上是否未依法审查必要内容以及是否审理程序有误的问题。经审查,刘某与长业公司签订《协议书》确认长业公司欠刘某借款2100万元,为偿还上述债务,长业公司与刘某经核算剩余债务后签订了《框架协议》,双方将原借款关系转化为房屋买卖关系,将借款本金及利息转化为已付购房款。以物清偿系清偿债务的一种方法,本案是以房屋给付替代原欠款的清偿,以债权人刘某现实地受领长业公

〔1〕 参见国家法官学院、最高人民法院司法案例研究院编:《中国法院2022年度案例》,中国法制出版社2022年版,第235~236页。浙江省玉环市人民法院(2020)浙1021民初2077号民事判决书。

〔2〕 参见李少平主编:《最高人民法院第五巡回法庭法官会议纪要》,人民法院出版社2021年版。

司的给付为生效要件。在新债务未履行前,原债务并不消灭;当新债务履行后,原债务同时消灭。对于案涉《框架协议》约定的内容而言,长业公司承诺向刘某出售长业金座大厦16、17层共计1402.6平方米商品房及四个机械停车位清偿其所欠刘某的全部欠款,刘某还须向长业公司支付9309940元。只有长业公司在履行完上述协议后,双方之间的债权债务才归于消灭,符合代物清偿的构成要件。由于代物清偿属于新债清偿,如仅有代物清偿合意而未能实际履行代物清偿协议,原借款债务并不消灭。本案中长业公司在房地产管理部门为刘某办理了商品房预售备案登记,未能按照《框架协议》履行将案涉房屋交给刘某的义务,故《框架协议》项下的借款债务并未消灭,长业公司仍负有向刘某偿还借款本金的义务。长业公司关于《框架协议》签订后借款关系已经转化为房屋买卖关系,原借款关系已经消灭的主张,原审法院未予采信并无不当。故长业公司的该项再审请求,本院不予支持。[1]

【案例1-144】　张某华与常德堂皇置业有限公司房屋买卖合同纠纷再审案

最高人民法院认为,堂皇公司因债务清偿期限届满无力偿还借款,经与张某华协商出具案涉《承诺书》,约定以堂皇公司开发的商品房抵顶1250万元债务,同时约定了抵债房屋的移转和过户程序,及双方在此过程中的权利义务和违约责任,并由黄某乐对违约赔偿责任承担连带保证责任。该《承诺书》系各方当事人真实一致的意思表示,且不违反法律、行政法规的强制性规定,对当事人具有约束力。原审法院关于"从抵债的目的来看,以物抵债具有实践性。若仅有合意,未转移物权,则债务未消灭,抵债的目的未达成,债务人仍可另行选择偿债方式,即'以物抵债'协议并不产生强制履行的效力"的认定,缺乏法律依据。且在本案中,张某华在起诉时明确提出了返还其已代付的200万元款项的诉讼请求,但原审法院未进行审理并作出裁判,遗漏了当事人诉讼请求,剥夺了其相应的辩论权利。[2]

3. 在破产程序中管理人解除以房抵债合同问题

【案例1-145】　陕西中登投资有限公司与任某峰确认解除行为效力纠纷再审案

最高人民法院认为,双方签订《以房抵债协议》,约定以给付房屋代替原有给付的受领消灭原有的债权债务关系,意思表示真实,合同内容不违反法律、行政法规的强制性规定,应为有效。《以房抵债协议》的成立不当然消灭

〔1〕 最高人民法院(2021)民申4177号民事裁定书。

〔2〕 最高人民法院(2017)民申128号民事裁定书。

原有的债权债务关系,只是双方当事人设立了一项新债,且新债与原债并存,当新债得以清偿时原债权债务关系消灭。《以房抵债协议》首先以消灭金钱债务为目的,而房产的交付仅系以房抵债的实际履行方式。《以房抵债协议》实际已经覆盖案涉《商品房买卖合同》,任某峰已经履行完毕案涉《商品房买卖合同》的主要合同义务,中登公司主张解除案涉《商品房买卖合同》没有事实及法律依据。[1]

【案例1-146】 陈某升、杭州大富房地产开发有限公司与破产有关的纠纷再审案

最高人民法院认为,首先,案涉购房合同虽为有效合同,但陈某升支付购房价款的义务、大富公司协助完成合法交房和办理产权转移登记的义务可以视为均未履行完毕,根据《企业破产法》第十八条规定,管理人对破产申请受理前成立而债务人和对方当事人均未履行完毕的合同,应当按照有利于使债务人财产最大化的原则,行使决定继续履行或者解除合同的选择权,从而延续对债务人有利的合同,解除对债务人不利的合同,如果管理人决定继续履行合同,双方当事人都应当履行合同,如果管理人决定解除合同,对方当事人仅得以合同不履行向管理人申报债权。大富公司的破产管理人作为人民法院依法指定的管理人,对大富公司和陈某升之间的债权债务进行清理时,选择解除合同,并无明显不当。其次,对交付购买商品房全部或者大部分款项的消费者予以优先保护是为保护商品房消费者的居住权而设置的特殊规定,在适用中应对其范围予以严格限制,仅限于所购商品房系用于居住且买受人名下无其他用于居住的房屋的情形。本案中,陈某升及其近亲属购买案涉小区房产多达13套,虽然陈某升认为其已支付全部房款,但其显然并不属于商品房消费者购房的情形,其要求大富公司交付案涉房屋的主张不应得到支持。最后,在企业进入破产程序后债权人参与分配破产财产前,债务人财产这一集合财产不得被随意处分,以保证债权人能够公平受偿。陈某升主张继续履行合同,要求大富公司交付案涉房屋并协助办理产权转移登记手续,实质是要求大富公司在破产程序之外对其个别债权进行全额清偿,势必对大富公司其他债权人的利益造成损害,有违《企业破产法》第十六条关于"人民法院受理破产申请后,债务人对个别债权人的债务清偿无效"的规定,不应获得支持。大富公司管理人解除合同,也有利于实现债务人公平受偿。[2]

---

〔1〕 最高人民法院(2021)民申2462号民事裁定书。

〔2〕 最高人民法院(2020)民申2256号民事裁定书。

【案例1－147】　云南腾峰投资有限责任公司弥渡第二分公司、刘某莲房屋买卖合同纠纷再审案

最高人民法院认为,本案所涉《商品房购销合同》依法进行了合同备案登记,刘某莲作为买受人,以其对腾峰弥渡分公司所享借款债权本息充抵购房款,且刘某莲的债权本息经云南腾峰投资有限责任公司债权人会议审查确认,尚略高于案涉《商品房购销合同》约定的房屋价款,刘某莲履行了《商品房购销合同》主要义务具有事实基础。《企业破产法》第十八条的适用前提是双方当事人均未履行完合同义务,在刘某莲履行了合同主要义务的情况下,腾峰弥渡分公司主张解除案涉《商品房购销合同》于法无据。[1]

【案例1－148】　陆某学、王某爱与破产有关的纠纷再审案

最高人民法院认为,陆某学、王某爱与金凤桐公司之间的《商品房买卖合同》性质上属于以房抵债协议。但直至人民法院受理金凤桐公司的破产申请重整之日,作为抵债物的房屋既未交付,也未办理产权变更登记手续,故其仍属于金凤桐公司的破产财产。金凤桐公司的破产管理人向陆某学、王某爱发出解除合同通知,请求解除以物抵债协议。原审判决基于《企业破产法》第十八条的规定,认定破产管理人享有合同解除权。但该条仅适用于双方当事人均未履行完毕债务的情形,而本案中,从目前查明的事实看,似不存在陆某学、王某爱尚有其他义务未予履行的情形。就此而言,原审判决根据该条规定判令解除合同,适用法律确有不当。但在人民法院已经受理金凤桐公司破产申请的情况下,如不解除以物抵债协议,继续履行的效果就是使作为一般债权人的陆某学、王某爱事实上取得了所有权,对其他债权人不公。就此而言,原审判决判令解除合同,符合破产法公平清偿债务、避免个别清偿的精神,在结果上并无不当。以房抵债协议解除后,如果陆某学、王某爱对金凤桐公司确实享有债权的,可根据原来的债权债务关系向金凤桐公司的破产管理人申报债权。[2]

4. 房屋买卖合同是否继续履行应根据个案具体情况由法官裁定

【案例1－149】　西部天成商贸有限公司普通破产债权确认纠纷再审案

最高人民法院认为,本案《商品房买卖合同》实质为以房抵债合同,天成公司并非房屋消费者,也并未占有案涉房屋,亦未办理产权变更登记手续,故案涉房屋仍属于中登投资公司的破产财产。如继续履行《商品房买卖合同》

---

〔1〕 最高人民法院(2020)民申4265号民事裁定书。

〔2〕 最高人民法院(2019)民申3582号民事裁定书。

将导致作为一般债权人的天成公司取得房屋所有权,无疑将损害中登投资公司其他债权人利益,对于其他债权人不公。[1]

【案例1-150】 张某绍、威海广信房地产开发有限责任公司等破产债权确认纠纷再审案

最高人民法院认为,第三人于某芳在广信公司无力偿还其借款的情况下,双方达成以物抵债的合意并签订《顶房协议》,约定广信公司将涉案房产抵顶给于某芳,并对抵顶房产的面积与金额作出明确约定。于某芳与张某绍系朋友关系,且欠付张某绍借款,其后张某绍与广信公司签订涉案《商品房买卖合同(预售)》,虽然合同约定的付款方式为支付定金并采取一次性付款的方式,但张某绍并未按照合同约定的付款方式向广信公司支付购房款。综合本案事实,广信公司与于某芳之间的借款行为,以房抵债行为,张某绍与于某芳之间的借款行为,以及张某绍与广信公司之间的房屋买卖行为,相互关联、密不可分,其实质是实现以物抵债的交易目的。原审法院据此认定张某绍不属于商品房消费者,驳回其要求办理不动产过户登记的诉讼请求,并无不当。[2]

【案例1-151】 洪某、海南中度旅游产业开发有限公司房屋买卖合同纠纷再审案

最高人民法院认为,《企业破产法》第十八条第一款规定,人民法院受理破产申请后,管理人对破产申请受理前成立而债务人和对方当事人均未履行完毕的合同有权决定解除或者继续履行,并通知对方当事人,管理人自破产申请受理之日起两个月内未通知对方当事人,或者自收到对方当事人催告之日起三十日内未答复的,视为解除合同。该条款仅适用于双方当事人均未履行完毕债务的情形。具体到本案,洪某已向中度实业公司交付了购房款,不存在洪某还有其他义务未予履行的情形,原审判决认定中度旅游公司管理人有权解除合同,适用法律错误,应予以纠正。根据中度旅游公司在本案中的陈述,在中度旅游公司破产重整中,真实有效且购房人实际支付了购房款的商品房买卖合同均得到履行。洪某作为中度旅游公司债权人,有权请求按同类债权得到清偿,其要求继续履行案涉《商品房买卖合同》的诉讼请求,应予以支持。[3]

---

〔1〕 最高人民法院(2021)民申1966号民事裁定书。
〔2〕 最高人民法院(2020)民申2969号民事裁定书。
〔3〕 最高人民法院(2020)民再287号民事判决书。

【案例1－152】 崔某伟与重庆宝狮置业有限公司普通破产债权确认纠纷再审案

最高人民法院认为，根据《抵偿协议》的约定，崔某伟与宝狮公司对案涉债务达成了延长还款期限的合意，双方签订《商品房买卖合同》的目的系为案涉借款设定担保。根据双方真实意思表示，可以认定双方签订的《商品房买卖合同》的目的是为案涉宝狮公司的欠款设定担保，而非通过以物抵债的方式购买房屋。宝狮公司已进入破产清算程序，崔某伟作为普通破产债权人，无权请求宝狮公司继续履行案涉《商品房买卖合同》、向其交付房屋并办理过户手续。[1]

5. 以房抵债债权人享有优先受偿权问题

【案例1－153】 张某峰与廊坊市祥泰房地产开发有限公司再审审查与审判监督案

最高人民法院认为，破产程序的目的在于集中公平清理破产企业的债权债务关系，债务人进入破产程序后，除法律规定或者管理人根据《企业破产法》第十八条规定决定继续履行合同之外，债权人对债务人根据合同享有的履行请求权，应当统一转化为金钱债权，由债权人通过申报债权并根据法定顺位获得清偿。张某峰与祥泰公司存在借贷关系，在祥泰公司无力偿还其借款的情况下，双方为了结清之前的债务，先后签订了四份《房屋定购协议》，购买四套房屋，用于清偿张某峰借给祥泰公司的相关债务。《房屋定购协议》虽然约定张某峰应在合同签订时向祥泰公司全额缴纳房款，但张某峰并未按照合同约定向祥泰公司支付购房款，而是以祥泰公司欠其借款本息抵顶案涉购房款。综合本案事实，祥泰公司与张某峰之间的借款行为，以房抵债行为，房屋买卖行为，相互关联、密不可分，其实质是实现以物抵债的交易目的，张某峰签订《房屋定购协议》的目的并非用于居住。因此，原审法院驳回其要求在破产程序中获得优先于普通债权受偿的诉讼请求，并无不当。[2]

【案例1－154】 庆阳鑫磊工程项目管理咨询有限公司、中国信达资产管理股份有限公司甘肃省分公司等申请执行人执行异议之诉再审案

最高人民法院认为，基于保护消费者生存权的考虑，《执行异议和复议规定》第二十九条规定符合条件的商品房消费者可排除金钱债权甚至是享有抵押权等优先受偿权的金钱债权的执行。案涉房屋系抵顶工程监理费的办公

〔1〕 最高人民法院(2020)民申6918号民事裁定书。
〔2〕 最高人民法院(2021)民申948号民事裁定书。

用房,不属于消费者生存权的保护范畴,不能参照适用《执行异议和复议规定》第二十九条的规定。[1]

【案例1－155】 马某臣、日照市宏德房地产开发有限公司与破产有关的纠纷再审案

最高人民法院认为,宏德公司与日照百货公司之间商品房买卖合同虽已办理网签手续,但不发生物权变动的效力,双方的债务并非在破产申请受理前三年已经清偿。在人民法院受理宏德公司破产申请后,日照百货公司如要求继续履行双方间的商品房买卖合同并办理产权登记手续,则属于个别清偿行为。依据《企业破产法》关于不能对个别债权人的债务进行清偿的规定,原判决判令马某臣配合办理案涉10套房屋及24个车位的网签登记备案注销手续并无不当,不属于适用法律确有错误。此外,上述以房抵债系宏德公司抵偿日照百货公司的借款,签订房屋买卖合同的目的是实现债权,并非为生活、居住需要,马某臣不因此享有优先受偿的权利。[2]

【案例1－156】 王某鹏、长青建设集团有限公司等案外人执行异议之诉再审案

最高人民法院认为,王某鹏与润红公司之间并不具备直接的债权债务关系,案涉房屋所抵的债务是倪某东个人与周某强之间的股权转让款及周某强与王某鹏之间的借款,相关的受益者为倪某东个人以及周某强,案涉房屋所抵款项并没有转化为本应由润红公司所收取的案涉房屋的房款。王某鹏所主张的其已经通过以物抵债的方式支付了案涉房屋的全部购房款的依据不足,不能认定其已经支付了案涉房屋的购房款,《执行异议和复议规定》第二十九条规定所要保护的是商品房消费者的居住权,而本案所涉以物抵债的目的是消灭王某鹏与周某强之间的金钱之债,并不是为了居住而购买房屋。因此,王某鹏并不属于《执行异议和复议规定》第二十九条规定所要保护的"商品房消费者"。另,所涉金钱之债为普通债权,根据债的平等性原则,不应优于另外一个具有法定优先权的金钱债权的实现。[3]

【案例1－157】 四川省建筑机械化工程有限公司、成都紫杰投资管理有限公司申请执行人执行异议之诉再审案

最高人民法院认为,本院《关于建设工程价款优先受偿权问题的批复》第一条规定:"人民法院在审理地产纠纷案件和办理执行案件中,应当依照

---

〔1〕 最高人民法院(2021)民终846号民事判决书。
〔2〕 最高人民法院(2020)民申3890号民事裁定书。
〔3〕 最高人民法院(2021)民终969号民事判决书。

《合同法》第二百八十六条的规定,认定建筑工程的承包人的优先受偿权优于抵押权和其他债权。"紫杰投资公司对大邑银都公司享有的是普通借贷债权,而建机工程公司作为案涉工程项目的承包人对案涉房屋享有建设工程价款优先受偿权,建机工程公司工程款债权优先于紫杰投资公司的普通债权得到受偿,案涉房屋系工程款债权的物化载体,本案不适用《执行异议和复议规定》第二十八条,建机工程公司就案涉房屋享有的权利足以排除紫杰投资公司的强制执行。[1]

6. 以房抵债债权人是否享有房屋所有权与行使取回权问题

【案例1-158】 刘某金、福建鑫科置业有限公司等破产债权确认纠纷再审案

最高人民法院认为,刘某金虽与鑫科公司签订了《商品房买卖合同》,并通过支付定金及以李某生对鑫科公司享有的部分担保债权抵付购房款的方式支付了全部购房款,但在本案诉讼过程中其自认系基于鑫科公司买房送车位的宣传购买案涉房屋,且其名下已有其他住宅,故其不属于以生活居住为目的的消费性购房者。案涉《商品房买卖合同》虽办理了备案登记,但商品房预售合同备案登记系房地产管理部门对商品房买卖合同的一种行政管理措施,不具有预告登记的效力。刘某金关于《商品房买卖合同》已办理备案登记,案涉房屋应认定归其所有的主张,于法无据。[2]

【案例1-159】 威海信悦小额贷款有限公司、威海广信房地产开发有限责任公司取回权纠纷再审案

最高人民法院认为,破产取回权是物的返还请求权在破产法上的适用,其权利基础主要是所有权以及其他权利。本案中信悦小贷公司是否有权取回案涉房屋,关键在于其是否对标的物享有所有权或其他权利。信悦小贷公司与广信公司双方签订的《借款担保协议》《借款合同》《保证合同》《债务抵顶清结协议》《委托销售协议》以及《商品房买卖(预售)合同》意思表示真实,且不违反法律强制性规定,是合法有效的。双方的基础法律关系为借款合同关系,随后通过签订商品房买卖合同的方式实现以物抵债的交易目的。信悦小贷公司虽然与广信公司签订了《债务抵顶清结协议》及《商品房买卖(预售)合同》,并在合同中明确约定了房产的位置坐落、房号和面积,但双方并未办理房屋产权过户手续,信悦小贷公司亦未实现对房产的实际控制和占

[1] 最高人民法院(2020)民再352号民事裁定书。
[2] 最高人民法院(2021)民申4628号民事裁定书。

有。因此应当认定,双方签订的以物抵债协议并未履行完毕,信悦小贷公司并未取得涉案房屋的所有权。《企业破产法》第三十条规定:"破产申请受理时属于债务人的全部财产,以及破产申请受理后至破产程序终结前债务人取得的财产,为债务人财产。"据此,原审法院认定涉案房屋不属于信悦小贷公司的财产,信悦小贷公司不能行使取回权,并无不当。[1]

【案例1-160】 董某庚、廊坊市盛都房地产开发有限公司取回权纠纷再审案

最高人民法院认为,董某庚主张,案涉房屋属于特定物,《破产法司法解释(二)》第二条规定的情形并未否定《破产案件若干问题规定》第七十一条第五项规定,即特定物买卖中,尚未转移占有但相对人已完全支付对价的特定物,不属于破产财产,故案涉房屋不属于破产财产,其有权行使取回权。本院认为,《破产案件若干问题规定》系为正确适用1986年颁布的《企业破产法(试行)》所制定的司法解释,当时我国物权法并未出台,随着《企业破产法》于2007年6月1日施行,《企业破产法(试行)》已经废止,物权法也开始实施,《企业破产法》施行后制定的《破产法司法解释(二)》第二条对不应认定为债务人财产的情形,也作出了新的规定,其中已无《破产案件若干问题规定》第七十一条第五项规定的情形。因此,在物权法颁布实施后,物权变动的标准应以该法规定为准。根据《物权法》第六条、第九条规定,不动产物权变动采取登记生效主义,未经登记不发生物权效力。鉴于案涉房屋仍然登记在盛都公司名下,董某庚主张案涉房屋不属于破产财产,其有权行使取回权,缺乏充分的法律依据。此外,根据《执行异议和复议规定》第二十八条规定,对于《破产案件若干问题规定》第七十一条第五项规定的情形,由于尚未转移占有,无法对抗执行,在权利尚不足以对抗执行的情况下,显然不能赋予更优先权利从而允许其从破产财产中予以取回。因此,董某庚依据《破产案件若干问题规定》第七十一条第五项规定主张案涉房屋不属于盛都公司破产财产并据此行使取回权,缺乏法律依据,本院不予支持。[2]

7. 以房抵债债权人的权利排除执行问题

最高人民法院第二巡回法庭法官会议意见:以物抵债协议属于诺成合同,自双方达成合意时成立。但是,以物抵债协议成立不能当然排除强制执行。如果以物抵债协议实际履行,抵债物的权属已经发生变动,受领人主张排除对抵债物的

---

〔1〕 最高人民法院(2020)民申477号民事裁定书。
〔2〕 最高人民法院(2021)民申9号民事裁定书。

强制执行,应予以支持。以物抵债协议成立后未实际受领的,不能作为对抗强制执行的正当理由。[1]

【案例1-161】　中国华融资产管理股份有限公司重庆市分公司、陈某雍申请执行人执行异议之诉再审案

最高人民法院认为,陈某雍签订合同并通过以房抵债方式支付购房款后即达到交付及入住条件。且陈某雍提交了为案涉房屋办理宽带业务的收据等证据,显示其在2015年6月7日已经占有了案涉房屋,早于首轮查封时间。陈某雍举示了向蒋某杉的转账凭证、付款委托以及蒋某杉的证人证言等证据,显示其通过以房抵债的方式支付了全部购房价款,盛景公司出具了相应的购房款收据。盛景公司在销售商品房之前已取得商品房预售许可证,陈某雍对商品房预售许可证具有合理信赖,案涉房屋未办理过户登记手续非陈某雍自身原因所致。原审判决认定陈某雍就案涉房屋享有足以排除强制执行的民事权益,并无不当。[2]

【案例1-162】　河北华盛建筑工程有限公司直属六分公司、王某双案外人执行异议之诉民事申请再审案

最高人民法院认为,2013年12月11日,山西省阳泉市中级人民法院作出(2013)阳商初字第42号民事调解书对华盛六分公司与菩萨崖公司签订的《房屋抵债协议》中以案涉5002平方米房屋抵偿工程款的内容予以确认。王某双提起对该调解书的第三人撤销之诉,在一、二审均驳回其诉讼请求的情况下,其向本院申请再审。本院作出(2016)最高法民申3122号民事裁定书认定(2013)阳商初字第42号民事调解书仅系就双方之间以房抵工程款的确认,并非房屋权属变更的确认,不具有物权效力。但华盛六分公司主张排除王某双的强制执行系基于享有并行使了建设工程价款优先受偿权,即便华盛六分公司未取得物权,亦不能当然否定其在具备法定条件时仍可以依据其他权利而主张排除执行。原一审判决以(2016)最高法民申3122号民事裁定书认定华盛六分公司不享有物权为由即判定其不足以排除强制执行不当,二审予以维持,结果有误。[3]

8. 以房抵债疑难问题

债务人到期未能清偿债务,重新与债权人达成合意以房抵债,双方签订的《房屋买卖合同》应当认定合法有效。

---

〔1〕 参见最高人民法院第二巡回法庭编:《最高人民法院第二巡回法庭法官会议纪要》(第一辑),人民法院出版社2019年版。

〔2〕 最高人民法院(2020)民申6090号民事裁定书。

〔3〕 最高人民法院(2021)民申4574号民事裁定书。

【案例1-163】 吉林鑫城房地产综合开发有限责任公司与汤某鹏房屋买卖合同纠纷再审案

最高人民法院认为,本案的争议焦点是鑫城公司主张撤销案涉七份《商品房买卖合同》,人民法院应否支持。关于案涉七份《商品房买卖合同》的效力问题。对合同效力的认定,属于人民法院依职权应当审查的范畴,并不局限于当事人的诉讼请求。本案系鑫城公司与汤某鹏基于此前的借款未受清偿,进而签订《商品房买卖合同》达成以房抵债的合意,案涉《商品房买卖合同》是双方当事人真实意思表示,内容不违反法律、行政法规的强制性规定,应当认定合法有效。鑫城公司主张一审法院认定《商品房买卖合同》有效超出其诉讼请求范围,没有法律依据。《合同法》第五十四条规定……本案一审中,鑫城公司主张其因受汤某鹏胁迫签订案涉七份《商品房买卖合同》并办理备案登记,案涉七套房屋的市场价格明显高于《商品房买卖合同》中约定的价格,双方当事人订立的房屋买卖合同显失公平,请求解除案涉七份《商品房买卖合同》。鑫城公司以显失公平、受胁迫为由主张权利,而合同显失公平的法律救济渠道是仅能请求人民法院予以变更或撤销,而非解除合同。因此,一审法院向鑫城公司释明应变更其解除合同的诉讼请求为撤销合同,程序并不违法。显失公平系指一方利用对方处于危困状态,缺乏判断能力等情形,致使双方在从事民事法律行为时权利义务明显有违公平的情形。认定合同是否构成显失公平时,应采用主观要件和客观要件相结合。鑫城公司作为独立的商事主体,与自然人汤某鹏相比,并不明显处于劣势地位,且鑫城公司并无相关证据证明其与汤某鹏签订《商品房买卖合同》,系因受汤某鹏欺诈、胁迫,而在违背其真实意思的情况下作出,虽然案涉七套房屋的评估价值高于抵债价格,但也不宜认定《商品房买卖合同》显失公平。一审、二审判决认定《商品房买卖合同》不存在可撤销的法定情形,未支持鑫城公司的诉讼请求,并无不当,本院予以维持。关于鑫城公司主张借贷关系不真实的问题。禁止反言原则蕴含于我国民法的基本原则诚信原则之中。即若一方当事人因另一方当事人的陈述产生依赖,则另一方当事人不得否定其先前的陈述。鑫城公司一审起诉称,其通过案外人宋某波向汤某鹏借款,鑫城公司使用200万元并向汤某鹏偿还本金30万元及按照双方约定支付了利息。鑫城公司向本院申请再审中,又主张汤某鹏并未支付借款,双方借贷关系不真实,与其在一审中陈述的事实相矛盾,明显违背诚信诉讼原则,本院不予采信。鑫城公司在未清偿案涉借款的情况下,与汤某鹏签订《商品房买卖合同》,属于债务到期后双方达成以房抵债合意,而非鑫城公司主张的双方系再次签订了担保合同。此时,案涉七套房屋并非抵押物,故本案并不适用《最高人民法院关于适用〈中华人民共和国担保法〉若干问题的解释》第五十七条规定的禁止流质条款。案涉《商品房买卖合同》依法成立并生效，对双方当事人均具有约束力，当事人应当按照约定履行自己的义务，不得擅自变更或者解除。关于鑫城公司主张案涉《商品房买卖合同》损害拆迁户和第三人利益应当认定无效的问题。本院在组织双方询问中了解到：经吉林省榆树市人民法院（2016）吉0182民初1253号民事判决和吉林省长春市中级人民法院（2018）吉01民终244号民事判决确认，案外人对案涉七套房屋享有优先权；汤某鹏已另案起诉鑫城公司，要求解除案涉《商品房买卖合同》、双倍返还购房款并赔偿损失共计1000余万元。本案一审、二审判决确认案涉《商品房买卖合同》合法有效，并未损害案外人的权益，且案外人的利益已经上述生效民事判决优先予以保护。鑫城公司作为房地产开发商，对自己手中的房屋信息应当是清楚的，其就案涉七套房屋通过"一房二卖"获取不当利益的故意显而易见，也是产生包括本案诉讼在内一系列诉讼的根源。鑫城公司主张汤某鹏明知案涉房屋已经出卖给第三人，仍愿意承担风险放弃此前14套房屋的抵押担保与其签订《商品房买卖合同》，明显不符合常理，其主张汤某鹏存有恶意不合逻辑。鉴于汤某鹏以合同目的已经不能实现而提起了新的诉讼，鑫城公司与汤某鹏之间的民间借贷、房屋买卖合同纠纷可以通过另案处理。鑫城公司继续对本案申请再审，无益于化解双方之间的矛盾纠纷，也不利于节约司法资源。鑫城公司主张《商品房买卖合同》因损害第三人利益应当认定无效，没有事实和法律依据，本院不予支持。综上，鑫城公司的再审申请不符合《民事诉讼法》第二百条第二项、第六项规定的情形。裁定：驳回吉林鑫城房地产综合开发有限责任公司的再审申请。[1]

（九）预查封商品房变价款处理

被执行人通过按揭贷款方式购买的预登记在其名下的商品房，被法院预查封并作为执行标的时，银行作为商品房抵押权利人，其基于预告登记的保全效力而对将来设立抵押权的物权期待权，以及对所涉房屋优先受偿的期待利益依法应予保护，亦即银行贷款债权应于房屋变价款中优先受偿。所余变价款清偿顺位依次为开发商担保贷款、申请执行人的债权，再有余款的，退还购房人。

【案例1－164】　旺达恒润实业（福建）有限责任公司诉福州市台江区旺野服装店、陈某强、丁某妹等执行异议之诉案

二审法院认为，案涉房产仅办理了抵押权预告登记，尚未办理抵押权本

〔1〕　最高人民法院（2018）民申1774号民事裁定书。

登记,抵押权预告登记并不产生设立抵押权的法律后果。因案涉房产抵押权尚未设立,故建行平潭分行尚不能以行使抵押权为由主张对案涉房产优先受偿。但案涉房产被作为案涉执行标的情况下,建行平潭分行提出对该房产的处置价款享有优先受偿权,应予支持。理由如下:首先,案涉房产抵押权虽未设立,但抵押权预告登记具有保全债权的法律效力。根据《物权法》第二十条第一款以及《最高人民法院关于适用〈中华人民共和国物权法〉若干问题的解释(一)》第四条之规定,在未取得抵押权预告登记权利人建行平潭分行同意情况下,对案涉房产的处置将不发生物权效力,故建行平潭分行有权基于抵押权预告登记阻却案涉房产的执行。建行平潭分行提出在保障其对案涉房产有优先受偿权的情况下,同意将案涉房产作为执行标的,亦即对案涉房产作为执行标的进行处置若未满足该条件,将导致处置未经预告登记权利人同意而不产生物权效力之后果。其次,最高人民法院相关司法解释确立了房屋消费者物权期待权应优先保护的规则。与之类似,房屋抵押权预告登记权利人基于抵押权预告登记的保全效力,而对将来设立抵押权的物权期待权,以及对所涉房屋优先受偿的期待利益依法亦应予以保护,且该房屋已具备物权登记条件,只是因购房人怠于办理所有权转移登记而致抵押本登记尚未办理,抵押权预告登记权利人对所涉房屋优先受偿的期待利益亦非处于不确定状态,相关当事人可通过促成物权登记或通过诉讼方式促使权利人对案涉房屋行使优先权的条件得到实现。而将已办理抵押权预告登记的案涉房产作为案涉执行标的进行处置,必将影响到抵押预告登记权利人的物权期待权实现,故建行平潭分行基于该物权期待权提出在案涉房产处置价款中应优先受偿其贷款债权,亦具有合理依据。最后,若案涉房产处置价款优先清偿银行贷款,开发商的担保垫款本息获得次顺位优先清偿,所余变价款作为执行款项以实现申请执行人的债权,再有余款退回购房人(被执行人),有利于保障银行金融债权优先实现以稳定商品房按揭贷款交易秩序,避免开发商因其担保垫款而行使合同解除权影响商品房交易稳定性,并可排除抵押预告登记权利人的反对,从而保障案涉房产能及时处置以实现申请执行人债权,亦符合相关司法解释对于房屋消费者物权期待权保护的相关规定,从而确保房产价值涨跌等市场因素所带来的收益及风险亦由购房人自行承担。故将案涉房产处置价款优先清偿银行贷款,有利于维护交易稳定,最大限度地实现各方利益平衡保护。[1]

---

〔1〕 福建省福州市中级人民法院(2018)闽01民终8075号民事判决书。

专题二　房屋买卖合同关系纠纷

房屋买卖合同关系是实践常见纠纷中不可缺少的基础性问题，也是需要厘清的重要实务问题。

一、房屋买卖合同内容认定

（一）销售广告和宣传资料构成要约

开发商销售广告和宣传资料内容是否构成要约而作为合同内容，在实践中颇有争议。根据《房屋买卖合同解释》第三条规定，认定开发商宣传中的说明和允诺构成要约，应主要把握以下几点：

其一，宣传内容中的说明和允诺是针对商品房开发规划范围内的房屋及相关设施作出的。“相关设施”不仅包括供暖、供电、供水等基础设施，还包括商业、服务业以及医疗教育、公共交通等商品房规划范围内、外配套设施。

【案例2-1】 叶某、陈某瑛诉上海垄盛房地产开发有限公司商品房预售合同纠纷案

二审法院认为，《房屋买卖合同解释》第三条所指的“房屋及相关设施所作的说明和允诺”的范围应当限于商品房开发规划范围内关于房面平面布局、结构、建筑质量、装饰标准及附属设施、配套设施等状况的说明和允诺。本案中，系争楼盘周边的轨道交通金山铁路系公共设施，并非某一房屋的专用配套设施或附属设施，其位置规划亦非垄盛公司所能决定，不处于垄盛公司所开发的商品房的开发规划范围内，故关于系争楼盘附近的轨道交通是否是地铁，不能成为垄盛公司的要约内容，当然亦不属于双方所签的合同内容。叶某、陈某瑛以垄盛公司在签订合同前曾使用申通地铁的标识进行宣传，进而提出系争楼盘边的轨道交通为地铁属于双方的合同内容，于法无据，二审法院难以支持。[1]

其二，该说明和允诺应是具体和确定的。关于具体确定，应当是内容可以被特定化并可以被明确地预期。对开发商较为笼统地宣传介绍的商品房的区位等有利条件，一般不应归入合同义务。而如果以一般经验认知所叙述对象为现实可能且具体明确的，则满足此条件。要约针对小区特定户型而非全部户型的，则在

---

〔1〕 参见国家法官学院案例开发研究中心编：《中国法院2015年度案例》（房屋买卖合同纠纷），中国法制出版社2015年版，第11页。

法律只认定对特定户型是具体和确定的,而对小区除特定户型外的其他户型不构成具体和确定。从要约要件角度来理解这里的"具体"和"确定",要约是希望和他人订立合同的意思表示,"具体"是指要约必须满足足以使合同成立的基本的内容,"确定"是指内容可以根据生活常识或特定交易行业的知识确定下来。也就是接受广告的不特定人,根据一般生活常识或者特定交易行业的知识可以确定广告内容,且内容是符合合同订立的基本要件的。"具体"和"确定"是判断说明和允诺成为商品房买卖合同内容的标准,不符合的则不能被认定为合同内容。

【案例2-2】 徐某诉西乡县钜富房地产开发有限公司商品房买卖合同纠纷案

一审法院认为,在商品房开发预售中的宣传资料与鸟瞰图就合同标的房屋的位置及外观所作的说明和允诺具体确定,且对商品房买卖合同的订立以及房屋价格的确定有重大影响的,该宣传资料及鸟瞰图应当视为要约。该宣传资料及鸟瞰图虽未载入商品房买卖合同,但也应当视为合同内容。[1]

【案例2-3】 谢某新与龙岩市松柏房地产开发有限公司商品房买卖合同纠纷案

二审法院认为,关于广告中的688平方米的道路绿地问题,因该内容不具体明确,未具体区分道路与绿地面积,被上诉人在广告中的说明不能被认定该宣传为要约。[2]

其三,该说明和允诺对商品房买卖合同的订立以及房屋价格的确定有重大影响的。如果买受人签订合同主要是考虑到开发商所做的对其有吸引力的广告宣传,且该宣传对商品房的价格产生了实质的影响,则可以认定为要约。

【案例2-4】 邓某、周某诉鸿英房地产开发有限公司商品房买卖合同纠纷案

一审法院认为,依据《房屋买卖合同解释》第三条的规定,鸿英公司针对开发规划的锦上华庭小区房屋及相关设施的宣传都是具体、明确的,尤其是国家康居住宅示范工程、容积率、绿化率、游泳池、网球场的宣传,对《商品房买卖合同》的订立和价格的确定是可以产生重大影响的,因此至少上述宣传内容应当被视为要约,成为双方合同内容。按合同约定交房时,鸿英公司未完成上述宣传内容,应承担相应的违约责任。由于双方在合同中未约定此种

---

〔1〕 陕西省汉中市中级人民法院(2007)汉民终字第560号民事判决书。参见《人民司法·案例》2009年第2期。

〔2〕 参见最高人民法院中国应用法学研究所编:《人民法院案例选》2005年第3辑(总第53辑),人民法院出版社2006年版,第253页。

情况下违约责任的承担方式，邓某、周某选择减收房款的请求于法有据。因无法划分广告宣传内容对房价的具体影响比例，且有些项目可在后期建设中逐步完善，故法院酌情按房款总款的1%作为返还标准。因被告取得了涉诉房屋的《竣工验收备案登记证》，符合合同约定的交付条件，故对邓某、周某要求更换玻璃的请求不予支持。[1]

重大影响如何确定是审判实践面临的主要问题和认定难点。重大影响是指所购房屋及其配套设施等满足购房人特定的心理需求或特定购房目的。具体认定，需要法官结合双方举证及社会理性认知，重点考虑若不具备上述宣传内容时房屋价格是否将大幅降低，综合分析后作出裁判。

【案例2－5】　武某某诉上海某房地产公司商品房预售合同纠纷案

二审法院认为，商品房销售广告的性质在一般情况下属“要约邀请”，当广告内容同时满足“开发商开发规划范围内的房屋及相关设施”、“具体确定”及“对合同订立及价格确定有重大影响”的，视为“要约”，开发商违反该要约的，应认定为违约，需承担赔偿责任。[2]

【案例2－6】　刘某诉甲房地产公司商品房买卖合同纠纷案

二审法院认为，首先，双方在最终签订的合同中对于电梯只是约定为三菱电梯，并无智能刷卡入户电梯的约定。其次，房屋价格的确定，受房屋坐落的位置、房屋的布局、房地产市场及建筑材料市场的变化等诸多因素影响，并不受是否安装智能刷卡电梯的影响。且刘某也不能举证证明甲房地产公司的宣传资料对双方商品房买卖合同的订立以及涉诉房屋价格的确定有重大影响。因此，该宣传资料不宜认定为要约。综上，二审法院判决，驳回上诉，维持原判。[3]

其四，该说明和允诺的发出时间是在购房人签订合同之前，而不是之后。在购房人签订合同之后，开发商发出的宣传广告不适用于已购房人。

【案例2－7】　陆某等诉上海新城创置房地产有限公司商品房预售合同纠纷案

一审法院认为，本案中，原告提供的营销广告是被告在与原告签订商品房预售合同之后制作，且该广告针对的是F型房屋，并不是原告所购的J型

---

〔1〕参见国家法官学院案例开发研究中心编：《中国法院2012年度案例》（房屋买卖合同纠纷），中国法制出版社2012年版，第65页。

〔2〕人民法院案例库2023－07－2－091－006。上海市第二中级人民法院（2020）沪02民终10195号民事判决书。

〔3〕天津市第二中级人民法院（2013）二中院民终字第0848号民事判决书。

房屋,该广告内容不能视为原、被告签订的商品房预售合同的内容,原告不能依据该广告内容,要求被告承担违约责任。因此,原告以被告未附赠8平方米空中庭院为由,要求被告承担违约责任的诉讼请求,法院不予支持。原告不服原审判决,其上诉后又自动撤回。[1]

【案例2-8】 谢某新与龙岩市松柏房地产开发有限公司商品房买卖合同纠纷案

二审法院认为,本案中被上诉人2000年10月25日发布的售楼广告中"关于配备250kV发电机一台"的允诺是具体、明确的,依法应认定为要约。2001年3月24日被上诉人发布中邮广告,广告中对2000年10月第一次发布的广告内容进行了修正,取消了关于配备发电机的承诺。由于广告是针对不特定人所发出的,被上诉人与上诉人签订合同之前被上诉人撤销了原2000年10月发布的广告不违反法律法规的规定,是有效的。且被上诉人未配置发电机并不是基于其主观上违约,而是与龙岩市电业局达成协议,投入资金进行电网改造,为花园广场大厦设置了更先进的供电方式即双回路独立电源进行供电。设计部门电力工业部西北勘测设计研究所也出具设计更改通知单,说明该设计更能满足高层生活及消防用电需求,故取消原柴油发电机配置,同时也为上诉人等购房户减少了物业管理费用的开支。现在上诉人仍坚持要求被上诉人配备发电机没有必要,且对双方当事人均不利。[2]

说明和允诺是否构成要约内容,应结合具体案情由法官裁定,其裁量尺度把握宜宽而不宜过严。

【案例2-9】 尹某魁诉湖南资江置业有限公司商品房销售合同纠纷案

二审法院认为,关于资江置业公司对学区房的宣传是否属于合同内容,其广告宣传未实现是否构成违约及是否应当支付违约金的问题。尹某魁主张,资江置业公司在销售案涉房屋时,广告宣传购买案涉房屋可以享受12年一站式金牌教育,该宣传内容具体明确,且案涉小区是不是思源学校学区房对合同的订立和房屋的价格有重大影响,应构成要约,现资江置业公司违反该宣传内容,应承担违约责任。本案中,虽然在尹某魁提供的资江置业公司的宣传材料中,确实多次出现"12年一站式金牌教育思源学校双语幼儿园全面满足""双语幼儿园,享思源学区精英教育陪伴就在家门口""享思源学区资源"等宣传内容,但资江置业公司在其售楼部同时张贴了洞口县人民政府

---

〔1〕 参见沈志先主编:《2011年上海法院案例精选》,上海人民出版社2012年版,第35页。

〔2〕 参见最高人民法院中国应用法学研究所编:《人民法院案例选》2005年第3辑(总第53辑),人民法院出版社2006年版,第253页。

的“113”号纪要，“113”号纪要第五条载明：“如果将来该区域符合划片招生就近入学的条件，在不违背县城招生原则的情况下，同意指挥部争取将本项目纳入思源学校的学区房房屋范围。”尹某魁亦认可在购房时售楼部张贴了“113”号纪要，且双方签订的《补充协议》第六条第四点约定：“出卖人的售楼书、广告、展示的样品房、家具布置、模型、宣传资料讲解以及销售人员口头承诺等，均为购房参考及示范，不作为交房和履行合同之标准。双方之间的权利、义务、承诺及买受人所购房屋的具体情况均以双方签订的《商品房买卖合同》、附件及本补充协议为准。”因《补充协议》中明确约定广告宣传及销售人员的口头承诺不作为履行合同的标准，且尹某魁作为完全民事行为能力人应当知晓《补充协议》中上述约定的法律后果。故尹某魁以资江置业公司无法兑现宣传承诺而构成违约的理由不能成立。尹某魁要求资江置业公司承担一站式金牌教育服务无法兑现的经济损失的主张理由不成立，一审驳回其该项诉请并无不当。[1]

【案例2-10】　杨某前、王某诉无锡太湖绿城置业有限公司商品房买卖合同纠纷案

一审法院认为，首先，本院审查合同及补充协议，双方并未对学区房事项进行约定。其次，就广告册页、围栏广告、网站刊文等虽载明“[核心名校区]锡师附属新城小学名校齐汇聚”，但依据补充协议中“买受人确认：凡是在签约之前买卖双方任何一方通过口头、书面、实物及其他形式（包括但不限于口头讲解、广告、楼书、示范单元、沙盘、模型等）及签约前后任何一方私自录音的资料等所表达和提供信息都不作为确定双方权利义务的证据”，上述广告册页、围栏广告、网站刊文、区位图等非系双方权利义务所依据。且上述文字内容尤其是“名校环绕、汇聚”，无论是从文义还是载明方式，均无法直接认定为对学区系属作出的具体、明确的意思表示，更无法认定系对涉诉房屋为锡师附属小学区房作出的明确意思表示，从而认定为合同内容。最后，学区的划分属政府行政行为，绿城置业公司对涉诉房屋的所谓学区无权确定。杨某前、王某作为业主，对涉及教育资源的问题，可向有关行政机关查询、确认，切实保障其权利。同时依据双方签订的补充协议中“对买卖合同订立及商品价格有重大影响的因素，均已在买卖合同及补充协议中进行了约定，不存在遗漏情况；买受人已经对所购住宅周边的公共交通设施及外部环境等当前状况及潜在情况做了充分的了解；周边市政设施，以及小区外部公共交通状况及其可能产生的噪声、遮挡等不利因素，出卖人予以了提示注意和合理告知”

---

[1] 湖南省邵阳市中级人民法院(2022)湘05民终1100号民事判决书。

的约定,杨某前、王某对买卖合同订立及商品房价格有重大影响的因素,已为知晓,并作出相应判断,最终与绿城置业公司签订合同及补充协议,明确双方权利义务。综上,杨某前、王某在合同及补充协议未就涉诉房屋学区归属存在明确约定,且相关宣传资料、广告等非系合同内容的情况下,主张绿城置业公司违约,要求赔偿损失的诉讼请求,不具备事实依据,本院不予支持。[1]

《房屋买卖合同解释》第三条把商品房的销售广告列为合同内容的范围仅仅限定在"商品房开发规划范围内的房屋及相关设施"。笔者认为,应根据具体案情予以确定并扩大内容范围。对于开发商就商品房规划范围之外的环境和公共设施进行的虚假宣传、学区归属的教育优惠承诺等如未写入合同,也均应视为合同内容。

(二)要约邀请视为要约内容

要约邀请仅仅是向相对人发出的要求对方提出要约的呼唤,是缔结合同的准备行为,传统理论认为要约邀请不具有任何法律意义。宣传资料和销售广告多数为要约邀请,但在特定条件下可以视为要约,要约邀请中的特别条件可以进入合同,构成合同当事人的权利义务。邀请人提出的条件,如果被要约人接受,并成为要约的内容,进而最终被承诺所接受,则就成为协商一致的合同条款,即使要约邀请的说明和允诺没有载入合同内容之中亦然。这就说明要约邀请与要约、承诺在内容上存在承继、容纳关系。最高人民法院法官认为,对商品房销售宣传广告内容的性质认定,应根据具体情况区别处理,不能机械地将其一概作为要约邀请。[2]

【案例2-11】 国某宇诉北京金隅程远房地产开发有限公司房屋买卖合同纠纷案

一审法院认为,结合双方当事人庭审陈述及本案现有证据材料,本院对国某宇主张金隅公司构成违约的理由不予支持。具体理由如下:第一,就外墙颜色问题双方并未在合同中进行明确约定,且双方当事人在补充协议中特别约定:"凡在本合同及本协议签订之前出卖人或买受人通过口头、书面、实物及其他形式(包括但不限于口头讲解、广告、楼书、示范单位、沙盘、模型

---

[1] 参见国家法官学院案例开发研究中心编:《中国法院2018年度案例》(房屋买卖合同纠纷),中国法制出版社2018年版,第76页。

[2] 参见韩延斌:《商品房买卖合同司法解释关键点解读》,载王利明主编:《判解研究》2003年第2辑(总第12辑),人民法院出版社2003年版,第20页。

等)所表达或提供的信息都不作为确定出卖人与买受人权利义务及责任的依据。"……第三,金隅公司微博、宣传册所描述的外墙的具体颜色"暗红色砖墙与优质天然火烧面黄金麻花岩干挂石材完美结合的外立面,在阳光里流光溢彩",经现场勘察及所照图片显示,现金隅公司建成的11～15楼外墙颜色为黄色与暗红色砖墙穿插结合,与金隅公司在售楼沙盘、视频资料中展示二期楼盘颜色相比,从视觉观感角度上看,并无明显背离其所作宣传的描述;从居住使用角度来看,亦不构成对涉案楼盘使用功能的障碍。综上,金隅公司在楼书或沙盘、微博中就房屋外墙颜色作出的展示或描述不应视为涉案房屋买卖合同的内容,对金隅公司在房屋建设中就外墙颜色的处理不具有法律约束力。[1]

【案例2－12】　许某玉诉厦门金城湾房地产开发有限公司等商品房预约合同纠纷案

一审法院认为,关于许某玉请求确认金城湾公司在广告宣传资料中承诺赠送的入户花园的具体建筑面积。金城湾花园广告宣传资料为商业广告,其性质为要约邀请。金城湾花园广告宣传资料的内容并不具体确定,广告宣传资料中也没有一经购房者承诺,金城湾公司即受该广告宣传资料中的意思表示约束的内容。因此,金城湾花园广告宣传资料不符合要约的规定,不能视为要约。由于广告宣传资料是要约邀请,其内容并不具体确定,双方也未能在《认购书》中对赠送入户花园事宜达成进一步的合意,因此,双方对赠送入户花园事宜并未达成具有法律约束力的约定。同时,《认购书》已约定房屋实际建筑面积以房地产权登记机关实测为准。许某玉的该项诉讼请求缺乏相应的依据,法院不予支持。[2]

【案例2－13】　甲与深圳某房地产公司商品房买卖合同纠纷案

二审法院认为,本案争议的焦点是被上诉人提供的售楼广告书中关于涉案房产花园中央建造喷水池的效果图对被上诉人而言是要约还是要约邀请的问题。本案中,被上诉人售楼时向上诉人提供的售楼广告书中只有涉案小区中央建筑喷水池的效果图,而没有就建筑喷水池作出具体确定的书面说明和允诺,也未将建筑喷水池的内容列入双方签订的《认购书》《深圳市房地产买卖合同(预售)》中,售楼广告书中中央花园建筑喷水池效果图的有关内容不具备商业广告构成要约必须具备的具体确定的首要要件,依据《合同法》

---

〔1〕 参见国家法官学院案例开发研究中心编:《中国法院2016年度案例》(房屋买卖合同纠纷),中国法制出版社2016年版,第11页。

〔2〕 参见最高人民法院中国应用法学研究所编:《人民法院案例选》2016年第8辑(总第102辑),人民法院出版社2016年版,第151页。

及《房屋买卖合同解释》第三条之规定,被上诉人在售楼广告书中关于建筑喷水池的效果图仅构成要约邀请,而不构成要约。至于被上诉人认可原施工图纸上有建筑该喷水池的设计,之后被上诉人将其改建为花木架的事实以及上诉人称喷水池对其选择该房屋及房屋价格有重大影响的问题均因喷水池效果图不具备构成要约的首要要件而不影响本院对喷水池效果图要约邀请性质的认定。售楼广告书中有关建筑喷水池的效果图仅为要约邀请,对被上诉人不具有约束力,上诉人依据售楼广告书中关于建筑喷水池的效果图要求被上诉人恢复建造喷水池的依据不足。该地块现已建成花木架,对该花木架的改建亦将涉及全体业主的利益,必须经该住宅小区 2/3 以上的业主同意。综上所述,上诉人上诉理由不成立,二审判决:驳回上诉,维持原判。[1]

商品房广告中的内容对商品房销售合同的签订有重大影响的,应视为要约,即使未载入商品房买卖合同,亦应当视为合同内容。

【案例 2-14】 唐某玉诉文山华阳房地产开发有限公司、文山华阳房地产开发有限公司马关分公司商品房销售合同纠纷案

一审法院认为,被告向原告出具的《商铺投资计划单》内容具体确定,对双方订立商品房购销合同有重大影响,虽其内容未载入《商品房购销合同》中,但该部分内容应当视为《商品房购销合同》的内容。因所有内容系原、被告双方的真实意思表示,且不违反我国法律、行政法规的强制性规定,应受我国法律的保护,原告应按照约定支付被告商铺价款,被告应当按照约定承租该商铺经营管理 15 年并按照约定支付原告相应的租金。[2]

【案例 2-15】 傅某甲、傅某乙诉某某房地产开发公司房屋买卖合同纠纷案

二审法院认为,商品房的销售广告和宣传资料一般视为要约邀请,但在出卖人就商品房及相关设施所作的说明和允诺清楚、具体、明确,且对商品房买卖合同的订立以及房屋价格有重大影响的,则应认定为要约,对出卖人具有约束力。出卖人未实现许诺导致合同主要目的不能实现的,买受人有权解除合同并要求赔偿损失。[3]

【案例 2-16】 刘某生诉置业公司商品房预售合同纠纷案

二审法院认为,上诉人主张合同磋商过程中销售人员所表达和提供的信

---

〔1〕 参见邓基联主编:《房屋买卖合同纠纷》,法律出版社 2010 年版,第 22 页。

〔2〕 参见国家法官学院案例开发研究中心编:《中国法院 2017 年度案例》(房屋买卖合同纠纷),中国法制出版社 2017 年版,第 86 页。

〔3〕 人民法院案例库 2023-07-2-091-007。浙江省金华市中级人民法院(2020)浙 07 民终 1953 号民事判决书。

息不能作为确定双方权利义务的依据,而应以实际订立的书面合同为准,对此本院认为,被上诉人与上诉人订立合同前多次询问上诉人公司的销售人员案涉房屋是否能够用于经营餐饮,均得到肯定的答复,且案涉房屋的价格高于上诉人售卖的其他不能用于经营餐饮的房屋,故案涉房屋能够用于经营餐饮即使未载入双方签订的预售合同及补充协议,也应当视为合同内容,现上诉人无法履行该合同义务,已使被上诉人的合同目的无法实现,故一审判决双方合同解除,由上诉人承担相应的责任,并无不当。综上,被告的上诉请求不成立。判决:驳回上诉,维持原判。[1]

在审理中,对未载入合同及补充协议的销售房产广告炫耀的9.1米层高应视为要约内容。

【案例2-17】　唐某诉成都盛阳房地产开发有限公司商品房预售合同纠纷案

一审法院认为,本案中,被告盛阳公司在销售"双楠·港汇广场"商业项目时,其销售广告和宣传资料均就商铺层高9.1米作出了明确的允诺,此系对房屋结构参数作出的允诺,对双方签订合同有重大影响,应当视为要约,虽然未载入《商品房买卖合同》,亦应当视为合同内容。[2]

开发商在沙盘、售楼书及广告中承诺的绿地面积、公共设施等内容属于要约内容。

【案例2-18】　姜某与怡和房地产开发有限公司商品房买卖合同纠纷案

一审法院认为,怡和公司为预售商品房而制作沙盘,目的是展示商品房开发规划范围、相关设施、绿化情况及小区环境。怡和公司将该沙盘摆放在售楼处的显要位置,目的是希望他人全面了解情况后购买其房屋。这种展示对商品房买卖合同的订立以及房屋价格的确定将产生重要影响,应视为要约。该展示即使未载入商品房买卖合同,亦应视为合同内容。现怡和公司所示绿地位置建有煤气调压站和配电站,与其售楼宣传说明、展示内容不符合,实属违约,应承担相应的责任。但煤气调压站及配电站为小区业主的共用设施,与小区业主的生活息息相关,且该煤气调压站和配电站均经有关部门审批并验收合格,不属于违法建筑,在可选择其他替代责任方式的前提下,对姜

〔1〕参见国家法官学院、最高人民法院司法案例研究院编:《中国法院2023年度案例》(房屋买卖合同纠纷),中国法制出版社2023年版,第21页。江苏省南京市中级人民法院(2022)苏01民终806号民事判决书。

〔2〕参见国家法官学院、最高人民法院司法案例研究院编:《中国法院2020年度案例》(房屋买卖合同纠纷),中国法制出版社2020年版,第13页。四川省成都市中级人民法院(2018)川01民终7615号民事判决书。

某要求拆除的请求,不予支持。怡和公司所建中心花园及绿地不足7500平方米,构成违约,怡和公司应承担按沙盘所示建造及恢复绿地的违约责任,煤气调压站和配电站所处除外。怡和公司向姜某承诺建立封闭式小区,现未予实现,怡和公司应依约履行。姜某要求建车库无合同依据,法院不予支持。法院判决:怡和公司在判决生效后60日内恢复7500平方米绿地并将小区建成封闭式小区,实行封闭式管理。[1]

【案例2-19】 曾某英、吴某喜等31户业主诉深圳市农科房地产开发有限公司商品房预售合同纠纷案

一审法院认为,开发商在楼房售楼书中以彩页的形式展现小区视觉效果图,图中小区带有亭台、湖泊、小径、树木和绿地,该视觉效果图与该开发商的小区沙盘模型一致,由此,促使多名小区业主产生购楼欲望,对买卖的成立起到了决定性作用。而实际上绿地并不存在。由于视觉效果图与沙盘模型具体确定,对商品房买卖合同的订立及房屋价格的确定有决定作用,应视为合同的组成部分并约束合同的当事人,开发商未按约定履行义务应承担违约责任。[2]

开发商对外销售案涉楼盘的沙盘、宣传册上均显示内容应视为合同的组成部分。

【案例2-20】 周某旭诉广州市万毅房地产有限公司房屋买卖合同纠纷案

二审法院认为,根据《民事诉讼法》第一百七十五条的规定,第二审人民法院应当对上诉请求的有关事实和适用法律进行审查。首先,针对涉案房屋宣传资料中关于屋顶钢结构连廊的内容是否属于案涉商品房买卖合同内容,《房屋买卖合同解释》第三条规定:“商品房的销售广告和宣传资料为要约邀请,但是出卖人就商品房开发规划范围内的房屋及相关设施所作的说明和允诺具体确定,并对商品房买卖合同的订立以及房屋价格的确定有重大影响的,构成要约。该说明和允诺即使未载入商品房买卖合同,亦应当为合同内容,当事人违反的,应当承担违约责任。”根据上述规定,商品房的销售广告和宣传资料对房屋及相关设施所作的说明和允诺具体明确,对商品房买卖合同的订立以及房屋价格有重大影响的,视为要约。商品房的销售广告和宣传资料中的说明和允诺,主要表现为:对商品房购房优惠或附带赠送礼品的说明、对商品房美观性质量的陈述、对商品房使用功能质量的陈述、对商品房环境性质量的陈述等。本案中,各方均确认,在2019年6月12日之前万毅公司对外销售案涉楼盘的沙盘、宣传册上均显示有钢结构连廊,周某旭提交的万

---

〔1〕 最高人民法院(2009)民申字908号民事裁定书。

〔2〕 参见国家法官学院、中国人民大学法学院编:《中国审判案例要览》(2005年商事审判案例卷),人民法院出版社、中国人民大学出版社2006年版。

毅公司销售涉案楼盘时的宣传资料(宣传册、沙盘照片、媒体宣传资料等)均显示,万毅公司将涉案楼盘表述为"项目建筑8栋楼通过屋面的钢结构连桥连接起来,整体曲线由南往北蜿蜒而上,仿如白云山山峦叠起的感觉""森林从屋顶延展下来,连接起8栋建筑""连接屋顶森林景观系统的钢结构连桥,7段加起来有1000多吨"等,该宣传资料关于屋顶钢结构连廊的内容具体明确,属于对涉案房屋美观性质量的陈述,沙盘、宣传册和媒体报道对于日本设计师设计的连成一片的屋顶森林景观的重点描述,明显是将其作为涉案楼盘的显著特征,对于买受人订立商品房买卖合同满足特定的心理预期以及房屋价格的确定有一定的影响,应当视为要约。而且,双方当事人在《广州市商品房买卖合同(预售)》补充协议中特别约定"本项目由于屋顶的钢连桥的影响,3#、7#的顶层房间采光可能会受到一定程度的影响",可见,该屋顶钢连桥已经载入双方的合同内容,一审法院据此认定钢结构连廊属于双方的合同内容并无不当,万毅公司上诉提出的合同附件八第二十四条,该条是万毅公司在明知司法解释具体规定的情况下作出的与司法解释相悖的格式条款,免除了其责任,且其未采取合理方式提醒买受人注意,故上述内容对买受人并无约束力,且在合同明确约定了钢连桥对部分房屋有不利影响的情况下,万毅公司依据第二十四条主张钢连桥不构成合同内容,亦不能成立。综上,万毅公司主张宣传资料中关于钢结构连廊的内容不属于合同内容,缺乏事实基础和法律依据,一审法院未予采信并无不当,本院予以维持。至于周某旭签署了万毅公司发出的《关于万科未来森林项目外观设计优化的告知函》的问题,该告知函仅告知案涉项日取消屋顶钢连桥,并未对之后的处理作出进一步约定,周某旭签署该告知函仅代表其知悉万毅公司将取消钢连桥,并不能推定出周某旭放弃就取消钢连桥给其带来的损失向万毅公司主张赔偿的权利,故万毅公司以周某旭签署上述告知函为由主张其已经与周某旭就取消钢连桥达成一致意见,依据不足,本院不予支持。其次,关于案涉楼盘并无钢结构连廊给周某旭造成的经济损失如何确定的问题。万毅公司未按照合同约定提供钢结构连廊已构成违约,虽然案涉合同约定万毅公司在一定条件下可自行修改或调整原设计方案,但同时约定买方因此遭受损失的,万毅公司应予赔偿。周某旭上诉认为万毅公司应将宣传的1亿元建筑成本中摊分到其购房款中的部分予以赔偿,但宣传资料中注明是"整个屋顶森林景观系统和建筑外墙的设计和建设,预计将要花费大约1亿元",现万毅公司取消的仅是钢结构连廊,而万毅公司在二审期间提供的钢连桥工程合同,周某旭并不认可该合同中载明的造价,且双方对于造价应如何摊分亦有重大争议。诚如万毅公司上诉主张的,房产价格主要受区域位置楼价、楼层、朝向、户型、购买时间等影响,但不可否认的是,购房者在购房时除考虑上述因素外,对房屋的外观、周边环境、生活配套设施、装修情况、公共服务情况等因素亦会进行综合考虑,一审法院结合取消钢结构连廊对案涉房屋居住环境水平、生活品质、潜在价值的不利影响,酌定万毅公司按照房屋总价款的1%向周某旭赔偿损失,该认定并无明显不当,本院予以维持。周某旭和万毅公司对一审判决确定的损失数额提出的上诉均不能成立,万毅公司所谓的周某旭购买案涉楼盘已经升值故不存在损失,但该楼盘升值系房地产市场价格波动的原因,并非因取消钢结构连廊造成升值,而双方主张的建筑成本问题仅是一审法院酌定赔偿金额的考虑因素之一,并非决定性因素,故对双方当事人就此提出的上诉,本院均不予支持。最后,关于面积差异款的利息起算时间问题。一审法院判令万毅公司应在接到周某旭的书面通知后立即退还面积差异款并起算利息,万毅公司并未提出上诉,而周某旭上诉主张从其支付房款之日或从测绘报告出具之日或其通过微信向万毅公司提出主张之日起算利息,经查,案涉合同并未约定面积差异款应在何时退还,根据《合同法》第六十二条第四项规定,债权人可以随时要求履行,但应给对方必要的准备时间。本案中,周某旭主张其在2020年12月31日的微信中明确提出了要求万毅公司退还面积差异款的主张,根据周某旭提供的微信聊天记录,周某旭在该日的确提到退还面积差价,但微信相对方回复其满足不了该要求,周某旭遂在2021年1月5日向万毅公司邮寄书面函件要求退还面积差异款,万毅公司于2021年1月15日收到该函件,一审法院综合上述情况从万毅公司2021年1月15日收到周某旭的书面函件之日起算利息,符合《合同法》的上述规定,周某旭对此提出的上诉不能成立,本院不予支持。综上所述,周某旭和万毅公司的上诉请求均不能成立,应予驳回;一审判决认定事实清楚,适用法律正确,应予维持。判决:驳回上诉,维持原判。[1]

构成要约的宣传广告限制问题。对于宣传广告能否构成要约是有一定条件限制的,不能一概将所有售楼广告均列入要约之列。对于宣传广告不明确之处,应视为合同双方约定不明在实际履行中形成纷争且当事人不能达成补充协议的情形,应按《民法典》第五百一十条后段"按照合同有关条款或交易习惯确定"的原则处理,结合合同其他方面的内容加以确定,使合同具体化和明确化,在无其他条款时,即按交易习惯确定。

【案例2-21】 刘某福诉安徽皖能置业发展有限责任公司商品房买卖合同纠纷案

二审法院认为,贵都花园商品房销售宣传中虽然说明了该商品房的外墙

---

〔1〕 广东省广州市中级人民法院(2021)粤01民终29407号民事判决书。

为环保隔热保温新型材料，但宣传资料为要约邀请，该资料也未具体明确写明商品房的所有外墙均为保温材料，且宣传资料的内容并未对商品房价格的确定产生重大影响，因此，安徽皖能置业发展有限责任公司销售宣传册的内容不应视为合同内容。刘某福据此要求安徽皖能置业发展有限责任公司在全部外墙安装环保隔热保温新型材料的诉讼请求无合同依据，依法不应予以支持。[1]

并非所有开发商的承诺都具备法律效力，主要应由法官根据开发商的宣传手段和内容综合予以确认，行使自由裁量权裁定。

【案例2－22】　田某等与河南成城置业有限公司其他合同纠纷再审案

再审法院认为，成城公司所作的房屋宣传彩页较为笼统、不具体，并没有特指某一套具体房屋得房率达到88%、节省3万～4万元。且从双方签订的商品房买卖合同内容看，合同对田某等人所预购的房屋基本情况、计价方式与价款均作了具体明确的约定，明确约定了房屋的建筑面积、套内建筑面积以及公用部分与公用房屋分摊的具体建筑面积，并确定了按照建筑面积计算房款的计价方式与具体房款数额。因此成城公司的房屋宣传资料对合同的订立及房屋价格的确定无重大影响。根据《房屋买卖合同解释》第三条规定，宣传彩页应视为要约邀请。故田某等人依据宣传彩页主张损失的依据不足，该理由不能成立。[2]

商品房销售合同与商品房销售广告就同一问题的表述不一致的，应当以合同的表述为准。

【案例2－23】　刘某然与徐州久隆集团有限公司商品房销售请求赔偿纠纷再审案

再审法院认为，原告提供的宣传资料可以理解为“久隆花园存在免费双向电梯、大型停车场；或是表明：设有免费双向电梯、停车场、自动消防喷淋系统；或是表明：两部双向电梯、免费供您使用大型停车场、供您停车”。无论何种解释，从中都不能得出有明确的免费停车场的结论，只能得出存在停车场的结论，故不能认定免费停车场是要约的一部分。从最高人民法院司法解释的本义来看，出卖人销售广告违背诚实信用原则应负的义务，可考虑以缔约过失责任对买受人予以补救。对于什么是违背诚实信用原则，应认为出卖人对其开发项目规划范围内的商品房及相关基础设施作出的说明和允诺具体

---

〔1〕　参见最高人民法院中国应用法学研究所编：《人民法院案例选》2009年第3辑（总第69辑），人民法院出版社2010年版，第96页。

〔2〕　河南省高级人民法院（2008）豫法民申字第00663号民事裁定书。

明确,并对房屋价格的确定有决定性作用,足以让买受人产生信赖而签订商品房买卖合同,但出卖人却未能完成其说明和允诺。对于本案而言,现在众所周知的是停车场是有价值的。在大城市中,停车位的价值都是高额的,在城市中心位置的停车位价值一般要超出普通机动车的价值。久隆花园位处徐州城市中心,以普通公众的善良心态和交易习惯来看,在此处的停车位是有价值的,免费送是不太可能的,除非有其他更大的对价交换价值存在。刘某然在与久隆公司签订商品房买卖合同时其所定房屋价格为2574.2元/平方米(8层总价格为76.8993万元),而当时的市场价格为2980元/平方米(8层),徐州市物价局对该房核定的预售价格为3100元/平方米(4层以上)不包括停车位,建筑面积的分摊按照《商品房销售面积计算及公用建筑面积分摊规则》也不包括停车位。可以看出本案所谓免费停车位对房屋价格的确定没有决定作用。如果认定存在这种免费停车场,那么,久隆花园的任何业主都拥有这种停车场,是普通公众无法想象的。故不能从宣传资料得出存在免费停车位的承诺,久隆公司的停车场宣传资料不能给刘某然造成信赖而认为存在免费停车场使其与久隆公司签订商品房买卖合同。[1]

要约邀请视为要约内容排除问题。双方签订的购房合同中明确约定,商品房买卖合同和补充协议是界定双方权利、义务之最终有效依据,除此之外的任何要约、要约邀请,均不对合同双方具备约束力。换言之,根据意思自治原则,即便要约邀请构成要约,也被排除在商品房买卖合同内容之外。应注意的是,开发商发送商业广告在先,签订商品房买卖合同在后,购房人签订合同的行为也可视为双方对合同内容的变更,故最终依合同记载的内容才是界定双方权利义务的基础。

【案例2-24】 杨某诉大商汇公司房屋买卖合同纠纷案

二审法院认为,本案的争议焦点是大商汇公司是否应当承担杨某主张的违约责任。首先,大商汇公司有权对整个项目的规划、设计方案进行优化调整、合理变动,合同外任何要约或要约邀请均不对双方具备约束力,杨某主张的前述酒店、写字楼、中庭美景等周边设施并未纳入合同条款,并非双方合意的具有合同约束力的内容。其次,从广告宣传内容看,虽提及“希尔顿花园酒店”“希望水岸天街”“绿色水景园林”等,但对是否在其开发规划范围内及具体坐落、面积等均未明确,且大商汇公司已提示“仅供参考,最终以政府批文为准”“最终交付结果以政府部门核准文件以及双方合同约定内容为准”,表明其不受广告宣传内容约束的意思,故相关广告宣传不构成要约。最后,案

[1] 参见最高人民法院中国应用法学研究所编:《人民法院案例选》2006年第1辑(总第55辑),人民法院出版社2006年版,第166~167页。

涉项目经建设单位组织验收合格,配套设施的调整也经主管部门审核通过。关于隔墙问题,杨某在接房时并未提出异议。关于赠送面积和阳台封窗内容并未反映在双方据以界定各自权利义务的《商品房购销合同》《商品房购销合同补充协议》及其附件中,且户型图中的文字部分标注"交房尺寸以合同约定为准",大商汇公司解释所谓赠送面积系因报规要求未封闭阳台的一半面积不计入建筑面积,其对未计价部分作为赠送面积,该解释不违背房屋销售时建筑面积计算规范,亦符合常理。有关下水管道不合理、电梯不合格、房屋设计不合理、公摊面积过大等问题,杨某一审中并未在法院指定举证期限内提交相应质量鉴定结果。判决:驳回上诉,维持原判。[1]

---

〔1〕 参见国家法官学院、最高人民法院司法案例研究院编:《中国法院2021年度案例》(房屋买卖合同纠纷),中国法制出版社2021年版,第76页。云南省昆明市中级人民法院(2019)云01民终2629号民事判决书。

二、房屋买卖合同关系认定

民事法律关系是指由民事法律规范所调整的以民事权利和民事义务为内容的法律关系,其实质是以民事法律规范作为蓝本,将普通的社会关系法律化,使其当纳入民事法律所调整的范围并予以规范化。民事法律关系的发生,大多数取决于民事主体的意思。因此,当案件涉及多个民事法律关系时,应紧紧围绕当事人的意思表示的内容进行分析,厘清多者间的关系,以明确权利双方权利义务。

所谓房屋买卖合同关系,就是出卖人转移标的物房屋的所有权于买受人,买受人支付价款的合同关系。

(一)房屋买卖合同关系成立认定

1. 买卖合同关系成立认定

房屋买卖合同是否成立,为实践中常见争议。买卖合同不成立的,则当事人之间不成立买卖合同关系。最高人民法院民一庭意见,根据《房屋买卖合同解释》第二条、第五条等规定,当事人签订《购房合同》后,如果具备了商品房买卖合同的主要条件,且其他内容不违背国家法律、行政法规规定的,应当认定合同为商品房买卖合同。

《民法典合同编通则解释》第十五条规定:“人民法院认定当事人之间的权利义务关系,不应当拘泥于合同使用的名称,而应当根据合同约定的内容。当事人主张的权利义务关系与根据合同内容认定的权利义务关系不一致的,人民法院应当结合缔约背景、交易目的、交易结构、履行行为以及当事人是否存在虚构交易标的等事实认定当事人之间的实际民事法律关系。”

【案例2-25】 绍兴县盛强投资有限公司与林某某房屋买卖合同纠纷再审案

再审法院认为,2007年1月29日《盛强独山仓储用房购买权确认申请书》载明,林某某为确保对案涉房屋的购买权,自愿交纳100万元诚意金,此后双方还需另行签订正式合同。单独从该申请书的记载来看,该申请书属于制约双方当事人在一定期限内订立房屋买卖合同的预约合同。但是,盛强公司于同日出具的《盛强独山仓储诚意金交纳确认单》上明确约定了林某某所购买的房屋的坐落位置、建筑面积、单价、总价。根据《合同法解释(二)》第一条"当事人对合同是否成立存在争议,人民法院能够确定当事人名称或者姓名、标的和数量的,一般应当认定合同成立"之规定,应认定林某某与盛强公司之间的房屋买卖合同关系成立。且此后,盛强公司已向林某某交付案涉房屋,林某某另外又以诚意金的形式交纳50万元款项,由于双方此前于《盛强公司独山仓储用房购买权确认申请书》中约定的林某某应交纳的诚意金已履行完毕,结合原审查明的林某某自2008年起即使用案涉房屋的事实,林某某另行交纳的50万元应认定为支付部分剩余房款。据此,在双方当事人已经分别履行交纳部分房款、交付房屋等房屋买卖合同的主要义务的情况下,应认定房屋买卖合同不仅成立,且已经部分履行。[1]

【案例2-26】 张某伟诉义马市狂口物业管理处房屋买卖合同纠纷案

一审法院认为,原、被告属于房屋买卖合同纠纷,但房屋买卖合同并未成立。从原告提交证据中的收据来看,其载明收款"系付一层房款",说明买卖标的物房屋的位置、户型、面积等内容并不明确。除了楼层确定之外,其余诸如购房条件、买卖双方权利义务、违约责任等合同主要内容均无明确约定。由此说明合同内容不明确,双方仍在缔约磋商过程中。原告所交付房款系订金。在本案中,被告因工作疏忽,收预定款的房屋数量远超出其所建筑的房屋数量,其中也包括本案的诉争房屋。此情形致使被告无法向原告交付争议房屋,该房屋买卖合同不成立。[2]

当事人虽有房卡、钥匙并对房屋进行装修,但未签购房合同,买卖合同关系不能成立,亦不能对抗其他权利人。

【案例2-27】 梁某权与韩某凡、辽宁伍豪房地产开发有限公司房屋买卖合同纠纷案

一审法院认为,原告梁某权与被告辽宁伍豪房地产开发有限公司所签订的商品房买卖合同符合《合同法》规定的合同成立要件,应确认该合同成立。第一被告当庭提供商品房买卖合同、房卡、购水票据、钥匙来证实该房屋产权应归其所有,但因购房合同未有双方签字、盖章,也没有付款收据,其他的证

---

〔1〕 浙江省高级人民法院(2014)浙民提字第94号民事判决书。

〔2〕 参见国家法官学院案例开发研究中心编:《中国法院2015年度案例》(房屋买卖合同纠纷),中国法制出版社2015年版,第225页。

据也都是在第二被告不知情的情况下取得,且没有其他证据佐其主张,故不予支持。[1]

买受人与开发商均主张双方之间存在真实有效的商品房买卖关系,但在签订购房合同、支付购房款等重要事实上存在众多疑点,双方多次陈述不一、前后矛盾,在此种情况下认定双方之间存在真实的商品房买卖关系,依据明显不足,且可能损害第三人利益。如果买受人请求开发商按照商品房买卖合同约定,办理房屋过户登记的,应予驳回。

【案例2-28】 宋某与北京盛和发房地产开发有限公司、广东粤财投资控股有限公司、北京城乡建设集团有限责任公司商品房预售合同纠纷再审案

最高人民法院再审认为,在存在众多疑点的情况下,认定宋某与盛和发公司之间存在真实的商品房买卖关系,依据明显不足。原审判决认定宋某与盛和发公司之间不存在真实的商品房买卖关系,并无不当。[2]

真实意思表示是判断买卖合同关系成立的重要标准。对房屋买卖协议作出的公证书,仅证明公证处对当事人签名真实性的确认,并不代表买卖合同关系成立,不能证明房屋买卖行为系双方当事人的真实意思表示。

【案例2-29】 吴某彦诉靳某秀、杨某华房屋买卖合同纠纷案

二审法院认为,吴某彦与杨某华签订的《房屋买卖协议》虽然名称为房屋买卖合同,但双方并不具备房屋买卖的真实意思表示。第一,杨某华并无出售房屋的意思表示,其签订房屋买卖合同是为了以房屋为抵押获得借款。第二,靳某秀亦无出售房屋的意思表示。对于房屋买卖这样重大的交易事项,靳某秀并未实际参与,亦未收取房款,其签订的授权委托书仅有手印,并无其他证据佐证,因此不宜认定其知晓并同意出售涉案房屋。第三,双方签订的《房屋买卖协议》并不符合交易惯例,也并未实际履行。协议中对于房屋交付时间、税费承担等重要事项并无约定,首付款中的18万元亦无证据表明已实际履行,吴某彦称该18万元为现金支付,而其余60万元以银行转账方式支付,该辩解不符合常理。因此《房屋买卖协议》因当事人不具备买卖房屋的意思表示,不构成有效的房屋买卖合同。[3]

---

〔1〕 参见最高人民法院中国应用法学研究所编:《人民法院案例选》2009年第6辑(总第6辑),中国法制出版社2009年版,第223页。

〔2〕 参见最高人民法院民事审判第一庭编:《民事审判指导与参考》2012年第3辑(总第51辑),人民法院出版社2012年版,第225页。

〔3〕 参见国家法官学院案例开发研究中心编:《中国法院2018年度案例》(房屋买卖合同纠纷),中国法制出版社2018年版,第248页。

【案例2－30】　顾某龙诉沈某玉等房屋买卖合同纠纷案

一审法院认为，江阴市公证处对《房屋买卖协议》作出的公证书，仅证明江阴市公证处对当事人在此协议上签名的真实性的确认。顾某龙与杨某、沈某玉虽然签订了《房屋买卖协议》，但双方并无买卖房屋的真实意思表示，故该协议对双方不具有法律约束力。[1]

无真实意思表示的房屋买卖合同不成立。

【案例2－31】　张某兰诉杨某瑞房屋买卖合同纠纷案

一审法院认为，本案中，《存量房屋买卖合同》出卖人处的签字并非由张某兰所签。实际上，杨某瑞并未将约定的购房款交付给张某兰，张某兰也未向杨某瑞交付房屋。张某兰、杨某瑞的行为并不符合正常的买卖合同要件，杨某瑞亦表示办理过户并非基于双方之间的买卖关系，而是其认为是房屋出资人也即实际所有权人，过户是为了名实相符。张某兰办理过户的行为，亦并非基于房屋合同义务的履行。综上，一审法院认为双方并未达成一致的买卖案涉房屋的意思表示，该买卖合同不成立。但需要说明的是，《存量房屋买卖合同》成立与否和案涉房屋所有权的确认并非同一法律关系。判决：确认张某兰与杨某瑞于2009年8月31日签订的《存量房屋买卖合同》不成立。二审法院认为，本案中，双方当事人均认可《存量房屋买卖合同》中出卖人处签字并非张某兰所签，且杨某瑞并未履行合同的主要义务给付购房款。故一审法院认定《存量房屋买卖合同》不成立并无不妥，法院予以维持。另外，就案涉房屋所有权一节，可另案解决。判决：驳回上诉，维持原判。[2]

合同名称与实际不一致的，按其真实意思认定合同性质。

【案例2－32】　房地产公司诉覃某群商品房预售合同纠纷案

一审法院认为，关于本案的借据，因双方实际上没有发生借款支付的事实，故该借据实则是双方当事人对商品房买卖合同约定的分期支付首付款以及逾期支付首付款应当承担相应的违约责任，即商品房买卖合同关于违约责任的附件或者补充协议。覃某群主张借据违反了《国务院关于坚决遏制部分城市房价过快上涨的通知》的相关规定，因该通知属于管理性文件，违反该通

[1] 参见国家法官学院案例开发研究中心编：《中国法院2013年度案例》（房屋买卖合同纠纷），中国法制出版社2013年版，第118页。

[2] 参见国家法官学院、最高人民法院司法案例研究院编：《中国法院2021年度案例》（房屋买卖合同纠纷），中国法制出版社2021年版，第96页。北京市第三中级人民法院（2019）京03民终12176号民事判决书。

知规定并不必然导致借据无效。……判决:驳回房地产公司的诉讼请求。[1]

关于双方合意在买卖合同关系中的认定问题。在双方过户时意思表示不真实的情况下,法官并不宜简单认定合同无效,而是应结合后续履行情况,认定双方是否达成了新的合意。

【案例2-33】 王某亭诉司某君房屋买卖合同纠纷案

一审法院认为,王某亭、司某君之间关于买卖涉案房屋的合意,先后有《关于购买北京市东城区海运仓小区北门仓库某室房款的几点说明》(以下简称《说明》)、《借还款协议》、《房屋买卖协议书》三个文件证明。王某亭亦认可司某君向其支付了购房款244655.82元。关于涉案房屋买卖价款的问题,双方当事人先后有245000元、406673元两种不同约定。从双方当事人对协议的履行来看,王某亭自签订《房屋买卖协议书》至司某君取得涉案房屋所有权证的多年内,未向司某君主张购房款的给付,且涉案房屋目前仍由王某亭占有使用。因此,可以推定王某亭、司某君之间关于涉案房屋买卖价款的真实意思表示应当系《借还款协议》中约定的245000元。在此情况下,司某君仍欠王某亭购房款344.18元未实际给付,违反了双方之间协议的约定,应承担相应的违约责任。二审法院认为,王某亭、司某君就涉案房屋先后签订了《说明》《借还款协议》《房屋买卖协议书》三个文件。从三个文件的内容来看,王某亭、司某君具有买卖房屋的意思表示,现王某亭以买卖关系为基础起诉司某君,且司某君认可向王某亭购买涉案房屋,故本院认定王某亭、司某君就涉案房屋成立买卖关系。关于价款为406673元的约定,司某君称并非双方真实意思,系按指导价填写;王某亭在此前的诉讼中对价款为406673元的《房屋买卖协议书》不予认可,在本案中亦表示对该合同的形成过程不知情。由此可见,王某亭与司某君虽意见不一,但均表示406673元的价款并非双方真实意思表示,故原审法院推定王某亭、司某君关于涉案房屋买卖价款的真实意思表示应当系《借还款协议》中约定的245000元,并无不妥,本院予以确认。[2]

【案例2-34】 虞某泉诉马某宝等房屋买卖合同纠纷案

一审法院认为,本案的争议焦点是原、被告是否形成了买卖系争房屋的合意。根据原告虞某泉和被告马某宝于2008年11月7日所签协议的内容来看,原告将系争房屋过户给三被告仅为获取银行贷款,并无出售系争房屋

---

〔1〕 参见国家法官学院、最高人民法院司法案例研究院编:《中国法院2022年度案例》,中国法制出版社2022年版,第41页。广西壮族自治区贵港市覃塘区人民法院(2020)桂0804民初882号民事判决书。

〔2〕 参见国家法官学院案例开发研究中心编:《中国法院2015年度案例》(房屋买卖合同纠纷),中国法制出版社2015年版,第131~132页。

的真实意思。然而,原告仅仅归还三次贷款,2009 年 5 月后就未再还贷。在此情形下,原告并未将系争房屋出售,反而多次以收条形式收取被告马某宝支付的款项。原告主张上述款项性质为借款。但当时原告已无力履行约定按时还款,后续贷款均由三被告结清,被告马某宝如继续借款给原告并不符合常理。同时,原告在 2010 年 3 月 17 日收条中承诺,如 4 月 1 日不搬,将每月支付租金 5000 元,原告后续亦支付了部分款项,从该事实可以看出原告已认可占用系争房屋需支付租金。结合以上事实,三被告关于原告拖欠贷款后同意将系争房屋出售给三被告的说法更为合理,法院予以采信。此外,三被告已结清银行贷款,相关银行的利益也未受到损害。综上,原告要求确认双方签订的买卖合同无效已无实际意义,亦有违诚信原则,系争房屋产权亦不应返还原告,故据此判决驳回虞某泉的诉讼请求。〔1〕

认定商品房买卖双方签订的预售合同草稿及认购协议、意向书等是否具备正式的房屋合同的效力,应从合同的内容进行实质分析,而不应拘泥于合同的具体表现形式。

【案例 2-35】 史某某、雷某诉某房地产公司房屋买卖合同纠纷案

一审法院认为,对于原告史某某、雷某与被告某房地产公司签订的《预售合同草稿》,虽然文本中有“草稿”二字,但该文本对于合同当事人、标的物、价款、付款方式、交付条件等合同基本内容进行了明确约定,说明原告史某某、雷某与被告某房地产公司对于房屋买卖一事达成了一致的意思表示。同时结合原告史某某、雷某已支付购房首付款且被告某房地产公司已经接受的事实,可以认定原告史某某、雷某与被告某房地产公司之间的房屋买卖合同关系已经成立。对于原告史某某、雷某以未签正式的《北京市商品房预售合同》为由要求退还定金和首付款的诉讼请求,无事实及法律依据,法院不予支持。〔2〕

虽然双方当事人没有签订正式的房屋买卖合同,但出卖人出具的字据中载有房屋买卖之标的、主体等合同主要内容,即具备了合同有效成立的必备条款,故可以认定双方买卖合同已经成立并生效。

【案例 2-36】 黄某富诉黄某康、姚某蓉房屋买卖合同纠纷案

一审法院认为,本案房屋买卖合同应认定已成立并生效。理由是:第一,本案被告黄某康出具承诺明确将房屋出卖给原告,本案房屋买卖合同已具备

---

〔1〕 参见国家法官学院案例开发研究中心编:《中国法院 2018 年度案例》(房屋买卖合同纠纷),中国法制出版社 2018 年版,第 277 页。

〔2〕 北京市大兴区人民法院(2014)大民初字第 12521 号民事判决书。

主体、标的、数量等必备条款,可以认定已成立。即使双方未对价款达成一致意见,可以另行协商补充或依照有关法律确定。第二,本案房屋买卖合同至少已部分实际履行,被告已将房屋及产权证交付原告。否则,被告将房屋及产权证交付给借用人,这与常理不符。原告应为买受人,而非借用人。第三,根据《物权法》第十五条的规定,本案讼争房屋虽然未办理物权变更登记,但不影响合同效力。[1]

建设工程发包人以房屋折抵工程款,承包人将房屋转售给第三人的,第三人与发包人之间成立事实合同关系。

【案例2-37】 马某诉岳某娟、安某春、黑龙江禹泰房地产开发有限公司等案外人执行异议纠纷案

一审法院认为,根据现有证据,能够认定翰盈公司与远望公司之间债务纠纷的真实性,翰盈公司、远望公司及张某三方签订的房屋抵账协议系各方自愿达成,合法有效。该抵账行为可视为买受人已经实际支付了购房款。张某与张某伟、张某伟与岳某娟之间签订的房屋买卖协议系各方自愿达成,合法有效。协议对出让房屋的位置、房屋价款和支付方式等主要内容均有明确约定。虽缺少张某与张某伟之间的购房款支付或存在其他债务关系的证据,但结合上述房屋抵账协议以及岳某娟向张某伟实际支付了购房款的事实,可以推定张某、张某伟、岳某娟之间房屋交易意思的真实性。因上述三方之间先后两次交易涉案房屋,均由翰盈公司确认更名,且翰盈公司为岳某娟开具了收款收据,同时考虑到涉案房屋至今未办理过户手续,三方之间的法律关系应认定为债权债务的概括转让。结合岳某娟已支付了购房款并实际占有房屋等事实,可以认定岳某娟与翰盈公司之间已形成事实上的房屋买卖合同关系。[2]

具有关联关系的当事人之间借贷合同和商品房买卖合同关系的认定。

【案例2-38】 王某亚诉舟山市金岛建设开发有限公司商品房预售合同纠纷案

二审法院认为,对于本案中先有借贷关系再有买卖关系的行为认定。根据张某权和李某的陈述,本案所涉及的借贷关系的主体,从出具借条的形式看为原金岛公司的实际控制人张某权与李某,从110万元借款来源看为张某

---

〔1〕 参见国家法官学院案例开发研究中心编:《中国法院2014年度案例》(房屋买卖合同纠纷),中国法制出版社2014年版,第225页。

〔2〕 参见《人民司法·案例》2020年第14期(总第889期)。北京市第四中级人民法院(2019)京04民初548号民事判决书。

权与丁某富,而本案的购房人为丁某富的配偶王某亚即本案的原告,购房人并非实际出借人也非形式出借人,且购房款已实际缴入金岛公司账户。王某亚与实际出借人为夫妻关系,两人在形式上为利益共同体,在金岛公司的实际控制人不能归还借款,金岛公司的法定代表人与出借人达成合意的情况下,通过购房人缴纳的购房款归还借款使双方的债权债务关系消灭且在签订购房合同之后出借人未再支付利息的行为应如何认定,法院认为,无论是先前的借贷行为,还是之后的买卖关系,均是各方当事人真实意思表示,内容不违反法律、行政法规的强制性规定,金岛公司亦未进入破产程序,不存在《企业破产法》规定的禁止个别清偿行为的情形,也不存在《物权法》第一百八十六条规定的禁止情形,亦不适用《民间借贷规定》第二十四条的规定。依据法无禁止皆可为和尊重当事人意思自治的原则,王某亚与金岛公司签订的《商品房买卖合同》合法有效,双方应按照合同约定全面履行合同义务。王某亚同意支付剩余购房款5536元,法院予以准许。金岛公司未按照合同的交房期限履行交付义务,现该房屋已经竣工验收备案,金岛公司一直未通知王某亚交付房屋,金岛公司应向王某亚履行交付涉案房屋和地下车位的义务,故对王某亚要求金岛公司交付涉案房屋和地下车位的诉讼请求,依法予以支持。[1]

案外人捏造事实提起民事诉讼,法院判决驳回房屋买卖合同的诉请。

【案例2-39】 侯某诉上海恒域企业发展有限公司案外人执行异议纠纷案

一审法院认为,本案争议焦点为原告与两个第三人之间是否存在真实的房屋买卖合同关系。对此,从原告、证人赵某、两个第三人的陈述以及第三人曹某江农业银行活期账户明细单等证据可以证实,两个第三人与原告签订所谓房屋买卖协议,系为抵偿案外人赵某对两个第三人的债权,而该债权已经取得执行依据,并已进入法院另案执行程序。原告从未支付过所谓房屋买卖协议的房款,原告所称与证人赵某、两个第三人之间存在三方平账的口头约定,无任何证据证实,且其陈述的与赵某之间的所谓平账债务金额与赵某的当庭陈述也自相矛盾,故该陈述意见不能成立,法院不予采信。如此可见,原告与两个第三人之间不存在真实的房屋买卖关系或者任何其他债权债务关系。但原告却先后向法院提起(2015)宝民三(民)初字1948号房屋买卖合同纠纷案、(2018)沪0113执异114执行异议案以及本案,其行为显然构成以捏造事实提起民事诉讼,企图通过以诉讼方式侵害第三人的其他债权人合法

---

〔1〕 参见最高人民法院中国应用法学研究所编:《人民法院案例选》2018年第9辑(总第127辑),人民法院出版社2018年版,第148页。浙江省舟山市中级人民法院(2017)浙09民终104号民事判决书。

权益的虚假诉讼行为，法院应当判决驳回其诉讼请求，并应根据情节予以制裁。判决：驳回原告侯某的诉讼请求。该案生效后，法院对原告侯某作出罚款决定书，对其罚款2万元。[1]

合同订立需要经过要约、承诺两个阶段，承诺生效时合同成立，承诺可以通知或者行为的方式作出。

【案例2-40】 秋某朵诉天津景秀置业投资有限公司商品房预售合同纠纷案

一审法院认为，本案中，秋某朵于2020年9月向天津景秀置业投资有限公司（以下简称景秀置业公司）提交书面《退房申请》并单方签署解除协议的行为，即是向景秀置业公司发出要约，景秀置业公司未在该解除协议上签字盖章，在本案诉状向其送达前亦未向秋某朵退还房款，故在本案诉状送达景秀置业公司前，景秀置业公司并未就解除协议项向秋某朵作出承诺，即该解除协议在本案诉状送达景秀置业公司时尚未生效。庭审中，景秀置业公司主张该解除协议已经生效，双方之间的认购书已经解除，虽可视为其解除协议向秋某朵作出承诺，但秋某朵在该承诺作出前已向法院提起诉讼，要求景秀置业公司退还房款213425元并支付相应利息的行为，可视为撤销前述要约，该撤销要约的意思表示自诉状送达景秀置业公司时生效，因此，秋某朵向景秀置业公司作出的"解除认购书、景秀置业公司退还房款20288元"的要约失效。综上所述，上述解除协议尚未成立，对双方具有法律约束力，至庭审时，双方于2019年8月12日签订的认购书尚未解除。[2]

实践中，应准确把握承诺生效与合同成立的关系问题。

【案例2-41】 陈某燕诉上海京城房地产开发公司商品房预售合同纠纷案

二审法院认为，虽然上诉人未在预售合同上盖章，但上诉人交给被上诉人其填写完备的预售合同文本，被上诉人签订了预售合同，并依照预售合同的约定交付了第一笔房款，上诉人接受了合同及房款，并向被上诉人出具了房款发票，预售合同双方实际履行，故原审法院据此确认预售合同已成立并无不当。上诉人利用其在售房过程中的优势地位，以书面合同未盖章为由，随意推翻双方达成合意且已实际履行的预售合同，缺乏事实和法律依据，亦有违诚信原则。判决：驳回上诉，维持原判。[3]

---

〔1〕 参见陈昶主编：《2020年上海法院案例精选》，上海人民出版社2022年版，第132～133页。

〔2〕 参见最高人民法院民法典贯彻实施工作领导小组编著：《中国民法典适用大全》（合同卷一），人民法院出版社2022年版，第104～105页。天津市宝坻区人民法院（2021）津0115民初785号民事判决书。

〔3〕 参见最高人民法院民法典贯彻实施工作领导小组编著：《中国民法典适用大全》（合同卷一），人民法院出版社2022年版，第202页。

2. 口头房屋买卖合同成立认定

《城市房地产管理法》第四十一条规定，房地产转让，应当签订书面转让合同。由于房屋买卖涉及的交易行为价值较大，在书面合同之外，实践中房屋产权登记机关还要求交易双方签订制式合同，签订后方可办理产权登记。因此，双方当事人买卖房屋应当依法采用书面形式订立合同。《民法典》第四百六十九条规定的合同形式有口头形式，《房屋买卖合同解释》第五条规定的商品买卖合同并未排除口头形式，足以表明口头形式可以用于商品房买卖合同。口头形式的合同发生争议后，举证困难是实践中的疑难问题。发生在亲戚之间的房屋买卖合同纠纷，双方并未签订书面合同且间隔时间比较久远，购房人提供的证据可能较少且证明力较弱，给案件的处理带来一定的难度。对此，法院要结合购房人提供的证据、日常生活经验以及争议双方的关系，对双方的法律关系进行准确认定。

【案例 2 - 42】 朱某元、柏某珍诉柏某元、沈某珍房屋买卖合同纠纷案

一审法院认为，被告陈述涉案房屋是借给原告居住，但对于原告借屋居住的原因在二次陈述中并不一致，而且被告将涉案房屋的水、电、煤气等基本生活设施均登记在原告名下，也与日常生活习惯不符。被告陈述的原告支付相关款项系归还借款，但是被告对借款时间这一借款重要事项却前后陈述不一。再者，在原告提供的录音中被告也陈述该款项系购买涉案房屋的对价。结合原告已经在涉案房屋中居住多年，因此法院认定原、被告双方为房屋买卖合同关系。该合同系双方真实意思表示且不违反法律，应当认定为真实有效。[1]

【案例 2 - 43】 李某常诉赵某等房屋买卖合同纠纷案

二审法院认为，本案讼争合同并未依法成立，赵某、丁某美应当赔偿因缔约过失给李某常造成的机会利益损失。在法律规范层面，房地产转让的双方应当签订书面合同，收条属于收取房款的证据，不具有书面合同的形式。在事实层面，双方当事人对于买卖标的物及其数量（房屋面积）存在争议，李某常一方主张购买的房屋面积是 68.39 平方米，赵某、丁某美一方仅认可出卖 28.21 平方米的房屋，而收条所载明的“名豪商贸区二幢二层 1 号”的实际面积为 136.78 平方米，因此双方对房屋面积未达成一致，对标的和数量未达成一致，口头合同尚未成立。在法律适用层面，因双方对房屋面积存有争议导致房屋价款不能确定，交付 3 万元购房款不足以证明李某常已履行主要义

---

〔1〕 参见国家法官学院案例开发研究中心编：《中国法院 2015 年度案例》（房屋买卖合同纠纷），中国法制出版社 2015 年版，第 209 ~ 210 页。

务,不能当然适用《合同法》第三十六条关于合同成立的规定。[1]

个案中,应结合当事人当时的意思表示、纠纷发生后对相关事实认知等因素综合判断合同是否成立。

【案例2-44】 刘甲诉刘某彤等农村房屋买卖合同纠纷案

二审法院认为,书面合同只是判断当事人之间是否形成合同法律关系的标准之一,判断当事人之间是否存在事实合同关系,应当结合当事人当时的意思表示以及纠纷发生后当事人对相关事实的认知等因素进行综合判断。本案中,刘甲提交的录音证据、证人证言与其持有涉案房屋集体土地建设用地使用证并自1996年至今持续居住使用涉案房屋而刘乙生前未曾提出异议的事实能够相互印证,刘甲与刘乙之间存在房屋买卖合同关系。虽然刘某彤等人主张刘甲与刘乙之间是房屋借用关系,但其提交的证据不足以证明,本院不予采信。[2]

【案例2-45】 史某军诉荥阳市房地产开发(集团)有限公司房屋买卖合同纠纷案

一审法院认为,原告对被告做出了购房的意思表示,并交付了部分房款,该表示行为应为要约。被告接受原告的房款,同时出具收据并在收据上注明房屋具体位置的行为构成承诺。至此,原、被告双方虽然未再另外签订书面购房合同,但他们之间的口头合同已经成立。[3]

双方当事人之间虽未签署符合相关要件的房屋买卖合同,但双方均承认了买卖事实的存在的,双方房屋买卖合同关系成立。

【案例2-46】 刘某诉刘某阳、聂某忠、李某房屋买卖合同纠纷案

一审法院认为,原告刘某与被告刘某阳、聂某忠虽未签订书面的买卖合同,但二被告收受原告购房款5万元,并出具收据的行为是二被告的真实意思表示,且被告刘某阳当庭承认存在房屋买卖的事实,故双方存在事实上的买卖合同关系。[4]

口头房屋买卖合同中,出卖人虽有公司法定代表人身份,但以个人名义收取

---

〔1〕 参见国家法官学院案例开发研究中心编:《中国法院2017年度案例》(房屋买卖合同纠纷),中国法制出版社2017年版,第152页。

〔2〕 参见国家法官学院案例开发研究中心编:《中国法院2018年度案例》(房屋买卖合同纠纷),中国法制出版社2018年版,第123页。

〔3〕 参见最高人民法院中国应用法学研究所编:《人民法院案例选》2006年第2辑(总第56辑),人民法院出版社2006年版,第220页。

〔4〕 参见国家法官学院案例开发研究中心编:《中国法院2017年度案例》(房屋买卖合同纠纷),中国法制出版社2017年版,第117页。

购房款的,应认定为购房人与出卖人个人而非所任职公司之间成立房屋买卖合同关系。

【案例2-47】 吕某林诉威海市环翠区环安建筑公司等房屋买卖合同纠纷案

一审法院认为,本案的争议焦点为买卖合同的当事人,即吕某林与隋某明建立房屋买卖关系还是与环安公司建立房屋买卖关系。从查明的事实看,吕某杰与隋某明个人口头协商达成为吕某林买卖房屋的合意,隋某明陆续收取吕某杰为吕某林交纳的房款,所出具收款收据均以隋某明个人名义,并未涉及环安公司,也未盖有环安公司公章,后隋某明个人与区水产局签订楼座转让协议并支付了楼房款,也均未涉及环安公司。上述系列行为均由隋某明以个人名义实施,而非代表其任职的环安公司。尽管吕某林于2005年与环安公司签订了房屋买卖合同,但此时环安公司早已被吊销营业执照,并有合同经手人公司副经理刘某科证实当时签合同只为安装电表。因此表明,吕某杰代表吕某林与隋某明个人就房屋买卖关系达成口头协议,尽管双方未签订书面合同,仍可以认定吕某林与隋某明个人之间建立了房屋买卖合同关系。[1]

关于在不动产登记制度尚不完善时,双方没有订立书面协议的,房屋买卖合同关系的认定问题。对于发生在房屋登记制度尚不完善时的案件,在双方没有订立书面协议时,确认房屋买卖关系是否存在,应结合实际履行情况,考虑购房人是否支付了对价、房屋价值与支付的价格是否合理、出卖人交付房屋及房屋所有权证书或购房人对房屋是否长期占有、在此期间出卖人是否主张过权利、能否排除借用或租赁关系等情况,在此基础上综合分析判断。

【案例2-48】 张某清与冯某霞、崔某、新乡市新华综合服务有限责任公司侵权纠纷案

最高人民法院认为,本案焦点问题是张某清与新华服务公司之间是否存在房屋买卖关系。首先,张某清与新华服务公司虽没有订立书面房屋买卖合同,但张某清认可1983年将讼争房屋移交给新华服务公司时收取了2000元,而张某清之父张某兴在1982年购买该房屋时支付的房款为1100元,即使考虑张某兴对房屋进行过翻修,将该2000元认定为房屋买卖价款,也符合常理。而且,房屋由张某清移交他人使用已长达20多年,该2000元与使用该房屋20多年应付的费用相比甚微。由于交付2000元款项时,双方并无房

---

〔1〕 参见国家法官学院案例开发研究中心编:《中国法院2018年度案例》(房屋买卖合同纠纷),中国法制出版社2018年版,第168页。

屋使用期限的约定,根据当时房屋的价格,张某清主张2000元属房屋使用费,不合常理,该数额与当时房屋的价格相当,更符合购房款性质。其次,1983年,我国房屋登记制度尚不完善,房屋产权转让时不办理过户登记而采取移交产权证明形式的情况也较为普遍。张某清将房屋移交新华服务公司使用时,将政府颁发的证明房屋产权的契纸也交与新华服务公司,能够体现张某清转让房屋产权的真实意思。最后,从张某清把讼争房屋移交给新华服务公司使用到起诉时已超过20年,新华服务公司和冯某霞的占有使用是连续的、公开的、和平的,而张某清在长达20多年的时间里,没有就此主张过权利,表明其长期对他人占有使用该房屋并无异议。如果认定张某清没有转让房屋产权,其作为所有权人长期怠于行使权利,与一般房屋所有权人对权利的关注,形成较大反差,明显不合常理。综上所述,张某清与新华服务公司之间已形成房屋买卖合同关系,该买卖合同合法有效,基于此,张某清并无请求返还房屋的权利。〔1〕

《民法典》第四百九十条第二款规定:“法律、行政法规规定或者当事人约定合同应当采用书面形式订立,当事人未采用书面形式但是一方已经履行主要义务,对方接受时,该合同成立。”意味着开发商与买受人未签订书面房屋买卖合同时,主张合同成立或要求继续履约一方,应有证据证实“一方已经履行主要义务,对方接受”。此时成立的合同虽然不是采用书面形式,但法律已确认此种合同订立形式的合法性。这种以行为订立合同的形式,应属于《民法典》第四百六十九条第一款“当事人订立合同,可以采用书面形式、口头形式或者其他形式”规定中的“其他形式”。

开发商虽未实际获得购房款,但已向购房人出具收据、交付房屋,应认定双方订立了房屋买卖合同。

【案例2-49】 恺祥达房地产开发有限公司与关某某、李某某等房屋买卖合同纠纷案

二审法院认为,本案中,2013年5月10日,恺祥达公司向关某某出具收据一张,清楚地载明收到关某某交来的6-1-102室房款959139元,收款人罗某,并加盖恺祥达公司印章,恺祥达公司向关某某交付了案涉房屋,案涉房屋已转移交付关某某的事实,恺祥达公司没有异议。实际上恺祥达公司和关某某是采用口头形式订立了房屋买卖合同,该合同没有违反法律规定,合法有效。恺祥达公司作为开发商、销售商,应依法继续履行合同,协助关某某办

〔1〕 参见《最高人民法院公报》2011年第7期。最高人民法院(2010)民再申字第163号民事裁定书。

理祥雲豪宸住××区房屋的产权登记手续。[1]

买受人支付购房款的金额比例可以作为认定是否履行合同主要义务的依据。

【案例 2－50】 荣盛房地产开发有限公司与梅某商品房销售合同纠纷案

二审法院认为，关于本案是否符合《民法典》第四百九十条规定的一方已经履行主要义务，对方接受的情形，案涉房屋总价款为 1436167 元，购房人含向案外人某公司支付购房服务费 35000 元，共计支付了 178617 元，从金额比例上不能认定购房者履行了主要义务。[2]

3. 网签合同成立认定

现实生活中，双方网上签订房屋买卖，但尚未签订书面合同，能否认定双方的买卖合同已经成立是有待分析的。从合同成立要件讲，买卖双方就房屋买卖的主要事项以数据电文的形式确定下来，这种合同订立形式虽与传统的合同形式有所区别，但其只是将合同的内容登记在政府机关的网络上进行公示，是合同订立有效形式之一。从网签的流程看，房屋买卖只有达成交易意向后，才会签订《存量房买卖合同信息表》，同时在合同上网前还需经过买卖双方的确认。网签的程序确定了双方的合意，而合同双方具体一致的意思表示是合同成立和生效的核心内容。从网签合同订立的条款完备程度来看，完全能满足《民法典》相关规定对合同成立条款之要求，合同的主要权利义务已经确定，合同的条款是明确的。在这种情况下，应当认定诉争合同已经成立。从合同性质分析，网上签约，是普通的房屋买卖合同进行的公示。公示是物权转移的一道必经程序，但是并非合同成立、生效的必要条件。网签是房地产主管部门为维护房屋买卖市场的秩序，要求双方(或者包括中介在内的三方)对签订的房屋买卖合同的公示。公示的内容是房屋买卖合同本身，如果合同尚在磋商之中则未成立，无须也不可能进行公示。网签合同虽然形式特殊，也具有一定的政策性，却具备了合同应具有的必要条件，体现了买卖双方的意思表示。网签作为行政机关的一个强制性登记备案程序，其本身不是合同，通过“网签”确定的房屋交易信息在法定情形下有可能作为证明合同成立生效的证据，但它本身不能成为合同成立或生效的要件。

【案例 2－51】 沈某星诉安某云房屋买卖合同纠纷案

一审法院认为，根据本案查明的事实，在网签的申请表和信息表中，原、被告均对房屋买卖合同的主要条款(包括买卖双方、买卖标的、价款、价款支付方式等)进行了确认。双方向税务部门缴纳了房屋的相关税费，原告还履

---

〔1〕 内蒙古自治区阿拉善盟中级人民法院(2021)内 29 民终 40 号民事判决书。

〔2〕 辽宁省沈阳市中级人民法院(2023)辽 01 民终 3388 号民事判决书。

行了部分附随义务，向被告交付了房屋电卡及供暖合同。原告虽然提供了双方往来的电话信息，用于证明双方之间协商房款的过程，但该协商过程是在双方已经明确了房款数额后，原告就已明确的房款数额反悔而再次协商的过程。双方在往来信息中并未就新的房款达成一致意见。根据以上查明的事实，本院认定合同已经成立。而依法成立的合同，自成立时生效。双方当事人均应当按照约定全面履行自己的义务。原告以双方约定的房屋价款过低为由，拒绝与被告签署书面合同，该主张没有证据佐证。原告要求被告履行注销网签信息的诉讼请求，本院不予支持。现被告要求按照网签确定的房款数额履行协议，本院予以确认。被告反诉要求继续履行合同，本院予以支持。二审法院调解结案。[1]

(二)特殊类型合同关系

买卖合同中主、从合同关系问题。房屋和车库虽然约定在同一份买卖合同中，但是两个相互独立的标的物，各自价款也为分别约定，应视为两个相对独立的主、从买卖合同关系，车库买卖不能履行不影响房屋买卖合同的履行。

【案例2-52】 秦某某与魏某某房屋买卖合同纠纷案

二审法院认为，秦某某向魏某某出售101室房屋和8号车库，虽然约定在同一份买卖合同中，但是两个相互独立的标的物，也分别约定了价款，应为两个相对独立的主、从买卖合同关系，并且合同中也没有关于履行8号车库买卖合同对101室房屋买卖合同存在任何影响的内容。至于魏某某不购买车库是否经过秦某某同意、魏某某应否承担不履行车库买卖合同的违约责任，当事人可另行主张，但不影响双方按约定履行关于101室房屋的买卖合同，故秦某某以魏某某不购买车库为由而拒绝履行交付房屋、协助办理过户的义务，没有依据。[2]

实践中，对于认定公司股权转让中房屋买卖合同关系是一个疑难问题。

【案例2-53】 李某生诉肖某房屋买卖合同纠纷案

一审法院认为，根据查明的事实，原、被告于2007年2月13日签订的《股权转让协议书》系双方真实意思表示，不违反法律法规的强制性规定，合

---

〔1〕 参见最高人民法院中国应用法学研究所编：《人民法院案例选》2012年第2辑(总第80辑)，人民法院出版社2012年版，第97页。

〔2〕 江苏省徐州市中级人民法院(2013)徐民终字第0880号民事判决书。

法有效。根据该协议,协议中"该股权"系指土生公司50%的股权及涉诉房屋50%的产权,"该股权"作价30万元,由被告转让给原告,被告应自签订协议之日起30日内,协助原告办理涉诉房屋的过户手续。故双方签订的《股权转让协议书》中包含了房屋买卖的内容。被告虽持原、被告于同日签订的《北京土生文化发展有限公司股东股权转让协议书》及《北京土生文化发展有限公司第一届第二次股东会决议》称被告系将其持有的土生公司的50%的股权作价30万元转让给原告,不存在房屋买卖的事实。但随后原告出示了双方于2007年3月18日签订的《北京土生文化发展有限公司股东股权转让协议书》及《北京土生文化发展有限公司第一届第四次股东会决议》,主张被告手中的两份材料系为办理工商变更登记所签,双方的真实意思表示体现在最初的《股权转让协议书》中。综合原告举证证明的还贷情况,本院对原、被告之间存在房屋买卖合同关系予以确认。二审法院亦认为,肖某与李某生之间存在房屋转让行为。[1]

既存在房屋买卖合同关系又存在委托合同关系问题。实践中,存在出卖人以出具委托书给购房人的方式来代替履行房产的过户登记的情形。这种情况下,双方之间既存在房屋买卖合同关系,亦存在委托合同关系。当出卖人单方面解除代理合同时,就必须对双方的法律关系重新认定,以维护守约方的合法权益。

【案例2-54】　刘某嫚、官某忠诉严某清房屋买卖合同纠纷案

二审法院认为,刘某嫚、官某忠与严某清在《房产买卖协议》中并未约定签订《厦门市房地产买卖合同》并前往国土资源与房产管理局办理交易过户登记手续的日期,且协议签订后,刘某嫚、官某忠收取了严某清全部购房款,并将讼争房屋连同权属证书及室内装修、家电等一并交给了严某清。同时,刘某嫚、官某忠向严某清出具一份公证《委托书》,授权严某清代为办理讼争房产的出租、出售等相关事宜。该委托书系基于双方买卖合同关系而出具的,便于严某清采取委托代理方式再将讼争房屋转卖他人,减少交易次数以少缴税收的一种规避法律的行为。按照房产买卖交易习惯,当事人的行为可以表明双方已基本完成了房产买卖交易。严某清向刘某嫚、官某忠购买房屋后,根据上述《委托书》又于2011年7月28日将该房屋出售给案外人沈某舒,共收取了沈某舒的定金10000元。严某清与沈某舒签订的《房地产认购居间协议》为双方真实意思表示,应认定为有效。刘某嫚、官某忠于2011年8月10日签署的《终止委托声明书》发生于严某清与沈某舒签订《房地产认

---

〔1〕参见国家法官学院案例开发研究中心编:《中国法院2016年度案例》(房屋买卖合同纠纷),中国法制出版社2016年版,第134页。

购居间协议》之后,且要求刘某嫚、官某忠、严某清办理房产过户手续与其委托严某清代为办理讼争房产出售事宜相悖。原审认定严某清违约,并判决严某清承担违约责任与事实不符,故依法予以改判。[1]

团购合同是否构成事实买卖合同的问题。商品房团购合同具备预约合同的特征,团购单位职工按团购合同交付首付款,与开发商形成事实上的商品房买卖合同关系。团购合同作为预约合同所约定的确定性条款可转化为本约合同的内容。

【案例2-55】 贵某静诉山东地球村置业有限公司商品房买卖合同纠纷案

一审法院认为,《商品房团购合同》具备商品房买卖合同的主要内容,且被告已收受原告30%首付款,可以视为商品房买卖合同,双方成立商品房买卖合同关系。二审法院认为,涉案《商品房团购合同》虽符合预约合同的基本特征,但地球村公司已经收取贵某静30%的购房款,确定了贵某静所购房屋的房号、面积、总价款等内容,双方之间已形成事实上的商品房买卖合同关系,且地球村公司在本案诉讼发生时也已具备商品房现售资格,原审认定团购合同的性质为商品房买卖合同并无不当。[2]

购房人享有实物激励的房屋买卖合同中的法律关系问题。出卖人与购房人签订房屋买卖合同,但出卖的房屋是出卖人与购房人所在单位联合开发的商品房且房价低于市场价,购房人购买此类房屋享受了附条件的实物激励。合同虽名为内部职工购房协议,但相关案件本质上仍然属于平等民事主体之间因房屋买卖引发的纠纷。

【案例2-56】 北京紫都置业发展集团有限公司诉张某芬房屋买卖合同纠纷案

一审法院认为,虽然涉案房屋系由第三人中粮万科公司出售给被告张某芬,但涉案房屋价格之所以低于同期同类房屋的市场价格,却是由于原告紫都置业公司与第三人中粮万科公司之间存在联建开发合同关系所致,故原告紫都置业公司以其在与第三人中粮万科公司之间的联建开发合同关系中获得的补偿作为对于被告张某芬的实物激励,并无不当,被告张某芬否认其与原告紫都置业公司之间就涉案房屋存在法律关系的抗辩主张,本院难以采

---

〔1〕 参见国家法官学院案例开发研究中心编:《中国法院2014年度案例》(房屋买卖合同纠纷),中国法制出版社2014年版,第103页。

〔2〕 参见国家法官学院案例开发研究中心编:《中国法院2017年度案例》(房屋买卖合同纠纷),中国法制出版社2017年版,第76页。

信。二审法院亦持同样意见,维持原判。[1]

认定混合合同时,首先应审查涉案合同是否系有名合同;在排除有名合同后,再行审查涉案合同系存在若干合同关系还是单一合同关系,如系单一合同关系,则可以认定为非典型合同中的混合合同。确定混合合同的法律适用时,应综合考虑合同的整体,优先类推适用最为接近的有名合同或其他法律规定。

【案例2-57】　上海浦东发展银行股份有限公司北京分行诉唐某明房屋买卖合同纠纷案

二审法院认为,案涉《三方协议》的法律性质为混合合同。由于民事法律关系在主体、内容、形式、要素等方面的复杂性,实践中经常出现同一合同存在多重、复合法律关系的情形。案涉《三方协议》基于不同的合同目的而设立,且存在多方法律关系主体、多项权利义务内容,呈现出复合法律关系的特性。第一,从主体上看,《三方协议》签署方为三方主体,各自依不同的基础法律关系和不同的合同目的而缔结协议。唐某明与付某国系基于房屋买卖的目的而签署协议,浦发银行与付某国则基于设定担保的目的而签署协议。第二,在权利义务设定上,唐某明履行《房屋买卖合同》中的给付房款义务。付某国在债务人国强公司到期未清偿债务的情况下,依法转让抵押房屋并就取得该房款承担相应的担保责任的义务,同时还负有《房屋买卖合同》项下协助过户的义务。浦发银行则在债务清偿后负有解除房屋抵押的合同义务。因此《三方协议》中包含了双重法律关系,其一为付某国与唐某明之间的房屋买卖合同关系。其二为浦发银行与付某国之间的担保合同关系。针对争议焦点二,法院认为,《房屋买卖合同》与《三方协议》不属于主从合同关系,但二者之间高度依存、紧密联系。主从合同需符合如下要件,即两个合同之间具有发生上的依附性,效力上、转让上以及消灭上的从属性等特征。本案中,《三方协议》约定的款项支付方式及期限,系对《房屋买卖合同》的补充。《三方协议》中关于付某国以购房款向浦发银行承担担保责任、授权浦发银行划转款项等内容,并非为了履行《房屋买卖合同》的义务。上述内容与《房屋买卖合同》相互独立,不存在发生、效力及消灭上的从属性。因此,《房屋买卖合同》与《三方协议》并不符合主从合同的特征。一审判决认定《三方协议》系《房屋买卖合同》的从合同,适用法律错误,法院予以纠正。[2]

---

〔1〕参见国家法官学院案例开发研究中心编:《中国法院2018年度案例》(房屋买卖合同纠纷),中国法制出版社2018年版,第228页。

〔2〕参见最高人民法院中国应用法学研究所编:《人民法院案例选》2019年第4辑(总第134辑),人民法院出版社2019年版,第106~107页。北京市第一中级人民法院(2017)京01民终4355号民事判决书。

(三)与其他合同关系区别

1. 房屋买卖合同关系否定租赁合同关系问题

判断当事人缔结何种合同关系,应依据其真实的意思表示。买卖不破租赁的适用应以存在真实租赁关系为前提,否则不能对抗房屋买卖合同。

【案例2-58】 梅某、吴某诉王某荣等房屋买卖合同纠纷案

一审法院认为,刘某以其作为涉案房屋承租人的身份,对抗梅某、吴某提出的腾退房屋请求的理由是否成立,以及其提出的要求确认其与王某荣签订的房屋租赁合同有效的诉讼请求是否成立。二审法院认为,一方面,从合同签订目的来看,王某荣辩称签订租赁合同是为了向刘某借款提供担保,而刘某在庭审中也自认其签订合同之初系为确保王某荣按约归还借款。可见,双方订立合同之时不具有建立租赁关系的真实意思。再从合同的修改、重签过程来看,双方的真实意思也并非建立房屋租赁关系。另一方面,从双方当事人签订合同的履行行为来看,刘某未能举证证明其曾向王某荣支付过房屋租金。双方签订房屋租赁合同,一方却迟迟未履行租赁合同的主要义务,另一方也不行使权利,显然与一般生活经验法则相悖。结合双方当事人同时期存在债务关系等事实,可以认定该租赁合同不具备房屋租赁的实质,双方当事人并无建立房屋租赁关系的真实意思表示。原审法院驳回刘某的诉讼请求并无不当。据此,二审法院驳回上诉,维持原判。[1]

2. 名为租赁合同,实为房屋买卖合同问题

一般来说,认定合同性质时既要看合同名称,更要看合同内容。当合同内容互相矛盾时,要根据合同中是否有特别约定以及当事人的实际履约情况,综合认定合同性质。如果房屋买卖合同关系成立,则租赁合同关系不成立。

【案例2-59】 何某某与哈尔滨金展贸易有限公司房屋买卖合同纠纷案

最高人民法院认为,本案协议的名称为《房屋购买租赁协议书》,该名称既有买卖合同的性质,又有租赁合同的性质。认定本案协议书性质应当从协议约定的全部条款内容来综合分析判断。从协议内容看,协议约定:金友公

---

〔1〕 参见国家法官学院案例开发研究中心编:《中国法院2016年度案例》(房屋买卖合同纠纷),中国法制出版社2016年版,第166页。

司同意何某某购买承租科贸楼第二区第二号楼205室；购买承租期为常年，购买常年使用权的，直至该房屋被政府规划用地征用并拆除为止；何某某因特殊情况需转让、转租房屋时，须经金友公司同意，并办理承租权、常年使用权变更手续等。但不能单纯依照上述约定，从而认定本案协议的性质为租赁合同。因为双方当事人在本案协议第二条又特别约定"本协议所签房屋面积产权归乙方"。该约定显然与租赁合同不符，实际上体现了买卖合同的性质。特别是从实际履行情况看，协议签订后，何某某给付金友公司326000元款项，金友公司出具的收款收据上均载明是房款。因此，综合本案实际情况，应当认定本案协议为房屋买卖合同。

3. 房屋买卖合同关系与买卖型担保关系的问题

以签订房屋买卖合同作为民间借贷合同的担保，属于买卖型担保。在发生借贷关系的前提下，签订商品房买卖合同并办理备案登记的行为，足以构成非典型担保。在当事人一方主张双方为房屋买卖关系、另一方主张双方为借贷关系，且双方证据均有缺陷的情况下，应结合双方当事人提交的证据，探究合同签订时双方当事人的真实意思，判断法律关系的性质。

【案例2-60】　广西嘉美房地产开发有限公司与杨某鹏合同纠纷案

最高人民法院认为，嘉美公司与严某等5人的在先交易表明，嘉美公司正是因不愿以340万元出售案涉商铺，才向杨某鹏借款，采取借新债还旧债的方式达到保住商铺所有权的目的，故可认定嘉美公司的真实意思是向杨某鹏借款而非出售商铺。杨某鹏将340万元直接打给严某等5人，且以该5人出具的《关于申请撤销商品房备案登记的报告》作为办理备案登记手续的必备文件等事实可推知，杨某鹏应知晓嘉美公司的真实意思。杨某鹏提交的仅是发票复印件，尚不能认定商品房买卖关系。杨某鹏始终未说明收取嘉美公司61.1万元的原因，考虑到民间借贷支付利息的一般做法，综合全案事实，在其未能证明双方存在其他经济往来的情况下，认定该61.1万元系借款利息更具可信度。综上，双方之间成立借贷关系，签订商品房买卖合同并办理商品房备案登记的行为，系一种非典型担保。杨某鹏作为债权人，请求直接取得商铺所有权，违反了禁止流质原则，不予支持。据此判决：撤销一审和二审判决；驳回杨某鹏的诉讼请求。[1]

---

〔1〕　参见梁曙明、刘牧晗：《借贷关系中签订房屋买卖合同并备案登记属于让与担保》，载《人民司法·案例》2014年第16期。最高人民法院民事审判第一庭编：《民事审判指导与参考》2014年第2辑（总第58辑），人民法院出版社2014年版，第202～205页。

【案例2-61】 付某钰诉唐山继兴房地产开发有限公司、董某霞房屋买卖合同纠纷案

一审法院认为,虽然原告与二被告签订的是《房地产买卖合同》,收条中也注明为交购房款,但合同约定的内容缺乏真实性,200万元购买18套底商,其平均价格与市场价格明显差距过大,不是真实意思表示。根据被告提供的录音内容,是原告丈夫郑某亮向董某霞提供的资金,董某霞在出具的收条中确认收到付某钰交的购房款,收条由董某霞本人签名确认,且与原告丈夫郑某亮向其提供的资金数额能够互相印证,双方实际应属于借贷关系。[1]

【案例2-62】 水工公司诉阜泰公司商品房合同纠纷再审案

再审法院认为,2013年10月22日李某和万某均签订的《借款协议》约定“本借款在2014年10月30日前未能将本息全额还清,则无条件给李某办理丽景车城车库房产证”。由此可知,李某与万某均已合意将是否按期归还借款作为阜泰公司履行《商品房预售(预购)合同》的前提。阜泰公司与水工公司在此之前存在通过签订《商品房预售(预购)合同》为借款设定担保的交易方式,结合水工公司并未对217万余元购房款的交付情况作合理说明,以及水工公司直至万某均与李某之间民间借贷纠纷判决生效后才提起本案诉讼的事实,应当认定水工公司与阜泰公司签订案涉《商品房预售(预购)合同》的目的并非买卖房屋而是为借款提供担保。根据《民间借贷规定》第二十四条第一款的规定,对名为买卖借贷设定担保的案件,应按照民间借贷法律关系审理,并向当事人释明变更诉讼请求。当事人拒绝变更的,人民法院裁定驳回起诉。本案件,民间借贷纠纷已经法院审理并作出生效判决,双方借款法律关系的权利义务内容已经明确,人民法院已无按照民间借贷法律关系审理并向当事人释明变更诉讼请求的必要。判决:一、撤销一审和二审判决;二、驳回水工公司的诉讼请求。[2]

实践中出现了大量的在借贷合同之外签订房屋买卖合同,双方约定若借款未能按期清偿,则履行房屋买卖合同,以此担保债权实现的情况。

【案例2-63】 杨某诉郑某房屋买卖合同纠纷案

再审法院认为,本案争议的焦点问题是杨某与郑某之间是否存在民间借贷法律关系。杨某能否直接依照协议书向郑某主张履行交付房屋的义务。根据查明的事实,双方自2010年起即存在民间借贷关系,至2014年2月双

---

〔1〕 参见国家法官学院案例开发研究中心编:《中国法院2019年度案例》(房屋买卖合同纠纷),中国法制出版社2019年版,第227页。河北省唐山市丰南区人民法院(2015)丰民重初字69号民事判决书。

〔2〕 参见国家法官学院、最高人民法院司法案例研究院编:《中国法院2021年度案例》(房屋买卖合同纠纷),中国法制出版社2021年版,第285页。重庆市高级人民法院(2019)渝民再218号民事判决书。

方再次发生民间借贷关系，并签订《借款合同》。根据该合同的约定，双方除约定借款数额、期限外，还约定将涉案房屋过户给杨某以及涉案房屋如何处理等内容，并且双方共同向居住的村委会申请房屋买卖，签订了协议书。综合分析双方当事人出具借条、签订《借款合同》、协议书的顺序及内容，可以认定房屋买卖是郑某以住房作为借款偿还的保证，双方之间不是简单的房屋买卖合同关系，而是一种非典型担保关系即买卖性担保关系。故在郑某与杨某之间存在民间借贷关系，并以房屋提供担保的情形下，杨某以与郑某存在房屋买卖合同关系而请求郑某交付房屋的主张，本院不能支持。本案亦不适用《民间借贷规定》予以裁判。综上所述，杨某的再审请求事实与法律依据不足，本院不予支持。本院二审处理认定事实清楚，适用法律正确，判决应予维持。〔1〕

【案例2－64】　魏某诉靳某房屋买卖合同纠纷案

二审法院认为，本案中，通过审查当事人提交的《房屋买卖合同》《房产抵押合同》《欠条》以及其他证据材料并结合双方的陈述意见，靳某对与魏某之间存在民间借贷法律关系已完成相应的举证责任。魏某主张的签订《房屋买卖合同》《房产抵押合同》《欠条》系为了帮助应付靳某妻子的抗辩意见，与本院查明的事实不符，也有违日常生活经验法则，本院不予采信。综合全案事实，双方签订《房屋买卖合同》的真实意思表示系为民间借贷设定担保，而不是通过支付正常交易对价取得诉争房屋。据此，本案的基础法律关系应为民间借贷法律关系。一审法院仅依据当事人主张的房屋买卖法律关系进而审理本案有误，本院予以纠正。〔2〕

4. 房屋买卖合同与委托合同区分问题

【案例2－65】　北京市京创润业房地产有限公司诉北京市宛平房地产开发有限责任公司房屋买卖合同纠纷案

一审法院认为，原告京创公司主张《协议》应为委托合同，是原告京创公司委托被告宛平公司代为销售地下停车位的约定；被告宛平公司主张《协议》应为房屋买卖合同，是原告京创公司将地下停车位的实际所有权转移给被告宛平公司，由被告宛平公司向原告京创公司支付价款的约定。根据法律规定，委托合同是委托人和受托人约定，由受托人处理委托人事务的合同。

---

〔1〕　参见国家法官学院案例开发研究中心编：《中国法院2019年度案例》（房屋买卖合同纠纷），中国法制出版社2019年版，第221～222页。北京市第二中级人民法院（2017）京02民再120号民事判决书。

〔2〕　参见国家法官学院案例开发研究中心编：《中国法院2019年度案例》（房屋买卖合同纠纷），中国法制出版社2019年版，第231页。北京市第一中级人民法院（2017）京01民终4557号民事判决书。

而买卖合同是出卖人转移标的物的所有权于买受人,买受人支付价款的合同。本案中的《协议》,尽管在名称中有"代销"字样,但双方在《协议》中并未实际约定委托合同关系中委托人和受托人应有的权利义务及相应的法律后果,《协议》实为原告京创公司将122个地下停车位的所有权转移给被告宛平公司,被告宛平公司向原告京创公司支付396万元价款的停车位买卖合同。综上,本院认为,原、被告之间签订的《协议》应为房屋买卖合同。二审法院亦持同样意见。[1]

5. 房屋买卖合同关系与预约合同关系区分问题

二者有联系但不等同,共同点在于二者都是为购买房屋而形成的一种合同关系,其差别为前者中买卖合同关系已正式确定,而后者中当事人之间仅具有预约合同关系,预约合同关系并不等于房屋买卖合同关系成立。详见本书专题七。

【案例2-66】 龚某华诉无锡景瑞置业有限公司房屋买卖合同纠纷案

一审法院认为,双方在签订《定金协议》及《签约确认单》时,真正的商品房买卖行为并未发生,双方仍处于商品房买卖合同的磋商阶段,即使龚某华部分履行了付款义务,双方仍需另行签订商品房买卖合同。故龚某华与景瑞公司之间符合预约合同的构成要件,双方成立商品房预约合同关系。[2]

6. 预售合同关系与建设工程承包合同关系的区分问题

在现实生活中,当事人订立合同的名称与内容不一致是经常发生的事,此时应当根据合同的内容探究合同当事人之间的法律关系。个案中,存在几个不规范合同时更应慎重认定当事人之间的法律关系。

【案例2-67】 贵阳市城乡房地产开发公司、贵州黔能企业(集团)公司诉贵州省新新建筑工程公司、杨某明等商品房预售、拆迁安置纠纷案

最高人民法院认为,城乡公司与黔能公司签订的《代征代建工程承包合同》及补充合同,虽名为代征代建,但城乡公司独立办理了建设、规划等工程项目审拒手续,并取得了该工程项目的国有土地使用权,因此双方的合同实际上是商品房预售合同。合同双方应按照合同约定履行各自的义务,城乡公

---

〔1〕 参见国家法官学院案例开发研究中心编:《中国法院2017年度案例》(房屋买卖合同纠纷),中国法制出版社2017年版,第55页。

〔2〕 参见国家法官学院案例开发研究中心编:《中国法院2017年度案例》(房屋买卖合同纠纷),中国法制出版社2017年版,第225页。

司将1号楼底层的5套房屋用于安置拆迁户是违约行为。杨某明等7人因原有房屋被拆除,分别与城乡公司签订拆迁安置协议的行为是善意的,拆迁协议内容合法,其权益应予保护。城乡公司在讼争的5套房屋建成前,先后与黔能公司、杨某明等7人签订转让该房屋的合同,一审法院根据本案实际情况,判令城乡公司对黔能公司承担违约赔偿责任、对杨某明等7人履行交付房屋义务,以保护黔能公司、杨某明等7人的合法权益,是合法合理的。[1]

7. 商品房买卖合同关系与民间借贷关系的区分问题

实践中,双方当事人对彼此间的法律关系各执一词,但双方均无法提供足以证明自己的主张或者足以反驳对方主张的证据,在双方证据都有缺陷的情况下,应当结合双方当事人提交的证据,探究合同签订时双方当事人的真实意思,进而对当事人之间的法律关系作出判断。

【案例2-68】 刘某某与张某某房屋买卖合同纠纷案

一审法院认为,涉案售房合同不是张某某的真实意思表示,双方之间应名为房屋买卖,实为借贷。第一,房屋交易作为家庭生活中的重大事件,当事人往往对此比较慎重,特别是对房屋的交易价格亦是格外重视。涉案房屋坐落于徐州市小北门,建筑面积为44.93平方米。刘某某在二审中认可,徐州市小北门的房价在2012年1月10日签订合同时市场价为每平方米5000多元,则该房屋在签订购房合同时的市场价为20多万元。而双方约定的价格为92000元,低于市场价的一半。故该约定显失公平、不合常理。第二,在房屋交易中,双方往往会明确约定房屋交付时间,而本案中未明确约定房屋交付时间,却约定张某某的回赎权,亦不符合房屋交易惯例。第三,据前所述,结合双方当事人在合同中约定张某某"为解决用钱之急"、刘某某收取的收条上并未明确注明为购房款及张某某的证人张某乙的证人证言,已经形成证据链条,足以认定双方签订的合同名为买卖,实为借贷。[2]

【案例2-69】 吴某妮诉安华房地产开发有限公司商品房买卖合同纠纷案

一审法院认为,关于郑某与安华公司之间是商品房买卖关系还是借贷关系的问题。根据双方提交的《回购协议》和安华公司提交的《成交确认书》,结合安华公司关于《回购协议》和《成交确认书》的证明目的可以证明,安华公司因竞买建设用地需要资金,遂于2011年7月25日与郑某签订一份总价

---

〔1〕 参见最高人民法院民事审判第一庭编:《中华人民共和国最高人民法院判案大系》(民事卷—1999年卷),人民法院出版社2003年版,第14~18页。

〔2〕 江苏省徐州市中级人民法院(2013)徐民终字第1271号民事判决书。

款为4960万元的《商品房买卖合同》。同时,双方又签订《回购协议》,约定安华公司回购郑某所购商品房,还约定回购的期限及价款,郑某应立即协助安华公司办理房屋备案解除手续。故郑某签订《商品房买卖合同》的真实目的并非取得所购商品房的所有权及使用权,安华公司签订《商品房买卖合同》的真实目的亦非为了出售该商品房,而是为了获取竞拍土地所需资金后再回购。《商品房买卖合同》及《回购协议》签订后,安华公司仅支付郑某300万元,便未再继续履行《回购协议》,也未交付商品房,故可以认定双方是以《商品房买卖合同》的形式,实现借贷4960万元的目的。《回购协议》约定的回购房款,超出购房款的部分,实为安华公司占用4960万元资金期间的利息。此外,从郑某的《债权转让通知书》和《债权转让协议》的内容也可以看出,其真实意思表示不是购买商品房,而是出借资金。安华公司虽然为郑某开具了销售不动产统一发票,但并未依约交付商品房,也未办理产权证,且郑某将所有债权转让给张某,表明其已放弃了取得商品房的权利,故安华公司以商品房买卖合同手续作为抗辩的主张不能成立。二审法院亦持同样意见。最高人民法院民一庭意见,不签订书面的借款合同,只用签订《商品房买卖合同》并登记备案的方式为担保,同时签订回购协议,然后再用出借人向借款人实际交付款项的方式建立债权债务关系,是目前一些民间借贷当事人选择的借贷方式。判断当事人之间法律关系的性质,不能仅看合同的名称、形式和内容,更重要的是分析当事人之间法律关系的实质。如果《商品房买卖合同》中售房方并未准备实际交付房屋,而购房一方亦不关心取得所购房屋产权。且双方当事人的关注点集中在《回购协议》及其相应的违约金上,则足以证明双方之间真实的法律关系是民间借贷。[1]

个案中,应结合在案证据证明双方签订相关合同情况、约定的权利义务内容及履行等双方交易的事实、各自主张的法律关系特征进行综合审查判断,认定双方签订房屋买卖合同的真实意思及双方之间的法律关系性质。

【案例2-70】 高某强诉万利公司商品房买卖合同纠纷案

一审法院认为,根据本案查明的事实,本案诉争房屋的《购房协议》与以支付购房款取得房屋所有权为目的的房屋买卖合同关系的法律特征不符,而与民间借贷中以签订房屋买卖合同为借贷提供担保的做法相吻合,故高某强与万利公司之间应不属于真实的房屋买卖合同关系,应为以案涉房屋的买卖合同为担保的借贷法律关系。理由如下:第一,涉诉的6套房屋面积不同,合

---

〔1〕 参见最高人民法院民事审判第一庭编:《民事审判指导与参考》2014年第2辑(总第58辑),人民法院出版社2014年版,第98~103页。

同签订时间不同，但房屋总价均为100万元，双方签订的其他认购合同房屋总价亦均为100万元，房屋总价款“一刀切”特点不符合正常的房屋买卖情形，且单价明显不符合房屋交易中开发商通常能够让利的幅度，反而与民间借贷用于担保的房屋作价通常低于实际市场出售价格的特点吻合；第二，自2013年前后，双方开始存在民间借贷关系，双方曾存在以案涉房屋所在小区的房屋进行借款担保及房屋回购的情形，且目前双方的民间借贷纠纷正在审理中，而万利公司未取得案涉房屋预售许可证明、竣工验收证明的事实已经持续很长时间，高某强在明知案涉房屋未取得预售许可证明、竣工验收证明的情况下，仍然与万利公司签订《购房协议》，此不符合一般购房人特征；第三，高某强称购买涉诉6套房屋支付房款的方式均为现金，此不符合一般情形下购房人支付房款的方式；第四，在北京市限购政策下，高某强与万利公司签署如此多的购房协议，明显不符合一般人的购房特征。裁定：驳回高某强的起诉。二审法院认为，一审法院认定事实清楚，适用法律正确。裁定：驳回上诉，维持原裁定。[1]

实践中，虚构房屋买卖合同关系，以侵占他人房屋为目的的套路贷的虚假诉讼案件不断发生，应认真甄别。

【案例2-71】 胡某峰诉季某娣、范某琪房屋买卖合同纠纷案

一审法院认为，虽然胡某峰与季某娣、范某琪就涉案房屋签订了书面的《房产转让协议》，但当事人之间并非真实的房屋买卖合同关系，主要理由为：从合同形式上看，涉案房屋的转让协议上到处捺有范某琪和其母亲季某娣的手印，明显有别于正常的房屋买卖，却与当下的小额民间借贷的做法相似。再者，范某琪和季某娣出具的收条中明确载明“本人收到胡某峰借于本人的人民币10万元”，印证了借贷关系的说法。从交易过程看，涉案房屋交易本身也存在诸多疑点。首先，涉案《房产转让协议》中仅约定了出卖人的交房义务以及违约责任，却没有约定买受人的付款时间和违约金责任；其次，签订涉案《房产转让协议》当天，在约定的房款一半都未付足的情况下，出卖人当即交付了涉案房屋；最后，涉案房屋带有装修，双方竟然未对涉案房屋内的装修、电器以及水电煤进行交割，就径行交接；从购房价格上看，涉案房屋在交易时的市场价格为737900元，胡某峰仅以不到一半的价格购买房屋，明显违背市场交易规律。基于以上分析可知，虽然胡某峰与季某娣、范某琪签订了《房产转让协议》，但双方之间的真实意思表示并非进行房屋买卖。根

---

〔1〕 参见国家法官学院、最高人民法院司法案例研究院编：《中国法院2021年度案例》（房屋买卖合同纠纷），中国法制出版社2021年版，第288页。北京市第三中级人民法院（2019）京03民终1315号民事裁定书。

据法律规定，民事法律行为的意思表示要真实，因此，涉案《房产转让协议》依法应当确认为无效。二审法院认为，双方当事人通谋的虚假意思表示不具有法律效力。本案中，双方当事人虽签订了《房产转让协议》，但成交价格严重低于市场价格。在这种不合理的情况下，一审法院结合涉案《房产转让协议》的具体内容、付款、房屋交割的具体情形、涉案收条关于借款的明细表述、双方陈述等，综合认定双方的真实意思表示不是房屋买卖，体现了一审判决对真实法律关系的甄别，并无不当。〔1〕

8. 名为房屋买卖合同实为赠与合同的问题

当事人之间的意思表示构成通谋虚假表示的，伪装行为无效，双方之间法律关系的性质应根据隐藏行为进行判断，进而依照法律规范确定其效力。对于两种合同的区分，应从当事人的真实合意来确定合同性质，依据合同性质确定该类型合同的生效要件。

【案例2－72】 李某玲、李某甲诉张某翎、李某一房屋买卖合同纠纷案

二审法院认为，本案中两人的内心意思与外部的表示行为并不一致，双方合作完成了通谋虚伪行为，形成了真假两项意思表示。虚假的房屋买卖的意思表示浮现于表面，真实的房屋赠与的意思表示则被隐藏。故法院在上述分析的基础上，认定祁某惠与李某乙之间形成的是赠与合同法律关系。故本案中，对祁某惠与李某乙之间形成的法律行为效力的认定当遵循赠与合同的法律规范。本案中，祁某惠是涉诉房屋的共有权人之一，现祁某惠将自己的房屋份额无偿赠与另一共有权人李某乙，且李某乙已经办理完毕产权过户登记。双方上述行为并未违反法律法规的强制性规定，且为内心之真实意愿，故双方之间形成了合法有效的赠与合同关系。在此前提下，作为部分继承人的李某玲、李某甲以房屋买卖合同为由主张李某乙之继承人张某翎、李某一支付购房款显然无法成立，故此判决：驳回上诉，维持原判。〔2〕

【案例2－73】 王某民等诉王某方、王某房屋买卖合同纠纷案

一审法院认为，根据查明事实，诉争房屋原系登记在被告王某方名下的被告王某方和张某华的夫妻共同财产。张某华去世后，家庭未对诉争房屋进

〔1〕 参见国家法官学院、最高人民法院司法案例研究院编：《中国法院2020年度案例》（房屋买卖合同纠纷），中国法制出版社2020年版，第220～221页。江苏省无锡市中级人民法院（2017）苏02民终4907号民事判决书。

〔2〕 参见最高人民法院中国应用法学研究所编：《人民法院案例选》2017年第6辑（总第112辑），人民法院出版社2017年版，第92～93页。参见国家法官学院案例开发研究中心编：《中国法院2018年度案例》（房屋买卖合同纠纷），中国法制出版社2018年版，第273页。

行继承分割，故诉争房屋由王某方、王某民、王某川、王某鹏及王某君共同共有。本案诉争《存量房屋买卖合同》虽名为买卖，但未支付购房款而办理过户，加之王某方书写的《赠与书》，故本院认定该《存量房屋买卖合同》实质为赠与合同。赠与合同是赠与人将自己的财产无偿给予受赠人，受赠人表示接受赠与的合同。但本案中赠与的标的物为诉争房屋，而诉争房屋并非被告王某方的个人财产，而是由王某方、王某民、王某川、王某鹏及王某君共同共有的财产。根据《物权法》规定，处分共同共有财产，应当经全体共有人同意。被告王某方处分诉争房屋并未经三原告同意，之后亦未得到三原告的追认，故王某方书写的《赠与书》当为无效民事法律行为。因此，属于赠与合同的《存量房屋买卖合同》亦当为无效合同。〔1〕

9. 名为房屋买卖合同，根据具体案情可认定为赠与合同

【案例2－74】 侯某、侯某胜诉侯某梅确认合同无效纠纷案

一审法院认为，关于侯某忠与侯某梅签订的买卖合同的性质及效力问题。从侯某梅的自述来看，侯某忠与侯某梅签订房屋买卖合同是为了过户涉案房屋，而侯某梅并未依照买卖合同中的约定支付购房款。再结合侯某忠曾留有公证遗嘱将涉案房屋留给侯某梅的情况，本院认定侯某忠与侯某梅所签订的合同名为房屋买卖合同，实为赠与合同。二审法院亦持同样意见，维持原判。〔2〕

(四)合同关系的转化与变更

终止借款合同关系并建立商品房买卖合同关系的问题。民事交易活动过程中，当事人意思表示发生变化是正常情况，也是合法的。现实社会生活中，借款已经到期、借款人无法偿还借款的情况下，双方经协商对账作出的变更双方之间法律关系的约定，只要不存在法定无效情形，均应认定为合法有效，双方之间法律关系应当据此认定。尽管原先存在借款合同关系，其购房款的支付源于当事人之间曾经存在的借款合同关系，但尊重当事人嗣后形成的变更法律关系性质的意思表示，是贯彻合同自由原则的题中应有之义。该种变动情形与《民间借贷规定》第

〔1〕 参见国家法官学院案例开发研究中心编：《中国法院2018年度案例》（房屋买卖合同纠纷），中国法制出版社2018年版，第300页。

〔2〕 参见国家法官学院案例开发研究中心编：《中国法院2019年度案例》（房屋买卖合同纠纷），中国法制出版社2019年版，第254页。北京市第一中级人民法院（2018）京01民终1830号民事判决书。

二十四条第一款所规定的"当事人以签订买卖合同作为民间借贷合同的担保"的情形并不相同,因而不能适用该条规定。对该种合同关系变动的认定,必须考虑借款合同的事实背景,对于双方约定转为购房款的借款本息,还应作进一步审查,而不能仅按照合同约定直接予以确认。最高人民法院民一庭认为,借款合同到期借款人未能按约归还借款,双方当事人经过对账协商,决定终止借款合同关系并建立商品房买卖合同关系,除存在法定无效情形的,应当按照当事人意思表示,确定双方法律关系转化为商品房买卖合同关系。对于双方约定转化为购房款的借款本金及利息的数额,应当根据双方之间原借款合同及借款、还款等证据予以审查认定,不宜按照双方合同约定直接确认转为购房款的欠款数额。[1]

【案例2-75】 汤某、刘某龙等与新疆鄂尔多斯彦海房地产开发有限公司商品房买卖合同纠纷案

最高人民法院认为,本案争议的商品房买卖合同订立前,彦海公司与汤某等四人之间确实存在借款合同关系,且为履行借款合同,双方签订了相应的商品房预售合同,并办理了预购商品房预告登记。但双方系争商品房买卖合同是在彦海公司未偿还借款本息的情况下,双方重新协商并对账,将借款合同关系转为商品房买卖合同关系,将借款本息转为已付购房款,并对房屋交付、尾款支付、违约责任等权利义务作出了约定。民事法律关系的产生、变更、消灭,除基于法律特别规定,需要通过法律关系参与主体的意思表示一致形成。民事交易活动中,当事人意思表示发生变化并不鲜见,该意思表示的变化,除为法律特别规定所禁止外,均应予以准许。本案双方经协商一致终止借款合同关系,建立商品房买卖合同关系,并非为双方之间的借款合同履行提供担保,而是借款合同到期彦海公司难以清偿债务时,通过将彦海公司所有的商品房出售给汤某等四位债权人的方式,实现双方权利义务平衡的一种交易安排。该交易安排并未违反法律、行政法规的强制性规定,不属于《物权法》第一百八十六条规定禁止的情形,亦不适用《民间借贷规定》第二十四条的规定。尊重当事人嗣后形成的变更关系性质的一致意思表示,是贯彻合同自由原则的题中应有之义。彦海公司所持本案商品房买卖合同无效的主张,不予采信。[2]

---

〔1〕 参见最高人民法院民事审判第一庭编:《民事审判指导与参考》2016年第1辑(总第65辑),人民法院出版社2016年版,第166~168页。

〔2〕 参见最高人民法院中国应用法学研究所编:《人民法院案例选》2017年第4辑(总第110辑),人民法院出版社2017年版,第12页。最高人民法院指导案例72号。人民法院案例库2016-18-2-091-001。

【案例2-76】 王某良诉厦门市兴建峰工艺装饰有限公司、第三人厦门市嘉禾工贸有限公司房屋买卖合同纠纷案

一审法院认为,第三人将其所有的本案讼争厂房出售给原告,双方据此签订了《协议书》及《补充协议》,均系原告与第三人的真实意思表示,其内容和形式均于法不悖,应认定合法有效。依照协议约定,原告向第三人支付了相应购房款后,双方即通过公证方式同意原告全权处置讼争房产,同时第三人确保将讼争房产过户至原告认可的权属人名下。该约定表明第三人与原告之间就讼争房产形成了买卖合同关系,因此,当原告依照上述协议约定向第三人支付了相应购房款时,虽然讼争房产的物权尚未发生转移,原告尚未取得讼争房产的所有权,但原告依约取得与他人签订房产买卖协议并对外出售讼争房产的权利,依照《物权法》第十五条的规定,原告于2007年9月28日与被告签订将讼争房产出售给被告的《协议书》,是双方当事人的真实意思表示,其内容和形式于法不悖,应认定合法有效。该协议签订后,讼争房产最终过户至被告名下,被告已于2007年10月26日取得了讼争房产权属证书,故原、被告双方签订的《协议书》不但有效而且可以实际履行。被告混淆了合同效力与物权变动的关系问题,其关于原告无权处分讼争房产,原、被告签订的《协议书》无效的抗辩主张,与事实不符,本院不予采信。至于被告与第三人于2007年9月26日签订《厦门市房地产买卖合同》并于2007年9月30日到厦门市国土资源与房产管理局办理过户送件手续,从该合同所约定的内容看,结合前述《协议书》的约定,应当认定该合同纯属第三人协助原告直接将讼争房产过户至原告指定的被告名下而签订的合同,是各方当事人为了避税而减少物权变动环节,直接由第三人将讼争房产过户至被告名下的行为。事实上,本案讼争房产存在第三人出售给原告以及原告再行出售给被告两个房产买卖关系,第三人与被告之间并不存在直接的房产买卖关系,他们并非讼争房产买卖的实际相对方,该合同仅为物权变动而签订,真正约束原、被告的是双方于2007年9月28日签订的《协议书》。因此,被告于2007年11月25日取得讼争房产的产权证原件及发票、票据后却未依照与原告签订的《协议书》支付原告剩余购房款的行为,已经构成违约,被告除应承担付款责任外,还应依约支付原告违约金,故原告的诉讼请求成立,应予支持。原告指令被告直接将部分款项支付给第三人以及指令第三人直接将讼争房产过户至被告名下的行为,都是市场经济中交易各方为了减少交易环节,保护交易安全的行为,依法应予保护。当然,如果各方的行为使国家税收减少,触犯有关行政法规的,则属于行政处罚的范畴,应当由行政主管部门对相关责任人作出处罚,其并非本案审理的范围,更不能因此减少、免除合同相对方的民事责任。被告举证的《委托书》和《公证书》中所载明的委托范围并不包括讼争房产，因此，被告关于原告主体不适格，其无须支付原告购房款等抗辩主张，没有事实和法律依据，不予支持。[1]

在理论上，借款转化为购房款，其内在的法律机理是民间借贷合同和房屋买卖合同之间债务的抵销。双方当事人以借款折抵购房款属于意定抵销的范畴，应当认定为有效，因此双方之间的房屋买卖合同合法有效。双方事实上存在民间借贷和房屋买卖两种不同的法律关系，两种法律关系成立均是双方的真实意思表示，且不违反法律的效力性强制性规定，均应当受到法律的保护。

【案例 2－77】　王某学诉田某房屋买卖合同纠纷案

一审法院认为，田某为王某学出具的收到房屋定金 10 万元及房款 30 万元的收条，并承诺 3 个月内协助王某学办理房屋变更登记手续的实际情况，应该视为双方均同意将借款转化为购房款。对于被告田某认为此《房屋买卖协议书》系民间借贷的答辩意见，因其未向本院提交相应证据予以证明民间借贷关系的存在，故此答辩意见本院不予采信，本院依法确认《房屋买卖协议书》的有效性。[2]

【案例 2－78】　邱某诉御嘉置地集团有限公司房屋买卖合同纠纷案

一审法院认为，根据案件查明事实，邱某与御嘉置地公司于 2011 年 6 月 3 日签订的《补充协议》合法有效。根据《补充协议》的约定，邱某于 2011 年 6 月 3 日一次性将购房款 5400 万元支付给御嘉置地公司，御嘉置地公司应在 2012 年 5 月 30 日前一次性偿还给邱某，并在此期间按照 24% 的利率分 5 期向邱某支付补偿款 1296 万元。若御嘉置地公司到期足额偿还借款本金及利息，则邱某将《商品房买卖合同》予以撤销；若到期未足额偿还借款本金及利息，则《补充协议》自 2012 年 5 月 30 日起失效，双方履行《商品房买卖合同》。可见《商品房买卖合同》作为御嘉置地公司未按约履行《补充协议》的相应后果，具有保证《补充协议》履行的性质。现御嘉置地公司到期未偿还借款本金 5400 万元。故双方应履行《商品房买卖合同》。邱某主张御嘉置地公司交付涉诉房屋，协助办理房屋过户手续的诉讼请求应予以支持。二审法院亦持同样意见，维持一审判决。[3]

商品房买卖合同与借款协议分别成立两种合同关系的问题。开发商对外借

---

〔1〕 参见最高人民法院中国应用法学研究所编：《人民法院案例选》2009 年第 4 辑（总第 70 辑），人民法院出版社 2010 年版，第 197～198 页。

〔2〕 参见国家法官学院案例开发研究中心编：《中国法院 2018 年度案例》（房屋买卖合同纠纷），中国法制出版社 2018 年版，第 265 页。

〔3〕 参见北京市高级人民法院编：《审判前沿——新类型案件审判实务》（总第 53 集），法律出版社 2016 年版，第 105 页。

款，同时签订商品房买卖合同作为担保，或者授权委托贷款人在借款未还时有权转让商品房，此类情况认定成立一种还是两种合同关系有争议。

【案例2－79】　朱某芳与山西嘉和泰房地产开发有限公司商品房买卖合同纠纷案

最高人民法院认为，双方当事人基于同一笔款项先后签订《商品房买卖合同》和《借款协议》，并约定如借款到期，偿还借款，《商品房买卖合同》不再履行；若借款到期，不能偿还借款，则履行《商品房买卖合同》。在合同、协议均依法成立已生效的情况下，应当认定当事人之间同时成立了商品房买卖合同和民间借贷两个民事法律关系。[1]

房屋买卖合同关系中的基础法律关系问题。个案中，既有房屋买卖合同关系，又涉及基础法律关系的股权转让和借款关系的，由法官根据案情审理房屋买卖合同关系并作出裁决。

【案例2－80】　欧某群与海南龙浴温泉度假村有限公司商品房销售合同纠纷案

最高人民法院认为，虽然案涉房屋买卖合同的基础关系是股权转让合同和借款关系且相互之间也存在事实上的关联，但由于该房屋买卖合同关系本身仍具有独立性，所产生的争议可以通过单独的诉讼予以解决。另因叶某胜、华泰美公司以及利远公司股东翟某录、刘某霞、翟某志并未参加本案诉讼，本案不具备审理叶某胜与利远公司股东之间的股权转让争议以及欧某群与叶某胜之间的借款争议等主债权债务的诉讼条件，而利远公司在本案未就此提出独立的诉讼请求并申请追加当事人，故基于不告不理原则，本案对涉及房屋买卖合同关系的基础法律关系的争议不予审理。需要指出的是，前述事实也可以在一定程度上解释为何利远公司愿以低于市场价的价格向欧某群出卖房屋、为何利远公司在未收到任何款项的时候即打印全额发票并积极配合欧某群办理网上售房合同备案手续、为何欧某群将500万元款项付至翟某录个人账户以及主张将3575096元现金向翟某录交付而非交给利远公司、为何欧某群未持有以购房款为名目的收款收据、为何利远公司在其法定代表人翟某录收到500万元款项后仍登报将案涉房屋买卖合同作废以及挂失增值税发票等存疑事实。因此，考虑到利远公司股权转让合同并未继续履行、当事人选择以房屋买卖合同关系实现各自权益并不违反法律规定，故二审法院以《澄迈商品房买卖合同》为主法律关系

---

〔1〕　参见《最高人民法院公报》2014年第12期。

确定本案诉讼标的并无不当。[1]

合同关系意思表示变更的问题。在实践中，部分法人机构设立分公司、项目部代行法人的部分职能，一般为管理职能。除特别授权外，分公司和项目部一般仅对合同的履行情况进行事实上的确认，而不能对合同主权利义务进行变更，除非法人作出新的意思表示或事后以明示或默示的方式追认，否则变更不产生合同效力。

【案例2－81】 沧州恒实房地产开发有限公司诉史某瑞商品房预售合同纠纷案

二审法院认为，上诉人史某瑞虽提供了恒实公司黄骅港分公司同意减免购房余款的《证明》，但《证明》出具的时间为2010年4月1日，被上诉人不认可该《证明》且认为恒实公司黄骅港分公司及被上诉人均没有减免购房余款的权利，而上诉人向省公司提交《关于申请房款减免的请示报告》的时间为2011年3月26日，该时间明显晚于恒实公司黄骅港分公司出具证明的时间，从上诉人这一行为判断上诉人本人也认为恒实公司黄骅港分公司没有减免购房余款的权利。另外，上诉人史某瑞提供的省公司领导马某栋的批示及其他证据均未能证实省公司已经同意减免，省公司只是在考虑会上研究，故原审判决上诉人支付购房余款并无不当。另外，上诉人史某瑞在一审中并未请求法院判令被上诉人履行向上诉人出具购房发票、购房合同并协助办理该案所涉房屋的房产证、土地证等事务，故原审判决对此未予处理并无不当。综上所述，原审判决认定事实清楚，适用法律正确，本院予以维持。[2]

先签订商品房预售合同，在合同履行过程中将商品房预售合同转化为房地产项目转让合同，即当事人之间由房屋买卖合同关系变更为项目转让合同关系。

【案例2－82】 中土工程（香港）有限公司与钟诚集团有限公司、钟某等房屋买卖合同纠纷案

最高人民法院认为，钟诚公司与基冠公司签订的《华发大厦买卖合同》，约定钟诚公司负责办理立项、土地出让、规划报建等前期审批手续，并负责承建华发大厦，建好后将现房交付给基冠公司；基冠公司向钟诚公司支付对价。从合同内容看，双方签订的《华发大厦买卖合同》为商品房预售合同。在履行合同过程中，基冠公司直接与政府土地管理部门补签了土地出让合同，领取了《国有土地使用证》，办理了《海口市建设工程规划临时许可证》，华发大

---

〔1〕 最高人民法院（2016）民再第133号民事判决书。

〔2〕 参见国家法官学院案例开发研究中心编：《中国法院2017年度案例》（房屋买卖合同纠纷），中国法制出版社2017年版，第44～45页。

厦项目已直接办到基冠公司名下;双方履行合同的行为已实际变更了合同约定的履行方式,合同性质已实际转化为房地产项目转让合同。[1]

房屋买卖合同关系加入借贷法律关系的问题。买卖合同履行中,双方签订包括《借款及担保协议》《融信垫资协议》等在内的一系列合同,主观上的目的意思和效果意思已经发生了变更。各合同之间具有关联性,应作为一个整体来解释双方当事人真实意思表示。双方将首付款的支付方式由原来的购房人直接向出卖人支付变更为通过上述协议循环支付。双方在房屋买卖合同履行过程中的上述民事行为不仅产生了变更合同内容的法律效果,而且使得原有的房屋买卖合同关系中,加入了新的法律关系,即民间借贷法律关系。

【案例2-83】 何某炳诉郭某伟房屋买卖合同纠纷案

一审法院认为,本案双方争议的主要焦点在于何某炳是否依约支付了首付款。虽然双方签订的补充协议约定了何某炳应于2016年1月11日前将第一笔首付款849万元以融信托管的方式支付给郭某伟;但依据本院查清的事实,首付款的支付方式已经郭某伟与链家公司、中融信公司签订的借款及担保协议和郭某伟作为甲方、何某炳作为乙方、中融信公司作为丙方就涉案房屋交易资金托管及垫资事宜签订的三份垫资协议所变更,而且上述协议的产生与本案房屋买卖交易密切相关,何某炳已依上述协议向中融信公司支付了849万元以及服务费,何某炳支付的上述费用所带来的利益体现在涉案房屋的抵押被注销,郭某伟履行办理房屋过户义务的障碍消失,该行为实际为郭某伟带来利益,故本院认定何某炳已向郭某伟履行了支付首付款849万元的义务。现何某炳具有继续履行合同的意思,故对于何某炳要求郭某伟继续履行合同及补充协议并协助何某炳办理房屋过户手续的诉讼请求,具有事实和法律依据,本院予以支持。本案中,郭某伟提出"借款及担保协议和三份垫资协议系无效,不受法律保护"的理由据此认为何某炳并未履行给付首付款的义务,本院认为该理由成立与否并不影响本院根据查清的事实认定何某炳已支付首付款的事实,如果郭某伟认为上述协议的签订侵害了其合法权益,郭某伟可向有权机关主张解决。二审法院认为,针对何某炳是否依约支付了849万元首付款,应认定何某炳已依约支付了849万元首付款。[2]

---

〔1〕 参见最高人民法院民事审判第一庭编:《最高人民法院民事案件解析》(房屋买卖、租赁纠纷),法律出版社2010年版,第139页。

〔2〕 参见国家法官学院案例开发研究中心编:《中国法院2018年度案例》(房屋买卖合同纠纷),中国法制出版社2018年版,第293~294页。

三、房屋买卖合同主体认定

（一）特殊购房主体认定

通常情况下，房屋买卖主体是明确无异议的，但实践中也存在特殊情形。虽然未办理权属证书，但合同确定的主要权利义务已经履行完毕，且房屋权属证书是对不动产权利登记状态的确认，并不能完全反映房屋的真实权利状态，故合法买受人应为房屋的实际所有权人。

【案例2－84】　韩某与某公司房屋买卖合同纠纷案

二审法院认为，关于韩某是否系涉案房屋的买受人。双方当事人于1998年11月24日签订的《商品房购销合同》中，买方姓名栏填写的是被上诉人韩某，登记的亦是被上诉人韩某的身份证号码。某公司于1998年11月24日出具的房地产开发销售扣税发票中，购房单位栏填写的也是韩某姓名。购房合同和发票中均未出现徐州亚星建筑公司的字样。虽然某公司主张涉案房屋系抵债房，是用徐州亚星建筑公司的工程款冲抵的，但其并未提供有效证据加以证明。根据“谁主张，谁举证”的原则，某公司应承担相应的不利法律后果。故一审法院认定韩某系涉案房屋的买受人，有事实和法律依据。关于一审法院确定涉诉房屋为韩某所有是否适当。双方当事人于1998年11月24日签订的《商品房购销合同》系双方真实意思表示，不违反法律的禁止性规定，故而合法有效。合同签订后，某公司便向韩某交付了涉案房屋。虽然至今未办理权属证书，但合同确定的主要权利义务已经履行完毕，且房屋权属证书是对不动产权利登记的确认，并不能完全反映房屋的真实权利状态。故作为合法买受人的韩某应为涉案房屋实际所有权人。虽然某公司主张涉案房屋已被拆除，客观上不复存在，一审法院对已经不复存在的物权确权违背了《物权法》的规定，但一审法院系对拆迁前的涉案房屋权属进行确认，而非对不存在的房屋进行权利确认，故一审法院关于涉案房屋在拆除前应属韩某所有，并无不当。[1]

---

〔1〕 江苏省徐州市中级人民法院(2013)徐民终字第1519号民事判决书。

父母以未成年子女之名订立合同的主体认定。父母以用未成年子女名义购买房屋的方式规避房屋限购令，此情形应认定合同有效，父母为实际履行合同的相对人。合同相对方应通过当事人真实意图来确定，而不是仅仅依据合同形式上的甲方、乙方确定。

【案例2－85】 无锡嘉南置业有限公司诉王甲等商品房预售合同纠纷案

一审法院认为，关于合同相对方是子女还是父母这一问题，本案中合同的相对性应该根据实际购买人以及买卖双方的真实意图来确定，而不是仅依据合同形式上的甲方、乙方来确定合同相对人。根据庭审情况可以查明在合同订立时，王某林、谈某超并无代王甲购买房屋的想法，亦非出于购买房屋赠与王甲的目的。在合同履行中，王甲本人无民事行为能力，亦无财产履行合同，实际由王某林及谈某超履行了合同的付款义务。根据陈某伦的证人证言与庭审中双方的陈述，合同双方都明知了以上事实，所以尽管王某林、谈某超在合同上签署了王甲的名字，但是根据案件查明的事实，可以确定实际的买受人系王某林、谈某超，故本案实际合同相对双方应该是王甲父母与嘉南公司。二审法院认为，王某林、谈某超原审作出了以王甲名义购房的陈述，其与嘉南公司已经围绕争议事实进行了充分的举证、质证，对案情有了全面、准确的了解，相关陈述较为客观、真实，本院予以采信。王某林、谈某超主张相反的事实但未提供充分的反证，本院不予采信。据此，本院认定王甲系名义上的房屋买受人，实际买受人系王某林与谈某超。[1]

转让团购资格的主体认定。由单位组织进行商品房团购，购房人因参与团购而获取相应单位福利或优惠。在团购中，团购组织者通常会对享有团购权利的人进行一定限制，一般为单位职工。有时，因享有团购资格的人不愿意购买房屋，而其他欲参与团购的人员又因无团购资格而无法以团购价格购买房屋，就会产生转让团购资格的纠纷。

【案例2－86】 李某萍诉库某华房屋买卖合同纠纷案

二审法院认为，首先，本案双方于2012年11月25日订立的《购房名额转让协议》合法有效，双方均应当按照协议约定，全面履行合同义务。该《购房名额转让协议》系双方真实意思表示一致的结果，无须开发商予以确认。上诉人主张因被上诉人自身不具有购房资格，故无权向其转让涉案房屋的购买权，但因现在尚不具备订立正式的《商品房购销合同》的条件，亦无证据表明公交公司或开发商就上诉人受让购房款资格提出异议，故上诉人的该项主

---

〔1〕 参见国家法官学院案例开发研究中心编：《中国法院2015年度案例》（房屋买卖合同纠纷），中国法制出版社2015年版，第5～6页。

张不能成立。上诉人认为被上诉人未完成合同约定的办理更名义务,属根本违约,协议应予解除,但上诉人并无证据证实其要求被上诉人完成更名,转让协议中对于办理更名的具体时间亦无约定,故上诉人的该项上诉理由亦不能成立。同时,双方订立转让协议后,上诉人即收取了被上诉人向其交付的开发商开具的收款收据,但二审中上诉人对于上诉收据的真实性又予以否认。上诉人虽对于上述收据中云南艾亭房地产开发有限公司财务专用章的真实性不予认可,但对其真实性并不申请鉴定,亦无相反证据予以反驳,故本院对其真实性依法予以确认。结合目前合同的履行情况,因被上诉人系自案外人处受让购房资格,故其就具有涉案房屋购买资格的举证仅能至此,故应认定被上诉人具有涉案房屋的购买权。[1]

未完成预告登记时合同的主体认定。《民法典》物权编中的预告登记是为保全一项以将来发生不动产物权变动为目的的请求权的不动产登记。预告登记后,未经预告登记的权利人同意,处分该不动产的,不发生物权效力。不符合预告登记基本的程序与条件的,不能对抗不动产所有权人及其他物权人或其他任意第三人,即不能取得法律规定的排他性物权效力,不能限制物权人作为房屋买卖合同出卖主体处分房屋。

【案例2-87】 束某俊诉大丰市宝利置业发展有限公司等房屋买卖合同纠纷案

一审法院认为,关于与原告束某俊建立房屋买卖关系的主体。被告宝利置业公司因欠付被告龚某忠工程款而与其签订了《和解协议》,根据《和解协议》载明的内容,双方办理房屋预售合同登记,系为担保被告宝利置业公司能够履行工程款支付义务,龚某忠享有的是以备案登记房屋出售款偿付工程款的请求权。该备案登记并不具有不动产物权交易预告登记所具有的设置民事权利义务的功能,备案登记的商品房买卖合同并不具有对抗第三人的物权效力,该买卖合同载明的买受人也不能享有预期物权,宝利置业公司仍是法律意义上的产权人,是与原告建立房屋买卖合同关系的相对方。[2]

无效合同权利义务概括转让后的主体确定。合同相对性原则意味着合同的义务和责任应该由合同双方当事人承担,除法律和合同另有规定之外,第三人不对当事人承担合同上的义务及责任。合同的效力并不必然影响合同权利义务的转让。合同是当事人之间产生、变更、终止民事行为的方式。根据合同自由原则,

---

〔1〕 参见国家法官学院案例开发研究中心编:《中国法院2016年度案例》(房屋买卖合同纠纷),中国法制出版社2016年版,第255~256页。

〔2〕 参见国家法官学院案例开发研究中心编:《中国法院2013年度案例》(房屋买卖合同纠纷),中国法制出版社2013年版,第102页。

当事人只要就合同条款达成合意合同便已成立,而合同是否有效则是法律对当事人之间所达成的合意作出的一种价值判断。因此,即便是无效的合同,合同当事人也可以就合同权利义务的转让与第三人达成合意。

【案例2-88】 陈某林诉吕某梅、吕某盾房屋买卖合同纠纷案

二审法院认为,2011年4月18日,陈某林与城市联盟就讼争房产签订了《房屋使用权转让合同》及《补充协议》,同时结合陈某林2012年3月31日在厦门市公安局的询问笔录以及《关于郭某英等人合同诈骗的自述材料》等证据,足以认定陈某林与城市联盟存在合同关系。吕某梅、吕某盾与城市联盟签订使用权转让合同后,又将讼争房产转让给陈某林,并在嗣后以陈某林与城市联盟签订协议的方式完成交易,该交易方式符合合同权利义务的概括转让之情形,在陈某林通过银行转账给吕某梅152512元,并与城市联盟签订转让协议及补充协议后,讼争房产使用权转让合同的双方当事人应确定为陈某林与城市联盟,吕某梅、吕某盾不再是讼争房产使用权转让合同的当事人,故陈某林要求吕某梅、吕某盾返还款项之诉求,不应予以支持。因二审期间发现新的证据,故原审判决应予改判。[1]

房屋买卖合同中概括转让权利义务的,未征得对方同意或事后未得到追认,买受人(转让人)仍是原合同的主体,受原合同的约束。第三人不能取代买受人在原合同中的地位,转让合同仅对买受人与第三人产生拘束力。

【案例2-89】 王某禹诉陶某、朱某房屋买卖合同纠纷案

一审法院认为,王某禹通过中介公司以王某珍的名义办理网签合同,且交易金额与原合同并不一致,其后王某禹、王某珍亦向陶某方表达将房屋过户给王某珍的意思表示,形成了原合同权利义务的概括转让。王某禹没有提供证据证明其事先或事后得到陶某方的同意、追认,因此该转让行为对陶某方没有约束力。但是合同相对方未同意合同权利义务概括转让的法律后果并不能导致原合同解除,而是仍然由原合同当事人按原合同约定继续履行。王某禹与陶某所签订的《房屋买卖合同》约定的权利义务尚处于未履行完毕状态,在双方存在争议的情况下应判决双方继续履行合同。判决:一、陶某、朱某腾案涉房屋交付给王某禹;二、陶某、朱某将案涉房屋不动产权证过户给王某禹,在办理过户手续中产生的费用由王某禹负担;三、陶某、朱某履行完毕上述第一项、第二项判决义务后至法院领取王某禹已提存的购房款110万元;四、驳回陶某、朱某的反诉请求。二审法院认为,依据案涉合同的约定,房

---

〔1〕 参见国家法官学院案例开发研究中心编:《中国法院2014年度案例》(房屋买卖合同纠纷),中国法制出版社2014年版,第16页。

款116万元由王某禹委托中介公司代办贷款,故陶某方关于“王某禹应用现金付清余款,否则就是违约”的主张没有事实依据,不予支持。同时,贷款何时发放,并非涉案各方所能决定,王某禹是否逾期付款应以贷款发放至王某禹账户起算为宜。因此,在未有证据显示王某禹取得贷款后逾期付款的情况下,对陶某、朱某的主张不予支持。王某禹将案涉合同的权利义务概括转让给王某珍,但该合同未得到陶某方认可,故对案涉合同不产生效力,案涉合同应继续履行,故陶某、朱某的上诉请求不能成立。判决:驳回上诉,维持原判。〔1〕

刑民交叉情形下连环房屋买卖合同主体的认定。实践中,出卖房屋经多次转卖涉嫌刑事犯罪,前手出卖人被刑事立案侦查,后手出卖人又转卖给购房人且未签书面合同,其出卖人身份认定是疑难问题。

【案例2-90】 耿某国诉买某利房屋买卖合同纠纷案

一审法院认为,由于房屋买卖合同并非要式合同,法律未要求必须以书面方式出现,因此以口头方式订立的房屋买卖合同仍然合法有效。结合本案具体情况,法院综合认定与原告存在买卖合同关系的主体是被告买某利,主要理由如下:第一,被告买某利发布了房屋销售的信息,且发布信息中未载明是他人的房屋。通过微信语言聊天记录可以看出,其发布的内容“焦作新区两栋单元楼出售,一套90多平方米、一套120多平方米,价格优惠,有意者请联系我”,自始至终被告未披露其代他人销售。第二,被告买某利安排其爱人带原告实地看房,以及接受原告交付的购房款,以实际行动履行了房屋买卖合同的义务并行使了接受购房款的权利。第三,不能认定被告买某利受刘某生委托销售房屋。第四,刘某生直接向原告退还部分款项,并不能改变被告买某利作为房屋出卖人的身份。二审法院亦持同样意见,维持一审判决。〔2〕

(二)责任主体认定

二手房交易中划拨土地出让金的缴纳主体认定。根据相关法律法规,划拨土地使用权是可以依法有偿转让的,但要按照规定程序和条件报有批准权的人民政府批准,办理相关的手续,并补缴土地使用权出让金等土地所有者的收益。实践中,划拨土地上的房地产转让中关于土地使用权的处理有两种方式:一种是由受

〔1〕 参见国家法官学院、最高人民法院司法案例研究院编:《中国法院2022年度案例》,中国法制出版社2022年版,第83~84页。江苏省无锡市中级人民法院(2020)苏02民终4817号民事判决书。

〔2〕 参见《人民司法·案例》2020年第32期(总第907期)。河南省焦作市中级人民法院(2019)豫08民终3815号民事判决书。

让方办理土地使用权出让手续,并由受让方缴纳土地使用权出让金;另一种则是经批准可以不办理土地使用权出让手续,由转让方负责缴纳土地收益。划拨土地上的房地产交易过程中以第一种情况居多。补缴土地出让金义务一般在房屋买卖合同约定。

【案例2-91】 陈某诉厦门市国记餐饮管理有限公司、厦门市国记大酒店有限公司、国记酒家房屋买卖合同纠纷案

一审法院认为,被告国记酒家已经依约将讼争房产交付原告陈某并办理了房屋所有权登记手续,该房屋产权现已登记在原告陈某名下。根据被告国记酒家与原告陈某之间的《存量房买卖合同》第八条"有关税费"中第二项的约定,原告陈某应当承担讼争房产的土地出让金。由于原告陈某实际支付的276200元款项系划拨用地房产在转让时按照国家规定应缴纳的土地出让金。作为缴纳土地出让金的义务人,原告陈某在履行该义务后要求二被告返还,缺乏事实和法律依据。原告陈某缴纳的土地契税8286元,也系基于该讼争款项产生的税费。根据原、被告《房屋买卖协议》《存量房买卖合同》中有关税费的约定,该笔款项的缴纳义务人亦是原告陈某。因此,原告陈某要求被告国记酒家、国记酒店返还其缴纳的款项284486元,不符合法律规定,本院不予支持。陈某上诉后未缴案件受理费,二审法院作自动撤诉处理。[1]

个人收取购房款担责的主体问题。个人与居委会联合建设房屋,且双方之间约定,个人对外收取购房款,购房人有理由相信收款人为合法开发者的,收款不属于个人行为。

【案例2-92】 徐某芳诉博爱县鸿昌街道办事处九街居民委员会房屋买卖合同纠纷案

一审法院认为,根据九街居委会与曹某某签订的建房协议以及2008年9月23日关于建房工期要求的协议,可以认定九街居委会与曹某某合作进行房屋开发。原告徐某芳订购上述开发房屋后,虽然将购房款交给了曹某某,而根据九街居委会与曹某某签订的建房协议,曹某某是该开发活动负责筹集资金的一方,而九街居委会从上述开发活动中获取相应的收益。因此,九街居委会作为与曹某某合作开发的另一方应对曹某某行为承担责任。[2]

违法代理的,代理人与被代理人承担连带责任。

---

〔1〕 参见国家法官学院案例开发研究中心编:《中国法院2014年度案例》(房屋买卖合同纠纷),中国法制出版社2014年版,第142页。

〔2〕 参见国家法官学院案例开发研究中心编:《中国法院2018年度案例》(房屋买卖合同纠纷),中国法制出版社2018年版,第72页。

【案例2－93】 王某诉云南安宁金成矿业集团房地产开发有限公司、云南昆都国际房地产开发有限公司商品房预售合同纠纷案

一审法院认为,被告昆都公司未能提交相关项目预售许可证,依据《房屋买卖合同解释》第二条的规定,应确认原告与被告金成公司签订的《预订协议》无效。因原告与被告金成公司签订的《预订协议》中已载明两被告间的代理销售关系,结合被告金成公司与被告昆都公司之间的委托销售关系及房屋销售所得款项已支付给被告昆都公司的事实,被告昆都公司应当向原告退还购房款626279元。被告金成公司作为具备房地产开发资质的企业,应当知道销售尚未取得预售许可证的商品房违反法律规定,故应承担连带责任,但有损害方有救济,被告金成公司连带承担的责任应限于《预订协议》造成的损失,对原告王某主张被告金成公司对购房款退还承担连带责任的诉讼请求,予以驳回。二审法院亦持同样意见,维持一审判决。[1]

虚假房屋买卖合同的购房人,对按揭贷款的本息不承担还款责任。

【案例2－94】 陈某诉新金世界公司(原惠州东江湾房地产开发有限公司)房屋买卖合同纠纷案

二审法院认为,在《住房抵押贷款合同》的签订、履行过程中,新金世界公司以使用贷款为目的,假借陈某名义贷款,在中国银行惠州分行依约发放贷款之后,新金世界公司实际收取贷款并用于经营,新金世界公司是贷款的实际使用人。虽然陈某明知新金世界公司以融资为目的,以己方名义贷款,向新金世界公司提供身份证明等相关文件,并在虚假的《商品房买卖合同》《住房抵押贷款合同》上签名,但陈某未实际占有涉案借款购置的房产,未从中获取非法利益,为此,陈某无须承担向中国银行惠州分行还款付息的责任,该责任应由新金世界公司承担。[2]

未成功购房,开发商、经销商、团购平台均为退还购房团购费责任主体,且承担连带责任。

【案例2－95】 徐某健诉伟特公司、望天树资产公司等房屋买卖合同纠纷案

一审法院认为,嗨楼科技公司与徐某健签订团购协议,约定如未能购买楼房可退团购费,现徐某健已无法继续购买案涉房屋并办理了退款手续,嗨

---

〔1〕 参见国家法官学院、最高人民法院司法案例研究院编:《中国法院2020年度案例》(房屋买卖合同纠纷),中国法制出版社2020年版,第176页。云南省昆明市中级人民法院(2018)云01民终5761号民事判决书。

〔2〕 参见国家法官学院、最高人民法院司法案例研究院编:《中国法院2020年度案例》(房屋买卖合同纠纷),中国法制出版社2020年版,第258页。广东省惠州市中级人民法院(2017)粤13民终768号民事判决书。

楼科技公司应按约将团购费退还徐某健。嗨楼科技公司与望天树资产公司应当退还团购费承担连带责任。团购费具有抵扣房款的性质,应属房款的一部分,伟特公司作为销售案涉房屋的委托方,对团购费亦有退还责任。判决:伟特公司、望天树资产公司、望天树装饰公司、嗨楼科技公司共同退还徐某健团购费7万元。

二审法院认为,伟特公司作为案涉房屋的开发商委托望天树资产公司销售案涉房屋,其与望天树资产公司成立委托合同关系。鉴于案涉房屋的开发商为伟特公司,伟特公司取得商品房预售许可证,伟特公司与望天树资产公司之间的委托关系,徐某健与望天树资产公司签订定购协议时有理由相信该协议效力及于伟特公司,望天树资产公司销售房屋产生的法律后果应由伟特公司承担。在徐某健因限购政策无法购买房屋时,伟特公司应当承担向徐某健退还房款的义务,而无论望天树资产公司是否将房款转给伟特公司。关于团购费,《会员团购优惠服务说明书》虽将团购费记载为服务费,但该说明书并未载明该笔服务费所对应的服务,且从该说明书的其他条款看,该笔服务费可抵扣房款,在购房人因任何原因放弃购房时,购房人均能要求退还该笔款项,而无论嗨楼科技公司是否提供了"服务",由此可知团购费具有房款的性质。团购费属于徐某健支付房款的一部分,未超出伟特公司委托望天树资产公司销售房屋的授权范围,伟特公司作为委托人,依法应承担退还团购费的责任。判决:驳回上诉,维持原判。[1]

夫妻离婚后未变更登记房屋买卖的,夫妻双方为承担出卖房屋违约责任的共同主体。

【案例2-96】　夏某华诉王某杰、乐某房屋买卖合同纠纷案

二审法院认为,虽然王某杰、乐某已经离婚,生效的民事判决书确定案涉房屋归乐某所有,但因案涉房屋并未在不动产管理部门进行变更登记,房屋所有权证仍登记在王某杰、乐某两人名下,处理案涉房屋必须要经过王某杰、乐某的共同同意。虽然《武汉市存量房买卖合同》中载明的出售方为王某杰、共有权人为乐某,但王某杰为房屋所有权证上记载的所有权人,乐某为案涉房屋的实际所有权人。故王某杰、乐某应为共同的出售方。王某杰、乐某与夏某华签订《武汉市存量房买卖合同》,应视为王某杰和乐某就处分案涉房屋已达成一致。虽然王某杰以未收到房款为由拒绝办理过户手续,导致合同无法继续履行,但合同相对人是夏某华与王某杰。现因出卖方原因,导致

---

〔1〕　参见国家法官学院、最高人民法院司法案例研究院编:《中国法院2021年度案例》(房屋买卖合同纠纷),中国法制出版社2021年版,第71～72页。北京市第三中级人民法院(2019)京03民终字4285号民事判决书。

合同无法继续履行,已构成违约。故本案合同不能继续履行的违约责任应由王某杰、乐某共同承担。判决:一、维持一审判决第一项、第二项;二、王某杰、乐某向夏某华支付违约金5万元;三、王某杰、乐某向夏某华支付律师费3万元;四、驳回夏某华的其他诉讼请求。〔1〕

第三人只能选择受托人和委托人一方主张权利,一经选定不得变更相对人。

【案例2-97】 张某峰诉耿某夏、李某召房屋买卖合同纠纷案

二审法院认为,耿某夏受李某召委托出售涉案房屋,其在与张某峰达成口头买卖协议时,并未说明其受托人身份,该口头协议是双方当事人的真实意思表示,且已部分履行,耿某夏明知自己对涉案房屋无所有权,其该行为仅对合同履行中物权变动及处分行为产生影响,不影响买卖合同本身的法律效力,故原审以出卖人没有处分权,买卖合同无效不妥,应予纠正,双方买卖合同有效,均应依约履行。由于耿某夏和其委托人李某召对涉案房屋均无所有权,导致对买受人张某峰构成履行不能。《合同法》第四百零三条第二款规定……根据张某峰一审的诉讼请求,其要求耿某夏承担大部分违约责任,可以认定其向受托人主张权利,故耿某夏承担违约责任。耿某夏上诉认为其受李某召委托出售房屋事实成立,虽然其向买受人交付了房屋钥匙,但涉案房屋并未现实交付,且在双方达成口头买卖协议前,该房产已属案外第三人所有,客观上已履行不能,耿某夏作为合同出卖一方负有现实交付义务,房地产公司不是合同当事人,耿某夏上诉认为其已实际交房,张某峰应向房地产公司主张权利的上诉理由不能成立。……判决:一、维持一审判决第四项(驳回原告针对被告李某召的诉讼请求);二、撤销一审判决第一、二、三项;三、上诉人耿某夏返还上诉人张某峰购房款30.5万元,并赔偿涉案房屋增值损失17.46万元,赔偿张某峰天然气初装费、有线电视初装费2106元;四、驳回上诉人张某峰的其他诉讼请求。〔2〕

无权代理人造成买受人损失的应为赔偿责任主体。

【案例2-98】 刘某诉彭某良房屋买卖合同纠纷案

二审法院认为,继承人依据被继承人与其他共有人的代理人名义出卖共有房屋,在未获追认的情况下构成无权代理,所签合同不发生效力。相对人虽然知道继承事实,但基于行为人(被继承人之一)与案涉房屋产权人之间

〔1〕 参见国家法官学院、最高人民法院司法案例研究院编:《中国法院2022年度案例》,中国法制出版社2022年版,第156页。湖北省武汉市中级人民法院(2020)鄂01民终8177号民事判决书。

〔2〕 参见国家法官学院、最高人民法院司法案例研究院编:《中国法院2022年度案例》,中国法制出版社2022年版,第182页。陕西省渭南市中级人民法院(2020)陕05民终91号民事判决书。

的亲属关系而相信其有代理权,不存在过错。房屋升值数额相较于案涉合同的成交价格比例较大,行为人在签订合同时难以预见,实际赔偿数额应结合双方签订合同的情况、定金支付情况及过错程度等因素酌定。判决:维持原审返还定金判决,改判彭某良赔偿刘某损失95500元。[1]

精装修商品房买卖合同中涉及装修条款责任主体的,应区分情况认定。其一,将装修条款直接约定于房屋买卖合同中,基于合同签订方仅为买卖双方,开发商与购房者直接将装修条款作为房屋买卖合同的一部分,装修责任主体是开发商。无论开发商以何种形式对房屋进行装修,根据合同相对性原则,应由签订合同的开发商承担相应责任,开发商承担责任后,有权向装修施工方进行追责。其二,以补充合同形式签订装修条款的存在两种不同的形式,一种形式为补充合同的签订双方仍是房屋买卖合同中的签订双方,此种情形的责任主体与上述情形相同。另一种形式为经开发商委托装修公司与购房者签订补充装饰装修合同,其形成单独的装饰装修合同,若各方明确约定了装修质量违约责任的承担主体,则应从其约定。如果各方当事人均没有特别约定装修质量违约责任主体或约定不明确,而开发商与装修公司又形成了委托关系,则购房者可以根据《民法典》第九百二十五条的规定,向开发商进行主张责任。个案中,由法官根据具体案情裁量责任主体。其三,样板房与实际不符的责任主体。《商品房销售管理办法》第三十一条规定,房地产开发企业销售商品房时设置样板房的,应当说明实际交付的商品房质量、设备及装修与样板房是否一致;未作说明的,实际交付的商品房应当与样板房一致。根据《房屋买卖合同解释》第三条规定,商品房的销售广告和宣传资料对装修质量要求所作说明和允诺具体确定,对商品房买卖合同的订立和价格确定有重大影响的,应当视为合同内容。开发商设置样板房的,交付商品房的装修质量应当与样板房的装修质量相当。样板房装修的物品材料、施工质量和品质档次,应当作为认定装修质量要求的依据。商品房买卖合同概括性排除广告宣传、样板房对装修质量要求而未作特别约定的,应视为未排除,开发商以此进行抗辩,不予支持,开发商仍应对广告宣传、样板房所应达到的装修质量承担责任。商品房买卖合同对所交付商品房的装修与销售广告、宣传资料、样板房等不一致之处有明确特别约定的,从其约定,但未对购房者进行提示或者说明的除外。也就是说,装修质量的责任主体是开发商,但抗辩成立的除外。

开发商通知购房人与装修公司签订装修合同的,承担交付房屋、违约责任的主体均为开发商。

---

[1] 广东省佛山市中级人民法院(2018)粤06民终3076号民事判决书。

【案例2-99】 盛某某等诉华侨城(上海)置地有限公司等房屋买卖合同纠纷案

一审法院认为,虽然原告分别与被告华侨城公司签订了买卖合同、与被告装饰装修公司签订了装修协议,但合同中约定到实际履行均存在诸多不合理之处。首先,各方当事人明知可能2018年3月31日才能交付毛坯房并开始装修,却仍约定同日装修工程竣工;毛坯房未竣工就约定装修开始。其次,华侨城公司并未按照买卖合同约定通知原告进行毛坯房验收,原告对钥匙移交的过程亦不知情;两被告首次邀请原告验收的就是已装修完毕的房屋,此时原告已不可能进行毛坯房验收,买卖合同的履行欠缺了重要步骤。再次,装修前原告对装修方案无任何自主权利,装修方案由华侨城公司确定;装修前,原告不知晓装饰装修公司何时进场施工,无法进入系争房屋对装修情况进行监督和了解;装修结束后,原告在与华侨城公司办理相关手续后才能从物业公司处取得房屋钥匙,并非与装饰装修公司办理交接手续;原告自始未与装饰装修公司接触,均与一般装修合同明显不同。复次,如果华侨城公司仅承担毛坯房交付义务,则理应由装饰装修公司组织和参与装修验收,并承担所谓逾期责任。相反,2018年5月华侨城公司单方发函,自认延期验收的事实并作出补偿的意思表示。最后,系争房屋装修工程既已完成,装饰装修公司理应有权依照装修协议要求华侨城公司支付全部装修款项,或要求原告指示付款。但装饰装修公司依照与华侨城公司签订的施工合同进行结算,且尚未收到全部工程款。上述不合理之处可以相互印证各方当事人均认为验收和交付的对象是精装修房屋,且应由华侨城公司履行交付义务。结合在案证据原告在2018年3月实际无法取得房屋,华侨城公司工作人员直至2018年10月31日才表示可以交房,故交房日期时间应自2018年4月1日计至10月31日。因交付标的物系包含装修价值在内的精装修房屋,违约金计算基数应包括装修款在内的总价款13410371元;买卖合同约定的日万分之一的违约金尚属合理。原告在12617号案件中支付的评估费并非必然产生的费用,应由其自行承担。现有证据不能证明装饰装修公司承诺就逾期交房一事对原告进行赔偿,故不能认定构成债的加入。二审法院判决:驳回上诉,维持原判。[1]

---

〔1〕 参见陈昶主编:《2022年上海法院案例精选》,上海人民出版社2022年版,第99~100页。

(三)权利主体认定

拆迁房屋所有权主体的认定。拆迁房屋的所有权人,是适格的被拆迁人。被拆迁人可以以优惠价格购置的回迁房面积是根据被拆迁人房屋在册人口的人均面积指标计算得出的,但在册人口仅作为测算被拆迁人可回购回迁房屋总面积指标的一项参照计算标准,在册人口并不因此享有与被拆迁人同等的权利。在拆迁补偿协议确系双方当事人真实意思表示的前提下,被拆迁人经自主选择,自愿放弃回迁房指标的,系被拆迁人合法处分自身权益的行为,应属有效。被拆迁房屋的在册人口主张补偿协议有关条款无效,主张有权购买剩余面积的回迁房缺乏事实和法律依据,因主体不适格其主张无法得到法律支持。

【案例2-100】 李某英等诉北京新凤凰城房地产开发有限公司房屋拆迁安置补偿合同纠纷案

二审法院认为,新凤凰城公司与刘某泉签订的《北京市住宅房屋拆迁货币补偿协议》系双方当事人的真实意思表示,该协议未违反法律、行政法规的强制性规定,协议合法有效。双方签订协议后,已经按照协议约定内容履行了各自义务,现该协议已经履行完毕。就上诉人李某英、刘某丽、萧某寒所述,因刘某泉无权代表上诉人放弃购买回迁房的权利,要求确定刘某泉与新凤凰城公司签订的《北京市住宅房屋拆迁货币补偿协议》中的第十一条无效一节,结合集体土地上建造房屋的特点,原审法院根据《四季青乡政府审核批给社员建房户施工许可证》以及在拆迁过程中的相关文件亦将被拆迁房屋所有权人登记为刘某泉等情况,确定被拆迁人为刘某泉并无不当。刘某泉有权与新凤凰城公司就拆迁问题订立合同。若李某英、刘某丽、萧某寒对新凤凰城公司与刘某泉签订上述协议存有异议,亦应向相关部门提出,而三人未对刘某泉是否为被拆迁人提出过异议。现上诉人李某英、刘某丽、萧某寒认为刘某泉与新凤凰城公司侵犯了本人的合法权益,要求确认上述协议无效,本院不予支持。[1]

公房居住权主体的认定。公房同住人对公房享有居住权,即使公房被买为产权房,该居住权仍然存续。公房同住人迁入户籍,通常基于两种情况:一是在公房被初始分配时,作为受配人而迁入;二是经过承租人的同意,为帮助解决其居住问

---

〔1〕 参见国家法官学院案例开发研究中心编:《中国法院2015年度案例》(房屋买卖合同纠纷),中国法制出版社2015年版,第198~199页。

题而迁入。前者的权利基础来源于国家给予的住房福利待遇，后者的权利基础来源于承租人对其居住保障的单方承诺。权利取得的基础不同，导致权利消灭的事由也不同。对因受配而迁入户籍的同住人而言，其权利来源于国家给予其个人的福利，具有财产权益属性，不能被轻易剥夺。但按照公有住房的相关规定，一个人只能享受一次国家给予的住房福利待遇。故若受配人已另行获得公房受配，或因他处房屋得到动迁安置等原因，再次享受国家住房福利待遇时，其在原有公房的居住权即告消灭。对因承租人同意而迁入户籍的同住人而言，其权利来源于承租人的承诺。该承诺虽不得任意撤回，但其具有明确的目的性，即解决同住人的居住问题，而该目的性也就隐含了其条件性，即同住人除此房屋之外并无其他适合的住所可解决其居住问题。承租人对公房的居住权因其另行获得适宜的住所而消灭，故法律不支持其对房屋买卖合同主张权利的诉请。

【案例2－101】 钱某珏诉钱某来、金某莹房屋买卖合同纠纷案

一审法院认为，原告并非系争房屋的原始受配人，在系争房屋中并无财产权益。原告户籍在1990年迁入系争房屋，是基于父母对其抚养义务给予的居住保障，但事实上原告并未在此实际居住。此后，原告父母又购买了东长治路房屋，并将原告也登记为共有产权人之一，则原告已经获得了自己名下的产权房屋，足以保障其居住权益。原告再以户籍为依据主张对系争房屋的居住权，显然有悖于公平。据此，法院认定原告无权限制钱某来作为产权人对系争房屋作出的处分，对原告要求确认两被告之间房屋买卖合同无效的诉讼请求不予支持。判决，驳回原告钱某珏的诉讼请求。二审法院亦持同样意见，维持原判。[1]

合同撤销权的主体认定。从法条文义上理解，《民法典》第一百五十条明确了只有受欺诈方才有权请求裁决，体现了合同撤销权的专属性。立法机关编写的释义对撤销权的行使主体均没有作出除了合同当事人一方以外可以行使撤销权情形的说明，因此从立法解释和司法解释的权威资料中均看不出《民法典》第一百五十条有例外规定，应严格按照法律规定执行。房屋所有权人生前低价处分房屋后，继承人不可以行使撤销权。

【案例2－102】 金某文诉赵某、杨某媛房屋买卖合同纠纷案

二审法院认为，本案争议焦点为上诉人是否具有行使合同撤销权的诉讼主体资格。由于可撤销合同主要涉及当事人意思表示不真实的问题，而当事人意思表示是否真实，局外人通常难以判断，因此，法律将是否主张撤销的权利留给撤销权人，由其决定是否撤销合同。撤销权人应为基于具有撤销原因

〔1〕 参见国家法官学院案例开发研究中心编：《中国法院2015年度案例》（房屋买卖合同纠纷），中国法制出版社2015年版，第217页。

之行为而直接取得法律效果之人，故撤销权人通常系意思表示不真实的表意人本人，他人无权代为行使，亦不应由继承人继承权利。本案中，上诉人作为金某宝的继承人，不享有行使合同撤销权的诉讼主体资格。原审法院裁定驳回起诉，并无不当，应予维持。[1]

合伙买房以一人名义登记的，未被登记方权利主体应根据具体案情确认。

【案例2-103】　黄某诉房地产公司商品房销售合同纠纷案

一审法院认为，原告、第三人马某芳与第三人投资公司于2015年11月20日签订的《商品房买卖合同》，第三人马某芳与被告房地产公司于2018年7月21日签订的《商品房买卖合同》，均是当事人真实意思表示，内容并没有违反国家法律、行政法规的强制性规定，均应为合法有效的合同。根据本案查明的事实，被告房地产公司通过司法拍卖的方式取得第三人投资公司在建的商品房包括原告的商品房所有权，那么第三人投资公司在《商品房买卖合同》中的权利义务已由被告房地产公司承继，原告要求被告房地产公司继续履行合同编号为TX2015010917的《商品房买卖合同》的诉讼请求已无可诉性，法院不予支持；因第三人马某芳与被告房地产公司于2018年7月21日签订的《商品房买卖合同》已被房产管理所注销，案涉合同已不存在，原告重复请求注销该合同已不存在，于法无据，法院亦不予支持。另外，由于原告与被告房地产公司既没有签订书面的《商品房买卖合同》，也不存在房屋买卖的事实和法律关系，原告依据已注销商品房买卖合同关系向被告房地产公司主张权利，不符合合同相对性原则。且在原告诉至法院后，被告已积极与原告沟通并及时注销其与第三人马某芳签订的合同，并通知原告与马某芳于2020年2月27日即本案开庭前与其重新签订合同，但原告并没有在上述时间内与被告签订合同。法院认为被告房地产公司已积极采取了补救措施，在双方没有签订合同之前，原告向被告主张赔偿损失等各项权利没有事实和法律依据，故法院不予支持。关于原告请求第三人投资公司赔偿各项损失的问题。本案中，黄某、马某芳与投资公司签订的标的物已被司法拍卖，讼争房屋的所有权已转移至买受人即本案被告房地产公司，投资公司在履行其与原告及第三人马某芳的《藤县商品房买卖合同》不存在违约及过错，且原告也没有提交相关证据证实其实际的经济损失，故原告主张第三人投资公司承担赔偿责任于法无据，法院不予支持。判决：驳回原告黄某的诉讼请求。[2]

---

〔1〕 参见国家法官学院案例开发研究中心编：《中国法院2015年度案例》（房屋买卖合同纠纷），中国法制出版社2015年版，第140~141页。

〔2〕 参见国家法官学院、最高人民法院司法案例研究院编：《中国法院2022年度案例》，中国法制出版社2022年版，第51~52页。广西壮族自治区梧州市藤县人民法院（2020）桂0422民初120号民事判决书。

(四)诉讼主体适格认定

业主委员会对商品房销售合同履行和违约问题提起诉讼的资格。业主委员会的诉讼主体资格问题一直是民事审判中的热点和难点问题,其就业主与开发商之间的商品房销售合同履行和违约问题能否提起诉讼更是争议点。业主委员会依法享有一定的民事权利和义务,其具有的民事诉讼主体资格范围是由法律、法规规定的职责和权限决定的,只限于与业主共有和物业共同管理事项有关的事项。商品房销售合同是业主与开发商之间形成的合同法律关系,基于商品房销售合同形成的权利主张是基于特定主体之间的权利义务关系产生,不属于业主共有和物业管理事项的范围,业主委员会无权代为主张,也不能通过业主授权或业主大会决议取得诉讼主体资格。也就是说,业主委员会不具有要求开发商履行商品房销售合同并承担违约责任的诉讼主体资格,其诉讼请求不应得到法律支持。

【案例2-104】 江西帝景置业有限公司诉赣州市章贡区帝景豪园小区业主委员会商品房销售合同纠纷案

二审法院认为,帝景豪园业委会的三项诉讼请求均是以业主与帝景公司签订的《商品房买卖合同》为其主张权利的基础,争议实质是商品房销售合同履行和违约责任的承担。业主委员会是根据《物权法》和《物业管理条例》的规定成立的组织,其职责范围根据法律、法规的有关规定,只能限于业主大会有权决定的事项范围,包括业主共有和物业共同管理事项。本案纠纷不属于《物权法》和《物业管理条例》所规定的业主共有和物业共同管理事项范围,业主大会所作的决议超出了业主大会自身的职责和权限,也同样超出了业主委员会的职责和权限,不会使业主委员会产生诉讼主体资格。合同之债具有相对性,业主是《商品房买卖合同》的权利义务主体,是与本案有直接利害关系的人,帝景豪园业委会与《商品房买卖合同》没有直接利害关系,业主的授权不会使帝景豪园业委会与《商品房买卖合同》发生直接利害关系从而获得独立的主张合同权利的资格。据此,二审法院撤销原判,驳回帝景豪园业委会的起诉。[1]

小区部分业主以共有部分存在质量问题起诉,其主体适格性问题。

---

〔1〕 参见最高人民法院民事审判第一庭编:《民事审判指导与参考》2013年第3辑(总第55辑),人民法院出版社2014年版,第201页。

【案例2－105】　某小区业主委员会诉某房地产开发公司、某建筑公司房屋买卖合同纠纷再审案

最高人民法院认为,业主委员会根据业主大会的授权对外代表业主进行民事活动,可以成为民事诉讼活动的主体。业主委员会符合“其他组织”条件,是业主大会决议的执行机构,根据业主大会的授权对外代表业主进行民事活动,对于业主共有事项和物业共同管理事项,可以自己名义提起诉讼。业主委员会诉讼请求涉及的配套设施未建设及退还前期物业费等问题,属于业主共有事项和物业共同管理事项,人民法院应予受理。业主委员会诉讼请求涉及的开发商履行商品房买卖合同约定的不动产权确权登记义务及承担逾期办证违约金等问题,属于业主专有事项,即使其具有业主大会的授权,人民法院亦不予受理。[1]

缔约主体与诉讼主体的一致性问题。实践中,缔约主体与诉讼主体不一致现象时有发生,如签约时丈夫出面而诉讼时以妻名义或用夫妻两人名义,对此,法官应根据具体案情确定主体适格性。

【案例2－106】　郑某、蔺某诉郭某房屋买卖合同纠纷案

二审法院认为,关于合同主体问题,虽双方签订的《购房定金协议》中买受人为“蔺某、代理人郑某”,但开发商出具《证明》,明确诉争房屋改名为郑某,且支付购房款等行为均由郑某实际履行,故应将蔺某、郑某作为共同买受人。关于诉讼主体问题,郭某称诉争房屋买受人为蔺某,而非郑某,郑某不具备主体资格,因蔺某已拒绝购买房屋,定金应予没收,原审法院考虑到郑某与蔺某之间系夫妻关系,双方共同出资购买诉争房屋,故郑某与蔺某应作为共同原告,亦无不当。综合上述认定,原审法院判决确认郑某、蔺某与邓某之间的房屋买卖行为有效,并无不当,本院予以维持。[2]

《房屋买卖合同解释》适用主体的例外问题。该解释第一条规定适用的主体是房地产开发企业。在特定历史条件下,一些经营内容并不包括房地产开发经营的企业经批准实施一些房地产开发项目,其实施的房屋建设和销售行为应归属为房地产开发行为,即是非房地产开发经营企业,也可对其房屋销售行为适用该解释。

【案例2－107】　郭某诉某县市场管理中心商品房预售合同纠纷案

二审法院认为,本案应当适用《房屋买卖合同解释》。理由是:第一,调整的范围是商品房买卖合同。房屋按其价值属性分为商品房和非商品房。本案

---

〔1〕 人民法院案例库2023－07－2－091－001。最高人民法院(2021)民再344号民事判决书。

〔2〕 北京市第二中级人民法院(2011)二中民终字第18216号民事判决书。

某县市场管理中心开发并向社会公众出售的房屋显然不属于非商品房。第二,某县市场管理中心虽然登记为事业单位,不是房地产开发企业,但在本案中从事的是房地产开发行为。某县市场管理中心的业务范围为“市场的开发与建设、培育与服务”,其中包括市场的开发与建设,而案涉房屋正是由某县市场管理中心开发、建设并出售给郭某等众多消费者的。某县市场管理中心开发包括案涉房屋所在的项目时,依法取得了《建设用地规划许可证》《建设工程施工许可证》《国有土地使用证》等相关手续,故其对案涉项目实施的完全是房地产开发行为。双方使用的格式文本,由双流县房地产管理所制定,成都市房地产管理局监制,内容、形式均体现为商品房买卖合同。第三,房地产开发企业是以营利为目的,从事房地产开发和经营的企业。某县市场管理中心不是房地产开发企业,而是事业单位。但是,在我国特定的历史时期,从事房地产开发行为有时可能并非房地产开发企业,而法律调整的对象在于行为而非主体身份,故只要从事商品房开发、销售行为,都应遵守《房地产管理法》《合同法》等相关法律,自然也应当适用《房屋买卖合同解释》。[1]

第三人撤销之诉主体适格问题。有权对提起撤销之诉的原告,是前诉案件的第三人,包括有独立请求权和无独立请求权的第三人。除此之外,以第三人身份提起的撤销之诉其主体不适格。

【案例2-108】 银座银行诉东亚信安公司第三人撤销之诉纠纷案

一审法院认为,本案第三人黄某清经法院合法传唤,无正当理由拒不出庭应诉,视为其放弃了答辩和质证权利。依据《民事诉讼法》第五十六条的规定……本案中,银座银行申请撤销的(2016)京0113民初9933号案件之诉讼标的系东亚信安公司与黄某清之间就涉诉房屋形成商品房预售合同纠纷,而银座银行提起本案第三人撤销之诉系基于其与黄某清之间的金融借款合同纠纷,二者系分属不同的法律关系,银座银行对东亚信安公司与黄某清之间的商品房预售合同法律关系既不享有独立请求权,亦不具有法律上之利害关系,故银座银行并非本案之适格原告。裁定:驳回原告银座银行起诉。二审法院裁定:驳回上诉,维持原裁定。[2]

代理人主张隐名代理的,无法证明其真实代理关系及相对方在订立合同知道该委托代理关系的存在,并非适格原告,不符合起诉条件。

---

〔1〕 参见《人民司法·案例》2013年第16期。四川省成都市中级人民法院(2013)成民终字第1748号民事判决书。

〔2〕 参见国家法官学院、最高人民法院司法案例研究院编:《中国法院2021年度案例》(房屋买卖合同纠纷),中国法制出版社2021年版,第64页。北京市第三中级人民法院(2019)京03民终4991号民事裁定书。

【案例2－109】　曾某珠诉陈某明等房屋买卖合同纠纷案

一审法院认为，曾某珠援引《合同法》第四百零二条之规定，主张合同直接约束其与陈某元，就应举证证明陈某元在订立合同时知道受托人与委托人之间存在代理关系，该待证事项包括存在真实的委托代理关系。现曾某珠仅能提供其与曾某雄的事后陈述，并无其他证据佐证订立合同时确实存在其主张的委托代理关系以及陈某元知道该代理关系。此外，在前述《房屋买卖合同》签订前，陈某元就曾将讼争房屋相关权利委托给曾某珠，曾某珠也曾以陈某元名义进行收房诉讼。因此，该合同签订后，陈某元于2011年5月1日再次出具《特别授权委托书》以及曾某珠以陈某元名义进行赎买等事实并不足以推断陈某元在签约时知道曾某珠所主张的委托代理关系。裁定：驳回曾某珠的起诉。二审法院认为，曾某珠并不能举证证明曾某珠与曾某雄存在委托代理关系，亦不能当然推断双方之间存在委托代理关系，因为双方之间并无委托代理合同或委托书，且其亦不能举证证明陈某元在订立合同时知道受托人与委托人存在代理关系，仅能提供其与曾某雄的事后陈述，并无其他证据佐证陈某元知道该代理关系。虽然在前述《房屋买卖合同》签订前，曾某珠以陈某元名义进行收房诉讼；合同签订后，其未及时办理产权过户手续，而仍以陈某元名义赎买，因此，更无法推断陈某元在签约时知道曾某珠所主张的委托代理关系。裁定：驳回上诉，维持原裁定。〔1〕

根据合同相对性确定责任主体是否适格。

【案例2－110】　许某发、许某多诉度假村投资公司商品房预售合同纠纷案

审法院认为，度假村投资公司提出公寓项目系张某华设立的庄园公司独立核算之项目，相关债权债务应由庄园公司及张某华承担。为证明其主张，度假村投资公司向本院提交了（2019）京0118民初2743号民事判决书及度假村投资公司与庄园公司于2008年9月28日签订的《公寓合作项目结算协议目录》，但从时间上看，李某燕与度假村投资公司的《公寓合作建设合同书》是在2007年11月14日签订，早于度假村投资公司与庄园公司签订的《公寓合作项目结算协议目录》；从合同相对性原则上讲，李某燕与度假村投资公司签订的《公寓合作建设合同书》仅在李某燕与度假村投资公司之间产生法律约束力。且二原告又已明确表示不同意追加庄园公司及张某华为本案被告及第三人，故度假村投资公司所提出应由庄园公司及张某华承担相关责任之辩解意见，本院不予采纳。如度假村投资公司与庄园公司及张某华因

〔1〕　参见国家法官学院、最高人民法院司法案例研究院编：《中国法院2021年度案例》（房屋买卖合同纠纷），中国法制出版社2021年版，第209～210页。福建省厦门市中级人民法院（2019）闽02民终4458号民事裁定书。

本案产生其他争议,双方可以按照双方之间的协议约定另行诉讼解决,本案不予涉及。二审法院同意一审法院裁判意见。[1]

出卖人不履行房屋转移登记义务时,实际购房人能够行使委托人的介入权,请求出卖人向其直接履行合同义务。

【案例2-111】 曹某勇诉薛某峰房屋买卖合同纠纷再审案

再审法院认为,本案争议的焦点是薛某峰是否为803号房屋的实际购房人,其是否有权要求曹某勇履行合同约定义务。薛某洁与薛某峰有生效判决已经确认就本案争议房屋存在委托合同关系。结合薛某洁的出入境记录,涉案房屋的居住情况能够认定薛某洁为涉案房屋的实际买受人。现曹某勇以受托人薛某峰无北京市购房资格为由要求解除合同,薛某峰无法履行委托合同的义务,在此情况下,薛某洁作为委托人,有权行使介入权,薛某洁行使介入权后,取得了涉案合同项下的买受人的权利义务,薛某洁要求薛某峰协助办理涉案房屋所有权过户手续的诉讼请求,应予支持。合同履行过程中也反映出曹某勇对房屋存在的其他实际购买人具有预期,不存在曹某勇知道购房人就不会订立合同的情形。判决:撤销一审判决,曹某勇协助薛某洁办理803号房屋所有权的过户手续。[2]

(五)公司主体认定

公司被注销的,其债权债务则由公司股东承继。

【案例2-112】 徐某莉与财富联合集团有限公司、鲁能英大集团有限公司房屋买卖合同纠纷案

二审法院认为,由于绿水源公司已被注销,因此绿水源公司在本案中的权利和义务应当由其股东财富联合集团有限公司和鲁能英大集团有限公司承继。[3]

公司分支机构于公司法人变更过程中是否已经实际经工商部门注销完毕,不

---

〔1〕 参见国家法官学院、最高人民法院司法案例研究院编:《中国法院2023年度案例》(房屋买卖合同纠纷),中国法制出版社2023年版,第21页。北京市第三中级人民法院(2021)京03民终12311号民事判决书。

〔2〕 参见国家法官学院、最高人民法院司法案例研究院编:《中国法院2023年度案例》(房屋买卖合同纠纷),中国法制出版社2023年版,第233页。北京市第二中级人民法院(2021)京02民再159号民事判决书。

〔3〕 参见北京市高级人民法院编:《审判前沿——新类型案件审判实务》2010年第1集(总第31集),法律出版社2010年版,第192页。北京市高级人民法院(2009)高民终字第2486号民事判决书。

影响公司基于独立法人资格行使对其分支机构所享有的民事权利,承担其分支机构所负有的民事义务。

【案例2-113】 泛华工程有限公司西南公司与中国人寿保险(集团)公司商品房预售合同纠纷案

最高人民法院认为,根据《公司法》第十三条的规定,公司可以设立分公司,分公司不具有企业法人资格,其民事责任由公司承担。因此,公司分支机构于法人变更过程中是否已实际经工商注销完毕,不影响公司基于独立法人性质行使对其分支机构所享有的民事权利和民事义务。人寿(集团)公司于本案中以原告身份向泛华公司主张《商品房预售(预购)合同》项下的合同权利符合法律规定。泛华公司上诉提出的截至2005年5月18日,中国人寿重庆分公司未办理注销手续,仍为合法存续的法人分支机构,人寿(集团)公司不具备合法诉讼主体资格,无权提起本案诉讼的主张,与事实不符,亦无法律根据。一审判决认为人寿(集团)公司属于本案适格原告,认定事实及适用法律正确,予以维持。[1]

消亡公司违约责任的承担主体。根据《公司法》及其相关司法解释的规定,有限责任公司的清算组由股东组成。股东作为清算义务人未履行清算义务或以虚假清算报告谎称已履行清算程序而将作为债务人的公司注销的,债权人有权向股东主张赔偿因此产生的损失。现行法律对已消亡清算义务人的股东是否承担民事赔偿责任尚无明文规定。实践中一般情况下,已经消亡的清算义务人可不再承担相应赔偿责任,但在有失公平时,法院也可以判决义务人承担相应赔偿责任。

【案例2-114】 陈甲、尤某芳诉章某等商品房预售合同纠纷再审案

再审法院认为,现联宁公司虽已注销,但仍遗留该小区地下车库10个车位的财产未予清算和分配,章某、联谊公司作为联宁公司的股东可以联宁公司遗留的财产向陈甲、尤某芳、陈乙承担清偿责任。根据2004年8月24日发布并实施的《公司法》第一百九十一条规定,有限责任公司的清算组由股东组成。同时,股东作为清算义务人未履行清算义务或以虚假清算报告谎称已履行清算程序而将作为债务人的公司注销的,债权人有权向股东主张赔偿因此而产生的损失。本案中,章某作为联宁公司股东虽未在含有承诺内容的注销清算报告上签名,但其作为股东应积极履行股东的权利义务,在联宁公司注销前应履行清算义务而未履行。联谊公司作为联宁公司的股东,在联宁公司清算中隐瞒联谊公司已先向工商部门递交注销申请的情节,明知其已无法承担相应责任,却在注销清算报告中向工商报告作出无法实现的虚假承

---

[1] 参见《最高人民法院公报》2008年第2期。最高人民法院(2005)民一终字第85号民事判决书。

诺,并向工商部门提供非章某签名的注销清算报告等,导致工商部门在联宁公司遗漏未经清算和处置的财产等情况下批准该公司注销,存在清算瑕疵。联谊公司曾承诺联宁公司若有未了事宜愿意承担责任。综上,若联宁公司遗留资产不足以清偿债务的,章某、联谊公司应承担赔偿责任。因联谊公司先于联宁公司办理公司注销登记手续并被核准注销,这时联谊公司的民事主体资格已经消灭,其原有的权利义务由联谊公司股东承继,且罗某平、陈某芳、欣昕公司在联谊公司注销时,承诺公司若有未了事宜愿意承担责任。故罗某平、陈某芳、欣昕公司应当就联宁公司的债务承担清偿和赔偿责任。综上,原审判决章某对联宁公司债务承担清算和赔偿责任,有失公允,应予纠正。再审法院撤销原审判决后,判决章某、罗某平、陈某芳、欣昕公司应以联宁公司的遗留财产清偿该公司应支付陈甲、尤某芳、陈乙违约金人民币 20136.32 元,章某、罗某平、陈某芳、欣昕公司对联宁公司剩余财产清偿上述违约金不足的部分承担共同赔偿责任,并互负连带责任。[1]

合同、收条中加盖公司印章,款项打到法定代表人个人账户,在公司不能证明款项用于法定代表人个人事务时应视为公司行为而非个人行为。

【案例 2-115】 付某钰诉唐山继兴房地产开发有限公司、董某霞房屋买卖合同纠纷案

一审法院认为,本案双方争议第二个焦点为董某霞的行为是公司行为还是个人行为。董某霞与原告发生借贷关系时,任唐山继兴房地产开发有限公司法定代表人,且在与原告签订合同、补充协议以及向原告出具的收条中均加盖了公司印章,是以公司名义的对外行为。虽然原告丈夫郑某亮将借款打到了董某霞个人账户,但不能以此说明就是董某霞的个人行为,唐山继兴房地产开发有限公司主张该借款董某霞用于偿还个人债务,应当承担举证责任,但其未能提供证据证明,其抗辩主张,本院不予采信。[2]

---

〔1〕 参见国家法官学院案例开发研究中心编:《中国法院 2012 年度案例》(房屋买卖合同纠纷),中国法制出版社 2012 年版,第 14~15 页。

〔2〕 参见国家法官学院案例开发研究中心编:《中国法院 2019 年度案例》(房屋买卖合同纠纷),中国法制出版社 2019 年版,第 227 页。河北省唐山市丰南区(2015)丰民重初字第 69 号民事判决书。

专题三　房屋买卖合同效力纠纷

房屋买卖合同效力认定是案件审理中首先要审查的内容，也是司法实践中常见、多发的争议问题之一，准确界定房屋买卖合同效力有助于妥当解决此类纠纷。笔者从频发争议纠纷中以不同角度归纳为五种类型，分类予以阐述。房屋买卖合同无效是合同效力认定中的一个重要方面，也是合同效力纠纷中的焦点和难点问题。

一、房屋买卖合同效力的含义

合同效力问题始终是合同法律的核心问题。合同效力研究对于揭示合同成立、合同成立之后与合同有效、合同生效之间的关系有重要法律意义，为司法实践准确认定合同效力提供理论依据。

合同效力意指已经成立的合同在当事人之间产生的法律拘束力，也就是通常所说的合同具有的法律效力。〔1〕 有学者认为，合同效力是指合同而产生的权利义务。〔2〕 有法官认为，合同的效力反映了法律对当事人之间的合意的评价。〔3〕 一般认为，合同效力是指合同的法律效力，即合同所具有的法律效力，即合同所具有的法律约束力。这种法律约束力是指对合同当事人的约束力及在法律上的强制力，即法律以其强制力迫使合同当事人必须按照相互之间的约定完成一定的行为。〔4〕 合同效力决定着合同当事人权利义务的有效性，它是合同能否顺利履行的基础，决定着当事人能否实现合同而生的法律救济。合同的效力更多地表现为法律对当事人意思的肯定和纠正。〔5〕 在合同效力的根据中，当事人的意思与法律的确认两者不可偏废其一，我国《合同法》的规定也体现了此点。

合同的效力，由当事人的意思自治与法律对当事人意思的认可二者构成，缺一不可。但应当注意的是，合同效力更多表现为法律对当事人意思的肯定和纠正。因为并非所有当事人的意思一致能够产生效力并为法律认可，只有有效合同才受法律保护，对无效合同法律不予保护。对未生效的合同，也不能产生要求合同履行的后果。现行合同法律及司法解释的规定也体现了这一点。合同效力的范畴，不仅包括因有效合同而产生的对当事人产生拘束力，而且应该包括那些瑕疵合同的处理及其后果，这是基于后者也体现法律对当事人权利义务的安排，与前者具有内在一致性的原因。也就是说，合同效力既包括法律对有效合同赋予的

---

〔1〕 参见程国林：《合同效力状态及其转化》，载《法学杂志》2006 年第 3 期。

〔2〕 参见李仁玉等：《合同效力研究》，北京大学出版社 2006 年版，第 1 页。

〔3〕 参见吴庆宝主编：《最高人民法院专家法官阐释民商裁判疑难问题》（合同裁判精要卷）（增订版），中国法制出版社 2011 年版，第 75 页。

〔4〕 参见颜军：《浅说合同的有效和无效》，载《法制与社会》2008 年第 4 期。

〔5〕 参见最高人民法院民事审判第一庭编：《最高人民法院关于审理城镇房屋租赁合同纠纷案件司法解释的理解与适用》，人民法院出版社 2009 年版，第 50 页。

对当事人的拘束力，还包括合同无效与合同被撤销后的法律后果。[1]

影响合同的效力因素很多，这些因素往往处于不断变化之中。我国效力制度演变的趋势是，意思自治原则越来越发挥出实际效能，公序良俗原则越来越定位合理，鼓励交易原则越来越落到实处，无效的范围逐渐缩小，效力形式越来越多样化，富有弹性，有效、可撤销、效力待定、未生效并存的模式渐趋完善。[2]

对合同效力的评判，可分为两类分析，对合同是否生效是法律事实的确认，而不是对其法律价值的评判。对合同有效或无效认定，从法律上讲属于价值判断，表明已经成立的合同符合国家的意志要求，因不属于诉讼当事人意思自治的范畴，而属于法律适用，这为效力研究的重点部分。合同效力问题是个法律问题，而非事实问题，因此，即使双方当事人均主张合同有效，法院也可以认定合同无效，这并不违反法定程序。[3]

合同效力范围，一般指合同能够在哪些范围的主体之间产生拘束力，或者说可以设定权利义务主体的范围。确定合同效力范围的一般规则为相对性，即合同只在缔约的当事人之间产生法律效力，不能给合同以外的人强加义务，当然也不具有强制力，但存在例外情况，这就是法律的明确规定，也包括合同以外的人自愿接受他人订立合同的义务受其拘束。有学者概括合同相对性的内容为，一是主体的相对性，即合同关系只能发生在特定主体之间，只有合同一方能够基于合同向合同的另一方提出请求或提起诉讼。二是内容的相对性，是指除法律、合同另有规定外，只有合同当事人才能享有某个合同规定的权利，并承担合同所规定的义务，合同以外的任何人都不能主张合同上的权利。具体来讲，合同规定由当事人享有的权利，原则上并不及于第三人，合同规定由当事人承担的义务，一般也不能对第三人产生约束力；合同当事人无权为他人设定合同上的义务；合同权利与义务主要对合同当事人产生约束力，合同之债主要是一种对内效力。三是责任的相对性，即违约责任只能在特定的当事人之间，即合同关系的当事人之间发生，合同关系以外的人，不负违约责任，合同当事人也不对其承担违约责任。[4] 笔者赞同以上观点，在以上三点中主体的相对性即合同对人的效力为核心是基础，其次才产生内容、责任上的相对性。

当前，理论界通常按照合同的不同特征将合同划分为有效合同、无效合同、可撤销合同和效力待定合同四种类型，并据此将合同划分为有效、无效、可撤销、效力待定四种效力状态。有学者对此提出自己观点，这种根据效力类型划分合同效

---

〔1〕 参见李仁玉等：《合同效力研究》，北京大学出版社2006年版，第5页。

〔2〕 参见崔建远：《我国合同效力制度的演变》，载《人大复印资料》（民商法学）2007年第6期。

〔3〕 参见最高人民法院民事审判第一庭编：《民事审判指导与参考》2010年第4集（总第44集），法律出版社2011年版，第243页。

〔4〕 参见王利明：《民商法研究》（第3辑）（第2版），法律出版社2001年版，第409～411页。

力状态的方法,不仅容易混淆合同的类型与合同效力的区别,而且划分的结果造成不同状态之间存在交叉和同一状态下的不确定的状况。并在分析其不科学的原因的基础上认为,已经成立的合同,按照某一时点满足国家的对合同有效要件要求的程度不同,进行合同效力状态划分,并将合同效力状态划分为无效状态、有效状态和未生效的状态三种确定状态。[1] 笔者赞同以上划分的三种状态的观点。

合同效力转化与补正。通常情况下,合同效力转化与合同效力补正是指同一问题。合同效力转化是以合同成立时的效力状态认定为基础,合同当事人通过一定的行为,对合同成立后有关合同效力的要件进行调整,或直接对合同效力进行调整,实现合同效力状态之间的转化。也就是说,根据有关法律法规规定,有些合同原本应当被认定为无效,但是允许当事人在一定期限内采取措施对合同效力加以完善,或者因某些客观事由使合同中的无效情形自动消除,从而使原本无效的合同转化为有效合同。最高人民法院法官认为,合同效力补正是指当事人所签订的合同因违反了法律禁止性规定,导致合同不能满足有效条件,当事人可以通过事后补正或者实际履行来使合同满足有效的条件,促使合同有效。[2] 采用合同效力补正理论,可以尽量减少合同无效的情形,进而促进当事人积极履行合同,保证交易安全,促进经济发展。另外,因实践中订立合同后并未办理批准或者登记手续的情况复杂,有的并非自身原因而是批准、登记机关所致,在法律上应采取适当宽容态度,对于及时补办完批准、登记手续的,法院应当承认其合同已经生效,合同未生效状态已经转化为有效状态。

合同效力认定的主体,是国家审判机关即人民法院。对买卖合同效力认定,在进入诉讼程序中是由法官裁量的。只有法院有权确认合同是否有效,合同当事人不享有确认合同效力的权利。换言之,对双方当事人有争议的或无争议的合同效力,由法官依职权审查认定其效力,个案中行使自由裁量权。法官对合同效力依照职权行使审查体现在审理程序的全过程,所不同的是,在二审程序(再审程序)中法官审理上诉案件(再审案件)对合同效力审查,并对一审法院(二审法院)对合同效力的确认是否正确进行审查。可以请求对合同效力审查的主体,应包括合同的当事人,以及受该合同影响的、与该合同有利害关系的第三人,而并非任何人都有权向法院提出请求确认合同效力。特别强调一点,法院认定合同效力不以诉讼请求为限。

对于房屋买卖合同效力认定,法院在审理时坚持与其他合同一样,实行国家

---

〔1〕 参见程国林:《合同效力状态及其转化》,载《法学杂志》2006年第3期。

〔2〕 参见最高人民法院民事审判第一庭编:《最高人民法院建设工程施工合同司法解释的理解与适用》,人民法院出版社2004年版,第55页。

干预原则,即依职权审查合同是否存在违法性。当事人是否提出或否定合同效力,不影响法院审查的职权性和主动性。对于合同内容没有违反法律、行政法规的效力性强制性规定,不具备法定无效要件的合同,应当尊重当事人意思自治原则,认定此类合同有效。反之,则认定此类合同无效。实践中,有相当多数量案件的当事人各方均主张涉案合同有效。在这种情形下,法院不因当事人未请求确认合同无效,便可以主动放弃审查合同内容是否具有违反法律效力性强制性规定因素,如果发现合同属于无效范畴,法院应当主动依职权认定合同无效,不受当事人有无请求的限制。这是基于法院作为司法机关,应当主动行使国家公权干预当事人的民事行为,不受当事人对合同效力有无请求的限制,目的在于保护国家利益、社会公共利益及案外人利益。对合同效力认定属于法院职权行为,主动审查合同效力是法律赋予法官的权限。司法实践中,对合同效力的审查是处理包括买卖合同在内的各种合同纠纷的关键和首要问题,即便双方当事人对于合同效力未提出异议,法院亦应审查。参与制定司法解释的法官认为,合同效力与当事人是否提出主张无关,也与当事人主张的内容无关,合同效力应是法院依职权审查的范畴。[1] 也就是说,合同效力属于人民法院主动审查的范围,同时合同效力认定直接影响到案件的实体处理。因此,不管当事人的诉讼请求是否提出确认合同效力,人民法院均应主动审查。[2] 审判中应以主动审查为原则,但可根据案件实际情况区别处理。[3] 应注意的是,法院对合同效力虽有主动审查义务,但是其审查范围应是当事人诉至法院的合同。对于合同的非实质条款,应当允许当事人依据具体情况对于合同进行变更,不轻易认定合同无效。

应特别强调的是,对于合同效力,审查的重点为合同是否为双方真实意思表示、有无符合法律规定的完备的形式要件、内容有无违反法律、行政法规的效力性强制性规定和《民法典》违背公序良俗规定。

---

〔1〕 参见最高人民法院民事审判第一庭编著:《最高人民法院建设工程施工合同司法解释(二)理解与适用》,人民法院出版社 2019 年版,第 74 ~ 75 页。

〔2〕 参见最高人民法院民事审判第一庭编:《最高人民法院关于审理城镇房屋租赁合同纠纷案件司法解释的理解与适用》,人民法院出版社 2009 年版,第 126 页。

〔3〕 参见邓基联主编:《房屋租赁合同纠纷》,法律出版社 2010 年版,第 72 页。

二、房屋买卖合同效力认定

（一）多份买卖合同效力界定

多重买卖合同效力纠纷，主要涉及两种情况，一种为一方与多人签订买卖合同，另一种为双方当事人签订数份买卖合同。前者在一般情况下每份买卖合同均为有效；后者被称为阴阳合同，是本书的讨论重点。

一方当事人与多人签订买卖合同，即一物二卖，是合同自由和市场竞争的结果。买卖合同的成立只设定债权，债权的平等性、相对性决定了债权行为效力的独立性。出卖人与购房人买卖合同履行期间，又与第三人签订买卖合同，这两份买卖合同的标的物是相同的，但两份合同的效力均不受同一标的物存在两份买卖合同的影响。后一个合同的成立并不影响前一个合同的成立，而后一个合同的签订也不构成对第一个合同的违约。

当事人之间就同一房屋先后分别签订数份买卖合同，合同中关于房屋价款、履行方式等约定存在不一致，应当以当事人的真实意思表示作为履行依据。对于阴阳合同或阴阳条款，法院应当本着公平和诚实信用原则予以裁判。在以阴阳合同为由进行诉讼的案件中，大多数都是因为一方受房地产交易市场价格波动的影响而不愿意继续履行合同。如果仅因为阴阳合同的存在就判定买卖合同无效，既不利于保护交易也违反诚实信用原则。通过分析各种阴阳合同可以看出，当事人订立合同的目的包括买卖房屋、办理贷款、办理网签等，逃避税收并不是当事人订立合同的真实目的，虚假价格条款也不是当事人的真实意思表示。根据《民法典》第一百四十六条、第一百五十三条、第一百五十六条规定，阴阳合同效力应当认定为除虚假交易价格之外的其他条款有效，虚假交易条款因为损害国家和公共利益而无效。

所谓阴阳合同，就是双方针对同一事项订立两份内容不同的合同，阴合同是双方实际履行的合同，阳合同是为逃避监管用于对公备案、报批而不准备实际履行的合同。在二手房买卖中，阴阳合同为多发现象，二者的差异主要是价格。阴合同约定的价格较高，为真实意思表示，阳合同约定的价格较低，为到不动产登记机构办理过户登记时使用，目的是少缴税费。当双方发生纠纷时，应当以体现双方当事人真实意思的阴合同作为履行依据。对于双方当事人签订的阳合同造成国家税收流失的问题,法院可以向税务机关发出追补的司法建议。应当强调的是,不因虚假成交价格条款而认定买卖合同无效不意味着法院默许当事人的避税行为,通常法官在审判中会指出这种避税行为的违法性并予以批评教育,并建议税务征管部门予以处理。

【案例3-1】 陈某东、王某媛诉秦某、张某民房屋买卖合同纠纷案

一审法院认为,本案被告就原告与居间机构销售等问题已向相关行政主管部门投诉信访,行为是否构成规避税收应由相关行政主管部门予以处理,该问题不影响合同效力。二被告请求确认买卖合同无效,不符合法律规定的合同无效的法定情形,本院对被告反诉要求确认合同无效的请求不予支持。[1]

【案例3-2】 沈某、田某与张某房屋买卖合同纠纷案

二审法院认为,本案应以双方签订的《房屋买卖合同》而非《房地产买卖契约》作为认定双方当事人权利义务的根据。理由如下:第一,《房屋买卖合同》和《房地产买卖契约》均系2014年5月27日签订,主要差别在于价款和付款期限,前者为100万元分期支付,后者为80万元签订合同当日一次性支付。从双方合同履行情况来看,上诉人并未按照《房地产买卖契约》的约定当日一次性将80万元房款支付给被上诉人,事实上是采取分期支付的方式向被上诉人支付房款的,这种付款方式符合《房屋买卖合同》的约定。第二,双方《房屋买卖合同》第四条约定"乙方将30万元款项支付给甲方后,甲方同意将房屋产权过户给乙方,并积极协助办理过户手续,过户费、契税、营业税、评估费等其他一切费用由乙方负担"。据被上诉人陈述,双方签订合同当日,上诉人支付了首期房款30万元,当日即到产权部门给被上诉人办理了过户手续,显然双方是在履行《房屋买卖合同》,而非《房地产买卖契约》,如按照《房地产买卖契约》的约定,上诉人应支付80万元后,被上诉人才能协助办理过户手续。第三,双方当事人同一天签订的《房屋买卖合同》和《房地产买卖契约》的价款相差20万元,应属于双方恶意串通进而达到少缴税费的目的之行为,被上诉人的解释具有合理性。由于沈某在合同乙方落款处与田某共同签名,属于购买人之一,作为合同相对人,应当履行合同义务,承担付款责任。至于涉案房屋登记在田某名下,属于行政机关具体行政行为,沈某不能以此作为拒付款的理由。[2]

---

〔1〕 参见国家法官学院案例开发研究中心编:《中国法院2015年度案例》(房屋买卖合同纠纷),中国法制出版社2015年版,第93页。

〔2〕 江苏省徐州市中级人民法院(2015)徐民终字第1145号民事判决书。

应注意的是，房屋买卖双方为逃避税收而签订阴阳合同，并以价格虚低的阳合同办理产权过户，损害了国家利益，相应价格条款应认定为无效。阳合同的其他条款如不违反法律规定的，继续有效。继续有效的条款与阴合同对应条款不同的，应认定为对阴合同相关内容的变更。

实践中，有一种理由为，房屋买卖双方作低房价不属于逃税，而是合法避税。二手房交易中买卖自由是一个原则，合同意思真实也是一个原则。将房价分解成几部分，如房价和装修款、设备款，国外也有这种情况，被称为合理避税。我国对房价应包含哪些内容没有界定，合同中房价条款与其他条款具有可分性，是相对独立的。从稳定房地产交易角度，应认定合同有效。此外，如果认定做低房价合同无效，现行法律法规也没有具体的标准来规定做低到多少为无效，法官作为中立方，很难进行评判。虽然阳合同一定程度上做低了房价，降低了过户所需税费，但实践的做法是房地产交易中心可以指定评估公司对二手房成交价格做评估，如果交易价格过低，可能通不过评估，无法进行过户。由此可见，作低房价的行为本身不违法，只能说存在交易风险。

【案例 3－3】　杨某东、王某诉崔某华房屋买卖合同纠纷案

一审法院认为，原、被告之间签订的买卖合同、补充协议系当事人真实意思表示。虽然买卖双方通过补充协议的方式，降低买卖合同载明的房屋转让价款以减少相应的交易税费，但这并未侵害被告的利益，且原告在庭审时同意以 138 万元的价格缴纳交易税费，故买卖合同、补充协议当属有效，双方应恪守履行。虽然根据合同及补充协议约定，原告应在合同签订后 8 个工作日内支付首付款 65 万元（含定金）及装修补偿费 18 万元，但被告代理人常某于合同签订当日出具的书面声明，应视为对原付款条件的变更。原告在被告及其代理人未提供建行贷款凭证前拒绝支付剩余的首付款，属合理行使抗辩权，并无不当，原告的行为不构成违约。综上，被告辩称因原告逾期支付首付款违约在先及双方签订阴阳合同故拒不继续履行合同的理由，均不能成立，双方签订的买卖合同及补充协议，应继续履行。[1]

【不同处理】　个案中，有的法院认为签订阳合同是为了低价逃税或以高价骗贷，这些都是严重违反相关法律法规的违法行为。阳合同的价格条款就是以合法形式掩盖逃税目的，损害了国家税收利益，根据《民法典》第一百五十三条规定认定价款条款无效。

〔1〕　参见国家法官学院案例开发研究中心编：《中国法院 2013 年度案例》（房屋买卖合同纠纷），中国法制出版社 2013 年版，第 153 页。

【案例3－4】 厦门泰吉运动器材有限公司诉骏士(厦门)日用品有限公司房屋买卖合同纠纷案

一审法院认为,原、被告双方于2010年4月13日签订的《厂房买卖合同》及于2011年2月24日签订的《协议书》系双方的真实意思表示,不违反法律法规的强制性规定,合法有效,对双方具有法律拘束力,双方均应诚信依约履行。虽然本案双方于2011年3月14日签订的《房地产买卖合同的补充协议》及于2011年10月8日签订的《存量房买卖合同》约定的房屋成交价仅为6100297.75元,但该《房地产买卖合同的补充协议》及《存量房买卖合同》显然是双方向房屋产权管理部门办理产权过户手续而签订,根据双方2010年4月13日签订的《厂房买卖合同》有关"因应与政府有关单位需要而起草的任何合同,均以此合同为准"的约定,并结合双方签订《存量房买卖合同》后,原告将前述合同复印件载有合同条款的页面都打上叉号才交给被告等情形,显然可以认定前述6100297.75元并非双方的真实意思表示。双方以该价款办理产权过户,必然导致国家税收利益受损,损害了国家利益。因此,前述《房地产买卖合同的补充协议》及《存量房买卖合同》约定的房屋买卖价格条款应为无效。[1]

【案例3－5】 龚某明诉上海天蓬房地产投资咨询有限公司第八分公司等房屋买卖合同纠纷案

一审法院认为,二手房交易的买卖双方在签订第一份房屋买卖合同后,出于少交税款的目的,又签订了一份约定较低房价的合同。由于第二份房屋买卖合同并非双方当事人的真实意思表示,且该行为损害了国家利益,故该合同应为无效。[2]

债权人与第三人串通引诱违约不能否定合同效力。出卖人与购房人签订房屋买卖合同后,购房人与第三人串通,由第三人出面与出卖人签订房屋买卖合同,应认定前一份合同有效并应继续履行。

【案例3－6】 王某诉黄某、吴某房屋买卖合同纠纷案

二审法院认为,黄某、吴某追求高价一房二卖的行为是对《合同法》诚实信用原则的公然违背,理应承担法律责任。王某与林某熟识且关系密切,林某对王某就讼争房产与黄某、吴某已签订买卖合同应是知晓的,林某在明知讼争房产已出售的情况下还与黄某、吴某签订买卖合同并据此提出违约索

---

〔1〕 参见国家法官学院案例开发研究中心编:《中国法院2014年度案例》(房屋买卖合同纠纷),中国法制出版社2014年版,第234页。

〔2〕 参见最高人民法院中国应用法学研究所编:《人民法院案例选》2008年第4辑(总第66辑),人民法院出版社2009年版,第163页。

赔,主观上存在恶意。而王某对林某与黄某、吴某就讼争房产买卖事宜进行商洽应知晓却未予阻止,甚至在林某签约当日现场看房时造成偶遇的假象,主观上存在故意。但王某与林某的行为直接影响的是林某与黄某、吴某签订的买卖合同的效力,王某与黄某、吴某签订的买卖合同符合法律规定,仍应认定合法有效,双方均应依约履行,故王某诉求继续履行双方签订的《房屋预约买卖协议书》应予支持。原审以王某存在引诱违约为由否定合同的履行缺乏依据,引诱违约只能减免违约方的违约责任,并不能免除违约方履行合同的义务,合同双方的信任基础亦不构成合同解除的法定条件,故原审判决因适用法律错误应予纠正。[1]

(二)违反政策规定的买卖合同效力

1. 商品房买卖合同备案登记效力

实践中,开发商将房屋出售给买受人未进行合同备案登记,其后又将同一房屋出售给另一买受人并进行合同备案登记,两份合同效力问题争议较大。第一种观点认为,后签订的商品房买卖合同有效,主要因后签订的合同经过政府不动产登记机构的备案登记,具有准物权的效力。同时,在没有按照《民法典》规定开展预告登记的城市,备案登记作为准物权登记,具有排他性。因此,应当认定经过备案登记的后一份合同有效。第二种观点认为,合同备案登记属于行政管理,该登记不具有准物权的效力,应按照缔约目的,判断是否存在欺诈,是否有损他人合法权益,之后按公平合理等原则确认合同效力。笔者同意第二种观点。《民法典》第二百二十一条规定:“当事人签订买卖房屋的协议或者签订其他不动产物权的协议,为保障将来实现物权,按照约定可以向登记机构申请预告登记。预告登记后,未经预告登记的权利人同意,处分该不动产的,不发生物权效力。预告登记后,债权消灭或者自能够进行不动产登记之日起九十日内未申请登记的,预告登记失效。”可见,《民法典》对不动产买卖设立了预告登记,登记具有准物权效力。针对该条规定,从全国行政机关执行的情况看,只有部分城市的行政机关取消了商品房买卖合同备案登记,直接进行预售登记(预告登记),不少城市要先进行备案登记,再进行预售登记,有的城市甚至没有开展预售登记。备案登记所依据的是《城市房地产管理法》,申请的主体是开发商;而《民法典》没有规定备案登记。

---

〔1〕 参见国家法官学院案例开发研究中心编:《中国法院2014年度案例》(房屋买卖合同纠纷),中国法制出版社2014年版,第148页。

根据物权法定的原则,备案登记不具有准物权的效力,应当认定其为行政管理的范围。对争议合同的效力,应根据《民法典》作为判断标准确认合同效力。修订后的《房屋买卖合同解释》第六条规定:“当事人以商品房预售合同未按照法律、行政法规规定办理登记备案手续为由,请求确认合同无效的,不予支持。当事人约定以办理登记备案手续为商品房预售合同生效条件的,从其约定,但当事人一方已经履行主要义务,对方接受的除外。”

2. 买卖经济适用房合同效力

经济适用房,是指政府提供政策优惠,无偿划拨建设用地,减免相关开发建设规费,严格限制销售价格,用于解决城市低收入家庭的住房困难,具有社会保障性质的住房。因此国家和省、市政府都制定了严格的管理规定,目的就是保证经济适用房能够真正用于解决城市低收入家庭的住房困难和移建项目的拆迁安置,真正发挥社会保障功能,也是维护国家利益、公共利益的必然之义。因家庭困难而享有购买经济适用住房资格的人,与因某些特定原因、经政府批准而取得购买经济适用房资格的人,在购买、使用、出售经济适用房时,均应遵守经济适用房的管理规定。在现实社会生活中,有的人往往采取规避方式,如借借贷之名,故意违反管理规定。有的法院认为签订的实为经济适用房买卖合同属于《民法典》第一百五十三条规定的合同无效情形,应当认定为无效。一些地方省级政府出台了相关规定,如《北京市经济适用住房管理办法(试行)》第五章规定了“监督管理”的具体办法,但是,并没有具体的实施细则,使得不满5年的经济适用住房无法回购,已满5年的经济适用住房“政府优先回购”机制无法落实。此种情况下,已满5年的经济适用住房必然进入商品房流通领域,而不可能在经济适用住房保障体系中循环使用。因此,其他有购买经济适用住房资格的不特定人群根本不可能再次购买到此类经济适用住房。所以,社会公共利益一说无从谈起。在房价上涨的前提下,合同无效的判决只能使出售人在不承担违约责任的情况下,无成本地获得更大的经济利益。如此,法律只是保护了个别人的利益。《经济适用住房管理办法》第四十八条规定:“本办法下发后尚未销售的经济适用住房,执行本办法有关准入和退出管理、价格管理、监督管理等规定;已销售的经济适用住房仍按原有规定执行。此前已审批但尚未开工的经济适用住房项目,凡不符合本办法规定内容的事项,应按本办法做相应调整。”此条规定了“老房老办法、新房新办法”的处理原则。而在之前的管理办法中,并未规定经济适用住房的回购政策。该办法作为经济适用住房管理的最高位价的行政性文件,其精神应被全国普遍适用。经济适用房5年内不准上市交易的规定,属部门规范性文件。《民法典》规定的法律行为无效情形,系指违反法律、行政法规的效力性强制性规定。根据相关法律和司法解释规定,是以法律、行政法规评价合同效力,而不是部门规章或规范性文件。从规范性文件的位阶考虑,即使上述禁止性规定被理解为效力性禁止性规范,也不应直接被引用来评价合同效力。

【案例3-7】 孙某涛诉魏某然房屋买卖合同纠纷案

一审法院认为,原告主张所依据的《经济适用住房管理办法》及《北京市经济适用住房管理办法(试行)》均制定于2007年以后,本案所涉及房产仍应按其原有规定执行。故对于原告主张该合同违反了强制性规定一节,法院不予支持。原告在决定出售房屋及签订售房合同过程中应对其行为性质有所了解,而其出售房屋的行为与其买卖合同侵害社会公共利益的主张不免有自相矛盾之嫌。原告是经过相关行政手续取得的经济适用住房购买资格并已取得了本案所涉房产的所有权,其对名下财产的处分并不损害社会公共利益。另外,根据相关规定该套经济适用住房在一定条件下是允许上市交易的,而并非绝对禁止,所以买卖该套经济适用住房的行为不应认定为侵害社会公共利益。故对于原告诉称双方签订的买卖合同侵害了社会公共利益一节,法院不予支持。如果原告坚持认为双方买卖合同侵害了社会公共利益,可在房屋过户前,将房屋以原价回售予政府,否则难以体现其所谓的社会公共利益。对于不符合上市交易条件的经济适用住房应由相关行政部门在房屋权属转移登记时依据相关政策规定对合同的履行予以限制,而不应由司法机关在合同效力的层面上予以禁止。因此,原告主张其与被告签订的合同无效的理由不能成立,对于原告的诉讼请求法院不予支持。判决:驳回原告的诉讼请求。[1]

【案例3-8】 徐某强、赵某荣诉齐某刚、赵某萍房屋买卖合同纠纷案

二审法院认为,上诉人与被上诉人之间虽未签订书面房屋买卖合同,但被上诉人已经向上诉人支付购房款,且上诉人将房屋交付给被上诉人使用,双方行为符合房屋买卖合同关系的特征,应当认定双方之间的房屋买卖合同关系成立。因涉案房屋系经济适用房,按照有关规定,该类房屋进行买卖交易必须符合相应条件,但并不影响对该类房屋进行买卖行为的效力认定,目前涉案房屋已经超出禁止交易年限,应当认定上诉人与被上诉人之间的房屋买卖合同有效。[2]

违反限购政策买房,不属于法律规定的合同无效情形。

---

〔1〕 参见国家法官学院案例开发研究中心编:《中国法院2012年度案例》(房屋买卖合同纠纷),中国法制出版社2012年版,第172页。

〔2〕 参见国家法官学院案例开发研究中心编:《中国法院2016年度案例》(房屋买卖合同纠纷),中国法制出版社2016年版,第195页。

【案例3-9】 俞某飞诉华润置地(宁波)发展有限公司商品房销售合同纠纷案

一审法院认为,经审查,原告俞某飞与被告华润公司之间的商品房买卖合同系双方真实意思表示,且不违反法律、行政法规的强制性规定,成立并生效。原告俞某飞主张该合同无效,但未能提供证据予以证实其主张,经释明,原告坚持合同无效诉请,故对该主张不予支持。原告另提出要求被告返还购房款950463元并赔偿利息损失,原告该诉请系基于合同无效而提起的返还之诉,对该诉请亦不予支持。二审法院认为,上诉人与被上诉人签订的《商品房买卖合同》是双方的真实意思表示,内容也不违反法律、行政法规的效力性强制性规定,不存在《合同法》第五十二条规定的法定无效的情形,应认定合法有效。经原审法院释明,上诉人也不要求变更诉讼请求,原审法院据此判决驳回上诉人的诉讼请求,并无不当。[1]

【案例3-10】 邬某斌与新华信托股份有限公司执行异议纠纷再审案

最高人民法院认为,本案再审审查围绕的焦点问题为,邬某斌对江西省南昌市湾里区太平乡架头村罗马假日会所2号楼720室、4号楼102、103、104、105、106、109、110、110、111、112、113、114、115、116、117号房屋是否享有排除强制执行的民事权益。具体分析如下:第一,关于邬某斌是否在人民法院查封前签订合法有效的书面买卖合同的问题。2014年5月16日至17日,邬某斌与宁波强人置业公司签订了15份《罗马假日内部购房签约协议》,上述协议系双方真实意思表示,限购政策并不影响房屋买卖协议的效力,上述协议并不存在《合同法》第五十二条规定的合同无效情形,应认定为合法有效。本案中,人民法院的查封时间为2014年6月18日,晚于签订《罗马假日内部购房签约协议》的时间,故应认定邬某斌在人民法院查封前已签订合法有效的书面买卖合同。第二,关于邬某斌是否在人民法院查封前占有案涉房屋的问题。邬某斌主张原审法院未允许证人吴某出庭作证,吴某出具的《情况说明》应当作为新证据,该《情况说明》与业主委员会出具的证明可以相互印证,足以证明其在人民法院查封前合法占有案涉房屋。本院认为,证人吴某在原审中虽未当庭陈述,但原审法院已经对吴某书面出具的《情况说明》进行了审查,申请人将此作为新证据申请再审的理由不能成立。占有房屋应当理解为对房屋的管理和支配,如取得房屋钥匙、办理物业入住手续等,才能视为对房屋具有事实上的管理和支配权。吴某出具的《情况说明》及业主委员会出证的证明在性质上同属证人证言,需有其他事实相互印证才具有证明

---

〔1〕 参见最高人民法院中国应用法学研究所编:《人民法院案例选》2015年第3辑(总第93辑),人民法院出版社2016年版,第90~91页。

力。本案中,邬某斌并未举示物业出具的接房通知书或交接房手续证明,也未提供缴纳的水电费、物管费等相关收据,故邬某斌主张在人民法院查封前已占有案涉房屋,缺乏客观事实依据,本院不予支持。第三,关于邬某斌是否支付购房款的问题。邬某斌主张其通过向被申请人转账、委托陆某民代付购房款、现金支付购房款的方式支付了案涉房屋的全部价款。首先,邬某斌2012年11月15日至2014年1月15日八次向叶某嗣、竺某妹转款,共计1416500元;案涉购房合同于2014年5月16日至17日签订,上述八笔款项转账时间均发生在签订购房合同之前,在早于签订购房合同两年前即分八次支付案涉15套房屋的购房款,不符合常理,且该八笔款项的数额与案涉购房价款无法直接对应,邬某斌对此没有提供合理解释,故前述八笔转账系因其他法律关系而产生具有高度盖然性。其次,邬某斌主张案外人陆某民向宁波强人置业公司支付的102万元购房款中包含陆某民代其支付的501626元购房款,并出示了陆某民向宁波强人置业公司转款转账凭证。本院认为,转账凭证无法证明该笔款项的性质,邬某斌也未提供其委托陆某民代付购房款的委托付款说明,故无法认定已支付501626元购房款。最后,邬某斌主张其通过现金支付的方式向宁波强人置业公司补交15622元购房款,亦未提供相应证据。虽然邬某斌提供了宁波强人置业公司于2014年5月17日出具的168100元房款收据,但该收据与上述实际付款收据无法对应。综上分析,邬某斌主张已支付案涉房屋的全部购房价款,缺乏事实依据、证据不足,本院不予支持。第四,关于邬某斌是否因自身原因未办理过户登记的问题。邬某斌与宁波强人置业公司签订的《罗马假日内部购房签约协议》中明确约定"因国家限购,暂不做房管局备案手续。待湾里区解除限购后再办理房管局备案手续",应当推定邬某斌在购买案涉房屋时明知可能因南昌市的限购政策原因暂时无法办理登记手续,即使邬某斌主张限购条款为合同格式条款成立,也系其在签订合同时没有尽到合理审查的义务,存在对该条款的忽视,未对案涉房屋的抵押状态和宁波强人置业公司的经营状况进行审查,对于案涉房屋在查封前无法办理过户具有自身原因。第五,关于邬某斌购买案涉房屋是否用于居住需要的问题。《执行异议和复议规定》第二十九条对于"买受人名下无其他用于居住的房屋"的规定,旨在保护消费者生存居住权利和基本生活之需。本案中,邬某斌一次性购买15套房屋,显然不符合基本生存的居住需要,远超过正常的生活居住范围,不符合上述规定情形。如上分析,依据《执行异议和复议规定》第二十八条、第二十九条之规定,邬某斌对案涉房屋不享有足以排除强制执行的民事权益。综上所述,邬某斌的再审申请不符合

《民事诉讼法》第二百条规定的情形。裁定:驳回邬某斌的再审申请。[1]

该类房屋实为传统意义上的集资房,现已纳入经济适用房管理范畴,按2008年4月11日老办法处理。在这类房屋买卖纠纷中,常见的现象为购房指标转让,因转让人身份的原因又常常发生隐名代理现象。

【不同处理】 实践中,对于转让按经济适用房管理的房屋而签订的买卖合同亦按有效合同认定。

【案例3-11】 窦某丽诉周某房屋买卖合同纠纷案

一审法院认为,根据已查明的事实,东城区长巷二条3号房屋原由被告承租,被告在该房屋进行拆迁时,同意将该房屋因拆迁取得的利益即异地安置住房转让给原告,由原告给付被告补偿款350000元,故原、被告签署《房屋买卖协议》是双方的真实意思表示,不违背相关法律法规的规定,是合法有效的。关于被告以异地安置住房属按经济适用住房进行管理的房屋为由,主张该协议无效的辩称意见,于法无据,本院不予支持。[2]

3. 限制交易期内房屋转让合同效力

就经济适用房在限制交易期内上市转让所涉及的合同效力问题,实践中有不同的认识。一种观点为有效,其理由在前文已阐述。另一种观点为无效。地方性法规或规章可以作为判断合同效力的参考依据,因为违反地方性法规或规章的规定将损害国家利益、社会公共利益及不特定第三人利益,则可以此为由,依据《民法典》的相关规定认定经济适用住房转让合同无效。有法官认为,经济适用房是一种特殊保障性住房,购房资格的取得、转让不同于普通的商品房,具有特定的人身属性,购房者不得随意转让购房资格。当事人转让购房资格,客观上损害了社会公共利益,妨碍了其他符合购房条件人行使其购买权。根据《合同法》的规定,违反法律、行政法规的强制性规定的合同及损害社会公共利益的合同无效,当事人转让经济适用房购房资格的合同应认定为无效。[3]《北京市高级人民法院关于审理房屋买卖合同纠纷案件适用法律若干问题的指导意见(试行)》第六条第一款规定:相关政策、法规规定的限制上市交易期限内买卖已购经济适用住房,当事人主张买卖合同无效的,可予支持。政策、法规有新规定的,适用其规定。该种观点是在限制上市交易期限届满后方可认定为转让合同有效,但涉及优先回购权处理。

---

〔1〕 最高人民法院(2020)民申4797号民事裁定书。

〔2〕 参见国家法官学院案例开发研究中心编:《中国法院2014年度案例》(房屋买卖合同纠纷),中国法制出版社2014年版,第161页。

〔3〕 参见李玉林:《合同纠纷前沿问题审判实务》,中国法制出版社2014年版,第143页。

【案例3-12】 崔某会诉王某法、北京合力创展房地产经纪有限公司房屋买卖合同纠纷案

一审法院认为,关于焦点问题之一,已购经济适用房的买卖应遵守法律法规,尤其要遵守相关政策、法规规定的限制上市交易期限。在该限制交易期限内上市转让的,买卖合同无效。原、被告虽于诉争房屋的限制上市交易期限内签订了买卖合同,但在合同中明确约定在限制上市交易期限届满后再办理房屋所有权过户登记手续,而且在本案法庭辩论终结前该房屋已具备了上市交易条件。故原告主张《房屋买卖合同》无效的诉讼请求及基于合同无效从而要求王某法腾退房屋的诉讼请求,并不具备事实及法律依据,本院不予支持。关于焦点问题之二,当事人应当按照约定全面履行自己的义务。故原、被告应按照合同约定履行合同义务。而各方在一系列的《房屋买卖合同》中确认了房屋总价款为116万元,现王某法已支付全部购房款,崔某会应按约定协助王某法办理过户手续。但区建委明确表示,在同等价位时行使优先回购权,故目前情况下合同无法继续履行,崔某会无法协助王某法办理房屋过户手续。因此本院对王某法要求房屋过户的反诉请求难以支持。二审法院亦持同样意见,维持原判。[1]

【不同处理】 未满上市交易年限转让经济适用住房的合同效力,应当根据房屋取得缘由是否公益属性作区别认定。城市低收入住房困难家庭经申购取得的经济适用住房,未满年限私自转让的,损害社会公共利益,应依法认定无效。地方政府将经济适用住房用于拆迁安置,被拆迁人转让通过产权置换取得的房屋,不损害社会公共利益,应依法认定转让合同有效。

【案例3-13】 史某诉周某、宋某第三人撤销之诉纠纷案

再审法院认为,《南京市征地房屋拆迁补偿安置办法》及《南京市经济适用住房管理实施细则》规定的当地经济适用住房供应对象除"城市低收入住房困难家庭"外,还包含征地拆迁中的被拆迁人。相关政策对二者在房屋取得条件、程序、价格、数量、溢价归属等方面的规定大相径庭,被拆迁人可以通过产权置换方式取得多套经济适用住房,且无须上缴转让收益。由于房屋拆迁而取得经济适用住房,以满足拆迁安置条件为前提,系拆迁人与被拆迁人协商一致的结果,不具有为困难家庭提供社会保障的公益属性。本案中,宋某转让其因拆迁安置取得的经济适用住房,不损害社会公共利益,转让合同

[1] 参见国家法官学院案例开发研究中心编:《中国法院2013年度案例》(房屋买卖合同纠纷),中国法制出版社2013年版,第174页。

有效。二审法院适用法律错误。[1]

拆迁安置房应满足一定条件方可上市交易的规定,不影响买卖合同效力。

【案例 3-14】 殷某诉支某镒等房屋买卖合同纠纷案

一审法院认为,支某镒与殷某签订的房屋买卖合同,实为拆迁安置房买卖合同。该房系支某镒以原有房屋置换所得,其将安置房卖给殷某,是对自有合法财产的处分,而并非取得社会保障性住房后转让牟利。该房屋买卖合同,既不违反法律、行政法规的禁止性规定,也不损害社会公共利益,为有效合同。至于政府部门关于拆迁安置房应满足相应条件方可上市交易的规定,只是政府部门的管理性规定,虽对房屋权属登记产生一定影响,但并不影响房屋买卖合同效力。[2]

4. 合法取得资格转让合同效力

因拆迁取得经济适用房购买资格的,欲转让购房资格签订的转让经济适用购买资格合同,与社会公共利益无关,合同有效。

【案例 3-15】 屈某诉刘某确认合同无效纠纷案

二审法院认为,屈某因拆迁取得购房资格后,于 2007 年 1 月 14 日与刘某签订《房屋买卖协议》。2007 年 11 月 3 日,屈某与北京首开天鸿集团有限公司签订《北京市商品房预售合同》后,又于 2007 年 11 月 18 日与刘某签订《关于〈房屋买卖协议〉履行情况的小结》,双方对《房屋买卖协议》进行补充和变更,约定屈某将诉争房屋出售给刘某。诉争房屋是利用屈某因拆迁获得的购房指标购买的经济适用住房,国家法律、行政法规未禁止该类房屋的买卖。双方约定于具备过户条件时过户,且刘某已取得经济适用房的购房资格,因此双方签订的协议亦不违反相关政策和社会公共利益,故屈某与刘某签订的《房屋买卖协议》及《关于〈房屋买卖协议〉履行情况的小结》,内容合法有效。屈某起诉要求确认其与刘某于 2007 年 1 月 14 日签订的《房屋买卖协议》无效,没有法律依据,本院不予支持。一审法院判决适用法律错误,本院予以纠正。[3]

---

〔1〕 参见国家法官学院、最高人民法院司法案例研究院编:《中国法院 2020 年度案例》(房屋买卖合同纠纷),中国法制出版社 2020 年版,第 155 页。江苏省高级人民法院(2017)苏民再 415 号民事判决书。

〔2〕 参见国家法官学院、最高人民法院司法案例研究院编:《中国法院 2021 年度案例》(房屋买卖合同纠纷),中国法制出版社 2021 年版,第 174 页。江苏省无锡市锡山区人民法院(2019)苏 0205 民初 3435 号民事判决书。

〔3〕 参见国家法官学院案例开发研究中心编:《中国法院 2015 年度案例》(房屋买卖合同纠纷),中国法制出版社 2015 年版,第 167 页。

户主订立的安置房指标转让合同有效,可以约束该户其他被安置人。

【案例3-16】 梅某诉杜某、杜某华等房屋买卖合同纠纷案

一审法院认为,梅某与杜某华、罗某容签订的《安置房指标有偿转让协议》有效。关于涉案安置房买卖活动的当事人问题。梅某属于买方,应当毫无疑问。至于卖方系何人,首先,杜某华、罗某容以卖方的身份与梅某签订转让协议,其二人属于卖方,也应该没有争议;杜某等其余三人作为杜某华户下可享受安置房回购资格的安置对象,其虽然未在协议上签名,但从本案证据来看,《征地拆迁货币安置住房协议》、《安置房回购协议书》、缴款收据均系以杜某华(户主)名义签署和处理,作为该户的安置对象,其对此自然应当是知情且认可的,而在杜某华将案涉房屋出卖并交付梅某后长达14年的时间里,均未有证据显示杜某等三人对此提出过任何异议,可视为杜某等三人应系上述协议的卖方。其次,对于梅某来说,因实践中本区域内安置房办理产权登记的特殊性,在案涉房屋尚未办理产权登记的情况下,其可以信赖的唯有《安置房回购协议书》及缴款收据所体现的杜某华回购安置房的事实,而上述证据均是以杜某华一人的名义进行,梅某完全有理由相信杜某华即为案涉房屋的唯一权利人或者有权代表所有隐藏在拆迁还房安置协议书背后的其他安置对象处分案涉房屋。梅某作为买方已经按约定付清了房屋指标转让价款,并实际出资回购了涉案安置房屋,作为卖方的杜某华等5人应当按约定配合梅某办理案涉房屋的产权过户登记手续。现实际登记取得不动产权证的权利人仅为杜某一人,杜某作为卖方之一,理当按约定协助梅某将案涉房屋的产权过户登记至梅某名下,遂判决杜某协助梅某办理案涉房屋的产权过户登记手续。二审法院认为,一审判决认定事实清楚,适用法律正确。判决:驳回上诉,维持原判。[1]

(三)行政审批前置程序买卖合同效力

1. 划拨土地买卖合同效力

对涉及行政审批前置程序的买卖合同,主要为买卖划拨土地上房屋合同效力问题。根据《民法典》第三百五十七条规定,建筑物、构筑物及其附属设施转让、

---

〔1〕 参见国家法官学院、最高人民法院司法案例研究院编:《中国法院2021年度案例》(房屋买卖合同纠纷),中国法制出版社2021年版,第177~178页。重庆市第一中级人民法院(2019)渝01民终3788号民事判决书。

互换、出资或者赠与的，该建筑物、构筑物及其附属设施占用范围内的建设用地使用权一并处分。《城市房地产管理法》第四十条第一款规定，该房地产转让时应报有批准权的人民政府审批，获得批准后还应缴纳土地使用权出让金。上述规定所规范的是直接以土地使用权为合同标的转让的行为。因土地使用权的转让有可能改变土地使用权性质，涉及规划变更，同时，划拨土地为无偿取得，故需政府审批。而当事人在转让划拨土地上的房地产时约定将占用的国有划拨土地使用权概括转让，不适用该司法解释对合同效力的规定。也就是说，土地的划拨性质并不影响合同的履行。在办理过户前将划拨土地转为出让土地，合同当事人缴纳相应的争议土地出让金即可办理过户手续。当事人据此主张合同无效，法律应不予支持。有法官认为，划拨土地上的私有房屋可以转让，房屋买卖双方签订的房屋买卖合同并不因该划拨土地使用权转让是否报请有批准权的人民政府审批同意而影响其效力。〔1〕 由于建筑物和土地使用权不可分，我国法律确立了土地使用权与地上建筑物、其他附着物一同转让的原则，即通常所说的“房随地走”和“地随房走”。对于划拨土地的效力补正，最高人民法院民一庭认为，根据合同效力补正的原理，政府主管部门追认批准，并由划拨土地使用权的转让方与政府主管部门签订国有土地使用权出让合同，补交土地出让金，或者由划拨土地使用权的受让方与政府主管部门签订国有土地使用权出让合同，并交付土地出让金，或者转让合同签订后，政府主管部门将转让土地直接划拨给受转让方使用，当事人间订立的转让合同可视为有效。但政府主管部门的批准及手续的补办须在一审起诉前进行。〔2〕

司法实践中，诸多法院对涉及划拨土地上房屋的买卖合同认定为有效。

【案例3－17】 于某库诉董某斌、董某珍房屋买卖合同纠纷案

二审法院认为，上诉人于某库在一审提起诉讼之前，早已分别办理了涉案房屋的产权证书和土地使用权证，成为该房屋的合法产权人。于某库以合法产权人的身份与被上诉人董某斌、董某珍签订的房屋协议，依法成立。根据“地随房走”的原则，于某库在出售自己的房产时，其以划拨方式取得的土地使用权，在依法补办相应手续后，也是可以转让的。故于某库的上诉理由不能成立，应予驳回。原审认定事实清楚，证据充分，适用法律正确，判处恰当，审判程序合法，应予维持。〔3〕

---

〔1〕 参见吴环：《划拨土地上私有房屋转让合同具有法律效力》，载《人民司法·案例》2014年第18期。

〔2〕 参见最高人民法院民事审判第一庭编：《中国民事审判前沿》2005年第1集（总第1集），法律出版社2005年版，第183页。

〔3〕 参见《最高人民法院公报》2001年第4期。

【案例3-18】　曹某等诉崔某斌等房屋买卖合同纠纷案

二审法院认为，案涉房屋买卖合同，系双方当事人真实意思表示，未违反法律、行政法规的强制性规定，合法有效。曹某、季某称划拨土地上房屋不应进入市场流通，案涉合同无效，但从《城市房地产管理法》第四十条第一款“以划拨方式取得土地使用权的，转让房地产时，应当按照国务院规定，报有批准权的人民政府审批。有批准权的人民政府准予转让的，应当由受让方办理土地使用权出让手续，并依照国家有关规定缴纳土地使用权出让金”之规定来看，划拨土地上的房屋并非绝对禁止转让，只要办理土地出让手续、缴纳土地出让金后即可转让。且曹某、季某在订立合同时明知涉案土地为划拨土地，此后也未积极办理相应土地出让手续，故法院对曹某、季某该主张不予支持。崔某斌、徐某琴在原审审理中明确表示愿意继续履行合同，应视为徐某琴对案涉合同予以追认，故法院对曹某、季某该主张亦不予支持。二审法院判决：驳回上诉，维持原判。〔1〕

【案例3-19】　康某成诉董某辉、肖某瑜房屋买卖合同纠纷案

一审法院认为，原、被告及第三人肖某风签订的房产买卖协议合法有效。地址在泉州市鲤城区红梅新村A幢B室的房屋属于国有房地产公司开发的商品房。在房产买卖协议履行期间，泉州市国土资源局的《泉州市中心市区划拨国有建设用地使用权补办出让和转让有关问题的意见》对划拨国有建设用地使用权转让实施新政策，规定转让方转让包括诉争房屋在内的属于国有房地产公司开发的商品房，应补办土地出让手续，补缴土地出让金，办理原划拨土地分割土地使用权证才可以申请转让。该新的房产政策增加了国有房地产公司开发商品房转让的条件，但并非禁止性规定，原、被告仍应当全面履行房产买卖协议。二审调解结案。〔2〕

【不同处理】　个案中，有的法院对以划拨方式取得土地使用权的房屋买卖合同按无效认定。

【案例3-20】　福建省闽清县第一中学诉刘某强房屋买卖合同纠纷案

二审法院认为，根据1994年颁布的《城市房地产管理法》第三十九条的规定，“以划拨方式取得土地使用权的，转让房地产时，应当按照国务院规定，报有批准权的人民政府审批”。双方当事人对闽清一中取得讼争土地的方式为划拨均无异议，直至二审审理终结前，本案现有证据无法证明讼争房屋转

---

〔1〕　江苏省南通市中级人民法院（2013）通中民终字第0897号民事判决书。载《人民法院报》2013年11月21日，第6版。

〔2〕　参见国家法官学院案例开发研究中心编：《中国法院2013年度案例》（房屋买卖合同纠纷），中国法制出版社2013年版，第145页。

让时已经过有批准权的人民政府审批。故闽清一中诉请要求确认讼争房屋买卖合同无效,有事实和法律依据,应予以支持。一审判决认定事实基本清楚。上诉人刘某强的上诉请求没有事实和法律依据,不能成立,本院不予采纳。[1]

【案例3-21】 常州市工艺雕刻厂划拨土地上房屋买卖合同纠纷案

一审法院认为,以划拨方式取得的国有土地使用权未经市、县人民政府土地管理部门批准,不得转让。已经订立转让合同的,合同无效。[2]

2. 划拨土地买卖合同效力的例外

改变土地用地性质效力的认定,实践中有肯定说、否定说和待定说三种观点。有的法院从严掌握合同效力,将改变工业用地土地用途的房屋买卖合同认定为无效。

【案例3-22】 杨某哲诉吴某录房屋买卖合同纠纷案

二审法院认为,杨某哲与吴某录就诉争房屋签订《房产买卖居间协议书》,其中载明房屋用途为住宅。但根据吴某录与案外人厦门市大中亚实业有限公司签订的《房屋使用权合同》,诉争房屋所属项目的规划用途为员工(居住)办公综合楼,项目性质为企业自用。同时,(2011)厦鹭证松字第1302号公证书亦载明该项目所在地块的土地用途为工业(自用办公)。根据一般生活经验和社会常识,企业自用的员工(居住)办公综合楼与居民住宅的性质显然不同。工业用地与居住用地二者用地审批手续等显然也不相同,其性质不能混同。故吴某录与杨某哲就诉争房屋所签订的《房产买卖居间协议书》事实上变更了土地及房屋的规划目的和用途。吴某录上诉称没有改变土地及房屋用途,缺乏事实基础,本院不予采信。虽然吴某录表示双方签订《房产买卖居间协议书》时,杨某哲对土地用途及房屋情况等是清楚明了的,但即便杨某哲事先知情,当事人的意思自治也不能逾越法律的规定,双方擅自变更土地及房屋用途而签订的《房产买卖居间协议书》因违反法律、行政法规的强制性规定,当属无效。[3]

需要研究的是,擅自改变划拨土地用途建造商品房的合同效力。

---

〔1〕 参见国家法官学院案例开发研究中心编:《中国法院2013年度案例》(房屋买卖合同纠纷),中国法制出版社2013年版,第213页。

〔2〕 参见《江苏省高级人民法院公报》2012年第4期。

〔3〕 参见国家法官学院案例开发研究中心编:《中国法院2019年度案例》(房屋买卖合同纠纷),中国法制出版社2019年版,第268页。福建省厦门市中级人民法院(2017)闽02民终516号民事判决书。

【案例3-23】 维扬区经圩村委会诉王某福、经圩老年公寓公司合同无效纠纷案

一审法院认为，法院认定双方签订的《老年公寓入住协议书》实质是购买房屋协议，未经批准转让划拨用地上房产，故协议无效。村委会和老年公寓公司未经有批准权的政府批准，擅自改变土地用途，商业开发划拨土地，违反了法律的强制性规定，妨害了国家的土地管制秩序，损害了国家、集体或第三人利益，故认定合同无效。[1]

3. 划拨土地买卖合同生效的报批义务

以划拨方式取得土地使用权的，转让房地产时，应当按照国务院规定，报有批准权的人民政府审批。未经有批准权的人民政府审批，拍卖划拨土地上的房屋的合同行为，依法成立但尚未生效。合同报批义务是合同中的法定义务，不受合同是否生效的限制。对于一方当事人怠于履行报有批准权的人民政府审批的义务，相对方可以自行履行，必要时可以诉请协助履行。同时，还要考虑特殊性，对于那些不适宜继续履行的合同，法院不应支持办理报批手续。《民法典》第五百零二条第二款规定："依照法律、行政法规的规定，合同应当办理批准等手续的，依照其规定。未办理批准等手续影响合同生效的，不影响合同中履行报批等义务条款以及相关条款的效力。应当办理申请批准手续的当事人未履行义务的，对方可以请求其承担违反该义务的责任。"

【案例3-24】 王某诉大连非凡拍卖有限公司、大连油脂化学厂拍卖合同纠纷案

二审法院认为，首先，依照《合同法解释（一）》第九条规定，本案油化厂通过委托拍卖的方式转让涉案房屋及其附着国有土地使用权的合同行为，因未经有批准权的人民政府审批，应当确认依法成立但尚未生效，不涉及认定合同无效的问题。所以，油化厂关于拍卖行为及拍卖成交确认书应属无效的主张，依据不足，法院不予支持。其次，根据《拍卖法》第六条规定，拍卖标的应当是委托人所有或者依法可以处分的物品或者财产权利。本案拍卖标的物虽由油化厂委托拍卖且处于西岗法院查封状态，但只要经过西岗法院同意，油化厂按照合理的价格在指定的期限内处分查封财产，并用处分查封财产的价款清偿申请执行人债权的，该处分行为应属合法有效。故油化厂将其作为认定本案拍卖房屋及土地行为无效的主张，于法无据，法院不予采纳。最后，根据《合同法解释（二）》第八条规定，既然相对人可以自己办理

---

〔1〕 参见《江苏省高级人民法院公报》2012年第3期。

有关审批手续,那么要求对方当事人实施必不可少的协助行为完全符合司法解释本意。由此,一审法院判令油化厂履行协助王某办理审批过户手续的义务并无不妥,拍卖人非凡公司也应负有协助办理有关审批过户手续的义务。[1]

(四)法律管理性规定买卖合同效力

1. 无权属证书房屋买卖合同效力

《城市房地产管理法》第三十八条规定:"下列房地产,不得转让:……(六)未依法登记领取权属证书的……"本条系法律的强制性规定,但以此作为判断房屋房地产买卖合同效力标准有必要予以厘清。第三十八条规定是为了防止当事人不办理房地产权属证书就私自交易,损害国家对房地产的管理以及税收管理。本条文虽然属于禁止性规定,但这里规定的不得转让,应作限制性解释,仅指不发生物权变动效力,而不是一概否定买卖合同效力。该条规定仅是对物权行为的限制,而非对债权行为的限制。我国对包括房屋在内的不动产实行登记制度,但不动产登记仅是物权变动的成立要件,而非买卖合同成立的要件。第三十八条所指的"不得转让",是指不得发生物权变动,而非当事人不能订立债权合同。如果依据该规定认定买卖合同无效,在双方签订合同之后,即使卖方办理权属登记,取得房屋权属证书,双方买卖合同依然无效。如果双方办理过户,依据《民法典》规定要求恢复原状,不仅有违契约自由原则,另外也抑制市场交易机会,降低交易效率。禁止和不能还是有区别的,这里涉及价值考量问题。在判断合同是否因违反规定而无效时,一个重要的参考因素是,为了达到禁止规定所追求的目的,是否有必要使该合同无效。这样,禁止规定的规范目的便是问题的关键。如果单纯地通过对一方当事人作出处罚(如罚款),即可以实现该规范目的,则没有必要非得让合同无效,这对于保护合同相对人,保护交易安全无疑是有好处的。从第三十八条规定目的之实现的角度讲,既然无权属证书的房屋不能发生物权变动的效力,则行政管理的目的就达到了。至于买卖合同的效力,则属于《民法典》规制范围,依据合同自由原则,应当尊重当事人的意思自治。在买受人与开发商签订认购书或房屋买卖合同,但未实际取得房屋权属证书时,买受人还不是法律意义上的所有权人,买受人又向第三人出卖该房屋,开发商一般不会表达不同意见,故可以认为构成追认。对于开发商事后对合同不予追认的,也应区别情况对待。《房屋买

---

[1] 辽宁省高级人民法院(2015)辽审四民申字第1634号民事裁定书。

卖合同解释》第六条第二款规定:“当事人约定以办理登记备案手续为商品房预售合同生效条件的,从其约定,但当事人一方已经履行主要义务,对方接受的除外。”在买受人与开发商签订认购书,并交纳大部分认购金后,可以认定双方形成事实上的房屋买卖关系,买受人对开发商享有交付房屋并转移登记的请求权,属于可期待利益。买受人与第三人签订的房屋买卖合同,买受人在合同约定的履行期限届满时是否取得房屋所有权,主要影响合同是否能够继续履行,即买受人是否能向第三人交付房屋及办理房屋产权,而不影响买卖合同的效力。因此,不应仅以买受人在与第三人签订合同时尚未取得房屋所有权为由认定买卖合同无效。

【案例3－25】　黄某娥诉吴某舟等房屋买卖合同纠纷案

一审法院认为,涉案房产虽未办理物权转让登记,但不应影响该房产转让协议的法律效力。二审法院认为,《城市房地产管理法》虽规定未依法登记领取权属证书的房地产不得转让,但该规定不属于效力性强制性规定,违反该规定并不必然导致合同无效或不成立,故上诉人以此为由主张本案转让合同无效,本院不予支持。[1]

对于集资类型房屋的转让,法院处理该类纠纷中也持有效态度。

【案例3－26】　冉某诉马某山房屋买卖合同纠纷案

一审法院认为,马某山与南航海南公司在《购房协议书》中约定:所建房屋交付时暂不具备办理个人产权证条件。该项约定并未表明该房产永远不具备办理产权证条件,因此马某山在签订《集资建房转让协议》时应当能预见到该房产今后可以办证。故土地性质的变更、房产能否办证,系正常的商业风险,并非当事人签约时无法预见的。马某山已获得集资建房指标转让费,其合同目的已实现,继续履行合同并不会对其明显不公,故不符合适用情势变更的条件。马某山诉求适用情势变更原则解除转让协议理由不成立,当事人的合同义务仍需履行,马某山应按合同约定协助冉某办理房产更名手续。综上,马某山的上诉理由不能成立,不予支持。判决,双方签订的转让协议有效,马某山需协助冉某办理房屋更名手续。[2]

【案例3－27】　李某利、赵某会诉张某集资房买卖合同纠纷案

一审法院认为,“集资房”是计划经济向市场经济转轨过程中的一个过

---

〔1〕 参见国家法官学院案例开发研究中心编:《中国法院2013年度案例》(房屋买卖合同纠纷),中国法制出版社2013年版,第137～138页。

〔2〕 参见国家法官学院案例开发研究中心编:《中国法院2012年度案例》(房屋买卖合同纠纷),中国法制出版社2012年版,第236页。

渡性政策,产生于市场经济条件下商品房市场尚未建立、货币化分房尚未形成之际。目前各地一般对集资房的转让实行严格限制或否定的态度。如果集资房转让人在签订《房屋转让协议》时并未取得该集资房屋的所有权,其对集资房的权利属于资格权利,在法理上属于一种期待利益,属债权范畴,可依法转让。[1]

【不同处理】 实践中,也有法院对尚未取得房屋权属证书便转让房屋按无效认定的判例。

【案例3-28】 卓某莲、邱某斌诉中国工商银行营业部、福建省福兴拍卖有限公司房屋确权纠纷案

二审法院认为,工行营业部主张讼争房以房抵债的事实已经成就的理由也不能成立,且以房抵债行为属于一种变相的房地产转让,讼争房产至今尚未办理房屋产权证,该转让行为违反了《城市房地产管理法》第三十七条(后修改为第三十八条)的规定,也应属无效。[2]

【案例3-29】 丙诉某公司房屋买卖合同纠纷案

一审法院认为,未依法登记领取权属证书的房地产不得转让。原告丙与被告某公司在签订《售房合同书》时,被告某公司未依法登记领取房屋权属证书,且至今被告某公司仍未取得该房屋权属证书,丙明知某公司非产权人所购房屋未取得权属证书,仍然与某公司签订售房合同书,故双方签订的《售房合同书》无效,对此某公司与丙均有过错。[3]

【案例3-30】 何某与哈尔滨金展贸易有限公司房屋买卖合同纠纷案

最高人民法院认为,本案科贸楼属于临时建筑,依法不能办理产权手续。《城市房地产管理法》第三十七条明确规定:“未依法登记领取权属证书的,不得转让。”金友公司将本案临时建筑的房屋出售给何某,违反法律禁止性规定,故应认定双方所签《房屋购买租赁协议书》无效。

应注意的是,在二手房买卖合同中,出卖人未依法领取土地证书,未办理土地证过户不影响房屋买卖合同效力,势必对住宅房产购置和交易带来风险。

尚未履行完毕的房屋买卖合同,一直未办理过户登记,在该房屋遇到政府拆迁政策介入时,应坚持区分合同效力与物权效力,认定合同有效。

---

〔1〕 参见最高人民法院中国应用法学研究所编:《人民法院案例选》2008年第4辑(总第66辑),人民法院出版社2009年版,第154页。

〔2〕 参见最高人民法院中国应用法学研究所编:《人民法院案例选》2006年第3辑(总第57辑),人民法院出版社2007年版,第192页。

〔3〕 参见崔建远等:《民法原理与案例分析》,法律出版社2010年版,第113页。

【案例3-31】 李某诉王某房屋买卖合同纠纷案

一审法院认为,在履约过程中,由于王某的原因,未能按期办理过户登记。后在继续履行的过程中,区政府对该房屋拆迁,致使房屋买卖合同无法履行,对此双方都不承担合同不履行的赔偿责任。李某与王某房屋买卖合同签订后,虽然没有办理过户登记,但不影响债权合同的效力。不动产登记是作为房屋买卖合同所追求的法律后果,是房屋产权变动的公示要件而非房屋买卖合同的生效要件,王某主张房屋买卖合同无效,于法无据,不予支持。二审法院认为,原审认定李某与王某所签订的房屋买卖合同有效是正确的,应予维持。〔1〕

实践中,对未办理过户登记时,出卖方为获取拆迁补偿费提出解除合同返还价款等要求的,应坚持维持合同效力,结合具体案情处理。

【案例3-32】 王某、王某翠、刘某兰诉王某英房屋买卖合同纠纷案

原告以隐瞒真相手段在被告处取得房屋产权证,才办理签订了拆迁补偿协议,而后主张被告违约而解除合同。一审法院认为,王某富与被告双方签订的房屋协议是双方的真实意思表示,合法有效,应受法律保护,双方的权利义务应受合同的约束。二审法院亦持同样意见。再审法院准许王某英撤回再审申请。〔2〕 涉案房屋已被强制拆迁,从这一事实出发,卖方此时为买方办理房屋过户登记已不具现实意义。房屋的卖方即原产权登记人签订的拆迁补偿协议,在形式上具有获得补偿的表面要件,但实质上缺乏法律上的正当性。

实践中,对于预售商品房再行转让的合同按有效合同认定。这类纠纷中,双方当事人对“尚未登记领取证书”的事实往往是明知的,有些还约定如何过户、过户费如何分担等内容。根据当事人意思自治的原则,双方应承担相应的交易风险。

【案例3-33】 岑某清诉黄某彬房屋买卖合同纠纷案

二审法院认为,岑某清与黄某彬签订合同时,涉案房屋尚未竣工,黄某彬亦未到房产行政部门确权和领取权属证书,双方对此事实是明知的。也就是说,本案实质上是商品房预购人黄某彬将购买的未竣工的预售商品房再行转让给岑某清。而《城市房地产管理法》第三十八条“下列房地产,不得转让:……(六)未依法登记领取权属证书的……”规定不是效力性强制性规

---

〔1〕 参见北京市高级人民法院编:《审判前沿——新类型案件审判实务》(总第43集),法律出版社2013年版,第63页。

〔2〕 参见李国军、梁明山:《房屋买卖后未过户的效力认定》,载《人民司法·案例》2015年第6期。

定，而是管理性强制性规定，因为违反该规定并不影响出卖方的利益，也无损国家利益和社会公共利益。该条规定应该是指没有权属证书的房地产在法律上所有权不能转移，并不是指不能订立转让房地产所有权的合同，更不是指订立的转让合同无效。这从该法第四十六条的规定可以得到佐证，该条规定："商品房预售的，商品房预购人将购买的未竣工的预售商品房再行转让的问题，由国务院规定。"可见，我国并未明确禁止商品房预购人将购买的未竣工的预售商品房再行转让，也就是说，我国法律目前并未将该类合同认定为无效合同。因此，原判依据该条认定涉案《转让协议》无效，明显不当。岑某清与黄某彬签订的《转让协议》是双方的真实意思表示，合法有效。[1]

需要特别强调的是，《城市房地产管理法》第三十八条是行政管理性质的强制性规定，并非针对合同效力的强制规定，该条款不能作为判断合同效力的标准。

【案例3－34】 孙某国诉阙中学房屋买卖合同纠纷案

二审法院认为，因上诉人阙中学与被上诉人孙某国均系固始县观堂乡巴族村村民，其双方签订购买乡镇街道房屋的行为也不违反相关法律规定。故原审法院适用《城市房地产管理法》第三十八条之规定认定上诉人阙中学和被上诉人孙某国签订的协议无效显属适用法律错误，本院予以纠正，上诉人的此项上诉理由本院予以支持。[2]

2. 出卖共有房屋合同效力

实践中，房屋登记权利人出卖共有房屋，不符合法律规定或者合同约定条件引发的合同效力争议多发。《城市房地产管理法》第三十八条规定："下列房地产，不得转让：……（四）共有房地产，未经其他共有人书面同意的……"主流观点认为该条属于管理性强制性规范。登记部门在房屋买卖合同当事人申请办理房地产权属变更登记时，如果经审查发现，登记权利人出卖共有物并没有得到其他共有权人的同意，不符合法律规定的共有物处分条件或者当事人约定的共有物处分条件，则登记部门根据上述规定不予办理房地产权属变更登记手续。但是，对于这种管理性强制性规范的违反，并不导致登记权利人同买受人签订的房地产买卖合同无效的法律效果。

《民法典合同编通则解释》第十九条规定："以转让或者设定财产权利为目的

---

〔1〕 参见国家法官学院案例开发研究中心编：《中国法院2013年度案例》（房屋买卖合同纠纷），中国法制出版社2013年版，第2～3页。

〔2〕 参见国家法官学院案例开发研究中心编：《中国法院2018年度案例》（房屋买卖合同纠纷），中国法制出版社2018年版，第284页。

订立的合同,当事人或者真正权利人仅以让与人在订立合同时对标的物没有所有权或者处分权为由主张合同无效的,人民法院不予支持;因未取得真正权利人事后同意或者让与人事后未取得处分权导致合同不能履行,受让人主张解除合同并请求让与人承担违反合同的赔偿责任的,人民法院依法予以支持。前款规定的合同被认定有效,且让与人已经将财产交付或者移转登记至受让人,真正权利人请求认定财产权利未发生变动或者请求返还财产的,人民法院应予支持。但是,受让人依据民法典第三百一十一条等规定善意取得财产权利的除外。”

【案例3－35】　王某军与李某强、童某东房屋买卖合同纠纷案

二审法院认为,1003房屋虽然在购买时由王某军和李某强共同出资,属于二人共同所有,但该房屋购买之后一直登记在李某强的名下;在出售该房屋时,李某强并未告知童某东该房屋属于其同王某军共有的事实,且童某东也无法知悉王某军同李某强之间关于1003房屋的事实,故童某东购买1003房屋是善意的。另外,童某东购买1003房屋所支付的对价系签约时的市场价,此种对价是合理的,并不存在侵害王某军利益的情形。综上,一审判决认定事实清楚,适用法律正确。据此判决:驳回上诉,维持原判。

最高人民法院民一庭意见,出卖人与买受人签订房屋买卖合同,出卖登记在其个人名下的房屋,不符合《物权法》第九十七条关于共有物处分的规定或者当事人的另有约定,如果买受人是善意,且买卖合同约定的对价合理,但未办理房屋所有权变更登记手续的,其他共有权人请求确认房屋买卖合同无效的,人民法院不予支持。[1]

一般认为,当事人一方在缔约时以对标的物没有所有权或者处分权为由主张合同无效的,法律不予支持。只要合同为双方真实意思表示,且不违反法律、行政法规的效力性强制性规定,合同合法有效。实践中,该类纠纷主要发生在买卖标的房屋属于夫妻共有房屋或其他共有房屋的情形中。

【案例3－36】　郭某钊诉黄某花等房屋买卖合同纠纷案

二审法院认为,郭某钊主张黄某花与孙某楠签订《北京市存量房屋买卖合同》及《补充协议》系无权处分夫妻共同财产的无效行为,但该理由并非判断上述合同效力的法定事由,不能否定黄某花与孙某楠签订的《北京市存量房屋买卖合同》及《补充协议》之效力。依法成立的合同,受法律保护。黄某花与孙某楠签订的《北京市存量房屋买卖合同》及《补充协议》系双方当事人

---

〔1〕 参见最高人民法院民事审判第一庭编:《民事审判指导与参考》2013年第4辑(总第56辑),人民法院出版社2014年版,第130～133页。

真实意思表示，且未违反法律、行政法规之效力性强制性规定，合法有效。[1]

【案例3-37】 周某进诉谢某水等房屋买卖合同纠纷案

一审法院认为，周某进与谢某水、林某玉房屋买卖合同纠纷一案，房屋买卖合同的签订是原、被告双方的真实意思表示，该合同合法有效，被告林某玉主张的因其不知情而导致合同无效，与本院查明事实不符，不予采信；周某进要求二被告继续履行合同义务并协助过户的诉求，于法有据，本院予以支持；讼争房产的产权证已办出，但至本案庭审时，原告仍未还清第三人的贷款，抵押权尚在，按照双方签订的《房产预约买卖合同》的相关约定，讼争房项下的银行债务应由原告负责偿还，第三人要求全部贷款偿还后才办理产权过户的主张于法有据，本院予以支持。[2]

共有产权人容忍其他共有人代理签订的房屋买卖合同效力。产权登记为家庭成员共有的房屋，部分产权人在买卖合同上签名并代其余人签名，若有证据证明其余产权人对此明知但不作否认表示的，视为其余产权人同意出售房屋，该代签行为构成容忍代理。房屋买卖合同有效，购房人可要求全体产权人履行房屋买卖合同。

【案例3-38】 马某甲、马某乙诉王某甲、王某乙、王某丙房屋买卖合同纠纷案

一审法院认为，本案争议焦点在于被告王某甲代其他产权人与原告就系争房屋签订的《房屋转让协议》是否有效。第一，房屋买卖系家庭重大财产交易，且本案被告出售房屋系为被告家人筹集医疗费用，王某乙、王某丙、康某某对于其康某某治疗费用的来源应当知晓。第二，《房屋转让协议》系由被告王某甲提供，协议的电子版就存在王某乙、王某丙家中的电脑中，协议亦在王某乙、王某丙家中签订，表明王某甲并未向家人隐瞒系争房屋买卖事宜，王某乙、王某丙对此应当知情。第三，系争房屋买卖系通过居住在同一小区的姚某介绍，系争房屋交易之前曾有多人前来看房，表明该小区有较多居民知晓系争房屋欲出售的事实，被告王某乙、王某丙的住处距离系争房屋并不遥远，亦曾数次前往系争房屋所在小区看望亲人，对于系争房屋买卖事宜应当知晓。第四，王某乙、王某丙称其对自己动迁分得多少房屋并不清楚，以致系争房屋交付给原告后三年多也不知情，该陈述有悖常理。第五，《房屋转让协议》约定的房屋价款在签订协议当时并无明显不合理，价格方面未侵害房

---

〔1〕 参见国家法官学院案例开发研究中心编：《中国法院2016年度案例》（房屋买卖合同纠纷），中国法制出版社2016年版，第171页。

〔2〕 参见国家法官学院案例开发研究中心编：《中国法院2013年度案例》（房屋买卖合同纠纷），中国法制出版社2013年版，第109页。

屋权利人的合法权益。综上,法院认为,虽然《房屋转让协议》落款甲方签名为王某甲一人所签,但其余产权人对于系争房屋买卖事宜均应知情,且多年未提出异议,应视为对《房屋转让协议》的认可,系争《房屋转让协议》应为有效。因康某某已经去世,相关财产权利由其继承人即三被告继承。原告马某甲、马某乙业已按约付清全部房款,且系争房屋过户已不存在法律上的障碍,故被告应协助原告办理系争房屋的过户手续。[1]

夫妻按份共有的房屋,占有总份额的2/3以上的一方有权处分房屋,其签订的房屋买卖合同有效。

【案例3-39】 梁某秀诉黄某房屋买卖合同纠纷案

一审法院认为,关于黄某对涉案房产的处分权是否影响合同履行的问题。黄某于1999年12月即取得深圳市委党校住宅楼2栋×××号房的所有权,而此事实发生于黄某与陈某登记结婚之前,该房产应属黄某的婚前个人财产。2010年11月15日,黄某通过与深圳市教育局签订《房屋拆迁安置补偿协议》而将深圳市委党校住宅楼2栋×××号房用以置换房产,置换后的涉案房产增加了16.59平方米,对于增加的16.59平方米,因产生于黄某与陈某婚姻关系存续期间,故该增加部分(约占涉案房屋总面积总份额的19%),应属夫妻共同财产。因此,对于涉案房产,黄某个人享有81%的处分权,剩余19%的房产份额的处分权由黄某与陈某共同享有,即涉案房产属黄某与陈某按份共有,而黄某个人所占份额已占总份额的2/3以上,故陈某是否同意处分涉案房产并不影响黄某独立行使涉案房产的权利。因此,黄某有权与梁某秀签订房屋买卖合同以处分涉案房产,涉案合同不存在导致履行不能的权利瑕疵情形。二审法院亦持同样意见,维持原判。[2]

无权处分与合同效力并非必然有相同的结果,出卖人无权处分情形下的房屋买卖合同不因未取得处分权而无效。因出卖人未取得处分权致使房屋所有权不能转移的,买受人可以解除合同并请求出卖人承担违约责任。

【案例3-40】 梁某诉陈某房屋买卖合同纠纷案

二审法院认为,根据《民法典》第二百九十九条"共同共有人对共有的不动产或者动产共同享有所有权"和第三百零一条"处分共有的不动产或者动产以及对共有的不动产或者动产作重大修缮、变更性质或者用途的,应当经

---

〔1〕 参见吴兆祥主编:《房屋买卖、租赁案件裁判要点与观点》,法律出版社2016年版,第132页。

〔2〕 参见国家法官学院、最高人民法院司法案例研究院编:《中国法院2020年度案例》(房屋买卖合同纠纷),中国法制出版社2020年版,第151页。广东省深圳市中级人民法院(2018)粤03民终5145号民事判决书。

占份额三分之二以上的按份共有人或者全体共同共有人同意，但是共有人之间另有约定的除外”的规定，刘某和陈某属于共同共有案涉房屋，出卖该房屋应当经二人同意，但刘某独自将该房屋卖给梁某，属于无权处分，刘某为无处分权人。根据《民法典》第三百一十一条第一款的规定，2021 年 8 月 8 日，刘某与梁某签订案涉房屋的买卖合同，但该房屋已于 2014 年 6 月 18 日办理预售商品房买卖预告登记，并且陈某的一审委托诉讼代理人李某于 2022 年 9 月 9 日向建平县不动产登记中心查询案涉房屋情况时，该房屋仍为预告状态，权利人为刘某和陈某，根据《民法典物权编解释（一）》第十四条第一款的规定，梁某受让该房屋时在预告登记有效期内，且没有提供证据证明经过预告登记的权利人陈某的同意，据此应当认定梁某知道刘某无处分权，因此梁某受让该房屋时不是善意；刘某从朝阳天缘房地产开发有限公司购买案涉房屋价款为 304095 元，转让给梁某价款为 365000 元，属于合理价格转让；梁某购买案涉房屋后并没有办理不动产登记。综上，梁某没有取得案涉房屋的所有权，该房屋不归其所有，且案涉房屋买卖合同是刘某与梁某签订的，根据合同的相对性原则，案涉合同只对合同的当事人刘某、梁某产生法律约束力，对合同当事人之外的第三人陈某不具有法律约束力，因此梁某要求陈某协助办理房屋登记手续没有证据支持，没有法律依据，本院不予支持。根据《民法典》第五百九十七条第一款“因出卖人未取得处分权致使标的物所有权不能转移的，买受人可以解除合同并请求出卖人承担违约责任”的规定，由于刘某未取得案涉房屋处分权，致使梁某不能取得该房屋的所有权，即使依据双方签订的案涉房屋买卖合同判决刘某协助梁某办理房屋的登记手续，但在陈某不予协助的情况下仍然无法履行，从而不能实现合同目的，也不能真正地保护梁某的合法权益，因此梁某要求刘某协助办理房屋登记手续本院不予支持，梁某可以通过解除与刘某签订的案涉房屋买卖合同并要求其承担违约责任来维护自己的合法权益。综上所述，陈某的上诉请求成立，予以支持。判决：一、撤销辽宁省建平县人民法院（2022）辽 1322 民初 2983 号民事判决；二、驳回梁某的诉讼请求。[1]

3. 违反地方性法规合同效力

法院确认合同无效，应以全国人民代表大会及其常务委员会制定的法律和国务院制定的行政法规为依据，不得以地方性法规、行政规章为依据。

---

〔1〕 辽宁省朝阳市中级人民法院（2023）辽 13 民终 143 号民事判决书。

【案例3－41】　邓某琼、向某诉谭某全房屋买卖合同纠纷案

一、二审法院均以谭某全违法拆分房屋进行出卖，违反《房屋登记办法》《重庆市城镇房屋所有权登记办法》等法律法规的强制性规定，行为无效。再审法院认为，《房屋登记办法》《重庆市城镇房屋所有权登记办法》不属于法律、行政法规范畴，合同有效，但因房屋被拆分导致不能取得房屋产权变更登记，不能实现合同目的，邓某琼有权解除合同。[1]

4. 安置房买卖合同效力

拆迁人与拆迁户之间的安置协议实质上是一种特殊的"买卖"合同，是拆迁户以被拆迁房屋将来建好的商品房进行"互易"的协议。这种合同不是产权的互易。拆迁户失去了现存的居住房屋，换来的是拆迁人将来的、尚未建好的房屋，是拆迁户在拆迁过程中取得的一种期待权，在拆迁安置协议中体现的是一种债权，即要求拆迁人给付房屋的权利。该种权利不属于《民法典》第五百四十五条不得转让的情形，故拆迁户可以将该种权利进行转让，也不属于违反法律效力性强制性规定。《城市房地产管理法》第三十八条规定只是管理性规范，拆迁户与购房人签订的房屋买卖合同有效。

【案例3－42】　黄某诉李某清房屋买卖合同纠纷案

一审法院认为，原、被告双方签订的《关于房屋转让合同协议书》，是对安置房屋和安置门面的买卖。该安置房屋和安置门面系被告依据湘潭市九华经开发区的拆迁补偿政策取得，并非被告在集体土地或者宅基地上建立的房屋。因买卖此类拆迁安置房屋而订立的合同，不违反法律、行政法规的强制性规定，并不属于《合同法》第四十四条、第五十二条规定的无效情形。另外，我国《物权法》第十五条也规定：当事人之间订立有关设立、变更、转让和消灭不动产物权的合同，除法律另有规定或者合同另有约定外，自合同成立时生效；未办理物权登记的，不影响合同效力。因此，原、被告双方签订的《关于房屋转让合同协议书》有效。[2]

安置房不同于普通商品房，其来源是对原有被拆迁物的实物补偿，即使安置房被认定为危房进而重新安置，仍然是对原有被拆迁物的实物补偿。而安置房的二手交易指向的标的物本质上就是对原有被拆迁物的实物补偿的交易。因此，购房人基于原有安置房交易合同主张出卖人将重新安置的房屋再次交付给购房人

---

〔1〕　参见国家法官学院案例开发研究中心编：《中国法院2014年度案例》（房屋买卖合同纠纷），中国法制出版社2014年版，第157页。

〔2〕　参见国家法官学院案例开发研究中心编：《中国法院2017年度案例》（房屋买卖合同纠纷），中国法制出版社2017年版，第109页。

合法合理,客观上购房人所持的原有安置房终究要被政府收回。购房人与出卖人签订的安置房买卖合同有效,购房人可以基于交易合同主张出卖人交付重新安置房。

【案例3-43】 江某、李某佛诉朱某清、朱某琴房屋买卖合同纠纷案

二审法院认为,《购房协议书》约定由江某、李某佛向朱某清、朱某琴购买朱某琴位于福州马尾儒江村外垱27号部分住宅的拆迁安置房。朱某清在一审庭审中亦已对案涉《购房协议书》为何由朱某清、朱某琴签署作出说明。虽然《购房协议书》并未约定具体的小区、楼号、房号,但协议书的标的物,即朱某琴就福州马尾儒江村外垱27号部分住宅产生的拆迁安置权益所指向的对象是明确且具有唯一性的,故一审法院认定案涉《购房协议书》成立并无不当。朱某清、朱某琴主张该协议书应属预约合同,但其主张适用的《商品房销售管理办法》第十六条规定的是房地产开发企业和买受人之间订立书面商品房买卖合同应具备的内容,故其该项诉请依据不足,法院不予采纳。本案中,双方当事人买卖的标的物系朱某琴签订的《拆迁安置协议书》项下的拆迁安置房,朱某清、朱某琴提供的证据不足以证明《拆迁安置协议书》具有上述导致合同无效的情形,且朱某清、朱某琴在一审程序中以江某、李某佛根本性违约为由诉请解除《拆迁安置协议书》,合同解除系当事人根据法律规定或者合同约定,终止已成立的合同行为,故其诉请案涉《拆迁安置协议书》无效依据不足,法院不予支持。[1]

安置房权利主体直接决定房屋买卖合同效力。

【案例3-44】 陈某旭诉唐某东房屋买卖合同纠纷案

一审法院认为,本案中原、被告之间签订的《房屋买卖协议书》是双方当事人的真实意思表示,合法有效,双方当事人均应按照协议书的约定行使权利、履行义务。第三人赵某英、唐某芬、唐某娣系唐某荣的法定继承人,但案涉房屋所对应的被拆迁房屋的动迁材料及《商品房买卖合同》等均由唐某东签署,相应的手续均由唐某东经办,相关材料及合同中明确被拆迁房屋的权利人、拆迁安置对象及拆迁安置房已备案的买受人为唐某东。第三人对此均未提出异议,说明第三人均同意唐某东为案涉房屋的权利人。陈某旭签订合同时有理由相信唐某东对案涉房屋具有相应的处分权,且陈某旭已按照协议书的约定超额支付了办理过户登记手续前应当给付唐某东的购房款,唐某东

---

〔1〕 参见国家法官学院、最高人民法院司法案例研究院编:《中国法院2020年度案例》(房屋买卖合同纠纷),中国法制出版社2020年版,第140~141页。福建省福州市中级人民法院(2018)闽01民终7680号民事判决书。

的前妻王某亦表示同意唐某东出售案涉房屋。案涉房屋已经具备领取不动产证书及过户的条件。陈某旭亦同意负担案涉房屋登记至名下的过程中应缴纳的各项税费，并且已将尚未支付的购房款汇付至一审法院指定的账户，故《房屋买卖协议书》应当继续履行，办理相应的过户手续。另外，即便唐某东的前妻王某对唐某东签订协议出售案涉房屋并不知情，但事后王某对唐某东出售案涉房屋表示同意，也不影响本案《房屋买卖协议书》的效力和履行。二审法院亦持同样意见，维持一审判决。〔1〕

5. 转让被查封房屋合同效力

《城市房地产管理法》第三十八条规定，司法机关和行政机关依法裁定、决定查封或者以其他形式限制房地产权利的房地产不得转让。有的地方法院就此制定指导意见，如广东省高级人民法院印发的《全省民事审判工作会议纪要》规定："不动产被依法查封后，当事人订立转让该不动产的合同，可认定有效。但转让合同约定在该不动产解封前办理过户登记手续的条款无效。出卖人不能依约履行合同，买受人要求解除合同的，应予支持；买受人要求出卖人继续履行合同并在该不动产解封后办理过户登记手续的，应予支持。出卖人故意隐瞒不动产被查封的事实与他人签订转让合同，买受人请求撤销转让合同的，应予支持。"

当事人订立转让合同后房屋被查封的，不影响房屋转让合同效力。广东省高级人民法院印发的《全省民事审判工作会议纪要》规定："当事人订立转让不动产的合同后，该不动产被依法查封，不能因该不动产被查封而否定该转让合同的法律效力，但受让人要求解除合同并赔偿损失的，可予支持。买受人请求判令出卖人在解封前办理过户登记手续的，人民法院应向其释明可以变更诉讼请求为解除合同或在解封后办理过户登记手续；买受人坚持不变更的，驳回该项诉讼请求。"

卖方未协助办理房屋产权变更登记手续，导致房屋被查封，房屋买卖行为有效。

【案例3-45】　韦某丽诉邓某宁等确认合同有效纠纷案

一审法院认为，原告与被告签订的《房屋转让合同书》是合法有效合同。签订合同后，原告已将购买房款给付被告，履行了合同义务，而被告也依合同约定将房屋交付给原告使用和居住，原告已实际占有房屋。虽然，该房屋产权没有办理变更登记到原告名下，但并不是原告的过错，系因被告辞职下岗后无法查找所致。原告取得房屋的实际控制，并不存在主观上与被告恶意串

---

〔1〕 参见国家法官学院、最高人民法院司法案例研究院编：《中国法院2020年度案例》（房屋买卖合同纠纷），中国法制出版社2020年版，第148页。江苏省苏州市中级人民法院（2018）苏05民终9190号民事判决书。

通,损害第三人利益的问题。根据《查封、扣押、冻结规定》第十七条规定的精神,对原告取得的房屋应视为原告取得了房屋的准物权。原告诉请被告协助办理房产变更登记,本院予以支持。[1]

6. 买卖违章建筑合同效力

违章建筑虽然违反的是国家法律的强制性规定,但从法条以及实际操作来看,违章建筑的买卖违反的并非效力性规定,而是管理性规定。违章建筑的违法性并不能导致其买卖合同无效。同时,根据债权行为与物权行为相区分原则,违章建筑买卖的债权效力能否生效,取决于订立该买卖合同的债权行为的效力,违章建筑的违法性不能阻却合同的有效性。违章建筑具有与合法建筑相同的使用价值。买卖双方在交易时一般经过充分沟通,购房人对建筑物的现状亦有所了解,其明知不能办理过户手续看重的是违章建筑的使用价值,买卖双方据此达成交易合意。"一刀切"地将违章建筑买卖合同认定为无效,不可避免地会打破通过违章建筑买卖合同建立起来的交易秩序,扰乱了双方当事人的心理预期,这是双方当事人均不希望的。另外,违章建筑的买卖在一定的时空可以做到物尽其用,发挥物的最大效用,满足特定群体的实际需要,也促进了商品的流通,实现资源的优化配置。

【案例3-46】 陈某文诉杨某霞、顾某强房屋买卖合同纠纷案

一审法院认为,杨某霞、顾某强与陈某文形成房屋买卖合同关系,内容没有违反法律、行政法规的强制性规定,也不存在其他无效之情形,是合法有效的合同。现陈某文请求确认合同无效的理据不足,应予驳回。杨某霞、顾某强反诉请求陈某文支付余款36000元,由于双方约定在2014年12月14日支付该款,现未达到付款条件,故对杨某霞、顾某强的反诉请求,不予支持。二审法院亦持同样意见,维持原判。[2] 本案判决的意义在于确立了"违章建筑违法性不能阻却买卖合同的有效成立"的裁判规则。

限制交易房屋买卖合同的效力。房屋行政主管部门对未经审批而改建、重建的房屋,可因现实状况与不动产登记簿记载的权利状况不一致,将其认定为附有违法建筑并结构相连的房屋并限制交易。如何认定这类房屋买卖合同的效力,实践中存在分歧。善意买受人根据不动产登记的公示公信原则,确信登记的权利状态与现实状态相一致,此信赖利益应予保护。根据区分原则,房屋因附有违法建

---

〔1〕 参见国家法官学院案例开发研究中心编:《中国法院2017年度案例》(房屋买卖合同纠纷),中国法制出版社2017年版,第135页。

〔2〕 参见国家法官学院案例开发研究中心编:《中国法院2017年度案例》(房屋买卖合同纠纷),中国法制出版社2017年版,第138页。

筑而无法过户属合同履行范畴，不应影响合同效力。因此，这类房屋如不具备《民法典》第一百五十三条的无效情形，应当认定为有效。

【案例3－47】 丁某如与石某房屋买卖合同纠纷案

一审法院认为，涉讼买卖合同对标的物坐落位置、建筑面积、房屋类型等的约定，与不动产登记簿记载的内容一致。该不动产登记簿记载的内容具有公示、公信效力，一方面表明被告为涉讼房屋的登记权利人，依法享有该房屋的所有权和土地使用权；另一方面表明涉讼房屋的登记信息具有权利的正确性推定效力，可推定登记的权利状态、范围与现实的客观状态相符。善意相对人因信赖该登记的正确性而与登记权利人签订合同，该合同的效力不因登记的错误或权利内容的状态而受影响。原、被告签订买卖合同时，虽然房屋现状与登记信息不一致，但双方在合同中记载的仍是登记的房屋状况，且被告石某未举证证明其于签订买卖合同时，已将涉讼房屋现状与登记信息不符的事实如实告知原告丁某如。因此，原告对于本案纠纷的发生无过错，应属善意信赖不动产登记信息的合同当事人，法律应当保护原告的此种信赖利益，此亦系强化不动产公示、公信效力的要求。虽然涉讼房屋被行政机关限制交易，买卖合同的履行可能存在障碍，但根据我国物权区分原则，转让不动产的合同，除法律另有规定或合同另有约定外，自合同成立时生效，未办理物权登记，不影响合同效力。因此，不能因涉讼房屋过户存在障碍就否认其买卖合同的有效性。原、被告就涉讼房屋签订的买卖合同，不具备《合同法》第五十二条规定的无效情形，应属有效。二审法院亦持同样意见。[1]

欠缺行政许可的商品房买卖合同效力转化问题。在影响商品房买卖合同效力的因素中，缺失建设用地规划许可证、建设工程规划许可证属于认定合同无效的标准，不允许转化；对于国有土地使用权证是属于管理性还是效力性强制性规定有争议可以暂不讨论；对未取得商品房预售许可证的买卖合同允许在起诉前转化为有效。实践中开发商未取得商品房预售许可证，但在起诉前标的房屋已从期房转化为现房，此时商品房预售合同效力实践中有不同认定：有的法院直接依据《房屋买卖合同解释》第二条认定合同无效，亦有法院认为，在商品房转化为现房后，已经具备交付业主使用的条件，商品房预售许可要件的缺失已在事实上得到补正，因此商品房买卖合同应当认定有效，以促进市场流通并维护诚信交易。详见汪某杰诉益林开发公司洪斌分公司商品房买卖合同纠纷案。[2] 笔者赞同后一

[1] 参见《最高人民法院公报》2012年第11期。
[2] 参见《江苏省高级人民法院公报》2010年第6期。

种观点。

（五）特殊情形下买卖合同效力

1. 标的房屋产权性质未定合同效力

依据合同法原理，合同标的应具有可能性、确定性、合法性、妥当性。当购房人以房屋是经济适用房为由请求法院判令合同无效，即以合同标的不合法为由请求确认合同无效，在对于交易房屋性质未定阶段的情况下，也不宜认定合同为无效。如果最终房屋确定为经济适用房，违反国家关于经济适用房的上市限制规定，一方面，购房人可以再次提起诉讼，请求确认合同无效；另一方面，由于我国不动产物权变动采取登记主义，即使购房人不申请确认合同无效，双方不法交易目的同样不能实现。

【案例3－48】 戴某彬诉柳某红房屋买卖合同纠纷案

二审法院认为，根据戴某彬提交的证据，讼争房屋的开发单位世纪景公司曾出具证明证实该房屋性质系经济适用住房，但经一审法院核实，世纪景公司又称讼争房屋尚未办理产权证明，产权性质应以建委的最终界定为准。二审审理中，经法院核实，双方均认可讼争房屋尚未建成，且戴某彬亦未提交其他证据证明其主张。结合上述事实，本院尚不能确定讼争房屋性质，亦不能确定双方之间合同效力。故戴某彬主张合同无效的上诉请求，缺乏事实依据，法院不予支持。判决：驳回上诉，维持原判。[1]

2. 集资房转让合同效力

这里的集资房，主要是指国家机关、部队或单位自行开发，且对内部工作人员出售的房屋。集资房转让合同中，出卖人卖的不是指标，而是将来可能取得的房屋。此类纠纷的标的物并不具有人身属性。集资单位是否同意转让只能影响到集资单位与房屋出卖人之间的买卖合同关系。集资单位不同意转让只能说明集资单位不同意职工将合同权利义务转让给他人。房屋买受人均是以房屋出卖人的名义交款、办理手续，二者间形成的是委托交款关系。买受人并非直接取代出卖人的地位，而是与房屋出卖人之间形成独立的买卖关系，该买卖关系与集资单

---

〔1〕 参见国家法官学院案例开发研究中心编：《中国法院2012年度案例》（房屋买卖合同纠纷），中国法制出版社2012年版，第168页。

位无关。虽然集资房资格体现了福利性质，但是买受人并非直接享受该福利政策，而是在出卖人根据相关政策取得资格后，将将来可能取得的房屋出售给出卖人。房屋出卖人在签订合同时虽未取得房屋的处分权，但是签订合同时对房屋是否享有处分权不应当影响合同的效力。也就是说，出卖人即使未办理集资房权属登记，其对外签订的集资房转让合同有效。

【案例3-49】　刘某光诉陈某房屋买卖合同纠纷案

一审法院认为，双方就集资房买卖达成的口头合同有效。集资房虽具有福利性、特殊性，但陈某所在单位并无明文规定不得转让，陈某可以选择享有房屋还是货币，双方达成的集资房转让协议应受法律保护。房屋买卖合同的效力应依据《合同法》来判断，而不能以房屋是否已经办理权属证书为标准进行判断。《城市房地产管理法》第三十八条系管理性的规定，而非针对转让合同效力的强制性规定。因此，违反该条规定的转让条件，并不导致合同无效。没有办理房屋权属证书的，不影响房屋转让合同的效力。陈某未提供证据证明是向刘某光借款交纳集资建房款并已偿还刘某光集资房转让费12000元。一审法院判决：刘某光与陈某于2003年3月14日达成的集资房转让合同有效。二审法院持同样意见，维持一审判决。[1]

【案例3-50】　冯某谦、隋某怀诉莫某宽、董某敏转让购房指标合同纠纷案

一审法院认为，被告莫某宽受被告董某敏委托，以自己的名义与原告冯某谦签订购房指标转让协议时，已经明确表示其行为是代理行为，原告冯某谦对此是知道的，故被告莫某宽与被告董某敏之间形成的是隐名代理关系，被告莫某宽的代理行为所产生的法律后果直接归属于被告董某敏。协议签订后，被告董某敏依约向原告冯某谦支付了购房指标转让费45000元和购房款105000元，且在支付完全部房款后，已入住涉案的房屋。上述事实足以说明被告董某敏是上述购房指标转让协议的真正缔约人和实际受益人，也就是说，其应是购房指标转让关系的一方当事人。因此，原告请求确认冯某谦与被告莫某宽之间的购房转让协议无效，没有事实和法律依据，法院不予支持。判决：驳回原告冯某谦、隋某怀的诉讼请求。[2]

定向购买商品房指标转让合同效力。该种转让实质上是对房屋预期定向购买资格的转让。基于特定身份取得的房屋定购资格转让，不违反法律、行政法规的效力性强制性规定，宜认定定向购买商品房指标转让合同有效。

---

〔1〕　参见国家法官学院案例开发研究中心编：《中国法院2012年度案例》（房屋买卖合同纠纷），中国法制出版社2012年版，第234～235页。

〔2〕　参见国家法官学院案例开发研究中心编：《中国法院2012年度案例》（房屋买卖合同纠纷），中国法制出版社2012年版，第219～220页。

【案例3-51】 张某华诉熊某先商品房买卖合同纠纷案

一审法院认为,本案系房屋定购指标转让纠纷,诉争定购指标指向的房屋是长沙市芙蓉区政府单位统一委托开发定向销售的房屋。房屋定购指标转让是什么法律性质的转让,转让是否有效,成为本案争议焦点。熊某先基于长沙市芙蓉区政府系统单位职工的特定身份,有权取得购买本单位定向销售房屋的资格。此时,她与张某华之间的购房指标转让实质是对其预期定购房屋资格的转让,是一种权利的转让。事后,购房户与开发商签订了《商品房买卖合同》,实际取得了购买商品房的资格。张某华和熊某先约定有偿转让指标,张某华也实际支付了转让费,并以熊某先的名义向开发商交纳了购房款,双方的指标转让合同已实际履行。对于基于特定身份取得的房屋定购资格是否能够进行转让,我国现行法律、行政法规未作强制性规定。本案中,张某华与熊某先关于房屋定购资格转让的意思表示真实,开发商也以允许缴纳过户费用办理房屋更名手续的方式对此种转让予以认可。因此,张某华和熊某先之间的定向购买商品房指标转让合同有效,张某华和熊某先均应按合同履行义务。二审法院亦持同样意见,维持原判。[1]

3. 公房买卖合同效力

出卖人明知购房人不符合公房买卖合同约定而主张合同无效问题。房屋买卖合同约定购房人需具有北京户口,但该内容是出卖人依据《北京市职工购买公有住宅楼房的办法》提出的,出卖人售房时明知购房人并无北京户口,其出售房屋后主张合同无效的,法律不予支持。因为,该房屋买卖合同不属于《民法典》规定的合同无效的任何一种情形,出卖人认为合同无效,没有法律依据。

【案例3-52】 铁道部机关服务局诉周某明等房屋买卖合同纠纷案

二审法院认为,铁道部机关服务局以孟某珍在签订合同时不具有合同约定的北京市城镇正式户口,请求确认该房屋买卖合同无效,于法无据,不予支持。判决:驳回上诉,维持原判。[2]

自管公房转让合同效力问题。自管公房私自转让合同从本质上讲,并不属于房屋买卖合同,其性质属于使用权转让合同,即使用人以自愿放弃原有房屋的使用权为代价,将房屋的使用权有偿转让给受让人,是一种债权化的物权。公房使用权实际上是用人单位对职工住房消费的补贴,体现了劳动价值,所以使用权人

---

〔1〕 参见最高人民法院中国应用法学研究所编:《人民法院案例选》2012年第4辑(总第82辑),人民法院出版社2013年版,第121页。

〔2〕 参见国家法官学院案例开发研究中心编:《中国法院2012年度案例》(房屋买卖合同纠纷),中国法制出版社2012年版,第221~222页。

与产权人相比在收益权上具有优先权。由于使用人对房屋使用权的放弃行为性质应定性为处分，放弃后将丧失房屋购买资格，对房屋所有权人而言有可能侵害房屋使用权人的选择权，因此，必须得到房屋所有权人的同意或追认。当然，合同效力追认方式可以宽泛化、非要式化，既可以明示，也可以默示。在自管公房使用权转让情形下，由于不存在效力性强制性规范禁止此类行为，故此类行为并非当然无效。公房转让合同的效力要结合缔约时间、履行状况等因素并依据诚实信用原则综合判断。

【案例3－53】　李某萍诉胡某军房屋买卖合同纠纷案

一审法院认为，确认原、被告所签《房屋买卖合同》的效力，应考虑房屋所有权人对原、被告之间的转让行为是否予以认可。原、被告双方诉争之房屋属金隅嘉业公司所有，该公司将诉争房屋委托金福苑康物业公司管理，金隅嘉业公司为委托人，金福苑康物业公司为受托人，现金福苑康物业公司得到金隅嘉业公司全权管理的授权，与被告签订《房屋租赁合同》，表明金福苑康物业公司已经知悉原告将房屋转让给被告的行为，并且同意原告与被告之间的房屋转让行为，产生的法律效力应当及于委托人金隅嘉业公司。因原告在转让房屋时，被告有理由相信原告转让房屋的行为系原告夫妻共同协商一致的结果，故原告表示未取得其配偶同意的意见，法院不予认定。判决：驳回原告李某萍的诉讼请求。[1]

【案例3－54】　芦某穆诉厦门市金桥科教拥军促进会房屋买卖合同纠纷案

二审法院认为，依据《厦门市城镇土地基准地价和厦门市地价征收管理若干规定》（厦府〔2016〕49号文）第三十九条之规定，讼争房产作为划拨商品房可以直接上市交易，双方之间签订《购房合同书》系真实意思表示，并未违反相关法律法规，应认定合法有效。双方均应依约履行。[2]

具有公房居住权的房屋买卖合同效力问题。公房居住权来源于两种：一种是国家住房福利政策，是基于家庭人口因素而获得的居住权利；另一种是承租人对迁入者居住权自愿保障，是一种权利让渡。对于后一种居住权，一旦其以其他方式获得了住房保障，则居住权消灭，则不能限制承租人取得公房后所有权人再出售房屋，其出卖合同应认为有效。

---

〔1〕　参见国家法官学院案例开发研究中心编：《中国法院2012年度案例》（房屋买卖合同纠纷），中国法制出版社2012年版，第227页。

〔2〕　参见国家法官学院案例开发研究中心编：《中国法院2018年度案例》（房屋买卖合同纠纷），中国法制出版社2018年版，第154页。

【案例3－55】 钱某珏诉钱某来等房屋买卖合同纠纷案

一审法院认为,本案中,原告并非系争房屋的原始受配人,在系争房屋中并无财产权益,反而是长阳路房屋的原始受配人,且在长阳路房屋动迁中获得过动迁利益。原告户籍在1990年迁入系争房屋,是基于父母对其抚养义务给予的居住保障,但事实上原告当时即另有住所,并未在此实际居住。此后,原告父母又购买了东长治路房屋,并将原告也登记为共有产权人之一,则原告已经获得了自己名下的产权房屋,足以保障其居住权益。可以想见,如果原告回国,其首选的居住房屋,显然应当是建筑面积达130.63平方米,其自身为共有产权人之一的东长治路房屋,而不是建筑面积仅26.80平方米,其从未实际居住的系争房屋。既然原告对东长治路房屋的权益已能够充分保障其居住需要,则原告再以户籍为依据主张对系争房屋的居住权,显然有悖公平。据此,法院认定原告无权限制钱某来作为产权人对系争房屋作出的处分,对原告要求确认两被告之间房屋买卖合同无效的诉讼请求不予支持。二审法院认为,钱某钰主张其为系争房屋同住人,由此要求确认钱某来与金某就系争房屋的买卖合同无效,对此应就钱某珏是否拥有限制钱某来作为产权人处分系争房屋的权利进行审查。一审法院从系争房屋的原始受配、钱某钰确从长阳路房屋获得照顾安置款、钱某珏为东长治路房屋产权人之一以及居住情况等方面作了详尽的阐述,二审法院予以认同。钱某珏的上诉请求缺乏事实和法律依据,二审法院难以支持。一审认定事实清楚,判决并无不当。据此判决:驳回上诉,维持原判。[1]

4.两种类型合同并存时合同的效力

商品房买卖和民间借贷两个合同同时存在时的效力。双方当事人基于同一笔款项先后签订商品房买卖合同和借款协议,并约定如借款到期,偿还借款,商品房买卖合同不再履行;若借款到期,不能偿还借款,则履行商品房买卖合同。在商品房买卖合同、借款协议均依法成立并生效的情况下,应当认定当事人之间同时成立了商品房买卖和民间借贷两个民事法律关系。该行为并不违反法律、行政法规的强制性规定。借款到期,借款人不能按期偿还借款。对方当事人要求通过履行商品房买卖合同取得房屋所有权,不违反《民法典》第四百零一条有关“禁止流质”的规定。

---

〔1〕 参见郭伟清主编:《2015年上海法院案例精选》,上海人民出版社2016年版,第36～37页。

【案例3－56】 朱某芳与山西嘉和泰房地产开发有限公司商品房买卖合同纠纷案

最高人民法院认为，本案双方当事人实际上就同一笔款项先后设立商品房买卖和民间借贷两个法律关系。山西省高级人民法院再审认为本案双方是民间借贷合同关系而非商品房买卖合同关系不当，应予纠正。从本案14份《商品房买卖合同》和《借款协议》约定的内容看，案涉《商品房买卖合同》与《借款协议》属于并立又有联系的两个合同。案涉《商品房买卖合同》与《借款协议》之间的联系表现在以下两个方面：其一是案涉《商品房买卖合同》与《借款协议》涉及的款项为同一笔款项；其二是《借款协议》约定以签订商品房买卖合同的方式为《借款协议》所借款项提供担保，即双方当事人实际是用之前签订的14份《商品房买卖合同》为之后的签订的《借款协议》提供担保。同时《借款协议》为案涉《商品房买卖合同》的履行附设了解除条件，即借款到期，嘉和泰公司还清借款，案涉《商品房买卖合同》不再履行；借款到期，嘉和泰公司不能偿还借款，则履行案涉《商品房买卖合同》。综上，案涉14份《商品房买卖合同》和《借款协议》均为依法成立并生效的合同。[1]

商品房买卖合同与抵押贷款合同是两个相互独立的合同，不具有主从性，因此商品房买卖合同无效并不必然导致抵押贷款合同无效。

【案例3－57】 陈某诉新金世界公司(原惠州东江湾房地产开发有限公司)房屋买卖合同纠纷案

二审法院认为，《广东省商品房买卖合同》与《住房抵押贷款合同》之间具有紧密联系但又相互独立。当商品房买卖合同因法律规定的原因被宣布无效或被撤销以后，将会导致按揭贷款的担保物发生变化，但并不必然造成按揭贷款合同无效或被撤销。本案中，新金世界公司为套取银行贷款，与陈某签订虚假的《广东省商品房买卖合同》，虚假约定陈某向新金世界公司购买其开发的金世界花园房产，其最终合同目的套取银行贷款，属于以合法形式掩盖非法目的，应当认定为无效。但由于两份合同之间不具有主从关系，《广东省商品房买卖合同》无效，并不必然导致《住房抵押贷款合同》无效。从现有证据来看，相关行政部门的调查结论，中国银行惠州分行在审查发放住房抵押贷款时存在一定的过错，但没有证据证明，中国银行惠州分行与陈某、新金世界公司签订《住房抵押贷款合同》之时，对新金世界公司利用虚假商品房买卖套取银行贷款知情，并且合同中各方当事人签字、盖章均为真实。因此，应当认定《住房抵押贷款合同》合法有效。原审判决认定《住房抵押贷

〔1〕 参见《最高人民法院公报》2014年卷。最高人民法院(2011)民提字第344号民事判决书。

款合同》无效错误,法院予以纠正。[1]

5. 以房抵债协议效力

建设工程结算之前达成的以房抵债协议的效力。在建设工程结算之前,建设方和施工方对部分工程欠款达成以房抵债协议的,视为双方间的买卖合同关系,该以房抵债协议有效。更多内容见本书专题一房屋买卖合同纠纷概述相关阐述。

【案例 3-58】 浙江环宇建设有限公司西安分公司与陕西锐捷实业有限责任公司商品房买卖合同纠纷案

二审法院认为,《抵房协议》及《补充协议》是当事人的真实意思表示,内容不违反法律、行政法规的强制性规定,为有效协议。虽然锐捷公司与环宇公司就"丽湾蓝岛"项目未进行决算,且在《抵房协议》中双方也注明工程款以最终决算为准,但是在决算之前,双方先行将1700万元的工程款进行以房抵债,并签订《商品房买卖合同》,是合同双方行使自由处分权的结果,该合同行为不违反法律、行政法规的强制性规定,应为有效协议,对双方当事人具有法律效力。锐捷公司以工程未进行决算、抵房协议履行的前提不存在为由要求解除关于车位的商品房买卖合同,与双方《抵房协议》已经初步确认1700万元工程款的事实以及已经抵付10套商品房的履约事实不符,本院不予支持。[2]

6. 房屋抵押期间买卖合同效力

已设定抵押登记房屋的房屋买卖合同效力判断,主要是看房屋买卖是否符合一定的条件。根据房屋买卖协议,在受让方按合同约定支付价款的前提下,转让方负有将房屋产权变更登记到受让方名下的义务,含使转让房达到转让条件,包括解除房屋上的抵押(合同各方另有约定的除外)。被转让房屋因为设置了抵押权而不能转让,应理解为房屋产权变动的结果条件,而不是原因条件,不符合转让条件的,房屋不得进行过户登记,不发生物权转移,但转让协议本身不应受到影响,协议仍然有效。《民法典》第二百一十五条规定:"当事人之间订立有关设立、变更、转让和消灭不动产物权的合同,除法律另有规定或者当事人另有约定外,自合同成立时生效;未办理物权登记的,不影响合同效力。"实践中,对房屋抵押期间买卖合同的效力问题争议颇大。最高人民法院民一庭意见,房屋抵押期间,出卖

---

[1] 参见国家法官学院、最高人民法院司法案例研究院编:《中国法院2020年度案例》(房屋买卖合同纠纷),中国法制出版社2020年版,第258页。广东省惠州市中级人民法院(2017)粤13民终768号民事判决书。

[2] 陕西省高级人民法院(2010)陕民二终字第73号民事判决书。

人(抵押人)未经抵押权人同意转让抵押房屋的,不影响房屋买卖合同的效力。出卖人在合同约定的履行期限届满时仍未履行消灭抵押权的义务,致使买受人无法办理房屋所有权转移登记,买受人可以请求解除合同。买受人同意并能够代为清偿债务消灭抵押权的,抵押权人应当协助办理抵押注销登记,出卖人应当抵押权消灭后为买受人办理房屋所有权转移登记手续。[1]

【案例3-59】 王某与郑某房屋买卖合同纠纷案

一审法院认为,王某与郑某签订的《房屋买卖合同》系双方当事人真实意思表示,内容未违反法律、行政法规强制性规定,为有效合同,双方当事人应按合同约定全面履行各自义务。现郑某主张《房屋买卖合同》已经依法解除,但并未向法院提交充足的证据予以佐证,故不予支持。依据《物权法》第一百九十一条第二款"抵押期间,抵押人未经抵押权人同意,不得转让抵押财产,但受让人代为清偿债务消灭抵押权的除外"之规定,因庭审中王某明确表示愿意代为清偿银行的贷款用以消灭中国银行某支行的抵押权,故王某与郑某签订的《房屋买卖合同》符合法律规定,应为有效合同。王某关于继续履行《房屋买卖合同》、办理房屋过户手续的诉讼主张,符合合同约定,予以支持。对于王某代为清偿第三人中国银行某支行涉案贷款额超出剩余房款80万元的部分,王某可另行主张由郑某予以返还。[2]

【案例3-60】 董某良诉董某尊、高某华房屋买卖合同纠纷案

一审法院认为,2010年7月10日,董某尊、高某华与董某良签订的《北京市房屋买卖合同》及《附加协议》,已经由生效判决确认有效,双方均应依约履行。现董某良已经履行了给付购房款义务且实际占有涉诉房屋,董某尊、高某华应履行协助办理过户登记义务。由于林某已于2012年7月在涉诉房屋上设定抵押,本院根据董某良的申请依法判决董某良代董某尊、高某华清偿欠付林某的全部债务,以便消灭抵押权。林某亦应当在足额实现债权的情况下及时办理抵押权登记手续,以保证房屋产权过户手续顺利完成。二审法院亦持同样意见,维持一审判决。[3]

对于整体抵押,部分转让合同并未违反现行法律任何强制性规定的应为有效。

---

〔1〕 参见最高人民法院民事审判第一庭编:《民事审判指导与参考》2011年第1辑(总第45辑),人民法院出版社2011年版,第134页。

〔2〕 参见最高人民法院民事审判第一庭编:《民事审判指导与参考》2011年第1辑(总第45辑),人民法院出版社2011年版,第131页。

〔3〕 参见国家法官学院案例开发研究中心编:《中国法院2016年度案例》(房屋买卖合同纠纷),中国法制出版社2016年版,第123页。

【案例3-61】 上海浦东发展银行台州路桥支行诉玉环众星机械有限公司、玉环县润浩机械有限公司第三人撤销之诉案

二审法院认为,润浩公司与众星公司在(2013)台玉民初字第1027号房屋买卖合同纠纷一案中,未将抵押事实如实向法庭陈述,致使法院错误地确认了双方协议中协助办理过户手续的内容,责任应由双方当事人自行承担。至本案起诉时止,众星公司未归还浦发银行的债务,上诉人也未行使涤除权消灭转让标的物上的抵押权,在一定程度上损害了抵押权人的利益,原审法院对(2013)台玉民初字第1027号民事调解书予以撤销得当。根据物权行为和债权行为的区分原则,债权转让协议有效并不必然导致相应的物权变动,上诉人以双方签订的合同有效为由,主张(2013)台玉民初字第1027号民事调解书正确,没有损害第三人权益,理由不足,本院不予支持。原审法院认定事实清楚,适用法律正确,应予以维持。[1]

7. 口头房屋买卖合同效力

基于社会交易习惯,出卖人和购房人分别交付购房款、房产证及房屋,但没有办理房屋变更登记的口头房屋买卖合同有效。

【案例3-62】 刘某仲诉朱某驷房屋买卖合同纠纷案

二审法院认为,本案的主要争议焦点是本案双方当事人是否存在房屋买卖合意及效力。根据本案查明的事实,朱某驷于1998年11月4日收取刘某仲购房款28000元并出具收条;同时,朱某驷将登记在自己名下的资中府发房权民A字第0008117号房屋建筑面积70.43平方米房屋权属证明交由刘某仲实际占有该房;朱某驷及其子女在此期间无证据表明对刘某仲占有、使用争议房产提出过异议;也无证据表明刘某仲明知争议房产存在产权争议,即无证据表明刘某仲购买上述争议房产时存在恶意。以上事实可证明刘某仲与朱某驷存在买卖争议房产的合意,且于购买时支付了合理对价。刘某仲实际占有、使用争议房产近二十年,利害关系人均未提出过异议。因此,一审判决认定刘某仲与朱某驷房屋买卖合法有效,并判决由出卖人朱某驷协助过户并无不当。朱某驷的上诉理由不能成立,不予支持。综上所述,朱某驷的上诉请求不能成立,应予驳回;一审判决认定事实清楚,适用法律正确,应予维持。[2]

---

〔1〕 参见国家法官学院案例开发研究中心编:《中国法院2016年度案例》(房屋买卖合同纠纷),中国法制出版社2016年版,第128页。

〔2〕 参见国家法官学院、最高人民法院司法案例研究院编:《中国法院2020年度案例》(房屋买卖合同纠纷),中国法制出版社2020年版,第193页。四川省内江市中级人民法院(2018)川10民终45号民事判决书。

8. 房屋作为借款合同担保物的效力

对于抵押合同,法律有明确规定禁止流押。该规定的法律精神在于充分保护抵押人及其债权人的利益,防止债权人利用债务人借贷的急迫困窘而提出各种苛刻条件,逼迫债务人订立流质条款。该规定旨在彰显担保物权本质,即确保主债权的清偿,而非取得抵押物的所有权。实践中,当事人并未采取以房屋设立抵押权的法定形式担保,而是以附条件地履行房屋买卖合同的形式作为借款协议的保证。从法律规定上讲,此种方式并不适用《民法典》中有关流押条款禁止的规定,亦不违反其他有关法律、行政法规效力性强制性规定,法院对当事人之间的此种债权实现方式及履行保证形式并未持否定态度,一般认定房屋买卖合同有效。

【案例3-63】 邱某杰诉御嘉置地集团有限公司房屋买卖合同纠纷案

一审法院认为,《现房买卖合同》作为御嘉置地公司未按约履行《补充协议》的相应后果,具有保证《补充协议》履行的性质。现御嘉置地公司到期未偿还借款本金5400万元。故双方履行《现房买卖合同》。邱某杰主张御嘉置地公司交付涉诉房屋,协助办理房屋过户手续的诉讼请求应予以支持。关于御嘉置地公司主张涉诉房屋作为偿还借款的保证,并没有出卖涉诉房屋的意思表示,以及因邱某杰不配合提供还款账户导致御嘉置地公司不能按期偿还借款的抗辩意见,因不具有事实和合同依据,法院不予采信。二审法院亦持同样意见,维持一审判决。[1]

【不同处理】 实践中,有的法院对此持有不同处理意见。名为房屋买卖实为借款担保的认定,应根据房屋买卖合同约定标的物特征、权利义务是否对等、履行方式是否有违常理等方面综合考虑。如果实为借款担保,应认定房屋买卖合同无效,并驳回出借人要求履行房屋买卖合同的诉讼请求。

【案例3-64】 张某玮诉怡豪公司商品房销售合同纠纷案

一审法院认为,本案双方形式上虽签订了商品房买卖合同,但房屋已在双方签约前于2010年10月29日作为酒店正式开业经营。张某玮购买的房屋第1层为临街独立门面、酒店大厅、精品店及大堂吧,第2层为酒店中餐厅和西餐厅,第3层为酒店宴会厅、会议室,怡豪公司将用于酒店经营所必需的重要功能区域房屋单独分解出售,有违常理。此外,房屋为现房,卖方已具备交付条件,但双方在合同约定的交房期限到期后,并未有交接房屋的意思表

---

〔1〕 参见国家法官学院案例开发研究中心编:《中国法院2015年度案例》(房屋买卖合同纠纷),中国法制出版社2015年版,第49页。

示，卖方反而从合同签订的当月开始向买方支付逾期交房违约金，还约定由卖方负责人及关联公司对合同履行提供担保，此系列行为明显不符合房屋买卖的一般交易习惯，故认定双方合同名为房屋买卖实为借款担保，判决：驳回张某玮的诉讼请求。[1]

【案例3－65】 广西嘉美房地产开发有限责任公司与杨某鹏商品房买卖合同纠纷案

最高人民法院认为，尽管本案中双方当事人签订《商品房买卖合同》并办理商品房备案登记的行为并不导致抵押权的成立，但足以在双方当事人之间成立一种非典型的担保关系。既然属于担保，就应遵循物权法有关禁止流质的原则，也就是说在债权人实现担保债权时，对设定担保的财产，应当以拍卖或者变卖的方式受偿。本案诉讼中，双方当事人均未向法院提交书面的借款合同，故对于双方当事人之间有关借款期限的约定，并无充分证据加以证明。既然案涉《商品房买卖合同》是作为340万元债权的担保而存在，那么，作为债权人的杨某鹏实现债权的方式应当是在债务履行期限届满后，向债务人嘉美公司主张债权，如果没有明确的履行期限，则债权人可以随时请求债务人履行，但应当为其留出必要的准备期限。在嘉美公司拒不还债或者无力还债的情况下，杨某鹏才能以适当的方式就《商品房买卖合同》项下的商铺主张权利，以担保其债权的实现。杨某鹏请求直接取得案涉商铺所有权的主张违反《物权法》关于禁止流质的规定，本院不予支持。嘉美公司关于双方当事人之间存在借贷关系，签订《商品房买卖合同》只是为担保杨某鹏债权的实现的主张，有事实依据，本院予以支持。[2]

9. 涉及商品房按揭合同的效力

房屋回购条款效力。在现行立法中未有房屋回购的法律概念，回购条款是房屋买卖交易中的一种合同约定，具体含义需要依据当事人的合同确定，但大体是指房屋按揭合同中购房人无力偿还银行贷款时，开发商作为连带责任保证人承担还款责任，并由开发商对买卖房屋进行回购的约定。有法官认为，根据我国的法律规定和房屋回购条款的内容，回购房款在性质上属于约定解除权，其功能在于担保开发商承担连带保证之后追偿权的实现，形式上是一种非典型担保，权利性

---

〔1〕 参见张华荣：《名为房屋买卖实为借款担保的认定》，载《人民法院报》2014年9月11日，第6版。重庆市第五中级人民法院（2012）渝五法民初00012号。

〔2〕 参见最高人民法院民事审判第一庭编：《民事审判指导与参考》2014年第2辑（总第58辑），人民法院出版社2014年版，第205页。

质上属于形成权。[1] 对房屋回购条款的效力，主要有有效论和无效论两种观点。笔者赞同有效论，即房屋回购条款原则上应当认定为有效。[2] 在没有明确具体法律规定予以禁止时，宜应遵从意思自治原则确认条款有效，能够最大限度体现合同自由的合同法律制度利益和物权法物尽其用的价值目的，弥补物权法定原则的僵化不足。

现行法律未对银行按揭贷款问题进行规定，处理此类案件时存在一定难度。在司法实践中，一般认为按揭（抵押）贷款合同是当事人在平等自愿的基础上签订的，内容不违法，也不损害国家、集体和他人的合法权益。从现行法律、行政法规的规定看，并未规定房屋按揭（抵押）未办理抵押登记无效，并且按揭不同于一般的财产抵押，仅仅因为没有办理抵押登记就认定为无效没有法律依据。

【案例 3－66】　广东省中振投资有限公司与中国银行湖北宝丰支行楼花按揭合同纠纷案

最高人民法院认为，中振公司与宝丰支行、案外人泰合公司签订的《楼宇按揭（抵押）贷款合同》，不违反国家法律、法规规定，并已实际履行，是有效合同。由于楼宇按揭不同于抵押，中振公司依据《武汉市房地产抵押管理办法》的规定，主张该合同无效，本院不予支持。中振公司将尚未取得的所购争议房屋抵押给案外人广州国投是另一法律关系，且该抵押关系设立在本案按揭合同之后，中振公司以此否定本案按揭合同的效力，理由不成立。一审法院根据中振公司未按合同约定履行分期还款义务的实际情况，判决解除该合同，由中振公司一次性归还所欠宝丰支行贷款本金及相应利息，逾期以抵押物的拍卖价款优先受偿并无不当。宝丰支行没有起诉担保人泰合公司，一审判决第三项涉及担保人的责任不妥，应予撤销。[3]

10. 涉及代理的房屋买卖合同效力

受托人出售给其配偶的房屋买卖合同效力。委托合同不同于信托合同，现行法律并无禁止受托人自我交易的效力性规定，受托人与自己或配偶交易并不影响合同目的的实现，委托合同中如果没有约定禁止受托人自我交易，那么受托人以委托人的名义将房屋出售给其配偶的行为有效。但如果合同内容明显不公，则为可撤销合同。

---

〔1〕 参见王岑、杨思乾：《论房屋回购条款的性质和效力》，载《人民司法应用》2014 年第 11 期。

〔2〕 参见王岑、杨思乾：《论房屋回购条款的性质和效力》，载《人民司法应用》2014 年第 11 期。

〔3〕 参见最高人民法院民事审判第一庭编：《中华人民共和国最高人民法院判案大系》（民事卷—1998 年卷），人民法院出版社 2003 年版，第 45～47 页。

【案例3－67】 李某、宋甲与宋乙确认合同无效纠纷案

二审法院认为,宋某、何某共同委托宋甲代为出售房屋,合同目的是房屋价值转化为货币,至于买受人是否宋甲本人或其配偶,并不影响委托合同目的实现,委托合同也未约定禁止受托人自我交易;且委托事项为概括性授权,其中应当包括出售房屋的定价权;委托合同也约定合同至委托事项完成后方才终止。宋甲接受委托,在委托人之一的宋某去世后,以委托人的名义将房屋以20万元价格出售给其配偶李某,既不违反法律和行政法规规定,也不违反委托合同约定,亦不阻碍委托合同目的实现,故利害关系人宋乙主张宋甲代理宋某、何某与李某签订的房屋买卖合同无效的诉讼请求,不应予以支持。[1]

超越代理权限订立的房屋买卖合同效力。开发商的法定代理人超越权限订立的合同,除相对人知道或应当知道其超越权限的以外,该代表行为有效。

【案例3－68】 重庆市东启房地产开发有限公司与王某、重庆渝台信用担保有限公司房屋买卖合同纠纷案

二审法院认为,根据《合同法》第五十条,渝台公司在知道或应当知道王某作为东启公司法定代表人其职权已经受到限制的情况下,与王某签订的《协议书》对东启公司不具有约束力,东启公司不应对渝台公司承担《协议书》第3条约定的违约责任。王某作为东启公司履行《协议书》的担保人,在东启公司无须承担违约责任的情况下,已缺乏承担连带责任的法律基础。但若王某存在最高人民法院《关于适用〈中华人民共和国担保法〉若干问题的解释》第八条规定的情形,渝台公司可以另行解决。[2]

民间借贷下的代理售房合同效力。现行法律没有明确规定借款法律关系下的代销抵押物的行为属于禁止行为,代理签订属于房屋买卖合同的效力不受影响。

【案例3－69】 杜某诉娄某龙、王某江等房屋买卖合同纠纷案

一审法院认为,本案中,杜某作为完全民事行为能力人,其应该知晓签订卖房委托书的法律风险,且杜某签订的委托书中委托事项、权限明确,委托期限清晰,未违反相关法律法规的强制性规定,应属合法有效,娄某龙具有代理杜某买卖涉案房屋的代理权,故本院对杜某主张本案是合法形式掩盖非法目的而主张涉案房屋买卖合同无效的诉讼请求不予支持。在此条件下,本案的争议焦点在于王某江与娄某龙签订的《北京市存量房屋买卖合同》是否构成

---

〔1〕 徐州市中级人民法院(2013)徐民终字第1163号民事判决书。

〔2〕 重庆市高级人民法院(2013)渝高法民终字第00262号民事判决书。

恶意串通、损害杜某利益的合同。第一,王某江为改善生活条件进行房屋置换系王某江签订该房屋买卖合同的真实意思表示,不存在恶意损害杜某合法利益的主观条件。第二,娄某龙在代理权限内以杜某名义与王某江签订的《北京市存量房屋买卖合同》内容合法,不违反法律法规的强制性规定,在价款支付、房屋交付、违约责任等方面的约定亦符合房屋交易市场习惯,该合同应属合法有效。第三,关于涉案房屋的交易价格是否合理,经过本院调查,2016 年 1 月密云地区房价平稳,涉案房屋买卖价格属于正常交易价格,不存在明显过低情形。第四,从合同履行情况来看,王某江购房前实地查看涉案房屋,按照合同约定及娄某龙的指示实际支付部分购房款,将涉案房屋产权变更登记在其子王某名下,系实际履行房屋买卖合同行为。尽管剩余房款 70 万元未于 2016 年 5 月 10 日前支付,但属于对 2016 年 5 月 7 日前未交付房屋的合理抗辩,不足以影响合同已实际履行的真实性。综上,杜某以娄某龙、王某江、王某恶意串通,损害其合法利益为由请求确认娄某龙与王某江签订的《北京市存量房屋买卖合同》无效的诉讼请求,缺乏事实依据,本院不予支持。[1]

无权代理人与购房人签订房屋买卖合同,房屋所有权人事后对其代理人行为追认的,房屋买卖合同有效。

【案例 3 -70】 焦某泉诉刘某飞、白某菊房屋买卖合同纠纷案

一审法院认为,涉案房屋的所有权人为白某菊,焦某泉虽主张涉案房屋的实际所有权人为刘某飞,但刘某飞、白某菊对此均不予认可,焦某泉提交的谈话录音亦不能充分证明其该主张成立,故法院信赖不动产登记簿的效力,确认涉案房屋的所有权人为白某菊。焦某泉与刘某飞就涉案房屋的买卖事宜达成了《北京市存量房屋买卖合同》及《补充协议》,刘某飞在签订上述合同时虽不是涉案房屋登记的所有权人,亦未提交由白某菊签字确认的授权委托书,但在刘某飞与焦某泉就涉案房屋达成买卖合同后,白某菊配合焦某泉办理了买卖涉案房屋的网签手续,收取了焦某泉支付的购房款 16 万元,配合焦某泉办理了涉案房屋申请银行贷款的相关手续,且焦某泉提交的其与白某菊的谈话录音显示白某菊对刘某飞出卖涉案房屋一事明显知情,且要求焦某泉就合同履行的相关事宜找刘某飞商量,上述事实能够证明白某菊对刘某飞与焦某泉达成房屋买卖合同一事知情且未持异议,应视为对刘某飞售房行为的追认,故刘某飞与焦某泉就涉案房屋买卖事宜达成的上述协议应视为双方

---

〔1〕 参见国家法官学院案例开发研究中心编:《中国法院 2018 年度案例》(房屋买卖合同纠纷),中国法制出版社 2018 年版,第 178 ~179 页。

真实意思的表示，未违反法律规定，属合法有效合同，并依法对白某菊产生法律效力，应由白某菊承担相应的法律责任。[1]

11. 合同成立未生效

借款人要把借款债务转移给第三人，不仅应当与第三人达成债务转移合意，而且应当在借款合同确定的权利、义务前提下进行。第三人不愿承担借款债务，并在非真实意思表示的情况下与贷款人签订的商品房买卖合同应当认定为未生效，贷款人要求第三人协助办理房屋产权变更登记手续的诉讼请求无法得到支持。

【案例3－71】 王某诉察右后旗北方批发商贸城有限责任公司商品房买卖合同纠纷案

一审法院认为，本案中，王某与王某全形成的借款合同义务要想转移到北方商贸公司名下，不仅应当经债权人王某同意，而且北方商贸公司须与债务人王某全就债务的转移达成合意。本案原、被告双方虽然签订了商品房买卖合同，并由被告为原告出具了收据，该债务承担征得了债权人王某的同意，但因原告提供的证据不足以证明被告北方商贸公司与王某全就债务转移达成了合意，该债务承担欠缺必要的生效条件，再加之本案争议的房屋已被本院及察右后旗公安局查封，故对于原告提出的诉讼请求，不予支持。王某全在本案中应当以第三人的身份参加诉讼，并提供其与被告北方商贸公司就债务转移达成合意的相关证据。因王某全提供的证据不足以证明其与被告北方商贸公司就借款债务转移达成了合意，且难以证明其与原告王某形成的借款合同债务以王某交付购房款的名义转入被告北方商贸公司账上，原、被告签订的商品房买卖合同尚未生效，故对其提出的辩解意见不予采纳。一审法院判决：驳回原告王某的全部诉讼请求。二审法院持同样意见，维持一审判决。[2]

12. 其他房屋买卖合同效力

合同草稿具备正式合同效力的问题。合同的订立就是双方当事人意思表示一致的过程，可以通过书面、口头或其他形式，判断合同关系是否成立，不应拘泥于合同的具体表现形式，而应从合同的内容进行实质分析。对于合同文本内容明

---

〔1〕 参见国家法官学院案例开发研究中心编：《中国法院2019年度案例》（房屋买卖合同纠纷），中国法制出版社2019年版，第157页。北京市昌平区人民法院（2016）京0114民初17941号民事判决书。

〔2〕 内蒙古自治区察哈尔右翼后旗人民法院（2015）察后民初字第126号民事判决书；内蒙古自治区乌兰察布市中级人民法院（2016）内09民终184号民事判决书。

确具体，对当事人、标的物、价款、付款方式、交付条件等合同基本内容进行了约定，符合要约的要素，另一方对其要约承诺的，双方买卖合同关系成立并生效。《商品房销售管理办法》第十六条规定了商品房买卖合同的13项具体内容，该条规定主要是为了规范商品房预售合同的内容，并非民法意义上的效力性规定，即缺少该条规定的13项中的个别内容合同效力不受影响。

【案例3-72】　史某峥、雷某与北京万瑞房地产开发有限公司合同纠纷案

一审法院认为，对于史某峥、雷某与万瑞公司签订的《预售合同草稿》，虽然文本中有"草稿"二字，但该文本对于合同当事人、标的物、价款、付款方式、交付条件等合同基本内容进行了约定，说明史某峥、雷某与万瑞公司对于房屋买卖一事达成了一致意思表示。同时结合史某峥、雷某与万瑞公司已支付房屋首付款且万瑞公司已经接受的事实，可以认定史某峥、雷某与万瑞公司之间的房屋买卖合同关系已经成立。对于史某峥、雷某以未签订正式的《商品房预售合同》为由要求退还定金和首付款的诉讼请求，无事实及法律依据，本院不予支持。〔1〕

当事人为了套取银行贷款，与他人签订房屋买卖合同，同时签订一份协议书并在诉讼中自认以下内容：双方签订房屋买卖合同的目的并非真实买卖房屋，仅是为了银行贷款，出卖方保留所有权。在银行登记成为涉案房屋抵押权人后，出卖方以房屋买卖并非其真实意思表示、合同未实际履行、买卖双方恶意串通损害银行利益、合同系以合法形式掩盖非法目的为由，起诉要求确认房屋买卖合同无效。买受方往往同意出卖方的诉讼请求和事实理由，且双方拒绝调解，要求法院判决。套贷买房合同纠纷多为双方当事人合意的非正常诉讼，当事人达到套取贷款的目的之后再提起诉讼，利用法院确认房屋买卖合同无效的判决，将房屋过户回合同签订前的产权状态。在实际使用贷款方无力偿还贷款以注销抵押的情况下，以及抵押权人提起特别程序，申请实现担保物权，并由法院裁定拍卖、变卖涉案房屋的情况下，恢复房屋产权的判决将成为一纸空文。对此类案件，合同无效应根据《民法典》第一百五十三条作出认定；当事人意思表示的判断应根据《最高人民法院关于民事诉讼征募的若干规定》中证据证明力的判断规则。

【案例3-73】　汤某顺诉邱某房屋买卖合同纠纷案

一审法院认为，根据《合同法》第五十二条第三项，以合法形式掩盖非法目的而订立的合同无效，该被掩盖的目的需违反法律、行政法规的强制性规

〔1〕 参见国家法官学院案例开发研究中心编：《中国法院2016年度案例》（房屋买卖合同纠纷），中国法制出版社2016年版，第41页。

定。原告汤某顺和被告邱某在明知涉案房屋上登记有两个抵押权以及抵押登记未注销前不能办理权属变更登记手续的情况下,合意以所签买卖合同系以合法形式掩盖非法目的为由要求确认合同无效、恢复产权原状,但法律、行政法规中并未规定此类为套取银行贷款的目的而签订的合同系非法的绝对无效行为。根据《合同法》第五十二条第二项,恶意串通损害第三人利益的合同相对无效,此类合同无效应由利益受损的特定第三人而非串通人主张,但银行等抵押权人现并未提出主张,法院不应主动干预,包括在审理此类合同时追加抵押权人为第三人,尤其是在民事诉讼法特别程序中新增了实现担保物权内容之后,法院更不应干预抵押权人的程序选择权,故原告汤某顺在审理中申请追加抵押权人为第三人参加诉讼,法院未予准许。原告汤某顺和被告邱某自愿订立房地产买卖合同,被告邱某以此申请银行贷款获准,涉案房屋已被核准登记为被告邱某所有,上述行为均系当事人真实意思表示。根据《民事证据规定》第七十七条第二项,经过登记的书证证明力一般大于其他书证,故当事人的内部协议或诉讼自认无法推翻上述意思表示。综上,原告汤某顺要求确认合同无效的诉讼请求,于法无据,法院不予支持。判决:驳回原告汤某顺的全部诉讼请求。二审法院亦持同样意见,维持原判。[1]

联建一方取得房屋的处分权,虽未办理所有权更名手续,但联建双方对房屋的权属无异议。在这种情况下,联建一方与他人签订购房合同并办理了过户手续,该购房合同应认定为有效。

【案例3-74】 中国工商银行长春市分行房产基建公司与吉林省对外贸易开发公司拖欠购房款纠纷案

最高人民法院认为,本案双方当事人争议的焦点是合同的效力问题。市工行基建公司与吉林省工行投资联建,取得长春市同志街24号办公楼和附属平房的处分权,其虽未办理所有权更名手续,但联建双方对该房的权属无异议。市工行基建公司与外贸公司签订《购房合同书》后,外贸公司按合同约定支付大部分购房款,市工行基建公司向外贸公司交付房屋,并办理了产权过户手续。外贸公司占有使用该房近4年之久,还两次以该房作抵押向银行贷款,并且通过转让、出租部分房屋获得了收益。市工行基建公司按照收取1300万元购房款的数额依法补交了税款。因此,该购房合同不能再作无效处理。外贸公司主张合同无效的理由不足,亦不符合事实,本院不予支持。

---

〔1〕 参见国家法官学院案例开发研究中心编:《中国法院2015年度案例》(房屋买卖合同纠纷),中国法制出版社2015年版,第88~89页。

外贸公司与吉林省工行以逃避纳税、损害国家利益为目的签订的《商品房销售合同书》和《房地产转让合同》,其内容虚假、不完整,双方亦没有实际履行,应认定无效。外贸公司主张上述两份合同有效,缺乏法律依据,不予采纳。一审判决认定外贸公司与吉林省工行签订的两份合同无效,驳回外贸公司的反诉请求正确,应予维持。但是,一审判决外贸公司给付市工行基建公司购房尾款3997044元,因计算有误,应予纠正。外贸公司代为支付的办公楼顶防水维修款和市工行基建公司交付房屋面积少92平方米的折价款,共计43.5万元,应从购房尾款中扣除。一审判决违约金的起止日期与事实不符,应变更为从1997年4月11日起至判决给付之日止。[1]

精神分裂患者签订房屋买卖合同效力。根据《民法典》的规定,不能辨认自己行为的精神病人是无民事行为能力人,不能完全辨认自己行为的精神病人是限制民事行为人。如果出卖人虽系精神分裂症病人,但在房屋买卖过程中的买卖行为都出自其真实意思表示,出卖人生前的法定代理人在签订合同的过程未表示反对,此后出卖人的亲戚均未主张买卖合同无效,且没有证据证明涉案争议买卖合同具有无效因素的,应认定买卖合同有效。

【案例3-75】　李某诉李某才等房屋买卖合同纠纷案

一审法院认为,现没有证据证明李某宝生前被宣告无民事行为能力人或限制行为能力人。况且,在李某宝生前,李某的法定代理人为被告李某妹;李某宝或其法定代理人均未主张系争房屋买卖合同无效;原告作为其亲生女儿在其成年后亦未要求变更李某宝的法定代理人为原告本人,因此,应当认定李某宝生前已对其所有的涉案房屋予以处分。且李某宝生前亦未对此有异议。现原告在李某宝去世后以其继承人身份提起本案诉讼,无法证明系李某宝的真实意思表示。更何况,李某宝长期患病、所需花费极大,前妻、女儿又不与之往来,若其仅仅是靠救济、补贴,按常理是难以维系的,因此四位被告所言李某宝依靠被告多方位照顾是合情合理的,李某宝作出涉案买进公房又"卖出"房子并为原告准备结婚费用的举动亦是合情合理的,在此情形下,出于李某宝利益之考虑,没有证据证明涉案争议之买卖合同具有无效之因素。因此,原告的诉讼请求,法院不予支持。二审法院认为,一审的判案理由恰当,适用法律正确,故驳回上诉,维持原判。[2]

涉及合同诈骗罪的房屋买卖合同效力。犯罪行为与民事合同的交叉与叠加,

---

〔1〕　参见最高人民法院民事审判第一庭编:《中华人民共和国最高人民法院判案大系》(民事卷—1999年卷),人民法院出版社2003年版,第239~242页。

〔2〕　参见沈志先主编:《2011年上海法院案例精选》,上海人民出版社2012年版,第5~7页。

涉及刑民责任重合问题,也涉及合同效力认定,现行法律并未对此作出明确规定。实践中有两种不同观点,一是房屋买卖合同无效,二是对房屋买卖合同效力区分认定,即以合同相对人是否参与犯罪的标准划分为无效或者可撤销。涉合同的诈骗犯罪存在诈骗行为和合同行为,刑法评价诈骗行为,关注的是该行为是否严重触犯刑法需施以刑罚处罚;民法评价合同行为,关注的是该行为是否是当事人真实意思表示。行为人一方的诈骗行为侵害国家利益,并不意味着双方的合同行为也侵害国家利益,并不当然导致合同无效。合同一方的行为构成欺诈,但合同相对方签订合同时对于另一方欺诈的事实并不知道,不存在《民法典》第一百五十三条规定的情形,合同相对方未在法定期间内提起撤销之诉,则双方签订的房屋买卖合同应为有效。

【案例3-76】 俞某民诉袁某点房屋买卖合同纠纷案

一审法院认为,本案中,生效的刑事裁判文书认定袁某点构成合同诈骗罪。尽管袁某点的行为构成欺诈,但俞某民签订合同时对于袁某点欺诈的事实并不知情,不存在《合同法》第五十二条规定的情形;俞某民未在法定期间内提起撤销或变更之诉,本案房屋买卖合同应为有效。[1]

整体合同有效个别条款无效问题。房屋买卖过程中,双方签订第一份房屋买卖合同是真实意思表示,应为有效。其后,出于各自的目的,双方再签订第二份房屋买卖合同,抬高或压低房价,该份合同除房屋价款无效外,其他部分仍为有效。

【案例3-77】 钟某斌、钟某思诉郑某房屋买卖合同纠纷案

再审法院认为,双方当事人就海珠区新港西路164号大院××号房的买卖先后签订了《房屋买卖合同》《存量房买卖合同》,《房屋买卖合同》约定的交易价为95万元,且双方已按照该价格实际履行,该合同是双方真实意思表示,内容合法,应为有效合同。而《存量房买卖合同》载明的交易价为33.16万元,该合同约定的价格与双方成交的价格明显不符,差额巨大,由此产生大额的税费差异,现税务、房管部门已重新核定了房屋交易价。再审认为,《存量房买卖合同》约定的价格实际上是双方当事人恶意串通,以期达到逃避税费差异办理过户登记,损害国家利益的行为。根据《合同法》第五十二条规定,上述《存量房买卖合同》关于交易价格的约定无效。[2]

父母处分未成年子女名下房产的合同效力。父母作为未成年人的法定代理

---

〔1〕 参见国家法官学院案例开发研究中心编:《中国法院2018年度案例》(房屋买卖合同纠纷),中国法制出版社2018年版,第114页。

〔2〕 广东省广州市中级人民法院(2013)穗中法审监民再字第261号民事判决书。

人,与购房人签订房屋买卖合同,符合法律规定不能因父母一方未签字即否定合同效力,并非为了未成年人利益也不是否定合同效力的理由,即父母一方或双方代未成年人签字的合同有效。

【案例3-78】 郭某诉高某、高某辰房屋买卖合同纠纷案

二审法院认为,根据法律规定,限制民事行为能力人的民事活动可以由其法定代理人代理,由于出卖房屋时高某辰作为房屋所有权人之一系限制民事行为能力的未成年人,高某以其父亲及房屋共有权人的身份与郭某签订房屋买卖合同,符合法律规定,不影响合同效力。郭某、高某之间系等价有偿交易,房屋价格未低于当时市场价格,不存在双方恶意串通损害未成年利益的情形。高某虽主张是因为做生意资金紧张,并非为了高某辰的利益,但并未就此提供有力证据予以证实。[1]

关于交易税费负担的约定效力。房屋买卖合同中,约定房屋交易税费由一方(通常为购房人)承担,不违反法律规定,也不损害国家利益,对其约定应认定为有效。

【案例3-79】 张某诉孙某房屋买卖合同纠纷案

一审法院认为,本案中房屋交易双方的这种约定并不违反相关法律法规的强制性规定。虽然我国税收管理方面的法律、法规对于各种税收的征收均明确规定了税种、税率、税额及纳税义务人,但是并未禁止纳税义务人与合同相对人或第三人约定由合同相对人或第三人缴纳税款,即对于实际由谁缴纳税款并未作出强制性或禁止性规定。因此,如果合同当事人约定由合同相对人或第三人实际缴纳税款,并不违反法律规定,也不损害国家利益,对其约定应认定为有效。本案中,所谓"卖方净得房款425000元,其他一切税费由买方负担",实际意味着部分原本按照税法应该由卖方负担的税款通过约定的方式转嫁给了买方。该约定是双方当事人的真实意思表示,从《合同法》鼓励交易、促进交易之立法精神出发应认定合法有效,且这样的认定也符合当事人的意思自治原则、处分原则和契约自由原则,遂判决驳回原告的诉讼请求。一审宣判后,双方当事人均未上诉。[2]

开发商在买卖合同及补充协议中遵循了公平原则确定双方权利义务的格式条款有效。

---

〔1〕 参见国家法官学院案例开发研究中心编:《中国法院2019年度案例》(房屋买卖合同纠纷),中国法制出版社2019年版,第244页。北京市第三中级人民法院(2017)京03民终4667号民事判决书。

〔2〕 参见高冶:《房屋交易税由买方负担的约定有效》,载《人民法院报》2010年1月14日,第7版。

【案例3－80】 何某先诉房地产开发公司商品房预售合同纠纷案

二审法院认为，涉案《补充协议》第三条第十项是对涉案《商品房买卖合同（预售）》第十一条的补充约定，第十一条约定出卖人逾期交房超过60日的，买房人有权解除合同，第十项在此基础上，另外赋予买受人选择不解除合同的情形下，享有请求出卖人支付逾期交房违约金的权利。由此可见，该项约定不仅没有排除买受人的主要权利，而且赋予买受人更全面的权利救济途径，因此一审法院认定其合法有效，并无不当。该项约定中的后半段“但是，因不可抗力、遭遇异常天气［高温37℃以上（含）、24小时内降雨达到50毫米以上（含）、风力达到七级以上（含）］、异常地质状况、市政规划变化、市政配套的批准或安装以及其他非出卖人所能控制的事件、非出卖人过错造成出卖人逾期交付房屋的，或者本合同其他条款有特别约定免责情形的，出卖人无需承担逾期交付责任”，与前半段关于出卖人按日计算向买受人支付已付房价款万分之二的违约金的约定构成完整的一项，亦应能够注意到并且理解后半段约定，其在签署上述协议时并未提出异议，可以认定双方就该条款达成了共识，属于双方的真实意思表示，被上诉人因上述情形而导致逾期交房的，上诉人予以谅解，被上诉人可以扣减逾期交房天数，上诉人现主张该条款无效，于法无据，不予支持。[1]

商品房买卖合同中违约责任不对等的格式条款，法院认定有效。

【案例3－81】 官某正诉海峡明珠公司商品房预售合同纠纷案

一审法院认为，关于官某正所主张《合同补充协议》第4条第8款、第6条第6款及第9款约定无效问题，法院认为，《合同补充协议》是对《商品房买卖合同》有关条款进行额外补充，本身即为一种特别提示，官某正作为合同签约当事人应对补充协议内容进行认真审阅，如对内容持有异议，应在合理期限内提出，否则应当承担相应的不利后果。且官某正并未提供证据证明上述补充协议条款约定存在免除一方责任、加重对方责任、排除对方主要权利的情形，上述补充协议条款亦不具有《合同法》第五十二条、第五十三条规定的无效情形。综上，《商品房买卖合同》及《合同补充协议》的内容不违反法律、行政法规的强制性规定，合法有效，对双方均有法律约束力。官某正主张《合同补充协议》第4条第8款、第6条第6款及第9款约定无效，缺乏事实

---

〔1〕 参见国家法官学院、最高人民法院司法案例研究院编：《中国法院2023年度案例》（房屋买卖合同纠纷），中国法制出版社2023年版，第26页。广东省惠州市中级人民法院（2021）粤13民终4425号民事判决书。

和法律依据,不予采信。[1] 本案中,《商品房买卖合同》及《合同补充协议》系海峡明珠公司提供的格式合同,该合同中关于双方逾期交房违约责任的条款存在不对等,如其约定“开发商原因导致逾期交房的,按日万分之一付违约金;买受人原因导致逾期交房的,按日万分之五计付违约金”。该格式条款不存在《合同法》第五十二条、第五十三条规定(现《民法典》第一百四十六条、第一百五十条、第一百五十四条、第五百零六条)的无效情形,故法院按有效认定。

当合同相对方主张与其有重大利害关系的格式条款不成为合同内容时,法官才需审查格式条款提供方是否已履行提示及说明义务,从而判断格式条款是否成立。若相对方未主张格式条款不成为合同内容或经审查认定格式条款成立,对与合同相对方有重大利害关系的格式条款,法官则应当通过合理性审查来判断其效力。

【案例3-82】　王某诉上海连飞投资发展有限公司商品房预售合同纠纷案

一审法院认为,连飞公司未在约定时间交付符合合同约定的房屋,显属违约,王某按约有权解除合同并要求返还房屋。至于连飞公司以王某尚未归还贷款注销抵押为由根据合同补充条款第十一条第一款的约定认为尚不符合解除权行使条件。因房款包含按揭贷款部分已经支付至连飞公司,在合同解除之前却要求王某先行归还贷款注销抵押,才能行使解除权,明显不合理。故不予采纳连飞公司上述抗辩意见。因王某主张的违约金和贷款利息损失之和未超过其实际损失(所有房款的利息损失),故对该违约金和贷款利息的请求,均予以支持。判决:一、解除王某与连飞公司于2016年10月12日签订的关于上海市嘉定区×××路×××弄×××号×××层×××室房屋的上海市商品房预售合同;二、连飞公司返还王某购房款2633628元;三、连飞公司偿付王某违约金79008.84元;四、连飞公司偿付王某利息损失;五、王某应于连飞公司履行完毕判决主文第二项后涤除上述房屋上的抵押并协助连飞公司办理预售合同的网签撤销手续。二审法院准许连飞公司撤回上诉。[2] 本案预售合同补充条款对购房人的合同解除权进行了特别限制,未被加粗,以足以引起购房人注意的文字或符合特别标识,开发商亦未能举证证明其对该条款履行了提示和说明的义务,法官以不合理不予采纳开发商

[1] 参见国家法官学院、最高人民法院司法案例研究院编:《中国法院2021年度案例》(房屋买卖合同纠纷),中国法制出版社2021年版,第261页。福建省厦门市中级人民法院(2019)闽02民终5973号民事裁定书。

[2] 参见郭伟清主编:《民法典新规则案例解析》,法律出版社2020年版,第164页。上海市第二中级人民法院(2020)沪02民终941号民事判决书。

的抗辩意见，并无直接认定系争条款效力。

开发商未征得业主同意擅自出售小区物业用房的房屋买卖合同效力，应当根据合同签订的时间进行区别对待。《物业管理条例》出台后订立的合同，应认定为无效。《物业管理条例》出台之前订立的合同，一般认定有效，若房屋过户遇到障碍，购房人可以合同目的不能实现为由主张解除合同。

【案例3－83】 翁某诉上海华光房地产发展有限公司商品房销售合同纠纷案

二审法院认为，因系争房屋为物业管理用房，根据当时《上海市居住物业管理条例》的相关规定，不得单独转让，故虽房屋于2003年6月23日曾过户给原告名下，但已被房地产管理部门更正，被告事实上未履行将房屋过户给原告的合同义务，系被告违约，而且根据目前相关法律规定，被告已经不可能履行此项义务，原告据此要求解除原、被告签订的《上海市商品房出售合同》，具有事实及法律依据，应予以支持。〔1〕

无权处分行为人签订合同处分标的物的行为属处分行为，该行为自双方合同签订即完成，该处分行为与无权处分行为依据该合同协助买受人实现物权变更的负担行为是两个不同的行为。对物的处分行为，不以处分人对标的物享有处分权为条件，无论负担行为能否实现，都不影响处分行为的效力。无权处分人订立的合同有效，如负担行为无法履行，买受人的利益可以通过违约赔偿等方式获得救济。合同标的可能是合同履行的问题，不管其是否可能都不影响合同的效力。合同设定的是债权，该债权的实现对物权变动的影响只是一种可能性，而不是必然性。债权具有非排他性、平等性、不能对抗第三人的持证，上述特征决定了设定债权的行为与标的可能不存在直接关系。当事人以同一标的先后与他人签订多个协议，这些协议之间的效力均不受影响。

【案例3－84】 俞某诉于某房屋买卖合同纠纷案

一审法院认为，2014年5月3日，俞某和于某签订《房屋买卖合同》及《补充协议》时涉案房屋并未登记在于某名下，合同约定双方办理产权转移的时间是合同签订后90个工作日内。2014年5月21日被告取得了涉案房屋的产权，故俞某和于某在签订合同时涉案房屋的产权未登记在被告名下并不影响双方签订的《房屋买卖合同》的效力。〔2〕

未披露委托人的合同效力问题。受托人代委托人以受托人自己的名义与开

---

〔1〕 参见吴兆祥主编：《房屋买卖、租赁案件裁判要点与观点》，法律出版社2016年版，第157页。

〔2〕 参见国家法官学院案例开发研究中心编：《中国法院2016年度案例》（房屋买卖合同纠纷），中国法制出版社2016年版，第85页。

发商签订房屋买卖合同,在委托人认为开发商不再向受托人履行合同义务时,根据《民法典》第九百二十六条,委托人选择了行使介入权,行使受托人对开发商的权利。即在未披露委托人的受托人与开发商签订的房屋买卖合同,对委托人与开发商有约束力。

【案例3－85】　徐某、季某锋诉南通北方置业有限公司商品房买卖合同纠纷案

一审法院认为,从季某锋签订房屋预订书的次日即向徐某出具承诺书并载明房屋预定书是其代徐某签订,定金50万元也是其代徐某交付等内容看,结合该承诺书在此后一直为徐某持有、南通北方公司已经知悉季某锋代徐某签订房屋预定书、南通北方公司对退还定金收条是否系季某锋出具所作前后矛盾的陈述等一系列事实,可以推定,被告南通北方公司至迟在2008年5月16日已经知悉季某锋代徐某签订房屋预定书的事实,南通北方公司在已经知道原告与季某锋之间存在委托代理关系之后,并没有作出反对的表示。徐某关于季某锋代其与南通北方公司签订房屋预定书的主张予以支持。徐某可以依法行使季某锋对南通北方公司的权利。二审法院亦持同样意见,维持一审判决。[1]

事实推定善意购买人的合同效力问题。事实推定,是指法院依据经验法则,进行逻辑上的演绎,由已知事实(基础事实)得出待证事实(推定事实)真伪的结论。推定以既有的经验法则为基础,以基础事实和待证事实存在高度盖然性的逻辑关系在民事案件中广为应用。

【案例3－86】　厦门市荣圣兴工贸有限公司诉陈某地房屋买卖合同纠纷案

一审法院认为,被告陈某地为了抵偿其挪用的厦门市荣圣兴工贸有限公司部分货款,于2002年8月21日与厦门市荣圣兴工贸有限公司签订《房屋转让协议书》,将同安大唐世家一期三栋A室房屋以110000元转让给厦门市荣圣兴工贸有限公司,该转让协议对应的110000元价款用于抵还陈某地应归还厦门市荣圣兴工贸有限公司的挪用货款,已经在(2004)同刑初字第292号刑事判决书中得以确认。此外,第三人黄某兰系陈某地之妻,原本与陈某地共同居住于讼争房产内,转让协议签订之后,到本案厦门市荣圣兴工贸有限公司起诉,其间长达9年之久,房产均由厦门市荣圣兴工贸有限公司占有使用,物业费、水电费等与房屋使用有关的费用也均由厦门市荣圣兴工贸有限公司交纳,房屋每月应付的银行按揭贷款亦是由厦门市荣圣兴工贸有

〔1〕 参见国家法官学院案例开发研究中心编:《中国法院2013年度案例》(房屋买卖合同纠纷),中国法制出版社2013年版,第94页。

限公司支付。黄某兰在如此长的时间里曾向厦门市荣圣兴工贸有限公司提出异议,应认定其对陈某地处分讼争房屋行为应当知道。黄某兰辩称其自2002年7月起就回江西娘家居住生活,不知道陈某地与厦门市荣圣兴工贸有限公司签订房产转让协议事宜及其不同意房产转让,明显与常理不符,本院不予采信。基于《房屋转让协议书》合法有效,第三人黄某兰要求确认该协议无效及归还房屋的诉讼请求不能成立,依法应予以驳回。二审调解结案。[1]

夫妻之间买卖房屋的效力。在日常生活中,近亲属之间互相买卖房屋的情形并不常见。对此类纠纷,除审查房屋买卖双方意思表示真实之外,亦应对双方举证责任的分配及证据证明力的大小予以关注。

【案例3－87】 吕某玲诉李某房屋买卖合同纠纷案

二审法院认为,本案焦点问题:(1)吕某玲与李某父亲李某国生前所签订的《房屋买卖合同》是否有效;(2)吕某玲主张由李某协助办理案涉房屋过户应否支持。关于焦点一,根据查明的事实,上诉人提交的与被上诉人父亲李某国生前所签订的《房屋买卖合同》系在石河子市不动产交易中心备案的合同,被上诉人亦认可《房屋买卖合同》中“李某国”的签名系其父亲本人所签,真实性应予确认,被上诉人主张签订合同时,其父亲李某国因病神志不清,合同内容非李某国真实意思表示,对此被上诉人负有举证责任。但在一审、二审中被上诉人均未举证证明,因此,对上诉人和李某国生前所签订的并在石河子市不动产交易中心备案的《房屋买卖合同》的效力,法院予以认定。依法成立的合同受法律保护。李某国生前仅与上诉人订立了房屋买卖合同,且已履行了交回原房产证及交纳契税和房屋转让所得税的手续。一审认定该合同无效不当,法院予以纠正。关于焦点二,因上诉人与李某国生前签订的《房屋买卖合同》有效,上诉人要求被上诉人作为李某国的继承人协助其办理该房屋过户手续合法有据,法院予以支持。如果双方当事人就房屋价款有争议,可另行解决。综上,吕某玲上诉请求成立,应予支持。判决:一、撤销一审判决;二、上诉人吕某玲与李某国生前于2016年12月13日签订的《房屋买卖合同》有效;三、被上诉人李某协助上诉人吕某玲办理在石河子市××小区××栋××号房屋的转让过户手续。[2]

---

〔1〕 参见国家法官学院案例开发研究中心编:《中国法院2013年度案例》(房屋买卖合同纠纷),中国法制出版社2013年版,第165页。

〔2〕 参见国家法官学院、最高人民法院司法案例研究院编:《中国法院2021年度案例》(房屋买卖合同纠纷),中国法制出版社2021年版,第241页。新疆生产建设兵团第八师中级人民法院(2019)兵08民终438号民事判决书。

13. 车库买卖合同效力

地下车库兼具有人防工程性质，其所有权属于国家，依法不得转让，但地下车库的使用权可以转让流通。开发商对地下车库（人防工程）依法享有使用权，其与购房人签订《商品房买卖合同》，将地下车库的使用权进行转让，并不违反法律强制性规定。购房人应当知晓法律法规中关于地下车库（人防工程）所有权不得转让的规定。开发商未在《商品房买卖合同》中专门对此作出提示及表述，并不构成刻意隐瞒和欺诈。开发商将地下车库使用权对外转让，并未损害国家利益。

【案例3-88】　栾某某与某某铁信集团有限责任公司、某某市吉化集团隆飞建筑安装有限责任公司商品房销售合同纠纷再审案

最高人民法院认为，本案为商品房销售合同纠纷，根据栾某某的申请再审理由，本案审查的重点为《商品房买卖合同》中约定的转让地下车库及社区用房的权利性质及该合同的效力。关于《商品房买卖合同》中约定的转让地下车库及社区用房的权利性质问题。对合同转让标的物的认定，应结合合同文本及双方当事人的真实意思综合考虑。《商品房买卖合同》并未明确约定转让的标的物为地下车库和社区用房的所有权，不能仅以合同名称为《商品房买卖合同》，认定合同中约定转让的对象为地下车库和社区用房的所有权。由于地下车库和社区用房均无法办理产权，不属于商品房，双方当事人对此均应明知，双方当事人的真实意思应为转让地下车库和社区用房的使用权。原审法院认定双方在《商品房买卖合同》中约定转让的对象为地下车库和社区用房的使用权，并无不当。栾某某关于双方在《商品房买卖合同》中约定转让的权利性质为地下车库和社区用房的所有权的申请再审理由，没有事实和法律依据，本院不予采信。关于《商品房买卖合同》的效力问题，因地下车库兼具有人防工程性质，其所有权属于国家，依法不得转让，但地下车库的使用权可以转让流通。某某市人民防空办公室已对案涉地下车库（人防工程）出具《结建人防工程防护质量竣工验收确认书》，载明防护质量合格，并已按规定办理竣工档案移交，准许使用。铁信公司对案涉地下车库（人防工程）依法享有使用权，其与栾某某签订《商品房买卖合同》，将地下车库和社区用房使用权转让给栾某某，并不违反法律强制性规定。栾某某应当知晓法律法规中关于地下车库（人防工程）所有权不得转让的规定。铁信公司未在《商品房买卖合同》中专门对此作出提示及表述，并不构成刻意隐瞒和欺诈。《人民防空法》第五条规定国家鼓励企业事业单位投资建设人防工程，人防工程平时由投资者使用管理，收益归投资者所有。法律并未禁止人防工程使用权的转让。人防工程平时由使用权人管理使用，战时人防工程的使用权人有义务确保人防工程用于人民防空的需要。铁信公司将地下车库使用权对外转让,并未损害国家利益。原审法院认定《商品房买卖合同》合法有效,并无不当。栾某某提出的铁信公司构成欺诈,其行为损害国家利益的申请再审理由,没有事实和法律依据,本院不予采信。《补充协议书》仅就《商品房买卖合同》进行补充说明,并未约定变更或废除《商品房买卖合同》中约定的违约金条款,不能仅以《补充协议书》中未列明违约金条款,即否定《商品房买卖合同》中约定的违约金条款的效力。原审法院认定《商品房买卖合同》中约定的违约金标准过高,已酌情将违约金调低至利息损失的30%。栾某某主张铁信公司已丧失违约金请求权的申请再审理由,不能成立,本院不予采信。综上,栾某某的再审申请不符合《民事诉讼法》第二百条第二项、第六项规定的情形。裁定:驳回栾某某的再审申请。[1]

《民法典》第二百七十五条对车位归属问题进行了原则性规定,但是对于车位的法律性质及产权归属,是属于建筑物区分所有权的专有部分所有权还是共有部分所有权,现行法律及司法解释均未作出具体界定,导致司法实践中处理该类纠纷并无明晰的规则。

【案例3-89】 王某某与菏泽某景房地产开发有限公司地下车位买卖合同纠纷案

二审法院认为,本案的争议焦点:(1)涉案地下车位认购协议书的法律性质及效力问题;(2)上诉人请求返还车位认购款2万元并赔偿损失是否具有正当的基础事实依据。关于焦点一,认购协议的法律性质问题。根据2012年5月10日施行的《买卖合同解释》第二条的规定,涉案车位认购协议书为预约合同。预约合同的法律性质不同于预售合同。对涉案认购协议的法律效力问题分析如下:第一,菏泽市人民防空办公室、菏泽市原规划局均出具书面证明,以及根据涉案地下车库建设工程规划许可证、防空地下室易地建设费缴款通知单、非税收通用票据等证据,可以证明地产公司交纳了人防工程易地建设费,属于易地建设人防项目,故涉案地下车库并非人防工程,而是经规划主管部门批准由地产公司投资建设的地下车库项目。第二,涉案车位属于地下停车位,并非占有业主共有的地面道路或者其他公共场地;经规划主管部门批准由地产公司投资建设,涉案商品房买卖合同未显示约定涉案地下车位已计入商品房公摊面积;业主亦未提供证据证明地产公司在销售房屋时将地下车位按公建面积分摊给了全体业主,或者将地下车位建设成本以分摊方式计入商品房销售价格。第三,鉴于预约合同、预售合同系两种法律

〔1〕 最高人民法院(2020)民申4493号民事裁定书。

性质不同的合同类型,目前尚无法律、法规等强制性规定明确要求签订预约合同需要事前取得预售(销售)许可证,即地产公司是否确定车位预售(销售)许可证并不必然影响涉案认购协议的法律效力。第四,涉案认购协议仅仅系约定在将来一定期限内订立车位销售合同的意向性协议,该预约合同并未约定涉案车位能否办理产权登记,故该项内容应当是双方进一步签订正式车位销售合同时应当协商确定的事项。综上,涉案地下车位认购协议书不符合合同无效的情形,应当是合法有效的。关于焦点二,人民法院应当按照当事人起诉选择的法律关系性质和请求权基础事实进行审理,并作出肯定或者否定性裁判。本案中,王某某起诉认为涉案认购协议无效并要求退还车位款,鉴于当事人主张的法律关系性质或者民事行为效力与人民法院根据案件事实作出的认定不一致,二审期间虽经法院释明上诉人仍不变更确认认购协议无效的诉讼主张,故上诉人基于认购协议无效导致退还车位款的诉讼请求依法不能成立。原判认定事实清楚,判决结果并无不当,二审依法予以确认。[1]

(六)商品房预售合同效力

司法实践中,因商品房预售合同效力引发的纠纷多且复杂,是商品房买卖纠纷中的疑难、多发性问题。《房屋买卖合同解释》专门用两个条文规定商品房预售合同的效力问题,即第二条规定商品房预售合同效力,第六条规定登记备案与预售合同的效力,这对解决商品房预售合同纠纷提供了法律依据。

《城市房地产管理法》第四十四条规定商品房预售必须具备四个条件,这是法定条件,是并列条件,缺一不可。《房屋买卖合同解释》第二条、第六条进一步细化法律比较原则的规定,对《城市房地产管理法》之外涉及的预售合同生效条件予以明确。《城市房地产管理法》第四十四条和《房屋买卖合同解释》是判定商品房预售合同效力的基本标准。

1. 预售合同与土地使用权关系

商品房预售合同效力受制土地使用权法律效力,土地使用权是影响预售合同效力的重要方面之一。

---

〔1〕 山东省菏泽市中级人民法院(2020)鲁17民终1717号民事判决书。

【案例3－90】 上海城南房地产公司与上海中皇置业投资公司购房合同纠纷案

一审法院认为，本案中，当事人讼争的房屋系被几个前手数次转卖而来，所涉土地使用权性质为划拨用地，且系诉讼过程中由主管部门将土地自最初土地使用权名下直接办理至最后买房人名下。如果严格按照现行有效的法律及相关司法解释的规定，划拨土地上建造商品房直至起诉前仍未补办出让手续的，合同将被认定为无效。但是，鉴于本案所涉合同签订于房地产管理法等法律实施之前，考虑到合同已经履行大部分，当地土地使用制度的特殊性、政府主管部门已经认可该转让行为还为其办理土地使用权证等实际情况，作为个案，认定合同有效是可以的。[1]

行政划拨用地进入市场的行为效力，也影响到商品房预售合同的效力。

【案例3－91】 南昌市兴城房地产开发公司与江西省针棉织品进出口公司、南昌市收容遣送站预购房合同纠纷案

最高人民法院认为，开发公司与针棉公司签订的《购买商品房合同》，因讼争房屋所占土地的性质为行政划拨，未补办合法手续进入市场无效。开发公司作为合同约定的出地一方，应对因土地性质导致合同无效承担主要责任；针棉公司作为商品房的预购方应当知道开发公司提供的建房用地的性质，其对合同无效也应承担一定责任。一审法院认定《购买商品房合同》无效及导致过错责任的认定是正确的，应予维持。[2]

2. 预售合同与预售许可证关系

我国对商品房预售实行许可制度。开发商进行商品房预售，应当向市、县房地产管理部门办理预售登记，取得商品房预售许可证，未取得商品房预售许可证的商品房预售合同无效。未取得预售许可证往往与未取得预售主体资格、未取得土地使用权等行为交织在一起，其情况复杂、类型繁多，是认定的难点。

【案例3－92】 海南厚南旅业有限公司与海南顺兴房地产开发有限公司、海南深发房地产开发公司等商品房预售合同纠纷案

最高人民法院认为，深发公司与顺兴公司签订的《商品房购销合同》发生在深发公司与土地使用权人厚南公司签订合建合同之前，故深发公司不具

---

〔1〕 参见最高人民法院民事审判第一庭编：《最高人民法院民事案件解析》（房屋买卖、租赁纠纷），法律出版社2010年版，第13页。

〔2〕 参见最高人民法院民事审判第一庭编：《最高人民法院民事案件解析》（房屋买卖、租赁纠纷），法律出版社2010年版，第17页。

有卖房的主体资格，且未办理商品房预售许可证，商品房购售合同应属无效。〔1〕

出卖人未取得商品房预售许可证明，与买受人订立的商品房预售合同，应当认定无效。由于无效合同自始无效、违法，法律对其进行的是否定评价，因此买受人所签订的合同不受法律保护，该合同的风险应由买受人自行承担。

【案例3-93】　孙某涛与华某名、吉林市轩宇房地产开发有限责任公司执行异议之诉纠纷案

最高人民法院认为，关于在轩宇公司没有商品房预售许可证明的情况下，孙某涛与其签订商品房买卖合同的后果的问题。需要特别指出的是，在轩宇公司没有商品房预售许可证明的情况下（一直到现在都没有），孙某涛与轩宇公司签订了一份疑点重重的商品房买卖合同，根据《城市房地产管理法》第四十五条第一款第四项关于商品房预售，应当"向县级以上人民政府房产管理部门办理预售登记，取得商品房预售许可证明"的规定和《房屋买卖合同解释》第二条关于"出卖人未取得商品房预售许可证明，与买受人订立的商品房预售合同，应当认定无效，但是在起诉前取得商品房预售许可证明的，可以认定有效"的规定，该合同无效。由于无效合同自始无效、违法，法律对其进行的是否定评价，因此孙某涛与轩宇公司签订的合同不受法律保护，该合同的风险也只能由孙某涛自行承担。换言之，如果轩宇公司没有债务，或者自己主动偿还债务，不涉及其债权人申请人民法院强制执行的问题，那么孙某涛现在占有的网点就是安全的，不会被强制执行。但是，轩宇公司与其债权人发生纠纷，一旦出现本案这样的情况，孙某涛现在占有的网点也可能得不到法律保护。因此，孙某涛遵守法律规定十分重要。假设孙某涛和轩宇公司遵守法律的规定，在轩宇公司具有商品房预售许可证明的情况下双方才签订商品房买卖合同，之后，将该合同办理备案登记，这样，人民法院查封时就能知道涉案房屋是否已经出售。如果知道已经出售，人民法院就会继续审查孙某涛是否支付部分或者全部价款，是否实际占有，孙某涛对未办理过户登记手续是否有过错等情况决定是否查封。这样孙某涛的合法权益就会得到保护。但实际情况却是，孙某涛和轩宇公司双方都不遵守法律的规定，在轩宇公司没有商品房预售许可证明的情况下双方还签订商品房买卖合同，导致合同无法办理登记备案，因此才会出现人民法院查封讼争网点时无法知道该网点是否已经由轩宇公司出售的情况，对此后果，只能由孙某涛和

---

〔1〕　参见最高人民法院民事审判第一庭编：《民事审判指导与参考》2000年第2卷（总第2卷），法律出版社2000年版。

> 轩宇公司承担,而不能由申请查封人华某名承担。可见,本案的根源在于孙某涛不守法。对此,孙某涛本人难辞其咎,由其承担败诉的后果,是其自己一手造成的。[1]

关于预售合同效力的补正问题。对于开发商尚未取得预售许可证即与购房人签订预售合同,签订合同后才补办取得预售许可证,其合同的效力如何,在时间上是否放宽、放宽到什么程度,一直是司法实践中争议较大的问题。根据《房屋买卖合同解释》第二条的规定,在一审诉讼前取得预售许可证的,可以认定为有效。

【案例3-94】 宋某莹诉威海华油置业有限公司商品房预售合同纠纷案

> 二审法院认为,上诉人对涉案商品房买卖合同中的签名系其本人所签未有异议,故应认定上诉人该签名的真实性,并应据此认定该商品房买卖合同系上诉人所签。上诉人主张该合同系伪造,证据不足,本院不予支持。虽然双方签订该商品预售合同时,被上诉人尚未取得商品房预售许可证,但被上诉人已于上诉人起诉前取得预售许可证,上诉人现无证据证明该合同不是其真实意思表示,故涉案商品房预售合同应认定为有效。[2]

起诉前未取得预售许可证的商品房预售合同不必然无效。开发商在商品房预售阶段出卖的商品房在经竣工验收备案后发生纠纷的,法院在认定合同效力时则不应再将采取预售许可证作为认定合同无效的当然原因。在特殊案件的司法裁判中,应适时采取目的解释和利益分析的法律适用原则和理念,合理区分商品房预售与销售制度在价值功能和管理规范上的差异,正确认定商品房预售合同的效力。开发商在订立合同之时以及之后一直未取得预售许可证,但在购房人起诉前相应房屋已完成了产权初始登记,该房屋实质上已符合了现房销售的条件,商品房预售制度所欲维护的秩序和利益已无受侵害之虞,若再以未取得预售许可证为由认定合同无效,则无疑有失实体公正。在适用《房屋买卖合同解释》第二条时,应将该法律规范的外延作限缩解释,即出卖人未取得商品房预售许可证明且起诉前尚未完成房屋竣工验收备案的,应认定商品房预售合同无效;如不能同时符合前述条件的,房屋已属现房时,则应认定合同有效。

在原《合同法》实施前,未取得商品房预售许可证即订立的商品房买卖合同,依据原最高人民法院《合同法解释(一)》的规定,对其合同效力的认定应适用《合同法》。开发商在合同约定的房屋交付使用期限前已经取得商品房预售许可证的,应认定商品房买卖合同有效。

---

〔1〕 最高人民法院(2013)民申字第675号民事裁定书。

〔2〕 参见国家法官学院案例开发研究中心编:《中国法院2013年度案例》(房屋买卖合同纠纷),中国法制出版社2013年版,第25页。

【案例3－95】　新世纪建设发展（深圳）有限公司与香港天光置业有限公司购房合同纠纷案

一审法院认为，一审法院认定买卖合同无效，二审法院认定买卖合同有效予以解除，其差别在于依据不同，应该适用《合同法》认定预售合同效力。[1]

在实务中，开发商一直没有取得商品房预售许可证明，但其他手续齐全（如有土地使用证、建设工程规划许可证、建筑工程竣工验收资料），是否可确认买卖合同有效？最高人民法院认为，应视情况而定。商品房买卖涉及的法律法规和政策方面的内容，一般业主是难以全面了解的，尤其是商品房开发早期，管理不规范，是否需要预售许可业主并不清楚，行政主管部门也疏于管理，开发商没有依法领取商品房预售许可证公开进行商品房预售，业主没有过错，责任在于开发商与地方政府。因此，在《房屋买卖合同解释》颁布前，如果合同已经基本履行完毕，商品楼房有土地使用证、建设工程规划许可证、建筑工经竣工验收资料，但没有商品房预售许可证，业主又请求继续履行合同的，为维护交易安全与社会稳定，应当认定商品房买卖合同有效。至于开发商违规开发问题应当由行政主管部门另行处理，不影响合同的履行。《房屋买卖合同解释》第二条规定："出卖人未取得商品房预售许可证明，与买受人订立的商品房预售合同，应当认定无效。"因此，《房屋买卖合同解释》颁布后，如果作为房地产开发企业的出卖人一直没有取得商品房预售许可证明，应确定买卖合同无效。[2]

【不同处理】　需要引起注意的是，在实例中亦有开发商未取得预售许可证而法院认定商品房买卖合同有效的个案。

【案例3－96】　史某军诉荥阳市房地产开发（集团）有限公司预售合同纠纷案

一审法院认为，2000年3月，经荥阳市建设管理部门批准，被告在荥阳市索河中段南侧该公司院内开始建职工住宅楼一幢，部分向社会出售。2000年9月25日，原、被告协商达成口头协议，被告将该住宅楼东门栋四楼南户141平方米的房屋，以每平方米800元共计112800元的价格卖给原告。原告于当日即付给被告2万元，被告给原告出具收据一份，该收据写明系付住宅楼房款（东门栋4南门），并盖有被告公司财务章。后原告又分别于2001年分3次付款7万元，被告均给原告出具了收据。2005年4月，原告到被告处要求被告交付房屋时，得知被告已将房屋另外卖给了刘某敏，并于2005年年

---

〔1〕　参见最高人民法院民事审判第一庭编：《最高人民法院民事案件解析》（房屋买卖、租赁纠纷），法律出版社2010年版，第66页。

〔2〕　参见最高人民法院民事审判第一庭编：《民事审判实务问答》，法律出版社2005年版，第79页。

初将该房的钥匙交给了刘某敏。原告向法院提起诉讼，要求解除合同，判令被告返还已付购房款，并赔偿购房款的一倍9万元。一审法院认为原、被告之间的口头预售合同有效，支持了原告的诉讼请求，被告未提起上诉，该案已发生法律效力。因本案被告所建楼房不是以商品房报批而是以职工住宅楼报批，其不可能办有商品房预售许可证明，但被告的营业执照注明其经营范围为：房地产开发、经营、商品房销售等。原告基于对被告具备房地产开发资格的信赖，其有理由相信被告的手续是齐全的。再者被告所建楼房其中有一部分是向职工出售，有一部分是向社会公开出售，若以被告未办有商品房预售许可证而认定合同无效，将影响到其他合同的效力，也极有可能会因此引发不稳定因素。[1]

预售许可证过期后预售房屋，涉及预售合同的效力问题。《房屋买卖合同解释》第二条规定："出卖人未取得商品房预售许可证明，与买受人订立的商品房预售合同，应当认定无效，但是在起诉前取得商品房预售许可证明的，可以认定有效。"该条并未对涉及的预售许可证过期后销售房屋的行为效力作出明确规定，在司法实践中引发争议。

【案例3－97】 李某白诉北京房开置业股份有限公司等商品房买卖合同纠纷案

一审法院认为，本案中，房开置业公司已经实际取得了本案所涉商品房预售许可证，应当视为其已经具备了该商品房的全部预售条件。过了预售许可证有效期两个月时发生的预售行为，并不能证明本案所涉及的商品房不再具备预售条件。规定或者取消商品房预售许可证的有效期限问题以及是否办理延期手续，属于各地相关行政机关的行政管理行为。超过商品房预售许可证的有效期这一事项，并不能证明取得了商品房预售许可证的商品房预售企业失去了预售资格，也不能证明预售行为不合法，这与房地产开发企业根本就未取得商品房预售许可证是不同性质的行为。二审法院持同样意见，维持原判。[2]

3. 商品房预售合同有效的特殊情形

商品房预售合同登记性质属于预告登记，而预告登记的目的在于使已经成立并生效的请求权具有对抗第三人的效力。《房屋买卖合同解释》第二条但书部分

---

〔1〕 参见最高人民法院中国应用法学研究所编：《人民法院案例选》2006年第2辑（总第56辑），人民法院出版社2006年版，第217页。

〔2〕 参见北京市高级人民法院民一庭编：《北京民事审判疑难案例与问题解析》（第2卷），法律出版社2007年版，第98页。

规定："但是在起诉前取得商品房预售许可证明的，可以认定有效。"第六条第一款明确了商品房预售合同未办理登记备案手续的，当事人向法院请求确认合同无效，不予支持。如果双方当事人约定以办理登记备案手续作为商品房预售合同生效的条件，由于合同的这一约定并未违反我国法律、行政法规的强制性规定，故应当从其约定，尊重当事人的意思自治，这在该司法解释第六条第二款中也得以体现。

【案例3－98】 黄某标诉南通市大同置业有限公司等房屋买卖合同纠纷案

一审法院认为，商品房预售人与预购人约定，以合同经房产管理局登记备案为合同的生效条件。预售人依约收受部分房款，却未按照法律规定和合同约定办理登记备案手续，也不提示预购人办理登记备案，其行为属于不正当地阻止合同生效条件的成就，应视为该条件已成就，因此该商品房预售合同已经生效。

预售期房设定抵押的抵押合同效力。以依法获准建造但尚未建造的或者正在建造中的房屋或者其他建筑物抵押的，当事人办理了抵押登记，法院可以认定抵押有效。

【案例3－99】 上海方信房地产开发有限公司与华东三峡经济发展公司等抵押合同纠纷案

最高人民法院认为，华东三峡公司为向光大银行上海分行、农行虹口支行借款，将其与方信公司签订的《房屋预售合同》的标的物，即正在建设中的预售期房抵押给光大银行上海分行、农行虹口支行，双方签订了抵押合同，办理了《房地产其他权利证明》，进行了预告登记，反映了双方当事人一致的意思表示。光大银行上海分行、农行虹口支行依据抵押合同的约定，履行了向华东三峡公司贷款的义务，其抵押担保行为符合《最高人民法院关于适用〈中华人民共和国担保法〉若干问题的解释》第四十七条之规定，因此，一审法院判决认定华东三峡公司与光大银行上海分行、农行虹口支行签订的《抵押合同》有效，适用法律正确，应予维持。华东三峡公司提供的用于与光大银行上海分行、农行虹口支行签订的《抵押合同》所依据的《房屋预售合同》、《承诺书》及《收据》虽然不是房屋权属证书，但是，上述合同文件等材料的内容足以证明华东三峡公司不仅对《房屋预售合同》标的物拥有物权期待权，而且还拥有完全的处置权，符合抵押担保的有效条件。方信公司收回《承诺书》和《收据》并与华东三峡公司签订《终止房屋预售合同》的行为发生于华东三峡公司与光大银行上海分行、农行虹口支行签订《抵押合同》之后，没有经过抵押权人的同意，属于恶意损害抵押权人利益的行为。因此，方信公司以其将《承诺书》《收据》收回，该《承诺书》、《收据》及《房屋预售合同》均不是房屋权属证书为由,否定华东三峡公司与光大银行上海分行、农行虹口支行签订的《抵押合同》合法有效性,依据不足,本院不予采信。《最高人民法院关于适用〈中华人民共和国担保法〉若干问题的解释》未对期房抵押之用途予以限制,因此,方信公司以预售房屋只能对特定债务抵押之主张,缺乏依据,本院不予支持。综上,一审法院判决认定事实清楚,适用法律正确。[1]

预售商品房再转让合同的效力问题。当前,理论界多数意见认为不动产登记只是物权变动的成立要件,而非买卖合同的生效要件。原《合同法解释(一)》第九条后半段明确规定:"……当事人未办理登记手续不影响合同的效力,合同标的物的所有权及其他物权不能转移。"这一规定有力地遏制一些借口不动产买卖未登记就主张合同无效,以追求更大利益的不诚信行为。这类纠纷中,双方当事人对"尚未登记领取权属证书"的事实往往是明知的,有些还约定如何过户、过户费如何分担等内容。根据当事人意思自治的原则,双方应承担相应的交易风险。如轻易认定房屋再转让合同无效,必然助长不动产出卖人以合同无效为由反悔,损害善意购买人合法权益的行为。《城市房地产管理法》第四十五条规定:"商品房预售的,商品预购人将购买的未竣工的预售商品房再行转让的问题,由国务院规定。"这就明确对此类行为是另行规定,而非禁止。

【案例3-100】 岑某清诉黄某彬房屋买卖合同纠纷案

二审法院认为,岑某清与黄某彬签订合同时,涉案房屋尚未竣工,黄某彬亦未到房产行政部门确权和领取权属证书,双方对此事实是明知的。也就是说,本案实质上是商品房预购人黄某彬将购买的未竣工的预售商品房再行转让给岑某清。我国目前未明确禁止商品房预购人将购买的未竣工的预售商品房再行转让,也就是说,我国法律目前并未将该类合同认定为无效合同。因此,原判依据该条规定认定涉案《转让协议》无效,明显不当。二审法院确认,岑某清与黄某彬签订的《转让协议》是双方真实意思表示,合法有效。[2]

商品房预售合同的效力认定,要视具体情况区别对待,对有特殊政策的,亦应按其政策规定或司法解释执行。例如,根据经国务院批准由海南省人民政府、建设部、财政部、国土资源部和中国人民银行制定的《处置海南省积压房地产试点方案》中确定的处理宏观调控时海南省房地产市场遗留问题的政策规定,因政府收回项目闲置用地,有关土地权益人可以申请对该土地权属进行确权。这是一项处

---

〔1〕 参见最高人民法院民事审判第一庭编:《最高人民法院民事案件解析》(房屋买卖、租赁纠纷),法律出版社2010年版,第38页。

〔2〕 参见国家法官学院案例开发研究中心编:《中国法院2013年度案例》(房屋买卖合同纠纷),中国法制出版社2013年版,第3页。

理海南省历史遗留的房地产纠纷的国家政策,应作为法院处理此类案件的依据。

【案例3-101】 海口嘉琼企业开发公司与海南英才实业投贸公司房屋预售合同纠纷案

最高人民法院认为,根据经国务院批准由海南省人民政府、建设部、财政部、国土资源部、中国人民银行制定的《处置海南省积压房地产试点方案》中确定的处理宏观调控时海南房地产市场遗留问题的政策规定,因政府收回项目闲置用地,有关土地权益人可以申请对该土地权属进行确权。英才公司和嘉琼公司分别于2000年2月和8月申请对本案讼争用地宏威大厦项目闲置用地进行确权,梁平县支行、开平县支行、长城公司作为英才公司的债权人亦参加了海南省海口市国土海洋资源局主持的对本案讼争用地确权协调会。英才公司和嘉琼公司、梁平县支行、开平县支行、长城公司于2001年4月26日签订《协议书》,一致同意将宏威商业大厦土地进行确权,核发换地权益证书,达成嘉琼公司占1/2、梁平县支行和开平县支行占1/4、长城公司占1/4的具体比例,是当事人的真实意思表示,且该《协议书》经各方盖章或授权代表签字,协议中约定的生效条件已经成就,故应认定该《协议书》对签约当事人具有约束力。嘉琼公司基于与英才公司之间的商品房预售关系取得参与讼争闲置项目用地换地权益证书申请资格,在取得该项目用地50%权益后,尚未办理有关换地权益证书并对该部分土地权益进行价格评估和价值确认,以折抵相应款项,因此无论是其于2000年12月5日在本案一审起诉时以英才公司无故单方停工造成其巨大经济损失,请求判令英才公司返还2459万余元购房款、支付违约金、赔偿损失等为由提起的诉讼请求,还是在二审中以认定双方所签售房合同无效并判令英才公司返还2459万余元购房款和利息等为由提起的上诉请求,均没有扣除其因取得50%讼争闲置土地换地权益并对该部分权益进行评估和确认后折抵的款项,其与英才公司之间尚存的债权债务总额不确定、不明确。嘉琼公司既申请对讼争闲置土地确权,又主张全额返还其支付英才公司的2459万余元预购款,超出了其依合同约定应享有的权利或者因合同无效应予返还财产的总额范围,因此嘉琼公司在诉讼中提出的有关请求英才公司返还款项数额不明确、不具体,不符合《民事诉讼法》规定的起诉必须具备的条件,其起诉依法应予驳回。[1] 在处理海南房地产过热期间发生期房转预售合同纠纷,应当根据1995年《最高人民法院关于审理房地产管理法施行前开发经营案件若干问题的解答》这一司法解释的精神。该司法解释规定:“商品房预售合同的双方当事人,经有关主管部门办理

---

〔1〕 参见最高人民法院民事审判第一庭编:《最高人民法院民事案件解析》(房屋买卖、租赁纠纷),法律出版社2010年版,第72页。

了有关手续后,在预售商品房尚未实际交付前,预购方将购买的未竣工的预售商品房转让他人,办理了转让手续的,可认定转让合同有效;没有办理转让手续的,在一审诉讼期间补办了转让手续,也可认定转让合同有效。”

【案例3-102】 中国机械设备海南股份有限公司与海南恒建房地产开发有限公司、海南省国际信托投资公司房屋转预售合同纠纷案

最高人民法院认为,机设公司与恒建公司签订的《合同协议》实质是转让预售关系,因转预售条件不具备,机设公司无权对房产进行转让,一审判决认定《合作协议》无效,双方对协议无效均负有过错责任是正确的,判决海国投公司用房屋折抵已收到的购房款18168496.41元返还给恒建公司亦无不当。[1] 该案中,双方当事人没有办理转让手续,法院将其合同认定为无效。

重复预售合同的效力问题。所谓重复预售,是指出卖人在与前买受人订立商品房预售合同后,又就同一商品房与后买受人订立商品房预售合同的行为。对此可分三种情况确认其效力:其一,两次预售均未办理预告登记。因未办理预告登记,前、后买受人享有的均是一般合同债权。因债权不具有排他性,就同一标的物而设立的多个债权,其效力是平等的,可以合同订立的时间先后而使债权具有不同效力。其二,有一次预售已办理预告登记。已办理预告登记的预购人权利与未办理预告登记的预购人权利的效力对抗关系,应根据“登记者受保护”的原则来决定买受人请求履行合同、确认产权登记的效力。未办理预告登记的预购人权利不具有物权效力,不能对抗已办理预告登记的预购人权利。其三,两次预售均已办理预告登记。同一标的不应出现两项矛盾的登记,如果因登记部门的错误导致出现后登记的情况,后登记的预购人可以通过国家赔偿程序获得补偿。

有观点认为,国家设立商品房预售许可证的立法目的是规范商品房交易市场秩序,加强对开发商销售行为的监督管理,保护交易安全,最大限度地降低购房者的风险。故《房屋买卖合同解释》中明确规定出卖人未取得商品房预售许可证证明与买受人订立的商品房预售合同应认定无效。而取得商品房预售许可证过期,不等同于未取得预售许可证,二者在是否具备预售许可条件上存在本质不同。商品房预售许可证过期,说明开发商已取得了作为预售条件五证中的最后一证,即预售许可证,其已符合预售条件。开发商将符合预售条件的商品房出售给买受人并不存在违反法律、行政法规效力性强制性规定的情形。故在商品房预售许可证已过期的情况下所签订的商品房预售合同应认定有效。[2]

---

〔1〕 参见最高人民法院民事审判第一庭编:《最高人民法院民事案件解析》(房屋买卖、租赁纠纷),法律出版社2010年版,第28页。

〔2〕 参见李玉林:《合同纠纷前沿问题审判实务》,中国法制出版社2014年版,第151页。

【案例3-103】　李某与北京某房地产公司商品房买卖合同纠纷案

一审法院认为，房地产公司已经实际取得了关于本案商品房的预售许可证，应当视为其已经具备了该商品房的全部预售条件，过了预售许可证有效期两个月时发生的预售行为，并不能证明本案所涉及的商品房不再具备预售条件。规定或者取消商品房预售许可证的有效期限问题以及是否办理延期，属于各地方相关行政管理行为。超过商品房预售许可证的有效期限这一事项，并不能证明预售行为不合法，这与房地产开发企业根本就未取得商品房预售许可证是不同性质的行为。鉴于李某并没有提交证据证明房地产开发公司故意隐瞒没有取得预售许可证的事实或提供虚假商品房预售许可证的事实，故依据《合同法》第六条的规定，判决驳回了李某的诉讼请求。[1]

未取得预售许可证明之前与购房屋人签订的《商品房认购书》效力问题。鉴于商品房预售的特殊性，现行法律、行政法规对商品房预售实行行政许可的监管制度。《城市房地产管理法》第四十四条、《城市房地产开发经营管理条例》第二十二条均明确规定，商品房预售应当取得商品房预售许可证明。未取得预售许可证明签订的合同按无效认定。《房屋买卖合同解释》第二条除了作类似规定外，还作了在起诉前取得商品房预售许可证明的可以认定为有效之规定。《商品房认购书》从性质上归属为预约合同，作为一个独立的合同形式。最高人民法院民一庭编写组认为，既然作为预约合同的《商品房认购书》是出卖人和买受人双方为将来订立作为本约合同的《商品房买卖合同》所作的承诺，而非正式的商品房预售行为，作为法定的商品房预售行为强制性前提条件的商品房预售许可证明就不应认定为出卖人订立预约合同的前提条件。未取得商品房预售许可证前签订的《商品房认购书》等预约合同均为有效。[2]

阻止预售合同生效的问题。开发商以不正当手段阻止预售合同符合生效条件的，则预售合同发生效力。

【案例3-104】　黄某标诉南通市大同置业有限公司等房屋买卖合同纠纷案

一审法院认为，商品房预售人与预购人约定，以合同经房产管理局登记备案为合同的生效条件。预售人依约收受部分房款，却未按照法律规定和合同约定办理登记备案手续，也不提示预购人办理登记备案，其行为属于不正当阻止合同生效条件的成就，应视为该条件已成就，因此该商品房预售合同已经生效。[3]

---

〔1〕 参见李玉林：《合同纠纷前沿问题审判实务》，中国法制出版社2014年版，第152页。

〔2〕 参见最高人民法院民事审判第一庭编：《民事审判指导与参考》2014年第3辑（总第59辑），人民法院出版社2015年版，第232页。

〔3〕 江苏省南通市中级人民法院（2006）通中民一终字第0164号民事判决书。

4. 工业厂房预售合同效力

对于工业厂房的开发企业是否必须具备房地产开发资质，现行法律、行政法规等并无明确规定。目前，有少数省市对此作了规定，如重庆市人民政府于2007年11月16日制定的《重庆市特色工业园区标准厂房建设实施意见》和遵义市人民政府于2012年7月2日发布的《关于大力推进产业园区标准厂房建设的通知》中均规定，开发业主原则上应为工业园区投资设立的建设开发公司和具有房地产开发四级以上资质的各类开发企业。从立法目的角度考量，对于工业厂房的房地产开发企业也必须具备房地产开发资质。对于未取得房地产开发企业资质等级证书，但其系在取得的工业用地上自建工业厂房用于出售的企业，不属于房地产开发活动，不影响工业厂房预售合同的效力。

【案例3－105】 上海梦海化工原料有限公司诉上海派米雷投资(集团)有限公司、上海轩礼实业有限公司房屋买卖合同纠纷案

一审法院认为，根据《厂房预订协议》中“甲方办好建设工程规划许可证和建筑工程施工许可证一周内签订厂房订购协议”及“待签订厂房订购协议后，该定金即转化为购房款”等内容可推断，原、被告双方签订的《厂房预售合同》名为“预售合同”，实为《厂房预订协议》中所述的“厂房订购协议”。且涉案厂房为期房，系被告按原告签字确认的建筑图纸建造等情况亦是原告事先所知悉的，该协议系双方的真实意思表示。另外，涉案厂房具有合法的建筑规划手续，现已竣工并验收合格，且取得房地产权属证书，双方进行房地产交易并无法律上的障碍，故双方之间签订的名为“厂房预售合同”实为“厂房订购协议”的房屋买卖合同成立，应为合法有效。对于原告诉称因被告轩礼公司不具备房地产开发经营资质未取得商品房预售许可证，合同应归为无效的意见，本院认为被告轩礼公司系在其取得的工业用地上自建工业厂房用于出售，结合涉案厂房所在地土地的性质及行政部门对企业投资项目的备案审批意见可判断，被告行为的本质仍是自建厂房的转让，属于自有房地产经营活动，无须申请房地产开发企业资质等级证书，而商品房预售许可制度也是针对在商业用地上开发商品厂房或商品住宅房屋的管理制度，在工业用地上开发的工业厂房不属商品房预售许可的范围。即使被告轩礼公司在营销宣传、运作模式等方面存在以“房地产开发企业”的身份从事“房地产开发经营行为”之嫌，该行为亦系在厂房建设运作环节中存在的失范行为，应由相关行政部门予以规范管理，故对原告的以上意见不予采纳。对于原告诉称被告对取得土地使用权、建设工程规划许可证和建筑工程施工许可证的时间存在欺诈的意见，本院认为，虽然土地使用权及许可证的取得时间与合同的签订时间存在先后偏差，但事后该权利及证件的取得并不影响合同的效力，故对原告的该意见不予采纳。对于原告诉称合同中关于房屋交付期限、交付产权过户及相关的条款等存在欺诈，显失公平的意见，本院认为双方虽未在合同中明确交房的具体时间，但可在事后通过协议予以补充，更何况买卖合同是于2011年3月28日签订，面积达4200平方米左右的厂房能在2012年5月30日前具备交房条件，该一年多的时间亦属于合理的预期交房时间，并无明显不公；关于融资及产权过户条款，本院认为合同中已对“代为融资”与产权过户的时间作出详细解释，原告在签订合同时也知悉，并不存在欺诈，且被告轩礼公司已同意对该条款进行调整修正，将厂房产权过户至原告名下，以原告名义向银行办理抵押贷款，此举也无不妥；退一步讲，即使合同条款存在欺诈及不公，也不必然导致合同无效。据此，判决驳回原告的诉讼请求。二审法院亦持同样意见，维持原判。〔1〕

〔1〕 参见国家法官学院案例开发研究中心编：《中国法院2015年度案例》（房屋买卖合同纠纷），中国法制出版社2015年版，第229页。

三、房屋买卖合同无效认定

《民法典》第一百五十三条规定:“违反法律、行政法规的强制性规定的民事法律行为无效。但是,该强制性规定不导致该民事法律行为无效的除外。违背公序良俗的民事法律行为无效。”第一百五十四条规定:“行为人与相对人恶意串通,损害他人合法权益的民事法律行为无效。”第一百五十五条规定:“无效的或者被撤销的民事法律行为自始没有法律约束力。”第一百五十六条规定:“民事法律行为部分无效,不影响其他部分效力的,其他部分仍然有效。”上述四个条文应为认定买卖合同效力的法律依据。尤其是第一百五十三条第一款的但书部分,笔者认为,该强制性规定是指法律的管理性规定,而不是效力性规定。

《民法典合同编通则解释》第十六条规定:“合同违反法律、行政法规的强制性规定,有下列情形之一,由行为人承担行政责任或者刑事责任能够实现强制性规定的立法目的的,人民法院可以依据民法典第一百五十三条第一款关于‘该强制性规定不导致该民事法律行为无效的除外’的规定认定该合同不因违反强制性规定无效:(一)强制性规定虽然旨在维护社会公共秩序,但是合同的实际履行对社会公共秩序造成的影响显著轻微,认定合同无效将导致案件处理结果有失公平公正;(二)强制性规定旨在维护政府的税收、土地出让金等国家利益或者其他民事主体的合法利益而非合同当事人的民事权益,认定合同有效不会影响该规范目的的实现;(三)强制性规定旨在要求当事人一方加强风险控制、内部管理等,对方无能力或者无义务审查合同是否违反强制性规定,认定合同无效将使其承担不利后果;(四)当事人一方虽然在订立合同时违反强制性规定,但是在合同订立后其已经具备补正违反强制性规定的条件却违背诚信原则不予补正;(五)法律、司法解释规定的其他情形。法律、行政法规的强制性规定旨在规制合同订立后的履行行为,当事人以合同违反强制性规定为由请求认定合同无效的,人民法院不予支持。但是,合同履行必然导致违反强制性规定或者法律、司法解释另有规定的除外。依据前两款认定合同有效,但是当事人的违法行为未经处理的,人民法院应当向有关行政管理部门提出司法建议。当事人的行为涉嫌犯罪的,应当将案件线索移送刑事侦查机关;属于刑事自诉案件的,应当告知当事人可以向有管辖权的人民法院另行提起诉讼。”

《民法典合同编通则解释》第十七条规定:“合同虽然不违反法律、行政法规的强制性规定,但是有下列情形之一,人民法院应当依据民法典第一百五十三条第二款的规定认定合同无效:(一)合同影响政治安全、经济安全、军事安全等国家安全的;(二)合同影响社会稳定、公平竞争秩序或者损害社会公共利益等违背社会公共秩序的;(三)合同背离社会公德、家庭伦理或者有损人格尊严等违背善良风俗的。人民法院在认定合同是否违背公序良俗时,应当以社会主义核心价值观为导向,综合考虑当事人的主观动机和交易目的、政府部门的监管强度、一定期限内当事人从事类似交易的频次、行为的社会后果等因素,并在裁判文书中充分说理。当事人确因生活需要进行交易,未给社会公共秩序造成重大影响,且不影响国家安全,也不违背善良风俗的,人民法院不应当认定合同无效。”

《民法典合同编通则解释》第十三条规定:“合同存在无效或者可撤销的情形,当事人以该合同已在有关行政管理部门办理备案、已经批准机关批准或者已依据该合同办理财产权利的变更登记、移转登记等为由主张合同有效的,人民法院不予支持。”

(一)合同无效主要类型

1. 恶意串通签订的房屋买卖合同无效

《房屋买卖合同解释》第七条规定:“买受人以出卖人与第三人恶意串通,另行订立商品房买卖合同并将房屋交付使用,导致其无法取得房屋为由,请求确认出卖人与第三人订立的商品房买卖合同无效的,应予支持。”在房价不断攀升的现阶段,许多当事人为追求自身利益的最大化,不惜以损害第三人利益为手段,一房二卖。出卖人与买受人恶意串通签订的房屋买卖合同无效。

【案例3-106】　孟某某诉威海仙姑顶旅游开发有限公司、王某某房屋买卖合同纠纷案

二审法院认为,案涉房屋所在小区已经综合验收合格,具备办理房屋产权登记条件。2019年1月30日,孟某某以要求协助办理产权登记为由诉至一审法院,要求处理。2019年3月14日,涉案房屋办理不动产权证书,登记的权利人为王某某。从查明相关事实看,仙姑顶开发公司在已将房屋出售于孟某某,并将房屋交付孟某某居住使用,且双方房屋买卖合同未解除的情况下,又与王某某签订房屋买卖合同,并在已收到本案开庭传票等相关诉讼材料的情况下,协助王某某办理房屋产权登记手续,明显具有主观恶意,并非善良交易。王某某虽称其房屋系自辰宇建设公司处购买,但并未提供其与辰宇建设公司所签订的房屋买卖合同，亦未提交支付房款的证明；且王某某未对案涉房屋进行实际查看，未对居住人情况、房屋是否已出卖于他人等情况进行考察，签订房屋买卖合同多年后未对房屋进行管理或主张权利，亦明显与正常房产交易不同，不宜认定为善良交易，且该交易行为明显侵害了孟某某合法权益。综上所述，仙姑顶开发公司与王某某双方均非善意，其相应合同效力应属无效。判决：驳回上诉，维持原判。[1]

【案例3-107】 胡某某诉曾某等房屋买卖合同纠纷案

一审法院认为，胡某某早在2016年7月即与肖某某、曾某就案涉房屋达成交易协议，签署购房协议并按约定支付了购房款，购房后就对案涉房屋进行了装修并实际居住使用至今，虽尚未办理该房屋所有权变更登记，但该交易事实真实、有效，不违反法律规定。双方签订的购房协议中有明确约定，待案涉房屋符合房产办理房产证手续时，曾某需配合胡某某办理相应过户手续。在胡某某了解到案涉房屋具备办证条件，曾向曾某催办产权登记及过户事宜，但遭到肖某某、曾某的拒绝。非因胡某某的原因导致房屋产权未能及时过户至胡某某名下，故胡某某与肖某某、曾某针对案涉房屋所达成的买卖合同关系合法、有效，原告基于购房事实所享有的合同权益受到法律保护。反观肖某某与李某签订房屋买卖合同时的主观心态和客观状况。肖某某和曾某母女在案件审理过程中，在极短的时间内自行将房屋过户至李某名下，意图规避对原告所负合同义务的履行，后买受人李某在未实地了解房屋现状的情况下即签订购房合同、未实际支付房款对价即办理过户登记，从这些有悖于房屋交易常情常理的情况下可以推定其目的及动机并非善意。根据《民法典》第一百四十六条规定，行为人与相对人以虚假的意思表示实施的民事法律行为无效。第一百五十四条规定，行为人与相对人恶意串通损害他人合法权益的民事法律行为无效。无效的民事法律行为自始没有法律效力，肖某某与李某签订的房屋买卖合同自始无效，该案涉房屋办理的所有权变更登记不能作为李某主张该房屋合法有效的依据。[2]

以远低于当时市场价格购买房屋且未能作出合理解释，应认定为存在恶意串通，恶意串通损害第三人利益的合同无效。

【案例3-108】 葛某海、葛某华、葛某安诉葛某光、葛某房屋买卖合同纠纷案

一审法院认为，根据本案查明的事实，可以认定虽然涉案房屋登记在被

---

〔1〕 山东省威海市中级人民法院(2019)鲁10民终1842号民事判决书。

〔2〕 参见国家法官学院、最高人民法院司法案例研究院编：《中国法院2023年度案例》(房屋买卖合同纠纷)，中国法制出版社2023年版，第47～48页。湖北省武汉市青山区人民法院(2021)鄂0107民初3727号民事判决书。

告葛某光的名下,且其有权对外出售房屋,但其出售房屋后的房款需分配给其他继承人,且其出售行为亦须受到其他继承人的监督。现被告葛某光私自以远低于市场价的价格与其儿子被告葛某签订《存量房屋买卖合同》,将涉案房屋过户至被告葛某名下。考虑到二被告签订《存量房屋买卖合同》的房屋价格、买卖双方的父子关系,购房款支付及分配的情况,本院有理由相信被告葛某光、葛某恶意串通签订《存量房屋买卖合同》的行为侵犯了原告葛某华、葛某安、葛某海及案外人葛永某的合法权益,应属无效合同。现原告葛某华、葛某安、葛某海要求确认二被告所签《存量房屋买卖合同》无效的诉讼请求,并无不当,本院应予支持。[1]

实践中,二手房买卖活动中的阴阳合同中,恶意串通带有一定普遍性。

【案例 3-109】 龚某明诉上海天蓬房地产投资咨询有限公司第八分公司等房屋买卖合同纠纷案

一审法院认为,虽然被告第八分公司非该房屋产权人,但其系得到该房屋的实际产权人的事先委托和事后认可,属于有权转让;又因原告亲自去现场看过该房屋,并同意购买和承诺购房款为 72000 元,因此,原告主张被告欺诈的理由不成立。原告与被告第八分公司之间订立的《转让协议书》是双方当事人的真实意思表示,且双方实际履行了该协议,该房屋亦已过户至原告名下,故该协议应为合法有效。至于原告与第三人张某订立的《上海市房地产买卖合同》,是为了履行原告与被告第八分公司之间的转让协议办理过户手续时订立的,双方为少缴税而将房价约定为 55000 元,在实际履行过程中也并非按该买卖合同的价格成交,这并非双方当事人的真实意思表示,且该行为损害了国家利益,故该合同应为无效。作为出卖方的委托人即本案第三人倪某宝明确表示已收到被告第八分公司给付的房款 72000 元,原告认为被告第八分公司暗收差价并不存在。至于第三人张某认为自己只知道房款为 55000 元,对 72000 元不知情,这是两个第三人之间的事情,与本案无关。[2]

个案中,房屋买卖交易行为中存在违背常理行为,在当事人举证不充分且很难做到时,基于对交易中很多问题无法作出合理解释的情况,法官可推定其交易行为构成《民法典》规定的恶意串通。

---

〔1〕 参见国家法官学院案例开发研究中心编:《中国法院 2017 年度案例》(房屋买卖合同纠纷),中国法制出版社 2017 年版,第 120 页。

〔2〕 参见最高人民法院中国应用法学研究所编:《人民法院案例选》2008 年第 4 辑(总第 66 辑),人民法院出版社 2009 年版,第 166~167 页。

【案例3-110】 苑某诉潘某等房屋买卖合同纠纷再审案

再审法院认为,王某、任甲、任乙与潘某、潘甲就诉争房屋所签订的《买卖合同》及双方于2009年5月7日再次就诉争房屋过户事宜达成的协议合法有效,双方合同已实际履行,只待办理房产过户。王某、任甲在取得诉争房屋所有权证后,违反合同约定,另行将诉争房屋卖与苑某。苑某虽取得诉争房屋所有权证,但苑某在购房之前未看房,未对诉争房屋的现状及是否有他人实际居住等相关情况进行核实,如苑某看房,即可获知诉争房屋已由实际居住人购买的情况。因此,对于重大财产交易,苑某未看房未核实相关情况,即与王某、任甲急于交易的行为,有违交易常理,且该交易行为侵害了潘某、潘甲的合法权益,应为无效。原审判决确认王某、任甲与苑某于2009年5月21日签订的《北京市存量房买卖合同》无效,并无不当。苑某申请再审理由,无事实和法律依据,本院不予支持。王某、任甲经本院公告传唤无正当理由未到庭参加诉讼,本院依法缺席判决。综上所述,原二审判决认定事实清楚,适用法律正确,本院予以维持。[1]

恶意串通设置虚假抵押权的合同无效。

【案例3-111】 吴某中诉李某、师某海房屋买卖合同纠纷案

二审法院认为,关于李某与师某海有无恶意串通设置虚假抵押权的问题。首先,师某海于2017年2月22日出具的《借据》,不仅与双方2016年11月18日签订的《房地产借款抵押合同》约定的债务履行期限、支付方式均不相符,且师某海在时隔三个月后才取得借款与常理不符,更与师某海本案所主张的其急需资金周转、以声明遗失的方式急切地在2016年11月15日即领取房产证的行为不符;其次,正如一审分析,本案现有证据不足以证明师某海与李某之间的抵押借款真实发生;最后,在黄某红与李某的通话录音中,李某称要控制这个房子,根本未提及师某海以涉案房产作为抵押担保向其借款的相关情况。故一审法院认定师某海与李某二人恶意串通,以办理借款抵押担保的合法形式达到控制97号商铺的目的,并无不当。判决:驳回上诉,维持原判。[2]

恶意串通买卖合同无效,专业金融机构不能作善意第三人取得抵押权。

---

〔1〕 参见国家法官学院案例开发研究中心编:《中国法院2016年度案例》(房屋买卖合同纠纷),中国法制出版社2016年版,第81页。

〔2〕 参见国家法官学院、最高人民法院司法案例研究院编:《中国法院2020年度案例》(房屋买卖合同纠纷),中国法制出版社2020年版,第246页。广东省珠海市中级人民法院(2017)粤04民终2291号民事判决书。

【案例3-112】　王某生诉龚某、潘某胜、建行江宁支行房屋买卖合同纠纷案

二审法院认为，案涉房屋已经人民法院生效民事判决认定不宜返还潘某胜，潘某胜虽于其后领取了不动产权证书，但并不实际具有对案涉房屋占有、使用、收益的权利，即不具有完整的所有权。潘某胜和龚某明知潘某胜不具备对案涉房屋处分的权能，且案涉房屋的买卖无法完成交付，却签订案涉房屋的买卖合同并以案涉房屋设立抵押，损害了王某生对案涉房屋占有、使用、收益的权利。一审法院认定潘某胜和龚某恶意串通订立虚假买卖合同并设立抵押，并据此判决确认潘某胜和龚某之间关于案涉房屋的《南京市存量房交易合同》无效，具有事实和法律依据。建行江宁支行作为专业的金融机构，未对案涉房屋的权属情况进行审慎的审查，在潘某胜不具备对案涉房屋处分权的情况下，对案涉房屋设定抵押权，故一审法院认定建行江宁支行不能作为善意第三人取得案涉房屋的抵押权，建行江宁支行和龚某应将案涉房屋的抵押予以注销，并无不当。因此，龚某的上诉理由缺乏事实和法律依据，法院不予采纳。综上所述，龚某的上诉请求不能成立，应予驳回；一审判决认定事实清楚，适用法律正确，应予维持。判决：驳回上诉，维持原判。[1]

实现抵押权的房屋买卖合同可能会因恶意串通而无效。

【案例3-113】　赵某、刘某诉北京鼎旺信用管理有限公司等房屋买卖合同纠纷案

一审法院认为，首先，合同订立前，鼎旺公司并未实地查看房屋或向房屋出售人索取可以显示房屋状况的照片或录像，未审查王某江代理权限，明知交易时房屋的市场价格反而以低于市场价100余万元的价格购买房屋。其次，合同订立时，双方合同约定“在过户后3日内交房”，此约定与双方陈述的不能看房及延期交房的事实相互矛盾，双方约定的解除抵押时间与鼎旺公司支付第一笔房款的时间不符，鼎旺公司也未对迟延办理解除抵押手续提出质疑。最后，在合同履行环节中，鼎旺公司并未以诉讼或其他保护权利的方式向赵某主张交付房屋或追究其逾期交房的违约责任，或要求实际居住人腾退房屋。法院判决鼎旺公司与赵某签署的房屋买卖合同无效。二审法院亦持同样意见，维持一审判决。[2]

---

〔1〕　参见国家法官学院、最高人民法院司法案例研究院编：《中国法院2021年度案例》（房屋买卖合同纠纷），中国法制出版社2021年版，第273页。江苏省南京市中级人民法院（2019）苏01民终297号民事判决书。

〔2〕　参见国家法官学院、最高人民法院司法案例研究院编：《中国法院2020年度案例》（房屋买卖合同纠纷），中国法制出版社2020年版，第249页。北京市第一中级人民法院（2018）京01民终9601号民事判决书。

一房数卖纠纷中,后手买卖行为是否构成恶意串通,应以买卖双方是否针对先买受人期待实现的合法权益而共同恶意缔约作为判断标准。实践中,后手买卖双方通过生效民事调解书确认债权债务关系,进而达到"以房抵债"合法化目的,法官须根据债务形成过程、债务抵销原因、房屋过户期限等因素对双方是否构成恶意串通进行综合判定。

【案例3-114】 王某诉魏某、李某确认房屋买卖合同无效纠纷案

一审法院认为,第一,魏某、李某陈述基于债权债务关系采取以房抵债形式,由李某取得涉案房屋所有权登记,但并未得到王某认可。虽魏某、李某之间的债权债务经生效调解书确认,但二被告未能提供双方之间以房抵债行为与房屋买卖行为之间存在必然因果关系的直接证据。第二,魏某与李某在房屋买卖合同中对房屋交付、办理产权过户等重大事项均未有约定;作为受让人不实地查看房屋,与社会常理、交易习惯明显不符。鉴于魏某与李某在签订和履行房屋买卖合同中存在共同恶意,上述行为因侵害王某合法权益应属无效。二审法院亦持同样意见,维持一审判决。[1]

一房二卖中,后手购房人与出卖人恶意串通应结合具体案情认定。

【案例3-115】 姚某霞诉皮某根、朱某平等房屋买卖合同纠纷案

二审法院认为,皮某根将案涉房屋售予姚某霞后,又在王某红不知情的情况下,擅自将房屋售予朱某平;朱某平作为专业房产交易的中介人员,在明知案涉房屋已经出售交付他人使用、未对房屋进行查勘的情况下,即与皮某根签订房屋买卖协议,并随即将房屋过户至自己名下,一审结合王某红、皮某根、朱某平等人在公安机关的陈述,朱某平与皮某根签订协议时间、协议形式、房屋价格、相关手续办理等因素,认定朱某平与皮某根之间签订的房屋买卖协议无效,并无不当。[2]

【案例3-116】 赵某兰诉陆某元、吴某文房屋买卖合同纠纷案

二审法院认为,根据查明的事实,陆某元在其与赵某兰等人就案涉房屋买卖合同纠纷的诉讼期间,补办房产证后将案涉房屋售予吴某文,而吴某文在购房过程中未实际看房即与陆某元签订相关合同。买卖期间,陆某元、吴某文、李某华之间,陆某元与宋甲之间存在多笔大额转账,吴某文称其协助陆某元转款还债,李某华表示其与陆某元存在借贷关系,但吴某文、李某华等人

---

〔1〕 参见北京市高级人民法院研究室编:《审判前沿——新类型案件审判实务》(总第58集),法律出版社2019年版,第197页。

〔2〕 参见国家法官学院、最高人民法院司法案例研究院编:《中国法院2021年度案例》(房屋买卖合同纠纷),中国法制出版社2021年版,第188页。江苏省南京市中级人民法院(2019)苏01民终2985号民事判决书。

与陆某元此前并无交集，相识时间很短即出现上述交易情形，而陆某元在《买卖定金协议书》和房屋买卖合同中所留联系方式均为李某华的手机号码，与交易习惯及日常生活经验法则明显不符，而上述人员未能对此情形作出充分合理的解释。陆某元与吴某文签署并履行了关于案涉房屋买卖的相关合同，客观上损害了赵某兰的利益。综上，一审法院综合考虑上述情况及其他相关事实，认定陆某元、吴某文存在恶意串通事实，并据此判决陆某元、吴某文签订的房屋买卖合同无效，并无不当，应予维持。判决：驳回上诉，维持原判。[1]

【案例3－117】　尤某根诉陆某、王某军房屋买卖合同纠纷案

一审法院认为，陆某在2017年9月6日与王某军签订《无锡市存量房屋买卖合同》时，明知房屋早已出卖并交付给尤某根，尤某根已付清约定房款的现金部分、按月正常支付房款的贷款部分。陆某在该房屋上已无权再获取额外利益，而仅有在尤某根贷款还清后配合办理过户的义务，陆某为谋取非法利益而将房屋二次出卖，主观上恶意明显。王某军方面，若如杨某全、王某军所称，当时陆某告知的是因父亲与他人有经济纠纷房屋被占用，但仅是陆某父亲与他人的经济纠纷，他人有何理由占用陆某的房屋，更有何理由禁止房主带其他人看房。买受方不作进一步探究却表示愿意相信，该行为有违正常的交易常理、常识。此外，在与陆某签订过户合同前，杨某全在支付部分款项时即办理了高额的抵押权登记，还由陆某出具经公证的卖方全权委托书，表现出较高的关于买卖房屋的专业知识与技能，但所涉巨额交易，杨某全、王某军却不需实地看房，也不去核实、了解他人占用的原因，回避与在先购房人见面，直至变更完成产权再上门要房，实难认定其非故意为之，其真实目的应当是顺利取得房屋的所有权。而事实上，在尤某根了解陆某将房屋他卖意向后于2017年9月5日向法院提起诉讼及财产保全，但仍未来得及限制所有权在次日的变更。此外，王某军购房的成交价仅为103万元，王某军、杨某全认可该房屋当时市场价为150～160万元，尤某根则主张可达170万元，前述成交价属明显不合理的低价，杨某全、王某军的主观目的是牟取暴利。尤某根主张陆某与王某军买卖房屋的行为构成恶意串通损害其利益，有事实和法律依据，应予支持。判决：确认陆某与王某军于2017年9月6日签订的关于无锡市新吴区城市佳园××房屋的《无锡市存量房买卖合同》无效。[2]

---

〔1〕　参见国家法官学院、最高人民法院司法案例研究院编：《中国法院2021年度案例》（房屋买卖合同纠纷），中国法制出版社2021年版，第188页。北京市第三中级人民法院（2019）京03民终14982号民事判决书。

〔2〕　参见国家法官学院、最高人民法院司法案例研究院编：《中国法院2021年度案例》（房屋买卖合同纠纷），中国法制出版社2021年版，第205～206页。江苏省无锡市新吴区人民法院（2018）苏0214民初1752号民事判决书。

在虚伪通谋的伪装行为与恶意串通损害第三人利益之间的规定处理案件时，实际情况有一定交叉，需要对案情进行法理分析后，作出适当的法律适用判断。

【案例3－118】 尤某兰诉于某青、刘某琪房屋买卖合同纠纷案

二审法院认为，本案系确认合同效力之诉，审查合同的效力是法律赋予法院的权限，人民法院不必囿于当事人之抗辩意见，可径行根据案件事实予以认定。根据本案查明的事实，于某青与刘某琪签订房地产买卖契约转让涉案房屋系通谋虚伪表示，其房屋转让行为应认定无效。[1]

【案例3－119】 华润公司诉玮俊公司、第三人商建公司、许某明、殷某云执行异议纠纷案

二审法院认为，本案中，商建公司与许某明实施涉案房屋转移登记行为的动机，是判断商建公司实施和许某明实施的民事法律行为是否属于恶意串通、损害他人合法权益的一个要件，也是区分"通谋虚伪"和"恶意串通"的一个重要特征。商建公司和许某明明知涉案房屋已经出售给了殷某云，仍通过虚构买卖合同的方式，将涉案房屋转移登记至许某明名下，证明商建公司和许某明实施涉案房屋转移登记行为具有主观恶意的基本可能，且该行为足以损害殷某云以及华润公司的利益，虽许某明、商建公司自称，其是为了完成商建公司的项目清算，避免不属于公司的财产被清算，是为了保护买受人的权益，但并未提供证据予以证明。况且，从日常生活经验判断，如确如商建公司和许某明所称，那至少应该事先与殷某云或者华润公司协商此事并商定相关费用的承担问题，但涉案房屋于2015年1月15日转移登记至许某明名下，至华润公司知晓此事于2018年提起执行异议时，商建公司和许某明一直未予告知。同时，因为涉案房屋无论是从商建公司的转移登记至殷某云名下，还是转移登记至许某明名下，均涉及税费承担的问题，既然商建公司和许某明愿意自行承担费用将涉案房屋转移登记至许某明名下，如确实是为了保护买受人的权益，商建公司完全可以自行承担费用直接过户至殷某云名下。故而，本院对商建公司和许某明的解释不予采信。综上，本院采信华润公司的意见，认定商建公司与许某明的解释不予采信。综上，本院采信华润公司的意见，认定商建公司与许某明实施涉案房屋转移登记的行为构成《民法总则》第一百五十四条规定的无效情形。[2]

协议一方为了实现相对方的孩子顺利入学之目的，双方达成了虚假意思表示

---

〔1〕 参见《人民司法·案例》2021年第20期(总第931期)。江苏省扬州市中级人民法院(2018)苏10民终1383号民事判决书。

〔2〕 参见蔡慧永主编:《北京法院优秀裁判文书精选(2020年卷)》,人民法院出版社2021年版,第439～440页。北京市高级人民法院(2019)京民终1404号民事判决书。

的合意,签订增减房地产共有人协议书,该份协议书行为人与相对人之间构成通谋,且不存在价款上的合意,其协议无效。

【案例3-120】 杨某风诉赵某某等确认合同无效纠纷案

一审法院认为,本案的主要争议焦点是原告与被告赵某某、被告杨某霞所签订的增减房地产共有人协议书是否构成无效合同。《民法总则》第一百四十六条第一款规定:行为人与相对人以虚假的意思表示实施的民事法律行为无效。所谓虚伪表示,是指通谋的有真意的意思表示不一致,即表意人与相对人通谋所为的不一致的意思表示。而虚伪表示所体现的虚假行为是表意人和表示的受领人一致同意表示事项不应该发生效力,亦即双方当事人一致同意仅仅造成订立某项法律行为的表面假象,而实际上并不想使有关法律行为的法律效果发生。因此,虚假民事法律行为是指行为人与相对人相互通谋,以虚假的意思表示所实施的民事法律行为。在虚假的民事法律行为中,双方当事人无论基于何种动机意思,都必须有效果意思表示与表示行为上不相符合,即表意与表示不相一致,跟实际不相符合,表示行为存在不真实、作假的情形。而且双方当事人对虚假的意思表示的表达必须有通谋,本案中,被告赵某某为了让其孩子可以享受到房屋所在地的教育入学资源,遂与原告协商将其持有的产权份额转让给被告赵某某,以配合被告赵某某实现上述目的,原告对此予以积极配合并明知,假如确实是原告将1/3产权出售给被告赵某某,即使协议中对于转让款金额确实有记载,但是对于转让款何时支付却未作明确约定,正是因为原告与两被告之间系亲属关系,所以原告出于亲情考虑,故同意将其持有的1/3的份额暂时转让给被告赵某某,进而实现被告赵某某的孩子顺利入学之目的,所以双方达成了虚假意思表示的合意,签订所谓增减共有人产权协议书,该份协议书系行为人与相对人之间构成的通谋,其实这份协议书仅是一份形式上的转让协议,并非真正的产权转让协议。据此法院认为依据《民法总则》的规定,行为人与相对人以虚假的意思表示所实施的民事法律行为无效,并且是绝对无效。故法院认为原告与被告赵某某、被告杨某霞所签署的该份协议书是虚伪的意思表示,所实施的民事法律行为无效,该份协议书属无效合同。合同无效或者被撤销后,因该合同取得的财产,应当予以返还;不能返还或者没有必要返还的,应当折价补偿。有过错的一方应当赔偿对方因此受到的损失,双方都有过错的,应当各自承担相应的责任。故被告赵某某理应将涉案房屋中的1/3产权恢复登记至原告名下,被告赵某某、被告杨某霞各持有1/3份额的按份共有的状态。一审判决

后，两被告提出上诉，但在二审期间撤回上诉。〔1〕

丈夫将共有房屋以不合理对价出售房屋并已办理房屋转移登记，该房屋买卖合同无效。

【案例3－121】 赵某与周某、林某房屋买卖合同纠纷再审案

最高人民法院认为，关于二审判决认定案涉买卖合同无效是否有误的问题。(1)基于本案已查明的事实，案涉房屋系林某、赵某夫妻共同财产，在2002年9月5日至2003年3月27日双方离婚期间并未对案涉房屋进行分割；周某与林某于2010年5月21日签订《广东省房地产买卖合同》并据此办理过户登记手续，而案涉房屋买卖签约及过户登记时，林某、赵某夫妻关系均处于存续期间。(2)周某向林某支付价款139628.06元，而合同约定交易金额为265000元，四会市粮食局东城粮油管理所以房屋抵偿向林某的借款本息为383400元，一审判决依据借款本息、以物抵债的房产面积与案涉房屋的面积的比例关系所计算的案涉房屋价格约为221480元。(3)周某自认与林某、赵某为邻居关系，其丈夫区某森与林某关系密切，其本人亦是林某的遗嘱见证人。由此，周某在购买案涉房屋时应当知道该房屋系林某与赵某夫妻共同财产，也应知道林某无权单方处置案涉房屋，在涉及转让出售夫妻共同财产的情况下，理应取得共同财产所有人赵某的同意或者赵某对林某的转让授权，且赵某支付的价款明显低于约定交易价格，也明显低于一审法院根据本案房屋抵债数额核算的房屋价值；尽管周某主张赵某知晓案涉房屋的转让出售，但并未提供证据予以证实，现有证据亦无法证明周某有理由相信林某获得了赵某的转让授权。由此，林某与周某买卖案涉房屋并办理过户的行为明显侵害了赵某对案涉房屋的所有权，二审判决依据上述事实以及周某对购买案涉房屋的陈述前后不一、支付款项时间不合常理等其他案件事实，认定周某与林某签订房屋买卖合同时并非善意，损害了赵某的财产权益，依据《合同法》第五十二条第二项的规定，确认案涉房屋买卖合同无效，并无不当。〔2〕

2. 开发商无预售许可证签订的房屋买卖合同无效

《城市商品房预售管理办法》第六条规定了商品房预售实行许可制度。《房屋买卖合同解释》2020年修订前第九条规定了签订合同时故意隐瞒没有预售许可证或虚假预售许可证的责任。故审判中对开发商在预售商品房时，无预售许可

〔1〕 参见陈昶主编：《2020年上海法院案例精选》，上海人民出版社2022年版，第35页。

〔2〕 最高人民法院(2021)民申4193号民事裁定书。

证便签订合同的,合同按无效认定,应注意修订后该条已取消。实践中,行政机关出于对开发商发展的支持,在商品房未取得竣工验收备案手续时先行为开发商办理了初始登记,其初始登记为具体行政行为。在民事诉讼中不能对具体行政行为进行评价,民事诉讼中应对证据做出判断与认定,根据《商品房销售管理办法》第七条规定,该种情况不能认定为商品房现售。初始登记这一具体行政行为,但不能代替预售许可证的取得,亦不影响所签合同无效的认定。

【案例3-122】 刘某诉北京正圆世嘉房地产开发有限公司商品房预售合同纠纷案

一审法院认为,原告刘某与正圆世嘉公司签订的《北京市商品房买卖合同》约定的博世庄园二期A号房屋,未通过竣工验收,属商品房预售。被告未取得预售许可证,故原、被告签订的《北京市商品房买卖合同》,违反法律规定属无效合同。二审法院认为,根据查明的事实,正圆世嘉公司虽取得了A号别墅的初始登记,但其与刘某签订《北京市商品房买卖合同》时A号别墅并未通过竣工验收,且至今该别墅亦未能取得竣工验收备案手续,故正圆世嘉公司上诉称其为商品房现售缺乏依据,本院不予采信。由于正圆世嘉公司将未经竣工验收的别墅出卖给刘某,且未取得预售许可手续,故正圆世嘉公司和刘某签订的《北京市商品房买卖合同》违反了法律法规的强制性规定,应属无效。[1]

【不同处理】 对于不具备预售条件的商品房买卖合同,为基础性合同,具有预约性质,因无法律规定而不能将预售许可证作为评价合同效力的认定因素。

【案例3-123】 某银行股份有限公司某市支行与某房地产开发有限公司商品房买卖合同纠纷案

一审法院认为,根据审理查明的事实,本案讼争的团购协议的签订时间在国有土地使用权取得之前,约定某支行职工先行预付团购款,并对资金进行双印鉴管理,同时约定如职工放弃选房可退款并支付年20%的利息。尽管案涉团购协议整体性质上属于房屋买卖合同,但从内容上分析,存在开发前出资、对资金使用双方共管、可退款还息等约定,房屋的开发建设专门针对某支行职工进行,并非开发商向不特定社会公众进行销售的商品房,团购协议不同于一般的向社会公众销售的商品房买卖合同。同时,由于案涉房地产项目并未实际进行开发建设,某公司尚未与某支行职工签订具体的商品房买卖合同,未确定交易房屋具体的面积、位置。团购协议仅从整体上确定了建

---

〔1〕 参见国家法官学院案例开发研究中心编:《中国法院2013年度案例》(房屋买卖合同纠纷),中国法制出版社2013年版,第42~43页。

设楼房的基本类型、套数,不具备《商品房销售管理办法》第十六条规定的商品房买卖合同应当具有的主要内容。故该团购协议属于签订正式商品房买卖合同前的基础性合同,不符合《房屋买卖合同解释》第一条、第五条关于商品房买卖合同的规定。由于在此阶段,是否要求开发商取得商品房预售许可证明没有法律规定,某公司以未取得商品房预售许可证明为由,主张认定双方签订的团购协议无效,缺乏法律依据。二审法院亦持同样意见维持原判。[1]

3. 虚假意思表示隐藏的行为侵害了购房人合法权益的合同无效

《民法典》第一百四十六条规定:"行为人与相对人以虚假的意思表示实施的民事法律行为无效。以虚假的意思表示隐藏的民事法律行为的效力,依照有关法律规定处理。"开发商与购房人签订房屋买卖合同并收取购房款,其后又与第三人签订借款及抵押合同并办理了抵押权登记手续,实际上开发商为获取资金欲以形式上合法的抵押行为否定买卖行为。虽然抵押行为形式上合法,但其系以虚假意思表示隐藏的行为,而第三人又非善意取得,双方的行为侵害了购房人的合法权益。依照《民法典》第一百四十六条的规定为无效合同,故抵押合同应当认定为无效合同。开发商及第三人不能以此对抗购房人与开发商签订的买卖合同,即第三人与开发商的抵押物权不能对抗购房人对开发商享有的合法债权。

【案例 3 - 124】 中国建设银行股份有限公司天津河东支行诉天津市鸿轩房地产开发有限公司房屋买卖合同纠纷案

一审法院认为,原、被告签订《房屋买卖协议》符合商品房买卖合同的主要内容,在协议签订后被告已实际收取了原告的全部购房款,原告亦实际使用涉诉房屋,根据《房屋买卖合同解释》第五条的规定,该《房屋买卖协议》应认定为商品房买卖合同,原、被告均应当按照《房屋买卖协议》的约定履行各自义务。被告与第三人签订的抵押合同系无效合同,其在房屋管理部门办理的抵押权登记手续应当予以注销。对被告以未与原告签订正式的商品房买卖合同,房屋他项权尚未撤销,要求解除与原告签订的《房屋买卖协议》,由原告返还房屋,被告承担违约责任的答辩意见本院不予支持。故对原告要求被告为其办理房屋权属登记手续、返还面积差价、给付逾期交房违约金的诉讼请求,本院予以支持。对于原告主张被告赔偿600万元损失的诉讼请求,因原告在法院指定的期限内未向本院缴纳诉讼费用,本院不予涉及。二审法

---

〔1〕 参见杜万华主编,最高人民法院民事审判第一庭编:《民事审判指导与参考》2016年第3辑(总第67辑),人民法院出版社2017年版,第179~180页。

院认为，鸿轩房产公司与恺丰典当行在2010年4月签订《借款合同》《抵押合同》；鸿轩房产公司在2010年5月向建行河东支行发出函件，表示认同建行河东支行为诉争房屋的所有权人；恺丰典当行在原审时明确表示其在与鸿轩房产公司签订合同时明知建行河东支行为诉争房屋的实际使用人。据此，原审法院依据案件事实情况以及相关法律规定，认定鸿轩房产公司与恺丰典当行签订的《抵押合同》无效，并无不妥。二审法院判决：驳回上诉，维持原判。[1]

虚假意思表示隐藏的行为多出现在担保型买卖案件中，出借人要求借款人与其签订房屋买卖合同，如借款人不能按期偿还借款，则将担保房屋过户，以借款本息冲抵房款。这些"名为买卖，实为借贷"的合同实际上否定了当事人具有房屋买卖的真实意图。此类情形尤其在职业放贷中较为普遍，职业放贷人以签订房屋买卖合同的形式为借款提供担保。合同仅具有买卖合同外观形式，而其真意在于设定借贷关系，并以房屋买卖作为履行借款合同的保障方式。职业放贷人采用此种方式目的系规避相关法律规定，房屋买卖合同的履行只是实现担保债权的具体方式。合同虽已成立，但属于借款人与职业放贷人在债务履行届满前，变相约定将担保财产归出借人所有，符合流质契约要件，应属无效合同。这种"套路贷"的设局者具备知识性犯罪特征，善于通过虚增债权债务、制造银行流水痕迹、故意失联制造违约等方式，形成封闭证据链条，并借助民事诉讼程序实现非法目的。

【案例3－125】 葛某诉李某甲等房屋买卖合同纠纷案

一审法院认为，本案的争议焦点在于李某乙以葛某名义与李某甲就系争房屋所签订的房地产买卖合同的效力。首先，第三人出售房屋实现债权违反法律禁止性规定。债务履行期满后，抵押权人未受清偿时，抵押权人和抵押人可以协议折价取得抵押物。但抵押权的行使，必须依照法定程序，或者通过与抵押人协议，或者通过法院诉讼，抵押权人无权擅自处分抵押物。若当事人在抵押合同中约定，债务履行期限届满抵押权人未受清偿时，抵押物的所有权转移为抵押权人所有的内容则无效。葛某与肖某某在签订房产抵押借款合同时，与李某甲签订了一份《上海市房屋买卖合同》，又到公证机关办理了《具有强制执行效力的债权文书公证书》《委托公证书》，抵押借款合同虽未明确约定葛某届期不能清偿借款时，抵押房产便归肖某某所有，但肖某某将钱款借给葛某的条件是葛某须出具授权委托书，要授予李某乙包括签订房地产买卖合同、收取房款、办理产权过户手续等权利，也就是肖某某必须具

---

〔1〕 参见国家法官学院案例开发研究中心编：《中国法院2013年度案例》（房屋买卖合同纠纷），中国法制出版社2013年版，第85～86页。

有处分抵押房产的权利,而所有权最为关键的就是处分权,李某乙得到公证授权委托书后,实际上已具有取代葛某处分该房屋的权利,肖某某事实上也具备了该房产所有权人的权利,葛某不能按约还款时,无须与葛某协商,随时有权转让抵押房产。因此,葛某在签订借款合同的同时办理委托,承诺届期不履行还款义务则全权委托李某乙出售房产的行为,与流押条款具有同质性,应认定无效。被告及第三人关于委托手续依法成立并合法有效的意见,法院不予采纳。其次,第三人与被告签订房屋买卖合同存在恶意串通。从当事人之间的关系及相关合同签订、履行过程等方面看,被告与李某乙为亲兄弟,第三人李某乙、肖某过往存在代理买卖房屋的情况,即便委托书载明,第三人可以与任何人签订房屋买卖合同,被告明知系争房屋设有抵押,涉及债务关系,且有户籍人口实际居住,在后来与第三人签订房屋买卖合同时,对交房时间、逾期交房、逾期付款、抵押权如何涤除、户口如何处理等房屋交易关键环节及常规问题均未约定,明显违背常理,被告及第三人也没有提供支付相应房款的证据。综观全案,被告及第三人事前经过协商,向原告放贷,事后相互协作,共同配合,在未与原告协商的情况下,凭借原告事先出具的委托书,完成了将原告用作担保还款的抵押房产直接进行过户,一定程度上损害了原告的合法权益,被告及第三人上述行为,难逃恶意串通之嫌。被告及第三人关于原告早已明知被告和第三人关系地位,不存在恶意串通的情形的意见,法院不予采纳。最后,原告授权委托是意思表示不真实的无效民事行为。肖某通过李某乙自行将抵押房产过户给李某甲,此系通过私力实现债权,该行为不符合《物权法》及《担保法》关于抵押权实现的规定,也与当事人真实意思相悖。民事法律行为是具备一般有效要件、有合法性的民事行为,法律行为依当事人意思表示而生效为常态,意思表示必须真实,这是民事法律行为实质要件,否则为无效民事行为。系争房屋产权虽登记在原告名下,但实际仍然由原告表姐侯某一家长期居住,葛某向肖某某借款,同时向李某乙出具出售系争房屋授权委托书,授权李某乙以葛某的名义出售系争房屋,实际上是一种担保肖某某债权得以实现的行为,真实意思是为了借款,而非买卖系争房屋。同时,肖某某利用葛某急需得到借款,使得葛某被迫迎合其意愿,不得已向李某乙出具出售系争房屋的公证授权委托书,很难说是出于葛某本人意愿。因此,葛某出具委托书,授予李某乙包括签订房地产买卖合同、收取房款、办理产权过户手续等权利,此民事行为因欠缺意思表示真实一般有效要件,应为无效民事行为。被告及第三人关于原告授权买卖系争房屋是其真实意思表示的意见,法院不予采纳。综上所述,第三人以原告名义与被告签订的房地产买卖合同系以合法形式掩盖非法目的的合同,违反法律禁止性规定,亦非原告真实意思表示,不符合民事法律行为生效要件,依法应为无效。

合同被确认无效后,被告应当将系争房屋产权恢复登记至葛某名下,并恢复设定在该房屋上肖某某的抵押权。至于葛某与肖某某之间的抵押借款合同纠纷,不属于本案处理范围,双方可以通过协商,或另行依法解决。二审法院亦持同样意见,维持一审判决。[1]

实践中,以虚假意思表示隐藏的行为合同在农村房屋买卖领域频发。

【案例 3-126】 杨某珍诉秦某、苏某先农村房屋买卖合同纠纷案

一审法院认为,作为买受人的秦某非涉诉房屋所在地即北京市顺义区马坡地区马卷村集体经济组织成员。本案中,苏某先和秦某虽签订了书面的《房屋买卖协议书》,但因宅基地属于集体经济组织所有,宅基地使用权系集体经济组织成员的特定权利。秦某也并非涉诉房屋所在地的集体经济组织成员,签订买卖协议书的行为,实则处分了涉诉房屋所属的宅基地,损害了集体经济组织的权益,违反了相关法律和行政法规的强制性规定。因此,苏某先与秦某所签订的房屋买卖协议系无效协议。[2]

4. 格式条款无效

《民法典》第四百九十七条规定,格式条款提供一方不合理地免除或减轻其责任、加重对方责任、限制对方主要权利的,该格式条款无效。但对于开发商已在合同中对格式条款进行加黑提示,买受人只要尽到一般注意义务就可以知晓的事项,不属于加重买受人责任或排除其主要权利的情况,则买卖合同有效。

【案例 3-127】 王某诉云南尚居地产有限公司商品房预约合同纠纷案

二审法院认为,昆明市的限购政策在2011年1月已经开始实施,至双方签订合同时已经施行了两年多的时间,该政策系与公民生活息息相关的房地产调控政策,王某长期在昆明市居住和生活,并且名下已有两套房屋,在其与尚居公司签订《滇池龙岸楼宇认购书》时,王某对限购政策的内容是应当明知的,并且在《滇池龙岸楼宇认购书》中,尚居公司对于该条约定内容已经加黑注明对购房人进行提示,王某在此情况下仍然签订该合同视为其对合同约定内容已经清楚且愿意遵守,故《滇池龙岸楼宇认购书》第八条约定的内容并不存在加重王某责任,免除尚居公司责任的情形,该合同约定系双方当事人的真实意思表示,并不违反法律、行政法规的强制性规定,系合法有效的约定。[3]

---

〔1〕 参见茆荣华主编:《2018年上海法院案例精选》,上海人民出版社2020年版,第99~101页。

〔2〕 参见国家法官学院案例开发研究中心编:《中国法院2018年度案例》(房屋买卖合同纠纷),中国法制出版社2018年版,第244页。

〔3〕 参见国家法官学院案例开发研究中心编:《中国法院2016年度案例》(房屋买卖合同纠纷),中国法制出版社2016年版,第19页。

【案例3－128】 刘某诉淮安恒大富丰房地产开发有限公司商品房销售合同纠纷案

二审法院认为，该格式条款存在两个问题：首先，该条款所在的补充协议全文为“小五”号，字体较小，淮安恒大房产公司对该条款未作任何加粗或变换字体等特别提示，且未举证证明其在订约时提请刘某予以充分注意，因此，该补充约定不能代表双方已就此形成合意。其次，商品房买卖的特点之一即是标的额巨大，对于选择以首付款与银行按揭款相结合作为付款方式的购房人而言，如果按揭申请未获批准，则很难在短期内一次性付清余款。因此，该补充条款显然加重了购房人的付款义务。由此，本院认为，淮安恒大房产公司拟定的该格式条款，不仅违反了格式条款提供方应公平合理分配双方权利义务的法律规定，同时显然加重了刘某的合同义务，属于《合同法》第四十条规定的“加重对方责任”的情形。本院认定补充协议中关于付款方式的条款无效。〔1〕

“以交房时的状态为准”的约定排除了出卖人的主要义务，损害了购房人的合理期待，系无效的格式条款。

【案例3－129】 袁某与广盈公司房屋买卖合同纠纷案

二审法院认为，袁某提交的标有尺寸的平面图构成房屋买卖合同的内容，“以交房时的状态为准”的约定系无效的格式条款，广盈公司构成违约。〔2〕

对同一违约行为约定多重违约金的格式条款，应当结合格式条款的约定和合同性质，衡量双方当事人给付与对待给付之间的等值性，考察该条款的约定是否导致双方当事人权利义务关系过于失衡，是否违反《民法典》第四百九十六条确定的格式提供方公平确定权利义务关系的原则，判断其是否存在格式条款提供不合理加重对方责任的无效情形。

【案例3－130】 绿地集团北京京坤置业有限公司诉陈某、于某商品房预售合同纠纷案

二审法院认为，本案二审争议焦点为一审判决认定的房屋占有使用费及违约金等是否适当。关于房屋占有使用费。首先，预售合同附件八第七条第三款关于房屋占有使用费的条款系绿地公司为了重复使用而预先拟定，且其

---

〔1〕 参见国家法官学院案例开发研究中心编：《中国法院2015年度案例》（房屋买卖合同纠纷），中国法制出版社2015年版，第46页。

〔2〕 参见陈文文：《宣传资料是否构成房屋买卖合同内容及如何界定出卖人的违约责任》，载《人民法院报》2018年8月23日，第7版。

未提供证据证明在合同订立时就该条款与买受人进行了协商,就该条款已向买受人履行了提示和说明义务。其次,该条款约定的房屋使用费的支付标准,远高于案涉房屋市场租赁价格,不合理地加重了买受人的责任。绿地公司在陈某收房前已收到全部购房款,在《预售合同》解除前陈某、于某基于该合同有权占有使用案涉房屋,故约定自房屋交付之日起计算房屋使用费有失妥当。因此主张上述合同条款属于格式条款且不应据此认定占有使用费,法院予以支持。合同解除后,陈某、于某无权继续占有案涉房屋,其应按判决指定期间腾退房屋并恢复原状。关于违约金等,因陈某、于某未按期向银行偿还到期贷款本息,致使合同解除,绿地公司依据合同要求陈某、于某支付延迟腾退赔偿金、合同解除违约金、未按期向银行偿还贷款本息导致的违约金,均属于违约金范畴。陈某、于某认为违约金过高并申请法院调整。综合考虑绿地公司因陈某、于某违约所造成的损失、兼顾合同履行情况、当事人过错程度以及预期利益等因素,根据公平原则和诚信原则,一审判决陈某、于某向绿地公司给付合同解除违约金、未按期向银行偿还贷款本息导致的违约金、延迟腾退赔偿金共 30 万元并无不当,二审不再调整。[1]

明显违背公平合理原则的解除条款约定无效。

【案例 3-131】 房地产公司诉周某利商品房销售合同纠纷案

一审法院认为,关于《南宁市商品房买卖合同》是否应予解除问题。《补充条款》约定如果发生原告承担连带保证责任,替被告归还所欠银行贷款本息,而被告不能在 15 日内归还原告的,被告要以这个本息为基数,按本息总额的每日万分之五支付违约金,然后原告还有权按原价回购本合同项下的房屋或者直接出售,用以抵销前面所说的债务,若有余额的归还被告,如不足则被告继续清偿。依据《合同法》第三十九条和第四十条的规定,《补充条款》约定的解除权加重了被告的责任且排除了被告的主要权利,双方的权利义务严重失衡,对被告极不合理,明显违背了公平合理的基本原则,侵害了被告的合法权益,因此,该条款对解除权的约定无效。被告基于担保责任对农村信用社扣划保证金,应向被告行使追偿权,故原告请求解除《南宁市商品房买卖合同》无法律依据,法院不予支持。[2]

商品房买卖合同约定购房者不缴纳物业专项维修基金的开发商可拒付房屋

---

〔1〕 参见最高人民法院中国应用法学研究所编:《人民法院案例选》2022 年第 8 辑(总第 174 辑),人民法院出版社 2022 年版,第 127 页。北京市第三中级人民法院(2021)京 03 民终 13121 号民事判决书。

〔2〕 参见国家法官学院、最高人民法院司法案例研究院编:《中国法院 2022 年度案例》,中国法制出版社 2022 年版,第 105 页。广西壮族自治区南宁市上林县人民法院(2020)桂 0125 民初 179 号民事判决书。

无效。

【案例3－132】 林某某诉台州景瑞置业有限公司商品房销售合同纠纷案

一审法院认为，被告作为格式条款提供方，不应将买受人的从给付义务的履行作为对抗自身履行主给付义务的前置条件，从而排除对方在付清房款后在约定时间内收取房屋的主要权利，故逾期支付物业维修基金不应成为被告交房的有效抗辩，被告应按合同约定时间交付房屋，否则其构成逾期交房。二审法院同意一审法院判决意见。[1]

商品房销售合同中补充协议变更了主合同约定购房者的违约金计算标准（从主合同的每日万分之一调整至每日万分之五），开发商的违约金计算标准却保持不变，此种变更会造成双方权利义务的严重失衡，系单方加重购房者的责任，当属无效，仍应按照主协议约定的按日万分之一的标准计算违约金。

【案例3－133】 葆翔房地产公司诉邓某云商品房销售合同纠纷案

一审法院认为，根据合同约定，被告应于首付款付清当日办理完毕按揭贷款合同，因被告原因导致原告未收到被告委托按揭银行支付的房价款，则原告有权要求被告一次性支付全部房价款，故被告应按约一次性支付原告剩余房款。被告尚欠付房款67.9万元，已经构成违约，应承担相应的违约责任。至于违约金标准问题，原告主张每日按万分之五计算，不违反合同及法律的相关规定，应当予以支持。判决：一、被告邓某云支付原告葆翔房地产公司剩余房款67.9万元；二、被告邓某云支付原告葆翔房地产公司违约金（以67.9万元为基数，自2019年10月11日起按每日万分之五的标准计算至购房款付清时止）……二审法院判决：一、维持一审判决第一项；二、变更一审判决第二项为：邓某云向葆翔房地产公司支付违约金（以67.9万元为基数，自2019年10月16日起按每日万分之一的标准计算至购房款付清时止）；三、撤销一审判决第三项；四、驳回葆翔房地产公司的其他诉讼请求。[2] 本案中，补充协议第二十六条约定："双方同意将买卖合同第十条的违约责任变更为：购房者如未按买卖合同约定时间付款，应当承担逾期付款的违约责任，被告逾期支付款项，自本买卖合同约定的应付款期限之第二天起至实际支付应付款之日止，购房者按日向原告支付逾期应付款万分之五的违约金。"该条约定将购房者的违约计算标准由主合同的每日万分之一调整至每日万分之五，开发商的违约计算标准却保持不变，造成了开发商与购房者权利义务关

〔1〕 参见最高人民法院中国应用法学研究所编：《人民法院案例选》2021年第5辑（总第159辑），人民法院出版社2021年版，第92页。浙江省台州市中级人民法院（2018）浙10民终2165号民事判决书。

〔2〕 参见《人民司法·案例》2022年第14期（总第961期）。重庆市第五中级人民法院（2020）渝05民终5689号民事判决书。

系严重失衡,违反了公平原则。

5. 非真实意思表示的合同无效

《民法典合同编通则解释》第十四条规定:“当事人之间就同一交易订立多份合同,人民法院应当认定其中以虚假意思表示订立的合同无效。当事人为规避法律、行政法规的强制性规定,以虚假意思表示隐藏真实意思表示的,人民法院应当依据民法典第一百五十三条第一款的规定认定被隐藏合同的效力;当事人为规避法律、行政法规关于合同应当办理批准等手续的规定,以虚假意思表示隐藏真实意思表示的,人民法院应当依据民法典第五百零二条第二款的规定认定被隐藏合同的效力。依据前款规定认定被隐藏合同无效或者确定不发生效力的,人民法院应当以被隐藏合同为事实基础,依据民法典第一百五十七条的规定确定当事人的民事责任。但是,法律另有规定的除外。当事人就同一交易订立的多份合同均系真实意思表示,且不存在其他影响合同效力情形的,人民法院应当在查明各合同成立先后顺序和实际履行情况的基础上,认定合同内容是否发生变更。法律、行政法规禁止变更合同内容的,人民法院应当认定合同的相应变更无效。”

《民法典》第一百四十六条对虚假意思表示实施民事法律行为属无效进行了明确规定,是对《合同法》中合同无效条款的重大扩展。合同成立必须基于当事人合意,违反当事人真实意思表示的,应为无效合同。如有事实可表明当事人的精神状况确不适合履行签订合同等民事行为,或就当事人的精神状态而言,其签订合同时不能体现其真实意思表示的,其订立的合同应归于无效。在个案中,法官综合当事人的精神状况、认知能力、其他案件事实等因素,对当事人的行为能力状况作出认定,即根据案情判断当事人的缔约能力,确定合同效力。

【案例 3-134】　宋某某诉朱某某房屋买卖合同无效纠纷案

一审法院认为,本案中,从司法鉴定部门出具的鉴定书内容可知,原告在本鉴定结论出具前已具有精神状态异常之现象,并多次就医治疗。尽管对其无民事行为能力的鉴定结论成立于诉讼发生后,但按一般病理常识与通常逻辑对事物发展的推断,再结合本案查明的事实证据与当事人之陈述,原告作为高龄及精神状态异常可能性极高的老人,作出不动产买卖此类巨额标的财产转移的民事行为显然已超出其认知能力范围。为保障老年人之现实利益,不应再将其在该时期内签订的房屋买卖合同与出具的笔据视为其真实意思表示,故对原告认为合同无效的主张可予支持。二审法院认为,根据司法鉴定部门对宋某某精神状态的鉴定结论及宋某某所在居委会反映的情况,一审法院认为房屋买卖合同不能反映宋某某真实意思表示具有一定事实依据。同时,朱某某作为宋某某的同事兼友人,对其身体状况及家庭情况应为明知,故在宋某某未持有身份证、房产证,其子女又不知情的前提下,朱某某代宋某某书写申请、补办手续并签订房屋买卖合同的行为与善良买受人有悖。另外,朱某某自述的收款行为与其出具的收条内容不一致,其他相关的陈述又存在种种不尽合理之处。据此,驳回上诉,维持原判。[1]

限价背景下虚假意思表示的商品买卖合同无效。

【案例 3-135】 蒙某玲诉置业公司商品房预售合同纠纷案

二审法院认为,案涉别墅合同应为无效。首先,蒙某玲明知为购买公馆房屋需与置业公司签订两份合同,且其中签订别墅合同的目的就是支付某公馆房屋的价差房款。由此可见,双方签订别墅合同时所作出的意思表示内心真实意思不一致。其次,为达成购买公馆房屋的目的,双方共同做出签订别墅的意思表示,该合同属于双方为购买公馆房屋而共同做出的虚假意思表示。最后,签订别墅合同后双方当事人均清楚该合同的目的,故并未实际履行此合同。因此,根据《民法总则》第一百四十六条"行为人与相对人以虚假的意思表示实施的民事法律行为无效。虚假意思表示隐藏的民事法律行为的效力,依照有关法律规定处理"的规定,别墅合同应认定无效。关于蒙某玲请求返还已付案涉别墅合同项下房款及赔偿利息损失应否支持的问题。双方当事人虽以虚假的意思表示签订了案涉别墅合同,但该虚假意思表示下所隐藏的真实意思表示是购买被上诉人开发建设的公馆房屋,双方当事人均清楚知悉案涉别墅合同项下所支付的定金实为支付公馆房屋的部分房款,房屋也已经交付完毕,所隐藏的真正合同目的已经实现,上诉人依据《合同法》第五十八条的规定主张返还案涉别墅合同项下购房款及利息损失理据不足,法院不予支持。判决:一、撤销一审判决;二、上诉人蒙某玲与被上诉人置业公司签订的《商品房买卖合同》无效;三、驳回上诉人蒙某玲的其他诉讼请求。[2]

房屋买卖双方以结婚离婚的方式逃避税费通谋虚伪的表示行为无效。

【案例 3-136】 庞某慧诉朱某房屋买卖合同纠纷案

二审法院认为,本案双方于 2019 年 5 月 7 日订立买卖合同,于 5 月 9 日登记结婚,于 5 月 10 日约定涉案房屋为共同共有,同日又约定为朱某单独所有。房屋办理变更登记后双方于 5 月 13 日登记离婚。在案证据中介方蒋某证实庞某慧想出通过结婚离婚方式约定房产共有、单独所有进行避税,办理过户由翁某某带去;翁某某证实庞某慧在得知要交多少税后,跟翁某某说了

---

〔1〕 参见沈志先主编:《2012 年上海法院案例精选》,上海人民出版社 2012 年版,第 84~85 页。

〔2〕 参见国家法官学院、最高人民法院司法案例研究院编:《中国法院 2022 年度案例》,中国法制出版社 2022 年版,第 36 页。广西壮族自治区高级人民法院(2021)桂民终 22 号民事判决书。

避税这个想法，并询问两夫妻在房产证上加名字要不要缴税，翁某某告知不用缴税，后来由翁某某带双方办理了过户手续。且庞某慧与朱某的前夫系朋友关系，在庞某慧所谓恋爱期间，朱某的前夫在与庞某慧的微信聊天中，也认可存在房屋买卖欠款，庞某慧微信发给朱某前夫称朱某为“你老婆”，故一审法院综合各方陈述认定双方结婚后又离婚的目的系为婚内变更房产登记，逃避税费并无不当，对双方约定涉案房屋为共同共有，后又约定朱某单独所有并非真实意思表示，应当认定无效，而双方真实的房屋买卖关系作为隐藏的民事法律行为则是有效的。朱某关于合同未实际履行，房产系庞某慧在婚内赠与的上诉理由不能成立。判决：驳回上诉，维持原判。〔1〕

认定合同是否为虚假房屋买卖合同时，应当考虑购房合同的目的，从合同签订、履行过程及合同签订后的房屋流转情况等方面进行综合判断。虚假房屋买卖合同无效的原因在于买卖双方当事人非真实意思表示。对当事人假借房屋买卖名义以骗取银行贷款为目的签订的买卖合同，应认定为无效。对于房屋买卖合同的成立要件，应当认定只要合同具备确定的当事人、明确的标的及数量，合同即为成立，并进而考量上述因素准确认定合同效力。

【案例 3－137】　郭甲等诉徐某乙等房屋买卖合同纠纷案

一审法院认为，原告与徐某甲之间就系争房屋签订的买卖合同，双方均明确表示合同上签名非本人所签，且在签订合同后并未实际支付房款及交付房屋，通过买卖所贷款项亦由第三人使用并负责归还，故该买卖合同真实意思系为获得银行贷款而非买卖房屋，故原告与徐某甲之间就系争房屋订立的《上海市房地产买卖合同》应属无效。二审法院亦持同样意见。〔2〕

购房人与开发商事先约定，由开发商包办一切的借款，是显然的虚假个人按揭贷款行为。房屋买卖的意思表示不真实，其假按揭贷款合同的行为无效。

【案例 3－138】　某房产公司诉高某商品房销售合同纠纷案

一审法院认为，本案中，某房产公司与高某签订的《商品房买卖合同》确实载有双方就 301 号房屋买卖达成一致的书面表示。但是在双方签订《商品房买卖合同》后，高某并未向某房地产公司支付首付款，亦未偿还银行贷款，某房产公司未向高某交付 301 号房屋。另外，高某自行提交的证据以及法院调查的结果，均可表明某物资公司指定高某与某房地产公司签订《商品房买卖合同》的目的在于为某房地产公司获取银行贷款，此合同项下并不发生真

---

〔1〕　参见国家法官学院、最高人民法院司法案例研究院编：《中国法院 2022 年度案例》，中国法制出版社 2022 年版，第 71 页。浙江省台州市中级人民法院（2020）浙 10 民终 2457 号民事判决书。

〔2〕　参见吴兆祥主编：《房屋买卖、租赁案件裁判要点与观点》，法律出版社 2016 年版，第 83 页。

实的房屋与钱款之间的交易。故而,本院认定某房产公司与高某之间并无买卖合同的真实意思,双方通过签订合同的合法形式,掩盖了获取银行贷款的真实目的,该合同应属无效。高某无权基于无效合同要求某房产公司交付房屋以及协助办理房屋过产登记手续,本院对其反诉请求予以驳回。二审法院亦持同样意见。[1]

开发商以规避国家对房地产行业调控为目的,借他人名义与自身签订虚假商品房买卖合同,抵押套取银行信贷资金的,如果购房人明知合同非双方真实意思表示,则应认定合同无效。

【案例3-139】 徐州大舜房地产开发有限公司诉王某强商品房预售合同纠纷案

一审法院认为,一方面,合同签订后,合同约定的购房首付款由原告支付,随后,原告亦以被告的名义缴纳了42400元契税、7695元物业维修基金和160元所有权登记费,故应认定被告签订合同时明知自己不需要履行合同也不准备实际履行合同。另一方面,原、被告双方分别以保证人和借款人名义于2008年4月24日与中国建设银行股份有限公司徐州分行签订了以涉案房地产作为抵押的《房地产抵押借款合同》,之后,被告亦未按约归还贷款,而是原告以被告的名义偿还;被告虽然曾于2011年7月7日向涉诉房屋贷款账户存款5000元但随即取出,到2012年3月20日前并未对贷款予以偿还。被告虽然主张其曾要求原告交付房屋并与闫某印发生争执,且于2011年6月取得了涉案房屋所有权证和土地使用权证,但在该过程中既未向原告缴纳购房款也未主张偿还购房贷款。此外,2008年4月2日,原告与包括被告王某强在内的闫某、张某云、闫某1、李某民、徐某林、刘某七人签订了合同编号为No.01303012~No.0130318的《商品房买卖合同》共七份,王某强名下的编号为No.01303015的合同在其中。根据提交的证据及出庭证人的证言,其中闫某、刘某、张某云的房屋产权证及土地证仍在原告处、徐某林的贷款由原告偿还、李某民明确表示其只是应其妻(闫某印的妹妹)的要求在合同及归还借款的手续上签名,上述各合同签订人均无对合同载明的房屋主张权利的意思表示。综上,本案应认定被告对原告借其名义签订商品房买卖合同进行所有权转移非其真实目的是明知的。因本案原、被告当事人借签订商品房买卖合同之名,掩盖违规向银行抵押套取银行信贷资金的目的,故依照《合同法》第五十二条第三项的规定,依法应为无效。双方因该合同所取得

---

[1] 参见北京市高级人民法院研究室编:《审判前沿——新类型案件审判实务》(总第55集),法律出版社2017年版,第159页。

的财产，应当予以返还。因此涉案房屋仍为原告所有，被告在2012年3月21日以后所偿还的贷款原告应向被告返还，但被告在本案中并未举证说明其已偿还贷款的数额且未提出返还要求，因此法院在本案中不予理涉，双方可另行解决。王某强上诉未缴纳上诉费，二审法院裁定按自动撤诉处理。[1]

在房屋买卖合同纠纷中，存在名为房屋买卖法律关系，实为其他法律关系的情形，一般从交易习惯的角度确定其真实意思表示。这种房屋买卖行为，其包含有伪装行为、隐藏行为，即《民法典》规定的通谋虚伪行为。

【案例3-140】　郭某艳诉王某全房屋买卖合同纠纷案

一审法院认为，根据郭某艳与王某全所述，郭某艳将涉案房屋过户至王某全名下是为了解决王某全与王某东子女的上学问题，而非要将涉案房屋出售给王某全。结合王某全与王某东孩子的就学情况及王某全在涉案房屋中长期居住的事实来看，买卖涉案房屋并非郭某艳与王某全签订《合同》及《补充协议》的真实目的，双方签订《合同》及《补充协议》的真实目的是要将涉案房屋过户至王某全名下，故郭某艳与王某全签订的《合同》及《补充协议》因不具备合同有效的基本构成要件，当属无效，故王某全应当将涉案房屋返还给郭某艳，并协助郭某艳将涉案房屋过户至其名下。二审法院亦持同样意见，维持原判。[2]

【案例3-141】　李甲诉李乙等确认合同效力纠纷案

二审法院认为，本案中，签订案涉合同，依常理，各方之间当存有买卖房屋的意思表示及相应履行行为。但是，结合查明事实，各方一系列外在行为与上述意思表示存在相悖之处：第一，从合同目的看，各方均认可签订合同系为李戊上学，且李戊已使用涉案学区房的指标入学。第二，从合同内容看，合同仅约定成交价6万元，未约定定金、付款方式、付款期限、交房时间、违约责任等重要条款，且约定的成交价显著低于市场价，各方亦认可系为避税。第三，从合同履行看，合同签订当日，在未支付购房款的情况下，即完成过户，与交易习惯不符。且在此之后，李甲和李乙未向李丙和李丁主张过购房款。第四，从涉案房屋过户后使用情况看，涉案房屋以李甲的名义出租并收取租金。综上，李乙与李丙、李丁之间不具有出卖房屋的真实意思表示，亦不存在真实的房屋买卖关系并就此履行相应义务，而是据此实现李戊利用涉案房屋入学指标上学的目的。因此，签订案涉房屋买卖合同，各方真实意思并非买卖，应

---

〔1〕 参见《最高人民法院公报》2013年第12期。

〔2〕 参见国家法官学院案例开发研究中心编：《中国法院2016年度案例》（房屋买卖合同纠纷），中国法制出版社2016年版，第201～202页。

属无效民事行为。李甲的上诉请求,于法有据,予以支持。[1]

父母与成年子女签订房屋买卖合同,约定将房屋出售给子女,如合同并未实际履行,仅以获取子女之小孩学区资格为目的,应依主客观情事综合认定该合同基于虚假的意思表示实施的民事法律行为,归于无效。子女配偶抗辩隐藏的民事法律行为实为赠与,应负相应举证责任。

【案例3-142】 陈某初、顾某芳诉黄某、陈某房屋买卖合同效力纠纷案

一审法院认为,本案中,陈某初、顾某芳与陈某签订的房屋买卖合同属于基于双方意思表示一致成立的民事法律行为,依照常理,双方之间应当存有买卖房屋的意思表示以及相应的履行行为。但结合查明的事实,双方之间的外在行为与合同体现的买卖房屋意思表示存在以下明显相悖之处:第一,从房屋买卖合同内容来看。合同仅约定了成交价格,且约定签约当天即交房,大额款项约定全部现金付款,而付款期限、违约责任等重要条款均缺失。第二,从房屋买卖合同的履行来看。合同签订当日,在未支付任何购房款的情况下,合同当事人向不动产登记部门提出过户申请并在几日内完成过户,相关契税却在合同签订前就由出卖人顾某芳缴纳;此外,陈某后续一直未履行合同约定的付款义务,陈某初、顾某芳也未催要。第三,从房屋过户居住使用情况来看。房屋过户后实际仍然由陈某初、顾某芳居住使用至今,水电费用也仍由二人缴纳。同时,双方当事人均认可当时签订房屋买卖合同的目的是以买卖的形式完成案涉房屋的过户,从而解决孩子上学的学区资格问题。综上,结合陈某初、顾某芳与陈某的亲子关系,可以认定双方并非基于买卖的真实意思表示签订房屋买卖合同,该合同属于双方通谋以虚假意思表示实施的民事法律行为,相应行为以获取学区资格为目的,合同应属无效。黄某抗辩该民事法律行为实为赠与,但未能提供证据予以证实,不予采信。经释明,陈某初、顾某芳坚持认为合同有效,并要求陈某、黄某履行给付房款义务。判决:驳回陈某初、顾某芳要求陈某、黄某支付购房款76万元的诉讼请求。[2]

6. 违背公序良俗的无效

《民法典》第一百五十三条第二款规定,违反公序良俗的民事法律行为无效,即背俗无效规则。

---

〔1〕 参见国家法官学院案例开发研究中心编:《中国法院2019年度案例》(房屋买卖合同纠纷),中国法制出版社2019年版,第249页。北京市第三中级人民法院(2017)京03民终8291号民事判决书。

〔2〕 参见《人民司法·案例》2022年第5期(总第952期)。江苏省太仓市人民法院(2019)苏0585民初3846号民事判决书。

【案例3-143】　吕某宁诉王某书房屋买卖合同纠纷案

一审法院认为，第一，双方签订《房屋买卖合同书》就买卖涉案房屋事宜明确、详细约定，房屋坐落、约定了价款、支付时间、支付方式、交付事宜、违约责任等，符合房屋买卖合同的基本特征，故双方真实意思表示系就涉案房屋进行买卖，而非对居住权或会员资格进行转让，其性质应为房屋买卖合同，应按照房屋买卖合同相关法律规定处理。第二，违背公序良俗的民事法律行为无效。案涉房屋建设用地系经批准划拨取得，且只限用于建设校区项目，建筑物性质均为教育用房、宿舍、食堂及配套设施，而由前述校舍改建而来的涉案房屋具有社会公共教育资源之属性。吕某宁与王某书对涉案房屋进行买卖，改变了本应用于社会公共教育事业的划拨建设用地及其之上校舍的用途，故《房屋买卖合同书》应为无效。……判决：一、确认王某书与吕某宁于2018年4月24日签订的《房屋买卖合同书》无效；二、王某书返还吕某宁购房款13万元；三、驳回吕某宁的其他诉讼请求。[1]

（二）合同无效的特殊形态

1. 流押合同无效

既签订商品房买卖合同又签订借款合同，买卖合同为借款合同提供担保的，其实质是借贷双方在债务履行届满前，变相约定将担保房产归出借人所有，该约定违反了《民法典》第四百零一条的规定，一般认定为无效。

【案例3-144】　麦某诉创恒公司、精彩公司商品房买卖合同纠纷案

一审法院认为，鉴于在梁某辉与创恒公司于2002年9月9日签订的《借款协议》中已约定，"创恒公司向梁某辉借款400万元，创恒公司提供本案讼争的安泰大厦08号商铺作抵押，并签订《商品房买卖合同》，创恒公司返还梁某辉借款后当天，双方办理有关退房手续，上述《商品房买卖合同》同时终止"，故可认定创恒公司与梁某辉于2002年9月9日签订的《商品房买卖合同》是为了将讼争房设定为创恒公司向梁某辉借款400万元抵押物的担保而签订的，双方非真实买卖讼争房，故《商品房买卖合同》非梁某辉与创恒公司的真实意思表示，是无效的合同。因无效的合同自始无效，不存在麦某可承接讼争合同中梁某辉的全部权利义务问题，故对麦某要求创恒公司、精彩公

---

[1] 参见国家法官学院、最高人民法院司法案例研究院编：《中国法院2022年度案例》，中国法制出版社2022年版，第74页。北京市延庆区人民法院（2020）京0119民初3092号民事判决书。

司依上述《商品房买卖合同》支付迟延交楼违约金的请求，本院不予支持。二审亦持同样意见，维持原判。[1]

【案例3-145】 刘某诉张某忠、张某梅房屋买卖合同纠纷再审案

再审法院认为，涉案房屋坐落于徐州市小北门，建筑面积为44.93平方米，该房屋在签订购房合同时市场价为20余万元。而双方约定的价格仅为92000元，远低于市场价，故该约定不合常理，且显失公平。在房屋买卖交易中，往往习惯明确约定房屋交付时间，而本案中并未明确约定房屋交付时间，却约定被申请人的回赎权，不符合房屋交易惯例。结合双方在合同中的约定、收条内容、证人张某的证言以及申请人在庭审中的陈述，足以认定双方签订的合同名为买卖，实为借贷。刘某的再审申请没有事实和法律依据，不能成立。故裁定驳回刘某的再审申请。[2]

该类合同典型的表现形式为，在借款当时，就签订担保标的物转让合同，约定在还款期届满前，将借款人的不动产转让给贷款人，且贷款人实际并不向借款人支付不动产转让款，事后借款人也无权以还清贷款的方式赎回。该种情况在订约时就剥夺了债务人可届期还款而不使担保标的物发生所有权或价值移转的期限利益，其后果更为严重。由于借贷担保关系与担保标的所有权移转关系的分离，法律关系中的贷款人与房屋所有权受让人也非同一人，且当事人之间又以买卖合同的合法形式对特殊变相流押的目的进行掩盖，故系特殊变相流押，该房屋买卖合同因此无效。

【案例3-146】 苏某泉诉魏某霞房屋买卖合同纠纷案

一审法院认为，从当事人之间钱款的往来情况看，系原告将100万元出借给第三人，再由第三人出借给被告。原、被告之间并无直接的款项往来，双方系为保障借款安全而签订房屋买卖合同，属于变相的流质，故该房屋买卖合同依法应当被认定为无效。经本院释明后，原告仍然坚持原来的诉讼请求，该诉讼请求缺乏依据，不应得到支持。[3]

【案例3-147】 王某皓诉青岛兆基置业有限公司、杨某等商品房销售合同纠纷案

一审法院认为，被告青岛兆基置业有限公司与被告杨某签订的商品房买卖合同，名为商品房买卖，实为借款担保，意思表示不真实，这一担保方式违

---

〔1〕 参见国家法官学院案例开发研究中心编：《中国法院2016年度案例》（房屋买卖合同纠纷），中国法制出版社2016年版，第141～142页。

〔2〕 江苏省徐州市中级人民法院（2013）徐民终字第1271号民事判决书。

〔3〕 参见国家法官学院案例开发研究中心编：《中国法院2014年度案例》（房屋买卖合同纠纷），中国法制出版社2014年版，第154页。

反物权法定原则，违反禁止流押原则，应为无效。[1]

【案例3－148】　江某明诉沈某勇等房屋买卖合同纠纷案

二审法院认为，根据本案查明的事实，沈某勇、尚某芝、尚某对向江某明借款的事实并不持异议，《借条》及《回迁房屋买卖协议》均系同一天先后形成，双方对于《回迁房屋买卖协议》所涉款项和《借条》所涉款项属同一笔项亦无异议，江某明也认可其并未按照《回迁房屋买卖协议》的约定向沈某勇、尚某芝、尚某另行支付购房款，即江某明并无购买涉案房屋的真实意思表示，双方所签《回迁房屋买卖协议》也无法得到实际履行。据此可以看出，双方并无买卖房屋的真实意思表示，而是具有将涉案房屋用于担保偿还借款的意思表示，双方的行为违反了《物权法》第一百八十六条关于"禁止流押"的规定，应属无效，故对江某明主张沈某勇、尚某芝、尚某、陈某履行《回迁房屋买卖协议》并交付涉案房屋的请求不予支持，上诉人可就其债权的实现另行主张权利。[2]

2. 违反税收征管法律的合同无效

税收征管法律关系属于公法范畴，依据税收征管法律、行政法规认定民事合同无效应当格外慎重。民事合同因违反税收征管法律、行政法规的强制性规定而归于无效的理由，应当是当事人订立合同之目的存在《民法典》第一百五十三条所规定的"违法性"。按此标准，主要应当考察当事人订立民事合同之目的是否在于偷逃应交税款。

【案例3－149】　上海众昌置业发展有限公司诉上海盛天房地产咨询有限公司、上海联鑫房产咨询有限公司商品房包销合同纠纷案

最高人民法院认为，从《包销合同》第5.3条约定内容来看，双方当事人只是没有就企业所得税和土地增值税作出约定，但即使当事人没有约定，纳税义务主体也要按照税收法律、行政法规的相关规定缴纳各种税收。所以，在盛天公司、联鑫公司尚未实际收到包销溢价，计税前提还不存在的情况下，众昌公司仅依据《包销合同》的约定认为盛天公司、联鑫公司偷逃漏税，理由明显不足。原国家计委、建设部《关于房地产中介服务收费的通知》第六条第四款规定，实行独家代理的，收费标准由委托方与房地产中介机构协商，可适当提高，但最高不超过成交价格的3%。房地产包销商是在实践中逐渐发展起来的，我国相关法律、行政法规并没有具体明确的规定。从法律关系性质上讲，包销法

〔1〕 参见国家法官学院案例开发研究中心编：《中国法院2017年度案例》（房屋买卖合同纠纷），中国法制出版社2017年版，第80页。

〔2〕 参见国家法官学院案例开发研究中心编：《中国法院2017年度案例》（房屋买卖合同纠纷），中国法制出版社2017年版，第149页。

律关系既有别于“独家代理”,也不同于一般意义上的房地产中介服务。因此,众昌公司认为盛天公司、联鑫公司就其得到的包销溢价开具咨询服务业发票,违反了前述《关于房地产中介服务收费的通知》有关条款规定的理由和主张,不能成立。退言之,如果盛天公司、联鑫公司收到包销溢价后确实存在偷逃税收的行为,其应承担的是税收法律、行政法规规定的责任,与众昌公司应该承担合同解除后的相应责任之间没有关联性,也不能据此认定《包销合同》无效。

【案例 3 - 150】 苏某秀诉胡某锦房屋买卖合同纠纷案

一审法院认为,结合上述相关证人证言,法院认定原、被告双方房屋交易真实价格为 228000 元。原、被告双方在书面《购房合同》中约定的关于 130000 元的合同价格系为规避税收的虚假意思表示,属以合法形式掩盖非法目的,应为无效。但该交易价格条款无效对合同其他条款没有影响,双方买卖房屋的意思表示真实,该购房合同的其他条款并不违反法律规定,且被告亦已支付部分房款,房屋已过户登记到被告名下,故原、被告应以 228000 元的交易价格继续履行合同。二审法院亦持同样意见,维持一审判决。[1]

3. 查封限制权利的房屋的合同无效

依据“法律、法规虽然没有明确规定违反管理性强制性规定将导致合同无效或者不成立的,但违反该规定以后使合同继续有效将会损害国家利益和社会公共利益,也应当认定该规范为效力规范”的结论,应确认法院裁定限制权利的房地产禁止性转让规定应为效力性强制性规定。若该合同有效并履行,必将损害社会公共利益。社会公共利益之范畴,不应只局限于经济利益,司法公信力与法律的尊严也应当包含其中。第三人之所以申请查封房产,是基于对法院查封效力的信任,即第三人有理由相信被法院查封的房屋具有稳定的执行期待性。若被查封的房屋不能被有效执行而使第三人的申请落空,势必损害第三人的经济利益与信赖利益,也无疑会损害法院的司法公信力与法律的尊严。房屋被法院查封,若使合同有效继续履行,房屋过户至他人名下,必将使第三人的合法权益无法实现,损害其合法权益。实践中,对法院买卖已查封房屋的合同按无效认定。

【案例 3 - 151】 彭水城镇统一建设开发有限公司诉黄某秀确认合同无效纠纷案

二审法院认为,首先,在彭水统建公司与黄某秀于 2000 年 6 月 26 日签

[1] 参见国家法官学院、最高人民法院司法案例研究院编:《中国法院 2020 年度案例》(房屋买卖合同纠纷),中国法制出版社 2020 年版,第 112 页。四川省广安市中级人民法院(2018)川 16 民终 1711 号民事判决书。

订的《转让协议》之前,本院于1999年12月5日作出(1999)渝四中法执字第61号民事裁定对该《转让协议》中的房屋进行扣押,并同时向彭水苗族土家族自治县国土局送达了协助执行通知书;其次,2000年5月10日本院裁定"中止(1999)渝四中法民经初字第22号民事判决执行",但并没有解除已经被本院扣押的裁定;最后,根据《城市房地产管理法》第三十八条第二项之规定,司法机关裁定查封或其他形式限制房地产权利的房地产不得转让。该规定应当属于效力性强制性规定,黄某秀上诉主张该规定属于管理性强制性规定的理由不成立。黄某秀的上诉事实和理由不成立,其上诉请求依法应予驳回。二审法院判决:驳回上诉,维持原判。[1]

【案例3-152】　陈某龙诉赵某森、包某武、厦门鑫万邦公司房屋买卖合同纠纷案

一审法院认为,陈某龙与赵某森签订的《房产买卖协议》系包含《房屋买卖合同》和《居间合同》的混合合同。合同签订前,讼争车位已被法院查封,属于《城市房地产管理法》第三十八条第二项规定的不得转让的房地产。截至法庭辩论终结前,对讼争车位的查封措施并未解除,该车位仍属于法律禁止转让的财产,因此,《房产买卖协议》中的《房屋买卖合同》,因违反了法律的强制性规定,应认定为无效合同。二审法院认为,因讼争房产在讼争合同签订前到争议发生时一直处于被查封的状态,依照《城市房地产管理法》的规定,讼争房产属于不得转让的房产,《物权法》仅规定订立合同时未办理物权登记的,不影响合同效力,未就被查封房产转让效力进行规定。故原审法院依照《城市房地产管理法》的规定认定合同无效符合现行法律规定,并无不当。[2]

【案例3-153】　董某春诉阮某鹏等房屋买卖合同及居间合同纠纷案

一审法院认为,根据《城市房地产管理法》第三十八条的规定,司法机关依法查封的房地产不得转让,董某春与被告阮某鹏、李某燕于2010年6月30日签订《房地产买卖合同》时,涉诉房地产被法院查封,故双方签订的《房地产买卖合同》因违反上述法律的强制性规定而无效。二审法院认为,《城市房地产管理法》第三十八条规定对合同效力的影响,结合《最高人民法院关于转卖人民法院查封房屋行为无效问题的复函》(〔1997〕经他字第8号)的

---

〔1〕参见国家法官学院案例开发研究中心编:《中国法院2016年度案例》(房屋买卖合同纠纷),中国法制出版社2016年版,第162页。

〔2〕参见国家法官学院案例开发研究中心编:《中国法院2013年度案例》(房屋买卖合同纠纷),中国法制出版社2013年版,第131~133页。

意见,原审认定董某春与阮某鹏、李某燕签订的房屋买卖合同无效正确。[1]

【不同处理】 有观点认为,虽然《城市房地产管理法》在此处规定了"不得",但这种"不得"主要是从管理角度对房地产转让行为的要求,主要是考虑到在规定的各种情形中,从管理角度允许转让对于进一步的权属变更登记会带来不便。从目的角度去分析可以看出,这些情形的"不得"中,直接影响的并不是转让行为本身,而主要涉及转让合同的履行。从这一点上看,原则上这里的"不得"也不能理解为对转让行为的私法上的绝对禁止。假设合同双方均没有在查封状态下强行过户的意思并就解封后过户达成合意的话,此种认识确实具有一定合理性。此种情况下,转让方获得受让方支付的款项,有助于其清偿导致查封的其他债务,并无损于公共利益。[2] 也有法院认为,《城市房地产管理法》第三十八条第二款规定的合同属于效力待定的合同,其是否有效取决于起诉前是否已经解除查封或其他限制房地产权利的措施。

【案例3-154】 孟某红与广州南江房地产开发有限公司商品房买卖合同纠纷案

二审法院认为,孟某红与南江公司在2005年6月13日签订《房地产预售契约》之时,案涉房屋尚处于由于江南公司与案外人的纠纷被司法查封状态,依照《城市房地产管理法》第三十八条第一款第二项之司法机关和行政机关依法裁定、决定查封或者以其他形式限制房地产权利的,不得转让的规定,南江公司在签订合同之时对于案涉房屋的处分权利处于受限制的状态。由于房屋的抵押、查封均属于动态存在的状态,故该《房地产预售契约》属于效力待定的合同。经广州市房地产交易登记中心2009年6月17日出具的《依申请公开信息复函》,案涉房屋没有抵押、查封。故案涉房屋上存在案外人司法查封的法律障碍已经消除,南江公司对案涉房屋的处分权的限制状态亦消除,依照《合同法》第五十一条之规定,孟某红与南江公司的《房地产预售契约》合法有效。原审法院仅依据《城市房地产管理法》第三十八条第一款第二项之规定,认定案涉《房地产预售契约》无效,属适用法律错误,本院予以纠正。[3]

---

〔1〕 参见国家法官学院案例开发研究中心编:《中国法院2014年度案例》(房屋买卖合同纠纷),中国法制出版社2014年版,第133~134页。

〔2〕 参见耿林:《强制规范与合同效力——以合同法第五十二条第五项为中心》,中国民主法制出版社2009年版,第212页。

〔3〕 参见广东省广州市中级人民法院(2009)穗中法民五终字第3735号民事判决书。

4. 临建房买卖合同无效

实践中,双方签订的卖房协议包含两部分,一是地面附着物即临建房动产的产权,二是临建房所处公共区域的临时使用权。对于第一部分,动产产权是可以合法交易的。对于第二部分,该处公共区域的临时使用权系不可转租的临时土地使用权,未经城市规划审批部门批准,不能取得县级人民政府的登记造册,核发证书。依据《土地管理法》第十一条、第二十一条、第七十三条之规定该土地使用权不能依法转让,转让协议违反法律、行政法规的效力性强制性规定。如协议中未对两部分数额加以区分,且两部分密切不可分割,则整体协议无效。

【案例 3－155】　王某杰诉纪某羽房屋买卖合同纠纷案

一审法院认为,被告与本溪高新区综合执法局签订的公共区域临时使用协议,已明确约定被告对该临时用地及地面附着物(彩钢房)没有所有权,只有临时使用权,仅限于临时经营,且不得转租及进行其他非法活动。而被告却以个人名义将彩钢房卖给原告,其行为是无权处分行为。同时,被告在与原告签订卖房协议时并未向原告声明该房是临建房,也未向原告出示其与高新区综合执法局签订的临时使用协议,被告的行为隐瞒了重要事实,提供了虚假的信息,其行为是无效的民事行为。二审调解结案。[1]

5. 绝当物处置无效

典当行在处理典当房屋时违反法律效力性强制性规定的,应认定为无效。

【案例 3－156】　张某诉成某忠、李某霖房屋买卖合同纠纷案

一审法院认为,首先,原告与第三人中安信邦典当签订的《房地产抵押典当合同》专用条款第 8.1 条约定的"在本合同第八条的绝当或原告其他的违约情况下,第三人中安信邦典当可以任意价格和任意方式出售本合同项下的抵押物房产"。该条款形式上虽非在债务人届期未履行债务时,抵押物直接归抵押权人所有,但事实上原告在签署《房地产抵押典当合同》后,时隔两日即公证委托第三人中安信邦典当职员即第三人黄某钦出售房产,第三人中安信邦典当、黄某钦在原告到期不履行债务时,有权自行出售房产以实现债权,该条款结合公证委托书本质上具有流质条款的属性,违反法律禁止性规定,应属无效。其次,《房地产抵押典当合同》约定,原告未在典当期限届满 5 日内赎当或完成续当即为绝当。本案中,2014 年 5 月 21 日第三人中安信邦典

---

〔1〕 参见国家法官学院案例开发研究中心编:《中国法院 2015 年度案例》(房屋买卖合同纠纷),中国法制出版社 2015 年版,第 234 页。

当将前述到期债权转让给被告成某忠，次日第三人黄某钦将受托的代理讼争房产的全部代理权限全部公证转委托给被告成某忠。被告成某忠即取得了讼争房产的处分权，可以不经原告同意直接处分（出售）讼争房产，原告实际上已丧失了对讼争房产所有权的控制。再次，被告成某忠依约受让债权以后，未支付相应的价款，《债权转让合同》未实际履行，且在与被告李某霖签订《存量房买卖合同》时才通知原告、催告债权。最后，《房地产抵押典当合同》确认讼争房产评估价值为2405200元，2014年6月讼争房产的市场价值评估结果为3128700元，而《存量房买卖合同》约定的房产成交价为1300000元，该价值明显低于房产的评估价值和市场价值，被告李某霖主张房产成交价为2600000元并无相应证据证实。综上所述，被告成某忠与第三人黄某钦、中安信邦典通过一系列债权转让、转委托、房屋买卖的合法形式，掩盖其将讼争房价低价出售以实现债权的非法目的，主观上存在恶意串通，客观上将讼争房产以明显低于评估价值和市场价值的1300000元出售给被告李某霖，显然损害了原告的合法权益，符合《合同法》第五十二条规定的无效情形，讼争的《存量房买卖合同》依法应认定无效。[1]

6. 解除预查封房屋买卖合同无效

预查封的效力应当是禁止预查封机关以外的人对预查封的财产进行有害处分。当法院对预售的商品房预查封后，即意味着司法公权力的介入，在未依法解除预查封前，该预查封就具有排他的法律效力，其他司法机关、仲裁机构及第三人不得对预查封的财产进行转移、设定权利负担或有其他有碍执行的行为。在法院预查封后，解除预查封房屋买卖合同按无效认定。

【案例3－157】 广西万博房地产开发有限公司诉覃某仕案外人执行异议案

二审法院认为，韦某茂与万博公司签订《解除〈商品房买卖合同〉协议书》，放弃其依据《商品房买卖合同》享有的对时代广场11B01号房屋的期待权，属被执行人擅自处分人民法院已查封财产的行为，违反法律的强制性规定，其行为无效，故《解除〈商品房买卖合同〉协议书》无效。万博公司主张其与韦某茂签订《解除〈商品房买卖合同〉协议书》有效。本院认为，首先，《查封、扣押、冻结规定》第十八条是对被执行人购买的在付清价款之前出卖人保留所有权的财产进行执行所作的规定，而韦某茂与万博公司之间的商品房买卖并不是保留所有权的买卖，故不适用该条规定。其次，韦某茂与万博公司签订《解除〈商品

〔1〕 参见国家法官学院案例开发研究中心编：《中国法院2017年度案例》（房屋买卖合同纠纷），中国法制出版社2017年版，第205～206页。

房买卖合同〉协议书》,处分人民法院已查封的财产,违反法律的强制性规定,符合《合同法》第五十二条第五项规定的无效情形。故对万博公司的该项主张,本院亦不予支持。万博公司主张其与韦某茂签订《解除〈商品房买卖合同〉协议书》,系《合同法》第九十三条赋予的权利。本院认为,虽然《合同法》第九十三条规定当事人协商一致,可以解除合同,但前提条件是不违反法律法规的强制性规定,否则其行为即为无效行为。而韦某茂擅自处分人民法院已查封的财产,违反法律的强制性规定,故其解除合同的行为无效。据此判决:驳回上诉,维持原判。[1]

7.未经追认的代签合同无效

代理权终止后,代理人以被代理人名义订立的合同,未经被代理人追认,对被代理人不发生效力,代理人与购房人签订的房屋买卖合同无效,应由代理人承担责任。

【案例3-158】　金某诉李某房屋买卖合同纠纷案

一审法院认为,从法院依职权调取的公证书档案资料可以看出,在办理公证书过程中,被告不仅要求在相关委托书、谈话笔录及风险告知书上签名,还亲笔工整地书写了《公证申请表》的申请公证内容,且被告自认其具有高中学历,从一般常理判断,被告理应知悉填写上述内容的含义及法律意义,故法院认定被告对曾经通过公证方式委托第三人朱某出售系争房屋应属明知。然而,被告与第三人朱某并不相识,第三人朱某对于公证办理过程的陈述前后矛盾,而被告在办理公证的同一天曾进行抵押借款。尽管被告提供的证据不足以证明抵押借款与办理公证系同时、同地进行,但考虑到公证员亦表示,姓高的中介人员介绍的业务一般都包括借贷和委托两份公证,故被告与第三人朱某之间通过公证方式达成的委托卖房意向的成因存疑。现被告已于2012年11月通过《声明书》形式撤销了对第三人朱某的委托,尽管被告未提供证据证明其曾将撤销事宜及时通知第三人朱某,但从被告拒绝第三人朱某带原告等人看房一事实不难看出,被告以自己的行动拒绝了第三人朱某代为出售房屋。鉴于委托代理系受托人基于信任代理委托人办理委托事宜,委托人依法可以随时解除对受托人的委托,故被告的行为可以视为对原委托的解除。因此,第三人朱某在看房未果,其代理权限被终止情况下仍继续以被告的名义与原告签订《上海市房地产买卖合同》便不再是被告的真实意思表

[1] 参见国家法官学院案例开发研究中心编:《中国法院2017年度案例》(房屋买卖合同纠纷),中国法制出版社2017年版,第259~260页。

示,第三人朱某的行为应属无权代理行为。[1]

8. 商品房买卖合同无效的例外

商品房买卖合同无效不影响买受人向第三人概括转移债权债务之效力。债权债务的概括转移,是受让人完全代替出让人的法律地位,成为债的关系的当事人,出让人的全部权利义务关系移转于受让人。如非因出让人的过错导致转让的债权无效,则无须层层否定既往合同的效力。

【案例 3-159】 金某诉北京世博元房地产开发有限公司房屋买卖合同纠纷案

二审法院认为,首先,金某与高某敏之间并非二手房买卖合同关系。从高某敏与金某的意思表示以及合同内容角度分析,双方签订房屋买卖协议这一行为,本质上是债权债务的概括转移,合同的目的是将购买世博元公司涉诉房屋的主体由高某敏变更为金某,合法有效。其次,金某与世博元公司之间形成了商品房买卖合同关系。现世博元公司无证销售商品房,且在诉讼中仍未完成竣工验收,依据《房屋买卖合同解释》第二条之规定,该行为属于违反效力性强制性规定的情形。因此,金某与世博元公司之间的商品房买卖合同无效。储物间的买卖合同亦因相同理由,应认定无效。[2]

合同欺诈并不代表合同必然无效,只有欺诈损害国家利益的合同方为无效。

【案例 3-160】 杨某诉房地产公司商品房销售合同纠纷案

二审法院认为,房地产公司主张杨某及其父亲杨某清采取欺诈、胁迫的手段,使房地产公司在违背真实意思的情况下签订涉案《商品房买卖合同》及《承诺书》,且以35万元的价格转让涉案商品房明显低于市场价格,显失公平。因此,案涉《商品房买卖合同》及《承诺书》无效。法院认为,《合同法》第五十四条第一款、第二款规定……据此,显失公平的合同以及以欺诈胁迫的手段签订的合同均属于可撤销的合同,而不属于无效合同。即使房地产公司的上述主张属实,其也只能请求撤销案涉《商品房买卖合同》及《承诺书》。但房地产公司没有依法行使撤销权,而在本案中主张涉案《商品房买卖合同》及《承诺书》无效不符合法律规定,法院不予支持。对于房地产公司主张杨某及其父亲杨某清诈骗的问题,房地产公司于2017年7月21日曾就此向茂名市公安局电白分局海滨派出所报案,后经茂名市公安局电白分局海滨派出所、茂名市公安局电白分局、茂名市公安局两级公安机关审查,均认为双方

[1] 参见郭伟清主编:《2015年上海法院案例精选》,上海人民出版社2016年版,第41页。

[2] 参见国家法官学院案例开发研究中心编:《中国法院2018年度案例》(房屋买卖合同纠纷),中国法制出版社2018年版,第23页。

之间纠纷属于合同纠纷,不属于公安机关立案侦查管辖范围,决定不予立案。因此,本案应作民事纠纷处理。一审判决正确,应予维持。判决:驳回上诉,维持原判。[1]

(三)合同无效个案适用

《民法典》第一百五十七条规定,民事法律行为无效、被撤销或者确定不发生效力后,行为人因该行为取得的财产,应当予以返还;不能返还或者没有必要返还的,应当折价补偿。有过错的一方应当赔偿对方由此所受到的损失;各方都有过错的,应当各自承担相应的责任。法律另有规定的,依照其规定。

合同被认定无效、被撤销与合同被解除虽然均会导致"恢复原状"、赔偿损失等法律后果,但其引发的具体结果,尤其是无过错方向过错方追究责任的依据,过错方负担责任的内容、范围等则有较大的差异,无过错方一旦在主张合同无效、撤销或解除几个理由之中做了不适当的选择,则在举证责任分配、可获赔偿的范围和金额等方面法律风险不同。

【案例3-161】　谢某与L公司商品房买卖合同纠纷案

二审法院认为,上诉人认为被上诉人L公司隐瞒涉案房屋已出售的事实、恶意进行"一房二卖"和隐瞒重大事实(涉案房屋所在项目的土地已被查封),构成欺诈。首先,从本案的事实来看,上诉人在缔约过程中均是与被上诉人D公司进行沟通、联系,了解涉案房屋的信息,上诉人从未向被上诉人L公司了解涉案房屋的情况,不存在被上诉人L公司故意告知虚假情况,实施欺诈行为的情形。其次,在签订合同前,被上诉人D公司已告知上诉人涉案房屋原已售出,需要进行更名。对涉案房屋的还备案登记在他人名下的情况上诉人是清楚的。上诉人对此并无异议,并与被上诉人L公司签订合同。涉案房屋现备案登记人王某也已向被上诉人L公司提交了更名申请,因此,应认定上诉人对涉案房屋的情况是知悉并且认可的,不存在被上诉人L公司故意隐瞒涉案房屋情况诱使上诉人签订合同、恶意采取"一房二卖"的行为进行欺诈。最后,虽然涉案项目的土地曾被查封,但2018年10月25日,海南省高级人民法院作出(2017)琼民初42号民事裁定书,解除对涉案房屋所在项目的土地及地上建筑物的查封。因此,上诉人主张被上诉人L公司采取欺诈手段,使其在违背真实意思的情况下签订《商品房买卖合同》,没有事实和

---

〔1〕 参见国家法官学院、最高人民法院司法案例研究院编:《中国法院2022年度案例》,中国法制出版社2022年版,第80~81页。广东省茂名市中级人民法院(2020)粤09民终490号民事判决书。

法律依据,其要求撤销《商品房买卖合同》,本院不予支持。[1]

开发商将公共绿地处分给部分业主长期专用的约定无效,应退还部分房价款。

【案例3-162】 李某蓉诉房地产商品房销售合同纠纷案

二审法院认为,关于案涉《商品房买卖合同》附件六第十七条约定是否有效的问题。对于合同涉及的私家花园经规划部门明确包括私家花园在内的绿地为公共绿地。归全体业主所有的事实,双方均无异议。房产公司上诉主张对于该共有区域相应由李某蓉等于绿地单独相连的一层房屋业主“无偿长期专用”,已经在小区全体业主商品房买卖合同中予以确认。故讼争合同的约定并非地产公司向李某蓉的单方承诺,而是全体业主对共有部分用途的处分行为或确认行为,应合法有效。根据相关法律规定,建筑区划内的绿地,属业主共有,但是属于城镇公共绿地或明示属于个人的除外。对于明示属于个人必须符合以下两项要件:其一,绿地规划必须经过规划部门事先批准;其二,在销售商品房时,其他业主知道或者应当知道绿地按照规划和合同约定个人专有。而本案私家花园所在绿地已明确规划为全体业主所有的公共绿地,亦即签订合同时,该绿地按照规划并非属于业主个人所有,故地产公司该上诉主张缺乏事实和法律依据,本院不予采信。一审法院据此判定地产公司承担上述条款被确认无效的主要责任即返还部分购房款并无不当,本院予以维持。关于一审法院酌定返还购房款金额认定的问题。如上分析,地产公司将业主共有的公共绿地约定供一层房屋的业主无偿长期使用被认定无效,导致李某蓉无法使用一层私家花园,势必影响业主体验及对案涉房屋的价值评价,将对案涉房屋购买价值时点的市值(不含专用绿地部分)进行的评估鉴定总价2646900元与原购房合同约定的房屋总价款2930587元的差价283687元酌定为案涉房屋价值的损失并无不当。地产公司上诉主张绿地围栏变矮不影响一层业主对绿地使用及部分一层业主实际亦在该绿地建设栏杆围合使用,其仅存在履行瑕疵,应对房屋返还房款数额予以公平合理地大幅降低,因该绿地属全体业主所有,且地产公司已书面向全体业主承诺拆除全部一层院子围挡构筑物,恢复拆除部分绿化。李某蓉对该绿地已无法进行合法、专有使用,地产公司该上诉主张本院亦不予采纳。综上,地产公司的上诉请求依据不足,本院不予采纳。一审判决认定事实清楚,适用法律正确,应予维持。判决:驳回上诉,维持原判。[2]

---

[1] 海南省第一中级人民法院(2019)琼96民终938号民事判决书。

[2] 参见国家法官学院、最高人民法院司法案例研究院编:《中国法院2023年度案例》(房屋买卖合同纠纷),中国法制出版社2023年版,第169~170页。福建省厦门市中级人民法院(2021)闽02民终2169号民事判决书。

专题四　房屋买卖合同责任纠纷

房屋买卖合同纠纷的主要争议点是违约和损害赔偿，本专题对房屋买卖合同违约和损害赔偿予以阐述，对于解除合同、限购合同、办证纠纷中与该类有直接关系或联系紧密的违约和损害赔偿在对应章节中阐明，本章不予展开。

一、房屋买卖合同违约理解

《民法典》第五百七十七条规定："当事人一方不履行合同义务或者履行合同义务不符合约定的，应当承担继续履行、采取补救措施或者赔偿损失等违约责任。"这是守约方请求违约方承担违约责任的法律依据，也是法官认定违约方承担违约责任的法律依据。

（一）合同违约的认定

1. 常见违约形态

规划变更引发的商品房买卖合同违约责任问题。实践中，开发商变更小区绿化率、容积率都是征得规划部门同意并备案，这往往成为开发商拒绝承担违约责任的重要理由。开发商要更改规划，必须通知所有业主，并征得业主同意。否则，从合同意义上讲，这属于违约行为。业主可以要求开发商承担违约责任，法院仍应认定开发商承担违约责任。行政主管部门批准容积率不能成为开发商承担违约责任的免责事由。也就是说，开发商变更建设工程规划、设计通过规部门的批准，在此情形下只能免除开发商的行政责任，不能免除其相应的民事责任。行政法律责任与民事法律责任是两种不同的法律关系，开发商变更建设工程规划、设计符合行政法上的规定，与是否承担民事责任虽然有关联，但本质上系不同的问题，不能将开发商是否遵守行政机关的行政管理规定与是否承担违约责任等同。规划部门批准开发商变更建设工程规划、设计，是作为行政主体对开发商作出的具体行政行为，这一行政法律关系的效力仅发生在行政主体与相对人（开发商）之间。该行政法律关系与业主所诉因开发商变更建设工程规划、设计违反合同约定构成违约的民事责任是两种不同的法律关系，不能混为一谈。

【案例 4－1】　李某芬等诉玉环锦盛百货有限公司商品房买卖合同纠纷案

一审法院认为，被告百货公司应否承担民事责任，主要从商品房买卖合同以及提高容积率是否对原告李某芬产生不利影响进行分析。容积率提高后，虽未影响到原告所购商品房质量或使用功能，但是客观上导致原告方所购房屋的居住环境、使用条件受到一定的影响，且使原告方分摊土地使用权面积减少，故被告方不对原告作任何补偿，有失公允；但原告以被告提高容积率获得利润为赔偿标准缺乏法律依据和事实依据，可酌情确定被告按原告购买商品房的面积以每平方米100元的标准进行补偿。双方系商品房买卖合同关系，双方的权利义务受买卖合同约束，故而被告提高容积率虽经行政机关批准，但不能成为免除民事责任的法定事由。[1]

【案例4－2】 黄某诉美晟房产公司商品房预售合同纠纷案

一审法院认为，根据《合同法》第一百零七条规定，交付房屋不符合商品房预售合同的约定，应由开发商向业主承担违约责任。交付房屋改变的建筑事项，无论是否经过行政机关审批或是否符合建筑规范，均属另一法律关系，不能成为开发商不违约或者免除违约责任的理由。[2]

司法实践中，有的法院以建设工程规划未载入合同，而对购房人主张开发商变更规划应承担违约责任的诉求不予支持。

【案例4－3】 陆某诉广西平南县月亮湾房地产有限公司商品房买卖合同纠纷案

一审法院认为，建设工程规划许可证不等同于建设工程规划，虽然双方在合同中明确了工程项目建设依据的建设工程规划许可证号，但未将经过许可实施的2005年广西平南县月亮湾建筑工程规划载入商品房买卖合同，原告也未能提供证据证实该规划应视为合同内容。在合同中，双方对容积率、建筑密度、绿地率没有明确约定，虽然对影响到原告方所购商品房质量或使用功能的商品房结构形式、户型、间隔、朝向的规划变更时被告的书面告知义务和被告不得擅自变更与所购商品房有关的公共部位和设施的使用性质进行了约定，但对其他规划内容如容积率、建筑密度、绿地率等能否变更没有明确约定。故原告主张被告于2010年变更2005年月亮湾规划、提高容积率、增加建筑密度、降低绿地率等属于违约没有事实依据，依法不予采信。二审法院持同样意见，维持一审驳回原告诉讼请求判决。[3]

购房人因贷款政策调整，未能获得贷款进而错过付款时间，也应认定为未按

〔1〕 参见国家法官学院案例开发研究中心编：《中国法院2014年度案例》（房屋买卖合同纠纷），中国法制出版社2014年版，第45页。

〔2〕 参见《最高人民法院公报》2006年第2期。

〔3〕 参见国家法官学院案例开发研究中心编：《中国法院2019年度案例》（房屋买卖合同纠纷），中国法制出版社2019年版，第19～20页。广西壮族自治区贵港市中级人民法院（2017）桂08民终第1201号民事判决书。

商品房预售合同的约定履行付款义务。

【案例4－4】 何某某诉上海荣启置业有限公司商品房预售合同纠纷案

二审法院认为，鉴于合同已明确规定，如上诉人未获银行按揭贷款或者所获贷款数额少于房款余额的，应由其自行补足房款余额，故上诉人称其因国家贷款政策调整，未能获得贷款而错过付款时间的问题，不能作为其可以迟延付款的合理理由。此外，所谓情势变更，是指合同有效成立后，因不可归责于双方当事人的事由发生重大变化而使合同的基础动摇或丧失，若继续维持合同显失公平，故允许变更合同内容或解除合同。现上诉人提出的国家房贷政策的变化因素不属于情势变更之范畴，应由申请贷款方自行承担相应的法律后果，故上诉人要求适用情势变更之规定，免除其过错责任缺乏依据。[1]

出卖人无故拒不领款时违约责任的认定。买卖合同关系中，除非存在合理理由，出卖人应当本着诚实信用原则积极履行领受价款的义务，以促使合同目的的实现。出卖人怠于履行己方领受义务，甚至无正当理由拒绝领受以给买受人的履行设置障碍的，应认为其违背了合同的诚实信用原则，其行为已构成违约。

【案例4－5】 王某华诉余某育房屋买卖合同纠纷案

一审法院认为，对于原告是否违约的问题，原告王某在第二期付款日期届满之前，无法联系到被告余某育本人，通过律师函告知被告亦未获得反应，原告有理由相信被告可能不再继续履行合同；双方对房款支付方式没有约定，由于被告怠于收款，人为地为合同履行设置障碍，原告向人民法院交付购房款的行为系合同履行的一种保证方式。被告一直故意回避原告，拒绝履行收款义务，直至开庭时，其代理人也明确表示不再履行合同，故应当认为是被告的行为构成根本违约。二审调解结案。[2]

开发商履约不符合售房宣传内容时的违约责任认定。认定开发商的宣传广告在何种程度上可以构成合同内容并需向购房人履行，是实践中常有的疑难问题。对于开发商的售房宣传瑕疵责任的认定，应综合考虑各种因素，以追求公正、公平的裁判和良好的社会效果为目标。

【案例4－6】 凌某健、张某梅诉南通盈丰房地产投资发展有限公司房屋买卖合同纠纷案

一审法院认为，本案中开发商向原告凌某健、张某梅陈列的沙盘模型，是

〔1〕 上海市第一中级人民法院（2014）沪一中民二（民）终字第3496号民事判决书。

〔2〕 参见国家法官学院案例开发研究中心编：《中国法院2013年度案例》（房屋买卖合同纠纷），中国法制出版社2013年版，第157页。

一种宣传资料，一般情况下它是要约邀请，但在同时满足三个条件时，开发商的该行为应当视为要约。这三个条件是：所作的说明和允诺具体确定；对商品房买卖合同的订立有重大影响；对房屋价格的确定有重大影响。对照这三个条件进行分析，原告主张违约责任的依据不充分：(1)被告在向原告售房时，沙盘中展示的××号楼前地块内容，并非具体确定。销售沙盘的性质，决定了其展示内容只能是概括的而非十分精确的展示。此外，根据本案中销售沙盘的显示，××号楼前地块虽未被明确标识为规划所确定的幼儿园活动场地，但也未被明确标识为原告所主张的绿化休闲广场，该表达方式具有事实上的模糊性。(2)原告认为被告沙盘展示的内容对其购买房屋有重大影响的说法缺乏依据。原告认为其主要看中××号楼前有被告承诺的绿化休闲广场，所以决定购买涉案房屋。关于此说法，原告并没有提供十分确凿的证据。根据常理分析，通常情形下，影响商品房买卖合同订立的因素主要包括购买能力、房屋坐落、结构及价格等。原告并未在签订合同前要求被告对楼前绿化广场事项作出具体明确的承诺并将该承诺载入合同或其他文件中，如未在签订购房合同前查询规划总平面图，以避免自己主要意图的落空。作为有着正常认知能力的原告，认为其购买决定完全受沙盘模型的影响明显牵强。(3)××号楼前地块是幼儿园活动场地对涉案房屋并没有重大影响。首先，幼儿园活动场地的属性决定了其不会对原告所购房屋造成实质性的影响。房屋受影响的因素主要有通风、采光、噪声等因素，而幼儿园活动场地是幼儿在上学期间活动的场所，其对涉案房屋的通风、采光不会造成影响，即使有影响，也在法律所容许的范围之内。其次，原告所举的××号楼201室房屋的成交价格并不能作为涉案房屋受幼儿园活动场地影响而贬值的依据。××号楼201室房屋成交时间在涉案房屋成交时间的近一年半以后，因为受众所周知的市场因素的影响，该时间段内南通市内商品房价格普遍有所下跌，因为不在同一时间段内，故××号楼201室房屋的价格与涉案房屋价格没有可比性。反观涉案房屋成交同时段内，邻近地段的其他房屋的销售情况，13号楼位于××号楼西南侧，即幼儿园活动场地的西侧，该幢楼从地理位置看，与××号楼前地块的关系不大，而13号楼有关房屋在涉案房屋成交时段成交的价格与涉案房屋成交价基本接近。这说明开发商并没有因为××号楼前地段的因素给原告加价或减价，在原、被告签订涉案房屋买卖合同时，××号楼前地块并没有作为决定价格的重大因素。综上所述，本院认为，本案中被告在房屋销售过程中的宣传行为不构成对原告的违约，原告主张被告违约的事实和理由不充分，本院对原告的诉讼请求难以支持。据此，驳回原告凌某健、张某梅的诉讼请求。[1]

【案例4－7】　开发商擅自变更小区规划纠纷案

一审法院认为，房地产开发商在销售广告和宣传资料中所附的小区规划平面示意图，显示的是小区平面布局，具体明确，这对双方预售合同的订立及房价的确定有重大影响，应视为要约。尽管平面示意图未附属在双方签订的《上海市内销商品房预售合同》中，但亦应视为合同的内容之一，对当事人双方均产生约束力。示意图中明确注明"荣辉阁"为点式高层建筑，开发商未经业主们的同意，却在"静安丽舍"二期施工中，将其改成板式建筑，使得"恒辉阁"与"荣辉阁"之间的间距缩小至30.4米，明显违反了小区规划，属于违约行为。开发商提到规划经过市计委批准同意，但法院查明，变更规划也是开发商先行提出的。有关部门是根据开发商的报告作出批准意见的，并不是政府有关部门强制要求变更，而是开发商根据自身发展的需要变更了小区的规划。鉴于部分合同约定了违约金金额，法院遂作出以下一审判决：对持这种版本购房合同的业主们，以购房总价款的1%作为赔偿的违约金数额；而对另一版本购房合同的业主们，以双方约定的总房价款的3%作为赔偿的违约金数额。[2]

购房人逾期办理按揭贷款的违约责任认定。若购房人以商品房买卖合同中关于办理按揭贷款手续的期限约定不明确为由而拒不办理按揭贷款手续，但事实上办理按揭贷款的条件已经成就，且经开发商催告后购房人仍不履行办妥按揭贷款手续的合同义务，则购房人应承担相应的违约责任。

【案例4－8】　宁波镇海维科房地产开发有限公司诉孙某丽、王某商品房预售合同纠纷案

一审法院认为，原、被告签订的《商品房买卖合同》约定，由买受人在签订合同前向符合条件的银行申请按揭贷款，买受人应向指定银行提供完整有效的申请资料，办妥按揭贷款所需的相关手续材料，逾期视为买受人违约。且原告海维科公司已经告知被告孙某丽、王某办理按揭所需要的手续，可见，就被告需办妥按揭贷款手续这一义务，双方已经作出约定，被告应当履行。即使被告在签订《商品房买卖合同》前客观上无法办妥按揭贷款手续，那么也只能视为双方对履行合同义务的时间约定不明确。后涉诉房屋结顶后，原告就此事于2012年1月7日发出告知函，告知被告于7日内按约办妥按揭

---

〔1〕　参见国家法官学院案例开发研究中心编：《中国法院2015年度案例》（房屋买卖合同纠纷），中国法制出版社2015年版，第66～67页。

〔2〕　参见邓基联主编：《房屋买卖合同纠纷》，法律出版社2010年版，第17页。

贷款所需的相关手续,已经给予被告必要的准备时间,但两被告在2012年1月8日接到原告的告知函后在上述期限内仍然怠于履行这一义务,后原告又发出律师函催告被告履行义务,继而向本院起诉,但被告直到2012年4月12日才补齐贷款所缺资料,故应当视为被告存在违约情形。[1]

购房人行使抗辩权不当时主张的违约责任是否成立的问题。行使抗辩权是对抗违约行为的一种救济手段。在双务合同中,应根据双方签订的合同来确定双方的权利义务。在有先后履行顺序约定时,先履行义务方发现后履行义务方当时具有不能按期交房的可能性,但未及时与相对方沟通核实,在未通知对方的情况下自行中止了合同的履行,不符合不安抗辩权的行使条件和履行规范,其不安抗辩权不能成立。先履行义务方向相对方主张违约金,法院不予支持。

【案例4-9】 周某诉重庆某房地产开发有限公司房屋买卖合同纠纷案

二审法院认为,双方签订的《购房合同》第八条第二款表达的含义为合同履行有先后顺序,乙方先付清所有合同价款,甲方才履行交房义务。周某在合同约定的房款交付日期之前,发现某公司财务资料、银行账户以及包括部分项目在内的资产先后被查封、扣押或冻结等不能按期交房的情况出现时,未及时与对方沟通核实,在未通知对方的情况下就自行中止了合同的履行,不符合不安抗辩权的行使条件和履行规范。而某公司在未收到周某支付的全部价款之前,可以行使先履行抗辩权,有权利不履行交房义务。[2]

二手房买卖中户口迁移引发的违约责任问题。如果房屋买卖合同中明确约定有户口迁移的期限,逾期迁出户口则应承担违约责任。至于第三方户口未迁出的责任承担问题,依据合同相对性原则由合同主体承担合同责任,但无过错方可在承担责任后向第三方追偿。案外人的户口未迁移并非出卖人自身的原因,且因涉及公安机关的行政管理职权,户口迁移行为本身系公安机关的具体行政行为,不属于法院民事案件的主管范围,但法院可处理民事合同纠纷中相关违约责任的确认及违约金数额的确认问题。

【案例4-10】 王某、密某海诉魏某、韩某房屋买卖合同纠纷案

二审法院认为,合同明确约定了魏某、韩某办理户口迁出手续的期限,但魏某、韩某在603号房屋原有户口迁移问题上出现逾期。因此,王某、密某海

---

〔1〕 参见最高人民法院中国应用法学研究所编:《人民法院案例选》2013年第1辑(总第83辑),人民法院出版社2013年版,第28~29页。

〔2〕 参见最高人民法院中国应用法学研究所编:《人民法院案例选》2016年第6辑(总第100辑),人民法院出版社2016年版,第86页。

有权要求魏某、韩某承担户口逾期迁移的违约责任。[1]

【案例4-11】 郭某诉张某华房屋买卖合同纠纷案

一审法院认为,本案中,根据双方的合同约定,被告承诺在房屋所有权转移之日起100日内,向房屋所在地的户籍管理机关办理原有全部户口迁出手续。原告与被告已经完成案涉房屋权属转移登记手续,则依约定被告应将案涉房屋内原有户口迁出,在原告将案涉房屋出售给案外人秦某华之时被告未将案涉房屋内原有户口迁出,被告已经构成违约,应当承担相应违约责任。被告抗辩称原告的主张已经超过诉讼时效,因双方合同约定逾期超过7日未迁出的,自逾期超过7日起,出卖人应当按日计算向买受人支付全部已付款万分之五的违约金,该约定具有连续性,被告抗辩超过诉讼时效,法院不予采信。[2]

户口迁出为出卖人负有的附随义务,因出卖人拒不将户口迁出的,购房人可以向出卖人主张违约责任。

【案例4-12】 梁某、洗某霞诉卢某逆房屋买卖合同纠纷案

二审法院认为,双方在案涉《佛山市二手房买卖及居间服务合同》《二手房买卖合同补充协议》中,虽未详细约定卢某逆户口迁出义务,包括前手业主户口在内,但通过双方其后签订的《二手房买卖合同补充协议》及结合庭审调查,对梁某、洗某霞的陈述进行分析,双方在该补充协议中明确将户口迁出条款单项作为主合同的补充,清晰表明梁某、洗某霞购置房屋其中一个主要目的在于能够将案涉房屋入手,并排除他人户口占用案涉房屋户口,梁某、洗某霞诉讼中关于该条款理解解释为排除任何人在内的户口与上述证据相印证,亦符合当前的交易习惯。案涉合同约定的户口迁出期限届满后,卢某逆未能将前手业主户口从案涉房屋迁出,其行为已构成违约。卢某逆未能依约将案涉房屋户口迁出,其行为构成违约,应承担逾期迁出户口之违约责任。从案涉合同履约情况看,卢某逆已依约履行案涉房屋买卖合同中主要的过户及交付义务,并将自身户口迁出,卢某逆未能迁出户为前手业主户口,对于未能将第三人户口迁出原因,根据公安机关函复,案涉房屋如属于一次或多次二手房交易所得,则在前产权人户口未迁出的情况下,现产权人不得迁入。结合本案具体事实,卢某逆在当前客观上无法履行将前手业主户口迁出之义

---

〔1〕 参见国家法官学院案例开发研究中心编:《中国法院2019年度案例》(房屋买卖合同纠纷),中国法制出版社2019年版,第81页。北京市第二中级人民法院(2017)京02民终10667号民事判决书。

〔2〕 参见国家法官学院、最高人民法院司法案例研究院编:《中国法院2021年度案例》(房屋买卖合同纠纷),中国法制出版社2021年版,第119页。北京市西城区人民法院(2019)京0102民初21538号民事判决书。

务，属于《合同法》规定的不能履行的情形之一，如一审法院认定，判令卢某逆支付违约金至将案涉房屋第一手业主户口迁出案涉房屋之日不具有可执行性，违约金持续计算有失公允。基于上述事实，兼顾案涉合同履约情况，卢某逆违约情节、过错程度、违约期限等因素，根据公平原则及诚实信用原则，法院酌情判令卢某逆按照案涉房屋成交价5%向梁某、冼某霞支付一次性违约金9.4万元（188万元×5%）。[1]

商品房出卖人违反“无户籍登记保证”构成违约，应承担违约责任。

【案例4-13】 潘某哲、岳某芳诉武某全房屋买卖合同纠纷案

二审法院认为，武某全作为房屋的出卖人，在出售房屋时应对房屋买卖合同中涉及的户籍事项核实清楚。现武某全在房屋买卖合同中承诺该房屋无户籍与实际情况不符，与其签订合同时的承诺不一致，故武某全存在违约情形，应当承担相应的违约责任。原审法院酌定武某全给付潘某哲、岳某芳1.6万元数额并无不妥，但潘某哲、岳某芳诉请为要求武某全支付违约金，并非赔偿损失，原审法院判决武某全赔偿潘某哲、岳某芳损失与其诉求不一致，对此予以纠正。判决：一、撤销一审判决第一、二项；二、武某全支付潘某哲、岳某芳违约金1.65万元；三、驳回潘某哲、岳某芳的其他诉讼请求。[2]

购房人已在商品房买卖合同上签字，而开发商当场未签章，且其后一直未将合同原件交还给购房人，后来购房人未支付购房款致使合同解除，开发商以合同为依据主张逾期付款违约金的，法院不予支持。

【案例4-14】 江阴新桥碧桂园房地产开发有限公司诉苏某洁房屋买卖合同纠纷案

二审法院认为，关于违约责任如何确定的问题，新桥碧桂园公司主张依据商品房买卖合同的约定，苏某洁应按照累计应付款的15%计算违约金。对此，苏某洁并不认可。对新桥碧桂园公司的上述主张，不予支持。理由是：《合同法》规定，承诺应当以通知的方式作出，且应当在要约确定的期限内到达要约人。本案中，根据认购书的约定，新桥碧桂园公司与苏某洁应于2015年12月17日签署商品房买卖合同，但苏某洁已于2015年11月左右先行在商品房买卖合同上签字，并将合同交予新桥碧桂园公司，应视为苏某洁已完成要约。此时新桥碧桂园公司并未在合同上签章，根据双方认购书约定，新

---

〔1〕 参见国家法官学院、最高人民法院司法案例研究院编：《中国法院2021年度案例》（房屋买卖合同纠纷），中国法制出版社2021年版，第133页。广东省佛山市（2020）粤06民终1615号民事判决书。

〔2〕 参见国家法官学院、最高人民法院司法案例研究院编：《中国法院2022年度案例》，中国法制出版社2022年版，第151页。北京市第二中级人民法院（2020）京02民终8425号民事判决书。

桥碧桂园公司至迟应在2015年12月17日之前签署合同，签署完毕后应及时将合同原件交予苏某洁。但新桥碧桂园公司在2017年1月16日提起本案诉讼之前未将双方签署的商品房买卖合同交予苏某洁，应视为新桥碧桂园公司未能在合同约定的期限内完成承诺。因此，该商品房买卖合同中关于买受人逾期付款致合同解除需承担违约金的条款并未发生法律效力，不能作为本案处理违约责任的依据，故对新桥碧桂园公司要求苏某洁支付违约金的请求，不予支持。[1]

2. 商品房层高缩水的违约认定

住房与城市建设部发布的《住宅设计规范》第5.5.2条规定“卧室、起居室（厅）的室内净高不应低于2.40米，局部净高不应低于2.10米，且局部净高的室内面不应大于屋内使用面积的1/3”，而该规定标准过低，容易造成合同当事人间利益关系失衡。购房人对家居环境有较高要求，如果住房层高不够，将使其产生压抑感和心理不适。《住宅设计规范》中层高之强制性标准，仅仅是法律上的最低要求，与之相比，购房者期待的标准自然要高一些，具体高多少与合同约定的数值密切相关。如某合同约定净高为2.85米，如果将根本违约标准定为2.40米，那么房屋层高缩水范围在0.45米（占比15.79%）之内均视为一般违约，这显然已突破购房者能够忍受之心理底线，显失公平。由于商品房层高与面积存在空间数量上的可比性，故层高根本违约标准问题可套用面积问题的规定，参照《房屋买卖合同解释》第十四条规定，将层高误差比绝对值达3%作为根本违约标准。现该条在司法解释修订后已取消。

【案例4-15】 张某元诉菏泽时代置业有限公司商品房销售合同纠纷案

一审法院认为，菏泽时代置业有限公司向张某元交付的房屋层高为2.8米，违反了合同约定，给房屋的使用价值和张某元生活造成了一定程度的不利影响，应当承担违约责任。[2]

【案例4-16】 兰某、蒋某轩与应城市全洲恒乐置业有限公司商品房买卖合同纠纷案

二审法院认为，本案二审争议的焦点为：恒乐公司是否应该赔偿兰某、蒋某轩因层高不符合合同约定造成的损失，损失范围如何确定。本院认为，案

---

〔1〕 参见国家法官学院、最高人民法院司法案例研究院编：《中国法院2020年度案例》（房屋买卖合同纠纷），中国法制出版社2020年版，第28页。江苏省无锡市中级人民法院（2017）苏02民终2378号民事判决书。

〔2〕 参见国家法官学院案例开发研究中心编：《中国法院2015年度案例》（房屋买卖合同纠纷），中国法制出版社2015年版，第35页。

涉恒乐公司与兰某、蒋某轩签订的商品房买卖合同合法有效，双方当事人均应当按照合同约定全面履行义务。合同约定层高5.4米，但实际交付商铺层高为4.4米，恒乐公司已构成违约，应当承担违约责任。鉴于恒乐公司与兰某、蒋某轩签订的商品房买卖合同并未就层高不符应承担的违约责任进行约定，法律对此也没有明确规定，而涉案商品房层高已无法改变，不具备可采取补救措施的条件，故一审法院比照恒乐公司与兰某、蒋某轩签订的商品房买卖合同第十三条面积差异处理方式的约定，以套内面积误差比计算其违约损失并无不当，本院予以维持。恒乐公司上诉称层高在达到房屋建设标准的情况下并不影响商铺业主对商铺的使用，兰某、蒋某轩应当对层高误差造成的房屋价值贬损举证，一审适用面积误差赔偿条款明显没有依据。本院认为，案涉房屋层高达到房屋建设标准并不是恒乐公司可以免除违约责任的理由，房屋价值固然取决于多种因素，但这些因素应体现在合同订立前的议价过程，兰某、蒋某轩支付了合同约定的价款，恒乐公司应向其交付区别于他人的独立空间，兰某、蒋某轩使用该空间，不仅是在面积的维度，亦在层高所指向的纵向维度，一审法院比照恒乐公司与兰某、蒋某轩签订的商品房买卖合同第十三条面积差异处理方式的约定，以套内面积误差比计算其违约损失有一定的合理性。恒乐公司的上诉理由不能成立，本院不予采纳。综上所述，恒乐公司的上诉请求不能成立，应当不予支持；一审判决认定事实清楚，适用法律正确，实体处理得当，应予维持。判决：驳回上诉，维持原判。[1]

3. 双方互相主张违约责任时责任的认定问题

实践中，双方当事人互相主张相对方违约的，法院应依照合同约定内容确定各自的责任。

【案例4－17】 钟甲、钟乙诉郑某房屋买卖合同纠纷再审案

再审法院认为，关于本案双方当事人是否违约的问题。《房屋买卖合同》有效，对双方当事人均有约束力，当事人应依约履行合同。卖方钟甲、钟乙及买方郑某均主张对方违约。对于双方违约责任的认定，再审认为，(1)关于郑某是否违约的认定。依据《房屋买卖合同》及补充协议的约定，交易双方约定承担的税费、房改房成本价、土地出让金等费用，应以合同约定且当事人所能预见的，并经税务部门、房管部门核定的税费、房改房成本价、土地出让金等费用为准。本案中，虽双方实际成交价与网签合同交易价格不同，网签交易合同约定的价格无效，但房管、税务部门当时已依双方网签交易

〔1〕 湖北省孝感市中级人民法院(2022)鄂09民终1041号民事判决书。

价格核定涉案房屋交易应缴纳、支付的税费、房改房成本价、土地出让金，且其中的房改房成本价应由钟甲、钟乙负担的不超过4万元，依约涉案房屋交易时经税务部门、房管部门核定的全部税费、成本价的一半及土地出让金均应由郑某承担，郑某已全部缴纳、支付上述费用，已依约履行合同义务。至于交易过户后税务部门、房管部门重新核定交易价格并要求补缴的税费、支付的房改房成本价及土地出让金，均属当事人在交易过户当时不能预见的、事后核定的费用，不能作为认定各自是否违约的依据。因此，钟甲、钟乙主张郑某未依约缴纳全部税费构成违约的理由不成立，原审不予支持并无不当。但钟甲、钟乙事后缴纳的个人所得税6378.8元，双方当事人再审确认是因涉案房屋缴纳的个人所得税，依约应由郑某向钟甲、钟乙支付。钟甲、钟乙请求郑某支付个人所得税6378.8元依据充分，再审予以支持。(2)钟甲、钟乙是否违约的认定。根据《房屋买卖合同》及其补充协议约定，郑某应负担房款95万元及交易税费、部分房改房成本价、土地出让金等，郑某已履行其交易当时应履行的合同义务，钟甲、钟乙未依约交付房屋，已构成违约。原审认定钟甲、钟乙因逾期交付房屋应承担违约责任，理据充分，再审予以维持。综上所述，郑某不构成违约，钟甲、钟乙主张郑某应承担违约责任无据，钟甲、钟乙逾期交付房屋构成违约，应承担违约责任。[1]

4. 根本违约的认定

根本违约的实质是一方当事人违约导致另一方当事人不能实现合同目的，是否构成根本违约需要在个案中结合合同约定内容及实际情况来判断是否导致不能实现合同目的，而如欠缴房屋取暖费就不属于导致合同不能实际履行、不能实现合同目的的直接因素。

【案例4-18】 崔某兰诉陈某江房屋买卖合同纠纷案

一审法院认为，崔某兰与陈某江约定办理诉争房屋产权过户手续的时间为2010年4月16日之前，但因陈某江未及时交纳取暖费而未能按时办理。法院认为，陈某江欠缴房屋取暖费致不能依合同约定办理过户手续，并不能导致房屋订购协议不能实际履行，不构成根本违约，故崔某兰要求解除与陈某江签订的《房屋订购协议》，双倍返还定金，没有事实和法律依据，本院不予支持。[2]

---

〔1〕 广东省广州市中级人民法院(2013)穗中法审监民再字第261号民事判决书。

〔2〕 参见国家法官学院案例开发研究中心编：《中国法院2012年度案例》(房屋买卖合同纠纷)，中国法制出版社2012年版，第162页。

【案例4－19】 郭某锋诉邓某梨房屋买卖合同纠纷案

一审法院认为,现邓某梨以自己行为明确表示不履行合同,构成根本违约,合同解除后,邓某梨应按合同约定向郭某锋退还已收房款10万元、赔偿已交居间费用3.8万元,并赔偿相应违约金。二审法院认为,根据本案查明的事实,上诉人邓某梨在履行合同过程中,以自己的行为表明不履行合同,已经构成违约,应承担合同约定的违约责任,一审判决确认的数额适当,本院予以维持。[1]

房屋出卖人单方变更购房款支付方式导致抵押权不能涤除,买受人拒绝支付余款不构成违约。

【案例4－20】 顾某某诉王某房屋买卖合同纠纷案

二审法院认为,关于房屋出卖人单方变更购房款支付方式导致抵押权不能涤除的违约责任认定。房屋买卖合同约定了抵押权涤除,出卖人单方变更履行方式,且未提供担保措施担保其能够在取得购房款后及时涤除抵押权的,买受人有权拒绝付款,其拒绝付款的行为不构成违约。[2]

履行期限条款不明确不影响买卖合同的成立与生效,当事人应当遵循诚信原则,通过后续磋商填补合同漏洞。一方当事人拒绝对方的合理要约,坚持以明显违反一般交易习惯或合同既定条款的条件作为要约主张,造成补充协议无法达成,违背诚信原则,应当对未达补充协议承担过错责任。恶意磋商方主动提出解约,系明确表示不履行合同义务,构成根本违约。

【案例4－21】 翁某洁诉毕某子房屋买卖合同纠纷案

二审法院认为,(1)从双方的协商过程及诉讼中的陈述来看,翁某洁对于与网签时间相关的首付款支付时间、贷款申请时间并无特别要求,其与毕某子在网签事宜协商中的唯一争议就是过户期限条款的表述问题。因此,双方未办理网签手续的真正原因在于未能就过户期限条款达成补充协议。(2)涉案《房屋买卖合同》第4.4条明确约定,如贷款不足,乙方应于过户期限前,将不足部分补足甲方。贷款是翁某洁履行第二期付款义务的优先方式,但贷款不成的风险应由其自行承担,其无权以贷款不成为由拒绝付款义务,双方就过户期限的补充磋商均应当建立在这一基础原则之上。翁某洁提出的条件实际上是将贷款完成作为继续其履行付款义务的前提,其违反诚信磋

---

〔1〕 参见国家法官学院案例开发研究中心编:《中国法院2018年度案例》(房屋买卖合同纠纷),中国法制出版社2018年版,第106～107页。

〔2〕 人民法院案例库2023－07－2－091－009。江苏省无锡市中级人民法院(2020)苏02民终5243号民事判决书。

商义务,应对未达成补充协议承担全部过错责任。(3)在合同漏洞无法通过补充协议填补的情况下,合同双方也并不因此享有任意解除权。翁某洁在本案中主动诉请解约的行为,应认定为以明确的意思表示拒绝履行合同义务,已经构成根本违约,应当按约承担定金罚则责任,无权主张返还2万元定金。[1]

【案例4-22】　张某冬诉陈某波、林某兰房屋买卖合同纠纷案

二审法院认为,关于首付款支付的时间问题。根据双方当事人之间《北京市存量房屋买卖合同》的约定,买受人应于双方签订网签合同当日向出卖人支付房款640万元整。故根据合同约定内容,张某冬应于网签当日支付首付款,该合同约定内容并不存在文义及理解上的歧义。现各方一致认可网签日期为2016年6月28日,故按照合同约定,张某冬应于2016年6月28日网签当日支付首付款却未予支付,而双方签订的房屋买卖合同中并没有资金监管的相关约定,张某东以购房款应资金监管为由拒付首付款缺乏依据。陈某波、林某兰在张某冬未于网签当日支付首付款的情形下,仍配合张某冬履行了协助办理涉案房屋的契税及银行贷款业务等义务。在此情形下,张某冬在陈某波、林某兰未明确同意资金监管后仍未支付定金之外任何款项。后陈某波、林某兰于2016年7月19日通过微信形式催告张某冬支付首付款,家悦公司亦称陈某波、林某兰于该日表示不同意资金监管。在此情形下,张某冬应及时支付首付款,且考虑到涉案交易房屋已经完成网签行为,此时张某冬再以资金安全问题为由拒绝支付首付款,导致陈某波、林某兰的合同目的无法实现,张某冬的行为构成根本违约。因张某冬存在根本违约情形,陈某波、林某兰有权向张某冬主张违约金。[2]

5.特殊的违约责任的认定

已消亡公司的违约责任认定。对于已消亡公司违约责任的认定,应依据公司消亡前的合同约定判断。公司是否消亡不影响违约责任的成立,公司消亡只是影响责任主体的确定。

【案例4-23】　陈甲、尤某芳诉章某等商品房预售合同纠纷再审案

再审法院认为,其一,陈甲、尤某芳、陈乙与联宁公司签订的预售合同中虽然无明确的文字条款约定虹桥丽景苑小区是封闭小区且有可独立使用的中心绿地,但在该预售合同附件四即抵押、租赁、相邻关系及小区平面布局图

---

〔1〕 参见最高人民法院中国应用法学研究所编:《人民法院案例选》2020年第2辑(总第144辑),人民法院出版社2020年版,第98~99页。上海市第一中级人民法院(2018)沪01民终5536号民事判决书。

〔2〕 参见国家法官学院案例开发研究中心编:《中国法院2019年度案例》(房屋买卖合同纠纷),中国法制出版社2019年版,第100页。北京市第三中级人民法院(2017)京03民终10385号民事判决书。

中,在该小区房屋南侧31丘地块上标注有“中心绿地”等字样。联宁公司印发的该小区的组成部分示意图还对中心绿地的绿荫大道、休闲主体广场等设施作了说明;在销售广告上联宁公司还承诺建成1600平方米中心花园等,虽然该销售广告右下侧有一行竖写“本海报内一切内容仅供参考,最后以政府批准为准”的文字,但该文字与该广告其他文字字体相比甚小,所处位置不显著,不足以起到提示作用;同时,上述销售广告中就相关设施所作的说明和允诺具体明确,对商品房买卖合同的订立及房屋价格的确定具有重大影响,应当视为要约,即使该说明和允诺未载入商品房买卖合同,也应当视为合同内容,更何况预售合同补充条款中明确约定“小区内外环境应与虹桥丽景苑景观效果图一致”;此外,作为开发商的联宁公司明知中心绿地不属于该小区的规划用地范围,也并未在预售合同附件四的抵押、租赁、相邻关系小区布局图以及印发的销售广告上注明或告知中心绿地非该小区单独使用等内容,因此,可以认定联宁公司承诺及与购房者约定的该小区平面布局是具有1600平方米中心绿地(花园)的小区。其二,联宁公司交付房屋时,中心绿地两侧系有围墙与外相隔,使该小区呈封闭式管理的状态,无论罗某平所主张围墙系新长宁公司于2000年建造并曾于2002年将被拆围墙权属告知业主委员会是否属实,由于其并未提供签约和交房时已将被拆围墙权属或小区封闭与否告知陈甲等三人的证据,即使罗某平曾告知业主委员会的事实存在,其法律后果也不能简单等同于直接告知业主。因此,可以认定联宁公司交房时该小区是封闭的。2004年6月,中心绿地两侧围墙被法院判决拆除后,中心绿地呈开放状,该小区与相邻小区共同使用;现中心绿地又被重建围墙分割成三小块,目前可供该小区使用的绿地面积约414平方米。前述情况均导致联宁公司承诺及约定的具有1600平方米中心绿地以及交房时为封闭式的该小区平面布局发生了改变。虽然该改变从表面上看并非联宁公司直接擅自所为,但究其实质系联宁公司在明知中心绿地土地非该小区规划用地范围的情况下,仍承诺建成约1600平方米中心绿地及签约和交房时未将已存在的中心绿地两侧围墙权属真实情况告知陈某等三人所致,因此原审认定联宁公司存在违约行为并应当承担违约责任无误,再审予以认同。〔1〕

关于违约金约定变更的认定。开发商与买受人在第一份房屋买卖合同中约定违约金,其后又在第二份补充协议中对违约金数额作出具体性、一次性约定的,应审查第二份约定是否存在免除开发商违约责任的情形,不存在负责情形的则应将第二份约定视为对违约责任的补充约定而非对违约责任的免除。

---

〔1〕 参见国家法官学院案例开发研究中心编:《中国法院2012年度案例》(房屋买卖合同纠纷),中国法制出版社2012年版,第14页。

【案例4－24】　黄某恩诉连月港隆源房地产开发有限公司商品房买卖合同纠纷案

二审法院认为，双方在签订正式的《商品房买卖合同》时对《购房合同》中约定的房屋价款、交房时间等内容进行了变更，并重新作出了约定。所以，《合同补偿协议》中约定的“一次性补偿”应系隆源公司因违反《购房合同》的约定逾期交房而对黄某恩承担的违约责任。对于隆源公司上诉称“一次性补偿1万元是其逾期交房而给予黄某恩的全部补偿，因其已经履行，黄某恩不得再要求赔偿”的理由，本院经审查后认为，《合同补偿协议》签订时约定的交房时间尚未届至，在此情况下，双方就对隆源公司将来逾期交房签订一次性补偿协议明显与常理不符，且黄某恩在庭审中对该说法也不予认可，故本院对隆源公司的该项上诉理由不予采信。对于黄某恩二审期间抗辩要求法院按照每天100元的标准改判违约金数额的主张，因与其一审诉讼请求不同且不符合相关法律规定，本院依法不予支持。综上，上诉人隆源公司的上诉理由不能成立，原审判决并无不当，应予维持。[1]

6. 逾期付款违约金的认定

买卖合同对付款期限作出的变更，不影响当事人关于逾期付款违约金的约定，但该违约金的起算点应当随之变更。

【案例4－25】　泰州金鹰天地投资管理有限公司与夏某某、赵某某房屋买卖合同纠纷案

二审法院认为，金鹰公司在协议备忘录中虽未明确表示同意变更付款期限，但同意不催告履行，即意味着同意延期履行。另外，从金鹰公司与夏某某、赵某某于2012年5月25日签订的补充协议来看，三方约定由赵某某承继夏某某在房产转让协议及协议备忘录中的全部权利、义务，金鹰公司若认为夏某某应付款期限没有发生变更且应承担相应的违约责任，此时，应当一并提出，并在协议中明确是否亦由赵某某承继，但金鹰公司并未提出。再从协议备忘录签订后三方的履行情况来看，金鹰公司并没有按约在夏某某支付800万元首付款后15日内办理产权过户手续，对迟至4个月后才办理过户的原因，夏某某、赵某某主张，系由于双方交易的房屋中有一部分为幼儿园，其土地性质为国有划拨，而金鹰公司未及时交纳土地出让金导致过户迟延；金鹰公司则主张，交易的房屋中不含幼儿园，系夏某某要求将产权证办至赵某

〔1〕 参见国家法官学院案例开发研究中心编：《中国法院2016年度案例》（房屋买卖合同纠纷），中国法制出版社2016年版，第153页。

某名下才导致过户迟延。关于迟延过户原因，本院认为，交易房屋中所包含的海陵区莲花8号小区C幢房产证明确载明"原设计用途：幼儿园"，金鹰公司在"协议备忘录"第3条中亦承诺"教育用地可过户给夏某某先生，并开具合法票据"，故金鹰公司关于交易房屋不含幼儿园的辩解不能成立。三方签订补充协议时，金鹰公司已超过办理过户的15天的履行期限，故产权人的变更并非金鹰公司迟延履行过户义务的原因。而从中可以看出金鹰公司在签订协议备忘录时已对幼儿园办理过户存在一定困难有了预先的判断，故此同意变更4000万元付款期限有其合理性。综上所述，原审法院认定金鹰公司与夏某某在协议备忘录中已约定变更4000万元的履行期限为2012年12月31日，并无不当。赵某某因未支付剩余房款4000万元，应从2013年1月1日起承担逾期付款违约责任。[1]

房屋买卖合同履行过程中，如果双方协商变更付款时间，即履行期限变更。则购房人超过履约定期限付款不构成逾期付款。

【案例4-26】 邓某敏诉黄某萍房屋买卖合同纠纷案

二审法院认为，本案二审的争议焦点在于黄某萍是否逾期付款，构成违约。讼争合同约定黄某萍应在2017年5月16日前支付购房款150万元，邓某敏在上述日期前办理委托公证手续。依据邓某敏、黄某萍与中介人员三方微信沟通记录可认定：因限购政策原因邓某敏不能如期办理委托公证手续，黄某萍经过邓某敏的同意也没有按期支付足额首期购房款。同年9月1日，邓某彬出具收条确认黄某萍支付首付款及定金为130万元；同日双方签订补充协议，确认黄某萍按补充协议履行支付剩余购房款。据此可以认定双方对支付首付购房款的时间及金额进行了变更，黄某萍按双方签订的补充协议履行支付购房款，黄某萍不构成逾期付款，邓某敏主张黄某萍支付逾期付款违约金和赔偿律师费缺乏事实和法律依据，不能成立，应予驳回。一审判决认定事实清楚，适用法律正确，应予维持。判决：驳回上诉，维持原判。[2]

关于违约行为的法律后果认定问题，普通违约行为与根本违约行为的法律后果应区别对待。双方签订的合同和补充协议中约定了多项违约责任，而根据双方所签订合同中违约责任的目的性，应认定承担合同责任20%的违约金条款是在一方根本违约导致合同不能履行的情况下适用，而并非对所有违约行为均适用，

---

〔1〕 参见吴兆祥主编：《房屋买卖、租赁案件裁判要点与观点》，法律出版社2016年版，第271～272页。

〔2〕 参见国家法官学院、最高人民法院司法案例研究院编：《中国法院2020年度案例》（房屋买卖合同纠纷），中国法制出版社2020年版，第103～104页。福建省厦门市中级人民法院（2018）闽02民终3822号民事判决书。

否则会加重合同当事人的责任。

开发商转让楼盘后违约责任的认定。开发商转让楼盘后未就逾期交房违约责任与受让楼盘开发商作出明确约定的，根据合同的相对性原理，原开发商仍应承担违约责任，以保障买受人的合法权益。

【案例4－27】　林某慧诉漳州福晟房地产开发有限公司、漳州毅达房地产发展有限公司商品房买卖合同纠纷案

> 二审法院认为，毅达公司与福晟公司在转让协议中对如何承担逾期交房违约金的约定不明，故上诉人林某慧及毅达公司关于应由福晟公司承担涉讼商品房逾期交房违约责任的上诉主张缺乏事实和法律依据，不予采纳。毅达公司以涉讼项目转让完毕后其没有财产，从法律上和事实上已不能履行等为由，上诉主张应驳回买受人林某慧要求其承担逾期交房违约责任的诉讼请求，但其并未就此事予以举证，故该上诉主张不予采纳。原判认定事实清楚，适用法律正确，应予维持。[1]

购房人转让房屋后主张违约责任认定。购房人依据与开发商签订商品房买卖合同，有权利向开发商主张违约责任。即使购房人又将房屋出售，也不影响其继续依据与开发商的商品房买卖合同主张自己的权利。但是，购房人的诉求必须有合同依据和法律依据，否则法院不予支持。购房人转让房屋后其诉求已经缺乏一定的事实基础，因为开发商是否实施诉求中请求的行为并不再对其权益造成任何实质影响。

【案例4－28】　刘某梅诉创辉房地产公司商品房预售合同纠纷案

> 二审法院认为，刘某梅依据双方签订的商品房预售合同，以创辉房地产公司违约为由提出本案诉讼请求。在涉案房屋所在小区已具备绿地及可通行道路，会所已经建成，且双方未就绿地、公共道路的具体标准和范围作出明确约定的情况下，刘某梅要求创辉房地产公司继续履行建设绿地、公共道路及会所的诉讼请求，缺乏法律依据。双方签订的合同亦未对水系、木桥的具体事项进行明确约定，故刘某梅无权以创辉房地产公司违约为由要求填埋水系、拆除木桥。刘某梅要求创辉房地产公司支付损害赔偿金、立即停止正在进行的违章建筑施工的诉讼请求，亦缺乏相应的合同根据及法律依据。原审判决对于刘某梅的诉讼请求不予支持并无不当。[2]

---

〔1〕　参见国家法官学院案例开发研究中心编：《中国法院2014年度案例》（房屋买卖合同纠纷），中国法制出版社2014年版，第51页。

〔2〕　参见国家法官学院案例开发研究中心编：《中国法院2015年度案例》（房屋买卖合同纠纷），中国法制出版社2015年版，第31页。

【案例4－29】 李某诉张某飞、杨某风定金合同纠纷案

一审法院认为,本案争议焦点在于双方是否存在违约,对此本院认为,双方在协议中约定“如实际测量房屋面积未达到64平方米以上,乙方有权不购买此房”,但对于“实际测量房屋面积”具体包括哪几部分并未明确约定,李某主张该面积不包括墙体面积并提交北京存房房地产经纪有限公司工作人员涂某云的证言一份用以证明,杨某风及张某飞主张该面积包括墙体面积但并未提交相应证据予以证明。但根据该表述,即使该面积确未达到64平方米,李某因此不购买涉案房屋,也不应被认定为违约;同理,亦不应据此认定杨某风存在违约。鉴于双方均不存在违约行为且同意解除《房屋买卖定金协议》,杨某风应向李某退还购房定金5万元,但李某要求杨某风双倍退还定金依据不足,该部分诉讼请求本院不予支持。[1]

第三人原因造成合同履行障碍时双方违约责任的认定。

【案例4－30】 刘某明诉于某威、北京我爱我家房地产经纪有限公司房屋买卖合同纠纷案

二审法院认为,因第三人原因造成的合同纠纷,应当在合同双方当事人之间进行处理,合同当事人与第三人之间的纠纷应另行解决。因此,确定本案查档工作未能完成导致合同履行障碍的责任时,需要先行明确房屋买卖合同中查档义务的履行主体。依据补充协议,到建委进行查档确权的主体为“甲乙双方”,而事实上,买卖双方既可以单独进行查档,也可以共同查档。在双方当事人未对于该项义务的履行主体作出明确约定,且未进行协商的情况下,双方均未主动履行查档义务,亦未要求对方与自己共同完成查档义务,共同导致房屋买卖合同未能履行完毕。因此,涉案合同系因合同义务约定不明而产生履行障碍,双方当事人对于合同约定不明、对于合同义务怠于履行,均存在过错,均应当承担相应责任。刘某明要求于某威赔偿居间费用损失、支付违约金的诉讼请求,缺乏事实和法律依据。[2]

第三人原因导致违约的情况下,虽然违约方的违约责任不能免除,但因违约并非违约方主观故意或者过失导致,违约方的过错较小,故在确定违约金时,法官应当对此情形予以充分注意,适当减少违约金的数额,以符合过错与责任相一致的原则。

---

〔1〕 参见国家法官学院案例开发研究中心编:《中国法院2018年度案例》(房屋买卖合同纠纷),中国法制出版社2018年版,第197～198页。

〔2〕 参见国家法官学院案例开发研究中心编:《中国法院2019年度案例》(房屋买卖合同纠纷),中国法制出版社2019年版,第154页。北京市第一中级人民法院(2017)京01民终7966号民事判决书。

【案例4－31】 陶某风诉楼某阳、易合公司房屋买卖合同纠纷案

二审法院认为,虽然《补充协议》约定双方应于2015年6月30日之前办理审贷手续,但双方协商延迟合同的履行期限至2015年年底。依据房屋交易的一般流程,楼某阳办理案涉房屋解抵押手续的义务和陶某风取得购房资质的义务并无先后顺序,应当同时履行,在陶某风并未取得购房资质的情况下,楼某阳未办理解押手续不构成违约。双方认可协商将合同的履行期限延迟至2015年年底,但陶某风在此期间仍未取得资质,并于2015年11月将楼某阳及易合公司诉至法院要求解除合同,拒绝购买案涉房屋,构成违约。陶某风受刘某欺诈将钱款交付刘某导致其无力继续支付购房款亦系因个人原因,不能改变其违约的事实。关于违约金的数额,考虑到陶某风无力支付购房款确系受到刘某犯罪行为的直接影响,其就违约过错较小,酌情确定陶某风支付楼某阳违约金15万元。双方合同已解除,楼某阳已经主张违约金,故应当返还定金2万元。[1]

迟延履行违约金计算截止日的认定。买卖合同为双务合同,违约方拒不支付违约金并不导致合同目的无法实现,故违约金应计算至违约方能够履行之日。双方均违约的,违约金应计算至违约方能够实际履行之日,而非合同解除之日。迟延履行违约金计算期间为,应从实际违约之日计算至违约方提出履行之日。

【案例4－32】 武某诉刘某等房屋买卖合同纠纷案

一审法院认为,被告刘某在与原告武某签订0130210号《房屋买卖协议》后,没有按期办理房屋过户手续,系其无法提供户口簿(页)原件所致,被告刘某系过错方,理应承担相应的违约责任。2015年12月9日被告刘某取得户口簿原件,在此情况下继续履行障碍消除,且2015年12月10日合同三方已经就如何履行进行协商,但原告要求被告刘某先予支付违约金而后才同意履行。一审法院认为原告与被告刘某之间的合同为双务合同,被告刘某拒不支付违约金并不导致原告合同目的无法实现,故原告拒绝履行的行为不当,之后再要求被告刘某承担违约责任无法律依据,不予支持。据此,被告刘某应按照合同第九条第九款的约定承担此期间的违约责任,向原告支付违约金47520元(1320000元×9天×4‰/天=47520元)。二审法院亦持同样意见,维持一审判决。[2]

---

〔1〕 参见国家法官学院、最高人民法院司法案例研究院编:《中国法院2021年度案例》(房屋买卖合同纠纷),中国法制出版社2021年版,第108页。北京市第一中级人民法院(2019)京01民终11149号民事判决书。

〔2〕 天津市第一中级人民法院(2016)津01民终字第4281号民事判决书。

7. 精装修违约责任认定

装修商品房买卖合同中违约责任的认定是新型、疑难问题，也是应该加大探索研究的方向。一些开发商将装修商品房作为谋取更大不当利益的途径，除选择无资质装修队伍装修降低成本，无法保证装修质量之外，千方百计地使用各种不当手段谋取不当利润，这是造成精装修商品房质量低劣的根本原因。司法实践中，因精装修商品房装修质量标准往往约定并不明确，故违约责任的认定存在较大分歧。主要存在以下几个方面违约责任的认定：

其一，关于装修质量的违约责任认定。最根本、最主要的是装修质量应当符合有关法律法规和相应的建设工程质量、安全标准、技术规范以及当事人约定。对装修质量要求，若购房者与开发商有约定的，从其约定；没有约定的，则应根据《民法典》第五百一十条规定按照合同条款或交易习惯确定。若仍不能确定的，则按照《民法典》第五百一十一条第一项规定，以强制性国家标准履行；没有强制性国家标准的，按照推荐性国家标准履行；强制性国家标准和推荐性国家标准都没有的，按照行业标准履行。根据实际装修的效果与标准或约定之间的偏差，进行质量纠纷违约责任的认定。司法实践中，对于地面装修的瓷砖不平以及空臌等问题多发，以及装修的墙面瓷砖不平、断裂、缺边等问题，都是开发商违约责任的具体表现形式。

其二，装修合同列明的品牌不相符合责任认定。实践中主要存在两种情形，一种是将合同中的列明品牌换成其他低价格的品牌，另一种是将列明品牌换成同品牌中最低层次的产品。前一种情形可以认定开发商应承担违约责任，后一种情形可以认定开发商承担违约责任难度较大，虽降低购房者应享有的价格品牌质量等级保障，但这种隐蔽违约一般难以得到法律支持。

其三，装修价格与装修质量不相符合的责任认定。开发商出售整个小区装修商品房中，往往不与购房者就装修设计、装修施工、装修材料等用以确定装修质量的价格进行约定，这是认定难点。当然对于装修的质量要求应当以双方约定为准。若双方对装修质量没有明确约定又无法达成补充协议的，购房者以约定的装修价款按照市场价格所应达到的效果作为装修质量依据的，应当予以支持。若双方对装修内容、装修价款均无约定，则以开发商宣传的装修价格为准，无宣传装修价格的，法官又不能查明具体装修内容的，原则上不能认定开发商违约。实践中，虽然精装修房屋越来越多，但精装修价格公开的则很少几乎没有，开发商也不在商品房买卖合同附件中列明，更谈不上备案，这对查明开发商违约和责任认定带来很大困难。

其四，装修质量问题导致“严重影响正常居住使用”的责任认定。众所周知，购房者购买房屋的目的一般是居住使用。若因装修问题导致房屋的居住、使用受阻,购房目的无法实现,则构成"严重影响正常居住使用"的情形。一般而言,房屋的装修部分,除满足使用安全性要求外,其质量应当与房屋价值具有相当的匹配程度,应当符合购房者的预期。若严重偏离满足购房者基本生活的通常标准且无法在短期内进行修复的,应当认定为严重影响正常居住使用。该项认定,需从购房者购房的根本目的、安全性、可恢复程度、价值预期等方面进行综合考虑,且必须达到严重的程度。若购房者的预期与实际情况产生较大偏差,则可以认定为构成"严重影响正常居住使用",由开发商承担不能满足合同目的的违约责任。个案中,由法官对其必须达到严重的程度自由裁量认定。

其五,装修未经质量、消防验收违约责任的认定。司法实践中,开发商一般对土建的质量和消防具有进行验收,而不申请建设行政主管部门进行对精装修的质量和消防进行验收。当精装修的质量和消防发生争议后,应当由开发商承担精装修的质量和消防验收的举证责任,举证不能的承担其不利后果。开发商以土建已经过质量验收、消防验收可以代替精装修的质量和消防验收,以及商品房的精装修质量和消防验收是普通个体家装不用质量和消防验收的抗辩理由不能成立,应当承担违约责任。

其六,精装修商品房室内环境质量超标的违约责任认定。虽然现行新建房屋交付标准未详细规定如何认定装修商品房室内环境质量,但应当符合最基本的居住要求。购房者以按照国家相关标准检测环境质量存在问题为由,主张开发商承担相应的违约责任的,应予支持。开发商主张小区整体环境质量验收合格,但购房者主张其所购房屋存在空气质量问题的,开发商以楼栋整体通过环境质量检测来对抗单独房屋存在的空气质量问题,其抗辩不能成立,应承担相应的违约责任。

(二)合同违约认定的特殊问题

违约金条款的区分认定。如果合同中约定了一项或多项违约金条款,则应当具体审查违约金条款的性质和适用前提,判断其是针对解除合同条件下的违约金专门约定,还是普通的违约金条款。如果合同仅对解约条件下的违约金作出约定,但事实上合同双方仍在继续履行合同,一方追究的是另一方以继续履行合同为前提的违约责任,则解约条件下的违约金条款不能适用于该类案件,具体违约损失应当根据案情实际进行确定。

【案例4-33】 廖某诉何某飞房屋买卖合同纠纷案

二审法院认为,本案的争议焦点在于上诉人廖某是否构成违约,如何构成违约以及上诉人应承担何种违约责任。根据双方签订的房屋买卖合同第六条"到甲方三证全部办完,甲方必须在一个月之内无条件配合乙方办理房产过户手续,过户当天乙方必须把余款叁拾陆万元现金一次性给付给甲方"之约定,双方对购房款余款的支付时间约定为"过户当天"。上诉人主张"过户当天"是办理过户手续当天,还是上诉人取得房屋产权当天的约定不明。本院认为,被上诉人在2013年10月25日协助上诉人办理了过户手续之后,被上诉人关于房屋产权过户的相关义务即已经履行完毕,结合合同条款约定及日常生活常理,"过户当天"应当认定为办理过户手续当天。因此,上诉人未在2013年10月25日办理过户手续当天付清余款即属违约。上诉人虽主张双方当事人之间有20万元借款当时未处理,然本院认为即使存在借款抵销房款的情形,也不影响上诉人履行于办理过户手续当天付清抵销借款后的余款之合同义务,且被上诉人在原审起诉时也明确将20万元借款在上诉人应支付的余款金额中扣除。上诉人还主张因被上诉人违约在先,上诉人有理由不在办理过户手续当天支付余款,然而根据合同约定,上述理由并非上诉人拒付购房款余款的法定抗辩理由,且被上诉人亦不予认可。至于上诉人提出的合同未列明支付方式,且被上诉人不配合导致未支付余款的主张,上诉人未就该主张提供充分证据加以证明,且对上诉人的上诉主张被上诉人亦不认可,故上诉人应当承担举证不能的法律后果。综上所述,上诉人未按期支付房屋余款构成违约。关于违约金如何认定的问题,根据双方签订的房屋买卖合同第十二条之约定,"若甲方(廖某)违约,需双倍退回定金或房款作为违约金;若乙方(何某飞)违约,定金或房款不予退回作为违约金。其中违约金70%付给守约方,违约金30%付给中介方",从该条约定的双倍退回定金或房款以及定金或房款不予退回的内容分析,该条违约责任的约定均适用于合同解除后的违约金承担问题。而本案中,诉争房屋已交付给上诉人实际使用,上诉人也已取得了房屋产权证书,上诉人已按约支付了大部分购房款,仅剩16万元余款未按期支付,被上诉人提起的诉讼请求也无解除合同的诉请,故上述合同约定的违约金条款并不适用于本案,对上诉人提出的不能适用上述违约金条款的主张,本院予以采信。[1]

违约责任形式的选择问题。开发商存在违约行为的,买受人可以要求开发商承担违约责任。承担违约责任的形式有很多,比如继续履行、采取补救措施或者赔偿损失等。在某一种形式履行不能时,买受人可以变更诉讼请求,法院应支持买受人对违约责任形式的选择。

---

〔1〕 参见国家法官学院案例开发研究中心编:《中国法院2016年度案例》(房屋买卖合同纠纷),中国法制出版社2016年版,第190~191页。

【案例4－34】　褚某某与某房产公司商品房销售合同纠纷案

二审法院认为，关于被上诉人某房产公司逾期交房时间如何认定，违约金如何计算的问题。截至目前，从形式上看，被上诉人某房产公司仍未能向上诉人褚某某交付符合合同约定的房屋，违约行为在持续，但是从被上诉人某房产公司通知上诉人褚某某于2012年7月9日上房时，上诉人褚某某有两种正确的路径可以选择，一是选择上房并追究对方交付不符合合同约定房屋的违约责任，二是以被上诉人违约不能实现合同目的为由解除合同，退房并要求对方承担违约责任和赔偿损失。上诉人选择上房后，并不意味着其同意按现状交付而放弃追究被上诉人交付的房屋不符合合同约定的违约责任。上诉人在选择上房后，可以按照合同约定要求被上诉人修理。如被上诉人对涉案房屋能够修理而不予修理，上诉人可以选择自行修理，对于修理费用，可以向被上诉人另行主张权利。即使被上诉人因客观原因不能将房屋修理达到合同约定的状态，上诉人同样可以要求其承担交付不符合合同约定的房屋的违约责任。上诉人褚某某于2012年7月9日接到被上诉人某房产公司的上房通知后，上述两种路径均未选择，而执意要求被上诉人交付符合合同约定的房屋，其心情固然可以理解，但是对于现实可能性判断不足以致拖延上房，拖延上房的责任只能由其自行承担。故一审法院按照双方合同补充协议第4条约定的最后交房期限2012年6月30日，被上诉人通知上诉人于2012年7月9日上房，从而认定被上诉人逾期交房9日，并按照双方合同约定的违约金计算方法计算违约金数额为514.53元，是正确的。[1]

违约责任形式的选择权及其限制。《民法典》规定了多种违约责任形式，在不同的违约形态下，守约方可根据标的性质和损害的大小等请求违约方承担不同的责任形式，通过法律强制手段实现其合同目的或达到与合同目的相同的财产状况。法律对守约方最有力的保护方式是赋予其选择的权利，即守约方可根据个案的实际及自身的利益状况，决定让违约方承担何种责任。对于定金罚则与违约金条款并存的情形，《民法典》第五百八十八条第一款明确规定："当事人既约定违约金，又约定定金的，一方违约时，对方可以选择适用违约金或者定金条款。"主张违约责任的权利人的选择权是受到限制的，这主要发生在守约方同时主张违约方承担数种违约责任时，同时也会发生在对某种单一责任形式的选择上。此种限制主要是基于公平及效益的考虑。违约责任的功能主要在于弥补守约方的损失，不具有惩罚的性质，这是公认的原理。如果守约方可以任意地要求数种违约责任形式并用，会导致守约方获得的利益远高于其因违约而遭受的损失，有违违约责任

〔1〕江苏省徐州市中级人民法院(2013)徐民终字第1822号民事判决书。

的补偿性,将导致双方利益的失衡。所以,当两种责任并存而权利人欲作出选择时,其对责任形式的选择权要受到法律或合同约定的限制。

协议中违约责任选择性条款的适用问题。双方当事人在协议中就违约责任承担方式约定选择性条款意味着,一方违约时守约方拥有约定违约责任范围内主张何种违约责任的选择权。除非双方当事人作出特别约定,否则选择性条款只能择一行使,而不能相继行使。一旦守约方做出选择,即意味着违约责任承担的具体方式已被固定下来。进言之,守约方已不能主张直接适用之前约定的选择性条款,再选择其他违约责任承担方式。

【案例4-35】 张某华、马某森与广西壮族自治区桂林市正文房地产开发有限责任公司商品房买卖合同纠纷再审案

最高人民法院认为,由于在《补充协议书2》签订后,双方再未就案涉房屋退房款、违约金等问题达成过书面协议,故现有证据能证明的双方关于退房款退还和违约金给付问题的最后书面约定就是,2006年3月28日这一日期到期时,如果正文公司不退清全部购房款及相应违约金给张某华、马某森,则张某华、马某森要么选择同意延长退还购房款期限,继续收取逾期退还购房款违约金;要么选择让以《商品房买卖合同》条款为内容的新成立的合同生效。从已查明事实来看,在2006年3月28日之后,正文公司依据《退房退款协议书》确定的逾期退还购房款的违约金标准分别在2006年4月、5月和7月分三次向张某华、马某森支付共计32万元违约金(分别为3月、4月、5月、6月的违约金)。张某华、马某森为此分别出具了3张收条,证明收到了上述逾期退还购房款违约金。从2006年3月28日之后,正文公司给付违约金的数额、给付月份可知,双方当事人仍是按《退房退款协议书》约定标准给付或收取违约金。另外,在2006年3月28日之后继续收取违约金行为性质的问题上,张某华、马某森在本院庭审中的解释为"因为对方也说明了不交房,不配合办证,所以我们答应了履行退房退款协议,收了他们违约金"。正文公司在本院庭审中明确表示"我们是按合同约定支付违约金,以期对购房款延期给付"。可见,双方当事人都承认是根据《退房退款协议书》给付逾期退购房款违约金。这也印证了双方当事人给付和收取违约金的依据仍是《退房退款协议书》,那么根据《退房退款协议书》的约定可知,在2006年3月28日之后,张某华、马某森选择收取逾期退购房款违约金,意味着其当时仍是在要求退还购房款,而不是选择要求交房办证。也即根据《退房退款协议书》的约定,在2006年3月28日之后,张某华、马某森已通过收取逾期退还购房违约金的行为选择了要求正文公司退还购房款而不是要求正文公司交房办证。既然张某华、马某森在《退房退款协议书》约定的2006年3月28日届满时,通过继续收取行为主张返还购房款而并没有选择按《商品房买卖合同》

条款要求交房办证，那么在正文公司不再给付逾期付款违约金或不退还购房款时，张某华、马某森不能再依据《商品房买卖合同》条款要求正文公司向其交付案涉房屋并办理相关产权证，也不能要求正文公司支付相应逾期交房违约金和逾期办证违约金。综上，张某华、马某森在一审中基于《商品房买卖合同》条款提出的诉讼请求，缺乏依据，不予支持。至于正文公司不退还购房款、不再给付逾期返还购房款违约金的责任问题，张某华、马某森可另行起诉主张。另外，正文公司一审反诉关于确认《商品房买卖合同》无效的请求以及张某华、马某森撤销房屋登记备案的请求，因缺乏依据，亦不予支持。〔1〕

关于违约责任条款的适用问题。违约责任条款通常体现了当事人在订立合同时的真实意思表示，表明了当事人在签订合同时就可以预见到相应的违约后果，且自愿接受该条款的约束。不同违约责任条款之下约定的违约责任不同，当具体违约情形与多条违约责任条款中某一条违约情形完全吻合时，该具体违约情形应适用该匹配性更精准的违约责任条款。因为合同的本质是在法律允许的框架内尊重当事人的真实意思表示，结合合同中约定的多种违约责任条款可以认定，当事人在签订合同时已经就特定违约情形约定了匹配度最高的违约责任条款，故应该直接适用相对应条款。也就是说，违约方发生的违约行为应对应合同约定的多项违约责任条款中最合适的条款。个案中，由法官根据具体案情裁量。

【案例4－36】 于某洋诉董某房屋买卖合同纠纷案

二审法院认为，关于违约条款的适用问题，结合本案案情，可以认定董某的行为既符合《北京市存量房屋买卖合同》约定的概括性的根本违约情形，也符合《承诺书》约定的具体性的违约情形，但是因本案出现违约行为的原因是董某配偶不同意出售房屋，结合当事人订立合同时的本意，《承诺书》约定的具体性违约情形更加符合本案中董某的违约情形，故应在公平原则下尊重当事人关于违约责任的约定，由董某承担《承诺书》所约定的违约责任，即董某应向于某洋支付与本次交易定金数额相当的补偿金作为违约金。〔2〕

合同约定事项不明时违约责任的认定。实践中，合同事项约定不明确的，违约责任不成立，对合同一方请求另一方承担违约责任的诉求，法院不予支持。换言之，逾期交房责任应有明确约定，而不能由推定产生。

---

〔1〕 参见最高人民法院民事审判第一庭编：《民事审判指导与参考》2014年第4辑（总第60辑），人民法院出版社2015年版，第215～216页。

〔2〕 参见国家法官学院案例开发研究中心编：《中国法院2018年度案例》（房屋买卖合同纠纷），中国法制出版社2018年版，第217页。

【案例4－37】 黄某诉中德红谷公司商品房预售合同纠纷案

一审法院认为,本案中,被告公司可以随时履行房屋交付义务,原告黄某没有证据证明其行使了合同履行的催告,因此,被告中德红谷公司作为开发企业向原告提供了合同文本,存在一定的过失,但原告黄某作为完全民事行为能力人,在合同签订时没有尽到合理的审慎的合同审查义务,双方共同的过失导致了案涉合同中没有对交房时间及逾期交房违约责任的约定。虽然被告公司交付房屋的时间在房屋符合合同约定的交付条件之前,但被告中德红谷公司的交房行为并没有违反合同对交房时间的约定,也没有违约行为的产生,且合同中亦没有约定逾期违约责任的计算方式。同时,被告公司的交房行为也没有给原告带来实际损失。据此,原告要求被告承担这段时间的逾期交房违约责任没有合同和法律依据。因此,双方提前完成房屋交接的行为是在履行过程中达成的一种新的合意,该合意并未损害各方当事人的利益,故原告按照一般推定要求被告承担逾期交房责任的请求不应成立。判决:驳回原告黄某的全部诉讼请求。[1]

因同一持续性违约行为而分段主张违约金的认定。

【案例4－38】 韩某江诉正旭晶典公司商品房预售合同纠纷案

二审法院认为,对于第一个争议焦点,法院认为本案系相同主体间基于同一持续违约行为而分段主张违约金的诉讼,诉讼请求与前数次诉讼请求同质,基本事实相同,因同一违约行为已进行数次诉讼,人民法院生效判决已对涉案合同违约方、主观过错及责任承担等明确予以界定,属已为人民法院发生法律效力的裁判所认定的事实。韩某江要求正旭晶典公司支付逾期交付房屋入住违约金的主张,于法有据,一审法院支持其该项主张正确,法院应予支持。……综上,正旭晶典公司的上诉请求不能成立,应予驳回;一审判决认定事实清楚,适用法律正确,应予维持。判决:驳回上诉,维持原判。[2]

(三)违约金与损失赔偿的关系

《民法典》第五百八十四条规定了违约损害赔偿的法定范围,合同双方在合

---

〔1〕 参见国家法官学院、最高人民法院司法案例研究院编:《中国法院2021年度案例》(房屋买卖合同纠纷),中国法制出版社2021年版,第20页。四川省成都高新技术产业开发区人民法院(2019)川0191民初9209号民事判决书。

〔2〕 参见国家法官学院、最高人民法院司法案例研究院编:《中国法院2021年度案例》(房屋买卖合同纠纷),中国法制出版社2021年版,第250页。北京市第三中级人民法院(2019)京03民终12248号民事判决书。

同中约定的违约金与定金是其约定赔偿方式。此外,在有的房屋买卖合同中,当事人还有可能约定其他非典型的违约赔偿的计算方法。至于约定赔偿责任与法定赔偿责任的适用关系,在存在约定赔偿责任的情况下,应当依意思自治原则优先适用合同约定赔偿责任,但并不排除法定赔偿责任可以并用。也就是说,一方违约给相对方造成实际损失的,违约方有可能除承担违约金外还承担赔偿实际损失的责任。

1. 违约金与实际损失赔偿的关系

违约金和实际损失赔偿有共同点且有内在紧密联系。二者的共同点是,违约责任和实际损失赔偿均是违约方的违约行为引起而其应当承担的责任,均以违约方违约行为为基础或起因;二者都是对守约方的赔偿,都属于守约方主张权利的范畴,守约方对此都有权向违约方主张违约金与实际损失赔偿。违约后的救济措施里,二者属于不同类型的救济措施,针对不同的违约行为及损害后果发挥作用。从二者的特点来看,违约金作为一种违约的补救方式,具有实际损失赔偿所不具有的特点。由于违约金的数额可由当事人在订立合同时约定,这样当事人对违约后承担责任的范围予以确定,一旦发生违约,则不必再逐项计算,避免举证困难,而实际损失赔偿则正好相反,常常遇到计算损失的范围和举证困难。

违约金与实际损失赔偿二者之间亦有区别,具体区别:其一,成立内容不同。违约金是指双方签订合同时对违约行为预先约定的计取违约金数额或计算违约金数额的方法,而实际损失是合同双方签订合同时没有约定,因违约方违约行为造成的各种经济损失。其二,性质不同。违约金是约定的,具有主观性;而实际损失是法定的,具有客观性。其三,成立时间不同。违约金是在合同订立时双方预先约定,而实际损失是合同成立后履行中发生的。其四,范围不同。违约金只是在合同订立时预先对违约行为明确的责任承担范围;而实际损失的赔偿范围,根据《民法典》第五百八十四条的规定,赔偿损失额应当相当于因违约造成的损失,包括合同履行后可以获得的利益,但不得超过违反合同一方订立合同时预见到或者应当预见的因违反合同可能造成的损失。也就是说,实际损失的赔偿范围远大于主张违约金的范围。其五,目的不同。违约金可以是补偿性的,也可以是惩罚性的,其目的在于担保合同的履行、对违约方实行制裁;而赔偿损失一般而言仅具备补偿性,不具备惩罚性。其六,适用条件不同。适用违约金条款不以实际损失的发生为前提,只要有违约事实存在,不管是否发生损失都应当支付违约金;而赔偿损失条款生效则应当以实际损失的发生为前提,没有实际损失时限制适用约定赔偿条款。所主张的实际损失,必须是可被量化的损失,但也有例外情况。其七,举证责任不同。主张违约责任,只要证明违约方存在违反合同约定的行为即可,不需要证明违约方给其造成的损失,违约方认为违约金过高的应承担举证责任;

而主张赔偿实际损失,必须举证证明每一项损失的具体数额。

就违约金请求权与损害赔偿请求权的关系而言,在合同一方违约的情况下,基于《民法典》第五百七十七条以及第五百八十五条的规定,有可能同时产生损害赔偿请求权与违约金请求权。违约金请求权是以违约行为和双方约定违约金为要件,损害赔偿请求权是以违约行为和损失为要件。关于二者的关系,法律并无相应规定,学说上也无定论。有学者认为,违约金请求权与损害赔偿请求权同时发生效力,违约金请求权与损害赔偿请求权互相并不排斥。[1] 法律和司法解释并未规定,在合同双方已约定违约金的情况下,当事人丧失了要求违约方赔偿损失的权利。《合同法解释(二)》第二十八条规定了不支持赔偿损失的情形,其适用的前提是在守约方请求增加违约金以后而又请求赔偿损失的,而并非对守约方放弃主张违约金直接请求赔偿损失的否定。之所以这样规定是因为守约方因对方违约行为所遭受的损失已通过增加违约金的方式得到了救济,并不是因为合同约定了违约金条款。守约方是可以同时主张二者,还是必须择一行使,甚或先后行使,对此法律并无明确规定,在个案中往往由守约方决定,法官对此的处理亦不相同。

理论界和司法界均认为,违约金分为惩罚性违约金和补偿性违约金两种。违约金的这两种类型与实际损失的联系在表现形式上有差异。补偿性违约金系双方预先估计的损害赔偿的总额,当实际损失发生时可以根据实际损失的大小进行调整,跟损害赔偿有重合,不完全等同于实际损失,可以超过实际损失,与实际损失赔偿并不矛盾。惩罚性违约金,即合同(或法律)规定在不履行或不适当履行合同义务时支付的一笔作为惩罚的金额。从设立的功能来看,补偿性违约金的功能以补偿损失为主,惩罚性违约金的功能以担保债务履行和惩治违约行为为主;但从效果来看,补偿性违约金和惩罚性违约金均具备补偿损失的功能。在对违约金进行调整时,二者均应以实际损失为基础,同时考虑设定违约金时当事人的意思自治因素,即补偿性违约金以补偿为主,而惩罚性违约金具备惩罚的功能。[2]

在实践中,一般而言,在守约方不存在实际损失的情况下,守约方只能选择主张违约金,主张实际损失赔偿的,法院不予支持。在守约方存在实际损失的情况下,守约方可以选择违约金,亦可以选择主张赔偿实际损失,还可以选择同时主张违约金与赔偿实际损失,法院应尊重和支持守约方的选择。当然在守约方存在实际损失,双方又有违约金约定的情况下,守约方可以放弃主张违约金,而只主张赔偿实际损失。违约金和损害赔偿在有的情况下会被限制同时主张,即守约方不存在实际损失时,这在法理上可理解为二者同时以补偿为目的,不可重合。但应该

---

[1] 参见王洪亮:《违约金请求权与损害赔偿请求权的关系》,载《法学》2013 年第 5 期。

[2] 参见赵蕾:《违约金和赔偿损失并用的范畴界定》,载《人民司法·案例》2018 年第 20 期。

注意到,在守约方仅主张违约金的情况下,《民法典》规定只有当违约金数额过分高于实际损失时,违约方才可以请求法院减少违约金。违约金的高低是以守约方的实际损失为参照标准的。也就是说,实际损失作为综合衡量的基础,应理解为违约行为给守约方造成的损失,包括预期利益损失。

此外,需要厘清两种观点:一种观点认为违约金与实际损失赔偿是总分关系,当然不能一并主张;另一种观点认为违约金不足以弥补损失时,守约方方可主张实际损失赔偿。笔者认为这两种观点都是不正确的。就前一种观点而言,原《合同法》第一百一十二条并未有赔偿损失与违约金是总分关系的规定,立法者在《中华人民共和国合同法释义》一、二版中未见其该类定义,最高人民法院相关司法解释及公布的案例亦未见该类提法,也就是说法律上并无此界定,故该观点无法律依据。就后一种观点而言,违约金和赔偿损失都是违约救济措施,均为守约方的权利,这种权利的行使并非受违约金不足以弥补损失之限制,守约方行使何种权利由其自主决定,这两种权利行使的差别在于行使违约金请求权必须有合同约定,而行使损害赔偿请求权系基于法律规定而不需要有合同约定,除非合同对损失有预定数额。

【案例4-39】 魏某诉北京良誉房地产开发有限公司商品房预售合同纠纷案

二审法院认为,关于魏某是否有权要求良誉公司赔偿损失的问题,法院不认可一审判决的分析,理由如下:首先,《合同法》第一百零七条规定守约方有权要求违约方就其违约行为赔偿损失。其次,分析判决援引的《合同法》第一百零七条的规定,该条赋予的是当事人在认为合同约定的违约金过高或过低的情况下,请求调整违约金的权利,该条并未否定当事人就违约方的违约行为直接主张赔偿损失的权利。我国《合同法》及其司法解释中亦未规定,在合同双方已约定违约金的情况下,当事人即丧失了要求违约方赔偿损失的权利。故在约定违约金,且当事人认为约定的违约金过低的情况下,当事人有权选择主张违约金并申请调整违约金或者直接要求赔偿损失。最后,《合同法解释(二)》第二十八条规定,增加违约金以后,当事人又请求对方赔偿损失的,人民法院不予支持。本案中,魏某并非要求增加违约金,而是直接要求赔偿损失。综上,法院认为,本案中,魏某有权要求良誉公司就其违约行为赔偿损失。[1]

需要说明的是,房屋买卖合同约定违约方承担定金责任后,守约方不可进一

〔1〕 参见国家法官学院、最高人民法院司法案例研究院编:《中国法院2020年度案例》(房屋买卖合同纠纷),中国法制出版社2020年版,第33~34页。北京市第二中级人民法院(2018)京02民终581号民事判决书。

步追究其他违约责任的,对此约定的效力应正确界定。笔者认为,按照合同意思自治的原则,当事人在合同中承诺今后互不追究对方其他违约责任,实际上是预先抛弃追究对方当事人其他违约责任的权利,属于权利处分行为,处分后果只涉及当事人双方的利益,不存在损害社会公共利益和第三人合法权益的情况;并且,该约定在买卖双方任何一方违约的情况下都同样适用,双方的权利义务是对等的,也不存在利用格式条款限制对方主要权利的嫌疑,故该约定应为有效约定。

2. 放弃违约金后主张实际损失赔偿的处理

守约方与违约方协商放弃违约方违约金责任的,法院应尊重守约方的意思表示,守约方应受其放弃追究违约金责任的意思表示之约束,不得对违约方的违约金责任再进行追究。笔者认为,守约方放弃追究违约方违约金责任并不等于放弃主张实际损失赔偿的权利,二者不能画等号。因为实际损失是现实发生、客观存在的。从文义上讲,守约方放弃追究违约金责任并没有放弃主张实际损失赔偿。从意思表示上讲,守约方放弃追究违约金责任有意思表示,而对实际损失赔偿并没有放弃的意思表示,二者意思表示的范围和含义不发生重合。当守约方因违约方违约行为而遭受实际损失时,应当允许守约方主张实际损失赔偿,这符合损害赔偿请求权的适用原则,也符合法理、公平原则。如果在放弃违约金的协议中,双方当事人对其后合同履行的事项另有约定,一方违反协议约定的仍应承担违约金责任,放弃违约金的约定的效力不及于新约定条款,但明确约定及于新约定条款的除外。需要注意的是,违约金(约定损害赔偿)的调整问题,约定损害赔偿实际上只是约定了损害赔偿计算方法,并不可能等于实际损失。基于公平原则,违约金过分高于实际损失时,应进行调整。

守约方放弃违约金后,在合同约定损失赔偿与实际损失赔偿存在时,应以守约方主张权利诉求而定。在守约方对其二者同时主张的,笔者认为,应支持其赔偿实际损失的诉求,而不宜再支持其按约定赔偿的诉求,这样方符合公平原则。

需要进一步研究的是,守约方放弃主张违约金后,是否将违约金全部或部分地纳入实际损失的赔偿范围。笔者倾向于不应包含约定的违约金,因为这一部分守约方已经放弃。

3. 违约金与实际损失赔偿并用

违约金能否与实际损失赔偿一并适用,《民法典》虽然没有明确规定,但也并未否定二者并用,目前大多数人对此已达成可并用的共识。违约金请求权与损害赔偿请求权各自独立,其中一个请求权发生效力时,并不排斥另一个请求权的效力。如果当事人约定的违约金是惩罚性违约金,一旦债务人违约,债权人不仅可要求债务人支付违约金,而且还可要求继续履行赔偿损失。如果是赔偿性违约金,在预期利益和可得利益范围内可以与赔偿损失并用。换言之,在合同履行中,一方当事人违约并给相对方造成实际损失的,守约方可主张违约金也可同时主张赔偿实际损失,法律应支持守约方的选择。

【案例4－40】　厦门东方设计装修工程有限公司与福建省实华房地产开发有限公司商品房包销合同纠纷案

最高人民法院认为,实华公司以福州市房地产管理局的通知为由,在合同约定的终止条件成就之前,单方终止《房产包销合同》,应当承担违约责任并赔偿东方公司因合同不能实际履行所遭受的损失。在本案中,福州市房地产管理局作为房地产业的行政主管部门于2004年3月30日以书面通知的形式要求实华公司终止与东方公司的包销合同,其具体行政行为导致合同不能实际履行的后果也不能完全由实华公司承担。此外,东方公司也认可了合同在客观上已无法实际履行的事实,故在本案诉讼中未提出实际履行合同的诉讼请求。同时,在实华公司单方宣布终止合同之前,东方公司在广告投入、景观绿化等方面也未能完全按照《房产包销合同》的约定履行自己的义务。综合以上因素,东方公司主张溢价款和赔偿损失的范围应当限定在《房产包销合同》已经履行和已经部分履行的范围之内,并参酌当事人双方的过错程度以及东方公司实际损失的程度来确定实华公司的赔偿范围。根据本院二审查明的事实,实华公司实际收取购房定金的有住宅312套和店面51户,扣除购房人退房并由实华公司转售他人的住宅58套和店面7户之后,应当认定由东方公司完成销售和已完成前期销售工作的有住宅254套和店面44户。参照《房产包销合同》中双方计算包销溢价的标准,东方公司可以实现的包销溢价款为7310061元。虑及东方公司在广告投入、景观绿化等方面履约不足以及实华公司在后期销售过程中需要支出的费用和付出的劳动等综合因素,应当在东方公司可以实现的包销溢价款7310061元中酌减80万元。[1]

【案例4－41】　天津泰丰工业园(集团)有限公司与广东省建筑工程总公司房地产开发公司商品房预售合同纠纷案

最高人民法院认为,在合同履行过程中,泰丰公司虽未依合同约定时间付款,但广建房地产公司在答辩状及庭审中多次承认泰丰公司依约付清购房款,故可认定泰丰公司迟延付款是经广建房地产公司许可的,无须承担违约责任;而广建房地产公司开发的A1、A2幢楼房虽于1996年10月竣工,但一直未予交付,广建房地产公司应承担合同约定的逾期交房的违约责任。双方在合同中约定了迟延交付房屋违约金的计算方法,符合《民法通则》的规定,

---

[1] 参见《最高人民法院公报》2006年第4期。最高人民法院(2005)民一终字第51号民事判决书。

故泰丰公司依据该合同主张广建房地产公司支付违约金14031220元，应予支持。本案经评估，广建房地产公司违约造成的实际损失达18828931元，因而广建房地产公司除支付违约金外，还应赔偿泰丰公司的经济损失4797711元。[1]

在违约金与实际损失赔偿数额的关系上，最高人民法院在个案中的观点为，守约方实际损失大于违约方应支付的违约金数额时，违约方除支付违约金外还应承担违约赔偿责任，但赔偿数额应以守约方未获弥补的实际损失为限。

【案例4－42】 中国农业银行重庆市分行与重庆雨田房地产有限公司房屋买卖合同纠纷案

最高人民法院认为，雨田公司自始没有交付《联合建房协议》约定的1996.53平方米房屋，并将其中部分出租获利，因此，雨田公司除应依约支付农行市分行滞纳金外，还应当赔偿其违约行为导致农行市分行不能有效利用房屋经营所遭受的经济损失。如果该实际经济损失数额大于雨田公司应当支付的滞纳金数额，雨田公司还应承担违约赔偿责任，以补足滞纳金不能弥补的经济损失部分，其赔偿数额应当以农行市分行的实际经济损失数额为限。农行市分行请求雨田公司赔偿经济损失法律依据充分，但是，农行市分行主张以每平方米280元租金标准计算其经济损失，不完全符合本案实际，予以部分支持。雨田公司以向农行市分行发出的函件及《置换协议》是与朝天门支行置换等证据和理由，否认其违约行为，并反驳不予支付农行市分行房屋租金的理由不充分，不予支持。[2]

不过，司法实践中也有法院认为违约金和实际损失赔偿不可同时主张。虽然双方当事人在合同中既约定了解除合同后的损失赔偿计算方法，又约定了违约金条款，但有的法院认为根据法律规定，违约金与赔偿损失不能同时主张，当事人已选择了资金占用利息的损失赔偿，其主张违约金于法无据。

【案例4－43】 但某某与重庆宏帆实业有限公司商品房预售合同纠纷案

二审法院认为，本案中，双方当事人在合同中既约定了解除合同后退还房价款及利息即损害赔偿，又约定了违约金。在但某某同时主张赔偿损失和支付违约金两项请求权的情况下，因按照但某某主张的以利息方式计算的损害赔偿金额高于以违约金方式计算的金额，在但某某未举证证明存在其他损

---

〔1〕 参见最高人民法院民事审判第一庭编：《最高人民法院民事案件解析》（房屋买卖、租赁纠纷），法律出版社2010年版，第50页。

〔2〕 参见最高人民法院民事审判第一庭编：《最高人民法院民事案件解析》（房屋买卖、租赁纠纷），法律出版社2010年版，第191～192页。

失及损失大小的情况下，应当认定损害赔偿金已经弥补了解除合同给其造成的损失。因此，但某某关于应当按合同约定同时支付违约金的上诉理由不能成立。[1]

现阶段，随着理论研究的不断深入，有的法院在处理违约金和实际损失赔偿并用的问题时，将违约金区分为补偿性和惩罚性来分类研究。

补偿性违约金与实际损失赔偿的并用问题。有法官认为，将违约金作为最低赔偿额折抵损害赔偿，如果违约金的数额明显低于非违约方遭受的损害，则非违约方可在请求支付违约金的同时，另外要求赔偿损失，违约金与损害赔偿金之和在预期利益和可得利益范围内的可同时支持。[2]

【案例4－44】　邹某蒙诉吴某欣、刘某等房屋买卖合同纠纷案

二审法院认为，吴某欣、刘某构成根本违约。吴某欣、刘某需向邹某蒙支付的55万元违约金中已经包含了一部分实际损失的赔偿，但仍不能弥补邹某蒙的实际损失，故二审法院综合考虑守约方的房屋差价损失情况、合同的履行利益及违约方订立合同时对损失的预见情况等，减去吴某欣、刘某应支付的55万元违约金后，酌定吴某欣、刘某赔偿邹某某其他损失20万元。[3]

惩罚性违约金与实际损失的并用问题。根据合同自由原则，在法律规制的范围内合同双方可以约定惩罚性违约金不作为最低赔偿金计入损失赔偿范围之内。惩罚性违约金之上存在独立请求权，该违约金是对违约方违约行为进行惩罚而确保合同得以履行的违约金，与违约有无造成实际损失并无直接联系。即使违约行为没有造成实际损失，守约方也享有请求违约方承担违约金的权利；如果违约行为使守约方遭受损失，守约方在行使违约金请求权的同时也可行使赔偿损失请求权，法院应支持守约方要求违约方承担违约金以外还要求违约方赔偿损失的诉求。实践中，合同双方既约定违约金又约定赔偿实际损失的，应将该违约金视为惩罚性违约金，不作为最低赔偿金计入实际损失赔偿范围之内。对于惩罚性违约金是否可以请求降低的问题，有法官认为，虽然惩罚性违约金在设定时与损失无关联，但违约行为发生后，当事人可以依据法律、司法解释要求法院予以酌减。违约金酌减规则的目的在于保护债务人，属于强制性条款，当事人不能依照约定予以改变，但当事人未申请法院酌减的，从理论上讲，惩罚性违约金可以与损害赔偿一并适用，法院不应予以折抵。[4] 笔者认为，惩罚性违约金与实际损失赔偿在合同中同时约定，对合同双方都是公平的，都明知道如果违约就应承担巨大的合同

---

〔1〕 重庆市第一中级人民法院（2014）渝一中法终字第02262号民事判决书。

〔2〕 参见赵蕾：《违约金和赔偿损失并用的范畴界定》，载《人民司法·案例》2018年第20期。

〔3〕 北京市第一中级人民法院（2018）京01民终第179号民事判决书。

〔4〕 参见赵蕾：《违约金和赔偿损失并用的范畴界定》，载《人民司法·案例》2018年第20期。

责任,且都愿意承担,因则可以推定违约方放弃降低惩罚性违约金的权利,这是违约方处分自己权利的行为,并无不妥。法律并不限制违约方放弃自身权利,此时法官再支持违约方请求降低惩罚性违约金数额的诉求有违公平和诚实信用原则。

关于违约金与赔偿实际损失并用的限制问题,学者多主张区分违约金类型分别予以确定。有学者认为,就补偿性违约金而言,在其与损害赔偿请求权指向同一利益的情况下,债权人不得同时主张这两种请求权;而就惩罚性违约金而言,债权人得一并主张违约金请求权与损害赔偿请求权。[1] 有学者将补偿性违约金请求权与损害赔偿请求权指向同一利益的情形归纳为,给付不能情形、给付迟延情形、不完全给付情形和附随义务情形等,并提出从违约金功能出发,结合损害赔偿法的基本原则,可以发现二者之间的选择性竞合关系。违约金请求权与损害赔偿请求权得因债务人违约而同时产生效力,若二者针对的利益并非同一,当事人自可累加主张,若指向同一利益,则不能累加主张,此为不得因损害赔偿获利基本原则之应有之义。但不得累加主张,并不意味着债权人只能主张违约金请求权,原则上债权人需选择行使,在债权人选择了行使违约金请求权的情况下,基于禁止不当得利的原理,违约金数额得计入损害赔偿额,作为最低损害赔偿额,损害小于违约金数额的,也不能缩减违约金请求权。但损害赔偿请求权并不因债权人选择违约金请求权而丧失,对于超出违约金的损害,债权人仍可主张赔偿,只是必须根据一般的法定损害赔偿前提进行证明。相反,在债权人首先要求损害赔偿的情况下,违约金数额超过损害赔偿数额的,债权人仍可请求超出损害部分的违约金数额。[2] 也就是说,即便守约方发生了实际损失,如果属于违约金请求权与损害赔偿请求权指向同一利益的情形,亦应限制二者并用。

4. 请求调整违约金与实际损失赔偿的关系

《民法典》第五百八十五条第一款规定,当事人可以约定一方违约时应当根据违约情况向对方支付一定数额的违约金,也可以约定因违约产生的损失赔偿额的计算方法。笔者认为,该条款既规定了当事人可以约定固定数额的违约金,又规定了可以约定损害赔偿额的计算方法,但这里的约定损害赔偿是在合同订立时的预先约定,并不等于实际损失赔偿。损害赔偿的范围既包括预先约定损害赔偿,又包括实际损失赔偿。就违约金与约定损害赔偿的关系而言,二者是单项选择适用关系。在一个合同纠纷案中,守约方只能就违约金或约定损害赔偿选择一项请求,或选择请求违约金,或选择请求约定损害赔偿,一般不能同时选择两项请求。其法理为,违约金与约定损害赔偿均为订立合同时预先对违约责任的约定,

---

〔1〕 参见韩世远:《合同法总论》(第三版),法律出版社 2011 年版,第 669 页。

〔2〕 参见王洪亮:《违约金请求权与损害赔偿请求权的关系》,载《法学》2013 年第 5 期。

是对一个违约行为从两个不同方面约定合同责任,故不宜同时选择。在主张违约金的情况下,不能以约定损害赔偿作为约定违约金调整的标准,当事人也不能既请求调整违约金又主张约定损害赔偿。

衡量约定的违约金是否过低的最重要、最根本的标准是违约造成的损失,对于损失的内涵,普遍认为该损失是实际损失。实际损失一般包括财产的毁损、减少、灭失和为减少或者消除损失所支付的费用。调整违约金是以实际损失为标准的,因此实际损失的确定是调整违约金的基础和前提。调整违约金是应举证证明损失发生的原因、损失存在、损失的大小以及违约行为与损失的因果关系。有观点认为,守约方应首先举证证明违约方在承担约定的违约金后还存在实际损失,方可以主张违约金。笔者持不同意见,主张违约金的当事人不需要承担实际损失的举证责任,而主张调整违约金的应承担实际损失的举证责任,如果同时主张违约金和实际损失赔偿的,对实际损害赔偿的举证只是对其该主张的举证,并非对调整违约金的举证。应注意的是,扩大的损失,既不能被纳入实际损失的范围,也不能被纳入调整违约金所参照的实际损失范围。

在合同履行过程中,开发商自身原因致使合同未能如期履行,给购房人造成较大经济损失,而开发商承担较小数额的违约责任,导致购房人在受损失和获得赔偿方面无法达到平衡时,不能简单地机械适用双方所签订合同中的违约条款,而应综合考虑各种因素依据公平原则予以调整。也就是说,房屋买卖合同中当事人约定的违约金明显远低于损失的,购买人可以要求调高违约金数额。如果当事人未按照合同的约定及时将户口迁出,其行为显属违约,其理应承担合同约定的违约责任,但在具体责任的承担上,应就该违约行为的性质、违约形成的过错程度及约定违约金标准进行评价。实践中,常见的是当事人主张违约金过低而请求调高违约金。

司法实践中,守约方既主张违约金又同时主张实际损失时,守约方请求调高违约金的,是否可以支持有待分析。违约金是当事人在订立合同时预先对违反合同义务的责任的约定,其简化了违约时的计算和举证麻烦;实际损失则是违约方不履行合同或履行合同不符合约定,守约方受有的实际财产损害,具有客观性。在同时主张违约金和实际损失赔偿的前提下,再要求调整违约金数额,实质上是让守约方获得了额外利益,加大了对违约方的惩罚力度,对违约方不公平,破坏了利益平衡原则。笔者认为,在同时主张违约金与实际损害赔偿时,应对当事人请求调高违约金的主张予以限制。违约方请求调低违约金数额的,则需要放在个案中处理,一般情况下法院也不降低违约金数额。

恶意的违约方其违约行为应受到惩罚,更不因其违约行为而获得收益。约定违约金金额低于守约方实际损失的,法律应支持守约方调整违约金的请求。同时考虑根据合同实际履行情况,根据公平原则,一般以违约金数额被告受益范围为限，违约方的受益范围即守约方原本的可得利益。

【案例4－45】 冯某娣诉零某叶、陆某顺房屋买卖合同纠纷案

二审法院认为，本案二审需要处理的问题是：零某叶主张依涉案合同约定的20万元确定违约金是否支持。案件事实表明，零某叶与冯某娣于2015年10月26日签订《拆迁安置房买卖合同》，已明确约定涉案房屋成交价格由指标款与房款构成：其中376530元为零某叶认购拆迁补偿安置房的价款，该款约定由冯某娣直接转付政府征收部门，该支付方式并不影响涉案《拆迁安置房买卖合同》成交价格446530元及房屋买卖合同关系性质的认定。(2018)粤0115民初863号、(2018)粤01民终2047号生效民事判决已认定，涉案《拆迁安置房买卖合同》约定购买的安置房具体位置明确，零某叶在取得房屋产权后可转让或过户，冯某娣自愿承担涉案安置房过户所缴纳的全部税费金，涉案安置房可办理转移登记手续，并不存在履行障碍。零某叶在未与冯某娣解除《拆迁安置房买卖合同》的情况下，即将涉案房屋116万元另行出售给陆某顺，一审认定零某叶的行为导致冯某娣合同目的无法实现，所作处理并无不当。零某叶依其所签《拆迁安置房买卖合同》虽然收到首期款，但是在其余购房款冯某娣支付条件尚未成就时零某叶违约另卖他人，零某叶收齐购房款并不能作为其免于承担违约责任的正当抗辩。一审判决认定合同约定违约金明显低于违约行为造成的损失，零某叶不应因其违约行为而获得收益，根据本案具体情况，酌情判决零某叶按两次出售价格的差额713470元向冯某娣支付违约金，与损益相抵规则并不相悖，并无不妥。零某叶上诉主张零某叶与陆某顺买卖涉案房屋的实际交易价格仅为70万元，与双方所签合同116万的约定内容并不相符，法院不予支持。综上所述，零某叶的上诉请求不能成立，应予驳回；一审判决认定事实清楚，适用法律正确，应予维持。判决：驳回上诉，维持原判。[1]

5. 违约金与约定损失赔偿金的关系

约定损失赔偿金与法定赔偿金共同构成违约损失赔偿。《民法典》第五百八十四条规定损害赔偿责任，包括两部分内容，即法定损失赔偿金（惩罚性赔偿）和约定损失赔偿金。以约定损失赔偿金的时间是处在合同签订抑或履行时间阶段来区分，可将其分为合同订立时就约定或合同终止时约定。前者为多数情形，后者在实践中少，即在合同终止履行后当事人达成违约损失赔偿金或赔偿方案的情

---

〔1〕 参见国家法官学院、最高人民法院司法案例研究院编：《中国法院2022年度案例》，中国法制出版社2022年版，第147页。广东省广州市中级人民法院(2020)粤01民终5687号民事判决书。

况较少。约定损失赔偿表现为两种形式：一是约定固定赔偿数额，即赔偿金；二是约定损失赔偿的具体计算方式、方法。在合同订立时，当事人约定因违约产生的损失赔偿的计算方式，本质上是约定一个独立的附停止条件的合同条款，其效力高于法定损失赔偿。约定损失赔偿金在性质、功能上与违约金类似。其二者的区别除具有补偿性外，还带有一定的惩罚性。根据合同法解释的规定，在能够确定实际损失的前提下，违约金可适当超过实际损失，但不能超过损失的30%；对于约定损失赔偿金，原则上不能高于实际损失。[1]《民法典合同编通则解释》第六十五条第二款规定："约定的违约金超过造成损失的百分之三十的，人民法院一般可以认定为过分高于造成的损失。"对于二者的关系，《全国法院贯彻实施民法典工作会议纪要》第十一条规定，当事人请求人民法院增加违约金的，增加后的违约金数额以不超过《民法典》第五百八十四条规定的损失为限。增加违约金以后，当事人又请求对方赔偿损失的，人民法院不予支持。从该条规定文义内容诠释，如果守约方已经提出增加违约金，就无权再主张损失赔偿；如果守约方没有要求增加违约金，可以就不足部分另行主张损害赔偿。因此，在已造成实际损失的情况下，守约方除了有权要求违约方支付惩罚性违约金以外，还有权要求违约方按照实际损失给予赔偿。最高人民法院法官认为，在考量合同解除时违约金与损害赔偿之间的关系时，应当考虑合同解除时的损害赔偿包括了违约金指向的违约损害和除此以外的损害，为尊重当事人的意思自治，人民法院应首先支持违约金的支付请求，然后依据《民法典》第五百八十四条确立的违约金调整方法调整即可；或认为违约金已涵盖了损害赔偿，不再支持损害赔偿请求；或认为违约金低于造成的损失的，依当事人之请求，可增加相应的数额。在这里惩罚性违约金与法定损失赔偿是并存的，并不违背《民法典》合同编中完全赔偿的基本原则。

6. 约定损失赔偿金的调整

当事人约定的损失赔偿超过或者低于因违约造成的实际损失时，能否请求法院予以调整，《民法典》合同编及相关司法解释没有作出明确规定。笔者认为，约定损害赔偿金是否可以调整应区分情形而定。对合同订立时约定的损失赔偿金，因是事先约定无法准确判断因违约而产生的经济损失，在合同履行过程中会面临许多不确定因素，约定的损失赔偿金可能与违约事实发生后产生的经济损失存在重大出入，依公平原则自然可以请求调整，其调整幅度与违约金相同。对合同终止（解除）时约定的损失赔偿金，属事后给守约方造成的经济损失可以有明确而

---

〔1〕 参见沈金锋、奚海清：《合同违约金与损害赔偿金适用问题浅析》，载《法制与社会》2012年第35期。

具体的判断,其达成的具体赔偿数额或相关条款,应遵循民法的意思自治原则及合同法的自由原则,则不应予以调整。有学者认为,至于事后约定,乃于损失发生后,由当事人合意以定其范围之谓。既由当事人合意以定,则其内容如何,除有悖于公序良俗者外,自应从其所定。[1] 换言之,事后当事人在自愿基础上达成的违约损失赔偿条款,应作为违约方承担责任的依据,即使约定的数额过高,法律也没有进行干预的必要。但有例外,约定赔偿协议存在《民法典》第一百四十七条、第一百四十八条、第一百四十九条、第一百五十条、第一百五十一条、第一百五十三条、第一百五十四条规定的无效或可撤销的情形,法律应予干预。

【案例4-46】 甘某生、胡某科与合肥市明利房地产开发有限公司等商品房买卖合同纠纷案

最高人民法院认为,(1)关于赔偿协议的效力问题。本案中,明利公司与甘某生、胡某科协商一致不再继续履行房屋买卖协议,并就合同终止后的赔偿问题在赔偿协议中予以明确,即因明利公司过错给甘某生、胡某科造成巨大经济损失,经双方充分、反复核算,明利公司自愿赔偿甘某生、胡某科因此遭受的主要经济损失3250万元。该协议不存在违反法律、行政法规的效力性强制性规定的情形。明利公司虽然主张赔偿协议是甘某生、胡某科采用欺诈、胁迫、乘人之危等手段迫使其法定代表人张某明签订的,但未提交证据证明。因此,一、二审判决认定赔偿协议合法有效。(2)关于调整赔偿协议中约定的赔偿金数额问题。依法成立的合同,对当事人具有法律约束力。明利公司与甘某生、胡某科在赔偿协议中明确约定明利公司赔偿甘某生、胡某科购房损失3250万元,该款项属于约定的损失赔偿金。二审中,甘某生、胡某科提交了其购房损失客观存在的相关证据。相反,明利公司未能提交证据证明赔偿协议约定的赔偿金过分高于甘某生、胡某科的购房损失。二审判决依据赔偿协议的约定,判决明利公司承担相应的赔偿责任,有合同依据。明利公司申请再审称赔偿协议是关于违约金的相关约定,甘某生、胡某科的损失仅限于购房款的同期银行贷款利息,法院应依《合同法》第一百一十四条第二款的规定调整赔偿协议中约定的损失赔偿金数额,明利公司该主张没有事实和法律依据。据此,裁定驳回明利公司的再审申请。[2]

违约发生后约定的赔偿款项不属于违约金,同样亦不适用违约金调整规则,其无阻却事由,应支持违约方向守约方支付约定的赔偿款项。对逾期支付赔偿款项的违约金,则不受此限制可调整。

---

〔1〕 参见郑玉波著、陈荣隆修订:《民法债编总论》,中国政法大学出版社2004年版。

〔2〕 参见李玉林:《约定损失赔偿金的调整应区分不同情形》,载《人民司法·案例》2014年第10期。最高人民法院(2013)民申字第1714号民事裁定书。

【案例4-47】 曾某诉陈某霜、李某城房屋买卖合同纠纷案

一审法院认为,陈某霜和李某城以《协议书》的方式确认自己存在违约行为,且同意于2016年7月1日前支付454800元,这属于双方在违约事实发生之后对违约损失的清算和确认,并非有关发生违约时违约责任如何确定的约定,故不适用违约金调整原则。原告曾某主张两被告依约支付454800元,于法有据,本院予以支持。双方约定,如两被告未如期支付上述款项,应按日5‰支付违约金,两被告抗辩违约金过高。本院认为,上述违约金计算标准已达到年182.5%,在双方已就违约损失进行确认的情况下,被告拒不付款给原告造成的系资金占用损失,上述标准明显过高,本院依法予以调整,酌定为按年24%计算,从逾期之日(2016年7月2日)起算至实际支付之日止。陈某霜与曾某订立的房屋买卖合同中约定违约方承担律师费,李某城亦确认如违约同意承担律师费,故原告主张两被告赔偿本案律师费损失20000元,于法有据,本院予以支持。二审法院认为,陈某霜与李某城以《协议书》的形式确认了因无法履行房屋买卖合同对曾某应承担的违约责任。《协议书》系各方当事人的真实意思表示,陈某霜关于其对《协议书》内容并不知悉,其无须承担相应的赔偿责任,以及系曾某先违约的主张,均缺乏相应的事实和法律依据。陈某霜并无证据证明《协议书》约定违约金数额过高,故各方当事人应依约履行。至于陈某霜与李某城之间的约定,并不能对曾某产生约束力。陈某霜主张的缺乏社会经验亦不能作为免除责任的合法事由。《协议书》约定的逾期支付的违约金标准,原审法院已依法作了调整。陈某霜的上诉请求,缺乏事实和法律依据。一审判决认定事实清楚,适用法律正确,应予维持。[1]

7.违约金与实际损失赔偿并存时的选择问题

实践中,对于守约方不向违约方主张违约金,而是援用《民法典》第五百八十四条主张违约损害赔偿是否被允许的问题是有争议的。违约损害赔偿责任是违约方承担违约责任的一种方式,是一种民事法律责任,其目的在于填补受害人的全部损失。违约金责任与违约损害赔偿责任,均为违反合同的民事责任形式,且都具有补偿的性质,即违约金请求权与损害赔偿请求权之间的关系不是选择之债,而是不同权利请求权的选择性竞合关系。有学者认为,在约定违约金与违约损害赔偿并存的情况下,债权人有权在两者之间选择。[2] 笔者认为,违约金与违

---

〔1〕 参见国家法官学院案例开发研究中心编:《中国法院2019年度案例》(房屋买卖合同纠纷),中国法制出版社2019年版,第180~181页。福建省厦门市中级人民法院(2017)厦02民终511号民事判决书。

〔2〕 参见崔建远:《合同法》,北京大学出版社2016年版,第411页。

约损害赔偿可以由债权人自由选择,并非在有违约金场合就必须适用违约金,其违约金优先适用的观点在理论上不能成立。如果当事人约定违约金责任优先于违约损害赔偿,则遵从约定。如果没有约定,则债权人有选择的权利,因为现行法律并没有关于违约金责任优先于违约损害赔偿的具体规定。在民法领域,法律无禁止皆可为,即守约方可以不选择违约金,而直接主张损害赔偿。

【案例4-48】 母某、刘某诉某房地产公司房屋买卖合同纠纷案

二审法院认为,本案中,虽然双方当事人之间有关于逾期交房违约金条款的约定,但母某、刘某因某房地产公司逾期交房违约所遭受的实际损失远高于约定的违约金数额,即违约金不足以填补违约所造成的损失,故母某、刘某有权选择主张损害赔偿请求权。因此,某房地产公司关于母某、刘某不能单方选择"违约损失"作为主张"违约责任"之方式的辩解,没有法律依据,法院不予支持。[1]

---

〔1〕 重庆市第一中级人民法院(2015)渝一中法终字第01577号民事判决书。

二、房屋买卖合同违约责任的处理

(一)合同违约责任的承担

1. 商品房迟延交付的违约责任承担

《房屋买卖合同解释》第十三条规定逾期交付使用房屋的,按照逾期交付使用房屋期间有关主管部门公布或者有资格的房地产评估机构评定的同地段同类房屋租金标准确定。这是对《合同法》规定的违约责任的具体化。《民法典》第五百八十四条规定采取的是可得利益损失赔偿应当与可预见性规则相结合的原则。审判实务中,法院适用该原则时往往采取对比法确定可得利益损失数额,也就是用守约方在相同条件下所能获取利益来确定违约方应当赔偿的可得利益损失。由于商品房作为特殊的商品,其租金价格受地段、种类、时间等因素的影响会有差别,《房屋买卖合同解释》对商品房租金的期间、地段、种类等因素都进行了规范。同时,应注意赔偿损失与约定违约金的关系,当守约方的实际损失大于约定违约金时,法院应在支持赔偿约定违约金的同时,对超出约定违约金部分的赔偿也予以支持;只有在双方当事人没有约定违约金的情况下,才适用《房屋买卖合同解释》第十三条的规定。关于迟付交付商品房违约金的计算期限,原则上应以约定的交房日为违约金的起算点,以实际交付商品房日为止算点。若是逾期到具备交房条件时才交房的,则违约金从约定交房之日计算到具备交房条件之日,即实际交房之日。

【案例4-49】 闫某兴诉广西地大房地产投资有限公司商品房销售合同纠纷案

一审法院认为,被告地大公司认为市政给水管网不能配套完善是其不能预见、不能避免且不能克服的政府行为,属于合同第八条约定的不可抗力,本院认为被告向供水部门提出申请安装供水管道的时间已经过了合同约定交付房屋的时间,其辩称系不可抗力导致延期交房,要求免除违约责任的理由不能成立。被告认为合同约定的逾期交房违约金过分高于给原告闫某造成的损失,应按银行同期贷款利息(基准利率5.31%)计算,但本院认为违约金条款是原、被告双方协商自愿订立,并没有违反相关规定,被告亦无法证明约定的违约金过分高于原告遭受的直接损失,因此对被告辩称的主张本院不予支持。[1]

关于开发商逾期交房应承担的违约责任能否依据购房人支付给银行的按揭贷款利息来计算的问题,在无约定的情况下,法院对购房人请求开发商按其支付给银行的按揭贷款利息承担违约责任的诉求不予支持。最高人民法院民一庭认为,《房屋买卖合同解释》区分开发商与业主承担违约责任的标准依据是建立在违约责任以填补损失为目标的基础上的,二者并不存在矛盾。故在开发商逾期交房时,业主请求依据其应支付的银行按揭贷款利息来承担违约责任,在当事人并无约定时,该种请求并无依据,人民法院不应予以支持。[2] 也就是说,开发商与购房人因对方违约而遭受的利益损失不同。开发商迟延交房,导致购房人不能按期居住房屋,由此产生使用利益损失。《房屋买卖合同解释》将该使用利益损失规定为需要租赁房屋居住的替代利益损害,法律支持购房人主张支付银行按揭贷款利息作为赔偿损失,而不是以实际租金为赔偿数额,其利息与租金的差额亦由购房人自行承担。购房人迟延付款,给开发商带来的损失是开发商失去了通过支配利用迟延支付的该部分价款所能获得的利益,即利用资金成本的损失,《房屋买卖合同解释》第十三条规定,在商品房买卖合同当事人对于违约责任没有约定下,为金融机构收取该笔贷款的逾期贷款利息,相当于开发商从银行取得相应贷款的代价。就二者承担损失的程度而言,购房人承担的损失程度要高于开发商承担的。

逾期交房违约金的截止日期的确定。

【案例4-50】 吴某龙、韩某某诉青岛海唐置业有限公司房屋买卖合同纠纷案

一审法院认为,本案的争议焦点为计算逾期交房违约金的截止日期是哪一天?针对该焦点问题,原告称其在2021年12月28日前往被告处办理集中收房,但因案涉房屋存在诸多质量问题,同时被告无法出示房屋测绘报告,不满足交付条件,故其当日未接收房屋,直至2022年4月10日,原告才接收房屋。因此,原告主张应按照其实际收房日期2022年4月10日作为计算逾期交房违约金的截止日期。被告对此不予认可,并辩称应按照其通知办理集中交付日期2021年12月25日作为计算逾期交房违约金的截止日期。根据原被告的上述诉辩主张,本院分析认定原告所称房屋相关质量问题及房屋测

---

〔1〕 参见国家法官学院案例开发研究中心编:《中国法院2012年度案例》(房屋买卖合同纠纷),中国法制出版社2012年版,第40页。

〔2〕 参见最高人民法院民事审判第一庭编:《民事审判实务问答》,法律出版社2021年版,第103~104页。

绘报告的交付能否成为影响房屋交付时间的因素。首先,针对原告所诉称的房屋质量问题,根据《商品房买卖合同(预售)》补充协议约定:“如房屋出现地基基础和主体结构工程以外的质量问题(包括但不限于装修、设备品牌标准等),甲方应按《青岛市商品房住宅使用手册》中的规定承担保修义务,但该质量问题不能作为乙方拒绝接受房屋交付并要求甲方承担逾期交房责任的理由,甲方亦无需承担赔偿责任。”由此可知,除非房屋出现地基基础和主体结构工程质量问题,原告不得拒绝接收房屋。根据原告提交的相关证据可知,案涉房屋存在的“门锁不好用”“墙面裂纹”“插座装反”“马桶倾斜”“灯具不亮”等问题均非地基基础和主体结构工程质量问题,不属于原告拒绝接收房屋的条件。而且,对于上述相关房屋质量瑕疵,双方合同也明确约定可以通过售后维修予以解决,被告以此理由拒绝接收房屋,一审法院不予采信。……根据原、被告双方在庭审中的陈述可知,原告在被告通知的集中交付日期2021年12月28日前往案涉小区对房屋进行了查验,但未予以接受该房屋。因此,一审法院认定2021年12月28日作为原告能够且应当接收房屋的最终时间。另外,原、被告双方签订《商品房买卖合同(预售)》的时间为2020年11月20日,该时间在山东省新型冠状病毒肺炎疫情处置工作领导小组(指挥部)办公室发布疫情防控应急响应等级公告之后,原、被告之间不存在受不可抗力之影响,故本案不存在扣除44天的情形。因此,被告应当向原告支付自2021年10月16日至2022年12月28日共计73天逾期交房违约金。根据《商品房买卖合同(预售)》约定的违约金计算标准,该73天逾期交房违约金为19904.55元(2726651元×0.1‰/天×73天)。

二审法院认为,本案系房屋买卖合同纠纷。对于上诉人上诉提出的问题,现逐条分析如下:关于上诉人主张的案涉房屋质量问题,本院认为,双方签订的《商品房买卖合同(预售)》补充协议中约定:如房屋出现地基基础和主体结构工程以外的质量问题(包括但不限于装修、设备品牌标准等),甲方应按《青岛市商品房住宅使用手册》中的规定承担保修义务,但该质量问题不能作为乙方拒绝接受房屋交付并要求甲方承担逾期交房责任的理由,甲方亦无需承担赔偿责任。本案中,上诉人主张的案涉房屋存在的“门锁不好用”“马桶倾斜”“灯具不亮”等问题均非地基基础和主体结构工程质量问题,不能作为上诉人拒绝接受房屋交付并要求被上诉人承担逾期交房责任的理由。对于上述相关房屋质量瑕疵,双方合同也明确约定可以通过售后维修予以解决,且被上诉人也已完成了修复工作。故对于上诉人的该主张,本院不予采纳。……关于上诉人主张的格式条款问题,本院认为,上诉人与被上诉人签订的《商品房买卖合同(预售)》及补充协议,不违反法律、行政法规的强制性规定,系双方真实意思表示,合法有效,双方均应依约定履行各自的义务。该补充协议第八条、第十一条,不存在不合理地免除或者减轻被上诉人责任、加重上诉人责任,限制、排除上诉人主要权利的情形。故上诉人主张该补充协议第八条、第十一条的约定无效,依据不足,本院不予支持。综上所述,韩某某、吴某龙的上诉请求不能成立,应予驳回;一审判决认定事实清楚,适用法律正确,应予维持。判决:驳回上诉,维持原判。[1]

2. 逾期交房及逾期办证的违约金同时主张的问题

商品房买卖合同大多属于格式合同,签订的合同内容具有较大的单方决定性,尤其是交房及办证时间,一般由开发商决定。在此背景下,具备专业知识的房地产开发商,在何时交房、交房之后多长时间申请办证等时间的确定上,应当在签订合同之前就已经充分考虑到建筑施工实际情况、法律政策规定等各种因素,进行了较为精准的测算。在此基础上,双方当事人再通过协商对交房时间和办证时间等作具体的约定。既然有了明确约定,则开发商逾期履行交房办证义务时就应当分别承担违约责任,同时支付两种逾期违约金亦符合公平原则。商品房买卖合同中购房人的主要义务就是按期足额支付购房款,而开发商的主要义务就是交付符合条件的商品房和权属证书。合同不仅约定了开发商逾期交房和办证的违约责任,而且对购房人逾期付款的违约责任也作了约定,可以说双方的权利义务对等。《房屋买卖合同解释》第十三条规定了逾期交房违约责任的承担方式,第十四条规定了逾期办证违约责任的具体情形。对于开发商超过办证日期尚未交房的,司法解释并没有规定例外情形,并未规定不能同时计取违约金。并且根据第十四条的规定,只要超过合同约定的办理房屋所有权登记的期限,除当事人有特殊约定外,开发公司理当承担违约责任。开发商超过办证日期尚未交房,同时计取逾期交房违约金和逾期办证违约金,这样可以督促开发商进一步规范管理,积极完成商品房的建设施工,早日使房屋达到交付条件,并及时申请办理权属证书,维护购房人的合法权益。当然,根据《民法典》第五百八十五条的规定,当事人之间约定的违约金过分高于造成的损失的,当事人可以请求法院适当减少,开发商可据此并根据实际情况请求减少违约金。也就是说,开发商在合同中明确承诺了具体的交房日期和办证日期,并分别约定了违约金的,在违约情形下开发商应依据合同约定分别承担违约责任。

【案例4-51】 韩某广诉北京华风腾龙房地产开发有限公司商品房预售合同纠纷案

二审法院认为,双方签订的合同未违反法律和行政法规强制性规定,应

---

[1] 山东省青岛市中级人民法院(2023)鲁02民终5931号民事判决书。

为合法有效合同。双方均应认真履行,一方违约应按约定承担违约责任。被上诉人华凤腾龙公司逾期交房和逾期取得商品房所在楼栋权属证明的行为系违约行为,理应向守约方承担违约责任,且逾期交付房屋显然给上诉人韩某广带来不能及时入住或出租等利益损失。对上诉人的损失理应通过违约金予以赔偿。[1]

双方当事人在合同中分别约定了逾期交房与逾期办证的违约责任,但又同时约定开发商承担了逾期交房的违约责任之后,逾期办证的违约责任就不予承担的,应认定该约定属于免除开发商按时办证义务的无效格式条款,开发商仍应按照合同约定承担逾期交房、逾期办证的多项违约之责。

【案例4-52】　周某治、俞某芳与余姚众安房地产开发有限公司商品房销售合同纠纷案

一审法院认为,关于违约责任的承担,依照合同约定,被告众安公司负有按时交房与按时交付权属证书的义务。现被告以合同中的条款(附件八补充协议第6条第2款)“出卖人逾期交房并承担了逾期交房违约责任的,本合同第十六条中出卖人承诺取得土地、房屋权属证书的时间相应顺延,顺延期限与商品房交付的逾期期限相同”为由,认为即使认定被告逾期交房,那么交房权属证书的时间也应当相应顺延。这属于《合同法》规定的格式条款,应当认定为无效。据此,法院判决,被告分别自违约之日起向原告周某治、俞某芳支付预期交房违约金和预期办证违约金。二审法院持同样意见,维持原审判决。[2]

3. 逾期付款的违约责任承担

购房人作为商品房买卖合同的一方,其主要义务就是依照双方约定支付购房款给出卖人,而实践中可能出现购房人逾期付款的情形。购房人承担逾期付款的违约责任前提之一就是开发商对此不存在任何过错。如果开发商对购房人逾期付款存在明显过错,例如,对购房人隐瞒房屋抵押信息,致使购房人不能及时办理银行贷款出现逾期付款,因购房人未存在任何明显过错,则不应承担逾期付款的责任。

---

〔1〕　参见国家法官学院案例开发研究中心编:《中国法院2012年度案例》(房屋买卖合同纠纷),中国法制出版社2012年版,第21页。

〔2〕　参见最高人民法院中国应用法学研究所编:《人民法院案例选》2017年第3辑(总第109辑),人民法院出版社2017年版,第46页。

【案例 4－53】 韦甲、韦乙诉广西凯丰房地产开发有限公司武宣分公司、广西凯丰房地产开发有限公司商品房预售合同纠纷案

二审法院认为,关于逾期办理贷款的责任是否应当由上诉人承担的问题。根据二审中新查明的事实,被上诉人凯丰公司在上诉人韦甲、韦乙购买本案房屋前就已经将房屋抵押给了他人,但未将该情况告知上诉人,直到2014年1月6日房屋才解除抵押,并且解除抵押后被上诉人也未书面告知上诉人,上诉人因为被上诉人的原因而无法办理按揭贷款,故逾期办理贷款的责任不应当由上诉人承担。上诉人在被上诉人解除抵押后于2014年3月20日办理完按揭贷款手续,且不存在逾期付款过错,被上诉人不能因上诉人的按揭贷款未到位而顺延交房。因此,上诉人主张不承担逾期付款违约责任的上诉理由成立,被上诉人的一审反诉请求不成立。根据《合同法》相关司法解释规定和双方在合同及承诺书中的约定,违约金应当以上诉人已付购房款为基数乘以相应的约定比例来计算。被上诉人不能因上诉人未付完房款而顺延交房,故而仍应当按照合同约定于2012年12月31日交房,但根据合同约定可以顺延的天数有29天,因此,被上诉人的交房日期可以顺延至2013年1月29日,逾期则被上诉人应承担违约责任。[1]

4. 逾期支付定金的违约责任承担

房屋买卖合同约定了逾期支付定金的违约责任,其实质是通过约定改变了定金的性质,使之变为了预付款,而不具有了定金的功能。这与法律规定相悖,故逾期支付定金的违约责任不成立,且合同有关逾期付款应承担违约责任的约定不能作为主张定金逾期支付违约责任的依据。

【案例 4－54】 曲某诉胡某房屋买卖合同纠纷案

一审法院认为,关于违约责任问题,本院从双方争议的定金及购房款支付环节进行判断。首先,在定金支付环节,虽然双方在补充协议中约定了逾期支付定金的违约责任,但该约定有悖于法律规定。根据法律规定,定金是一种担保方式,定金合同从实际交付之日起生效。在曲某向胡某支付定金之前,定金合同并不生效。即使曲某未依约向胡某支付定金,也不能据此认定曲某违约。双方就逾期支付定金构成违约的约定,实则改变了定金的性质。然而,即使将50万元视作分期购房款,也不足以支持胡某行使合同解除权。根据补充协议约定,胡某同意曲某暂交定金10万元,曲某于补充协议签署当

---

〔1〕 参见国家法官学院案例开发研究中心编:《中国法院2017年度案例》,中国法制出版社2017年版,第4～5页。

日即支付给胡某定金10万元，履行了相应义务。补充协议约定，曲某应在房屋查档当天且2016年8月12日内将剩余定金补齐，该约定设定了房屋查档当天以及2016年8月12日两个条件。如曲某于补充协议签署之日即2016年8月12日将剩余定金补齐，则与胡某同意曲某暂交10万元的约定不一致，故该约定不明确。而且，即使曲某逾期于2016年8月21日将剩余定金30万元支付给胡某，也未超过10日的解约期限。退一步讲，即使曲某付款超过了10日的期限，胡某也未依约采取书面的方式通知曲某解除合同。胡某未书面通知曲某解除合同，并接受曲某支付的定金，表明其同意继续履行合同。其次，关于首付款的支付环节，胡某提出曲某夫妻口头承诺于9月中旬支付购房款，其主张不仅没有事实依据，且不符合"不存在也不认可口头承诺"的约定，因此，胡某以曲某违约而拒绝履行合同的理由不能成立，其拒绝履行合同的行为构成违约，应向曲某承担违约责任。曲某要求解除合同，胡某同意解除合同，本院予以确认。曲某要求胡某返还定金50万元并支付违约金140万元，符合事实及法律依据，本院予以支持。胡某的反诉请求，没有事实与法律依据，本院不予支持。[1]

5. 继续履行合同时违约金的承担

法院判决继续履行合同并支持逾期交房违约金，但对守约方主张根本违约的违约金不予支持。

【案例4－55】　曾某诉朱某红、陈某方房屋买卖合同纠纷案

一审法院认为，关于请求原告曾某向被告朱某红、陈某方支付逾期交房违约金（以购房款1479000元为基数，按照每日0.05%的标准自2016年8月8日起计算至被告实际交房之日止）的诉求，法院认为，根据讼争合同第六条的约定，被告应于2016年1月1日将房产交付给曾某使用。依据讼争合同第十四条的约定，若被告不能按期向曾某交付房产，每逾期一日，由违约方向对方支付购房款的0.05%作为违约金。现被告于2016年8月8日起占有讼争房产至今，违反合同约定未将房产交付给曾某，其行为已构成违约，曾某的主张合理有据，予以支持。关于要求被告支付违约金295800元（以购房款1479000元为基数，按照合同第十三条约定的20%的比例计算，1479000元×20%＝295800元）的诉讼请求，根据《合同法》第一百一十四条的规定，一审法院认为曾某主张的该违约金，系对方根本违约并解除合同所应承担的违约

---

〔1〕 参见国家法官学院案例开发研究中心编：《中国法院2018年度案例》，中国法制出版社2018年版，第207～208页。

金，如前文所述，法院已支持讼争合同继续履行及逾期交房违约金，若再适用讼争合同第十三条关于违约金的约定，则明显过分高于曾某因被告违约所遭受的损失，有失公平。前文中，法院支持的逾期交房违约金已足以弥补曾某的损失，且朱某红、陈某方也认为违约金过高，故法院对该诉讼请求予以驳回。二审法院亦持同样意见，维持一审判决。[1]

6. 因第三人原因违约时违约责任的承担

当事人约定由第三人向债权人履行债务的，第三人不履行或者履行债务不符合约定时，债务人应当向债权人承担违约责任。

【案例4－56】 上海荣联房地产有限公司诉冯某商品房预售合同纠纷案

二审法院认为，关于房款的处理，本案预售合同的当事人为冯某与荣联公司，鑫佳韵公司虽然在合同履行中代冯某支付部分房款，但并不是合同当事人，对于合同的诉讼标的不享有独立的请求权。按照合同相对性原则，合同解除后所产生的法律后果应在合同当事人之间享有和承担，故荣联公司应依约将已收取的款项返还给冯某。至于冯某和鑫佳韵公司之间就涉案841500元存在何种利害关系，与本案纠纷系不同的法律关系，当事人可另行主张权利。关于违约金的承担，冯某作为预售合同的当事人，在享有合同权利的同时，应当承担合同责任，向荣联公司支付违约金。[2]

7. 违约金请求权的转让问题

债权转让，又称债权让与，是指不改变债权的内容而将其转移给他人。《民法典》第五百四十七条规定："债权人转让债权的，受让人取得与债权有关的从权利，但是该从权利专属于债权人自身的除外。受让人取得从权利不因该从权利未办理转移登记手续或者未转移占有而受到影响。"从权利以与主权利同命运为原则。所谓从权利，是指担保权（物的担保、人的担保及金钱担保）及其他从属权利（利息债权、违约金请求权、损害赔偿请求权）。违约金请求权属从权利，是随同购房主权利一并转让的，受让人有权主张违约金。

---

〔1〕 参见国家法官学院、最高人民法院司法案例研究院编：《中国法院2020年度案例》（房屋买卖合同纠纷），中国法制出版社2020年版，第212页。福建省厦门市中级人民法院（2018）闽02民终2493号民事判决书。

〔2〕 上海市第二中级人民法院（2011）沪二中民二（民）终字第1892号民事判决书。

【案例4-57】 王某华诉成都华信大足房地产开发有限公司商品房预售合同纠纷案

一审法院认为,原告王某华通过与第三人进行债权转让,获得了向被告华信大足公司主张商品房买卖合同中第三人的身份地位。原告享有第三人在商品房买卖合同中的权利,承担相应的义务。第三人与被告所签订的《龙泉驿区商品房买卖合同》《东山国际新城商品房买卖合同补充协议》以及与原告签订的《成都市龙泉驿区存量房买卖合同》《债权转让协议》均系各方当事人的真实意思表示,且不违反法律规定,应为有效。合同权利转让,除法律规定外,无须征得债务人同意,因此,原告取得第三人的合同债权,可依据第三人与被告之间的合同起诉合同相对方,其为本案的适格主体。[1]

8. 其他违约责任的承担

撤销交易完成行为的违约责任承担。实践中,出卖人以出具委托书的方式代替履行房产的过户登记,在交易完成后又撤销委托的,其行为构成违约,出卖人应承担违约责任。

【案例4-58】 刘某嫚、官某忠诉严某清房屋买卖合同纠纷案

二审法院认为,现刘某嫚、官某忠要终止委托书,其行为已构成了违约,依法应承担相应的违约责任,即双倍返还定金168000元(其中定金84000元已转为部分购房款)及承担中介费8000元。关于严某清主张的可得利益损失问题,由于严某清仅收取了沈某舒定金10000元,该买卖协议的履行状况不明,且严某清要求双倍返还定金的诉求已得到支持,其要求可得利益损失没有依据。[2]

主合同与补充合同对违约责任约定不同时的处理。当主合同与补充合同关于违约金的约定不一致时,应适用何种约定要视案件具体情况而定。买卖合同与补充协议关于违约金计算方式的约定是否相抵触是判断应适用哪条约定的关键。如果买卖合同中的违约责任针对的是逾期付款责任,约定明确具体,而补充协议中的违约责任条款并未明确针对某一种违约行为,那么应认为两条约定并未相互抵触,在买方逾期付款的情况下,应适用买卖合同的约定。

---

〔1〕 参见国家法官学院案例开发研究中心编:《中国法院2014年度案例》(房屋买卖合同纠纷),中国法制出版社2014年版,第62页。

〔2〕 参见国家法官学院案例开发研究中心编:《中国法院2014年度案例》(房屋买卖合同纠纷),中国法制出版社2014年版,第103页。

【案例 4－59】 张某诉王某房屋买卖合同纠纷案

一审法院认为,买卖合同与附件及补充协议对违约责任均有约定,附件及补充协议中附件八第三条的但书约定在《北京市存量房屋买卖合同》另行约定违约责任标准的情况下,排除适用该条款的违约标准。买卖合同对逾期交房及逾期付款作出了明确具体的约定,故关于逾期付款的违约责任应适用买卖合同的约定。被告逾期 30 日仍未支付购房款 440000 元,应承担相应的违约责任。[1]

双方均有违约行为且违约程度相当的,违约责任可以互相抵销,但不是不承担违约责任。

【案例 4－60】 唐某、赖某诉谢某房屋买卖合同纠纷案

一审法院认为,双方在签订和履行合同过程中均存在过错,且过错程度相当,违约责任可以互相抵销,双方要求对方承担违约金的诉讼请求,法院均不予支持。[2]

无权代理引发的违约责任的承担。在社会生活中,无权代理导致房屋买卖最终无法实现的情况经常出现,此种情况出现时,不能简单认定无权处分人签订的合同无效。对于无权处分物权部分的约定,应当依法认定无效,而对于合同双方当事人约定相关合同无法履行时的违约责任,系双方的真实意思表示,为了促使各方积极履行合同义务,应当依法认定有效,以保护交易的安全性及合同当事人的合法权益。也就是说,无权处分的房屋买卖合同中涉及物权处分行为的约定无效,但涉及当事人之间违约责任等负担行为的约定有效。

【案例 4－61】 李某金诉许甲、厦门九项房地产代理有限公司房屋买卖合同纠纷案

一审法院认为,因许甲之父许乙已经于本案讼争房产买卖协议签订前去世,本案讼争房产的所有权在许乙去世后应归属于王某意和许乙的合法继承人,许乙与许甲之间的委托关系也相应终止。许甲以王某意、许乙代理人的名义与李某金签订房产买卖协议的行为属于无权代理行为,许甲对讼争房产不享有完全的处分权利。许甲与李某金签订的房产买卖协议明确约定房屋出卖方应保证房产产权具备充分的出售条件,李某金得知许甲的无权处分行为后,有权要求讼争房屋的相关权利人对许甲的房产买卖行为予以追认,因此李某金未按照协议约定的期限支付首期款并不属于违约行为。许甲在未

---

〔1〕 参见国家法官学院案例开发研究中心编:《中国法院 2014 年度案例》(合同纠纷),中国法制出版社 2014 年版,第 138 页。

〔2〕 江西省广昌县人民法院(2014)广民初字第 1628 号民事判决书。

取得房产相关权利人追认的情况下，通过手机短信通知李某金的中介解除房产买卖协议并将房屋出卖给案外人林某村。在对方没有同意的情况下单方解除合同并以自己的行为表示不愿意再履行合同，其行为已经违反了其与李某金之间的合同约定，应当承担相应的违约责任。因许甲存在违约行为且合同双方均同意解除本案讼争房产买卖协议，对于李某金解除房产买卖协议的主张本院予以支持。许甲作为无权代理人存在违约行为，应该对李某金承担违约责任，故李某金要求许甲根据合同约定双倍返还定金的诉求，具有充分的理由，本院予以支持。但李某金要求许甲支付定金 50000 元部分的资金占用利息，没有相应的法律依据，本院不予支持。因本案讼争的房产买卖协议发生于李某金与许甲之间，九项房产公司仅仅是合同居间方，并非本案讼争房产买卖协议的当事人。根据合同的相对性，李某金要求九项房产公司对许甲双倍返还定金的义务承担连带支付责任没有法律依据，本院不予支持。[1]

未经出卖方共有人签字导致房屋买卖合同解除的，购房人不承担违约责任。

【案例 4－62】 肖某成、徐甲诉徐乙等房屋买卖合同纠纷再审案

一审法院认为，对于被告徐乙、高某芳要求原告肖某成、徐甲承担违约金的请求，因案涉房屋未能过户的根本原因在于房屋共有人徐丙未在房屋销售合同上签名且事后亦未同意，徐乙、高某芳存在较大的过错，同时，原告为购买案涉房屋已做了办理贷款等诸多准备工作，在其未向被告主张房屋未能过户的损害赔偿责任的情形下，片面地判令原告承担违约责任，于法失衡。二审法院亦持同样意见，维持一审判决。再审法院驳回肖某成、徐甲的再审申请。[2]

开发商未协助办理土地使用证的，应承担违约责任。

【案例 4－63】 章某霞等诉南京名城房地产开发有限公司商品房买卖合同纠纷案

一审法院认为，房地产开发企业以出让方式取得国有土地使用权的，必须按土地使用权出让合同约定的用途、动工开发期限开发土地。经规划主管部门同意改变土地建设用途、开发建设商业用房并已交付买受人占有的，应报经土地行政主管部门同意并报原批准用地的人民政府批准，按商业性质用地标准向土地使用权出让方补缴土地出让金后，履行向买受人交付房屋占地

〔1〕 参见国家法官学院案例开发研究中心编：《中国法院 2017 年度案例》（房屋买卖合同纠纷），中国法制出版社 2017 年版，第 145 页。

〔2〕 参见国家法官学院、最高人民法院司法案例研究院编：《中国法院 2020 年度案例》（房屋买卖合同纠纷），中国法制出版社 2020 年版，第 119 页。江苏省高级人民法院（2018）苏民申 4352 号民事裁定书。

范围内商业性质的国有土地使用权义务并承担迟延履行的违约责任。[1]

购房人迟延交付首期住宅专项维修基金,不应成为开发商逾期交房免责的事由。

【案例4-64】 陈某诉房地产公司商品房买卖合同纠纷案

一审法院认为,根据双方签订的《武汉市商品房买卖合同》,原告须凭已交首期住宅专项维修资金专用票据办理房屋交付使用手续,结合合同上下文语境,该条款应系对办理房屋交付手续材料的约定而非对房屋交付条件的约定,即如在办理房屋交付手续时原告不能提供票据,则被告可以拒绝交付房屋,但被告不得以原告未交付首期住宅专项维修资金为由擅自延长办理房屋交付手续的时间。另按照交易惯例,首期住宅专项维修资金均是在业主实际收房时交纳,本案该资金的交纳时间亦符合上述交易惯例。因被告未能提供证据证明其存在合同约定的交易时间前(2016年9月17日前)特别告知原告在何时到何处交纳首期住宅专项维修,故被告逾期交房与原告交存首期住宅专项维修资金时间不具有关联性,对其抗辩理由不予支持。判决:一、被告房地产公司向原告陈某支付逾期交房违约金19472.56元;二、被告房地产公司向原告陈某支付逾期办证违约金9741.15元;三、驳回原告陈某的其他诉讼请求。[2]

双方违约时原则上应按各自违约行为分别承担相应责任,在评价对方违约责任时需要考虑合同履行抗辩规则、过失相抵或减损规则,而一般不应考虑己方的违约状况。在一方迟延履行构成违约但未达到不能实现合同目的的程度时,原则上不承担违约责任,合同另有约定除外;而另一方违约达到不能实现合同目的的程度,则应承担违约责任。

【案例4-65】 郭某、钱某兰诉宋某健、谢某房屋买卖合同纠纷案

一审法院认为,据本案查明的事实,合同订立后,双方当事人曾对房屋过户日期进一步协商,但仍存争议,以致成诉。综观本案,双方争议的关键在于合同未能履行根本原因系原告郭某、钱某兰之责还是被告宋某健、谢某之过。对此,法院认为,即便两被告关于合同约定支付房款办理过户手续的日期为2015年12月22日的抗辩能够成立,原告的行为也仅构成迟延履行,在合同未有明确约定的情形下,该迟延履行尚未达到无法实现协议目的的程度,被

[1] 参见张瑞强:《开发商未协助办理土地使用权证的责任承担》,载《人民司法·案例》2008年第8期。

[2] 参见国家法官学院、最高人民法院司法案例研究院编:《中国法院2022年度案例》,中国法制出版社2022年版,第142页。湖北省武汉市汉阳区人民法院(2020)鄂0105民初6817号民事判决书。

告方可追究其迟延付款责任，但不得单方解除合同、没收定金或拒绝履行。另外，从2015年12月27日、12月28日以及12月30日相关沟通交流记录来看，鉴于两被告家中老人生病的特殊情况，原告也同意协商并给予合理的履行限期。而被告先答复推迟1～2年成交，后又答复不能确定履行时间甚至暂不出售、不会出售房屋，其行为已超出正当维权的界限，有违诚信，应当认定为拒绝履行合同义务，构成根本违约。故两原告要求解除合同，双倍返还定金，于法有据，本院予以支持。据此，判决解除原、被告签订的房屋买卖合同，被告双倍返还原告购房定金20万元。[1]

顶名还贷违约责任问题。在二手房买卖过程中，由于商品房价格过高，全款购买对很多人来说都有困难，二手房的房主并未还清银行贷款，而未还清贷款的房屋无法办理过户登记。在这种情况下二手房进行买卖时，就出现了顶名还贷问题。所谓顶名还贷就是购房人与原房主签订房屋买卖合同不办理过户登记，以原房主的名义向银行偿还分期贷款，待贷款还清后办理过户登记手续。在这种购房方式中，逾期还贷给出卖人个人征信造成影响，购房人未按买卖合同约定还贷应承担违约责任。

【案例4－66】　张某华诉郑某杰房屋买卖合同纠纷案

一审法院认为，被告迟延交付贷款，但并未在合同约定的范围内给原告造成损失，因现在被告并不拖欠银行贷款，原告也未就该合同支付保护自己权利的任何金钱。《合同法》规定，约定的违约金过分高于造成的损失，当事人可以请求人民法院或者仲裁机构予以适当减少。因原告在该合同范围内并未造成金钱损失，原、被告虽然签订合同进行了房产交易，因为该房产属于权利抵押的标的物，房产登记人仍然是原告，故存在权利瑕疵及其交易风险，作为该房产物权上的权利人，原告有责任监督被告履行合同义务，防止自身权利受到侵害。故此，按照房产成交价10%支付违约金明显过高，法院酌情考虑实际支付违约金数额。综上，为保护诚实信用原则，惩罚违约行为，被告应当按照未付房款的137747元的10%支付违约金为宜，即137747元×10%＝13774.7元。判决：被告郑某杰向原告张某华支付违约金13774.7元。二审法院判决：驳回上诉，维持原判。[2]

情势变更情形下违约责任的承担问题。在房屋买卖合同履行中，若出卖人未

〔1〕　参见国家法官学院案例开发研究中心编：《中国法院2018年度案例》（房屋买卖合同纠纷），中国法制出版社2018年版，第204～205页。

〔2〕　参见国家法官学院、最高人民法院司法案例研究院编：《中国法院2021年度案例》（房屋买卖合同纠纷），中国法制出版社2021年版，第99～100页。河北省唐山市中级人民法院（2019）冀0209民终7765号民事判决书。

依照约定的时间为购房人办理土地使用权证,导致不动产权属登记政策变化影响到合同的履行,而如果出卖人依约及时履行义务,则合同的履行显然不会受到政策的影响,则出卖人逾期办证行为已构成违约,其应承担违约责任。

【案例4－67】 郭某诉湖南辉宏控股集团有限公司商品房预售合同纠纷案

一审法院认为,原告郭某按合同约定履行了购房款支付义务,被告辉宏公司理应在合同约定的期限内为原告办理土地使用权证,在被告逾期未办理该权证手续的情况下,后长沙县不动产登记中心房地权属办理政策变更为"自2016年4月30日起实施不动产统一登记、房地需一体登记,将不再单独发放原土地使用证""对于房产证已办理按揭抵押的,可以待业主贷款还清后再申请换发不动产权证书",因此属于情势变更情形,原告请求被告继续履行土地使用权证的办理义务已无可能,根据《合同法解释(二)》第二十六条的规定处理现原告依据变更后的权属登记政策,将"被告原合同中土地使用权证的办理义务"变更为"在原告贷款还清后办理不动产证换发手续时提供不低于原合同中办理土地使用权证的协助义务",并依法予以主张,本院结合合同性质、合同目的及法律规定等因素,对原告该项主张予以支持。被告未在合同约定的期限内为原告办理土地使用权证,其行为已构成违约,理应承担相应的违约责任,但政策变更致使被告于2016年4月18日后履行土地使用权证的义务已无可能,且原告未举证证明其实际损失,故本院将违约金酌情调整为4498.2元(以原告已付房款392853元为基数,按每日万分之零点五的标准,自2015年9月2日起计算至2016年4月18日止),对于原告违约金主张超过4498.2元的部分,本院不予支持。[1]

9. 新冠肺炎疫情违约责任处理

新冠肺炎疫情下违约金的降低问题。

【案例4－68】 何某海诉云南临锐祥房地产开发有限公司商品房买卖合同纠纷案

二审法院认为,针对争议焦点一,本院认为,何某海与云南临锐祥房地产开发有限公司在《商品房销售合同(预售)》《合同补充协议》中,对逾期交房的违约责任约定明确,《合同补充协议》约定:"被告不能按照约定期限将房屋交付给原告的,原告给被告30个工作日的交付宽限期,被告逾期在30个工作日内的不视为违约。被告超过30个工作日的交房宽限期仍未向原告交

〔1〕 参见国家法官学院案例开发研究中心编:《中国法院2018年度案例》(房屋买卖合同纠纷),中国法制出版社2018年版,第232～233页。

付房屋的，每逾期一日，被告应当按购房总价款的万分之0.1向原告支付违约金，但逾期交房违约金累计不得超过全部购房款的1%。”一审法院根据双方合同约定内容计算逾期费用并无不当。何某海认为约定的违约金过低的上诉请求无事实及法律依据，本院不予支持。针对争议焦点二，本院认为，2020年年初在全国范围内暴发的新冠肺炎疫情，系突发公共卫生事件，政府为了保护公众健康而采取相应疫情防控措施，属于不可预见、不可避免和不可克服的客观情况，应属于不可抗力。根据《民法典》第五百九十条第一款关于“当事人一方因不可抗力不能履行合同的，根据不可抗力的影响，部分或者全部免除责任，但是法律另有规定的除外。因不可抗力不能履行合同的，应当及时通知对方，以减轻可能给对方造成的损失，并应当在合理期限内提供证明”的规定，一审法院综合考虑云南临锐祥房地产开发有限公司逾期交房的时间，结合当地经济社会发展状况和受疫情影响的程度，适当减少违约责任并酌定云南临锐祥房地产开发有限公司承担约定违约金70%的责任并无不当。综上所述，何某海的上诉请求不能成立，应予驳回；一审判决认定事实清楚，适用法律正确，应予维持。判决：驳回上诉，维持原判。[1]

【案例4-69】　龙某、栗某诉武汉铭利瑞置业有限公司商品房买卖合同纠纷案

二审法院认为，本案中，上诉人与被上诉人签订有《武汉市商品房买卖合同（预售）》，系双方真实意思表示，双方均应依照合同约定履行各自的义务。现上诉人未按照合同约定的时间交付涉案房屋，被上诉人按照合同约定主张上诉人逾期交房的违约责任符合法律规定，应予以支持。关于违约责任，案涉《武汉市商品房买卖合同（预售）》第十三条逾期交付责任的约定，买受人不解除合同的，合同继续履行，出卖人按日计算向买受人支付全部房价款万分之一的违约金。该项约定符合《民法典》第五百八十五条第一款的规定，可以作为案涉合同违约金的计算依据。上诉人主张履行合同期间在疫情期间可以延期交房三个月，根据《民法典》第五百九十条第一款规定：“当事人一方因不可抗力不能履行合同的，根据不可抗力的影响，部分或者全部免除责任，但是法律另有规定的除外。因不可抗力不能履行合同的，应当及时通知对方，以减轻可能给对方造成的损失，并应当在合理期限内提供证明。”上诉人应当承担相应举证责任。对此，上诉人未提交受疫情或疫情防控措施影响的相关证据，其延期交付商品房是否因疫情原因导致从而缺乏相应依据，

---

〔1〕云南省临沧市中级人民法院(2023)云09民终176号民事判决书。

故上诉人应当承担举证不利的法律后果,即其诉讼主张因缺乏事实依据而不能得到支持。一审法院以案涉《武汉市商品房买卖合同(预售)》涉及的签订时间、约定交房时间、竣工时间、实际交房时间均不在疫情期间,根据实际逾期交房天数计算违约金并无不当,本院予以确认。综上所述,上诉人铭利瑞公司的上诉请求不成立,应予驳回;一审判决认定事实清楚,适用法律正确,应予维持。判决:驳回上诉,维持原判。〔1〕

【案例4-70】 蒋某、陈某莉诉枣庄金佰利置业有限公司商品房预售合同纠纷案

一审法院认为,本案系商品房预售合同纠纷。原、被告双方签订的《枣庄市新建商品房买卖合同(预售)》,是双方的真实意思表示,且不违反法律、行政法规的强制性规定,双方均应按合同约定全面履行各自义务。关于违约行为、违约责任的认定。本案中,《枣庄市新建商品房买卖合同(预售)》明确约定案涉房屋的交付时间为2022年10月31日前,被告实际交付时间晚于上述日期,被告未按期向原告交付房屋,被告的行为构成违约,应属违约行为,被告应承担逾期交付违约责任。关于违约责任期间的认定。被告抗辩因新冠疫情、大气污染治理不可抗力,要求免除其逾期交付违约责任。本院认为被告主张以大气污染治理系不可抗力,免除其相应违约责任,因被告未提交证据证明该情形属不能预见、不能避免且不能克服的客观情况,被告的此项抗辩理由不成立,本院不予采信。被告主张按照《关于明确房地产开发项目受新冠疫情影响顺延交付期限的通知》免除其2个月违约责任。枣庄市市中区住房和城乡建设局作为城乡建设的行政主管部门向房地产开发企业下发的通知,系对2022年度市中区房地产开发项目受新冠疫情不可抗力不能按期交付顺延期限的认定,且该顺延期限在被告履行合同义务期间,故被告抗辩因新冠疫情不可抗力免除其2个月的逾期交付违约责任的理由成立,本院予以采信。关于违约金的计算。原、被告对本案《枣庄市新建商品房买卖合同(预售)》第十二条约定的出卖人按日计算向买受人支付全部房价款万分之一的违约金计算标准均无异议,本院予以确认。原告诉请被告支付19天的逾期交房违约金1620元,本院予以支持。原告诉请延期交房违约金的利息无法律依据和合同约定,本院不予支持。〔2〕

开发商有义务按照商品房买卖合同的期限和标准向购房人交付房屋,确因不可抗力导致无法按约定履行义务的,可以适当免除其违约责任,但在缔约时开发

〔1〕 湖北省武汉市中级人民法院(2023)鄂01民终4628号民事判决书。

〔2〕 山东省枣庄市市中区人民法院(2023)鲁0402民初4147号民事判决书。

商有义务预见到的因素,一般不视为不可抗力,不免除其违约责任。

【案例4-71】　梅某某、杨某某诉焦作市长青树置业公司商品房预售合同纠纷再审案

再审法院认为,就房屋买卖合同纠纷而言,买受人负有将案涉房款交付出卖人,出卖人应当承担如期将符合交房标准的商品房交付给买受人的主要合同权利义务。本案中,双方约定出卖人长青树置业公司应当在2019年6月30日前将符合条件的房屋交付给买受人。关于逾期交房的事实,长青树置业公司是否构成违约,应结合双方的诉辩意见进行分析认定。针对长青树置业公司上诉称其因环保政策等因素,案涉房屋应当顺延交房,长青树公司没有构成违约的理由。2017年以来环保等相关行政部门已经针对大气污染防治工作制定出台相应方案,长青树置业公司作为一家有资质的房地产开发公司,在2017年年底、2018年年初与买受人签订商品房买卖合同时应当预见政府部门管控具有延续性,应当认识到上述因素对于施工所造成的不利影响。“谁主张,谁举证”作为民事诉讼的一项基本原则,长青树置业公司提供的政府部门管控文件,部分文件禁止停止土石方专业,有的要求符合一定条件后即可施工,上述因素应当与具体施工进度相结合才能作为实际影响施工的根据,但是长青树置业公司没有提供具体施工进度的证据予以证明。至于天气因素对施工的影响,应以焦作市污染防治攻坚战领导小组办公室等出台的文件为准,气象局提供的证据不影响本案事实的认定。基于以上分析认定,最终确认交房日为2020年7月17日。法律规定,当事人一方不履行合同义务或者履行合同义务不符合约定的,应当承担继续履行、采取补救措施或者赔偿损失等违约责任。其中,在买受人已经支付购房款履行主要合同义务的前提下,其要求出卖人长青树置业公司交付符合交房标准的房屋,于法有据,故判令长青树置业公司于判决生效日内将经勘察、设计、施工、建设、监理单位验收合格的房屋交付给买受人。长青树公司逾期交房已经构成违约,据此认定违约金应当从2020年7月18日起至实际交付之日止,按照缴纳房款725328元的日万分之一计算,具有事实和法律依据。[1]

---

〔1〕 参见最高人民法院中国应用法学研究所编:《人民法院案例选》2022年第12辑(总第178辑),人民法院出版社2023年版,第87~88页。河南省高级人民法院(2021)豫民终5218号民事裁定书。

(二)惩罚性赔偿处理

1. 惩罚性赔偿的理解

理论界和实务界关于商品房买卖合同是否适用惩罚性赔偿的争论,主要集中反映在能否适用《消费者权益保护法》第五十五条规定的问题上。最高人民法院的态度为,根据2009年《消费者权益保护法》第四十九条(2013年修订后《消费者权益保护法》第五十五条)和原《合同法》第一百一十三条所确立的惩罚赔偿原则精神,对商品房买卖合同中某些出卖人恶意违约和欺诈的行为可有条件地适用惩罚性赔偿。[1] 最高人民法院在原《房屋买卖合同解释》第八条、第九条(2020年修订后已取消该两条,下同)明确规定了五种赔偿情形,就是有条件适用惩罚性赔偿的规定。应注意的是,原《房屋买卖合同解释》所规定的惩罚性赔偿责任在适用条件和结果上都与《消费者权益保护法》第五十五条规定的惩罚性赔偿责任为原则,但不是对《消费者权益保护法》第五十五条规定的直接适用。根据原《房屋买卖合同解释》的规定,购房人除了有权主张实际损失之外,还有权另外要求惩罚性赔偿,惩罚性赔偿是在实际损失赔偿范围之外独立存在的,是基于出卖人的根本违约或者欺诈行为而给予的惩罚措施。笔者认为,基于现实社会生活的复杂性,开发商恶意违约或欺诈行为手段及表现形态多样化,对开发商适用惩罚性赔偿不应局限于原《房屋买卖合同解释》的五种情形,其惩罚性赔偿范围具有一定扩张性,即惩罚性赔偿不仅对开发商适用,也对二手房市场的出卖人适用。商品房买卖合同订立后,开发商又将该房屋出卖给第三人,不管开发商是否具有恶意违约故意,无法取得房屋的购房人均可请求开发商承担不超过已付购房款一倍的赔偿责任。原《房屋买卖合同解释》中规定的惩罚性赔偿是以已付购房款为基数,以不能超过已付购房款的一倍为范围的。而具体数额的确定就需要法官运用自由裁量权,根据购房人的损失情况、被告的承受能力,同时兼顾惩罚性赔偿的制裁和遏制功能等诸多因素,在司法实践中较为灵活地、根据不同案件的实际情况进行适当处理。

【案例4-72】 湖北金华实业有限公司与苏某水、武汉皓羽地产顾问有限公司商品房买卖合同纠纷再审案

最高人民法院认为,2006年4月皓羽公司作为委托代理人与苏某水订

---

[1] 参见韩延斌:《商品房买卖合同司法解释关键点解读》,载王利明主编:《判解研究》2003年第2辑(总第12辑),人民法院出版社2003年版,第23页。

立06号合同与07号合同,法律后果上即为被代理人金华公司已与苏某水订立06号合同与07号合同,此后金华公司向苏某水之外的第三人出卖房屋并导致苏某水无法取得06号、07号商铺,苏某水即有权依据《房屋买卖合同解释》第八条第二项规定请求金华公司承担不超过其已付购房款一倍的赔偿责任。而金华公司的相关申诉请求实质上将其选择及监督委托代理人的经营风险不当转嫁于购房者,本院不予支持。在金华公司另售商铺导致06号、07号合同已无继续履行可能的情况下,二审法院依据苏某水的诉讼请求判令解除06号、07号合同并无不当。同时,二审酌情判决金华公司向苏某水承担购房金额50%的赔偿责任,作为相关权利的有权处分人苏某水在再审中表示尊重二审该判决结果,故本院对该赔偿比例不予调整。[1]

【案例4-73】 史某军诉荥阳市房地产开发(集团)有限公司房屋买卖合同纠纷案

一审法院认为,原告史某军在合同成立后,先后向被告荥阳公司支付购房款9万元,履行了自己的主要义务。被告在收取原告购房款9万元后,另将该房屋出售并交付给他人,构成根本性违约,导致原、被告之间订立的房屋买卖合同中原告的目的不能实现,对此纠纷,被告应负全部责任。虽然被告所建房屋为职工住宅楼,但被告具有房地产开发、经营、销售的资格,并将建成的房屋向自己职工以外的其他人员公开销售,其房屋销售的性质就是商品房销售,故可参照适用上述规定。原告要求被告返还已付购房款9万元,并赔偿已付购房款的一倍9万元的诉讼请求,理由正当,不违反有关法律的规定,应予支持。[2]

【案例4-74】 黎某与某房地产开发公司商品房买卖合同纠纷案

一审法院认为,双方签订的《售楼认购许可书》具备了《商品房销售管理办法》第十六条规定的商品房买卖合同的主要内容,其中也明确约定合同项下房产交付使用时间,因此该《售楼认购许可书》不符合预约合同性质,其实质上是商品房买卖合同。原告黎某缴纳的款项符合合同约定的缴纳房款方式,被告某房地产公司在未取得竣工验收合格证书前已经将房产出售给他人,原告对于最后一笔款项不予缴纳并无过错,应当认定被告已按约定收受了房款。被告未按合同约定履行出卖人的义务,而将该房产转让给案外人,构成违约,该违约行为致使合同目的不能实现,原告请求解除合同、返还房款并支付利息、承担赔偿责任,应予以支持。原告请求赔偿的标准是已付购房

---

〔1〕 参见《最高人民法院公报》2014年第1期。

〔2〕 参见最高人民法院中国应用法学研究所编:《人民法院案例选》2006年第2辑(总第56辑),人民法院出版社2006年版,第220页。

款的一倍,被告按照已付购房款一倍的标准承担赔偿责任过重,应以已付房款的50%的标准承担赔偿责任为宜。二审法院亦持同样意见,维持原判。[1]

惩罚性赔偿与可得利益损失赔偿并用的问题。根据《房屋买卖合同解释》修订前第八条的制定背景及目的,其规定的惩罚性赔偿制度主要针对房价涨速过快、涨幅较大情形下开发商在较短时间内一房数卖的行为,该条规定的"损失"不包括可得利益损失,一般不应当与《民法典》第五百八十四条规定的可得利益损失赔偿同时适用。也就是说,在个案中,法官根据具体案情参照修订前《房屋买卖合同解释》第八条规定标准,认定开发商赔偿可得利益损失的数额,而不再适用惩罚性赔偿。

【案例4－75】 郑某安与青海万通物业发展有限公司商品房买卖合同纠纷案

最高人民法院认为,对于郑某安请求赔偿已付房款一倍即5035400元的主张,虽然万通公司存在违约行为,但郑某安已经占有案涉商铺6年多并将商铺用于出租,万通公司向新华百货公司过户商铺产权时,就案涉商铺的回购问题与郑某安进行过洽谈,并且万通公司以同样的方式回购了其他商铺,万通公司的行为有别于《房屋买卖合同解释》第八条规定的情形,一审判决对郑某安请求赔偿已付购房款一倍的损失5035400元的主张不予支持并无不当,最高人民法院予以维持。郑某安一审起诉时所主张的房屋涨价损失,实际上指的就是可得利益损失。《合同法》第一百一十三条第一款规定,违约方应当赔偿守约方的可得利益损失,但不得超过其订立合同时预见到或者应当预见到的因违反合同可能造成的损失。本案中,万通公司与郑某安签订《商品房买卖合同》时,《房屋买卖合同解释》已经实施,因此万通公司应当预见到,如其违反合同约定,根据该解释第八条的规定,其可能承担的违约责任,除包括对方当事人所受直接损失外,还可能包括已付购房款一倍的赔偿。结合本案中郑某安已经实际占有案涉房产并出租获益6年多,以及万通公司将案涉房产转售他人的背景、原因、交易价格等因素,一审判决以合同无法继续履行时点的市场价与郑某安购买价之间的差额作为可得利益损失,判令万通公司赔偿郑某安11513700元,导致双方当事人之间利益显失平衡,超出了当事人对违反合同可能造成损失的预期,根据《合同法》第一百一十三条第一款规定的精神,为了更好平衡双方当事人的利益,最高人民法院酌定万通公司赔偿郑某安可得利益损失5035400元。郑某安的可得利益损失应当得到赔偿,而郑某安主张的按揭贷款利息,系合同正常履行后郑某安为获得利

[1] 参见邓基联主编:《房屋买卖合同纠纷》,法律出版社2010年版,第133~134页。

益所支出的必要成本，故一审判决对郑某安请求赔偿购房按揭款利息1070474.58元的主张不予支持并无不当，最高人民法院予以维持。[1]

以下为修订前按《房屋买卖合同解释》第八条规定的判决。开发商故意隐瞒房屋未经有关部门审批、没有取得商品房预售许可证明事实的，购房人除可以请求出卖人返还已付购房款及赔偿利息损失外，还可以请求出卖人承担不超过已付购房款一倍的赔偿责任。

【案例4－76】 刘某诉北京某某龙温泉房地产开发有限责任公司、新府山庄某某宫温泉公寓开发中心商品房买卖合同纠纷案

二审法院认为，某某龙公司及某某官中心在向刘某出售该房屋时，隐瞒了该项目未经国家有关部门审批、没有取得商品房预售许可证明的事实，故一审法院依据《房屋买卖合同解释》第九条之规定，判决某某龙公司及某某官中心赔偿刘某30万元，是正确的。故此二审法院裁定：驳回上诉，维持原判。[2]

【案例4－77】 罗某敏诉重庆市凡庄房地产开发有限公司商品房买卖合同纠纷案

二审法院认为，(1)凡庄公司未告知无预售许可证的行为构成故意隐瞒。本案中，首先，凡庄公司有隐瞒行为，其作为专门从事房地产开发的企业，未履行法定的告知义务，其默示行为也构成了隐瞒；其次，凡庄公司有隐瞒的主观故意，其未主动告知，且案涉合同虽载明为重庆市土地和房屋管理局的格式文本，但并非该局颁布的正在使用的示范格式文本，证明凡庄公司具有诱使对方认为其公司出卖的标的物合法，进而作出错误表意的故意；再次，罗某敏作出了购买房屋的意思表示并缴纳了房款；最后，结合罗某敏关于当时知道没有预售许可证就不会买的陈述，足以认定隐瞒的事实与罗某敏作出购买意思表示之间具有因果关系。(2)根据《房屋买卖合同解释》第九条规定，因出卖人的欺诈行为所造成的后果不同、损失不同，法院可对其承担的赔偿责任在已付房款一倍以内进行调整。本案中，二审考虑了以下因素：一是凡庄公司在一审第二次开庭前即取得预售许可证，而司法实践对此情形下合同效力如何认定的争议较大；审理中凡庄公司表示愿意继续履行合同，其故意隐瞒行为并未导致罗某敏购买房屋的合同目的不能实现，不属于情节特别严重的情形。二是罗某敏在签订合同75天后提起本案诉讼，案涉房屋地

---

〔1〕 参见最高人民法院民事审判第一庭编：《民事审判指导与参考》2015年第1辑（总第61辑），人民法院出版社2015年版，第251～253页。

〔2〕 参见北京市高级人民法院编：《审判前沿——新类型案件审判实务》2008年第2集（总第20集），法律出版社2008年版，第44页。

点处于璧山区丁家镇，房价波动不大，已付房款的一倍远远超过其资金占用损失。二审法院酌情确定赔偿数额为已付房款的30%即99691.56元，由凡庄公司向罗某敏承担赔偿责任。〔1〕

修订前《房屋买卖合同解释》第八条规定对于开发商的主观态度并没有要求，因此，绝不能一概地认为惩罚性赔偿必须是在开发商存在恶意违约的主观故意的情况下才能适用。商品房买卖合同订立后，出卖人又将该房屋出卖给第三人，不管出卖人是否具有恶意违约的故意，无法取得房屋的购房人均可请求出卖人承担不超过已付购房款一倍的赔偿责任。

【案例4－78】 郭某、刘某与某房地产开发公司商品房买卖合同纠纷案

二审法院认为，被上诉人在履行交付房屋的义务时，只是办理了与合同约定相符的产权转移登记，但未交付与合同及产权登记相符的房屋，应当认定被上诉人履行的交付义务不符合合同约定，交付的房屋面积与合同约定相比短少44.09平方米。短少部分的房屋被上诉人已经通过买卖合同实际交付于第三人史某，第三人史某并非直接侵占上诉人房屋，因此，上诉人有权直接依据买卖合同请求被上诉人承担赔偿责任。根据有关司法解释的规定，经审查上诉人在一审起诉状中对其第一项诉讼请求的计算明细说明，上诉人对返还房款部分的计算符合上述法律规定，对利息部分的计算低于上述法律规定，本院以上诉人请求的人民币1170865元为准予以支持。鉴于部分房款本判决已经判令由被上诉人双倍返还，该返还具有赔偿性质，且赔偿幅度大于上诉人的实际损失，本院对上诉人关于其他损失部分的诉讼请求不予支持。〔2〕

【案例4－79】 苏某水诉湖北金华实业有限公司等商品房买卖合同纠纷再审案

最高人民法院认为，关于金华公司是否因另售06号、07号商铺而对苏某水负担相应赔偿责任问题。根据《房屋买卖合同解释》第八条的规定，只要出卖人在商品房买卖合同订立后事实上存在将该房屋出卖给他三人的行为，无法取得房屋的买受人即可请求出卖人承担不超过已付购房款一倍的赔偿责任，且上述规定中并不存在此种赔偿责任的适用以出卖人具有恶意违约故意为前提的规定。〔3〕

---

〔1〕 参见国家法官学院、最高人民法院司法案例研究院编：《中国法院2020年度案例》（房屋买卖合同纠纷），中国法制出版社2020年版，第8～9页。重庆市第一中级人民法院（2018）渝01民终5296号民事判决书。

〔2〕 参见邓基联主编：《房屋买卖合同纠纷》，法律出版社2010年版，第137页。

〔3〕 参见《最高人民法院公报》2014年第1期。最高人民法院（2012）民抗字第24号民事判决书。

2. 合同约定了惩罚性赔偿时的处理

在商品房买卖合同中，惩罚性赔偿额度并非以“双倍赔偿”为限，双方当事人愿意在合同中加入惩罚性赔偿的内容，并不违背法律法规的强制性规定，该条款可以视为双方对自己可能遭受的损害所采取的额外保护措施，法院对此应予支持。换言之，在合同约定了惩罚性赔偿的情况下，可以适用惩罚性赔偿。在惩罚性赔偿与合同约定定金并存时，亦可同时适用定金罚则。

【案例 4－80】 胡某卿诉临沂沂兴房地产开发有限公司房屋买卖合同纠纷案

一审法院认为，在诉讼之前原告胡某卿已收到被告沂兴公司返还的180000元，其诉求为双倍返还定金50000元，承担赔偿责任180000元。法院认为，被告沂兴公司故意隐瞒所售房屋已经出卖给第三人的事实，又与原告签订商品房买卖合同显系不诚信行为，故原告请求被告承担赔偿责任，并返还定金理由正当，符合相关法律规定，本院予以支持。但根据《担保法》第九十一条关于定金不得超过主合同标的额的20%的规定及《担保法解释》第一百二十一条关于“当事人约定的定金数额超过主合同标的额20%的，超过的部分，人民法院不予支持”的规定，原、被告约定的定金数额为50000元过高，应调整为37589元（187794.4元×20%）为宜，其余12411元应视为购房款，故原告实际支付的购房款应为142411元（130000元＋12411元）。判决被告赔偿原告损失142411元，返还定金37589元，共计180000元。[1]

（三）合同违约金的调整

1. 违约金调整

违约金的减免问题。开发商迟延交房构成违约，其违约原因虽非不可抗力但属于情势变更范围时，法官应当根据公平原则，对违约金予以酌减。

【案例 4－81】 唐某刚诉北京强佑房地产开发有限公司商品房预售合同纠纷案

一审法院认为，强佑公司与唐某刚在订立合同时尽管对北京奥运会的举

〔1〕 参见最高人民法院中国应用法学研究所编：《人民法院案例选》2016年第6辑（总第100辑），人民法院出版社2016年版，第80页。

办是明知的,但对于北京市政府及有关部门采取的具体限行、限工措施是无法预见的。北京市政府及有关部门在奥运期间采取限行、限工的措施,导致强佑公司逾期交付房屋,如仍按原合同约定要求强佑公司承担违约责任,则对强佑公司明显不公平。强佑公司请求适当减少违约责任,本院根据公平原则,并结合实际情况,对强佑公司要求减少违约责任的抗辩主张予以支持。唐某刚请求强佑公司承担逾期交付房屋的违约责任,理由正当,但请求过高部分,不予支持。一审法院判决强佑公司按照合同的约定承担违约责任,未考虑到客观情况的变化,有失公平,应予以撤销。二审法院改判强佑公司支付唐某刚逾期违约金5396元。[1]

部分违约情形下违约金的处理。开发商部分违约,购房人没有因此受到实际损失,法官应根据具体情况对合同约定违约金减免。实践中,如果商品房最后通过了竣工验收,房屋质量也是合格的,并且开发商迟延取得竣工验收备案登记证并未实际影响购房人接收商品房后对房屋的占有、使用、收益和处分,那么购房人实际上并没有损失。但是,开发商采取欺诈的方式交付房屋,侵犯了购房人的知情选择权,其行为仍然构成违约,开发商应承担违约责任,但承担违约责任的比例由法官酌定。

【案例4-82】 冉某、张某诉重庆某地产有限公司房屋买卖合同纠纷案

一审法院认为,合同签订后,冉某、张某依约向某公司支付了全部购房款。合同履行过程中,某公司在未取得建设工程竣工验收备案登记的情况下,将一期工程竣工验收备案证的复制件粘贴到质量保证书和使用说明书上,于2011年12月10日将房屋交付给冉某、张某。经向有关部门核查,冉某、张某所购房屋竣工验收备案登记日期为2012年5月28日。二审法院认为,开发商部分违约,遂判决开发商承担80%的违约责任,支付冉某、张某违约金14940.14元。[2]

违约金数额的裁量问题。《房屋买卖合同解释》第十二条规定:"当事人约定的违约金过高为由请求减少的,应当以违约金超过造成的损失30%为标准适当减少;当事人以约定的违约金低于造成的损失为由请求增加的,应当以违约造成的损失确定违约金数额。"在合同履行过程中,开发商因自身原因未能如期履行合同,给购房人造成较大经济损失,而如果让开发商承担较小数额的违约责任会导致购房人在所受损失和获得赔偿上无法达到平衡,则不能简单地机械适用双方签

---

〔1〕 参见国家法官学院案例开发研究中心编:《中国法院2013年度案例》(房屋买卖合同纠纷),中国法制出版社2013年版,第25页。

〔2〕 参见最高人民法院中国应用法学研究所编:《人民法院案例选》2016年第6辑(总第100辑),人民法院出版社2016年版,第81页。

订合同中所约定的违约条款,而应综合考虑各种因素依据公平原则予以调整。也就是说,房屋买卖合同中当事人约定的违约金明显远低于损失的,购房人可以要求调高违约金数额。

出卖人未按照合同的约定及时将户口迁出,显属违约,理应承担合同约定的违约责任,但在具体责任的认定上,法官应结合该违约行为的性质、违约形成的过错程度及约定违约金标准进行评价。应注意的是,履行这种附随义务有瑕疵时应承担违约责任,但不应强行适用针对主给付义务约定的违约金比例,应当在公平原则和诚实信用原则的基础上,结合实际情况加以调整。

【案例4－83】　苏某某等房屋买卖合同纠纷案

一审法院认为,雍某某、程某某关于逾期迁出户口的违约金条款显失公平,应予变更撤销的主张,缺乏事实依据,本院难以采信。本案的争议点在于雍某某、程某某是否应承担逾期迁出户口的违约责任,以及原审酌定的违约金标准是否合理。雍某某、程某某主张系因苏某某、戴某某逾期支付房款违约在先,其无法在合同约定的期限内迁出户口,故其不应承担违约责任。本院认为,首先,支付房款与户口迁出并不存在对价关系,雍某某、程某某以此为抗辩理由拒绝履行迁出户口义务,缺乏法律依据,本院无法支持;其次,从现有证据来看,苏某某、戴某某已经以支付借款利息的形式承担了逾期付款责任,而在苏某某、戴某某已经承担违约责任并已登记成为系争房屋所有权人之后,雍某某、程某某仍未及时将户口迁出,显属违约,理应承担合同约定的违约责任。故雍某某、程某某关于不应承担违约责任的抗辩,缺乏事实及法律依据,本院不予采信。鉴于雍某某、程某某逾期迁出户口的时间尚短、过错程度较小,结合苏某某、戴某某逾期支付房款等因素,原审据此酌定逾期迁出户口违约金为1万元,并无不妥,本院予以支持。综上所述,苏某某、戴某某及雍某某、程某某的上诉请求均不成立,本院不予支持。原审依据所查明的事实作出的判决正确,本院予以维持。〔1〕

【案例4－84】　褚某婕诉白某甫房屋买卖合同纠纷案

一审法院认为,考虑到被告白某甫的履约能力及主观过错程度,以及原告褚某婕及其女儿的户籍已经迁入涉诉房屋,而被告白某甫的户籍在原告起诉后已然迁出等情节,本院认定涉诉合同约定的违约金标准偏高,将依据公平原则和诚实信用原则酌情确定违约金数额。被告的其他答辩意见,依据不足,本院不予采纳。〔2〕

---

〔1〕　上海市第一中级人民法院(2015)沪一中民二(民)终字第293号民事判决书。

〔2〕　参见国家法官学院案例开发研究中心编:《中国法院2015年度案例》(房屋买卖合同纠纷),中国法制出版社2015年版,第147页。

【案例4-85】 张某诉代某立房屋买卖合同纠纷案

一审法院认为,根据合同约定,涉案房屋的成交价格为125万元,故应以125万元为计算违约金的标准。但鉴于被告的户籍未迁出并不妨碍原告居住、使用房屋或将其本人及亲属户口迁入,根据国家现有相关户籍规定,亦不妨碍原告出售房屋;且被告也已与案外人施某签订了房屋买卖合同,该合同履行完毕后被告即可将本人户口自涉案房屋内迁出,被告为迁移户口作出了实质性努力与准备;同时,被告于2013年12月13日才取得银行发放的贷款,也影响了被告向施某支付房款及后续合同的履行时间,故对于被告关于违约金数额过高请求予以降低的答辩意见,法院予以采纳。法院综合合同约定及被告的违约情况酌定被告给付原告延迟迁出户口违约金3.5万元。[1]

实践中,常见的是当事人认为违约金过低而请求调高违约金的情形。

【案例4-86】 郑某某与浙江华成投资开发有限公司房屋买卖合同纠纷再审案

再审法院认为,华成公司与郑某某签订的《商品房买卖合同》第15条约定,华成公司应当在商品房交付使用后60日内,将办理权属(包括契约证、房屋所有权证和土地使用权证)登记时需要由华成公司提供的资料报产权登记机关备案。涉案房屋于2010年5月28日交付,但华成公司直至2012年11月20日才完成将相关资料报产权登记机关备案的手续,已构成违约,应当承担违约责任。华成公司主张按照合同约定即按已付房价款的0.05%向郑某某支付违约金。本院认为,华成公司拖延备案达两年多,远超合同约定的60日期限,由此造成郑某某对涉案房屋的使用、收益、处分权能受到不同程度的限制,故按已付房价款的0.05%计算的违约金确实偏低,原审调高违约金有一定合理性。鉴于郑某某未能举证证明其实际损失数额等客观情况,结合双方的书面约定、华成公司的违约事实及造成的实际影响,原审按已付购房款总额5945082元每日五万分之一标准计算的违约金数额仍属偏高,本院酌情按已付房价款每日三万分之一的标准予以调整。涉案房屋于2010年5月28日交付,根据合同约定,违约金应从2010年7月28日起计算,华成公司应支付给郑某某的违约金自2010年7月28日起计算,华成公司应支付给郑某某的违约金自2010年7月28日起至2012年11月19日止,按已付房价款5945082元每日三万分之一标准计算,总额为167651元。[2]

---

〔1〕 参见国家法官学院案例开发研究中心编:《中国法院2016年度案例》(房屋买卖合同纠纷),中国法制出版社2016年版,第159页。

〔2〕 浙江省高级人民法院(2014)浙民再字第38号民事判决书。

【案例4-87】　王某诉抚顺乐活房地产开发有限公司商品房销售合同纠纷案

判决观点,虽然双方签订的合同中已明确约定违约金的给付标准,但因合同未能继续履行是乐活公司的原因造成,在王某交纳全部购房款的情况下,未能如期取得房屋,给其造成一定经济损失。因双方约定的违约金标准明显低于此款的中国人民银行同期同类贷款利息,但王某主张按低于贷款利息的存款利息计算违约金数额系其自愿行为,故王某主张提高违约金给付标准的上诉请求于法有据,二审法院对此予以调整。[1]

当事人请求调整的违约金数额应以实际损失额为依据,由法官行使自由裁量权裁定。

【案例4-88】　韩某芬诉北京京大昆仑房地产开发有限公司商品房预售合同纠纷案

二审法院认为,本案涉诉房屋系商业用房,具有较大的商业价值,京大昆仑公司逾期交房,客观上造成韩某芬无法实际经营或出租获利,韩某芬主张的京大昆仑公司未能按期交房造成其租金收益损失,本院认为应属合理损失范围。根据双方合同约定,京大昆仑公司应支付的违约金累计不超过商品房总价款的2%,即148878元。韩某芬诉讼中主张该合同约定的违约金低于其实际损失,并提供相关评估报告予以证明。本院在衡量违约金数额时主要以韩某芬客观损失为基础,同时兼顾合同的履行情况、违约时间、当事人过错程度以及预期利益并结合公平原则等综合因素予以分析,认为涉案合同约定的违约金低于韩某芬的客观损失,韩某芬要求调高违约金的请求应予支持,一审法院酌情确定的75万元的违约金数额合理,本院予以确认并维持。[2]

【案例4-89】　薛某林、李甲诉李乙房屋买卖合同纠纷案

二审法院认为,一审法院结合本案的实际履行情况、薛某林和李甲的实际损失及其预期利益、涉诉房屋市场价值变化等因素,酌定确定违约金为30万元,并驳回其可得利益损失的诉讼请求,并无不当,法院予以确认。判决:驳回上诉,维持原判。[3]

---

〔1〕 参见最高人民法院中国应用法学研究所编:《人民法院案例选》2016年第6辑(总第100辑),人民法院出版社2016年版,第97页。吴兆祥主编:《房屋买卖、租赁案件裁判要点与观点》,法律出版社2016年版,第287页。

〔2〕 参见国家法官学院案例开发研究中心编:《中国法院2019年度案例》(房屋买卖合同纠纷),中国法制出版社2019年版,第177页。北京市第二中级人民法院(2017)京02民终8564号民事判决书。

〔3〕 参见国家法官学院、最高人民法院司法案例研究院编:《中国法院2020年度案例》(房屋买卖合同纠纷),中国法制出版社2020年版,第225页。北京市第二中级人民法院(2018)京02民终1734号民事判决书。

司法实践中,一审法院根据违约方关于违约金过高的抗辩将违约金调低的,若守约方对此不服提起上诉,二审法院依然可以根据案情调高违约金。

【案例4-90】 徐某莉与财富联合集团有限公司、鲁能英大集团有限公司房屋买卖合同纠纷案

二审法院认为,关于徐某莉以绿水源公司迟延开通温泉为由要求绿水源公司按照合同约定标准支付违约金的问题,绿水源公司主张该项违约金约定过高请求法院予以减少,原审法院结合绿源公司的违约情形确定合同约定的违约金过高并无不妥。由于绿水源公司应当承担迟延履行开通温泉义务和不履行开通温泉义务两项违约责任,因此原审法院确定绿水源公司应支付徐某莉违约金的数额偏低,本院将根据本案的具体情况予以适当调整。二审改判财富联合集团有限公司和鲁能英大集团有限公司共同支付徐某莉违约金50万元。[1]

2. 违约金调整原则与酌定因素

违约金调整中公平原则的适用。对于违约金的调整,就提出调整而言有三种情形:一是违约方主动提出违约金过高而需要调整;二是诉讼过程中并未有人提出合同约定的违约金过高而需要调整;三是违约方因缺席不能作出调整违约金的主张。在这三种情况下,法官必须适用公平原则对违约金进行调整,但适用公平原则的表现形式不同。具体来讲,第一种情况最为普遍,法官应结合案件的实际履行情况、违约方的过错程度、原告的实际损失等因素,根据公平原则,酌情确定违约金数额。第二种情况,虽然违约方未提出调整违约金,但法官应依据《买卖合同解释》第二十一条规定予以释明,进行释明亦是公平原则适用的体现。第三种情况指的是违约方即被告缺席而无法做出调整违约金的意思表示。笔者认为,违约方未履行或履行合同义务不符合约定的程度较轻或该义务属于合同的附随义务,其违约行为不构成根本违约,而在合同对违约金的约定过高的情况下,若因违约方缺席未提出调整请求而完全依据合同约定认定违约金数额,违约方承担的责任将过分高于守约方确实受到的损失,出现显失公平的情况。根据法律的明文规定,当事人作出调整违约金的意思表示时,法官将行使自由裁量权调整违约金的高低,但不能因为当事人的意思表示缺位而出现同案不同判的情况。虽然违约方没有做出调整违约金的意思表示,但法官应当依据《民法典》中的公平原则,根据案件中已经查明的事实,综合考察合同的履行情况、违约情节轻重、守约方的实际

---

〔1〕 参见北京市高级人民法院编:《审判前沿——新类型案件审判实务》2010年第1集(总第31集),法律出版社2010年版,第192页。北京市高级人民法院(2009)高民终字第2486号民事判决书。

损失等因素，酌定一个合理的数额。除第二种情况中法官需先释明外，在其余两种情况中法官都是依据公平原则自由裁量违约金，在一定范围内酌定数额。

【案例4-91】　张某英诉毛某燕房屋买卖合同纠纷案

二审法院认为，关于违约金数额问题，毛某燕在一审中对违约金的标准提出异议，认为数额过高。为此，原审法院结合本案的实际情况、毛某燕的逾期时间及过错程度、张某英的实际损失及预期利益等因素，根据公平原则，酌定确定的违约金数额并无明显不妥，本院予以维持。据此，毛某燕的上诉请求不成立。[1]

【案例4-92】　陈某云诉练某琼房屋买卖合同纠纷案

一审法院认为，依照双方约定，甲方即练某琼应于2011年6月26日前将落户在上述房产的户口全部迁出，每逾期一日，按房产成交总金额的0.05%赔偿给乙方即原告陈某云。但是，由于陈某云诉求的赔偿金的性质属于违约赔偿金，其未举证证明因练某琼逾期将落户在本房屋的原有户口全部迁出所产生的损失项目、数额，主张"每逾期一日按房款总额的0.05%赔偿"明显过高，应予调整。兼顾合同的履行情况、练某琼迟延履行的过错程度以及预期利益等因素，根据公平原则和诚实信用原则予以衡量，本院认定因练某琼逾期将落户在本房屋的原有户口全部迁出所产生的损失按双方在该合同中约定的"总价款510000元"为计算基数、按中国人民银行同期同类贷款利率计算，则练某琼应支付陈某云因逾期迁出户口的赔偿金（违约金）数额为30241.32元（总价款510000元为基数，按中国人民银行同期同类贷款利率，自2011年6月26日起计算至2012年6月4日）。[2]

【案例4-93】　马某诉成都众意置业发展有限公司商品房买卖合同纠纷案

二审法院认为，马某上诉主张本案所涉逾期办证违约金具有惩罚性质，不能予以调整的理由不成立，本院不予支持。由于本案中马某未提交证据证明众意置业公司逾期办证违约行为给其造成的损失，且众意置业公司提出了调整违约金的请求，原判在综合考虑众意置业公司逾期办证违约行为的情节、过错程度以及马某可能获得的预期利益等因素的情况下，根据公平原则及诚实信用原则，将众意置业公司应承担的逾期办证违约金酌情调整为

〔1〕参见国家法官学院案例开发研究中心编：《中国法院2016年度案例》（房屋买卖合同纠纷），中国法制出版社2016年版，第112页。

〔2〕参见国家法官学院案例开发研究中心编：《中国法院2014年度案例》（房屋买卖合同纠纷），中国法制出版社2014年版，第151页。

1369.63元并无不当,本院予以维持。[1]

个案中,法官可以根据公平原则调整违约金。

【案例4-94】 郑某诉西藏林芝嘉龙建筑房地产开发有限公司商品房预售纠纷案

二审法院认为,对当事人二审争议的焦点问题,本院分析、认定如下:关于一审对嘉龙公司承担违约责任的认定是否正确的问题。本院认为,(1)嘉龙公司关于新冠疫情导致其不能按期交房其不构成违约的抗辩事由不能成立。《民事诉讼法》第六十七条第一款规定:"当事人对自己提出的主张,有责任提供证据。"《最高人民法院关于依法妥善审理涉新冠肺炎疫情民事案件若干问题的指导意见(一)》指出:"……二、依法准确适用不可抗力规则。人民法院审理涉疫情民事案件,要准确适用不可抗力的具体规定,严格把握适用条件。对于受疫情或者疫情防控措施直接影响而产生的民事纠纷,符合不可抗力法定要件的,适用《中华人民共和国民法总则》第一百八十条、《中华人民共和国合同法》第一百一十七条和第一百一十八条等规定妥善处理;其他法律、行政法规另有规定的,依照其规定。当事人主张适用不可抗力部分或者全部免责的,应当就不可抗力直接导致民事义务部分或者全部不能履行的事实承担举证责任……"据此,适用不可抗力调整合同责任的承担应把握不可抗力的实际影响程度。当事人主张适用不可抗力抗辩合同义务的履行,应当就不可抗力直接导致不能履约的事实承担举证责任。本案中,当事人双方约定的交房时间为2021年12月31日前,处于疫情期间。嘉龙公司主张疫情造成其交房困难应当就疫情直接导致不能按期交房的事实承担举证责任。从审理情况看,嘉龙公司未提交证据证明疫情造成其交房困难。从已查明的事实看,《西藏自治区商品房(预售)买卖合同》于2021年1月10日签订,当时已处在疫情期间,嘉龙公司作为房产开发商,其对《西藏自治区商品房(预售)买卖合同》约定的交房期限应具有预判性,即嘉龙公司在签订合同时应预期到该期限前可以完成施工并达到房屋交付条件,但嘉龙公司至二审庭审当日仍未交付案涉房屋。以上事实一定程度上反证了嘉龙公司关于疫情导致其延期交房的抗辩意见不具有合理性。在嘉龙公司尚不能免除已逾期交房期间应承担违约责任的情况下,其关于变更合同履行期限为2023年9月8日的主张实质为免除其预期违约责任,本院不予支持。(2)嘉龙公司关于因郑某违约在先,嘉龙公司依据先履行抗辩权可以不按约交房的

---

〔1〕 参见中华全国律师协会民事专业委员会编:《中国民商事案例精选》(2012—2014),法律出版社2014年版,第79页。

抗辩事由不能成立。《民法典》第五百二十六条规定："当事人互负债务，有先后履行顺序，应当先履行债务一方未履行的，后履行一方有权拒绝其履行请求。先履行一方履行债务不符合约定的，后履行一方有权拒绝其相应的履行请求。"本案中，支付购房款是郑某的合同主债务，与之相对应，交付房屋是嘉龙公司的合同主债务。郑某已支付购房款，嘉龙公司应依约交房。支付专项维修资金并非郑某的合同主债务，在嘉龙公司未进行催告的情况下，以此为不交付房屋的抗辩事由，不具有合理性。而且，嘉龙公司自认至一审庭审当日案涉房屋尚未完成竣工验收。因此，嘉龙公司关于郑某未履行补充协议中支付专项维修资金的约定而构成违约，嘉龙公司可以据此延期交房的抗辩意见不能否定案涉房屋不具备交付条件的基本事实，不具有合理性，不能成立。(3)一审关于嘉龙公司所承担违约金的认定正确、合理。《民法典》第六条规定："民事主体从事民事活动，应当遵循公平原则，合理确定各方的权利和义务。"本案中，《西藏自治区商品房(预售)买卖合同》《商品房(预售)买卖合同补充协议》属于格式合同，其中有关郑某承担违约金标准的约定设置于主合同中，有关嘉龙公司承担违约金标准的约定设置于补充协议中。《西藏自治区商品房(预售)买卖合同》第八条约定，如郑某逾期付款，在嘉龙公司不解除合同的情况下，郑某应按日承担逾期应付款万分之三的违约金。《商品房(预售)买卖合同补充协议》第二条约定，房屋交付期限届满之次日起至实际交付之日止，嘉龙公司应按月承担郑某支付全部房价款万分之三的违约金。因此，双方关于各自应承担的违约金计算标准相差约30倍，权利义务明显不对等，有违公平原则。《房屋买卖合同解释》第十二条规定："当事人以约定的违约金过高为由请求减少的，应当以违约金超过造成的损失30%为标准适当减少；当事人以约定的违约金低于造成的损失为由请求增加的，应当以违约造成的损失确定违约金数额。"本案中，嘉龙公司逾期交房，应承担违约责任。郑某主张以每日万分之三的标准计算嘉龙公司逾期交房期间的违约金，该主张未以实际损失为依据，不具有合理性。一审依据利息标准认定嘉龙公司应承担的违约金计算标准合法有据，认定结果正确、合理，应予维持。本院认为，嘉龙公司应为其逾期交房的违约事实赔偿郑某的合理损失。一审关于嘉龙公司所承担违约责任的认定有事实和法律依据，并无不当，应予维持。综上所述，嘉龙公司的上诉请求不能成立，应予驳回。一审判决认定事实清楚，适用法律正确，应予维持。判决：驳回上诉，维持原判。[1]

调整违约金数额时应考量过错程度。在违约责任的归责原则上，虽然《民法

〔1〕 西藏自治区林芝市中级人民法院(2023)藏04民终150号民事判决书。

典》采取的是无过错责任原则,但将当事人的过错程度作为违约金调整的考量因素具有其合理性和正当性。

【案例4-95】 是某某等诉胡某某等房屋买卖合同纠纷案

一审法院认为,本案的争议焦点在于被告胡某某认为合同约定的违约金高于其违约行为给原告是某某造成损失,要求人民法院予以适当减少的理由是否能够成立。从履约能力和过错程度的角度考察,在购买系争房屋之前,被告家庭已通过银行贷款在上海购买了两套住房。被告在2010年5月又斥资购买汽车并成功竞拍上海私车牌照。虽然被告认为其每月工资不足以支付银行贷款117万元,但其非但没有积极筹措应付款项,反而在非生活必需品消费方面仍然存在巨额支出。被告并非恶意违约,但其履约的过错程度仍然较为明显。事实上,被告在本市及外地拥有多处房产,积极妥善处理家庭财产,并非完全没有继续履行买卖合同的可能性。反观原告,其在本次房屋买卖过程中并无过错。关于被告认为系争房屋的评估价格高于买卖合同约定的成交价格,原告不存在实际损失的意见,法院认为,根据《合同法》及相关司法解释的规定,原告的实际损失是衡量违约金是否过高的标准之一。然而随着国家房地产宏观调控政策的出台及中央部委及地方性政策的跟进,房地产市场价格在未来仍有较大的不确定性。原告为本次交易已实际支付中介费1万元,并在订立买卖合同时花费了一定的必要开支,还将承担继续保有房屋所可能带来的市场价格波动的风险。虽然被告提出减少违约金的请求并无不当,但被告应承担的违约责任应兼顾合同履行状况、当事人的过错程度以及合同的预期利益等因素。过多调整违约金必然会减少当事人违约的机会成本,有违《合同法》规定的诚实信用原则,亦有损于当事人意思自治的契约精神,不利于维护和平衡当事人的合法权益。据此,判决被告支付违约赔偿金及逾期付款违约金124087.50元。[1]

实践中,双方在商品房买卖合同中约定的逾期交房的违约金标准多为日万分之五。对此标准,以不调整为原则,以调整为例外,即如果延期时间过长导致计算的违约金过高,法院可以在开发商的申请下在违约金总额上予以调整。当事人约定的迟延履行违约金超过造成损失的30%的,法院可以依当事人申请予以调整,调整后的违约金不得超过因违约造成损失的30%。

【案例4-96】 枞阳县公塥供销合作社诉魏某旅房屋买卖合同纠纷案

二审法院认为,双方当事人合同约定的违约金过高,原审虽酌情减少,按房屋转让价款23万元的日千分之四计算给付转让房屋交付时止,但数额仍

---

〔1〕 参见沈志先主编:《2012年上海法院案例精选》,上海人民出版社2012年版,第93~95页。

较高，且超出被上诉人魏某旅诉求的给付违约金的计算期间(违约金计算的截止时间为2009年5月31日)。上诉人枞阳县公塥供销合作社与被上诉人魏某旅签订的《房产转让合同》约定的违约金超过合同标的总价款23万元，明显过高，应予适当减少。根据公平和诚实信用原则，由上诉人枞阳县公塥供销合作社给付被上诉人魏某旅违约金20万元。[1]

【案例4－97】　周某箭诉黄梅嘉晟置业有限责任公司房屋买卖合同纠纷案

二审法院认为，依照《民法典时间效力规定》第一条第二款的规定，本案法律事实发生在《民法典》实施前，应适用当时的法律、司法解释的规定。本案的争议焦点有以下三点：(1)逾期交房违约金诉讼时效问题。嘉晟公司上诉称在双方约定的交房时间2016年10月31日后，周某箭就知晓违约事实的存在，诉讼时效自2016年11月1日起算，其关于违约金的主张已经超过诉讼时效，不应支持。对此，本院认为，首先，按照双方当事人在《商品房买卖合同》的约定，嘉晟公司如违反约定的期限延迟移交房屋，超过约定的期限60日后应向周某箭缴纳违约金，违约金每日按已经支付房价款的0.2‰计算。从双方合同约定内容分析，延迟交房的违约金是根据违约行为持续发生的状况计算的，即相对于周某箭来讲，主张自合同约定的逾期交房之日至实际交房之日的违约金，是双方当事人在合同中所确定的一个整体的合同权利。其次，本案中双方当事人在合同中仅约定了违约金的计算方法，并没有约定违约金的支付期限。对于没有支付期限的债务，债权人可随时主张，只有当债务人明确表示不履行时，才能认定债权人“知道或者应当知道权利受到侵害”，诉讼时效才可依法起算。故嘉晟公司关于周某箭提出的违约金主张已超过诉讼时效的上诉理由不能成立，本院不予采纳。(2)关于合同附件的效力问题。嘉晟公司上诉称周某箭未缴纳契税、维修基金、物业费等费用，嘉晟公司可以拒绝交房。对此，本院认为，本案系商品房买卖合同纠纷，周某箭已足额向嘉晟公司支付购房款，履行了主合同义务，嘉晟公司应当向周某箭交付符合合同约定的商品房。维修资金，系由政府部门代管，用于住宅共用部位、共用设施设备保修期满后的维修和更新、改造的资金。缴纳契税是购房人在办理不动产转移登记时应尽的法定义务，其征收机关为房屋所在地的财政机关或税务机关。物业费涉及周某箭与案外人物业公司之间的权利义务，与嘉晟公司之间的商品房买卖合同关系并非同一法律关系，且周某箭是否向案外人物业公司预存或清缴物业费亦与其接收涉案商品房的合同权利不具有关联性。嘉晟公司以周某箭未交纳维修资金、契税、物业费为由，拒

---

〔1〕　参见最高人民法院中国应用法学研究所编：《人民法院案例选》2010年第4辑(总第74辑)，人民法院出版社2011年版，第151～152页。

绝按照合同约定向其交付涉案商品房,不具有关联性和对等性。故一审法院依据《合同法》第四十条之规定认定案涉合同附件四第四条无效正确。(3)关于违约金起算时间及数额确定的问题。嘉晟公司上诉称其已经通知周某箭交房,但周某箭在收到交房通知后未办理交房手续,嘉晟公司不构成违约。对此,本院认为,嘉晟公司对其已采取书面抑或其他方式通知周某箭收房的主张应提供相应的证据,在嘉晟公司未提供充足的证据予以证实的情况下,应当承担举证不能的后果,故嘉晟公司应承担逾期交房的违约责任。案涉合同第九条第二款约定"逾期超过60日的,自本合同第八条规定交付日期第60日之后至实际交付之日止,出卖人按日向买受人支付已交付房价款万分之二的违约金,合同继续履行",双方合同约定嘉晟公司应于2016年10月31日交房,嘉晟公司逾期交房应自2016年12月31日起向周某箭支付违约金至实际交房之日止(2021年3月12日),一审法院认定违约金起算时间为2016年11月1日不当,本院予以纠正。关于违约金数额确定的问题。虽双方合同约定违约金的标准为每日按已付房款万分之二计算,但嘉晟公司是以周某箭未能按照案涉合同附件四第四条约定支付相关费用为由拒绝交房,其主观上认为案涉合同附件四第四条为有效协议,故本案不能完全按照合同约定的标准计算逾期交房违约金,本院酌情将违约金标准调整为每日按已付房款万分之一计算,经过计算,嘉晟公司应向周某箭支付的违约金数额为52039.34元(209800元×4天×0.01%/天+339800元×1529天×0.01%/天)。综上所述,黄梅嘉晟置业有限责任公司的上诉请求部分成立,应予支持。判决:一、撤销一审民事判决;二、黄梅嘉晟置业有限责任公司向周某箭支付逾期交房违约金52039.34元;三、驳回周某箭的其他诉讼请求。[1]

中介人在未将打印合同交由买卖双方签字的情况下,自行在网上签约系统中将网上签约手续办理完备,违反了相关规定,其服务存在瑕疵,应将中介人的服务瑕疵作为违约金调整的考量因素。

【案例4-98】 王某诉敬某房屋买卖合同纠纷案

一审法院认为,王某与敬某签订的买卖合同及补充协议有效。买卖合同及补充协议中前后不一致之处,应以补充协议内容为准。网签合同未经王某、敬某协商一致并签字确认,不应作为规范双方权利义务关系的依据。合同履行中,双方因网络合同价格及首付款支付金额产生争议。因税费由王某承担,仅以敬某在2016年6月2日的纳税材料上签字,没有其他证据证实的情况下,无法证实敬某曾同意按45万元的价格办理网签手续。王某于2016

〔1〕 湖北省黄冈市中级人民法院(2022)鄂11民终746号民事判决书。

年6月17日将45万元存入建委资金监管账户，在办理时间和支付金额上均违反了双方合同约定，应属违约，但其逾期时间未超过15日，并在15日内要求敬某协助办理银行托管手续以履行自身义务，未构成根本违约。敬某仅享有主张逾期付款违约金的权利，无权解除合同，亦无权拒绝履行后续的协助义务。敬某以担心购房款项安全为由拒绝履行后续义务，无事实及法律依据。后王某提出未实质损害敬某获得房款利益的支付方案后，敬某仍拒绝履行配合义务并明确表示不出售房屋，构成违约。综上，法院对敬某主张的反诉请求均不予支持。考虑到王某逾期未足够支付房款的违约行为在先，敬某系在对合同条款理解偏差的情况下拒绝履行后续义务而存在违约行为，法院对违约金酌情予以判定。二审法院认为，王某未依约支付首付款的行为构成违约，但迟延付款后，其在15日内积极要求继续履行付款义务，因敬某原因导致逾期付款超过15日，故王某不构成根本违约，敬某不具有单方解除合同的权利，其拒绝继续履行合同的行为构成违约。法院将对一审判决主文第三项要求"协助王某办理上述房屋的产权过户手续"中的"上述房屋"予以明确。敬某的上诉请求不能成立，应予驳回；一审法院判决双方合同继续履行，敬某支付违约金的结果是正确的；一审判决主文存在笔误，法院予以纠正。[1]

违约金调整的类型化问题。在商品房买卖合同纠纷中，存在逾期付款、逾期交房、逾期办证三种主要违约行为，而就违约造成的后果而言，逾期办证相对于逾期付款、逾期交房，其后果往往比较轻微，也就是说通常购房人没有什么损失或者损失较小。绝大多数购买人买房的目的是自用，只有极少数是为了倒买倒卖。《房屋买卖合同解释》关于开发商违约金的承担没有根据两种购房情形的不同作区分，也没有对逾期付款、逾期交房作区分，其"一刀切"的规定，并不符合客观实际。从公平原则出发，法官在处理具体案件时应根据案件不同作出不同判决，即对逾期办证违约金的调整幅度要比逾期付款、逾期交房违约金小，在逾期办证违约金的调整中再区分自己居住与专门倒卖两种情形。就逾期办证违约金数额的确定而言，没有必要必须按《房屋买卖合同解释》第十四条规定计算损失，而是可以区分不同案件情况作出不同判决。在没有特殊约定的情况下，若购房人按逾期罚息主张损失，但涉及诸多群体，法官应灵活处理。如果购房人不能证明其损失的存在，则可以在法定罚息范围内下调损失数额，因为若按法定罚息足额判决，开发商往往难以承受。况且，购房人购房仅为满足居住之需要，逾期办证几乎没有给其带来损失，开发商却会因此而承担沉重的法定罚息责任，可见损失和责任极

---

〔1〕参见国家法官学院案例开发研究中心编：《中国法院2019年度案例》（合同纠纷），中国法制出版社2019年版，第45～46页。北京市第一中级人民法院（2017）京01民终字第7731号民事判决书。

不对称。

3. 未约定计算方式时违约金的确定问题

房屋买卖合同没有约定逾期付款违约金或者该违约金的计算方法，出卖人以买受人违约为由主张赔偿逾期付款损失的，法院可以全国银行间同业拆借中心贷款市场报价利率计算。

【案例4－99】 泰州金鹰天地投资管理有限公司与夏某某、赵某某房屋买卖合同纠纷案

二审法院认为，关于逾期付款违约赔偿责任的计算方法，《买卖合同解释》第二十四条第一款规定："买卖合同对付款期限作出的变更，不影响当事人关于逾期付款违约金的约定，但该违约金的起算点应当随之变更。"因双方在房产转让协议中关于违约付款的责任约定为："乙方（夏某某）如期满不能支付的，给予90天的周转期，周转期内乙方每日按欠付房款的万分之二点五支付利息。"故该逾期付款违约金的约定仍然适用，只是该违约金的起算点应发生变更，故赵某某应首先从2013年1月1日起承担三个月周转期内的约定利息。对于之后的违约赔偿责任计算方法，因双方未约定，根据《买卖合同解释》第二十四条第四款的规定，原审法院认定赵某某应以中国人民银行同期同类贷款基准利率的150%为标准向金鹰公司承担周转期满后逾期还款的违约赔偿责任，亦无不当。[1]

合同未对违约金计算方法进行约定时，开发商的违约责任承担问题。在有些情况下，法官应根据开发商某项违约行为的性质、程度区别确定。例如，房屋空间的缩水致使房屋的使用价值受到影响时，受影响程度的认定应取决于空间缩水的程度。法官在裁量时为避免自由裁量权的滥用，应选择一种可量化的、社会大众能接受的、有理有据的标准来确定损失的具体数额。应将房屋缩小的比例视为购房人的损失，以此比例计算缩水部分的违约金数额。

【案例4－100】 张某元诉菏泽时代置业有限公司商品房销售合同纠纷案

一审法院认为，合同约定层高3米，交付房屋实际层高2.8米。法院认为，张某元有权要求支付违约金，但是双方就违约金数额和计算方法并没有约定，张某元作为房屋使用者因此遭受的损失具体数额如何计算，亦无相关法律规定。本院认为，公平、等价有偿是民事主体在从事民事活动中应遵循的基本原则，根据菏泽时代置业有限公司违约的程度，以层高减少的幅度所体现的房屋价值作为违约金计算的依据，是最为适宜的衡量违约责任的标

---

〔1〕 江苏省高级人民法院（2014）苏民终字第0090号民事判决书。

准。故应当按照张某元已付房款总额乘以房屋面积减少比例确定违约金数额,由菏泽时代置业有限公司给付张某元违约金31838.53元[477578元×(0.2×105.39/3×105.39)]。[1]

房屋买卖合同解除后,合同未约定违约金的,可参照房屋差价损失确定违约金。

【案例4－101】　陈某玲诉周某兰、许某德房屋买卖合同纠纷案

一审法院认为,因陈某玲未能按合同约定按期缴纳银行按揭贷款,其行为已构成违约,故陈某玲应支付周某兰、许某德相应的违约金。协议解除后,周某兰、许某德应补偿陈某玲对价为:房产估价517918元－尚欠按揭贷款42046.95元－周某兰缴交银行按揭贷款5414.8元－违约金。因陈某玲与周某兰、许某德对违约金没有明确约定,故违约金应当相当于因陈某玲未按期缴纳银行按揭贷款所造成的损失。该损失应参照周某兰、许某德已缴交银行按揭贷款5414.8元及协议解除后需缴交银行按揭贷款42046.95元所对应的房屋增值部分来确定。根据公平原则和诚实信用原则,可以酌情确定陈某玲应支付周某兰、许某德违约金75000元。[2]

关于参考民间借贷利率作为调整基数的问题。实践中,一些法院将逾期付款所造成的损失视为可预见的利益损失,应以合法民间借贷的可得利息为限较为合理,即原以《民间借贷规定》中规定的民间借贷利率不超过合同成立时一年期贷款市场报价利率四倍为限,现可按修订后的《民间借贷规定》第二十五条规定的全国银行间同业拆借中心贷款市场报价利率执行。

【案例4－102】　卢某峥等诉韦某等房屋买卖合同纠纷案

一审法院认为,本案双方约定的违约金为日千分之五,换算后为年182.5%,按此计算违约金已高达近百万元,显然过分高于原告可预见的合法利益损失,而逾期付款所造成的损失应为可预见的利益损失,应以不超过合法民间借贷的可得利息为限较为合理,即以《民间借贷规定》规定的民间借贷利率不超过年利率24%为限。后原告在提起诉讼时,已自行将请求被告支付违约金的额度调整为100000元,该请求未超过上述违约金幅度限制,符

〔1〕参见国家法官学院案例开发研究中心编:《中国法院2015年度案例》(房屋买卖合同纠纷),中国法制出版社2015年版,第35页。

〔2〕参见国家法官学院、最高人民法院司法案例研究院编:《中国法院2020年度案例》(房屋买卖合同纠纷),中国法制出版社2020年版,第217页。福建省安溪县人民法院(2017)闽0524民初5010号民事判决书。

合法律规定。[1]

4. 双方违约的处理

在房屋买卖合同履行中,双方当事人都有违反合同的情况,应当各自承担相应的责任。在双方过错相当,不能确定双方过错大小的情况下,应判决各自承担对半责任,以便公平保护双方当事人的利益。责任大小是由法官行使自由裁量权确认的。

【案例4-103】 黄某洪诉浙江天鸿房地产集团有限公司等房屋买卖合同纠纷案

一审法院认为,原、被告签订的认购书具备了《商品房销售管理办法》第十六条规定的《商品房买卖合同》的主要内容。第三人吕某良、章某君与被告天鸿公司签订房屋买卖合同后,被告已将房屋交付给第三人,第三人取得房屋之后对房屋进行了装修并入住使用。在此情况下,原、被告签订的认购书实际履行已不可能,原告黄某洪的履行合同请求权已转化为损害赔偿请求权。该请求权应以填补原告所受损害及所失利益为限,而不能仅限于认购书约定的违约金赔偿,房屋升值造成的原告可期待利益损失,应列入赔偿范围。本案中,被告作为诉争房屋所有权人及工程款付款方对认购书约定的第三方工程款抵扣房款负有主动履行义务,在第三方能否代为履行发生争议后,被告未通知原告解除合同,亦未通知原告补齐购房款,即与第三人吕某良、章某君签订《商品房买卖合同》,将认购书约定的房屋出售给第三人,属违约行为。原告在核减后工程款是否能足额抵扣认购书约定的购房款时,作为工程项目经理,未尽到合理的注意义务,致认购书不能实际履行,自身亦存在过错,可依法减轻被告的赔偿责任。综合本案审理的实际情况,原告自行承担责任比例以50%为宜。二审法院认为,原审判决综合本案实际情况,结合两上诉人违约情况,判令天鸿公司向黄某洪承担违约责任,黄某洪自负50%的损失具有事实和法律依据。原审判决认定事实,适用法律正确。判决:驳回上诉,维持原判。[2]

【案例4-104】 刚某诉张某筠房屋买卖合同纠纷案

一审法院认为,该合同中未明确约定过户和支付首付款的先后顺序,刚某和张某筠应当同时履行各自的义务。现双方均未按照合同约定履行,应当

---

〔1〕 参见国家法官学院案例开发研究中心编:《中国法院2017年度案例》(房屋买卖合同纠纷),中国法制出版社2017年版,第222页。

〔2〕 参见国家法官学院案例开发研究中心编:《中国法院2012年度案例》(房屋买卖合同纠纷),中国法制出版社2012年版,第49~50页。

各自承担相应的责任。故刚某主张双倍返还定金的诉讼请求,本院不予支持。张某筠要求刚某支付违约金的诉讼请求,本院亦不予支持。双方主张解除合同,本院对此不持异议。[1]

如果双方的违约行为均是合同不能顺利履行的原因,则双方理应各自承担损失。尽管双方当事人在合同履行过程中均有违约行为,但这并不影响合同的继续履行。

【案例4-105】 张某德诉马某辉房屋买卖合同纠纷案

二审法院认为,因双方在付款补充协议中明确约定马某辉出售的房屋,净得价款163万元,结合双方因税款产生争议的事实,张某德要求马某辉承担税费的行为,已构成违约,其应承担相应的违约责任。马某辉要求增加6万元房款,缺乏事实和法律依据,故马某辉的行为亦构成违约。现张某德、马某辉的违约行为,是合同不能顺利履行的原因,双方理应各自承担相应的不利后果。尽管双方当事人在合同履行过程中均有违约行为,但这并不影响合同继续履行。[2]

5. 违约责任约定的撤销

关于违约责任约定的撤销问题。双方当事人在合同中对违约责任进行了约定,如果约定违约金与实际损失相比显失公平,则合同当事人可以请求法院予以调整,而不是撤销合同约定的违约责任条款。换言之,违约责任的约定不存在可撤销情形的,合同一方请求撤销违约责任约定的诉求不受法院支持。

【案例4-106】 梁某生、李某华诉重庆骏伟置业有限公司商品房买卖合同纠纷案

一审法院认为,本案中的《谅解备忘》本质上是梁某生、李某华与重庆骏伟置业有限公司对《重庆市商品房买卖合同》约定的违约责任的变更,而非合同权利义务本身,不存在可撤销的法律后果。具体而言,合同权利义务是合同当事人欲获得主要利益的合意;违约责任是针对违反合同义务的救济措施,既非合同义务本身,也非合同权利本身。具体至本案而言,梁某生、李某华与重庆骏伟置业有限公司双方争议的内容,即5586元物管费和21417元违约金,均属违约责任范畴,而非合同权利义务本身。梁某生、李某华与重庆

---

〔1〕 参见国家法官学院案例开发研究中心编:《中国法院2012年度案例》(房屋买卖合同纠纷),中国法制出版社2012年版,第71页。

〔2〕 参见国家法官学院案例开发研究中心编:《中国法院2016年度案例》(房屋买卖合同纠纷),中国法制出版社2016年版,第149~150页。

骏伟置业有限公司双方签订的《谅解备忘》，本质上是二者对《重庆市商品房买卖合同》约定的违约责任的变更。而且按照法律规定，在合同签订时，如合同当事人在合同中约定的双方权利义务显失公平时，人民法院可依据当事人一方的请求对合同权利义务进行变更或者撤销；至于违约责任，根据《合同法》第一百一十四条的规定，如果违约责任与实际损失相比有失公平，则合同当事人可请求法院予以调整，而不存在可撤销的法律效果。所以梁某生、李某华与重庆骏伟置业有限公司之间违约责任的变更，不存在可撤销的法律效果。判决：驳回梁某生、李某华的诉讼请求。[1]

6. 违约金调整的限制

合同解除后达成的协议涉及的违约金调整问题。如果双方当事人签订的退房协议中，明确记载了退房原因、违约金的支付、办理退房的方式、双方所签原购房合同解除的时间以及原购房合同解除后双方的相关权利和义务等系列内容，且现退房协议约定的内容已经履行完毕，又未有证据证明当事人在签订退房协议时针对购房款利息、租金、房屋价值上涨等损失问题保留了后续权利，那么购房人再主张调整违约金的，法院一般不予支持。

【案例4－107】 王某强诉北京金兰甫房地产开发有限公司商品房预售合同纠纷案

二审法院认为，王某强在金兰甫公司违约行为发生后，已与金兰甫公司达成《退房协议》，对双方解除原购房合同的原因及违约责任等事宜进行了约定，现王某强以金兰甫公司依据《退房协议》所支付的违约金25909.72元数额过低，不足以弥补自己的损失为由，要求增加违约金数额，显然不符合法律规定。因此，王某强的该项请求，因缺乏依据，本院难以支持。鉴于此，本院认为无须启动评估程序对王某强主张的重新购房所受到的房屋涨价损失进行评估。故对于王某强提出的评估申请，本院不予支持。从《退房协议》的约定、涉诉房屋的商品房预售登记的解除时间，以及王某强发函催促金兰甫公司返还购房款及支付违约金等情况判断，金兰甫公司确存在逾期履行《退房协议》约定的返还购房款及支付违约金等义务的行为，原审法院判决金兰甫公司以王某强已付购房款为基数按照中国人民银行同期贷款利率向王某强支付自2014年9月20日起至2015年2月17日止的利息，处理正确，本院予以确认。综上所述，原判正确，应予维持。王某强的上诉请求，理由不

---

〔1〕 参见国家法官学院案例开发研究中心编：《中国法院2013年度案例》（房屋买卖合同纠纷），中国法制出版社2013年版，第13～14页。

成立，本院不予支持。[1]

合同解除后，对于双方当事人在自愿基础上达成的损失赔偿金额条款，除存在无效或撤销的情形外，一方当事人以数额过高或过低为由请求调整的，法院不应予以支持。

【案例4－108】 合肥市明利房地产开发有限公司与甘某生、胡某科商品房买卖合同纠纷再审案

最高人民法院认为，关于应否调整赔偿协议中约定的赔偿金数额的问题。依法成立的合同，对当事人具有法律约束力。明利公司与甘某生、胡某科在赔偿协议中明确约定明利公司赔偿甘某生、胡某科购房损失3250万元，该款项属于约定的损失赔偿金。二审中，甘某生、胡某科提交了其购房损失客观存在的相关证据，相反明利公司未能提交证据证明赔偿协议约定的赔偿过分高于甘某生、胡某科的购房损失。二审判决依据赔偿协议的约定，判决明利公司承担相应的赔偿责任，有合同依据。明利公司申请再审称赔偿协议是关于违约金的相关约定，甘某生、胡某科的损失仅限于购房款的同期银行贷款利息，法院应依《合同法》第一百一十四条第二款的规定调整赔偿协议中约定的损失赔偿数额，明利公司该主张没有事实和法律依据。[2]

商事合同中违约金调整的限制问题。商事主体在订立合同时基于理性和自愿平等的考虑，理应对违约损失有相对科学的预设，这也符合商品的等价交换原则。因此，若合同当事人系商事主体，在违约方未能提供违约金过高的证据的情况下，法院应推定违约金数额与违约损失相当，对违约金不宜过多进行干预，原则上不予调整。委托代理销售合同中一方违约导致合同解除的，应慎重适用违约金调整规则，并将预期利益等纳入考量范围。

【案例4－109】 上海丽仁行房地产经纪有限公司诉无锡捷运房地产有限公司商品房委托代理销售合同纠纷案

一审法院认为，关于调整违约金的问题，首先，双方约定丽仁行公司向捷运公司提供营销策划服务，并进行销售代理，虽然丽仁行公司提供的工作联系单不能证明其营销策划服务的价值以及因此产生的损失大小，但能证明其确已进行了前期的营销策划服务。丽仁行公司在合同解除后的可得利益具有不确定性，而客观上其也不可能举证证明其可得利益损失的大小，考虑到在2014年1月4日至3月8日其取得的销售代理费高达40989603元，且远

---

〔1〕 参见国家法官学院案例开发研究中心编：《中国法院2017年度案例》（房屋买卖合同纠纷），中国法制出版社2017年版，第19页。

〔2〕 最高人民法院（2013）民申字第1714号民事裁定书。

超合同约定的阶段考核任务,如代理合同顺利得到履行,丽仁行公司的可得利益应是相当可观的。因此,在捷运公司未能提供让一般人对违约金公平性产生合理怀疑的初步证据的情况下,其违约金过高的抗辩意见缺乏合理性,难以获得法律支持。其次,本案中的合同主体都为商事主体,交涉能力相当,法院不应过多干涉双方对违约行为所产生损失的预设,本案中的500000元违约金无法认定为超出双方对违约所产生损失的预见范围。综上,本院对捷运公司提出的违约金过高并要求调整的抗辩意见不予采纳。捷运公司应当按照合同约定支付丽仁行公司违约金500000元。二审法院认为,原审法院判决捷运公司按合同约定承担违约责任并无不当。[1]

7. 违约金适用损益相抵规则的问题

《买卖合同解释》第二十三条规定:买卖合同当事人一方因对方违约而获有利益,违约方主张从损失赔偿数额中扣除该部分利益的,人民法院应予支持。该条是关于合同中损益相抵规则的规定。损益相抵,是指受害人基于损失发生的同一原因而获得利益时,应在其所得的损害赔偿额中,扣除相应的利益。损益相抵规则属于赔偿责任范围的确定问题,是限定违约损害赔偿的一项规则,而非两个债权相互抵销,因而不适用债的抵销规则。[2] 损益相抵,是确定受害人因对方违约而遭受的"净损失"的规则,是计算受害人所受真实损失的规则,而不是减轻违约方本应承担责任的规则。[3] 对于违约金是否可适用损益相抵规则的问题,实践中有不适用和适用两种观点。有法官认为,判断违约金过高或过低的依据是受害一方的实际损失。如果受害人因合同未履行而获取相关利益,可以在确定违约金时适用损益相抵的规则。[4] 最高人民法院法官认为,在合同当事人约定有违约金的支付方式或计算方法时,尤其是当约定的违约金过分高于违约金造成的损失时,并不排除损益相抵规则的适用。这是民法上损害赔偿责任通常具有的补偿性之要求,是避免任何一方当事人取得不当得利的体现,也是民法中的公平原则之反映。[5]

---

〔1〕 参见国家法官学院案例开发研究中心编:《中国法院2017年度案例》(房屋买卖合同纠纷),中国法制出版社2017年版,第230页。

〔2〕 参见曾世雄:《损害赔偿法原理》,中国政法大学出版社2001年版,第663页。

〔3〕 参见崔建远:《合同责任研究》,吉林大学出版社1992年版,第218页。

〔4〕 参见李玉林:《合同纠纷前沿问题审判实务》,中国法制出版社2014年版,第89页。

〔5〕 参见最高人民法院民事审判第二庭编著:《最高人民法院关于买卖合同司法解释理解与适用》,人民法院出版社2012年版,第483页。

8. 违约行为持续状态下违约金的调整问题

违约行为是持续状态，违约方未及时停止违约行为的，虽然守约方分段主张过违约金，但为促使违约方停止违约行为，违约方仍应支付相应违约金。在案例4－110中，违约方主观过错明显，守约方没有过错，虽然违约方因同一违约行为累计承担的违约金数额已近合同总价款的1/2，但尚未达到须由法院依申请予以适当减少的过高程度。也就是说，对违约方的同一违约行为，守约方可以分阶段起诉主张违约金，法院支持守约方的再次起诉。对迟延履行的违约金累计是否应予限制，应视具体情况而定。如果无限累计违反违约金系对赔偿损失额的预定的性质，不符合违约金过分高于实际损失时应当予以减少的精神，就不得无限累计，对守约方再次主张的违约金应予以调整。反之，就不宜限制违约金的累计，此时自然就无须对守约方再次主张的违约金予以调整。

【案例4－110】　韩某诉某房地产公司商品房预售合同纠纷案

二审法院认为，本案中，卖方未提供其不应继续承担违约责任的事实和法律依据，卖方违约行为已经生效判决认定，且该违约行为仍处于持续状态，其上诉请求依据不足。本案中，卖方虽已将房屋交付给买方，但因买受人未享有涉案房屋所有权，其行使处分权受限，买受人不能处分房屋且尚须承担因迟延履行其他债务导致的不利益。卖方作为专业房地产开发企业，对超规划建设可能导致相关手续办理困难明知，但其为追求利益仍超规划建设，以致不能向买受人履行义务，主观过错明显；而韩某作为守约方，已依约履行相应义务，行为无过错。双方经协商，自愿订立《补充协议》，某房地产公司作为开发企业，在缔约过程中本身处于优势地位，对违反协议的法律后果具有较高预知与预见力。且生效判决已综合考虑买受人入住房屋的事实及违约方的违约行为对守约方造成的实际影响等因素，相应调整了双方约定的违约金计算标准。经综合衡量，卖方因同一违约行为累计承担的违约金数额虽已近总房款的1/2，但尚未达到须由人民法院依申请予以适当减少的过高程度。上诉人韩某的上诉请求于法有据，法院予以支持。综上所述，原审法院判决认定事实清楚，但适用法律欠妥，法院予以纠正。判决：某房地产公司给付韩某自2014年4月11日起至2015年7月22日止的违约金286935元。[1]

9. 违约方自愿支付违约金后又请求调整的问题

关于违约方在自愿支付违约金后能否请求调整的问题，现行法律和司法解释

---

〔1〕 北京市第三中级人民法院(2016)京03民终字第719号民事判决书。

未有规定。有学者认为,自愿支付违约金的债务人嗣后又以违约金过高为由请求酌减,似有前后矛盾之嫌,以诚实信用原则衡之,难谓正当。非出于自愿而支付者,如有欺诈、胁迫、重大误解等情事,应由其他机制解决。但是,如果是违约前提供的给付在违约后依约定转化为"违约金",典型者如分期付款合同中出卖人得保留买受人违约前已付款项,性质上更接近于失权约款,则不应在司法酌减问题上予以区别对待,至少可以类推适用。[1]

10. 违约金与定金同时适用的限制问题

根据当事人意思自治原则,当事人在订立合同时,可以约定违约金,也可以约定定金。但是,根据《民法典》第五百八十八条的规定,违约金和定金不能同时适用,即一方违约时,对方可以选择适用违约金条款或者定金条款,不能既请求支付违约金又请求执行定金罚则。应注意的是,《民法典》第五百八十八条规定的择一适用的原则,针对的是同一违约行为,如果双方当事人在合同中针对不同违约行为分别作出了定金和违约金的约定,在一方存在以上所述的不同行为时,守约方依然可根据合同的约定分别主张定金和违约金。

【案例4-111】 邓某诉孔某能房屋买卖合同纠纷案

二审法院认为,本案双方当事人在合同违约责任中既约定不得退回已支付定金,又约定支付违约金10万元,该约定违反法律规定。故原审法院判决驳回邓某请求返还10万元定金诉讼请求的同时又判决邓某支付孔某能违约金10万元,属适用法律错误。邓某不履行合同约定的债务,无权要求返还定金;对孔某能要求另行支付10万元违约金的反诉请求,不予支持。据此判决:撤销原审判决邓某支付孔某能违约金10万元判项。[2]

不过,司法实践中有的法院将定金作为调整违约金数额的依据之一,在考虑守约方已支付定金数额的情况下,对合同履行情况等其他因素予以综合考量,酌情确定违约金数额。换言之,判决中会同时出现违约方返还定金和承担违约金的判项。

【案例4-112】 侯某佳诉张某房屋买卖合同纠纷案

一审法院认为,现侯某佳依据合同约定要求解除合同,有事实和法律依据,且张某当庭亦表示同意解除,故法院对侯某佳该请求依法予以支持。侯某佳要求返还50万元,有事实和法律依据,且张某当庭亦表示同意,故法院

---

〔1〕 参见姚明斌:《违约金司法酌减的规范构成》,载《法学》2014年第1期。

〔2〕 参见最高人民法院中国应用法学研究所编:《人民法院案例选》2011年第2辑(总第76辑),人民法院出版社2011年版,第127页。

对侯某佳该请求依法予以支持。关于违约金,侯某佳依据合同约定的违约金计算方式主张违约金,有合同依据。侯某佳主张其实际损失系房屋升值损失,亦有事实依据,故法院对此请求依法予以支持。一审判决被告返还购房定金50万元、赔偿违约金1314000元。二审法院认为,合同解除后,张某应向侯某佳返还定金50万元。合同的附件及《补充协议》均是合同的组成部分,故张某违反《北京市存量房买卖合同(经纪成交版)》附件和《补充协议》的约定,亦应按照合同约定的违约金计算方式支付相应的违约金,一审判决结合合同违约金条款的约定及房屋升值损失,确定相应违约金数额并无过高,对此法院予以维持。张某上诉主张不应按照合同的违约金条款来计算违约金数额,依据不足,法院不予支持。二审法院维持一审判决。[1]

---

〔1〕 参见国家法官学院案例开发研究中心编:《中国法院2019年度案例》(房屋买卖合同纠纷),中国法制出版社2019年版,第188～189页。北京市第三中级人民法院(2017)京03民终5207号民事判决书。

三、房屋买卖合同违约损失赔偿的处理

(一)违约损失赔偿范围

根据《民法典》的相关赔偿规定,均是认定为房屋买卖合同赔偿范围依据。《房屋买卖合同解释》第九条、第十条、第十三条、第十五条、第十七条、第十九条均规定房屋买卖合同的赔偿,亦应作为此类合同赔偿范围。

损害赔偿发生的情形在实践中可分为两大类,一是违约责任中的损害赔偿,二是缔约过失责任中的损害赔偿,二者有所区别。在司法实践中二者的区别主要体现在利益赔偿范围上。违约损害赔偿通常要求赔偿期待利益的损失,包括实际损失与可得利益损失,并以可预见性规则为限制,目的在于使合同违约行为受害方的利益达到合同如完全履行一样的状态。缔约过失责任中,当事人只能根据信赖利益的损失要求赔偿,旨在使受害方因信赖合同履行所支出的费用得到补偿。二者相比,在实践中违约损害赔偿的情形较多,问题也较为复杂。

实际损害赔偿范围问题。当事人一方不履行合同义务,或者履行义务不符合约定和法律规定,给对方造成损失的,应完全弥补对方损失,但不得超过违反合同一方在订立合同时已经预见到或者应当预见到的直接因违约造成的损失。有学者认为,前款规定的损失,不仅包括现有财产的减少,也包括合同履行后可以获得的利益。在非商业合同中,违约方给对方造成精神损失,也应赔偿。[1] 笔者持赞同意见,因为前述损失范围体现了完全补偿原则、可预见规则、违约范围上的因果关系,并将违约精神损失赔偿也纳入其中。换言之,在一般情况下,损失赔偿的补偿性要求赔偿额与实际损害相符合,但并不一定绝对相等。赔偿损失以赔偿当事人遭受的全部损害为原则,既包括直接损失又包括间接损失,其目的就是使当事人的利益恢复到合同订立前的状态或者恢复到合同能够得到严格履行的状态。

1. 守约方可得利益损失赔偿

《民法典》第五百八十四条规定可得利益损失赔偿规则。房屋买卖合同中,

---

〔1〕 参见刘延华:《违约责任制度研究——法经济学视角》,法律出版社 2015 年版,第 218 页。

一方违约会造成另一方订立合同的目的落空,使另一方期待的合同利益无法实现。房屋买卖与其他买卖合同不同的一个特点在于,守约方如要达到合同履行后的利益状态,必然要以当前市场价购入或卖出房屋。由于房地产市场是波动的,当前房屋市场价和订立合同时双方约定的房屋价款之间存在差价。这种差价就是守约方的期待利益损失,也是合同双方在订立合同时应该能够预见到的。因此,守约方主张可得利益损失的,应予支持。最高人民法院民一庭认为,在有效的房屋买卖合同履行过程中,出卖人拒绝履行合同,导致买受人需要另行购买相似的房屋,则其需要支付的另行购房成本就同其之前签约的购房成本之间存在明显的价值之差,此种房屋差价是违约方的违约行为造成的,可以作为守约方所遭受的损失。当然,如果人民法院能够认定约定的违约金低于造成的损失,则可以适用《民法典》第五百八十五条第二款及相关司法解释的规定,对违约金予以调整,以房屋差价作为非违约方的损失,由违约方予以赔偿。[1] 也就是说,在房价上涨的情况下,出卖人违约导致合同不能履行或者出卖人的缔约过失导致合同无效,均会使买受人不可能再以同样的价格购买到同等地段同等面积的住房。由于房价上涨,卖房人违约导致合同解除时的房屋价值与签订房屋买卖合同时的房屋价格之间存在差额(房屋差价),这属于出卖人违约使买受人遭受的经济损失,这种经济损失是违约行为造成的实际损失,应由出卖人进行赔偿。

【案例4-113】 吴某、陈某诉晋某、钟某房屋买卖合同纠纷案

一审法院认为,对于原告吴某、陈某要求解除双方签订的《房屋买卖合同》及双倍返还定金的诉讼请求,有事实和法律依据,本院予以支持。依据《买卖合同解释》第二十八条规定,本案中原告吴某、陈某与被告晋某、钟某签订买卖合同的房屋单价为4674元/平方米,由于二被告的原因房屋交易最终不能成就,而目前该地段同类型房屋的成交均价为每平方米5500元,故对该部分差价损失二被告也应承担赔偿责任,但赔偿损失的数额与定金的总额不应超出原告因此次违约造成的实际损失。[2]

【案例4-114】 赵某明诉吕某军房屋买卖合同纠纷案

二审法院认为,房屋差价损失属于合同履行后守约方的预期可得利益损失,属于违约损失的赔偿范围,故赵某明请求赔偿房屋差价损失,应予支持。民事赔偿责任应遵循损失填平原则,按照2017年9月7日的房屋市场价计

---

〔1〕 参见最高人民法院民事审判第一庭编:《民事审判实务问答》,法律出版社2021年版,第104~105页。

〔2〕 参见国家法官学院案例开发研究中心编:《中国法院2019年度案例》(房屋买卖合同纠纷),中国法制出版社2019年版,第64页。四川省成都市青白江区人民法院(2017)川0113民初2196号民事判决书。

算的房屋差价损失,足以弥补赵某明因违约遭受的损失。依据2017年9月7日价值时点的房屋市场价确定房屋差价损失为35.79万元(107.79万元与72万元之差额)。对于赵某明房屋差价的损失请求,法院在违约金不足以弥补房屋差价损失的范围内支持28.59万元赔偿请求。一审判决所酌定的损失赔偿数额明显不足以填补守约方所遭受的实际损失,亦将使违约方因违约行为而获益,故法院以依法予以纠正。判决:一、维持一审判决第一项、第二项、第三项;二、撤销一审判决第四项、第五项;三、吕某军赔偿赵某明损失28.59万元;四、驳回赵某明的其他诉讼请求。[1]

房屋买卖合同因法院改判而最终解除的,房价差额为买受人的损失情况下,房价差额的时间点以法院判决时间为准。

【案例4-115】 邵某云诉董某趣房屋买卖合同纠纷案

一审法院认为,原告与被告于2017年7月19日签订的《房屋买卖合同》有效,原告已经履行相应合同义务,被告董某趣未能向原告交付案涉房屋,被告的妻子林某花已明确表示追回案涉房屋,原告与被告签订的上述房屋买卖合同无法继续履行的基础上,原告诉请解除合同,法院予以支持。原告主张被告董某趣赔偿其可得利益损失,于法有据。关于房屋价值评估的基准时间,原告已主张调整至浙江省高级人民法院判决时间,即其确认本案无法继续履行时间,相较于按主张合同解除的时间作为房屋价值基准时间而言,对被告有利,法院予以确认。原告主张被告赔偿可得利益损失208万元(294万元-86万元),于法有据,法院予以支持。至于原告主张被告以208万元为基数自2019年7月起年利率4.8%计算利息并无依据,法院不予支持,但该诉讼请求涵括的自起诉之日起的利息损失,法院予以支持,利率参照全国银行间同业拆借中心公布的贷款市场市场报价利率计算。判决:一、解除原告邵某云与被告董某趣于2017年7月19日签订的《房屋买卖合同》;二、被告董某趣赔偿原告邵某云损失208万元及利息;三、被告董某趣支付原告邵某云鉴定费1.05万元;四、驳回原告邵某云的其他诉讼请求。二审法院同意一审法院裁判意见,判决:驳回上诉,维持原判。[2]

当事人向对方当事人主张赔偿可得利益损失,其主张并不必然获得支持,还要受到可预见性规则、减轻损失规则、混合过错以及损益相抵规则的限制,法官应进行综合判断。《民法典》第五百九十一条规定了减损规则,这是实践中的常用

---

〔1〕 参见国家法官学院、最高人民法院司法案例研究院编:《中国法院2022年度案例》,中国法制出版社2022年版,第177页。北京市第二中级人民法院(2020)京02民终9383号民事判决书。

〔2〕 参见国家法官学院、最高人民法院司法案例研究院编:《中国法院2022年度案例》,中国法制出版社2022年版,第117页。浙江省温州市中级人民法院(2020)浙03民终5281号民事判决书。

规则。

【案例4-116】 陈某竹与辽宁省大连海川建设集团有限公司、辽宁省大连寰宇房地产开发有限公司房屋买卖合同纠纷再审案

关于海川公司应否赔偿陈某竹房屋增值损失的问题。最高人民法院认为,陈某竹此项再审主张不能成立。第一,案涉《房屋销售合同》的标的物系寰宇公司用以抵顶海川公司工程款的房屋,因寰宇公司亦非该合同的义务主体,陈某竹对案涉房屋交易可能发生的风险应有清醒的预判。第二,海川公司按约应在2004年9月1日前向陈某竹交付案涉房屋,寰宇公司也于2004年9月2日取得包括案涉房屋在内的开发项目的商品房预售许可证,此后,海川公司依约履行交付房屋并协助陈某竹与寰宇公司签订正式商品房销售合同等合同义务的期限均已届满。在海川公司已经构成违约的情况下,陈某竹已依法行使要求海川公司承担继续履行、赔偿损失等违约责任或者解除案涉《房屋销售合同》的权利。陈某竹主张在交房期限届满后,海川公司一再承诺能够协调寰宇公司与陈某竹签订商品房买卖合同并交付房屋,但并未提供相关证据。第三,按照陈某竹所述,其在2010年海川公司与寰宇公司诉讼后才知道案涉房屋已经被寰宇公司另行出售,即便截至当时,海川公司迟延履行合同义务也已将近6年。而陈某竹通过诉讼方式主张权利的时间,则为2012年。现陈某竹要求海川公司按照案涉房屋在2012年8月16日的市场价格赔偿房屋增值损失,但若其能够及时行使权利则该损失并非必然发生。亦即尽管海川公司存在违约行为,但该违约行为并不必然造成陈某竹所诉该项损失。陈某竹此项主张不符合《合同法》第一百一十三条规定的精神。第四,根据《合同法》第一百一十九条第一款的规定,在对方当事人违约甚至根本违约的情况下,当事人仍负有基于诚实信用原则的合同义务,即应采取适当措施防止损失的扩大,如果其没有采取适当措施致使损失扩大,不得就扩大的损失要求赔偿。第五,按照案涉《房屋销售合同》第9条约定,海川公司非因不可抗力原因未能按时交房,陈某竹有权按已付房款的日万分之一向海川公司追究逾期期间的违约金。根据二审判决,海川公司需承担陈某竹已付购房款150万元自2004年2月22日起至判决确定的给付之日止,按照中国人民银行同期同类银行贷款利率标准计算的利息,该民事责任已经高于海川公司按照合同约定所应承担的违约责任。综上所述,二审判决驳回了陈某竹要求赔偿其房屋增值损失886.98万元的诉讼请求,在认定事实和适用法律方面并无不当。[1]

---

〔1〕 参见最高人民法院民事审判第一庭编:《民事审判指导与参考》2014年第3辑(总第59辑),人民法院出版社2015年版,第215页。

2. 多发争议的损失范围的确定

房屋涨跌损失范围的确定,可以参照以下方式:双方对房屋差价有约定或事后达成一致的,应尊重当事人的意思自治,依照约定处理;双方不能协商确定的,原则上可比照最相类似房屋的市场成交价(首先是同幢相同楼层及房型;其次是相邻幢同楼层及房型;最后是相同区域内房屋)与买卖合同成交价之差额确定房屋涨跌损失,无最相类似房屋比照的,可通过专业机构评估确定房屋涨跌损失。上述方法中,专业机构评估是认定损失的最为客观的方法,也是司法实践中最常用的确定损失方法。认定损失的时间点应从保护守约方的利益出发,以守约方的请求为基础,结合合同约定的履行期限届满之日、违约方的违约行为确定之日以及审理中房屋的涨跌情况等,综合各种因素合理确定。需要注意的是,房屋差价损失的赔偿不仅适用于违约责任,也适用于缔约过失责任。如合同被撤销或确认无效,无过错的买受人丧失在房价较低时成交的机会,无过错的卖房人丧失在房价较高时成交的机会的,房屋差价损失赔偿也应支持。

开发商延期交付房屋是否造成房屋价值贬损及其贬损金额,是有争议的问题。

【案例4-117】 林某香诉盘锦建丰房地产开发有限公司房屋买卖合同纠纷案

一审法院认为,原告林某香交付房款和车库款后,被告建丰公司在无合同中约定的延期交房的理由、事实存在的情况下,未按合同约定在2007年12月30日前交付"24小时地下温泉水供给"的房屋,其行为系违约行为,被告应承担违约责任并应依法赔偿房屋贬损损失。被告在2008年8月15日通知原告接收房屋和领取车库钥匙,被告应按合同约定从2008年1月1日起至8月15日止支付已交付房款每日万分之一的违约金。被告拒不提供鉴定所需材料,致使原告购买的房屋是否存在贬损无法确定,结合同一时期、同一地点盘锦昆仑房地产开发有限公司高层6楼(无地下温泉水)每平方米单价2100元,而原告所购买的高层6楼每平方米单价2250元的实际情况,本院推定原告购买房屋因被告未按合同约定"24小时地下温泉水供给"贬损成立,每平方米贬损150元。关于车库的约定在合同附件三,应视为合同一部分,车库系房屋的配套设施,应与房屋一起交付,被告未与房屋一起交付,亦应承担支付违约金的责任。原告的诉讼请求有事实及法律依据,本院予以支持。[1]

---

〔1〕 参见国家法官学院案例开发研究中心编:《中国法院2012年度案例》(房屋买卖合同纠纷),中国法制出版社2012年版,第56~57页。

无权处分共有房产致买卖合同解除的,在计算房屋差价损失时,应综合考虑出卖人的可预见程度和买受人对诉讼结果的合理预期,如案例4-118中法官以不同意一方配偶到庭作出拒绝转让房屋之表示的时间作为计算房屋差价损失的时间节点,因诉讼继续而持续扩大的损失应由买受人自行承担。

【案例4-118】 赵某诉闫某房屋买卖合同纠纷案

二审法院认为,关于如何确定可得利益损失的范围问题。本案赵某主张的预期利益损失属于可得利益损失的范畴。就自减损规则来说,买受人赵某在明知或应知房屋买卖合同因共有产权人异议而无法继续履行的情况下,应及时采取措施防止损失扩大,否则,不得就扩大的损失要求赔偿。在第一次诉讼一审开庭时,闫某的配偶到庭明确表示不同意履行合同,在法律明确规定当共有人拒绝转移房屋所有权时合同继续履行不能的情形下,赵某作为理性的购买人,应对合同无法履行的诉讼结果具有合理预期。在此情况下,赵某可以通过解除合同、主张定金罚则、要求违约赔偿并进行替代房屋购买的方式维护自己的合法权益,而赵某未在合理期间内购买替代性的房屋,其对于此后房价上升的风险与损失应自行承担。本案中,赵某与中介公司在出卖人明确拒绝履行的情况下,自行依据之前签订的授权网上签约的手续办理了网签,对自身的后续购房造成了实际影响,对房价上涨的风险应承担主要责任。关于如何确定合理的评估鉴定时点问题。本案自2012年12月提起第一次诉讼到2015年4月第二次诉讼评估鉴定机构作出结论,房屋价格在诉讼期间已有较大幅度的增长,而诉讼的周期与此间房屋价格的涨幅均非当事人所能合理预见,即使违约方应承担违约责任,但对于其不能控制、不能预见的风险与损失应合理限制。而在第一次诉讼一审开庭时,闫某的配偶已明确表示合同未经其同意从而拒绝履行,导致合同不能履行,此时点应作为合同无法履行的确定时点,法院应以此时点作为评估房屋价值的时间,判断房屋的价值,要求出卖人对买受人的可得利益损失予以赔偿。而本案评估公司作出房地产估价报告时,距离前案一审开庭时间已两年有余,房屋价格的大幅上涨已超出了一般人的合理预期,一审法院以此估价结果作为确定赵某可得利益损失的依据明显不当。考虑到诉讼的周期以及重新鉴定的时间成本,在认定预期可得利益损失时,对涉案房屋的价值及合理升值部分不再予以重新评估鉴定,而是参考在合理的鉴定时点房屋升值的具体情况,综合考虑合同履行不能的过错及风险的负担、损失的可预见性及减损规则等因素,结合当事人合同违约及履行的具体阶段,以及赵某为合同履行仅支付了5万元定金的客观情况,酌定具体的赔偿数额。二审撤销一审判决,将闫某赔偿赵某预期损失的数额由70万元改判为30万元。[1]

一房两卖系由法院执行裁定错误衍生，在出卖人客观存在违约情况下，合同解除后出卖人应承担房屋差价损失。

【案例4－119】 苏某险诉建设公司房屋买卖合同纠纷案

一审法院认为，本案诉争房屋在被告取得前，已由Y公司出售给案外人张某国，后张某国通过司法诉讼及执行程序，将过户登记到原告名下的该房产取消登记而于2019年8月5日重新登记到张某国名下，导致原告丧失对诉争房屋的权利，双方签订合同的目的已不能实现，原告请求解除该合同，于法有据，予以支持，被告应退还原告已支付的购房款。原告于2011年11月2日按约支付购房款，诉争房屋于2019年8月5日依法转移登记的案外人名下，即使其获得了退还购房款，但该房产在2019年8月的价值已不同于2011年11月，经司法评估，诉争房产在2019年8月的价值为1061500元，扣除购房款差价为839435元，原告主张需弥补该差价损失，合情合理；合同依法解除，被告作为合同的相对方，房屋差价损失只能由被告赔偿原告。

二审法院认为，建设公司作为(2007)涪法执字第386－3号民事裁定书的当事人，在双方达成的执行和解书中明确不含夹层(包含本案案涉房屋)，其应当知晓双方实际底层房屋中并不包含案涉房屋，而将房屋出售给苏某险，该行为存在过错，由建设公司退还购房款及房屋差价损失，并无不当。判决：驳回上诉，维持原判。[2]

开发商在预售商品房时未告知购房人所购房屋内铺设有公共管道的，应承担违约责任。

【案例4－120】 李某诉房地产公司商品房预售合同纠纷案

最高人民法院民一庭意见为，虽然双方当事人订立的房屋买卖合同中未约定管道铺设内容，但根据《合同法》第四十二条第二款的规定，在订立合同过程中一方故意隐瞒与订立合同有关的这一事实或者提供虚假情况，给对方造成损失的，应当承担赔偿责任，故房地产公司应承担相应的赔偿责任。关于赔偿数额的确定，可以考虑房地产公司应告知而未告知的行为致使李某多支出的交易成本或者给李某造成的损失部分。[3]

---

〔1〕 北京市第三中级人民法院(2016)京03民终716号民事判决书。

〔2〕 参见国家法官学院、最高人民法院司法案例研究院编：《中国法院2023年度案例》(房屋买卖合同纠纷)，中国法制出版社2023年版，第248页。重庆市第三中级人民法院(2021)渝03民终1664号民事判决书。

〔3〕 参见最高人民法院民事审判第一庭编：《民事审判指导与参考》2008年第2集(总第34集)，法律出版社2008年版，第90～92页。

根据《房屋买卖合同解释》及相关规定,开发商因房屋质量不合格而承担的责任主要有维修、赔偿责任和退房责任。实践中,对开发商赔偿范围的确定是重点问题。

【案例4-121】 范某与沈阳市城建房地产开发有限公司商品房买卖合同纠纷案

二审法院认为,(1)交付使用的房屋存在质量问题,在保修期内,出卖人应当承担修复责任;出卖人拒绝修复或者在合理期限内拖延修复的,买受人可以自行或者委托他人修复。修复费用及修复期间产生的其他损失由出卖人承担。范某要求城建公司履行修复房屋的请求,符合法律规定,应予支持。城建公司主张其不应承担修复义务的主张不予支持。(2)关于双方争议的房屋租金损失问题,由于城建公司不履行修复义务,房屋存在渗、漏水问题,该房屋不经修复是不能正常使用的。从范某接收房屋之日至今,城建公司未尽到维修义务。《房屋建筑工程质量保修办法》第7条规定,在正常使用条件下,屋面防水工程、有防水要求的卫生间、房间和外墙面的防渗漏,最低保修期限为5年。虽然《房屋建筑工程质量保修办法》系约束开发商与施工单位的行政规章,但因购房者与施工单位不存在直接的法律关系,商品房的开发、销售单位应当对住宅质量承担保修和赔偿责任。因此,城建公司超过法定保修期仍不履行义务,导致范某不能使用系争房屋,因此产生的租金城建公司应予支付。(3)关于范某主张赔偿的费用:对于购房贷款及利息、维修基金、拆改保证金、预交水电费、有线安装费,因范某并不主张解除合同,故其为购买房屋而发生的费用,不在本案的损失范围内,城建公司无赔偿之义务;对于其主张的误工费、误餐费、取证时产生的胶卷、冲印、录制、刻盘、交通等费用因无法律依据,不予支持。[1]

赔偿修复费用与进行修复的支持顺序问题。《民法典》第五百八十四条规定的违约损失包括合同履行后可以获得的利益,即使损失并未发生但若能确定,在当事人请求赔偿时法官也应支持。其法理很明确,费用(损失)的赔偿并不以发生为要件,只要损失能确定即可。根据《房屋买卖合同解释》第十条规定,只要开发商未依约修复且房屋维修费用能够确定,法院就应支持赔偿修复费用,而无须等开发商拖延修复。

开发商出售的房屋,应同时保证房屋及屋内设施质量达标且验收合格,否则,因此造成损失的,开发商不能免责。无论开发商对损害结果是否有主观过错、屋内设施是否超过质量保证期限、房屋是否验收合格,开发商均不能据此不承担相

[1] 辽宁省沈阳市中级人民法院(2005)沈民(2)房终字第543号民事判决书。

应赔偿责任。

【案例4－122】 侯某诉北京中加伟业房地产开发有限公司房屋买卖合同纠纷案

二审法院认为，中加伟业公司向侯某所售房屋内的供暖设备防护涂层存在质量问题而导致侯某财产受损，中加伟业公司应予赔偿。故原审法院据此判决中加伟业公司按照鉴定结论赔偿侯某的财产损失及鉴定过程中所发生费用的处理符合法律规定，并无不当之处，本院予以维持。中加伟业公司对损害结果是否有主观过错以及暖气片是否超过质量保证期限，均不能免除其赔偿责任。另外，中加伟业公司关于暖气片的生产者应承担赔偿责任及暖气漏水系渗漏原因的主张，其可以另行主张，亦均不能据此对抗侯某依据房屋买卖合同向其提出的赔偿请求。综上所述，中加伟业公司的上诉请求缺乏法律依据，本院难以支持。据此判决：驳回上诉，维持原判。[1]

合同约定出卖人按现状交房，但出卖的房屋存在质量瑕疵的，出卖人仍应当承担损害赔偿责任。

【案例4－123】 应某诉周某萍房屋买卖合同纠纷案

二审法院认为，关于周某萍是否应向应某赔偿损失的问题。本案周某萍虽不存在故意隐瞒白蚁危害的情形，但其作为出卖人对涉案房屋质量仍负有瑕疵担保义务。虽然双方签订的《房屋买卖合同》约定按现状交付涉案房屋，但如上所述，涉案房屋确实存在质量瑕疵，且该白蚁危害属于隐蔽质量瑕疵，应某在使用过程中才能发现。根据《合同法》第一百五十五条的规定，本案周某萍仍需赔偿由此给应某造成的损失。至于赔偿数额，应某为灭白蚁危害已支出的防治服务费6250元，属于合理支出的必要费用，应由周某萍承担。关于应某主张的装修损失及租金损失问题。灭治白蚁完成后，应某势必需要对涉案房屋的受损部位进行重新装修，一审法院根据公平原则、诚实信用原则及日常生活经验，参考装饰公司的报价，酌情认定周某萍向应某赔偿其装修损失20000元，但就该部分损失，应某并未在一审提交该证据时予以证明，故已过举证期限，法院不予采纳。因白蚁灭治以及重新装修期间，应某一家确需另行租住，由此产生的租金损失属合理主张，一审法院予以确认并无不妥。考虑到白蚁的危害性以及灭杀时间，一审法院根据公平原则、诚实信用原则及日常生活经验，参考应某提供的《房屋租赁合同》约定的租金价格，依法酌定周某萍赔偿应某租金损失5000元于法不悖。对于应某主张的

〔1〕 参见国家法官学院案例开发研究中心编：《中国法院2015年度案例》（房屋买卖合同纠纷），中国法制出版社2015年版，第71页。

其他损失,没有依据,一审法院不予支持,法院予以维持。综上所述,一审判决认定事实清楚,适用法律正确,应予维持。上诉人应某、周某萍的上诉请求、理由均不成立,应予驳回。[1]

权利义务相一致原则应贯穿合同履行的始终。买受人以出卖人违反先合同义务的瑕疵行为来拒绝履行自己应承担的主要合同义务,属于不当行使履行抗辩权,应当承担相应的损害赔偿责任。也就是说,合同任何一方当事人在行使自己权利的时候要遵守适度性规则,行使权利超过适当限度将承担损害赔偿责任。

【案例4-124】 中国供销集团有限公司诉林某荣、华和信经纪公司房屋买卖合同纠纷案

二审法院认为,林某荣在缔约过程中存在瑕疵行为,违反了诚实信用原则和先合同义务,应承担相应的责任。中国供销公司对涉案别墅院落的实际大小产生了错误的认识,应归责于出卖人林某荣,而别墅院落的状况是影响别墅成交价格的因素之一,故其有权要求减少涉案别墅的相应价款。但是,在涉案别墅买卖合同履行过程中,中国供销公司以林某荣的该瑕疵行为来拒绝履行其根据合同约定应承担的后续办理过户和支付剩余房款的义务,则明显超过了必要的限度,属于不当行使履行抗辩权,亦应当承担相应的损害赔偿责任。一审法院根据本案的具体情形,在判断合同应当继续履行的前提下,对涉案别墅总价款所做的变更、确定的中国供销公司应当赔偿林某荣的损失金额,具有事实和法律根据,且最终的结果并未导致中国供销公司和林某荣之间利益失衡。中国供销公司关于一审判决过分减轻林某荣的违约责任、加重其责任的上诉意见,缺乏根据。二审法院维持一审判决中国供销公司赔偿林某荣损失250万元。[2]

当事人不及时履行法院生效的法律文书所确定的义务,应当承担因此给对方造成的损失。

【案例4-125】 凌某民、方某英诉朱某、雷某玲房屋买卖合同纠纷案

一审法院认为,本案中,朱某、雷某玲以16万元的价格将案涉房屋出卖给凌某民、方某英的这一事实已经生效判决确认,即双方之间关于案涉房屋的买卖关系合法、有效,合同当事人均应全面、积极履行合同义务。房屋买卖后,除应当将案涉房屋转移占有、使用外,还应变更产权登记。案涉房屋系拆

---

〔1〕 参见国家法官学院、最高人民法院司法案例研究院编:《中国法院2020年度案例》(房屋买卖合同纠纷),中国法制出版社2020年版,第84页。广东省广州市中级人民法院(2018)粤01民终17742号民事判决书。

〔2〕 北京市第三中级人民法院(2016)京03民初18号民事判决书,北京市高级人民法院(2017)京民终289号民事判决书。

迁安置房,在满足上市交易政策条件后,出卖方即应无条件配合买受方办理过户手续。凌某民、方某英称其向朱某、雷某玲主张过户的书面证据为(2017)苏0214民初3355号诉讼,但因该案件的原告系凌某芳,后经法院裁定驳回起诉,朱某、雷某玲不负有将房屋过户给凌某芳的义务。现有证据显示凌某民、方某英第一次向朱某、雷某玲正式提出过户要求为2018年1月通过诉讼形式向朱某、雷某玲提出过户请求,但朱某、雷某玲未予配合,致使凌某民、方某英经过一、二审程序直至2019年3月执行阶段才完成过户登记,较2018年年初办理过户,实际办证时土地收益等费用价格上调产生费用差额15893.8元,该部分费用系因朱某、雷某玲在凌某民、方某英提出过户主张后未能及时配合办理所致,故朱某、雷某玲应当承担相应损失的赔偿责任。判决:朱某、雷某玲赔偿凌某民、方某英土地出让金差额损失15893.8元。[1]

3. 缔约过失赔偿

缔约过失赔偿存在于合同未成立或无效情形之中,缔约过失责任的范围,最主要的就是信赖利益损失赔偿,但并不局限于此,同样存在完全性利益的赔偿。有学者认为,信赖利益损害也可以区别为所受损害和所失利益。[2] 赔偿信赖利益损失主要是使当事人能够恢复至缔约时的经济状态,故赔偿信赖利益损失系缔约过失责任的一种;而赔偿可得利益损失是为了使守约方达到合同履行后应得到的利益,系违约责任的一种。一般认为,可得利益不仅包括当事人为合同履行支付的费用和成本(信赖利益),还包括扣除该费用及成本后的利润,故信赖利益的赔偿数额不应大于合同有效时守约方的可得利益。《九民纪要》第三十二条、第三十三条规定了合同不成立、无效或者被撤销的法律后果及财产返还与折价补偿,明确了缔约过失责任应予赔偿和如何赔偿的问题。在关于《九民纪要》释义的书中法官将缔约过失责任确定为信赖利益损失,主要是缔约费用的损失。对信赖利益损失范围进行确定时注意以下几点:一是信赖利益损失限于直接损失;二是不能参照合同约定来确定信赖利益的范围;三是信赖利益不得超过履行利益;四是信赖利益损失属于财产损失,不包括人身损害或精神损害。[3] 第三十五条规定了损害赔偿。返还财产后当事人仍有损失的,可否同时请求损害赔偿,最高人民法院在对该纪要进行释义认为理论上可以,但实践中要避免双重受偿现象的

---

〔1〕 参见国家法官学院、最高人民法院司法案例研究院编:《中国法院2021年度案例》(房屋买卖合同纠纷),中国法制出版社2021年版,第93页。江苏省无锡市新吴区人民法院(2019)苏0214民初3065号民事判决书。

〔2〕 参见韩世远:《合同法总论》(第三版),法律出版社2011年版,第144页。

〔3〕 参见最高人民法院民事审判第二庭编著:《〈全国法院民商事审判工作会议纪要〉理解与适用》,人民法院出版社2019年版,第260~261页。

发生。[1]

在合同未依法成立的情况下,购房人的损失界定是疑难问题。购房人对于合同未能依法成立存在一定过错,但出卖人违背诚实信用原则将房屋卖给第三人,应承担缔约过失产生损失的全部赔偿责任。对开发商在广告、宣传资料中的不实承诺和说明亦应通过缔约责任予以处理。《房屋买卖合同解释》第三条把可列为合同内容的商品房销售广告内容仅仅限定为"商品房开发规划范围内的房屋及相关设施",但是,对于开发商就商品房规划范围之外的环境和公共设施进行的虚假宣传,即使未将其视为合同内容,也不等于开发商不承担任何责任。开发商的虚假宣传行为造成购房人损失的,根据《民法典》第五百条规定的缔约过失责任,开发商应承担相应赔偿责任,法院应支持购房人请求赔偿的诉求。

【案例4-126】 李某常诉赵某等房屋买卖合同纠纷案

二审法院认为,对于缔约过失责任的赔偿范围,应以缔约过失造成的实际损失为标准,包括造成的订约机会丧失而受到的损失。一审法院根据李某常在房屋买卖期间向梁平县农村信用合作联社(现为农村商业银行)贷款利率为月利率9.6‰,以及梁平县商业用房同期房屋价格大幅上涨等实际情况,酌情认定损失按照购房款3万元的资金利息计算,从2005年11月18日起至给付之日止按农商行同期贷款利率的4倍支付,该损失额的认定能恰当平衡双方当事人之间的利益。李某常上诉主张按照"名豪商贸区二幢二层1号房"或者赵某、丁某美一方可出售的房价上涨的幅度认定损失,该主张是指合同成立并生效后,通过债务人的履行行为债权人可以直接获得的利益,属于履行利益的范畴;赵某、丁某美抗辩称仅仅应当支持3万元购房款按照人民银行同期贷款利率计算损失,但该损失仅系李某常支付3万元购房款的孳息,在信赖利益超过该孳息损失的情况下,应以李某常主张的机会利益损失为准。本案并非民间借贷法律关系,一审判决适用《最高人民法院关于人民法院审理借贷案件的若干意见》第六条虽有不当,但是参照该规定确定的损失数额恰当,本院予以维持。因此,上诉人提出的上诉事实及理由均不能成立,虽然原审判决认定事实及适用法律确有瑕疵应予纠正,但裁判结果正常,二审予以维持。[2]

---

〔1〕 参见最高人民法院民事审判第二庭编著:《〈全国法院民商事审判工作会议纪要〉理解与适用》,人民法院出版社2019年版,第268页。

〔2〕 参见国家法官学院案例开发研究中心编:《中国法院2017年度案例》(房屋买卖合同纠纷),中国法制出版社2017年版,第152~153页。

【案例4－127】 王某元诉唐某义、北京我爱我家房地产经纪有限公司房屋买卖合同纠纷案

二审法院认为，本案争议焦点为唐某义应如何赔偿王某元的损失。生效判决已将《房屋买卖定金协议》认定为预约合同，并认定唐某义存在违约。在此基础上王某元要求解除《房屋买卖定金协议》，唐某义亦无异议，所以违约方唐某义应赔偿守约方王某元因此所受到的信赖利益损失。信赖利益损失包括所受损害和所失利益（当事人信赖合同有效成立而丧失另订其他有利合同的机会损失等）。王某元实际向唐某义支付定金10万元，所以王某元所受损害有支付10万元产生的利息损失及提起本案追索信赖利益损失而支出的诉讼费用及律师费用等合理支出。王某元所失利益应是另购房屋的机会损失，由于双方签订了预约合同，王某元对唐某义产生了信赖，事实上王某元也实地看房，唐某义却在履行中提出增加房屋价格，唐某义涨价的行为明显违背诚信行为，应让唐某义为其不诚信行为付出相应代价。关于信赖利益损失的数额。第一，唐某义将因不诚信行为履行合同获得巨大收益，从2016年1月10日确定的房屋价格与唐某义出售给王某元的房屋价格之差来看，该差价为154.42万元，这是唐某义以不诚信行为获得的利益，在计算王某元丧失另购房屋的机会损失时，应以此作为参考。第二，王某元的交易成本支出情况。王某元仅支出10万元，会产生相应利息损失，但王某元并未完全支付购房价，客观上并不会造成另购房屋因价款支付而出现不利局面。在考虑本案产生的诉讼费用、律师费用等合理成本时，交易成本以及实现应得利益额外支出的成本应作为在案参考。第三，王某元对唐某义履行合同有一定程度的信赖。一方面，王某元事先支付了10万元，而唐某义却在履行中提出涨价的请求，所以王某元有理由信赖唐某义不存在继续履行的障碍；另一方面，王某元就要求确定双方协议为房屋买卖协议并要求履行进行了诉讼，但唐某义另诉要求确认协议无效，导致王某元的信赖利益损失扩大，唐某义有一定的责任。综上，唐某义同意在双倍返还定金即返还王某元20万元的基础上，再赔偿王某元20万元，所以法院不对一审法院判决第二项进行调整。在考虑唐某义返还王某元20万元的基础上，根据公平原则和诚信原则并结合上述分析，酌情确定，唐某义再行赔偿王某元损失50万元。[1]

在确定缔约过失责任范围时，应注意确认双方当事人是否违反先合同义务，是否存在相应损失问题。

---

〔1〕 参见国家法官学院、最高人民法院司法案例研究院编：《中国法院2020年度案例》（房屋买卖合同纠纷），中国法制出版社2020年版，第107～108页。北京市第二中级人民法院（2018）京02民终466号民事判决书。

【案例4-128】　汪某生诉左某海、顺义区北石槽镇北石槽村村民委员会房屋买卖合同纠纷案

一审法院认为，本案的关键在于双方当事人是否违反了先合同义务，是否存在相应损失。首先分析一下本案当事人的先合同义务。对此可以从两个方面进行分析：一方面是左某海对于本案涉案房屋未获审批，所占土地亦未获集体土地使用权证之重要事实应属明知，却依旧将其出售，违反了诚实信用的先合同义务；另一方面则是作为购房人的汪某生对于涉案房屋权属及其合法性亦未尽审慎之注意义务；双方均存在相应过错，但是左某海之过错程度明显大于汪某生。再看由此产生的相应损失。本案中，汪某生的信赖利益损失主要是为履行该合同而产生的相应合理支出，其主张为装修费等；左某海之损失则主要为违建房屋被拆除后的建筑成本。但是造成该房屋被政府强拆的直接原因是该房屋在性质上属违章建筑；在建筑时间上，双方所签协议所出售的正房三间和西厢房三间房屋建造在先，双方签订合同在后，所出售的房屋是先建成后再行出售，该房屋亦非双方协议合作建造，汪某生是否购买所出售的房屋对于违章房屋被拆事件并无影响。在此种情形下，所出售的违建房屋被拆和汪某生的审慎注意义务之间并无相应因果关系，所出售房屋被拆的建筑成本损失并不属于缔约过失应予分担赔偿之范围。故左某海对于房屋被拆无法返还所导致的建筑成本损失，应自行承担。汪某生购买涉诉房屋后，对房屋进行装修并加盖了厢房。关于汪某生在本案中所主张的装修费用，鉴于汪某生自身亦未尽到相应的审慎注意义务，在缔约过程中亦具有一定的过失，故该装修费用应由汪某生个人承担。汪某生要求村委会承担相应的连带赔偿责任，缺乏相关的依据。应当看到的是，虽然左某海与汪某生所签合同无效，但鉴于涉案房屋已实际交付汪某生使用，该房屋违章并不影响汪某生占有期间的合理使用，故从公平原则考量，汪某生应支付一定的房屋使用费。本院参照涉案房屋的位置、面积、使用时间等相关因素综合考量，酌情确定房屋使用费为人民币4万元。该笔费用从左某海应当返还给汪某生的购房款中直接扣除。[1]

---

〔1〕　参见国家法官学院案例开发研究中心编：《中国法院2018年度案例》（房屋买卖合同纠纷），中国法制出版社2018年版，第134～135页。

（二）损失赔偿数额的界定

1. 一房二卖中房屋差价损失的确定

从理论上讲，房屋差价损失是典型的机会成本损失，这种机会成本损失的赔偿，实际上是无奈的强制义务。对于房屋差价损失的确定，司法实践中有填平法和收益法两种常见方式。在一房二卖的情况下可适用收益法，将出卖人转卖的价格减去涉案合同的交易价格，以相应价差作为出卖人的违约收益，对买受人进行赔偿，其理论基础在于不能让出卖人在一房二卖的违约行为中获得非法利益。实践中，一房二卖中房屋差价损失多由房地产评估机构评估。

【案例4－129】 张某芬诉覃某房屋买卖合同纠纷案

二审法院认为，关于张某芬主张的损失赔偿问题，因覃某的根本违约行为造成张某芬无法购买房屋并造成实际损失，故覃某理应对张某芬予以赔偿。对此，张某芬按估价结果要求覃某赔偿房屋差价损失244625元，原审法院予以支持，并无不妥之处，本院予以维持。[1]

【案例4－130】 徐某与刘某胜、姜某琴房屋买卖合同纠纷案

一审法院认为，刘某胜与徐某签有收条，承诺将涉案房屋出售给徐某，并将涉案房屋交付给徐某使用，双方确已形成买卖合同关系。后刘某胜将涉案房屋另行出售，导致其与徐某的买卖合同履行不能，刘某胜存在根本违约行为，应承担相应的违约责任；刘某胜收取徐某的购房款100万元应予退还，同时考虑到刘某胜违约行为的恶劣性质及主观过错，法院判令其将涉案房屋另行出售所得的差价款214万元全部赔偿给徐某。对徐某关于利息及装修损失和房租损失的请求，考虑到上述赔偿已足以弥补其损失，法院对其该部分请求不予支持。徐某要求姜某琴对上述债务承担连带责任，缺乏事实及法律依据，法院不予支持。二审法院亦持同样意见，维持原判。[2]

2. 法官酌定损失

赔偿损失的依据确定问题。实践中，赔偿损失的依据需由法官根据具体案情

---

〔1〕 参见国家法官学院案例开发研究中心编：《中国法院2016年度案例》（房屋买卖合同纠纷），中国法制出版社2016年版，第90页。

〔2〕 参见巫国华、李俊晔：《一房二卖的差价损失赔偿》，载《人民司法·案例》2014年第12期。

裁定。

【案例 4－131】 刘某然与徐州久隆集团有限公司因商品房销售请求赔偿纠纷再审案

再审法院认为，关于违约造成的损失问题。原审采用经营性停车位的收费标准，来认定本案中刘某然的损失，缺乏论证的基础。因为按照合同约定，久隆公司提供给刘某然的停车位，是供刘某然个人使用的，而不是供其利用这个停车位对外经营，获取利润的。经营损失与日常使用的损失根本没有可比性。另外，徐州市仲裁委员会对另案中久隆花园停车位的损失问题在审理时委托有关部门鉴定，并将该鉴定结论作为仲裁的依据。对该鉴定结论刘某然虽然持有异议，但拒绝提出重新鉴定申请，故该鉴定结论本案应予以采纳。综上，原审上诉人的再审理由成立，原审判决应予改判。判决：久隆公司赔偿刘某然损失 52450 元。[1]

【案例 4－132】 母某、刘某诉某房地产公司房屋买卖合同纠纷案

二审法院认为，本案系逾期交房违约造成的损害，由于房屋的租金与母某、刘某可能遭受的损失存在最大程度上的相似性，故租金损失可以作为确定损失的依据。[2]

在出卖人的过错导致房屋买卖合同无法履行的情况下，购房人提出要求出卖人赔偿房屋差价损失的请求时，如双方对此有约定或通过协商达成一致，应根据约定内容或协商结果予以判处；如双方无约定或不能协商达成一致，对于购房人的赔偿请求，法院应予以支持，但应当综合考虑守约方的履约情况、违约方能预见的因房屋价值涨跌而产生的损失、双方是否已采取必要措施防止损失扩大、守约方是否存在损益相抵等因素予以酌情调整。法官应在个案中进行自由裁量。

【案例 4－133】 徐某诉陈某房屋买卖合同纠纷案

一审法院认为，关于徐某主张的房屋差价损失，根据徐某与陈某订立的《北京市房屋买卖合同》及补充协议中约定的房屋价款、房屋 2007 年 5 月 21 日的《房地产抵押评估报告》及 2009 年 9 月 15 日的《报告书》，可以确定房屋确实存在差价损失。由于该损失系陈某违背诚实信用原则，将涉案房屋"一房二卖"所致，因此陈某应就该差价损失给予合理赔偿。就具体赔偿数额，考虑到徐某在履行合同中确实有迟延履行情况及合同其他具体履行情

〔1〕 参见最高人民法院中国应用法学研究所编：《人民法院案例选》2006 年第 1 辑（总第 55 辑），人民法院出版社 2006 年版，第 168 页。

〔2〕 重庆市第一中级人民法院（2015）渝一中法终字第 01577 号民事判决书。

况，参考上述评估报告，酌情予以判处。二审法院亦持同样意见，维持原判。[1]

出卖人违约占用房屋学位的，法官可以根据案情减少合同价款。

【案例4－134】 杨某龙诉杨某强、陈某玉房屋买卖合同纠纷案

一审法院认为，存量房市场中，买方愿意为学位未占用的住宅房屋支付更高对价，与之相应卖方则以带学位作为提高售价的砝码，户口和学位占用情况直接影响市场交易价格。讼争房屋是本市一流"学区房"，签订买卖合同时，杨某强及其子女未迁入房屋，房屋学位未被占用。根据合同关于户口的约定以及"学区房"交易习惯，足以认定双方约定的交易标的为户口和学位未占用的房屋，约定的购房总价为户口和学位未占用下的价格，杨某强应将未占用户口和学位的房屋交付并过户给杨某龙。合同履行过程中，杨某强将自己及其子女户口迁入讼争房屋并入学占用学位，根据现行招生政策讼争房屋6年内不再附着学位权益，讼争房屋客观上必然产生市场价值贬损。杨某强无法依约向杨某龙交付并过户符合合同约定权益内涵的房屋，应当承担瑕疵履行的违约责任。在对杨某龙关于减少价款的诉讼请求应予支持的前提下，减少价款的金额为学位未占用与学位已占用两种状态下的讼争房屋市场价值的差价。关于上述差价，亦即减少价款的金额，在鉴定机构退回鉴定的情况下，本院依法酌情认定。按照中央关于"房子是用来住的，不是用来炒的"定位，出于教育资源合理配置导向下"学位价值"不宜炒作的考量，参考证人证言，二手房中介网站反映的市场信息，结合本地市场交易习惯，本院酌情认定本案减少的金额为成交总价的4%即37.6万元。同时，杨某强瑕疵履行引发本案纠纷并导致合同中止履行，杨某龙主张继续履行合同，恢复履行后《存量房买卖合同》约定的双方合同义务履行期限应当相应顺延。杨某龙第三项诉讼请求主张的违约金过分高于违约造成的损失，杨某强已通过减少价款承担相应违约责任，杨某强瑕疵履行还导致合同迟延履行，给杨某龙造成已付20万元定金在迟延期间的资金占用利息损失。对该项诉求在违约造成的资金占用利息损失的1.3倍范围内予以支持。此外，讼争房屋系杨某强婚前个人财产，对杨某龙关于陈某玉共同承担责任的诉讼主张不予支持。综上所述，对杨某龙的诉讼请求，本院部分支持。判决：杨某龙与杨某强关于买卖讼争房屋的《存量房买卖合同》项下售房价款减少376000元（减少后总价

---

〔1〕 参见北京市高级人民法院编：《审判前沿——新类型案件审判实务》（总第40集），法律出版社2012年版，第23～24页。

款为 9024000 元)。[1]

商品房层高不足的赔偿标准问题。购房人购房的目的在于获得居住、使用、活动的空间,该空间不应当是平面的,而应当是三维立体空间,房屋的层高不足,会严重影响购房人居住的感受,房屋层高不足问题应为法律规范的事项范围。房屋层高不足引发的纠纷时有发生,对商品房层高不足的赔偿标准问题,现行法律法规未作出明确规定,在《房屋买卖合同解释》修订前类推适用该司法解释第十四条中有关房屋套内建筑面积与商品房买卖合同约定面积不符的处理规定。

【案例 4-135】 戴某清诉华润置地(盐城)有限公司商品房买卖合同纠纷案

一审法院认为,关于如何计算违约金即赔偿损失金额的问题,由于双方当事人对层高不达标的违约责任无明确约定,根据《房屋买卖合同解释》第十四条的规定,在商品房买卖中,买受人购买商品房,其本质是购买实际使用的房屋空间。面积减少,高度不变,实际使用空间缩小;而面积不变,高度降低,实际使用空间也同样会缩小。本案中,被告华润置地公司向原告戴某清交付的房屋比合同层高低 10 厘米,但导致原告房屋的实际使用空间减少 3.3% [(套内面积 × 合同约定层高 - 套内面积 × 实际层高) ÷ 套内面积 × 合同约定层高]。双方对层高差异的违约责任没有约定。本院参照《房屋买卖合同解释》第十一条规定确定被告应当承担的违约责任的比例,即[(套内面积 ×7400 元/平方米 ×3% + 套内面积 ×7400 元/平方米 ×0.3%) ×2]。判决被告华润置地公司赔偿原告戴某清违约损失共计 41702 元。二审法院认为,华润置地公司未能向戴某清交付符合合同约定的房屋,就应当向被上诉人戴某清承担相应的违约责任。对于买受人来讲,其购买房屋的目的是取得房屋的使用空间,该空间并非平面,而是三维立体空间。高度的减少对于使用的影响并未产生直接的经济利益损失,但会实际影响到买受人的使用及居住感受,因此对于买受人的影响较大。因无法直接计算经济损失,一审法院参照最高人民法院相关司法解释来确定上诉人华润置地公司的违约责任,与合同的履行状况、责任轻重相适应,并无不妥,具有事实和法律依据。遂判决驳回上诉,维持原判。[2]

对于商品房层高不足的违约责任如何处理,法律亦无明确规定,且双方当事人在买卖合同中一般也未约定如何计算相应的违约损失,因而违约损失的计算往

---

〔1〕 参见国家法官学院、最高人民法院司法案例研究院编:《中国法院 2023 年度案例》(房屋买卖合同纠纷),中国法制出版社 2023 年版,第 157~158 页。福建省厦门市思明区人民法院(2020)闽 0203 民初 18846 号民事判决书。

〔2〕 参见国家法官学院案例开发研究中心编:《中国法院 2017 年度案例》,中国法制出版社 2017 年版,第 47~48 页。

往是处理此类纠纷的难点。个案中,法官应当结合具体案情,综合考虑购房人的实际损失情况及开发商的违约程度,行使自由裁量权确定损失赔偿额。实践中,有的法院采用商品房总价款的1.5% ~2%的比例范围确定赔偿额。

【案例4 -136】 林某珍诉宁德市闽东地产开发总公司商品房销售合同纠纷案

一审法院认为,虽然被告提供的施工图纸可以得出诉争商品房二层以上实际系按照层高2.9米进行设计并施工,合同对层高3米的约定可能存有笔误的结论,但原告林某在购房时难以知悉设计及施工图纸,仅能依据合同来确定房屋的高度,被告宁德市闽东地产开发总公司未能依据合同约定提供给原告层高3米的商品房,已经构成违约,应承担相应的违约责任。至于被告的抗辩,即使本案合同如被告所述存在笔误,被告也应当在合同签订后的合理的期限内履行告知义务,给予原告同意继续履行或要求解除合同的选择权,但其未能提供证据证明其已经履行应尽的告知义务,现其在本诉中抗辩认为诉争商品房层高差系笔误而非违约,缺乏事实依据,本院不予采信。被告的行为违背了合同对商品房基本状况的约定,不仅降低了诉争商品房的建筑成本,也给原告居住、使用房屋的舒适度造成了一定影响,鉴于原、被告并未就层高变化的违约责任进行约定,本院综合考虑到被告宁德市闽东地产开发总公司的违约程度及层高缩水带给原告的实际受损程度,酌定被告宁德市闽东地产开发总公司按照诉争商品房总购价款的1.5%赔偿原告,即415286元×1.5% =6229.3元,对于原告主张的超出部分,本院不予支持。[1]

【案例4 -137】 黎某兵诉广州市丰拓房地产开发有限公司商品房预售合同纠纷案

一审法院认为,因双方未约定层高不符的违约责任,法律亦无明确规定,且层高已无法改变,故应当根据丰拓公司的违约程度和黎某兵受损程度酌情确定赔偿数额。黎某兵未能证明丰拓公司在主观上故意违约,且丰拓公司在客观上未获利;鉴于涉案房屋层高符合相关规范标准,层高相差0.2米,对使用房屋和居住舒适度的影响相对有限。综上酌情确定按总房屋价款的2%计算赔偿款。黎某兵要求支付利息缺乏依据,不予支持。二审法院认为,黎某兵主张丰拓公司主观上故意违约、隐瞒房屋实际状况缺乏依据,不予采信;原审法院综合考虑合同缔约履行过程,酌情确定由丰拓公司按总房屋价款的

---

〔1〕 参见国家法官学院案例开发研究中心编:《中国法院2016年度案例》(房屋买卖合同纠纷),中国法制出版社2016年版,第56页。

2%支付赔偿款,并无不妥。[1]

【案例4-138】 姬某诉被告陕西金鑫泰置业有限公司房屋买卖合同纠纷案

一审法院认为,本案中,双方签订《咸阳市商品房买卖合同》第三条中约定,案涉房屋层高为3米;合同附件五补充条款中约定,本合同所述层高为主要层高,该房屋局部层高可能会有调整,高于或低于主要层高。双方约定的上述内容清晰明确,并无歧义。但案涉房屋建成后实际整个层高为2.9米,而非局部层高低于主要层高,被告履行合同不符合约定,且无法修复,其行为已构成违约。故原告主张被告赔偿因层高减少造成的损失,本院予以支持。因双方对房屋层高问题违约金未作明确约定,故结合原告受损情况,本院酌定被告按案涉房屋总价款的1%承担违约责任。判决:(1)被告陕西金鑫泰置业有限公司赔偿原告姬某因层高减少造成的损失6715.60元;(2)驳回原告姬某的其他诉讼请求。[2]

个案中,法官结合层高差、阳台面积。房屋售价等因素,酌情确认损失金额。

【案例4-139】 武某全诉房地产公司上海分公司商品房预售合同纠纷案

一审法院认为,关于争议焦点一,房地产公司上海分公司对外宣传视频内的效果图及文字说明中含有"带游泳池高端社区""进口电梯品牌",系对有关房屋状况及相关事实内容的明确允诺,并对预售合同的订立及价格有一定影响,应视为一种要约。现房地产公司上海分公司交付的房屋不具备游泳池及进口品牌电梯的设施,应属违约,行政机关也认定房地产公司上海分公司关于游泳池及进口电梯的宣传构成虚假宣传,故该房地产公司上海分公司关于该部分的虚假宣传一定程度上对房屋的售价产生影响,造成业主损失,应予以赔偿。鉴于双方合同对此未作约定,法院根据实际情况,综合考虑系争房屋的价格及面积、酌定房地产公司上海分公司应赔偿武某全因虚假宣传系争房屋为"少见的带游泳池高端社区""进口电梯品牌,私人电梯入户"造成的损失8000元。由于双方对地下室储藏空间及露台未明确约定交付标准,现实中房地产公司上海分公司毛坯交付,故武某全所称的该项损失,不予支持。关于争议焦点二,阳台层高不足是否造成武某全损失。双方一致确认目前系争房屋的层高低于合同约定的层高,鉴于将房屋恢复至合同的约定的层高已无法实现,故武某全要求房地产公司上海分公司赔偿损失,于法有据。法院参照阳台的实际层高差额、房屋单价酌情确定房地产公司上海分公司的

---

〔1〕 参见国家法官学院案例开发研究中心编:《中国法院2018年度案例》(房屋买卖合同纠纷),中国法制出版社2018年版,第6~7页。

〔2〕 陕西省西安市长安区人民法院(2022)陕0116民初20173号民事判决书。

应赔偿武某全该项损失1.6万元。判决:(1)被告房地产公司赔偿原告武某全因虚假宣传造成的损失人民币8000元;(2)被告房地产公司赔偿原告武某全阳台层高损失人民币1.6万元。二审法院准予房地产公司上海分公司撤回上诉。〔1〕

双方均违约时依双方违约程度确定责任。在双方均违约并造成实际损失的情况下,法官依据双方违约程度裁量损失分担数额。

【案例4-140】 长沙市物资股份有限公司与湖南省万国医疗器械保健品博览会交易中心有限公司、原审被告长沙市物资集团公司房屋买卖合同纠纷案

最高人民法院认为,合同解除后,对于因合同不能履行而造成的损失,应当由双方当事人依据其各自在履行合同过程中的违约责任分担。在房屋买卖法律关系中,出卖方的义务是交付房屋,买受方的义务是依约支付购房款,接受房屋。在双方的实际履行过程中,物资股份公司、物资集团公司实际交付了房屋,万国公司除110万元定金外,仅交付了33万元的购房款。因此,可以认定,万国公司迟延履行支付购房款的主要债务是导致合同不能继续履行的根本原因,万国公司对此应承担主要责任。物资股份公司和物资集团公司在签订《房屋买卖合同》时未将第4层房屋抵押的事实告知万国公司,虽导致第4层房屋的买卖合同无效,但并不必然导致整个《房屋买卖合同》无法继续履行。故在《房屋买卖合同》因部分无效、部分被解除而无法继续履行的情况下,万国公司应承担主要责任,物资股份公司、物资集团公司应承担次要责任。〔2〕

双方对实际损失的发生均有过错的,法官应结合具体案情,依双方过错程度裁量损失承担比例。

【案例4-141】 何某某与哈尔滨金展贸易有限公司房屋买卖合同纠纷再审案

最高人民法院认为,根据《民法通则》第六十一条的规定,金友公司应当将326000元购房款和66000元车库手续费返还给何某某。鉴于本案临时建筑科贸楼已经被拆迁,故不存在何某某返还房屋的问题。何某某的损失范围包括326000元本金的利息损失、房屋装修损失96485.25元和车库工程款

〔1〕 参见国家法官学院、最高人民法院司法案例研究院编:《中国法院2022年度案例》,中国法制出版社2022年版,第16页。上海市第二中级人民法院(2020)沪02民终10195号民事裁定书。

〔2〕 参见最高人民法院民事审判第一庭编:《最高人民法院民事案件解析》(房屋买卖、租赁纠纷),人民法院出版社2010年版,第210页。

137245.51 元。金友公司将购买(买卖)与租赁两个不同法律关系并列作为合同名称,有误导消费者之嫌,特别是作为临时建筑的科贸楼,政府批准其建好后出租给企业使用 3~5 年,但金友公司隐瞒了出租给企业 3~5 年的事实,在签约时表述为"购买承租期常年"亦属不当,而事实是本案房屋在使用 3 年后即被政府予以拆除,故应当认定金友公司对本案损失的产生有主要过错;从协议约定的全部内容看,应当认定何某某对其所购买房屋的临时建筑性质也是明知的,故应当认定何某某有次要过错,即本案属于双方当事人的混合过错导致合同无效。根据本案实际情况,326000 元本金的利息损失应由何某某自行承担;对于房屋装修损失和车库工程款损失,应由金友公司和何某某依其过错程度分担,即金友公司承担 60%、何某某自行承担 40% 为宜。何某某对争议房屋使用 3 年,应当向金友公司给付相应的使用费 55630.56 元(自 1997 年 1 月 23 日起计算 3 年,月租金为每平方米 5.66 元)。金友公司现已变更为金展公司,故金友公司的民事责任应当由金展公司承继。

【案例 4-142】 陆某远、顾某夷诉无锡苏宁置业有限公司房屋买卖合同纠纷案

一审法院认为,本案中,苏宁公司作为开发商,向陆某远、顾某夷提供的是精装修房屋。房屋的设计施工均由苏宁公司负责,苏宁公司在房屋设计施工过程中应就可能出现的特殊情况予以充分考虑。结合本案情况,阳台在没有封闭的状况下,相应水管处与室外空间直接接触,且相关管道内置于墙砖,又无专门的控水阀。结合无锡本地情况,绝大多数年份冬季均会出现零下结冰天气,低于 -5℃的寒冷天气亦不鲜见。结合同小区多达 10 余户存在同样情况的事实,苏宁公司提供的供水管明显没能经受正常气候条件下环境的考验,是导致此次事故发生的根本原因,对相关损失负有直接责任。但陆某远、顾某夷将涉案房屋交予承租人使用,在相关部门提前多次发布寒潮预警的情况下,未能对其所有的房屋履行谨慎注意的义务,未采取诸如采暖、开启开关续滴等可以避免此次事故发生的任何措施,且在日间房屋漏水后亦未能及时发现,导致房屋大面积漫水,对于最终损失,也有相应过错。综合上述情况,本院认定陆某远、顾某夷对其损失自行承担 30% 的责任,由苏宁公司承担 70% 的责任。二审法院因苏宁公司未预交案件受理费,裁定按自动撤回上诉处理。[1]

开发商擅自更改设计构成违约,如下列案例中开发商将房屋规划设计由偶数

---

〔1〕 参见国家法官学院案例开发研究中心编:《中国法院 2019 年度案例》(房屋买卖合同纠纷),中国法制出版社 2019 年版,第 40~41 页。江苏省无锡市中级人民法院(2017)苏 02 民终 1645 号民事裁定书。

层、奇数层的双入户门更改为奇数层单入户门，但合同未约定此违约情形的赔偿数额的，法官行使自由裁量权来确定赔偿数额。

【案例4-143】 邓某与武汉世茂锦绣长江房地产开发有限公司房屋买卖合同纠纷案

二审法院认为，案涉房屋的规划设计图显示房屋为偶数层、奇数层双入户门设计；从房屋结构和使用功能的设计来看，偶数层设计为客厅、餐厅、卫生间、卧室各一间，属于使用功能较多的主要生活区域，而奇数层只有一个空间，主要是休息空间，偶数层入户门被封，仅留奇数层的入户门对于该房屋的使用功能和使用舒适性必然造成实质影响。故一审综合考虑武汉世贸公司封邓某偶数层入户门及偶数层电梯、房屋已转移给邓某实际占有、邓某不要求退房等因素，酌定武汉世贸公司按邓某已付购房款8%的比例赔偿邓某人民币104229.36元（1302867元×8%），系人民法院行使自由裁量权，并无不当。[1]

当事人举证证明受有违约损害，但不能证明损失金额的，法官应考虑法理情等全部情况，酌情认定损害赔偿金额，但酌定赔偿金额须符合实体规则、程序正当性要求和理性方法。

【案例4-144】 中国人寿保险股份有限公司甘肃省分公司与甘肃兰东房地产开发有限公司房屋买卖合同纠纷案

最高人民法院认为，甘肃人寿公司主张的可得利益损失，远远超出了房地产行业发展的通常预期。《合同法》将预见的时间规定为合同订立时而非违约行为发生时，以防止违约方的责任随订约后获取的交易信息量增加而扩张，导致当事人利益失衡。案涉合同约定的逾期交房违约金计算方法不能作为因履行不能构成根本违约的一方订立合同时可得利益的可预见标准，但是可以作为参考因素，供裁量时斟酌。原审判决认定事实清楚，虽然适用法律有不当之处，但酌定损失赔偿总额与损害程度基本相当，判决结果并无明显失衡，应予维持。承办法官分析，本案可得利益损失赔偿的实质是一房二卖净收益如何在合同当事人之间分配。这不是一个通过纯粹的成本收益专业评估就能得出的结论，其中掺杂着诸多因素的司法判断。从违约方兰东公司提供的房产价款来看，其与甘肃人寿公司净利润分配比例大致为2:1，基本符合一、二审判决划分的主次责任。需要说明的是，本案的审判还受到

---

〔1〕 参见国家法官学院、最高人民法院司法案例研究院编：《中国法院2020年度案例》（房屋买卖合同纠纷），中国法制出版社2020年版，第61页。湖北省武汉市中级人民法院（2017）鄂01民终1327号民事判决书。

在先生效判决认定事实和责任认定结果的约束,本案酌情裁量的自由度十分有限。[1]

可得利益损失赔偿的调整与限制问题。个案中,法官以合同无法继续履行时点的市场价与购房人的购买价之间的差额作为可得利益损失。在判令出卖人承担的购房人损失数额,导致双方当事人之间利益显失平衡,超出了当事人对违反合同可能造成损失的预期时,法官可以行使自由裁量权酌定出卖人赔偿的可得利益损失数额,平衡双方当事人的利益。在违约方承担可得利益损失的情况下,法官应限制违约方承担惩罚性赔偿,即不再适用惩罚性赔偿的规定。

开发商所售房屋存在质量问题导致购房人无法对房屋正常使用、收益,双方当事人对由此产生的实际损失如何计算未作明确约定的,法官可以房屋同期租金为标准计算购房人的实际损失。

【案例4-145】 李某柏诉南京金陵置业发展有限公司商品房预售合同纠纷再审案

再审一审法院认为,房屋质量问题导致李某柏无法对涉案房屋进行使用、收益,金陵置业公司应该赔偿李某柏相关的租金及物业费损失。比较物价部门的询价意见和上级法院调取的同区域别墅租金清册,二者差距悬殊,后者所体现的租金单价更能反映案涉房屋当时的真实租赁价格,应予以采用。再审二审法院认为,江苏省高级人民法院向南京市住建局调取的同区域别墅租金清册载明的价格,系综合多方因素得出的平均租金价格,更具有普遍性,再审一审法院在双方均不申请对案涉房屋装修前后出租价格进行评估的基础上,结合案涉房屋的具体情况,参考该租金清册所确定的租金价格并无不当。[2]

在房屋出现一般质量问题,修复费用和修复期间造成的损失由开发商承担。

【案例4-146】 刘某经诉丹阳公司房屋拆迁安置补偿合同纠纷案

二审法院认为,根据刘某经提交的证据,可以证实案涉房屋在2014年4月通知交房时存在墙体裂纹等问题,且该问题至2016年8月17日刘某经实际办理入住手续时依然未得到全部解决,并持续至2018年5月才修复完毕。前述质量问题虽尚未达到根本违约的程度,但因修复时间长,必然对刘某经正常使用房屋产生不利影响,并造成相应损失,丹阳公司依法应承担赔偿责

---

〔1〕 参见衡飞玲、冯文生:《酌定损害赔偿金额的适用》,载《人民司法·案例》2020年第14期(总第889期)。最高人民法院(2017)民终387号民事判决书。

〔2〕 参见最高人民法院中国应用法学研究所编:《人民法院案例选》2017年第2辑(总第108辑),人民法院出版社2017年版,第31页。

任。鉴于刘某经在此期间并未实际另行租赁房屋居住,一审法院根据相关网络平台公布的同地段、同类型房租价格以及对案涉房屋周边同类型房屋出租价格的询问,结合双方履约情况、过错承担,兼顾公平原则,酌定每套房屋每月××元,自2014年4月开始计算刘某经的损失至2018年5月并无不当,法院予以维持。关于质保期的顺延及物业费、水费、电费、交通费、精神损害赔偿金的问题,二审法院同意一审法院的裁判意见。判决:驳回上诉,维持原判。[1]

买卖双方曾就房屋内不能存有正常死亡与非正常死亡达成了口头约定,虽未固定成书面材料,但双方曾就此作出真实意思表示,故而双方均应遵守诚信原则,按照约定履行义务。对违反口头约定的,由法官裁量赔偿损失数额。

【案例4-147】 王某诉潘某有房屋买卖合同纠纷案

一审法院认为,依据证人李某州提交的录音证据,可知在购买房屋时,买方确曾询问潘某有其母亲是否在房屋内去世,潘某有予以否认。但依据救援中心的救援记录、死亡证明及医生的确认,潘某有的母亲罗某芝去世于案涉房屋内,与潘某有此前所做陈述有出入,违反了双方的口头约定。购房人对购房存有某些方面的禁忌,系其自由的权利,潘某有对死亡地点的错误陈述可能影响原告的购房选择,出卖人应当承担相应责任。庭审中,王某主张100万元的损失,因房屋内有人因病去世,并非影响房屋价格的普适因素,综合考虑双方合同的履行情况,以及双方并未就房屋内不能发生正常死亡事件的要求及后果明确记载于合同中的事实,法院酌情确定潘某有向王某支付5万元。判决:潘某有向王某支付5万元。二审法院认为,双方在合同中约定了出卖人确认房屋内未发生过非正常死亡事件,但对于因病死亡等正常死亡的情形如何处理,双方并未进行约定。王某主张在签约前曾向潘某有询问过其母亲是否在房屋内去世,潘某有称是在救护车上去世的,链家公司参与合同居间的工作人员亦出庭作证证明上述情况。但根据救援中心的救援记录、死亡证明及原审法院向当时救援中心实施救治的医生进行的调查,证明潘某有之母的死亡地点系案涉房屋。潘某有未如实告知上述情况,确会对王某的购房行为产生一定影响。现王某要求潘某有赔偿损失,原审法院综合考虑合同履行情况酌情确定赔偿数额在合理范围内,法院对此不持异议。王某、潘某有的上诉请求均依据不足,法院不予支持。原审判决认定事实清楚,适用

〔1〕 参见国家法官学院、最高人民法院司法案例研究院编:《中国法院2021年度案例》(房屋买卖合同纠纷),中国法制出版社2021年版,第183页。河北省衡水市中级人民法院(2019)冀11民终1262号民事判决书。

法律正确,应予维持。判决:驳回上诉,维持原判。[1]

购买的商品房小区配套设施被拆除,买卖合同上未约定赔偿且现行法律也未规定如何赔偿,法官酌情确定由开发商按购买者合同总房价款的2%支付赔偿。

【案例4-148】 陈某良诉物业公司商品房销售合同纠纷案

一审法院认为,关于违约责任问题。由于游泳池、篮球场等设施已被拆除,物业公司无法履行以上合同义务,应承担违约责任。双方在合同中并未约定相应的违约金数额和损失赔偿计算方法,而案涉商品房是否具备上述设施必然影响房屋定价,故计算赔偿数额时应以双方合同约定的房屋价格为基础,不以房屋评估价格作为依据。鉴于案涉商品房实际上能满足居住需要,符合正常的使用要求,游泳池、篮球场等配套设施虽然可以改善住户的生活条件,但是对该房屋的功能和使用的舒适程度并无直接影响,缺少上述设施对房屋价值变化影响有限。因此,综合考虑上述情节,酌情确定物业公司应按总房价款的2%向陈某良支付赔偿款。……二审法院同意一审法院裁判意见。判决:驳回上诉,维持原判。[2]

3. 通过司法鉴定确定损失

关于隐蔽工程质量问题所造成的损失的归责问题。在下列案例中,由于开发商未能及时对漏水问题进行查勘及维修,购房人可以委托第三方进行修复,开发商不能确定拆除的排水管属涉案房屋所有系其自身过错所致,因此可以认定开发商交付的房屋不符合合同约定,应当承担相应赔偿责任,以鉴定机构鉴定数额为准。

【案例4-149】 杨某芬、张某天诉北京顺鑫佳宇房地产开发有限公司商品房销售合同纠纷案

二审法院认为,杨某芬在质保期内就漏水问题曾多次向物业公司反映,且该漏水问题一直未得到解决,故该问题并未超过质保期。就损失归责问题,根据鉴定结论及证言可以证明涉诉房屋卫生间排水管存在渗水问题,顺鑫佳宇公司主张该问题系原告装修所致,但其未提交证据予以证明,故对该主张,法院不予采信。顺鑫佳宇公司未能及时对漏水问题进行查勘和维修,可以委托第三方进行修复,故顺鑫佳宇公司应承担相应责任。关于损失数

---

〔1〕 参见国家法官学院、最高人民法院司法案例研究院编:《中国法院2021年度案例》(房屋买卖合同纠纷),中国法制出版社2021年版,第115~116页。北京市第二中级人民法院(2019)京02民终12064号民事判决书。

〔2〕 参见国家法官学院、最高人民法院司法案例研究院编:《中国法院2022年度案例》,中国法制出版社2022年版,第172~173页。广东省广州市中级人民法院(2020)粤01民终5069号民事判决书。

额,本案进行了鉴定,该损失以评估报告为准。[1]

无证据证明逾期交房所致的实际损失时损失赔偿额的确定问题。《房屋买卖合同解释》第十三条规定,如果合同中对逾期交房违约金未作约定,违约金数额或者损失赔偿额可以按照逾期交付使用房屋期间,有关主管部门公布或者有资格的房地产评估机构评定的同地段同类房屋租金确定。

【案例4-150】 陈某明诉重庆市宏康置业有限公司商品房预售合同纠纷案

一审法院认为,诉讼中,被告认为双方约定的违约金过高并请求予以调整。在无证据证明逾期交房给原告造成具体损失的情况下,应参照逾期交房期间同地段同类房屋租金标准作为陈某明遭受损失的依据。根据评估意见,确定租金标准按每平方米8元计算,故逾期交房期间的租金为7230.67元。而根据合同约定,宏康公司应当支付违约金为35000元,双方合同约定的违约金确属过高,应予酌情减少。法院遂判决宏康公司应当向陈某明支付违约金7230.67元×130%=9400元。二审法院认为,一审法院按照宏康公司的主张及举证,依据同地段同类房屋的租金标准对违约金进行调整并无不当。[2]

4.其他疑难情形下损失的确定

合同诈骗犯罪涉及的损失赔偿的确定问题。在合同诈骗行为构成犯罪,且合同有效的情形下,行为人既是刑事责任主体也是民事责任主体,应当承担不履行合同义务的违约责任。若购房人交纳的购房款已被生效裁判文书责令退赔,那么房屋买卖合同事实上已无法履行,行为人应当赔偿由此给购房人造成的经济损失。损失赔偿额应当包括实际损失和合同履行后可以获得的利益,但不得超过违反合同一方订立合同时预见到或者应当预见到的因违反合同可能造成的损失范围。

【案例4-151】 俞某民诉袁某点房屋买卖合同纠纷案

一审法院认为,生效的刑事裁判文书认定袁某点构成合同诈骗罪并责令袁某点退赔俞某民200万元,这是对其犯罪行为的制裁,俞某民作为刑事案件的被害人同时受有租金、搬家费用及可得利益的损失,该损失并未获得相应的赔偿。因俞某民交纳的购房款已被生效裁判文书责令退赔,故房屋买卖

---

[1] 参见国家法官学院案例开发研究中心编:《中国法院2018年度案例》(房屋买卖合同纠纷),中国法制出版社2018年版,第41页。

[2] 参见国家法官学院案例开发研究中心编:《中国法院2016年度案例》(房屋买卖合同纠纷),中国法制出版社2016年版,第38~39页。

合同事实上已无法履行，袁某点应当承担赔偿俞某民经济损失的违约责任。损失赔偿额应当包括实际损失和合同履行后可以获得的利益，但不得超过违反合同一方订立合同时预见到或者应当预见到的因违反合同可能造成的损失。对于实际损失，法院认可自袁某点应当交付涉案房屋之日到刑事判决书生效之日的合理租金，对于扩大的损失不予支持。另外，对于袁某点认可的租金和搬家费，法院不持异议。对于可得利益损失，应当考虑以下因素来认定：一是合同不能履行系袁某点根本违约所致；二是可得利益的赔偿应以出卖人袁某点签订合同时预见或应当预见因其违约可能造成损失的范围为限；三是俞某民作为房屋买受人在签订和履行合同过程中未尽到合理谨慎的注意义务。法院判决：袁某点给付俞某民租房损失10600元、搬家费300元、房屋升值损失90万元。[1]

房屋买卖合同中，无权代理导致合同自始无法履行的应承担相对方的损失。

【案例4-152】　崔某、杨某康诉彭某毓、彭某琴房屋买卖合同纠纷案

一审法院认为，根据合同约定及相关证据查明的事实，樊某灵早已于2010年11月21日去世，在没有可能获得樊某灵授权委托手续且未告知樊某灵其他继承人的情况下，彭某毓故意隐瞒事实将樊某灵所有的案涉房屋予以出售，并代樊某灵签订了《房屋买卖合同》《补充协议》等合同，导致双方签订的全部合同均无法履行。鉴于樊某灵去世，其继承人对于房屋买卖也不知情，彭某毓签订的《房屋买卖合同》及《补充协议》对樊某灵及其他继承人均不发生效力，应由行为人彭某毓承担相应责任。彭某毓故意隐瞒事实且多次虚假表示的行为具有明显过错，其应承担赔偿损失的责任。法院综合考虑房地产估价报告，双方对合同履行不能的过错程度等因素，参照合同中关于违约责任的约定，依据公平原则和诚实信用原则酌情确定崔某、杨某康赔偿损失的具体数额。因合同无法履行，崔某、杨某康要求彭某毓退还定金，法院予以支持。对于彭某毓主张已经生效裁判处理的问题，虽然崔某、杨某康以同样事由诉至法院，但法院出具的民事裁定书仅认为彭某毓一人作为被告不适格而驳回崔某、杨某康的起诉，并未对实体权利义务进行处理，因此彭某毓的主张，法院不予认可。彭某琴经合法传唤，无正当理由拒不到庭，法院依法缺席判决。判决：一、彭某毓赔偿崔某、杨某康损失29.25万元；二、彭某毓退还

〔1〕参见国家法官学院案例开发研究中心编：《中国法院2018年度案例》（房屋买卖合同纠纷），中国法制出版社2018年版，第114页。

崔某、杨某康定金5万元。[1]

含有职工优惠条件的房屋买卖合同的违约损失确定问题。实践中,职工优惠购房后,不满合同约定的任职年限离职,职工所服务的公司主张赔偿损失的,应依据职工购房合同的约定,依照购房时房屋市场价格和约定的计算标准赔偿损失。

【案例4－153】 北京紫都置业发展集团有限公司诉张某芬房屋买卖合同纠纷案

一审法院认为,原告紫都置业公司以涉案房屋作为其对被告张某芬的实物激励,系基于使被告张某芬与其形成利益共同体并实现其长期经营目标的目的,且与员工福利作为薪酬组成部分的性质迥异,亦不存在原告紫都置业公司加重被告张某芬员工义务的情形,而被告张某芬未能满足《内部职工购房原则》所要求的工作年限却显然导致原告紫都置业公司无法实现上述目的,故被告张某芬关于涉案房屋系员工福利且并未给原告紫都置业公司造成损失的主张,本院亦难以采信。关于被告张某芬未能满足《内部职工购房原则》所要求的工作年限的原因问题,虽然原告紫都置业公司在劳动争议仲裁中与被告张某芬达成解除劳动关系的一致意见并同意支付被告张某芬经济补偿金,但该劳动争议仲裁系由被告张某芬提起,且其在提起仲裁时亦表达解除劳动关系的请求,故本院认为其行为符合《内部职工购房原则》规定的员工自动辞职的情形。鉴于本案主要系原、被告之间因房屋买卖合同引发的纠纷问题,故对于劳动关系解除的原因问题,本案仅进行形式审查,而对于劳动关系解除的过错及由此带来的损失问题,本院暂不予处理,被告张某芬可另行主张。对于原告紫都置业公司要求被告张某芬赔偿经济损失272万元的诉讼请求,合理部分,予以支持,超出部分,不予保护。二审法院认为,根据现已查明的事实,原审法院依据上述《内部职工购房原则》之相关约定认定张某芬应按照购房时房屋市场价格80%的计算标准赔偿紫都置业公司经济损失,处理结果并无不当,本院予以确认。判决:驳回上诉,维持原判。[2]

个案中,由法官根据具体案情裁定损失的具体数额。

【案例4－154】 李某平诉北京森润房地产开发有限公司商品房预售合同纠纷案

一审法院认为,本案中,李某平、森润公司签订的《预售合同》系双方真

---

〔1〕 参见国家法官学院、最高人民法院司法案例研究院编:《中国法院2021年度案例》(房屋买卖合同纠纷),中国法制出版社2021年版,第213～214页。北京市朝阳区人民法院(2019)京0105民初32357号民事判决书。

〔2〕 参见国家法官学院案例开发研究中心编:《中国法院2018年度案例》(房屋买卖合同纠纷),中国法制出版社2018年版,第228～229页。

实意思表示，内容不违反国家法律、行政法规的强制性规定，为有效合同。双方均应按照约定如实履行合同义务。李某平向森润公司支付购房款，森润公司未按合同约定配合办理网签备案、提供满足交付条件的房屋，构成违约，应当承担违约责任。按照合同约定及法律规定，李某平有权解除合同，该院对李某平主张解除合同的诉讼请求，依法予以支持。关于合同解除的时间，应以李某平解除通知送达森润公司为准，本案起诉状送达森润公司的时间为2022年5月7日，该日期为《预售合同》解除的时间。合同解除后，尚未履行的终止履行，已经履行的，可根据履行情况及合同性质，恢复原状或采取其他补救措施，并有权请求赔偿损失。李某平主张返还购房款，具有合同及法律依据，该院予以支持。关于违约金，根据法律规定，当事人可以约定因违约产生的损失赔偿的计算方法。约定的违约金低于造成的损失的，当事人可以请求法院予以增加。合同约定，因一方原因导致本合同解除的，除按合同约定处罚外，违约方应向守约方支付房屋总价款1%的违约金。李某平据此主张268484.87元违约金，有合同与法律依据，该院予以支持。根据鉴定结论，房屋差价为1159013元，明显高于违约金数额，该院在违约金基础上，综合森润公司的违约情节、房屋尚未竣工验收、房屋市场价格浮动因素以及李某平所支付价款占总房款中的比例，酌情确定房屋差价损失数额为340000元。关于已付房款的利息问题，根据法律规定，当事人请求法院增加违约金的，增加后的违约金数额以不超过实际损失额为限，且双方之间的《预售合同》合法有效，合同解除前森润公司占用款项具备合同依据，合同解除前李某平同样享有相对应的合同权利，故对于合同解除前的相关利息主张该院不予支持。而对于合同解除后的利息主张，可适当按照一年期全国银行间同业拆借中心公布的贷款市场报价利率计算。虽然森润公司在合同履行中存在违约行为，李某平支出的律师费亦系其维权成本的一部分，但该院已根据实际审理情况酌情增加了违约金，故对于李某平主张的律师费不再予以支持。二审法院认为，第二审人民法院围绕当事人的上诉请求进行审理。当事人没有提出请求的，不予审理，但一审判决违反法律禁止性规定，或者损害国家利益、社会公共利益、他人合法权益的除外。本案二审争议焦点是森润公司应否支付李某平房屋差价损失及鉴定费。根据查明的事实，李某平、森润公司签订的《预售合同》系双方真实意思表示，不违反法律、行政法规的强制性规定，应属有效合同。李某平向森润公司支付了购房款，但森润公司未按合同约定配合办理网签备案、提供满足交付条件的房屋，已经构成违约，李某平有权解除合同并有权请求赔偿损失。关于李某平主张房屋差价损失一节，根据鉴定结论，房屋差价为1159013元，明显高于违约金数额，一审法院以实际损失为基础，兼顾合同的履行情况、综合考虑当事人的过错程度及预期利益等综合因素，根据公平原则和诚实信用原则,酌情确定森润公司支付李某平房屋差价损失处理并无不当,本院予以维持,森润公司的上诉主张,本院不予支持。关于鉴定费,系一审诉讼过程中李某平预交的费用,一审法院根据案件实际情况确定由森润公司负担,处理并无不当,森润公司的上诉主张,本院不予支持。综上所述,森润公司的上诉请求不能成立,一审判决认定事实清楚、适用法律正确。判决:驳回上诉,维持原判。[1]

违反商品房销售广告许诺内容的损失确定问题。对于购房人的损失赔偿请求,法官应考虑对商品房销售广告许诺内容的违反对房屋实际价格影响的大小来确定具体的赔偿数额,对购房人的损失应当予以充分赔偿。由于损失大小经常难以确定,法院处理该类案件时,应当就确实存在的损失进行酌定,而不能仅以购房人不能证明其损失范围及大小为由,轻易驳回购房人赔偿损失的请求。实践中对损失赔偿数额可分两种情况计算:(1)对广告中的说明和允诺与实际履行不符合部分进行评估,对于评估出的差价部分,按购房人购买房屋的建筑面积占开发商批准销售的总面积的比例,由开发商赔偿差价损失给购房人。(2)无法评估的,一般按照商品房买卖合同所约定的总房价的1% ~2%进行赔偿,具体数额由法官根据案情行使自由裁量权确定。

【案例4-155】 新疆李某同等120名购房户与天海房地产公司、某某保险公司等还本销售商品房纠纷案

最高人民法院认为,李某同等120名购房户与天海房地产公司签订的《五年还本售房协议书》应当被认定为有效。某某保险公司认为其与天海房地产公司联合刊登广告的行为不构成有效承诺,与120名购房户没有形成保险法律关系。从中国人民保险公司1994年12月3日批复的内容来看,信誉保险业务涉及经济担保,带有信誉担保性质。某某保险公司在新闻媒体上公开宣示信誉担保,对造成本案部分还本售房合同的签订和履行具有一定的过错,其与天海房地产公司达成的《关于对"商品房屋销售五年期还本信誉保险协议"终止的协议》,实际上是推卸责任、损害他人利益的行为,一审法院判决某某保险公司违背诚信原则,承担其刊登广告后购房户30%的信赖利益的损失,符合法律规定,某某保险公司的上诉理由不能成立,应予驳回。[2]

---

〔1〕 北京市第三中级人民法院(2023)京03民终2977号民事判决书。

〔2〕 参见最高人民法院民事审判第一庭编著:《最高人民法院关于审理商品房买卖合同纠纷案件司法解释的理解与适用》,人民法院出版社2003年版,第45页。

(三)买卖合同无效后的处理

1. 相互返还

房屋买卖合同被法院确认无效后,双方应相互返还因合同所取得的财产。房屋原登记于夫妻一方的,应恢复登记至其名下。

【案例 4－156】　杨某禄等诉杨某琴等确认合同无效纠纷案

二审法院认为,确认杨某琴与孙某所签订的房屋买卖合同无效后,恢复讼争房屋原状,应将房屋恢复登记到原产权人杨某琴名下。一审判决由孙某将房屋返还给杨某琴及二原告不当,将此项改判为将该房屋恢复登记至杨某琴名下。[1]

如果第三人已取得房屋所有权并将房屋抵押给银行获取贷款,房屋买卖合同确认无效后,则不影响个人住房借款合同的有效性。在抵押权未消灭的情况下,对于请求权人要求将涉案房屋所有权属登记恢复原状的请求不应得到支持。这是基于案外人恶意串通的过错所致,应由恶意串通人赔偿请求权人的损失。对于请求权人来说,其可以另案诉讼赔偿问题,亦可以在获得经济赔偿后向银行行使涤除权,取回房屋产权证。这样处理,既能保证请求权人的合法权益,又赋予其选择救济方式,并且在妥善解决案件纠纷时,并未损害善意第三人银行的合法利益。

【案例 4－157】　李某诉张某等房屋买卖合同纠纷案

二审法院认为,对于永昌小区永顺里诉争房屋的产权登记是否应当恢复到李某名下的问题。被上诉人杨某明与上诉人张某在 2006 年 10 月 26 日签订《房屋买卖合同》后,上诉人张某又与原审第三人建行北门支行签订《个人住房借款合同》,经审查,被上诉人杨某明与上诉人张某所签订的《房屋买卖合同》系无效合同,但被上诉人杨某明与上诉人张某所签《房屋买卖合同》无效,并不影响上诉人张某与原审第三人建行北门支行所签订的《个人住房借款合同》的有效性,按照《个人住房借款合同》的约定,原审第三人建行北门支行享有本案所涉房屋的抵押权,现该房屋所贷款项尚未归还完毕,涉案房屋处于设定抵押权的状态,在抵押权未消灭的情况下,对于上诉人李某要求

---

〔1〕 重庆市第五中级人民法院(2013)渝五中法民终字第 00042 号民事判决书,载《人民法院报》2014 年 5 月 22 日,第 6 版。

将涉案房屋权属登记恢复原状的主张，二审法院不予采纳。〔1〕

房屋买卖合同无效，在财产返还中应对返还财产请求权与财产能否返还加以区分。在合同签订之后买受人为第三人设定的抵押权是否对出卖人产生拘束力，现行法律、司法解释尚无明文规定。如果判决涉案房屋归出卖人所有，第三人的抵押权应如何实现则具有不确定性。《物权法》确立的是严格限制抵押物转让的制度，一定程度上体现了对抵押权人的权益保护，即在不能保障抵押权实现的前提下，物权的变动应该受到严格的限制。如果判决房屋归出卖人所有，则势必影响抵押权人的权益保障。在抵押权益保障与所有权益实现之间，应优先维护抵押权益。如果房屋买卖合同无效的原因是因出卖人与购房人以合法的买卖形式掩盖套取贷款的非法目的，出卖人的所有权处于不完整状态系其自身非法行为导致的且无证据证明抵押权人在设定抵押权时存在恶意。在未经抵押权人的同意，出卖人亦不能保障抵押权实现的情况下，抵押权人的利益不能得到有效保护，故出卖人要求确认房屋归其所有的主张不能得到支持。《民法典》第四百零六条规定将抵押物转让需“经抵押肆人同意”变为“通知抵押权人”，即抵押财产转让的，抵押权不受影响，如抵押权人能够证明抵押财产转让可能损害抵押权的，可要求抵押人将转让所得价款向抵押权提前清偿债务或提存。实践中，应注意新旧法变化对诉求的影响。

【案例4－158】　何某英诉王某生所有权确认纠纷案

二审法院认为，本案的争议焦点为在房屋买卖合同被确认无效后，何某英能否直接确认涉诉房屋归其所有。对此，本院认为，合同无效之后，产生了返还财产之请求权，至于财产能否返还，尚需考察标的物的权属变化因素，并不必然产生物权归属于出卖人即何某英的结论。本案中，在涉诉房屋上存在抵押权人的前提下，依照《物权法》的规定，如转让抵押财产需经过抵押权人的同意，否则不得转让抵押财产。法律规范的目的在于保护因善意而获得抵押权的抵押权人的权利，故在因合同无效而涉及权属变动时，亦当遵循上述原则。在此前提下，未经抵押权人同意，何某英直接起诉要求确认涉诉房屋的所有权缺乏请求权基础，法院不予支持。一审判决对此认定有误，法院依法予以纠正。〔2〕

房屋买卖合同被确认无效后，债务抵销的内容也属于应当返还财产的一部分。

---

〔1〕　参见国家法官学院案例开发研究中心编：《中国法院2012年度案例》（房屋买卖合同纠纷），中国法制出版社2012年版，第102页。

〔2〕　参见国家法官学院案例开发研究中心编：《中国法院2018年度案例》（房屋买卖合同纠纷），中国法制出版社2018年版，第253页。

【案例4-159】 梁某、曾某甲与曾某乙房屋买卖合同纠纷案

再审法院认为,梁某、曾某甲与曾某乙于2004年5月28日签订的《断卖房屋连地契约》因违反法律、行政法规的强制性规定而被认定为无效后,梁某、曾某甲应当返还因签订上述房屋买卖合同而取得的购房款。上述《断卖房屋连地契约》与2004年6月2日梁某签写的《收款收据》均载明,购房款为100300元,虽然《收款收据》载明"其中42300元由原来借款中冲减",但这仅表明该42300元的支付方式为债务抵销,并不影响其购房款的性质以及购房款的数额为100300元。为减少当事人的诉累,二审判决对涉案的100300元购房款一并处理,并无不当,本院予以维持。检察机关抗诉认为"梁某、曾某甲应否返还该42300元给曾某乙,属于另一法律关系,与本案无关",理据不足,本院不予支持。[1]

商品房买卖合同因开发商责任被确认无效后,购房人取得了合同约定的房屋并利用该房屋从事经营活动,对占用期间的房屋使用费应当按照什么标准向开发商返还,实践中处理不统一。最高人民法院在一个答复中指出:商品房买卖合同因出卖人责任被确认无效后,应按无效合同的处理原则进行处理。关于善意买受人应该返还给出卖人的房屋使用费的标准,因为买受人在签订合同时是善意的,所以应该以买受人在合同中的意思表示为标准。也就是说,应该以买受人与出卖人约定的合同总价款除以房屋的设计使用年限,再乘以买受人实际使用该房屋的年限得出的价款作为买受人所获得的利益返回给出卖人。[2]

2. 损失赔偿

合同被确认无效后,因该合同取得的财产应当予以返还,有过错的一方应当赔偿对方因此受到的损失,双方都有过错的,应当各自承担相应的责任。

【案例4-160】 陈某甲、方某等与何某房屋买卖合同纠纷再审案

再审法院认为,合同名为房屋买卖实为购买宅基地使用权,内容违反了有关法律的强制性规定,应确认无效。再审法院认为,陈某甲一方虽与何某签有《房屋绝卖契约》,其仍自行在安置地基上建造了房屋,对此其辩称系何某自己放弃先安置权利,并为此主张何某应承担80%过错责任。本院经审查,现有证据未能证明陈某甲提出的上述主张。在此情况下,一审法院根据

---

〔1〕 广东省高级人民法院(2013)粤高法审监民提字第144号民事判决书。

〔2〕 参见最高人民法院《关于蔡某成与大连经济技术开发区龙海房地产开发公司、原审第三人大连翻译专修学院商品房买卖合同纠纷一案请示的答复》(2003年11月30日,[2003]民一他字第13号),载最高人民法院民事审判第一庭编:《中国民事审判前沿》2005年第2集(总第2集),法律出版社2005年版,第157页。

当地实际，确定由陈某甲一方对何某损失承担80%的赔偿责任，二审法院对此予以维持，均无不当。[1]

【案例4-161】 济南森安房地产开发有限公司诉山东省无线电管理办公室商品房买卖合同纠纷案

最高人民法院认为，双方当事人一审时均主张《期房购房合同》属无效合同，一审法院根据其查明的涉案综合楼未能取得商品房预售许可证等事实，认定双方所签《期房购房合同》为无效合同，结论正确。本案的争议焦点是彼此的损失应当如何认定，具体包括无线电办公室的损失和森安公司的损失两方面内容。关于无线电办公室的损失问题，即森安公司应否按照同期银行贷款利率向无线电办公室返还8500万元购房款利息至判决生效之日的问题。本案双方当事人对返回8500万元本金并无争议，但对该款项的利息问题有分歧。无线电办公室一审诉讼过程中已经明确表示按照银行同期同类贷款利率计算损失的观点，只不过按照其庭审时主张的计算标准得出的利息数额与其主张的数额有出入。利息作为法定孳息的一种，其数额和利率标准、起止时间等直接相关。合同无效后，对无线电办公室而言，其损失主要就是已付款的利息。鉴于双方当事人对造成合同无效均有过错，故森安公司对此应当承担一定的责任。无线电办公室主张利息作为其实际损失，为明确具体数额只能算至起诉时，对其后直至对方实际给付为止所产生的利息，亦应当属于无线电办公室的实际损失，在无线电办公室未明确表示放弃的情况下，森安公司有负担义务，对此一审判决予以支持，并无不妥。一审法院为便于纠纷妥善、彻底地得以解决，支持当事人的合理诉求，判令森安公司在返还本金时将利息按一定比例并予以返还，并无不当。关于森安公司的损失问题，具体包括未被规划确认的2848平方米部分建筑的损失、因楼层和会议室加高而产生的损失以及因开山修建停车场造成的损失等应否由无线电办公室承担的问题。首先，未被规划确认的2848平方米建筑物的损失如何负担的问题。一审法院已经对造成2848平方米建筑物超出控制线系因无线电办公室要求工程变更造成的事实予以认定，相关鉴定机构也就该部分建筑物的工程造价出具了鉴定结论。但因上述建筑物尚未被拆除，故一审法院关于森安公司可待损失实际发生后另行主张的处理办法，是可行的。其次，因楼层和会议室加高而产生的损失如何负担的问题。根据双方往来签证和鉴定结论，森安公司此部分损失共计1351974.48元。一审法院考虑到双方的过错程度，认定该损失应由双方分担，作出无线电办公室承担675987.24元的处

---

〔1〕 浙江省高级人民法院(2014)浙民提字第37号民事判决书。

理,并无不当。最后,因开山修建停车场工程造成的损失是否应由无线电办公室负担的问题。鉴于开山修建停车场系根据无线电办公室的要求进行的,且无线电办公室也承诺负担相关费用,加之开山修建停车场的巨额支出与开出的土地使用权面积不成正比,故森安公司关于由此造成的损失应由无线电办公室负担的主张和理由,不无道理。虽然森安公司同意接受该综合楼整体项目并对上述项目实际受有利益。但是一审判决认定该项费用全部由森安公司自行承担不妥,应予纠正。无线电办公室应对该项8894880元损失承担主要责任,森安公司应承担次要责任,即由无线电办公室负担8894880元的70%计6226416元,森安公司负担8894880元的30%计2668464元。[1]

因法律对于过错大小如何确定没有明确规定,以致如何承担与过错相等的责任也没有明确规定,亦无一个明确的计算标准。实践中,一般由法官根据具体案情行使自由裁量权裁量。

【案例4-162】　刘某荣诉庞某顺房屋买卖合同纠纷案

再二审法院认为,本案中,一审法院依据本案查明的事实,认定对于房屋买卖合同无效,庞某顺与刘某荣均有过错,庞某顺承担70%的过错责任,刘某荣承担30%的过错责任,符合双方的过错程度,本院予以维持。[2]

房屋买卖合同无效赔偿,基于公平原则,法院多以认购房屋时至申请鉴定时房屋增值部分作为相应损失。

【案例4-163】　大众兴公司诉张某馨房屋买卖合同纠纷案

一审法院认为,案涉认购书对《商品房销售管理办法》第十六条规定的主要内容作了明确约定,出卖人大众兴公司也按约收受部分购房款,故案涉认定书应当认定为商品房预售合同。因截至起诉前大众兴公司未办理商品房预售许可证,违反了国家法律及行政法规的强制性规定,故该认购书应属无效。因认购书无效,大众兴公司应将其收取的2.6万元购房款返还给张某馨;大众兴公司未取得预售许可证时即对尚未开工建设的商品房进行销售,违反了有关的法律法规,其行为具有违法性,且其签订合同时对影响其建设的因素估计不足,现工程尚未开工,无法在本案诉前取得预售许可证以补正合同效力,对由此造成的合同无效承担主要过错责任。张某馨在与大众兴公司签订认购书时对于大众兴公司是否取得预售许可证应当进行必要的查询,

---

〔1〕参见最高人民法院民事审判第一庭编:《最高人民法院民事案件解析》(房屋买卖、租赁纠纷),法律出版社2010年版,第237~238页。

〔2〕参见国家法官学院案例开发研究中心编:《中国法院2019年度案例》(房屋买卖合同纠纷),中国法制出版社2019年版,第138页。北京市第二中级人民法院(2017)京02民再83号民事判决书。

其也负有一定的注意义务,故张某馨对合同无效亦有过错。考虑双方的过错程度,多年来房价上涨的现实情况,被告参与本案诉讼的支出情况,大众兴公司占有使用张某馨的购房款多年等,综合本案的具体情况,酌定大众兴公司退还张某馨的购房款参照民间借贷利率中较高的利率水平年息24%的标准计算利息给张某馨,以补偿张某馨的损失。判决:(1)大众兴公司与张某馨于2004年7月30日签订的认购书无效;(2)大众兴公司返还张某馨购房款2.6万元及利息。

二审法院认为,大众兴公司的赔偿责任应结合谁具有过错、张某馨所受到的损失金额进行认定。本案中,张某馨已经按照认购书的约定支付了购房款2.6万元,其余房款均未支付。对于未支付购房款剩余的原因,二审法院认为非因张某馨原因未能交纳,而大众兴公司未取得案涉房屋的商品房预售许可证,剩余房款亦非因张某馨原因无法办理贷款,故张某馨对于剩余房款未能支付不存在过错。本案中,大众兴公司明知其未取得案涉房屋的商品房预售许可证,即委托鹊桥公司销售众兴华庭的房产,其具有主观过错,并导致其与张某馨签订的认购书无效,张某馨作为普通购房者,不具有主观过错,故大众兴公司应赔偿张某馨因认购书无效造成的全部损失。大众兴公司应当赔偿张某馨案涉房产从2005年12月31日至2018年7月13日的房价增值部分857387元。判决:(1)大众兴公司与张某馨于2004年7月30日签订的认购书无效;(2)大众兴公司赔偿张某馨损失857387元。[1]

对因无处分权导致房屋买卖合同无效的,应由无权处分人赔偿事实物权人的损失,保护事实物权人的正当利益。

【案例4-164】 熊某诉陈某花房屋买卖合同纠纷案

一审法院认为,现熊某称其已支付购房款首付款7万元,贷款银行亦向陈某花支付贷款29万元,故相应款项均应向熊某返还。对于熊某主张的损失,其称已支付购房税费25600元,现熊某已不能取得×号房屋,上述税费损失应由陈某花一并赔偿。陈某花经本院传票传唤无正当理由未到庭应诉,视为其放弃应诉与答辩的权利,本院根据熊某提供的证据,采信熊某的相应陈述,故本院支持其要求退还房款并赔偿税费损失的请求。对于熊某主张的贷款损失,因本院已判令陈某花向其退还房款,故本院不再支持其要求陈某花

〔1〕 参见国家法官学院、最高人民法院司法案例研究院编:《中国法院2021年度案例》(房屋买卖合同纠纷),中国法制出版社2021年版,第67~68页。江苏省连云港市中级人民法院(2019)苏07民终3869号民事判决书。

赔偿贷款损失的请求。[1]

小产权房买卖合同中添附物处理。对双方当事人的主观过错,应分两种情形进行分析。一是签订合同过程中的缔约过失问题。二是装修房屋行为的主观过错问题。小产权房属于违章建筑,导致双方签订的房屋买卖合同属于无效合同,买卖房屋双方在缔约过程中都存在过错。又因购房人的装修行为是对之前的购房行为的延伸,应当认定购房人为善意添附而非恶意侵权。

【案例 4－165】　王某平诉郑某水房屋买卖合同纠纷案

二审法院认为,关于房屋装修问题,从现实生活情况来看,普通民众对房屋装修时,与正规装修公司签订装修合同,付款时索要正规发票的情况较少,且本案中双方均认可合同签订后王某平对房屋进行装修。王某平所提交的 13 张票据非正规发票,但能够反映装修项目及支出情况,且 26623 元的费用总额对于面积为 128 平方米的房屋装修来说基本合理,故原审法院依据 13 张票据认定装修费用符合客观实际。因双方对合同无效均有过错,王某平的装修具有相应的使用价值且大部分已与房屋形成添附,如若恢复原状必将造成损失的进一步扩大,判决由郑某水承担王某平部分装修费用,王某平将房屋及装修物交付给郑某水并无不当。综上,上诉人上诉理由不足,法院不予支持。[2]

农村小产权房买卖或抵债行为被认定无效后,法院在利益分配上,应当妥善平衡当事人利益,引导当事人恪守诚信原则。

【案例 4－166】　陈某诉李某房屋买卖合同纠纷案

一审法院认为,原、被告双方虽曾签订房屋产权归属合约,约定房屋归属陈某所有,但 2002 年,陈某起诉李某要求返还借款 145222 元,后双方达成调解协议,李某应偿还借款,并将讼争房屋作为上述还款的抵押担保。双方的该项约定,已明确讼争房屋所有权的归属,原告仅享有讼争房屋的抵押权。原告占有使用讼争房屋,未提供充分证据证明讼争房屋确实不适合居住使用,且作为讼争房屋所有权人的被告也不同意对讼争房屋进行搭建、添置、修缮,故原告要求被告准许其在诉争房屋外自行搭建直达三楼的楼梯、开设独立的进出门户、在原告使用范围内砌围墙或铁栅栏的诉求,不予支持。二审法院认为,至于陈某基于本案历史原因长期对讼争房产居用、使用,其是否因

---

〔1〕 参见国家法官学院案例开发研究中心编:《中国法院 2015 年度案例》(房屋买卖合同纠纷),中国法制出版社 2015 年版,第 137 页。

〔2〕 参见国家法官学院案例开发研究中心编:《中国法院 2015 年度案例》(房屋买卖合同纠纷),中国法制出版社 2015 年版,第 185 页。

此享有对讼争房屋的相关权利并不在本案考量范围之内，故原审法院对陈某的诉求不予支持并无不当。二审法院判决：驳回上诉，维持原判。[1]

开发商与购房人签订的商品房买卖合同约定商业用房的土地使用年限为50年，该约定超出国家法定出让年限10年，故超出10年的部分应属无效约定。开发商对该无效约定存在过错，应赔偿购房人签订合同时因信赖合同约定所付出的对价。

【案例4－167】 陈某玲、蔡某蓉诉厦门厦信发房地产有限公司退还地价款纠纷案

二审法院认为，厦信发公司与陈某玲、蔡某蓉签订的《商品房买卖合同》系双方的真实意思表示，但由于合同中有关土地使用年限50年的约定超出国家法定出让年限10年，故超出10年的部分应属无效约定，原审认定正确。因出让土地的使用年限作为项目建设依据系由开发商单方提供的，国家法律明文规定商业用地出让最高年限为40年，在厦信发公司与建设局于1998年8月15日签订的《国有土地使用权有偿出让合同》中也仅约定"综合50年、住宅70年"，并没有商业用地出让年限的约定，厦信发公司作为专业房地产开发企业，在与陈某玲和蔡某蓉签订《商品房买卖合同》时却自行约定50年的商业用地出让年限，导致合同约定因违反国家法律强制性规定而无效，该无效责任应归责于厦信发公司。根据陈某玲和蔡某蓉的诉请，厦信发公司因无效约定取得的财产包括合同利益成为厦信发公司所应承担的无效法律责任。虽然厦信发公司举证证明土地出让金并未因土地使用年限的变动而有所变化，进而主张土地使用年限的变动对房屋售价未造成实质性影响，其并未因无效约定获得收益，但有关土地出让金是否因土地使用年限的变动而应有所变化，系属土地出让方即建设局与土地受让方厦信发公司之间基于《国有土地使用权有偿出让合同》的约定调整双方之间的权利义务关系，而本案讼争的是厦信发公司与购房者之间因无效约定应承担的合同责任，根据合同相对性原理，土地使用年限的变动对房屋售价有无实质性影响并不以厦信发公司实际缴纳的土地出让金作为判断标准，而应以购房者签订合同时信赖合同约定所付出的对价作为衡量标准。因此，房屋所附着的土地使用年限是50年还是40年，决定了房屋价值不同，购房者为此所支付的房屋价格也理当有所不同，厦信发公司由此而获得的利益即应返还。根据《商品住宅价格管理暂行办法》的规定，商品住宅价格由成本、利润、税金和地段差价四个项

〔1〕 参见《人民司法·案例》2014年第18期。福建省厦门市中级人民法院(2013)厦门终字第2305号民事判决书。

目构成,其中成本包含地价及建筑成本在内。由于建筑成本系一次性投入,与建筑物的存续时间长短无关,故厦信发公司并未因土地使用年限的变动而获得相应的利益;而地价与土地的使用年限相对应,虽然房屋售价未体现土地使用年限在计价中的成分比例,但签约当时购房者系按50年土地使用年限支付对价,因此,原审参照该项目所在宗地的土地使用权出让金标准,按房屋所占用地面积的土地使用权出让10年的标准折算厦信发公司的合同利益,判决厦信发公司返还款项7054元,既体现合同责任,也符合公平原则,原审判决应予维持。综上,厦信发公司的上诉理由不能成立,上诉请求应予驳回。[1]

无效合同损失的范围界定问题。无效合同赔偿的是因缔约过失造成损失。对于如何确定缔约过失责任的赔偿范围,由于《民法典》没有明确规定,导致同类案件不同法院甚至同一法院不同法官的裁判相差较大。对此,重要的是区分于有效合同损失范围。《民法典》第一百五十七条规定"有过错的一方应当赔偿对方由此所受到的损失",是指因订立无效(可撤销)合同所受到的损失,是一种缔约过失责任。这种损失包括订立合同过程中的损失和履行合同过程中的损失,如返还财产所需要的运输费用、劳务费等开支。无效合同的损失不同于有效合同的违约损失,在违约损失中,可得利益属于损失的范围,而无效合同本来就不具有法律效力,当事人不可能据此获得预期的利益,因而不存在预期利益问题。[2] 有法官认为,合同无效后,若一方当事人对合同无效存在过错,且对方当事人因此遭受损失的,过错方应基于缔约过失责任向对方进行损失赔偿,所赔偿的损失限于信赖利益(包括直接损失和间接损失),不包括在合同有效情形下通过履行可以获得的利益。认定损失赔偿数额时,应根据案件具体情形判断各项损失应否全额赔偿;若受害人也存在过错的,受害人应根据自己的过错程度承担相应的责任。[3] 也就是说,合同无效后的损失赔偿范围仅限于信赖利益,一般不应超过履行利益,同时还应遵循过失相抵的赔偿规则。

【案例4-168】 海南昌旺达置业顾问有限公司诉海南宇昌房地产开发有限公司商品房预售合同纠纷案

最高人民法院认为,因本案合同无效,宇昌公司应返还昌旺达公司所付购房款。国家将海南确定为国际旅游岛后,海南房价明显上涨,一审法院委托的司法鉴定结论亦证实涉案房屋的市场价格已明显上涨,在此情况下,昌

---

〔1〕 参见最高人民法院中国应用法学研究所编:《人民法院案例选》2006年第2辑(总第56辑),人民法院出版社2006年版,第191~192页。

〔2〕 参见孔祥俊:《合同法教程》,中国人民公安大学出版社1999年版,第283页。

〔3〕 参见李玉林:《合同纠纷前沿问题审判实务》,中国法制出版社2014年版,第71页。

旺达公司已无法用原价款购得相应地段、相应面积的房屋,该损失是客观存在和已经发生的事实,非将来预期可能要发生的事实。一、二审法院依据司法鉴定结论,以涉案房屋的市场溢价作为无效合同损失认定的基础,由宇昌公司承担其主要过错给昌旺达公司造成的该部分损失60%的赔偿责任并无不当。该认定符合《合同法》第五十八条关于无效合同损失的规定。昌旺达公司对合同无效造成的损失亦有过错,一、二审法院判令其承担损失部分40%的责任已充分地考虑了双方的利益平衡问题,符合法律公平原则。宇昌公司称原审判决以有效合同的利益处理无效合同与《合同法》规定不符的理由依据不足,最高人民法院再审不予支持。[1]

在房屋买卖合同被法院确认无效的情况下,购房人因未按期取得房屋,其营业性租房的损失,不应认定为合同无效的损失范围。

【案例4-169】 徐某诉沈阳富临房地产开发有限公司商品房买卖合同纠纷再审案

最高人民法院认为,徐某主张的房屋租金损失,系其经营期间向案外人租赁经营场所发生的费用。徐某认为如果富临公司按照合同约定时间交付房屋,其就可以避免对外支付上述租金。最高人民法院认为,因本案中的房屋买卖合同无效,徐某就不能再期待依据该无效合同取得合同中约定的房屋。因此,该房屋租金不是合同无效必然造成的损失,属于徐某开办公司和批发中心的经营成本,徐某诉请富临公司赔偿其房屋租金损失,没有法律依据。二审判决将房屋租金损失认定为合同无效后徐某的经济损失范围判决富临公司支付徐某房屋租金损失,属于适用法律错误。据此,再审改判富临公司返还徐某的购房款及利息,对于徐某主张的房屋租金损失不予支持。[2]

城中村房屋在确定买卖合同无效之后的补偿标准问题。与国有土地相邻的集体土地上的房屋拆迁补偿时,其宅基地区位补偿价可以参照当地政府(如原《北京市城市房屋拆迁管理办法》)确定的标准计算而非应当参照。并且若参照国有土地拆迁补偿相关规定确定宅基地区位补偿价格,须经区县人民政府批准。因此,适用何种评估标准首先要看当地政府是否已批准该乡镇统一参照国有土地拆迁补偿相关规定来确定宅基地区位补偿价格。若没有批准,则不应当参照国有土地拆迁补偿的相关规定,应当按照目前有效的当地政府集体土地拆迁规定计算宅基地区位补偿价。在评估宅基地区位补偿价时,应当首先按照当地政府拆迁补

---

〔1〕 最高人民法院(2014)民抗字第75号民事判决书。

〔2〕 参见郑学林主编:《民商事再审典型案例及审判经验》,人民法院出版社2019年版,第93页。最高人民法院(2016)民再字第3号民事判决书。

助规定及相关文件精神，结合评估时的不同区域内普通商品住宅均价及城市规划等情况综合确定普通住宅指导价，必要时可以向政府有关部门咨询最新的指导价。

【案例 4－170】　张某诉李某房屋买卖合同纠纷案

一审法院认为，一审法院在重审过程中，向有关机构咨询后得知，平谷城区当地普通住宅指导价为每平方米 5000～7000 元，并参照该指导价重新计算了宅基地区位补偿价 102.2 万元。随后根据双方的过错程度并综合考量涉案房屋所在地周边交通、商业、环境等方面的发展、土地升值情况、土地的市场价值及是否存在拆迁可能等因素，酌情确定张某应赔偿李某的信赖利益损失数额。判决：张某赔偿李某 1255845 元，李某于张某履行给付义务后将宅院及宅院内的全部房屋、附属物一并交付张某。一审判决后，张某与李某均服判息诉，未再提出上诉。[1]

根据具体案情由法官裁定损失的具体数额。

【案例 4－171】　王某娥诉北京金色凯盛投资管理有限公司房屋买卖合同纠纷案

一审法院认为，王某娥与金色凯盛公司签订的合同虽名称为《房屋经营使用权转让协议书》，但含有对房屋产权证办理、缴税及产权分割等房屋买卖合同实质性内容的相关约定，合同履行中办理产权手续的意思表示清晰明确，应认定为房屋买卖合同。涉案房屋所在建筑物现已竣工验收备案、交付使用，并取得不动产权登记，但该建筑物规划审批用途为绿隔产业用地酒店、办公、商业等项目，金色凯盛公司不能提交对外分割出售涉诉房屋的审批手续，上述协议因违反法律、行政法规的强制性规定而无效。合同无效或者被撤销后，因该合同取得的财产，应当予以返还；不能返还或者没有必要返还的，应当折价补偿。有过错的一方应当赔偿对方因此所受到的损失，双方都有过错的，应当各自承担相应的责任。双务合同无效，标的物返还与价款返还互为对待给付，双方应当同时返还。一方对标的物有使用情形的，一般应当支付使用费，该费用可与占有价款一方应当支付的资金占用费相互抵销，故在一方返还原物前，另一方仅须支付本金，而无须支付利息。本案中，涉案房屋已交付王某娥使用多年，王某娥应当支付相应使用费，王某娥主张金色凯盛公司支付其转让款利息损失，亦应予以合理补偿。法院酌情认定房屋交付后的利息损失与房屋占用使用费相互抵销。对于交房之前的利息损失，金

---

〔1〕 参见北京市高级人民法院编：《审判前沿——新类型案件审判实务》（总第 53 集），法律出版社 2016 年版，第 112 页。

色凯盛公司应予支付,法院按照中国人民银行同期贷款基准利率予以核算。仅返还财产或者折价补偿不足以弥补损失,一方还可以向有过错的另一方请求损害赔偿。根据双方当事人的陈述以及案涉合同的订立过程,金色凯盛公司与王某娥对于案涉房屋的性质以及手续的办理情况均系明知,金色凯盛公司未提供合法出售案涉房屋的手续,王某娥亦未尽到相应的审核义务,因此双方应承担均等的过错责任。王某娥现主张房屋差价损失,应根据双方过错程度并考虑到目前商业房产价格情况,法院酌情确定房屋差价损失为160000元。对于王某娥主张的房屋装修损失,因王某娥针对涉案房屋系毛坯房屋对外出租,王某娥并未实际进行装修,故对该房屋装修损失,法院不予支持。金色凯盛公司另反诉要求王某娥将涉案房屋原状返还,双方于合同中对此并无约定,因涉案房屋交付时系毛坯状态,王某娥对外出租后承租人对涉案房屋进行装修,金色凯盛公司在使用期间未对上述装修行为表示异议,故涉案房屋无须恢复原状。但双方所签订的合同系无效合同,王某娥应将涉案房屋返还金色凯盛公司。判决:(1)确认王某娥与金色凯盛公司于2013年11月30日签订的《房屋经营使用权转让协议书》无效;(2)金色凯盛公司于判决生效后10日内返还王某娥合同价款869848元及利息(以855962元为基数,自2013年12月1日起至2016年8月26日止按照中国人民银行同期贷款基准利率计算;以13886元为基数,自2016年4月10日起至2016年8月26日止按照中国人民银行同期贷款基准利率计算);(3)金色凯盛公司于判决生效后10日内赔偿王某娥房屋差价损失160000元;(4)王某娥在收到上述合同价款、利息和房屋差价损失后10日内将位于北京市大兴区旧宫镇世界之花假日广场项目C3座8层806号房屋腾退并返还北京金色凯盛投资管理有限公司;(5)驳回王某娥的其他诉讼请求;(6)驳回金色凯盛公司的其他反诉请求。

二审法院认为,本案上诉争议焦点为案涉合同被确认无效情况下的法律后果问题。本案中,王某娥与金色凯盛公司签订的《房屋经营使用权转让协议书》,所载转让标的虽为房屋经营使用权,但期限长达40年,且含有对房屋产权证办理、缴税及产权分割等房屋买卖合同实质性内容的相关约定,一审法院认为合同履行中办理产权手续的意思表示清晰明确,据此认定案涉协议书实为房屋买卖合同并无不当。现涉案房屋所在建筑物已竣工验收备案、交付使用,并取得不动产权登记,但该建筑物所在土地的使用权为集体建设用地,规划审批用途为绿隔产业用地酒店、办公、商业等项目,金色凯盛公司不能提交对外分割出售涉诉房屋的审批手续,故一审法院认定上述协议因违反法律、行政法规的强制性规定而无效,亦无不当。合同无效或者被撤销后,因该合同取得的财产,应当予以返还;不能返还或者没有必要返还的,应当折价补偿。本案中,涉案房屋已于2016年交付王某娥,王某娥收房后即将房屋出租多年,故此,金色凯盛公司主张王某娥支付房屋占有使用费应当予以支持。根据本案查明的事实,王某娥在签订案涉协议当日即向金色凯盛公司交纳转让款855962元,后又于2016年4月9日针对房屋面积差补交13886元。鉴于上述合同无效之法律后果,金色凯盛公司亦应将相关款项退还王某娥。王某娥向金色凯盛公司交纳上述转让款后,相关款项即由金色凯盛公司占用,在此期间亦会产生相应利息等法定孳息,王某娥要求金色凯盛公司返还资金占用期间的利息亦具有合理性。在房屋交付王某娥之前,金色凯盛公司并未就占用王某娥所交纳的80余万元转让款实际给付相应对价,王某娥亦未从案涉房屋中获取相应利益,在此情况下,一审法院根据王某娥先后两次交款情况,判令金色凯盛公司按照王某娥实际支付款项金额为基础,按照中国人民银行同期贷款基准利率向王某娥支付2016年8月26日之前的利息并无不当。房屋交付王某娥之后,基于合同无效的法律后果,王某娥负有向金色凯盛公司支付房屋占用费的义务、金色凯盛公司负有向王某娥支付资金占用利息的义务。但在该段时间内,王某娥已将房屋出租并收取租金,即王某娥通过占有房屋额外还获得了租金收益,基于合同无效的相应法律后果,因王某娥占有房屋所产生的租金收益,亦属于应当返还合同对方的孳息,即王某娥对于该部分租金收益,亦负有向金色凯盛公司予以返还的义务。在双方均负有向对方进行返还的义务情况下,一审法院综合本案情况,酌情认定房屋交付后的利息损失与房屋占用使用费相互抵销并无不当,王某娥上诉要求金色凯盛公司支付其利息依据不足,本院不予支持。关于王某娥上诉所提装修损失20000元,其表示系因在对外出租毛坯房后由承租人自行装修,因此导致其实际应得租金收益减少而产生的损失,根据王某娥的主张,其在本案中所主张装修损失并非其因装修房屋而产生的直接损失,而系因出租标的房屋为毛坯房少收租金导致的间接损失,在其并未对案涉房屋实际投入装修的情况下,其要求金色凯盛公司赔偿缺乏依据。关于房屋差价,仅返还财产或者折价补偿不足以弥补损失,一方还可以向有过错的另一方请求损害赔偿。根据双方当事人的陈述以及案涉合同的订立过程,合同订立时案涉建设项目并未取得相关审批手续,金色凯盛公司与王某娥对于案涉房屋的性质以及手续的办理情况均系明知,金色凯盛公司未提供合法出售案涉房屋的手续,王某娥亦未尽到相应的审核义务,一审法院认定双方应承担均等的过错责任正确。一审法院综合考虑双方过错程度、目前商业房地产价格等情况,酌予认定金色凯盛公司向王某娥赔偿房屋差价损失金额亦无明显不当,王某娥就此节所提上诉主张,本院亦不予支持。综上所述,王某娥的上诉请求不能成立,应予驳回;一审判决认定事实清楚,适用法律正确,应予维持。判决:驳回上诉,维持原判。[1]

3. 惩罚金裁量

《房屋买卖合同解释》修订前,第九条第一款规定合同无效应赔付已付购房款一倍的赔偿,对于该条的理解差别在赔偿金额如何确定,有的法院对购房人请求只要不超过已付购房款的一倍就全部支持,有的法院则依据具体案情确定。前者依购房人的主张确定,这种认识是不全面的,是机械适用法律、司法解释。该条规定的赔偿金是为了惩罚开发商销售商品房的违法行为,目的是规范房地产市场,具有惩罚和告诫作用。对赔偿数额的确定,应结合案件实际情况,具体考虑买房时间长短、房价上涨程度、开发商的主观恶意程度,同时兼顾惩罚性赔偿的制裁和遏制功能等诸多因素,由法官综合评判后进行裁判,确定赔偿金数额。应注意的是,该条规定购房人不能单独提出惩罚性赔偿的请求。只有在补偿性赔偿成立的前提下,惩罚性赔偿才能被适用。实践中,法院首先应当考察的是补偿性赔偿是否成立,其次应当考量的是惩罚性赔偿的数额确定。该条仅规定了赔偿数额"不超过已付购房款的一倍",赋予了法官较大的自由裁量权,此时法院应考量开发商主观过错、购房人实际损失、购房人审慎义务的履行情况等多种因素。应注意的是,《房屋买卖合同解释》修订后,第九条第一款规定已取消。

【案例4-172】 赵某松诉马鞍山市顺诚置业有限公司商品房预售合同纠纷案

一审法院判决被告顺城置业公司在赵某松已付购房款一倍之内承担责任。二审法院认为,合同效力及顺诚置业公司故意隐瞒未取得商品房预售许可证明同原审意见,但原审认定赵某松有对商品房预售许可证的审查义务不妥。对如何确定惩罚性赔偿的数额,司法解释规定的赔偿数额并不是已付购房款的当然一倍,而是不超过一倍。具体考虑买房时间长短、房价上涨程度等,以及出卖人的主观恶意程度,同时兼顾惩罚性赔偿的制裁和遏制功能等诸多因素,结合本案实际情况,确定顺诚置业公司承担已付购房款50%的赔偿责任。[2]

【案例4-173】 周某诉苏州瑞基房地产开发有限公司房屋买卖合同纠纷案

一审法院认为,关于合同无效后的责任承担,因系瑞基公司在未取得预售许可证的情形下,在其提供的商品房买卖合同中填写虚假的预售许可证号

---

〔1〕 北京市第二中级人民法院(2022)京02民终13481号民事判决书。

〔2〕 参见国家法官学院案例开发研究中心编:《中国法院2016年度案例》(房屋买卖合同纠纷),中国法制出版社2016年版,第22~23页。

码,使周某对其认购行为产生错误认识,因此导致合同无效的责任在瑞基公司。瑞基公司应当承担返还已付购房款并对周某进行赔偿的责任,但是具体赔偿数额应结合本案实际具体分析,从瑞基公司在订立合同过程中的过错程度及给周某造成的实际损失大小等方面进行考量。综上,判决瑞基公司返还周某购房款155万元并支付相应利息损失,同时赔偿周某31万元,驳回周某的其他诉讼请求。二审法院亦持同样意见,维持原判。[1]

个案中,法官根据具体案情作出裁量。

【案例4-174】 刘某诉北京正圆世嘉房地产开发有限公司商品房预售合同纠纷案

一审法院认为,原告请求确认原、被告之间的《北京市商品房买卖合同》无效,被告返还已付购房款、赔偿已付房款一倍的赔偿金的诉讼请求,理由正当、证据充分,本院予以支持。原告要求被告赔偿利息损失的请求,因与赔偿金重复,故不予支持。据此,一审法院判决被告退还原告购房款850000元、给付赔偿金850000元。二审法院认为,该合同无效系正圆世嘉公司的原因所致,故正圆世嘉公司应当承担赔偿责任,另外,正圆世嘉公司在法院已对A号别墅采取了查封措施之后,仍继续收取刘某房款,该行为亦属不当。综上所述,原判正确,应予维持。二审法院判决:驳回上诉,维持原判。[2]

双倍赔偿系惩罚性赔偿,1993年颁布的《消费者权益保护法》第四十九条(现修订为第五十五条)以及最高人民法院于2003年发布的《房屋买卖合同解释》第九条对此均有规定,属损害赔偿的特别规定。《消费者权益保护法》原则上是适用于商品房交易的,其适用的原则及具体的适用范围有待厘清。对于发生在1998年之前商品房买卖,根据法不溯及既往的原则,不应适用《房屋买卖合同解释》。适用《消费者权益保护法》第四十九条的前提是经营者有欺诈行为。开发商承担双倍赔偿责任的计算基础应是已付购房款。随着商品房价格的节节攀升,讼争房屋的评估价格远高于已付的购房款,即便开发商构成欺诈,法官亦可裁量不适用双倍赔偿。也就是说,关于已交付使用多年的房屋的商品房买卖合同无效,应由法院在个案中决定是否适用双倍赔偿。

【案例4-175】 蔡某芬诉厦门海沧房地产开发公司商品房买卖合同纠纷案

商品房买卖合同于1998年10月15日签订,成讼为2012年。一审法院

---

〔1〕 参见国家法官学院案例开发研究中心编:《中国法院2015年度案例》(房屋买卖合同纠纷),中国法制出版社2015年版,第38页。

〔2〕 参见国家法官学院案例开发研究中心编:《中国法院2013年度案例》(房屋买卖合同纠纷),中国法制出版社2013年版,第42~43页。

认为,蔡某芬与厦门海沧房产公司商品房买卖合同纠纷一案,双方签订的合同违反了法律的强制性规定,依法应认定原告与被告签订的商品房预售合同无效,故原告关于合同无效而要求被告退还购买讼争款项及损失赔偿的主张,于法有据,予以支持。讼争房产的全部购房款为69120元,被告应当退还全部购房款,原告应将讼争房产退还给被告;对讼争房产按使用性质为店面进行估价,诉讼时与购买时相比,增值计360699.39元(429819.39元-69120元),上述房产增值的损失应由被告赔偿给原告;而原告主张购买讼争房产购房款的利息,无法律依据,不予支持。反诉原告关于合同无效及退还讼争房产的诉求,本院予以支持;反诉原告关于反诉被告支付讼争房产占用费的主张,因合同无效的全部过错在于反诉原告,反诉被告对合同无效并无过错,故占用费之主张,不应支持。二审法院亦持同样意见,维持一审判决。[1]

关于缔约过失赔偿与惩罚性赔偿竞合时的处理。商品房预售合同无效,同时产生缔约过失赔偿和惩罚性赔偿的情形下,首先,确定已付购房款的范围和数额;其次,要按照有关鉴定意见确定以房屋的实际差价等标准计算缔约损失;最后,要比较缔约损失与已付房款的双倍赔偿数额,根据保护守约方利益和公平原则,法官裁量的赔偿应根据当事人请求认定较高数额为宜,同时上限不超过已付房款的两倍。

4. 连带责任

在公司被吊销营业执照后,公司股东长期未对公司进行清算,债权人不能直接要求公司股东承担连带清偿责任。这是因为未启动清算程序,股东是否恶意损害债权人利益尚未明确,不能产生清算责任与股东连带清偿责任的转化,债权人要求股东直接承担连带清偿责任缺乏前提条件。

【案例4-176】 洪某智诉泉州星达房地产开发有限公司等商品房预售合同纠纷案

一审法院认为,被告星达公司的行为已构成"一房二卖",其与原告洪某智签订的《商品房买卖合同补充协议》应属无效合同。原告基于该无效合同,可以请求被告星达公司返还已付购车位款及利息,并可以请求出卖人承担不超过已付购车位款一倍的赔偿责任,原告该部分诉讼请求,予以支持。《最高人民法院关于适用〈中华人民共和国公司法〉若干问题的规定(二)》适用于人民法院审理股东请求解散公司案件或公司清算案件,且公司清算案件

---

〔1〕 参见国家法官学院案例开发研究中心编:《中国法院2014年度案例》(房屋买卖合同纠纷),中国法制出版社2014年版,第11页。

是非讼案件,无法和诉讼案件合并审理,因此,原告主张被告柳某枝、柳某霞怠于履行股东清算义务或未出缴出资,应对被告星达公司的债务承担连带责任,本院不予支持,原告对该请求可另行主张。〔1〕

在房屋买卖与中介合同混合纠纷案中,就合同无效承担赔偿责任的主体而言,中介公司仅在委托人与第三人之间充当媒介,仅是促成双方交易或签约的人,最终合同的权利义务是由合同的双方当事人协商后达成一致确定的,故一旦双方因合同的履行产生争议,不能无限地扩大中介人应承担责任的范围,除中介人故意隐瞒或合同有约定外,一般情况下中介人不宜承担连带责任。个案中,综合中介公司的过错程度及具体案情,法官可裁量中介人承担补充清偿责任。

【案例4－177】　董某春诉阮某鹏等房屋买卖合同及居间合同纠纷案

二审法院认为,本案各方当事人签订的合同名为《房地产买卖合同》,但其中既包括房屋买卖合同法律关系,又包括居间合同关系。从董某春的诉讼请求来看,既要求房屋买卖合同的相对人阮某鹏、李某燕承担责任,又要求居间人承担责任。本案两个法律关系具有关联性,且原审判决家家顺公司承担责任,即对居间合同也进行了实质审理,因此,本案案由应为房屋买卖合同、居间合同纠纷。家家顺公司作为居间人,有义务核实房屋相关情况,而房屋是否抵押、是否被查封均是房屋买卖中的重大事项,即使阮某鹏提供的房屋查询资料中没有查封情况资料,家家顺公司也应主动核实;况且从2010年5月27日的查封资料可见,档案馆提供的查询资料是加盖有骑缝印的,若阮某鹏故意隐瞒查封资料,则骑缝印必然不完整,家家顺公司作为专业经纪人对此显然应当发现,家家顺公司称阮某鹏只提供房屋基本资料与抵押资料不成立。再者,在通常情况下,即使无查封、无抵押,档案馆也会出现《无查封、无抵押证明》。据此,本院认定家家顺公司在向董某春提供居间服务时,故意隐瞒了房屋被查封的事实。家家顺公司未履行居间合同中如实报告义务,损害了董某春的利益,董某春要求其承担损害赔偿责任应予支持。原审认定家家顺公司应承担补充清偿的过错责任正确。〔2〕

〔1〕　参见国家法官学院案例开发研究中心编:《中国法院2012年度案例》(房屋买卖合同纠纷),中国法制出版社2012年版,第27页。

〔2〕　参见国家法官学院案例开发研究中心编:《中国法院2014年度案例》(房屋买卖合同纠纷),中国法制出版社2014年版,第134页。

专题五　房屋买卖合同解除纠纷

随着我国房地产市场的持续升温，商品房、二手房买卖纠纷数量也急剧上升，其中“退房纠纷”已成为当前司法实践经常要面对的一个问题。“退房”实际上就是对商品房、二手房买卖合同的解除。在司法实践中，房屋买卖合同解除涉及诸多法律问题，是房屋买卖合同纠纷的焦点、难点，有必要对此进行探讨。

一、房屋买卖合同解除的条件理解

合同解除,是指在合同有效成立后,因一方或双方当事人的意思表示,终结未履行合同关系或对已履行合同关系进行清算的法律规定。合同解除分为双方合意解除和单方解除两种类型,其中单方解除又可分为法定解除和约定解除。

(一)法定解除条件

法定解除是在法律规定的解除条件成就时发生的解除,即在符合法律规定的情况下当事人解除合同。《民法典》第五百六十三条第一款规定了五种可以行使法定解除权的情形。《房屋买卖合同解释》修订前第八条是对原《合同法》第九十四条第四项(现《民法典》第五百六十三条第一款第四项)规定的解除合同的条件(即当事人一方迟延履行债务或者有其他违约行为致使不能实现合同目的),在商品房买卖合同中的适用指引。因此,合同目的能否实现就是最根本的问题,但合同目的究竟是什么在法条中并无解释,在司法实践中存在如何界定的问题。所谓合同目的,是指订立合同时所追求的目标或对当事人特定的需要和基本利益的满足。它是当事人订立合同的动因,也是当事人如实全面履行合同的追求所在。商品房买卖的目的,应指开发商按合同约定期限交付符合双方约定和法律要求的商品房。也就是说,这一合同目的应包括按约定的期限取得商品房、取得商品房所有权(不存在权利纠纷)、能够依法进行产权转让登记三个内容。最高人民法院法官认为,虽然合同目的受当事人掌控,但在产生争议后,它无疑属于裁判者的解释范畴。一般情况下,合同目的通过合同明示条款即可推出,但有些时候尚需结合相关因素做出合理推定。合同目的之正确界定往往事关合同的存废,攸关当事人的利益,因此合同目的的界定必须符合订立合同时的客观背景和一般交易人的价值判断。购房置业对民众而言,当属重大事项,因此对安宁家居环境的任何期望都是可以理解和应当肯定的。但对特定交易环境中当事人合同目的的解释(或者确定),应当限定在当事人对交易对手方所应履行合同义务(明示条款和默示条款规定的合同义务)的合理期待之上,否则对另一方当事人有过苛之虞。通过无限扩大交易对手方之义务范围来确定当事人之合同目的,不仅将交易对手方置于利益显失平衡的境地,还会打击其交易的积极性。[1]

笔者认为,买卖商品房的目的需要在个案中区分认定,也就是说,买卖商品房目的的实现与否不能一概而论。对此,应在两个层次上进行把握:

其一,商品房买卖合同目的不仅包括交付房屋,而且包括转移所有权。所谓房屋的交付使用,就是出卖人将已建成的房屋转移给买受人占有,其外在表现主要是将房屋的钥匙交付给买受人。但房屋的交付使用并不意味着房屋所有权的转移,根据《城市房地产管理法》的规定,只有在办理登记手续后,房屋所有权才发生转移。在法律意义上,商品房买卖合同目的人实现必须是房屋的实物交付和所有权交付的相结合,缺一不可。第一层次的实物交付是最基本的交付,第二层次的所有权交付是最本质的交付。如果开发商只交了房而未办理登记,那么其并未完成交易;只有既完成了商品价值相对应的保质保量的实物交付,又完成了权属交付,开发商的全面履约才算完成,购房人的购房目的才能实现。

其二,购买商品房目的的实现与合同履行期限关系紧密。任何一种合同目的的实现都附有一定条件,条件发生变化就会导致目的落空。合同履行期限就是其中一种条件,债务人如不能于期限内履约,合同目的就可能无法实现,债权人可以依法解除合同。

【案例5-1】 广西桂冠电力股份有限公司与广西泳臣房地产开发有限公司房屋买卖合同纠纷案

一审法院认为,《补充协议》签订后,桂冠公司依约向泳臣公司累计支付购房款11050万元,泳臣公司未能按协议约定的进度完成桂冠公司的办公综合楼工程,且泳臣公司在建设桂冠公司的办公综合楼工程中,整个财富国际广场工程被南宁市建设主管部门认定存在安全和质量问题,属于重大工程质量事故,该工程于2006年12月10日全面停工。泳臣公司在建设过程中每期工期均有迟延,至合同约定交付之日2008年2月29日已根本无法实际交付,且该工程因质量事故至今仍未能复工,致使桂冠公司购买办公综合楼的合同目的不能实现,泳臣公司构成履行合同中的根本违约。因此,本案符合法定解除合同的条件,对于桂冠公司解除合同的主张,一审法院予以支持。二审法院维持一审判决的解除合同判项。[2]

合同目的不能实现的情形有多种:其一,出卖人没有按照约定的时间交付房屋,即出卖人逾期交房。其二,房屋质量问题致使购房人无法正常居住和使用。

---

〔1〕 参见最高人民法院民事审判第一庭编:《中国民事审判前沿》2005年第2集(总第2集),法律出版社2005年版,第201页。

〔2〕 参见《最高人民法院公报》2010年第5期。

其三,出卖人没有取得商品房预售许可证明,致使购房人无法取得房屋产权。其四,出卖人未取得消防等合格证,致使购房人无法正常使用房屋。其五,出卖人的其他原因致使购房人未能在约定或者法定期限内取得房屋产权。其六,出卖人履行不能致使购房人无法取得房屋。

关于法定解除的认定问题,根据《民法典》第五百六十三条的规定,只有当违约行为构成根本违约时,守约方才取得法定解除权;对于不影响合同目的实现的一般违约行为,守约方不能主张法定解除权,只能要求违约方承担违约责任。

【案例5-2】　北京芙蓉江房地产经纪有限公司诉北京夏都融侨贸易有限公司商品房委托代理销售合同纠纷再审案

再审法院认为,夏都公司的解约行为不符合《合同法》第九十四条关于法定解除之规定。首先,芙蓉江公司不构成迟延履行主要债务,其行为不属于经催告后在合理期限内仍未履行的根本违约行为。第一,双方并未约定芙蓉江公司组织销售人员的时间,故在2011年6月夏都公司发出特快专递时,不能认定芙蓉江公司已迟延履行主要债务。第二,夏都公司并未举证证明2011年6月9日的特快专递实际送达芙蓉江公司,故同月15日的特快专递仅能视为对芙蓉江公司履行义务期限的通知,不构成对迟延履行的催告。第三,《合同法》第六十条第二款规定,当事人应当遵循诚实信用原则,根据合同的性质、目的和交易习惯履行通知义务。夏都公司在未进行协商、未给予协助的情况下即直接邮寄通知,限期芙蓉江公司单方面完成义务,此通知行为有悖诚实信用原则。其次,芙蓉江公司的行为不构成因违约致使不能实现合同目的的根本违约行为。芙蓉江公司已履行了交纳保证金、建设售楼处、制作沙盘等多项合同义务,合同具备继续履行的条件。尽管芙蓉江公司未对夏都公司发出的特快专递给予书面回复,与合同约定不符,但该履行瑕疵并不是能够导致合同目的无法实现的根本违约行为,夏都公司仍可采取其他方式继续沟通解决。综上,芙蓉江公司的行为不构成根本违约,夏都公司行使法定解除权的理由不成立,应支付违约金。[1]

【案例5-3】　常某某诉某山公司、王某某商品房销售合同纠纷再审案

最高人民法院认为,商品房销售者没有按合同约定的时间交付具备正常使用功能的房屋,其违约行为致使购房人签订合同的目的不能实现。依据《合同法》第九十四条和《房屋买卖合同解释》第十二条的规定,购房人有权

〔1〕 参见国家法官学院案例开发研究中心编:《中国法院2017年度案例》(房屋买卖合同纠纷),中国法制出版社2017年版,第51页。

解除该合同。[1]

合同目的包括主观目的和客观目的。一般而言,《民法典》第五百六十三条第四项“合同目的”仅指客观目的,但如果当事人将特定主观目的作为合同条件或成交基础并明确约定在合同中,则该特定主观目的被客观化,属于《民法典》第五百六十三条第四项的规制范围。若开发商交付的房屋与购房合同约定的布局相反,且无法调换,则购房人可以合同目的不能实现为由解除合同。

【案例5-4】 张某华、徐某英诉启东市取生置业有限公司房屋买卖合同纠纷案

二审法院认为,本案二审的争议焦点为张某华、徐某英能否以合同目的不能实现为由解除涉案购房合同。《合同法》第九十四条第四项赋予非违约方在合同目的不能实现时的法定解除权。涉案房屋内部布局左右相反导致张某华、徐某英合同目的不能实现,张某华、徐某英有权解除购房合同。首先,合同目的包括客观目的和主观目的。客观目的即典型交易目的,当事人购房的客观目的在于取得房屋所有权并用于居住、方便孩子上学、投资等,影响合同客观目的实现的因素有房屋位置、面积、楼层、采光、质量、小区配套设施等,客观目的可通过社会大众的普遍认知标准予以判断。主观目的为某些特定情况下当事人的动机和本意。一般而言,《合同法》第九十四条第四项中的合同目的不包括主观目的,但当事人将特定的主观目的作为合同条件或成交基础,则该特定的主观目的被客观化,属于《合同法》第九十四条的规制范围。其次,双方当事人对于房屋的内部左右布局约定明确。从现有证据来看,无论是取生置业的宣传图片还是合同附件中的房屋平面图,均明确了房屋进门的左右布局。取生置业在合同附件中的房屋平面图加盖合同专用章。张某华、徐某英所购房屋为期房,在购房时参观的样板房也与实际交付的房屋不一致,无法据此推断张某华、徐某英明知所购房屋的内部左右布局与合同约定相反。最后,张某华、徐某英对房屋内部左右布局明确约定并将其作为特定的合同目的,并不违反法律法规的禁止性规定,亦未侵害第三人权益,属于当事人意思自治的范畴,法律尊重和保护个体通过自身价值判断自由选择合适房屋的合法权利。房屋并非普通商品,购房者对所购房屋的谨慎选择符合生活常理。取生置业并未交付符合合同约定布局的房屋且无法调换,致使张某华、徐某英的合同目的落空,张某华、徐某英要求解除合同于法有据。张某华、徐某英于2015年7月16日发出的律师函未明确提出解除合同,故涉案购房合同的解除时间为起诉状副本送达之日即2015年8月1日。合同

---

〔1〕 人民法院案例库2023-07-2-091-003。最高人民法院(2021)民申3371号民事裁定书。

解除后,取生置业应返还购房款63万元。张某华、徐某英放弃对违约金部分的主张,系对自身权利的自由处分,予以准许。[1]

房屋出卖人未尽到明确告知义务构成根本违约的,购房人可主张解除合同。

【案例5-5】　冯某某诉安徽瑞达房地产开发有限公司霍邱分公司商品房预售合同纠纷案

一审法院认为,本案中,原、被告签订的《商品房买卖合同(预售)》的"说明"部分第三条指出:"出卖人应当就合同重大事项对买受人尽到提示义务",冯某某所购门面房前面设计有地下车库入口,且高出地面2.2米,遮挡了门面房,应属于"合同重大事项",瑞达公司霍邱分公司负有严格的说明义务。但瑞达公司霍邱分公司没有举出证据证明其履行了自己应尽的义务,相反,瑞达公司霍邱分公司不仅没有将案涉商铺门前有车道、车道的宽度和高度以及至商铺的距离等特定信息写入双方签订的购房合同中(如在附件十"出卖人关于遮挡或妨碍房屋正常使用情况的说明"中如实对商业营业用房前面有公共车道遮挡门面视线的情况进行说明),而且亦认可"销售人员只告诉了门前有车道,其他情况没有讲"的事实。因此,本案瑞达公司霍邱分公司未能充分履行说明义务,没有保障冯某某的知情权,其行为违约。本案原告家庭经商,其购买商铺用于生意经营。但其与瑞达公司霍邱分公司签订合同购买的面向蓼城路(主路)的3间商铺门前10米处设计有地下车库入口,且平库入口建成后高达2.2米,将严重遮挡商铺"门脸",妨碍顾客进出店屋,对原告经营有较大影响,从而导致其在订立合同时期望得到的预期利益无法实现。同时,原告购买的前后各3间商铺前后贯通,是作为整体使用的,因此,属全部合同目的不能实现。综上,瑞达公司霍邱分公司的行为已构成根本违约。二审法院亦持同样意见,维持一审解除合同判决。[2]

房屋买卖合同关系中,出卖人无法履行或拒绝履行交付房屋、办理所有权变更手续的义务,致使购房人无法实现通过取得合同标的物所有权而能获得的经济利益,其订立合同的目的无法实现。购房人主张解除合同的诉讼请求,法院应予支持。

---

[1] 参见最高人民法院中国应用法学研究所编:《人民法院案例选》2017年第12辑(总第118辑),人民法院出版社2018年版,第27~28页。《最高人民法院公报》2017年第9期(总第251期)。

[2] 参见国家法官学院案例开发研究中心编:《中国法院2019年度案例》(房屋买卖合同纠纷),中国法制出版社2019年版,第15~16页。安徽省六安市中级人民法院(2018)皖15民终307号民事判决书。

【案例5-6】 吉林老参堂科技发展股份有限公司诉通化长城置业股份有限公司房屋买卖合同纠纷再审案

最高人民法院认为,虽然老参堂公司在合同履行过程中存在未按合同约定支付部分购房款的行为,但在双方发生纠纷时,老参堂公司已经支付了近一半的购房款。未支付的购房款中,老参堂公司支付600万元购房款的义务与长城公司负有的协助以该房屋办理抵押贷款手续的义务在同一合同条款中约定,可以认定在老参堂公司支付600万元时,长城公司即负有协助以该房屋办理抵押贷款的义务;至于剩余830万元购房款,合同明确约定待贷款到账后转付。因此,老参堂公司负有支付剩余购房款的义务,而长城公司共有协助以该房屋办理抵押贷款手续的履行义务。虽然老参堂公司作为买受人,在签订合同时对涉案房屋应尽合理注意义务,但在其已经支付了部分购房款后,签订合同时涉案房屋上存在的两项查封依然未解除,之后涉案房屋又多次被查封,这些事实超出了老参堂公司签订合同时的预期。长城公司在合同履行过程中没有及时解决涉案房屋被查封的事宜,且因其与案外人的纠纷,该房屋又多次被人民法院查封。这种情况下长城公司不仅不能履行转移房屋所有权的义务,而且能否按合同约定履行协助以该房屋办理抵押贷款手续的义务亦存在不确定性,甚至可能在司法程序中以该房屋清偿其他债权。因此,应认定长城公司在合同履行过程中未及时解决涉案房屋被查封事宜及涉案房屋又多次被查封是导致双方签订的房屋买卖合同无法继续履行的根本原因,长城公司的行为构成根本违约,致使老参堂公司合同目的无法实现,老参堂公司诉请解除房屋买卖合同符合《合同法》第九十四条第四项关于"当事人一方迟延履行债务或者有其他违约行为致使不能实现合同目的"的规定。综上,原审对长城公司在合同履行过程中是否存在根本违约,且是否因此导致老参堂公司合同目的无法实现的问题未予审理认定。判决认为老参堂公司诉请解除合同不符合《合同法》第九十四条的规定,认定事实及适用法律均属不当,最高人民法院予以纠正。经最高人民法院审理认定,老参堂公司诉请解除涉案1177号房屋买卖合同的主张成立,对长城公司在本案再审期间发出的解除合同通知的效力,不予确认。[1]

对因合同目的不能实现导致要求解除合同的案件时,应严格审查相关事实,防止合同当事人恶意以为由解除合同,从而获取相应利益。

---

〔1〕 参见最高人民法院第二巡回法庭编著:《民商事再审典型案例及审判经验》,人民法院出版社2019年版,第85~86页。最高人民法院(2015)民提字第130号民事判决书。

【案例5－7】　李某琴、陆某恒诉徐某亭、王某房屋买卖合同纠纷案

一审法院认为，涉案房产买卖合同不应解除，理由如下：(1)……法院认为，合同解除权属形成权，即法律赋予了合同当事人有解除合同的权利，行使合同解除权属请求权，合同能否解除还应当符合法律规定或当事人约定。首先，从《合同法》第九十三条和第九十四条的规定来看，解除合同是有条件的，不能任意解除。该法第九十三条第二款规定了约定解除合同的条件。本案中，涉案房产买卖合同第一条第五项违约责任约定"如乙方不能按时支付房款或不能提供合法手续(如贷款需提供良好的供征信报告及银行流水、收入证明)则每推迟一日需向甲方支付每日300元作为违约金给甲方，超过30日，仍不支付，双方解除合同，乙方承担甲方总房价20%的违约金。如甲方不能按时提供合法手续办理资金监管或过户(并交付)。甲方需承担每日500元违约金给乙方，超过30日仍不办理，双方合同解除"等内容。李某琴、陆某恒所主张解除合同的理由并不符合约定解除合同的情形，且未提供足够证据证明徐某亭的行为符合《合同法》第九十四条规定的法定解除的5种情形之一。(2)关于李某琴、陆某恒主张徐某亭存在隐瞒案涉房屋存在瑕疵的故意，致使其购买房屋的目的不能实现的主张。法院认为，本案中，根据李某琴的陈述，根据交易习惯，在签订房屋买卖合同前，其2次至案涉房屋内进行查看，并在房屋买卖合同签订后办理网签合同前，又在其家人的陪同下至案涉房屋内查看了2次至3次，后于9月10日办理网签。李某琴查看房屋时，徐某亭均未在场，客观上无法隐瞒房屋瑕疵现象。根据李某琴提供的现象。根据李某琴提供的现场照片可见案涉房屋客厅的窗户在侧、卧室天花板等部位存在明显黑色斑点，上述部位通过现场观察轻易能够看出，而非隐蔽瑕疵。据此可以认定，本案中徐某亭作为房屋出卖人并不存在故意隐瞒案涉房屋存在瑕疵的情形。本案中，根据李某琴提供证明案涉房屋存在瑕疵的照片，徐某亭、王某对照片真实性认可，但辩解照片并不能说明案涉房屋存在严重质量问题。法院认为，根据照片可见案涉房屋确实存在墙面局部有黑色斑迹、墙纸局部有剥落等情形，两原告提供证据不能充分证明案涉房屋存在严重质量问题，故对两原告因被告徐某亭隐瞒案涉房屋存在瑕疵的故意，致使两原告购买房屋的目的不能实现的主张，法院不予采信。至此，两原告主张解除房屋买卖合同的目的不能实现的主张，法院不予采信。至此，两原告主张解除合同的诉请无事实基础和法律依据，法院不予支持。……综上，原告李某琴、陆某恒与被告徐某亭签订的房屋买卖合同，是双方的真实意思表示，不违反法律规定，合同签订后，双方理应依约履行各自义务。本案系二手房买卖合同，二手房买卖合同中的标的物为不动产房屋，而且一般已使用了一定年限，并存在装饰、装修等现状，买卖双方更应尽到谨慎注意义务。原告李某琴明知所购房屋系二手房且为顶层,更应审慎查看房屋瑕疵问题。虽被告徐某亭、王某在售房前未告知该房屋存在瑕疵问题,但原告李某琴多次至案涉房屋内查看,对于房屋墙面局部有黑色斑迹、墙纸局部有剥落等现象是明知的,此处的明知应当是按照正常人的认识水平和识别能力都可以作出判断和认识的。原告李某琴、陆某恒最终在认可房屋的使用年限以及现状的情况下作出真实的房屋买卖意思表示,表明其能够接受并容忍房屋的质量瑕疵,故对原告李某琴、陆某恒要求解除房产买卖合同,并要求徐某亭、王某双倍返还原告已付定金、承担网签费用和房屋评估费用的诉讼请求,法院不予支持。判决:驳回原告李某琴、陆某恒的诉讼请求。[1]

司法实践中,有的法院认为法定解除中根本违约行为对应的合同应当是当事人双方订立的合同,而不是当事人与他人订立的合同。

【案例5-8】 泰州广城房地产开发有限公司诉邱某辉商品房买卖合同纠纷案

二审法院认为,《合同法》第九十四条第四项规定,"当事人一方迟延履行债务或者有其他违约行为致使不能实现合同目的",当事人可以解除合同。这里的"违约行为"应当理解为当事人一方的行为违反双方签订的合同,而非当事人一方违反其与案外人签订的其他合同。本案中,双方签订的合同为《商品房买卖合同》及《合同补充协议》,广城房地产公司起诉所依据的法律关系也是双方的商品房买卖合同关系。邱某辉在履行《商品房买卖合同》及《合同补充协议》过程中并不存在违约行为,只是逾期偿还银行借款,导致广城房地产公司承担了担保责任。广城房地产公司完全可以通过向邱某辉追偿等合法途径实现自己的权益。广城房地产公司认为其合同目的无法实现,一审法院适用法律错误的上诉理由,不予采信。[2]

宣传广告需满足合同目的不能实现方可作为解除合同的依据。

【案例5-9】 王某、张某娇诉天鸿铭甚公司商品房预售合同纠纷案

一审法院认为,王某、张某娇以案涉房屋不能经营餐饮,其购房目的无法实现为由主张解除合同。对此,法院认为,王某、张某娇与天鸿铭甚公司签订的《北京市商品房预售合同》及《补充协议》约定的房屋用途为商业,与王某、张某娇取得的不动产权证一致,但并未具体到餐饮业。因此,就合同内容看,

---

〔1〕 参见国家法官学院、最高人民法院司法案例研究院编:《中国法院2021年度案例》(房屋买卖合同纠纷),中国法制出版社2021年版,第103~105页。江苏省常州市金坛区人民法院(2019)苏0413民初7031号民事判决书。

〔2〕 参见国家法官学院案例开发研究中心编:《中国法院2019年度案例》(房屋买卖合同纠纷),中国法制出版社2019年版,第52页。江苏省泰州市中级人民法院(2017)苏12民终578号民事判决书。

不能确定王某、张某娇购房目的为经营餐饮。而王某、张某娇向法庭提交的涉案房地产项目的销售宣传资料，虽然天鸿铭甚公司对真实性予以否认，但不能提供其销售时使用的宣传资料，综合涉案房地产项目的设计图纸，法院确认王某、张某娇提交的宣传资料系天鸿铭甚公司为销售涉案项目制作的，向意欲购买该项目商品房的客户发放的宣传资料。宣传资料上明确注明地下二层为美食城。根据《房屋买卖合同解释》第三条……的规定，房屋宣传资料载明的地下二层定位的经营业态属于要约还是要约邀请，决定了当事人应当承担的民事责任。本案中，案涉房屋按照经营餐饮而设计建设，宣传资料显示的"美食城"对于购房人产生房屋用途的心理确认。但是，房地产的价格受到建设成本及融资成本、市场行情、周边商业环境及配套设施等多种因素影响，并非单纯由可以经营餐饮场所决定。况且王某、张某娇也不能举证证明宣传资料对合同订立以及案涉房屋价格的确定有重大影响。因此，宣传资料对于买受人来说应为要约邀请，而非要约，出卖人不履行要约邀请应当承担的民事责任并非违约责任。诉讼中，王某、张某娇主张涉案房地产项目至今未能办理排污许可证，鉴于排污许可证是否办理并不影响业主正常使用房屋，亦不影响房屋的商业用途。因此，王某、张某娇主张解除合同，缺乏事实和法律依据，法院不予支持。二人基于解除合同而要求的返还购房款及利息、支付违约金、赔偿税费、物业管理费等其他损失的诉求，法院均不予支持。判决：驳回原告王某、张某娇的诉讼请求。二审法院亦持同样意见，判决：驳回上诉，维持原判。[1]

应注意的是，修订后《房屋买卖合同解释》第九条规定："因房屋主体结构质量不合格不能交付使用，或者房屋交付使用后，房屋主体结构质量经核验确属不合格，买受人请求解除合同和赔偿损失的，应予支持。"第十条第一款规定："因房屋质量问题严重影响正常居住使用，买受人请求解除合同和赔偿损失的，应予支持。"以及第十五条因出卖人原因不能办理不动产证的，该条除约定的之外部分。对于存在上述三条规定的情形，应属于法定解除条件范围。

（二）约定解除条件

约定解除，是指当合同双方当事人约定的解除条件成就时，解除权人可以行

---

〔1〕 参见国家法官学院、最高人民法院司法案例研究院编：《中国法院2021年度案例》（房屋买卖合同纠纷），中国法制出版社2021年版，第28～30页。北京市第一中级人民法院（2019）京01民终3374号民事判决书。

使解除权。但约定的合同解除条件发生,并不导致合同的自动解除,合同必须由解除权人行使解除权才能解除。也就是说,在约定的解除合同的条件成就以后,只有享有解除权的一方当事人根据自己的情况,作出解除合同的意思表示,合同才被解除。解除权人不作出解除合同的意思表示,即使约定解除合同的条件成就了,合同的权利义务也不得终止,合同继续有效。当解除条件成就,一旦解除权人作出解除合同的意思表示,合同的权利义务即告终止,无须获得对方同意。

【案例5-10】 天津松花江花样年置业有限公司诉李某房屋买卖合同纠纷案

一审法院认为,合同签订后,被告李某依约向原告花样年置业公司交纳了首付款,但由于被告个人征信原因,银行未予批准贷款,致使被告未能完全履行合同。根据合同附件五补充合同第2条第(1)款的约定,若按揭银行不予批准被告贷款,被告同意于合同订立之日起30日内付清剩余全部购房款,被告逾期不付的,原告有权解除合同并要求被告承担支付相当于合同约定总购房款10%的违约责任,故被告应依约履行其义务。考虑到被告现表示无能力一次性支付原告剩余房款,约定的解除合同条件已成就,本院对《天津市商品房买卖合同》判决予以解除,被告应配合原告办理《天津市商品房买卖合同》备案注销手续。二审法院亦持同样意见。[1]

【案例5-11】 北京中亿创一科技发展有限公司与信达投资有限公司、北京北大青鸟有限公司等房屋买卖合同纠纷案

最高人民法院认为,《资产转让协议》内容应包括两层意思:一是若中亿创一公司、北大青鸟公司未能在2009年10月31日之前将案涉房屋变更登记于信达投资公司名下并移交相关材料,信达投资公司享有合同解除权。二是一旦信达投资公司解除案涉《资产转让协议》,则北大青鸟公司应放弃对信达投资公司的全部债权,北大青鸟公司用此种方式代替中亿创一公司偿还信达投资公司以最高债权额1.8亿元为限的已付转让价款及违约金。应当认为,信达投资公司向中亿创一公司、北大青鸟公司、正元投资公司发出落款时间为2009年11月4日的《解除合同通知》的行为,属于《合同法》第九十六条规定的行使合同解除权的行为。当《解除合同通知》到达对方时,案涉《资产转让协议》解除。[2]

关于约定解除条件成就与否的认定问题,合同双方约定了解除条件,在开发

---

〔1〕 参见国家法官学院案例开发研究中心编:《中国法院2013年度案例》(房屋买卖合同纠纷),中国法制出版社2013年版,第89页。

〔2〕 参见最高人民法院中国应用法学研究所编:《人民法院案例选》2016年第3辑(总第97辑),人民法院出版社2016年版,第61页。

商未履行合同义务,购房人有权行使合同解除权。但开发商在履行合同义务过程中,购房人不予履行配合义务,其造成办证不能的是双方原因,应认定为约定解除条件不成立。

【案例5－12】　郐某光诉北京首钢房地产开发有限公司房屋买卖合同纠纷案

一审法院认为,关于郐某光因首钢房地产公司违反合同约定而行使合同解除权的主张是否成立的问题。商品房买卖合同约定买受人委托出卖人代为办证,出卖人未在合同约定或法定办证期限内将房屋过户登记到买受人名下,并通知买受人领取房屋权属证书的,应当承担逾期办证的违约责任,但出卖人有证据证明办证逾期系因买受人未缴纳办证所需关税费或提供相关证明等自身原因造成的除外。首先,按照财税〔2008〕137号、财税〔2010〕13号文件的规定,诉争房屋属于首次购买的90平方米以下的房屋,其购买契税按照1%税率缴纳。双方签订的合同是在上述规定实施之后,故郐某光和首钢房地产公司对此契税计算方式及适用条件均应明知。因此郐某光负有提供首次购房证明,或及时补齐契税的合同义务,首钢房地产公司负有及时通知原告提供上述材料或交纳费用的合同义务。其次,虽然首钢房地产公司出具的代收确权费一览表中载明了90平方米以下房屋的契税税率为1%,并且首钢房地产公司实际按照该数额代收了契税,但是不能明确认定该数额即为郐某光应当缴纳或被告承诺收取的契税数额。综合以上分析,法院认定首钢房地产公司存在逾期办理产权证的行为,系双方原因导致。郐某光在首钢房地产公司通知其补交相应手续或补交契税后,明确不履行相应义务,系导致产权证未按期限办理的原因之一。郐某光以此为由主张解除合同,从而主张退房退款并要求赔偿利息,并不具备事实及法律依据,法院不予支持。[1]

【案例5－13】　王某静诉奈曼旗名洋房地产开发有限公司房屋买卖合同纠纷案

一审法院认为,原告王某静已经按照协议约定将50%的购房款交付给被告奈曼旗名洋房地产公司,被告亦应该按照约定的时间完工交付给原告使用,但被告至今未按约定将柜台交付使用,致使原告签订合同的目的无法实现。被告的行为已经构成违约,且逾期时间已经超过60日。按照双方在协议中的约定,此种情形下原告有权解除合同,并要求被告退还已经交纳的购房款,同时要求被告承担违约金。综上,原告的诉讼请求符合合同约定和法

〔1〕 参见国家法官学院案例开发研究中心编:《中国法院2017年度案例》(房屋买卖合同纠纷),中国法制出版社2017年版,第61～62页。

律规定,应予以支持。[1]

约定解除权与附解除条件的区别在于:在约定解除的情况下,当约定的解除事由出现时,享有解除权的当事人若行使解除权,则产生合同解除的法律效果;享有解除权的当事人若不行使解除权,则合同应当继续履行。而在附解除条件的情况下,在当事人约定的解除权条件成就时,合同当然失去效力自行解除,当事人无须行使合同行使解除权,即使当事人仍希望合同继续有效。学者认为,此类条件成就时,合同关系便当然地、自动地归于消灭,无须权利人发出解除合同的通知。解除条件成就后,当事人一方仍向相对人发出双方商讨继续履行合同的意思表示的,只要相对人没有同意继续履行合同,就不影响系争合同业已消灭的事实。[2]

(三)合同解除条件的把握

因社会形态的多样性和复杂性,合同解除条件是否成就是房屋买卖合同解除纠纷的重点,应由法官结合具体案情来裁定。在司法实践中,对购房人的合同目的要严格审查,出卖人的违约行为不影响购房人合同目的实现的,合同不符合解除条件,应认为合同解除条件不成就,不能支持购房人解除房屋合同的诉求。

【案例5-14】 苏某与云南A公司商品房买卖合同纠纷案

最高人民法院民一庭认为,在交通干线已经客观存在,且开发商没有违反合同义务的情况下,购房人诉称的交通运输噪声污染并非由于出卖人违约行为所致。其以合同目的不能实现为由请求解除商品房买卖合同的主张,不符合《合同法》第九十四条的规定,不应予以支持。[3] 在本案中,A公司没有违反合同明示条款以及默示条款所确定义务的违约行为,根本违约无从谈起。对苏某起诉不予支持,但对苏某房屋存在的噪声超标的客观情况,A公司可以采取相应措施予以缓解和补救。应注意的是,只有不履行合同主要义务,足以导致合同目的不能实现,构成根本性违约的,当事人才能行使法定解除权,否则不能行使法定解除权。如果是合同内容某些条款欠缺或合同履行中一方当事人存在轻微违约行为,但未给对方当事人造成重大损失,此时应限制合同的解除。也就是说,虽然一方当事人违约,但违约方愿意并且能够

---

〔1〕 参见国家法官学院案例开发研究中心编:《中国法院2018年度案例》(房屋买卖合同纠纷),中国法制出版社2018年版,第54~55页。

〔2〕 参见崔建远:《附解除条件不同于合同解除》,载《法学杂志》2015年第7期。

〔3〕 参见最高人民法院民事审判第一庭编:《中国民事审判前沿》2005年第2集(总第2集),法律出版社2005年版,第208页。

继续履行合同的,应当尽量不解除合同。特别是违约方已经履行了合同的主要义务时,应通过让违约方承担违约责任、实际履行或者赔偿损失等补救措施使合同继续履行,另一方当事人不能行使法定解除权解除合同,法院也不能判令双方解除合同关系。

【案例5-15】 山西省物价局与太原市双燕房地产开发有限公司商品房买卖合同纠纷案

最高人民法院认为,本案诉讼前,双燕房地产公司取得了《商品房买卖合同》项下2061.5平方米土地的国有土地使用权证,并将办公楼3层至8层房屋所有权证交付物价局。诉讼中,双燕房地产公司亦取得了办公楼后院小二楼、平房及附属设施的房屋所有权证。对于将小二楼出租给街道办事处开设门诊,从中获利的违约行为,双燕房地产公司已经依照一审判决向物价局承担了80万元的违约赔偿责任。事实证明,虽然双燕房地产公司在向物价局交付剩余房屋上存在违约,但双燕房地产公司在诉讼中取得了剩余房屋的权属证明,双方办理土地使用权及房屋产权变更过户已无法律上的障碍。因此,从鼓励交易及促进财产的有效利用方面考虑,一审判决《开发协议》、《商品房买卖合同》及《补充条款》有效,双方继续履行,并无不妥,本院予以维持。物价局关于双燕房地产公司的行为已经构成根本性违约,请求解除合同的上诉主张,缺乏事实根据及法律依据,本院不予支持。同理,在双燕房地产公司已取得办公楼小二楼、平房及附属设施房屋所有权证的情况下,物价局以该项目建设工程规划许可证作为抗辩依据,主张小二楼、平房及附属设施属于违章建筑,理据不足,不予采纳。[1]

【案例5-16】 杨某丽诉郑州泽龙置业有限公司房屋买卖合同纠纷案

一审法院认为,被告泽龙公司存在逾期交付车位的违约行为,但该违约行为并未导致原告杨某的合同目的不能实现,现原告所购车位已经具备交付条件,原告请求解除合同无法律依据。对原告请求解除原、被告于2014年9月19日签订的《升龙又一城车位专有使用权协议书》,并返还车位款112000元及手续费2990.4元的诉讼请求,不予支持。原告可另行向被告主张违约责任。[2]

房屋质量存在问题时,解除合同的标准是该问题严重影响正常居住使用。在房屋存在质量问题时,开发商应当依法承担瑕疵担保责任。瑕疵担保义务是指开

---

〔1〕 参见最高人民法院民事审判第一庭编:《民事审判指导与参考》2010年第1集(总第41集),法律出版社2010年版,第249~250页。

〔2〕 参见国家法官学院案例开发研究中心编:《中国法院2017年度案例》,中国法制出版社2017年版,第213页。

发商基于合同约定或法律的明确规定,对标的物的质量及其负载之权利所应负的保证其无瑕疵、完整、符合合同约定或法律规定的义务。《民法典》第六百一十条对标的物瑕疵担保责任作出了明确规定,出卖人应当交付符合合同约定质量标准的标的物,否则致使合同目的不能实现的,买受人可以拒绝接受标的物或解除合同。房屋质量的瑕疵担保责任不仅可以适用《民法典》第六百一十条,而且可以适用《房屋买卖合同解释》第九条和第十条。实践中,房屋不符合质量要求而导致开发商承担合同解除的瑕疵担保责任,存在多种情形:第一,房屋质量存在不符合国家标准的缺陷问题,即房屋主体结构设计不符合国家标准,影响使用功能。第二,房屋存在质量问题而未积极修复,严重影响正常居住使用。第三,房屋质量问题损害居住人身体健康,严重影响正常居住使用。房屋存在质量问题一般都会影响正常的居住使用,而在何种情况下达到影响正常居住使用的“严重”程度,是个难以界定的问题。有法院认为,对于严重影响正常居住使用的判断,首先应遵从合同约定;合同未约定的,参照一般商品房质量交付标准,并考虑购房人的合理期待。实践中,存在以下情形一般可以认定为严重影响正常居住使用:(1)出卖人未经买受人同意擅自变更商品房朝向、户型等规划、设计;(2)出卖人交付的商品房层高明显偏离合同约定且未告知买受人;(3)房屋存在渗漏、异响等情况,在合理期限内无法查明原因或经出卖人维修仍无法修复的;(4)水、电、煤气等基础设施无法实际投入使用的;(5)消防设施未经验收合格或无法实际投入使用的;(6)订立合同时出卖人未披露房屋存在违反善良风俗情形的;(7)其他严重影响正常居住使用的情形。[1] 笔者认为,房屋质量问题严重影响正常居住使用一般被理解为,房屋质量问题导致房屋的结构损坏,致使房屋失去居住的功能。在个案中,法官需针对不同情形把握“严重影响正常居住使用”的认定。例如,从保障购房人健康权的角度进行理解,房屋质量问题导致居住人的健康受到损害时,房屋质量问题即达到了影响正常居住使用的“严重”程度,构成合同法定解除的标准。

【案例5-17】 邹某雄诉重庆中慧房地产开发有限公司商品房买卖合同纠纷案

二审法院认为,中慧房地产公司在建设过程中并未按图施工,以致诉争房屋出现底部通风不畅,形成返潮、结露的质量问题,且重庆市涪陵区建设工程质量监督站作为建设工程质量监督的主管部门,曾就此问题两次要求中慧房地产公司进行整改,而中慧房地产公司并未提出异议且进行了一定的整改。因此,一审判决认定案涉房屋存在质量问题并无不当。诉争房屋在交付

〔1〕 参见最高人民法院民事审判第一庭编:《民事审判指导与参考》2017年第2辑(总第70辑),人民法院出版社2017年版,第215~216页。

后长达5年的时间中,一直存在严重的返潮、结露现象,虽经中慧房地产公司两次整改,但仍未能消除;而且在诉讼中,中慧房地产公司也未在本院限定的期限内提出整改方案,这也证明了诉争房屋的上述质量问题不可以通过一定方式合理消除。在房屋存在严重质量问题而中慧房地产公司又拒不进行整改的情形下,如邹某雄继续使用、居住该房,则其身心健康必将受到损害,导致其购买住房的合同目的无法实现。综上,一审判决认定事实清楚,适用法律正确,应予以维持。[1]

房屋质量问题产生的解除权的行使期间起算点的确定,应结合房屋保修期限考虑。原建设部(现住房和城乡建设部)2000年颁布的《房屋建筑工程质量保修办法》第七条规定,在正常使用条件下,屋面防水工程、有防水要求的卫生间、房间和外墙面的防渗漏,最低保修期限为5年。双方当事人在签订商品房买卖合同时没有就房屋保修期限作出约定的,保修期限最低为5年。有学者认为,因商品房质量问题而产生的解除权的行使期间起算点应当是:违约方未催告守约方(解除权人)行使合同解除权的,最迟为保修期届满之日;违约方催告守约方(解除权人)行使合同解除权的,则为催告之日。[2]

【案例5-18】 刘某厚与西安新兴集团有限公司商品房买卖合同纠纷再审案

再审法院认为,刘某厚1997年入住所购买房屋后屋面即发生大面积渗漏现象,在长达近6年的时间内,经新兴公司多次维修均未能修复,现房屋受损严重,严重影响刘某厚正常居住使用,达不到其当初购买房屋居住之合同目的。直至起诉前房屋仍存在严重渗漏,刘某不得不诉至法院请求解除合同,要求退还房款。法定的一年的解除权行使期限仅适用于迟延交付房屋或迟延交付购房款这两种情形,不适用于因房屋质量问题引起的纠纷。再审法院判决:撤销一、二审判决,解除合同,刘某将房屋退还给新兴公司,新兴公司返还刘某厚购房款116万元。[3]

迟延付款能否解除合同,实践中认识并不一致。有法院认为,在迟延付款情形下,合同解除条件成就,出卖人有权解除商品房买卖合同,将已收取的房款退还给买受人;但出卖人在买受人迟延付款后接受买受人的继续履约的行为的,应视

---

〔1〕 参见国家法官学院案例开发研究中心编:《中国法院2018年度案例》(房屋买卖合同纠纷),中国法制出版社2018年版,第44页。

〔2〕 参见车辉、李欢:《合同的解除与诉讼时效——由一起购买的商品房渗水纠纷引发的思考》,载王利明主编:《判解研究》2008年第6辑(总第44辑),人民法院出版社2009年版,第70页。

〔3〕 参见车辉、李欢:《合同的解除与诉讼时效——由一起购买的商品房渗水纠纷引发的思考》,载王利明主编:《判解研究》2008年第6辑(总第44辑),人民法院出版社2009年版,第61~62页。

为对合同解除权的放弃,出卖人不得再要求解除商品房买卖合同。[1]

二手房买卖过程中,在房屋的权属已经发生转移但房屋尚未交付的情况下,如因原房东的原因导致房屋受损后,买受人有权解除合同。

【案例5-19】 刘某筠与苏某房屋买卖合同纠纷案

一审法院认为,根据《合同法》第九十四条第四项的规定,当事人一方迟延履行债务或者有其他违约行为致使不能实现合同目的的,当事人可以解除合同。本案中,根据《房地产转让居间合同》的约定,刘某筠于2018年3月18日前交付的房屋含室内附属设施,但其在交付前因自身原因将二楼主卧烧毁严重,且殃及二楼其他房间,其行为属于违约;该房屋共有两间卧室一间书房,主卧室内物品基本烧尽,次卧和走廊及楼上其他房间亦不同程度烧毁,且根据刘某筠提供的装修内容和预算表看,二楼基本需要重新装修,由此可见,该火灾烧毁的面积、内容,相对房屋整体来说已经达到了很严重的程度;虽刘某筠称,已经对该损坏进行了修复,但根据《合同法》的规定,承担修复的违约责任应当以不影响标的物的价值为原则,且是否选择重修或减少价款,选择权亦在买受一方,该房屋虽经修复,但刘某筠在火灾发生后,并未及时通知对方行使权利,也未就房屋本身质量等进行鉴定,相反,却擅自装修覆盖,违反了诚实守信履行合同的义务;况且,即使重新装修恢复,根据此前已经发生过火灾的事实和烧毁的严重程度,依一般的社会经验,也会影响该房屋的价值,或者缩小购买方的受众范围,该房屋已经与合同签订时不同,而以上影响也是重新装修无法消除的,因此,刘某筠的上述违约行为已经足以致使合同目的无法实现,故本院认为应当解除上述《房地产转让居间合同》,故苏某有权按照《合同法》第九十四条的规定通知刘某筠解除合同,解除时间为刘某筠收到该解除合同的《回复函》即2018年3月16日;本院对刘某筠请求确认苏某解除《房地产转让居间合同》无效,以及支付剩余房款50000元及其利息的诉讼请求不予支持。刘某筠辩称,该房屋已经变更至苏某名下,该房屋的所有权已经发生转移,风险应当由房屋所有权人承担,本院认为,买卖合同中标的物的风险是指买卖合同标的物由于不可归责于双方当事人的事由毁损、灭失所造成的损失,而本案中房屋的毁损是由刘某筠自身过失所致,该情形属于合同履行过程中的违约行为,不属于《合同法》第一百四十二条规定的风险,因此,本院对刘某筠的上述意见不予采纳。合同解除后,根据《合同法》第九十七条的规定,尚未履行的终止履行,已经履行的,根据履行情况和合同性质,当事人可以要求恢复原状、采取其他补救措施,并有权要求

---

[1] 参见最高人民法院民事审判第一庭编:《民事审判指导与参考》2017年第2辑(总第70辑),人民法院出版社2017年版,第218页。

赔偿损失。因此,刘某筠应向苏某返还已收取的购房款345万元,某房产公司返还苏某保管的房款5万元,房屋变更至刘某筠名下;因该合同系因刘某筠违约导致,因此,刘某筠应当赔偿345万元的利息损失,即按中国人民银行同期同类基准贷款利率,以10万元为基数自2017年4月24日起,50万元为基数自2017年5月3日起,45万元为基数自2017年5月24日起,70万元为基数自2017年5月31日起,70万元为基数自2017年6月12日起分别计算至实际付清之日止;按4.9%年利率以82.7万元为基数自2017年7月19日起,按3.25%年利率以17.3万元为基数自2017年7月19日起分别计算至实际付清之日止。以上损失超过本院核定部分,本院不予支持,另原告主张的购房款5万元的利息损失,因《房地产转让居间合同》约定于房屋交接当日直接支付给刘某筠,而该房屋并未交付也未向刘某筠支付5万元,故苏某要求支付该5万元的损失,本院不予支持。同时,刘某筠尚应赔偿上述房屋因苏某办理过户至自己名下产生的税费44238元;房屋返回变更至苏某名下若产生费用,则该费用亦应由苏某承担。苏某主张中介服务费20000元亦应由刘某筠赔偿,但刘某筠的违约行为并不符合合同约定的"一方单方面解除合同或事实上不履行合同而致合同解除或无法履行而终止"的情形,故对苏某的上述主张,本院不予支持;另外,苏某主张违约金10万元,但该主张亦并不符合双方合同约定的刘某筠应当承担10万元违约金的情形,故对苏某的该项诉讼请求,本院亦不予支持。[1]

开发商作为担保人替购房人偿还了贷款,而合同约定购房人未按照合同约定及时还款,开发商是否有权解除商品房预售合同有不同观点。实践中,法院持支持解除的态度。

【案例5-20】　北京中信新城房地产有限公司诉陈某峰商品房预售合同纠纷案

一审法院认为,2017年2月17日,中信新城公司代陈某峰偿还欠农行款项,而截至起诉时,陈某峰仍未偿还代偿款项,逾期还款已超过90日。根据合同约定,中信新城公司有权单方解除合同,故对于中信新城公司要求解除《预售合同》的诉讼请求,本院予以支持。[2]

房屋交付使用后,房屋主体结构经检验确属不合格以及因房屋质量问题严重影响正常居住使用等情况。房屋系长久性使用建筑,应在使用期内具备安全使用

[1] 浙江省嘉兴市秀洲区人民法院(2018)浙0411民初1376号民事判决书。

[2] 参见国家法官学院案例开发研究中心编:《中国法院2019年度案例》(房屋买卖合同纠纷),中国法制出版社2019年版,第92页。北京市大兴区人民法院(2017)京0115民初9206号民事判决书。

性能,津滨创辉公司主张仅在房屋交付时存在质量问题情况下,买受人才能解除买卖合同,不符合法律规定。

【案例5－21】 陈某与津滨创辉公司商品房买卖合同再审纠纷案

最高人民法院认为,关于案涉商品房买卖合同应否解除问题。根据《房屋买卖合同解释》第十二条、第十三条的规定,买受人可以解除合同的情况包括:房屋交付使用后,房屋主体结构经检验确属不合格以及因房屋质量问题严重影响正常居住使用等情况。房屋系长久性使用建筑,应在使用期内具备安全使用性能,津滨创辉公司主张仅在房屋交付时存在质量问题情况下,买受人才能解除买卖合同,不符合法律规定。根据查明事实,就案涉房屋质量问题,一审法院委托检测中心对诉争房屋结构安全性和使用性进行鉴定。经鉴定,案涉房屋存在混凝土保护层厚度不满足设计要求;所测梁最大偏差不符合规范要求;西侧室外分户隔墙基础存在不均匀沉降、歪闪、倾斜;局部墙体根部保温层、散水明显开裂下沉,地下室内外墙及基础底板存在严重渗漏缺陷;沉降差不满足《建筑地基基础设计规范》要求等问题。鉴定结论为:安全性评定等级为Csu级,显著影响整体承载;使用性评定等级为Css级,现状显著影响整体使用功能。鉴定意见证明涉案房屋存在主体结构不合格、影响正常居住的质量问题,原判决根据查明事实并适用《房屋买卖合同解释》第十二条、第十三条规定解除案涉商品房买卖合同,并无不当。津滨创辉公司申请再审对鉴定意见提出的异议在原审中已经提出,一审中鉴定人员出庭接受质询,二审中鉴定机构出具书面意见,对于津滨创辉公司提出的异议均予以回应。津滨创辉公司未能证明鉴定机构或者鉴定人员缺乏资质,鉴定程序违法或者鉴定依据明显不足,其主张鉴定意见不应采信,依据不足。二审法院未准许津滨创辉公司重新鉴定申请,并无不当。津滨创辉公司作为房屋出卖人,应保证房屋具备安全使用条件,陈某已经证明房屋存在质量问题,津滨创辉公司主张系因陈某长期怠于履行房屋所有权人的管理义务导致房屋出现质量问题,应予以举证证明。二审判决分配举证责任并无不当。〔1〕

关于个案中既有约定解除又有法定解除事由时,依据何种解除条件作为解除依据的问题,笔者认为,如果一方当事人的违约行为构成根本违约,则应依据法定解除处理。

【案例5－22】 北京市京创润业房地产开发有限公司诉北京宛平房地产开发有限责任公司房屋买卖合同纠纷案

一审法院认为,原、被告双方在2009年12月24日签订的《协议》中,约

〔1〕 最高人民法院(2018)民申3182号民事判决书。

定了车位款的付款时间为“签订协议后3个月内”，以及“二年内不付清，此协议无效”，结合《协议》其后相关条款的内容，原、被告双方在《协议》中想表达的真实意思应为“二年内不付清，此协议解除”。上述条款内容应为原、被告双方关于逾期支付车位款，原告京创公司享有解除权的约定，即关于逾期付款解除权的约定。《合同法》第九十四条第一款第三项、《房屋买卖合同解释》第十五条规定的情形，均为逾期付款解除权的行使条件，即逾期付款解除权应当适用解除权发生之日起1年内不行使即消灭的规定。但在本案中，原告京创公司主张的解除权并非上述逾期付款解除权，而是《合同法》第九十四条第一款第四项规定的根本违约解除权，即迟延履行债务或者有其他违约行为致使不能实现合同目的时，守约方享有的解除权。关于根本违约解除权的行使期间，法律并未明确规定，本院结合双方约定的逾期付款解除权的行使期限、原告京创公司曾经提起约定逾期付款解除权的期限、被告宛平公司未进行过催告、原告京创公司曾经提起诉讼、被告宛平公司仍然拒绝支付剩余车位款等合同履行过程中发生的具体情况，综合认定，原告京创公司行使根本违约解除权系在合理期间内，其有权向被告宛平公司提出解除合同。本案中，原、被告双方签订《协议》后，原告京创公司即向被告宛平公司交付了122个地下停车位，但被告宛平公司仅在前期支付了100万元车位款，剩余车位款至今仍未支付，被告宛平公司的行为已经构成了根本违约，导致原、被告之间的合同目的已经无法实现，故原告京创公司要求解除原、被告签订的《协议》的诉讼请求，于法有据，理由正当，本院予以支持。二审法院亦持同样意见，维持一审判决。[1]

个案中，争议合同既符合法定解除条件又有协议解除条件的，在认定违约方、解除人是否享有合同解除权的前提下，还应进一步区分协议解除中是否属于协商解除或约定解除。

【案例5-23】 周某亮诉樊某英房屋买卖合同纠纷案

二审法院认为，第一，本案中，周某亮显已构成违约，合同约定的解除条件成就，樊某英已享有合同解除权。根据周某亮与樊某英于2017年3月19日签订的房屋买卖合同及补充协议二约定的期限付款，双方在房屋买卖合同约定的合同解除条件已成就，樊某英依据合同中约定获得合同解除权。且樊某英已向周某亮明确表达按合同解除合同的意思明确，且该意思已传达到周某亮，双方合同自樊某英通知到达周某亮时解除。周某亮应对樊某英承担违

---

〔1〕 参见国家法官学院案例开发研究中心编：《中国法院2017年度案例》（房屋买卖合同纠纷），中国法制出版社2017年版，第55～57页。

约责任。第二,周某亮的迟延履约行为致使樊某英不能实现合同目的,樊某英有权解除合同。周某亮逾期未能缴纳首付款,后在樊某英延长付款期限并大幅度降低首付款金额后,仍未予支付,其在履行过程中亦主张向樊某英提出解除合同退还定金,在被樊某英拒绝后,仍多次向樊某英要求退还定金,亦未向樊某英表达若不退还定金其仍会积极购买房屋的意思表示,且双方于2017年7月后长期并无联络。双方约定自2017年3月19日起120个工作日内办理权属转移登记手续,此后各补充协议均约定房款应于过户前支付完毕。至樊某英2017年9月另行出售房屋时,已经超过双方合同约定之最后履行期限,樊某英有理由相信其已无法实现合同目的,有权解除涉案合同,另行出售房屋,而不构成违约。同时樊某英有权依据合同追究周某亮的违约责任,其所收取的押金不予退还。一审法院认定樊某英另行出售房屋违约有误,法院予以纠正。[1]

在特定情形下,案件事实虽然不属于合同约定的单方解除事由,也不属于法定解除的特殊情形,但是可能违背民间习俗,当事人可以民间习俗为依据主张解除合同。

【案例5-24】 孙某东诉朱某等房屋买卖合同纠纷案

一审法院认为,在已售出但尚未实际交付的房屋中操办丧事并未违反法律规定,也未对系争买卖合同的履行造成实质性的障碍,但按照我国民间习俗,在系争房屋内设置死者遗像供人悼念的行为确实会给买房人带来心理阴影,买房人拒绝购买系争房屋不违背社会常理。根据公平原则,房屋买卖合同不适合继续履行,应予解除。[2]

数物并存时合同的解除。别墅与独立车位整体出售的房屋买卖合同,在车位不能办理过户登记时,该车位与别墅分离也未使别墅价值受损,故出卖人仅得以主张车位买卖部分的解除,而不能主张别墅部分的房屋买卖合同也一并解除。换言之,在一个房屋买卖合同中,两个独立产权之物可以部分解除。

【案例5-25】 李某彤诉刘某水房屋买卖合同纠纷案

一审法院认为,本案房产买卖的标的为厦门市海沧区滨湖二里××号房产及厦门市海沧区禹洲·尊海一期地下室地下一层第1×3号车位、第1×4号车位。两个车位超过合同约定的一手产权办理期限仍处于法院查封状态,

---

〔1〕 参见《人民司法·案例》2020年第32期(总第907期)。北京市第三中级人民法院(2019)京03民终4211号民事判决书。

〔2〕 参见徐翠萍、王永亮、奚利强:《民间习俗可以成为解除合同的依据》,载《人民司法·案例》2008年第24期。

无法办理过户登记至李某彤名下，刘某水已构成违约。但是，厦门市海沧区滨湖二里××号房产及两个车位，为独立的产权登记，车位与房产在功能和地理位置上为独立的空间，车位的使用和交易过户均与房产的使用和交易无涉，车位在价值上占总标的价值不足10%，刘某水对车位交易部分的违约不影响房产交易部分合同目的的实现，仅以两个车位的过户登记不能办理而主张刘某水对整个《房产买卖协议》构成根本违约有失公平，依据不足。法院仅认定刘某水对车位的买卖存在根本违约，对别墅的买卖不构成根本违约。李某彤对《房产买卖协议》约定的"一手产权"理解缺乏合同依据，也不符合一般理解。李某彤提出解除合同的理由，关于厦门市海沧区滨湖二里××号房产的部分不能成立，法院依法予以驳回。法院认定两个车位的买卖协议内容解除，支持车位部分的定金予以双倍返还。二审法院认为，案涉两个车位与房屋并非联体、不可分割，而该小区内的两个车位是分别独立的产权登记，李某彤主张案涉房产与车位是完整、不可分割的标的物，不符合客观事实。至于别墅是否有必要配套车位，则属于居住之外更高的要求，不属于本案审查范围。所谓"一手产权"是指购房者直接向开发商购买商品房，并取得房屋权属证书。李某彤明知刘某水并非开发商，李某彤也称其是向刘某水购买房产及车位，但却要求涉案房屋应为"一手产权"，不符合事实，双方的微信、短信记录显示，李某彤对"一手产权"理解存在偏差。判决：驳回上诉，维持原判。〔1〕

合同解除条件与合同约定的赔偿方式区分问题。实践中，有的房屋买卖合同约定，"本合同生效后，出卖人、买受人双方任何一方无正当理由致使合同终止的，须按总房款的20%向另一方支付违约金作为赔偿损失"。对此有两种不同理解，一种认为是解除条件，另一种认为是约定赔偿方式。笔者同意后一种理解，该约定应理解为合同当事人行使任意解除权时向另一方进行赔偿的数额的约定，而不是对解除条件约定。区分意义在于，如果符合解除条件则解除权人不承担责任，只有不符合约定或法定解除条件而主张解除的，解除权人方应根据合同约定的赔偿比例承担责任。

【案例5－26】　张某华、马某森与广西壮族自治区桂林市正文房地产开发有限责任公司商品房买卖合同纠纷再审案

最高人民法院认为，双方在签订《退房退款协议书》时一致确认以下事实：在约定的退还房款日期之前，双方当事人都无权继续履行案涉《商品房买

〔1〕 参见国家法官学院、最高人民法院司法案例研究院编：《中国法院2021年度案例》（房屋买卖合同纠纷），中国法制出版社2021年版，第112～113页。福建省厦门市人民法院（2019）闽02民终3283号民事判决书。

卖合同》。此时,双方当事人已协议解除了《商品房买卖合同》并就解除合同后果——退房退款及赔偿违约金等事宜作了明确约定。而所谓如果正文公司不按约定退还房款,马某森、张某华有权按照《商品房买卖合同》条款执行,则是解除合同后,马某森、张某华与正文公司约定的针对正文公司不按约退还房款及赔偿违约金的一种事后救济措施。即双方新达成了一个附条件生效的合同——以案涉《商品房买卖合同》条款为内容的合同。如果正文公司没有按约定向马某森、张某华退还购房款和给付违约金这一条件成就,那么马某森、张某华与正文公司新签订的合同生效。[1]

当事人一方迟延履行债务或者有其他违约行为致使不能实现合同目的的,另一方当事人可以解除合同。合同履行中,并非只要出现不可抗力情形,就必然导致合同解除。只有因不可抗力而无法实现合同目的时,当事人才能取得合同解除权。实践中,房屋交付前遭遇特大火灾,房屋虽有毁损,但并未灭失;房屋价值虽有所下降,但并未完全丧失。在此情况下,房屋买卖合同是可以继续履行的,双方订立合同的目的仍能实现,解除合同的主张不应得到支持,但对于不可抗力造成的房屋价值贬损问题,可以遵循公平合理的原则,对房屋价款予以相应变更。

【案例5－27】 吴某某诉李某房屋买卖合同纠纷案

一审法院认为,被告李某在合同履行过程中将涉诉房屋向相关部门回购,其行为已构成根本违约,原告吴某某有权解除合同。原告选择以诉讼方式与被告解除合同,并不违反法律规定,法院依法确认双方的买卖合同解除,解除时间为法院向被告送达起诉状副本的时间,即2015年11月11日。[2]

【案例5－28】 彭某某诉鲁某某房屋买卖合同纠纷案

一审法院认为,原、被告特别约定涉案房屋名下无孩子于2015年在实验小学入学的记录,购买房屋的目的在于让原告彭某某的子女在实验小学入学。现因案外人李某原因导致涉案房屋学籍被占用,被告作为房屋实际权利人,不能以其不知情为由拒绝承担违约责任。被告主张其未违约的抗辩法院不予采信。据此法院判决解除双方房屋置换合同,被告返还定金、赔偿损失。[3]

虽然双方当事人在房屋买卖合同中就相关条款约定了单方解除权,但是否有权行使单方解除权仍需结合相对方有无相应的违约情形及合同实际履行情况来

---

〔1〕 参见最高人民法院民事审判第一庭编:《民事审判指导与参考》2014年第4辑(总第60辑),人民法院出版社2015年版,第214页。

〔2〕 天津市滨海新区人民法院(2015)滨功民初字第3431号民事判决书。

〔3〕 天津市和平区人民法院(2016)津0101民初字第2876号民事判决书。

认定。

【案例5－29】　李某娟诉周某银房屋买卖合同纠纷再审案

再审法院认为，本案争议焦点是2016年7月1日涉诉房屋买卖合同未履行完毕，李某娟是否有权行使单方解除权。根据本案查明的事实，双方约定房屋买卖合同自2016年5月1日开始正式履行并于2016年7月1日履行完毕，如延期仍未履行完毕，任何一方均有权以书面形式通知违约方解除房屋买卖合同。由此可知，双方约定的交易周期较短，双方均须诚信、谨慎、勉力履行各自的义务，及时、紧凑衔接交易的各个环节，以达到节约交易时间、如期完成整个交易的目的。综观双方的履行行为，双方均有未能紧凑衔接交易环节的行为，亦有因我爱我家原因导致资质审核环节时间延长的情况，但双方均无明显违约行为，且时至7月1日交易已至缴税环节，合同履行接近尾声。考虑到合同履行的具体情况、涉诉房屋交付事实以及房屋交易市场安全稳定等因素，原审判决继续履行并无不当。至于李某娟于2016年7月2日发出解除函，系对合同单方解除权条款的误读，其行为事出有因，并不构成违约，原审判决其承担违约金5万元不当，本院再审予以纠正。综上所述，李某娟未能提供充分证据证明因周某银原因导致涉诉房屋买卖合同在2016年7月1日未履行完毕，故李某娟无权行使单方解除权，其要求再审支持其原审反诉请求的再审请求不能成立。[1]

约定解除条件成就时合同并非必然解除。

【案例5－30】　唐某荣、腾某英诉房地产公司商品房销售合同纠纷案

二审法院认为，根据双方签订的《商品房购销合同》约定，房地产公司应于接房之日起180个工作日内向产权登记机关提交办理产权登记的相关手续，房地产公司未在承诺时间内提交办理产权登记手续，逾期超过180个工作日的，则唐某荣、腾某英有权要求解除合同。房地产公司对取得的单独使用权证划分区块进行分期开发，以该地块后一期开发通知办理交接的最后期限作为提交办理产权登记手续起始计算日。唐某荣、腾某英于2018年6月11日办理了涉案房屋的接房手续，并于2020年6月18日以房地产公司收取不合理费用为由要求退还缴纳的代办费。根据合同约定，唐某荣、腾某英委托办理不动产登记的条件之一为缴清办理房屋所有权证的相关费用，从房地产公司退得代办费用后，房地产公司代为办理所有权证登记的条件不能成就，不满足双方合同约定的解除权行使条件。同时，唐某荣、腾某英在2018年6月接房后，对房屋进行了装修并出租使用，实现了所有权占有、使用、收

〔1〕 北京市第三中级人民法院（2017）京03民再118号民事判决书。

益的权能。并查明涉案地块部分业主已于2020年3月取得房屋不动产权证，故唐某荣、腾某英认为其合同目的不能实现进而要求解除合同的诉讼请求缺乏事实依据，从保护交易安全、稳定的角度看，合同不应解除。判决：驳回上诉，维持原判。[1]

对于附约定解除条件的合同而言，自解除条件成就，解除权人发出的解除合同通知到达对方时，合同解除，无须相对方作出明确意思表示；解除合同通知到达相对人时，解除合同的意思表示生效而发生解除效果，为保护相对人对这一生效意思表示的合理信赖，一般认为该解除合同的意思表示不具有可撤销性。

【案例5－31】 北京中亿创一科技发展有限公司与信达投资有限公司、北京北大青鸟有限责任公司等房屋买卖合同纠纷案

最高人民法院认为，本案中，信达投资公司在《资产转让协议》约定的解除合同条件成就后，发出落款时间为2009年11月4日的《解除合同通知》的行为为行使合同约定解除权的行为，不必经过对方当事人同意，只需向对方作出解除合同的意思表示即可以解除合同。该《解除合同通知》到达相对方时发生解除合同的后果，该通知不属于要约，不需要相对方的承诺。相对方接到解除合同的通知后，如果认为不符合约定条件不同意解除合同，可以请求人民法院或者仲裁机构确认能否解除合同。但本案中，中亿创一公司、北大青鸟公司、正元投资公司一直认可信达投资公司发出的解除合同通知的效力。[2]

对于合同约定的解除条件是否具有约束力，应结合当事人对解除条件具体内容的知晓情况和对解除条件或就后法律后果的预见程度，谨慎审查与认定。

【案例5－32】 佛山市三水区兆辉房地产有限公司诉潘某梅、邓某生商品房销售合同纠纷案

一审法院认为，关于原告兆辉公司是否享有合同解除权以及违约金请求权的问题。首先，本案中存在两个合同关系，一是原告与被告潘某梅之间的房屋买卖合同关系，二是被告与中国建设银行佛山三水支行之间的借款合同法律关系。在房屋买卖合同关系中，被告已经履行了全部的付款义务，并不存在合同违约行为；在借款合同法律关系中，被告未按照合同约定，履行还款义务，存在违约行为。其次，原告与中国建设银行佛山三水支行签订的《楼宇

---

〔1〕 参见国家法官学院、最高人民法院司法案例研究院编：《中国法院2023年度案例》（房屋买卖合同纠纷），中国法制出版社2023年版，第61～62页。云南省昆明市中级人民法院（2020）云01民终11891号民事判决书。

〔2〕 参见最高人民法院民事审判第一庭编：《民事审判指导与参考》2015年第2辑（总第62辑），人民法院出版社2015年版，第249页。

抵押贷款合作协议》，签订于2013年3月7日，而原告与被告之间的《购房合同》以及《购房合同补充协议》签订于2015年8月27日。从现有证据来看，并无证据证明原告在与被告潘某梅签订房屋买卖合同时，将其两年前与中国建设银行佛山三水支行签订的《楼宇抵押贷款合作协议》告知被告；在被告与中国建设银行佛山三水支行签订的借款合同中，原告也没有以保证人的身份签字。《购房合同补充协议》第四条第四项"买受人未能履行其向银行机构应尽的义务（包括但不限于拖欠银行的月供款），令出卖人作为担保责任人承担担保责任而导致的出卖人损失，概由买受人承担，同时自银行机构向出卖人发出承担担保责任通知之日起，或自出卖人知道买受人逾期付款之日起，视为买受人已根本违约，出卖人有权解除该合同及本补充合同，买受人须按总房价款的30%向出卖人支付违约金"之规定，属于附条件解除合同之约定。在该项条件成就时（被告未按期偿还借款，原告履行了担保责任），原告享有合同解除权，但从本案情况来看，被告并不知晓该条件的具体内容，被告对该条件成就时的法律后果，亦缺乏明确预知。本案中该条件成就的法律后果是，被告不仅应当承担逾期偿还银行贷款的违约责任，还要承担房屋买卖合同中解除合同、支付高额违约金的违约责任，尤其在目前三水区房价上涨的情形下，被告还须承担较大房屋升值损失。法律应遵循常理，当事人只有在知晓合同条款时，才负有诚实履行义务。本案中，由于原告未将其两年前与中国建设银行佛山三水支行之间的《楼宇抵押贷款合作协议》告知被告，被告并不知晓其与中国建设银行佛山三水支行之间的借款合同中还存在原告的担保关系。因此《购房合同补充协议》第四条第四项之约定，内容不明确，对被告不具有约束力。原告要求解除《商品房买卖合同》以及补充合同，要求被告按照总房价款的30%支付违约金的请求，本院不予支持。[1]

虽然开发商存在违反合同约定的行为，但其行为尚不能满足约定解除条件和法定解除条件时，法院不会支持购房人解除合同的诉求。

【案例5－33】　刘某科、王某芬诉广安市鑫圣房地产有限公司商品房销售合同纠纷案

上诉人刘某科、王某芬以购房合同约定的总层数为6层，被上诉人鑫圣公司实际修建7层，存在未履行告知义务且影响了使用功能等违约行为为由要求解除合同。对此，二审法院认为虽然上诉人与被上诉人签订的《商品房买卖合同（预售）》约定了设计变更等解除条件，但房屋总层数的变更并不足

〔1〕　参见国家法官学院案例开发研究中心编：《中国法院2019年度案例》（房屋买卖合同纠纷），中国法制出版社2019年版，第47～48页。广东省佛山市三水区人民法院（2017）粤0607民初2764号民事判决书。

以影响房屋的质量和居住使用功能，因此合同约定的解除条件不能成就，上诉人关于案涉房屋符合双方约定解除条件的主张与事实不符，法院不予支持。同时，被上诉人的违约行为并不影响购房目的实现，故被上诉人的行为不构成根本违约，也不足以构成《合同法》法定解除条件，上诉人关于被上诉人构成实质违约导致双方合同目的不能实现的主张于法无据，法院亦不予支持。上诉人主张被上诉人以欺骗方式取得信任导致其作出了不真实的意思表示，但未提供证据予以证明，对该项主张，法院不予采纳。二审法院判决驳回上诉，维持原判。〔1〕

【案例5－34】 陈某诉大连万世华房地产开发有限公司商品房销售合同纠纷案

二审法院认为，陈某一审其他诉讼请求均是以解除《商品房买卖合同》的诉讼请求为基础，故本案二审争议焦点为陈某诉请解除案涉《商品房买卖合同》是否应予支持。陈某诉请解除《商品房买卖合同》的理由为万世华公司所交付房屋层高仅4.2米，违反双方约定的4.8米层高，致使陈某不能实现合同目的，符合法定解除条件。本院认为，其一，陈某与万世华公司在《商品房买卖合同》中虽约定房屋层高为4.8米，但双方在合同补充协议中又约定如实际层高与合同约定不一致，只要实际层高不违反国家及地方的强制性规定，陈某同意按实际层高收房，不向万世华公司提出索赔或退房。案涉房屋实际层高4.2米，已经竣工验收备案，实际层高不违反国家和地方的强制规定，陈某请求解除《商品房买卖合同》不符合双方合同约定。其二，案涉房屋为公建，陈某购买案涉房屋为经营使用，陈某主张实际层高4.2米致使其无法做隔层，不能实现合同目的。本院认为，万世华公司在售楼处以张贴《滨海大都会项目商业属性产品重要信息告知书》的形式明确提示购房者不可在商品房内进行楼板搭建，陈某已注意到该告知书并将该告知书拍照留存作为证据提交。虽宣传视频中售楼处工作人员称"层高4.8米，可以打造跃层"，但前述告知书的效力至少不应低于售楼处工作人员的口头宣传，陈某已经注意到两处宣传内容对是否能够打造跃层存在矛盾，则应在签订合同时更加尽到谨慎注意，而在双方签订的补充协议中依然约定陈某按实际层高收房，应以合同约定为准。同时补充协议第十五条亦约定，"甲、乙双方的权利义务，无论签约双方是否口头或书面确认，仅以合同及其附件、其他双方正式签署的书面协议约定为准。甲方在签署合同及其附件、其他双方正式签署的相关

〔1〕 参见国家法官学院、最高人民法院司法案例研究院编：《中国法院2020年度案例》（房屋买卖合同纠纷），中国法制出版社2020年版，第56页。四川省广安市中级人民法院（2017）川16民终1057号民事判决书。

协议之前或之后，通过报纸、电视、广播、户外路牌、楼书、海报、宣传品及网络等媒体或其他方式发布的广告以及展示样板间、沙盘所述内容，仅为要约邀请，不是甲方的要约或承诺，不是甲、乙双方合同的组成部分，不对确定该房屋价格产生重大影响，均不作为双方确定权利义务的依据”。另外，房屋不能做跃层亦可作为经营用途使用，陈某主张无法做隔层不能实现合同目的依据不足。综上，陈某诉请解除《商品房买卖合同》既不符合约定条件，也不符合法定条件，一审未予支持并无不当。关于陈某主张“按照实际层高收房”条款明显加重其义务，免除万世华公司责任，应认定为无效一节，依据签订合同时适用的《合同法》第三十九条第二款，格式条款是当事人为了重复使用而预先拟定，并在订立合同时未与对方协商的条款。本案中，在补充协议第二十三条载明，本补充协议对双方权利义务的约定不存在不合理地减轻、免除、加重任何一方责任或不合理地排除任何一方主要权利的情况；本补充协议经双方友好协商确定，双方均清晰知晓所有内容及可能的法律后果，愿意承担，该条款文字加粗并加下划线。可见，双方在补充协议中的约定系经双方协商一致后的一致约定，不符合认定格式条款的法定要件。陈某主张“按照实际层高收房”条款为格式条款，不符合法律规定，不予支持。综上所述，上诉人陈某的上诉请求不能成立，应予驳回；一审判决认定事实清楚，适用法律正确，应予维持。判决：驳回上诉，维持原判。[1]

房屋买卖合同解除权的设立应基于买卖双方在房屋买卖合同法律关系中的权利义务，当事人以与相对方的其他法律关系为由解除合同的，不应得到支持。

【案例5-35】　成都通用时代房地产有限公司诉侯某商品房销售合同纠纷案

二审法院认为，本案中，侯某已经基于案涉房屋买卖合同，通过首付款及按揭贷款形式向通用时代公司足额支付购房款，通用时代公司通过房管部门将案涉房屋备案登记至侯某名下，应视为案涉房屋买卖合同已经履行完毕。现通用时代公司基于其代侯某承担担保责任的事实，主张案涉房屋买卖合同解除。通用时代公司的代偿行为仅能产生债权追偿的行为后果，其不能基于已经履行完毕的合同再行主张返还房屋，故对于通用时代公司解除案涉《商品房买卖合同》、撤销案涉房屋备案并要求侯某支付违约金108000元的上诉请求，依法不予支持。通用时代公司可基于案涉合同，另行向侯某主张相应

〔1〕 辽宁省大连市中级人民法院(2022)辽02民终150号民事判决书。

的担保责任。二审法院判决驳回上诉，维持原判。[1]

（四）合同解除范围理解

根据《民法典》中的相关解除规定，均是认定为房屋买卖合同解除范围依据。《房屋买卖合同解释》第九条、第十条、第十一条、第十五条、第十九条、第二十条均规定房屋买卖合同的解除，亦应作为此类合同解除范围。

1. 合同有效部分解除

房屋买卖合同部分无效、部分有效的情况下，能否对合同有效部分予以解除，司法实践中有不同观点。笔者认为，在一合同中存在无效和有效两种情形时，可以对其有效部分进行解除。

【案例5-36】 长沙物资股份有限公司与湖南省万国医疗器械保健品博览会交易中心有限公司、长沙市物资集团公司房屋买卖合同纠纷案

最高人民法院认为，根据《合同法》第五十六条的规定，合同部分无效不影响其他部分效力的，其他部分仍然有效。故本案当事人所签订的《房屋买卖合同》及《房屋买卖合同补充协议》中涉及其他三层房屋的部分仍然有效。双方当事人本应按照合同约定履行各自的义务，在双方实际履行过程中，物资股份公司、物资集团公司实际交付了房屋，万国公司迟延履行主要付款义务，已构成根本性违约；且由于万国公司购买房屋的目的在于举办健博会，因健博会最终未能举办，万国公司购买房屋的目的也未能实现，在其不履行付款义务的情况下，继续履行房屋买卖合同已成为不必要。万国公司的诉讼请求和物资股份公司、物资集团公司的答辩意见均表明《房屋买卖合同》已经失去了继续履行的基础，故一审法院判决解除双方签订的《房屋买卖合同》及《房屋买卖合同补充协议》中涉及第1、2、3层的部分，认定事实清楚，适用法律正确，本院予以维持。[2]

房屋存在部分违章建筑的，该房屋的买卖合同自双方签订之时就存在无效部

---

〔1〕 参见国家法官学院、最高人民法院司法案例研究院编：《中国法院2020年度案例》（房屋买卖合同纠纷），中国法制出版社2020年版，第56页。四川省成都市中级人民法院（2018）川01民终1900号民事判决书。

〔2〕 参见最高人民法院民事审判第一庭编：《民事审判指导与参考》2007年第3集（总第31集），法律出版社2007年版，第201~212页。

分和有效部分。即使在后来的合同履行过程中，违章建筑被拆除，合同无效情形消灭，也仍应认定合同目的不能实现。因为双方均将加盖的建筑物视为交易标的物的一部分，故合同无效部分包含在该买卖合同的合同目的当中，无效部分的存在使得房屋买卖合同整体无法正常履行，导致合同目的自始不能实现。合同履行过程中发生的加建建筑物被拆除的情形，并不影响合同目的自始无法实现的结果。此种情况下，双方均有权要求解除合同中的有效部分。

【案例5－37】　崔某新诉宋某房屋买卖合同纠纷案

一审法院认为，崔某新与宋某签订房屋买卖合同时，宋某自行建造的建筑物已经存在，崔某新看中宋某加建的部分从而有意购买涉案房屋，且崔某新对于宋某自行建造的建筑物不包括在房屋建筑面积内一事知情，因此双方签订的房屋买卖合同既包括与房屋所有权证书上载明的建筑面积相对应的房屋，也包括加建部分的建筑物。因宋某建设的彩钢建筑物未依法取得建设工程规划许可证，故双方就该部分建筑物达成的买卖合同应系无效。因双方之间的买卖合同中包括无效部分，导致该房屋交易无法正常履行，无法实现合同目的，现双方均同意解除合同，故对于房屋买卖合同中有效的部分应予以解除。二审法院亦持同样意见。[1]

2. 协商解除合同的范围

当事人协商一致，可以解除房屋买卖合同，但合意解除的只是房屋所有人与房屋购买人之间达成的房屋买卖合同部分，而非其他合同（如中介合同）。中介合同是中介人向委托人报告订立合同的机会或者提供订立合同的媒介服务，委托人支付报酬的合同。中介合同为服务性合同，通常只有两方当事人，即为他方提供报告订约机会或提供交易媒介的中介人，以及给付报酬的委托人。在二手房房屋买卖中，非因中介人过错造成房屋买卖合同解除的，中介合同仍然有效，且中介人不承担违约责任。

【案例5－38】　董某义诉汪某香、周某珠房屋买卖合同纠纷案

一审法院认为，虽然被告周某珠在买卖合同中加盖了汉唐盛世公司的公章且以该公司名义收取了董某义及汪某香的信息服务费，但其与汉唐盛世公司仅系加盟关系，其仍然是独立经营、自负盈亏、自行承担责任的个体工商户，其在店堂内悬挂的营业执照也是个体工商户的执照，其向买卖双方披露的名称系汉唐盛世加盟店，因此董某义将其作为本案诉讼主体并无不当，其

---

〔1〕参见国家法官学院案例开发研究中心编：《中国法院2017年度案例》（房屋买卖合同纠纷），中国法制出版社2017年版，第114页。

应当作为合同的实际居间方享有合同权利和履行合同义务。原、被告双方所签订的合同系当事人真实意思表示，该合同实际上包含了两部分内容，即买卖双方关于房屋买卖的约定及买卖双方与居间方关于居间合同的约定。对于房屋买卖部分的约定，虽然涉诉房屋上设定有抵押权，但合同中业已约定了由抵押人即原告先行偿还贷款后再到房屋管理部门办理交易手续，因此，此部分约定并未违反法律强制性规定，内容合法有效。现原告董某义起诉要求解除房屋买卖合同，被告汪某香亦同意解除，故合同中关于房屋买卖的约定应当予以解除。但导致合同解除的责任在于原告董某义，因此，原告董某义应当返还被告汪某香定金2万元。对于合同中关于居间的约定，虽然原告董某义对被告周某珠的资质提出质疑，但资质问题属于行政管理范畴，不当然影响居间合同的效力，因此，该部分内容亦合法有效。被告周某珠业已履行了合同约定的居间义务，且合同关于房屋买卖的约定未能履行的责任在于原告，合同中约定了非丙方原因导致本合同不能履行，则信息服务费不退。因此，原告(反诉被告)董某义要求解除居间合同的约定并返还中介费的请求，不予支持。[1]

3. 预售合同解除

司法实践中，商品房预售合同的解除条件亦同作为本约合同的解除。但对于商品房预约合同的处理，则应根据预约合同实际履行情况认定是否违约，违约方承担签约不成的违约责任而不是解除预约合同。

4. 预约合同解除

根据《民法典》第四百九十五条的规定，商品房买卖预约合同可以与本约合同一样解除。欲解除预约合同的当事人，应当提供证据证明对方当事人不愿意订立本约合同，或本约合同的订立存在障碍，并对该障碍具体为何事由、是否可以避免或克服、是否足以导致本约合同无法订立进行说明；对于未举证或举证不能的，法院不支持其解除预约合同的请求。换言之，解除预约合同的请求主体限定在守约方。对于在不能强制缔结本约合同时，法院能否判决解除预约合同的问题，笔者认为应视案情而定，在双方当事人均同意解除或订立本约合同存在无法克服或避免的障碍时，可判决解除。在现有法律框架下，对预约合同不应适用继续履行的违约责任，守约方的救济应通过其他手段予以解决。根据定金性质，应推定当事人在协商定金数额时对解除合同的代价作了相对科学的预设，任何一方均可以

---

[1] 参见最高人民法院中国应用法学研究所编：《人民法院案例选》2011年第1辑(总第75辑)，人民法院出版社2011年版，第135页。

通过主动承担定金责任的方式来解除合同,即不签订本约的一方承担定金责任。一方当事人以主动牺牲定金利益来解除预约合同时,与之有牵连的服务合同亦可以同时解除。

【案例5-39】　龚某华诉无锡景瑞置业有限公司房屋买卖合同纠纷案

一审法院认为,关于房多多公司是否应返还服务费5万元的问题。《房多多会员服务协议书》中载明协议的状态有两种,即预约和认购,而双方在签订该协议书时确认协议状态为认购。同时,协议约定,成功认购(签订购房定单或房屋认购书或者房屋买卖合同)后,由于会员自身原因要求退房的,会员服务费概不退还;未成功认购的,在提出申请之日起15个工作日内,房多多公司将已付会员服务费按原支付路径全部无息退还给客户。从上述协议内容来看,服务协议书以龚某华与景瑞公司之间的合同为存在的前提,在性质上具有一定的从属性。服务协议书中载明了两种协议状态,即预约和认购,并分别对该两种情形下服务费的返还明确了两种截然不同的结果,故预约和认购应为递进关系。协议书中的认购应理解为龚某华与景瑞公司之间成立买卖合同关系,而龚某华与景瑞公司在签订服务协议书时仅成立预约合同关系,故协议书上载明的认购的标准没有事实依据。虽然服务协议书中对客户成功认购进行了明确,即签订购房定单或房屋认购书或者商品房买卖合同,但该解释在逻辑上明显难以周延,因为签订购房定单或者房屋认购书可能只成立预约合同关系,并不必然成立商品房买卖合同关系。从合同整体性解释及目的解释规则来看,在龚某华与景瑞公司不成立买卖合同关系的情况下,房多多公司应履行服务协议书中关于未成功认购返还服务费的约定,即房多多公司应返还龚某华会员服务费5万元。[1]

【案例5-40】　唐某春诉北京兴亚置业有限公司房屋买卖合同纠纷案

一审法院认为,无法签订预售合同系因双方未能协商一致,并非单方原因所导致。因双方签订认购书的目的在于将来订立预售合同,现双方就争议问题仍无法协商一致,唐某春要求解除认购书,本院予以支持。因不可归责于双方当事人的事由,商品房买卖合同未能订立的,出卖人应当将定金返还给买受人。现双方未能签订预售合同,且在认购书予以解除的情况下,兴亚置业公司应当退还该款项。因涉案房屋已办理预售备案,双方同意本案中一并解除,本院不持异议。[2]

---

〔1〕 参见国家法官学院案例开发研究中心编:《中国法院2017年度案例》(房屋买卖合同纠纷),中国法制出版社2017年版,第225~226页。

〔2〕 参见国家法官学院案例开发研究中心编:《中国法院2018年度案例》(房屋买卖合同纠纷),中国法制出版社2018年版,第31页。

房屋出卖人在承诺的期限届满时未能将合同义务履行完毕的，购房人可以解除认购书。

【案例5-41】 孟某君诉烟台天鸿置业有限公司、乳山市渤海房产销售信息服务中心商品房预售合同纠纷案

一审法院认为，2012年12月10日，被告乳山市渤海房产销售信息服务中心负责人高某军向原告孟某君承诺于2013年5月31日前办好房产证件，否则全额退款。高某军的承诺应认定为其代表乳山市渤海房产销售信息服务中心所作出的承诺，该承诺行为后果应由被告烟台天鸿置业有限公司承担。承诺书可视为对认购书的补充，即补充了认购书的终止期限。被告在约定的终止期限届满时非但未按承诺办好涉案房产证件，该商品房买卖合同都尚未签订，该认购书依法自期限届满时失效，现原告要求解除该认购书的理由正当，本院予以支持。二审法院亦持同样意见，维持一审判决。[1]

5. 特殊情形合同解除

(1)利益期待可能性锐减时合同的解除

期待可能性理论源于刑法领域，是指从行为时的具体情况看，可以期待行为人不为违法行为，而实施适法行为。在合同法领域，期待可能性应当表述为利益期待可能性，意指行为人签订合同时意欲获得某种利益而在主观上所持有的渴望状态。如果合同赖以履行的客观形势发生变化，行为人对所签合同失去信心，主观上意欲阻碍合同的履行，由积极渴望变为消极抵触，就会出现合同当事人的利益期待可能性锐减的情况，此时合同应予解除。

【案例5-42】 贾某涛诉梁某军房屋买卖合同纠纷案

一审法院认为，原、被告之间存在房屋买卖合同关系，双方均应信守履行该合同之约定。原、被告均认为系因拆迁人原因无法按期交付房屋，即使存在期待可能性，亦无法预料房屋交付期限，这违反了双方购房合同关于房屋交付之约定，致使合同目的不能实现。现原告贾某涛根据合同约定请求被告梁某军返还购房款并承担相应利息损失，符合事实及法律规定，予以支持，故原、被告所签购房合同应予解除，被告应当返还原告购房款。[2]

---

〔1〕 参见国家法官学院案例开发研究中心编：《中国法院2018年度案例》（房屋买卖合同纠纷），中国法制出版社2018年版，第171页。

〔2〕 参见国家法官学院案例开发研究中心编：《中国法院2016年度案例》（房屋买卖合同纠纷），中国法制出版社2016年版，第227页。

(2)债务到期无法履行时合同的解除

在合同中,双方当事人除对给付标的、质量、数量等进行约定外,也会对日期这一重要内容进行约定。相应地,时效利益也是合同关系中双方当事人可享有的重大利益。一方当事人因另一方没有在特定时间内给付特定标的物而无法实现合同目的,进而要求解除合同的情形很多,这种情形下解除合同的请求具备相应的法律依据。例如,受房屋限购政策的影响,购房人条件不合格导致房屋产权无法办理过户,合同目的实现不了,出卖人要求解除合同的,法律应予支持。

【案例5-43】 杨某诉李某房屋买卖合同纠纷案

二审法院认为,杨某与李某签订《转售房协议》的目的是为实现房屋所有权转让,但因李某目前不具备在京购房资格导致房屋权属变更登记无法完成,合同目的无法实现,故杨某要求解除《转售房协议》的主张,本院认为于法有据,应予以支持。关于杨某是否于2013年3月陪同李某办理过户的事实,因与合同解除事实认定无关,故本院不做认定。综上,李某的上诉请求和理由没有事实和法律依据,本院不予支持,原判并无不当,应予维持。[1]

(3)夫妻一方不知情时合同的解除

对于夫妻一方主张处理共同财产不知情的解除,应根据《民法典》《民法典婚姻家庭编解释(一)》相关规定结合具体案情认定,原则上夫妻一方不知情不能作为解除合同的理由。

【案例5-44】 马某册诉荣某立、赵某新房屋买卖合同纠纷案

一审法院认为,原告马某册与被告荣某立系夫妻关系,被告赵某新有理由相信被告荣某立出售房屋的行为系夫妻共同意思表示,且房屋的转让价格未明显低于市场价格。根据查明的事实,涉案房屋性质无法认定为公房,原告马某册亦未提交涉案房屋系公房的相关证据,其该项主张缺乏合法依据,本院不予采信。民事行为应当遵循诚实信用原则,现被告赵某新已经支付全部购房款,并基于合同行为合法占有涉案房屋逾17年,为维护交易安全,保护善意相对人的合法权益,本院对原告的诉讼请求不予支持。[2]

(4)房屋贷款未能办理时合同的解除

贷款未获批准,购房人是否可以解除商品房预售合同是司法实践中的一个疑难问题。笔者认为,由于贷款不成的原因各异,每个商品房预售合同的合同约定

---

〔1〕 参见国家法官学院案例开发研究中心编:《中国法院2015年度案例》(房屋买卖合同纠纷),中国法制出版社2015年版,第176页。

〔2〕 参见国家法官学院案例开发研究中心编:《中国法院2016年度案例》(房屋买卖合同纠纷),中国法制出版社2016年版,第240页。

和合同履行情况亦各有不同,对这一问题的处理不能“一刀切”。根据合同约定和合同履行的情况,以及双方当事人对解除合同的意思表示,对购房人要求解除商品房预售合同的请求予以合理裁量。法官在裁量时应综合分析合同的履行是否达到约定或法定解除的程度,结合个案情况把握解除合同理由是否成立和充分。

【案例5-45】 吴某某与佛山市南海区中环房地产开发有限公司商品房预售合同纠纷案

二审法院认为,合同中约定买受人支付首期款,余额办理按揭,开发商作为买受人的按揭贷款担保方。合同签订后,买受人依约支付首期款,并先后向三家银行申请办理按揭款,均未得到银行同意。虽然银行是因为买受人资信状况不良或提交的资料不符合要求等原因不同意买受人办理按揭贷款,但综合分析本案的基本情况,按揭贷款无法办理既有银行认为的申请人本身资信状况和提交的资料问题,也有合同尚未备案、开发商未向银行提供担保、贷款的金额、银行贷款风险等一系列综合因素的影响。按揭贷款无法办理应是上述因素相互作用造成的,应认定开发商和买受人均有过错。本案中,由于按揭贷款未得到银行同意,未能订立商品房担保贷款合同,双方签订的商品房买卖合同无法继续履行,而买受人在二审中也表示再无能力以按揭之外的方式支付余下的房款,因此,双方签订的合同事实上不可能履行,依据《房屋买卖合同解释》第二十三条的规定,应予以解除。另鉴于本案双方当事人在一审时均未要求解除合同,本院二审无法直接处理,双方当事人可另行起诉。〔1〕

开发商签订商品房买卖合同的目的是得到房款,而购房人要实现的合同目的是居住房屋。如果购房人已经装修入住,那么购房人的合同目的已基本实现;如果开发商已收取部分房款,那么其合同的部分目的也已基本实现。此时,若因购房人与开发商对于房屋贷款不能办理之后的付款方式未做约定,则双方应就付款方式继续协商,即使协商不成,开发商也可以通过追索剩余房款的方式实现自己的合同目的。因此,在购房人已经入住的情况下,从平衡双方当事人利益、保护交易稳定的角度出发,一般不应支持开发商解除商品房买卖合同的请求。

【案例5-46】 王某霞诉河南太行伟业房地产开发有限公司房屋买卖合同纠纷案

二审法院认为,太行伟业公司以国家政策调整,银行贷款手续不能办理为由向王某霞发出协商付款通知,同年8月3日,又以双方不能达成一致意

---

〔1〕 广东省佛山市中级人民法院(2006)佛中法民五终字第474号民事判决书。

见为由向王某霞发出解除商品房买卖合同通知,王某霞提起诉讼,请求确认该解除合同通知无效,法院经审理最终判决解除行为无效。现太行伟业公司又以合同目的不能实现为由向王某霞发出解除通知,太行伟业公司的解除理由仍不能成立,理由如下:2010 年 10 月 20 日,王某霞与太行伟业公司所签商品房买卖合同系双方真实意思表示,且不违反法律规定,合法有效,双方均应严格依照合同约定履行各自义务。合同签订后,王某霞依约向太行伟业公司支付了首付款,太行伟业公司向王某霞交付了房屋,王某霞开始装修并于 2011 年阴历六月入住。至此,太行伟业公司已基本履行完自己的主要合同义务,王某霞依约向太行伟业公司履行了支付首付款的义务,对于剩余房款,合同约定以向太行伟业公司签约银行即中国银行股份有限公司济源分行按揭贷款方式支付,但合同对按揭贷款不能办理后如何付款未作约定。王某霞已装修入住,故王某霞的合同目的已完全实现,太行伟业公司收取了王某霞首付款,其合同目的也部分实现。按揭贷款不能实现的原因系国家政策调整,非当事人任何一方过错,在双方对剩余房款的付款方式、时间协商无果的情况下,太行伟业公司可以通过追索剩余房款的方式实现合同目的,王某霞要求确认解除合同无效的诉讼请求应当予以支持。[1]

(5)房屋主体结构不符合建筑规范时合同的解除

若出卖的房屋不存在严重影响居住使用功能的质量问题,应限制购房人解除房屋买卖合同;但房屋主体结构存在不合规范的问题,购房人请求解除房屋买卖合同的,法院应予支持。

【案例 5－47】　苏某申诉林某红房屋买卖合同案

一审法院认为,首先,虽然苏某申在签订合同前查看了房屋,合同也载明苏某申已全面检查并了解清楚该物业的所有情况并无异议,但是房屋存在"现浇板与柱、梁交接处等关键传力部位未增设冗余约束,也没有多条传力途径""房屋部分墙体未加设构造柱""承重砖墙厚度为 120mm 厚"等不符合相关规范的情形,房屋"主体结构不符合现行国家相关规范要求,房屋存在安全隐患"。房屋存在一定的安全隐患,对正常居住和使用有一定影响,而且这种由于主体结构和承重砖墙不符合现行规范导致的安全隐患具有不确定性,苏某申作为买受人,不应当承担不确定安全隐患带来的居住使用风险。其次,经鉴定涉案房屋并非房地产权证上所登记的钢筋混凝土结构而属于混合结构。再次,涉案房屋可以通过一定的措施进行加固,林某红明确拒绝进行加

[1] 参见国家法官学院案例开发研究中心编:《中国法院 2015 年度案例》(房屋买卖合同纠纷),中国法制出版社 2015 年版,第 63～64 页。

固和修缮,苏某申并无法定义务对尚未交付的房屋进行加固修缮。最后,从合同的履行情况来看,虽然涉案买卖合同已经成立生效且当事人已交付定金,但是苏某申尚未支付房价款,林某红也未将房屋交付给苏某申使用,更没有办理产权交易过户登记手续,合同的主要内容均未得到履行。在经鉴定房屋存在安全隐患而林某红明确拒绝加固修缮的情况下,如果继续履行合同,势必额外加重苏某申的经济负担或引起新的纠纷。综上理由,并参考《合同法》第一百四十八条及《房屋买卖合同解释》第十二条规定的精神,苏某申要求解除买卖合同,合法合理,本院予以支持。[1]

根据现有法律规定,不符合社会大众的生活习惯和心理禁忌并非合同一方当时存在违约行为的法律依据,也并非合同解除的法定情形。但根据法律对出卖人的瑕疵担保责任的相关规定,出卖人交付的应是符合约定或者该类物通常应具有的价值和效用的物,房屋设计满足消费者的日常生活和心理需求是此类商品买卖合同中的题中应有之义。换句话说,在此类商品买卖合同中,开发商负有向购房人交付满足设计规范的房屋的合同义务。存在不合理设计的商品房买卖合同可以主张解除。

【案例5-48】 陈某、黄某亮诉房地产公司商品房销售合同纠纷案

一审法院认为,本案中,原告陈某、黄某亮购买被告房地产开发公司的房屋时,因该房屋属于非标准户型,该房屋厨房上层对应的系卫生间,此设计明显属于对该房屋的重大瑕疵,既不符合相应的设计要求,也不符合日常的生活习惯及社会大众的心理承受能力。因此,被告房地产公司应当如实向原告陈某、黄某亮陈述该房屋存在的瑕疵,但从审理查明的情况来看,被告房地产公司仅提供了非标准户型贴在售楼部的公示照片证明其履行了告知义务,但该公司仅公示了户型,并未公示其上层的相关情况,而且作为消费者并非专业人士亦不能准确解读图纸上的相关信息,故被告房地产公司提供的证据不足以证明其履行了相应的瑕疵告知义务。因被告房地产公司履行合同时交付的标的物存在瑕疵,且该瑕疵不能补正,被告房地产公司存在违约行为,致使原告陈某、黄某亮购买该房屋用于正常居住生活的目的不能实现。原告陈某、黄某亮有权主张解除与被告房地产公司签订的《宜昌市商品房买卖合同》。因该《宜昌市商品房买卖合同》解除致使原告陈某、黄某亮购房目的落空,进而导致《个人购房借款/担保合同》的目的无法实现,故陈某、熊某风、陈某华、黄某亮与第三人某银行三峡临江支行签订的《个人购房借款/担保合

[1] 参见国家法官学院案例开发研究中心编:《中国法院2017年度案例》(房屋买卖合同纠纷),中国法制出版社2017年版,第91~92页。

同》应当予以解除。在解除涉案商品房买卖合同后，被告房地产公司应当将原告陈某、黄某亮支付的首付款返还给原告陈某、黄某亮，并赔偿原告陈某、黄某亮由此产生的损失。因此原告陈某、黄某亮要求被告房地产公司返还已付购房款及已向第三人某银行三峡临江支行所还贷款本金，并赔偿首付款利息及已还贷款利息的诉讼请求，于法有据，法院予以支持。直接由被告房地产公司负责偿还原告陈某、黄某亮未偿还的第三人某银行三峡临江支行的剩余贷款本息更能体现司法的公平合理性。被告房地产公司在清偿剩余贷款本息之后，第三人某银行三峡临江支行应当涤除该房屋上的抵押登记。判决：(1)解除原告陈某、黄某亮与被告房地产公司就案涉楼盘7号楼1单元1层案涉房屋签订的《宜昌市商品房买卖合同》；(2)解除陈某、熊某风、陈某华、黄某亮与第三人某银行三峡临江支行签订的《个人购房借款/担保合同》；(3)被告房地产公司向原告陈某、黄某亮返还首付款295231元，并以首付款295231元为基数按中国人民银行公布的同期定期存款利率支付自2018年9月15日起至实际清偿之日止的利息；四、原告陈某、黄某亮将案涉楼盘7号楼1单元1层案涉房屋返还给被告房地产公司，并协助被告房地产公司办理该房屋的网签预告登记解除手续；五、被告房产公司赔偿原告陈某、黄某亮自2018年11月15日起至判决生效之日止已向第三人某银行三峡分行临江支行支付的贷款本息；六、房地产公司偿还陈某、熊某风、陈某华、黄某亮就《个人购房借款/担保合同》剩余的贷款；自被告房地产公司清偿上述贷款之后，第三人某银行三峡临江支行办理案涉房屋上的抵押登记的涤除手续。二审法院判决：驳回上诉，维持原判。[1]

(6)退房协议的解除

购房人与开发商签订了退房协议，开发商迟迟不予返还购房款的现象日益增多。对于购房人能否要求解除退房协议的问题，有两种不同观点：一种观点认为，退房协议实质是双方当事人行使解除权的行为，是对双方之间原合同内容的变更，不是真正意义的合同，对解除协议无法再解除；另一种观点认为，退房协议系双方当事人真实意思表示，符合合同的构成要件，实质上是双方协商达成的一个新的合同，如果开发商未履行退房协议，购房人有权行使解除权。笔者赞同后一种观点。签订退房协议时，购房人为了尽快收回购房款，有可能在违约金及赔偿损失方面作出很大让步，但是退房协议签署后，在开发商长期占用购房人的购房款且经多次催告仍不予返还，给购房人造成严重经济损失的情况下，可以赋予购房人解除退房协议的权利。但是，退房协议的解除并不意味着原合同继续履行，

---

〔1〕 参见国家法官学院、最高人民法院司法案例研究院编：《中国法院2022年度案例》，中国法制出版社2022年版，第92～93页。湖北省宜昌市中级人民法院(2020)鄂05民终2518号民事判决书。

因为原合同可能已经不具备履行条件,如开发商已将房屋出售给他人。

(7)房屋被预查封或查封时合同的解除

预查封是一种限制债务人处分其财产的强制性措施。预查封的对象是被执行人基于一个有效的房屋买卖合同所享有的债权,即房屋交付请求权和所有权移转登记请求权,其目的在于使被执行人保有该债权,以便将来实现该债权,取得房屋的所有权,从而使预查封转化为正式查封,得以执行。因此,一旦该项请求权被查封,其合同解除权受到限制,当事人不能再通过行使合同约定的解除权解除合同,也不能通过协商一致解除合同。但最高人民法院、国土资源部(现自然资源部)、建设部(现住房和城乡建设部)《关于依法规范人民法院执行和国土资源房地产管理部门协助执行若干问题的通知》(法发〔2004〕5 号)第十四条第二款规定,被执行人在规定的期限内仍未全部缴纳土地出让金的,在人民政府收回土地使用权的同时,应当将被执行人缴纳的按照有关规定应当退还的土地出让金交由人民法院处理,预查封自动解除。据此,在预查封情况下,只有符合法律规定的解除情形,才能允许当事人依据《民法典》第五百六十三条的规定,按法定条件解除合同。个案中,有的法院认为,预查封不影响预售商品房合同当事人行使约定解除权,而该合同被裁判解除后,法院应当中止对被查封房屋的执行,但有权执行被执行人到期债权。〔1〕

被执行人所购的预售商品房被法院预查封,该预查封措施不等于正式查封,其效力为"限制房屋所有权转移至被执行人以外的第三人",其执行对象并非房屋权属本身,而是被执行人基于商品房买卖合同享有的期待性财产权利。当被执行人发生违约情形,开发商以其已与被执行人达成解除合同合意,房屋产权归其所有为由要求解除预查封的,在排除双方恶意、规避执行的前提下法院应予支持,但申请执行人可就合同解除后出卖人返还的购房款、应支付的违约金以及应赔偿的损失等财产性权利申请执行。也就是说,预查封措施不影响当事人行使约定的合同解除权。

【案例 5-49】 浙江光大置业有限公司诉史某惠、第三人泮某统案外人执行异议之诉纠纷案

二审法院认为,本案中,原审第三人泮某统未能按时偿还按揭贷款,且已向上诉人光大置业明确表明自己收入降低无力按时还贷并提出退房要求,该种意思表示符合《合同法》第九十四条第四项"当事人一方迟延履行债务或者其他违约行为致使不能实现合同目的"的情形,上诉人光大置业可行使法定解除权解除双方之间订立的商品房买卖合同。现上诉人已明确要求解除

---

〔1〕 参见范莉等:《预查封期间合同约定解除权行使及法律后果——江苏宜兴法院裁定江南公司执行异议案》,载《人民法院报》2014 年 12 月 18 日,第 6 版。

合同,且本案上诉人并未收到预查封裁定,现有证据亦不能证明本案存在合同当事人恶意串通的事实,故法院认定涉案商品房买卖合同已有效解除,原审第三人泮某统亦因此丧失了以涉案房产物权变动为内容的债权请求权。在此情况下,原审法院继续对涉案房屋采取执行措施,缺乏事实和法律依据,依法应予纠正。综上,上诉人光大置业的上诉请求合法有理,法院予以支持。[1]

第三人依约解除被执行商品房买卖合同问题。根据《最高人民法院关于人民法院民事执行中查封、扣押、冻结财产的规定》第十八条的规定,第三人是有解除权的。房屋预告登记于购房人名下,仅使购房人取得将来请求发生物权变动的权利,该预告登记对后续发生与该项请求权内容相同的不动产物权的处分行为,具有排他效力,但该权利并非物权。预告登记期间,购房人并未获得房屋所有权,也未实质占有该房屋。因此,该房屋无论从法律属性还是权利外观上看,均不属于购房人所有的财产。房屋出让人无须与购房人另行达成所有权保留的书面条款,出让人提出解除合同的时间即便晚于房屋被查封的时间,也并不影响其依约行使解除合同的权利。

【案例5-50】 吴某莲诉厦门永年房地产开发有限公司等商品房销售合同纠纷案

一审法院认为,2012年3月1日,厦门市中级人民法院依吴某莲申请查封了诉争房产,但被告李某平却在2012年5月21日与其他被告达成调解,对于诉争房产予以相应处分(解除买卖诉争房产的买卖合同等),显然(2012)思民初字第5452号调解书因此而全部内容错误,损害了吴某莲的民事权益,故吴某莲之诉请合法有据,予以支持。二审法院认为,关于诉争房屋买合同解除之合法性问题。由于《商品房买卖合同》已经对永年公司有权解除合同的情形作出明确约定,而李某平自2011年12月21日起未再偿还《贷款合同》项下贷款本息,交通银行厦门分行于2012年2月16日发函宣布上述贷款提前到期,并于同日向永年公司发出《交通银行个人贷款履约代偿通知书》,上述行为均发生于诉争房产被查封之前,且符合合同约定,亦无证据证明参与调解各方当事人存在恶意串通之事实,故永年公司在出于征信考虑及合同约定及时承担连带责任后,与交通银行厦门分行、李某平达成(2012)思民初字第5452号调解书合法有效的上诉主张,予以采信。至于永年公司依据调解协议将购房余款返还李某民之行为,吴某莲若认为损害其权益可另

---

〔1〕 参见最高人民法院中国应用法学研究所编:《人民法院案例选》2019年第3辑(总第133辑),人民法院出版社2019年版,第121页。浙江省台州市中级人民法院(2017)浙10民终825号民事判决书。

行主张。故吴某莲要求撤销诉争调解书的诉讼请求缺乏依据,原审法院判决对其诉讼请求予以支持错误,予以纠正。[1]

(8)房屋产权转移登记完成后合同的解除

买卖双方在房管部门签订房屋买卖合同,约定房屋买卖价款不纳入二手房交易资金监管,而由双方自行交割。虽然双方已经办结房屋产权登记,但购房人未依约定支付房款的,出卖人有权解除合同。

【案例5-51】 杜甲诉杜乙房屋买卖合同纠纷案

二审法院认为,双方于签订房产买卖协议之日还签署了确认书,涉案房屋买卖交易房款不纳入二手房交易资金监管,由双方自行交割。被上诉人杜乙因上诉人杜甲未依约定给付房款,不同意再将房屋卖与上诉人,是当事人依法享有的民事权利。虽然双方为父子关系,但在买卖合同关系中,也应遵守等价有偿原则,鉴于被上诉人并未将涉案房屋赠与上诉人,上诉人应依合同支付对价。上诉人应对其已支付被上诉人房款的主张负有举证责任,上诉人所举证据不能证明其支付了被上诉人购房款,故上诉人主张已支付被上诉人购房款,不予采信。被上诉人以上诉人采用欺骗手段买房为由主张合同无效,虽经发回向其释明是否变更诉讼请求,但也由于一审释明不够十分明确,加之被上诉人一方对于法律规定并无深入了解,从而没有及时正确行使合同解除权,属情有可原。在上诉人不能证明已支付房款的情况下,被上诉人无法实现买卖合同之目的,要求恢复原产权人的权益是基于一个普通公民的基本意愿。被上诉人现已82岁,应居有定所,亦确需有人照顾,而且从保护老年人合法权益出发,在不能实现合同目的的情况下,本着公平原则,原审判令上诉人将涉案房屋过户至被上诉人名下,合乎国情和一般公理,原审法院所作判决并无不当。上诉人的上诉请求,依据不足,法院不予支持。[2]

(9)已交付房屋存在质量瑕疵时合同的解除

开发商已经向购房人交付房屋,购房人已向开发商给付购房款的,双方已履行完房屋买卖合同的主要义务,但开发商仍应当对房屋质量承担瑕疵担保责任。开发商在出售、交付房屋时,未明确告知购房人所购房屋存在质量瑕疵,而该质量瑕疵不能补正且房屋无法正常居住使用的,购房人可以主张解除房屋买卖合同。

【案例5-52】 李某诉H公司房屋买卖合同纠纷案

一审法院认为,被告H公司在出售房屋时未明确告知原告李某所购房

〔1〕 参见国家法官学院案例开发研究中心编:《中国法院2018年度案例》(房屋买卖合同纠纷),中国法制出版社2018年版,第65~66页。

〔2〕 天津市第二中级人民法院(2014)二中民四终字第740号民事判决书。

屋处于水泵房之上,其未履行告知义务,应承担相应民事责任。原告在使用了房屋后,发现噪声甚大,虽然被告多次进行整改维修,但噪声问题仍未见改善。可见被告提供的合同标的物有瑕疵,其噪声经检测已超过正常范围,此房屋不宜作居住使用,现原告的生活确实受到较大影响,故被告的行为构成瑕疵履行,且该瑕疵不能补正,因此原告可解除合同,并请求损害赔偿。故法院判决支持了李某的诉讼请求。二审法院亦持同样意见,维持原审判决。[1]

---

〔1〕 上海市第一中级人民法院(1999)沪一中民终字第1893号民事判决书。参见沈志先主编:《合同案件审判精要》,法律出版社2013年版,第195页。

二、合同解除的法律适用

(一)合同解除程序

《民法典合同编通则解释》第五十四条规定:“当事人一方未通知对方,直接以提起诉讼的方式主张解除合同,撤诉后再次起诉主张解除合同,人民法院经审理支持该主张的,合同自再次起诉的起诉状副本送达对方时解除。但是,当事人一方撤诉后又通知对方解除合同且该通知已经到达对方的除外。”

关于确认合同解除通知的问题,是否发出确认合同解除通知,事关对合同解除条件的理解。合同履行过程中,一方当事人明示毁约,而守约方并未发出通知进行确认解除合同而要求继续履行该合同的,双方的买卖合同处于并未解除形态,其合同解除条件未成就。

【案例5-53】 马某华诉魏某、赵某琴房屋买卖合同纠纷案

一审法院认为,魏某、赵某琴在合同履行期到来之前,发信息告知中介公司买卖程序没办法进行,并将马某华付给其的50万元汇回马某华家人账户,应系魏某、赵某琴明示毁约形态的预期违约行为。对一方当事人的明示毁约,守约方可采取请求继续履行合同、解除合同、要求赔偿损失、请求支付违约金等救济途径维护自身权益,但前提是应向对方发出确认的通知,从而宣告合同的终止,或作出解除合同、要求损害赔偿的通知。本案中,魏某、赵某琴在明示毁约后要求继续履行房屋买卖合同,马某华在魏某、赵某琴明示毁约后要求继续履行合同前未向对方发出确认魏某、赵某琴明示毁约或解除合同的通知,故魏某、赵某琴要求继续履行该合同时双方的房屋买卖合同并未解除。马某华在离合同约定履行期届满尚有一个半月的时间,即提起诉讼要求魏某、赵某琴方双倍返还定金,无法律依据。判决:驳回原告马某华的诉讼请求。[1]

关于对合同解除通知提出异议的问题,《民法典》第五百六十五条第一款规

〔1〕 参见国家法官学院案例开发研究中心编:《中国法院2017年度案例》(房屋买卖合同纠纷),中国法制出版社2017年版,第156页。

定:“当事人一方依法主张解除合同的,应当通知对方。合同自通知到达对方时解除;通知载明债务人在一定期限内不履行债务则合同自动解除。对方对解除合同有异议的,任何一方当事人均可以请求人民法院或者仲裁机构确认解除行为的效力。”根据该条规定,发出解除通知的一方并无合同解除权,而相对方又未在异议期内提出起诉的,此时合同效力状态和是否产生合同解除的法律效果法官存在不同的认识。有法官认为,一方在不具备法定解除权和约定解除权的情况下主张合同解除的,另一方无须提出异议。〔1〕也有法官认为,无解除权的一方当事人发出合同解除通知,对方在法律规定的异议期届满后向法院起诉,不应当适用《合同法解释(二)》第二十四条(现已废止)有关合同解除异议期的规定。〔2〕《民法典合同编通则解释》第五十四条规定:“当事人一方未通知对方,直接以提起诉讼的方式主张解除合同,撤诉后再次起诉主张解除合同,人民法院经审理支持该主张的,合同自再次起诉的起诉状副本送达对方时解除。但是,当事人一方撤诉后又通知对方解除合同且该通知已经到达对方的除外。”

【案例5-54】　成都讯捷通讯连锁有限公司与四川蜀都实业有限责任公司等房屋买卖合同纠纷再审案

最高人民法院认为,当事人没有就包括解除合同的事项进行任何约定,而蜀都实业公司于2010年3月3日向讯捷公司发出了解除《购房协议书》的通知函,该函件于2010年3月8日到达讯捷公司,讯捷公司向一审法院提出诉讼的时间为2010年5月12日。因此,无论蜀都实业公司是否有权单方解除《购房协议书》,因讯捷公司于收到解除函的3个月内通过起诉的方式提出了异议,故蜀都实业公司的解除函不产生解除双方合同关系的效力。〔3〕

关于合同解除时间问题,在解除权人以通知方式行使解除权时,合同自通知达到相对人时解除,即使相对人提出异议,并进而请求法院确认合同解除的效力,但只要法院作出确认合同解除的生效判决,则合同解除时间也应溯及至解除合同的通知到达相对人之时。同理,如果解除权人在通知相对人解除合同后另行提出诉讼请求确认合同解除的效力,合同解除的时间也应理解为通知到达相对人之时。解除权人直接向法院提起诉讼行使解除权,法院最终判决合同解除的,则合同在载有解除请求的起诉状送达被告时,发生解除效力,起诉状送达签收时间即为合同解除时间。

---

〔1〕　参见张卓郁、孙闫:《无解除权的合同解除行为不适用合同法解释(二)第24条》,载《人民司法·案例》2011年第22期。

〔2〕　参见李玉林:《合同纠纷前沿问题审判实务》,中国法制出版社2014年版,第63页。

〔3〕　参见最高人民法院民事审判第一庭编:《民事审判指导与参考》2014年第1辑(总第57辑),人民法院出版社2014年版,第204页。

【案例5-55】 俞某晋、张某真诉王某斌房屋买卖合同纠纷案

一审法院认为,本案涉诉房屋买卖合同无法继续履行,系因不可归责于双方当事人的原因,原、被告双方当事人均享有合同解除权。在庭审中,虽然被告王某主张其在2017年6月15日向原告俞某、张某发出了解除合同的通知,但原告并未收到该通知。另外,在法院于2017年8月1日组织双方谈话时,原告变更诉讼请求,明确提出要求解除涉诉房屋买卖合同。法院当庭将原告的变更诉讼请求申请书送达给了被告。被告当日提出反诉,要求解除涉诉房屋买卖合同。双方均明确提出解除涉诉房屋买卖合同,但双方对解除时间有争议。根据《合同法》的规定,解除权人直接向法院提起诉讼行使解除权,一经法院确认合同解除的,解除的效力应当自载有解除请求的起诉状送达合同相对方时发生。据此结合本案事实,法院认定涉诉房屋买卖合同及相关补充协议于2017年8月1日解除。二审法院亦持同样意见,维持一审判决。[1]

关于确认合同解除效力的问题,合同一方发出解除通知后,相对方未提出异议,解除权人可以向法院起诉请求确认解除合同效力。

【案例5-56】 重庆宝龙长润置业发展有限公司与林某某商品房预售合同纠纷案

一审法院认为,关于商品房买卖合同是否已经解除的问题。宝龙公司认为其分别于2012年10月8日、12月27日函告林某某催收相关税费的行为,表达了宝龙公司继续履行合同的意思表示,其已对林某某行使合同解除权提出了实质异议;因以上两份函件的内容都是要求林某某缴纳相关税费,并未对林某某解除合同的主张表示不同意,故本院对宝龙公司的该项主张不予支持。由于宝龙公司于2012年9月4日收到林某某向其邮寄的《关于解除买卖合同的函》后,没有提出异议,也没有依法向人民法院起诉请求确认解除合同的效力。因此,本院确认林某某与宝龙公司于2012年5月7日签订的《重庆市商品房买卖合同》已于2012年9月4日解除。[2]

---

〔1〕 参见国家法官学院、最高人民法院司法案例研究院编:《中国法院2020年度案例》(房屋买卖合同纠纷),中国法制出版社2020年版,第94页。北京市第三中级人民法院(2018)京03民终3556号民事判决书。

〔2〕 重庆市第一中级人民法院(2013)渝一中法民终字第03567号民事判决书。

（二）合同解除的限制

如果合同履行过程中没有出现合同约定的解除事由或法定解除事由，则法院应限制一方当事人擅自单方解除合同，对其解除合同的请求不予支持。

【案例5－57】 华阳公司诉贾某解除商品房买卖合同纠纷案

二审法院认为，贾某如期缴纳了购房首付款，并按照合同约定及时与华阳公司指定代办按揭贷款手续的律师事务所接洽，提交了办理按揭贷款的相应资料，充分履行了合同义务。由于华阳公司违反合同约定没有在合同约定的期限内完成《商品房买卖合同》的预售备案手续，按揭贷款手续根本无法在合同约定的期限内完成。现无法在合同约定的按揭贷款期限内完成按揭贷款系因华阳公司的违约行为所致，因此华阳公司作为违约方不能援引补充协议第3条、《商品房买卖合同》第7条第1款第2项关于逾期办理按揭贷款的违约责任条款要求解除合同。另外，本案中亦没有出现法定解除事由。根据当事人提交的证据及法院查证的事实，广盛律师事务所及华阳公司没有告知贾某申请按揭贷款应当提交的资料及交纳的费用；在贾某提交的申请按揭贷款的资料有所缺失的情况下，广盛律师事务所及华阳公司均未及时告知贾某补充资料。华阳公司及其委托的律师事务所没有尽到相应的协助及通知义务，致使贾某长期处于等待状态而未及时补齐相应资料，造成按揭贷款长期无法办理完毕。再者，截至2005年3月华阳公司单方从广盛律师事务所取走贾某申请按揭贷款的资料之前，按揭贷款手续一直处于办理过程中，华阳公司及其委托的律师事务所均没有明确告知贾某按揭贷款手续不能办理。2005年3月华阳公司单方从广盛律师事务所取走贾某申请按揭贷款的资料，致使按揭贷款手续确实无法办理，此后，华阳公司也没有与贾某重新协商确定付款方式、付款期限，或直接通知贾某支付剩余购房款。庭审中，华阳公司没有提供任何证据证明贾某拒不履行付款义务或迟延履行合同义务，造成华阳公司合同目的不能实现。贾某在庭审中亦表示如果按揭贷款确实不能办理，同意支付剩余购房款。因此，华阳公司亦不具备法定的单方解除合同的条件。综上，在本案中由于在双方当事人所签的《商品房买卖合同》履行过程中没有出现合同约定的解除事由或法定的解除事由，故华阳公司不得单方解除合同，其原审诉讼请求没有事实和法律依据，法院不予支持。贾某上诉理由充分，法院予以支持。原审判决欠妥，法院予以纠正。二审法院撤销一审判决，驳回华阳公司的全部诉讼请求。[1]

【案例5－58】 林某兰、倪某伟诉欧某房屋买卖合同纠纷案

一审法院认为，欧某一直强调林某兰、倪某伟丧失了获得银行贷款的资信资格，这一观点无法成立，因为林某兰、倪某伟的资信是否符合批贷条件是由银行审查的，只要林某兰、倪某伟能够在合同规定的取得银行评估报告后的一个月内获得银行的批贷，双方即可完成过户手续。欧某以签订合同的根本目的未能实现作为解除合同依据，但是在双方的《房屋买卖合同》中，并未体现欧某这一目的。根据合同相对性原理，欧某这一理由无法作为合同解除的依据。[2]

如果双方当事人签订房屋买卖合同后，一直未办理过户登记，而因该房屋遇到拆迁问题，出卖方为获取高额拆迁补偿费而提出解除合同并返还价款等要求的，在购房人不构成根本违约的情况下，法院不应支持出卖人的解除诉求。

【案例5－59】 王甲、王乙、刘某兰诉王丙房屋买卖合同纠纷案

一审法院认为，王丁将房屋交付给被告王丙居住，被告已将大部分房款交付给王丁，履行了合同中的主要债务，被告并未构成根本违约，不满足合同解除的条件。三原告王甲、王乙、刘某兰是王丁的合法继承人，三人主张曾到被告家索要余款未果，后口头通知被告要求解除合同，因其提供的证人未出庭接受质询，未经质证的证据不能作为认定案件事实的依据，且亦未提供其他证据予以证明，因此，三原告认为被告经催告后在合理期限内未履行给付余款的义务已构成根本违约，据此要求解除房屋买卖合同的主张，因缺乏法律依据，本院不予采纳。被告主张余款4万元在卖房协议签订之日已一次付清，证据不足，本院不予采纳。三原告要求解除与被告签订的房屋买卖合同、由原告返还被告购房款的诉讼请求，本院不予支持。二审法院亦持同样意见。再审法院准许王某英撤回再审申请。[3]

虽然合同符合约定解除条件，但解除合同不利于维护交易稳定且违背公平原则的，法官应在查明事实的基础之上深入领会立法本意，不拘泥于对法律规定的机械理解与适用，在既维护交易稳定又兼顾公平原则的前提下，可以作出限制解除合同的判决。例如，虽然当事人双方在合同中有“建筑面积、套内建筑面积误差比绝对值其中有一项超出3%时，买受人有权退房”的约定，但如果开发商对此并

---

〔1〕 参见北京市高级人民法院编：《审判前沿——新类型案件审判实务》2007年第2集（总第18集），法律出版社2007年版，第99页。

〔2〕 参见国家法官学院案例开发研究中心编：《中国法院2012年度案例》（房屋买卖合同纠纷），中国法制出版社2012年版，第146页。

〔3〕 参见李国军、梁明山：《房屋买卖后未过户的效力认定》，载《人民司法·案例》2015年第6期。

无过错,且采取了相应措施来保护买受人权益免受损害,在这种情况下如仍解除买卖合同,不仅使得当事人签订合同的目的得不到实现,也使得当事人之间的利益失衡,不利于维护交易稳定,也有违公平原则和诚实信用原则。

【案例5-60】 张某诉某房地产公司商品房预售合同纠纷案

二审法院认为,(1)某房地产公司在涉案合同履行中并不具有导致合同解除的违约行为。虽然涉案房屋实际面积超出了合同约定面积的3%,但某房地产公司在本案中只对超出合同约定面积2.5%的部分予以主张,对其余部分并未向买受人主张权利。(2)对涉案房屋合同约定面积与产权登记面积的差异,某房地产公司没有过错。某房地产公司所提供的证据证实,建筑规划中适用的《建筑工程建筑面积计算规范》与房产测绘中适用的《房产测量规范》对房屋面积的确认标准不同,最终导致涉案房屋总面积产生差异。(3)张某并未因涉案房屋面积遭受损失,某房地产公司也未因房屋面积差异从中获益。现某房地产公司只对超出合同约定面积2.5%的部分要求补交房款,对其余3.96平方米已明确放弃权利主张;对涉案房屋因面积差异而增加的契税,县人民政府也以会议纪要的方式,要求对其应缴契税总额的25%由县财政局予以先征后返。鉴于此,二审法院作出了驳回上诉、维持原判的判决。[1]

如果房屋已经交付,则法院一般应限制商品房买卖合同的解除。

【案例5-61】 常州宏骏房地产开发有限公司诉陈某祥商品房预售合同纠纷案

一审法院认为,被告陈某祥根据商品房买卖合同的约定履行了向原告宏骏公司支付购房款的义务,原告亦按照合同约定向被告交付了商品房,被告对本案所涉商品房进行了装修并实际入住,本院对原告要求解除其与被告签署的商品房买卖合同的诉讼请求不受支持。因原告的第一项诉讼请求不予支持,原告的其余诉讼请求亦不得支持。[2]

实践中,对于不存在《民法典》第五百六十三条规定的五种法定解除合同情形的合同,应限制解除。例如,签订保障性住房合同并履行部分交款义务后,购买人死亡的,法院不支持解除合同。

---

〔1〕 参见朱训明、宋喜萍:《从既维护交易稳定又兼顾公平原则出发综合评判房屋买卖合同》,载《人民法院报》2015年8月13日,第6版。

〔2〕 参见国家法官学院案例开发研究中心编:《中国法院2016年度案例》(房屋买卖合同纠纷),中国法制出版社2016年版,第75页。

【案例5－62】 李某诉新疆生产建设兵团第八师石河子总场房屋买卖合同纠纷案

一审法院认为，苗某作为石河子总场一分场三连的拆迁户，又是该单位的常住户口，虽然不是被告单位的职工，但是经被告审查其符合分配保障性住房的条件，故被告给其优惠出售了阳光花园某号住房。虽然双方没有签订书面的购房合同，苗某交纳了80%房款后未取得房屋即死亡，但其死亡的发生不是解除该房屋买卖合同的法定条件，被告以苗某已死亡为由要求解除双方房屋买卖合同的反诉请求于法无据，本院不予支持。[1]

迟延支付购房款的时间短（如仅为一天），此种轻微违约行为未对出卖人利益造成重大影响。从交易习惯上看，在没有特殊事由时，较大数额的款项晚到账一两天，是常见的交易现象，即使购房人按时转账，也有可能因银行系统等原因而发生晚到账的情况。这属于交易当事人应适当容忍之范围，合同当事人一般都不得对此主张违约责任，其解除合同的主张也应当受到限制。

【案例5－63】 靳某等诉刘某等房屋买卖合同纠纷案

二审法院认为，一审认定的案件事实予以确认，本案的争议焦点亦为针对被上诉人迟延一天支付100万元房款的行为，上诉人是否享有合同解除权。对此，其一，虽然《转让协议》约定若被上诉人未能支付上述转让价，则上诉人有权解除协议和买卖合同，且被上诉人应当承担买卖合同约定的违约责任，但该协议未明确约定被上诉人迟延支付房款的时间与上诉人有权解除合同的关系，故可以参照适用买卖合同中有关被上诉人逾期超过20天仍未付款时，上诉人有权解除合同的约定；而本案被上诉人事实上只迟延1天支付100万元房款，而且从买卖合同履行过程来看，被上诉人并非拒绝支付或无能力支付上述款项。其二，根据买卖合同对单方解除权的约定，系在合同一方存在根本违约的情形下，赋予合同守约方解除合同、追究违约责任的权利；对于合同双方在履约过程中的轻微违约行为，任何一方均具有合理范围内的容忍义务，故上诉人事先未催告被上诉人支付100万元房款，但在被上诉人迟延一天支付后径行主张解除合同，对被上诉人而言过于苛刻。其三，被上诉人已将剩余房款620万元缴纳至法院账户，并表示在过户当日支付给上诉人，为维护合同的稳定性，让系争房屋的买卖合同继续履行更为妥当。因此，针对被上诉人迟延付款100万元的行为，上诉人不享有合同解除权，一审判决并无不当，二审法院遂判决驳回上诉，维持原判。[2]

---

〔1〕 参见国家法官学院案例开发研究中心编：《中国法院2016年度案例》（房屋买卖合同纠纷），中国法制出版社2016年版，第198页。

〔2〕 参见茆荣华主编：《2018年上海法院案例精选》，上海人民出版社2020年版，第32页。

限制当事人解除合同的格式条款应被法院确认无效，守约方请求解除合同的权利不应受到限制。

【案例5-64】 王某萍诉沈阳大族伴山湖房地产开发有限公司商品房销售合同纠纷案

一审法院认为，原、被告签订的《合同》中约定交房日期为2014年10月31日，现被告大族伴山湖公司经原告王某萍催告后至今仍未交付房屋，且该房屋目前仍处于停建状态。依据上述法律规定，原告享有法定的合同解除权。然而，原、被告双方签订的《合同》补充协议第五条约定："如遭遇不可抗力，出卖人在房屋交付时根据买受人的要求予以说明，不再适用《合同》第八条的约定。如出卖人逾期交房超过30日后，买受人未在第31日起七日内提出书面解除《合同》要求的，视为买受人同意延期至房屋交付为止，买受人放弃合同解除权，不再要求解除《合同》。"该条款对原告行使解除权的期限及方式进行了限定，而本案中原告所享有的合同解除权既是合同赋予原告的主要权利，也是法律所赋予原告的主要权利，该补充协议条款的约定排除了原告的主要权利。依据《合同法》第四十条的规定，本院认为，原、被告签订的《合同》补充协议第五条无效，原告有权要求解除双方签订的《合同》。故对原告要求解除合同的诉讼请求本院予以支持。[1]

出卖人在缔约过程中存在瑕疵行为，违反了诚实信用原则和先合同义务的，不享有合同解除权，即此种情形下法院限制出卖人解除合同。

【案例5-65】 中国供销集团有限公司诉林某荣、华和信经纪公司房屋买卖合同纠纷案

一审法院认为，林某荣作为涉案别墅的所有权人，签订房屋买卖合同时又是涉案别墅相邻的309号别墅的所有权人，应当知悉涉案别墅绿植屏障向外扩展的事实。在中国供销公司签订房屋买卖合同前实地查看涉案别墅时，林某荣应当自己告知或者委托中介告知中国供销公司涉案别墅绿植隔离带外扩的情况，因为绿植隔离带外扩的情况对于涉案别墅的成交价格将产生一定的影响。林某荣并未告知中国供销公司涉案别墅绿植隔离带外扩的情况，林某荣交付给中国供销公司的涉案别墅的实际情况与产权证书登记的情况并不完全一致。因此，可以认定林某荣在缔约过程中存在瑕疵行为，违反了诚实信用原则和先合同义务，在此情形下林某荣不享有合同解除权。林某荣关于判决解除三方签署的北京市房屋买卖合同以及中国供销公司立即腾空

---

〔1〕 参见国家法官学院案例开发研究中心编：《中国法院2017年度案例》（房屋买卖合同纠纷），中国法制出版社2017年版，第41页。

房屋并交还林某荣的诉讼请求,法院不予支持。二审持同样意见,维持一审判决。[1]

(三)解除与继续履行合同

对不符合解除合同条件的,法院应支持守约方关于继续履行合同的诉讼请求。

【案例5-66】 成都讯捷通讯连锁有限公司与四川蜀都实业有限责任公司等房屋买卖合同纠纷再审案

最高人民法院认为,当事人已就合同项下房屋的位置、面积和价款进行了明确具体的约定,蜀都实业公司已向讯捷公司交付了案涉房屋,讯捷公司支付了1000万元定金。虽然当事人之间在讯捷公司是否应向蜀都实业公司支付使用案涉房屋的场地占用费并承担房屋买卖的全部税费问题上未达成一致意见,但在房屋买卖法律关系的主要权利义务均已确定的情形下,上述争议可以通过《合同法》第六十一条、第六十二条规定的合同解释原则进行补救,故并不构成法律上或者事实上的履行障碍。而且,如前所述,在蜀都实业公司与讯捷公司之间,房屋买卖法律关系已经成立并生效,也不存在《合同法》第九十三条、第九十四条规定的合同解除的情形,故讯捷公司主张继续履行的诉讼请求应予支持。[2]

在实践中,如果当事人请求解除合同的理由不成立,且合同不符合解除条件,则法院应限制合同的解除,此时一般会支持另一方当事人关于继续履行合同的抗辩和诉求。

【案例5-67】 林某兰、倪某伟诉欧某房屋买卖合同纠纷案

一审法院认为,欧某一直强调林某兰、倪某伟丧失了获得银行贷款的资信资格,这一观点无法成立,因为林某兰、倪某伟的资信是否符合批贷条件是由银行审查的,只要林某兰、倪某伟能够在合同规定的取得银行评估报告后的一个月内获得银行的批贷,双方即可完成过户手续。欧某以签订合同的根本目的未能实现作为解除合同依据,但是在双方的《房屋买卖合同》中,并未体现欧某这一目的。根据合同对性原理,欧某这一理由无法作为合同解除的

---

〔1〕 北京市高级人民法院(2017)京民终289号民事判决书。

〔2〕 参见最高人民法院民事审判第一庭编:《民事审判指导与参考》2014年第1辑(总第57辑),人民法院出版社2014年版,第205页。

依据。综上所述，欧某违反了与林某兰、倪某伟于2009年11月4日签订的《房屋买卖合同》，应承担违约责任，林某兰、倪某伟要求欧某继续履行该合同的诉讼请求，法院依法予以支持。欧某要求解除《房屋买卖合同》的诉讼请求，于法无据，本院不予支持。[1]

如果合同一方当事人已经履行了主要义务，且并无《民法典》第五百八十条规定的除外情形，合同履行不具有事实上的障碍，则法院应支持当事人关于继续履行合同的诉求。

【案例5-68】　白某明诉于某波房屋买卖合同纠纷案

二审法院认为，从本案查明的事实来看，被上诉人支付首付款的时间及银行贷款到监管账户的时间确实晚于双方合同约定的时间，但首付款比例的提高、贷款数额的调整均系双方在签订协议之时无法预见的，系不能归责于双方的原因所致，且系上诉人与被上诉人双方均在银行现场得知的消息。被上诉人筹措多增加的首付款及银行贷款最终进入资金监管账户期间，并无证据证实上诉人已向被上诉人作出解除双方合同的意思表示。现被上诉人已将双方约定的房款全部交齐，被上诉人已履行完合同义务的情况下，上诉人主张被上诉人构成根本违约要求解除合同依据不足，本院不予支持。一审法院综合本案情况判定上诉人继续履行己方的合同义务，协助被上诉人办理诉争房屋所有权转移登记手续并无不当，本院予以维持。[2]

关于单方约定解除权与继续履行请求权的冲突问题，笔者认为单方解除权的行使应受合理限制。在出卖人已经取得房屋所有权登记证书，且房屋已具备继续办理产权过户登记的条件时，购房人作为守约方有权选择行使继续履行请求权。如果不存在事实上或法律上继续履行的障碍，那么法院应当作出支持守约方继续履行的判决。但是，如果法院采纳出卖人解除合同并依约定赔偿的救济方式，赋予出卖人任意合同解除权，不仅可能使购房人当初签订合同的目的落空，更可能突破合同必须严守及全面履行的原则，进而可能会鼓励市场交易中不诚信的违约行为。这样不但不利于交易秩序的稳定，反而使双方的利益严重失衡。也就是说，虽然合同约定出卖人享有单方解除权，但该解除权的行使仍要受到法律的必要合理限制。

---

〔1〕 参见国家法官学院案例开发研究中心编：《中国法院2012年度案例》（房屋买卖合同纠纷），中国法制出版社2012年版，第146页。

〔2〕 参见国家法官学院案例开发研究中心编：《中国法院2018年度案例》（房屋买卖合同纠纷），中国法制出版社2018年版，第86页。

【案例 5－69】 尹某某诉张某某、杨某某房屋买卖合同纠纷案

一审法院认为，房屋买卖合同签订后，一方当事人不同意继续履行合同，请求依据合同事先约定行使单方解除权并愿意承担违约赔偿责任，而另一方坚持继续履行的，除我国《合同法》第一百一十条规定情形外，法院应当在结合合同文义解释、目的解释等解释法则基础上，结合诚实信用原则、利益衡量原则，依法判决支持双方继续履行合同的诉讼请求，以最大限度维护守约方合法利益，保障和维护诚实信用的交易秩序。[1]

虽然房屋买卖合同约定出卖人有权解除合同并需承担相应责任，但如果出卖人依据该条款内容解除合同的后果对购房人显失公平，那么购房人有权请求撤销该条款，购房人的诉求应得到法院支持。在解除合同显失公平的情形下，出卖人不得行使任意解除权，而购房人关于继续履行合同的请求应受法律保护。

【案例 5－70】 詹某、吴某诉程某房屋买卖合同纠纷案

一审法院认为，依法成立的合同受到法律的保护，三方签订的合同，是有效合同应当继续履行；案涉合同第九条、第十条显失公平，应予撤销；被告应协助原告办理房屋产权转移登记手续。[2]

（四）合同解除权放弃

合同解除权从性质上讲是一种形成权，是合同当事人的一次重要实体性权利。一方当事人有意放弃一个明知本来应该享有的合同利益，这种放弃是自愿的，并且没有再主张解除合同权利的意思，法律不应否定其放弃权利的行为。实践中，解除权人主动配合、协助相对方履行合同，如支付购房款、接受购房款、办理按揭贷款、接受房屋、办理房产证等行为，可视为其放弃合同解除权，是解除权人主张并且实际在继续履行合同，表明双方对原合同约定又重新进行了协商和变更。

【案例 5－71】 盛泰公司与李某某商品房买卖合同纠纷案

二审法院认为，盛泰公司与李某某签订购房合同后，因李某某未能按合同约定期限将购房余款 54 万元全部付清，盛泰公司据此要求解除合同的主张能否成立，应结合案件事实以及李某某迟延交付是否导致合同目的不能实

---

〔1〕 参见北京市高级人民法院研究室编：《审判前沿——新类型案件审判实务》（总第 56 集），法律出版社 2017 年版，第 41 页。

〔2〕 参见北京市高级人民法院编：《审判前沿——新类型案件审判实务》（总第 39 集），法律出版社 2012 年版，第 70 页。

现而定。首先,根据双方约定,李某某作为房屋买受人,逾期付款超过90日后,盛泰公司按照合同约定可以行使解除权,但盛泰公司并未向李某某发出解除合同的通知,而是在2009年11月5日为其开具了收取48万元购房款的收据。盛泰公司的行为应视为对李某某付款行为的认可,接受李某某继续履行合同。其次,李某某未按期付清全部余款是因为未能足够办理贷款。此外,李某某虽在交付剩余6万元房款上构成迟延,但已履行了合同主要义务,缴纳了相关的各项税费,该迟延行为并不影响双方合同目的的实现。如仅以李某某迟延交付6万元房款为由解除双方合同,不仅有违公平,亦会影响市场交易行为的稳定性。李某某在一审期间已将6万元余款支付给了盛泰公司,能够表明其继续履行合同的诚意。综上,原审判决认定事实基本清楚,适用法律正确,实体处理并无不当,故维持原判。最高人民法院民一庭倾向性意见为,约定解除权人在相对人逾期付款后、约定解除权成立前未足额付款,而于行使约定解除条件具备后出具收据的行为,可以认定是约定解除权人放弃了合同约定的解除权,愿意继续履行合同。[1]

【案例5-72】 缪某与梁某房屋买卖合同纠纷案

最高人民法院认为,梁某对于应支付给缪某的175万元,确实没有按合同约定时间支付,但缪某没有在双方约定的期限内行使解除权,之后又多次收取了梁某的购房款,其间又协助梁某领取了房产证并办理了房地产抵押登记,且175万元在缪某明起诉前已支付完毕,因此应视为缪某同意梁某变更了付款时间,梁某并没有违约,现涉案房产已过户给梁某,故对缪某要求解除合同及承担违约责任的请求不予支持。[2]

然而,司法实践中,有法院对前述观点持不同看法。权利的放弃必须明示,违约方的违约行为导致守约方解除权成就后,守约方如果继续接受对方部分履行的,只要解除权仍在双方约定或法律规定的行使期间内,不宜直接认定守约方其以行为放弃解除权。只要解除权仍在行使期间内,且没有明显违背诚实信用原则的,应当允许解除权人在该期间内行使合同解除权。

【案例5-73】 郭某等诉张某房屋买卖合同纠纷再审案

一审法院认为,郭某等逾期付款显属违约,但张某在对方逾期后仍配合办理公积金贷款手续,可视为同意郭某等延迟支付房款,之后再行使合同解除权于法无据,遂判决合同继续履行。二审法院认为,仅基于张某配合办理

---

〔1〕 参见最高人民法院民事审判第一庭编:《民事审判指导与参考》2012年第3辑(总第51辑),人民法院出版社2012年版,第154页。

〔2〕 最高人民法院(2010)民申字第162号民事裁定书。

贷款手续的行为不足以推导出双方达成延期履行合意的结论,张某行使合同解除权符合法律规定和合同约定,遂改判确认合同解除。再审法院认为,郭某等未在约定的过户日前履行支付115万元房款的合同义务,已构成违约。张某虽于2016年4月5日配合办理贷款手续,但本案并无证据证明双方就另行办理系争房屋过户的时间等重大事项变更达成一致意见。张某配合办理公积金贷款手续,与郭某等是否依约按时支付115万元购房款无直接关系,亦不能直接推导出张某已经放弃合同解除权的结论。张某在郭某等逾期付款20日后,发函行使合同解除权符合合同约定。据此,再审法院裁定驳回了郭某等的再审申请。[1]

(五)违约方行使合同解除权

《民法典》第五百六十三条规定了合同的法定解除情形,立法本意是赋予守约方合同解除权,让守约方从保护自身权利出发,视合同履行情况作出是否解除合同的意思表示。但从法条的字面理解,《民法典》第五百六十三条并未明确赋予合同解除权给哪一方,这也给司法实践设立了一个难题。实践中,行使合同解除权的多为守约方,违约方行使合同解除权的并不多见。违约方能否行使合同解除权,应区分不同合同类型来讨论。委托合同、承揽合同对解除合同的主体是否必须为守约方没有要求,故本文对这类合同不做讨论。对于房屋买卖合同而言,购房人或开发商违约而要求解除合同的,法院一般不应支持。对依法成立并发生法律效力的民事契约,以主动违约的形式规避自身风险,本身就是对诚信原则的践踏,也不利于实现维护交易安全的合同法立法本意。当事人双方签订的合同系双方真实意思表示,如动则以故意违约的方式实现解除合同的目的,就违反了民法上诚实信用原则的要求。虽然可以通过违约责任对违约方予以惩罚、对守约方的损失予以赔偿,但并不利于交易稳定、安全的维护,同样不利于市场秩序常态的促进,与当前国家对房地产市场的政策亦不相符。在商品房由供方市场转为需求方市场的情况下,如支持违约方解除合同,也必然导致影响面的扩大,对守约方也不公平。违约方可根据合同约定或法律规定要求解除合同,但其要求解除合同的理由应有合同约定或法律支撑,如未有证据证明系对方存在违约行为,违约行为又不能归责于对方,其要求解除合同当然不能成立。守约方主张继续履行合同,

[1] 参见郑重:《守约方接受部分履行不宜直接认定放弃解除权——上海高院裁定郭某等诉张某房屋买卖合同纠纷案》,载《人民法院报》2019年8月22日,第7版。上海市高级人民法院(2017)沪民申2545号民事裁定书。

要求违约方履行合同义务并承担违约责任的，法院应予以支持。实践中，购房人仅交付定金或支付较少的房款，尚未履行商品房买卖合同其他内容，购房人愿意以丧失定金或承担合同约定的违约责任为代价请求解除商品房买卖合同的，法院对这种通过主动违约来解除合同的主张一般不予支持，除非出卖人同意。基于司法实践中存在合同僵局纠纷处理的需要，《九民纪要》第四十八条规定了违约方解除权。法官对该条款的解释为，同时具备以下三个条件的，违约方可以起诉请求解除合同：一是违约方不存在恶意违约的情形；二是违约方继续履行合同，对其显失公平；三是守约方拒绝解除合同，违反诚实信用原则。[1] 应注意的是，《民法典》第五百八十条第二款被认为实质是规定了违约方的合同解除权。

【案例5－74】　如皋市碧桂园房地产开发有限公司诉洪某飞商品房销售合同纠纷案

一审法院认为，双方约定了洪某飞分期向碧桂园公司支付购房款，即签订商品房买卖合同之日支付首付款263115元，余款通过商业贷款的方式支付。虽然洪某飞已按约定支付了首付款263115元，但余款未能支付，经碧桂园公司于2014年通知洪某飞办理按揭贷款后，洪某飞至今也未能办理商业贷款，也未通过其他方式支付尚欠购房款。故洪某飞应当向碧桂园公司支付购房款的余款360000元。碧桂园公司主张洪某飞应按照合同约定支付自洪某飞签收通知之日后一个月即2014年4月10日起按照每日万分之三计算本金36000元的违约金，系合同约定，且不违反法律规定，故本院认定洪某飞应支付碧桂园公司自2014年4月10日起至本判决确定的履行之日止按照每日万分之三计算本金360000元的违约金。洪某飞辩称因商业银行担保贷款合同无法签订，故要求解除合同，并要求原告返还已付购房款以及相应利息。但洪某飞未能办理商业银行担保贷款合同，系因为洪某飞信用卡出现问题，洪某飞未能提供证据证明无法办理商业银行担保贷款系碧桂园公司的原因，且碧桂园公司明确表示不同意解除合同，故对于洪某飞的辩称理由不予采信。洪某飞也未就解除合同的请求提出反诉，故对于洪某飞要求解除合同的主张不予支持。对于洪某飞辩称的其他理由，因其未能提供证据证实，本院不予采信。[2]

限制违约方解除合同也存在例外情形。在房屋买卖合同无法继续履行而导致合同目的不能实现时，应当赋予违约方合同解除权，这也符合《民法典》第五百

〔1〕 参见最高人民法院民事审判第二庭编著：《〈全国法院民商事审判工作会议纪要〉理解与适用》，人民法院出版社2019年版，第316页。

〔2〕 参见国家法官学院案例开发研究中心编：《中国法院2017年度案例》（房屋买卖合同纠纷），中国法制出版社2017年版，第65～66页。

八十条第二款的规定。

【案例5－75】 杨某利诉王某禄房屋买卖合同纠纷案

一审法院认为,被告称第三人明知其现场参与了购房协议的签订及履行过程,但并未就此提供证据证实,故法院认定买卖协议缔约时未经第三人同意。杨某利在未经第三人同意的情况下,以自己的名义转让登记在自己名下的共有房屋,现诉争房屋尚未过户至被告名下,不符合《物权法》规定的善意取得的构成要件,该房屋买卖合同存在法律上的履行不能,且现原告已向被告发送了解除协议的通知,故合同应当判决解除。二审法院亦持同样意见,维持一审判决。[1]

【案例5－76】 贾某梅诉北京鼎城泰和投资管理有限公司房屋买卖合同纠纷案

一审法院认为,贾某梅与鼎城公司于2010年7月19日签订的《认购书》合法有效,贾某梅应当在2010年8月19日前支付给鼎城公司50%的首期款46898372元,但贾某梅在该日前仅支付了4200万元,已构成违约,不享有单方解除权。但庭审中鼎城公司同意解除合同,且合同约定未按期支付认购金和50%的房款甲方有权解除合同,法院对此不持异议。另外,贾某梅购买的涉案房屋系鼎城公司向实兴公司购买的,而实兴公司与鼎城公司的购房合同已解除,鼎城公司不可能再向贾某梅交付房屋,买卖合同的目的不能实现。因此,虽贾某梅不享有合同解除权,但鉴于合同已不能实际履行,判决解除双方于2010年7月19日签订的《认购书》。二审法院亦持同样意见,维持原判。[2]

金钱债务履行不能的,非恶意违约方有权起诉解除商品房买卖合同。

【案例5－77】 马某诉置业公司商品房预售合同纠纷案

一审法院认为,原告有权主张解除合同。首先,原告虽然没有法定解除权,双方签订的《商品房买卖合同》中也未约定原告的解除权,但原告已按约支付了定金与首付款,现因家人及自身生病的实际情形,导致家庭经济负担加重以及实际收入减少,没有能力继续履行案涉合同,其主观上不存在恶意。其次,基于原告已无力支付后续还款的实际情形,案涉合同已陷入僵局,如果一味否定原告的解除权,原告将因此遭受难以承受的经济压力,严重影响其

〔1〕 参见国家法官学院案例开发研究中心编:《中国法院2018年度案例》(房屋买卖合同纠纷),中国法制出版社2018年版,第149页。

〔2〕 参见国家法官学院案例开发研究中心编:《中国法院2018年度案例》(房屋买卖合同纠纷),中国法制出版社2018年版,第212页。

及家人的正常生活。允许其从难以继续履行的合同中脱身,从而有利于充分发挥物的价值,减少财产浪费,有效利用资源,促进市场经济发展。对于不能履行的交易,以鼓励交易的名义强制履行,并不是鼓励交易的真意。最后,案涉补充条款中约定,逾期超5日,出卖人即有权单方解除预售合同,但被告在逾期付款长达一年多的情形下,一直未向原告主张解除合同,违反了诚实信用原则。按照诚实信用原则,交易双方都要善意行使权利,在合同不能履行时,应当允许违约方请求解除合同。故原告有权解除合同。判决:一、解除原告马某与被告置业公司于2019年4月25日签订的《商品房买卖合同》;二、被告置业公司应于案涉房屋的预售备案登记撤销完成后返还原告马某已付房款199329元;三、驳回原告马某的其他诉讼请求。[1]

(六)合同解除权行使期限

解除权是法律赋予当事人保护自己合法权益的手段,但该权利的行使不能毫无限制和制约。行使解除权会引起合同关系的重大变化,如果享有解除权的当事人长期不行使解除的权利,就会使合同关系处于不确定状态,影响当事人权利的享有和义务的履行。因此,解除权应当在一定期间内行使。有法官认为,原《合同法》在关于解除权消灭的规定中存在一个明显的漏洞,即没有规定对于解除权行使期限约定不明确的合同,在没有对方当事人的催告的情形下,解除权人行使解除权的最长期间,即解除权消灭的除斥期间。应该说,对方当事人不催告的情形在实践中是很常见的。[2] 催告后的合理期限应根据个案的不同情况确定,解除权人应本着诚实信用原则,在收到催告后尽早通知对方是否解除合同。由此看来解除权的合理行使期间的判断依据只能是诚实信用原则和法官的自由裁量。法官在针对具体案件进行分析和自由裁量时,可以参照同样为形成权的合同撤销权的行使期间,即具有撤销权的当事人自知道或者应当知道撤销事由之日起一年内没有行使撤销权,撤销权消灭,也就是一年的除斥期间。最高人民法院民一庭认为,参照原《房屋买卖合同解释》第十五条(修订后为第十一条)第二款的规定,对于房屋买卖合同纠纷,对方当事人没有催告的,解除权应当在解除权发生之日起一年内行使;逾期未行使的,解除权消灭,但法律另有规定或者当事人另有约定的

---

〔1〕 参见国家法官学院、最高人民法院司法案例研究院编:《中国法院2022年度案例》,中国法制出版社2022年版,第27页。江苏省启东市人民法院(2020)苏0681民初4756号民事判决书。

〔2〕 参见最高人民法院民事审判第一庭编:《中国民事审判前沿》2005年第2集(总第2集),法律出版社2005年版,第180页。

除外。[1]《民法典》第五百六十四条规定:"法律规定或者当事人约定解除权行使期限,期限届满当事人不行使的,该权利消灭。法律没有规定或者当事人没有约定解除权行使期限,自解除权人知道或者应当知道解除事由之日起一年内不行使,或者经对方催告后在合理期限内不行使的,该权利消灭。"该条是解除权消灭的法律依据。该条规定了解除权消灭的三种情形:一是有法律规定或者有约定的,期限届满当事人不行使的;二是没有法律规定或没有约定的,自解除权人知道或者应当知道解除事由之日起一年内不行使的;三是没有法律规定或者没有约定的,在对方催告后的合理期限内不行使的。

【案例5-78】 邬某光诉北京首钢房地产开发有限公司房屋买卖合同纠纷案

一审法院认为,关于邬某光行使合同解除权合理期限的问题。基于双方约定认定产权证办理方式为首钢房地产公司代办,因而首钢房地产公司应当负责办理产权证的相应全部手续,而首钢房地产公司应当及时通知邬某光补办相应手续或补交税费,但首钢房地产公司未在合同约定期限内通知原告补办相应手续和补交税费,故应当将首钢房地产公司的不作为视为一种违约行为,邬某光不存在违约行为。故首钢房地产公司未按期办理产权证,而使邬某光具备了退房的权利基础,从而可以主张解除合同,提出退房退款并赔偿利息的诉求。但邬某光该项解除权应当有合理的行使期限,以维护鼓励交易的民事商业交往原则,而自首钢房地产公司存在上述违约行为之日起,至今已经明显超过合理期限,且双方之间的其他主要合同义务均已履行完毕,故现在邬某光再行主张解除权,法院不予支持。[2]

【案例5-79】 任某博诉海晨公司房屋买卖合同纠纷案

一审法院认为,原、被告双方争议的焦点为被交付的房屋建筑面积超合同约定的3%及被告延期交房,原告任某博是否因此取得合同解除权。现原、被告双方对于房屋实测面积超过约定的3%没有争议。依照《房屋买卖合同解释》第十四条第二项之规定,原告任某博因此取得法定解除权。被告海晨公司同时认为,原告任某博即使取得解除权,也因超过一年除斥期间而致解除权消灭。对此,法院认为,依照《合同法》第九十五条之规定,本案中,原告任某博提交的证据可证明其收到被告海晨公司催告其收房律师函,并通过该律师函知晓房屋建筑面积超过合同约定建筑面积3%的事实,但原告任

---

〔1〕 参见最高人民法院民事审判第一庭编:《中国民事审判前沿》2005年第2集(总第2集),法律出版社2005年版,第184页。

〔2〕 参见国家法官学院案例开发研究中心编:《中国法院2017年度案例》(房屋买卖合同纠纷),中国法制出版社2017年版,第62页。

某博未能提交证据证明其在合同约定期间和法定解除权行使期限内解除合同，因此其解除权因超除斥期间而消灭。同时，当事人订立、履行合同，应当遵守法律、行政法规，尊重社会公德，不得扰乱社会经济秩序，损害社会公共利益。虽然被告海晨公司向原告任某博交付的商品房实测建筑面积的误差比超出3%，但被告海晨公司已明确放弃原告任某博支付房屋建筑面积误差的差价款的要求，原告任某博为购房者，系房屋面积增加的受益人，房屋面积增加并不影响原告任某博实现购买房产的目的，其自身权益未受影响，亦未损害社会公共利益。综上所述，驳回原告任某博的诉讼请求。判决：驳回原告任某博的诉讼请求。[1]

逾期办证解除权行使期限无约定时，行使解除权合理期限的确定应依照《民法典》第五百六十四条规定，从知道或催告后当事人行使解除权的期限为一年，逾期不行使的解除权消灭。

【案例5-80】　吴某祥与南通万基公司商品房销售合同纠纷案

一审法院认为，双方的交房时间为2012年7月12日，按约定被告南通万基公司应在此之前将办理权属登记所属资料报产权登记机关备案，但被告逾期未能办理房屋产权登记原因在被告，可根据《房屋买卖合同解释》第十九条的规定，判令原被告解除合同、返还房款并赔偿损失。二审法院认为，根据《房屋买卖合同解释》第十五条的规定，当事人行使解除权的期限为一年，逾期不行使的，解除权消灭。据此撤销一审判决，驳回被上诉人吴某祥的诉讼请求。[2]

【案例5-81】　吕某霞诉甘肃八冶房地产开发集团有限公司商品房预售合同纠纷案

二审法院认为，对因逾期办证发生的解除权的行使期限，应参照《房屋买卖合同解释》第十五条逾期交房解除权行使期限的规定，在解除权发生之日起一年内行使，逾期不行使的，解除权消灭。吕某霞无证据证实其在解除权发生之日（根据合同约定，甘肃八冶房地产开发集团有限公司应在2014年11月14日之前将办理产权登记的相关材料报产权登记机关备案，故2014年11月15日为解除权发生之日）起一年内向甘肃八冶房地产开发集团有限公

---

〔1〕　参见国家法官学院、最高人民法院司法案例研究院编：《中国法院2021年度案例》（房屋买卖合同纠纷），中国法制出版社2021年版，第54页。河北省秦皇岛市山海关区人民法院（2018）冀0303民初2959号民事判决书。

〔2〕　参见孔德莱：《商品房买卖合同解除权的行使不得滥用——江苏南通中院判决吴某与南通万基公司商品房销售合同纠纷案》，载《人民法院报》2017年8月3日，第6版。江苏省南通市中级人民法院（2015）通中民终字第02809号民事判决书。

司通知解除商品房预售合同，其于2015年12月25日向甘肃省金昌市金川区人民法院提起诉讼时已经过了解除权行使的一年期间，期限届满不行使权利的，该解除权消灭。吕某霞解除合同的诉讼请求于法无据。[1]

出卖人因自身原因迟延履行而不构成根本违约的情况下，购房人享有的约定解除权的行使期限应受除斥期间的限制。合同未约定该解除权的行使期限，且不存在催告情形的，法官参照适用《房屋买卖合同解释》第十一条第二款规定合同解除权的除斥期间一年的规定。

【案例5-82】 刘某海诉罗某生房屋买卖合同纠纷案

二审法院认为，本案中出现了对方当事人没有催告的情形。本案是二手房买卖合同纠纷，对于一手房买卖《房屋买卖合同解释》规定了"对方当事人没有催告的，解除权应当在解除权发生之日起一年内行使；逾期不行使的，解除权消灭"，本案应参照该规定，认定未催告时解除权何时消灭的问题。刘某海享有解除权，但从其享有解除权之日到本案行使解除权时，已超过了行使解除权的合理期限，其解除权已经丧失，所以刘某海无法据此要求解除合同以及办理网签注销手续。需要指出的是，刘某海不能行使解除权不影响刘某海依据合同向罗某生主张逾期付款的违约责任。[2]

【案例5-83】 寇某龙、王某诉沈阳万恒易赛房地产开发有限公司等商品房买卖合同纠纷案

一审法院认为，根据《房屋买卖合同解释》第十五条第二款的规定，寇某龙、王某的合同解除权应当在解除权发生之日起一年内行使，逾期未行使的，解除权消灭。二审法院亦持同样意见，维持一审判决。[3]

关于约定解除权的行使内问题，合同生效后，出现了符合合同解除的情形，合同解除权应当在合理期限内行使；如果出卖人与购房人在合理期限内均未行使合同解除权，则解除权消灭。解除权人自愿放弃解除权的，不得再行主张。

【案例5-84】 唐某、赖某诉谢某房屋买卖合同纠纷案

一审法院认为，在合同生效后，出现了可以解除合同的情形，但房屋出卖人与买受人均未行使合同解除权，因此，合同应当继续履行。[4]

---

〔1〕 参见最高人民法院中国应用法学研究所编：《人民法院案例选》2019年第4辑（总第134辑），人民法院出版社2019年版，第148页。甘肃省金昌市中级人民法院（2017）甘03民终334号民事判决书。

〔2〕 参见国家法官学院案例开发研究中心编：《中国法院2019年度案例》（房屋买卖合同纠纷），中国法制出版社2019年版，第74页。北京市第二中级人民法院（2017）京02民终2624号民事判决书。

〔3〕 辽宁省沈阳市中级人民法院（2017）辽01民终1422号民事判决书。

〔4〕 江西省广昌县人民法院（2014）广民初字第1628号民事判决书。

在一方催告的情形下，解除权行使的合理期限应符合诚实信用原则，结合当事人之间的关系、合同的性质、合同履行情况、交易习惯和目的等具体情况综合予以认定，超过合理期限而未行使的，合同解除权归于消灭。

【案例5-85】　江苏万通建设集团有限公司诉袁某燕商品房买卖合同纠纷案

一审法院认为，本案被告袁某燕与原告万通公司的法定代表人系亲属关系，被告袁某燕对该房屋已进行装修并使用长达10年之久，且早已办理过户，而原告也没有提供有效证据证明其在这10年间催告被告履行合同义务或要求解约。现原告要求解除合同，废止既有的合同关系，势必产生恢复原状而破坏现存状态之后果，无法实现物尽其用，故本案主张合同解除权已超过合理期限。[1]

【案例5-86】　周某水诉昭通亿博房地产开发有限公司商品房买卖合同纠纷案

二审法院认为，归纳上诉人的上诉主张，本案争议的焦点是：案涉《商品房买卖合同（预售）》是否应予解除。针对本案争议焦点，本院综合评判如下：上诉人周某水上诉认为《商品房买卖合同（预售）》中的《图纸》是格式合同内容，被上诉人亿博公司未进行告知、协商，该《图纸》法律属性不明，应作出有利于购买人的理解，原审采信《图纸》内容认定其了解购买的商铺层高降低了350mm并同意购买错误，本案符合解除合同条件，应解除案涉《商品房买卖合同（预售）》。本院经审查认为，首先，根据建设部《商品房销售管理办法》第十六条的规定，商品房买卖合同是要式合同，即根据法律法规规定，商品房买卖必须签订书面合同，并写明买卖双方和商品房的基本信息、商品房价款、交付使用条件和日期、面积差异的处理、办理产权登记、质量标准承诺、争议解决方法、违约责任等。其次，案涉合同中所附《图纸》部分明确标注是商铺1-3-32的图纸，是专门针对商铺1-3-32的图纸，并不是普遍适用及重复适用的图纸，具有专属性，因此，该《图纸》不具备格式合同法律特征，上诉人主张属格式合同内容的理由不能成立，本院不予支持。《图纸》上载明"商铺上方为露台相对于其他商铺有350降板，梁下净高均大于3700mm"，该《图纸》是房屋参数的直观展示，上诉人在购买时负有注意义务，而上诉人在《图纸》上签名捺印，证明其认可《图纸》上的全部内容。最后，根据双方签订的《补充协议》第六条（二）的约定，买受人行使解除权，必

〔1〕　参见范纪强：《无催告情形下合同解除权的消灭》，载《人民司法·案例》2019年第8期。江苏省南通市崇川区人民法院（2018）苏0602民初5570号民事判决书。

须在出卖人交付通知或其他书面通知送达后15日内书面提出，否则视为买受人弃权。本案上诉人对案涉商铺已于2020年12月25日进行了接房，其于2021年8月6日提起诉讼，已超过补充协议约定行使解除权的时间，结合本案上诉人接房的情况看，原审认定上诉人不存在对涉案商品房错误认识的情形而未判决解除双方签订的《商品房买卖合同（预售）》并无不当，上诉人的上诉理由均不能成立，本院不予支持。至于上诉人提出本案应根据类案同判规则，参照最高人民法院（2019）最高法民申1175号判决，该案与本案认定事实并不相同，且该案也未支持关于层高不足要求解除《商品房买卖合同》的请求，故对上诉人的该上诉请求，本院不予支持。[1]

当事人关于解除权的行使期间的约定是否有效，在个案中由法官根据具体案情裁量认定。

【案例5-87】 田某燕、毛某学诉重庆鲁能开发集团有限公司商品房预售合同纠纷案

一审法院认为，对于解除权的行使期间问题。鲁能公司提供的商品房买卖合同属于格式条款，其约定的合同解除权应当产生之日起10日内行使，该条款明显限制了田某燕、毛某学的合同解除权，应当无效。田某燕、毛某学于2018年9月15日向鲁能公司发出了解除合同通知书，鲁能公司收到该解除通知时合同解除。二审调解结案。[2]

合同解除权行使期限与解除权消灭有内在联系，期限届满则解除权消灭。合同解除权消灭的认定应当考虑以下因素：一是合同解除权消灭的前提是合同仍有继续履行的基础。二是确立如果解除权人接受对方继续履行，则推定其默示放弃解除权的裁判规则。解除权人选择解除合同还是继续履行合同，往往是对自身利益权衡的结果。如果解除合同有利于解除权人重新选择合同相对方，解除权人选择解除合同的可能性会较高一些；如果解除合同不利于解除权人，则倾向于选择继续履行合同。但无论最终作何选择，解除权人都只能择其一行使。解除权人既然选择了继续履行合同，就意味着其放弃了解除合同。三是之前的合同解除权消灭并不能排除之后的合同解除权行使。即使基于某一特定事由产生的解除权由于解除权人接受相对方履行而消灭，在此后另一时间因同一事由或不同事由而产生新的解除权，解除权人也仍然可以提出解除合同来救济自己的合法权益。裁判者需要审查新的解除事由是否成立，而不能因此前出现过的合同解除权消灭就简

---

〔1〕 云南省昭通市中级人民法院（2022）云06民终1815号民事判决书。

〔2〕 参见国家法官学院、最高人民法院司法案例研究院编：《中国法院2020年度案例》（房屋买卖合同纠纷），中国法制出版社2020年版，第5页。重庆市第一中级人民法院（2018）渝01民终1418号民事判决书。

单否定解除权人行使新的合同解除权。[1] 亦有法官将相同观点，当事人解除权的消灭，并不意味着该当事人以后不能再享有解除权。若当事人此后又约定了解除权或发生了新的法定情形而使该当事人享有了解除权，则其依然可依法行使解除权。[2]

(七)法院依职权解除合同

现行法律、司法解释没有规定法院可以依职权解除合同，但地方法院有这方面的规定。北京市高级人民法院《审理民商事案件若干问题的解答之五(试行)》第十七条规定："当事人无法协议解除合同，继续履行又有现实困难的，法院应认定合同一方当事人或双方当事的合同目的已经不能实现，判令合同解除。对于合同解除的后果，法院应根据《合同法》第九十七条规定的内容，及当事人对合同解除后的处理约定行使释明权，以决定是否一并处理合同解除后当事人之间债权债务的实体问题。"在一方或双方均未提出解除合同诉求的情况下，法院是否可依职权解除合同，有两种对立观点，一种认为可以解除，如北京市高级人民法院的观点，另一种持反对意见。有律师认为，当事人是否行使解除权属于当事人对于自身权利的处分，法院应当予以尊重。对于双方当事人均不主张解除合同，但经审查合同无法继续履行的，法院应当向当事人行使释明权，告知当事人可以变更诉讼请求解除合同，双方当事人均不同意变更的，应当驳回当事人的诉讼请求，但法院不得依职权解除合同。[3] 笔者倾向于后一种观点。

与其相关联的是，法院依职权确认解除合同效力问题。一方当事人已经通知相对方解除合同，而后又向法院起诉请求确认解除合同效力的，关于请求主体亦有两种观点。一种观点认为依据《民法典》第五百六十五条第一款的规定，请求确认解除合同效力的主体仅限于异议人，而解除权人无权提出。另一种观点认为异议人和解除权人都可以请求确认解除合同效力。笔者倾向于后一种观点，其主流观点和绝大多数法院裁判观点也都认同后者。现行法律虽未明确但也未禁止解除权人请求法院确认解除合同效力。当然，合同相对方对解除合同有异议的，也可以请求确认解除合同效力。

---

[1] 参见贾宏斌、刘宏立：《迟延办证情形下合同解除权的行使边界》，载《人民司法·案例》2018年第14期。

[2] 参见杜月秋、孙政编：《民法典条文对照与重点解读》，法律出版社2020年版，第222页。

[3] 参见朱树英主编：《法院审理房地产案件观点集成》，中国法制出版社2012年版，第401～402页。

三、合同解除纠纷的违约责任处理

《民法典》第五百六十六条第一款规定:“合同解除后,尚未履行的,终止履行;已经履行的,根据履行情况和合同性质,当事人可以请求恢复原状或者采取其他补救措施,并有权请求赔偿损失。”这是关于合同解除后如何处理的规定。司法实践中,合同解除后的处理是一个容易引发争议的问题。

《民法典合同编通则解释》第五十二条规定:“当事人就解除合同协商一致时未对合同解除后的违约责任、结算和清理等问题作出处理,一方主张合同已经解除的,人民法院应予支持。但是,当事人另有约定的除外。有下列情形之一的,除当事人一方另有意思表示外,人民法院可以认定合同解除:(一)当事人一方主张行使法律规定或者合同约定的解除权,经审理认为不符合解除权行使条件但是对方同意解除;(二)双方当事人均不符合解除权行使的条件但是均主张解除合同。前两款情形下的违约责任、结算和清理等问题,人民法院应当依据民法典第五百六十六条、第五百六十七条和有关违约责任的规定处理。”

(一)合同解除后违约责任的处理

房屋买卖合同解除多与一方或双方当事人的违约行为有关,对当事人违约责任的界定,有利于分清合同解除后产生的责任,确定对合同不能履行而造成损失的责任承担。

【案例5-88】 长沙市物资股份有限公司与湖南省万国医疗器械保健品博览会交易中心有限公司、长沙市物资集团公司房屋买卖合同纠纷案

最高人民法院认为,合同解除后,对于因合同不能履行而造成的损失,应当由双方当事人依据其各自在履行合同过程中的违约责任分担。在房屋买卖法律关系中,出卖方的义务是交付房屋,买受方的义务是依约支付购房款、接受房屋。在双方的实际履行过程中,物资股份公司、物资集团公司实际交付了房屋,万国公司除110万元定金外,仅交付了33万元的购房款。因此,可以认定,万国公司迟延履行支付购房款的主要债务是导致合同不能继续履行的根本原因,万国公司对此应承担主要责任。物资股份公司和物资集团公司在签订《房屋买卖合同》时未将第4层房屋抵押的事实告知万国公司,虽导致第4层房屋的买卖合同无效,但并不必然导致整个《房屋买卖合同》无法继续履行。故在《房屋买卖合同》因部分无效、部分被解除而无法继续履行的情况下,万国公司应承担主要责任,物资股份公司、物资集团公司应承担次要责任。〔1〕

合意解除中违约责任的区分问题。合同一方当事人设置障碍阻挠相对方依约履行的,其在主观和客观上的过错明显。在双方当事人互负债权债务关系的情况下,购房人将首付款提存,即可获得继续履行双方房屋买卖合同之权利。但在双方事实上合意解除合同的情况下,购房人未将首付款提存并不存在过错,仅是丧失了主张继续履行合同的权利。提存制度的设计目的系为债务人提供救济途径,进而保障合同履行,绝非给债务人附加义务,将提存视为债务人的义务的观点明显不符立法本意。

【案例5-89】　蔡某治诉杜某宏、张某枝房屋买卖合同纠纷案

二审法院认为,上诉人杜某宏、张某枝对该协议的解除负有主要的过错。首先,蔡某治提交了其于2011年11月13日向杜某宏、张某枝寄送单号为59231494935的顺丰速运快件,拟证明已经通知杜某宏、张某枝接收首付款,因杜某宏、张某枝拒收该邮件,致其无法付款。双方当事人此时尚在协议履约期间,杜某宏、张某枝并无正当理由拒收双方履行协议期间的快件,致蔡某治提示支付首付款的意思表示无法到达杜某宏、张某枝,其构成履约妨碍,应承担不利后果。况且该证据并无瑕疵,杜某宏、张某枝亦无证据予以反驳,故可以认定蔡某治于2011年11月13日存在通知杜某宏、张某枝接收购房款首期款的意思表示。至于杜某宏、张某枝关于蔡某治改变《付款通知书》中法定的履行地的上诉主张,本院认为,蔡某治既并不因此构成根本性违约,亦未导致杜某宏、张某枝行使权利产生严重障碍,同意原审判决对杜某宏、张某枝的过错认定。虽然蔡某治未在支付首期款未果的情况下,对款项进行提存,但提存并非法定强制性义务,而是法律为方便债务人履行债务设立的可供选择的履行方式之一,蔡某治未予提存并不构成违约。原审判决就此认定错误,应予以纠正。因为蔡某治并未提起上诉,故只得维持原判。〔2〕

---

〔1〕　参见最高人民法院民事审判第一庭编:《最高人民法院民事案件解析》(房屋买卖、租赁纠纷),人民法院出版社2010年版,第209页。

〔2〕　参见国家法官学院案例开发研究中心编:《中国法院2014年度案例》(房屋买卖合同纠纷),中国法制出版社2014年版,第95页。

一方当事人恶意磋商，对无法达成补充协议有过错，之后又明确表示拒绝履行后续合同义务，构成根本违约，虽合同解除但应承担相应的违约责任。

【案例 5－90】 翁某诉毕某房屋买卖合同纠纷案

二审法院认为，网签手续未能办理的原因在于双方就过户期限未能达成补充协议，翁某坚持主张以贷款审批通过作为实际过户条件，不符合合同约定，违反诚信磋商义务，应对补充协议未能达成承担全部过错责任。翁某诉请解约的行为系以明确的意思表示拒绝履行合同义务，构成根本违约，2 万元定金应当毕某所有。判决：一、维持一审判项（解除合同）、三项（驳回毕某的反诉请求），二、撤销一审判决第二项，三、驳回翁某要求毕某归还购房定金 2 万元的诉讼请求。[1]

购房人的原因导致合同解除的，购房人作为违约方应当为其违约行为承担违约责任，这一点在司法实践中没有争议，但对违约方已交纳的购房款等正当利益的处理，各地法院认识不一致，裁判也有差异，这是一个应当重点研究的问题。笔者认为，合同解除后，违约方已支付违约金的，根据公平原则，守约方应当返还违约方支付的价款及其利息，保护违约方的正当合法利益。

【案例 5－91】 强佑公司与邱某青商品房买卖合同纠纷案

一审法院认为，强佑公司与邱某青签订了商品房买卖合同。合同约定，邱某青购买强佑公司商品房 2 套，总价款 8587569 元。合同签订后，邱某青分 3 次支付给强佑公司购房款 3435027.50 元，此后再未付款，也未办理贷款的相关手续。2003 年 1 月 14 日，强佑公司对房屋进行预售登记办证，未向邱某青交付上述房屋。双方发生争议诉至法院。一审、二审法院均支持强佑公司解除购房合同、支付违约金的诉求，二审法院认为，鉴于一审判决已判令邱某青支付违约金，且双方所签两份合同均无解除合同后已付购房款利息不予返还的约定，根据公平原则，强佑公司对邱某青已付购房款的利息应当一并予以返还，邱某青的该项上诉请求合理，应当予以支持。据此判决强佑公司返还邱某青已付购房款并支付利息。[2]

违约方应当承担其违约行为所导致的法律后果，但这并不意味着违约发生后，违约方的正当利益也不予保护。购房款的利息与购房款之间是孳息与原物的关系，根据孳息随原物的原则，在当事人没有特别约定的情况下，购房款利息应当

〔1〕 参见陈昶主编：《2019 年上海法院案例精选》，上海人民出版社 2021 年版，第 117～118 页。上海市第一中级人民法院（2018）沪 01 民终 5536 号民事判决书。

〔2〕 参见最高人民法院中国应用法学研究所编：《人民法院案例选》2006 年第 1 辑（总第 55 辑），人民法院出版社 2006 年版，第 156～158 页。

与购房款适用同一法律规则。在上述案例中，购房款的返还是合同解除的法律后果，合同解除后，购房款被视为自始归属于邱某青所有，强佑公司应当予以返还。同时，利息归属又取决于货币本身的归属。因此，本案中购房款所产生的利息也应与购房款适用同一法律规则，由强佑公司予返还给邱某青，即邱某青的违约行为并不导致其丧失利息返还请求权。购房款的利息是购房人的合法利益，应当予以保护，因而，二审法院判决是正确的。

合同解除后违约责任处理的例外。房屋买卖合同并非因违约而解除时，解除权人请求相对方承担违约责任和相关费用的，法院不应予以支持。

【案例5－92】　苏某申诉林某红房屋买卖合同纠纷案

一审法院认为，合同解除后，苏某申要求林某红赔偿其误工费2000元、交通费300元，由于其对相关损失没有提供任何证据，且没有证据证明林某红存在违约行为，故苏某申相应诉请本院不予支持。至于房屋质量安全鉴定费用的负担问题，首先，由于苏某申曾经多次查看房屋现状，其对房屋现状应当具有一定的了解，在其正常预见范围内的房屋质量风险应当由其自己负担。其次，苏某申并没有提供证据证明林某红在签订合同过程中存在故意隐瞒有关事实的行为，依照法不溯及既往的原则林某红不应当对多年前建设且获得房地产权证的房屋因其不符合现行相关建筑规范而向苏某申承担相关民事责任。另外，经鉴定涉案房屋并不存在严重影响正常居住使用等导致苏某申签订合同目的根本无法实现的情形，也没有证据证明林某红存在其他违约情形。因此，苏某申要求林某红承担房屋质量安全鉴定费用的诉请，依据不足，本院不予支持。〔1〕

与合同解除条件相关的特殊问题。在商品房交易中经常出现这种情况：房价上涨时，开发商在利益驱动下，往往会设置各种障碍以拒绝交付房屋，甚至一房两卖。有的开发商甚至通过诉讼恶意解除合作合同，规避合作方与他人签订的房屋买卖合同中的交付房屋义务。法院应根据诚实信用原则，判令开发商仍应在合作合同解除后履行后合同义务，协助其合作方向购房户交房和办证，从而使开发商规避法律义务的意图无法实现。

【案例5－93】　吴某平诉杨某贤、梅州市恒基房地产开发有限公司商品房买卖合同纠纷案

一审法院认为，就本案而言，合同解除后，被告恒基公司仍应遵循诚实信用原则，协助被告杨某贤完成合同解除后的善后事宜，包括协助被告杨某贤

---

〔1〕　参见国家法官学院案例开发研究中心编：《中国法院2017年度案例》（房屋买卖合同纠纷），中国法制出版社2017年版，第92页。

向原告吴某平交付房屋和办证。《民法通则》第五条规定,合法的民事权益受法律保护。被告恒基公司未协助被告杨某贤向原告交付房屋和办证,造成原告取得房屋及其产权证的合同权益无法实现,侵害了原告的合法权益,应承担排除妨碍,协助交付房屋和办证的法定责任。一审法院支持了原告的诉讼请求,二审法院维持原判。[1]

在购房人断供房贷的情况下,法官在审理此类纠纷时可对买卖合同解除后开发商与购房人各自的权利义务一并处理。

【案例5-94】 置业公司诉吴某隐商品房预售合同纠纷案

一审法院认为,第一,因被告未按照其与银行签订的《个人购房借款合同》的约偿付银行按揭贷款导致提前终止贷款合同收回贷款,并最终导致原告按照三方所签订合同的约定向银行承担了连带保证责任,因此,原告根据双方签订的《商品房买卖合同》解除合同符合合同约定。另外,虽然原、被告所签《商品房买卖合同》后被告已经履行交付购房款的全部合同义务,但考虑到本案购房款系由被告通过按揭贷款来支付,在柳州分行提前终止与被告的贷款合同后已从原告银行账户扣划了被告所欠该行全部贷款本息706578.36元,原告获得购房款的最终目的无法实现,因此,原告要求解除签订的《商品房买卖合同》亦符合法律规定的法定解除合同条件。第二,本案违约金系综合考虑原告的意见、被告逾期还款的具体原因等因素酌情确定。第三,虽然"不告不理"是我国民事诉讼中一项基本的裁判原则,但是结合本案的实际并考虑到一次性解决纠纷的需要,法院主动向原告就一并处理原告向被告返还已付商品房购房款的问题进行了释明,同时考虑到作为商品房开发商收取了首付款及按揭款贷款后又为购房者代偿所欠银行全部贷款本息,原告向被告返还购房款应当以扣划代偿银行本息后剩余的购房款为限,如果原告需要代偿被告所欠银行全部贷款本息又需要全额退还被告购房款对于原告来讲这显失公平。判决:一、解除原告置业公司与被告吴某隐于2017年2月17日签订的《商品房买卖合同》及其附件补充协议;二、被告吴某隐协助原告置业公司到房地产管理部门办理涉案房屋的注销合同备案登记、注销预告登记手续;三、被告吴某隐将位于柳州市阳河大道的案涉房屋返还给原告置业公司,原告置业公司返还被告吴某隐购房款237142.64元;四、被告吴某隐支付原告

[1] 参见最高人民法院中国应用法学研究所编:《人民法院案例选》2009年第8辑(总第8辑),中国法制出版社2009年版,第110页。

置业公司违约金 70657.8 元;五、驳回原告置业公司的其他诉讼请求。[1]

(二)合同解除后相互返还的处理

《民法典》第五百六十六条规定涉及溯及力问题,虽然并非所有的合同解除都有溯及力,但商品房买卖合同的解除应具有溯及力。商品房买卖合同解除后,解除的溯及力表现为:对于买受人而言,开发商已经交付房屋的,买受人应将房屋返还给开发商,开发商未交付房屋的,买受人丧失要求开发商交付所购房屋的权利;已经办理了房屋过户手续的,买受人须将房屋产权过户到开发商名下。对于开发商而言,买受人未交纳房款的,开发商丧失要求买受人支付购房款的权利;买受人已经交纳了购房款的,开发商应当将收取的购房款全部返还给买受人。实践中,商品房销售合同解除后的返还范围应结合个案确定。

【案例 5-95】　黄某勇诉徐某元房屋买卖合同纠纷案

一审法院认为,被告徐某元因未履行合同义务,已经违约,应承担合同约定的违约责任。对于原告黄某勇关于被告徐某元支付迟延履行金、中介佣金及律师费的主张,不再支持。合同解除后第三人应归还被告徐某元房产证及结婚证。涉及第三人的居间合同法律关系宜另案处理。[2]

资产整体出售后部分履行不能导致合同解除的,已履行的独立资产不宜相互返还。

【案例 5-96】　王某诉某商业银行买卖合同纠纷案

二审法院认为,关于合同解除后如何退还的问题。被上诉人某商业银行在诉讼中明确要将抵债资产出售情况表中第 3 项即王某平位于某镇 84 号房屋(共三层)予以退还,即解除该房屋买卖关系,买卖关系解除后,某商业银行同意按"处置抵债资产情况统计表"载明的价格即抵债价格(19 万元)上浮 8% 即处置给王某的价格予以退还,并以 19 万元为基数从 2015 年 12 月 28 日起按年利率 6% 计算利息至付清时止。王某对该处房产的退还方式无异议,本院对该退还处理方式予以认同。其他四处房产的退款参照执行。诉讼过程中,双方对城乡建筑总公司二楼住房两套的价格进行了明确:每套按

---

[1] 参见国家法官学院、最高人民法院司法案例研究院编:《中国法院 2022 年度案例》,中国法制出版社 2022 年版,第 19~20 页。广西壮族自治区柳州市鱼峰区人民法院(2020)桂 0203 民初 2865 号民事判决书。

[2] 参见国家法官学院案例开发研究中心编:《中国法院 2016 年度案例》(房屋买卖合同纠纷),中国法制出版社 2016 年版,第 78 页。

22.5万元计算,共计45万元。据此,退还的五处房产价格确定如下:(1)84号房屋(共三层)抵偿价为19万元;(2)48号二号楼住房两套抵偿价共计45万元;(3)酒厂47号的资产抵偿价为30.5万元;(4)城北客运站其中两套抵偿价格为25.1542万元;(5)潘某位于仪陇县5社房屋(共六层)抵偿价为56.8345万元,以上五处房产的抵偿价共计176.4887万元。王某对该处该五处房产的购买价为在抵偿价基础上上浮8%,即190.6078万元(176.4887万元×108%)。因王某于2015年12月28日将购房款支付完毕,故某商业银行应以190.6078万元为基数从2015年12月28日起按年利率6%计算利息至付清时止。被上诉人某商业银行的上诉理由部分成立,一审判决认定是基本事实清楚,法律适用欠当,本院予以纠正。[1]

【案例5-97】 云南滇沪房地产开发有限公司诉胡某跃商品房销售合同纠纷案

一审法院认为,滇沪房地产公司作为房屋买卖按揭贷款合同的阶段性保证人,其所代偿的借款本金系胡某跃交付给滇沪房地产公司的购房款,其余代偿款项(利息、罚息、复利)为胡某跃作为借款人就履行按揭贷款合同应承担的债务。在将房屋买卖合同与银行按揭贷款合同关联来确定合同解除后返还义务的情形下,胡某跃交付给滇沪房地产公司的首期款和已由滇沪房地产公司实际清偿的借款本金应作为返还款项处理,但滇沪房地产公司代偿的借款本金因属于其已先行收取款项可不作为返还款处理,滇沪房地产公司代偿的其他款项应作为损失处理;在不将房屋买卖合同与银行按揭贷款合同关联来确定合同解除后返还义务的情形下,滇沪房地产公司以实际收取款项作为返还款项处理,其代偿款项可作为追偿款项处理。这两种方式本质上并无差异。现滇沪房地产公司诉请要求胡某跃返还其代为清偿的所有银行按揭贷款本息,系按保证追偿方式主张权利。在此前提下,滇沪房地产公司应当同时返还已向被告收取的款项。据此,法院确定由滇沪房地产公司返还胡某跃已付购房款801060.45元(含胡某跃支付的首付款241060.45元及胡某跃向中国工商银行贷款支付的560000元),由胡某跃返还滇沪房地产公司代为清偿的中国工商银行贷款本息581786.86元。[2]

---

〔1〕 参见国家法官学院、最高人民法院司法案例研究院编:《中国法院2023年度案例》(房屋买卖合同纠纷),中国法制出版社2023年版,第73页。四川省南充市中级人民法院(2021)川13民终2147号民事判决书。

〔2〕 参见国家法官学院案例开发研究中心编:《中国法院2019年度案例》(房屋买卖合同纠纷),中国法制出版社2019年版,第56~57页。云南省昆明市官渡区人民法院(2017)云0111民初2014号民事判决书。

恢复原状源于商品房买卖合同的溯及力。关于恢复原状的范围,通说认为应该包括:其一,由对方受领的给付物;其二,如受领的给付物为金钱,应附加受领时起的利息;其三,受领之给付为物之使用或劳务时,应依照受领时之价额折算成金钱;其四,受领物产生的孳息;其五,就返还之物,已经支付必要或有益费用,可于对方接受返还时所得利益限度内,请求扣除;其六,应返还之物毁损、灭失,或因其他事由致无法返还时,应偿还相应价款。《房屋买卖合同解释》第十九条中的合同解除主要应适用其中第一、二、五项。对于解除商品房买卖合同所造成的损失,由双方按照过错大小承担责任。这里的损失包括房屋装修损失、房屋产权过户所发生的税费及房屋跌价损失等,详见本文后段阐述。

房屋买卖合同解除后,发生相互返还的法律后果。如果在合同解除之前,买受方对房屋进行了装修,在双方分别返还房款和房屋后,由于开发商收回房屋,就实际享受了房屋的装修利益,而这种装修利益是买受方付出的,按照公平原则,开发商应当给予买受方适当的补偿。法院在酌定适当补偿的数额时,应考虑装修的实际支出、已经使用的时间、折旧、房主的不同喜好等因素。

【案例5－98】　长沙物资股份有限公司与湖南省万国医疗器械保健品博览会交易中心有限公司房屋买卖合同纠纷案

最高人民法院认为,《房屋买卖合同》被认定部分无效、部分解除后,物资股份公司和物资集团公司作为出售房屋一方应返还万国公司已经交付的购房款,万国公司作为购房方应返还已经实际占有的房屋。因万国公司已经对所购房屋进行了一定的添附,对其有效添附的部分,物资股份公司和物资集团公司应当给予适当补偿。对因合同解除而造成的损失按合同双方的责任大小进行分担。一审法院委托鉴定单位对万国公司装修工程进行了工程造价鉴定,但因该装修工程尚未完工,且工程质量也存在瑕疵,该鉴定结论不能作为确定房屋添附价值的依据,但可作为本院确定双方分担损失的参考。该工程的装修费用对于万国公司而言,是因房屋买卖合同不能履行而造成的损失,而对于物资股份公司和物资集团公司而言,其收回房屋的同时,即接受了万国公司以装修形式对该房屋进行的添附,是装修价值的受益者。因此,应当对万国公司为装修支付的价款,给予适当补偿。本院以装修工程造价为基础,结合物资股份公司和物资集团公司收回房屋、承受了房屋装修利益的情况,依据各方对合同不能继续履行所应承担的责任,确认物资股份公司和物资集团公司承担万国公司装修工程费用的70%,即15286980.23元(21838543.18元×70%),万国公司承担装修工程30%的费用。[1]

---

〔1〕　参见最高人民法院民事审判第一庭编:《最高人民法院民事案件解析》(房屋买卖、租赁纠纷),人民法院出版社2010年版,第210页。

预查封房屋被裁定以物抵债后,房屋出卖人可以行使合同约定解除权。至于合同解除后房屋返还不能的问题,出卖人可以通过其他措施获得救济。

【案例5－99】 威海锦晖房地产开发有限公司诉颜某情房屋买卖合同纠纷案

二审法院认为,根据补充协议的约定和锦晖公司承担了连带还款保证责任的事实,双方约定的合同解除条件成就,锦晖公司要求解除合同符合合同约定与法律规定,应予以支持。一审以合同解除后无法返还为由未支持锦晖公司的诉请,理由不当,应予以纠正。本案中,一审法院执行裁定已将涉案房屋抵顶给另案申请执行人新疆某公司,案涉房屋的所有权已转移,该房屋存在返还不能的情形,合同解除后锦晖公司可通过其他措施获取救济。[1]

混合合同解除后,不当得利应予返还。

【案例5－100】 上海浦东发展银行股份有限公司北京分行诉唐某明房屋买卖合同纠纷案

二审法院认为,《三方协议》作为一个有机整体,亦无法部分解除。因此,合同解除后,争议款项应由付某国与浦发银行共同返还。理由如下:首先,浦发银行作为《三方协议》的当事人,不仅负有协议约定的义务,而且系实际受领款项的一方,在《房屋买卖合同》与《三方协议》均解除的情况下,浦发银行已无合法占有该款项的依据。因此,浦发银行应承担返还房款的责任。其次,唐某明与付某国签订《房屋买卖合同》后,付某国的根本违约行为导致合同无法继续履行而解除。一审法院判令付某国承担返还房款的责任,具备事实及法律依据,且付某国对此亦未提起上诉。最后,前述已论,《三方协议》与《房屋买卖合同》高度依存、紧密联系,且《三方协议》系混合合同性质。《三方协议》的合同目的既包含唐某明作为房屋买受人支付购房款,以促使房屋解押并顺利实现过户,取得房屋之目的;又包含付某国作为房屋出卖人出售房屋,同时作为担保人承担担保责任之目的;还包含浦发银行作为抵押权人,同意在抵押期间转让抵押财产并使债务提前清偿之目的。浦发银行与付某国对于解除房屋抵押,使唐某明取得房屋所有权均负有合同义务。由于18231号房屋现被人民法院查封,合同不能继续履行而解除,唐某明作为买受人缔结《房屋买卖合同》及《三方协议》以取得房屋的合同目的已无法实现。因此,浦发银行与付某国对上述款项应承担共同返还责任。综上所

---

〔1〕 参见国家法官学院、最高人民法院司法案例研究院编:《中国法院2020年度案例》(房屋买卖合同纠纷),中国法制出版社2020年版,第253～254页。山东省威海市中级人民法院(2018)鲁10民终1370号民事判决书。

述,一审法院判令争议款项由付某国、浦发银行共同返还,判决结果正确,但以唐某明系唯一受损方,有失公平为由,进而判定本案各方的合同责任,判理不当,法院予以纠正。另外,相关款项的履行期限,一审法院未予明确,对此一并纠正。[1]

合同解除后相互返还的例外。在单位团购房屋转让纠纷中,单位团购人将其享有单位福利性质的团购房屋权利转让给受让人,受让人在支付一定受让费后获得团购权利,团购人收取转让费而放弃自己享有的单位福利。受让人支付转让费并向开发商交纳了团购房价,即表明双方转让协议履行完毕。其后,受让人因原预定房价变化而自愿放弃已购买的单位团购房权利,与团购人协商解除转让协议并领取已交给开发商的首付款和单位利息补贴的,对受让人请求团购人返还转让费的诉求法院不予支持。换言之,双方转让的是购买房屋的资格(权利),在合同已经履行完毕时,一方反悔并进而要求返还转让费的不适用相互返还之规则。

【案例5-101】 丁某禄诉杨某江商品房买卖合同纠纷案

一审法院认为,本案双方是在平等、自愿、互利、协商一致的情况下签订《购买房屋权利转让协议》,协议签订后,丁某禄向杨某江支付了转让费,杨某江协助丁某禄交纳了房屋首付款,双方实际履行了合同,且双方签订的协议合法有效,该协议对双方具有法律约束力,双方应遵守执行。协议中对房屋价格、面积和交房时间的约定均为预定,并非确定。丁某禄主张房价从4300元/平方米涨到6880元/平方米造成其不能购买房屋的理由不能成立,且丁某禄不愿购房是其自愿放弃购房权利的行为。同时庭审中丁某禄未提交能证实因杨某江违约造成其不能购房,杨某江应退还转让费的证据,故一审法院对于丁某禄的诉讼请求不予支持。二审法院认为,丁某禄对于其该主张没有提供证据证实,且涉案协议转让的标的是购买房屋的权利,并非实际的房屋,故丁某禄关于转让合同无效的主张无事实和法律依据,不予支持。既然涉案协议有效,依据《合同法》第八条的规定,双方应当按照约定全面履行自己的义务。协议签订当天,上诉人丁某禄向被上诉人杨某江支付了转让费35000元,被上诉人也将自己购买房屋的权利转让给了上诉人,上诉人获得购买房屋的权利,因此涉案协议已经履行完毕。至于合同的其他约定,如由杨某江协助办理按揭贷款手续、购房交款手续等,则属于合同的附随义务。现丁某禄基于房价上涨而放弃购房权利,与杨某江无关。同时杨某江已收取的转让费不应退还。综上所述,一审法院认定事实清楚,适用法律正确。判

〔1〕 参见最高人民法院中国应用法学研究所编:《人民法院案例选》2019年第4辑(总第134辑),人民法院出版社2019年版,第107~108页。北京市第一中级人民法院(2017)京01民终4355号民事判决书。

决驳回上诉,维持原判。[1]

(三)合同解除后损害赔偿的处理

根据《民法典》中相关赔偿规定,均是认定为房屋买卖合同解除赔偿范围依据。《房屋买卖合同解释》第九条、第十条、第十三条、第十五条、第十七条、第十九条均规定房屋买卖合同的解除赔偿,亦应作为此类合同解除赔偿范围。

解除合同不属于违约责任形式,而属于合同违约后的一种补救措施;合同解除后的法律后果不表现为违约责任,而主要表现为不当得利返还和损害赔偿的民事责任。合同解除后的损害赔偿首先应包括因恢复原状而发生的损害。因合同解除的法律效果就是要将当事人的权利义务关系恢复到合同订立前的状态,恢复原状作为合同解除的首要责任,其目的就在于通过当事人之间相互返还已履行的义务,将当事人的财产恢复到原始状况。如返还财产仍不足以使当事人的财产关系恢复到原来状态,还有因订立、履行合同或返还财产等实际支出的费用未获弥补时,当事人就需借助损害赔偿来寻求救济。合同解除后,请求损害赔偿是合同当事人的一项主要权利,而合同解除后损害赔偿的处理也是实践中极易引起争议的问题。

我国现行法律承认合同解除与损害赔偿可以并存。[2] 在合同解除作为违约救济方式不足以弥补非违约方损失时,非违约方可以主张损害赔偿请求权。

【案例5-102】 广西桂冠电力股份有限公司与广西泳臣房地产开发有限公司房屋买卖合同纠纷案

最高人民法院认为,鉴于本案合同解除后桂冠公司另行购买办公楼等需要支付费用,而泳臣公司专门按照桂冠公司的要求定向建设了住宅楼和商品住宅小区,合同不履行也会给桂冠公司造成一定损失。综合考虑本案的实际情况,本院酌定泳臣公司赔偿桂冠公司损失1000万元。[3]

司法实践中,在没有合同约定的情况下,非违约方是否享有损害赔偿请求权,争议颇大。对此,笔者认为,该损害赔偿请求权系直接依据法律规定产生。在合同解除场合,非违约方可主张的违约责任形式应限于违约金和违约损害赔偿。违约方承担违约责任的形式有很多,如实际履行、采取补救措施、赔偿损失、支付违

---

[1] 参见国家法官学院案例开发研究中心编:《中国法院2013年度案例》(房屋买卖合同纠纷),中国法制出版社2013年版,第55~56页。

[2] 参见王利明:《违约责任论》(修订版),中国政法大学出版社2000年版,第468页。

[3] 参见《最高人民法院公报》2010年第5期。

约金等，但合同解除时，因当事人已选择了不再履行合同、消灭合同关系，继续履行等形式自然就被排除在外。但违约方的违约金及违约损害赔偿等违约责任在合同解除前就已经存在，从保护非违约方的合法权益并惩罚违约方的角度出发，违约方的前述违约责任不应被免除，故违约方应承担违约金或违约损害赔偿的违约责任。违约金属于约定条款，其适用优先于损害赔偿。在当事人没有约定违约金条款或约定的违约金不足以弥补非违约方损失时，非违约方可以继续就违约行为造成的损害主张赔偿。在违约金和违约损害赔偿责任并存的情况下，违约金并非转化为补偿性的损害赔偿，对于违约方来说，其支付了违约金以后，还应赔偿实际损害的部分。

【案例5－103】　徐某祥诉陈某红房屋买卖合同纠纷案

一审法院认为，由于陈某红“一房二卖”的违约行为致使合同目的无法实现，陈某红应就此给徐某祥造成的损失承担赔偿责任。徐某祥主张的房屋差价损失客观存在，且系由于陈某红违背诚实信用原则，将涉案房屋“一房二卖”所致，故陈某红应就该差价损失给予合理补偿。关于双倍返还定金，根据徐某祥与陈某红签订的《北京市房屋买卖合同》，该定金性质为履约定金，因此在判令陈某红赔偿损失的情况下不再判令其承担双倍返还定金责任，仅判令其承担返还责任。一审判决解除合同，被告返还原告定金20000元、赔偿原告损失120000元。二审法院维持原判。[1]

【案例5－104】　杨某均诉吴某会房屋买卖合同纠纷案

一审法院认为，吴某会在双方未就合同履行问题协商一致、合同尚未解除的情况下又将涉诉房屋出售给案外人并办理产权登记过户手续，造成合同实际上履行不能，故杨某均要求解除合同之诉请，本院予以支持。合同解除后，杨某均可以根据履行情况和合同性质要求恢复原状，采取其他补救措施，并有权要求赔偿损失。考虑到房价上涨的实际情况，结合吴某会在导致合同解除的过错程度等方面因素，本院认为杨某均要求吴某会返还已交付的定金2万元及赔偿房屋差价损失的请求有事实及法律依据，本院予以支持，损失具体数额参照吴某会另售房屋之溢价予以酌定。双方在合同中约定守约方已支付的各项费用也可以向违约方追索，在双方未明确约定购房款给付时间的情况下，杨某均作为守约方已支付的居间服务费用依约有权向吴某会追索，故杨某均要求吴某会给付居间服务费13800元之诉请本院予以支持。法院判决，吴某会返还杨某均购房定金2万元；吴某会赔偿杨某均已支付的居

〔1〕参见国家法官学院案例开发研究中心编：《中国法院2012年度案例》（房屋买卖合同纠纷），中国法制出版社2012年版，第83～84页。

间服务费13800元;吴某会赔偿杨某均房屋差价损失10万元。[1]

个案中,法院应根据具体案情确定违约责任的具体形式,并非一定是违约金。对于房屋买卖合同中既约定有解除合同后退还房价款及利息又约定有违约金的,有的法院对同时主张利息损失和违约金两项诉讼请求的持否定态度。

【案例5-105】 但某某与重庆宏帆实业有限公司商品房预售合同纠纷案

二审法院认为,我国《合同法》上的违约金系以"补偿性为主、惩罚性为辅"的违约金,补偿性乃其主要属性。就违约金的补偿性而言,违约金本质上属于损害赔偿额之预定,其主要功能在于填补守约方损失,相当于履行之替代。由于违约金的损失填补功能和替代履行作用决定了若违约金请求权与合同解除后损害赔偿请求权指向的是同一损害,则应避免同时适用,否则将会出现债权人双重获益之结果。本案中,双方当事人在合同中既约定了解除合同后退还房价款及利息即损害赔偿,又约定了违约金;在但某某同时提出赔偿损失和支付违约金两项请求权的情况下,因按照但某某主张的以利息方式计算的损害赔偿金额高于以违约金方式计算的金额,在但某某未举证证明存在其他损失及损失大小的情况下,应当认定损害赔偿金已经能弥补解除合同给其造成的损失。因此,但某某关于应当按合同约定同时支付违约金的上诉理由不能成立。[2]

关于损害赔偿范围。损害赔偿范围包括两部分:一是债务不履行所致的损害,属于违约损害赔偿的内容。该赔偿义务是在合同解除前因违约行为发生的,不论合同是否解除都存在,不因合同解除而消灭。二是合同解除导致的损害,即信赖利益损害。信赖利益损害是指当事人相信合同有效并可得到履行而实际并未得到履行所发生的损害。信赖利益赔偿请求权系依据诚实信用原则,直接依据法律规定产生,不以合同的有效成立为前提。[3] 实务界认为,所谓信赖利益,是指非违约一方基于对对方承诺的信赖,改变了自己的处境,如为准备履行合同支付了某些费用,或者丧失了订立其他合同的机会。非违约方可要求违约方赔偿以消除他因信赖对方承诺而遭受的损害。[4]《民法典》第五百六十六条规定的赔偿损失应理解为赔偿信赖利益的损失。在商品房买卖合同因不能订立按揭贷款合同而解除时,由于此时合同履行期限一般较短、履行程度较轻,加之考虑到买受人承担责任时的财产能力,且此情形之下的合同解除亦非因典型债务不履行而致,

---

〔1〕 参见国家法官学院案例开发研究中心编:《中国法院2018年度案例》,中国法制出版社2018年版,第103页。

〔2〕 重庆市第一中级人民法院(2014)渝一中法民终字第02262号民事判决书。

〔3〕 参见蔡立东:《论合同解除制度的重构》,载《法制与社会发展》2001年第5期。

〔4〕 参见吕伯涛主编:《适用合同法重大疑难问题研究》,人民法院出版社2001年版,第174页。

故不宜采纳宽泛的信赖利益损失赔偿范围。也就是说,此时合同解除的损害赔偿应受到限制,并不遵循完全赔偿原则。最高人民法院民一庭法官认为,此情形下损失的赔偿以当事人实际受到的损失(所受损害)为基础。具体而言,实际损失包括对方为订立合同所支出的必要费用、无责任方因返还对方已给付物所支出的必要费用、责任方拒绝或迟延返还给付而使对方蒙受的损失等。可见,损害赔偿范围应当是有限的。[1] 如果按揭贷款合同未能订立不可归责于房屋买卖合同双方当事人,如国家金融政策变化导致发放按揭贷款规模调整,且亦导致房屋买卖合同不能继续履行的,出卖人应返还买受人已付购房本金、利息或定金。因为此时不存在违约的情形,所以信赖利益没有适用余地,使当事人的财产状况回复到未订立合同时的状态即可。《房屋买卖合同解释》第十九条后段规定因不可归责于双方当事人的事由未能签订按揭贷款合同并导致商品房买卖合同不能继续履行的,当事人可以请求解除合同,出卖人应将收取的购房款本金及利息或定金返还买受人。

【案例 5－106】　吴某某诉李某房屋买卖合同纠纷案

一审法院认为,关于原告吴某某主张的经济损失,原告主张的电费 300 元及评估费 1600 元,均属确定发生,属于损失范围,应予认定。关于家具费 10670 元,并不完全属于损失范围,法院酌情予以考虑。原告将其全部作为损失主张,缺乏事实依据。关于房价上涨损失,原告在 10 月初便知道被告李某已将房屋回购,故原告主张房价上涨损失所依据的时点应当在合同无法履行后的合理期间内。庭审中,原告提供了《滨海发布》2015 年 10 月 19 日的微博截图、房屋销售情况网页截图等证据,对此,法院认为,以上证据,无论从证据形式,还是从内容的真实性、关联性来看,均难以成立,法院不予采信。从本案事实来看,原、被告合同约定的房屋单价为每平方米 14725 元。回购时的市场评估价格为每平方米 14235 元,从这两个时点来看,房价并无涨幅,但客观来讲,房价此后确实存在一定涨幅。被告拒不履行合同,且在违约后未将原告已付款项及时返还,客观上导致了原告再次购房的房价损失。综合考虑原告的上述经济损失,结合被告的过错程度、被告因违约的获利情况,法院酌定被告除双倍返还定金 14 万元外,再赔偿原告各项经济损失 8 万元。对于原告认为被告回购价格高于合同交易价格的差额约 32 万元属于其履行利益的主张,法院认为,回购价格中超出市场评估价的 30% 并非与房屋简单对应,而是综合性赔偿概念,故原告将该差额当作履行利益主张,缺乏事实依

〔1〕 参见最高人民法院民事审判第一庭编著:《最高人民法院关于审理商品房买卖合同纠纷案件司法解释的理解与适用》,人民法院出版社 2003 年版,第 300 页。

据,不能成立。[1]

司法实践中,法院一般认为合同解除场合的信赖利益损害主要包括订立合同时支出的必要费用、为准备履行或在履行中支出的费用、合同解除后因恢复原状而发生的必要费用等。

【案例5－107】 申请人杨某与被申请人某房地产公司退房纠纷仲裁案

仲裁庭认为,(1)被申请人某房地产公司从2003年7月31日起即产生逾期交房的违约行为,产生合同约定的违约责任,申请人杨某也相应地从2003年7月31日起就享有向被申请人主张违约责任的违约金请求权。该违约金请求权,并非另外因合同解除所产生的新违约赔偿请求权,而是因原合同债务不履行所产生的损害赔偿请求权,显然在合同解除前已经存在,不因合同解除而失效。尽管《退房协议》没有约定违约责任等内容,但并不能因此视为申请人同意不再主张该违约责任,而应视为申请人没有放弃违约责任请求权。(2)购房过程中实际支出的诸如保险费、律师费、印花税、代办费及购房按揭贷款利息等实际损失的产生直接起因于《商品房买卖合同》的解除,该合同解除属于协议解除,并不属于因被申请人的违约行为而导致的单方解除或法定解除。《退房协议》本身既没有明确合同解除的原因,也没有任何证据显示被申请人逾期交房违约行为与《退房协议》之间有何因果关系,故申请人关于导致合同解除的原因是被申请人违约逾期交房的主张没有事实与法律依据。在《退房协议》签订后双方未曾再就包括损失赔偿在内的任何退房善后事宜达成协议,因此,要求被申请人赔偿损失也无合同依据。没有证据显示合同解除是被申请人的违约行为等单方面原因所致,也不能证明被申请人对合同解除所导致的损失有过错,故对申请人要求被申请人赔偿其在购房过程中实际支出的费用及购房款利息的仲裁请求不予支持。基于上述分析,仲裁庭除裁决被申请人退还申请人已付的购房款、车位费外,支持了申请人的违约金请求,但驳回了要求被申请人赔偿其购房过程中已实际支出的各项费用及贷款利息的仲裁请求。[2]

对于合同解除权、损害赔偿权利行使与当事人权利平衡问题,笔者认为应对损害赔偿的确定作具体分析,进行个案衡量。如选择损害赔偿或合同解除都足以使合同当事人的权利得到充分保护,就没有必要同时采取两种方式。若合同解除后,一方因过错给另一方造成损害,则有过错方应当向相对方赔偿损害,不能因合

---

〔1〕 天津市滨海新区人民法院(2015)滨功民初字第3431号民事判决书。

〔2〕 参见刘英红:《从一起商品房"退房纠纷"仲裁案看合同解除的法律后果》,载王利明主编:《判解研究》2005年第5辑(总第25辑),人民法院出版社2006年版,第99页。

同解除而免除其应负的赔偿责任。此赔偿责任除应包括不履行合同义务所致的损害赔偿外,还应包括合同解除以后因恢复原状而发生的损害赔偿。[1] 合同解除的目的在于溯及地消灭合同的存在,在当事人因合同解除遭受损失时,赋予其损害赔偿请求权,使其损失得到弥补。但需要注意的是,这种损害赔偿请求权不同于合同未解除时的违约损害赔偿请求权。根据《民法典》第五百八十条的规定,有违约行为的一方当事人请求解除合同,没有违约行为的另一方当事人要求继续履行合同,当违约方继续履约所需的财力、物力超过合同双方基于合同履行所能获得的利益时,合同已不具备继续履行的条件,为衡平双方当事人利益,可以允许违约方解除合同,但必须由违约方承担赔偿责任,以保证对方当事人的现实既得利益不因合同解除而减少。

【案例 5－108】　新宇公司诉冯某梅商铺买卖合同纠纷案

一审法院认为,鉴于被告冯某梅在履行商铺买卖合同中没有任何过错,在商铺买卖合同解除后,其因商铺买卖合同而获得的利益必须得到合理充分的补偿,补偿标准是保证冯某梅能在与时代广场同类的地区购得面积相同的类似商铺。原告新宇公司同意在商铺买卖合同解除后,除返还冯某梅原先支付的购房价款、赔偿该商铺的增值款外,还给冯某梅补款 48 万元,这一数额足以使冯某梅的现实既得利益不因合同解除而减少,应予确认。二审法院认为,考虑到上诉人冯某梅在商铺买卖合同的履行过程中没有任何违约行为,一审在判决解除商铺买卖合同后,一并判决被上诉人新宇公司向冯某梅返还商铺价款、赔偿商铺增值款,并向冯某梅给付违约金及赔偿其他经济损失。这虽然不是应冯某梅请求作出的判决,但此举有利于公平合理地解决纠纷,也使当事人避免了讼累,并无不当。在二审中,新宇公司表示其愿意给冯某梅增加 20 万元赔偿款,应当允许。二审法院在增加 20 万元的基础上,维持了一审判决的解除合同。[2]

关于可得利益是否赔偿问题。赔偿损失是指违约方以支付金钱的方式弥补受损害方因其违约行为减少的财产或者所丧失的利益,包括所受损失和可得利益。根据《民法典》第五百八十四条的规定,合同履行后的可得利益应当由违约方予以赔偿。主流观点认为,《民法典》第五百六十六条赔偿的是信赖利益,而第五百八十四条赔偿的是可得利益,二者的赔偿范围是不同的,有时信赖利益与可得利益相等,但通常较可得利益少。因为信赖利益并不要求违约方受有利益,也没有包括非违约方的所失利润;尽管返还利益、信赖利益、可得利益存在相等的情

---

〔1〕　参见王利明:《违约责任论》(修订版),中国政法大学出版社 2000 年版,第 725～727 页。

〔2〕　参见最高人民法院办公厅编:《最高人民法院公报案例大全》,人民法院出版社 2009 年版,第 732 页。

况,但通常说来信赖利益的数额要小,因为它既不包括非违约方的所失利润,也不包括他基于支出的费用中没有使对方得到好处的部分。合同解除后,普遍认可赔偿直接损失。《民法典》对解除合同后损害赔偿范围并没有作出明确的界定,对于可得利益是否可以请求赔偿的问题有争议。司法实践中,往往不是双方当事人协商解除合同,也不是因为不可抗力解除合同,非违约方并不是不愿意履行合同而要求解除合同,是在违约方一房两卖、明确拒绝履行和事实表明因恶意违约合同不能继续履行的无奈情况下,非违约方才提出解除合同并要求赔偿损失。只赔偿直接损失,将使双方合同利益明显失衡,违约方受益,守约方受损,这不符合公平原则。笔者认为,应该按《民法典》第五百八十四条规定赔偿可得利益,但可得利益的确定要根据具体案情具体分析,不能一概而论,不搞"一刀切"。

【案例5-109】 陶某诉北京实地房地产公司商品房合同解除纠纷案

一审法院认为,被告实地公司明确表示无法继续履行合同,其行为属于恶意违约,故被告应当承担违约责任,解除合同后被告应当退还陶某房价款及印花税等,并按合同约定承担违约责任,赔偿陶某因此所遭受到的损失。北京市商品房价格上涨是不争的事实,陶某购买的商品房所处位置是北京近郊通州区的交通便利、商业繁华地区,该地区的商品房价格也位于通州区商品房价格前列。被告不能按照商品房买卖合同向陶某交付房屋,势必造成陶某再次购买同地段房屋需要多支出房款,多支出的房款属陶某的损失,被告对此亦应当予以赔偿,但陶某按照每建筑平方米上涨1200元标准计算房屋上涨价格幅度过高,参照其购买的新华经典丽园附近商品房价格实际情况,按照每建筑平方米上涨1000元标准计算房屋上涨价格为宜。故判决解除双方《商品房买卖合同》,被告返还陶某购房款并赔偿陶某各项经济损失、违约金共计201689.24元。二审法院维持原判。[1]

【案例5-110】 钟某晟诉马某茹房屋买卖合同纠纷案

一审法院认为,马某茹与钟某晟在办理房屋贷款手续时未就房屋税费的缴纳达成协议,但在合同尚未解除的情况下,马某茹未经钟某晟同意将315号房屋另售他人已构成违约。故马某茹应当承担违约责任,双倍返还钟某晟支付的定金,并赔偿钟某晟受到的损失,包括中介费及房屋差价损失。马某茹将房屋另售他人,多获得的110000元房屋收益也是钟某晟因此受到的损失,理应将该部分款项赔偿给钟某晟。钟某晟要求支付利息,缺乏法律依据,法院不予支持。双方合同已不能继续履行,法院依法解除。二审法院认为,

---

〔1〕 参见北京市高级人民法院编:《审判前沿——新类型案件审判实务》2007年第2集(总第18集),法律出版社2007年版,第187页。

关于违约金问题，马某茹将房屋另售他人，构成根本违约，导致合同目的不能实现，根据公平原则，马某茹应当赔付钟某晟各项损失，故一审法院判令马某茹给付钟某晟房屋差价及中介费适当，法院予以维持。[1]

【案例 5－111】　朱某东、王某珠等诉陈某福、彭某芸房屋买卖合同纠纷案

一审法院认为，涉案的房屋买卖合同因被告陈某福的违约行为已经予以解除，被告陈某福应当承担由此给原告朱某东、王某珠造成的相关损失。判决被告赔偿房屋增值损失 105 万元、装潢损失 2 万元、居间报酬损失 2 万元。[2] 在本案中，重购房产税损失 35112 元，不属于可得利益范畴，故法院对该项诉讼请求不予支持。

可以获得赔偿的损失数额的确定，不仅要受到可预见规则限制，也受到减损规则限制。违约方能够预见到的损失需要限定在其签订合同时的预见范围，因此这个损失的范围需要守约方即受害方承担证明责任。对于产生的损失，不仅违约方应该尽量采取措施控制损失的范围，守约方也同样有义务采取适当措施防止损失的扩大，否则，守约方不得就扩大的损失要求赔偿。在违约方违约事实既定的情况下，守约方不能放任损失的扩大，不仅需要进行相应的催告，还应该采取积极的措施以避免损失的扩大。没有及时尽到防止损失扩大的义务，守约方要求违约方赔偿该扩大的损失的，法院不予支持。

【案例 5－112】　贾某梅诉北京鼎城泰和投资管理有限公司房屋买卖合同纠纷案

二审法院认为，结合本案，鼎城公司主张其可得利益损失为合同的差价，即转售利润。贾某梅是否知晓鼎城公司与实兴公司所签合同是其中的关键问题。现鼎城公司并无证据证明贾某梅在签订认购书时，明知鼎城公司与实兴公司已签订预售合同且知晓其中内容。因此，贾某梅在签约时不可能预见到其违约行为会导致鼎城公司违约。再者，预见内容包括预见损害的类型或种类。贾某梅在与鼎城公司签订认购书时，能够预见到的损害类型是其 200 万元购房定金不能退还以作为对其违约行为的制裁，而无法预见到鼎城公司丧失转售利润。贾某梅未按时交纳房款的违约行为并不必然导致鼎城公司违约，鼎城公司可以采取另售房屋等形式筹款并赚取转售利润。故贾某梅在签订认购书时，对鼎城公司现主张的转售利润损失无法预见。贾某梅与鼎城公司所签认购书中亦约定了若贾某梅未按约付款，鼎城公司有权解除合同并

---

〔1〕 参见国家法官学院案例开发研究中心编：《中国法院 2012 年度案例》（房屋买卖合同纠纷），中国法制出版社 2012 年版，第 89～90 页。

〔2〕 参见国家法官学院案例开发研究中心编：《中国法院 2012 年度案例》（房屋买卖合同纠纷），中国法制出版社 2012 年版，第 110 页。

另售房屋。而在贾某梅未按约付款时，鼎城公司既未催要更未积极采取有效措施防止损失扩大。若鼎城公司在贾某梅根本违约时及时行使合同解除权，将房屋另售，也应能获得一定的转售利润。正是鼎城公司没有及时尽到防止损失扩大义务的行为，导致转售利润完全丧失。现鼎城公司认为其本可能获得的转售利润损失应当由贾某梅承担的主张与法相悖，法院不予支持。现有证据显示鼎城公司违约行为导致其与实兴公司所签合同解除并承担100万元违约金，此为其实际损失，一审法院依据合同约定判令贾某梅所付定金200万元不予退还，已经足够弥补鼎城公司的实际损失。[1]

在确定可得利益损失时，应当综合运用可预见规则、减损规则、损益相抵规则以及过失相抵规则等，从守约方主张的可得利益赔偿总额中扣除违约方不可预见的损失、守约方不当扩大的损失、守约方因违约获得的利益、守约方亦有过失所造成的损失以及必要的交易成本。实践中，购房人要求出卖人赔偿房屋差价损失的时间节点确定是关键问题之一。在诉讼中，出卖人明确表示不履行合同时，应以此时点作为合同不能履行且损失确定的起点，而不应以依法院委托评估机构作出的估价报告时间为起点。

【案例5－113】 赵某诉闫某华房屋买卖合同纠纷案

二审法院认为，闫某华的行为构成违约，闫某华应赔偿守约方的实际损失和可得利益。在第一次诉讼一审开庭时，闫某华的配偶到庭明确表示不同意履行合同，在法律明确规定当共有人拒绝转移房屋所有权时合同继续履行不能的情形下，赵某应采取合理措施减少损失的扩大。而第一次诉讼一审开庭时的时点亦应作为合同无法履行的确定时点，法院应以此时点作为评估房屋价值的时间，判断房屋的价值，让闫某华对买受人的可得利益损失予以赔偿。[2]

赔偿可得利益损失的除外情形。商品房销售合同因违反限购政策而无法履行，不存在可得利益，购房人不能因此而要求开发商赔偿其可得利益损失。

【案例5－114】 熊某诉某置业公司商品房销售合同纠纷案

二审法院认为，关于某置业公司是否应赔偿熊某可得利益损失4776894元的问题。可得利益损失是指一方未全面履行合同等违约行为导致守约方所丧失的财产性损失，即在合同履行前并不为当事人所拥有的，而为当事人

---

〔1〕 参见国家法官学院案例开发研究中心编：《中国法院2018年度案例》（房屋买卖合同纠纷），中国法制出版社2018年版，第213页。

〔2〕 参见国家法官学院案例开发研究中心编：《中国法院2018年度案例》（房屋买卖合同纠纷），中国法制出版社2018年版，第221页。

期望在合同全面履行以后可以实现和取得的财产权利。根据《合同法》第一百一十三条第一款的规定,赔偿可得利益损失的条件:一是一方当事人违约;二是可得利益应是合同订立时能够合理预见的。经查,本案商品房买卖合同系因南昌市住房限购政策实施,熊某属于限购对象,所购房屋无法办理所有权登记手续而解除,并非某置业公司不履行合同义务所致。且熊某、某置业公司对合同解除的后果是能预知的,故熊某要求某置业公司赔偿可得利益损失不符合《合同法》第九十七条、第一百一十三条第一款的规定。原审判决对熊某诉请某置业公司赔偿可得利益损失4776894元不予支持并无不当,应予维持。〔1〕

在商品房买卖合同中,双方当事人约定了购房人享受优惠价款的条件以及具体数额(优惠差价),购房人按合同约定支付了优惠后的全部价款,而后开发商根本违约导致解除买卖合同,购房人主张房屋买卖合同中约定的优惠差价为己方的可得利益损失的,法院应予支持。

【案例5-115】 花某华诉江苏省泰州市明源房地产开发有限公司商品房买卖合同纠纷案

二审法院认为,双方当事人在签订的买卖合同第七条第二项明确约定了"该房屋已优惠443978元",因此,双方订立合同时均预见到如果泰州明源公司履行合同按期交房,则花某华可获得443978元的利益。泰州明源公司违约,不能按期交房,导致花某华不能获得443978元的利益。花某华要求泰州明源公司赔偿利益损失的诉讼请求,于法有据,应予以支持。利息损失系泰州明源公司因不能及时偿还花某华本金315万元而给花某华造成的损失,系因泰州明源公司违约解除合同后应退还本金而产生的实际损失,与可得利益损失是不同性质的损失。二审法院维持一审判决。〔2〕

根据《民法典》第五百八十四条的规定,可得利益在合同完全履行的情况才能产生,可得利益的取得是以双方继续履行合同为前提的,因此在当事人不履行义务合同义务或者履行不符合约定,相对方可请求法院让违约方承担继续履行的违约责任。但应区分一般情况与特殊情况下的合同解除,一方恶意违约导致合同解除,并不能表明非违约方不愿意继续履行合同,放弃了可得利益,因此,赔偿的损失应包括可得利益。个案中,违约方承担了可得利益损失赔偿的,不应再承担修订前《房屋买卖合同解释》第八条惩罚性赔偿。对于可得利益数额,法官基于

〔1〕 江西省高级人民法院(2014)赣民一终字第121号民事判决书。

〔2〕 参见丁万志:《商品房买卖合同约定的优惠差价在合同解除后属于期待利益损失》,载《人民司法·案例》2014年第14期。江苏省泰州市中级人民法院(2014)泰中四终字第0096号民事判决书。

公平原则可以自由裁量。

赔偿房屋差价损失是在合同解除的前提下成立的，当事人请求赔偿的损失金额也应在此时予以固定，故应以当事人提出合同解除请求的时间作为房屋价值的评估时点。

【案例5－116】 陈某某、韩某某与祝某某房屋买卖合同纠纷案

二审法院认为，陈某某以其行为表明拒绝履行合同，祝某某请求解除合同并赔偿相应损失，应予支持。虽然双方约定了3万元的违约金，但祝某某因陈某某的原因得不到房屋所受损失客观存在，该损失包括房价上涨利益损失，根据《合同法》第一百一十三条的规定，祝某某可以主张因陈某某不履行合同义务造成的损失，包括合同履行后可以获得的利益。陈某某认为其订立合同时不曾预见房价会大幅上涨，但陈某某完全可以通过交付房屋的方式避免该损失的产生，且陈某某持有房屋不交付，反而能因其违约行为获得房价上涨的利益，对此法院不能支持。本案的关键是房屋价值的确定。由于房屋的价值随市场行情不断变化，对于涉案房屋的价值判断，应当首先确定价值评估时点。一审法院先后委托了三次评估，因评估时点的差异，三次评估的结论相差甚大，一审法院采信了汇丰公司评估的价格3300元/平方米，但汇丰公司的评估时点为2012年12月28日，适逢房地产市场价格继续上涨，由于本案发回重审不可归咎于双方当事人，从公平的角度出发，该评估单价不宜作为本案损失计算依据。陈某某以2008年6月2日为评估时间的主张，显然让违约一方获得房屋价格上涨的额外利益，不能得到支持。因祝某某于2010年5月18日首次请求解除合同，赔偿房屋差价损失亦是在合同解除的前提下成立的，祝某某请求赔偿的损失金额也应在此时予以固定，故本案应以2010年5月18日为房屋价值的评估时点，确定的损失不应因当事人不能控制的诉讼进程持续变化。国信公司出具的渝国评〔2012〕第21号评估报告以2010年5月18日为评估时点，其出具的渝国评〔2010〕第1425号评估报告以2010年11月15日为评估时点，两次评估的要求不同、鉴定的价值内涵不同，渝国评〔2012〕第21号评估报告并非渝国评〔2010〕第1425号评估报告的重新鉴定。陈某某、韩某某在本案诉讼中亦未申请另行鉴定，故渝国评〔2012〕第21号评估报告可以作为本案损失计算依据的参考。鉴于本案已经两次发回重审，一审法院亦进行了三次司法评估，考虑到诉讼经济的原则，本案不宜再次发回重审或再次启动鉴定。根据渝国评〔2012〕第21号评估报告，涉案房屋在2010年5月18日的评估价格为2000元/平方米，该时间对应的土地出让金为66元/平方米，祝某某自愿以付款比例计算房屋差价损失，本案损失确定为：[(2000－66)×120－91920]×(73236/91920)＝

111671(元)。[1]

出卖人违约时,购房人享有解除合同、请求返还已付购房款及利息、请求赔偿损失、请求出卖人承担不超过已付购房款一倍的赔偿责任等四项权利。同理,购房人违约时,出卖人亦享有解除合同、请求返还房屋、赔偿损失的权利,但出卖人不享有请求买受人承担不超过已付购房款一倍的赔偿责任的权利。解除合同的权利和后三项权利是并列关系还是解除合同要作为后三项权利的前提条件,与后三次权利即买受人是否可以在不主张解除合同的条件下,单独主张后三项权利?笔者认为,解除合同作为第一项权利应当是主张后三项权利的前提条件,而非并列关系,即买受人只有在请求解除商品房合同时,才能主张包括惩罚性赔偿责任在内的后三项权利,而不得单独主张后三项权利。其推理过程为,如果承认买受人在不主张解除合同的条件下主张后三项权利,则买受人在实现后三项权利后,又可向出卖人主张合同约定的权利,即请求出卖人交付房屋和办理产权手续,而此时由于房屋已经交付给第三人或者第三人已经取得房屋产权,出卖人无法继续履行与买受人签订的合同,则应当承担不能交付房屋的违约责任。从以上结果看,买受人就同一个合同主张了两次权利,出卖人根据同一个合同承担了两次责任,这对出卖人来说是不公平的。

实际损失的分段计算问题。有的法院在支持买受人主张违约金诉求的同时,亦对其买受人实际损失采取分段计算方法。

【案例5-117】 吴某萍诉浙江诸暨盛业房产开发有限公司商品房销售合同纠纷案

一审法院认为,鉴于本案被告盛业公司收到合同解除通知书且对解除合同、返还购房款及支付违约金12395.36元没有异议,故对原告该三项诉请,本院予以支持。对原告吴某萍主张的要求被告赔偿以购房款622518元为基数按6.15‰计算至判决确定给付之日的利息损失(其中的首付款252518元自2012年1月9日起计算,其余购房款37万元自2012年6月25日起计算)的诉请,本院认为,对被告逾期交房给原告造成的损失,应分段考虑:一是在商品房买卖合同解除之前的损失;二是商品房买卖合同解除之后造成的损失。对商品房买卖合同解除之前的损失,应从原告可得利益的角度考虑,即如果被告按期交房,原告可获得的居住收益,一般参照同地段同类房的租金收入。且《房屋买卖合同解释》第十七条的规定,商品房没有约定违约金数额或损失赔偿额计算方法的,违约金数额或者损失赔偿金额可以参照以下标准确定:逾期交付使用房屋的,按照逾期交付使用房屋期间有关主管部门公

[1] 重庆市第一中级人民法院(2013)渝一中法民终字第04519号民事判决书。

布或者有资格的房地产评估机构评定的同地段同类房屋的租金标准确定。此规定也体现了实际损失应根据可得利益原则确定,并不是根据原告支付首付款及获得按揭贷款之日起计算的利息损失确定。根据双方在《商品房买卖合同》第九条第一项第二款的约定,被告应当自原告的解除合同通知到达之日起30日内退还全部已付购房款,并支付按原告已付购房款的2%计算的违约金。因双方就逾期交房约定了相应的违约金,且该违约金与上述方法计算的损失赔偿额相比未见明显不合理,故对原告因被告逾期交房造成的在本案商品房买卖合同解除之前的损失,应以双方约定的违约金为准。对原告在被告收到商品房买卖合同解除通知之后受到的损失,依照双方约定,被告应自收到解除合同通知之日起30日内向原告返还购房款,后被告未按照此约定期限向被告返还购房款,理应依约赔偿原告逾期返还购房款的利息损失。故对原告要求被告赔偿利息损失诉请的合理部分,应予支持,即被告应赔偿原告总购房款622518元(包括天然气初装费2750元),自2013年12月21日起至本判决确定给付之日止按银行同期同类贷款利率计算的利息损失。[1]

在双方当事人均行使合同解除权,且双方均存在违约行为时,损害赔偿的处理有特殊性。

【案例5-118】 郑某拉诉高某金房屋买卖合同纠纷案

一审法院认为,鉴于双方均在给对方出具的律师函中通知对方解除合同,双方签订的《房屋预约买卖合同》已解除。合同解除的原因是双方均存在违约行为,因此原告郑某拉要求被告高某金返还双倍定金没有法律依据,但被告应将收取的定金150000元返还给原告。原告提出由被告赔偿其交通费、住宿费,因这两项费用是其与被告协商履行合同的费用,不属于损失范围,且原告聘请律师是其享有的权利而非义务,也不属于损失范围,故对于原告关于由被告赔偿交通费、住宿费和律师费的请求本院不予支持。对于中介服务费28000元,因合同解除是双方的原因,由原告与被告共同平均承担该费用。二审持同样意见。[2]

合同解除中的惩罚性赔偿是司法实践中的疑难问题之一。商品房买卖合同解除(或无效)时,惩罚性赔偿范围并非以"双倍返还"为限。双方当事人愿意在合同中加入惩罚性赔偿的内容,并不违背法律法规的强制性规定,对该条款可以

---

〔1〕 参见国家法官学院案例开发研究中心编:《中国法院2016年度案例》(房屋买卖合同纠纷),中国法制出版社2016年版,第29页。

〔2〕 参见国家法官学院案例开发研究中心编:《中国法院2013年度案例》(房屋买卖合同纠纷),中国法制出版社2013年版,第105页。

视为双方对自己可能遭受的损害,采取的额外保护措施,法院对此应予支持。换言之,惩罚性赔偿与定金罚则并存时,有约定的依约定处理。

合同解除后,双方无损失发生的,则对损害赔偿不予处理,只对交付的购房款和定金作出处理。

《民法典》第五百六十六条对合同解除后,当事人所请求赔偿的损失究竟是信赖利益损失还是履行利益损失并没有予以界定,这在理论上和实践上均有争议,导致各地法院对此问题的裁判尺度无法统一。有学者认为,关于合同解除后非违约方所主张的赔偿损失的范围,应区分不同情形予以认定:(1)在合同可以继续履行的情形下,如果非违约方选择解除合同,此时,其仅应主张信赖利益损失赔偿。因为,一方面,在合同可以继续履行的情形下,非违约方可以选择请求违约方继续履行合同或者选择解除合同,如果其主动消除合同效力,则其不应当请求再对合同的履行享有期待利益,不应当赔偿履行利益损失。另一方面,从当事人的本意来看,如果非违约方要实现其履行利益,则其完全可以通过请求违约方继续履行的方式实现,而没有必要选择解除合同。此时,如果非违约方选择解除合同,则可以认为,其认为合同继续履行对其没有必要,或者其认为信赖利益已大于其履行利益,此时应当认定,非违约方仅能主张履行利益损失赔偿。(2)在合同无法继续履行的情形下,应当允许非违约方主张履行利益损失。既然合同本身已经无法履行,则非违约方将无法通过请求违约方继续履行的方式实现其履行利益,此时,非违约方在主张解除合同后,应当有权主张履行利益损失赔偿。[1]

(四)合理补偿请求的处理

实践中,当解除合同是不可归责于双方当事人的原因导致时,解除合同可能会给卖房人造成损失,根据公平原则,购买人在解除合同时应该补偿卖房人必要的损失。在审判实践中,补偿数额一般由法官综合考虑卖房人的实际损失、双方在合同中的约定、购买人的过错等因素酌情确定。

【案例5-119】　辛某诉陈某房屋买卖合同纠纷案

一审法院认为,虽然原、被告双方的合同是由于不可归责于任何一方的原因解除,但是被告在签订合同过程中,为订立合同付出了人力和物力,同时也丧失了其他的订约机会,因此根据公平原则,原告应给予被告一定补偿,补

[1] 参见王利明:《合同编解除制度的完善》,载《法学杂志》2018年第3期。

偿的数额本院酌定为4万元。二审法院维持原判。[1]

《民法典》第三百二十二条规定:“因加工、附合、混合而产生的物的归属,有约定的,按照约定;没有约定或者约定不明确的,依照法律规定;按照充分发挥以物的效用以及保护无过错当事人的原则确定。因一方的过错或者确定物的归属造成另一方当事人损害的,应当给予赔偿或者补偿。”该条规定体现了不以财产所有人同意为前提,无须考虑出卖人同意对房屋进行装修。同时强调充分发挥物的效用原则,在拆与不拆之间当然是维持现状更能发挥物的效用。虽然出卖人在合同履行过程中不存在过错,但因确定装饰装修物归房屋所有人对购房人造成了损害,所以出卖人应当给予适当补偿。

在民法典实行之前,基于当时法律对于房屋买卖合同中违约方进行的装修并无规定,法院依据经济合理原则对解除合同中装修处理。

【案例5-120】 周某诉吴某杰房屋买卖合同纠纷案

一审法院认为,周某与吴某杰在《房屋买卖合同》中未约定违约情况下吴某杰的装修对案涉房屋的装修如何处理,考虑到吴某杰的装修已经添附到案涉房屋之上,客观上提高了房屋的价值,房屋恢复原状不仅使添附的价值灭失,还有可能对原房屋造成损害,是不经济的行为。故周某要求吴某杰将房屋恢复原状的诉讼请求,法院不予支持。吴某杰对案涉房屋进行的装修价值为112140.74元,该装修已经添附于周某的房屋之上,应视为吴某杰的损失。考虑到周某向吴某杰交付案涉房屋之时,是以转移房屋所有权为目的,包含同意吴某杰对房屋进行装修之意思表示,现吴某杰对房屋进行的装修客观上提高了案涉房屋的价值,周某应当对吴某杰作出适当补偿。法院酌定周某向吴某杰补偿装修款2万元。……综上所述,法院确认双方于2018年6月6日签订的《房屋买卖合同》于2019年4月15日解除,周某应向吴某杰返还购房款30万元,吴某杰应向周某支付违约金3万元,周某应向吴某杰补偿装修损失2万元。由于诉讼中吴某杰已经向周某返还案涉房屋,法院对周某之第二项诉讼请求依法不予支持。[2]

---

〔1〕 参见国家法官学院案例开发研究中心编:《中国法院2012年度案例》(房屋买卖合同纠纷),中国法制出版社2012年版,第122页。

〔2〕 参见国家法官学院、最高人民法院司法案例研究院编:《中国法院2021年度案例》(房屋买卖合同纠纷),中国法制出版社2021年版,第122~123页。江苏省无锡市锡山区人民法院(2019)苏0205民初961号民事判决书。

（五）房屋买卖合同和按揭贷款合同解除处理

实践中，多数商品房买卖合同都会约定，购房人与银行签订贷款合同作为首付房款之外的剩余房款的支付方式，实践中习惯将此种贷款合同称为按揭贷款合同。开发商为了扩大商品房的销售，往往想尽办法提升本无力购房的人之购买欲望，强化其对买卖合同价金债权的受偿，常在购房人和银行之间充当居间人的角色，购房人甚至在开发商处即可直接取得银行之贷款申请表格，也有的开发商以可以办理银行之按揭贷款为其广告内容。社会生活中，在诸多因素影响下商品房买卖合同或按揭贷款合同会发生解除，一个合同解除后会对另一个合同产生何种影响。对此理论界、实务界存在认识分歧。多数意见认为两个合同之间并非主合同与从合同的关系，少数意见则认为两者之间存在主从关系，即商品房买卖合同为主合同，而按揭贷款合同为从合同。两种意见的分歧，反映在两个合同的处理上。在这两种意见之外，也有学者认为，在商品住房买卖按揭贷款关系中，商品房住房买卖合同与贷款按揭合同具有连带关系，其中任何一个合同无效、被解除或撤销，另一个合同也会因此而终止。[1] 笔者赞同多数人的意见，即商品房买卖合同与按揭贷款合同之间的关系不具备主从关系的法律特征，故它们不是主从关系，而是既紧密联系又相互独立的关系。也就是说，当商品房买卖合同因法律规定的原因被宣布无效或者被撤销后，法院不得因此而宣布按揭贷款合同无效或者撤销之。该合同是否能够继续存在，依赖于合同双方的意思。如果借款人仍具有还款能力，借款合同仍可能存续。

关于商品房买卖合同与按揭贷款合同的关系。从理论上讲，两者的关系主要体现为以下两点：其一，按揭贷款合同在发生上对商品房买卖合同具有一定的依附性。只有在商品房买卖合同有效成立之后，才有可能存在商品房按揭贷款。其二，按揭贷款合同的转让与商品房买卖合同的转让具有从属性。当买受人在商品房买卖合同中的权利义务发生转让，其在贷款合同中的还款义务经贷款银行同意也会随之转让至下一个买受人的名下。

关于按揭贷款合同的消灭是否从属于商品房买卖合同。《房屋买卖合同解释》第二十条赋予按揭贷款合同的当事人在商品房买卖合同被确认无效或者被撤销、解除以后可以解除按揭贷款合同，但其前提是该合同的目的无法实现。按揭贷款合同在消灭上与商品房买卖合同不具有从属性。商品房买卖合同订立后，买受人支付一定比例的购房款并通过按揭贷款的方式将剩余款项一次性支付给出

---

〔1〕 参见唐烈英：《商品住房买卖贷款按揭法律问题研究》，法律出版社2008年版，第215页。

卖人,而出卖人将符合合同约定的商品房交付给买受人,至此商品房买卖合同因履行完毕而归于消灭,但按揭贷款合同并不消灭。

关于按揭贷款合同的解除权人。《房屋买卖合同解释》第二十条赋予按揭贷款合同的双方当事人都享有合同的解除权,而非依民法原理将合同解除权仅赋予非违约方享有,是否请求解除按揭贷款合同,完全由按揭贷款合同的当事人依自己的意思决定。

关于开发商诉讼地位分两种情况讨论。其一,在按揭贷款合同纠纷中的诉讼地位。《房屋买卖合同解释》第二十二条前段规定,买受人未按商品房担保贷款合同的约定偿还贷款,亦未与贷款银行办理商品房抵押登记手续,贷款银行请求处分商品房买卖合同项下买受人合同权利的,人民法院应通知出卖人(开发商)参加诉讼。如此规定,意味着出卖人属于无独立请求权第三人。如果出卖人已将商品房的所有权移转与买受人,则商品房的所有权已归属于买受人,则人民法院不应将出卖人以无独立请求权第三人通知参加诉讼。其二,为买受人按揭贷款提供保证时的诉讼地位。《房屋买卖合同解释》第二十二条后段规定,在商品房按揭贷款合同纠纷中,担保权人同时起诉买受人和出卖人(开发商)时,如果出卖人为商品房担保贷款合同提供保证的,应当列为共同被告。出卖人对按揭贷款银行承担的保证责任的形式和方式,可能会体现在一个单独的保证合同内,也可能体现在按揭贷款合同的保证条款之中。

应注意的是,在商品房按揭贷款中,不宜将买受人以按揭贷款方式付款作为商品房买卖合同的生效条件。同时,除非当事人有明确约定,也不宜将商品房按揭贷款合同的签订与否解释为商品房买卖合同的解除条件。

1. 先解除房屋买卖合同后解除贷款合同

先解除商品房买卖合同,后解除按揭贷款合同,是社会生活中常有的现象。《房屋买卖合同解释》第二十条规定:“因商品房买卖合同被确认无效或者被撤销、解除,致使商品房担保贷款合同的目的无法实现,当事人请求解除商品房担保贷款合同的,应予支持。”该条明确了购房人对按揭贷款合同享有请求解除的权利。商品房买卖合同是房屋按揭贷款关系的基础和前提,商品房买卖合同的解除致使既已存在的房屋按揭贷款关系中的基础合同关系不复存在,即房屋按揭贷款关系中的基础法律关系缺失,从而导致各方权利义务配置失衡,这就需要法律予以调整和救济。商品房买卖合同解除后,购房人与银行间的借款合同并没有解除,购房人仍然是借款人,仍承担着还款付息的责任。借款人当初的借款只是为了购房的需要,在商品房买卖合同解除后,借贷关系的合同目的也随之落空。商品房买卖合同解除后,购房人有权要求解除商品房贷款合同,使购房人(借款人)实现权利义务的均衡。该条明确了解除按揭贷款合同的目的,即为购房借款已无必要。在该条中一般可理解为蕴含了解除合同的顺序,即解除商品房买卖合同在先,解除按揭贷款合同在后。需要注意的是,在现实生活中,如果按揭贷款合同未能签订,并导致商品房买卖合同事实上不能继续履行,则应赋予当事人请求解除商品房买卖合同的权利。《房屋买卖合同解释》第十九条规定:“商品房买卖合同约定,买受人以担保贷款方式付款,因当事人一方原因未能订立商品房担保贷款合同并导致商品房买卖合同不能继续履行的,对方当事人可以请求解除合同和赔偿损失。因不可归责于当事人双方的事由未能订立商品房担保贷款合同并导致商品房买卖合同不能继续履行的,当事人可以请求解除合同,出卖人应当将收受的购房本金及其利息或者定金返还买受人。”该条对未能订立银行按揭贷款合同时合同的解除区分了两种情况来处理,且是商品房买卖合同成立在先,银行按揭贷款合同不能够成立时的处理。应注意的是,按揭贷款合同基于购房人购房目的不能实现而解除,突破了合同相对性,无须征得银行的同意。

2. 先解除贷款合同后解除买卖合同

先解除按揭贷款合同,后解除商品房买卖合同,是社会生活中较为特殊的情况。商品房买卖合同与按揭贷款合同之间是相互牵连,但是又相互独立的法律关系,前者是商品房买卖的法律关系,后者是商品房担保贷款的法律关系。在后一个法律关系中,借款人是商品房的买方,并且也是以该房产作为贷款抵押的抵押人,商品房出卖人则为购房人的贷款提供保证担保,担保权人就是按揭银行。商品房买卖合同的解除往往影响后一个法律关系的履行,但按揭贷款合同履行过程中商品房买受人不履行还款义务的,则商品房出卖人应承担担保责任,而银行是否可以解除按揭贷款合同呢?《房屋买卖合同解释》没有具体规定,从理论上讲应该是可以的,实务中也有判例。

【案例 5－121】　娄某诉巨石房地产开发公司、中国银行北京分行商品房预售合同纠纷案

一审法院认为,娄某终止还款的行为发生在保证期间内,娄某不履行其还款义务时,巨石公司负有连带清偿的义务,即巨石公司应对娄某贷款本金余额、利息及罚息承担连带清偿责任。现第三人中行同意解除《楼宇按揭担保借款合同》并要求原告、巨石公司双方偿还本金 2793000 元及到给付之日止的相应利息和罚息,要求依按揭担保借款合同行使对诉争之房的抵押权,于法有据,故判决娄某给付第三人中行相应的贷款、利息、罚息,巨石公司未在规定期限内履行本判决金钱债务,第三人中行可以依照法定程序以抵押物折价,或者以拍卖、变卖抵押物所得款优先受偿。此案上诉后,二审法院审理后维持原判。[1] 本案就是先解除按揭贷款合同,而法院不同意解除商品房买卖合同的典型案例。

3. 买卖合同与贷款合同同时解除

因商品房买卖合同与按揭贷款合同并非主从合同关系,购房人与银行之间的借贷关系是独立于房屋买卖合同关系的,解除购房合同并不意味着按揭贷款合同效力终止,但二者之间却具有紧密的联系,购房人签订按揭贷款合同的目的是购买商品房,若房屋买卖合同解除,购房人购买房屋的目的就得不到实现。此时购房人可以在诉讼中一并主张两份合同的解除,法院应对一并解除的诉求作出处理。当事人请求两类合同一并解除时,诸多法院会将商品房买卖合同纠纷和按揭贷款合同纠纷合并审理。商品房买卖合同纠纷与按揭贷款合同纠纷合并审理时,按揭银行诉讼地位的确定完全取决于当事人意志。当购房人亦即借款人就商品房买卖合同和按揭贷款合同一并提起诉讼时,可以将按揭银行列为被告,实践中也有列为第三人的;当购房人仅就商品房买卖合同提起诉讼,按揭银行主动参加商品房买卖合同之诉并提出诉讼请求时,其为有独立请求权的第三人。需要说明的是,按揭银行无论是作为被告,还是作为有独立请求权的第三人参加诉讼,均有权提出自己的诉讼请求,其诉讼权利并不因诉讼地位的不同而有实质差异。

【案例5-122】 张某界诉定远县金汇置业有限公司房屋买卖合同纠纷案

一审法院认为,根据合同约定,若被告金汇置业公司逾期交房超过30日,原告张某界即有权解除合同。本案中涉案商品房交付时间为2013年12月31日,被告至今未向原告交付房屋,明显违约,原告行使合同解除权符合法律规定,本院予以支持。根据《房屋买卖合同解释》第二十四条的规定,对原告请求解除与第三人新城支行签订的《个人购房借款合同》的主张,本院予以支持。二审中被告撤回上诉。[2]

【案例5-123】 赵某梅诉武汉汉口北信和农贸市场有限公司、招商银行股份有限公司武汉分行商品房买卖合同纠纷案

一审法院认为,赵某梅与信和农贸市场签订的《武汉市商品房买卖合同》及与招行武汉分行签订的《个人购房借款及担保合同》虽然相互独立但又紧密关联,且商品房买卖合同的解除,将导致借款及担保合同目的无法实

---

〔1〕 参见北京市高级人民法院民一庭编:《北京民事审判疑难案例与问题解析》(第2卷),法律出版社2007年版,第79页。

〔2〕 参见国家法官学院案例开发研究中心编:《中国法院2017年度案例》(房屋买卖合同纠纷),中国法制出版社2017年版,第243页。

现,可以合并审理这两个法律关系。[1]

【案例 5-124】 肖某生、陈某玲诉上海博锦房地产开发中心有限公司、上海银行股份有限公司青浦支行商品房预售合同纠纷、按揭贷款合同纠纷案

二审法院认为,本案肖某生、陈某玲作为一审原告在提起诉讼时一并要求解除商品房预售合同及按揭贷款合同,并将作为按揭贷款合同一方当事人的青浦支行列为被告,并无不当。《房屋买卖合同解释》第二十五条系解决按揭银行进入单纯商品房买卖合同纠纷之诉的诉讼地位问题的规定,即商品房买卖合同的双方仅就买卖合同提起诉讼时,按揭银行有权作为有独立请求权的第三人主动要求参加该案诉讼。本案显然非为青浦支行主动申请参加单纯商品房买卖合同纠纷之诉的情形,前述司法解释并不适用。事实上,青浦支行作为一审被告参加诉讼,针对肖某生、陈某玲的诉讼请求,亦并未丧失抗辩及提出反诉的权利和机会,程序上已获得相当保障。[2]

应注意的是,法院支持商品房买卖合同解除,而按揭银行基于自身利益考虑不同意解除贷款合同,主张购房人仍应按照贷款合同履行还款义务的,法院应判决解除贷款合同。

【案例 5-125】 彭某、徐某与 J 银行湘潭分行商品房买卖合同纠纷案

二审法院认为,本案争议的焦点为:(1)T 公司与彭某、徐某之间签订的商品房买卖合同是否能够解除。T 公司与彭某、徐某签订的《商品房买卖合同》约定 T 公司应于 2019 年 6 月 30 日前向彭某、徐某交付经综合验收合格的房屋。《商品房买卖合同》及《补充协议》中约定"《商品房买卖合同》第十条约定的'商品房经综合验收合格'是指勘察、设计、施工、监理、建设单位对该工程质量验收并在《单位工程质量竣工验收记录》上签署验收意见"。因此 T 公司在约定期限内将已经竣工验收合格的房屋交付给彭某、徐某系其合同主要义务。T 公司在 2019 年 9 月 26 日向彭某、徐某邮寄了《收房通知书》及以发送短信的方式通知彭某、徐某于 2019 年 9 月 30 日至 10 月 9 日集中办理收房手续。2019 年 9 月 30 日交房时,腾誉公司已逾期超过 90 日。《商品房买卖合同》第十一条约定,"逾期超过 90 日,买受人有权解除合同,出卖人应当自买受人解除合同通知到达之日起 7 天内退还全部已付款,并按买受人累计已付款的 1% 向买受人支付违约金。"因此,彭某、徐某享有合同解除

[1] 参见国家法官学院案例开发研究中心编:《中国法院 2017 年度案例》(房屋买卖合同纠纷),中国法制出版社 2017 年版,第 246 页。

[2] 参见最高人民法院中国应用法学研究所编:《人民法院案例选》2015 年第 2 辑(总第 92 辑),人民法院出版社 2016 年版,第 134 页。

权。《房屋买卖合同解释》第十五条规定,"根据《合同法》第九十四条的规定,出卖人迟延交付房屋或者买受人迟延支付购房款,经催告后在三个月的合理期限内仍未履行,当事人一方请求解除合同的,应予支持,但当事人另有约定的除外。法律没有规定或者当事人没有约定,经对方当事人催告后,解除权行使的合理期限为三个月。对方当事人没有催告的,解除权应当在解除权发生之日起一年内行使;逾期行使的,解除权消灭。"彭某、徐某行使解除权的时间为一年。T公司提交的证据证明2019年9月26日房屋才竣工验收,T公司已构成违约。一审法院以T公司未办理消防验收合格手续视为案涉房屋尚未达到竣工验收条件错误,本院予以纠正。T公司的上诉请求不成立,本院不予支持。(2)银J行湘潭分行与彭某、徐某之间的借款合同能否解除。《房屋买卖合同解释》第二十四条规定,"因商品房买卖合同被确认无效或者被撤销、解除,致使商品房担保贷款合同的目的无法实现,当事人请求解除商品房担保贷款合同的,应予支持"。第二十五条第二款规定,"商品房买卖合同被确认无效或者被撤销、解除后,商品房担保贷款合同也被解除的,出卖人应当将收受的购房贷款和购房款的本金及利息分别返还担保权人和买受人"。彭某、徐某与T公司之间的《商品房买卖合同》已经解除,彭某、徐某作为当事人向J银行湘潭分行提出解除按揭贷款合同符合法律规定,一审法院予以支持并无不当。J银行湘潭分行的上诉理由不成立,本院不予支持。[1]

《房屋买卖合同解释》第二十条规定了合同无效或被撤销、解除时可以解除贷款合同,未规定贷款合同效力可以反向影响商品房买卖合同。也就是说,用贷款合同中约定的违约行为反推商品房买卖合同的解除,没有法律依据。购房人住房按揭贷款合同项下约定的违约行为及程度,不应导致商品房买卖合同的解除。开发商可依住房按揭贷款合同之约定起诉购房人,要求其承担相应的违约责任。若住房按揭贷款合同没有约定开发商履行了担保责任后可解除商品房买卖合同,则法院应限制开发商以此为由解除商品房买卖合同。

【案例5-126】 北京宣兴房地产开发股份有限公司诉李某东商品房预售合同纠纷再审案

再审法院认为,本案的争议焦点是宣兴公司能否以李某东拖欠多期贷款为由,主张解除商品房买卖合同。根据本案事实可知,李某东自2002年3月至2004年10月支付了首付款,银行亦于2004年11月22日向宣兴公司全额发放贷款。故应视为李某东已经依照商品房买卖合同及附件四的约定支付

〔1〕 最高人民法院(2021)湘03民终263号民事判决书。

了全部房款,宣兴公司已经实现了商品房买卖合同的目的。本案所涉商品房买卖合同是个人住房按揭贷款合同的基础,个人住房按揭贷款合同对商品房买卖合同有一定的依附关系。2005 年 4 月后,虽然李某东多次逾期还款或者欠贷,但其行为违反的是个人住房按揭贷款合同之约定。在李某东拖欠多期银行按揭贷款导致宣兴公司保证金账户中款项被银行划扣的情况下,宣兴公司可依据个人住房按揭贷款合同的约定向李某东主张权利。鉴于个人住房按揭贷款合同中并未约定违反该合同会导致当事人应承担商品房买卖合同中的相关责任,故李某东逾期还贷或者欠贷的行为不产生其应承担商品房买卖合同责任的后果。故,对宣兴公司之诉讼请求不予支持,李某东之反诉请求应予支持。〔1〕

通常情况下,商品房买受人与开发商、银行签订房产抵押合同,购房人没有及时履行还款义务,导致开发商作为担保人代为偿还了银行贷款,此时虽然房屋已实际交付,但是开发商主张的商品房买卖合同的约定解除权成就的,法院应对开发商解除买卖合同的主张予以支持。从形式上看,商品房买卖合同和房地产抵押合同系两个相互独立的合同,但是实质上二者是相互联系的,房地产抵押合同履行与否直接关系到商品房买卖合同后续履行能否继续,关涉商品房买卖合同中“担保人有权终止买卖关系”条款是否成就的问题。从商品房买卖合同的履行情况看,购房人支付首付款后,其余房款是通过银行按揭贷款支付的,如房产抵押合同正常履行,则视为购房人全额支付了购房款;但是房产抵押合同不能正常履行,开发商作为担保人要代为偿还银行按揭贷款,实质上购房人并未履行全部支付房款义务,应属违约,开发商签订商品房买卖合同的目的不能实现,其按照合同约定终止买卖关系是正当的。

【案例 5 - 127】　徐州桑夏房地产开发有限公司诉张某商品房买卖合同纠纷案

二审法院认为,上诉人桑夏公司与被上诉人张某签订商品房买卖合同及抵押合同均系双方真实意思表示,合法有效。桑夏公司与张某在抵押合同中约定:“担保人在清偿抵押人所欠抵押权人的一切款项后的 15 天内,抵押人仍未偿还担保人所支付的款项,担保人有权终止买卖关系。”上述约定能够认定系双方当事人对商品房买卖合同解除条件的约定。被上诉人张某在抵押权人诉讼要求实现抵押权的情况下,没有及时履行其还款义务,导致桑夏公司作为担保人代为偿还了银行贷款。张某逾期未向桑夏公司还款的行为违

〔1〕 参见国家法官学院案例开发研究中心编:《中国法院 2014 年度案例》(房屋买卖合同纠纷),中国法制出版社 2014 年版,第 32 ~ 33 页。

反了双方合同约定，符合解除商品房买卖合同的条件，上诉人有权就此要求解除合同。根据一审、二审查明的事实，被上诉人张某实际上已付房款为首付款127118元，另已归还贷款37012.82元，合计已付款164130.82元。现上诉人有权按照约定解除合同，合同解除后，根据涉案合同性质，本案双方当事人应当就已履行部分相互返还。故桑夏公司应当向张某返还上述款项，张某应当向桑夏公司返还涉案房屋。[1]

【案例5－128】 房地产开发公司诉刘某志、聂某商品房销售合同纠纷案

二审法院认为，关于房地产公司要求解除涉案房屋买卖合同并要求刘某志、聂某返还房地产开发公司偿还贷款本金利息等应否予以支持的问题。根据双方签订的商品房买卖合同附件四约定，若因买受人违约未按时偿还银行贷款本息、罚息及相关费用而导致出卖人代为偿还的，买受人应在接到通知之日起15日内返还出卖人所有垫付款并支付与垫付款等额的违约金，继续履行还贷义务。且买受人未及时还贷累计超过3个月（含3个月），且在接到催款通知15日内仍未偿还，由出卖人代为支付款项的，出卖人有权立即解除本合同，终止双方商品房买卖关系，房屋所有权归出卖人所有。鉴于本案刘某志、聂某未及时偿还银行贷款，且房地产开发公司代其偿还后，刘某志、聂某并未按期返还房地产开发公司垫付款，根据双方约定，房地产开发公司有权解除合同，解除合同后，双方互相返还财产。二审庭审中，房地产开发公司同意在解除合同时，进行清算，将刘某志、聂某交纳的房款予以退还，两者相抵，房地产公司应当向刘某志、聂某返还房款158409.76元。与此同时，刘某志、聂某应当将涉案房屋返还给房地产开发公司。[2]

不过，实践中有的法院不支持开发商在承担担保责任后解除房屋买卖合同。

【案例5－129】 北京城市开发集团有限责任公司与张某鹏商品房预售合同纠纷案

二审法院认为，张某鹏与城市开发集团公司所签《北京市经济适用住房预售合同》、张某鹏与工商银行东城支行所签《个人住房借款合同》及张某鹏、工商银行东城支行、城市开发集团公司三方所签《个人住房借款保证合同》均属有效合同。张某鹏违反借款合同致使城市开发集团公司承担了借款保证责任，城市开发集团公司因此享有向张某鹏追偿的权利。但是，由于房屋预售合同与借款合同、借款保证合同属不同的法律关系，在双方已履行了

〔1〕 江苏省徐州市中级人民法院（2015）徐民终字第01110号民事判决书。

〔2〕 参见国家法官学院、最高人民法院司法案例研究院编：《中国法院2023年度案例》（房屋买卖合同纠纷），中国法制出版社2023年版，第77页。江苏省徐州市中级人民法院（2021）苏03民终134号民事判决书。

房屋预售合同到期义务的情况下,城市开发集团公司以其承担了借款合同约定的保证责任为由请求解除房屋预售合同,并据此请求双方分别返还购房款和房屋,同时由张某鹏支付房屋使用费的诉讼请求,于法无据,原审判决支持城市开发集团的该部分诉讼请求属于适用法律错误,于法无据,本院对此予以改判。原审判决张某鹏偿还城市开发集团公司为其垫付的银行贷款本息,虽然其判决理由不够清楚,但基于城市开发集团公司已为张某鹏贷款承担保证责任而享有的追偿权,对城市开发集团公司的此项诉讼请求应予支持,故本院对原判此项内容予以维持。至于购房尾款的结算及其他问题,双方可以另行解决。〔1〕

在商品房买卖合同解除中,银行进入诉讼程序的诉讼地位问题。《房屋买卖合同解释》第二十一条第一款规定:"以担保贷款为付款方式的商品房买卖合同的当事人一方请求确认商品房买卖合同无效或者撤销、解除合同的,如果担保权人作为有独立请求权第三人提出诉讼请求,应当与商品房担保贷款合同纠纷合并审理;未提出诉讼请求的,仅处理商品房买卖合同纠纷。担保权人就商品房担保贷款合同纠纷另行起诉的,可以与商品房买卖合同纠纷合并审理。"该条确立了三种处理方式:一是银行作为有独立请求权的第三人参与诉讼;二是银行未提出诉讼请求时仅处理买卖合同纠纷;三是银行另行起诉,第一、三种情形可以合并审理。在买受人与出卖人的商品房买卖合同纠纷中,银行对双方争议的诉讼标的不具有实体法上的请求权,但应确认银行具有诉的利益。因为商品房买卖合同被解除,银行的按揭贷款担保之标的物的归属及内容均发生变化,这无疑影响银行按揭贷款债权的顺利及优先实现。且此时买受人一般已停止履行按期还款义务,如银行未参加该诉讼,当商品房买卖合同被解除时,依据相应的处理原则,出卖人应将所收取的购房按揭贷款返还给买受人,诉讼判决结果将可能给银行的权益带来实质性损害,增加银行收回贷款的风险。也就是说,双方争议的诉讼标的与银行主张的权利具有法律上的利害关系。银行作为有独立请求权第三人参加诉讼,有权选择要求解除与买受人订立的商品房担保贷款合同,也有权选择要求贷款保证人(商品房出卖人)承担保证责任,这样有利于保护银行的合法权益。

【案例5-130】　薛某顺与北京金联房地产开发有限公司、第三人中国建设银行股份有限公司北京西四支行商品房预售合同纠纷案

一审法院认为,本案为以担保贷款为付款方式的商品房买卖合同,现原告薛某顺要求解除该合同,且担保权人西四建行作为有独立请求权第三人提

〔1〕　参见北京市高级人民法院编:《审判前沿——新类型案件审判实务》2009年第3集(总第27集),法律出版社2010年版,第168页。北京市第二中级人民法院(2008)二中民终字第8906号民事判决书。

出诉讼请求,故本案的商品房买卖合同纠纷应当与商品房担保贷款合同纠纷合并审理。因被告金联公司不能在法定期限内协助原告办妥产权证,使原告的合同目的不能实现,现原告要求解除合同,予以支持。因被告及第三人均未按借款合同约定的期限还款,第三人要求解除借款合同,予以支持。判决后,第三人以原判决适用法律不当,其所签借款合同的相对人应为原告,故还款义务人亦应为原告为由,提出上诉。二审法院维持原判决,驳回了第三人的上诉。〔1〕

4. 合同解除利益处理

《房屋买卖合同解释》第二十一条第二款规定:"商品房买卖合同被确认无效或者被撤销、解除后,商品房担保贷款合同也被解除的,出卖人应当将收受的购房贷款和购房款的本金及利息分别返还担保权人和买受人。"这是因为按揭银行支付给出卖人的贷款资金虽在形式上为贷款银行直接划付给出卖人的,但实际上系按照购房人的指令划付。尽管指令不甚明显,然而银行与出卖人之间没有任何交易关系,其以自己名义向出卖人付款解释不通。该付款自法律层面言之,仍为购房人所付。换言之,购房人对其已支付的购房款,银行对其按照购房人指令划付给出卖人的按揭贷款均已不再享有所有权。银行此时所享有的有独立请求权的第三人地位并非基于其对按揭贷款所有权人的权利。出卖人将已收取的购房贷款和购房款的本金及利息分别返还给银行和购房人,有利于充分保护当事人的权利,并避免当事人的诉累。按揭贷款合同解除后,产生溯及既往的效力。购房人应当返还按揭银行已发放的全部贷款,按揭银行应当返还购房人已偿还的部分贷款及利息。在商品房买卖合同解除的同时,则应由开发商返还按揭款,这当然是在开发商已收回涉案买卖的房屋的前提下进行。开发商向按揭银行返还的是购房人的全部贷款,不应包括首付房款。按揭银行在收到的全部按揭款里,返还购房人已交付贷款。在开发商违约的前提下,购房人解除房屋买卖合同与按揭贷款合同,已经支付给开发商的购房本金依法由开发商返还。两个合同的解除系开发商违约导致,购房人已经开始偿还按揭贷款的,因为银行本身不存在违约情形,不可能向购房人返还按揭贷款,已向银行偿还的贷款亦应由开发商向购房人返还,这依法应当视为赔偿合同解除导致的合理损失。开发商返还本金时应加有利息,因为利息损失也是违约所致。对于签订按揭贷款合同时银行支付给开发商的购房贷款本金,此时合同已经解除,开发商有向银行返还购房贷款本金的义务。

对于解除商品房买卖合同与按揭贷款合同导致的损失,如果是购房人的原因

---

〔1〕 参见北京市高级人民法院民一庭编:《北京民事审判疑难案例与问题解析》(第2卷),法律出版社2007年版,第76页。

导致合同解除,则应由购房人承担开发商和按揭银行的损失;如果是开发商的原因,则应由开发商承担购房人和按揭银行的损失。在购房人因开发商原因解除按揭贷款合同时,购房人应当向按揭银行承担损害赔偿责任,该部分最终可计入商品房买卖合同项下开发商违约所致购房人损失的组成部分。按揭银行的损失应以实际损失为限,而不包括预期利益的损失。也就是说,因商品房买卖合同被解除,致使商品房担保贷款合同的目的无法实现,当事人解除商品房担保贷款合同的,系因合同目的无法实现,而非源于当事人的合同义务不履行,因此,贷款银行已经获得的按揭贷款利息应予返还,借款人只需负担其占用款项期间的正常贷款利息即可。

【案例5-131】 肖某生、陈某玲诉上海银行股份有限公司青浦支行、上海博锦房地产开发中心有限公司等商品房买卖合同、按揭贷款合同纠纷案

一审法院认为,博锦公司逾期交房已超过60日,肖某生等有权解除商品房预售合同。该合同解除后,肖某生等有权解除借款担保合同,博锦公司应按约将肖某生等支付的房款返还肖某生等,并赔偿肖某生等因此所产生的损失。博锦公司应向上海青浦支行返还自判决生效之日的剩余贷款。二审法院认为,肖某生等作为一审原告将上海青浦支行列为被告,并为不当。商品房买卖合同解除后,购房人有权解除按揭贷款合同。银行因按揭贷款合同解除而受的损失,可要求购房人予以赔偿。开发商违约导致房屋买卖合同解除,进而导致按揭贷款合同解除的,购房人向银行承担的损失赔偿责任最终应由开发商承担。在商品房买卖合同纠纷和按揭抵押贷款合同纠纷合并审理时,可由贷款的实际收取方即开发商直接将购房贷款返还给银行,并直接向银行承担购房人应当承担的责任。就结果而言,一审判决并无不当。[1]

【案例5-132】 赵某梅诉武汉汉口北信和农贸市场有限公司、招商银行股份有限公司武汉分行商品房买卖合同纠纷案

一审法院认为,关于原告赵某梅主张信和农贸公司承担利息损失的问题。按照合同约定,信和农贸公司逾期交房导致合同解除,信和农贸公司应向原告支付违约金。但合同对该违约金的计算方法约定不明,对于信和农贸公司违约给原告造成的损失,本院根据原告的实际损失,信和农贸公司的履行情况及违约程度等综合因素,依法确定原告实际损失的数额以购房款首付款193083元为基数,按中国人民银行同期贷款利率自2013年12月18日起

---

〔1〕 参见国家法官学院案例开发研究中心编:《中国法院2015年度案例》(房屋买卖合同纠纷),中国法制出版社2015年版,第2~3页。最高人民法院中国应用法学研究所编:《人民法院案例选》2015年第2辑(总第92辑),人民法院出版社2016年版,第134页。

计算至本判决确定的履行期限届满之日止。信和农贸公司已支付给原告的违约金3403元,予以冲抵。[1]

在商品房按揭贷款商业模式下,存在商品房买卖合同和商品房担保合同双重法律关系,因开发商违约不能交房导致各方合同解除,在购房人无过错的情况下,应由开发商承担购房人所欠剩余贷款本息的还款责任。

【案例5-133】 中国建设银行股份有限公司青海省分行与王某诚、王某博、王某宝、青海越州房地产开发有限公司金融借款合同纠纷再审案

最高人民法院认为,根据各方当事人诉辩意见,本案再审争议焦点为,案涉《借款合同》解除后王某诚等三人应否承担剩余贷款的还款责任。对此,本案评析如下:第一,关于案涉《借款合同》解除后的贷款返还责任主体问题。《房屋买卖合同解释》第二十五条第二款规定:"商品房买卖合同被确认无效或者被撤销、解除后,商品房担保贷款合同也被解除的、出卖人应当将收取的购房贷款和购房款的本金及利息分别返还担保权人和买受人。"本案中,因越州公司未按约定期限交付房屋,致使案涉《商品房预售合同》解除,《借款合同》《抵押合同》因合同目的无法实现亦被解除。根据前述规定,应由出卖人越州公司将收取购房贷款本金及利息返还建行青海分行,王某诚等三人不负有返还义务。第二,关于案涉《借款合同》中相关格式条款的适用问题。案涉《借款合同》第十九条载明:"贷款人与借款人的借贷关系解除的,借款人应当立即返还其贷款本金、利息、罚息及实现债权的费用,或委托售房人直接将上述款项归还贷款人。"该条款系建行青海分行为重复使用而提前拟定的格式条款。在《房屋买卖合同解释》已经明确规定,商品房买卖合同和商品房担保贷款合同解除后,出卖人将收取的购房贷款的本金及利息直接返还给贷款人而非购房人(借款人)的情况下,建行青海分行拟定该条内容,意味着要求王某诚等三人在既未取得所购房屋亦未实际占有购房款的情况下归还贷款,明显不合理地加重了王某诚等三人的责任,根据《合同法》第四十条"……提供格式条款一方免除其责任、加重对方责任、排除对方主要权利的,该条款无效"之规定,该条款对王某诚等三人不具有拘束力。第三,关于商品房按揭贷款商业模式下各方当事人权利义务关系问题。本案涉及商品房买卖合同和商品房担保合同双重法律关系。从合同内容来看,在商品房买卖合同中,王某诚等三人支付房款,越州公司交付房屋,建行青海分行将王某诚等

---

〔1〕 参见国家法官学院案例开发研究中心编:《中国法院2017年度案例》(房屋买卖合同纠纷),中国法制出版社2017年版,第247页。

三人所贷款项直接支付给越州公司,越州公司实际用款。王某诚等三人并不支配购房贷款,但需偿付贷款本息。如果案涉合同正常履行,王某诚等三人取得房屋,各方权利义务亦可保持平衡。但本案中,因越州公司不能交付房屋而致合同解除,导致合同约定的各方权利义务严重失衡。具体表现为:越州公司违约不能交房导致各方合同解除,但却实际占有使用王某诚等三人支付的首付款及建行青海分行按揭贷款;建行青海分行根据合同约定既享有抵押权,又同时享有对越州公司、王某诚等三人的债权;王某诚等三人未取得房屋,却既支付了首付款,又需偿还按揭贷款。若按合同约定的权利义务关系处理,则在王某诚等三人对合同解除无过错的情况下,仍要求其对剩余贷款承担还款责任,明显不合理地加重了其负担,各方权利义务失衡,有违公平原则。因此,审理案件时,必须充分考虑商品房按揭贷款商业模式下各合同之间的密切联系和各方权利义务关系的平衡问题,避免因强调单个合同的相对性而造成三方权利义务的失衡。综上,建行青海分行请求王某诚等三人归还剩余贷款并支付利息的请求不能成立,其为本次诉讼产生的律师费亦不应由王某诚等三人承担,王某诚等三人的再审请求成立,应予支持。二审判决对此认定有误,本院予以纠正。判决:一、撤销二审判决;二、维持一审判决。[1]

在买受人不能向贷款银行偿还贷款的情况下,法院可将买卖合同解除和银行按揭贷款合同解除纠纷合并审理,可以由开发商直接向银行返还贷款,并直接向银行承担买受人应当承担的责任。

【案例5-134】 房地产公司诉吴某龙商品房预售合同纠纷案

一审法院认为,房地产公司与吴某龙在合同中约定逾期偿还银行到期贷款本息累计两次以上(含两次)或者银行终止借款合同或者银行通知房地产公司承担保证责任的,房地产公司有权解除《商品房买卖合同》。现吴某龙已逾期向某银行天台县支行还款累计5期,解除合同的条件已成就,故对房地产公司要求解除《商品房买卖合同》的诉讼请求予以支持。合同解除后,尚未履行的,终止履行;已经履行的,根据履行情况和合同性质,当事人可以要求恢复原状,采取其他补救措施,并有权要求赔偿损失。吴某龙、某银行天台县支行应当协助房地产公司办理注销《商品房买卖合同》项下房地产的备案登记手续以及预购商品房预告登记手续。《商品房买卖合同》解除后,《个人购房担保借款合同》的合同目的无法实现,某银行天台县支行作为担保人主张同时解除《个人购房担保借款合同》,而房地产公司亦请求法院判决由其直接向某银行天台县支行支付贷款本息,双方实际达成了解除合同的合

---

〔1〕 最高人民法院(2019)民再245号民事判决书。

意,对某银行天台县支行解除《个人购房担保借款合同》诉讼请求,法院予以支持。对于某银行天台县支行因《个人购房担保借款合同》而遭受的利息损失,上述合同解除系买受人吴某龙违约导致,某银行天台县支行最终可向吴某龙主张,为减少当事人之间不必要的诉累,利息损失可由房地产公司直接向某银行天台县支行进行赔偿,房地产公司已赔偿的款项,在应当返还吴某龙的购房款中予以抵销。利息损失参照《个人购房担保借款合同》中的约定计算至本息还清之日止。判决:一、解除房地产公司与吴某龙签订的《商品房买卖合同》;二、解除房地产公司、吴某龙、某银行天台县支行签订的《个人购房担保借款合同》;三、房地产公司返还吴某龙购房款;四、房地产公司返还某银行天台县支行贷款本金并赔偿利息损失;五、吴某龙应赔偿房地产公司律师代理费损失并赔偿第四项目中房地产公司已向某银行天台县支行支付的利息,律师代理费及利息损失在第三项中予以抵扣。[1]

〔1〕 参见国家法官学院、最高人民法院司法案例研究院编:《中国法院2022年度案例》,中国法制出版社2022年版,第244页。浙江省台州市天台县人民法院(2020)浙1023民初903号民事判决书。

专题六　商品房买卖预约合同纠纷

对于预约合同，《民法通则》《民法总则》以及《合同法》未作具体的规定，但2003年6月1日实施的《房屋买卖合同解释》第四条、第五条作了规定，2012年7月1日实施的《买卖合同解释》第二条又作了规定。《民法典》第四百九十五条为处理预约合同纠纷提供了明确法律依据。预约合同在现实社会生活中运用广泛，尤其是在商品房买卖合同中，因大量出现的商品房认购、预订等协议而引发的争议问题频发，因而进一步探讨商品房预约合同有重要意义。

一、商品房买卖预约合同理解

预约合同,是“对未来订立一定内容契约之约定,称为契约”。也有学者认为,“预约,或者预备性契约,是谈判当事人一方或双方为将来订立确定性本合同达成的书面允诺或协议”。[1] 笔者认为,预约合同是约定将来订立一定契约的契约。因为预约合同本身就是一种契约,只不过它的标的比较特殊,是一种订立契约的行为,目的是确保与相对人在将来订立特定的合同。预约从本质上讲,应当是形式完备的合同。换言之,预约与尚未构成合同关系的其他文书相比,其根本区别就在于预约具备了合同成立的要件。预约作为一种合同形式,其成立亦应具备一般合同成立的要件,包括当事人、标的、意思表示等要素,即预约从形式到内容上而言,都是确定的。

《民法典合同编通则解释》第六条规定:“当事人以认购书、订购书、预订书等形式约定在将来一定期限内订立合同,或者为担保在将来一定期限内订立合同交付了定金,能够确定将来所要订立合同的主体、标的等内容的,人民法院应当认定预约合同成立。

当事人通过签订意向书或者备忘录等方式,仅表达交易的意向,未约定在将来一定期限内订立合同,或者虽然有约定但是难以确定将来所要订立合同的主体、标的等内容,一方主张预约合同成立的,人民法院不予支持。

当事人订立的认购书、订购书、预订书等已就合同标的、数量、价款或者报酬等主要内容达成合意,符合本解释第三条第一款规定的合同成立条件,未明确约定在将来一定期限内另行订立合同,或者虽然有约定但是当事人一方已实施履行行为且对方接受的,人民法院应当认定本约合同成立。”

(一) 预约合同范围的理解

现实生活中,开发商为了及早将商品房销售出去,或者在事实、法律上存在当

---

〔1〕 参见吴颂明:《预约合同研究》,载梁慧星主编:《民商法论丛》2000 年第 2 卷(总第 17 卷),金桥文化出版(香港)有限公司 2000 年版,第 507 页。

时不能克服的销售障碍，开发商往往在与购房人订立正式买卖合同之前，先与购房人签订预约合同，作为买卖合同签订前双方行使权利、承担义务的书面凭证。商品房买卖预约合同的具体范围有多大，这是实务中经常有争议的问题。一般认为，预约合同包括意向书、认购书、购买不动产的定金收据、原则协议、谅解备忘录、协议要点、谈判要点、谈判纪要等。[1] 司法实践中的预约表现形态复杂多样，如意向书、允诺书、认购书、原则协议、谅解备忘录、协议要点、定金收据、谈判纪要等。《房屋买卖合同解释》第四条明确了认购、订购、预订等属于预约合同范围。在我国应用广泛的是认购书，其情形相当复杂，有的认购书没有任何法律意义，有的其实就是本约，这些自然不属于预约合同的范围。"认购书的内容一般包括：双方当事人的基本情况；房屋基本情况（含房屋位置、面积等基本情况）；价款计算；签署契约的时限规定。"[2]笔者认为，其他名称不一的形式，如果要归属预约合同的范围之内，也应该基本具有以上方面的内容，但具体而言，内容可多可少而非绝对一致。商品房买卖的认购、订购、预订等协议一般是指商品房买卖合同双方当事人在签署预售契约或买卖契约之前所订立的文书，是对双方交易有关事宜的初步确认，其性质即属于商品房买卖预约合同。

司法实践中，判断认购书、订购、预订等是否属于预约合同范围，笔者认为应把握以下条件：

1. 交易主体的特定化

预约合同所约束的实际权利义务主体必须是将来订立本约的双方当事人。

2. 预约应体现双方意思一致的规则

预约本身就是一种合同。[3] 一种独立的合同，应具备合同成立的要素，即双方当事人意思表示真实，形成了合意，合同的法律性质由合意内容决定。《民法典》第四百六十四条规定："合同是民事主体之间设立、变更、终止民事法律关系的协议。"这说明，当事人的意思表示一致合同即告成立。当事人合意的不同，形成了合同的不同法律类型。[4] 有学者认为："在合意规则下，合理的信赖有时应当获得保护。""预约合同，仍然在当事人意思自治的领域之内。"[5]这种合意性在

---

[1] 参见邓基联主编：《房屋买卖合同纠纷》，法律出版社 2010 年版，第 31 页。

[2] 参见谭蓉：《浅析商品房销售中的认购书》，载《人民法院报》2002 年 8 月 6 日，第 3 版。

[3] 参见吴颂明：《预约合同研究》，载梁慧星主编：《民商法论丛》2000 年第 2 卷（总第 17 卷），金桥文化出版（香港）有限公司 2000 年版，第 538 页。

[4] 参见张真理、王天明：《论楼宇认购书》，载《法律适用》2005 年第 4 期。

[5] 参见吴颂明：《预约合同研究》，载梁慧星主编：《民商法论丛》2000 年第 2 卷（总第 17 卷），金桥文化出版（香港）有限公司 2000 年版，第 507 页。

实务中与认购书的法律性质认定发生内在联系。

【案例6-1】　仲某清诉上海市金轩大邸房地产项目开发有限公司合同纠纷案

一审法院认为,关于涉案意向书的法律性质问题。原告仲某清与被告金轩大邸公司签订《金轩大邸商铺认购意向书》,约定原告向被告交付购房意向金,双方初步确认金轩大邸商铺的有关事宜,从而对双方在金轩商铺正式认购时签订商品房预售合同达成了合意。对于意向书的签订及其内容双方均无异议,应予以认定。涉案意向书中虽对意欲交易的商铺的楼号、房型、价格没有作明确约定,但其主要内容是对将来进行房屋买卖的预先约定,主要预约事项内容是完整的,而商铺的楼号、房型、价格等内容均可由双方最终签订正式商品房预售合同时予以确认。因此,涉案意向书不是通常意义的"意向书",而具有预约合同性质。[1]

3. 愿意受协议约束的意思表示

这是指协议的效力问题,也是指协议双方当事人同意受到订立的预约合同的约束,否则预约合同不会发生合同效力。若当事人在意向协议书中商定了部分合同条款并约定:双方将以该意向协议书为基础,继续就需要明确的其他事项进行协商的,尽管双方签署了书面合同,但没有包含正规合同达成前受意向协议约束的意思,所以不能发生预约合同的效力。

4. 预约确定双方为订立本约而进行磋商义务

这是预约合同最突出的特征。预约合同的主要意义就在于当事人设定了按照公平、诚信原则进行磋商以达成本约的义务。因此,当事人是否承担预约合同的违约责任,亦应以是否违反公平诚信、磋商义务为要件。这里面还包含义务指向特定项目即商品房内容的确定。

5. 预约应具备期限性

预约标的应当是在一定期限内签订本约。《民法典》第四百九十五条第一款规定:"当事人约定在将来一定期限内订立合同的认购书、订购书、预订书等,构成预约合同。"

在《民法典》颁布之前,预约合同属于非典型的无名合同。实践中,预约合同往往被冠以不同的名称,就某一契约是否被认定为预约常发生争议。置业预算表

---

〔1〕 参见《最高人民法院公报》2008年第4期。

（或置业计划书），是商品房销售过程中，由开发商统一制作并交购房人填写，用以确定双方初步交易合意的格式文书。置业预算表多由开发商的置业顾问或销售代表与购房人共同签署，一般没有加盖开发公司的公章，签署的地点一般在开发楼盘销售地点或代理销售处。基于置业预算表性质的不确定性，司法实践中对其是否属于预约合同认定不一。签约置业预算表实质上是早期商品房销售市场通用的认购书、订购书等文本的一种变体，其目的在于及时确认买卖双方的初步交易意愿，并最大限度地促进和保证交易的最终达成，本质上是双方规避交易风险的一种措施和形式。商品房买卖交易过程中，签约置业预算表一般会对当事人的基本情况、房屋的基本状况、价款计算、认购时间及签署契约的时限等内容进行约定，是对买卖双方对特定房屋达成购房初步合意的确认，产生对买卖双方签订本约义务的约束力，符合预约合同构成要件。

【案例6－2】 陈甲、陈乙诉重庆丰盈房地产开发有限公司商品房预约合同纠纷案

一审法院认为，签约置业预算表中包含了当事人的基本情况、房屋的基本状况、价款计算、认购时间及签署契约的时限等内容，符合认购书的要件，因此，该预算表可认定为双方签订商品房买卖合同前所订立的认购书。虽然被告对签约置业预算表及定金和房款收据等持有异议，但是，原告举示的委托书、团购申请及承诺书、置业预算表、定金收据及房款收据等收据之间能够形成证据锁链，可证实二原告欲购买被告开发的特定房屋，并向被告交纳了定金20万元及房款50万元的事实。二审法院认为，双方当事人签订的签约置业预算表确定了房号、面积、单价、付款方式及正式签约时间等，符合预约合同的法律特征，且原告向被告交付了20万元定金，因此应视为双方的预约合同合同关系成立。[1]

（二）预约合同效力的理解

关于开发商在签订预约合同阶段，尚不具备预售条件，其与购房人签订的预约合同是否有效的问题。实践中，如开发商已办妥立项、规划、报建审批手续，则开发项目的总面积、容积率、建筑密度、绿化率等建筑指标均已确定，即商品房中位置、户型、朝向、结构等对商品房销售价格有实质影响的条件已确定，但尚不具备预售条件，因为尚未取得商品房预售许可证。在此情况下，对能否签订预约合

〔1〕 参见方剑磊、肖瑶、肖明明：《预约买房人可主张双倍返还定金》，载《人民司法·案例》2015年第2期。

同的理解是有不同的。笔者认为，应当说此时开发商已具备签订预约合同的条件，在预约合同即认购书中可以对商品房销售的核心条款作出约定，待条件成熟时即可签订正式的商品房销售合同（即本约）。

【案例6-3】　仲某清诉上海市金轩大邸房地产项目开发有限公司合同纠纷案

一审法院认为，关于涉案意向书是否有效的问题。被告金轩大邸公司辩称在未取得相关许可证之前，依法不能对外预售房屋，因此其同原告仲某清签订的意向书应属无效。根据本案事实，涉案意向书是在原、被告双方均对被告能够合法取得相关许可证书有合理的预期的情形下，对原、被告将来签订房屋预售合同的预先约定，涉案意向书并非预售合同，法律对商品房预售合同的强制性规定并不适用预约合同。即使金轩大邸公司出于种种原因最终没有取得相关许可证，也不因此导致对预约合同本身效力的否定。此外，本案的事实是被告最终取得了相关开发及销售房产的许可证，也进行了对涉案商铺的实际销售，因此，被告的该项抗辩理由没有事实根据和法律依据，不能成立，应认定原告与被告签订的涉案意向书合法有效。二审法院持同样观点。[1]

应该加以明确的是，开发商是否取得商品房预售许可证，不是判断预约合同发生效力的条件或标准。预约合同不具备《商品房销售管理办法》第十六条规定的商品房买卖合同的主要内容或出卖人未实际收受购房款的，在商品房未取得预售许可证的情况下，预约合同不因此无效。最高人民法院民一庭认为，既然作为预约合同的《商品认购书》是出卖人和买受人双方为将来订立本约合同的《商品房买卖合同》所作的承诺，而非正式的商品房预售行为，作为法定的商品房预售行为强制性前提条件的商品房预售许可证明就不应认定为出卖人订立预约合同的前提条件，即房地产开发企业在取得商品房预售许可证前与买受人签订的《商品房认购书》等预约合同均为有效。[2]

【案例6-4】　耀鹏公司诉肖某确认合同无效纠纷案

一审法院认为，肖某与耀鹏公司签订的《认购协议》所约定的内容，符合预约合同的特征，协议中没有对《商品房销售管理办法》第十六条规定的多数关键性条款作出约定，肖某所支付的30000元性质为选购金，对其余房款的支付仅在“风翔苑欢迎您”中作出概算，未作具体约定，更未实际交付该房款，因此，肖某与耀鹏公司签订的《认购协议》属商品房买卖预约合同，不应

---

〔1〕参见《最高人民法院公报》2008年第4期。

〔2〕参见最高人民法院民事审判第一庭编：《民事审判实务问答》，法律出版社2021年版，第99页。

认定为商品房买卖合同,不适用《房屋买卖合同解释》第二条的规定,遂判决该协议无效。二审法院改判驳回耀鹏公司的诉讼请求。〔1〕

确认某些认购书能否成为预约合同,还涉及签订认购书阶段的问题,也就是说,认购书签订的阶段决定着预约合同的效力。签订认购书时,真正的商品房买卖行为并未发生,仍处于商品房买卖成立前的前合同阶段,即使双方当事人完全履行了认购书,仍需双方另行签订商品房预售合同或现房销售合同。《房屋买卖合同解释》第五条未规定应在哪一阶段双方签订预约合同。在开发项目尚未立项时,如果允许开发商向社会公开销售房屋,认购书就不是针对特定项目签订的,认购书上的所有条款都是不确定的,认购书是建立在空中楼阁上的,缺乏商品房的现实基础,在这一阶段签订的认购书与非法融资并无实质上的区别,应当依法确认无效。最高人民法院法官认为,商品房买卖合同认购书应当在办妥立项、规划、报建审批手续后,取得商品房销售许可证之前的一段时间内签订。〔2〕笔者赞同这种观点。也就是说,不是在这一阶段签订的认购书等不应界定为预约合同。

与商品房买卖预约合同范围紧密联系且有争议的是商品房认购书说明条款的效力认定。现有商品房认购书一般在“说明栏”载明:在签订本认购协议书之前出卖人已向认购人明示《商品房预售许可证》、拟签订的《商品房买卖合同》及合同附件、补充协议;认购人已仔细阅读合同的所有约定条款、选填内容,认购人对上述合同约定条款、选填内容无异议(以下简称说明条款)。实践中,对认购书该说明条款的法律效力认定不一。笔者认为,该说明条款属于限制开发商责任和排除认购人主要合同权利的格式条款。因认购书在法律性质上属于预约合同,虽然其包含正式买卖合同的标的物、价款等核心条款,但其赋予当事人双方的主要权利义务系在约定的期限内继续谈判磋商其他合同条款并签订正式买卖合同。由于继续磋商是认购人的一项主要合同权利,而认购书中的说明条款在很大程度上使认购人及格式条款承诺人继续协商的契约自由受到较大限制。根据原《合同法解释(二)》第十条的规定,认购书的说明条款并非必然无效。在格式条款具有免除己方责任、加重对方责任、排除对方主要权利内容时,如果格式条款提供方已尽合理提示和说明义务,该条款不能轻易认定无效。具体来讲,从提请注意的程度看,开发商应向认购人提供足够的时间阅读正式买卖合同及合同附件、补充协议的内容,使其对条款内容有足够了解;从提请注意的方式看,开发商可以采用加

〔1〕 重庆市第四中级人民法院(2015)渝四中法民终字第01323号民事判决书,载《人民法院报》2016年6月16日,第6版。

〔2〕 参见最高人民法院民事审判第一庭编:《最高人民法院〈关于审理商品房买卖合同纠纷案件司法解释〉的理解与适用》,人民法院出版社2003年版,第61页。

大、黑体标题等醒目方式印制该说明条款，并在其后留出单独空白，供认购人专门签字确认等。

本约合同签订后预约合同的效力问题。预约合同和本约合同是分别独立的合同。预约合同的首要目的就是在一定期限内签订本约合同。随着本约合同的订立，预约合同的具体权利义务由本约合同所吸收并进行约束调整，预约合同的目的已经达到、使命已经完成，已然失去其应有的作用，预约合同在本约合同签订后即终止。合同解除分为法定和约定解除，法律并未规定本约合同签订后预约合同解除，故不符合法定解除的条件。虽然预约合同和本约合同所指向的标的、终极目的是相同的，但两者的权利义务截然不同，不能因此判定双方作出了解除合同的合意，故当然不是约定解除。在签订本约后，预约合同不能与本约合同并存，再对已完成使命的预约合同作出效力评价，赋予预约合同法律效力，给予肯定和保护，无疑造成当事人法律逻辑的混乱，也不符合《民法典》之鼓励交易，提高市场效率精神。由于本约合同签订这一法律事实的发生，使预约合同所设定的债权债务在客观上不再存在，预约合同权利义务终止，再行确认预约合同的效力已无意义，法院不应支持。

【案例6－5】　程某诉中瓯地产集团温州房地产有限公司商品房预售合同纠纷案

一审法院认为，《商品房预定协议书》约定双方当事人于预定期满前签订《商品房买卖合同》，可见《商品房预定协议书》系预约合同。双方当事人签订《商品房买卖合同》之后，预约合同中当事人的权利义务已由本约合同吸收，当事人的权利义务由本约合同进行调整，原告程某再行确认预约合同的效力已无意义，故驳回原告程某的诉讼请求。二审法院认为，《商品房预定协议书》第五条系双方当事人的真实意思表示，其内容不违反法律、行政法规的强制性规定，不存在无效情形，但《商品房买卖合同》及其附件对该协议书第五条所涉及的事项重新进行了约定，该协议书第五条已被《商品房买卖合同》所取代。据此，二审法院维持原判。[1]

附条件合同中合同义务不能作为预约合同生效条件。

【案例6－6】　吴某珍、方某诉经济发展公司商品房预约合同纠纷案

一审法院认为，吴某珍、方某与经济发展公司签订《商品房买卖合同预订书》约定经济发展公司通过预订方式向吴某珍、方某收取定金作为商品房买卖合同的担保，双方形成商品房预约合同关系。讼争《商品房买卖合同预订书》第五条约定“1. 甲、乙双方签署本预订书之日，乙方必须向甲方交足100

〔1〕　浙江省温州市中级人民法院(2016)浙03民终1207号民事判决书。

万元人民币作为购买上述商品房的定金。本预订书在乙方交付本款约定的定金时生效，并在双方签订正式《商品房买卖合同》后由甲方收回作废”，双方又在合同备注条款将前述100万元的定金支付时间变更约定为2019年8月24日支付50万元，2019年8月25日前支付50万元，现吴某珍、方某以其尚未足额支付前述100万元定金为由主张《商品房买卖合同预订书》尚未生效，依据不足。首先，双方当事人可以对合同生效条件进行约定，该条件是将来可能发生的合法事实；作为条件的事实必须是因其自然进程发生或不发生的，不能假之于任何一方当事人的影响，否则难免对另一方当事人产生不公平的结果。因此，条件的成就与不成就应以客观规律决定，当事人不得恶意促成或阻碍。其次，讼争的《商品房买卖合同预订书》将吴某珍、方某支付的定金合同约定为合同的生效条件，但合同义务与合同生效条件之间是有严格区别的，二者不能混淆。支付约定的定金是吴某珍、方某应履行的合同义务，不符合前述作为条件的事实，应属于因其自然进程发生或不发生的事实。此外，吴某珍、方某也已经依约支付了50万元的定金，此后因不愿再购买讼争商品房而未继续支付剩余50万元定金，也属于恶意阻碍约定条件成就的情形。综上所述，应认定讼争的《商品房买卖合同预订书》已经发生法律效力，吴某珍、方某签订该预定书后未依约支付款项，并于2019年9月6日明确提出不再购买讼争商品房，故本案系因吴某珍、方某原因未能订立商品房买卖合同，按照法律关于定金的规定处理，其无权要求退还已支付的定金。判决：驳回吴某珍、方某的诉讼请求。二审法院同意一审法院裁判意见，判决：驳回上诉，维持原判。[1]

---

〔1〕 参见国家法官学院、最高人民法院司法案例研究院编：《中国法院2023年度案例》（房屋买卖合同纠纷），中国法制出版社2023年版，第8~9页。福建省厦门市中级人民法院（2021）闽02民终3255号民事判决书。

二、商品房买卖预约合同中的定金适用

(一)定金处理

商品房买卖预约合同纠纷的核心是定金罚则的适用问题。根据《城市房地产管理法》的规定,商品房预售受到严格的条件限制,当开发商具备了法律规定的全部要求之后,才能取得商品房预售许可证,开始进行商品房预售。现在商品房市场上,名为《内部认购单》《房号保留协议》等的认购书,其实质内容均是约定购房人在未来的某个时间与开发商签订预售合同,由此可见开发商进行认购行为的目的归根结底是对商品房的预售。对商品房买卖预约合同纠纷应首先确定认购书的效力。根据《民法典》第一百五十七条的规定,合同无效后,因该合同取得的财产,应当予以返还。据此,认购书被认定无效后,开发商应当无条件退还认购款,同时还要注意,此处认定认购书为无效合同,因此不存在双倍返还定金的情况。实践中,主要依据《房屋买卖合同解释》的规定,对预约合同是否适用定金罚则区分不同情况处理:

其一,因不可归责于当事人双方的事由,导致未能订立商品房买卖合同的,开发商应当将定金返还购房人。即双方对不能签订预售合同均无过错,定金应返还购房人。担保法司法解释中将定金分为五类,其中立约定金是指为保证正式签订合同而交付的定金。认购书中的定金根据《房屋买卖合同解释》在性质上属于立约定金,其目的不是保证合同的履行,而是约束双方当事人去订立预售合同和买卖合同,即对合同条款进行积极的协商。当双方当事人善意地履行了合同洽谈义务,因不可归责于当事人的事由,最终未达成合意,立约定金不应当发生作用。

关于不可归责于双方当事人的事由,法律上没有明确界定。最高人民法院民一庭进一步明确不可归责于当事人的事由包括两种情况:一是双方当事人均无违约行为,只是就有关条款协商不一致;二是不可抗力和其他当事人意志以外的因素导致商品房买卖合同未能成立。一般认为,认购人按照约定的时间与开发商订立买卖合同,即应表明其所负的义务即已履行,双方不能协商一致签订合同不属于某方的违约行为。“有关条款协商不一致”是一个“弹性规定”,也是司法实践中争议的焦点。“有关条款”首先应是认购书明确约定以外的条款,认购书中已经明确约定的条款,具有法律约束力,双方在签订正式合同时,无须再进行协商。其次应是买卖合同的主要条款,并不是指所有的条款,如果任何条款协商不成都可适用此原则,认购书将失去其约束意义。换言之,预约合同中的已决条款,非经当事人协商一致不得更改,否则构成对预约合同的违约。对预约合同中的未决条款或无约定的,则由双方当事人继续谈判,以达成正式、完备的本约。在无悖于公平原则情况下磋商不成,或因不可归责于双方当事人的事由,未能订立本约的,则不存在违约,预约合同相应解除,如附定金担保的,已付定金应予返还。

【案例6-7】 周某尧诉广西华实房地产开发有限公司商品房预售合同纠纷案

一审法院认为,双方对未能如约签订《商品房买卖合同》的原因各执一词,而原告作为商品房买受人,其有权就《商品房买卖合同》的内容提出修改意见,其行使该合同权利的行为已通过其发给被告的邮件予以体现,亦可由此推出双方已就合同签订事宜进行协商的事实,故原告在签订过程中并无违约行为。被告作为出卖人,在买受人就合同条款提出异议的情况下,亦可在其利益角度下审视买受人提出的意见能否保障其经营利益,其行为亦不能认为是违约。结合双方签订的定购协议书内容可见,当事人协商的主合同条款并未在定购协议中进行详细约定,故原、被告协商不成,不能认为是任何一方当事人违反定购协议的约定而拒绝订立主合同,因而不能适用定金罚则。[1]

实践中,开发商表示随时可以签订正式商品房买卖合同,购房人不同意签订,属于双方在磋商过程中无法达成一致,双方均无过错,不适用定金罚则。

【案例6-8】 姜某广诉大连仕豪房地产开发有限公司房屋买卖合同纠纷案

一审法院认为,本案中,因原、被告双方签订的《新华国际商铺认购书》的性质为预约合同,则原告向被告交付的定金应为预约定金,具有履约定金性质。被告在2015年12月22日向新华国际项目各位业主发出《告知书》,其内容并未明确表示不能签订正式的《商品房买卖合同》,其性质应为被告依据诚信原则向业主们提出的磋商内容,且被告亦在本案庭审中表示随时签订正式的《商品房买卖合同》。虽原告现表示不同意签订正式的《商品房买卖合同》,但这个过程证明原、被告双方均已履行了预约合同的诚信谈判义务,因双方最终未能协商一致,故双方均不存在违约行为,无须适用定金罚则。[2]

---

〔1〕 参见国家法官学院案例开发研究中心编:《中国法院2012年度案例》(房屋买卖合同纠纷),中国法制出版社2012年版,第18页。

〔2〕 参见国家法官学院案例开发研究中心编:《中国法院2018年度案例》(房屋买卖合同纠纷),中国法制出版社2018年版,第201~202页。

一方当事人主张对方当事人违反预约合同,应承担相应的举证责任。如举证不能的,则推定对方当事人未违反预约合同。

【案例6-9】　石某兰诉成都市京谊房地产发展有限责任公司商品房预售合同纠纷案

一审法院认为,在经公证书确认的现场录音资料中显示,被告的销售人员确认了原告曾分别于2011年12月25日、30日前往售楼部协商的事实,且被告明确表示就房屋买卖合同的签订时间给原告延期,故对被告主张原告违约在先的请求不予支持。涉案商铺售价高达1868589元,被告在商品房广告宣传单上关于"雄飞中心商铺投资价值分析"的内容,是对房屋价格确定有重大影响的描述和允诺,故原告关于将十年回报率的保障性问题写入《商品房买卖合同》的要求合乎情理。双方当事人各自出于自身利益考虑,无法就上述问题达成一致,未能签订《商品房买卖合同》,双方均无过错,被告应将10万元定金返还原告。二审法院亦持同样意见。[1]

【案例6-10】　楚某诉北京润地置业有限公司商品房预约合同纠纷案

一审法院认为,对于《认购协议》签订后,未签订房屋买卖合同的原因,双方所述不一。原告称系被告润地置业公司未事先告知其房屋存在抵押事实,通过庭审调查,本案讼争房屋存在抵押的事实。但被告润地置业公司称已在签订《认购协议》时将此事实出示给原告,但被告润地置业公司就此未能提供证据。虽在房屋销售过程中,此种抵押并不影响销售,但作为购房者,房屋抵押系影响其购房判断的重大事实,售房者应当在签订合同前充分告知。现因被告润地置业公司并无证据证明已向原告进行了告知,故原告不再签订购房合同,系因不可归责于当事人双方的事由,被告应当将定金返还买受人。因现房屋已售他人,原告亦不再主张购买,现原告要求解除《认购协议》并退还定金的诉讼请求,本院予以支持。[2]

个案中,开发商与购房人均主张对方违约,由法官根据具体案情确认是否构成违约并适用定金罚则。

【案例6-11】　李某诉春祥公司房屋买卖合同纠纷案

一审法院认为,关于焦点二。根据当前商品房交易流程及操作习惯,房地产开发商与买受方签订商品房买卖合同均适用网签。考虑网签合同需要

---

〔1〕参见国家法官学院案例开发研究中心编:《中国法院2014年度案例》(房屋买卖合同纠纷),中国法制出版社2014年版,第39页。

〔2〕参见国家法官学院案例开发研究中心编:《中国法院2017年度案例》(房屋买卖合同纠纷),中国法制出版社2017年版,第22~23页。

房地产销售商在网签系统中录入合同相关信息,经合同双方确认后引入网签系统申请合同备案,完成网上备案方能生成合同编号,然后由销售商打印网签合同文本,交由买受方签字盖章。故其与传统购房合同在流程上存在一定区别,买受方负有向房产销售商提供信息以及确认电子合同内容的协助、配合义务。本案双方在2019年2月18日签订的购房协议中明确约定,双方签订正式《商品房买卖合同》的时间为李某支付首付款后5天之内。李某于2019年3月4日支付了首付款,其应于2019年3月9日前协助、配合春祥公司网签正式《商品房买卖合同》属于应当明知的事项。实践中,考虑网签合同操作的现实需要,买受方履行协助、配合义务的场地均在房地产开发商指定的场所(一般为售楼处)。现李某主张春祥公司未履行通知其签订合同或者将合同纸质文本送交其签字盖章,构成合同违约,缺乏事实及法律依据,不予采信。另外,原告主张被告在双方签订预购合同之时或之后向其交付商品房住宅质量保证书与说明书构成合同违约,法院认为交付前述材料并非预约合同约定被告应当履行的合同义务,现原告据此主张被告违约缺乏事实及法律依据,不予采信。综上,对原告要求被告双倍返还定金100万元的主张,法院不予支持。

关于焦点三。案涉交易标的系价值5100002元的住宅商品房,即便出现房屋渗水、漏水不构成房产质量问题,仍属于严重影响买受人居住、生活较为严重标的物瑕疵。虽然,原告在与被告签订预约合同即《珑源一品花园珑庭组团商品房购房协议》时,对房屋现状进行查看,且同意被告进行修理。但原告作为买受方看房时的查看行为属于对房屋内、外现状的了解,即便其当时对房屋瑕疵系明知,签订购房协议后,原告以"房屋存在渗水、漏水问题、被告尚未修理完毕"为由拒绝签订正式的《商品房买卖合同》亦系事出有因,不能据此认定原告构成合同违约。因此,对被告提出的没收原告定金50万元的主张,法院不予支持。判决:一、原告李某与春祥公司签订的《珑源一品花园珑庭组团商品房购房协议》终止;二、被告春祥公司返还原告李某预付购房款及定金合计150万元。二审法院调解结案,一、解除上诉人春祥公司与被诉人李某于2019年2月18日签订的《珑源一品花园珑庭组团商品房购房协议》;二、上诉人春祥公司返还被上诉人李某预付购房款100万元及购房定金35万元,合计135万元。[1]

商品房买卖预约合同中关于双方当事人权利义务的约定十分复杂、微妙,认

---

〔1〕 参见国家法官学院、最高人民法院司法案例研究院编:《中国法院2021年度案例》(房屋买卖合同纠纷),中国法制出版社2021年版,第13~14页。浙江省绍兴市中级人民法院(2019)浙06民终4827号民事调解书。

购书只是对其中主要条款的约定,不可能也没有必要达到预售合同的详尽程度,因此应当允许双方当事人就合同条款进行协商,在双方无恶意的情况下,协商不成是可能出现的。也就是说,购房人有正当理由不履行谈判义务的,应当认定购房人无过错,定金应当退还。

【案例6-12】　吕某诉北京德高房地产经纪有限责任公司等买卖合同纠纷案

一审法院认为,2002年5月17日,原告吕某与德高公司签署了房屋认购单,本院认为订购单系双方预约在2002年5月24日签署关于“天赐良园”19号楼132号房屋买卖合同的意思表示,签署房屋认购单后,双方均负有履行洽谈合同、签署合同的义务,德高公司收取吕某的10000元系为保证合同订立而收取的立约定金。由于《天赐良园物业维修、使用、管理公约》中明确规定“空调室外机安装在预留位置上”,而富河公司没有预留原告吕某预购房屋的空调室外机位置,德高公司出示的介绍楼房的户型图中,也没有此项标注,故吕某要求在合同中对上述两个房间的空调室外机位置予以明确,理由正当。德高公司以在合同中补充该项内容可能会给其他业主带来不便及影响楼房外观而予以反对,系从维护业主整体利益考虑,并无不妥,双方为此争执洽谈合同条款时存在认识上的分歧,虽未能达成一致意见,但双方均履行了相应的义务,不存在拒绝订立合同的情形,未订立合同非双方过错,收取定金的一方应当返还定金。法院支持原告返还定金的请求,该案已发生法律效力。〔1〕

【案例6-13】　吴某平诉无锡深港国际服务外包产业发展有限公司商品房预售合同纠纷案

二审法院认为,双方均认可商品房买卖合同未能签订是由于双方对深港公司承诺的“赠送花园”含义的理解不一,故本院认定导致商品房买卖合同未能订立的原因不可仅归责于吴某平,双方均有责任。对深港公司认为由于吴某平单方反悔导致双方未能签订正式购房合同的上诉理由,本院不予采信。〔2〕

购房人对开发商的样板房表示满意,与开发商签订订购协议并向其交付了定金,约定双方于某日订立商品房预售合同。后由于开发商提供的商品房预售格式合同中有样板房仅供参考等不利于购房人的条款,购房人对格式条款提出异议要

---

〔1〕 参见北京市高级人民法院民一庭编:《北京民事审判疑难案例与问题解析》(第2卷),法律出版社2007年版,第14页。

〔2〕 参见国家法官学院案例开发研究中心编:《中国法院2014年度案例》(房屋买卖合同纠纷),中国法制出版社2014年版,第36页。

求删除,开发商不能立即给予答复,以致商品房预售合同没有在订购协议约定的日期订立的,属于《房屋买卖合同解释》第四条规定的"不可归责于当事人双方的事由",开发商应当将收取的定金返还给购房人。

在实务中,确定买卖合同或预约合同订约不成的违约责任之构成及归责时,不仅要看当事人是否违反预约合同确定的义务,还要考虑确定的义务是否对公平诚信地磋商本约形成影响。也就是说,当认购书等预约合同已实质上构成商品房买卖合同时,买受人可以直接依据认购书追究开发商的违约责任。只有当事人明确具有可归责的原因而导致签约不成,方承担本约签约不成的违约责任。

【案例6-14】 戴某飞诉苏州华新国际公司房屋买卖预约定金纠纷案

一审法院认为,原告应当就其未能在4月25日与被告协商订约事宜承担相应的民事责任,其要求双倍返还定金的请求不予支持。一审法院判决驳回原告戴某飞的诉讼请求。戴某飞不服提起上诉。二审法院认为,本案上诉人主张4月25日、5月7日双方进行协商而未达成一致的事实足以认定,但其认为对方违反预约协议以及订约不成也无证据,故对其上诉请求中返还定金部分予以支持。被上诉人认为4月25日因上诉人压价而未能订约,并无证据证实;其主张上诉人延期订约即构成违约,理由也不能成立。当事人均履行了订约行为,对本约订约不成的原因,双方都不能举证证明,应合理推定为磋商不成。被上诉人主张上诉人违反预约,因无相应证据证实,不予支持。二审法院撤销一审判决,被上诉人返还上诉人定金50000元。[1]

包租商铺这一类型的商品房预约合同中,购房人在所有权行使广度、深度以及订立买卖合同的目的等方面均有着区别于普通商品房购房的特殊之处,其定金适用也具有特殊性。从一般概念出发,购房人以包租形式购买商铺的首要目的是投资,获得租金收益。因此,租金收益等应作为包租商铺买卖合同的主要条款。购房人提出对租金收益的磋商意见并未违反诚信原则,符合其订立合同目的及双方在订立预约合同时的真实意思。因双方就买卖合同主要内容不能磋商一致导致认购书无法继续履行的,相应责任不应归责于双方,不适用定金罚则。

【案例6-15】 邹某诉无锡五洲龙盛商业有限公司商品房预约合同纠纷案

二审法院认为,本案商铺认购书未履行不可归责于双方,不适用定金罚则。首先,合同内容应公平体现双方当事人权利义务。交房日期及投资回报率、入驻商户等租金收益信息是双方签订买卖合同应具备的合同内容。涉案商铺系用于投资,就通常理解而言投资人购买商铺的首要目的是获得租金。

---

〔1〕 参见最高人民法院中国应用法学研究所编:《人民法院案例选》2006年第1辑(总第55辑),人民法院出版社2006年版,第170页。

二审中,双方一致确定涉案商铺的存在形式根据出租经营需要由开发商整体规划、统一部署,处于“虚拟”状态,且在长达十年的包租期内,商铺买受人无法行使经营、管理等所有权权能。因此,商铺包租期间的租金收益情况将直接影响商铺买受人的合同权利,也势必影响其是否最终作出投资该商铺的意思表示,进而,应当确定租金收益是双方签订买卖合同的主要条款。其次,当事人有权就合同主要内容进行磋商,体现意思自治。本案商铺系包租投资性商铺,租金作为投资回报的主要形式理应成为本次交易的合同主要内容之一,故邹某提出就“包租商铺”的租金收益进行磋商,请求合理。因此,双方就此内容无法协商一致的责任并不可单方归责于邹某。最后,从利益平衡角度出发,当事人在订立合同特别是格式合同时,须明确知晓自身权利义务。订购书、销售合同、包租合同等合同均为五洲公司提供的格式合同,其在与买受人订立认购书时,应当有如实披露购买“包租商铺”存在市场风险的告知义务,如明确包租期间的投资回报率不写入买卖合同(或商铺回报率应以实际经营情况确定,开发商无权予以承诺)等。在认购书未将合同主要内容明确时,买受人邹某无法预见租金收益问题磋商不成将导致定金被没收的风险。据此,主张与买受人订立商品房预约合同时已经明确了合同的主要条款和购买“包租商铺”市场风险的举证责任,应由格式合同的提供者即五洲公司承担。此外,五洲公司作为开发商一方面通过销售商获取了购房款,另一方面还委托包租经营收取经营费用,但买受人却无权支配其所有商铺,也无法预知商铺的投资回报率,显失公平。据此,二审认为原审认定买受人未履行认购书应当适用定金罚则不当,予以改判。[1]

对于受房地产调控政策影响不能订立本约的,有的法院明确规定将其界定为不可归责于双方当事人的事由范围。浙江省高级人民法院民一庭《关于审理受房地产市场调控政策影响的房屋买卖合同纠纷案件的若干意见(试行)》第二条规定:“纯粹因受限贷、限购、禁购等调控政策的直接影响,合同确实无法继续履行的,不属于‘不可抗力’,一般应认定属于《解释》[2]第四条、第二十三条规定的‘不可归责于当事人双方的事由’。当事人据此请求解除合同的,可予以支持,但当事人另有约定的除外。”

---

〔1〕 参见最高人民法院中国应用法学研究所编:《人民法院案例选》2015 年第 1 辑(总第 91 辑),人民法院出版社 2016 年版,第 84 ~ 85 页。

〔2〕 指《房屋买卖合同解释》。

【案例6-16】 张某与惠元(厦门)房地产发展有限公司商品房买卖合同纠纷案

一审法院认为,双方将签订《商品房买卖合同》之补充协议明确载有"如果银行不批准贷款,买受人须付清全部购房款""如果银行批准的按揭贷款低于约定的按揭贷款,买受人必须以现金形式向出卖人支付差额部分"的相关内容,并且原告张某对自己已拥有两套房产(其中至少一套尚在按揭中)是明知的,可见,原、被告双方对于如果不能以认购书约定的条件获得银行贷款如何支付购房款已经预期并提前做出安排。在无法(包括无法如数)获得银行贷款时,原告张某依约应以现金补足房款(包括全额付款)。《国务院关于坚决遏制部分城市房价过快上涨的通知》于2010年4月17日出台,规定对不能提供1年以上当地纳税证明或社会保险缴纳证明的非本地居民暂停发放购买住房贷款。被告惠元公司在原告张某不能依认购书约定的时间前来签订《商品房买卖合同》的情况下,本有权依约解除认购书、没收认购定金并将认购房产另行出售。被告惠元公司于2010年4月21日还通知原告张某于2010年4月23日前办理签约手续并全额付款、继续履行认购书约定,该通知的要求符合双方的预约,也符合国务院的上述政策规定。综上理由,原告张某应承担立约定金罚则责任,其要求被告惠元公司返还认购定金15万元于法无据,本院不予支持。关于原告张某请求的"判令解除原告与被告签订的《星海湾·和谐天下房产认购书》",鉴于原告张某不能依约定的时间前来签订《商品房买卖合同》,表明原告张某迟延履行预约合同的主要义务,且被告惠元公司催告原告张某于2010年4月23日前办理签约手续并全额付款,逾期将解除《星海湾·和谐天下房产认购书》,原告张某虽前来协商但是仍未签订商品房买卖合同并全额付款,被告惠元公司催告解除合同的条件成就,原告张某的这一诉讼请求应予支持。[1]

【案例6-17】 梁某泉诉胡某勋房屋买卖合同纠纷案

一审法院认为,银行房贷政策调整是政府为加强房地产交易进行的政策调控,该调控政策何时出台以及具体内容如何,当事人签订房屋买卖合同时均不可预测。购房人确有证据证明其因银行房贷政策调整而无法履行义务,且合同没有明确约定即使购房人无法获得银行贷款也应承担继续履行合同义务的,可参照《房屋买卖合同解释》第二十三条的规定处理,允许当事人解除合同,购房人不承担违约责任。[2]

---

〔1〕 福建省厦门市同安区人民法院(2010)同民初字第1810号民事判决书。

〔2〕 广东省佛山市中级人民法院(2010)佛中法民一终字第1761号民事判决书。

预约合同因不可抗力导致目的不能实现的，开发商应退还定金，未按退还定金承诺履行的应承担违约责任。

【案例6－18】　柯某诉青海福源房地产开发有限公司商品房屋预约合同纠纷案

一审法院认为，原告柯某与被告福源公司签订的《商品房预订协议书》，因不可抗力导致合同双方目的无法实现，故被告应履行返还剩余定金之责，及时将剩余定金42400元返还给原告。合同无法履行后，被告向原告出具的承诺书，承诺了退还购房定金的期限及违约责任（即逾期退款被告愿承担违约金50000元）。该承诺书是在被告因不可抗力无法继续履行原协议的情况下，原、被告对关于被告退还定金的补充约定，是双方真实意思表示，合法有效，双方应按约定严格履行各自的权利义务。现被告未按期履行约定，属违约行为，应承担违约责任，故原告对违约金50000元的主张法院应予支持；被告以承诺书违背其意愿的辩解，无证据印证，不予采信。因承诺书中约定的150000元中明确载明含房屋认购定金及利息，原告在主张违约金的同时，又主张利息，属于重复，不予支持。二审法院同意一审裁判意见，维持原判。[1]

应当指出的是，由于第三人原因导致当事人未履行谈判义务时，对当事人仍应适用定金罚则和违约责任规则。受定金罚则的一方当事人，可以依法向第三人追偿。对于当事人一方和第三人之间的纠纷，依照法律规定和双方约定解决。

因当事人一方原因未能订立商品房买卖合同，应当按照法律关于定金的规定处理。购房人无正当理由拒不签订商品房买卖合同的无权要求返还定金，开发商无正当理由拒不签订商品房买卖合同的双倍返还定金。实践中，常见的是购房人无正当理由拒不签订预售合同。有些购房人在签订认购书并交付认购定金后，由于种种原因又反悔，不愿再购买所认购的房屋，在签订预售合同过程中，找出各种理由，制造协商不成的假象，如将自己在开发商通知的时间内就签约一事前往开发商处协商的行为进行公证，要求开发商返还定金。此种情况应当认定为"因当事人一方原因未能订立商品房买卖合同"，按照法律关于定金的规定处理。司法实践中，法官在判断购房人是否为恶意履行谈判义务、是否有过错时，存在一定困难。法官应当就购房人提出的异议理由是否正当来判断其是否存在过错。异议理由正当的，可以认定购房人无过错，定金应当返还；异议理由不正当的，可以认定认购人有过错，定金不予退还。需要注意的是，应当全面考虑在房地产市场中购房人的弱势地位及其他实际情况，对"购房人一方的原因"应当从宽掌握。

---

〔1〕　参见国家法官学院、最高人民法院司法案例研究院编：《中国法院2020年度案例》（房屋买卖合同纠纷），中国法制出版社2020年版，第2页。青海省西宁市中级人民法院（2018）青01民终568号民事判决书。

【案例6－19】 解某生诉北京荣丰房地产开发有限公司商品房预约合同纠纷案

一审法院认为,本案原、被告双方所签订的认购单系双方当事人在平等协商基础上的真实意思表示,未违反法律、行政法规的强制性规定,亦无其他构成无效或可撤销的法定情形,并且在原告起诉前被告已取得了讼争房屋的预售许可证,故该认购单应为有效,双方均应遵约履行。原告认为认购单无效,系原告单方对认购单性质、效力的错误认识,在此过程中,被告已按认购单上的约定履行了其相应的通知签约的义务。同时,原告未能提供充分证据证明其所称的原定入住日期为何时,且双方当事人均知悉该日期。原告也未能提供充分证据证明其与被告就商品房买卖合同的签订进行了洽商,且洽商未果是因不可归责于双方当事人的事由。故判决驳回了原告的全部诉讼请求。二审法院持同样的意见。[1] 本案中,原告提出被告将房屋入住时间推迟至2006年年底,是最终未签订预售合同的主要原因,但在双方签订的认购单中没有入住时间的约定,原告也未能就此提出其他充分证据证明,因此,一审法院无法采信原告这一主张,认定未订立商品房预售合同完全是原告一方的原因。

对于开发商过错导致不能签订预售合同的,开发商应承担双倍返还定金责任。主要包括以下情况:其一,认购书约定的期限到来时,开发商尚未取得预售许可证。其二,认购书签订后,开发商将购房人认购的房屋又卖与他人,造成双方无法签订正式合同或签订的合同无效。其三,正式签订买卖合同时,开发商改变了认购书已经承诺的条款内容或实际上认购书的内容无法实现。其四,开发商采取欺骗方法与购房人签订认购书。其五,开发商应担责的其他原因,如出卖的房屋被法院查封。上述这些情形均因开发商的过错使得双方签订认购书的目的不能实现,故应当适用定金罚则。开发商并不准备与购房人订立合同,而故意进行磋商,提出不适当条件,则应采用判断购房人恶意的方式进行判断。如果因一方恶意缔结了(不包括违反认购书中约定的合同义务)商品房正式买卖合同,就不能适用预约合同的违约责任,而只能通过缔约过失制度解决。

【案例6－20】 韩某光、王某薇诉房地产公司商品房预约合同案

二审法院认为,一审认定双方之间为商品房预约合同法律关系正确,房地产公司主张双方之间是商品房预售合同法律关系缺乏事实依据。房地产公司于2013年5月30日收取了韩某光、王某薇5万元定金,定金收据中虽

---

〔1〕 参见北京市高级人民法院民一庭编:《北京民事审判疑难案例与问题解析》(第2卷),法律出版社2007年版,第71页。

然未包含签约的期限，但是房地产公司于 2013 年 6 月 30 日已收取了韩某光、王某薇 2 万元购房款，故其最迟于收取该笔款之日即应与韩某光、王某薇签订商品房预售合同。作为房地产开发经营企业，进行商品房预售，向房地产管理部门办理预售登记，取得商品房预售许可证与购房人签订商品房预售合同是其法定义务。房地产公司直至本案诉讼时仍未取得商品房预售许可证，是导致商品房买卖合同不能有效订立的主要原因。根据《房屋买卖合同解释》第四条的规定，出卖人通过认购、订购、预订等方式向买受人收受定金作为订立商品房买卖合同担保的，如果出于当事人一方原因未能订立商品房买卖合同，应当按照法律关于定金的规定处理，因不可归责于当事人双方的事由导致商品房买卖未能订立的，出卖人应当将定金返还买受人。判决：驳回上诉，维持原判。[1]

实践中，由于开发商一方的原因不能订立买卖合同的表现形态多样。

【案例 6－21】　刘某诉北京同泰房地产开发有限公司商品房预约合同纠纷案

一审法院认为，因同泰公司出卖的房屋被查封，存在瑕疵，致使双方无法订立商品房买卖合同，责任在于同泰公司。同泰公司主张只有首先交纳房屋全款，进而才能解封，才可能签订正式的商品房买卖合同，这与一般的交易习惯相悖，双方亦未就此特殊交易流程达成书面协议，故本院对于同泰公司主张刘某未预先支付房屋全款而违约的主张不予采信。同泰公司应向刘某双倍返还定金 4 万元。[2]

【案例 6－22】　陈甲、陈乙诉重庆丰盈房地产开发有限公司商品房预约合同纠纷案

二审法院认为，原告交纳购房定金后，也在规定期限内交纳了部分房款，后因被告擅自变更了置业预算表中确认的装修标准和接房标准，致原告不愿意与被告继续签订购房合同。被告的行为违反了双方预约合同的约定，应承担双倍返还定金的违约责任。[3]

在认购协议约定的商品房买卖合同签订截止日期达到之后，购房人仍未与开

---

〔1〕 参见国家法官学院、最高人民法院司法案例研究院编：《中国法院 2022 年度案例》（房屋买卖合同纠纷），中国法制出版社 2022 年版，第 3 页。陕西省渭南市中级人民法院（2020）陕 05 民终 378 号民事判决书。

〔2〕 参见国家法官学院案例开发研究中心编：《中国法院 2015 年度案例》（房屋买卖合同纠纷），中国法制出版社 2015 年版，第 41 页。

〔3〕 参见方剑磊、肖瑶、肖明明：《预约买房人可主张双倍返还定金》，载《人民司法·案例》2015 年第 2 期。

发商签订正式合同,而开发商以续签其他协议等形式就正式合同签订与购房人保持意思联络,应认定双方在认购协议履行过程中就原合同签订时间进行了合意变更。该合意变更,双方之间形成了新的约定,应当按照约定的内容完成缔约,一方不履行的应认定违约。

【案例6-23】 徐某彬诉丰沛公司商品房预约合同纠纷案

二审法院认为,丰沛公司以徐某彬未交清房款、大修基金及按揭办理手续费为由,拒绝与其签订商品房买卖合同的行为,违反协议约定,存在主观过错,故徐某彬提出的丰沛公司双倍返还定金4万元的请求,符合前述规定,一审法院予以支持并无不当。判决:驳回上诉,维持原判。[1]

缔约过程中一方未主动据实向对方披露交易重大信息的,相对方基于对自身利益的保护可终止继续磋商主合同,法律应支持其返还定金请求。

【案例6-24】 陈某、魏某花诉无锡融科智地房地产开发有限公司商品房预约合同纠纷案

二审法院认为,本案中,买受人陈某、魏某花于认购协议约定签约日期前几日向融科公司明确表示因其认购的房屋处于抵押状态,而融科公司并未提前告知,故要求解除认购协议。融科公司未提供证据证明其已就房屋抵押事宜提前口头告知陈某、魏某花,且在陈某、魏某花提出解除认购协议之前,涉案房屋确实处于抵押状态。因此,陈某、魏某花基于融科公司存在的重大事项未提前披露而产生不信任,不愿继续签订正式房屋买卖合同的行为具有正当性,不属于定金罚则的违约行为。融科公司的上诉请求无事实和法律依据,本院不予支持。[2]

在实践中,一方当事人在签约过程中虽然存在违反认购书约定的一些从合同义务等过错行为,但其后双方仍然签订了商品房买卖合同,对此能否适用定金罚则有争议。原《担保法解释》第一百二十条后段规定,当事人一方不完全履行合同,应当按照未履行部分所占合同约定内容的比例,适用定金罚则。这实际上适用于两种情形,合同未履行部分与履行部分有明确比例(即合同有明确标的额),或一方部分违反主合同义务,但另一方当事人仍然接受的情形。笔者认为,上述司法解释规定不宜在认购书定金中适用。在认购书中,双方的主合同义务就是谈判,并在此基础上签订商品房买卖合同,不存在比例定金问题。

---

〔1〕 参见国家法官学院、最高人民法院司法案例研究院编:《中国法院2021年度案例》(房屋买卖合同纠纷),中国法制出版社2021年版,第265页。重庆市第一中级人民法院(2019)渝01民终2612号民事判决书。

〔2〕 参见国家法官学院案例开发研究中心编:《中国法院2018年度案例》(房屋买卖合同纠纷),中国法制出版社2018年版,第11页。

双方当事人对不能签订预售合同均有过错的,双方均丧失请求对方承担定金责任的权利,定金应当返还。在实践中,此种情形较为少见,但有可能发生。

需要注意的是,无效认购书依据民事法律行为的处理原则处理,认购定金应无条件退还给购房人。但应强调一点,未取得商品房销售许可证的认购书是有效的,故在认购书承诺的期限内开发商未取得合法预售手续的,购房人起诉要求双倍返还定金,应当得到支持。

部分支付定金适用定金罚则问题。现行法律以及司法实践关于定金的性质和处理,是一种强制性的法律规定,即认为定金合同是属于实践性合同,该强制性的效力应当是排除当事人约定的效力。根据《担保法》的规定,定金合同自当事人实际交付定金时生效。实践性合同虽有约定但不履行的情况下,合同不生效,因此合同不能继续履行,也不能认定违约。未按照合同约定支付的定金,该部分合同不成立。一方支付的定金不足,接受定金的一方有权行使异议权,拒绝接受部分定金,从而使得主合同不生效。司法解释根据定金合同的实践性,规定当事人实际交付的定金数额为实际生效的定金数额,对于少交部分,不能继续履行。对于不足额的定金拒绝接受的,定金合同不生效。一方接受了不足额的定金,实际上接受的金额即为定金范围,对于未交部分,接受定金的一方无权要求对方补交。定金分为两次或多次支付,则以两次或多次支付定金总额为适用罚则的基数。

【案例6-25】 某公司与深圳某房产公司房屋买卖合同纠纷案

二审法院认为,《业务委托及认购意向书》中虽然约定定金数额及支付方式,但定金合同的成立仍应以实际支付的定金为准,因此被上诉人未支付剩余定金,则未支付部分的定金合同并不成立,因此被上诉人依法不构成违约。由于被上诉人实际支付的定金和《业务委托及认购意向书》中约定的数额不同,而定金合同是实践性合同,因此视为对《业务委托及认购意向书》中定金约定的变更,对此变更上诉人某公司虽然无权要求被上诉人支付剩余定金,但对已支付定金仍有权接受或提出拒绝的异议。而上诉人某公司并未拒绝已支付的定金,因此视为其接受已支付的定金。此后,上诉人某公司将涉案房产另行转让,则构成对《业务委托及认购意向书》的违约,应承担违约责任,按规定该违约责任的承担应适用定金罚则,所以上诉人某公司应该双倍返还定金给被上诉人,因被上诉人并未提起上诉,不予处理。故上诉人某公司认为被上诉人构成违约,其有权依据定金罚则没收定金的主张,没有法律依据。[1]

---

〔1〕 参见邓基联主编:《房屋买卖合同纠纷》,法律出版社2010年版,第52页。

(二)定金与预付款的区别

在实践中,商品房买卖预约合同中对于购房人缴纳的认购款称呼很多,有的叫“预定金”,有的叫“押金”,也有的叫“房号保留金”等,这就涉及定金的识别问题。定金与预付款往往容易产生争议,笔者认为,应遵循以下标准识别定金:其一,在合同中明确采用“定金”字样表述所交付的金钱,且合同内容中没有违背定金性质的,只要有“定金”字样,就应当视为定金;除非有违背定金性质的约定,则对名为“定金”的款项不予认定为定金。其二,在合同中没有采用“定金”字样,但明确约定适用定金罚则的,则应按照定金罚则认定。如果没有写有“定金”字样,也没有约定适用定金罚则,则不按定金认定。有了以上识别定金的标准,可分析定金与预付款的区别。其一,性质不同。尽管定金和预付款均具有先行给付的性质,但预付款的交付在性质上是一种合同义务履行,即尽管合同履行期尚未到来,但一方自愿提前履行合同义务,而另一方愿意接受其提前履行。预付款不是合同的担保,不对合同的订立、履行起担保作用;而定金不是履行主合同的行为,是基于主合同产生的从合同,定金从种类上还分为立约定金、履约定金等分别对主合同的订立、履行起担保作用。其二,功能不同。由于预付款在性质上属于部分履行合同义务,所以无论发生何种违约行为,都不会发生预付款的折抵或双倍返还;定金罚则是对违约行为的惩罚,给付定金的一方如果不履行合同将无权请求返还定金,接受定金的一方不履行债务的,应当双倍返还定金。其三,数额要求不同。由于预付款属于部分履行合同义务,因此,对预付款的数额法律并不作出限制,预付多少均由当事人约定;而定金却不同,因合同履行将产生无权收回或双倍返还的后果,因此,《民法典》第五百八十六条规定:定金的数额由当事人约定;但是,不得超过主合同标的额的百分之二十。其四,适用范围不同。预付款只适用于金钱债务,对于非金钱债务,不得适用预付款;定金的担保可以适用于借款以外的各种合同。其五,法律后果不同。定金可起到多种作用,可以证明主合同的存在,可以适用定金罚则,主合同完全履行的,定金可以抵作价款,或者返还支付定金的一方;预付款支付以后,交付方不履行合同义务的,支付预付款的一方并不丧失返还预付款的请求权,其接受交付方不履行义务的,也不会取得要求双倍返还预付款的权利。

【案例6-26】 王某诉鸿安房地产公司买卖合同纠纷案

一审法院认为,根据已查明的事实,原、被告签订的《北京鸿安大厦认购书》约定,认购金30000元在签署《北京市外销商品房预售契约》时转为定金。据此。该认购金于《北京鸿安大厦认购书》中系双方就房屋买卖的具体事宜尚未协商的情况下所签,应视为是被告提供的格式条款,其中买方在约定期限内不签署《北京市外销商品房预售契约》,卖方有权没收买方已交付的认购金的条款明显加重了原告的责任,该条款内容应确认无效。现原告已明确表示不愿意履行该认购书约定内容,该认购书的履行已成为不能,应予解除。故原告要求被告返还认购金的诉请,理由正当,应予支持。但考虑原告在签订《北京鸿安大厦认购书》时亦缺乏慎重考虑,对纠纷的发生应负有一定责任,故其要求被告赔偿损失的请求,不予支持。〔1〕

〔1〕 参见北京市高级人民法院编:《审判前沿——新类型案件审判实务》2003 年第 2 辑(总第 4 辑),法律出版社 2003 年版,第 218 页。

三、商品房买卖预约合同的损害赔偿

(一)预约合同定金与损害赔偿的关系

《民法典》第四百九十五条明确规定了预约合同的违约救济,即违反预约,承担的是违约责任,而非缔约过失责任。一方违反预约的,守约方可请求相对方承担违约责任或要求解除预约合同并主张损害赔偿。商品房买卖预约合同中的损害赔偿,在很大程度上是与定金责任联系在一起的。预约合同纠纷中,经常发生当事人在要求双倍返还定金的同时要求对方赔偿其交通费、误工费等损失,这实际涉及定金与损害赔偿的并用问题。根据现行法律规定,无论是违约定金还是解约定金均不能免除当事人的损害赔偿责任。笔者认为,违约定金可以与损害赔偿责任并用。

【案例6-27】 陈某敢诉正达公司商品房预约合同纠纷案

原告交纳了2万元定金,后又交了部分房款。一审法院支持了原告要求被告赔偿交纳的定金和购房款的利息的诉求,不支持原告要求被告赔偿可得利益损失及利息的诉求。二审法院认为,订购书签订后,陈某敢依照约定如期交纳了定金和相关的款项。正达公司在陈某敢完全履约的情况下,擅自将店面于2000年1月销售给第三人,谋取高额利润,显然是违约行为。2000年4月陈某敢要求正达公司签订该店面的《商品房购销合同》时,正达公司不仅未能如实告知陈某敢事实真相,还在收回陈某敢持有的认购书和收款收据后,以其未能交回一封信为借口不与陈某敢签订《商品房购销合同》,显然违背诚实信用的法律原则。正达公司应将其转售陈某敢认购的店面所获得的532493.15元,扣除其应交纳5.875%的营业税、城建税、教育附加费等附加税31283.97元和1.5%的企业所得税7987.78元后,赔偿陈某敢因此而受到的损失493221.78元。再审法院认为,正达公司与陈某敢签订的《认购书》是双方当事人真实意思表示,不违反法律的规定,原二审判决认定有效是正确的。正达公司违背诚实信用原则,将陈某敢认购的房屋转售给第三人,造成陈某敢无法实现签订《商品房购销合同》的目的,正达公司已构成缔约过失,对陈某敢所遭受的因其信任合同成立受到的信赖利益损失,应承担弥补性的赔偿责任。根据公平合理、等价有偿的原则，陈某敢的信赖利益损失应以其交付的725935元占总房款的比例乘以49322.78元计算。再审法院改判正达公司返还陈某敢购房款585935元，并弥补信赖利益损失245922.3元。[1]

在定金与损害赔偿并用时，还存在以下问题需探讨：其一，定金超过当事人的实际损害数额的处理。对此，笔者认为应当完全适用定金罚则。因为定金责任适用不以实际发生的损害为前提，无论一方的违约行为是否造成实际损害都可能导致定金责任。而定金的特殊性即在于其具有的惩罚性，它只针对不履行或其他根本违约行为而发生效力，而无论这些违约是否产生实际损害或者产生多大范围的实际损害。如果认为定金罚则的适用必须等同于实际损害，则实际上将定金责任与法定损害赔偿等同，否认了定金责任的独立存在。[2] 也就是说，在当事人的损害赔偿额超过适用定金数额，并且当事人在要求对方承担责任的同时提出赔偿请求的应予支持。其二，当事人在承担定金责任后单独进行损害赔偿的问题。笔者认为，在当事人的损害赔偿额未超过定金罚则数额时，应当适用定金罚则，而不再另行予以损害赔偿。其三，在当事人的损失数额超过定金罚则的数额，其对损害赔偿数额时扣除定金罚则的数额问题。笔者认为，法律没有规定，也没有相应的司法解释规定，是一个尚待深入研究的问题。在《合同法（试拟稿）》第一百五十五条、《合同法（征求意见稿）》第八十三条中的规定为定金应计入损害赔偿金数额、可适当减少，体现了守约方不能因对方的违约行为而获利的违约责任。

原判商品房预约合同解除，购房人请求适用定金罚则被驳回，可重新起诉要求赔偿损失。因为，开发商收取购房人资金取得了利息的收益，一方受损另一方收益，根据损失填平原则和公平原则，理应进行利益均衡。购房人虽以同一事实起诉，但诉讼请求是不同的违约责任，不应构成重复起诉。

【案例6－28】　黄某诉东方伟业公司商品房预约合同纠纷案

一审法院认为，在黄某与东方伟业公司的商品房预约合同关系中，黄某支付购房款140万元，存在资金被占用的利息损失，而东方伟业公司收取购房款，存在资金利息收益，应对黄某的损失予以补偿。黄某诉请东方伟业公司收取购房款，存在资金利息收益，应对黄某的损失予以补偿。黄某诉请东方伟业公司自购房款支付之日起按年利率6%向其支付资金被占用的利息损失，符合法律规定，予以支持。黄某在本案中的诉讼请求是要求东方伟业公司支付被占用的利息损失，前案诉讼请求是要求东方伟业公司按140万元适用定金罚则，后诉与前述的诉讼请求不相同，不构成重复起诉。东方伟业

---

〔1〕 参见最高人民法院中国应用法学研究所编：《人民法院案例选》2003年第3辑（总第45辑），人民法院出版社2004年版，第106页。

〔2〕 参见王利明：《合同法研究》（第2卷），中国人民大学出版社2003年版，第733～734页。

公司答辩本案黄某为重复起诉，法院不予采纳。《民事诉讼法》第二百五十三条规定的加倍支付迟延履行期间的债务利息，是对被执行人未按判决书指定期间履行债务的法定处罚，与东方伟业公司应向黄某返还的资金收益并不重复，东方伟业公司答辩前案判决生效后已经加倍支付迟延履行期间的债务利息，不应再返还资金收益，法院不予认可。判决：东方伟业公司向黄某支付按年利率6%计算至购房款140万元实际偿还之日止的资金占用利息。[1]

（二）违反预约合同应承担的法律后果

《民法典合同编通则解释》第七条规定："预约合同生效后，当事人一方拒绝订立本约合同或者在磋商订立本约合同时违背诚信原则导致未能订立本约合同的，人民法院应当认定该当事人不履行预约合同约定的义务。

人民法院认定当事人一方在磋商订立本约合同时是否违背诚信原则，应当综合考虑该当事人在磋商时提出的条件是否明显背离预约合同约定的内容以及是否已尽合理努力进行协商等因素。"

《民法典合同编通则解释》第八条规定："预约合同生效后，当事人一方不履行订立本约合同的义务，对方请求其赔偿因此造成的损失的，人民法院依法予以支持。

前款规定的损失赔偿，当事人有约定的，按照约定；没有约定的，人民法院应当综合考虑预约合同在内容上的完备程度以及订立本约合同的条件的成就程度等因素酌定。"

一方不履行预约合同的，相对方可以请求其承担违约责任。实践中，双方当事人签订预约合同后，由于一些不可预见之原因而致本约未能订立，所以可不视为开发商故意违反预约合同，从而开发商不承担违约责任。但相对于将来所应当签订的本约合同来说，开发商应对其行为承担后果，不能免除其赔偿购房人损失的责任。开发商因房价上涨单方解除预约合同，构成违约，致使购房人丧失了因信任合同有效成立而另订立其他有效合同的机会，故购房人有权要求开发商赔偿预约损失，即本约的信赖利益损失。对于购房人损失范围，应根据订立预约合同时商品房的市场行情和现行商品房价格予以确定，综合考量商品房市场的价格变动过程以及购房人向开发商交纳房款的数额，由法官运用自由裁量权酌定。

---

〔1〕 参见国家法官学院、最高人民法院司法案例研究院编：《中国法院2021年度案例》（房屋买卖合同纠纷），中国法制出版社2021年版，第17页。福建省宁德市霞浦县人民法院（2019）闽0921民初1906号民事判决书。

【案例6-29】 张某诉同力创展公司预约合同纠纷案

一审法院认为，原、被告双方签订商品房预订单后，因建设商品房用地拆迁安置问题致使商品房开工建设日期拖延，在此过程中，国务院及徐州市政府相继出台的有关行政法规对于新建商品房的建筑面积、施工工艺及材料进行了强制性规定，加上新的拆迁安置情况出现，致使商品房建设规划变更、面积变化及建筑成本增加，应属于不可预料的情形，不应视为被告同力创展公司故意违反预约合同。但被告在未取得商品房预售许可证时即对尚未开工建设的商品房进行出售违反了有关的法律法规，其行为具有违法性；同时在与原告张某签订商品房认购单时对于上述情况估计不足，其后又将认购书中列明的房号安置给他人，致使双方失去了进一步协商并签订本约合同可能性，双方签订的商品房预订单终止履行，对此结果被告应承担相应责任。因此，被告应将原来收取原告的5万元予以退还，并应对原告承担违约责任，即被告应对原告因此而造成的损失承担赔偿责任。本案中，原告张某在与被告同力创展公司签订预订单后，有理由相信被告会按约定履行订立本约合同的义务，从而丧失了按照预订单约定的房屋价格与他人另订购房合同的机会，因此被告因违约给原告造成的损失应根据订立预订单时商品房的市场行情和现行商品房价格予以确定，但因被告所开发建设的房屋无论是结构还是建筑成本都与双方签订预订单时发生了重大的变化，因此原告以被告开发建设房屋的现行销售价格作为赔偿标准亦显失公平，法院不予采纳。综合考量商品房市场的价格变动过程以及原告向被告交纳房款的数额，对于被告因违约给原告造成的损失确定为15万元。[1]

在商品房买卖预约合同中没有约定定金，购房人向开发商交了意向金而非定金的处理。预约合同生效后，一方当事人未尽义务导致本合同的谈判、磋商不能进行构成违约的，应当承担违约责任。

【案例6-30】 仲某清诉上海市金轩大邸房地产项目开发有限公司合同纠纷案

二审法院认为，金轩大邸公司的违约行为导致守约方仲某清丧失优先认购涉案商铺的机会，使合同的根本目的不能实现，金轩大邸公司也承认双方现已无法按照涉案意向书的约定继续履行。因此，金轩大邸公司应当承担相应的违约责任。一审法院认为金轩大邸公司违反合同约定的义务，应当赔偿上诉人仲某清相应的损失，并无不妥，但一审判决确定的10000元赔偿金额，难以补偿守约方的实际损失。为促使民事主体以善意方式履行其民事义务，

---

〔1〕 参见《最高人民法院公报》2012年第11期。

维护交易的安全和秩序，充分保护守约方的民事权益，在综合考虑上海市近年来房地产市场发展的趋势以及双方当事人实际情况的基础上，酌定金轩大邸公司赔偿仲某清150000元。仲某清要求金轩大邸公司按照商铺每平方米建筑面积15000元至20500元的价格赔偿其经济损失，但由于其提交的证据不能完全证明涉案意向书所指商铺的确切情况，且金轩大邸公司将有关商铺出售给案外人的多个预售合同，商铺的价格存在因此而异、因人而异的情形。另外，虽然仲某清按约支付了意向金，但是双方签订的预约合同毕竟同正式的买卖合同存在法律性质上的差异，故仲某清主张的赔偿金额，不能完全支持。[1]

【案例6-31】 张某诉北京宝苑房地产开发有限公司商品房预售合同纠纷案

一审法院认为，按照双方所签《诚意金协议》的约定，张某认购了涉诉房屋并签署了《认购书》，故其所付诚意金自动转为《认购书》项下的认购定金。根据双方举证质证情况以及庭审查明的相关事实，本院认为导致合同无法继续履行的原因在于张某未按照《认购书》和相关补充协议的要求提交购房所需材料。现张某在本案中以其起诉所主张的理由要求宝苑公司退还涉诉的20万元，有违双方所签《认购书》以及《补充协议》的相关约定和相关法律规定。张某的诉讼请求没有事实和法律依据，本院不予支持。[2]

实践中，房屋购买认购书约定交付的款项，若未明确约定为定金的，则不适用定金罚则。

【案例6-32】 陈某、张某兰诉昆明盛锦泰康房地产开发有限公司买卖合同纠纷案

二审法院认为，因375911元款项为认购资格生效确认金及诚意金，并非定金，不适用定金罚则。[3]

过错情况下附条件合同在条件成就前的责任承担问题。附条件合同在条件成立前，合同已经成立，并且符合法律规定的合同生效的一般要件，是一个有效合同，违反合同义务的当事人需承担违约责任。但因该合同效力毕竟未完全发生，履行效力要件并未达成，所以这里的违约责任与完全生效的合同的违约责任是不一样的，需要根据违约行为的形态、损害程度予以定量考量。责任的承担需要当

---

〔1〕 参见《最高人民法院公报》2008年第4期。

〔2〕 参见国家法官学院案例开发研究中心编：《中国法院2019年度案例》（房屋买卖合同纠纷），中国法制出版社2019年版，第3页。北京市顺义区人民法院（2017）京0113民初18807号民事判决书。

〔3〕 参见国家法官学院案例开发研究中心编：《中国法院2014年度案例》（买卖合同纠纷），中国法制出版社2014年版，第122页。

事人具备重大过失的主观心理以及损失严重的客观状态。也就是说,法官在审理涉及附生效条件合同效力问题的案件时,应结合考虑合同条件成就前当事人的主观过错和客观损失,合理分配合同双方之间的责任。

【案例6-33】　敖某等诉成都复地置业有限公司预约合同纠纷案

一审法院认为,本案被告复地公司由于自身过错,客观上导致其与原告所签房屋认购书约定的交纳定金、签订商品房买卖合同等内容无法继续履行,其再行收取原告的认购定金已无条件。依据庭审查明的事实,双方在因交纳定金纠纷过程中均明知该房屋已经出售给案外人,原、被告之间认购合同书约定的内容已经不能继续履行,被告亦明确不能收取原告的定金。在此情形下,原告单方交纳定金的行为促成合同生效条件的成就,不仅违背了双方约定定金的真实意思表示,也单方加重了被告的违约责任,扩大了双方的损失,故其交纳定金促成合同生效条件的行为明显不当,应认定双方所签房屋认购书约定的生效条件未成就,该合同未发生法律效力。原告敖某、张某华按认购书约定要求被告复地公司双倍返还定金的主张,于法无据,本院不予支持。二审法院认为,复地公司不应双倍返还定金。因复地公司已将敖某、张某华转入的20万元退还敖某账户,复地公司不再承担返还20万元的责任。同时,认购书未生效,敖某、张某华依据认购书主张双倍返还定金的请求,法院不予支持。[1]

违约金与利息并用问题。合同约定了不签本约的违约金时,是否支持违约金与利息并用由法官结合案情裁定。

【案例6-34】　赖某芳诉贵州金晟房地产开发有限公司商品房预售合同纠纷案

一审法院认为,关于利息损失与违约金诉请能否同时得到支持。被告承诺收取原告购房款无法签订购房合同的,所收房款全额退还买受人,并自收到房款之日起按房款总额万分之十每日的违约金赔偿原告。由此可见,原、被告双方约定了以支付违约金的形式承担不能签订购房合同的赔偿责任。且被告收取房款后将房屋交付原告使用,原告出租房屋获取了租金收入,弥补了原告的利息损失,故本院对原告关于利息损失及违约金的诉请,仅支持违约金部分。原告主动将违约金调减为已付房款的20%(778700元×20%=155740元)。本院从其自愿,予以支持。[2]

---

〔1〕 参见国家法官学院案例开发研究中心编:《中国法院2016年度案例》(房屋买卖合同纠纷),中国法制出版社2016年版,第122页。

〔2〕 参见国家法官学院案例开发研究中心编:《中国法院2018年度案例》(房屋买卖合同纠纷),中国法制出版社2018年版,第26页。

（三）预约合同赔偿的范围

一般认为,预约合同损害赔偿责任范围应当适用民法典合同编规定违约责任的一般规则,但不能直接等同于本约合同履行利益,亦不能直接等同于本约合同缔约过失责任赔偿范围。最高人民法院民一庭意见:预约合同违约责任损害赔偿适用违约责任一般规则,损害赔偿责任范围包括因违约行为造成的全部损失,损失数额是难以计算的,应在合同当事人签订预约合同可预见范围内,以损失填补为原则,综合考虑违约方的过错程度、守约方履约情况、合理的成本支出、本约合同机会成本损失以及预约合同内容、签订本约意愿、客观障碍、市场风险、政策因素等涉及未签订本约合同的原因要件等因素,酌情判定损失数额。[1]

预约合同赔偿包括信赖利益损失。预约合同也是合同,双方当事人违反合同,仍然要按照预约合同的约定承担违约责任。当然当事人违反预约和违反本约的违约责任有所区别,违反预约的后果是正式合同不能签订,交易机会丧失,造成当事人信赖利益损失;违反本约的后果是合同不能履行,造成正常履行的可得利益损失。开发商违反预约合同导致购房人签订正式商品房买卖合同的期待落空,造成购房人信赖利益损失的,应予赔偿。预约违约所产生的损失为信赖利益损失,而不是可得利益损失。

关于信赖利益损失的范围,现各方形成共识无争议的包括缔约费用以及为准备履行合同而支付的费用,有争议的是机会利益损失。上海市高级人民法院《关于宏观政策调控后房屋买卖纠纷问题解答》第五条规定:"《购房意向书》、《房屋预订单》等预订协议属于预约,其有合同性质。预定协议约定有定金条款及其他违约条款的,当事人不履约的,应适用定金罚则和其他违约条款。若协议中没有定金条款(违约金条款),或定金数额(违约金数额)低于实际损失,相对方主张其他损失的,应予支持。根据《合同法》相关规定的精神,缔约过失造成的损失包括直接损失(如缔约费用等),也包括间接损失(即丧失与第三人另订合同机会所产生的损失等),但损失不应超过当事人在订立合同时所应当预见到的因合同不成立、无效或者被撤销可能造成的损失;也不得超过合同成立或合同有效时的履行利益。因此,守约方要求违约方赔偿房屋差价损失的,一般可予准许,具体数额应综合考虑守约方的履约情况、违约方的过错程度、合理的成本支出等因素酌定。"对于如何确定具体赔偿数额,有律师认为,其赔偿上限不应超过履行利益损失,具

[1] 参见最高人民法院民事审判第一庭编:《民事审判指导与参考》2019 年第 3 辑(总第 79 辑),人民法院出版社 2020 年版,第 143 页。

体数额根据合同履行程度、违约方的主观过错、守约方客观上的损失大小等因素综合考虑确定，故在具体操作时上海高院的指导意见很值得借鉴。[1] 有学者认为，依据预约合同的签订目的和客观条件将其分为不确定性商品房预约合同和确定性商品房预约合同两种类型，对于处于未达到签订商品房买卖合同本约条件阶段的不确定性商品房预约合同应该赋予必须磋商的效力，而履行磋商义务对于买受人来说表现为按约交纳定金等义务，对于开发商来说表现为积极受让土地、筹备施工、申请商品房预售许可证等促成签订商品房买卖合同本约的行为。如果当事人尽到该种磋商义务仍然预期不能签订商品房买卖合同本约的，除返还定金外，不负任何损害赔偿责任，违反这种磋商义务的，除返还定金外还需赔偿相应的资金占用利息，或者赔偿因缔约导致的信赖利益损失，不包括因房屋价格上涨导致的差价损失。对于达到签订商品房买卖合同本约条件阶段的不确定性商品房预约合同和确定性商品预约合同应该赋予其缔约效力，使其具有接近于商品房买卖合同本约的效力，只要依据商品房预约合同能够确定商品房位置、面积、价格等基本信息的，一方不与对方签约即构成违约，应该适用定金罚则，或者在充分考虑双方当事人的过错程度、是否及时履行止损义务、可预见性规则、违约行为与所带来的损失的因果关系等因素的基础上，斟酌赔偿对方接近于本约的履行利益损失，包括因房屋价格上涨导致的差价损失。[2] 笔者认为，未签订违约金条款情形下的预约责任范围界定，因当事人未对违约金进行约定，适用定金罚则难以弥补预约违约损失时，预约违约责任范围为守约方丧失的在同一时期与其他开发商缔结商品房买卖合同的机会。但是另行订约机会损失计算标准目前尚无明确法律规定，有时无法具体量化，当事人举证不能的情况下，由法官根据具体案情行使自由裁量权酌定，但不能依据合同履行后的可得利益确定。

【案例6－35】 车某与徐州市城市建设投资总公司商品房预售合同纠纷案

二审法院认为，关于承担违约责任的方式。上诉人要求按照房屋鉴定价与《认购书》确认的价格的差价赔偿全部损失。对此，如果双方在预约合同中约定了定金，则可依照《房屋买卖合同解释》第四条规定的定金罚则处理。如果双方未约定违约责任承担方式的，则应依据《合同法》第一百一十三条的规定处理，赔偿损失额应当相当于因违约造成的损失，包括合同履行后可以获得的利益，但不得超过违反合同一方订立合同时预见到或应当预见的因违反合同可能造成的损失。本案中，双方预约合同中约定的是认购金，而非定金，被上诉人给上诉人出具的收据也注明是认购金、订金，因此，本案不能

〔1〕 参见朱树英主编：《法院审理房地产案件观点集成》，中国法制出版社2012年版，第425页。

〔2〕 参见李付雷：《商品房预约合同裁判规则的类型化——以认定标准、效力和损害赔偿范围为面向》，载王利明主编：《判解研究》2016年第4辑（总第78辑），人民法院出版社2017年版，第80页。

适用定金罚则来确定承担违约责任的方式。关于上诉人的损失数额应如何计算。根据案件的事实，被上诉人于2006年4月即取得涉案楼盘的预售许可证，上诉人在双方变更约定的“2008年10月6日确定订房日时间”期限届满后，即便被上诉人未履行通知上诉人的义务，在此种情况下，上诉人也应及时主张权利，要求被上诉人与其签署正式合同，但上诉人直到2010年10月20日向一审法院递交材料主张权利，撤诉后又于2012年7月再次提起诉讼，一审法院据此认定上诉人存在自行扩大的损失并无不当。考虑上诉人预订房屋总价71万余元，上诉人只缴纳了4.9万元认购金、5万元订金，且未举证证实被上诉人在其起诉前拒绝与其签订商品房买卖合同，再结合被上诉人在一审期间明确拒绝出售涉案401室房屋给上诉人的情况，综合以上因素，一审法院酌情确定被上诉人应赔偿上诉人的损失数额为10万元亦无不当。[1]

【案例6-36】 钱某诉房地产公司商品房预约合同纠纷案

二审法院认为，双方协议约定了违约责任（返还定金或者支付已付房款3%的违约金），但钱某已支付超过合同总价款80%的购房款，两次付款时间（2005年12月29日、2010年12月9日）分别距今将近15年、10年之久，如果按照协议约定支付违约金则显然过低。一审判决从钱某的机会损失利益出发，以涉案房屋现时市场价减去房屋合同价得出其可得利益损失，符合本案客观实际情况以及《合同法》第一百一十四条关于违约金调整的规定，故二审法院同意一审法院裁判意见。判决：驳回上诉，维持原判。[2]

关于赔偿房屋上涨差价损失的问题。对该问题理论界与实务界观点不同，各法院之间或同一法院不同法官之间的认识和处理也存在差异。从理论上讲，商品房买卖预约合同以签订商品房买卖合同为标的，其产生的是缔约请求权，与本约合同所产生的履行合同请求权并不等同，不能以未能履行商品房买卖合同作为其主张损失的依据。开发商违反预约合同导致的损失，是购房人丧失与开发商缔结商品房买卖合同的机会，此种机会损失不能简单以商品房买卖合同单价的差异确定。在可得利益范围上，预约合同与本约合同有区别。预约合同产生的可得利益，主要是购房人按照预约合同的约定签订商品房买卖合同，并不能产生开发商要求购房人支付购房款，或者购房人要求开发商办理产权变更登记的拘束力。本约合同的可得利益，是守约方有权要求违约方继续履行合同，购房人有权要开发商办理产权变更登记，开发商有权要求购房人支付购房款。基于此区别，在确定

〔1〕 徐州市中级人民法院（2013）徐民终字第1165号民事判决书。

〔2〕 参见国家法官学院、最高人民法院司法案例研究院编：《中国法院2022年度案例》（房屋买卖合同纠纷），中国法制出版社2022年版，第7页。广西壮族自治区柳州市中级人民法院（2020）桂02民终2742号民事判决书。

预约合同差价损失应考虑该种因素。

【案例6－37】　程某诉惠荣房地产公司商品房预约合同纠纷案

再审法院认为，预约合同系为将来签订本约合同而达成的协议，违反预约合同的约定应当承担违约责任，但这并不意味着违反预约合同应当承担与本约合同同样的违约责任。本案不能以商品房买卖合同的违约责任来判断程某的损失和惠荣公司应承担的违约赔偿数额。《合同法》第一百一十三条规定了一方违约后，守约方可以主张的违约损失范围包括合同履行后可以获得的利益。预约合同作为独立性的合同，该条款对其应当同样适用，但预约合同和本约合同履行后可以获得的利益并非同一概念。商品房预约合同是以签订商品房买卖合同为标的，其产生的缔约请求权，与商品房买卖本约合同所产生的履行合同请求权并不一样，不能以未能履行商品房买卖合同作为其主张损失的依据。本案程某与惠荣公司签订《认购书》后，其获得的是与惠荣公司签订商品房买卖合同的请求权，并非直接履行商品房买卖合同请求权，惠荣公司违反《认购书》的约定导致的损失是程某丧失与惠荣公司缔结商品房买卖合同的机会，此种机会损失不能简单地以商品房买卖单价差异确定。程某为获得签订商品房买卖合同支付了1万元定金的代价，本案合同签订时东方假日广场尚未取得任何合法手续，直至2010年9月17日才取得建设工程规划许可证，程某在签订《认购书》时对其拟购买的房产项目是否合法取得相关基本手续有审查义务，对自己已认购预约无任何合法手续的房产可能的风险应有基本的判断，对长时间无法实现签订商品房买卖合同的目的自身应承担一定的行为风险。程某签订《认购书》后交纳1万元定金不足以限制程某的经济能力导致其无法通过另行购买其他房产实现其购买房屋的目的，且2006年江西房地产开发建设公司再次发函告知程某项目风险，程某完全可以通过要求解除《认购书》减少其可能的损失。现程某以履行商品房买卖合同的差价损失主张其预约合同的违约损失无法得到支持。二审法院根据南昌市房地产市场的发展趋势和本案实际情况，酌情认定由惠荣公司赔偿程某利益损失84843.5元，再审没有理由对二审法院判断的损失金额进行调整。[1]

个案中，法官可以基于公平原则根据具体案情，酌情裁量开发商赔偿房屋上涨差价损失。

---

〔1〕　江西省高级人民法院(2016)赣民再字第46号民事判决书。

【案例6－38】 潘某某等诉上海骏丰置业发展有限公司商品房预售合同纠纷案

一审法院认为，双方于2009年3月9日签订《定金合同》后，又于同年3月10日变更单价，则被告应按照变更后的价格结合《定金合同》的其他条款，在约定期限内与原告签订预售合同。而被告因市场行情变更，受利益驱使违背诚信原则，拒绝与两原告签约，显然存在过错。鉴于被告在庭审中表示已将系争房屋出售给第三人，双方已无法按《定金合同》约定签订预售合同，故法院依法解除《定金合同》，被告则承担相应的赔偿责任。法院依据被告的过错程度，结合两原告已付房款的情形及房地产市场行情，判令被告向原告赔偿损失110万元。法院亦注意到，双方虽在《定金合同》中约定了定金罚则，但定金罚则在法律性质上系预订之损害赔偿。法院在认定被告承担上述赔偿额时已将此考虑在内，故对此不再单独列明。由于两原告要求返还的款项中亦包含了两原告已支付的定金，故法院不再单独判定被告应将两原告支付的定金返还给两原告，而是在被告应返还给两原告已支付的购房款一同认定。二审法院亦持同样意见维持原判。[1]

预约合同损害赔偿范围限制问题。在预约合同中，应限制适用《房屋买卖合同解释》修订前第八条、第九条的适用，即对于赔偿损失，承担不超过已付购房款一倍的赔偿责任的规定，只能适用于商品房买卖合同。

【案例6－39】 刘某某与江苏润泽置业有限公司商品房预售合同纠纷案

一审法院认为，关于被上诉人是否支付惩罚性赔偿9万元及损失10万元的问题。《房屋买卖合同解释》第八条、第九条，对于赔偿损失，承担不超过已付购房款一倍的赔偿责任的规定，适用于商品房买卖合同，不能适用于预约合同。本案所涉的认购意向书，是被上诉人通过认购、订购、预订等方式向上诉人收受认购款作为订立商品房买卖合同担保的，上诉人亦未能举证证明系被上诉人一方的原因未能订立商品房买卖合同，故根据本院查明的事实，导致商品房买卖合同未能订立的系不可归责于当事人双方的事由，被上诉人应当将认购款返还买受人。原审法院判决被上诉人返还认购款，并在被上诉人自愿的基础上向上诉人承担利息损失，并无不当。[2]

【案例6－40】 赖某芳诉贵州金晟房地产开发有限公司商品房预售合同纠纷案

一审法院认为，关于被告是否应承担购房款一倍的赔偿责任。原、被告

〔1〕 参见沈志先主编：《2011年上海法院案例精选》，上海人民出版社2012年版，第44页。

〔2〕 江苏省徐州市中级人民法院（2013）徐民终字第1518号民事判决书。

之间并未签订《商品房买卖合同》,双方之间仅为商品房预订关系,不满足承担已付购房款一倍赔偿责任的前提条件,故本院对原告的该诉请不予支持。[1]

应予强调的是,对违反预约的损害赔偿范围,最高人民法院的态度为:在目前的国内学术研究和审判实务所处的发展阶段,鉴于双方仅处于预约阶段,预约合同的损害赔偿应以信赖利益为限,在最高不超过信赖利益的范围内,由法官从利益平衡和诚实信用、公平原则出发,结合案件实际情况,综合考虑守约方的履约情况、违约方的过错程度、合理的成本支出等因素,酌情自由裁量。[2]

---

〔1〕 参见国家法官学院案例开发研究中心编:《中国法院 2018 年度案例》(房屋买卖合同纠纷),中国法制出版社 2018 年版,第 26 页。

〔2〕 参见最高人民法院民事审判第二庭编:《最高人民法院关于〈买卖合同司法解释〉理解与适用》,人民法院出版社 2012 年版,第 62 页。

四、预约合同与本约

(一)预约合同与本约的关系

合同可分为预约与本约两类。因预约合同的存在与对应,一般的合同被称为本约合同。预约本身具有合同的拘束力,同时亦决定本约的成立,在合同法律上具有重要意义。最高人民法院法官认为,预约为独立的合同,其既有预设的本约合同中的民事权利义务关系,同时也有预约合同本身中的标的即双方负有订立本约合同的权利义务。其于《合同法》虽系无名合同,但完全符合《合同法》的规范并受其调整。[1] 在预约与本约的关系上,预约与本约虽然存在牵连关系,但并非主从关系。换言之,预约与本约之间既相互独立,又相互关联,两者之间是手段和目的的关系。预约的目的在于订立本约,预约的标的须是在一定期限内签订本约,履行预约合同的结果是订立本合同。所以,不能否定预约的独立性,不能将预约合同视为磋商本约过程中的文件和本约合同的附件。[2] 应当注意的是,对预约合同的法律效力《买卖合同解释》采应当缔约说。[3]

在理论上,预约与本约的区别是十分明确的,因履行预约合同而成立的合同即为本约。但在实务中,有时很难辨别一项合意究竟是预约还是本约。对此,学者、法官的认识往往不一致,在法院内部分歧也颇大。

【案例6-41】 黄某诉厦门联宏房地产开发有限公司、姜某琴、厦门中兴房地产开发有限公司商品房买卖合同纠纷案

一审法院将黄某签的订购合同认定为商品房买卖合同,二审法院认为争讼合同是预约合同。二审法院认为,2003年3月28日,中兴公司依据其与联宏公司签订的《委托开发经营"金龙苑二期工程"项目合同书》,与黄某签订

〔1〕 参见最高人民法院民事审判第二庭编:《最高人民法院关于〈买卖合同司法解释〉理解与适用》,人民法院出版社2012年版,第53页。

〔2〕 参见最高人民法院民事审判第二庭编:《最高人民法院关于〈买卖合同司法解释〉理解与适用》,人民法院出版社2012年版,第54页。

〔3〕 参见最高人民法院民事审判第二庭编:《最高人民法院关于〈买卖合同司法解释〉理解与适用》,人民法院出版社2012年版,第55页。

《商品房订购合同》,筹建处也在该订购合同上盖章,该订购合同对双方具有约束力。由于中兴公司不具备“金龙苑二期”工程开发商的主体资格,双方在订购合同第24条约定由联宏公司与黄某签订正式《商品房买卖合同》。因此,该订购合同不能认定为商品房买卖合同,而是双方当事人为将来与开发商联宏公司签订商品房买卖合同而订立的预约合同。该订购合同的成立和生效,仅仅只是使双方当事人负有将来按订购合同约定的条件订立商品房买卖合同的义务,而非负有履行将来要订立的商品房买卖合同的义务,即双方当事人虽然对所购房屋的位置、面积、价款、支付方式、支付期限、交房时间及逾期交款、交房的违约责任作了明确约定,但该约定是对将来所要订立的商品房买卖合同中主要条款的预约,并非使双方当事人负有支付购房款和交付商品房的义务。综上,黄某诉请确认其所签的商品房订购合同是合法有效的商品房买卖合同的主张不能成立。〔1〕

最高人民法院法官认为,预约与本约有下列差别:一是订约的时间不同,预约是谈判期间对未来事项的预先规划,属前契约阶段合同,违反预约所承担的民事责任属缔约过失责任范畴;而本约是在民事合同权利义务关系全部定型后签订的,双方应承担的义务是合同义务。二是预约合同是诺成合同,不受要物约束,强调当事人主观意志在合同成立中的决定作用;而本约一般则受要物约束,交付是合同履行的重要内容。三是签订预约合同的目的是订立本约,由于本约所约定的义务是合同义务直接具备履行内容,由预约到本约的签订,双方当事人应当遵循诚实信用原则,将预约所确定的原则贯彻到本约的合同条款中。〔2〕 笔者亦赞同上述区别观点,上述内容可作为区别预约与本约的一般性标准,但笔者不同意上述观点中违反预约承担的是缔约过失责任之意见。也有学者认为,以“一定期限内订立本约”为核心,辅之以合同内容完备性为预约合同认定标准的裁判规则值得继续坚持。〔3〕 判断合同是预约还是要约,关键是考察合同是双方意思表示还是单方意思表示。若为双方,则为预约;若为单方,则为要约。对于双方或单方意思表示均不明确的,不能认定为预约也不能认定为要约。预约与本约在违约责任方面的主要区别在于前者违约没有可得利益损失,而后者违约可能存在可得利益损失。对一份约定,究竟是预约还是本约,关键要看约定的具体内容。约定的具体内容包含将来缔结本约义务的,自然属于预约;约定的具体内容,虽然简单,但

〔1〕 参见最高人民法院中国应用法学研究所编:《人民法院案例选》2006年第2辑(总第56辑),人民法院出版社2006年版,第203页。

〔2〕 参见最高人民法院民事审判第一庭编:《最高人民法院〈关于审理商品房买卖合同纠纷案件司法解释〉的理解与适用》,人民法院出版社2003年版,第67页。

〔3〕 参见李付雷:《商品房预约合同裁判规则的类型化——以认定标准、效力和损害赔偿范围为面向》,载王利明主编:《判解研究》2016年第4辑(总第78辑),人民法院出版社2017年版,第70页。

具备了当事人名称或者姓名、标的和数量，却没有体现出将来缔结另外一个合同的意思的，则可以认定为本约。根据合同当事人的约定，预约合同也可能包含本约合同的全部或部分要素，但并不能因此必然地否定其预约合同的性质。最高人民法院民一庭意见为：在审理商品房买卖合同纠纷案中，区分当事人订立的协议是商品房买卖的预约合同还是本约合同，要结合当事人立约时的真实意思以及法律、司法解释对于商品房买卖合同形式要件的要求进行综合判定，关键在于区分合同是否还存在法律或事实上的障碍，导致合同部分条款缺失或不确认的情形。如果存在这类情形，一般认定为预约合同；如果不存在此种情形，无论合同名称为何，均应视为商品房买卖合同。[1]

对于一项合同是否成立，其主要判断标准是当事人对合同的主要条款是否达成一致意见。[2] 由于预约的根本目的是在将来达成特定的合同，则根据判断合同成立的标准，只要当事人就将来达成特定的合同形成一致意见，预约即已成立。然而毕竟预约的成立是为将来的合同即本约的成立做准备，预约中除了对将来达成合同的意思表示进行确定，对于本约的相关内容或多或少都有所涉及，甚至预约中对于本约的主要条款均已达成一致并通过预约的条款进行确认，这也不在少数。预约合同在未包含主要条款和包含主要条款两种情形下与本约的区分，有必要分别阐述。

对于“未包含主要条款的预约”而言，双方当事人只是进入初步磋商阶段，虽对未来订立特定合同而达成初步意见，但对于本约的具体条款，并未有具体的约定，而是留待双方进一步磋商。达成此种预约的双方当事人，仅负有诚信磋商义务，并未负有将来一定要达成合同的义务。也就是说，可适用一般性的标准区别预约与本约。

对于“包含主要条款的预约”而言，双方当事人经过磋商的初级阶段，并未对未来欲达成的本约的具体内容作出相应的约定，但此时可能因为缔约要件的欠缺，如缺乏订立本约的法定要件，不能即时达成本约，但又希望通过某种形式将双方已经达成的一致意见固定下来，此时预约便可发挥作用。至于所欠缺的订立本约的法定要件的实现，双方亦可通过某种形式进行约定或担保。对于这种形式的预约，双方当事人负有的就不仅仅是诚信磋商的义务，双方对本约的最终达成亦具有合理的期待。那么最终达成本约，也就成为预约的应有之义。对预约与本约的判断，要慎重，在个案中视情况认定，即对一般性标准可以进行修正，而不要求完全一致。最高人民法院法官认为，认购书中应对商品房买卖合同中的核心条款

---

〔1〕 参见最高人民法院民事审判第一庭编：《民事审判指导与参考》2016 年第 3 辑（总第 67 辑），人民法院出版社 2017 年版，第 184 页。

〔2〕 参见王利明、崔建远：《合同法新论 · 总则》，中国政法大学出版社 1996 年版，第 133 页。

作出约定，预约合同成立。[1] 但是核心条款不等于商品房买卖合同的实质性要件条款，这是需要引起注意的地方。

现实生活中，有的预约条款非常简单，仅仅表明在之后订立本约的意思，而有的预约条款则非常详尽，对本约中应该规定的内容基本上作了明确约定。对于已有详尽预约条款时是否将来双方无需订立本约而直接视预约为本约，需要进行分析。上述情形具有合同主要条款具有确定性这一特征，这加大了区分预约与本约的难度。详尽预约条款虽然不确定内容非常少，但不能通过合同解释予以补充。预约与本约的差别在于当事人是否有意在将来订立一个新的合同，以最终明确在双方之间形成某种法律关系的具体内容。也就是说，详尽预约条款即便只欠缺一项内容如付款方式，但仍明确表示要在之后订立本约，应限制用解释这种外在客观因素补全合同，不能轻易将详尽预约条款认定为本约。总之，仅依据当事人合意内容上是否全面，并不足以界分预约和本约。

双方当事人的一项合意是属于预约合同还是本合同，在实践中可能存在不同认定。关于两者的界定，不能仅依所使用的文字或合同名字来评判，而应当依照当事人约定的实质内容来判断，即要求合同双方合意的一致性、明确性和完整性。当事人之间意思表示不明或存在争议时，应当通观合同全部内容，如合同各要素已明确达成合意，其他相应事项业已详尽，已无另行订立合同的必要时，则可认定为本合同。反之，应认定为预约合同。应予强调的是，不应以合同内容详尽与否作为判断预约和本约的标准，而应探究当事人真实意思，特别是当事人是否具有另行签订合同确认双方法律关系具体内容的意思表示。当事人签订的认购协议书等，虽就合同多数内容已经达成一致，但尚缺乏某些合同必要条款，双方同时又约定未来某一时间签订正式合同，即意味着双方认可仍需就剩余必要条款继续磋商。基于意思自治原则，在双方不能就剩余合同内容磋商一致的情况下，法官不宜将合同认定为本约合同，并简单依据《民法典》第五百一十条和第五百一十一条的规定确定剩余合同内容。

【案例 6－42】 张某亮诉骆某耀房屋买卖合同纠纷案

二审法院认为，本案争议的焦点在于双方是否已就讼争房产买卖达成一致意见。根据《合同法》的规定，合同条款一般要包括标的、价款、履行期限、违约条款等。在本案中，双方虽已就讼争房产的价款达成一致意见，骆某耀也出具了收条，但在交房时间及付款方式、付款期限、中介费和税费的承担等条款上，并无书面证据证明双方已经达成一致意见。张某亮原审提供的证人证言及录音资料等亦不能证明双方就此已经达成协议，故骆某耀出具的收条

[1] 参见最高人民法院民事审判第一庭编：《最高人民法院〈关于审理商品房买卖合同纠纷案件司法解释〉的理解与适用》，人民法院出版社 2003 年版，第 61 页。

属于预约合同性质。[1]

【案例6-43】 许某玉诉厦门金城湾房地产开发有限公司等商品房预约合同纠纷案

一审法院认为，本案《认购书》对房屋的坐落位置、面积、价格支付、面积差异处理等进行了约定，但对房屋交付使用条件及日期、装饰、设备标准承诺、办理产权登记事宜、违约责任等重要条款均未明确约定，尚不具备商品房买卖合同的基本特征。且《认购书》还约定有关购房协议条款以双方签订的《商品房买卖合同》为准，《认购书》自双方签订《商品房买卖合同》后失效。因此，《认购书》不能认定为商品房买卖合同，而只能认定为磋商购买商品房而签订的预约合同。金城湾公司收取许某玉的部分购房款及发给许某玉《入伙通知书》等事实亦不足以证明双方形成商品房买卖合同关系。许某玉主张双方已存在事实上商品房买卖合同关系，依据不足，法院不予采信。[2]

实践中，应根据具体案情来区分预约与本约的关系。

【案例6-44】 张某与徐州市同力创展房地产有限公司商品房预售合同纠纷案

一审法院认为，原、被告双方签订的《橙黄时代小区彩园组团商品房预订单》对于双方当事人的姓名或名称、商品房的基本情况（包括房号、建筑面积）、单价、付款时间进行了明确约定，但因双方在签订该预订单时作为买卖标的物的商品房尚处在规划之中而没有进行施工，被告同力创展公司也没有取得商品房预售许可证，所以双方对商品房的交付时间、办证时间、违约责任等诸多直接影响双方权利义务的重要条款在预订单中没有明确约定，属于未决条款，需在签订买卖合同时协商一致达成。事实上，双方在该预订单中通篇所用的词语表达为“预订”“预计”“预缴（购房款）”，其第五条更是明确约定“在甲方（被告）通知签定（订）《商品房销售合同》之前，乙方（原告）可随时提出退房……在乙方按照本条约定签定（订）《商品房销售合同》前，甲方不得将该房另售他人”，说明双方在签订该认购单时对于该行为的性质为预约合同的认识是明确而不存在疑义的。因此，法院确认双方于2004年2月16日签订的《橙黄时代小区彩园组团商品房预订单》是以将来签订商品房销售（买卖）合同为目的的预约合同，原告张某要求被告以该商品房预订单为

---

〔1〕 参见国家法官学院案例开发研究中心编：《中国法院2013年度案例》（房屋买卖合同纠纷），中国法制出版社2013年版，第60页。

〔2〕 参见最高人民法院中国应用法学研究所编：《人民法院案例选》2016年第8辑（总第102辑），人民法院出版社2016年版，第150页。

依据履行商品房交付义务的主张不能成立。[1]

另一个需要注意的是区别预约合同和本约合同，不可单纯从当事人所订合同的名称或使用的文字来判断，而应从合同实质内容出发作出认定。

【案例 6 - 45】　孙某诉某置业公司商品房预约合同纠纷案

二审法院认为，关于购房认购书、合同签约单性质是否系商品房买卖合同的问题。因购房认购书及合同签约单仅对所售商品房的部分内容进行了约定，而对房屋交付使用条件及日期、装饰、设备标准承诺、办理产权登记事项、违约责任等重要条款均未明确约定，因此不具备商品房买卖合同的基本特征。同时结合购房认购书中双方今后另行签订商品房买卖合同的表述，一审认定购房认购书、合同签约单系双方为将来签订商品房买卖合同而签订的预约合同，而非正式的商品房买卖合同，符合本案事实，予以确认。综上，某置业公司的上诉请求不成立，应予驳回；一审判决认定事实清楚，适用法律正确，予以维持。判决：驳回上诉，维持原判。[2]

对当事人订立协议中的内容是否确定不应作机械或缩小解释，还应结合当事人订立合同时的真实意思及法律、司法解释对商品房买卖合同形式要件的相关规定进行综合判断。合同内容若根据法律及司法解释的相关规定是可以确定的，应认定为合同具备商品房买卖合同的主要内容，进而认定当事人订立的协议为商品房买卖合同。

【案例 6 - 46】　郑某诉广州颐年园发展有限公司商品房销售合同纠纷案

再审法院认为，本案的争议焦点为双方签订的《内部认购合同》性质应如何认定的问题。本案《内部认购合同》虽然约定“双方同意在广州颐年园预售证转名工作完成后正式签署《商品房预售合同》”，但并不能据此认定本案的《内部认购合同》属于预约合同。合同中约定的标的物确定，房屋交付时间和使用条件、付款时间和房屋价款根据合同约定及法律相关规定可以确定。另外，从双方履行的情况分析，颐年园公司已经按合同约定收受了大部分购房款。本案《内部认购合同》在性质上应为商品房买卖合同，对郑某要求颐年园公司继续履行交付房屋义务的诉求予以支持，并无不当。[3]

---

〔1〕 参见《最高人民法院公报》2012 年第 11 期。

〔2〕 参见国家法官学院、最高人民法院司法案例研究院编：《中国法院 2023 年度案例》（房屋买卖合同纠纷），中国法制出版社 2023 年版，第 3 ~ 4 页。山东省淄博市中级人民法院（2021）鲁 03 民中 623 号民事判决书。

〔3〕 参见国家法官学院案例开发研究中心编：《中国法院 2019 年度案例》（房屋买卖合同纠纷），中国法制出版社 2019 年版，第 61 页。广东省高级人民法院（2016）粤民再 348 号民事判决书。

对于冠以“定金合同”之名的合同,亦应从实质内容来确定合同是定金合同还是预约合同。

【案例6-47】 颜某枝诉林某如房屋买卖合同纠纷案

二审法院认为,上诉人与被上诉人所签订的两份《定金合同》约定了房屋买卖的标的、价款,确定了双方买卖房屋的意向,起到稳固双方交易机会的作用,因此该《定金合同》属于“预约合同”,以双方当事人将来签订正式房屋买卖合同为目的。对于将来双方应订立的房屋买卖合同中必备的主要条款如“买卖房屋的付款方式、时间、房屋交付时间、过户手续办理、税费负担等”需通过双方当事人继续磋商后确定。[1]

在实务中,对于当事人之间存在预约还是本约关系,也不能孤立地仅依据当事人之间订立的一份或几份协议就加以认定,而是应当综合审查相关协议的内容以及当事人嗣后为达成交易进行的磋商甚至具体履行行为等事实,从中探寻当事人的真实意思,并据此对当事人之间法律关系的性质作出准确界定。[2]

【案例6-48】 成都讯捷通讯连锁有限公司与四川蜀都实业有限责任公司等房屋买卖合同纠纷案

最高人民法院认为,案涉《购房协议书》明确约定了双方拟进行买卖的房屋的位置、面积和价款,具备了正式房屋买卖合同的主要内容,可直接据此履行而无须另订本约。但是,当事人同时在该协议中约定:“……3.甲、乙双方应就购房合同及付款方式等问题在本协议原则下进行具体磋商。……5.甲、乙双方就该宗房屋买卖合同签订时,本协议自动失效。”可见,当事人一致认为在付款方式等问题上需要进一步磋商,这一意思表示是明确的,而且,当事人在该协议第五条进一步明确要在将来订立一个新的合同,以最终明确双方之间的房屋买卖法律关系的具体内容。因此,案涉《购房协议书》的性质为预约合同,一审、二审判决认定该《购房协议书》的性质为本约是错误的,应予纠正。本案中,当事人在签订《购房协议书》时,讯捷公司已经实际交付了定金并约定在一定条件下定金自动转为购房款,蜀都实业公司也接受了讯捷公司的交付。在签订《购房协议书》三个多月后,蜀都实业公司将合同项下的房屋交付给了讯捷公司,讯捷公司接受了该交付。而根据《购房协议书》的预约性质,蜀都实业公司交付房屋的行为不应视为对该合同的履行,在当事人之间不存在租赁等其他有偿使用房屋的法律关系的情形下,蜀都实

[1] 参见国家法官学院案例开发研究中心编:《中国法院2013年度案例》(房屋买卖合同纠纷),中国法制出版社2013年版,第122页。

[2] 参见最高人民法院民事审判第一庭编:《民事审判指导与参考》2014年第1辑(总第57辑),人民法院出版社2014年版,第209页。

业公司的该行为应认定为系基于讯捷公司之间的房屋买卖关系而为的交付。[1] 在本案中，尚有一个重要问题值得注意，即双方当事人之间的法律关系构成了事实上履行的本约和已经订立的预约的重合。双方签订的《购房协议书》虽然具备了与房屋买卖合同本约的大致相当的主要内容，但在性质上仍是预约而非本约。但此后，在蜀都实业公司已经实际履行房屋买卖合同主要义务的情况下，事实上成立了买卖本约，本约吸收了该预约中的内容，其与讯捷公司之间成立了房屋买卖合同的本约。笔者认为，具备详尽条款的预约，虽然其后未订立本约，但双方当事人履行本约的主要义务的，可以认定其本约成立。

对于在特殊背景下，如政府处理非法集资等，当事人签订认购书，但没有签订商品房买卖合同，其认购书具备商品房买卖合同主要内容的，不应依认购书约定有缺陷而否认其属于商品房买卖合同。

【案例6－49】 黄某香、彭某军诉湘西自治州正阳房地产开发有限责任公司商品房买卖合同纠纷案

二审法院认为，《认购书》已经具有合同成立的主要条款，且该协议是双方当事人依据驻正阳公司处非工作组所确认的清退金额，经充分协商后所达成，属有效合同。根据《房屋买卖合同解释》第五条的规定，《认购书》也应当认定为商品房买卖合同。故本案《认购书》属于商品房买卖合同，合法有效。[2]

为促成各职工与开发商分别建立房屋买卖合同关系而由单位与开发商进行磋商签订的团购协议，为预约合同，不因订立合同时未取得预售许可证明而无效。

【案例6－50】 陕西世华置业有限公司与陕西省中医药研究院确认合同无效纠纷案

一审法院认为，当事人之间的法律关系性质，应根据双方法律关系的内容和特点进行衡量和判断，而非当事人所签订的合同名称或双方认可的法律关系。世华公司与中医药研究院之间签订的合同虽名为《商品房买卖合同》，看合同的内容并非双方之间转让案涉房屋的所有权，双方之间并无买卖案涉房屋的真实意思。根据合同中约定的内容可知，双方的合同目的是促进中医药研究院职工购买世华公司开发建设的房屋，真正建立房屋买卖合同关

〔1〕 参见最高人民法院民事审判第一庭编：《民事审判指导与参考》2014年第1辑（总第57辑），人民法院出版社2014年版，第203页。

〔2〕 参见国家法官学院案例开发研究中心编：《中国法院2015年度案例》（房屋买卖合同纠纷），中国法制出版社2015年版，第28页。

系的是中医药研究院的职工与世华公司。因中医药研究院参与团购房屋的职工人数众多,所以由中医药研究院代表其职工就团购房屋的基本情况与世华公司进行磋商确定,对此,世华公司和中医药研究院均是明知的,且双方签订的《商品房买卖合同》只约定了中医药研究院职工团购世华公司“苹果城项目”的5、6、7号楼,但对具体哪个职工购买该三栋楼中的哪套房屋并未约定,具体到各个职工所购买的具体房屋需要具体的购房人与世华公司再另行协商确定。同时,案涉的《商品房买卖合同》关于房屋价格只约定了均价为3240元,并未约定每个房屋的具体价格,根据2012年年底世华公司与中医药研究院各职工分别签订的《苹果城项目团购选房房号确认单》,可知案涉5、6、7号楼各个房屋的具体价格并不相同,该价格并非中医药研究院与世华公司约定的价格,而是各购房人与世华公司根据所购房屋的具体户型、面积及楼层确定的交易价格。综上,案涉《商品房买卖合同》仅是中医药研究院就职工团购的房屋事宜与世华公司进行磋商并就团购均价、购房范围、付款方式等框架内容进行约定而签订的合同。该合同不适用《房屋买卖合同解释》第二条的规定,且案涉《商品房买卖合同》不存在原《合同法》第五十二条规定的合同无效情形,故案涉《商品房买卖合同》应为有效合同,世华公司诉讼请求不成立,应予驳回。[1]

(二)预约合同转为本约的特殊性

《商品房销售管理办法》第十六条规定的商品房销售合同,因为在预约阶段存在“事实和法律上的障碍”,双方不可能对所有事项作出明确具体的约定,在预约合同中即表现为缺失条款或不确定条款,需要双方本着诚信原则、循着预约合同确立的原则,履行预约合同。履行预约合同的过程即是克服“事实或法律上的障碍”的过程。预约合同履行完毕,“事实或法律上的障碍”即不存在,填充缺失条款和明确不确定条款的条件已成熟,预约即转化为本约。《房屋买卖合同解释》第五条规定预约合同转化为买卖合同的两个条件中,第一个是具备《商品房销售管理办法》第十六条规定的商品房买卖合同的主要内容,第二个是开发商已按约定收取购房款。收取的购房款既包括全款也包括部分房款,这表明是认购书已实际履行。也就是说,预约合同即认购书被认定为本约,除合同条款齐备外,还应具备合同实际履行的条件。一般来讲,区别预约与本约只要看预约合同条款是

〔1〕 参见杨临萍主编:《最高人民法院第六巡回法庭裁判规则》,人民法院出版社2022年版,第126页。

否齐备、明确，是否存在法律或事实上的障碍，无论合同名称如何，均应认定其为本约，而并非必须都要求实际履行，正如最高人民法院法官指出的，预约与本约的本质区别在于预约是否存在法律或事实上的障碍，导致合同部分条款缺失或不确定，而本约不存在这一情况。[1] 在个案中，所涉合同具有某种程度上的预约性质，双方在签订该协议时对行为的性质是有明确认识的，即在办理贷款手续后双方再签订商品房买卖合同，显然当事人有未来订立本约的意思，但是同时该协议又符合合同内容确定性的要求，此种协议名为预约，却非预约。《房屋买卖合同解释》第五条的规定承认了要约与本约之间的可转化性，一旦满足该条规定的构成要件，买卖双方的合同关系应适用本约合同的相关规范调整。

【案例6－51】　李某、吴某红诉常州正明房地产开发有限公司商品房买卖合同纠纷案

一审法院认为，原、被告双方签订的《购房协议》对于双方的当事人名称和姓名、商品房基本状况、商品房总价款、办理房产证事宜进行了明确约定，具备《商品房销售管理办法》第十六条规定的商品房买卖合同的主要内容，并且出卖人已经按照约定收受了购房款，该协议应当认定为商品房买卖合同，当事人应当按照合同约定全面履行自己的义务。相对于被告与第三人签订的《商品房买卖合同》，两份《商品房买卖合同》均未办理房屋所有权转移登记，本案中两原告与被告之间签订的商品房买卖合同成立在先，且在协议签订后，正明公司将房屋钥匙交付两原告，两原告也将商铺租赁给第三方使用。综上，对于两原告要求被告正明公司继续履行《购房协议》的主张，本院予以支持。[2]

《合同法解释(二)》第一条第一款规定："当事人对合同是否成立存在争议，人民法院能够确定当事人名称或者姓名、标的和数量的，一般应当认定合同成立。但法律另有规定或者当事人另有约定的除外。"由此可以看出，这一规定对于合同是否成立是持开放态度的，较好地贯彻了鼓励交易的理念，同样适用于将商品房认购书视为商品房买卖合同的情形。多数法院认为，只要商品房认购书内容包含双方当事人的姓名或名称、商品房的基本情况(包括房号、建筑面积)、总价或单价、付款时间、方式、交付条件及日期，就可以认定该认购书已经基本具备了商品房买卖合同的条件。在实践中，应注意的是合同性质，即预约合同与本约的区别，要看合同是否符合商品房买卖实质性要件，具备商品房买卖实质性要件的合同不

[1] 参见最高人民法院民事审判第一庭编著:《最高人民法院关于审理商品房买卖合同纠纷案件司法解释的理解与适用》，人民法院出版社2003年版，第70页。

[2] 参见国家法官学院案例开发研究中心编:《中国法院2015年度案例》(房屋买卖合同纠纷)，中国法制出版社2015年版，第52页。

能被认定为预约合同。

【案例6－52】 某房地产公司与江某商品房销售合同纠纷案

一审法院认为，双方当事人签订的《购房合同》虽然是在房地产公司未取得商品房预售许可证的情况下签订的，但是在协议中就当事人名称、商品房基本情况、销售方式、价格、付款方式、交付使用条件及日期、违约责任等进行了约定，其约定的标的物明确，内容翔实。现在涉诉楼房已经取得了商品房预售许可证，依照双方《购房合同》约定双方另行签订了购房合同，但某房地产公司拒绝并要求解除原协议。在此情况下，江某请求某房地产公司按《购房合同》交付约定的商品房，不存在事实和法律上的障碍，具备可履行的条件，且双方签订的《购房合同》有效。江某的诉讼请求应予支持。二审法院维持一审法院继续履行《购房合同》的判决。最高人民法院民一庭意见：根据《房屋买卖合同解释》第二条、第五条等规定，当事人签订《购房合同》后，如果具备了商品房买卖合同的主要条件，且其他内容不违背国家法律、行政法规规定的，应当认定合同为商品房买卖合同。[1]

对于具备了房屋转让合同基本内容的房屋转让意向书，当约定的订立合同的条件成就，且当事人已经履行了房屋转让中的主要义务时，应当认定该房屋转让意向书转化为房屋转让合同，当事人应当依照房屋转让意向书约定的内容直接履行转让房屋的义务。

【案例6－53】 王甲、戴某华与祁某法、王乙房屋转让合同违约纠纷案

再审法院认为，双方当事人签订的《意向书》已经具备了房屋转让的主要条件，明确约定了标的物（地点、面积）、价款、交房时间、过户手续、税费、违约责任等。根据《意向书》的约定，即使双方不再另行签订合同，房屋转让行为也可以得到履行。双方当事人虽未签订正式的房管部门监制的《房屋转让合同》，但已履行《房屋转让合同》的主要义务。买受方已向出让方支付了超过总房款40%的购房款，同时出让方也在2003年11月23日将房屋交由买受方使用。出让方虽辩称《意向书》中对此约定的是“交乙方使用”而非“交付使用”，但这一辩解并无法律依据，且根据《意向书》中删除了格式条款中“乙方在未签订房屋转让合同之前不得对房屋进行装修，否则后果自负”的内容来看，可以看出出让方将房屋交由买受方使用，给予了买受方充分的处分权。双方已分别履行《房屋转让合同》中最主要的义务：付款和交房。根据《合同法》第三十七条的规定，本案中，双方均已履行主要义务，且对方

---

〔1〕 参见最高人民法院民事审判第一庭编：《最高人民法院民事案件解析》（房屋买卖、租赁纠纷），法律出版社2010年版，第400页。

也都已接受,故虽未签订正式的《房屋转让合同》,但《意向书》和双方的履约行为已经使《房屋转让合同》成立。双方签订的合同有效,并能够得到实际履行。首先,虽然《意向书》签订于2003年8月28日,当时出让方尚未取得房屋所有权,仅拥有房屋的拆迁补偿安置协议书及房屋拆迁安置表,其签订《意向书》的行为属于无权处分行为。但2005年8月22日出让方实际取得三证,成为该房屋的权利人,获得了房屋的处分权。目前,该房屋仍然存在,出让方拥有完整的所有权,并不存在履行《房屋转让合同》的障碍。综上,本案中的《意向书》虽名为《意向书》,但已具备《房屋转让合同》的实质性条款,且双方已履行房屋转让的大部分内容,故《意向书》实为《房屋转让合同》,该合同成立并有效,且已得到部分履行,现并不存在继续履行合同的障碍。出让方本应按照约定全面履行义务,但现仅履行部分义务,未协助买方办理房产变更手续,构成违约。[1]

个案中,虽然约定了换签条款,但预约合同未必一定转为本约,购房人更不能依此向开发商主张交房。

【案例6－54】　王甲、王乙诉厦门昌林实业有限公司商品房预约合同纠纷案

二审法院认为,双方争议焦点在于王甲、王乙与昌林公司是否存在事实上的商品房买卖合同关系。案涉《商品房认购书》是商品房买卖合同双方当事人在签署商品房预售契约或商品房现房契约前所签订的文书,是对双方交易房屋有关事宜的初步确认。签订认购书时,真正的商品房买卖行为并未发生,仍处于商品房买卖成立前的前契约阶段,即使双方当事人完全履行了认购书,仍需双方另行签订商品房预售合同或现房销售合同。故该认购书的合同性质为预约合同,是独立有效的合同,但尚不具备《商品房买卖合同》成立的主要要件,即不具备《商品房销售管理办法》第十六条规定的商品房买卖合同的主要内容。该《商品房认购书》合同条款不齐备、不明确,且合同实际履行条件存在法律和事实上的障碍。据此,王甲、王乙在双方未签订《商品房买卖合同》,即要求昌林公司交付案涉商品房,缺乏事实和法律依据,不予支持,一审判决应予以撤销。[2]

---

〔1〕 参见最高人民法院审判监督庭编:《全国法院再审典型案例评注》(上),中国法制出版社2011年版,第51～52页。

〔2〕 参见国家法官学院、最高人民法院司法案例研究院编:《中国法院2020年度案例》(房屋买卖合同纠纷),中国法制出版社2020年版,第21～22页。福建省厦门市中级人民法院(2018)闽02民终5630号民事判决书。

(三)预约合同强制缔约问题

预约一方能否依据预约合同约定请求相对方签订本约,即强制履行预约合同,理论上存在分歧。支持的观点如法官所言,如果是纯粹意义上的以将来订立本约为内容的预约,应当对其订立本约的行为进行强制,若因预约一方当事人拒不签订本约而造成另一方损失的,另一方有权基于信赖利益请求对方承担赔偿责任。[1] 反对的主要理由在于双方对于本约具体内容的意思表示并未达成一致,如以判决形式确定双方已为意思表示,构成强制缔约,违反合同自由、意思自治与公平原则,且实际上难以强制执行。对此,现行法律尚无明文规范,司法解释对此也没有明确。[2] 笔者赞同支持的意见。笔者认为,可以根据预约合同的分类确定预约是否能够继续履行,对于违反将进行谈判的预约不能继续履行,对于违反带未决条款的预约可以考虑继续履行。该分类在理论上是可行也是合理的,但是司法实践中缺少具体的标准,往往很难操作,需要法官自由裁量。有学者认为,一般而言,如果预约中包含了本约的必要条款,并约定在一定期限内签订本约,或在某某条件出现后(如取得商品房预售许可证或审批机关批准后)即签订本约,则应支持强制缔约的诉请,因为这既有强制缔约的基础,也符合当事人的真实意思;如果预约合同未约定必要条款,或者预约中明确约定了尚需对相关事项继续磋商,则可要求当事人履行善意、诚信的磋商义务,而一般不能施加给其从未允诺的强制缔约责任。[3] 预约合同亦系一种债权合同,以订立本合同为其债务的内容。在预约合同的内容是可确定的,具备合同成立及有效的要件时,预约合同的相对人作为预约的债务人负有订立本合同的义务,预约合同一方作为权利人有权诉请相对方履行义务。司法实践中,诸多法院亦在探索处理相关案例的方式。

【案例6－55】 张某国诉保利(江西)金通泰置业有限公司商品房预售合同纠纷案

二审法院认为,《认购书》属预约合同,具备房屋买卖合同的主要条款,张某国交纳了定金,按照房屋买卖的商业习惯和《认购书》的约定,张某只需于2011年6月29日前支付全部房款,就可签署商品房买卖合同,可见张某

[1] 参见腾威:《商品房预约协议之认定及其责任承担》,载王利明主编:《判解研究》2012年第4辑(总第62辑),人民法院出版社2013年版,第188页。

[2] 参见最高人民法院民事审判第二庭编:《最高人民法院关于〈买卖合同司法解释〉理解与适用》,人民法院出版社2012年版,第61页。

[3] 参见耿利航:《预约合同效力和违约救济的实证考察与应然路径》,载《法学研究》2016年第5期。

国要求保利公司按照《认购书》约定签订《商品房买卖合同》是具有可操作性的。对于《认购书》约定的价格是否合理。商品房销售实行一房一价,同期销售房屋价格与涉案房屋价格没有必然联系,现有证据无法得出涉案房屋价格不合理的结论。《认购书》并不违反法律规定,对上诉人张某国要求保利公司按照《认购书》约定签订《商品房买卖合同》的诉讼请求,可以支持。上诉人保利公司的上诉理由,没有事实和法律依据,本院不予支持。[1]

【案例6-56】　郭某坚诉厦门福达地产投资有限公司房屋买卖合同纠纷案

一审法院判决,被告按《意向书》之约定,确定"福达里"安置房的一个车位,与原告签订关于"福达里"安置车位的《买卖合同》,按15万元的价格将"福达里"安置房的一个车位销售给原告。二审调解结案,调解内容为:为实现双方《意向书》内容,原告同意继续向被告购买交易车位,被告在保证原告实际享有该交易车位所有权的前提下,在改造项目范围内确定一个交易车位出售给原告。前述交易车位的价格将根据位置由双方共同协商确定后,再由被告给予原告2万元的现金优惠。双方应于本协议生效之日起签订交易车位的买卖合同。[2]

【案例6-57】　陈某红与浙江福田房地产开发有限公司预约合同纠纷案

二审法院认为,双方签订的《福田花园预订单》对陈某红向福田公司订购福田花园21—24号营业房的面积和单价均作了明确约定,并注明交房日期,已经具备商品房买卖合同的主要条款。此外,双方在预订条款中还明确约定:陈某红应在接到福田公司通知后十天内,前来按(约)订立商品房预(销)售合同,如逾期未办理合约手续及支付款项,以违约论处,预付订金不予退还,并以自动放弃论;购房订金可以冲抵房价款;其他买卖条款以商品房预(销)售合同为准。根据上述条款内容,签署商品房预(销)售合同,仅为双方需办理的合约手续,主要条款应以预订单中的约定为准,其他条款只需根据商品房预(销)售合同格式文本和交易习惯即可确定。双方当事人的上述约定未违反法律、行政法规的强制性规定,应认定为有效。福田公司要求提高单价,陈某红不予同意,合同并未变更,双方仍应按照预订单的约定履行。本案亦不存在法律上或事实上不能履行的情形,只要福田公司按约履行,双方的合同目的就能实现。故依照《合同法》第一百零七条等规定撤销原审判

---

〔1〕 参见国家法官学院案例开发研究中心编:《中国法院2014年度案例》(房屋买卖合同纠纷),中国法制出版社2014年版,第55页。

〔2〕 参见最高人民法院中国应用法学研究所编:《人民法院案例选》2013年第1辑(总第83辑),人民法院出版社2013年版,第17页。

决,改判福田公司与陈某红签订的《福田花园预订单》继续履行。[1]

最高人民法院在个案中态度为,通过合同解释进行补救并确定继续履行。

【案例6-58】 成都讯捷通讯连锁有限公司与四川蜀都实业有限责任公司等房屋买卖合同纠纷案

最高人民法院认为,虽然当事人之间在房屋买卖税费等问题上未达成一致意见,但在双方房屋买卖法律关系的主要权利义务均已确定的情形下,上述争议可以通过《合同法》第六十一条、第六十二条规定的合同解释原则进行补救,故并不构成法律上或者事实上的履行障碍,故讯捷通讯公司主张继续履行的诉讼请求应予支持。[2]

【不同处理】 对于预约合同是否能继续履行认识与处理存在分歧,有的法院认为,预约合同的标的是订立本约合同,这一标的显然属于非金钱债务,而是订立本约合同行为。订立本约合同行为属《民法典》第五百八十条规定的债务标的不适用于强制履行的情形,因此,一方当事人要求对方强制履行预约合同的,不应支持,但守约方可按照合同的约定要求对方承担相应的违约责任。

【案例6-59】 许某玉诉厦门金城湾房地产开发有限公司等商品房预约合同纠纷案

一审法院认为,本案《认购书》在性质上属于预约合同,许某玉与金城湾公司应当依据《认购书》约定严格履行合同义务。但《认购书》内容不够具体、完善,对将来商品房买卖合同的重要条款没有明确约定,因此,依据《认购书》双方仅负有就合同具体内容继续磋商,并在将来的一定期限内订立正式商品房买卖合同,将预约推进到本约的义务,并无必须缔约的义务,对《认购书》不能强制实际履行。[3]

【案例6-60】 张某与上海佘山国际高尔夫俱乐部有限公司预约合同纠纷案

二审法院认为,预约合同属前缔约时期缔结的合同,双方在此期间的磋商目的在于本约合同的订立和履行,因此此期间产生的义务和责任有别于本约合同成立生效后产生的违约责任。根据现有法律规定,在违背预约合同的约定不履行签订本约义务的情况下,应承担缔约过失责任。承担缔约过失责

---

〔1〕 参见邓基联主编:《房屋买卖合同纠纷》,法律出版社2010年版,第47页。

〔2〕 参见最高人民法院民事审判第一庭编:《民事审判指导与参考》2014年第1辑(总第57辑),人民法院出版社2014年版,第205页。

〔3〕 参见最高人民法院中国应用法学研究所编:《人民法院案例选》2016年第8辑(总第102辑),人民法院出版社2016年版,第151页。

任的方式为损害赔偿,其中包括直接利益的减少和失去与第三人订立合同机会的损失,并不包括强制缔结本约的责任。遂驳回张某上诉,维持原判。[1]

实践中,有法院认为对不履行签订本约的法律责任可由当事人另案主张。

【案例6-61】 江某根诉重庆市尧舜房地产开发有限公司商品房预约合同纠纷案

一审法院认为,我国现行法律、法规及司法解释没有赋予预约强制订立本约的效力,亦未规定根据预约强制履行本约的义务,在被告明确表示不愿意以约定的价格出售房屋的情况下,原告要求继续履行预订协议及交付房屋的请求,本院不予支持。但被告对其不遵循诚实信用原则履行签订本约义务之行为应承担相应的法律责任,原告可另案主张。[2]

有学者认为,违反预约合同虽不排斥损害赔偿、违约金及定金罚则的适用,但除非预约中已经包含本约的主要条款,对于违反预约的法律责任,不能包括强制履行以及期待利益的赔偿,这里的强制履行不仅仅包括强制缔约,也包括按照已经达成的条款的约定强制实际履行;而本约合同可以要求全面履行合同。[3] 学者在这里认为包含主要条款的预约可以强制缔约。有法官持支持该观点,并建议在预约合同解释中增加"预约合同具备标的物、价款、数量等买卖合同主要内容,一方请求强制订立买卖合同的,人民法院应予支持"的规定。[4]

《民法典》第五百八十条所规定的继续的除外情形,对预约合同同样适用。预约合同可使当事人产生缔约请求权,但在一方违约时,并非一概产生强制缔约的效果,是否实际履行应视具体情形而定。

【案例6-62】 李某诉春祥公司房屋买卖合同纠纷案

一审法院认为,关于焦点一。李某与春祥公司签订的《珑源一品花园珑庭组团商品房购房协议》,经审查属于双方约定在一定期限内就案涉房屋订立《商品房买卖合同》的协议。况且该协议不具备《商品房销售管理办法》第十六条规定的《商品房买卖合同》应当具备的交付使用条件及日期、公共配套建筑的产权归属、面积处理差异等基本内容的条款。因此,法院认为该协议的法律性质为预约合同,仅对将来缔结正式《商品房买卖合同》为意思表示,而非为交付标的物实现交易。考虑若强制李某缔结本约,有约合同意思

---

〔1〕 参见邓基联主编:《房屋买卖合同纠纷》,法律出版社2010年版,第46页。

〔2〕 参见国家法官学院案例开发研究中心编:《中国法院2018年度案例》(房屋买卖合同纠纷),中国法制出版社2018年版,第34页。

〔3〕 参见彭插三、杨璐:《预约合同效力分析——商品房买卖合同效力争议问题》,载王利明主编:《判解研究》2005年第1辑(总第21辑),人民法院出版社2005年版,第115页。

〔4〕 参见李玉林:《合同纠纷前沿问题审判实务》,中国法制出版社2014年版,第65页。

自治原则。而从执行方法角度观之,直接强制、间接强制、代替执行、行为及不行为之强制执行均无对预约合同适用之余地,所以,对于一方拒绝依预约合同之约定签订本约合同的,在法律上和事实上都不能强制履行。换言之,继续履行的违约责任形式不适用于预约合同。故本案原、被告签订的《珑源一品花园珑庭组团商品房购房协议》依法因原告主张解除而终止合同效力,对被告要求继续履行合同的抗辩依法不予采信。二审法院调解结案。[1]

(四)预约合同一方诉讼主张的范围

对预约合同一方可否一并请求订立本约及履行本约,理论界观点不一。在持赞成强制缔约的学者中有人认为,基于诉讼经济原则,可以一并主张;[2]也有人认为,仅可请求法院强制其订立本约,不得一并要求履行本约。[3] 其现行司法解释对此并无相应规定。在诉讼中,如原告一并主张的,在预约范围内一并支持,符合诉讼经济原则、在效率上保证守约方的利益,系保障当事人权益的一种有效方法,可以公正、迅速地实现正义。但必须在合同内容上坚持当事人意思自治原则,合同标的需要明确具体具有可强制执行性,否则,就不宜一并支持。

【案例6-63】 张某国诉保利(江西)金通泰置业有限公司商品房预售合同纠纷案

二审法院认为,因上诉人张某国对继续履行合同或赔偿损失的诉讼请求在二审中作出了明确的选择,一审对两个选择性诉讼请求都进行了审理,对赔偿损失作出的判决,因当事人放弃赔偿要求继续履行合同,应予撤销。[4]

预约合同一方未提出一并诉请的则不予处理。

诉讼中经法官释明而不变更履约请求的,不受法律支持。

【案例6-64】 哈尔滨真观堂房地产顾问有限公司诉黑龙江省华远房地产综合开发有限公司商品房预售合同纠纷案

二审法院认为,双方签订的《房屋认购合同》并不具备商品房买卖合同

---

〔1〕 参见国家法官学院、最高人民法院司法案例研究院编:《中国法院2021年度案例》(房屋买卖合同纠纷),中国法制出版社2021年版,第12~13页。浙江省绍兴市中级人民法院(2019)浙06民终4827号民事调解书。

〔2〕 参见王泽鉴:《债法原理》(第1册),中国政法大学出版社2001年版,第150页。

〔3〕 参见王利明:《民法疑难案例研究》,中国法制出版社2010年版,第60页。

〔4〕 参见国家法官学院案例开发研究中心编:《中国法院2014年度案例》(房屋买卖合同纠纷),中国法制出版社2014年版,第55页。

主要内容，且在该认购合同中双方还有“认购书须按指定的日期签署正规《商品房买卖合同》”的约定，因此，原审判决认定双方签订的《房屋认购合同》的法律性质系预约合同并无不当，本院予以认同。由于人民法院不得以公权力判令双方履行签约行为，故在原、被告双方未签订正式《商品房买卖合同》的前提下，且在原法院向原告释明后，且仍不变本案诉讼请求情形下，原审判决驳回原告要求被告给付华远·龙湾楼盘该房屋的诉讼请求正确。原告可就被告未履行该认购书可另行主张权利。[1]

能否将商品房买卖预约视为本约应厘清两个问题。

第一，对具备《商品房销售管理办法》第十六条规定的商品房买卖合同的主要内容的理解。对何为具备商品房买卖合同主要内容，有两种理解，第一种意见认为，该办法规定商品房买卖合同“应当”具备《商品房销售管理办法》第十六条规定的十三项内容，亦即上述内容均为商品房买卖合同必须具备的内容。因此，只有预约合同中上述十三项内容悉数齐备时，才应被认定为具备商品房买卖合同的主要内容。第二种意见认为，只要合同双方对标的房屋、价款达成合意，即具备了商品房买卖合同的主要内容，其他内容可根据交易习惯、诚信原则等予以确定。笔者认为，上述两种意见均不完全准确。就第一种意见而言，预约合同之所以要具备买卖合同的主要内容才能视为本约，乃是为了消除履行上可能存在的法律或事实上的障碍。但是《商品房销售管理办法》第十六条列举的部分内容（如第七、九、十、十二项等）并非买卖合同的必备条款，上述内容如果不作约定，亦不构成履行的障碍，《房屋买卖合同解释》对未约定上述内容时的处理作出明确规定，如第十二条违约责任细化规定、第十三条产权登记事宜规定等。就第二种意见而言，预约合同与实践中出现的“认筹”等不同之处在于，双方当事人一般对标的房屋和价款均已经明确，如果仅就标的和价款达成合意即可视为本约合同，则预约合同就无存在的必要。况且，实务中之所以签订预约合同，很多情形下是因为签订买卖合同的条件尚不具备（如开发商尚未取得预售许可证等），如果将其预约视为本约，合同将成为损害买受人利益的工具，不利于巩固交易机会和增加缔约机会。笔者认为，当预约合同具备《商品房销售管理办法》第十六条第一、二、四、五、六项，即具备当事人的姓名（名称）和住所、商品房的基本情况、商品房价款的确定方式及总价款、付款方式、付款时间、交付使用条件及日期、装饰、设备标准承诺、供水、供电、供热、燃气、通信、道路、绿化等配套基础设施和公共设施的交付承诺和有关权益、责任时，应认为已经具备了商品房买卖合同的主要内容。

[1] 参见国家法官学院案例开发研究中心编：《中国法院2016年度案例》（房屋买卖合同纠纷），中国法制出版社2016年版，第7页。

第二，对出卖人已经按照约定收受购房款的理解。实践中对此有两种观点，第一种观点认为，出卖人实际收受购房款，不应区分全部或部分购房款甚至定金。第二种观点认为，只有在买受人实际支付了全部购房款，而出卖人已经实际收受的情况下，才能将预约视为本约。笔者认为，出卖人已经按照约定收受了购房款，不仅指收受了全部购房款的情形，也包括收受了部分购房款的情形，但不包括收受定金的情形，这是因为定金不属于购房款。一般情况下，定金在双方签订本约合同后转化为购房款，而在只签订预约合同的情况下，双方尚未签订本约合同，定金尚未转化为购房款。出卖人是否按照约定收受了购房款应当根据约定的付款方式的不同而确定不同的标准。属于按照约定收受购房款具体情形为：对于一次性付款的，出卖人收受了全部购房款；对于分期付款的，出卖人收受了第一期购房款；对于按揭贷款方式付款的，出卖人收受了首付款。

专题七　房屋买卖中的交付纠纷

房屋交付是房屋买卖中的重要环节，出卖人或开发商应当保证房屋具备相应合格条件后才能将房屋交付，购房人认为房屋符合购买目的后才会接收房屋。房屋买卖中的交付问题在理论上并无太多争议，但在司法实践中却是争议颇大的问题之一。

一、房屋买卖中房屋的交付

(一)房屋交付的含义

1. 交付的含义

所谓交付,即转移占有。一般而言,交付是占有的现实转移。在房屋买卖中,交付意味着转移占有。转移占有是指占有人以法律行为将其占有物交付与他人,受让人因此而取得占有。占有人转移占有,自受让人取得事实上物的管领力时完成。占有转移必须满足以下三个条件:一是前提条件,出让人必须占有标的物(自行交付),或虽非亲自占有标的物,却保持对标的物的实际控制能力。二是主观方面有转移占有的意思表示,出让人主观上必须要有转让的意思表示。三是客观方面有转移占有的行为。

在现实生活中,交付的方式和内容是多种多样的,当事人也可以根据法律规定作出相应的约定。在此约定下,出卖人不仅应当按照法律规定交付房屋,更应履行合同约定的义务。商品房预售合同中一般会约定房屋交付使用的时间,但对以何种方式交付,一般未作约定,为此,以往在商品房纠纷中对交付使用的认定争议颇大。《房屋买卖合同解释》第八条第一款规定,"对房屋的转移占有,视为房屋的交付使用",明确了转移占有,即通常所说的"交钥匙",为商品房的交付使用。但该条规定的"交付使用"并不是《民法典》第五百九十八条中规定的"交付"。《民法典》第五百九十八条规定:"出卖人应当履行向买受人交付标的物或者交付提取标的物单证,并转移标的物所有权的义务。"《民法典》合同编中的"交付"是物权理论上的物权变动,而《房屋买卖合同解释》第八条第一款的"交付使用"是一种基于当事人之间的商品房买卖合同关系而享有的有权占有事实状态,并不必然产生所有权的变动。因此,出卖人履行了交付商品房的义务后,并非意味着出卖人的合同义务履行完毕,其还须协助买受人办理房屋所有权登记,转移房屋所有权给买受人。换言之,只要出卖人在合同约定期限内向买受人交付房屋,即"交钥匙",其就已履行了合同约定的交付房屋的义务。如果当事人在合同中明确约定房屋的交付使用不仅是转移房屋占有,还应办理房屋所有权转移登记的,出卖人就应按约定履行义务。这里有必要厘清一个问题,即如果合同没有明确约定房屋的交付使用包括房屋所有权登记手续时,出卖人"交钥匙"义务的履行也并非就意味着出卖人的合同义务履行完毕,因为出卖人的法定义务不免除。"交钥匙"作为房屋的转移占有方式,是一种事实上的交付,而不能当然地认为开发商就完全履行了交付房屋的义务,在法律应视为买受人只是接受了开发商的部分履行。应当注意的是,《房屋买卖合同解释》第八条第二款但书部分规定,即可以另有交付约定。

根据《民法典》第五百九十八条"出卖人应当履行向买受人交付标的物或者交付提取标的物单证,并转移标的物所有权的义务"的规定,对于不动产商品房买卖,标的物所有权转移行为的完成,以办理房屋所有权登记手续,取得房屋所有权证书为成就条件,这也是不动产物权变动公示原则的具体体现。开发商是商品房买卖合同的出卖人一方,显然在交付实物之外还负有移转标的物所有权的义务,否则不能称为"买卖",因此移转标的物所有权是出卖人一方的主合同义务,而不能等同于交付证件、单据之类的附随义务。开发商在约定交房期限内交付合同约定的商品房给买受人是出卖人的主要合同义务,亦是买受人最重要的权利,而这些又与交付条件发生关联。也就是说,商品房买卖合同中,开发商负有两项主要义务或最基本义务:交付房屋,转移房屋所有权。相对应的是,购房人基于有效买卖合同享有房屋交付请求权和所有权移转登记请求权。房屋的交付包括实物交付和证件交付。所谓实物交付,是指出卖人将房屋交付给买受人占有、使用;所谓证件交付,是指房屋出卖人协助买受人实现房屋转移登记。交易惯例中,一般都是先交付房屋,后办理转移登记手续,二者之间通常需要一段间隔时间。

2. 关于交付房屋与转移房屋所有权的关系问题

实践中,"交钥匙"是否视为完成交付或仅办理过户手续能否视为法律意义上的交付,是极有争议的问题。笔者认为,交付不仅是交钥匙,也是办理过户手续,交付房屋与转移房屋所有权二者是一个整体,缺一不可。交钥匙并没有实际将房屋转移买受人占有的,即便办理房屋过户手续亦不能认定为法律意义上的交付。交钥匙或办理过户手续而缺少实际占有的,其交付的义务未完成,也不是完整的交付义务。办理过户手续亦不能代替或免除向买受人的移交实际占有,不代表交付义务的完成。房屋交付的核心是转移房屋占有,只有出卖人履行了房屋占有转移的法律行为才能认定其履行了交房义务。在房屋买卖中,房屋出卖人应向购房人履行权利与实物双重交付,如仅履行权利义务,而未履行实物交付义务,导致房屋所有权与占有权分离的,即交付在法律上不是完整的,也容易产生诸多纠纷。

【案例7-1】 刘某旗诉樊某房屋买卖合同纠纷案

一审法院认为,双方争议的焦点为涉案房屋是否已交付。庭审中,刘某旗表示其已将房屋交付给樊某,首先将其房屋的钥匙已交给了北京链家房地产经纪有限公司,且已将房屋过户至樊某名下。樊某对此不予认可。本院注意到,合同中双方明确约定了房屋交付方式,即(1)出卖人与买受人共同对该房屋附属设施设备、装饰装修、相关物品清单等具体情况进行验收,记录水、电、气表的读数,并交接该附件中所列物品;(2)买卖双方在房屋附属设施设备、装修装饰、相关物品清单上签字;(3)移交该房屋房门钥匙。因此,本院认为无论刘某旗是否将涉案房屋的钥匙交予北京链家房地产经纪有限公司,均不能视为其将涉案房屋交付给樊某,且房屋过户义务亦不能免除房屋交付的义务,故樊某未支付剩余购房款40万元,并非违约。现刘某旗以此为由,主张解除双方房屋买卖合同,与事实不符,本院不予支持。刘某旗要求樊某迁出户口、支付违约金20万元并将房屋过户至刘某旗名下,于法无据,本院均不予支持。〔1〕

3. 关于交付的义务

一般认为,"交房"一词与"房屋钥匙初次交付于业主"等同,也就是所谓的"交房=交钥匙"。诚然,"交钥匙"的行为本身一般来说的确能够体现对房屋的交付。从"交房"一词的本质上讲,交房意味着购房人开始对房屋加以实际控制,房屋权能得以充分发挥。依一般交易习惯,交房的完成一般体现为房屋钥匙的交付,盖因对钥匙的掌控成为一般观念中对房屋实际掌控的表征。"交钥匙"是交付完成的必要条件,而非充分条件。合同中履行交付义务应该包括交付时间、交付标准、交付主体、履行对象等都符合约定,合同应该全面履行。开发商向买受人交付房屋的行为,不仅应当符合合同约定,也必须满足法律规定的条件和标准,绝不能简单地将"交钥匙"视为房屋的交付使用。商品房买卖中,开发商的交房义务不仅局限于"交钥匙",还需出示相应的证明文件,并签署房屋交接单等。关于认定"交钥匙"是否等于履行了交付义务的问题,只有在买受人明知或应当知道房屋尚不具备交付条件而仍接受交付的情况之下,才可认定买受人放弃原约定的房屋交付条件,而视为双方变更房屋交付条件。

〔1〕 参见国家法官学院案例开发研究中心编:《中国法院2016年度案例》(房屋买卖合同纠纷),中国法制出版社2016年版,第107页。

【案例7-2】 罗某挥、项某华诉连城恒益房地产开发有限公司商品房买卖合同纠纷案

一审法院认为,原、被告双方所签订的商品房买卖合同约定:"出卖人应当在2009年12月31日前,将符合各项条件的商品房交付买受人使用;商品房达到交付使用条件后,出卖人应当书面通知买受人办理交付手续,双方进行验收交接时,出卖人应当出示本合同第九条规定的证明文件,并签署房屋交接单,在签署房屋交接单前,出卖人不得拒绝买受人查验房屋,所购商品房为住宅的,出卖人还需提供住宅质量保证书和住宅使用说明书,出卖人不出示证明文件或出示证明文件不齐全,买受人有权拒绝交接,由此产生的延期交房责任由出卖人承担。"被告恒益公司认为依据原告罗某挥、项某华出具的双方同意书,被告已就房屋交房情况向原告作了明确说明,原告已经知晓交房情况,被告无须再在2009年12月31日前另行书面通知原告办理交房手续。原告罗某挥、项某华在该双方同意书上言明:"经本人与恒益公司协商一致,本人按照合同约定时间配合办理相关交房工作,以便按期办理相关产证等手续,但不领取房屋钥匙等物料。"该文字表述并没有包含被告无须书面通知原告方办理房屋交付手续的意思表示,只是原告表明愿意按照合同约定的时间配合被告办理相关交房工作,即并未免除被告书面通知以及签署交接单等义务,因此商品房达到交付使用条件后,被告恒益公司仍应当按照合同约定以书面的方式通知原告方办理房屋交付手续,双方进行验收交接,并签署房屋交接单等,且不仅仅局限于交付钥匙等材料。被告恒益公司辩称原告在该双方同意书上已向被告承诺将于约定日期即2009年12月31日前配合被告办理相关交房手续,以便按期办理产权手续,现原告无正当理由不予以配合交房工作,存在明显违约行为,但被告未向法院提供证据证明系原告不配合导致被告无法完全交房。综合分析上述情况,法院认定被告恒益公司尚未依照约定将涉案房屋交给原告罗某挥、项某华,故被告恒益公司的逾期交付行为已构成违约。二审法院亦持同样意见,维持一审判决。[1]

实践中,购房人改建装修早于实际取得钥匙的,改建装修表明购房人对房屋已实际占有的事实,对此购房人就不能以开发商交钥匙作为房屋的交付。

【案例7-3】 苏某诉北京达华庄园房地产开发有限公司房屋买卖合同纠纷案

一审法院认为,本案争议的焦点系被告达华庄园公司何时履行了交房义务。原告苏某以被告曾于2010年12月1日向原告交付C2号房屋的钥匙为

---

〔1〕 龙岩市中级人民法院(2015)岩民二终字第671号民事判决书。

由主张被告于2010年12月1日履行了交房义务，对该主张本院不予采信。理由如下：首先，C2号房屋在合同签订时已是具备交付条件的现房。其次，原告于2009年4月2日签署了《达华庄园房屋验收单》，并于2009年4月6日申请对房屋进行改建，并且改建工程于2009年6月实际完工。因原告不可能对未交付的房屋进行改建，故本院认为，房屋交付的认定不应拘泥于交付钥匙，而是更应关注房屋实际上是否已被原告控制，这符合双方当事人订立合同的目的及《合同法》规定的诚实信用原则。综合考虑双方当事人提交的证据及案件客观事实，本院认为被告于2009年4月6日，即原告申请对C2号房屋进行改建之日已经履行了交房义务。二审法院亦持同样意见，维持一审判决。[1]

4. 观念交付问题

交付是指权利人将自己占有的物转移给其他人占有的行为，[2]可分为现实交付与观念交付。观念交付是以变通的方法代替实际交付。《民法典》物权编对于不动产是否适用动产观念交付规定的问题并未明确。笔者认为，对于不动产亦同样有观念交付之必要。在观念交付的情况下，转让人可以继续占有不动产标的物，权利变动可以通过登记进行公示，且占有改定较现实交付而言简化了交付的程序，节约了费用，故应允许其代替现实交付。买卖双方约定先过户后交房，其约定是意思自治的体现，亦是有效的。在占有权与所有权分离的情形下，出卖人交付义务的认定有特殊性。先过户后交房存在时间差，在房屋已过户至买受人名下之后，尚未到合同约定的房屋交接日之前，出卖人完成了转移房屋所有权给买受人的义务。此时如果房屋被第三人侵占，对于出卖人的交房义务应如何认定，是司法实践中的疑难问题。有法官认为，在过户后、交房前，房屋被第三人侵占的情况下，出卖人已不是房屋所有权人，当然无法行使所有物返还请求权，请求第三人迁出房屋。但是，在约定的交房日之前，出卖人实际占有房屋，对房屋享有占有权，故在房屋被第三人侵占后，其有权行使占有物返还请求权，请求第三人迁出。即使约定的交房期限已过，出卖人仍未交付房屋，其对第三人行使占有物返还请求权，因为该请求权保护的是占有的事实状态而非权利。所以，房屋过户后、交付前被第三人侵占，不等于出卖人就此无法完成交付无瑕疵房屋的义务，出卖人不能以此为由免负迟延交付的违约责任。在过户与交房存在时间差的情况下，所有权与其占有权能的转移并不同步，二者发生了分离，所以买受人以房屋所有权的

---

〔1〕 参见国家法官学院案例开发研究中心编：《中国法院2013年度案例》（房屋买卖合同纠纷），中国法制出版社2013年版，第81～82页。

〔2〕 参见王利明：《物权法研究》（修订版）（上卷），中国人民大学出版社2007年版，第372页。

名义起诉,并不等于其所享的所有权完整地包含了占有权能,不能推出买受人接受了带有瑕疵的房屋以及出卖人履行了交房义务。[1]

(二)房屋交付的内容

1. 交付的范围

所谓交付范围是与验收联系在一起的,验收的同时就是交付的过程,在一定意义上讲验收范围就是交付范围。对于商品房而言,实际上存在两次交付和验收:一次是承包人完成施工合同约定工程后,将工程交付开发商,开发商组织各方验收。另一次是开发商将商品房交付给购房人,购房人根据合同进行验收。开发商的验收是工程意义上的,多系竣工验收,主要目的在于工程的质和量。由于商品房验收具有较强的专业性,购房人一般没有能力鉴别商品房是否合格,主要只能看合同约定交付的商品房符合某种条件或取得某类文件,将验收借助于他人完成。在确定验收范围时,不能简单地将购房人的验收等同于开发商的验收,而应依据合同约定和法律规定具体分析。笔者认为,交付范围应依据法律规定再加合同约定界定,在个案中应依合同具体约定确认。按房屋买卖合同中约定的标的物房屋交付,在理论上没有争议。实践中,对于房屋买卖合同标的物组成部分(如阁楼)是否交付等争议较多。未经物权登记的阁楼应视为建筑物的附属空间。如果阁楼规划设计为顶层业主专用,物理结构、功能设施上皆便利于顶层业主使用,使用习惯上亦由顶层房屋业主实际占用,则可将其视为顶层业主房屋的附属空间,在买卖时必须与顶层房屋一并交易,不得单独处分,且应一并交付给购房人。不符合上述条件的阁楼可视为整栋建筑物的附属空间,属于全体业主共有,禁止出卖人与特定购房人交易和向其交付。

【案例7-4】 秦某某、徐某诉葛某某房屋买卖合同纠纷案

二审法院认为,虽双方争议的阁楼在系争房屋产权证未见表述,不计入独立的产权面积,但根据本案查明的案件事实:其一,从阁楼的结构来看,系争房屋的阁楼四周墙壁封闭,有窗无门,开发商在交房时就在系争房屋屋顶上设了通往阁楼的开口,且该开口是进入阁楼的唯一通道。可见,开发商交房时的阁楼结构是为了方便顶层业主使用和管理而设计的。其二,从阁楼的实际使用情况来看,在系争房屋所在小区有阁楼的楼栋里,阁楼均由顶层业

---

〔1〕 参见朱瑞:《占有权与所有权分离情形下出卖人交房义务的认定》,载《人民司法·应用》2011年第13期。

主使用,且阁楼上的水电与顶层业主的水电统一计量,不单独设表。可见,阁楼的使用与顶层业主的房屋具有一定的附属性。其三,被告给原告出具的收款收据表明,原、被告对系争房屋的交付中包含阁楼的交付使用义务均是明知的,被告称收款收据被原告私自篡改,但未提供相应的依据,法院不予采信。其四,原、被告争议的阁楼不计入小区共有部位建筑面积的分摊。其五,被告作为系争房屋的原产权人,其对阁楼的使用权已随系争房屋转售给原告而丧失,其继续占有使用阁楼无合理依据。综上,原告要求被告交付阁楼,符合原、被告之间房屋买卖合同的目的,亦未违反相关法律规定。[1]

2. 交付的后果

房屋是否完成交付使用,对开发商与购房人而言主要产生以下影响:其一,证明开发商是否按合同约定履行交付义务与决定责任承担,购房人是否顺利占有、使用房屋。其二,界定房屋风险转移时间界限。根据《房屋买卖合同解释》第八条第二款规定,“房屋毁损、灭失的风险,在交付使用前由出卖人承担,交付使用后由买受人承担;买受人接到出卖人的书面交房通知,无正当理由拒绝接收的,房屋毁损、灭失的风险自书面交房通知确定的交付使用之日起由买受人承担,但法律另有规定或者当事人另有约定的除外”。其三,划定物业费用承担时间。房屋交付之前的费用,包括物业费,由开发商承担;房屋交付之后的物业费,由购房人承担。

3. 房屋交付使用完成的标志

根据《房屋买卖合同解释》第八条的规定,房屋交付使用方式可由开发商与购房人自行约定。实践中,普遍实行的是购房人在钥匙领取单上签字并领取房屋钥匙,其后与开发商聘请的物业公司到房屋查验并在查验单上签字,此时即为房屋交付完成的标志。

【案例 7-5】 沈某与重庆市万州区凯惠商贸有限公司房屋买卖合同纠纷再审案

再审法院认为,本案的争议焦点应为凯惠公司是否履行了房屋交付义务。首先,《合同法》第一百三十五条规定:“出卖人应当履行向买受人交付标的物或者交付提取标的物的单证,并转移标的物所有权的义务。”房屋买卖合同中,出卖人的交付义务由两部分组成,一是将房屋交付使用;二是完成产

---

〔1〕 参见吴兆祥主编:《房屋买卖、租赁案件裁判要点与观点》,法律出版社 2016 年版,第 186 ~ 187 页。

权过户手续。本案中,因凯惠公司拖欠沈某工资,凯惠公司自愿将其所有的房屋作价22314元抵偿给沈某,双方于2005年11月23日签订了《购房合同书》,并经人民法院生效判决确认合同有效,沈某亦已办理四套房屋的权属登记,凯惠公司应当承担其已按约将讼争房屋产权及使用权交付给沈某的举证责任。其次,对于凯惠公司辩称所卖房屋均是清水房,没有房门,不存在交钥匙的问题,由于凯惠公司并未对其所称的有违常规的交付方式举示相应证据,而沈某在原审中举示了凯惠公司出售的房屋安装有房门的相应证据。同时,双方签订的《购房合同书》明确约定:"房屋竣工后,甲方应及时通知乙方接房,乙方在接到甲方通知三日内,必须付清全部购房款,办理交接房手续,接收房屋……"合同中的此段内容也表明凯惠公司应当在房屋竣工后及时通知沈某接收房屋并履行交接房手续。但纵观本案一审、二审及再审,凯惠公司均未向法院提供其通知了沈某接收房屋或履行了房屋实际交付义务的证据。对于凯惠公司辩称因有新建房屋移交通知和房地产权证,可以证明其已向沈某交付房屋的意见,因沈某不认可其收到新建房屋移交通知,且现有证据亦不能证明凯惠公司向沈某送达了新建房屋移交通知或以其他方式通知了沈某接房;同时办理房屋产权过户登记不能代表将房屋交付给购房人使用,凯惠公司还应当举证证明其已进行房屋的实际交付。至于讼争房屋现是否有人占有使用以及由谁占有使用,因凯惠公司不能证明其履行了房屋的交付义务,故根据《房屋买卖合同解释》第十一条第二款"房屋毁损、灭失的风险,在交付使用前由出卖人承担,交付使用后由买受人承担"的规定,在房屋交付使用前风险应由凯惠公司承担。[1]

【案例7-6】 刘某豪诉潮州市第二建筑安装总公司等商品房预售合同纠纷案

一审法院认为,对于风城花园二期C幢X号房(风城花园二期三幢十层×房)交付刘某豪使用的时间问题,根据刘某豪提供的装修垃圾处理费及装修押金的收款收据,风城花园物业管理处于2013年8月2日向刘某豪收取了装修垃圾处理费及装修押金,并在《收款收据》中写明刘某豪是"××"业主,据此,可以认定出卖人至迟在2013年8月2日已将上述房屋交付给刘某豪使用,现刘某豪主张交房时间是2013年8月2日,可予以支持,培都大酒店、二建分公司主张交房时间是2014年4月,缺乏证据,依法不予认定。二审法院亦持同样意见,维持一审判决。[2]

---

〔1〕 重庆市高级人民法院(2013)渝高法民提字第00188号民事判决书。

〔2〕 参见国家法官学院案例开发研究中心编:《中国法院2018年度案例》(房屋买卖合同纠纷),中国法制出版社2018年版,第17页。

（三）商品房交付内容

商品房的交付主要讨论以下几个问题：

1. 开发商逾期交房判定标准

一般来讲，大多数商品房买卖合同约定的交付条件是“验收合格”，但由于合同未对验收合格的具体含义和标准予以释明，法律法规对何谓验收合格也没有明确定义，直接造成购房人与开发商双方在理解上产生分歧，各地法院认定标准也不统一。主要有三种判定标准，其一，以开发商取得五方共同出具的竣工验收报告认定验收合格。其主要理由是，建设工程在建设、勘察、设计、施工、监理五大参建主体联合验收合格后，即可交付使用。而建设主管部门进行竣工验收备案行使的是行政管理权，不属于验收范畴，故不以备案为验收合格的标准。其二，以开发商取得竣工验收备案表认定验收合格。主要理由是，竣工验收合格只是接收工程并交付使用应满足的基本条件，根据《建设工程质量管理条例》的规定，还应由规划、消防、环保等部门予以认可并由建设行政主管部门等进行审查，以备案的方式确定建设工程质量符合国家要求和标准。建设行政主管部门出具的竣工验收备案表是认定商品房竣工验收合格的唯一有效法定证明文件。其三，只要通过五方主体验收合格，并取得规划、消防、环保等部门的认可文件或者准许使用文件即可。

2. 精装房交付的判断标准

一般来讲，前段所讲的商品房买卖合同只是毛坯房的交付判断标准，精装房交付的判断应是在毛坯房交付判断的基础上，再加上精装修部分的质量消防验收。根据《建设工程质量管理条例》《住宅房屋装饰装修管理办法》的规定，精装房交付的判断标准仍然应适用建设行政管理部门的质量消防验收程序，整个小区的精装修要申报施工许可证，要经过建设行政管理部门的质量、消防验收程序。精装修的施工单位，要有相应的施工资质。实践中，大量的精装修施工单位没有施工资质，精装房没有经过建设行政主管部门的质量验收、消防验收，开发商便向购房人交付，并以土建质量合格证明书代表装修质量合格证明书，开发商交付的精装修房屋存在质量、消防安全隐患。从另一层面上讲，虽然精装修部分没有法律法规统一的交付判断标准，只有合同约定的判断标准，即精装修部分交付约定条件的成就，作为精装房交付的判断标准。但精装房不能低于装饰装修行业的一般最低标准，且符合装修的质量、安全、消防，满足一般人的生活居住条件为通常最低标准。也就是说,以合同约定的内容作为判断标准。应当注意的是,精装房要有两套验收交付判断标准,一套是土建的验收标准,通常所见的质量验收标准;另一套是装修的验收标准,两套标准不能互相替代。

3. 质量合格证明书与购房人入住的商品房质量关系问题

开发商在向购房人交付房屋时,开发商向购房人交付《住宅质量保证书》和《住宅使用说明书》,用以表明所交付的商品房质量合格。《住宅质量保证书》和《住宅使用说明书》是统一印制好的标准格式书面材料。《住宅质量保证书》和《住宅使用说明书》是经过当地建设行政主管部门批准印制的,建设行政主管部门对购房人所住小区经过抽查验收认为合格的质量证明材料,并不能表明购房人入住的商品房不存在质量问题,开发商不能以《住宅质量保证书》和《住宅使用说明书》作为免责的依据。因为建设行政主管部门对小区的商品房是进行一定数量的抽查,并在抽查的结果上作出质量合格的结论,且抽查的数量非常小,并不代表绝大多数未被抽查房屋的质量。购房人对入住的房屋提出质量异议的,开发商不能以《住宅质量保证书》和《住宅使用说明书》对抗并要求免责。

4. 交付不合格商品房的法律后果

实践中,有些开发商直接将尚未完成竣工验收备案的房屋交付给购房人,购房人领取钥匙不应视为开发商交付义务的完成。其一,开发商明知商品房未完成竣工验收备案,不符合交付条件,却通知购房人办理交付手续,违反了诚信原则,理应承担由此产生的民事责任。其二,开发商向购房人交付合格商品房是其法定义务。若未完成工程竣工验收备案,工程质量是否合格未确定,开发商不能将房屋交付使用,即便购房人接收,也不构成有效交付。其三,购房人作为普通人并非建筑专业人员,过分加重其验收责任,不利于维护弱势方的合法权益,将导致大量因房屋质量问题的纠纷。从这个意义上讲,开发商交付的商品房未经竣工验收合格并完成备案登记的,不构成有效交付,应承担相应的法律后果。开发商以购房人已接收房屋为由主张不承担逾期交房违约责任的,法律不予支持。但是,如果购房人明知或应知该事实仍然同意接收,再要求开发商承担逾期交付责任的,不应支持。应当注意的是,取得竣工验收备案登记系开发商的责任,购房人对此并无义务,故对于购房人是否明知或应知的事实,应由开发商承担举证责任。

二、房屋的交付条件

通常认为,交付商品房的条件包括法定条件和约定条件。

(一)法定交付条件

交付的法定条件,即法定强制标准。法律、行政法规有关房屋交付使用的规定,即为法定条件,其规定散见于相关的法律、行政法规之中,而并非集中在一部法律或行政法规内。根据《城市房地产开发经营管理条例》第十七条以及《房屋建筑和市政基础设施工程竣工验收备案管理办法》第四条、第六条、第八条的规定,在我国目前的房屋经过验收和验收合格的标志是取得《竣工验收备案表》,即取得《竣工验收备案表》是交付房屋的法定条件。各地行政主管部门在交付条件上的要求亦有差别,如 2005 年 8 月使用的广州市新版示范合同已将交楼条件由“该商品房经验收合格”改为“该商品房已经有关政府部门办妥竣工验收备案手续”。办理了工程验收备案手续就是指开发商取得《房屋建筑工程和市政基础设施工程竣工验收备案表》。该表是广州市住房和城乡建设委员会出具的取得质量、消防、规划、人防、环保、燃气、室内环境、电梯等 24 项验收合格文件后的备案证明,《建设工程质量验收监督意见书》只是其中一项。应注意的是,不宜仅以五方验收为法定交付标准。《建筑法》第六十一条规定:“交付竣工验收的建筑工程,必须符合规定的建筑工程质量标准,有完整的工程技术经济资料和经签署的工程保修书,并具备国家规定的其他竣工条件。建筑工程竣工经验收合格后,方可交付使用;未经验收或者验收不合格的,不得交付使用。”这些“其他竣工条件”的规定散见于包括《消防法》《城市规划法》《环境保护法》在内的法律法规和部门规章中。由此可以看出,消防验收、规划核实、环保验收等专项是工程竣工验收的前置条件,也就是说未进行前述的专项验收或者验收不合格的不得交付。

一般认为,应当以五方验收加各项专项验收后备案为法定交付条件。理由:其一,建设行政管理部门出具的《竣工验收备案表》更具公信力。《房屋建筑和市政基础设施工程竣工验收备案管理办法》第八条规定,备案机关发现建设单位在竣工验收过程中有违反国家有关建设工程质量管理规定行为的,应当在收讫竣工验收备案文件15日内,责令停止使用、重新组织竣工验收。该办法第十一条规定,建设单位采用虚假证明文件办理竣工验收备案的,工程竣工验收无效,备案机关责令停止使用,重新组织竣工验收。故备案是竣工验收的最后程序,是政府对整个开发环节的又一次审查,是避免不合格的房屋流向社会的控制手段,只经过五方验收而其他专项验收尚未备案的,其竣工验收程序并未结束,故不宜以此为交付条件。其二,因在订立商品房买卖合同时,交付房屋的时间完全由开发商确定,其应当预见到房屋经过竣工验收备案之前的各种因素,另外,根据《房屋建筑和市政基础设施工程竣工验收备案管理办法》第四条的规定,建设单位应当自工程竣工验收合格之日起15日内,依照本办法规定,向工程所在地的县级以上地方人民政府建设主管部门备案。如果开发商完全按照法律规定的程序开发,其完全能够在验收后的15日内完成备案。故以备案为交付条件相比于以综合验收为交付条件而言并未过分加重开发商的义务和负担。换言之,商品房经验收合格并取得交付使用批准文件,即具备交付的法定强制性条件,交付的商品房装饰、设备标准不符合约定标准的属于瑕疵交付,只要相关装饰、设备标准不影响商品房的功能性质量。

除上述国家层面法规直接规定的交付使用的商品房应当具备的条件外,《物业承接查验办法》第九条和第十一条规定的条件,事实上也应当是商品房交付使用应当具备的条件,亦应纳入法定交付条件范围。因为开发商与前期物业公司对物业共用部位、共用设施设备的查验,应在商品房交付使用前完成,故实施承接查验的物业应具备的条件,理应是商品房交付使用应具备的条件。《物业承接查验办法》第九条规定:"建设单位应当按照国家有关规定和物业买卖合同的约定,移交权属明确、资料完整、质量合格、功能完备、配套齐全的物业。"第十一条规定:"实施承接查验的物业,应当具备以下条件:(一)建设工程竣工验收合格,取得规划、消防、环保等主管部门出具的认可或者准许使用文件,并经建设行政主管部门备案;(二)供水、排水、供电、供气、供热、通信、公共照明、有线电视等市政公用设施设备按规划设计要求建成,供水、供电、供气、供热已安装独立计量表具;(三)教育、邮政、医疗卫生、文化体育、环卫、社区服务等公共服务设施已按规划设计要求建成;(四)道路、绿地和物业服务用房等公共配套设施按规划设计要求建成,并满足使用功能要求;(五)电梯、二次供水、高压供电、消防设施、压力容器、电子监控系统等共用设施设备取得使用合格证书;(六)物业使用、维护和管理的相关技术资料完整齐全;(七)法律、法规规定的其他条件。"笔者认为,从一定意义上讲,《物业承接查验办法》第十一条规定的条件更为详细、更便于操作。应注意的是,对于商品房交付条件而言,除了一些全国共同适用的条件,还需考虑地方相关规定的安排,对此亦应界定为法定交付条件范围。

对于商品房交付使用的法定条件，理论界与实务界以及法院内部认识不同，主要有以下三种观点：一是建筑工程验收合格论，主张商品房经建设单位组织设计、施工、工程监理等有关单位进行对建筑工程竣工验收，验收合格即符合交付条件。二是项目竣工验收合格论，认为商品房的交付除经建设单位组织的竣工验收外，还必须经工程质量监督、规划、消防、环保等主管部门的审查或验收合格。三是综合验收合格论，认为商品房的竣工应进行单项工程的工程质量、城市规划设计条件的落实情况、物业管理的落实情况等综合验收。

【案例 7－7】　刘某东、吴某梅诉福建津汇房地产开发有限公司等商品房预售合同纠纷案

二审法院认为，讼争房产分别于 2016 年 10 月 8 日、11 月 17 日取得《竣工验收报告》和《建设工程消防验收意见书》，说明津汇公司已于 2016 年 10 月 8 日通过了建设、设计、施工、监理等四家单位联合组织的竣工验收，并于同年 11 月 17 日通过了消防验收，达到了合同约定的交房条件。刘某东、吴某梅虽主张讼争房产还需完成燃气、人防、消防、环保等综合竣工验收才符合交房条件，但合同中就燃气、人防、绿化建设等配套设施的约定为“达到设计要求”，而非经过验收方可交房，且《建设项目环境保护管理条例》规定“配套建设的环境保护设施”才应经环保验收，并未规定小区绿化建设是民用建筑交付使用的法定条件，相关法律也未规定城市人防建设工程为新建民用建筑交付使用的法定条件，根据《竣工验收报告》载明的内容及津汇公司提交的照片，讼争房产所属工程项目均已按图纸设计要求完成施工建设，故上述配套设施应视为自竣工验收通过之日即 2016 年 11 月 17 日起已达到交付条件。津汇公司于 2016 年 10 月 24 日发出《交房通知书》，通知刘某东、吴某梅于次月的 26 日至 30 日到津汇公司办理交房手续，系在顺延交房期间内履行双方约定的交付义务，但刘某东、吴某梅未在通知的时间内与津汇公司办理交接手续，故应认定讼争房屋已于 2016 年 11 月 30 日完成交付。[1] 二审法院在本案中以建筑工程验收合格为法定交付条件。

【案例 7－8】　陈某诉新疆恒太华鼎房地产开发有限公司商品房预售合同纠纷案

一审法院认为，本案中陈某与恒太华鼎房地产公司签订的《商品房买卖合同（预售）》系双方真实意思表示，不违反法律、行政法规强制性规定，应属有效。合同约定恒太华鼎房地产公司应在 2019 年 6 月 30 日前向陈某交付

---

〔1〕 参见国家法官学院、最高人民法院司法案例研究院编：《中国法院 2020 年度案例》（房屋买卖合同纠纷），中国法制出版社 2020 年版，第 17～18 页。

房屋,房屋的交付条件应当取得建设工程竣工验收备案证明文件,根据陈某提交的证据,恒太华鼎房地产公司尚未取得建设工程竣工验收备案,其虽通知陈某收房,但案涉房屋未达到双方约定的交付条件,恒太华鼎房地产公司未在合同约定的期限内向陈某交付符合合同约定条件的房屋,故其构成违约。恒太华鼎房地产公司辩称逾期交房受到疫情因素影响,但双方约定的交房时间系在新冠肺炎疫情产生之前,故对该辩解,一审法院不予采信。

二审法院认为,本案中,案涉《商品房买卖合同(预售)》第十二条已对逾期交房违约金计算方式进行约定,陈某主张逾期交房约定不足以弥补实际损失,应以约定的违约金低于逾期交房造成的租金损失为前提,对此陈某应承担举证证明责任。陈某所提交的证据不能证实其因逾期交房产生的损失,一审法院依据双方合同约定认定的违约金数额正确,本院予以维持。[1]

应当注意的是,其一,虽然没有法律法规明确规定商品房交付必须满足的标准或条件,但多部法律对房屋等建设工程的投入使用问题作出了明确的禁止性规定,如《消防法》第十三条、《环境保护法》第二十六条、《环境噪声污染防治法》第十四条等规定。其二,《竣工验收备案表》体现了建设工程各方面的综合验收结论,涵盖了建筑物的质量、合法性、功能性、安全性、环保性等一切强制性验收要求,且解释了该建设工程符合国家相关强制验收标准、可以投入使用的法律内涵。其三,住建部《关于进一步加强房地产市场监管完善商品房住房预售制度有关问题的通知》第十一条规定,交付使用的商品房应当经过竣工验收合格并已在当地建设行政主管部门办理工程竣工验收备案。现行通用由住建部、原国家工商行政管理总局制定的2014年《商品房买卖合同(预售)示范文本》第九条对商品房的交付条件规定,“商品房已取得建设工程竣工验收备案证明文件”和“已取得房屋测绘报告”是必须满足的两个条件。

(二)约定交付条件

开发商与购房人在商品房预售或商品房买卖合同中约定的交付条件,必须具备下述两条:其一,交付的房屋符合对交付条件和标的物本身的具体约定。首先,约定的交付条件通常包括示范文本中取得建设工程竣工验收备案证明文件、取得房屋测绘报告以及开通燃气、水、电、道路等,上述条件于交付时必须具备。其次,双方当事人关于标的物本身的具体约定在交付时亦应具备。其二,交付的房屋不

---

〔1〕 新疆维吾尔自治区乌鲁木齐市中级人民法院(2023)新01民终678号民事判决书。

存在主体结构质量问题和影响合同目的实现的瑕疵。首先,《房屋买卖合同解释》第九条规定:“因房屋主体结构质量不合格不能交付使用,或者房屋交付使用后,房屋主体结构质量经核验确属不合格,买受人请求解除合同和赔偿损失的,应予支持。”购房人在房屋交付后发现房屋主体结构质量不合格,尚可解除合同,则举轻以明重,于交付前即发现主体结构质量不合格,则更应认定为不符合交付条件。其次,购房人购买房屋,系为了居住使用,倘若存在的瑕疵足以影响该目的实现,则该交付行为对购房人而言即无意义,则无疑不符合交付条件。实践中,在商品房买卖合同对交付条件或标准没有约定时,对以单体交付还是综合验收交付作为标准存在争议,对地下室、地下车位属于商品房附属物还是独立物亦不明确,精装修房的装修标准等均为争议较多的问题。

如果当事人约定,开发商交付的房屋应当依照国家和地方政府的有关规定验收合格,并达到交付使用的条件,那么,具备合同约定交付条件的房屋,除经工程质量验收合格外,还需在规划、消防和环境保护等方面亦不存在影响使用的障碍。

【案例7-9】　安徽省金鹰房地产开发有限公司六安分公司与李某全、安徽省金鹰房地产开发有限公司房屋买卖合同纠纷再审案

再审法院认为,本案双方当事人约定,出卖人交付的房屋应当依照国家和地方人民政府的有关规定验收合格,并达到交付使用的条件。因此,交付的房屋除经工程质量验收合格外,还需在规划、消防以及环境保护等方面亦不存在影响使用的障碍。而依《消防法》的规定,房屋应当进行消防验收,未经消防验收或者消防验收不合格的,不得投入使用。在原一、二审诉讼期间,金鹰六安分公司向李某全出售的房屋在消防专项验收中未获通过,其并不具备合同约定的“该商品房经验收合格”的交付条件。因此,李某全于2006年10月16日以被告逾期60日未交付房屋为由要求解除合同并由被告退还购房款的诉讼请求,应予支持。[1]

国家对房地产开发项目不再实行强制性竣工验收行政审批制度,仅是免除了开发商应履行的行政义务,并不等于免除了当事人在合同中约定的竣工验收合格才能交付的合同义务。因为行政义务的免除权仅由国家单方作出,体现国家单方的意思表示,而合同义务的免除必须经双方协商达成一致意见,双方未协商或协商达不成一致意见的,应认定合同没变更,合同义务未免除,开发商仍应按合同约定的条件交付。

---

〔1〕　参见最高人民法院审判监督庭编:《全国法院再审典型案例评注》(上),中国法制出版社2011年版,第15页。

【案例7－10】 邱某凡、孙某芳与镇江广阳置业有限公司商品房买卖合同纠纷再审案

再审法院认为，关于房屋交付条件，合同明确约定2004年12月31日前该商品房经分期综合验收合格。虽然国务院于2004年5月19日发布的《关于第三批取消和调整行政审批项目的决定》，取消了住宅小区等群体房地产开发项目竣工综合验收的行政审批程序，即免除的是开发公司应承担的行政义务，但不因此免除当事人在合同中约定的民事义务。因双方签订合同在国务院文件发布之前，后双方也未对合同中约定的房屋交付条件进行协商变更，故合同关于2004年12月31日前完成分期综合验收并交付房屋的约定仍然有效，广阳公司仍应按此约定履行义务。然而，直至2005年4月29日竹林山庄二期才竣工验收合格，广阳公司逾期交房，应按合同约定承担违约责任，违约金应按已付房款每日万分之四从2005年1月1日起计算至2005年4月30日止。检察机关的抗诉理由成立，原一、二审判决认定广阳公司没有逾期交房不当，依法应予纠正。[1]

【案例7－11】 陈某生诉柳州市乐和房地产开发有限公司商品房预售合同纠纷案

一审法院认为，乐和房地产开发公司应当在2012年12月31日前将经勘察、设计、施工、监理、建设五方单位验收合格，并符合合同约定的商品房交付给陈某生使用。因此，乐和房地产开发公司将未通过竣工验收合格的房屋交付给陈某生，不符合合同约定的交付条件，仍应认定为违约交房。由于乐和房地产开发公司没有提供商品房竣工验收合格时间的证明，因此，本院根据陈某生提供的《竣工验收备案表》，确定以竣工备案时间作为计算乐和房地产开发公司逾期交房期限的截止时间，共计667日（自2013年1月1日至2014年10月29日），而在2011年11月16日（合同签订之日）至2012年12月31日（合同约定交房之日）期间，符合合同约定的事由（雨天、停水等原因）导致停工的天数为8日，故乐和房地产开发公司逾期交房的天数为659日（667日－8日）。[2]

精装房交付条件的理解问题。一般情况下，精装房购房合同装修工程是否已完成，是商品房的交付条件之一。首先，合同与附件是购房人与开发商在同时签订的，作为合同组成部分的附件，对商品房应当具备的装饰装修及配置标准进行

〔1〕 参见最高人民法院审判监督庭编：《全国法院再审典型案例评注》（上），中国法制出版社2011年版，第20～21页。

〔2〕 参见国家法官学院案例开发研究中心编：《中国法院2018年度案例》（买卖合同纠纷），中国法制出版社2018年版，第259页。

了的约定,并装订在合同后。而且在合同及其附件文件中,均未明确约定商品房为毛坯状态交付,亦未约定装修工程的具体交付时间。在此情况下,应理解为商品房的交付条件包括装修工程的完成。其次,购房人与开发商均确认商品房是带装修出售的,该装修属于合同标的房产不可分割的一部分,并且装修工程的施工方直接由开发商选定和进行结算,即应认定购开发商负责房屋装修,因此,开发商在交付商品房时应保证装修工程已经完成。最后,附件约定,交付的商品房达不到附件所约定装修标准的,由开发商进行及时更换、修理和重新维修。按照正常的文义解释理解,更换、修理、重新维修适用的前提条件,是指装修工程已完成,但存在与约定标准不符且不严重影响正常居住的装修质量或瑕疵问题。在这里保修责任条款不能适用,因为其并不具备适用的前提条件,即商品房在合同约定的交付期限届满时根本未完工或未开始进行。在此情况下,购房人有权拒绝收楼,直至开发商交付已完成装修工程的涉案商品房时为止。尽管双方签订了商品房预售合同,且合同的内容对交付作出规定,实践中对装修条件约定交付条件甚少,不单独明确约定质量和消防验收,但是仍不妨碍法官根据现行法律、法规结合合同附件的相关内容去探究当事人之间的真实意思表示,以明确双方之间的真实权利义务。装修工程是否完成,是否经过质量和消防验收应是商品房的交付条件之一。理由如下:其一,合同中未有条文明确约定商品房是毛坯交付的,也未就装修工程的交付日期进行另行约定,且合同附件对装修标准进行了约定,购房人有理由相信商品房交付时是已经装修完毕并符合约定标准的。其二,购房人签订合同的目的是通过支付对价取得符合合同约定的、已装修好的商品房所有权。因此,装修工程依照合同约定的标准在交付日期届满前全部完成,应是商品房交付条件之一,是合同的应有之义。其三,合同明确约定商品房存在除主体结构及地基基础外的其他质量问题,开发商应进行修复,并在修复后进行再次交付。依照该条约定,装修工程已完成,但存在质量问题,购房人可拒绝收楼,并要求开发商修复后进行再次交付。也就是说,购房人向开发商购买包含精装修在内的商品房,房屋的交付条件不单单在合同正本中予以约定,而且在作为合同组成部分的附件中予以了进一步明确,也即装修工程完成质量和消防验收合格是房屋交付的必要条件。应强调一点,装修好的商品房应满足国家环保的标准,即环保达标。

【案例 7－12】　余某鹏诉房地产公司商品房预售合同纠纷案

一审法院认为,装修工程是否已完成,是涉案商品房的交付条件之一。首先,涉案合同与附件六是原、被告在同日签订的,作为合同组成部分的附件六,对于涉案商品房应当具备的装饰装修及设备标准进行了明确、详尽的约定,并装订在合同后,而且在合同及其附件文件中,均未明确商品房为毛坯状态交付,亦未约定装修工程的具体交付时间。在此情况下,应理解为涉案商品房的交付条件包括装修工程的完成。其次,原、被告均确认涉案商品房是带装修出售的，该装修属于合同标的的房产不可分割的一部分，并且涉案装修工程施工方直接由被告选定和进行结算，即被告参与了装修事项，因此，被告在交付涉案商品房时应保证装修工程已经完成。最后，附件六约定，交付的涉案商品房达不到附件六所约定装修标准的，由被告进行及时更换、修理和重新维修。按照正常的文义解释理解，更换、修理、重新维修适用的前提条件，是指装修工程已完成，但存在与约定标准不符且不严重影响正常居住的装修质量或瑕疵问题。本案中，上述保修责任条款不能适用，因为其并不具备适用的前提条件，即涉案商品房在合同约定的交付期限届满时根本未完工和未开始进行，在此情况下，原告有权拒绝收楼，直至被告交付已完成装修工程的涉案商品房时为止。综上所述，被告有关涉案商品房的交付条件不包括装修工程完工的抗辩，理据明显不足，不予采纳。判决：被告房地产公司支付逾期交房违约金 17381.04 元给原告余某鹏。[1]

【案例 7－13】 余某某诉某某实业开发公司商品房预售合同纠纷案

判决观点，1. 关于带装修商品房买卖合同交付条件的认定。商品房预售合同对商品房应当具备的装饰装修及设备标准进行了明确、详尽约定的，应当认定商品房的交付条件包括装修工程的完成，在合同约定的交房日期届满时涉案商品房装修工程未完成的，买受人享有拒绝收楼的权利。装修工程已经完成，但是存在装修瑕疵的，在不严重影响正常居住的情况下，可认定涉案商品房已具备交付条件。2. 关于约定带装修的涉案商品房装修工程未完成情况下，出卖人支付逾期交房违约金的截止日期的认定。约定带装修的涉案商品房装修工程逾期完成的，在涉案商品房已具备交付条件时，买受人拒绝收楼的权利在其查验房屋后丧失，应当配合买受人完成收楼手续。因此确认涉案商品房在买受人查验房屋之日实际交付，逾期违约金应计算至该日为止。3. 关于未完成装修工程违约责任承担的认定。在约定带装修的商品房买卖合同中，如果出卖人未如约交付符合合同约定装修标准的房屋，应承担何种责任，取决于装修工程的进度：其一，如果在合同约定的交付期限届满时，装修工程未完工或未开始进行，则出卖人应当承担继续履行且支付延迟交付房屋违约金的违约责任；其二，如果买受人收房时，装修工程已完工，但存在质量问题，则可按照合同约定要求开发商采取及时更换、修理等补救措施，并赔偿相应损失。[2]

---

〔1〕 参见国家法官学院、最高人民法院司法案例研究院编：《中国法院 2022 年度案例》（房屋买卖合同纠纷），中国法制出版社 2022 年版，第 11～12 页。广东省佛山市高明区人民法院（2020）粤 0608 民初 3200 号民事判决书。

〔2〕 人民法院案例库 2023－07－2－091－010。广东省佛山市高明区人民法院（2020）粤 0608 民初 3200 号民事判决书。

(三)法定交付条件与约定交付条件的关系

法定交付条件是交付房屋最低标准的条件,而当事人可以在法定交付条件之上合意约定一些交付事项。在这个意义上讲,约定交付条件的范围、标准高于法定交付条件。当事人约定交付条件是否可以低于法定交付条件,笔者认为原则上不可以,因为法定交付条件是法律对房屋质量的硬性规定,是保障购房人基本居住权利的规定,但也不排除个别购房人自愿降低交付条件,这种约定在真实意思表示下是有效的。对于在合同中约定交付比法定交付低的条件,法官应注意审查是否为开发商利用优势地位提供的格式条款,查明购房人是否自愿。在购房人不自愿的情形下,法官应依照法定交付条件认定。从交付后果上讲,一般认为,商品房交付的法定强制性标准是一种普遍、强制性规范,而商品房约定的条件常为装饰、设备标准,一般是双方事先通过协商方式确定的,是一种特殊性、任意性和协定性约定。而且,就算是开发商向购房人交付的商品房不符合约定的装饰、设备标准,法律也为商品房瑕疵交付预留了权利救济空间,即购房人可以要求开发商承担商品房交付后的维修责任。实践中,亦有开发商与购房人自行约定的交付条件低于法定条件的条款无效之观点,法院仍应当以法定的交付条件为依据,如果双方约定的交付条件高于法定交付条件,则以双方的约定为交付条件标准。基于此,即使购房人明知商品房未经竣工验收合格而接收房屋,应视为双方的约定无效,开发商的交付未完成,购房人仍可以就自接收该商品房之日起到商品房符合交付条件前这段时期向开发商主张延期交付的违约责任。应当注意的是,合同约定的交付条件未明确法定交付条件的,仍然包括法定交付条件,即使具备约定的交付条件,购房人仍可以房屋未经验收合格为由拒绝收房。工程竣工验收合格是法定、强制性条件,其无论是否约定均对交付是否符合法律规定产生直接影响。

这里讨论的这两个条件的关系实质是房屋验收范围,笔者认为,房屋买卖合同中的房屋验收范围,应依据当事人合同的约定和法律的强制性规定确定。

(四)必备交付条件

实践中,主流观点认为,开发商提供《住宅质量保证书》和《住宅使用说明书》是房屋交付的必要条件。

具备永久用电条件,是行业监管部门为规范商品房交易而对开发商提出的必然要求,也是购房人的基本居住要求,亦是其与开发商订立商品房买卖合同时对履行结果的当然合理期待内容。达到使用条件的永久性供电是开发商在签订合同时必须“承诺”，且在交楼时必须满足的条件，这一基本要求不因后续补充协议对交楼标准的降低而削减或免除。开发商未按合同约定期限将具备永久用电条件的房屋交付购房人使用，构成违约，应按照合同约定标准向购房人支付延迟交付违约金。

【案例7－14】 黎某昌、程某诉广州市粤锐恒星房地产有限公司商品房预售合同纠纷案

一审法院认为，关于案涉房屋是否符合交付条件的问题。中华人民共和国电力工业部发布的《供电营业规则》第十二条第一、二款规定：“对基建工地、农田水利、市政建设等非永久性用电，可供给临时电源。临时用电期限除经供电企业准许外，一般不得超过六个月，逾期不办理延期或永久性正式用电手续的，供电企业应终止供电。使用临时电源的用户不得向外转供电，也不得转让给其他用户，供电企业也不受理其变更用电事宜。如需改为正式用电，应按新装用电办理。”由此可知，所谓临时用电是指供电企业按用电期限分类区别于正式供电的一种供电方式，其不能用作居民的日常生活用电。虽然粤锐公司已按照《补充协议》约定取得《建筑工程竣工验收报告》，但在涉案楼盘尚未具备永久用电条件，不能满足买受人基本居住要求的情况下，粤锐公司主张房屋已于2013年12月20日达到交付标准，与国家电力管理规定相悖，本院不予采纳。原审法院认定粤锐公司未能按照合同约定的期限将具备永久用电条件的房屋交付给黎某昌、程某使用，已构成违约，并无不当。粤锐公司应按照合同约定向黎某昌、程某计付延迟交楼违约金。鉴于广州供电局有限公司南沙供电局于二审期间出具的复函反映涉案房产已于2014年7月16日具备了永久用电条件，其向黎某昌、程某支付的延迟交楼违约金应计算至该日止。[1]

【案例7－15】 何某某诉某地产公司商品房预售合同纠纷案

二审法院认为，本案双方签订的《重庆市商品房买卖合同》，对通电的要求系需要达到“使用条件”，结合双方订立商品房买卖合同的目的及日常交易习惯，该“使用条件”应理解为合法、正常的用电。对于“非正式供电”的行为，即使其实际上达到了通电的效果，但并未纳入城市供电网络，既不符合《供电营业规则》第十二条规定，也不符合商品房买卖合同的交易习惯，不能认为供电达到了合同约定的“使用条件”。因此，被上诉人并未按合同约定

---

〔1〕 参见最高人民法院中国应用法学研究所编：《人民法院案例选》2015年第2辑（总第92辑），人民法院出版社2016年版，第144页。

于2011年6月30日前通电,且其供电也未达到使用条件,其行为应视为逾期交房,应承担逾期交房的违约责任。[1]

实践中,买受人与开发商签订的商品房买卖合同中往往没有约定将某种事项,如收取采暖费,作为商品房的交付条件,但是开发商经常在为买受人办理入住手续时,自己或委托物业公司将物业费、电费、水费、采暖费等各种费用一并收取,对没有交齐上述费用的,一律不交付钥匙。这种做法较为普遍,且开发商出发点是为了维护其他交纳了取暖费业主的利益,开发商无主观过错。开发商并没有因为其非合同行为而得到任何利益,买受人虽然没有办理入住手续,其所购买的房屋仍然得到了冬季供暖,法院可按照合同法公平原则和公序良俗原则,判决开发商向买受人交付房屋,但不支持买受人要求违约金的诉求。

对于买受人要求开发商出具消防验收手续,而开发商提供了其他有关部门的验收手续,但不能提供出诸如消防验收手续等材料,是否符合交付条件的问题,有的法院认为不能据此机械认定该商品房不具备交付入住条件。其理由为开发商在开发商品房过程中,要接受多个有关部门的监管和检查、审批和认定,其出具的手续即是对商品房建设的监督和商品房质量的保证。甚至认为尽管开发商没有提交消防验收手续,但其购买的房屋所在单位及所在楼宇的大多数业主都办理了入住手续,这也可以证明该房屋已经达到了入住条件。笔者认为,上述认定房屋交付条件观点有待商榷。

【案例7-16】 袁某洋诉新疆祥和居房地产开发有限公司商品房买卖合同纠纷案

一审法院认为,本案的争议焦点是被告祥和居公司是否按合同约定给原告袁某洋提供了验收合格的房屋。原告认可其曾在2014年8月30日前到被告处,询问是否可以入住,按双方合同的约定,被告应在2014年8月30日前交付验收合格的房屋给购房者,但"验收合格"的标准在合同中并未约定。在本地的商品房开发中,通行的做法是建筑工程质量验收合格后,购房人就可以办入住手续,其他的验收手续随后办理。被告向法庭提交了竣工报告、工程质量分户验收表等证据,该证据足以证明被告所建房屋在2014年8月12日已竣工,每一户房屋的建筑结构及电器、采暖、卫生、天然气等设施都已验收合格,房屋已具备使用条件,且事实上现中洋丽都小区已有近百户住户入住该小区,故原告要求解除合同及给付违约金的请求无事实依据,本院不予支持。二审法院亦持同样意见,维持一审判决。[2] 本案中,原告认为房屋

---

〔1〕 重庆市第五中级人民法院(2014)渝五中法民终字第00735号民事判决书。

〔2〕 参见国家法官学院案例开发研究中心编:《中国法院2018年度案例》(房屋买卖合同纠纷),中国法制出版社2018年版,第46~47页。

消防验收未达到交付必备条件的主张,法院不予支持。

【案例7-17】 李某明诉沈阳鼎盛房地产开发有限公司商品房销售合同纠纷案

一审法院认为,依据鼎盛公司提供的《住宅质量保证书》《住宅使用说明书》《主体工程验收报告》《竣工验收备案书》等证据,可以确定在交房日期讼争房屋已经达到入住条件,而没能按时办理入住的原因是原、被告未能就采暖费问题达成一致意见。双方均无过错,故李某明要求鼎盛公司支付违约金的诉求,不能予以支持。李某明要求被告交付房屋,因其已全额支付了购房款,本院予以确认。二审法院认为,原审法院判决交付房屋并无不当。按照鼎盛公司提供的相关证据,能够证明讼争房屋已经相关单位验收,具备交付入住条件。按照北方供暖习惯,11月开始由供暖部门统一供暖,供暖费应由采暖人提前交纳,鼎盛公司已代交了该年度的采暖费,但因双方对采暖费交纳问题未达成一致意见,房屋交接手续未能办理,故未交付房屋的责任不在鼎盛公司。[1]

对于规划、消防以及环境保护等方面不存在影响使用的障碍房屋交付条件的内容的问题,最高人民法院在安徽省金鹰房地产开发有限公司六安分公司与李某全、安徽省金鹰房地产开发有限公司房屋买卖合同纠纷案答复中明确:房屋验收的范围,应依据当事人合同的约定和法律的强制性规定确定。本案当事人约定,出卖人交付的房屋应当依照国家和地方人民政府的有关规定验收合格,并达到交付使用的条件,因此,交付的房屋除经工程质量验收合格外,还需在规划、消防以及环境保护等方面亦不存在影响使用的障碍。而依《消防法》规定,应当进行消防验收的工程,未经消防验收或者消防验收不合格的,不得投入使用。本案所涉建设工程曾在消防验收中未获通过,迟至2008年2月20日始经公安消防部门验收合格。故同意你院审委会少数人的意见,即安徽省金鹰房地产开发有限公司六安分公司于2006年6月15日通知交房时,所涉房屋不具备合同约定"该商品房经验收合格"的交付条件。[2]

(五)约定交付条件的选择性条款

开发商将房屋钥匙交付给买受人即为转移占有该房屋的意思表示,应视为房

〔1〕 参见国家法官学院案例开发研究中心编:《中国法院2012年度案例》(房屋买卖合同纠纷),中国法制出版社2012年版,第46页。

〔2〕 最高人民法院(2009)民监他字第7号函。

屋的交付使用。虽然双方当事人在合同中就证明文件等材料的交付作出约定，但是，该约定仅属于合同的选择性条款，仅是买受人是否行使交接的权利的条件，即如果出卖人没有交付或延期交付证明文件，买受人有权选择拒绝交接，也有权选择交接。其产生的法律后果是如果买受人因该交付条件未满足而选择拒绝交接房屋，所产生的房屋延期交付应由开发商承担违约责任，但不能以此文件的交付作为认定房屋交付的依据。因此，双方当事人约定的交付证明文件不是房屋交付的必要条件，而是买受人选择是否交付的条件，只要买受人实际接受了房屋，则无论开发商是否交付了证明文件均不影响对开发商交付房屋事实的认定。

【案例7-18】　蒋某红诉上饶筑城房地产开发有限公司商品房买卖合同纠纷案

一审法院认为，原、被告签订的《商品房买卖合同》合法有效，双方均应遵照执行。该商品房已经验收合格，符合交付条件且原告蒋某红在合同约定的交付期限内，已向被告筑城公司领取了房屋钥匙，有原告领取钥匙的签字为证。原告领取钥匙即实际占有了该房屋，依法应当视为被告已经履行了交房义务。另外，合同第十一条同时约定，"出卖人不出示证明文件或出示证明文件不齐全，买受人有权拒绝交接"，由此可以说明合同第十一条所约定交付的证明文件，仅是买受人是否同意交接的要件，而不是认定是否完成了交接的必要条件。也就是说在证明文件交付不齐备时，原告有权拒绝交接，当然原告也有权选择交接。原告领取钥匙完成房屋交接的实际行为，只能说明可能存在两种情形：被告已经按照约定交付了证明文件或原告当时放弃要求被告交付证明文件。因此，虽然双方对是否按照合同第十一条所列明的各项交接手续进行了房屋交接存有争议，但这些交接手续是否完备不影响被告已交付了该房屋的事实认定。原告以被告没有交付合同第十一条列明的书面材料为由要求被告承担逾期交房违约责任的诉讼请求，本院不予支持。[1]

(六)交房时间条件

双方在合同中约定某种情形下可以顺延时间交付的，可以遵从约定。如约定政府及相关委托部门与单位的原因可作为非出卖人所能控制的因素，由此引起的延误可以顺延交房时间，又如在合同中约定拆迁情况等因素可作为顺延交房时间的理由。

---

〔1〕 参见国家法官学院案例开发研究中心编：《中国法院2012年度案例》（房屋买卖合同纠纷），中国法制出版社2012年版，第59~60页。

【案例7-19】 杨某梅诉厦门皇家房地产开发有限公司商品房预售合同纠纷案

一审法院认为,双方在合同补充协议中约定,因其他非出卖人所能控制的因素而引起的延误,房屋的交付可以顺延。根据查明的事实,富贵门花园项目的拆迁人系厦门市路桥建设投资总公司及厦门市湖里区政府,富贵门花园项目三期建设用地的征迁工程延期的情形系皇家房地产公司所无法控制的。讼争房屋系富贵门花园项目二期,二期的供水管道需从一期项目连接通过三期用地铺设,故三期拆迁延误导致了二期项目铺设供水管道延期,并导致了二期项目交房的延期。故1年6个月的拆迁延误时间可作为合同约定的交房顺延时间。双方原约定皇家房地产公司应于2010年3月31日前交房,皇家房地产公司实际于2011年2月24日通知交付讼争房屋,扣除其中因政府拆迁延期的时间,皇家房地产公司并未逾期交房。因此,杨某梅主张被告承担逾期交房的违约金,缺乏事实和法律依据。另外,建设工程竣工验收备案系建设单位向厦门市建设与管理局进行备案的时间,并非竣工验收时间,讼争工程于消防验收时已符合合同约定的交付条件,讼争房屋已于2010年11月14日通过消防工程竣工验收备案,故原告诉请被告支付因交付不符合合同约定的交房条件而产生的违约金,亦于法无据。法院判决驳回原告杨某梅的诉讼请求。[1]

一般的商品房买卖合同都有"非出卖人和施工单位的原因导致的工期延误,出卖人可以据实延期"的条款,故在开发商逾期交房时,往往会以该约定为据,主张据实延期期间应从逾期交房期间中扣除。顺延工期界定,是认定开发商是否在约定时间内交付房屋的重要依据。

【案例7-20】 黄某春诉南宁嘉士城物业投资有限公司商品房预售合同纠纷案

一审法院认为,关于嘉士城公司抗辩因政府行为及情势变更可延期112天交房的问题。合同约定"气象部门记录日降雨量达到中雨连续三小时以上"的,可延期交房,嘉士城公司提交的证据只能证实降雨量达到中雨以上,不能证明降雨连续三个小时以上,且没有监理公司的监理日志印证,故对嘉士城公司主张由于降雨停工42天的抗辩不予采信。2007年"两会一节"期间因政府要求停止施工10天,符合合同约定,可据实延期交房,但因嘉士城公司没有证据证实其在"两会一节"期间是否处于扬尘施工阶段,故只支持

〔1〕 参见国家法官学院案例开发研究中心编:《中国法院2013年度案例》(房屋买卖合同纠纷),中国法制出版社2013年版,第39页。

停工天数10天的认定。嘉士城公司还抗辩因住宅工程质量竣工验收实行逐套验收的制度而延迟交付45天,但住宅质量验收是交房的必经程序,实行逐套验收制度是完善验收制度,并没有增加验收的程序,而实行逐套验收制度后是否导致交房迟延45天,嘉士城公司是否实行了逐套验收,均无证据予以证实,故对嘉士城公司这一主张不予采信。二审法院亦持同样意见,维持原判。[1]

【案例7-21】 曾某国诉化州市昌威房地产开发有限公司商品房预售合同纠纷案

二审法院认为,关于第一个争议焦点。本院认为,依据一审查明的事实,昌威公司与曾某国双方在《商品房买卖合同(预售)》中约定应当在2020年10月30日前交付商品房,且该商品房应取得建设工程竣工验收备案证明文件、房屋测绘报告等,而化州市规划编制与测绘研究信息中心于2021年5月17日才完成涉案房产测量报告,故一审认定涉案房产符合交房条件的时间为2021年5月17日,依据充分,应予维持;昌威公司上诉主张该商品房2021年1月29日已通过建设工程竣工验收审批备案即符合交房条件,与双方的约定不符,不予采纳。关于第二个争议焦点。首先,关于如何认定迟延交房天数的问题。昌威公司上诉主张其受疫情影响导致停工的实际时间,应是广东省决定新冠肺炎疫情防控一级响应的2020年1月23日起至同年5月4日真正复工时止,一审认定的复工日期及扣减的天数错误;而曾某国则上诉主张昌威公司迟延交房的时间为2020年10月31日起至2021年5月17日止共199天,一审不应扣减违约天数34天而认定违约天数为165天。对此,本院认为,我省决定新冠肺炎疫情防控一级响应的时间为2020年1月23日起至2月24日止,2月24日起将重大突发公共卫生事件一级响应调整为二级响应后,省内社会生活工作秩序仍受到一定的限制和影响,但各地已逐步有序复工复产。本案中,昌威公司向化州市住房和城乡建设局报备的《房屋市政工程复工备案表》明确显示复工时间为2020年2月26日,而昌威公司提供海利小区承建方广东永达建筑有限公司出具的《工期顺延函》,以证明其复工时间为2020年5月4日,但《工期顺延函》所记载的复工时间并没到相关职能部门备案并及时履行通知义务,且昌威公司也没有举证证明其在2020年2月26日后仍受疫情影响导致迟延复工,故《工期顺延函》不足以推翻昌威公司于《房屋市政工程复工备案表》中确认的复工时间。一审根据《房屋市政工程复工备案表》等证据,认定复工时间为2020年2月26日,并

[1] 参见国家法官学院案例开发研究中心编:《中国法院2013年度案例》(房屋买卖合同纠纷),中国法制出版社2013年版,第50页。

依照《最高人民法院关于妥善审理新冠肺炎疫情民事案件的若干问题的指导意见》、参照《广东省高级人民法院关于审理涉新冠肺炎疫情商事案件若干问题的指引》的有关规定,对昌威公司在我省新冠肺炎疫情防控一级响应期间停工34天的违约责任予以免除,继而认定迟延交房的天数为165天,并无不当。昌威公司和曾某国的上诉主张理据均不充分,不予采纳……判决:驳回上诉,维持原判。〔1〕

业主交前期物业费用的起始时间,不能认定为商品房的交付时间。

【案例7-22】 廖某美诉实业公司商品房销售合同纠纷案

一审法院认为,双方对案涉商品房的交楼时间有争议。根据原、被告双方提交的证据,原告向被告签署《业主资料登记表》已确认收楼时间为2017年4月14日,且原告同日签订了《前期物业管理服务协议》,故应认定原告实际收楼的时间为2017年4月14日。原告提交的物业管理费收据,系原告与物业管理公司之间的法律关系,不能推翻原告与被告确认的收楼时间,故原告主张被告于2014年4月26日向原告交付案涉商品房,依据不足,不予采纳。〔2〕

房屋被拒收时交付时间是否构成逾期交房,一个重要方面取决于开发商交付的房屋被拒收时如何认定是否已交付的问题,而此则根据购房人有无拒绝受领权利而有所不同。在交付的房屋不存在影响合同目的的实现的情形下,购房人不得拒绝受领。其拒绝受领的,则应认定为已经交付,标的物毁损灭失的风险自此时起由购房人承担,开发商不构成逾期交房。

(七)交付法定条件限制

《建筑法》第六十一条第二款规定:"建设工程竣工经验收合格后,方可交付使用;未经验收或者验收不合格的,不得交付使用。"《民法典》第七百九十九条也作了基本相同的规定。根据上述规定,交付质量合格的房屋是开发商依照法律规定或依当事人的约定交付标的物的主要义务,是法定义务,是法律直接规定的特别义务。根据上述规定,交付的房屋必须是经竣工验收合格的房屋。开发商交付未经竣工验收合格的商品房,应认定其交付不构成有效交付。

---

〔1〕 广东省茂名市中级人民法院(2021)粤09民终3196号民事判决书。

〔2〕 参见国家法官学院、最高人民法院司法案例研究院编:《中国法院2022年度案例》(房屋买卖合同纠纷),中国法制出版社2022年版,第169页。广东省茂名市电白区人民法院(2020)粤0904民初3062号民事判决书。

对于交付的房屋不符合法定条件对违约责任的影响,应区分以下四种情况认定:其一,房屋没有竣工验收合格手续,购房人拒绝接收的,应当予以支持。其二,购房人接收房屋时对房屋没有竣工验收合格手续知情,之后,经验收合格并补办了验收手续。此种情况下,购房人若以验收合格之日作为实际交付之日主张逾期交付房屋违约责任的,不应予以支持。因为,此种情形的交付多根据双方的约定,且房屋质量合格,既没有影响使用,又不存在质量风险,故购房人主张逾期交付责任有违诚信原则。若没有竣工验收合格手续,开发商亦没有告知购房人,购房人也确属不知情,后补办了验收合格手续,这种情形也不支持主张违约责任,其理由同前。其三,已办理竣工验收合格手续并交付使用,但其后发现系弄虚作假办理的合格手续,开发商也不能提供证据证明房屋质量合格,因不能排除居住安全风险,购房人可请求解除合同、赔偿损失,法律应予支持。其四,双方约定的交付标准低于法定标准,购房人在接收使用后,又以约定的交付时间为起点,主张至达到法定标准之日的违约责任,不应予以支持。

应当注意的是,对双方当事人约定交付条件的限制适用问题。实践中,绝大多数当事人都签有《商品房买卖合同》。一般《商品房买卖合同》约定,购房人未在开发商通知交付的规定期限内前来办理交付手续的,则自购房人收到通知验收交接日第二日起视为该商品房已交付,开发商不承担逾期交房的违约金。笔者认为,《商品房买卖合同》有关视为交付的约定应作限缩、合理解释,不宜以此条款排斥购房人主张开发商逾期交房违约责任,其交付约定条件应受到限制。首先,从该约定的内容和文义来判断,可以确定该约定的拟制交付方式适用于风险负担的分配、转移及物业管理等费用的负担等相关问题,具有明确的指向性、适用性,不能作不利于购房人的任意、扩大解释,不能在涉及房屋质量争议的案件中以此作为认定房屋交付时间的依据。其次,若据此约定限制购房人拒绝接收存在严重影响居住使用质量问题的房屋或主体结构质量不合格的房屋之权利,将使购房人和开发商之间的权利义务严重失衡和不对等,轻易排斥因故未能依约收房的购房人之权利,显失公正,亦有违诚信原则,严重损害购房人的合法权益。综上,对于合同约定交付的时间及条件,开发商交付的房屋质量存在问题时应视为交付条件不成就,这体现了法律对交付约定的干预。

三、房屋买卖中交付纠纷的处理

(一)房屋接收纠纷的处理

在房屋交付纠纷案中,购房人在什么情况下可以拒绝接收房屋并向开发商主张延期交付的违约责任,什么情况只能选择其他救济途径而不可以拒绝接收房屋并主张延期交付违约金的问题成为案件处理的焦点。

从理论上,厘清购房人拒绝收房的原因和后果很有必要,是正确处理此类纠纷的前提条件。从法律层面上讲,购房人拒收不符合合同约定的商品房,其针对的是开发商履行瑕疵行为,而非履行根本违约,拒收房屋也不是主张解除合同,因而不应受到相当于合同解除行使条件的严格限制。购房人拒收不合格房屋通常不产生终止合同关系的效力,其后果是开发商的交付不成立,开发商履行合同迟延。法律赋予购房人在接收房屋时有权对房屋质量进行检验,并有权选择开发商因瑕疵履行应承担的责任方式。故购房人拒绝接收开发商房屋的行为不是一种违约行为,并非不受法律保护。从保护购房人的合法权益上讲,购房人购买房屋的主要目的是能够正常居住使用,在接收房屋后能尽快投入使用以发挥物的效用,在房屋使用过程中实现价值。当购房人验房发现房屋存在质量瑕疵时,拒绝收房并要求开发商修复,是行使民法典赋予的救济权利。如果强制性要求购房人接收房屋,则容易导致购房人无法固定质量瑕疵现状、责任原因判断不明,反而不利于纠纷的解决,增加开发商与购房人之间的对立。在开发商不积极履行维修义务的情况下,在质量问题上允许购房人拒绝收房并追究开发商逾期交房的违约责任,有利于保护购房人利益,督促开发商尽快解决房屋质量问题。因此,法律不应否定购房人的合法权益,而恰恰相反,在法律的实施过程中应全面保障购房人合法权益的实现。

实践中,常见购房人拒绝接收房屋情形主要为:(1)开发商交付的商品房不符合交付条件,即尚未取得备案手续;(2)开发商虽已通过竣工验收并备案,但购房人有证据证实该房屋存在严重质量问题足以影响正常使用;(3)开发商虽已通过竣工验收并备案,但交付的商品房不能实现合同目的;(4)商品房已符合交付条件,但配套设施尚未齐全,如开发商承诺的商场、绿地等尚未建成;(5)商品房已符合交付条件，但购房人在验收时发现存在漏水、脱皮等不影响正常使用的轻微质量瑕疵；(6)开发商未提供《住宅质量保证书》和《住宅使用说明书》。

对于房屋接收纠纷，应区别具体情况处理。经五方验收合格后，购房人如期接收开发商交付的房屋钥匙并入住，虽交付时未经质监站抽查，但开发商交房后按法定程序取得质监站出具的符合设计规范意见书，且不存在房屋质量问题，购房人仅以未经质监站抽查验收构成瑕疵交付为由，向开发商主张逾期交付违约责任的，不予支持。

开发商通知购房人办理交房手续，但若当时商品房不具备交付条件，即拟交付的商品房存在较为严重的质量问题，购房人有权拒收，由此产生逾期交房的责任由开发商承担。

【案例7－23】　顾某诉苏州朗华置业有限公司商品房预售合同纠纷案

一审法院认为，本案中的涉讼房屋是应按精装修要求交付的房屋，就房屋质量问题，结合问题的严重程度、出现质量问题后原告实际无法正常居住使用房屋的实际情况、实际维修工程量较大和维修工期较长等因素及日常生活经验法则综合考量，法院认定涉讼房屋存在的问题属于严重影响购房人居住使用的质量问题。顾某发现房屋存在严重影响居住使用的质量问题后拒绝接收房屋符合法律规定和当事人之间的约定，故依法确定房屋实际交付时间为完成维修并实际交付之日。朗华公司提出按《商品房买卖合同》约定，顾某未在被告通知交付的规定期限内前来办理交付手续的，则自被告通知的验收交接日之第二日起视为该商品房已交付，被告不承担逾期交房的违约金，对此抗辩意见不予采纳。双方有关房屋拟制交付方式的约定仅适用于风险负担的分配、转移及物业管理等费用的负担等相关问题，具有明确的指向性、适用性，不能作不利于购房人的任意、扩大解释，不能在涉及房屋质量争议的案件中以此作为认定房屋交付时间的依据。而且，若据此约定限制购房人拒绝接收存在严重影响居住使用质量问题的房屋或主体结构质量不合格的房屋之权利，将使购房人和开发商之间的权利义务严重失衡和不对等，轻易排斥因故未能及时收房的购房人拒绝接收存在严重影响居住使用质量问题或主体结构质量不合格的房屋之权利，显失公正，亦有违诚信原则，严重损害购房人的合法权益。二审法院认为，房屋交付时存在质量问题以及后续维修势必会影响房屋的正常居住使用功能，在质量问题修复之前顾某拒绝接收房屋，有合法合理的事由，并无不当。朗华公司维修完毕后，双方于2013年12月31日办理了房屋交接手续。故顾某要求朗华公司按合同约定承担逾期交房违约责任，合法有据，应予支持。[1]

【案例7－24】 杨某勇诉厦门旺森置业有限公司商品房预售合同纠纷案

二审法院认为，首先，根据双方合同的约定，讼争房屋的交房条件不仅包括四方验收、消防验收，还包括生活排给水、用电等配套设施的完成。旺森公司上诉称交房条件应当以四方验收为准，本院不予采纳。讼争房屋于2011年11月29日通过建设工程竣工验收备案，此时，工程方基本具备合同约定的各项交房条件，因此，原审判决认定旺森公司逾期交房的时间应计至2011年11月29日，可以维持。其次，杨某勇上诉称讼争房屋的燃气工程并未竣工验收，但根据旺森公司提供的海景明珠燃气工程竣工报告，燃气工程已于2011年1月12日竣工验收，杨某勇未能提供足够证据推翻该证据的证明力，对其主张本院不予采信。综上，双方当事人的上诉请求依据不足，均不应支持。原审判决综合考虑本案各项因素，认定逾期交房的期间，并无不合理之处，应予维持。[2]

房屋不符合交付条件的，购房人有权拒收，开发商构成逾期交房。有观点认为，购房人的拒收应具有正当理由，而对正当理由应采严格标准，即购房人须有明确受领的意思表示，且其拒绝受领时须指出存在的不符合交付的具体情形。该观点的依据为《房屋买卖合同解释》第八条的规定。笔者认为，开发商交付的房屋不符合交付条件的情形不适用上述司法解释，对购房人拒收是否具备正当理由应以其是否违反减损义务来判断。原因是购房人无正当理由拒收以开发商完全履行为条件。该解释第八条规定，是为了解决商品房买卖合同中购房人的受领迟延问题，而受领迟延的构成须以开发商已为合法给付为前提。当开发商交付的房屋不符合交付条件时，其给付行为未能符合债务的本质，无疑不构成合法给付，购房人即使未以不符合交付条件的具体情形为由拒收房屋，亦不属于该解释第八条所规定的“无正当理由”。有争议的问题为，交付的房屋因瑕疵被拒收在性质上是否构成“债务人能够履行而未履行”。对此，应区分情况讨论：一是开发商是否能够履行的判断。瑕疵不可修复时，开发商陷于履行不能，以交付的房屋层高不足为典型，但是这种情形少见，认定时应采取谨慎态度。当对于瑕疵是否可修复存在争议、难以判断时，应由开发商承担举证责任，因为负有交付房屋义务的开发商既是房屋建设方，又具备相应的专业知识，可以掌握瑕疵可否修复的证据。二是开发商是否处于未履行状态的判断。瑕疵不可修复时，应适用履行不能的规则处

---

〔1〕 参见国家法官学院案例开发研究中心编：《中国法院2017年度案例》（房屋买卖合同纠纷），中国法制出版社2017年版，第27～28页。

〔2〕 参见国家法官学院案例开发研究中心编：《中国法院2014年度案例》（房屋买卖合同纠纷），中国法制出版社2014年版，第59页。

理。倘若瑕疵可以修复,则要考察的是不符合交付条件的房屋被拒收时,开发商是否处于未履行状态。开发商于约定的时间提出的交付不符合交付条件时,购房人拒收的后果是房屋毁损灭失的风险不发生转移,亦即交付行为未完成。换言之,购房人的拒收将使开发商处于消极未履行的状态,与其未在合同约定的时间提出交付处于同一法律状态,如果该瑕疵是可修复的,开发商应承担逾期交房的违约责任。

开发商未按照约定条件交付,购房人有权拒绝接受,但购房人明知开发商瑕疵交付,如在没有取得交付使用通知书而仅取得竣工验收合同的情况下同意接收,应当视为是双方以默示方式变更交付条件,这种以实际履行行为变更交付条件不违反法律规定。其接受房屋便完成了转移占有,应当视为房屋已交付使用,购房人接受后再要求按照原合同主张违约责任的,没有事实依据,法律不予支持。购房人明知商品房不具备法定或约定交付条件,仍同意接收房屋的,应限制主张违约金,但购房人有权要求出卖人依据法律规定或合同约定完善房屋交付条件,并主张赔偿房屋交付条件不具备给其造成的实际损失的,不予支持。

【案例7-25】 江苏国信华安房地产开发有限公司与张某商品房销售合同纠纷案

二审法院认为,从双方签订的商品房买卖合同第8条关于“交付期限”的约定内容来看,出卖人应当在2011年10月31日前,依照国家和地方人民政府的有关规定,取得该商品房的商品住宅交付使用批准文件,并将符合本合同约定的商品房交付给买受人使用。据此,双方当事人对于房屋的交付期限和交付条件的约定是明确无误的。上诉人应当在2011年10月31日前向被上诉人交付房屋,否则,即为逾期交付,构成违约;而且上诉人在交付房屋时,应当向被上诉人提供商品住宅交付使用批准文件,否则,即为瑕疵交付,亦属违约。本案中,在涉案房屋竣工验收合格后,上诉人于2011年10月30日向被上诉人转移占有,按照双方合同的约定,上诉人并不存在逾期交付房屋的行为,只是上诉人在交付房屋时尚未取得商品房住宅交付使用批准文件,当然这种交付亦不符合双方合同的约定。上诉人的该交付行为属于瑕疵交付行为,被上诉人有权予以拒绝,同时要求上诉人采取补救措施,如不能实现合同目的,可以行使合同解除权,并要求上诉人承担违约责任。事实上,被上诉人在上诉人未取得商品住宅交付使用批准文件的情况下,并未加以拒绝,而是出于自己的意思表示选择接受房屋,只能说明本案双方当事人以各自的行为变更了合同约定的房屋交付的条件和方式,且这种变更合同履行的方式,不损害国家和社会公众利益,且不违反我国法律法规的效力性禁止性规定,应当予以准许。综上,上诉人国信公司不存在逾期交房行为,因此,被上诉人张某主张逾期交房违约金无事实和法律依据,既然被上诉人无权主张违约金，对于被上诉人主张的逾期交房违约金数额应否调整的问题，已无分析必要。[1]

实践中，对于购房人认为交付不符合条件而拒绝办理接收手续，但又实际占有房屋的，法院认可开发商已交付房屋。

【案例7-26】 黄某春诉南宁嘉士城物业投资公司商品房预售合同纠纷案

一审法院认为，本案涉及的房屋于2008年10月31日取得《建设工程质量竣工验收意见书》，经勘察、设计、建设、施工、监理五方单位验收合格。黄某春提交的《入住通知书》，证实黄某春对2008年11月5日可以办理房屋交接手续的情况是知晓的。在办理房屋交接手续时，黄某春认为该房没有达到合同约定的交付条件，但并没有依照合同第十一条的约定拒绝交接，而是实际占有居住该房。故应当认定嘉士城公司已于2008年11月5日完成了房屋交付。二审法院亦持同样意见。[2]

购房人在明知商品房未经验收合格后继续占有且未要求退房，仅是主张视为未交房，要求开发商承担逾期交房的责任至验收合格之日的，如果合同对此没有明确约定，则其主张缺乏合同依据。房屋的转移占有，应视为房屋的交付使用，商品房未经验收合格即交付使用，属于瑕疵交付，但不是未交付。对于瑕疵交付的违约责任，购房人可以另行主张权利，但该责任并非逾期交房的违约责任，二者不能混为一谈。

【案例7-27】 韦甲、韦乙诉广西凯丰房地产开发有限公司武宣分公司、广西凯丰房地产开发有限公司商品房预售合同纠纷案

二审法院认为，被上诉人交付给上诉人使用的商品房未经验收合格，违反了合同约定和法律规定，属于瑕疵交付，但上诉人韦甲、韦乙已于2014年9月17日接收房屋使用，在明知未经验收合格的情形亦未提出退回房屋给被上诉人，而是继续占有使用，且上诉人也未有充分证据证明未经验收合格影响了房屋的实际使用，表明上诉人已实际认可被上诉人交付了房屋。故被上诉人的实际交房日应为2014年9月17日，违约金应计至上诉人实际接收房屋之日。对于所交付房屋未经验收可能存在的质量瑕疵问题，上诉人可另行主张权利。因此，上诉人主张将验收合格之日作为被上诉人实际交房日的上诉理由不成立。[3]

---

〔1〕 江苏省徐州市中级人民法院(2014)徐民终字第537号民事判决书。

〔2〕 参见国家法官学院案例开发研究中心编：《中国法院2013年度案例》(房屋买卖合同纠纷)，中国法制出版社2013年版，第50页。

〔3〕 参见国家法官学院案例开发研究中心编：《中国法院2017年度案例》(房屋买卖合同纠纷)，中国法制出版社2017年版，第4页。

开发商违反规划建设，购房人确未按约办理房屋交付手续时双方责任的认定。购房人在知晓房屋具有可撤销的法定事由而未主张，应及时办理房屋交付手续而未办理。对此类责任界定，应综合、兼顾购房人已付清全部购房款的合同履行情况、购房人的过错程度、开发商自身违规建设和销售中存在的过错、引发争议的起因及开发商是否举证证明实际损失等因素，根据公平原则综合考量，可酌定由购房人向开发商支付一定数额的违约金，但应酌情减轻购房人的违约责任，这体现了司法裁判对开发商违规建设、销售的否定性评价。

【案例7－28】　苏州隆兴置业有限公司诉周某商业房预售合同纠纷案

一审法院认为，原建设部《商品房销售管理办法》规定，商品住宅按套销售，不得分割拆零销售。隆兴公司按照别墅项目销售涉讼房屋，交房时也将按照别墅项目交付，周某作为普通购房者认为购买一处别墅项目办理一份权属证书符合社会公众的一般认知水平，不应苛求购房者有更高的认知注意义务。在隆兴公司未举证证明其就涉讼房屋需办理三份权属证书向周某作出过特别说明的情况下，应由作为具备较强证据意识和举证能力的隆兴公司承担举证不能的不利后果，法院认定隆兴公司在售房时未向周某明确说明涉讼房屋需要办理三份权属证书。由于随后出台的房地产限贷政策对多套房屋出售交易可能存在抑制作用，周某在交房时因房屋权属证书事宜与隆兴公司发生争议，是周某未及时办理房屋交付手续的主要原因。但是，周某并不能据此完全免除违约责任。因具有撤销权的当事人应当自知道或者应当知道撤销事由之日起一年内行使撤销权，周某在知晓涉讼房屋需要办理三份权属证书后，并未以存在缔约时意思表示不真实的法定事由向隆兴公司主张过撤销《商品房买卖合同》，故撤销权行使期间届满、撤销权消灭后，周某仍应及时办理房屋交付手续。最终，根据公平原则和诚实信用原则综合考量，法院酌定由周某向隆兴公司支付违约金38000元。[1]

商品房经验收合格与商品房办理竣工验收备案手续具有不同的内涵，在购房合同中约定商品房经验收合格为交付条件的，经建设、勘察、设计、施工、监理五单位竣工验收合格的房屋即具备交付条件，购房人若认为交付的房屋存在质量问题可起诉要求开发商承担质量瑕疵赔偿责任，而不能以此拒收房屋并要求开发商承担逾期交房责任。

---

〔1〕 参见国家法官学院案例开发研究中心编：《中国法院2017年度案例》（房屋买卖合同纠纷），中国法制出版社2017年版，第10页。

【案例7－29】 洪某与惠州奥林匹克花园置业投资有限公司房屋买卖合同纠纷再审案

再审法院认为,由于双方当事人约定的商品房交付条件是商品房经验收合格,而非商品房办理竣工验收备案手续完毕。因惠州市质监站已确认案涉房屋已于2008年1月18日经建设、勘察、设计、施工、监理五单位竣工验收合格,具备交付条件,奥园公司亦曾书面通知洪某于2008年1月30日收房。洪某拒绝收房依据不充分。奥园公司不存在逾期交房的行为,洪某申诉请求公司支付逾期交房违约金,缺乏事实依据。若洪某认为奥园公司交付的房屋存在质量问题而奥园公司应承担质量瑕疵赔偿责任,可通过另案起诉解决。〔1〕

双方在商品房买卖合同中约定,经五方验收合格的房屋,在验房时发现并经双方确认的质量问题,按照当地有关规定,由出卖人负责修复。购房人不得以房屋存在质量问题而拒绝收房,质量问题应通过修复解决。

【案例7－30】 周某与北京首都机场房地产有限公司商品房销售合同纠纷再审案

再审法院认为,此案的核心争议点是首都机场房地产公司是否存在逾期交房行为及是否应承担逾期交房的违约责任。2006年11月21日,周某应出卖人通知前往办理入住手续。出卖人有义务依约向买房人交付符合合同第九条第二款第一、二、四、五项条件的房屋,而对于买受人而言,有权依合同第十一条规定行使抗辩权,即出卖人"不出示证明文件或出示的证明文件不齐全,或未满足第九条约定其他条件"的,买受人有权拒绝接收房屋。而在办理入住手续的过程中,周某在未见《房屋土地测绘技术报告书》的情况下,按出卖人提供的数据交纳房款等费用,又在未验房的情况下,签收了涉诉房屋的钥匙。虽然《住宅质量保证书》和《住宅使用说明书》系恒实房地产公司出具的,但恒实房地产公司与首都机场房地产公司存在授权委托关系,虽然委托文件上未注明恒实房地产公司代为交付《住宅质量保证书》和《住宅使用说明书》,但首都机场房地产公司已对该交付行为予以认可,应视为首都机场房地产公司履行了上述文件的交付义务。综上,法律上应视为周某以行为放弃了合同第十一条项下的购房人拒绝接收房屋的权利,至此出卖人已完成了交房义务,周某已完成收房。11月25日周某验房时发现诸多质量问题,虽双方就房屋质量存在争议,但周某所列举的质量问题多已被司法鉴定结论所认定,不过依然不能据此得出周某未收房且有权拒绝收房、出卖人逾期交房的

〔1〕 广东省高级人民法院(2013)粤高法审监民提字第142号民事判决书。

结论。对此,除前述理由外,对于验房中发现的质量问题如何处理,双方所签合同第十三条有明确约定。该条约定,因涉诉房屋已经由建设、勘察、设计、施工、工程监理等单位验收合格,出卖人应当与买受人共同查验收房。对于验房时发现的质量问题,应按照北京市有关规定,由出卖人负责修复。涉诉房屋所属楼宇取得了《北京市房屋建筑工程和市政基础设施工程竣工备案表》,质量验收合格,双方应共同查验收房,对于验房中发现的问题,依约由出卖人进行修复。周某称其尚未收房且有权拒绝收房的意见与该约定不符。对其所持上述意见以及其提出的《北京市房屋建筑工程和市政基础设施工程竣工备案表》与本案标的无直接关系,原审法院硬性将其塞入入住流程、企图说明对方履行合同的意见,本院不予采纳。综上,周某已于11月21日收房且无权拒绝收房的情况下,出卖人并不存在逾期交房行为,周某要求首都机场房地产公司承担逾期交房责任的上诉请求缺乏合同依据,原审法院经释明后,其仍坚持该项诉求,原审法院予以驳回正确。[1]

开发商没有完全按照双方约定的方式交付房屋,但购房人没有拒收并领取房屋钥匙,并不等同于已交付房屋。购房人在开发商不具备合法交房条件的情况下就提前进房装修,也没有提出房屋质量问题,从法律上视为开发商完成交房义务。

【案例7-31】　吕某华诉溆浦县大盛房地产有限公司商品房买卖合同案

二审法院认为,大盛公司仅将房屋钥匙交给吕某华,且交钥匙时房屋未经验收合格,按照双方的合同约定,尚不能满足交房的条件,不能视为大盛公司完成了交房的形式和实质要件。但吕某华拿到钥匙后便对房屋进行占有、管理、装修、使用,该行为足以说明吕某华实质接收了房屋,且事后吕某华也未提出房屋质量问题。据此,可以认定大盛公司完成了房屋交付义务。所以原审法院认定大盛公司交付房屋钥匙之日为房屋交付之日并据此为界点计算大盛公司迟延交房时间和应承担的损失并无不当。吕某华一方面对房屋进行占有、管理、装修、使用,另一方面又不认可大盛公司已完成了房屋交付义务,要求将其对房屋占有、管理、装修、使用期间计入大盛公司迟延交付房屋时间,并由大盛公司承担违约责任、赔偿违约损失,不符合诚实信用原则。对此,不应予以支持。[2]

房屋买卖合同中的标的物的占有与所有权可以暂时分离,产权归属一方并不代表其对房屋的实际占有或房屋已经交付,不排除双方先行办理房屋产权过户登

---

〔1〕　参见索宏钢主编、张美欣副主编:《再审疑难案件法官评述》,人民法院出版社2019年版,第82~83页。

〔2〕　参见国家法官学院案例开发研究中心编:《中国法院2014年度案例》(房屋买卖合同纠纷),中国法制出版社2014年版,第24页。

记而未交付房屋情形的存在,办理房屋产权过户登记并不必然得出房屋已交付使用的结论。

【案例7-32】 沈某与重庆市万州区凯惠商贸有限公司房屋买卖合同纠纷再审案

再审法院认为,本案的争议焦点应为凯惠公司是否履行了房屋交付义务。对于凯惠公司辩称合同中"房屋产权在双方未办清交接手续前产权归属甲方(凯惠公司);在双方办清交接房手续后产权归属乙方(沈某),其产权证书由乙方自行办理,所需费用由乙方负责"的约定,可证明在办理房屋产权过户登记之前双方已经办理了房屋交接手续的问题。本院认为,由于对房屋买卖合同中的标的物的占有权能与所有权是可以暂时分离的,产权归属一方并不代表其对房屋的实际占有,故不排除双方先行办理房屋产权过户登记而未交付房屋的情形,办理房屋产权过户登记并不必然得出房屋交付使用的结论,故凯惠公司的该辩解理由不能成立,本院不予采纳。[1]

开发商在交付房屋时要求购房人支付其他相关费用,否则不交付房屋的情况是否构成延期交付。开发商建成的房屋已符合交付条件,其在通知收房时要求购房人一次性交纳公共维修基金、物业管理费、卫生费、保证金等其他相关费用,购房人拒绝交纳后开发商因此拒绝交付房屋。对开发商在购房人未交纳相关费用时拒绝交房是否构成延期交付的问题,要作具体分析。如果该费用在合同中有明确约定或法律规定由开发商代收,购房人拒绝交纳,开发商拒绝交付房屋系在行使同时履行抗辩权或先履行抗辩权,则不构成延期交付。如果开发商要求购房人交纳合同中没有明确约定的费用,该费用也不是法定必须由开发商代收的,则开发商以此为由拒绝交房的行为构成延期交付。

购房人以开发商交付的房屋存在质量问题拒收成立,应符合房屋质量问题严重影响正常居住使用标准,但影响正常居住使用程度必须是"严重"的,这显然包含法官一定的自由裁量权。具体的标准为,其一,危害居住的程度。如果确实危害居住人的生命安全、身体健康,应认定为严重影响居住使用。此外,给居住人生产、生活带来严重不便的,也应认定为严重影响居住使用。其二,修复的次数。如果多次修复仍未果,也应认定为严重影响居住使用。也就是说,严重影响居住使用的房产可以成为购房人拒绝收房的理由。

【案例7-33】 南安市总工会诉陶然一品公司商品房预售合同纠纷案

一审法院认为,南安市总工会与陶然一品公司签订的4份《商品房买卖合同》合法有效。4份合同均约定陶然一品公司应当在2016年6月30日前,

---

〔1〕 重庆市高级人民法院(2013)渝高法民提字第00188号民事判决书。

将符合合同第八条各项约定的条件的商品房交付南安市总工会，本案工程可顺延127天，交房日期应为2016年11月4日。本案建设工程虽然经验收合格，但因“×2号、×3号、×5号店面无下水管道”，实际上仍不符合《商品房买卖合同》第八条约定的“该商品房所在建筑生活给排水等设施达到设计要求”的条件，而陶然一品公司直至2018年11月1日才将上述三间房店面所存在的给排水问题整改到位，故×2号、×3号、×5号店面至此才符合交房条件。陶然一品公司虽5次书面通知南安市总工会交房，但因通知时尚不符合交房条件，故5次通知均不构成有效通知，陶然一品公司已构成逾期交房。现南安市总工会请求陶然一品公司赔偿上述三间店面自2016年7月1日起至2018年11月1日止逾期交房违约金，对于符合法律规定的部分予以支持；超出法律规定的其他部分，不予支持。×4号店面虽然也存在部分问题，但仅是质量瑕疵，对此，陶然一品公司应承担房屋质量瑕疵担保责任，并不影响交房，故×4号店面于2016年5月16日已符合交房条件，陶然一品公司于2016年9月17日通知南安市总工会交房，其已在应交房日2016年11月5日前履行完交房通知义务，故陶然一品公司无须支付该店面的逾期交房违约金，南安市总工会请求赔偿该店面逾期交房违约金，不予支持。陶然一品公司虽辩称×2号、×3号、×5号店面有给排水设施，但其提供的证据不足以推翻其在《关于南安市总工会店面整改到位质保承诺书》中的自认，故对该辩称，不予采纳。判决：陶然一品公司支付南安市总工会在南安市金涛镇金涛街·金溪吉祥第3幢×2号、×3号、×5号店面自2016年11月5日起至2018年11月1日止的逾期交房违约金228684元。二审法院同意一审法院裁判意见，判决：驳回上诉，维持原判。[1]

购房人以开发商交付的房屋存在质量问题为由拒收房屋，经法院审理查明拒收依据事实不能成立的，其主张开发商违约责任不能得到法院支持。

【案例7-34】　周某与上海绿庭房地产开发有限公司商品房预售合同纠纷案

一审法院认为，二审法院对上诉人周某以所购房屋大门锁坏、电灯未安装为由拒收所购房屋并要求开发商承担违约责任的诉求不予支持，上诉人完全可以在收房后根据预售合同中有关解决房屋质量问题的条款要求被上诉人修理、赔偿等，但上诉人以此为由拒绝收房，理由不能成立。直至2009年8月3日双方尚未办理交房手续，这并非被上诉人开发商违约所致，上诉人要

〔1〕　参见国家法官学院、最高人民法院司法案例研究院编：《中国法院2021年度案例》（房屋买卖合同纠纷），中国法制出版社2021年版，第24页。福建省泉州市中级人民法院（2019）闽05民终3087号民事判决书。

求被上诉人承担逾期交房违约责任,并向上诉人支付按照已付房价款的日万分之一计算至实际交房之日止的逾期交房违约金,缺乏理由和依据。[1]

【案例7-35】 张某诉沈阳孔雀城房地产开发有限公司商品房销售合同纠纷案

一审法院认为,原、被告签订的《商品房买卖合同》系双方当事人真实意思表示,不违反法律、行政法规强制性规定,合法有效。被告交付原告的商品房存在厨房玻璃裂纹及原告房屋至电梯走廊的落地窗未安装防护栏等问题,应进行维修、更换、安装。对原告提出被告应赔偿其不能居住的损失及赔偿物业费、采暖费的请求,因原告提供的证据,不能证明其主张成立,故该院不予支持。关于诉讼费,原告之所以提起诉讼,系因被告交付的商品房存在厨房玻璃裂纹及原告房屋至电梯走廊的落地窗未安装防护栏等问题,故本案诉讼费应由被告负担。

二审法院认为,上诉人张某作为完全民事行为能力人在案涉房屋交付时已就房屋予以查验,并填写交收楼查验情况记录表,而记录表中并未显示其当时对房屋外走廊落地窗外侧防护栏未安装问题提出异议,此后,上诉人就此问题提出报修。被上诉人沈阳孔雀城房地产开发有限公司虽然同意维修,但其未能积极履行,故一审判令其维修正确。《民法典》第五百九十一条规定:"当事人一方违约后,对方应当采取适当措施防止损失的扩大;没有采取适当措施致使损失扩大的,不得就扩大的损失请求赔偿。当事人因防止损失扩大而支出的合理费用,由违约方负担。"上诉人如认为防护栏问题影响其使用案涉房屋,其应先自行维修再向被上诉人追偿维修费用,但上诉人对此予以放任,故其主张被上诉人承担房屋空置损失,不符合上述法律规定,本院不予支持。此外,根据一审卷宗,一审法院于2022年5月9日作出(2022)辽0111民初823号民事裁定书裁定本案转为普通程序,而一审判决书在案件由来及审理经过部分中亦载明了适用普通程序。至于上诉人张某认为其房屋西侧卫生间瓷砖脱落的问题,其在一审中并未明确提出此项主张,不属于本次程序的审理范围,双方对此若有争议应依法另诉解决。综上所述,上诉人张某的上诉请求不能成立,应予驳回;一审判决结果正确,应予维持。判决:驳回上诉,维持原判。[2]

【案例7-36】 曲某红诉营口奥大房地产开发有限公司房屋买卖合同纠纷

二审法院认为,《房屋买卖合同解释》第八条第一款规定,对房屋的转移

---

〔1〕 上海市第一中级人民法院(2009)沪一中民二(民)终字第2401号民事判决书。

〔2〕 辽宁省沈阳市中级人民法院(2023)辽01民终3880号民事判决书。

占有，视为房屋的交付使用，但当事人另有约定的除外。本案中，上诉人于2019年7月15日接收房屋钥匙并办理入住手续，表明案涉房屋已经交付上诉人，上诉人亦实际占有房屋且已装修入住。根据合同约定逾期交房违约金应从约定交付房屋之日6个月之后产生，现上诉人接收房屋时间未超过合同约定交付房屋时间6个月。故一审法院依据上述事实驳回上诉人逾期交房违约金的诉讼请求未见不妥。上诉人上诉请求于法无据，本院依法不予支持。综上，曲某红的上诉请求不能成立，应予驳回；一审判决认定事实清楚，适用法律正确，应予维持。判决：驳回上诉，维持原判。[1]

出卖人以质量问题不符合交付条件为由拒绝交房，是房屋接收纠纷的另一种类型。

【案例7－37】　陈某、韩某与祝某房屋买卖合同纠纷案

二审法院认为，双方签订的共建协议书约定“甲方在房屋完工后通知乙方收房”，交房条件约定清楚，涉案房屋在2008年完工，具备了交付条件，但陈某将房屋交付给他人使用，还以未达到交房条件为由拒绝向祝某交付，陈某以其行为表明不履行合同义务及撕毁合同的违约故意。一、二审审理的情况也表明陈某不同意交付房屋的真实意愿。虽然陈某提出房屋未经竣工验收的上诉理由，但房屋未经竣工不得交付是施工合同中发包人拒绝接收施工人交付的房屋时的合理抗辩，在本案买卖合同中，保证房屋的质量是陈某作为出卖人的义务，而非其拒绝交房的理由。现祝某尚未提出该质量要求，陈某却以此理由拒绝履行合同约定的交房义务，同时又以让他人暂住或租赁的方式获取利益，并因持有房屋享受增值收益，一审法院据此认定陈某的行为构成根本违约并无不当。陈某认为其不存在违约行为，是祝某不愿意要房的上诉理由与事实不符，不予采信。[2]

开发商在收取了购房人支付的大部分款项后，不能以房屋的工程款需优先受偿为由，拒绝向购房人交付房屋。

【案例7－38】　三门峡水利管理局诉郑州市配套建设公司房屋买卖合同纠纷案

二审法院认为，荥阳一建虽然因工程价款优先受偿权而占有部分房产，但并未实际取得所有权，它通过与配套建设公司的合同所取得的权利只是对房屋的占有权、使用权、收益权，不能对抗水利管理局所享有的权利。此外，房屋尚未竣工交付使用，荥阳一建和左某鹏等24位购房人的权利也可以通

---

〔1〕　辽宁省营口市中级人民法院(2023)辽08民终1332号民事判决书。

〔2〕　重庆市第一中级人民法院(2013)渝一中法民终字第04519号民事判决书。

过其他途径进行保护。配套建设公司作为房屋买卖合同的出卖人,在收取了买受人支付的大部分款项后,不能以房屋的工程价款需优先受偿为由,拒绝按合同约定向房屋买受人交付房屋。因此,水利管理局的诉讼请求应予以支持。配套建设公司辩称房屋已处置给第三方,合同不能继续履行的主张不符合法律规定。[1]

一房数卖时,出卖人在向后手购房人出售房屋,仅履行权利交付义务,未履行实物交付义务,导致房屋的所有权与占有权发生分离。后手购房人虽因买卖行为取得房屋所有权,但无法排斥前手购房人的占有、使用权,并取得对房屋的占有、使用。对于出卖人一房数卖的行为,法官应审查前手购房人对房屋占有的合法性、正当性、后手购房人购买、过户是否存在恶意。后手购房人应以合同相对方为被告提起债权给付之诉,要求对方履行交付房屋的义务或在房屋客观上无法交付的情况下承担相应的违约责任。

【案例7-39】 范某侠诉周某保房屋买卖合同纠纷再审案

一审法院认为,本案因第三人新华瑞公司在向原告范某侠出售涉案房屋时,仅履行权利交付义务,未履行实物交付义务,涉案房屋的所有权与占有权发生了分离。虽然原告因买卖行为而取得涉案房屋所有权,但该权利源于第三人,故其继受取得的权利不得优于其前手即第三人所享有的权利。第三人在将房屋所有权转让给原告前,虽未与被告周某保签订《房屋买卖合同》,但与被告周某保签订的《"沂铁花苑"商铺认购协议书》具备商品房买卖合同的主要内容,且在约定的合同签订日后收取了被告交付的购房款,并将涉案房屋交付给被告使用,应认定第三人与被告之间的商品房买卖合同成立。第三人虽未将涉案房屋所有权转移登记至被告名下,但已将房屋的占用、使用等权能让与被告,该让与行为不违反法律规定,也未损害他人合法权利,被告因此对涉案房屋的占有应受法律保护。在被告占有、使用涉案房屋期间,虽然房屋所有权发生了转移,但不影响被告依据其与第三人的约定继续占有、使用涉案房屋。第三人如对被告的占有、使用持有异议,可另行解决。因第三人未向原告履行房屋的实物交付义务,原告也未实际取得涉案房屋的占有、使用权,故其要求被告腾让,并支付占有使用费无事实和法律依据,本院不予支持。原告如认为第三人的交付行为不符合合同约定,可要求第三人继续履行交付义务或承担违约责任。二审、再审法院均维持一审法院作出的驳回原告范某侠的诉讼请求判决。[2]

---

〔1〕 参见《最高人民法院公报》2004年第8期。

〔2〕 参见国家法官学院案例开发研究中心编:《中国法院2019年度案例》(房屋买卖合同纠纷),中国法制出版社2019年版,第86~87页。

购房人未于开发商通知时间收房,但之后自行将房屋换锁并有通知物业维修情况,应视为合同约定意义上的房屋交接手续已履行。

【案例7-40】　韩某懿诉北京建邦中铁房地产开发有限公司、北京市海淀区保障性住房发展有限公司房屋买卖合同纠纷案

一审法院认为,格式条款是当事人为了重复使用而预先拟定,并在订立合同时未与对方协商的条款。采用格式条款订立合同的,提供格式条款的一方应当遵循公平原则确定当事人之间的权利和义务,并采取合理的方式提请对方注意免除或者限制其责任的条款,按照对方的要求,对该条款予以说明。提供格式条款一方免除其责任、加重对方责任、排除对方主要权利的,该条款无效。对格式条款的理解发生争议的,应当按通常理解予以解释。对格式条款有两种以上解释的,应当作出不利于提供格式条款一方的解释。格式条款和非格式条款不一致的,应当采用非格式条款。本案中,韩某懿诉请《北京市共有产权住房预售合同(试行)》主合同的补充协议中关于非一次性付款业主委托代办产权的相关条款无效,具体为补充协议第七条、第十条,理由为条款未经协商,违背公平原则,加重了其义务,限制或排除了其权利,一审法院认为就《北京市共有产权住房预售合同(试行)》,在签订合同前,建邦中铁公司已经将合同文本予以公示并提供了反馈意见渠道;建邦中铁公司作为出售房屋一方,在房屋办理抵押登记前,对银行贷款负有保证责任,建邦中铁公司与韩某懿约定代办房屋产权,利于房屋交易的顺利进行并保证案外人贷款银行的债权安全,不属于建邦中铁公司不合理地免除或者减轻其责任、加重对方责任、限制对方主要权利的情形,建邦中铁公司收取代办费1000元,该费用标准并不明显过高,故就韩某懿主张诉争条款无效,一审法院不予支持。韩某懿因对上述条款存有争议未于2020年10月27日收房,其主张系建邦中铁公司违约导致,无事实依据,一审法院不予支持,进而对其要求建邦中铁公司赔偿租金损失、违约金及误工损失的诉请均不予支持。就房屋交接手续,一般含房屋钥匙、水电煤气卡的交接、房屋查验等事项。韩某懿未于开发商通知时间收房,但之后自行将房屋换锁并有通知物业维修情况,应视为合同约定意义上的房屋交接手续已履行,但就各类卡的交付、房屋查验、维修等义务,建邦中铁公司仍应履行。就建邦中铁公司反诉一节,其诉请面积差额补费,有合同依据,一审法院予以支持。就自2020年11月30日至2021年11月29日物业费一节,韩某懿未按约定日期收房并非因建邦中铁公司违约所致,且之后韩某懿自行换锁,房屋已处于其控制之下,韩某懿之后如何使用并不妨碍其应按照合同约定交纳上述期间的物业费,一审法院对建邦中铁公司该项反诉诉请予以支持。根据《民法典时间效力规定》第一条,《民法典》施行后的法律事实引起的民事纠纷案件,适用《民法典》的规定。《民法典》

施行前的法律事实引起的民事纠纷案件,适用当时的法律、司法解释的规定,但是法律、司法解释另有规定的除外。《民法典》施行前的法律事实持续至《民法典》施行后,该法律事实引起的民事纠纷案件,适用《民法典》的规定,但是法律、司法解释另有规定的除外。本案中,因案涉合同签订于《民法典》适用前,对该合同条款等认定事项等仍适用之前的法律、司法解释的规定。判决:一、北京建邦中铁房地产开发有限公司与韩某懿办理房屋交接手续;二、韩某懿向北京建邦中铁房地产开发有限公司支付面积补差款448元;三、韩某懿向北京建邦中铁房地产开发有限公司支付物业费3209.12元;四、驳回韩某懿其他诉讼请求。

二审法院认为韩某懿上诉主张禁止建邦中铁公司向其收取契税、住房维修基金及产权代办服务费,但根据《北京市共有产权住房预售合同(试行)》附件十三《补充协议》第七条约定,韩某懿同意委托建邦中铁公司或其指定的代办机构代交专项维修资金、契税、物业服务费、法律、法规、政策或其他相关部门要求的其他费用,并在接收该共有产权住房的同时将上述税费交给建邦中铁公司或建邦中铁公司指定的代办机构。上述《补充协议》第十条约定,韩某懿同意在办理房屋交付手续时,非一次性付款的韩某懿均须委托建邦中铁公司或其指定的代办机构向不动产登记机关申请办理房屋不动产登记,委托费用壹仟伍佰元人民币。上述《北京市共有产权住房预售合同(试行)》及《补充协议》均由韩某懿签字确认,且不违反法律、行政法规的强制性规定,合法有效,各方当事人均应依约履行各自义务。韩某懿的上述主张与合同约定相悖,不能成立。韩某懿上诉主张建邦中铁公司拒绝接受涉案房屋面积补差款及物业费,表明房屋面积补差款及物业费尚未实际给付完毕,由此一审认定韩某懿应向建邦中铁公司支付相关费用,并无不当。此外,一审根据韩某懿对涉案房屋自行换锁并报修的事实,认定涉案房屋实际已交付,亦无不当,本院予以确认。综上所述,韩某懿的上诉理由均不能成立,上诉请求应予驳回;一审判决结果正确,本院予以维持。判决:驳回上诉,维持原判。[1]

【案例7-41】 任某诉中海海盛(烟台)地产有限公司房屋买卖合同纠纷案

一审法院认为,任某、中海公司签订的《商品房买卖合同》及其附件均系双方当事人的真实意思表示,内容不违反法律、行政法规的强制性规定,合法有效,双方当事人均应按照合同的约定履行各自义务。经审理查明,本案的争议焦点主要在于:(1)任某提出的房屋质量问题严重影响其居住,不符合

[1] 北京市第一中级人民法院(2022)京01民终3772号民事判决书。

交付条件，主张解除合同应否支持。(2)涉案房屋是否已实际交付。焦点一：对于任某提出的房屋存在质量问题严重影响其居住使用，不符合交付条件，主张解除合同应否支持的问题。根据《房屋买卖合同解释》第十条的规定，因房屋质量问题严重影响正常居住使用，买受人请求解除合同和赔偿损失的，应予支持；交付使用的房屋存在质量问题，在保修期内，出卖人应当承担修复责任；出卖人拒绝修复或者在合理期限内拖延修复的，买受人可以自行或者委托他人修复，修复费用及修复期间造成的其他损失由出卖人承担。本案双方签订商品房买卖合同后，中海公司已向任某履行了交付房屋的义务，任某要求解除涉案买卖合同应当提交证据证实涉案房屋质量问题严重影响其正常居住使用，经过维修亦无法达到正常使用条件。而本案中，任某提出的质量问题为吊顶渗水、地板泡水、墙体霉变等，该问题通常情况下均能够通过维修予以修复，中海公司亦明确表示愿意进行维修和更换，故依据现有证据不足以证明涉案房屋存在严重质量问题已足以影响其正常居住使用，任某据此主张涉案房屋不符合交付条件并要求解除合同，于法于约无据，不予支持。关于涉案房屋存在的质量问题，任某可就修复责任、相应的修复费用及造成的损失另行主张。焦点二：对于涉案房屋是否已实际交付的问题。一审法院认为，涉案房屋系于2020年8月即竣工验收备案，而任某于2020年10月2日接收涉案房屋钥匙，后又于2021年3月中旬更换入户门密码并实际占有控制房屋至今，应认定涉案房屋已实际交付于任某，虽任某主张涉案房屋存在质量问题，不满足合同约定的使用功能，并未实际交付，但经审理查明，任某所主张的质量问题均可通过维修予以修复，根据买卖合同补充协议约定，任某在办理商品房交接手续过程中，认为有需要维修的事项，应按《质量保证书》中的规定要求中海公司承担保修义务，但维修事项不能作为任某拒绝接收商品房的理由，故任某主张涉案房屋并未实际交付使用，无事实及法律依据，不予支持。

二审法院认为，任某与中海公司签订的《商品房买卖合同》及补充协议是双方当事人的真实意思表示，且不违反法律、行政法规的强制性规定，涉案合同依法成立并有效，当事人均应依约履行合同义务。涉案房屋已于2020年8月3日办理竣工验收备案，具备法定交付条件。中海公司于2020年10月2日向任某交付涉案房屋钥匙，双方办理房屋交接手续。根据《房屋买卖合同解释》第十条规定，因房屋质量问题严重影响正常居住使用，买受人请求解除合同和赔偿损失的，应予支持；交付使用的房屋存在质量问题，在保修期内，出卖人应当承担修复责任；出卖人拒绝修复或者在合理期限内拖延修复的，买受人可以自行或者委托他人修复，修复费用及修复期间造成的其他损失由出卖人承担。任某主张涉案房屋存在吊顶渗水、地板泡水、墙体霉变等质量问题,该问题中海公司均认可以维修方式解决。任某未提交证据证明涉案房屋质量问题无法通过维修解决,亦未能证明涉案房屋存在影响其正常居住使用的质量问题,任某据此主张涉案房屋不符合交付条件并要求解除合同,于法于约无据,故一审法院对任某要求解除合同的诉讼请求不予支持并无不当。《补充协议》约定维修事项不能作为任某拒绝接收商品房并要求中海公司承担逾期交房责任的理由。任某主张涉案房屋存在逾期交付,但其于2020年10月2日起持有涉案房屋钥匙,并于2021年3月中旬更换入户门密码,实际占有控制涉案房屋,中海公司进出房屋系出于维修房屋目的,应认定涉案房屋已实际交付于任某。任某关于《交房手续会签单》表明其不认可接收房屋的主张,中海公司不予认可,该主张与任某持有房屋钥匙并更换入户门密码的行为不一致,本院不予支持。任某的上诉理由不成立,本院不予支持。综上,任某的上诉请求不成立,应予驳回;一审判决认定事实清楚,适用法律正确,应予维持。判决:驳回上诉,维持原判。[1]

(二)房屋交付不符合条件的处理

即使当事人约定的交付条件低于法定条件,开发商交房时也不应低于法定条件,否则应承担违约责任。

【案例7-42】 黎某霞诉广州市南大房地产开发有限公司商品房预售合同纠纷案

一审法院认为,虽然双方约定的交楼条件低于法定条件,但是被告南大公司在交楼时除应符合合同约定的条件外,还应符合法定的交楼条件,即取得《房屋建筑工程和市政基础设施工程竣工验收备案表》,否则原告黎某霞有权拒绝接收交付。因此,被告在至今未取得工程竣工验收备案表的情况下理应承担延迟交楼的违约责任,原告现要求被告按合同约定支付延期违约金的诉讼请求合理合法,应予支持。二审法院持同样意见维持原判。[2]

房屋竣工验收合格系商品房的最低法定交付标准,无论开发商是否明确告知或者购房人明知房屋未竣工验收合格,此时开发商向购房人交付房屋,均系违反了法律对房屋交付的最低标准而无效。即便购房人对房屋接收,也不能使开发商

---

〔1〕 山东省烟台市中级人民法院(2023)鲁06民终2315号民事判决书。

〔2〕 参见国家法官学院案例开发研究中心编:《中国法院2016年度案例》(房屋买卖合同纠纷),中国法制出版社2016年版,第3页。

的交付行为有效，交付使用仍未完成，并不影响承担逾期交付违约责任，但在购房人明知开发商在不具备交付条件时交房应视为放弃主张其违约责任。最高人民法院民一庭意见：涉及买受人接收未竣工验收合同房屋情形下的开发商逾期交房责任案件裁判思路如下：首先，应当认定开发商交付未验收合格房屋的行为不能构成有效交付，开发商仍应承担逾期违约责任。其次，在开发商不构成有效交付情形下，须对买受人是否明知未验收之事实予以查明。若买受人明知且同意接收房屋的，视为买受人放弃对开发商逾期交房责任的承担，故其再以房屋不具备交付条件为由主张逾期交房违约责任的，法院应不予支持；反之，若买受人并非明知，则开发商仍应承担逾期违约责任。最后，对买受人是否明知之举证责任，应由开发商承担。〔1〕

【案例7－43】　谭某诉某房地产公司房屋买卖合同纠纷案

二审法院认为，某房地产公司是否构成延期交房的问题。某房地产公司与谭某签订的《商品房买卖合同》第九条约定，商品房交付时应当符合下列条件：该商品房已取得建设工程竣工验收备案证明文件；该商品房已取得房屋测绘报告。因某房地产公司至今未提交上述文件证明其在合同约定的交付之日前已达到了商品房交付条件，且房屋未经竣工验收合格，故应认定某房地产公司构成延期交房，某房地产公司应按合同约定向谭某支付违约金。二审法院判决：驳回上诉，维持原判。〔2〕

开发商交付房屋不符合约定的，应承担违约责任。作为商品房公共配套设施的通道、走廊、楼梯等，属于各购房户购买的商品房的必要组成部分，开发商在交付合格的商品房的同时也应当按照约定的规划设计要求标准完成。开发商交付给原告的店面与合同约定的原设计要求标准、状况不符，即构成即期违约行为。如果开发商交付店面时，作为店面必要组成部分的公共通道不符合要求，那么购房人有权要求开发商按照合同约定的标准继续履行、采取补救措施和承担相应的违约责任。

【案例7－44】　李某萍诉宁德东方伟业商用置业有限公司商品房预售合同纠纷案

一审法院认为，双方在该合同第八、十三、十七条及合同附件一、二中对上述讼争通道设计布局均有约定，虽然约定内容不十分明确具体，但是结合蕉城法院调取的宁德东方伟业广场一层平面竣工图、宁德山水测绘有限公司

〔1〕　参见最高人民法院民事审判第一庭编：《民事审判指导与参考》2019年第4辑（总第80辑），人民法院出版社2020年版，第172页。

〔2〕　参见最高人民法院民事审判第一庭编：《民事审判指导与参考》2019年第4辑（总第80辑），人民法院出版社2020年版，第168页。

的测绘图、被告预售广告及本院现场勘察图等证据,可以认定有关上述讼争通道的规划设计要求的约定较为明确。而被告东方伟业公司即期交付给原告李某萍使用的上述讼争通道(特别是主争通道)与合同约定的交付条件明显不符,被告存在明显的即期违约行为,被告应对此承担违约责任。根据我国《合同法》第一百零七条、第一百一十一条、第一百二十一条的约定,原告有权选择追究被告何种违约责任,本案原告优先选择了双方在合同第十三条中约定的违约责任,并要求被告对讼争通道进行重作,理由充分,应予支持。[1]

开发商交付的房屋与预售合同中订购的期房不符,开发商不能以优化设计变更作为单方变更商品房预售合同的抗辩理由。

【案例7-45】 孙某诉北京万城置地房地产开发有限公司商品房买卖合同纠纷案

一审法院认为,万城置地公司交付的房屋中首层入口东墙处少了一个阳台,而且取消了首层厨房东侧和二层相同位置的小厨,将原二层东北侧卧室以及三层同一位置的大窗改为两小窗,违反了原合同的约定。万城置地公司辩称诉争房屋的变更是经过设计单位的批准,而且变更后的房屋属于对原设计的优化,符合国家有关的强制性标准,但是万城置地公司没有及时将变更设计的情况通知孙某并征得孙某的同意,系万城置地公司单方变更合同,不发生合同变更的效力。万城置地公司在交付诉争房屋时,虽然依照合同取得了《北京市房屋建筑工程和市政基础设施工程验收备案表》和《房屋土地测绘技术报告书》,但是没有完全按照合同约定的房屋户型设计图交付房屋,不完全符合合同约定的房屋交付条件,已经构成了合同未全面履行的违约行为,应当承担合同未全面履行和履行迟延的违约责任;孙某因万城置地公司不完全履行而拒绝受领房屋,属于行使后履行抗辩权,不承担受领迟延的违约责任。故判决万城置地公司依照合同约定支付延期违约金以及承担延期交付房屋所造成的物业费、供暖费损失。一审判决后,万城置地公司不服提出上诉,后在二审期间撤回。[2]

关于未达到条件的商品房能否交付的问题,实践中一直有几种观点:一种观点认为,商品房没有符合交付条件,即使购房人收房,也应认定商品房未交付,开发商应向购房人承担继续交付和逾期交付的违约责任。另一种观点认为,虽然商

---

〔1〕 参见国家法官学院案例开发研究中心编:《中国法院2013年度案例》(房屋买卖合同纠纷),中国法制出版社2013年版,第16页。

〔2〕 参见北京市高级人民法院民一庭编:《北京民事审判疑难案例与问题解析》(第2卷),法律出版社2007年版,第102页。

品房没有达到交付条件,但购房人收房的行为表明双方重新协商了交房条件,应认定购房人同意按现状交付,购房人不得向开发商主张违约责任。还有一种观点认为,应认定商品房已经交付但有瑕疵,开发商应依据不符合交付条件的情形区别承担相应的违约责任。笔者赞同第三种观点。开发商交付了房屋可以减轻逾期交付的违约责任,对于开发商交付不符合交付条件之处由法官酌定违约金数额。

【案例7-46】 张某华诉北京正华永兴房地产开发有限公司商品房预售合同纠纷案

二审法院认为,首先,正华永兴公司与张某华签订的补充协议明确约定了"房屋实际交付"的相关内容,正华永兴公司已依约向张某华发出入住通知,张某华亦办理了涉案房屋的收房手续,因此,应当视为正华永兴公司向张某华交付了涉案房屋。现张某华在实际占有涉案房屋的情况下,请求正华永兴公司交付房屋,缺乏依据,原判驳回张某华该项诉求结果正确,二审法院予以维持。其次,正华永兴公司与张某华签订的合同中明确约定了相应的交付条件,正华永兴公司已取得相关验收文件,燃气已通,房屋内有电话接口、有线电视接口,相关管线铺设完成。但不容否认的是,涉案房屋仍有部分配套设施未能正常使用,原因既有红线外市政因素,也有红线内线路整改的问题。虽然正华永兴公司交付了房屋,但交付的房屋并不完全符合约定,结合前述合同中的"红线外市政接入"条款,正华永兴公司应在条件允许时完成红线外市政接入的相关义务。同时,正华永兴公司亦应当承担房屋交付后红线内线路整改的相应责任。最后,正华永兴公司于2013年2月1日取得《北京市房屋建筑和市政基础施工工程竣工验收备案表》,一个月后发出入住通知单,与业主办理了收房手续。虽该公司以电力开闭站作为抗辩理由,但依据相关会议纪要及协议书的约定,正华永兴公司对开闭站负有一定的义务,其现主张全部免责,依据不足。正华永兴公司应当承担2013年1月1日至房屋实际转移占有期间的逾期交房责任。二审法院结合涉案房屋所在小区部分配套设施无法正常使用确系红线外市政接入原因所致,涉案房屋已转移给张某华占有、正华永兴公司承担电力开闭站十分之一左右的造价分摊义务、正华永兴公司仍在整改小区红线内的少数管线等基本事实,根据公平原则和诚实信用原则对正华永兴公司应当承担的违约金数额予以酌定。[1]

商品房的瑕疵交付不构成交付不能,开发商未实际履行商品房交付义务的,

---

〔1〕 参见国家法官学院案例开发研究中心编:《中国法院2015年度案例》(房屋买卖合同纠纷),中国法制出版社2015年版,第23~24页。

应承担违约责任。但购房人有过错的,应适当减轻开发商的责任。

【案例7-47】 周某华诉涟水海上房地产开发有限公司商品房买卖合同纠纷案

二审法院认为,涉案5号楼于2012年12月底验收合格并经备案,已符合合同约定的商品房交付条件,故法院认定涉案5号楼于2012年12月底符合合同约定的交付条件。海上公司曾多次向被上诉人周某华主张交房,周某华也自认其于2013年七八月接收房屋时,发现屋内未粉刷,有杂物堆放。法院认为,周某华完全可以在接收房屋后,要求上诉人履行维修、清理杂物等义务。法院根据涉案房屋符合交付条件的时间及未能交付的原因、责任等因素,酌情认定海上公司于2013年7月底已通知被上诉人接收房屋,其应承担违约金的数额为62790元(2012年11月1日至2013年7月31日,共计273天×230元),剩余损失由周某华自行承担。[1]

除有特别约定外,房屋出卖人应当保证房屋质量符合工程建设强制性标准以及合同的约定,购房人因房屋存在质量缺陷向出卖人主张修复等民事责任的,法院应当依法予以支持。交付的房屋虽然经过有关行政管理部门审批,交付的房屋符合当时建筑标准和规范,但事实上存在质量缺陷的客观事实的,开发商仍应当承担责任。

【案例7-48】 杨某诉东台市东盛房地产开发有限公司商品房销售合同纠纷案

二审法院认为,上诉人东盛房地产公司与被上诉人杨某签订《房屋买卖合同》,其应当保证出卖的房屋符合法律规定或者合同约定的质量,现上诉人交付给被上诉人的房屋出现墙体裂缝及渗漏问题,经专业部门鉴定,其主要原因系温度变化时结构材料不均匀收缩,而房屋未作保温层且墙体砌筑质量较差,导致顶部楼层温度裂缝明显。对此,上诉人作为房屋的出卖人,对其出售的房屋存在的质量缺陷,依法应当承担相应的修复义务,一审判决并无不当。关于上诉人东盛房地产公司以交付的房屋通过了有关行政管理部门的强制性标准审查且通过了竣工验收为由拒绝承担相应责任的主张,法院认为,虽然上诉人交付的房屋从设计施工至竣工均经有关行政管理部门审核批准,未设置保温层符合当时的建筑标准和规范,但是上诉人交付给被上诉人杨某的房屋存在明显质量缺陷,且已严重影响被上诉人对房屋的正常居住使用,其原因亦经相关专业部门鉴定。上诉人提出的房屋通过标准审查仅是有

---

〔1〕 参见于四伟、詹荣安:《商品房瑕疵交付及相关责任之司法认定》,载《人民司法·案例》2015年第20期。

关行政管理部门认定的事实,并不能据此否定房屋存在质量缺陷的客观事实。故对上诉人的该上诉理由,不予采纳。上诉人东盛房地产公司认为,其已向被上诉人杨某出具了房屋的相关图纸资料,被上诉人应当知道屋面未设置保温层的事实。对此本院认为,房屋的图纸资料属于专业技术材料,没有上诉人的相关告知,被上诉人仅凭常识,不可能得知房屋未设置保温层,即使被上诉人知道未设置保温层的事实,在上诉人交付房屋时,被上诉人也不可能知道未设置保温层会导致房屋出现裂缝渗漏等问题。且本案中的房屋质量缺陷具有隐蔽性,被上诉人在使用中才能发现。上诉人不能以订立合同时所拥有的信息优势来免除保证房屋质量的法定责任。故上诉人的这一理由,不予采纳。[1]

购房人在接到收房通知后,发现房屋存在质量问题,可以要求开发商进行维修、补偿等,但以此理由拒绝收房的维权方式不妥,应当承担相应责任。

【案例7-49】　陈某与某房产公司商品房销售合同纠纷案

二审法院认为,关于某房产公司应否向上诉人陈某支付2012年7月5日至11月5日的逾期收房违约金问题。涉案房屋的交付使用通知书在2012年6月29日由徐州市建设局签署,房屋已经满足收房条件。陈某在接到收房通知后,应在某房产公司通知的合理期间内进行收房,如其认为房屋存在漏水等瑕疵问题,可以要求某房产公司进行维修、补偿等,但以此为由拒绝收房的维权方式不妥,故2012年7月5日至11月5日,某房产公司亦会以未交纳物业费为由拒绝收房。因陈某拒绝收房在先,故在此期间未能收房的原因不能归责于某房产公司,对陈某的该上诉理由,法院不予采纳。[2]

【案例7-50】　白某丽诉房地产开发公司商品房买卖合同纠纷案

一审法院认为,房地产开发公司建设开发的小区17号、18号、19号楼及地下室于2018年3月10日取得施工、勘察、设计、监理、建设五方单位验收合格,并于2018年3月29日取得柳州市房屋建筑工程和市政设施工程竣工验收备案登记。房地产开发公司以登报公告的形式通知白某丽于2018年3月30日交房。因2018年3月30日案涉房屋已具备合同约定和法律规定的交付条件,故该院认定案涉房屋的交付时间为2018年3月30日。因此房地产开发公司不存在逾期交房的情形,白某丽主张房地产开发公司承担逾期交房违约金缺乏事实和法律依据,该院不予支持。关于白某丽提出2018年3

〔1〕参见《最高人民法院公报》2010年第11期。

〔2〕江苏省徐州市中级人民法院(2013)徐民终字第2008号民事判决书。

月30日因案涉房屋存在渗水情况不能装修入住,直至2020年5月6日房地产开发公司维修完毕,白某丽才能实际接收房屋的观点,该院认为,《房屋买卖合同解释》第十二条规定……可见,房屋主体结构质量不合格的买受人才可以拒收房屋。本案中,白某丽拒收房屋的理由是房屋严重渗水,而房屋渗水并非主体结构质量问题。《房屋买卖合同解释》第十三条规定……本案中,白某丽在2018年3月30日查验房屋时发现的问题,可以依据上述司法解释的规定另行向被告主张应交付的房屋存在质量问题影响原告正常入住和居住使用的损失赔偿责任,但不能将其混同与未达约定和法定交付条件而主张逾期交房的违约责任。故白某丽的上述观点该院不予采纳。判决:驳回原告白某丽的诉讼请求。二审法院同意一审裁判意见,判决:驳回上诉,维持原判。[1]

违反合同约定交付房屋,开发商亦应承担补救责任。

【案例7-51】 陈某荔诉厦门经济特区工程建设公司商品房预售合同纠纷案

二审法院认为,讼争合同约定讼争店面的层高为3.6米,而因线槽等因素,讼争店面实际使用的层高降低了1米,确实影响讼争店面的使用空间,原审判决裁量由特区工程公司将线槽提升到一个更为合理的高度,并无不妥。特区工程公司的上诉请求没有法律依据,应予驳回。此外,根据讼争合同附件的平面图,讼争店面前面实有标明两根立柱,但合同并未约定两根立柱的尺寸,且合同还约定特区工程公司有权对小区总体平面规划和设计进行优化调整和合理变动,因此,特区工程公司对该两根立柱进行西班牙风格的装饰,并不违反合同约定,陈某荔的上诉请求没有事实依据,亦不应予以支持。综上,双方当事人的上诉请求均没有事实和法律依据,依法应予驳回,原审判决认定事实清楚,适用法律正确。据此法院判决,驳回上诉,维持原判。[2]

商品房买卖合同约定交付的事项,如阳台是"半封闭",与开发商实际交付的事项不一致,如阳台是"全封闭",开发商的行为构成违约。但由于该事项的变动须经相关行政主管部门作出行政许可,在行政许可未作出的前提下,法院不能贸然作出将来可能与具体行政行为相左的民事判决,即将"全封闭"阳台改建为"半封闭"阳台。也就是说,争议的事项不属于法律或事实上不能履行情形,但该事项

---

〔1〕 参见国家法官学院、最高人民法院司法案例研究院编:《中国法院2023年度案例》(房屋买卖合同纠纷),中国法制出版社2023年版,第136~137页。广西壮族自治区柳州市中级人民法院(2021)桂02民终879号民事判决书。

〔2〕 参见国家法官学院案例开发研究中心编:《中国法院2014年度案例》(房屋买卖合同纠纷),中国法制出版社2014年版,第42页。

的履行需满足一定的条件,在条件成就前,法院应限制对该事项的履行。

【案例7-52】　褚某与某房产公司商品房销售合同纠纷案

二审法院认为,关于上诉人褚某某要求被上诉人某房产公司将前阳台由全封闭改造为半封闭的房屋进行交付,应否支持的问题。根据《合同法》第一百一十条对非金钱债务的实际履行责任的规定,本案既不属于该条第二、三项规定的情形,也不属于法律上不能履行的情形,本案关键之点在于被上诉人是否存在事实上不能履行的情形。一审法院应褚某某的申请,依职权到徐州市房屋安全鉴定管理处调取世贸天观南区F区3幢2单元2303室的《徐房鉴(2012)第123号房屋安全鉴定书》,该鉴定书载明:"……三、综合分析及鉴定结论。根据现场查勘情况分析如下:被鉴房屋为钢筋砼剪结构,局部拆除阳台作为围护结构的砌块及装饰用砼构件,不影响房屋主体结构安全;但被鉴楼房外立面设计施工图已经有关部门审定,如改变外立面应经有关部门许可,并征得物业管理部门同意后方能施工……"据此鉴定书所言,如判令被上诉人某房产公司将前阳台由全封闭改造为半封闭的房屋进行交付,需同时具备以下两个条件,缺一不可:(1)改变外立面经有关部门许可;(2)征得物业管理部门同意。通过双方当事人举证情况来看,目前上述两个条件均不具备。在相关行政部门未作出行政许可的前提下,人民法院不能贸然作出将来可能与具体行政行为相左的民事判决,故上诉人要求被上诉人某房产公司将前阳台由全封闭改造为半封闭的房屋进行交付,本院不予支持。至于上诉人所称小区多户业主已将阳台改造完毕,不存在事实上履行不能的情形。本院认为,业主自行改造并不意味着相关行政部门已经默认其改造合法,故本院亦不能以业主存在自行改造的事实判令被上诉人将前阳台由全封闭改造为半封闭的房屋进行交付。

交付房屋改变的建筑事项,无论是否经过行政机关审批或者是否符合建筑规范,均属另一法律关系,不能成为开发商不违约或者免除违约责任的理由。

【案例7-53】　黄某诉美晟房产公司商品房预售合同纠纷案

二审法院认为,因装饰钢梁影响窗内人的视觉感受,上诉人黄某诉请判令被上诉人美晟房产公司承担将装饰横梁上移55厘米的责任;美晟房产公司坚称,是从整个小区的美观与协调的角度考虑,且在经过政府有关部门批准与符合建筑规范的情况下才安装这个钢梁,黄某应顾及整个小区的利益。在美晟房产公司与黄某签订的合同中,没有约定在预售的房屋外装饰钢梁;在美晟房产公司给黄某展示的沙盘上,房屋模型外也没有装饰钢梁;而美晟房产公司交付给黄某的房屋,窗外却有装饰钢梁遮挡。美晟房产公司履行合同义务不符合约定,依法应承担违约责任。至于安装钢梁是否经过行政审批与是否符合建筑规范,属另一法律关系,不能成为美晟房产公司不构成违约或者免除违约责任的理由。业主花费巨额资金购买房屋,注重的不是房屋外墙立面美观,而是房屋内各项设施是否有利于居住使用。只有在这一前提下,黄某才可能与美晟房产公司签订《商品房买卖合同》。衡法酌理,不能为保全钢梁的装饰功能,而牺牲业主签订《商品房买卖合同》时要达到的合同目的。黄某主张将装饰横梁上移55厘米,既有北京首都工程建筑设计有限公司证明在技术上可行,又可以用较低的成本补救装饰钢梁带来的不当影响,此意见应予采纳。[1]

全装修商品房买卖合同系房屋买卖合同与装饰装修合同结合的复合合同关系,且两个合同关系具有主体一致性和标的牵连性,开发商既是房屋出卖人亦为装饰装修的承揽人,同时承担交付合格商品房与装饰装修工作成果的合同义务。具有复合合同关系属性决定了该合同项下的标的物交付条件不单指商品房所应当具备的交付条件,还应包括装饰装修工作成果应当具备的交付条件。如果房屋在合同约定的交付日期虽具备商品房的交付条件,但不符合合同约定的装饰装修质量要求,且问题较为严重,开发商应当整改,购房人以此为由拒绝接收房系正当行使履行抗辩权的行为,开发商应当承担迟延履行的违约责任。

【案例7-54】 西安洲恒投资管理合伙企业(有限合伙)诉中化方兴置业(北京)有限公司房屋买卖合同纠纷案

二审法院认为,方兴置业公司构成履行迟延,应当承担迟延履行的违约责任,西安洲恒企业不构成受领迟延。×房屋在合同约定的交付日期不具备交付条件,现有证据表明,×房屋在合同约定的交付日期虽具备商品房的交付条件,但不符合合同约定的装饰装修质量要求,且问题较为严重,已足以影响房屋的使用,不具备交付条件。据此判决被告支付违约金518543.97元,维持一审判决的赔偿损失70万元判项。[2]

商品房迟延交付属于迟延履行,违反买卖合同有关交付时间的约定,开发商应承担违约责任,这为房屋买卖合同违约纠纷的多发类型。

【案例7-55】 章某与某公司商品房买卖合同纠纷案

二审法院认为,章某按合同约定支付了房价款,某公司亦应当按合同约定交付房屋,取得房屋的"大产证"。按双方购房合同的约定,某公司应当在房屋交付后90日内取得"大产证",否则构成违约,应当承担违约责任。由于

---

〔1〕 参见《最高人民法院公报》2006年第2期。

〔2〕 参见国家法官学院案例开发研究中心编:《中国法院2018年度案例》(房屋买卖合同纠纷),中国法制出版社2018年版,第37页。

合同仅约定某公司不能如期交房的违约责任，对其不能如期取得"大产证"的违约责任未作约定，因此本案的违约金不应按合同约定的方式计算。《房屋买卖合同解释》第十八条是针对买受人未取得房屋权属证书（"小产证"）作出的规定，而本案是关于未在约定时间内"大产证"取得的违约，前提条件略有差异，故可按章某已付购房款总额，从交房后第91天起算至某公司取得"大产证"时止，参照中国人民银行规定的金融机构计收逾期贷款利息的标准计算。至于某公司关于其取得《新建住宅交付使用许可证》后房屋已经满足交付的条件、己方没有违约的上诉理由，缺乏事实和法律依据，本院不予支持。[1]

开发商对迟延交付抗辩不成立的，不能免除其责任。

【案例7-56】　郑某伍、邓某娟诉永州帝豪房地产开发有限公司商品房预售合同纠纷案

一审法院认为，被告帝豪公司应当按合同约定于2015年12月31日前向二原告郑某伍、邓某娟交付房屋，而被告未提供证据证明其在约定期间交付了房屋，被告亦未提供免责证据，被告逾期交房的行为已构成违约，被告应依法承担违约责任。因被告未提供充分证据证实房屋具体交付时间，二原告于2016年6月14日收到房屋钥匙，应视为二原告已收房，并对房屋符合交付条件予以默认，故对逾期交房时间本院确认为从2016年1月1日起至2016年6月14日止共166日；被告提出双方签订合同后降雨达172天，属不可抗力的辩解意见，不符合法律规定，不予采纳。[2]

【案例7-57】　母某、刘某诉某房地产公司房屋买卖合同纠纷案

一审法院认为，某房地产公司辩称未交付房屋的理由是根据公消（2011）65号文件，某房地产公司需将防火等级由B级调整至A级，此系无法预见的不可抗力导致延迟交房，但某房地产公司未举示充分证据证明该文件实际影响了以及在多大程度上影响了交房。法院认为，虽然国家在案涉房屋修建过程中发布了该文件，但该文件发布时间为2011年3月14日，距离约定的交房期限2011年12月31日尚有近十个月的时间，某房地产公司可在该期间积极采取有效措施避免延迟交房；况且，截至本判决作出之日，文件发布已逾三年，某房地产公司仍未实现交房，可见文件的发布与延迟交房无必然联系。二审法院亦持同样意见，维持原判。[3]

---

〔1〕　参见邓基联主编：《房屋买卖合同纠纷》，法律出版社2010年版，第95～96页。

〔2〕　参见国家法官学院案例开发研究中心编：《中国法院2018年度案例》（房屋买卖合同纠纷），中国法制出版社2018年版，第13页。

〔3〕　湖南省新田县人民法院（2016）湘128民初1014号民事判决书。

个案中,是否符合交付的条件,由法官根据具体案情裁量。

【案例7－58】 周某诉重庆溪畔置业有限公司商品房销售纠纷案

一审法院认为,本案的争议焦点为:(1)周某提出的案涉房屋的各项整改内容如何处理;(2)周某提出的因房屋质量问题导致的损失(含物业费)能否得到支持。焦点一:周某提出的案涉房屋的各项整改内容如何处理。本案中,周某提出的整改内容包含了数项存在的需要修理、调整的内容,也包含了部分材料更换为约定材料两部分。周某在诉求中提到案涉房屋存在的问题以验房报告载明的为准,但在本院组织的勘察过程中,本院已明确要求周某对案涉房屋存在的问题进行一一明确,同时因溪畔公司在后已经对案涉房屋存在的部分问题进行了实际整改,加之双方对案涉房屋存在的问题范围在勘察过程中仍存争议,现已无法查实周某所述的其他问题是否存在,故本院以周某在勘察过程中指出的全部问题为本案处理范围(周某提出的要求更换无标识装修材料的诉求另述)。结合本院实地勘察情况,并结合日常生活认知,本院对周某提出的其认为需要整改的问题认定如下:入户大门已能正常开启,在前溪畔公司也更换了锁芯,已不需要整改;进门左侧柜子上沿感应灯不亮需要整改;客厅瓷砖空鼓需要整改;厨房生活阳台入户门左侧下方墙砖空鼓需要整改;地暖压力不正常,因该事项涉及专业问题,本院在庭审中向周某释明是否对地暖进行质量问题进行鉴定,周某表示不鉴定,因现有证据无法证明地暖存在压力不正常现象,周某经本院释明又不对此事项申请鉴定,故本院对该问题不予认定,溪畔公司无需整改;客厅落地窗中部上沿与墙体接触地方的裂纹无需整改;右侧卧室飘窗处顶棚油漆有细微裂纹需整改,右侧外开窗户五金件在开关过程中有异响需整改,窗户密封胶有两处细微裂纹(极小部分缺失)无需整改,右侧卧室进门左上角落方向木地板软塌需整改;左侧厕所入门处右侧下墙角油漆脱落,窗户内侧与墙体接触下沿区域瓷砖需整改,洗手台下方落水管沁水痕迹无需整改;左侧卧室进门处木地板软塌(异响)需整改,飘窗上沿阴角油漆有轻微裂纹需整改;主卧内的厕所入门处及淋浴区瓷砖空鼓需整改,洗手台左侧与墙体连接处的防水胶有细微裂纹无需整改,淋浴区地漏缺配件需整改,卧室入门部分区域木地板软塌需整改,窗户左侧及右侧区域上沿有油漆轻微裂纹需整改,窗户下沿墙面略有不平无需整改、指甲面积大小的黑色印记需整改。关于溪畔公司提出的瓷砖空鼓问题已超质保期且符合标准、木地板软塌(异响)为正常现象的意见。本院认为,周某于2020年11月1日接房,本案现有证据又不能证明周某在前有无正当理由拒绝接房的行为,质保期应从周某实际接房之日起算。按非防水项目两年质保期计算,截至周某起诉时并未超过质保期,及时将质保期起算时间提前至2020年9月25日周某询问“小新”10栋的具体交房时间之日,质保期也未届满;同时,溪畔公司认为案涉房屋瓷砖"根据中华人民共和国标准化法的规定,墙面空鼓允许的范围为单面墙体小于5平方米允许一处空鼓,空鼓面积不大于5平方厘米,单面墙体大于5平方米允许两处空鼓,空鼓面积不大于5平方厘米,同时地砖空鼓的空鼓率为3%以内,墙面空鼓率为5%以内均属合格",经查,《标准化法》并没有关于瓷砖空鼓率的相关规定,即使其他相关国家标准对瓷砖空鼓率进行了规定,案涉房屋的瓷砖在质保期内出现了较多位置的空鼓现象,应由溪畔公司就其空鼓率和空鼓程度符合国家相关标准进行举证,但溪畔公司并未在本案中举示相关证据,应承担举证不能后果。关于木地板软塌(异响),溪畔公司认为"木地板经过一段使用周期后都会出现的惯性现象,并非质量问题",本院认为,从本院实地勘察情况可以得知,周某至勘察当日都未使用过案涉房屋,相应木地板经过使用的说法缺乏事实依据;同时,结合一般生活经验,木地板在短时间内使用不应出现明显软塌、踩踏后异响的问题,故本院对溪畔公司的该意见不予采信。关于周某诉求的将部分装修材料更换为约定材料的主张,本院认为,当事人按照合同享有权利、履行义务不仅要符合双方约定,还要秉持环保、节约原则,尽量避免资源浪费。本案中,《重庆市商品房买卖合同》的附件四对案涉房屋的装修材料、品牌等进行了约定,但在该附件四的特别说明处也约定了"因市场或厂家原因,交付时装修材料的品牌可能会发生变更,但会在同档次品牌中进行替换。"即溪畔公司可以在不损害周某正当利益、不降低装修档次的情况下基于实际原因更换部分材料品牌。同时,本院在现场勘察过程中发现,周某诉求的要求更换材料的装修内容并不存在质量问题,各装修内容使用功能均正常或经过简单调整即能正常使用,周某仅因自述的品牌不符的原因就要求将使用功能正常的全新的装修内容全部拆掉进行更换、重做,明显不利于环保和资源节约。按照周某的要求只要没有品牌标识的装修材料都要拆除更换、重做,则可能会出现案涉房屋使用功能正常的装修都需要拆除更换或重做,甚至连油漆、腻子、正面无标识的瓷砖和木地板都不能幸免。因此,本院对周某的该部分诉求不予支持。若周某认为现存装修内容确与约定品牌不符导致其存在价值上的损失或质量存在缺陷,其可另行提起诉讼要求溪畔公司对价差进行赔偿或主张对方的其他违约责任。焦点二:周某提出的因房屋质量问题导致的损失(含物业费)能否得到支持。在前,本院已经认定案涉房屋存在数个区域的瓷砖空鼓和个别木地板软塌(异响)等问题需要整改。因地板瓷砖空鼓问题、木地板软塌(异响)问题的整改可能会对案涉房屋的日常使用造成不便,因此溪畔公司应当向周某赔偿整改期间的损失(标准则为双方均认可的房屋的租金标准4500元/月),该整改期间的具体时间本院结合双方纠纷的具体问题以及溪畔公司在过往整改之前存在的问题的效率等因素酌定为

3个月。该期间周某不能正常使用案涉房屋，相应的物业费也应由溪畔公司负担。周某在本案中出示了《重庆市商品房买卖合同》的附件八，也出示证据证实了其在前已实际交纳物业服务费用，故本院予以支持。现周某已实际接房，已经开始按照全额标准交纳物业服务费，故溪畔公司应在本院酌定的3个月整改期内承担物业服务费，金额合计1695.13元。最后，关于周某在诉求中提出的要求溪畔公司向其提供案涉房屋"全部装修材料品牌清单及购买凭证"，本院认为，《重庆市商品房买卖合同》及相关附件已经对装修材料清单进行了约定，但并未约定溪畔公司在向周某交付精装修的案涉房屋后还有义务再次向其提供品牌清单及购买凭证，周某的该项要求缺乏合同依据。若其认为溪畔公司交付的案涉房屋的其他装修材料与约定不符，可另行主张赔偿或追究溪畔公司的违约责任。[1]

【案例7-59】 任某诉中海海盛(烟台)地产有限公司房屋买卖合同纠纷案

一审法院认为，经审理查明，本案的争议焦点主要在于：(1)任某提出的房屋质量问题严重影响居住，不符合交付条件，主张解除合同应否支持。(2)涉案房屋是否已实际交付。焦点一：对于任某提出的房屋存在质量问题严重影响其居住使用，不符合交付条件，主张解除合同应否支持的问题。根据《房屋买卖合同解释》第十条规定，因房屋质量问题严重影响正常居住使用，买受人请求解除合同和赔偿损失的，应予支持；交付使用的房屋存在质量问题，在保修期内，出卖人应当承担修复责任；出卖人拒绝修复或者在合理期限内拖延修复的，买受人可以自行或者委托他人修复，修复费用及修复期间造成的其他损失由出卖人承担。本案双方签订《商品房买卖合同》后，中海公司已向任某履行了交付房屋的义务，任某要求解除涉案买卖合同应当提交证据证实涉案房屋质量问题严重影响其正常居住使用，经过维修亦无法达到正常使用条件。而本案中，任某提出的质量问题为吊顶渗水、地板泡水、墙体霉变等，该问题通常情况下均能够通过维修予以修复，中海公司亦明确表示愿意进行维修和更换，故依据现有证据不足以证明涉案房屋存在严重质量问题已足以影响其正常居住使用，任某据此主张涉案房屋不符合交付条件并要求解除合同，于法于约无据，不予支持。关于涉案房屋存在的质量问题，任某可就修复责任、相应的修复费用及造成的损失另行主张。焦点二：对于涉案房屋是否已实际交付的问题。一审法院认为，涉案房屋系于2020年8月即竣工验收备案，而任某于2020年10月2日接收涉案房屋钥匙，后又于2021年3月中旬更换入户门密码并实际占有控制房屋至今，应认定涉案房屋已实

[1] 重庆市江北区人民法院(2022)渝0105民初16466号民事判决书。

际交付于任某,虽任某主张涉案房屋存在质量问题,不满足合同约定的使用功能,并未实际交付,但经审理查明,任某所主张的质量问题均可通过维修予以修复,根据买卖合同补充协议约定,任某在办理商品房交接手续过程中,认为有需要维修的事项,应按《质量保证书》中的规定要求中海公司承担保修义务,但维修事项不能作为任某拒绝接收商品房的理由,故任某主张涉案房屋并未实际交付使用,无事实及法律依据,不予支持。判决:驳回任某的诉讼请求。

二审法院认为,任某与中海公司签订的《商品房买卖合同》及补充协议是双方当事人的真实意思表示,且不违反法律、行政法规的强制性规定,涉案合同依法成立并有效,当事人均应依约履行合同义务。涉案房屋已于2020年8月3日办理竣工验收备案,具备法定交付条件。中海公司于2020年10月2日向任某交付涉案房屋钥匙,双方办理房屋交接手续。根据《房屋买卖合同解释》第十条规定,因房屋质量问题严重影响正常居住使用,买受人请求解除合同和赔偿损失的,应予支持;交付使用的房屋存在质量问题,在保修期内,出卖人应当承担修复责任;出卖人拒绝修复或者在合理期限内拖延修复的,买受人可以自行或者委托他人修复,修复费用及修复期间造成的其他损失由出卖人承担。任某主张涉案房屋存在吊顶渗水、地板泡水、墙体霉变等质量问题,该问题中海公司均认可以维修方式解决。任某未提交证据证明涉案房屋质量问题无法通过维修解决,亦未能证明涉案房屋存在影响正常居住使用的质量问题,任某据此主张涉案房屋不符合交付条件并要求解除合同,于法于约无据,故一审法院对任某要求解除合同的诉讼请求不予支持并无不当。《补充协议》约定维修事项不能作为任某拒绝接收商品房并要求中海公司承担逾期交房责任的理由。任某主张涉案房屋存在逾期交付,但其于2020年10月2日起持有涉案房屋钥匙,并于2021年3月中旬更换入户门密码,实际占有控制涉案房屋,中海公司进出房屋系出于维修房屋目的,应认定涉案房屋已实际交付于任某。任某关于《交房手续会签单》表明其不认可接收房屋的主张,中海公司不予认可,该主张与任某持有房屋钥匙并更换入户门密码的行为不一致,本院不予支持。任某的上诉理由不成立,本院不予支持。综上,任某的上诉请求不成立,应予驳回;一审判决认定事实清楚,适用法律正确,应予维持。判决:驳回上诉,维持原判。[1]

【案例7-60】 张某峰诉营口奥大房地产开发有限公司房屋买卖合同纠纷案

二审法院认为,《房屋买卖合同解释》第八条第一款规定,对房屋的转移占有,视为房屋的交付使用,但当事人另有约定的除外。本案中,上诉人于

---

〔1〕 山东省烟台市中级人民法院(2023)鲁06民终2315号民事判决书。

2019年7月15日接收房屋钥匙并办理入住手续,表明案涉房屋已经交付上诉人,上诉人亦实际占有房屋且已装修入住。根据合同约定逾期交房违约金应从约定交付房屋之日6个月之后产生,现上诉人接收房屋时间未超过合同约定交付房屋时间6个月。故一审法院依据上述事实驳回上诉人逾期交房违约金的诉讼请求未见不妥。上诉人上诉请求于法无据,本院依法不予支持。综上,张某峰的上诉请求不能成立,应予驳回;一审判决认定事实清楚,适用法律正确,应予维持。判决:驳回上诉,维持原判。[1]

向第三人交付房屋的行为,应当以有双方的约定为前提。购房人虽委托第三人对其购买的房屋进行经营管理,但未有委托第三人进行收房的约定。商品房买卖合同中约定的交付方式为验收交接手续,出示相关证明文件并签署房屋交接单,开发商提供的竣工证明书以及第三人的情况说明,不能证明已在合同约定的期限内履行了约定的交付行为。开发商逾期通知购房人办理房产证,应当认定开发商构成逾期交付的违约行为。

【案例7－61】 黄某辉等诉无锡市金顺房地产开发有限公司商品房预售合同纠纷案

一审法院认为,双方《商品房买卖合同》并未约定向第三方交付房屋,金顺公司在审理过程中并未提供证据证明向金和公司交付的情况,故应认为金顺公司确存在逾期交付房屋的行为。二审法院认为,双方签订的商品房买卖合同约定,金顺公司应于2014年5月1日前交付案涉房屋,该交付指办理验收交接手续,出示相关证明文件并签署房屋交接单,但金顺公司直到2017年6月14日才通知黄某辉办理房产证,应承担相应的违约责任。金顺公司在二审中提供的竣工证明书以及金和公司的情况说明,不能证明其已在合同约定的期限内履行了约定交付行为。[2]

应当注意的是,对开发商未按约定提供房屋相关设施的情形,不能一概地认定开发商不具备约定交房条件,而应承担逾期交房的违约责任。例如,开发商未按约定安装防盗门、在高层房屋中未按约定安装安全玻璃等情形,就只能由开发商承担瑕疵履行的违约责任,而非买受人有权拒收房屋并向开发商主张逾期交房的违约责任。一般认为,只要商品房具备竣工验收备案证与相应的使用许可证书,开发商交付房屋的条件就已成就,只是因商品房标准不符合约定且不影响房屋功能性使用的,开发商交付商品房属于瑕疵交付,而不应构成交付不能。

---

〔1〕 辽宁省营口市中级人民法院(2023)辽08民终1444号民事判决书。

〔2〕 参见国家法官学院案例开发研究中心编:《中国法院2019年度案例》(房屋买卖合同纠纷),中国法制出版社2019年版,第184页。

交付错误是交付不符合条件的另一种类型。在日常生活中,交错房的现象屡有发生,在实践中法官多判令开发商承担相应责任。个案中,开发商交付的房屋如商铺,作为普通人只需凭肉眼便可看出和作出判断,该房屋的长和宽均超出合同中约定的房屋长和宽。但是购房人在接收时未提出异议,并且将该房屋出租他人使用,造成了后期的一系列装修损失、房屋租金损失和其他一些损失。在这种情形下,购房人在交付时对交付错误是知道或者应当知道的,但是基于其认为是开发商的责任,自己不承担责任的错误理解和对错误问题的放任和听之任之,才造成其后的一系列实际损失和损失扩大。据此,应当认定购房人在错误交付的过程中有过错,可按过错大小承担责任。也就是说,对房屋交付错误均有过错的购房人与开发商应按责任大小分担损失。

【案例7-62】　毛甲诉保利公司商品房预售合同纠纷案

一审法院认为,2018年3月14日,保利公司误将与合同约定交易的×1号房屋相邻的×2号房屋交付给毛甲。毛甲对房屋的交付错误存在一定过错,原因如下:毛甲购买的房屋预测面积和实测面积均为33.25平方米,但其从保利公司处接收的×2号房屋的实测面积为61.83平方米,凭日常生活经验,未尽合理注意义务,毛甲知道或应当知道保利公司交付的房屋存在错误。但是,毛甲并未充分合理注意该问题,也并未向保利公司提出该问题,而是直接与第三人签订了房屋租赁合同,将房屋交付给承租人进行经营,导致了诸多损失的产生。

关于毛甲主张的各项损失问题。毛甲要求保利公司按照每月4000元的标准,支付从2019年3月14日起至实际交房之日止的房租,根据毛甲与承租人签订的房屋租赁合同的约定,租赁费为每月4000元,双方实际成交的系实侧面积为61.83平方米的×2号房屋,毛乙与承租人实际成交的×1号房屋的租金为3000元/月,该租金金额真实客观,符合市场行情,法院予以确认,×1号房屋的租金损失为3000元/月。关于租赁损失的起算时间,毛甲、宋某珍与承租人签订的房屋租赁合同约定的租期从2018年7月1日起,租金的起算时间也从2018年7月1日起,故法院确定毛甲的租金损失的起算时间也从2018年7月1日起。《合同法》第一百一十九条第一款规定:"当事人一方违约后,对方应当采取适当措施防止损失的扩大;没有采取适当措施致使损失扩大的,不得就扩大的损失要求赔偿。"2019年4月19日,毛甲收到保利公司发出的接收×1号房屋的通知后,并未及时前往接收房屋,此时×1号房屋已经符合合同约定的交付标准,对于房屋租金损失扩大,毛甲对扩大部分的房屋租金损失自行承担责任。考虑为毛甲办理接房手续的合理期间,毛甲的租金损失计算至2019年4月30日止,2019年4月30日后的租金损失由毛甲自行承担。毛甲的租金损失的金额为3万元(3000元/

月×10个月)。交付房屋系保利公司的主要合同义务,其对上述情形的发生存在过错,毛甲对错误交付后的损失也应承担一定责任,法院酌定该损失由保利公司承担15000元,其余部分由毛甲自行承担。2018年11月2日,法院(2018)川0114民初8140号民事调解书确定的毛甲、宋某珍向承租人支付的4.25万元赔偿款应视为毛甲的损失,法院酌定该损失由保利公司承担21250元。毛甲主张维权产生的误工费、交通费等费用1万元,但并未向法院提供相应的证据加以证明,法院不予支持。综上,保利公司应向毛甲支付的损失金额为36250元(15000元+21250元)。

关于毛甲主张的保利公司拆除×1号房屋装修、恢复原状的诉讼请求。由于该装修系由保利公司错误交付给毛乙而产生的添附,应由保利公司进行拆除和恢复,对于该项诉讼请求予以支持。关于保利公司要求毛甲对×2号房屋拆除装修、恢复原状并承担相关费用的诉讼请求。毛甲应将拆除装修并已恢复原状的房屋退还给保利公司,但拆除装修及恢复原状的费用应视为毛甲的损失,相关费用也应该由保利公司承担或分担。本案中,结合损失造成的原因、纠纷的及时化解、减少诉累等因素综合考虑,确定由毛甲向保利公司返还房屋后由保利公司进行拆除和恢复。关于保利公司要求毛甲支付×2号房屋的占用损失的诉讼请求。毛甲对×2号的占有系保利公司的错误交付引起,综合考虑双方的过错程度,该损失由保利公司自行承担,对保利公司的该项诉讼请求不予支持。判决:一、保利公司将商品房预售许可证2186号下第21幢1层×1号房屋的装修拆除并恢复原状;二、保利公司将商品房预售许可证2186号下第21幢1层×1号房屋交付给毛甲;三、毛甲将商品房预售许可证2186号下第21幢1层×2号房屋退还给保利公司;四、保利公司向毛甲赔偿损失36250元。

二审法院认为,上诉人毛甲和保利公司的上诉理由均不能成立。一审判决认定事实清楚,适用法律正确,应予维持。判决:驳回上诉,维持原判。[1]

房屋在合同约定的交房期限前已符合法定的交房条件,虽然合同已明确约定交房时间,但是仍无法免除开发商的通知交房的义务。该义务主要产生于两方面:一是源于合同约定。二是一种惯例。开发商向购房人发出收房通知的这一行为,表明开发商自身也认可房屋的接收需要由开发商发出收房通知。在正常的商品房交易过程中,商品房交付需由开发商向购房人发出收房通知,已为普遍认可和实际操作惯常做法。开发商的通知交房的义务,是开发商交付符合法定条件内

---

〔1〕 参见国家法官学院、最高人民法院司法案例研究院编:《中国法院2021年度案例》(房屋买卖合同纠纷),中国法制出版社2021年版,第39~41页。四川省成都市中级人民法院(2019)川01民终17132号民事判决书。

容之一。实践中，开发商未履行书面通知义务的应承担逾期交房违约责任，但对其主张免责事由承担举证责任。

【案例7－63】　严某裕诉城建南沙公司商品房预售合同纠纷案

二审法院认为，案件事实表明，城建南沙公司分别于2015年10月30日和2015年12月16日向严某裕发出过收房通知，但最终因城建南沙公司填写的收件人联系电话与涉案《广州市商品房买卖合同（预售）》中载明的联系电话不符，导致收房通知最终未能实际到达严某裕。城建南沙公司向严某裕发出收房通知的这一行为，表明城建南沙公司自身也认可案涉房屋的接收需要由城建南沙公司向严某裕发出收房通知。在正常的商品房交易过程中，商品房交付需由开发商向购房人发出收房通知，已是惯例。因此，本案一审法院认定城建南沙公司因自身过错行为未能履行收房通知义务，导致案涉房屋迟延交付，判决城建南沙公司向严某裕支付迟延交房的违约金，并无不当。由于案涉房屋的迟延责任在于城建南沙公司，而非严某裕，因此城建南沙公司上诉要求严某裕承担延期收房的违约责任，缺乏事实和法律依据；一审判决驳回城建南沙公司的反诉请求，处理并无不当。一审法院依照双方在合同中明确约定的城建南沙公司迟延交房违约金标准的约定，判决城建南沙公司支付迟延交房违约金，合法有据。需要指出的是，城建南沙公司本案反诉要求严某裕承担延期收房违约金标准也是主张每日按总房价0.05%计算，其要求对自身承担迟延交房的违约金标准应予调整，缺乏正当性。综上所述，城建南沙公司的上诉请求不能成立，应予驳回；一审判决认定事实清楚，适用法律正确，应予维持。判决：驳回上诉，维持原判。[1]

（三）房屋未交付或交付不能时纠纷的处理

实践中，未交付房屋时购房人能否主张违约金是有争议的问题。讨论该问题主要包括两个层次：一是逾期交房违约金可否分段主张权利，逾期交房违约金请求权作为继续性债权的一种，其债权具有可分性，其主要特征是违约金随着违约行为的持续而按日增加。购房人对已发生的逾期交房违约金亦有权利先行主张。二是交付房屋是否为主张逾期交房违约金的先决条件，现行法律没有规定合同义务的履行和违约责任的履行必须同步。在合同未对交付房屋后才能主张违约金

〔1〕　参见国家法官学院、最高人民法院司法案例研究院编：《中国法院2021年度案例》（房屋买卖合同纠纷），中国法制出版社2021年版，第50～51页。广东省广州市中级人民法院（2019）粤01民终13921号民事判决书。

作出特别约定时,其房屋是否符合交付条件以及有无交付均不构成限制购房人主张逾期交房违约金的时间条件。笔者认为,在开发商未交付房屋时,购房人有权要求开发商承担已发生的逾期交房违约金,其请求符合法律规定也不违反合同约定,法院应支持其请求。

【案例7-64】 左某诉宿迁市希望房地产开发有限公司商品房预售合同纠纷案

二审法院认为,希望房产公司未能在合同约定的期限内向左某交付房屋,其行为已构成违约,左某要求希望房产公司承担违约责任,有事实和法律依据。(1)关于逾期交房违约金可否分段主张的问题。本案所涉逾期交房违约金请求权的性质属于继续性债权,债权的内容随着时间推移发生变动。其特点是以日为计算单位,违约金总额等于一日的违约金乘以违约天数,违约金额随着违约行为的持续而按日累计。在此种情形下,"违约金总额"与"个别数额"相对独立,故继续性债权具有可分性。本案中,希望房产公司基于逾期交房违约行为所承担的违约责任可以日或月为单位独立形成债务,故左某对希望房产公司已发生的逾期交房违约事实有权先行主张权利。(2)关于房屋交付前可否主张逾期交房违约金的问题。交付房屋并不是左某主张逾期交房违约金的先决条件。法律没有规定合同义务的履行和违约责任的履行必须同时进行。且根据双方签订的商品房买卖合同第九条的约定,只要希望房产公司存在逾期交房事实,左某作为买受人即有权主张逾期交房违约金,双方并未对交付房屋后才能主张逾期交房违约金作出特别约定。合同约定的"交付日期第二天起至取得《工程竣工验收备案表》之日止"仅为逾期交房违约责任的计算期间,是否取得《工程竣工验收备案表》以及何时取得《工程竣工验收备案表》,均不构成限制左某主张逾期交房违约金的条件。因此,希望房产公司关于房屋交付前左某无权主张逾期交房违约金的主张,亦与合同约定不符。[1]

对于开发商自身原因导致的实际交付不能,如房屋主体结构存在重大质量问题无法交付,开发商已构成根本性违约,购房人有权选择解除合同、赔偿损失。对于开发商交付的房屋虽符合法定交付条件,但不符合合同约定,足以导致购房人合同目的不能实现的,购房人有权选择解除合同、请求赔偿损失或者接收房屋。购房人选择接收房屋的,不影响其依据《民法典》合同编的规定向出卖人主张违约责任的权利。但在开发商交付不能的情形下,购房人既不选择解除合同、请求

---

[1] 参见国家法官学院案例开发研究中心编:《中国法院2016年度案例》(房屋买卖合同纠纷),中国法制出版社2016年版,第27页。

赔偿损失,也不选择接收房屋,仅以迟延交付为由主张逾期交付违约金的,将使开发商陷入永久性违约的境地,长期支付巨额违约金,对开发商造成极大的不公平,故法院应当从利益平衡的角度考虑不予支持购房人的主张。

实践中,对于无法交付的房屋,因房屋买卖合同已无法继续履行,购房人只能主张违约责任。

【案例7-65】 连某贤诉臧某林排除妨碍纠纷案

一审法院认为,签订房屋买卖合同后出卖方应向买受人履行权利与实物的双重交付义务,在买受方已取得房屋产权而未实际占有的情况下,其仅仅基于物权请求权要求有权占有人迁出房屋,法院应作慎重审查。若占有人对房屋的占有具有合法性、正当性,买受方应以合同相对方为被告提起债权给付之诉,要求对方履行交付房屋的义务或在房屋客观上无法交付的情况下承担违约责任。[1]

房屋无法交付或交付不能的另一种类型是,受限购政策影响,法院对限购对象主张的交付请求不予支持。

【案例7-66】 张某玲诉杨某祥房屋买卖合同纠纷案

一审法院认为,关于案涉房产的交付问题。《房屋买卖合同》约定,杨某祥应于收到770000元购房款当日将案涉房产交付给张某玲,而770000元购房款的交付约定是在案涉房产过户之日。张某玲属于限购对象,案涉房产在限购条件下无法过户至张某玲,后续770000元购房款的交付及案涉房产的交付也不具备履行条件。因此,张某玲请求杨某祥将案涉房产交付给张某玲,本院不予支持。张某玲请求支付杨某祥剩余房款770000元,本院不予支持。二审法院准许张某玲、杨某祥撤回上诉。[2]

未交付的房屋,开发商无权主张占有使用费。

【案例7-67】 赛博特公司诉粤通公司商品房买卖合同纠纷再审案

最高人民法院认为,赛博特公司向粤通公司主张房屋使用费损失,应当证明其已将该房屋实际交付给粤通公司。根据双方《商品房买卖合同》的约定,房屋达到交付使用条件后,赛博特公司应当书面通知粤通公司办理交付手续,双方进行验收交接时,应签署房屋交接单,赛博特公司在报纸上刊登入住通知即视为其履行书面通知义务。就已经书面通知粤通公司交付房屋或者在报纸上刊登入住通知,以及签署房屋交接单的事实,赛博特公司均未举

---

〔1〕 江苏省宿迁市中级人民法院(2014)宿中民终字第02155号。

〔2〕 参见国家法官学院案例开发研究中心编:《中国法院2019年度案例》(房屋买卖合同纠纷),中国法制出版社2019年版,第258页。

证证明,其作为房屋出售方,不能提供直接证据证明案涉房屋已经实际交付,应对此承担不利后果。在赛博特公司未依约向粤通公司交付符合合同约定房屋的情况下,一审、二审判决以粤通公司未及时行使合同解除权,造成房屋闲置价值贬损为由,判决粤通公司向赛博特公司支付房屋使用费,属于认定事实不清,适用法律错误,本院依法予以纠正。赛博特公司以粤通公司解除房屋买卖合同给其造成损失为由,要求粤通公司赔偿其房屋占用费损失的请求,缺乏事实和法律依据。判决:(1)撤销一、二审民事判决;(2)驳回赛博特公司的诉讼请求。〔1〕

(四)交付范围约定不明时纠纷的处理

房屋买卖合同对车位、车库没有约定归属的问题,属于建筑物所有权规定不明情况下的权属问题。房屋买卖合同对此约定不明而引发的房屋交付纠纷在现实生活中时有发生。对于车位、车库的归属,应当由当事人在购房合同中加以确定;没有确定的,属开发商保留所有权而不属于交付范围。如果购房合同明确约定车位、车库出售或出租的,购房人支付了价款或租金,则该车位、车库自然属于交付范围。

【案例7-68】 冯某伶诉北京海城房地产开发集团有限公司商品房预售合同纠纷案

二审法院认为,关于交付车棚子的问题,冯某伶与海城公司并没有购房同时必须销售车棚子的约定,冯某伶亦未能证明海城公司系车棚子的权利人,享有处分车棚子的权利,故原审法院驳回冯某伶的诉讼请求并无不当,本院予以维持。上诉人的上诉请求缺乏证据支持,本院予以驳回。〔2〕

对于精装修现房的交付问题,由于缺乏相应的法律、行政法规规定,也没有精装修商品房屋买卖合同的示范文本,实践中交付的房屋装修与合同约定的装修标准不一致而引发的违约纠纷频发。在双方当事人没有约定装修标准或约定不明的情况下,法官一般参照《成品住房装修技术标准》予以认定。此类案件往往存在装修瑕疵难以修复或修复成本较高等情形,当事人矛盾尖锐,应成为研究重点之一。

双方签订商品房买卖合同约定交付房屋的时间在签订合同之前,该履行期限

---

〔1〕 最高人民法院(2014)提字第75号民事判决书。

〔2〕 参见国家法官学院案例开发研究中心编:《中国法院2013年度案例》(房屋买卖合同纠纷),中国法制出版社2013年版,第10页。

属于约定不明，是自始履行不能的约定，事实上不可能履行，故该约定自始不发生效力。根据《民法典》第五百一十条、第五百一十一条的规定，双方对交房期限应由双方协议补充约定，不能达成补充协议的，按照合同有关条款或者交易习惯确定。

【案例7-69】　李某峰诉远华公司房屋买卖合同纠纷再审案

一审法院认为，双方约定交房期限在签订合同之前，应视为双方对交房期限约定不明，涉案房屋于2013年2月25日经五大责任主体验收合格，且李某峰已于2013年3月18日收到房屋钥匙，故对李某峰于2016年1月28日向法院起诉远华公司逾期交房违约超过诉讼时效请求不予支持。二审法院认为应以2013年3月25日为交房时间，远华公司逾期交房应承担违约责任。再审法院同意一审判决意见，撤销二审判决，维持一审判决。[1] 本案中，2013年3月17日，李某峰与远华公司签订补充协议，向远华公司一次性付清房款。同年3月18日，李某峰的签字确认、领取钥匙入住行为，表明其对远华公司的交房日期符合双方约定目的的认可。根据《房屋买卖合同解释》第十一条的规定，房屋的占有转移，视为房屋的交付使用，故2013年3月18日为远华公司履行交房义务的时间。2013年2月26日，双方约定的交付购房人使用的商品房才算是经五方联合验收合格的商品房。二审将2013年3月25日理解为应交房日期，则双方当事人对交房期限的约定同样构成自始不能履行的无效约定，其认定该日期为应交房时间不妥。

在二手房交易实践中，买卖双方通常会对房屋内的物品归属进行约定。实践中，双方当事人可能先办理产权过户，其后拖了很长时间才交房，若合同未对房屋内的物品归属约定不明且交房的字条文义不清，则容易引发纠纷。房屋买卖合同指向的标的是房屋的所有权，而非房屋内物品的所有权，因此，出卖人的主要给付义务即转移房屋所有权于买受人。当合同对屋内物品所有权未作明确约定时，不发生转移动产物权的效力，出卖方交房后及时提出返还家具电器的请求的，应当予以支持。

【案例7-70】　张某诉李某房屋买卖合同纠纷案

二审法院认为，首先，买卖合同的主要权利义务是出卖人转移标的物所有权给买受人，买受人支付价款。不动产物权的设立、变更、转让和消灭，经依法登记，发生效力。现张某已按照合同约定，于2015年8月23日将涉案房屋过户至李某名下，履行了转移标的物的义务。从双方签订的合同内容看，房屋总价不包含装饰装修或家用电器，有关随房屋同时转让的设备、装饰

---

〔1〕 河南省高级人民法院（2017）豫民再368号民事判决书。

费用及处理在合同中未作约定。张某认为涉案物品未随房屋一并出售给李某的主张,二审依法予以采信。李某辩称张某通过交付钥匙、清点物品等方式已将房屋及附属物交付给了李某的意见,二审依法不予采信。其次,买卖合同的标的物为不动产。空调、冰箱与消毒柜是房屋内的家用电器,既不属于不动产,亦非装饰装修。2016年6月27日,张某将涉案房屋钥匙交付给李某,在同年6月28日,又签署一份字条,载明:"房子按合同给你,至于装修的其他东西(软装类、硬装不破坏),我一并拆走。"从字条的内容看,难以解读出张某主动放弃了房屋内物品的所有权,或将系争物品赠与了李某,亦无证据证明张某作出过抛弃或赠与的意思表示。张某认为未将房屋内的家用电器全部送给李某的主张,二审依法予以采信。李某辩称张某对房屋及附属物的所有权均已丧失的意见,二审依法不予采信。在本案审理过程中,张某明确表示自愿放弃要求返还华帝抽油烟机和天然气灶各一台的主张,系其对自身诉讼权利义务的处分,于法不悖,二审依法予以准许。[1]

(五)交付范围和交付依据纠纷的处理

公共部分或公共设施交付。开发商交付的绿地、大堂等公共部分或者消防、公共照明等附属设施、设备不符合商品房买卖合同约定,对此如何处理涉及主张权利主体及程序问题,值得研究。有法院认为,商品房买卖合同对此有明确约定的,按约定处理。商品房买卖合同没有明确约定,且上述公共部分或公共设施无法采取补救措施的,买受人有权请求出卖人赔偿损失。可以采取补救措施的,如果部分买受人要求房地产开发企业赔偿损失,部分买受人要求房地产开发企业采取补救措施,应当告知买受人按照《物业管理条例》第十一条和第十二条的规定,形成业主大会决议,由业主委员会主张相关权利。业主委员会怠于起诉或未成立业主委员会的,经专有部分建筑面积占建筑区划内总建筑面积过半数且人数占全体业主过半数的业主同意的,业主有权提起诉讼。[2]

关于可否依据预约合同向开发商要求交付房屋的问题。实践中,预约合同不能作为购房人主张开发商交付房屋的依据,法院对购房人的主张不予支持。

---

〔1〕 上海市第一中级人民法院(2017)沪01民终第7157号民事判决书。

〔2〕 参见最高人民法院民事审判第一庭编:《民事审判指导与参考》2017年第2辑(总第70辑),人民法院出版社2017年版,第219页。

【案例 7－71】　刘某举诉章丘市城市建设综合开发公司房屋买卖合同纠纷案

一审法院认为，本案的关键是对原、被告双方所签订协议书的性质认定，原、被告的购房活动并不是典型意义上的卖房、购房，实际上是由学校出面，找一家有资质的房地产开发公司建房，由学校组织分房。学校的权力较大，设有购房领导小组，有点类似于以前单位自行建房，是一种半市场化行为，此点从原告刘某举不经过被告建设公司，而是通过学校购房领导小组与朱某、陈某琴进行调房事宜也可看出。但是，原、被告所签协议书，究竟是一份预约合同（为签订本约合同而订立的合同），还是本约合同，还是得依据本院认定的事实及相关法律、法规来认定。经全面分析，法院认为本案所涉协议书，应认定系预约合同。(1)原、被告所签团购协议书不具备商品房销售合同的主要内容，虽然被告依据该协议书收取了部分房款，是一种违法行为，但该协议书从性质上来说，仍应被认定为是一份预约合同。(2)原、被告签订该份协议书时，被告并没有取得建设用地使用权，被告并不具备预售房屋的权利，预售房屋必须取得房屋预售许可证，这样所签售房合同才是有效的。(3)从该份协议书的命名上来看，是一份协议书，并没有直接命名为房屋买卖合同，虽然合同内容决定形式，但合同名称也可看出双方签订时的初衷。(4)该份协议书第十条规定了特约条款：乙方开发的房产在办理完商品房预售许可证后由甲方住户与乙方直接签订《商品房销售合同》；《商品房销售合同》应采用当地房管部门要求使用的合同并符合本合同的基本要求。该条也可反映出双方也知道该协议书并非正式的商品房销售合同，商品房销售合同须在被告具备相应的法定条件后再予以签订。这也使得该份协议书具备了预约合同的特征。(5)原告未按协议书规定交清房款。综上，一审法院认为，原、被告所签协议书在性质上是一份预约合同，原告不能以此主张被告交付房屋，遑论支付违约金。因此，本案应驳回原告的诉讼请求。[1]

房屋交付迟延和质量瑕疵争议交织在一起，由法官根据具体案情裁量。

【案例 7－72】　潘某铖诉佛山市龙光阳光海岸房地产有限公司房屋买卖合同纠纷案

一审法院认为，(1)是否迟延交付及违约问题。潘某铖、阳光海岸公司签订的《商品房买卖合同》第九条约定："出卖人应当在 2014 年 2 月 28 日前，该商品房经验收合格（商品房验收合格是指该商品房经建设单位、监理单位、施工单位、勘察单位、设计单位验收合格），并符合本合同约定的商品房交付

---

〔1〕 山东省济南市章丘区人民法院（2016）章民初字第 126 号民事判决书。

买受人使用。”在签订买卖合同的同时双方还签订了一份《内容调整确认书》,并于2013年12月11日另行签订了一份《内容调整确认书(二)》。2013年12月12日,潘某铱与广东省某二建筑工程公司签订一份《房屋改造协议》,协议约定潘某铱委托广东省某二建筑工程公司对涉案房屋进行“户外封楼板及首层层高调整”等施工改造,改造工程竣工交付时间为2014年4月30日。2014年1月17日,潘某铱向阳光海岸公司出具一份《申明函》,称鉴于潘某铱需对涉案房屋进行改造,故同意阳光海岸公司向其委托的施工方(广东省某二建筑工程公司)交付房屋,除非潘某铱在集中交付日内提出书面异议,否则潘某铱向改造施工方交付涉案房屋的行为视同潘某铱已收楼。阳光海岸公司于2014年1月20日取得《房屋建筑工程和市政基础设施工程〈竣工验收备案表〉》,即涉案房屋已通过政府相关职能部门的综合验收,符合合同约定的交付条件。潘某铱因房屋改造将交付日期更改为2014年4月30日。阳光海岸公司亦于2014年4月30日向潘某铱发出《水某龙湾入伙会签单》,潘某铱对所交付的涉案房屋确认无异议后收楼。虽然潘某铱收楼后发现房屋存在质量瑕疵,阳光海岸公司在第一时间对瑕疵部分进行修复,法院委托鉴定机构对房屋楼板的厚度、荷载、楼板钢筋保护层的厚度、房屋主卧的楼层高度是否符合国家规范标准进行鉴定,确实存在不符合国家标准和双方合同约定的标准、存在质量瑕疵问题,但该质量瑕疵并不导致房屋存在安全隐患不适合居住,未影响房屋的正常居住、使用功能。因此,阳光海岸公司未迟延交付房屋,未构成违约。故潘某铱认为阳光海岸公司逾期交房、构成违约,并以此为由诉请阳光海岸公司按购房总价8206122元的8%赔偿及按已交付房价款的万分之一计付迟延交付损失,缺乏事实和法律依据,法院不予支持……(2)房屋质量瑕疵问题。潘某铱就涉案房屋质量瑕疵问题可以依照合同约定要求阳光海岸公司保修,阳光海岸公司亦进行了部分修复,但至法院委托鉴定机构进行鉴定时仍然存在质量瑕疵,需要再进一步加固修复,依照合同约定,阳光海岸公司应当继续负责维修(保修),并承担相应的维修费用。法院委托专业机构对涉案房屋的质量瑕疵问题作出修复方案,并依据修复方案鉴定修复造价为280220.38元,结合前述修复工程方案及修复工程造价遗漏管道拆除及修复、预埋水电线管拆除及修复、铝窗拆除及修复等工程量与造价及楼板结构不合格、拆除重修等其他未涉及事项,潘某铱同意由法院酌定补偿,且其同意在阳光海岸公司支付修复费用及补偿后由其自行修复,不再另行主张,为减少当事人讼累,法院一并处理。法院综合全案情况及根据现场勘察情况、本地建筑市场实际情况酌定阳光海岸公司另行向潘某铱支付漏检项目修复费用、其他未处理项目补偿80000元,故法院认定阳光海岸公司应当向潘某铱支付涉案房屋修复费用及漏检、其他未处理项目补偿共计360220.38元。潘某铖超出部分诉请，法院不予支持。

二审法院认为，本案系房屋买卖合同纠纷。综合双方当事人在二审的诉辩意见，本案二审争议焦点为阳光海岸公司违反合同约定应承担的违约责任。关于阳光海岸公司违反合同约定应承担的违约责任，本院作如下评述：一、对于涉案房屋二层主卧室层高不足的问题。潘某铖上诉主张涉案房屋二层主卧室层高不足，阳光海岸公司应向其赔偿购房总价的8%的损失。经审查，虽然涉案房屋二层主卧室的层高3196毫米符合国家强制性标准，但比合同约定的层高3600毫米低11.2%，对房屋通风、采光等舒适度方面确有较大影响，房屋价值也相应贬损。但双方未约定出现层高不足的情况阳光海岸公司应承担何种违约责任，法律对此亦未有明确的规定，一审法院对潘某铖因此造成的损失比照《房屋买卖合同解释》第十四条的规定予以酌定并无不当。但一审法院依据上述法条计算潘某铖的损失时未体现上述法条关于“面积误差比超过3%部分的房价款由出卖人双倍返还买受人”的规定，处理不当，本院予以纠正。经核算，阳光海岸公司应向潘某铖赔偿222972.9元[53.96平方米÷376.52平方米×8209606元=1149344.84元，1149344.84元×3%=34480.35元，(11.2%-3%)×1149344.84元×2=188492.55元，34480.35元+188492.55元=222972.9元]。潘某铖上诉主张一审判决遗漏审查其主张阳光海岸公司赔偿购房总价8%的理由之一“涉案房产存在安全质量问题”。经审查，潘某铖在一审诉请中明确其是基于涉案主卧楼层严重不符合合同约定而主张阳光海岸公司赔偿购房总价的8%，一审法院未将涉案房屋的安全质量问题作为上述赔偿主张的理由进行审查，并无不当。二、对于房屋存在质量问题的问题。潘某铖上诉主张涉案房屋的质量问题严重影响其正常居住使用，阳光海岸公司应向其支付迟延交房违约金。经审查，涉案房屋已竣工验收多年并已向潘某铖交付，且该房屋存在的问题属质量瑕疵，潘某铖的该上诉主张缺乏事实和法律依据，本院不予支持。潘某铖上诉主张因涉案房屋的质量问题影响其正常居住使用，阳光海岸公司应向其赔偿租金损失的标准为20000元/月。经审查，潘某铖关于租金损失标准的主张理据不足，一审法院综合考量该地段中小区管理方式的电梯楼房屋每月租金约20元/平方米以及涉案房屋为别墅等因素，酌定租金损失的标准为8283.44元/月(376.52平方米×22元/平方米/月)，并无不当，本院予以维持。[1]

房屋的交付和装修等纠纷交织在一起，按不同的法律关系处理。

---

〔1〕 广东省佛山市中级人民法院(2022)粤06民终6004号民事判决书。

【案例7－73】 武汉天舜天港置业有限公司诉王某商品房销售纠纷案

一审法院认为:根据《民法典》第四百九十条第二款的规定,法律、行政法规规定或者当事人约定合同应当采用书面形式订立,当事人未采用书面形式但是一方已经履行主要义务,对方接受时,该合同成立。无论天舜天港公司是否与王某签订过书面合同,但王某向天舜天港公司交付了装修款,天舜天港公司表示接受,双方之间的装饰装修合同成立。从王某的庭审意见来看,其对原告起诉要求的装修款150000元无异议,但前提是要先验房并要求延期交房的违约金、房屋全款发票及办证。据此本院认为,本案为装饰装修合同纠纷,王某要求的延期交房违约金、发票、办证等系买卖合同关系,二者法律关系不同,不能在同一案件中处理,如确存在上述情况,王某可根据合同约定另行主张权利。至于验房的问题,如果在验房过程中存在质量问题或者未达到合同约定的标准,王某亦可另行主张权利。判决:被告王某向原告武汉天舜天港置业有限公司支付装修款150000元。[1]

[1] 湖北省武汉市黄陂区人民法院(2023)鄂0116民初3003号民事判决书。

专题八 办理不动产证纠纷

在商品房买卖合同纠纷中，逾期办证引发的纠纷比较多见，且各地法院在这一问题的处理上亦有不同。商品房买卖合同与其他买卖合同一样，其目的在于实现商品房的物权即所有权的转移。所有权包括占有、使用、收益和处分的权利。在商品房买卖合同中即使出卖人现实交付了标的物，购房人实现了占有、使用甚至是收益的权利，但若出卖人不转移所有权，则购房人不能行使处分权，也即仍未拥有完整的所有权。因此，对于不动产买卖，出卖人必须与购房人一同申请办理产权登记，以完成所有权的转移。基于这样的法律规定和理论，办理并取得房产证成为购房人购买房屋所必须实现之目的。实践中，房地产开发是个长期的过程，涉及的因素繁多，一个房地产项目也往往涉及众多购房人的利益，也容易引起群体性纠纷，故有必要认真分析和妥当处理逾期办证纠纷。

一、办理不动产证的含义

（一）产权登记义务主体

《民法典》第五百九十五条、《房屋买卖合同解释》第十四条与《城市房地产开发经营管理条例》第三十二条的规定不一致，导致对办证义务主体的理解有观点分歧。有一种观点认为，不动产权属的转移登记，通常做法是开发商提交必要的手续，购房人提出申请，不动产登记机构进行审查登记，颁发权属证书，即通过三者的共同行为完成，因此无法概括地确定办证的义务主体是谁。通说认为，开发商作为房屋的出卖人负有向购房人交付房屋以及转移房屋所有权即办理产权登记的义务。根据原建设部《城市房屋权属登记管理办法》第十六条有关房屋权属初始登记的规定，购买新建商品房的权利人到不动产登记机构办理产权登记的，必须以开发商在其所开发的房地产进行初始登记为前提。开发商只要在法定期限内办理了房屋所有权初始登记（新建的房屋，申请人应当在房屋竣工后的 3 个月内向不动产登记机构申请房屋所有权初始登记），并履行了对购房人的告知义务，才算完成了办证义务。此后，应由购房人提出申请，办理所有权转移登记。换言之，当开发商将办理不动产权属证书所要求的各项资料备齐交给不动产登记机构进行初始登记，并取得不动产登记机构的收件单，应视为开发商已完成了初始登记办证义务。在开发商提交了完备的手续后，购房人也提出办理权属移转的申请，但由于房管部门原因未办证或迟延办证的，购房人可以行政机关不履行法定职责为由提起行政诉讼。这与开发商承担的合同义务是两个不同的法律关系，不应混同。此外，开发商履行了其办理初始登记的相关义务后，购房人没有向不动产登记机构提出申请，导致房屋所有权无法移转的，不属于由于开发商的原因未能取得不动产证的情形。

（二）出卖人承担违约责任的归责原则

由于多种原因都可能造成逾期办证的客观后果，出卖人并非都应承担违约责任。对此问题,《房屋买卖合同解释》第十四条第一款明确规定:"由于出卖人的原因,买受人在下列期限届满未能取得不动产权属证书的,除当事人有特殊约定外,出卖人应当承担违约责任……"对于该条规定是否以过错责任为归责原则,实务中尚有不同观点。有法官认为,此规定并非确定了延期办证违约责任适用"过错责任原则",因为这一条款规定的"出卖人的原因"并不等同于"出卖人的过错"。现在的《合同法》将本条中的"买受人的过错"改为"买受人的原因"。另外,除不可抗力原因和第三方原因外,其中包括了出卖人的过错。[1] 笔者倾向于主流观点,即该解释明确了过错责任的归责原则,即只有由于出卖人的原因造成的逾期办证,出卖人才承担违约责任。

(三)办证义务和办证必备条件

《民法典》第五百九十八条规定:"出卖人应当履行向买受人交付标的物或者交付提取标的物的单证,并转移标的物所有权的义务。"商品房买卖合同的出卖人一方,显然在交付实物之外还负有移转标的物所有权的义务,否则不能称为"买卖"。房屋买卖中的移转标的物所有权是指开发商应将房屋产权证办在购房人名下,是开发商一方法定的主合同义务,而不能等同于交付证件、单据之类的附随义务,且无论商品房买卖合同如何约定,开发商都必须履行这一义务。最高人民法院法官认为,合同一方依据合同约定应当办理登记申请,乃是一种依据合同应负的义务,而另一方要求其履行登记义务实际上是要求实际履行合同。[2] 但是,有关行政法规并未确认开发商的办证义务,反而认为是协助办证义务,如《城市房地产开发经营管理条例》第三十二条的规定。从实务操作的层面来看,转移房屋所有权只能通过转移登记的方式来实现。转移登记和发证(小确权证)在房管部门的程序中是一个申请事项的两个连贯动作,转移登记的同时发放房产证,并且房管部门的转移登记对外是通过发证来体现,因此《商品房买卖合同》中通常将办理转移登记约定为"办理房产证",办理房产证实际上就意味着转移登记,或称"过户登记"。在不严格的意义上讲,办证与转移登记是两个可以互换的概念。从房管部门的实际流程看,房管部门转移登记、办证的过程,需要开发商与购房人协助和配合,开发商独自难以完成。一般地讲,房屋转移登记需要提供:(1)购房人房地产交易申请书;(2)权属证书(初始登记证或大证);(3)商品房预售契约或

---

〔1〕 参见邓基联主编:《房屋买卖合同纠纷》,法律出版社2010年版,第102页。

〔2〕 参见最高人民法院民事审判第一庭编著:《最高人民法院关于审理商品房买卖合同纠纷案件司法解释的理解与适用》,人民法院出版社2003年版,第236页。

商品房买卖契约;(4)身份证明;(5)购房发票(办证联);(6)测绘附图;(7)完税证明;(8)房屋维修基金收据等诸多票据或资料。在转移登记、办证过程中,既要开发商办备必要的文件,如测绘、权属证书,也要购房人通力配合,填写申请书、提供身份证明、缴纳税费等,任何一方都不可能独自完成转移登记。当然,在这个过程中,出卖人和购房人的因素对办证的影响是有区别的。开发商具备办证条件(已测绘完毕、取得权属证书)是办理房地产权证的必要前提,在开发商具备办证条件之前,不可能进入办证程序;在开发商具备办证文件后,购房人提出登记办证申请是启动转移登记的原因,购房人成为登记办证的主导者,开发商在此阶段的义务主要体现为协助购房人办证,包括为购房人的办证申请提供必要文件资料、协助购房人递件、代缴税费等。从这个意义上讲,《城市房地产开发经营管理条例》第三十二条将购买人的办证义务确定为主动办证义务,而开发商的办证义务为协助购房人办证并提供必要文件的义务是有一定道理的。笔者认为,开发商的义务划分应以取得权属证书即大证之日为分界线,在此日之前开发商履行的是法定合同义务,而购房人无需履行协助义务;在此日之后,开发商协助购房人申请办证,开发商受购房人委托向房管部门递送资料并履行其他相关义务。换言之,在登记办证过程中,开发商依据买卖合同负有的转移所有权的义务通常被表述为"协助办证义务"或"协助办理登记义务",但这并不意味着该义务就是一项附随义务,并不影响办证是开发商的主合同义务的法律地位。不履行该"协助办证义务",导致购房人无法取得房屋所有权的,购房人可以以合同目的落空为由解除合同。《房屋买卖合同解释》第十五条即对购房人的这项解除权予以明确,也充分表明该"协助办证义务"是一项主合同义务,而不仅仅是附随义务。

实践中,办证必须具备的条件,即"协助办证义务"的内容包括:(1)申请办理初始登记。初始登记办理所需材料是开发商应取得的所有的文件,包括立项批文、土地使用权证、测绘资料等证明文件,开发商在申请办理后会取得房屋权属登记的收件单。(2)完成初始登记,取得大证,在购房人申请办证时,提供上述相关文件。(3)依不动产登记机构要求或合同约定,协助购房人递交办证资料、代缴税费。(4)为实现登记办证,应当由开发商配合或履行的其他事项以及合同约定的应由开发商承担的其他办证义务。

二、出卖人原因导致逾期办证的认定

导致逾期办证的原因较多,主要有以下几种情况:其一,出卖人的原因导致逾期办证,比如土地手续不合法、实际施工与审批规划不一致及消防验收、环保验收或综合验收未通过等。其二,购房人的原因导致逾期办证,比如购房人未及时缴纳契税或者公共维修基金、未及时提供身份证明等申请材料、因质量或其他问题发生争议要求退房等。其三,第三人的原因导致逾期办证,如相关测绘部门未及时提供相应数据、不动产登记机构工作迟延等。其四,不可抗力的原因导致逾期办证。

(一)出卖人原因的含义

《房屋买卖合同解释》第十四条第一款规定的“由于出卖人的原因”,存在如何理解问题。从严格意义上讲,合同具有相对性,合同一方由于第三人的原因违约的,应先向对方承担违约责任,再依据法律或约定解决与第三人的纠纷。因此,严格按照《民法典》来理解最高人民法院司法解释的有关内容,“由于出卖人的原因”应包括出卖人自身的原因以及可归于出卖人一方的第三人原因,只要不是购房人的原因造成的逾期办证,出卖人均应向购房人承担违约责任。一般认为,出卖人在合同约定或者法律规定的期限内,向不动产登记机构按照要求提交了完备的办理不动产初始登记所需的证明材料,就可以认定出卖人已经不存在过错,不应再承担违约责任。司法解释该条规定表明,在房屋权属证书逾期办理、交证问题上,附条件地排除了无过错责任归责原则的适用。

开发商的原因至少应包括两个层面的内容:其一,未按约定取得大证,未为购房人申请办证提供前提条件和基础;其二,未履行通知义务。所谓由于“出卖人的原因”应当是指开发商具有过错的情况,主要有以下四种:其一,开发商未及时办理竣工验收备案等办理初始登记的前置手续,常见的有土地手续不合法、开发商未支付全部土地使用出让金、未取得建设工程规划许可证、违章建房等;其二,开发商未及时将符合办理产权证要求的相关材料提交给不动产登记机构;其三,开发商未能根据合同约定及时将办理权属登记需由开发商提供的材料交付给购房人或通知购房人办证；其四，出卖人违反相关法律法规（违反检测要求、变更规划内容、超规划面积等）导致办证迟延。实践中，由于购房人对何时具备了办证条件并不知情，而开发商对办理初始登记的进展情况相对熟悉，因此开发商应负有向购房人及时告知初始登记的办理情况及转移登记（办理分户登记，即购房人取得产权证）条件已经具备等情况。导致逾期办证的具体情况非常复杂。办证义务的履行通常从开发商交房后开始，在约定的办证期限内，开发商首先要完成房屋的测绘、权属登记，其次通知购房人在合理期限内递交办证资料和费用，在收齐资料后及时递交不动产登记机构，等待不动产登记机构办妥登记后领取房产证，通知购房人领回。在这一过程中，既有开发商办备必要文件迟延或怠于履行通知义务而导致的启动办证程序迟延，也有购房人怠于递交办证资料及费用导致的递件迟延，以及不动产登记机构审查办证资料和办理过户登记手续拖延而导致的发证迟延。

《房屋买卖合同解释》第十四条规定的开发商承担违约责任的前提是出卖人的原因导致办证迟延，对此要严格执行，不得扩大或减小适用范围。在实践中，开发商由于自身的原因迟延启动办证程序的，亦应承担责任。开发商自身原因的表现形式多样，常见的如未办理不动产产权证明、土地分割证或未履行告知义务等。

【案例8－1】　黄某诉广州番禺奥林匹克花园房地产开发有限公司逾期办证违约责任纠纷案

二审法院认为，黄某已于合同期限内支付了全部购房款，奥园房产公司也于2002年4月6日将房屋交给黄某使用。根据合同约定，奥园房产公司负有协助黄某办证的义务，并且奥园房产公司的责任致使黄某不能在房屋交付使用后360日内取得房地产权属证书的，奥园房产公司承担违约责任。由于取得讼争房屋所在楼宇的《商品房地产权证明书》是购房人办理权属登记之前必须由开发商完善的手续，本案中奥园房产公司直至2003年4月16日才取得讼争房屋所在楼宇的《商品房地产权证明书》，始具备为黄某办理权属登记的前提条件，之后又迟至2003年11月15日才通知黄某交纳相关办证资料，由此导致黄某不能在收楼后360日内取得讼争房屋的房地产权属证书，应属于奥园房产公司的责任导致的迟延，奥园房产公司应就此期间（2003年4月1日起至11月15日止）承担违约责任。[1]

开发商虽然完成了整个房地产项目的初始登记，但仍应承担逾期办理涉案房屋的土地分割证的法律后果。

---

〔1〕　参见最高人民法院中国应用法学研究所编：《人民法院案例选》2007年第1辑（总第59辑），人民法院出版社2007年版，第240页。

【案例8－2】 安某与某房地产公司商品房销售合同纠纷案

二审法院认为,在开发商完成整个房地产项目的初始登记后,买受人可自行申办产权,但需开发商提供相应材料的,开发商负有协助义务以及为买受人主动办理单元权属证书的义务。本案中,安某等六人在庭审中认可涉案商品房于2008年6月28日交付使用,某房地产公司于2009年10月26日取得49号楼的土地分割证,至此各业主才具备办理其房屋土地使用权证的条件。按照双方签订的《商品房买卖合同》第十五条的约定,某房地产公司应承担逾期办理涉案房屋的土地分割证的法律后果,其以完成初始登记备案为由提出不予支付逾期办证违约金的抗辩主张,法院不予支持。[1]

【案例8－3】 叶某明诉重庆名豪实业(集团)股份有限公司商品房预售合同纠纷案

一审法院认为,被告名豪公司作为名家酒店的开发商,应当知晓办理产权证所需资料,其在办证期限届满之前应及时通知原告提供,其未提供证据证实其履行了通知义务,故其辩称未办证是因原告未履行协助义务所致,本院不予采纳。被告辩称办证将影响酒店经营的理由与商品房买卖合同约定不符,本院亦不予采纳。[2]

房产局取消房屋竣工综合验收的通知不属于情势变更情形,开发商未依合同约定办证仍应认定为自身原因。在案例8－4中,法院不支持原告的诉求,并非因为开发商未违约,而是涉案情形不属于情势变更而应变更合同的情形。

【案例8－4】 彭某诉桂林鸿瑞房地产有限公司商品房买卖合同纠纷案

一审法院认为,桂林市房产管理局虽然取消了房屋竣工验收,但增设了《小区物业管理落实检查意见书》,并将该意见书作为进入产权登记程序的前置条件,故房屋竣工综合验收的取消,在实质上对被告鸿瑞公司在协助原告彭某办理权属登记时,需向产权登记机关提供的资料的内容和标准并未作出改变,原、被告订立合同的基础并未被改变。房屋竣工综合验收的取消,不会导致被告不能依据合同约定的条件将办理房屋权属证书所需资料交产权登记机关备案,也未免除被告应将办理房屋权属证书所需资料在一定期限内提交产权登记机关备案的义务,合同的继续履行不会对原告造成明显不公平;在本案庭审中,双方亦均认可被告未将办理权属证书所需资料交产权登记部门备案的原因,并非房产管理局对房屋竣工综合验收的调整。故本院对

---

〔1〕 江苏省徐州市中级人民法院(2013)徐民终字第1652号民事判决书。

〔2〕 参见国家法官学院案例开发研究中心编:《中国法院2012年度案例》(房屋买卖合同纠纷),中国法制出版社2012年版,第10页。

原告主张房屋竣工综合验收的取消属情势变更,要求变更原、被告双方签订的《商品房买卖合同》第十五条的诉讼请求,不予支持。[1]

开发商逾期交房与逾期办证往往交织在一起,这是司法实践中的常见现象。

【案例8-5】 王某诉黑龙江某房地产开发有限公司商品房预售合同纠纷案

一审法院认为,关于被告逾期办证的违约金,因被告某房地产公司2015年12月31日前未能将经验收合格且符合合同约定的商品房交付给原告王某,即系被告原因,原告未能办理入户。即使原告于2015年12月31日办理了入户,涉案房屋的产权登记亦未能在720日内办理,因被告的行为已构成违约,原告要求被告赔偿逾期办理产权登记违约金的诉请,法院予以支持。二审法院亦持同样意见,维持一审判决。[2]

【案例8-6】 黄某新诉新疆胜天房地产开发有限公司商品房预售纠纷案

一审法院认为,关于原告要求被告支付2014年8月31日至2021年3月9日逾期交房违约金的问题。本院认为,双方签订的《商品房预售合同》第八、九条约定:被告应当在2014年8月30日将商品房交付使用,不能在规定时间内交付房屋的,被告按已付房款的日0.1‰向买受人支付违约金。依据《民法典》第五百七十七条规定:"当事人一方不履行合同义务或者履行合同义务不符合约定的,应当承担继续履行、采取补救措施或者赔偿损失等违约责任。"据此规定,被告逾期交付房屋,理应承担违约责任。被告辩称原告主张逾期交房违约金的请求已过诉讼时效的意见,本院认为,原告要求被告支付逾期交房违约金是一项给付性质的请求权,应适用一般诉讼时效即三年的法律规定,本案原告起诉的时间为2023年5月29日未超过3年的诉讼时效。本庭对被告的抗辩意见不予采信。被告支付逾期交房违约金9355.56元(433127.80×0.00001×72×30,2014年8月31日至2021年3月9日)。关于原告要求被告支付自2021年9月5日至2022年3月5日(7个月)逾期办证违约金的问题。双方签订的《商品房预售合同》第十五条约定:出卖人应当在商品房交付使用后180日内,将办理权属登记需由出卖人提供的资料报产权登记机关备案。依据《民法典》第五百七十七条规定:"当事人一方不履行合同义务或者履行合同义务不符合约定的,应当承担继续履行、采取补救措施或者赔偿损失等违约责任。"据此规定,被告至今未履行办证义务,理应承担违约责任,故原告主张逾期办证违约金,于法有据,本院予以支持。被

[1] 参见国家法官学院案例开发研究中心编:《中国法院2014年度案例》(房屋买卖合同纠纷),中国法制出版社2014年版,第80页。

[2] 参见国家法官学院、最高人民法院司法案例研究院编:《中国法院2020年度案例》(房屋买卖合同纠纷),中国法制出版社2020年版,第77页。

告辩称原告主张逾期办证违约金的请求已过诉讼时效的意见,本院认为,原告要求被告支付逾期办证违约金是一项给付性质的请求权,应适用一般诉讼时效即三年的法律规定,结合原告到人民法院主张权利的时间为2023年5月29日,原告主张的违约金未超过诉讼时效,被告辩称原告已于2022年2月21日办理完毕不动产权证。双方在《商品房预售合同》中未对逾期办证违约金的计算方式作出约定,依据《房屋买卖合同解释》第十四条第二款规定:"合同没有约定违约金或者损失数额难以确定的,可以按照已付购房款总额,参照中国人民银行规定的金融机构计收逾期贷款利息的标准计算。"故本院参照全国银行间同业拆借中心公布的贷款市场报价利率3.85%予以计算。则被告应支付的违约金为433127.80元×3.85%÷365×169天=7721元(2021年9月5日至2022年2月21日,共169天)。判决:一、被告新疆胜天房地产开发有限公司向原告黄某新支付逾期交房违约金9355.56元。二、被告新疆胜天房地产开发有限公司向原告黄某新支付逾期办证违约金7721元。[1]

应注意的是,如果出卖人没有过错,则其不应承担违约责任。在开发商将有关办理不动产证要求的相关材料报送不动产登记机构后,不动产登记机构对相关手续按照行政规章进行审批的过程和时间、最后何时发放产权证都非开发商主观意志所能决定,而在开发商递交的材料齐全的情况下,政策变化、不动产权属拖延办理或请示汇报等导致产权证迟延交付时,开发商是没有过错的,不应当承担违约责任。不动产登记机构事实上是行政机关的下属部门,行政色彩极为强烈。从办理初始登记开始,需要提交何种证明、交纳何种费用,法律没有统一规定,全凭各地自行创设,稍有不合要求的即不能办理,而不动产登记机构自行管理规定和操作规程不同导致办证迟延的情形具有普遍性。

(二)出卖人原因的除外情形

基于社会生活的复杂性,对"由于出卖人的原因"法官应正确理解其精神内涵,区分因政策变化引起的逾期办证情形和出卖人原因导致逾期办证的情形,而不是机械地对号入座。

【案例8-7】 张某诉中集公司商品房预售合同纠纷案

二审法院认为,双方当事人签订的《商品房预售合同》系双方当事人的

---

〔1〕 新疆维吾尔自治区乌鲁木齐市沙依巴克区人民法院(2023)新0103民初6270号民事判决书。

真实意思表示，合法有效。合同中明确约定了诉争房屋所在楼栋办理初始登记以及买受人取得诉争房屋所有权证的期间，该约定合法有效。依据约定，中集公司应当在2007年12月31日前取得诉争房屋所在楼栋的权属证明。北京市建设委员会于2007年5月11日颁布的373号文件和2008年6月12日颁布的545号文件，均是相关政府部门公开发布的关于办理房屋权属登记面积的专门性文件，颁布之后开始实施。按照上述373号文件的规定，存在楼外分摊部位的楼栋，须在该楼栋及参与该楼分摊的楼栋全部竣工并经规划验收合格后方可进行房屋面积实测。本案中，依据双方合同（含附件）的约定，诉争房屋所在楼栋存在楼外分摊，而实际上当时参与楼外分摊的楼栋并未竣工，因此导致诉争房屋所在楼栋办理初始登记的条件发生变化，办理登记的工作被迫中断。545号文件规定，对申请初始登记的已竣工楼栋，在计算分摊面积时可以使用未竣工房屋的预测面积数据，但需进行相应的公示。因此，上述政策调整，客观上影响了初始登记和转移登记工作的正常进行，导致中集公司无法在约定的期限内完成上述登记工作，这并非中集公司故意拖延。而在办理房屋登记面积的新政策调整后，中集公司按照新政策的要求办理了楼栋的初始登记并协助上诉人取得了房屋所有权证。依据现有证据，上诉人所称中集公司主观上存在拖延办理权属登记的过错的主张不能成立。因此，依据双方的约定，中集公司不应承担违约责任。综上，张某的上诉请求，依据不足，本院不予支持。〔1〕 本案中，由于该地产项目属于分期开发，整个开发过程延续的时间较长，在此过程中，由于相关部门的原因，办理初始登记的条件前后发生变化，出卖人办理初始登记需要提交的材料前后也不同，由此导致办理初始登记的时间逾期，同样，为买受人办理分户登记的时间也逾期。这种情形是相关部门调整办理房屋初始登记的条件造成的，并非“由于出卖人的原因”造成逾期，法院认定不是出卖人的过错。

【案例8-8】 姜某林诉扬州茂远投资置业发展有限公司商品房销售合同纠纷案

二审法院认为，茂远公司未能将办理权属登记的相关资料在约定期限内交至产权登记机关备案，致使办证迟延，此为事实。但根据《房屋买卖合同》第十五条以及《房屋买卖合同解释》第十八条之规定，由于出卖人的原因，致使买受人办证迟延的，出卖人才应承担违约责任。至于因何因素致使茂远公司无法履行约定义务以及该原因是否为“出卖人的原因”，具体分析如下：(1)茂远公司所购地块内高压杆线未及时迁移以及舜天路拓宽等因素，致使

〔1〕 参见国家法官学院案例开发研究中心编：《中国法院2013年度案例》（房屋买卖合同纠纷），中国法制出版社2013年版，第30～31页。

国土资源局迟至2012年8月28日才对出让土地的实际面积予以确认,并核发了土地批文,茂远公司进而办理土地分割登记,导致备案义务履行迟延。(2)城市规划调整,因系扬州市政府出台政策所决定,对此,茂远公司在签订国有土地使用权出让合同以及房屋买卖合同时均无法预见,并非"出卖人的原因",茂远公司可以免于承担违约责任。(3)关于舜天路拓宽改造,现有证据可以证实,扬州市政府于2007年即提出规划,并将其纳入2009年扬州城市建设和环境提升工作任务之中,因规划调整属茂远公司不可预见且不可控制的因素,构成不可抗力,对因此因素导致的办证迟延,茂远公司不应承担违约责任。综上,上诉人姜某林的上诉理由不能成立,原审判决认定事实清楚,适用法律正确,依法应予维持。[1]

开发商自身原因与政策不明的关系问题。通常来讲,政策可以作为不可抗力的一种或者成为情势变更的原因,但并不是所有的政策都是不可抗力或可以作为情势变更的原因。能够成为免责事由的政策,通常都具有突发性,并且适用对象较为广泛。对于不符合法定免责事由构成要件的政策,不能将其认定为不可抗力或情势变更的事由,进而免除违约一方的违约责任。当地政策不明晰与通常的政策变更不同,政策不明不能成为违约免责的事由。在政策不明的情况下,其实并没有完整明确的政策形成,在这种情况下当事人无法以未定的政策指导自己的行为,法官也不可能以不确定的内容作为裁判的依据。开发商因政策不明而违约时,即便开发商一直积极与政府协调处理,其也仍然要承担违约责任。

【案例8-9】 孔某英诉福建省某房地产开发公司商品房销售合同纠纷案

一审法院认为,被告某房地产公司称诉争车位无法办理权属登记并非被告的原因造成的,而系政府相关政策调整变更等原因所致,并提供相关部门协调函予以证明,本院认为,被告与相关部门协调问题,不足以排除被告自身的原因,故被告该辩称本院不予采纳。原告孔某英诉请被告支付逾期办证违约金,因被告于2016年8月25日告知原告诉争车位可以办理产权证书,故原告该项主张合理部分本院予以支持。[2]

购房人自身的原因如不履行办证协助义务而导致办证迟延的,不属于"由于出卖人的原因",开发商无须承担违约责任。根据规定,房屋权属登记通常是由开发商向不动产登记机构提交必要的手续,此过程中开发商和买受人有互相协助履行的义务,办证并非开发商的单方义务。如果购房人未及时履行配合义务导致办

---

〔1〕 参见国家法官学院案例开发研究中心编:《中国法院2015年度案例》(房屋买卖合同纠纷),中国法制出版社2015年版,第74~75页。

〔2〕 参见国家法官学院案例开发研究中心编:《中国法院2019年度案例》(房屋买卖合同纠纷),中国法制出版社2019年版,第23页。

证迟延，则此时不符合《房屋买卖合同解释》所规定的由开发商承担违约责任的归责要件（出卖人原因导致办证延迟）。

系第三人原因导致开发商在取得初始权属登记期间出现迟延的，属于开发商自身的原因范畴。对于办理测绘、消防验收及权属登记过程中出现迟延，是否可归结为开发商的原因这一问题学者的意见较为统一。一般认为，在购房人进入办证程序之前，开发商应首先准备好办理权属登记所需的相关文件。如果系第三人的原因开发商未能做好准备，则因这一阶段属于必须由开发商准备文件的期间，这种情况下的迟延就属于开发商的原因。至于是什么原因导致不能准备好，不属于办证（小确权）过程需要考虑的事实。因此，开发商以测绘、权属登记迟延有第三方的原因为由抗辩非属于开发商一方原因，要求免责的，不应支持。个案中，开发商抗辩系第三人原因造成的迟延不受法院采信。

【案例 8－10】　邓某锦、黄某丹诉万豪公司商品房销售合同纠纷案

二审法院认为，万豪公司提出，其不能及时办理房屋权属登记的原因是有关部门未出具商品房的测绘结果审核意见及测绘报告，其不承担逾期办证违约责任的理由，均是万豪公司与有关部门之间所应解决的问题，并不能免除万豪公司作为《商品房买卖合同（预售）》的一方当事人所应履行的合同义务，故一审判决认定万豪公司应承担逾期办理房屋权属证书的违约责任，并无不当。万豪公司于 2017 年 5 月 30 日前交付了商品房，依合同约定应在 2018 年 5 月 30 日前办理不动产登记有关手续，但万豪公司于 2018 年 12 月 6 日才办理完初始登记，万豪公司构成违约。至于办理房屋权属通知问题，2019 年 5 月 17 日《通知书》送达时间、内容明确，双方当事人无异议，应予采信。而 2019 年 1 月 15 日《国内挂号信函收据》，尚无法证明邓某锦收到办理房屋权属的通知。《商品房买卖合同（预售）》虽约定了"违约金累加最高不超过商品房总价 1%"的条款，但《合同法》规定……故邓某锦、黄某丹提出，该约定明显减轻，免除了万豪公司的合同义务，缺乏事实和法律依据。综上所述，万豪公司、邓某锦、黄某丹的上诉请求均不能成立，应予驳回。一审判决认定事实清楚，适用法律正确，应予维持。判决：驳回上诉，维持原判。[1]

不动产登记机构所花费的登记办证时间，应属于购房人和开发商哪一方的原因导致的迟延，应否由开发商承担违逾期办证违约责任有待探讨。可从两个方面进行考察：其一，从递件到出证这段时间，主要是不动产登记机构用于审查和办手续的时间，开发商无法控制，也别无选择。此外，递件办证主要是购房人的义务，

---

〔1〕　参见国家法官学院、最高人民法院司法案例研究院编：《中国法院 2021 年度案例》（房屋买卖合同纠纷），中国法制出版社 2021 年版，第 257～258 页。福建省三明市中级人民法院（2019）闽 04 民终 1867 号民事判决书。

开发商协助递件通常是依据购房人的授权,为购房人的利益进行,因此不宜将不动产登记机构审查办证导致的迟延归结为开发商一方的原因。其二,开发商在办备必要的文件资料后,对于登记办证所负有的主要是协助和配合购房人递交资料办证的义务。只要开发商善尽了其协助义务,例如及时通知购房人交资料和费用、及时协助购房人将办证资料交给不动产登记机构、提交办理房产证需要由开发商提交的资料给不动产登记机构,就应认定为妥善履行了其协助义务。至于不动产登记机构用于审查和办理登记手续的时间,不属于开发商的协助义务范围,开发商自然不对此期间出现的迟延负责。司法实践中,一般将开发商向不动产登记机构递交办证资料日作为认定是否逾期办证的时间点,而在此之后的不动产登记机构办理登记的时间不作为开发商的逾期时间。有法官认为,如果确实是国家房地产交易管理部门的原因导致买受人不能按期办理产权过户手续,而此原因并非出卖人能够控制,则应免除出卖人逾期办证的违约责任。此时如果仍然要求出卖人承担责任,虽然能够最大限度地保护买受人的利益,但这种让出卖人先替国家机关承担责任的做法,在实践中不但难以实现,而且会产生不好的社会效果,对出卖人也不公平。[1] 也就是说,行政机关不积极履行法定职责导致逾期办理房屋产权证的,开发商可不承担违约责任。

【案例8-11】 王某与慧友房地产公司商品房买卖合同纠纷案

一审法院认为,原告王某从被告慧友公司处购买房屋,被告理应依照相关的规定为原告办理产权证,但现有的证据表明,被告一直在积极地办理涉案房屋的产权手续,只是由于相关行政管理部门的原因,至今未能为原告办理房屋产权证,对此,被告不存在过错,鉴于现在给原告办理房屋产权证在客观上还不具备条件,判决驳回原告王某的诉讼请求。[2]

---

〔1〕 参见李玉林:《合同纠纷前沿问题审判实务》,中国法制出版社2014年版,第153页。

〔2〕 参见李玉林:《合同纠纷前沿问题审判实务》,中国法制出版社2014年版,第154页。

三、办理房产证纠纷的处理

（一）产权过户请求的处理

实践中，对于购房人请求法院判决产权过户的，法院应审查涉案房屋的性质，分类处理。在当事人购房资格审查过期的情况下，法院原则上不应支持该类诉讼请求。当地政府有相应的政策限制性规定，法院直接判决当事人办理产权过户手续，易导致当事人通过诉讼行为，规避相关的政策要求，故应由当事人依合同约定，按不动产管理部门规定程序，经审查合格后方可办理。

【案例8－12】 张某德诉马某辉房屋买卖合同纠纷案

一审法院判决马某辉将涉诉房屋过户至张某德名下。二审法院认为，因本市购房有相应的政策限制性规定，故法院不宜直接判决当事人办理产权过户手续，而应由当事人依合同约定，按房地产管理部门规定程序，经审查合格后方可办理，否则易导致当事人通过诉讼行为，规避相关的政策要求。[1] 二审法院对办理产权过户诉求处理妥当合理，亦符合法律规定。

对于产权过户纠纷案件，应正确理解和合理运用基于法律行为物权变动的区分原则。购房人按约定支付了房屋价款，则出卖人应按照合同约定协助购房人办理房屋过户登记，转移房屋的所有权。

【案例8－13】 陆某成诉张某堂房屋买卖合同纠纷案

一审法院认为，双方约定5年后办理房屋过户手续，但被告张某堂至今未协助原告陆某成办理过户手续，没有完全履行合同义务，故对原告要求被告协助办理过户手续的请求予以支持。[2]

---

〔1〕 参见国家法官学院案例开发研究中心编：《中国法院2016年度案例》（房屋买卖合同纠纷），中国法制出版社2016年版，第149页。

〔2〕 参见国家法官学院案例开发研究中心编：《中国法院2017年度案例》（房屋买卖合同纠纷），中国法制出版社2017年版，第169页。

【案例8－14】 张某云与广州市恒安房地产开发有限公司房屋买卖合同纠纷案

一审法院认为,《民法典》于2021年1月1日开始施行,根据《民法典时间效力规定》第一条第二款的规定,本案属于《民法典》施行前的法律事实引起的民事纠纷案件,应当适用当时的法律、司法解释的规定。根据《房屋买卖合同解释》第五条的规定:"商品房的认购、订购、预订等协议具备《商品房销售管理办法》第十六条规定的商品房买卖合同的主要内容,并且出卖人已经按照约定收受购房款的,该协议应当认定为商品房买卖合同。"原、被告双方签订的虽为认购书,但是其内容已经对交易房屋的位置、建筑面积、房屋成交价格等进行了明确约定,该认购书签订后,原告已经支付了购房款,被告也已履行主要义务,将案涉房屋交付给原告使用多年,因此该认购书已经具备了《商品房买卖合同》的主要内容,应当认定为《商品房买卖合同》。该认购书是双方当事人真实意思表示,故案涉合同应为合法有效,双方均应恪守履行。案涉房屋目前未发现存在办理不动产权证书的障碍,故原告要求被告协助其办理案涉房屋的不动产权证书的诉讼请求于法有据,本院对此予以支持。[1]

【案例8－15】 刘某阳、熊某飞诉桃江县跃宇房地产开发有限公司商品房买卖合同纠纷案

二审法院认为,本案为商品房预售合同纠纷。二审争议的争议焦点:(1)刘某阳、熊某飞与跃宇公司所签订的《商品房预(销)售合同》中关于面积差异处理是否合法有效。(2)一审判决跃宇公司如果未于判决生效后六十日内为刘某阳、熊某飞办理不动产权证,向刘某阳、熊某飞支付迟延履行金40000元是否正确。关于焦点一,《民法典》第五百零九条第一款规定:当事人应当按照约定全面履行自己的义务。本案中,跃宇公司未为刘某阳、熊某飞办理涉案房屋不动产权证,已超出了合同约定的办证期限,但双方所签订的《商品房预(销)售合同》明确约定刘某阳、熊某飞预测面积预收购房款,待建筑面积确定后刘某阳、熊某飞多退少补原则确定具体的商品房价款,跃宇公司在取得房屋实测面积后,于2021年4月25日向刘某阳、熊某飞邮寄了《通知》,告知了房屋的实测面积和补交面积差价等事宜。根据上述法律规定,刘某阳、熊某飞在知道房屋实测面积后,有义务按照《商品房预(销)售合同》约定的"多退少补"原则补交房屋面积差价。跃宇公司以刘某阳、熊某飞未交清面积差价为由拒绝为刘某阳、熊某飞代办不动产权证,具有相应的合

---

〔1〕 广东省广州市白云区人民法院(2023)粤0111民初13862号民事判决书。

同依据,并未违反诚信原则,二审应予纠正。一审法院判令跃宇公司为刘某阳、熊某飞办理所购买房屋的不动产权证处理正确。关于涉案房屋的面积差价款的处理问题,因跃宇公司未在本案中提起反诉,不能并案处理,跃宇公司可依据《商品房预(销)售合同》约定及相关法律规定向刘某阳、熊某飞另行主张权利。关于焦点二,本案中,跃宇公司未按《商品房预(销)售合同》约定的时间为刘某阳、熊某飞办理产权证,构成违约;因刘某阳、熊某飞未按照《商品房预(销)售合同》约定"多退少补"原则向跃宇公司交纳差价款,同样构成违约。一审法院在双方均存在过错且责任大体相当的情况下,对刘某阳、熊某飞要求跃宇公司支付违约金的请求不予支持。在刘某阳、熊某飞未提出该诉讼请求的情况下,一审判决在判决书主文后载明若跃宇公司未在生效判决指定期间内履行办证义务,支付迟延履行金40000元,没有事实和法律依据,二审应予纠正。跃宇公司不按生效文书履行义务时,刘某阳、熊某飞可申请人民法院强制执行。综上所述,跃宇公司的上诉理由成立,本院予以支持。一审判决认定事实清楚,适用法律虽有瑕疵,但裁判结果正确。判决:驳回上诉,维持原判。[1]

根据《民法典》第五百三十五条的规定,案例中原告与被告之间没有合同关系,但基于法律赋予原告的代位权,原告可以突破合同的相对性,将债务人诉至法院,请求被告履行转移房屋所有权的义务,实现自己的合法权益。

【案例8-16】 罗某政、黄某英诉白某文等房屋买卖合同纠纷案

一审法院认为,罗某政、黄某英与被告白某文签订了房屋买卖协议,协议书中关于宾阳县宾州镇建设区X号及土地的买卖行为合法有效;在上述协议生效后,被告白某文依约向罗某政、黄某英交付了购房款,并将上述土地使用权变更登记至其名下,但未办理房屋过户手续。2006年白某文与原告签订的关于上述房地产买卖的房地转让协议书系双方真实意思表示,不违反法律强制性规定,该协议合法有效,本院予以确认,原告已依约履行了付款义务,被告白某文即负有协助原告办理房地产过户手续的义务。现造成上述房地产不能办理过户登记的原因,一是被告白某文拒不协助原告办理土地使用权的变更登记手续;二是上述房屋的产权人还登记在被告罗某政、黄某英名下,在罗某政、黄某英与被告白某文签订的房屋买卖协议及白某文与原告签订的房地转让协议均生效的情况下,罗某政、黄某英即负有义务协助将上述房产过户至白某文名下,然后白某文再负有协助将上述房屋过户至原告名下的义务,现由于罗某政、黄某英、白某文怠于履行其应负义务,房屋所有权人

[1] 湖南省益阳市中级人民法院(2022)湘09民终1148号民事判决书。

尚登记在罗某政、黄某英名下，导致原告签订合同的目的未能实现，根据《合同法》第七十三条之规定，原告关于被告罗某政、黄某英在本案判决生效后10日内将上述房地产过户至被告白某文名下，在被告罗某政、黄某英履行完上述义务后10日内被告白某文协助原告办理上述房地产的过户手续的请求，合法有据，本院予以支持。原告主张本案受理费及办理上述房地产过户手续所需费用由其全部承担，系当事人对自身权利的处分，不违反法律规定，予以确认。[1]

请求办理土地使用证过户手续的问题。实践中，在于房改房买卖的场合下，出卖人可能仅取得房屋所有权证并未取得土地使用证，买卖合同中又没有约定出让房屋后取得土地使用证的归属的，土地使用证应归出卖人还是买受人？根据《民法典》第三百五十七条规定建筑物、构建物及其附属设施转让的，该建筑物、构建物及其附属设施占用范围内的建设用地使用权一并处分。土地和房屋等地上建筑物、构筑物及其附属设施都属于法定的不动产范畴，二者在自然属性上是连为一体的，离开了土地，房屋等地上建筑物、构筑物及附属设施就失去了其作为不动产的基础。在房屋交易市场的交易习惯中，除房屋买卖双方有特别约定外，买卖双方在通常情况下所称的房屋产权转让，应是包括地上建筑物所有权和土地使用权在内的转让。也就是说，办理不动产过户手续应包含办理土地使用证过户手续的内容，当事人有特别约定的除外。应注意现在是房屋所有权证与土地使用证两证合一，不动产权证包括房屋所有权和土地使用权，自然包括土地使用权证内容。

【案例8－17】　郑某春诉辛某、肖某婷房屋买卖合同纠纷案

一审法院认为，原告郑某春已按协议的约定履行了给付房屋价款，因此，被告辛某及肖某婷向原告履行交付房屋义务同时负有协助原告办理房屋产权变更手续的附随义务。虽然两被告已协助原告办理了房屋所有权证的过户手续，但两被告并未协助原告办理国有土地使用证的过户手续，两被告仍应继续履行协助原告办理国有土地使用证的义务，现原告请求两被告履行协助办理国有土地使用证过户手续的义务的主张，本院予以支持。二审法院认为，上诉人、被上诉人双方在签订的《房屋卖断契约》中并没有就单元房的土地使用权部分作出特别约定，现上诉人称其房屋产权的转让不包括房屋土地使用权在内，有违市场交易习惯。因此，两上诉人的上诉理由不能成立，其上诉请求

---

〔1〕 参见国家法官学院案例开发研究中心编：《中国法院2016年度案例》（房屋买卖合同纠纷），中国法制出版社2016年版，第183页。

不予支持。原审认定事实清楚，适用法律正确，所作判决并无不当。[1]

出卖人不履行协助义务引发的违约责任纠纷在实践中多发。《民法典》第五百零九条规定了出卖人的协助义务，出卖人对其出售的房屋负有协助购房人办理不动产产权过户登记的义务。房屋买卖合同签订后，购房人死亡，出卖人对房屋继承人负有协助办理不动产产权过户登记的义务。

【案例8-18】　唐某莲、赵甲、赵乙、赵丙、赵丁诉张某生、覃某珍房屋买卖合同纠纷案

一审法院认为，协议签订后，赵己（唐某莲之夫）已付清了购房款，被告张某生、覃某珍除向赵己移交房屋并交付房产权属证明材料外，还负有协助赵己办理房屋产权转移过户的义务。赵己作为房屋的买受人，其去世后，被告是否有义务协助原告办理房屋转移过户手续？赵己生前与被告张某生、覃某珍签订的《房屋转让协议》，本院已认定该协议合法有效。对于不动产的交易，须依法进行登记，才发生效力。《物权法》第九条第一款规定：不动产物权的设立、变更、转让和消灭，经依法登记，发生效力；未经登记，不发生效力，但法律另有规定的除外。依此规定，赵己与被告张某生、覃某珍签订《房屋转让协议》后，虽然被告张某生、覃某珍已向赵己交付了房屋并移交了房屋权属证明材料，但是只有依法去办理房屋所有权变更、转让登记后，才发生房屋所有权变动的法律后果。上述的房屋在没有依法办理不动产物权的变更、转让登记之前，不发生所有权转移效力，也未发生房屋所有权变动的法律后果，故该份《房屋转让协议》相对买受人赵己而言，仅是赵己本人依法所拥有的以财物作为履行标的的债权。《继承法》第三条规定："遗产是公民死亡时遗留的个人合法财产，包括……（七）公民的其他合法财产。"《最高人民法院关于贯彻执行〈中华人民共和国继承法〉若干问题的意见》第三条规定：公民可继承的其他合法财产包括有价证券和履行标的为财物的债权等。房屋买受人赵己去世后，五位原告作为其法定继承人，根据上述法律规定，通过继承该份以财物作为履行标的的债权获得相应的合同权利。因此，被告张某生、覃某珍对其转让给赵己的房屋，在买受人赵己去世后，仍有义务协助原告办理将该房屋的权属转移过户的手续。被告辩称主张其没有义务协助五位原告办理房屋权属转移过户手续，没有法律依据，本院不予支持。[2]

协助购房人办理不动产权属登记是开发商应尽的合同义务以及法定义务，不

〔1〕　参见国家法官学院案例开发研究中心编：《中国法院2016年度案例》（房屋买卖合同纠纷），中国法制出版社2016年版，第237页。

〔2〕　参见国家法官学院案例开发研究中心编：《中国法院2017年度案例》（房屋买卖合同纠纷），中国法制出版社2017年版，第159页。

能因房屋尚未竣工而免除。

【案例8-19】 谷某昭诉大连华成天宇房地产开发有限公司商品房买卖合同纠纷再审案

最高人民法院认为,按照谷某昭与华成天宇公司签订的《关于“南山1910”住宅房屋认购的补充协议》的约定,如华成天宇公司不能按合同约定办理产权证,则视华成天宇公司违约,华成天宇公司应按房屋总额的日0.3‰承担违约金,直至办理完毕止。又按照双方签订的《补充协议》第四条的约定,华成天宇公司应确保2013年5月31日正式交房,且应当在正式交房1年内具备办理产权证的条件。由此可见,华成天宇公司应当在房屋交付使用后的一定期间内协助谷某昭办理权属登记备案,否则承担违约责任。此项义务是华成天宇公司应履行的合同义务。同时,依据《城市房地产开发经营管理条例》第三十三条有关“房地产开发企业应当协助商品房购买人办理土地使用权变更和房屋所有权登记手续,并提供必要的证明文件”的规定,房地产开发企业负有协助买房人办理房屋权属登记的法定义务。但涉案房屋并没有办理竣工验收,谷某昭就已实际占有使用,涉案房屋并非经验收质量合格的商品房。因此,根据《合同法》第二百七十九条“建设工程竣工经验收合格后,方可交付使用;未经验收或者验收不合格的,不得交付使用”、《建筑法》第六十一条第二款“建筑工程竣工验收合格后,方可交付使用;未经验收或者验收不合格的,不得交付使用”、《城市房地产管理法》第二十七条“房地产开发项目设计、施工,必须符合国家的有关标准和规范。房地产开发项目竣工,经验收合格后,方可交付使用”及《城市房地产开发经营管理条例》第十七条第一款“房地产开发项目竣工,经验收合格后,方可交付使用;未经验收或者验收不合格的,不得交付使用”等法律法规的规定,竣工验收是房屋交付使用的必经环节,建设工程经竣工验收合格后,始具备交付使用的条件。虽然谷某昭实际占有使用涉案房屋,但本案房屋至今尚不具备办理房产登记的法定条件,待具备办理房产登记的法定条件后,华成天宇公司负有协助谷某昭办理房产登记的义务。因此,谷某昭要求华成天宇公司继续履行合同,协助办理房产登记的部分请求应予支持。原审法院因尚不具备办理房产登记的条件判令谷某昭可另行主张属于适用法律错误,最高人民法院依法予以纠正,判决撤销二审判决,华成天宇公司应于判决生效且具备房屋所有权登记备案手续办理条件后,协助谷某昭办理过户手续,将该房屋的房地产权利登记至谷某昭名下。[1]

---

〔1〕 参见《民商事再审典型案例及审判经验》,人民法院出版社2019年版,第187~188页。

在城乡接合部，有的房主在房屋上私自增建、扩建，即存在违法建筑，致使房屋现状与房屋不动产权登记证书中记载的房屋信息不一致。出卖人负有将房屋恢复至原登记的权利状态并消除行政限制的义务。在购房人同意按现状交付并自愿承担恢复原状义务的情况下，出卖人应依据诚实信用原则与购房人将房屋恢复至原状、消除行政限制后协助购房人完成房屋过户手续。

【案例8－20】　顾某兰、李某友诉卫某智、万某霞等房屋买卖合同纠纷案

一审法院认为，关于买卖合同能否继续履行的问题，即涉案房屋能否办理产权变更登记手续。卫某智、万某霞辩称涉案房屋上存在超出房屋产权证书记载范围的其他建筑，致使涉案房屋无法办理过户手续。法院认为，涉案房屋上存在与房屋产权证书记载的内容不符的部分建筑，系卫某智、万某霞在出售房屋之前私自增建，卫某智、万某霞将房屋出售后，应依诚实信用原则，积极将涉案房屋存在的与房屋产权证书内容不符部分的建筑自行拆除后，再将房屋交付给买受人。在卫某智、万某霞不主动拆除该部分建筑的情况下，该部分建筑已影响了房产变更登记，李某友、顾某兰有权利使房屋恢复至产权登记状态。李某友、顾某兰购买的是依据房屋产权证书登记记载的合法房屋，其在诉讼中也表示自愿将房屋恢复至产权登记状态，因此涉案房屋上存在的增建房屋既不是影响合同效力的合理理由，也不能成为卫某智、万某霞不履行办理房屋过户手续义务的借口。在李某友、顾某兰将房屋的四至、外观形状、建筑面积等恢复至产权登记状态并通过相关行政机关审查认可后，卫某智、万某霞应积极协助李某友、顾某兰办理房屋过户手续。二审法院亦持同样意见，维持一审判决。[1]

在房屋买卖合同签订并履行后，出卖人死亡的，房屋继承人应为购房人办理房屋过户手续。

【案例8－21】　李某诉张甲房屋买卖合同纠纷案

二审法院认为，刘某、李某作为买方，已支付了全部价款并入住了诉争房屋。张甲被宣告死亡后，其因买卖房屋而产生的债权债务应由继承人一并继承。故原审法院认为，张乙继承张甲所有的诉争房屋后，应当以其继承的财产清偿张甲尚未履行的合同义务，代张甲办理诉争房屋所有权过户手续，系正确判决，应予以维持。[2]

---

〔1〕　参见国家法官学院、最高人民法院司法案例研究院编：《中国法院2020年度案例》（房屋买卖合同纠纷），中国法制出版社2020年版，第80页。

〔2〕　参见北京市高级人民法院编：《审判前沿——新类型案件审判实务》（总第46集），法律出版社2013年版，第126页。

对于登记在家庭成员中未成年人名下的家庭共有房屋,其未成年人可以看作家庭财产登记代表人,不能改变房产权属系家庭财产的性质,其家庭成员与未成年人负有共同协助购房人办理不动产产权转移登记的义务。

【案例8-22】 吕某林诉威海市环翠区环安建筑公司等房屋买卖合同纠纷案

一审法院认为,本案争议的第二个焦点为,在诉争房屋已登记所有权人为隋甲的情况下,隋乙能否继续履行买卖合同,与隋甲协助吕某林办理房屋过户手续。吕某林与隋乙之间的买卖合同关系依法成立并生效,双方均应履行各自的义务。吕某林已向隋乙支付了房款,隋乙除应履行交付房屋的义务之外,还应积极履行协助吕某林办理房屋过户手续等合同附随义务。虽然诉争房屋现登记在隋甲名下,但从查明的事实看,隋乙代表隋甲与水产开发公司签订的房地产买卖契约仅为了办理房屋登记所用,二者之间并不存在真正的买卖合同关系。另外,隋甲当时尚未成年,不具有经济能力,仍属于隋乙的家庭成员,隋乙将房屋登记在其家庭成员名下不能阻却其继续履行为吕某林办理房屋过户手续的义务,隋乙应与隋甲共同协助吕某林办理房屋过户手续。因此,吕某林的诉讼请求,理由正当,予以支持。[1]

购房人从开发商处购买房屋,尚未办理产权登记,又将该房屋转卖给第三人,第三人能否直接请求开发商协助办理权属证书,因现行法律和司法解释对此并无规定而有争议。最高人民法院民一庭认为,对此实践中存在两种观点:第一种观点认为,基于合同相对性原则,第三人只能要求买受人协助办理房屋产权变更登记,不能直接向开发商主张。第二种观点认为,前后合同处于连续状态,第三人代替了买受人的位置,为交易便捷,可以判决中间省略登记,最终买受人可直接要求开发商协助办理产权变更登记。该研究组同意第一种观点,理由如下:(1)符合合同相对性的法理。《民法典》第四百六十五条第二款规定:“依法成立的合同,仅对当事人具有法律约束力,但是法律另有规定的除外。”合同在相对人之间发生效力,除法律明确规定外,一般不能约束合同以外的第三人。对于连环买卖,虽然针对同一标的物,且交易彼此连续,但仍属于不同的主体之间的法律关系,故第三人不能突破合同相对性直接向出卖人主张权利,除非符合《民法典》第五百三十五条有关代位权的规定。(2)防止国家税收流失。根据我国房地产税收有关法律规定,二手房交易需要交纳营业税、个人所得税、契税等税种,如果允许第三人直接向出卖人即开发商主张过户,将使中间环节的税收被规避,导致国有资产流

---

〔1〕 参见国家法官学院案例开发研究中心编:《中国法院2018年度案例》(房屋买卖合同纠纷),中国法制出版社2018年版,第168页。

失，同时有民事审判阻碍国家行政权之嫌。(3)合理平衡债权人利益。如果允许第三人直接向出卖人请求过户，买受人的债权人利益可能会受损。特别是在买受人恶意逃债时，其与第三人虚构房屋买卖合同，由第三人通过法院裁判获得房屋所有权，使买受人的债权人利益落空。[1]

房屋连续买卖中办理变更登记的问题。在各方当事人均对合同无异议的情况下，对于讼争房屋的所有权变更登记手续如何办理有不同观点。在房屋流转过程中所签订的合同，实质上是一种债权让与，房屋的买受人将自己对房屋的占有权通过买卖合同的形式转移给房屋的下手买受人，不需要依次办理房屋所有权转移登记，故法院可判决登记所有权人直接变为终局买受人。实践中，拆迁安置房连续买卖但未办理所有权登记，即被拆迁人在未取得房屋所有权的前提下将其资格权利以买卖合同的形式转让给下手，而下手又将该房屋或资格连续转让，在可以办理房产证的前提下，终局买受人可请求被拆迁人的安置人履行合同约定协助义务，直接变更。

【案例8－23】　张某诉曾某鸿、陈某华房屋买卖合同纠纷案

> 一审法院认为，原告张某与第三人段某华凭《授权委托书》和《声明书》签订的《房屋买卖合同》系双方当事人的真实意思表示，且不违反强制性规定，合法有效。因二被告曾某鸿、陈某华系该房屋的初始登记人，在该房屋买卖发生后，二被告就有协助办理房屋过户的义务。因此，二被告的辩称理由不能成立，本院不予采纳。[2]

出卖人与第三人协助房屋过户的义务。涉案房屋登记至第三人名下，但是在该登记行为所依据的合同被确认无效后，第三人就不具有涉案房屋所有权。而购房人之债权行为(房屋买卖合同)被认定有效后，购房人与出卖人双方不必再另行达成物权变动之合意，购房人仅需办理房屋过户登记即能获得涉案房屋之所有权。出卖人与第三人恶意串通，将房屋所有权登记至第三人名下，损害了购房人的权益的，双方均有义务协助购房人办理过户手续。也就是说，在房屋多重转让的场合下，第三人购买诉争房屋时明知前手购房人已经购买并且合法占有，仍然与出卖人订立房屋买卖合同并进行房屋变更登记的，其行为侵害合法购房人的利益，属于恶意登记行为，不能对抗合法购房人的权利。购房人主张出卖人及第三人协助办理过户手续的，法院应予支持。

---

〔1〕参见最高人民法院民事审判第一庭编：《民事审判实务问答》，法律出版社2021年版，第97页。

〔2〕参见国家法官学院案例开发研究中心编：《中国法院2016年度案例》(房屋买卖合同纠纷)，中国法制出版社2016年版，第229页。

【案例8－24】 朱某元、柏甲诉柏乙、沈某珍房屋买卖合同纠纷案

一审法院认为，涉案房屋系被告柏乙、沈某珍原有老房拆迁所得，第三人在建造老房时并未成年，因此依据老房所取得的包括涉案房屋在内的拆迁权益应由被告享有。被告与第三人在2011年3月21日签署的协议书性质系赠与合同，其时原告朱某元、柏甲已经在涉案房屋居住多年，而且与被告居住在同一栋楼上，作为被告女儿女婿的第三人对此不可能不知情。因此一审法院认为该赠与系被告与第三人恶意串通，损害第三人利益，应属无效，第三人无权取得涉案房屋所有权。原告要求被告移交房屋产权的诉讼请求实际含义为要求被告协助办理房屋产权过户手续。现原告已经履行了付款义务，被告应当及时协助原告办理涉案房屋产权过户手续，第三人与被告恶意串通将涉案房屋登记在其名下，已经损害了原告的合法权益，故第三人也有义务协助原告将涉案房屋过户至原告名下。二审法院认为，虽然涉案房屋已经登记在第三人名下，但是其并未取得房屋支付对价，不符合善意取得的条件，第三人取得所有权的依据已不能成立，故原告基于真实有效的房屋买卖关系，有权要求将涉案房屋产权过户到自己名下。原审判决事实清楚，适用法律正确，被告及第三人的上诉理由均不能成立。〔1〕

【案例8－25】 董某诉王某房屋买卖合同纠纷案

一审法院认为，已生效的民事判决认定董某自2000年购买诉争房屋后已交付房款，并于2001年8月9日接受该房屋后一直占有使用至今，董某系房屋的合法买受人。依据原、被告之间签订的《房地产买卖契约》及补充协议，原告有权要求被告协助办理房屋的产权过户登记手续。虽然第三人梁某已办理诉争房屋所有权变更登记，但生效民事判决已认定梁某主观上存在恶意串通的故意，被告将房屋转让给梁某的行为无效，梁某并不享有该房屋的所有权。鉴于诉争房屋登记在第三人名下，原告有权要求第三人予以协助过户。法院判决被告王某及第三人梁某协助原告办理房屋过户手续。二审法院亦持同样意见，维持原判。〔2〕

合同有效与房屋过户关系问题。房屋过户与合同有效并不等同，二者有联系又有区别，合同有效是房屋过户的前提和基础，但合同有效的后果并非必然是房屋产权过户。根据《买卖合同解释》第三条的规定，无权处分合同应为有效。“处分”包括负担行为与处分行为，负担行为表现为债权行为，其法律效果是债权的产生和变更；处分行为表现为物权行为，其法律效果是财产权利的产生和变更。区

---

〔1〕 参见国家法官学院案例开发研究中心编：《中国法院2015年度案例》（房屋买卖合同纠纷），中国法制出版社2015年版，第210页。

〔2〕 山东省威海市中级人民法院（2016）鲁10民终字第1342号民事判决书。

分负担行为和处分行为的意义在于，债权合同仅使债务人对债权人负担履行债务的义务，而不使诉争债权在成立的当时就实现，不能使买受人因买卖合同的缔结即取得标的物的所有权。合同效力不受处分权有无的影响，而是取决于当事人的意思表示是否真实及是否存在法定的无效事由。只要签订合同的双方意思表示真实，达成合意，且不具有《民法典》第一百五十三条规定的无效情形，即使没有办理物权登记，合同依然有效。对于设立负担行为的买卖合同的效力，其不以出卖人对买卖标的物享有所有权为要件；而对于关乎物权变动的处分行为，在未经共有人同意之前，其效力待定。对于买受人请求强制履行房屋买卖合同的，法院应依据房屋共有人的意思表示，作出继续履行与否的判决。对于单方处分行为，房屋共同共有人不同意的，其处分行为无效，涉案房屋不能过户，法院不支持其诉求。反之，法院则可以支持其诉求。最高人民法院民一庭的倾向性意见为，出卖人出卖登记在其名下的共有房屋不符合《物权法》第九十七条（对应《民法典》第三百零一条）规定的条件或者共有人约定的条件，在房屋买卖合同有效的情况下，买受人请求履行房屋买卖合同，其他共有人不同意出卖该共有房屋，并表示不予协助办理该房屋权属变更登记手续的，人民法院应驳回买受人关于继续履行合同的诉讼请求。[1]

【案例 8－26】　张某诉雷某欧、李某宝房屋买卖合同纠纷案

二审法院认为，涉案房屋系雷某欧与李某宝的夫妻共同财产，所有权登记在雷某欧名下，雷某欧未经李某宝同意擅自处分共有房屋，侵犯了李某宝的共有权利，构成无权处分。当事人一方以出卖人在缔约时对标的物没有所有权或者处分权为由主张合同无效的，人民法院不予支持。故张某与雷某欧签订的房屋买卖合同为有效合同，原审法院认定正确，本院予以确认。然而，依据我国《物权法》之规定，合同有效不一定能够引起物权变动。本案中，张某要求雷某欧依据合同约定协助办理涉案房屋的过户手续，因雷某欧欠缺处分权，其需征得共有权人李某宝的同意方有权处分共有财产，而李某宝现明确表示不同意将涉案房屋所有权转让给张某，故张某诉请缺乏法律依据，原审法院对于张某要求雷某欧协助办理产权变更登记的诉讼请求予以支持，依据不足，本院予以纠正。关于张某要求雷某欧赔偿损失事宜，张某可另案主张。综上所述，原审法院处理不当，本院予以纠正。[2]

【案例 8－27】　刘某与李某、陈某房屋买卖合同纠纷案

一审法院认为，至于刘某请求李某、陈某继续履行合同的诉讼请求，经查

---

〔1〕 参见最高人民法院民事审判第一庭编：《民事审判指导与参考》2014 年第 1 辑（总第 57 辑），人民法院出版社 2014 年版，第 153 页。

〔2〕 参见国家法官学院案例开发研究中心编：《中国法院 2015 年度案例》（房屋买卖合同纠纷），中国法制出版社 2015 年版，第 8 页。

明，李某在出售案涉1802房屋时，伪造了陈某的签名，而在本案诉讼过程中，陈某明确表示不同意出售案涉1802房屋，根据《物权法》第九十七条"处分共有的不动产或者动产以及对共有的不动产或者动产作重大修缮的，应当经占份额三分之二以上的按份共有人或者全体共同共有人，但共有人之间另有约定的除外"的规定，在陈某作为案涉1802房屋共同共有权人的情况下，要想继续履行《房屋买卖合同》，实现该共有房屋的物权变动，必须取得该房屋共有权利人陈某的同意。鉴于陈某在本案中明确表示不同意出售案涉1802房屋，故刘某主张继续履行合同的诉讼请求，不符合上述《物权法》规定的条件，不予支持。至于在合同有效且不能履行情况下刘某的权益保护问题，刘某可以变更诉讼请求，要求解除合同并请求房屋出卖人李某承担违约责任，对此，在法院已经向刘某明确释明其可变更诉讼请求的情况下，刘某仍坚持其原来的诉讼请求，故对刘某在本案中要求李某、陈某继续履行案涉《房屋买卖合同》、协助办理房屋权属变更的诉讼请求，予以驳回。[1]

对于房屋共有人事后同意房屋转让的，法院应支持购房人要求房屋共有人协助办理过户手续的请求。

【案例8－28】 王某诉孙某珍房屋买卖合同纠纷案

二审法院认为，依据查明的事实，涉案房屋系孙某珍与姜某光的夫妻共同财产，所有权登记在孙某珍名下，孙某珍未经姜某光同意，擅自处分共有房屋，侵犯了姜某光的共有权利，构成无权处分。一审中，因姜某光明确表示不同意将涉案房屋所有权进行转让，故孙某珍欠缺处分权，原审法院依法驳回王某的诉讼请求，于法有据。现姜某光在二审中表示同意孙某珍将涉案房屋出售给王某，亦同意继续履行买卖合同，故孙某珍处分涉案房屋已取得共同共有人同意，因此，王某要求孙某珍依据合同约定协助办理涉案房屋的权属转移登记手续，依据充分，本院予以支持，并对原审判决依法改判。[2]

无处分权人签订的房屋买卖合同有效，无权处分行为影响的是合同的履行。房屋产权人拒绝办理产权过户手续，导致合同虽有效但实际履行不能时，购房人享有合同的解除权。至于产权人，其可向无权处分人追责。

【案例8－29】 张某奎诉严某、李某芳房屋买卖合同纠纷案

一审法院认为，诉争房屋所有权人为李某芳，严某将诉争房屋出售给张

---

〔1〕 参见最高人民法院民事审判第一庭编：《民事审判指导与参考》2014年第1辑（总第57辑），人民法院出版社2014年版，第150～151页。

〔2〕 参见国家法官学院案例开发研究中心编：《中国法院2015年度案例》（房屋买卖合同纠纷），中国法制出版社2015年版，第97～98页。

某奎、万国奥西公司的行为系无权处分;房屋乃人们生活中的重大财产,李某芳作为诉争房屋的产权人,其称对诉争房屋及所有权证交付给张某奎的行为不知情,不符合常理;无权处分行为涉及的是合同能否履行以及合同履行后相对人能否取得标的物所有权问题,并非必然影响该合同的效力。故严某与张某奎、万国奥西公司签订的协议书,系双方真实意思表示,内容不违反相关法律行政法规的强制性规定,应属有效。双方均应依约定履行义务。对于严某主张该协议书为抵押合同而非房屋买卖合同的抗辩意见,因该协议书约定的主要权利义务是房屋价格及交付,且严某并未提供抵押合同成立的相关证据,故对此抗辩意见,本院不予采信。对于李某芳主张张某奎与严某恶意串通协议无效的反诉请求,未提供相应证据,本院不予支持。本案中,诉争房屋买卖协议的相对方为张某奎与严某、万国奥西公司,因万国奥西公司放弃对诉争房屋的权利,现张某奎要求严某过户的请求,因产权证书上登记的权利人为李某芳,故签订房屋买卖协议的相对方严某自始没有履行的能力,现李某芳不同意过户,故张某奎要求严某及所有权人李某芳将诉争房屋过户的请求,本院不予支持。由此造成房屋买卖协议不能履行的后果,当事人可另行主张。张某奎持原审起诉意见提起上诉,后又撤回上诉,二审法院予以准许。[1]

出卖人的行政违法行为构成过户法律障碍的,法院不宜直接判决出卖人履行所有权变更登记义务。

【案例8-30】 洪某风与昆明安钡佳房地产开发有限公司房屋买卖合同纠纷案

最高人民法院认为,在洪某风已经按约支付全部价款的情况下,安钡佳公司应当依法按约向洪某风交付房产并协助办理所有权变更登记。百富琪商业广场存在违规超建的事实,但该行政违法并不针对本案争议房产。安钡佳公司向洪某风交付房产并不存在法律上和事实上的障碍,对洪某风有关安钡佳公司交付案涉房产的诉请,予以支持。而因前述行政违法行为构成涉案房产所有权变更之法律障碍,于本案中直接判决安钡佳公司履行办理所有权变更登记义务并不妥当。安钡佳公司应在相关行政违法事项消除后,协助洪某风办理所有权变更登记。后续事项如因新的事实出现而再起争议,洪某风可另循法律途径解决。[2]

---

〔1〕 参见国家法官学院案例开发研究中心编:《中国法院2018年度案例》(房屋买卖合同纠纷),中国法制出版社2018年版,第261页。

〔2〕 参见最高人民法院民事审判第一庭编:《民事审判指导与参考》2015年第3辑(总第63辑),人民法院出版社2016年版,第195页。

(二)逾期办证违约责任的处理原则

对逾期办证违约责任的处理应本着“有约定从约定,无约定从法定”的原则,按照双方合同约定计算逾期办证违约金。

【案例8-31】 洪某松诉海南金榕投资开发有限公司等房屋买卖合同纠纷案

一审法院认为,合同履行过程中,原告洪某松依约向第二被告支付了全部房产价款307369元。2005年8月30日,被告将房屋交付给原告,原告接收房产后,相继办理了电卡开户、购电、有线电视开发等手续后正式入住。后原告又将该房产进行出租,并就出租房屋交纳相应的税费,以上事实均能证明原告已实际占有并使用该房产。第二被告至今未为原告办理房产证,已构成违约,应承担违约责任,原告请求被告为其办理产权证以及支付逾期办证违约金有理,予以支持。[1]

【案例8-32】 叶某明诉重庆名豪实业(集团)股份有限公司商品房预售合同纠纷案

一审法院认为,按照商品房买卖合同的约定计算,逾期办证违约金每日为270元(90000元×3‰),一年即为98550元(365天×270元/天),本案被告逾期办证两年之久,按约定计算违约金金额远远超过购房款90000元,且原告一直领取客房租金至今,无实际损失,故本院认为双方约定的违约金过高,应予调整,本院酌情按已付房款的每日万分之五计算,被告至开庭之日已逾期办证970天(从2007年12月31日起至2010年8月26日止),计违约金43650元(970天×90000元×0.5‰)。[2]

购房人起诉开发商承担办证违约金后,法院判决支持的办证违约金截止期仍未办证的,购房人仍有权起诉在截止期后的违约金。

【案例8-33】 刘某与S投资管理有限公司商品房销售合同纠纷案

一审法院认为,原告曾以被告逾期交房及逾期办理产证为由向本院提起诉讼,本院已判决由被告支付原告至2021年9月27日止的逾期交房违约金

---

〔1〕 参见国家法官学院案例开发研究中心编:《中国法院2012年度案例》(房屋买卖合同纠纷),中国法制出版社2012年版,第68页。

〔2〕 参见国家法官学院案例开发研究中心编:《中国法院2012年度案例》(房屋买卖合同纠纷),中国法制出版社2012年版,第10页。

及逾期办理小产证的违约损失。该案判决后，被告至今仍未能交付房屋，也未能取得该项目大产证，故原告起诉要求被告支付自2021年9月28日起的逾期交房违约金及逾期办理小产证的违约损失并无不当，考虑到该项目至今仍未竣工验收，目前无法确定实际交房及办证日期，故本院根据案件实际情况将逾期交房违约金、逾期办理小产证违约损失的截止日暂计算至本案判决之日止。判决：（1）被告S投资管理有限公司应于本判决生效之日起十日内支付原告刘某逾期交房违约金（以4533444元为基数，自2021年9月28日起至2023年6月20日止，按照日万分之一的标准计算）；（2）被告S投资管理有限公司应于本判决生效之日起十日内支付原告刘某逾期办理小产证的违约损失（以4533444元为基数，自2021年9月28日起至2023年6月20日止，按照同期全国银行间同业拆借中心公布的贷款市场报价利率的标准计算）。[1]

关于违约金的调整问题，尽管双方在合同中对逾期办证违约金的计算方式进行了约定，但应根据开发商的要求，依照《民法典》的规定，在违约金过高时，适当地降低违约金。应注意的是，当预售合同签订时，开发商已经取得了竣工验收备案证明书，此时，延期办证违约金的计算仍应按照合同约定。

逾期办证违约责任特别约定的适用问题。在国家有关合同主管机关推荐示范文本中，有两项逾期办证违约责任选择，第一项为退房并按已付房价款赔偿损失，第二项为承担违约金。双方当事人一致选择第一项的，一旦开发商出现逾期办证违约行为，购房人只有要求开发商继续履行合同，而不能主张继续履行之外的其他违约责任承担方式，这实际上排除了《房屋买卖合同解释》第十四条违约责任方式的适用。在双方有此明确约定的前提下，购房人不能再向开发商主张违约金，如果支持主张违约金势必违背双方形成的合意，有违私法中的意思自治原则。

【案例8-34】　曾某春与物华物业发展有限公司商品房买卖合同纠纷再审案

再审法院认为，物华公司在商品房交付使用后未依约履行办证等相关合同义务，致使曾某春至今不能取得房地产权证书，其行为构成违约，其应继续履行办证义务。对于曾某春起诉要求物华公司按《房屋买卖合同解释》第十八条的规定支付违约金的诉讼请求。再审法院认为，该条解释仅对当事人无特殊约定的情况下确定违约金的方法进行了规定，而在当事人有约定时应按约定处理。本案中，双方当事人所订的合同文本为重庆国土资源和房屋管理

［1］　上海市浦东新区人民法院（2023）沪0115民初52846号民事判决书。

局印制、重庆市工商行政管理局监制的标准文本,并非一方当事人单方制定的格式合同,合同中的内容属双方当事人的真实意思表示,且合同中对逾期办证的违约责任在第十五条中分两种情形进行了列举,供双方选择,双方同意按第一项处理,而没有选择第二项,系对违约责任方式作出了约定而非没有约定,本案应按约定处理。双方约定的内容没有选择逾期办证支付违约金,曾某春请求支付违约金的诉讼请求与约定不符,不能成立,本院不予支持。综上所述,原审判决认定的基本事实正确,适用法律亦正确。维持原审法院民事判决。〔1〕

合同未约定违约金的处理问题。《房屋买卖合同解释》第十四条规定的是"合同没有约定违约金或者损失数额难以确定",如何确认合同约定或实际损失符合这一规定,在个案中有较大的争议。关于"合同没有约定违约金"和"损失数额难以确定"是否需要同时具备的问题,笔者认为,从该条款内容看,此处用了"或者"一词,应理解为二者只需具备其一,即可适用央行的标准,尽管法理上理解二者同时具备应该。关于开发商由于自身原因逾期办证的违约责任无约定时的处理,最高人民法院民一庭认为,如当事人之间就此没有约定或者约定不明而又不能通过协商加以明确的,则人民法院应根据《房屋买卖合同解释》第十四条第二款的规定,即"合同没有约定违约金或者损失数额难以确定的,按照已付购房款总额,参照中国人民银行规定的金融机构计收逾期贷款利息的标准计算"来确定出卖人应承担的违约责任。根据中国人民银行《关于人民币贷款利率有关问题的通知》(银发〔2003〕251号)第三条的规定,逾期贷款罚息利率由原来的按日2.1‰计收利息,改为在借款合同载明的贷款利率水平上加收30%~50%。而由于商品房买卖合同并非借款合同,其也不会约定贷款利率,故依此确定违约金存在一定障碍。在《房屋买卖合同解释》未对此作进一步明确规定的情况下,根据《民法典》第六百四十六条规定:"法律对其他有偿合同有规定的,依照其规定;没有规定的,参照买卖合同的有关规定。"鉴于买卖合同义务的对等性,人民法院可参照《买卖合同解释》第十八条第四款"买卖合同没有约定逾期付款违约金或者该违约金的计算方法,出卖人以买受人违约为由主张赔偿逾期付款损失,违约行为发生在2019年8月19日之前的,人民法院可以中国人民银行同期同类人民币贷款基准利率为基础,参照逾期罚息利率标准确定出卖人应承担的违约责任;违约行为发生在2019年8月19日之后的,人民法院可以违约行为发生时中国人民银行授权全国银行间同业拆借中心公布的一年期贷款市场报价利率(LPR)标准为基础,加计30%~50%计算逾期付款损失"的规定,来确定出卖人应当承担的违

〔1〕 参见薛海明、黄忠:《商品房买卖合同中违约责任特别约定的适用》,载《法律适用》2012年第11期。

约责任。[1] 对于在合同中约定了退房及退房违约金的，在购房人选择不退房而主张逾期办证违约责任时，不能适用退房违约金的约定，应视为未约定违约金，但在合同中约定了选择了不退房可以适用的除外。

实践中，对于未约定逾期办证违约金的，法官以不超过购房款总额的30%比例裁定。

【案例8－35】 杜某东诉南阳市博基置业有限责任公司商品房销售合同纠纷案

二审法院认为，本案中，签订合同时当事人应预见到逾期办证可能造成的损失不超过购房款，被上诉人也未提供充分证据证明损失超出房款，故违约金的计算总额不应超过可能造成的最大损失即购房款的30%，即351320元×30%＝105396元。对被上诉人主张违约金过高部分不予支持。[2]

实践中，当开发商违约逾期办理土地使用证，且合同未就违约行为约定违约金时，有的法院不支持购房人违约金诉求而支持损害赔偿。

【案例8－36】 郭某诉某县市场管理中心商品房预售合同纠纷案

二审法院认为，关于某县市场管理中心逾期未办理国土证，应当承担多大的违约责任的问题。房屋权属证书包括房屋所有权证和国土证，某县市场管理中心应按其承诺的期限协助郭某办理国土证，逾期未能办理，应当承担逾期办证的违约责任。因双方合同中未约定逾期办证的违约金，郭某主张按照《房屋买卖合同解释》第十八条第二款的规定，请求给付违约金约15万元。因为郭某早已取得房屋及其房产证，国土证的逾期办理不影响郭某对房屋的占有、使用、收益、抵押、买卖，也难以降低房屋的交易价值，郭某也未提交证据证明某县市场管理中心逾期办理国土证而给其造成的损失，结合郭某因维权而产生的误工费、交通费等实际费用、合同的履行情况、当事人的过错程度等，酌情判令某县市场管理中心赔偿郭某损失2000元。[3]

在办证不能的情况下，双方未对损害赔偿作出约定，《房屋买卖合同解释》第十五条亦未明确计算损失的方法，则应限制守约方直接援引第十四条规定的标准。法官除支持买受人解除合同的诉讼请求外，还应支持其要求出卖人承担违约金的诉讼请求，但不参照中国人民银行逾期贷款利率计算损害赔偿金额，而应根

---

〔1〕 参见最高人民法院民事审判第一庭编：《民事审判实务问答》，法律出版社2021年版，第101～102页。

〔2〕 参见国家法官学院案例开发研究中心编：《中国法院2019年度案例》（房屋买卖合同纠纷），中国法制出版社2019年版，第32页。

〔3〕 参见曾耀林、王辉：《非房地产企业开发行为的法律适用》，载《人民司法·案例》2013年第16期。

据案件实际情况酌定出卖人应当承担的赔偿数额。

【案例8－37】 林某诉北京华普国际大厦有限公司商品房买卖合同纠纷案

一审法院认为,现原告据此主张解除购房合同并赔偿损失,由被告返还购房款,于法有据,本院予以支持。由于双方当事人在合同中没有约定逾期办证的违约责任,守约方可以主张延期办证的法定违约金或相应的损失,按照《房屋买卖合同解释》第十八条的规定处理。现原告依据该司法解释的规定要求被告支付自1998年5月27日起至判决生效之日期间延期办证的损失,理由充分,予以支持。关于损失的具体数额,法院结合当事人的实际损失,兼顾公平合理原则,依法酌定。据此,判决给付原告延期办证损失45万元。[1]

对于既有开发商的原因又有购房人原因造成逾期办证的,以及有开发商原因又有行政主管部门请示协调原因造成逾期办证的,即混合原因造成逾期办证是处理的疑难问题。笔者认为,对混合原因造成的逾期办证,在个案中应区分具体情况处理。对开发商原因造成逾期办证时间段内的损失,由开发商承担违约责任。在开发商履行办证通知义务后,购房人迟延交付相关资料造成逾期办证时间段内的损失,则应由购房人负责,而开发商不承担违约责任。对既有开发商原因又有行政主管部门原因的,亦应分清责任,分别计算迟延时间,扣除"政策的原因""不动产登记机构的原因"或"购房人的原因"引起的迟延时间后,再认定开发商是否逾期办证,进而确定计算违约金的时间。

【案例8－38】 黄某诉广州番禺奥林匹克花园房地产开发有限公司逾期办证违约责任纠纷案

二审法院认为,在奥园房产公司发出办证通知后,黄某应积极向奥园房产公司提交相关办证资料并填写办证申请。一审期间,黄某确认其于2004年11月15日向奥园房产公司提出办证申请,二审中黄某又辩称其已于2003年11月29日向奥园房产公司递交办证资料,但其提供的《收件回执》盖章单位非奥园房产公司,奥园房产公司亦不予确认其在2003年11月29日收到过黄某的资料,因此,黄某二审陈述所依据的证据不足以推翻其一审作出的对其不利的陈述,根据最高人民法院《关于民事诉讼证据的若干规定》第七十四条的规定,本院确认黄某的一审陈述,即黄某于2004年11月15日才向奥园房产公司提起办证申请,当日奥园房产公司已向房管部门递交资料协助黄某办证,履行了其协助办证义务。因此,自2003年11月16日起至2004

〔1〕 参见北京市高级人民法院编:《审判前沿——新类型案件审判实务》2007年第1辑(总第17辑),法律出版社2007年版,第52页。

年12月20日止房管部门核发讼争房屋房产证期间,均不是因奥园房产公司的责任导致的办证迟延期间,依照双方合同约定,奥园房产公司无需承担此期间的逾期办证违约责任。综上,黄某上诉请求奥园房产公司承担自2003年4月1日起至11月15日止的逾期办证违约责任,合法有据,予以支持,违约金可以依照双方约定的以黄某已付房价款289199元为本金,按银行同期贷款利率标准计算;黄某请求奥园房产公司支付2003年11月16日之后的逾期办证违约责任,缺乏合同依据,不予支持。原审判令驳回黄某全部诉讼请求不当,予以纠正。[1]

按照房屋所在地办理竣工验收备案的规定,开发商应向行政主管部提交诸多完整材料才能进入审批流程,其欠缺某一材料而未进入审批流程是开发商自身原因所致,开发商应承担这段迟延时间的违约责任。

【案例8-39】　王某志诉福建百宏房地产开发有限公司商品房预售合同纠纷案

一审法院认为,被告百宏公司提供的竣工验收备案证明书及关于"百宏·滨江花宛"的工程竣工验收备案文件送交安溪县住房和城乡规划建设局并于2013年3月11日通过备案,但其所针对的是竣工验收备案,并非办证资料备案,不足以证明被告已向当地房屋权属登记办理房屋权属登记,并将办理权属登记需由出卖人提供的材料交付给原告王某志。正是因为被告作为建设单位违反了原建设部《建筑工程施工许可管理办法》第二条、第三条的规定,在未取得施工许可证的情况下擅自开工,才产生新旧文件执行存在交叉的情况,也才产生安溪县住房和城乡规划建设局在办理该工程竣工备案时,需针对该工程由两家单位施工、两个文件对异对检测的规定不同及新旧文件执行存在交叉的情况,多次请示上级主管部门和多方协调。因此,被告开发的百宏·滨江花苑工程迟延至2013年3月11日才通过竣工验收备案,不是政策的原因造成的,而是被告的原因造成的。此外,安溪县住房和城乡规划建设局多次请示上级主管部门和多方协调,也只是造成被告开发的百宏·滨江花苑工程迟延通过竣工验收备案,只可能导致被告迟延交房,而不是迟延办证。由于被告至今未能提供证据证明,其已向安溪县房屋权属登记机构办理房屋所有权初始登记,并将办理权属登记需由被告提供的材料交付给原告,根据合同第十四条的约定,其应当自2011年5月21日起按已付房价款270763元的日0.01%向原告支付违约金,直至其履行完该协助办证义

[1] 参见最高人民法院中国应用法学研究所编:《人民法院案例选》2007年第1辑(总第59辑),人民法院出版社2007年版,第240~241页。

务时止。被告辩称,原告请求被告支付逾期办理房屋权属证书违约金已超过诉讼时效,及延长房屋权属证书办理时间的原因是福建省建设厅的文件临时更改,并不是被告的违约行为,与事实不符,本院不予采纳,其要求驳回原告的诉讼请求,本院亦不予支持。综上,原告诉讼请求合法的部分,本院予以支持。[1]

违约金最高限额的约定无效及处理。房屋买卖合同中关于逾期办证违约金最高限额的格式条款若有违公平原则,明显减轻开发商合同义务的,法院应当认定该格式条款无效。

【案例8-40】 刘某与山东宝龙实业发展有限公司房屋买卖合同纠纷案

一审法院认为,根据本案合同第十五条的约定,逾期办证违约金由"出卖人按已付房价款的日万分之零点五向买受人支付违约金,但该违约金最高不超过已付房价款的百分之一"。上诉人主张"违约金最高不超过已付房价款的百分之一"系无效的格式条款,对此二审法院认为,格式条款是当事人为了重复使用而预先拟定,并在订立合同时未与对方协商的条款,本案中《商品预售合同》第十五条的内容是由被上诉人打印并提供的,系为重复使用而事先拟定且在订立合同时未与对方协商的条款,因此该条款系格式条款。根据《合同法》第四十条的规定,提供格式条款一方免除其责任、加重对方责任、排除对方主要权利的,该条款无效。在本案中,被上诉人作为专业从事商品房开发与销售的企业,应遵循诚实信用与契约自由原则,在与上诉人充分协商的基础上对双方的权利义务进行约定,但该条款中关于违约金最高不超过已付房价款的百分之一的约定明显减轻了被上诉人自身的责任,对于该减轻其违约责任的特殊约定,被上诉人并未举证证实其采取了合理方式进行提示。同时,该特殊约定的内容显失公平。逾期办证将影响上诉人对房屋权利的合理利用,但被上诉人限制了逾期办证违约金的最高额之后,便可无限期拖延办证且不用过多承担责任。由此,本案双方合同中关于逾期办证违约金最高限额的约定有违公平原则,明显减轻了被上诉人的合同义务,符合《合同法》第四十条规定的"提供格式条款一方免除其责任"的情形。根据《合同法解释(二)》第十条规定,提供格式条款的一方当事人违反《合同法》第三十九条第一款的规定,并具有《合同法》第四十条规定的情形之一的,人民法院应当认定该格式条款无效。综上所述,双方合同中关于逾期办证违约金最高限额的约定属于无效格式条款,逾期办证违约金应当按照已付房价款的日万分

〔1〕 参见国家法官学院案例开发研究中心编:《中国法院2016年度案例》(房屋买卖合同纠纷),中国法制出版社2016年版,第33页。

之零点五计算。对于逾期办证的时间,被上诉人主张计算至2012年1月13日宝龙城市广场A区商业2号楼整体房产登记完毕为止,但双方合同中关于产权登记被上诉人义务截止时间是“办理权属登记需由出卖人提供的资料报产权人登记机关备案”为止,该楼房的整体登记完成并不意味着应由被上诉人提供的资料已提供完毕,被上诉人也无证据证实其张贴通知业主提交资料的公告的时间,因此,逾期办证违约金的截止时间应计算至上诉人的房产登记时间2013年9月16日,上诉人关于逾期办证违约金的计算方式的主张符合双方合同约定,依法应予支持。[1]

长期以来,开发商与购房人签订的房屋买卖合同都属于格式条款合同,开发商为了降低“逾期交房、逾期办证”违约风险,在合同中明确表示违约责任固定为几千元或将违约金的比例调得极低。购房人主张逾期交房违约金和逾期办证违约金的,法院一般应予支持,但是在违约金数额上因受“合同约定”难以支持购房人诉求,这对于购房人不公平。为了解决该问题,江西高院印发《开发商逾期交房、办证违约责任纠纷案件审判指引》明确“开发商逾期交房、逾期办证违约金约定低于日0.5‰(年1.8%),视为无效格式条款,按银行逾期贷款利息标准计算”。该指引具有操作性,赋予法官对过低合同约定违约金认定和处理的依据。

开发商逾期办证行为是否给购房人造成损失,是值得探讨的问题。逾期办证行为造成购房人所有权的“缺陷”,影响了购房人对财产的处分,给急需再次交易的买受人带来了交易的不便,但从近年的房地产市场情况来看,房屋价格总体趋势呈上升状态,逾期办证客观上往往并未使购房人的房屋价值贬值,反而使其有所增值。对此应理解为,补偿性是违约损害赔偿的基本特征,根据《民法典》的规定,补偿性的违约损害赔偿须遵循完全赔偿原则,即损害赔偿的范围不仅要包括受害人遭受的全部实际损失,还应包括可得利益损失。逾期办证客观上给购房人造成的损失,主要是购房人的可得利益损失,这种可得利益的多少由于行为未实施,具体数额是不确定的,需由法官在个案中根据具体案情裁定。

逾期办证违约金计算的截止时间。在实务中,对逾期办证违约金计算的截止时间理解不尽相同,争议颇多。逾期办证违约金计算至购房人取得权属证书时止的观点虽然直观和便于操作,但却将办理权属证书过程中的一些风险责任完全推给开发商承担,这是不合理的也是不公平的。双方当事人未明确约定由开发商负责办理房屋权属证书,开发商仅承担协助办证义务的,逾期办证违约金计算至开发商将需要由其提供的办理不动产权属登记的资料(包括法律、法规规定应报送

[1] 山东省泰安市中级人民法院(2015)泰民一终字第97号民事判决书。

的资料以及不动产行政主管部门要求提供的其他资料),报送至房屋所在地不动产主管部门并告知购房人时止。该观点在审判实践中已得到认可。换言之,在由开发商负责办理房屋权属证书的情况下,逾期办证违约金计算至开发商将有关购房人办理不动产权属证书的资料交给不动产登记部门并已具备办证条件时止,较为公平合理。

【案例8-41】 巫某瑛、余某丽诉清流永顺房地产开发有限公司商品房销售合同纠纷案

一审法院认为,关于二原告巫某瑛、余某丽要求被告清流永顺公司支付逾期办证违约金的问题。被告负责代办房屋权属证书,有双方的陈述在案为凭,本院予以认可。双方订立的《商品房买卖合同》约定,如系出卖人原因,买受人不能在讼争商品房交付使用后90日内即2013年8月26日(含26日)取得房屋权属证书,买受人不退房,出卖人自逾期之日起每日按买受人已付款的0.01%支付违约金,即如非被告原因致使办理房屋权属证书迟延,则不应由被告承担违约责任。故被告在负责代办房屋权属证书的情况下应承担自2013年8月27日开始至其将有关购房户办理房屋权属证书的资料交给政府主管部门并已具备办证条件止的违约金。本案中,被告提供的清流县房屋交易管理所出具的《关于永顺花园房屋办证情况的说明》说明的是永顺花园1—8号楼的办证情况,无法证明被告已在2012年将二原告办理房屋权属证书的资料交给政府主管部门并已具备办证条件。现二原告和被告均未能提供证据证明被告将原告办理房屋权属证书的资料交给政府主管部门并已具备办证条件的具体时间,根据《房屋登记办法》第二十三条的规定,结合二原告所提供的房屋所有权证上所载明的登记时间2014年3月31日,酌定被告提交二原告的办证资料并已具备办证条件的时间为2014年2月17日。因此,被告应支付自2013年8月27日开始计算至2014年2月17日止的违约金9156.67元(523238元×0.01%×175天)。被告主张其是为二原告代办房屋权属证书,代理行为产生的后果应由委托人即二原告承担,无论是否逾期办证,后果均应由二原告承担,于法无据,本院不予支持。被告主张违约金过高,但未能提供证据予以证明,本院不予支持。[1]

【不同处理】 有的法院是将违约金计算至不动产证交付给购买者之日。

---

〔1〕 参见国家法官学院案例开发研究中心编:《中国法院2017年度案例》(房屋买卖合同纠纷),中国法制出版社2017年版,第235~236页。

【案例 8－42】　潘某诉房地产公司商品房预售合同纠纷案

一审法院认为，本案中，被告逾期交房，且至今不具备办理房产登记的条件，违约事实清楚，依法应承担违约责任。……关于原告主张的逾期办证违约金问题。因被告至今未取得涉案房屋所在楼栋的所有权初始登记，更无法将办理商品房转移登记的有关文书交付给原告。故被告应按照合同约定，每日按已付房价款的万分之一向原告支付逾期交付办理商品房转移登记有关文书的违约金直接履行该义务时止。自 2018 年 7 月 1 日起，截至 2020 年 1 月 19 日，被告已逾期 566 天，应向原告支付违约金为 363102 元（已付房价）×0.0001（每日违约金）×566 天（违约天数）＝20552 元，法院对此予以支持 20552 元，并对被告以原告该诉请违反一案一诉的原则辩解不予采信。判决：(1)被告房地产公司向原告潘某支付逾期交房违约金 11329 元；(2)被告房地产公司向原告支付逾期交付办理商品房转移登记有关文书的违约金(2020 年 1 月 19 日前为 20552 元，自 2020 年 1 月 20 日起继续每日按 36.31 元的标准计算至被告房地产公司向原告潘某交付办理商品房转移登记的有关文书之日止)；(3)驳回原告潘某的其他诉讼请求。[1]

实践中，法院可以判决违约方承担支付违约金和继续履行两种责任。

【案例 8－43】　刘某诉李某君房屋买卖合同纠纷案

一审法院认为，在刘某已依约支付首付款、李某君已取得涉案房屋产权登记后，双方理应办理网签及过户手续。而李某君未依约偿还贷款、未依约配合刘某过户房屋，且在其与刘某的交易发生后、刘某已就此对其提起诉讼时将诉争房屋为他人办理抵押登记，并在一审中恶意隐瞒此事、在二审中突袭提出此事导致案件发回重审，李某君不仅存在违约行为，也存在阻却房屋过户及法院判决履行之恶意，给刘某造成了损失，李某君应承担违约责任、赔偿损失并负担相关费用，违约金以刘某主张的 50 万元为限判付。个人所得税因系国家政策变化所生、属双方缔约时无法预期，依公平原则双方各负担 50%。未偿还的贷款的本息从刘某欠付的剩余购房款中扣除。据此判决，原、被告双方继续履行房屋买卖合同，办理网签合同并办理过户手续，被告承担违约金 50 万元。[2]

【案例 8－44】　韩某诉李某亮房屋买卖合同纠纷案

一审法院认为，本案中，原告韩某按照合同约定支付了定金及购房首付

---

〔1〕 参见国家法官学院、最高人民法院司法案例研究院编：《中国法院 2022 年度案例》（房屋买卖合同纠纷），中国法制出版社 2022 年版，第 32 页。贵州省贵阳市乌当区人民法院（2020）黔 0112 民初 688 号民事判决书。

〔2〕 参见国家法官学院案例开发研究中心编：《中国法院 2018 年度案例》（房屋买卖合同纠纷），中国法制出版社 2018 年版，第 225 页。

款,履行了己方的主要义务,庭审中原告明确表示愿意一次性支付剩余购房款,且具备购房资格,被告李某亮接收了原告的定金及购房首付款,且已经将房屋交付给原告实际占有、使用;现诉争房屋符合过户条件,故原告韩某与被告李某亮之间的合同关系应继续履行,故原告要求被告李某亮继续履行《北京市存量房屋买卖合同》及其《补充协议》义务,协助原告办理房屋所有权转移登记手续之诉讼请求,符合法律规定,北京市昌平区人民法院予以支持。关于原告韩某主张的违约金,虽双方在《补充协议》中约定了尾款支付方式和过户方式,在2016年10月之前,涉案房屋无法办理房屋所有权证书系因罗顿公司违约,不是被告李某亮的责任。后被告李某亮与罗顿公司协商,由被告李某亮自行缴纳契税并办理房产证。因双方此前并未就该情况下的过户方式及违约金达成协议,故原告要求自立案之日起计算违约金,北京市昌平区人民法院不予支持。现因被告在庭审中表示愿意配合过户,原告也当庭表示要求继续履行,视为双方就《补充协议》第二条房屋过户进行了补充约定,在此基础上,双方应信守承诺继续履行,同时也依合同约定承担迟延履行责任。[1]

非商品房交易中逾期办证的违约责任问题。实践中,房屋置换交易(也称非商品房交易)时有发生,如单位用自建房与私产房屋所有人置换等。在上述情形下,置换单位未按置换合同给房屋所有人的房屋办理房产证,有的法院参照适用《房屋买卖合同解释》第十四条规定确定置换单位承担逾期办理房产证的违约责任。

【案例8-45】 母甲诉哈尔滨工业大学房屋拆迁补偿合同纠纷案

二审法院认为,关于母甲要求哈尔滨工业大学为其办理房屋产权手续及赔偿损失的请求应否支持的问题。哈尔滨工业大学与母甲之父母乙签订《房屋置换协议书》后,母乙履行了交付私产房屋的义务,哈尔滨工业大学亦按协议约定及母甲的申请履行了为母甲置换房屋的义务,但未履行协助母甲办理房屋所有权证及土地证的义务。由于案涉房屋在房地产登记部门没有登记备案,不符合办理房屋所有权证及土地证的条件,现无法办理权属手续,也无法确定办理时限,无法办理的原因系哈尔滨工业大学自身因素。房屋作为不动产,其权属变更以登记为物权变动生效要件。变更登记不能系违反房屋置换合同的违约行为,就房屋置换的损失,房屋置换人应予以赔偿。哈尔滨工业大学认为案涉房产系单位集资自建房屋,不属于商品房,因此不同意予以

〔1〕 参见国家法官学院案例开发研究中心编:《中国法院2018年度案例》(房屋买卖合同纠纷),中国法制出版社2018年版,第239~240页。

赔偿。根据我国《经济适用住房管理办法》的规定,单位集资建房是经济适用住房的组成部分,单位集资建房不得新征用或新购买土地建房,且参加集资建房的对象仅限于本单位职工。但是本案中母甲原房屋的土地使用权非哈尔滨工业大学享有,母甲也非本单位职工。因此,哈尔滨工业大学对母甲原房屋进行置换的行为非单位集资属性,系属以物易物的方式进行的商品交易行为,故母甲与哈尔滨工业大学之间签订的《房屋置换协议书》本身具有商品房买卖性质,哈尔滨工业大学逾期未办理房屋权属登记手续,应当比照《房屋买卖合同解释》第十八条的规定,双方在商品房买卖合同的标的物尚未建成时签订合同,买受人母甲自房屋交付使用之日起60日内未取得房屋权属证书,且双方合同没有约定违约金且损失数额难以确定,应当按照已付购房款总额,参照中国人民银行规定的金融机构计收逾期贷款利息的标准计算损失。母甲该项上诉请求于法有据,予以支持。[1]

补充协议无效后应按主合同约定承担办证违约责任。商品房买卖合同的补充协议与主合同一样,同样可能存在格式条款,对于其效力的认定,应根据条款约定的内容及具体履行情况,综合判断是否存在免除开发商责任或排除购房人主要权利的无效情形。在补充协议被认定无效后,开发商逾期办证的仍应承担商品房买卖合同约定的违约责任。

【案例8-46】 李某耀、蔡某梅诉福建聚宏房地产开发有限公司房屋买卖合同纠纷案

二审法院认为,虽然讼涉《合同补充协议》第八条约定不适用《商品房买卖合同》第十四条,转为约定聚宏公司应当在讼涉商品房取得竣工综合验收备案证明后12个月内,向商品房所在地房屋权属登记机构办理房屋所有权初始预登记(即将逾期办证的起算条件由房屋交付使用变更为房屋取得竣工验收备案证明)。但综合本案具体情形,聚宏公司与李某耀、蔡某梅在讼涉商品房未通过竣工综合验收的情况下,于2015年8月违约对讼涉商品房进行了交付(接收),即双方已经用实际履行行为变更了商品房买卖合同第八条第四款关于讼涉商品房在规定日期内未达到交付条件(包括竣工验收),买受人可拒绝接收房屋,由出卖人承担逾期交房违约责任的约定。换言之,由于讼涉商品房的违法交付,实际上聚宏公司已经无需承担逾期交房(包括逾期竣工验收)的违约责任。因此,在合同对聚宏公司积极履行房屋竣工验收义务已经失去约束的情况下,讼涉《合同补充协议》第八条将竣工验收作为

---

〔1〕 参见国家法官学院案例开发研究中心编:《中国法院2019年度案例》(房屋买卖合同纠纷),中国法制出版社2019年版,第133页。

逾期办证的起算条件,客观上造成聚宏公司因其违法交付行为,反而可以长期怠于履行协助办证义务而无需承担任何违约责任的后果,在实体上规避了聚宏公司作为商品房出卖人主要义务之一的协助办证义务。综合聚宏公司在2015年实际已经因为银行断贷而出现施工困难的事实,可以认定聚宏公司对于讼涉商品房无法及时通过竣工验收主观上是明知的,其与李某耀、蔡某梅签订讼涉合同补充协议具有明显的规避出卖人办证义务及违约责任的意图。根据《合同法》第四十条的规定,提供格式条款一方免除其责任、加重对方责任、排除对方主要权利的,该条款无效。讼涉合同补充协议系聚宏公司提供的格式合同,其第八条第一款(含转变逾期办证起算条件、将协助办证义务限缩为办理初始预登记、为逾期办证违约金设定上限等)具有免除聚宏公司协助办证义务及违约责任的情形,依法应认定为无效条款。故本案逾期办证的违约责任仍应根据讼涉《商品房买卖合同》第十四条的约定,由聚宏公司在讼涉商品房实际交付(2015年8月5日)后90日开始,每日按已付款的0.01%计付逾期办证违约金。聚宏公司关于其不承担逾期办证违约责任的上诉主张不能成立,不予采纳。依上述计算,本案逾期办证违约金数额已超过一审认定的数额,但因李某耀、蔡某梅未提起上诉,是其对自身权利的处分,对一审判决认定的违约金数额不予调整。二审法院判决:驳回上诉,维持原判。[1]

开发商由于自身原因逾期办证,但已将商品房交付购房人使用多年,在其后完善相关手续可办理不动产证,而不影响购房人购房目的的实现,因此法律只支持购房人由开发商承担办证违约金,而不予支持解除合同等诉求。

【案例8-47】 陈某渝等诉粤豪公司房屋买卖合同纠纷案

一审法院认为,第一,因粤豪公司在建设过程中有违法建设行为,被阳溯县住房和城乡建设局进行了行政处罚。该房产开发项目在2016年7月28日才通过竣工规划验收,以致粤豪公司未在合同约定的期限内将办理权属登记的相关资料提交产权登记机关备案,致使陈某渝等三人至今不能取得所购房屋的合法权属证书。粤豪公司的行为已经构成违约,其应当承担违约责任。第二,根据双方签订的《商品房买卖合同》及其附件的约定可见,粤豪公司代陈某渝等三人办理房屋所有权证及陈某渝等三人交纳契税等税费的行为系双方书面约定的合同内容之一。而陈某渝等三人要求粤豪公司退还上述费用,实际上是对合同附件四约定的内容提出了解除的主张。

《合同法》对合同解除条件有明确规定,即双方当事人协商一致,或者一

〔1〕 参见《人民司法·案例》2020年第32期(总第907期)。福建省漳州市中级人民法院(2020)闽06民终1433号民事判决书。

方当事人根本违约致使合同目的不能实现。本案中,陈某渝等与粤豪公司签订《商品房买卖合同》的主要目的系其向粤豪公司购买案涉房屋,并取得该房屋的所有权。经庭审查明,案涉房屋已实际交付给陈某渝等三人使用,虽现阶段陈某渝等三人暂时无法取得产权证书,粤豪公司已明确表示,若能完善相关手续事宜,即可办理权属证书,陈某渝等三人的购房目的即可实现。粤豪公司不同意退还上述费用,陈某渝等三人亦未提供其他证据证明粤豪公司已不能为其办理权属证明导致其根本无法实现购买案涉房屋的合同目的。故在陈某渝等三人对合同中的其他条款均未提出异议并已接收案涉房屋的情形下,其仅主张解除具有法律效力的《商品房买卖合同》中的一项约定内容,于法无据。另外,根据双方签订的《商品房买卖合同》的约定,陈某渝等三人依约向粤豪公司交付契税等税费,是履行合同义务的表现,至于上述费用的利息,双方并未约定,故陈某渝等三人要求粤豪公司返还契税等税费并支付利息的诉讼请求,无事实和法律依据,法院不予支持。判决:粤豪公司向陈某渝、李某、陈某涵支付逾期办证违约金 1833.02 元。[1]

购房人因开发商迟迟不能办理房屋产权证书,诉至法院请求解除合同。在诉讼期间,办理不动产证书的客观障碍消除,法院应当从鼓励交易、维护合同效力角度,限制合同解除并判决继续履行。

【案例 8－48】　魏某伦诉汇富房产公司房屋买卖合同纠纷再审案

再审法院认为,查明汇富房产公司已于 2019 年 12 月 15 日取得涉案项目的不动产产权证(大证),魏某伦已经不存在事实和法律障碍,仅需要魏某伦申请办理涉案房屋的转移登记手续即可。本案中,魏某伦通过对涉案房屋的占有和使用,已经获得了现实的收益;汇富房产公司逾期办理涉案房屋产权证书的行为,只影响魏某伦对涉案房屋处分权的行使,并未导致合同目的不能实现,故涉案商品房买卖合同不应解除。魏某伦的申请再审理由不符合《民事诉讼法》第二百条规定应予再审的情形。裁定:驳回魏某伦的再审申请。[2]

合同约定的办证条件成就后,开发商应协助购房人办理不动产证。

---

〔1〕 参见国家法官学院、最高人民法院司法案例研究院编:《中国法院 2021 年度案例》(房屋买卖合同纠纷),中国法制出版社 2021 年版,第 6 页。广西壮族自治区桂林市阳朔县人民法院(2019)桂 0321 民初 1622 号民事判决书。

〔2〕 参见《人民司法 · 案例》2021 年第 2 期(总第 913 期)。新疆维吾尔自治区高级人民法院(2019)民申 1795 号民事裁定书。

【案例8－49】 丁某艳诉西安昌顺房地产开发有限责任公司商品房销售纠纷案

一审法院认为,被告昌顺公司未到庭,视为放弃诉讼权利。原告与被告签订的《商品房买卖合同》系双方真实意思表示,不违反法律规定,应系合法有效的合同,双方均应按照合同约定全面履行自己的义务。原告已按照合同约定支付所购房屋全部价款,被告应依约按期交付房屋,并将办理权属登记需要由出卖人提供的资料报产权登记机关备案。本案中,被告于2016年11月8日向原告交付案涉房屋,依照合同约定,被告应在房屋交付后720个工作日即2018年10月28日前协助原告取得房屋权属证书,被告未按期为原告办理产权证书,已违反双方合同约定,现原告要求被告协助其取得不动产权证,符合双方合同约定且不违反法律规定,本院予以支持。关于原告请求的违约金,双方合同约定"由于出卖人的原因,买受人未能在该商品房交付之日起720个工作日内取得该商品房的房屋所有权证书的,双方同意根据买受人配合提供相关备案资料、办理按揭手续(如有),以及出卖人提供相关备案资料的相关情况,协商备案的期限,如果本合同及补充协议、相关附件暂无法按照约定期限备案的,双方同意顺延至条件具备或障碍排除后办理备案,与备案相关的后续义务相应顺延履行,出卖人不因此承担违约责任"。现原告请求被告支付违约金,与双方合同约定的被告不承担违约责任不符,本院对原告该请求不予支持。原、被告签订的商品房买卖合同中约定的房屋建筑面积为137.10平方米,而房屋权属登记中实测面积为138.30平方米,根据本案的实际情况,原告应当按照合同约定的单价即每平方米7293.95元,向有关部门补交1.2平方米的房屋面积差价款8752.74元后再由被告协助办理产权证书。[1]

自然资源部2018年5月16日下发《中共自然资源部党组关于开展不动产登记窗口作风问题专项整治工作的通知》(自然资党发〔2018〕7号),明确要求"不得要求申请人提交竣工决算书、房屋维修基金或物业维修储备金交纳凭证,以及交易确认书、告知单、备案等各类'奇葩证明'"。该通知取消办理不动产登记时需查验维修资金交存凭证的做法。现阶段,交纳专项维修资金不是办理不动产登记的必要条件。

【案例8－50】 中国电子进出口有限公司与中房京贸房地产开发有限公司商品房预售合同纠纷再审案

最高人民法院二审认为,中房京贸公司与电子公司签订的案涉《北京市

〔1〕 陕西省西安市碑林区人民法院(2023)陕0103民初1463号民事判决书。

商品房预售合同》及其补充合同、《备忘录》皆是双方真实意思表示，合法有效。中房京贸公司应当协助电子公司办理涉案房产的转移登记。电子公司已依约向中房京贸公司支付涉案房产购房款701603173元，履行了其主要合同义务。按照双方约定，在涉案房产交付之日起365天内中房京贸公司应当协助电子公司办理涉案房产的转移登记。涉案房产于2010年3月15日交付电子公司，中房京贸公司应当于2011年3月16日前协助电子公司办理完毕涉案房产转移登记。中房京贸公司逾期办理涉案房产转移登记应当承担违约责任。具体分析如下：(1)依据《北京市商品房预售合同》及补充合同相关约定，电子公司应当在涉案房产验收交接后交纳专项维修资金，并将该资金按照比例分别存入房地产管理机关登记备案的国海中心项目和A座写字楼共用部位共用设施设备维修基金专用账户，并在房屋验收交付后二周内将缴费凭证复印件提交至中房京贸公司，电子公司至2019年12月20日并未交纳。根据政府部门规定和公示的专项维修资金交存流程规定，购房人自行交存的，应由开发企业打印《专项维修资金交款通知》交给购房人，购房人持交款通知向银行交存资金。本案中，中房京贸公司在2019年8月向政府部门申领了涉案房产的《专项维修资金交款通知》，但该交款通知原件至2019年10月时仍未向电子公司提供。中房京贸公司怠于履行应由开发企业承担的协助办理专项维修资金交存手续，是电子公司无法自行交存专项维修资金的原因之一。2018年8月28日北京规划和国土资源管理委员会、北京市住房和城乡建设委员会、北京市住房资金管理中心下发的《关于简化不动产登记程序推动住宅专项维修资金监管创新的通知》规定，“当事人申请办理不动产登记，不再提交住宅专项维修资金交讫证明”。现阶段，交纳专项维修资金不是办理不动产登记的必要条件。(2)中房京贸公司上诉称未能取得涉案房屋权属证书及逾期为电子公司办理权属转移登记系政府行为所致，系不可抗力，中房京贸公司并无过错，不应承担逾期办证的违约责任。然而，根据《物权法》和《不动产登记暂行条例》的规定，中房京贸公司作为涉案房产的开发商，负有办理涉案房产首次登记的义务。依照规定，未办理不动产首次登记的，不得办理不动产其他类型登记。中房京贸公司一直未能办理涉案房产的首次登记，是导致电子公司不能办理涉案房产转移登记的主要原因。协助办理转移登记系中房京贸公司对电子公司的主要合同义务。北京市住建委不予办理涉案房产首次登记，系因中房京贸公司与案外人一商集团纠纷所致，不属于不可抗力。根据约定，中房京贸公司应当在2011年3月16日前协助电子公司办理涉案房产的转移登记，而中房京贸公司于2013年7月10日才向北京市住建委提出申请，该委2014年7月3日作出《关于海淀区国海中心项目办理房屋登记有关问题的批复》通知暂停为中房京贸公司办理国海中心项目除D座以外的房屋首次登记。因而北京市住建委作出不予办理涉案房产首次登记的批复前,中房京贸公司即已违约。(3)《北京市住宅专项维修资金管理办法》(京建物〔2009〕836号)第十三条规定,“商品住宅的业主、非住宅的业主未按本办法规定交存首期住宅专项维修资金的,建设单位不得将房屋交付购买人;预售商品住宅的建设单位、售后公有住房的业主和售房单位未按照本办法规定交存首期住宅专项维修资金的,房屋登记部门不予办理房屋登记手续”。自中房京贸公司将涉案房产交付电子公司起,至北京市住建委明确通知暂停为中房京贸公司办理房屋首次登记期间,电子公司多次致函中房京贸公司要求其承担逾期办理产权转移登记的违约责任、支付逾期办证违约金,同时亦在催促中房京贸公司协助其向政府部门申领涉案房产的《专项维修资金交款通知》,取得交纳专项维修资金凭证。(4)中房京贸公司以电子公司主张的违约金已过诉讼时效的上诉理由不能成立。因涉案房产交付时间为2010年3月15日,中房京贸公司依约应在2011年3月16日前协助电子公司办理涉案房产的转移登记。故电子公司要求中房京贸公司协助其办理涉案房产转移登记请求权的诉讼时效期间自2011年3月16日起算。而电子公司多次要求中房京贸公司协助其办理涉案房产转移登记,其中于2012年2月10日、2014年3月11日、2016年2月22日、2018年1月15日分别致函中房京贸公司,要求其承担逾期办理涉案房产产权转移登记的违约责任,支付逾期办证违约金,考虑本案中逾期办证违约金系按日计算,应视为继续性债权,以上时间节点均产生诉讼时效期间中断并重新计算的法律后果。电子公司要求中房京贸公司协助其办理涉案房产转移登记请求权诉讼时效期间起算时间为2018年1月15日,电子公司于2018年5月21日起诉时并未超过诉讼时效期间。中房京贸公司承担的逾期办理涉案房产转移登记的违约责任应当根据双方约定及实际履行情况等因素综合确定。依据双方当事人的约定,如系中房京贸公司的原因,电子公司未能办理涉案房产转移登记的,自电子公司应当取得房屋所有权证书的期限届满之次日起至实际取得权属证明之日止,中房京贸公司按日计算向电子公司支付全部已付款万分之三的违约金,并于电子公司实际取得房屋所有权证书之日起30日内由中房京贸公司支付。由于按照当事人约定的标准计算出的违约金数额巨大,一审判决综合考虑合同的履行情况、当事人的过错程度以及预期利益等因素,根据公平原则和诚实信用原则,对违约金数额分为两阶段予以酌定。其中,第一阶段自2011年3月16日起至2019年12月31日止,违约金酌定为100000000元。第二阶段自2020年1月1日起至中房京贸公司办理完毕涉案房屋所有权首次登记之日止,违约金酌定为以701603173元为基数,按照每日万分之一的标准计算。一审判决符合《合同法》第一百一十四条第二款与《合同法解释(二)》第二十九条之规定。综上所述,中房京贸公司上诉理由及请求不能成立,应予驳回。一审判决认定事实清楚,适用法律并无不当,应予维持。判决:驳回上诉,维持原判。

最高人民法院再审维持二审判决,驳回中房京贸公司的再审申请。[1]

(三)办证迟延与办证不能的区分

《房屋买卖合同解释》第十四条和第十五条都对买受人由于出卖人的原因未能取得房产证的情况作了规定,区别在于第十四条规定的是办理房产证“迟延”的责任,而第十五条规定的是办理房产证“不能”的责任。所谓“办理迟延”是指出卖人本应在合同约定或法律规定的期限内协助买受人办证,但出卖人迟延履行协助义务。买受人可向出卖人主张违约责任,要求出卖人支付违约金或赔偿损失,但不能主张解除合同。因为此时出卖人的迟延履行并未导致根本违约,买受人在主张违约责任的同时仍可要求出卖人继续履行协助办证的义务。所谓“办理不能”是指出卖人的违约行为甚至违法行为导致房屋存续状态不合法,致使房产证根本无法办理,如出卖人建房手续不全或者超规划建房等;买受人不能取得房产证,就无法取得房屋的所有权,其订立商品房买卖合同的目的因此落空;故此时出卖人履行不能的行为已构成根本违约,根据《房屋买卖合同解释》第十五条的规定买受人享有法定的合同解除权。

对办理不能的判定标准主要为,其一,时间标准。根据《房屋买卖合同解释》第十五条规定买受人合同解除权发生的时间为“商品房买卖合同约定或者《城市房地产开发经营管理条例》第三十二条规定的办理不动产登记的期限届满后超过一年”。因此应当以一年作为时间标准,判断房产证能否办理。倘若一年期限届满,出卖人仍不具备能令买受人办理房产证的条件,即使开发商表示日后能够办证,也可认定房产证无法办理。其二,事实标准。出卖人对解除合同抗辩的,应举证证明当时已履行了协助买受人办理房产证的全部义务,具备了令买受人办理房产证的全部条件。倘若出卖人不能举证证明房产证能够办理的客观事实,或者出卖人只能证明已履行了协助办证的部分义务而不是全部义务,则房产证能否办理仍取决于出卖人日后是否积极配合,当时尚不存在办理的可能性。在出卖人未能举证证明已取得了办理房产证的全部条件时,不应认定房产证能够办理。

---

〔1〕 最高人民法院(2020)民终611号民事判决书;最高人民法院(2021)民申3744号民事裁定书。

【案例8－51】 林某诉北京华普国际大厦有限公司商品房买卖合同纠纷案

一审法院认为，双方未在合同中约定具体办理房屋所有权证的期限，被告华普公司应当按照法定的90天期限为原告林某办理房屋所有权证。但被告由于超规划建设问题，至庭审结束仍未交齐土地出让金，没有取得该项目的土地使用证和房屋产权证，造成购房业主至今不能取得所购房屋的合法权属证书，其行为已构成违约，被告应当承担违约责任。[1] 本案中，被告向原告交付房屋已有6年，被告尚未取得大证，被告行为应界定为不能办证。

开发商未能办理初始登记导致购房人不能办理权属证书的，应认定为办证迟延而不是办证不能，二者的认定标准不同，其处理亦有别。

【案例8－52】 刘某豪诉潮州市第二建筑安装总公司等商品房预售合同纠纷案

一审法院认为，因凤城花园（二期）至今尚未通过有关部门验收，开发商至今尚未能向房管部门申请办理所有权初始登记手续，因此，凤城花园（二期）尚未具备办理房屋权属登记手续的条件，现刘某豪请求判令潮州市第二建筑安装总公司房地产开发分公司履行合同义务，协助其办理房屋权属登记手续的诉讼请求，本案不予支持，刘某豪可在条件成就时另行主张。二审法院亦持同样意见，维持原判。[2]

需要研究的问题：涉案房屋在购房人与出卖人进行交易前已事实上存在案外人与出卖人的交易，且前手亦办理了交易登记核准手续。至诉讼时止，该房屋在房屋行政管理部门对外公示的状态是处于核准交易中。如果对房屋进行确权，有可能产生的法律后果是有损核准交易登记中的案外人利益。因此，对于直接提起所有权确认诉讼的购房人，在不属于《民法典》第二百二十九条、第二百三十条、第二百三十一条规定的情形下，法官应适时行使释明权，引导其变更案由为买卖合同纠纷，诉讼请求为请求出卖人协助购房人办理房屋产权过户登记手续。在法院对房屋买卖合同效力进行认定后，协助购房人办理房屋产权过户登记手续相应地成为出卖人必须履行的合同义务之一，出卖人应承担的责任包括消除与后手办证的各种不利因素、办理与前手核准交易的注销手续。

【案例8－53】 梁某诉佛山市中宝电缆厂有限公司房屋买卖合同纠纷案

判决观点：本案中，首先，原告梁某请求被告中宝公司协助办理涉案房屋的过

---

〔1〕 参见贺荣主编，北京市高级人民法院编：《审判前沿——新类型案件审判实务》2007年第1辑（总第17辑），法律出版社2007年版，第52页。

〔2〕 参见国家法官学院案例开发研究中心编：《中国法院2018年度案例》（房屋买卖合同纠纷），中国法制出版社2018年版，第17页。

户登记手续,这为被告须履行的合同义务之一;其次,原、被告对涉案房屋权属不存在争议,但由于被告与梁某交易核准手续尚未办结,无法办理涉案房屋产权过户手续。被告以此作为不履行过户手续义务的抗辩理由,理据不足,本院不予采纳。故,被告应就未能办理房屋过户手续承担继续履行的违约责任,依照相关职能部门的办事流程办结交易核准手续后,为原告办理产权过户手续。[1]

---

〔1〕 广东省佛山市中级人民法院(2011)佛城法民一初字第6994号民事判决书。

专题九　借名购房合同纠纷

实践中，借名购房纠纷大多因借名人与出名人双方就借名购房行为未签订书面协议，借名人无法提交有效证据予以证明而引起。

一、借名购房合同的理解

借名购房合同又称隐名购房合同，是指当事人约定，一方（借名人）经他人（出名人、登记人）的同意，将其出资购买的房屋登记于他人名下，房屋归属借名人所有的合同。当事人选择订立借名购房合同的原因多种多样，有的为了购买政策性保障住房，有的为了规避法律或限购信贷政策，有的为了享受低价购房优惠，也有的为了转移、隐匿财产和逃避债务等。在借名购房情形中，虽然房屋登记于出名人名下，其为形式上所有权人，但真正所有权人为借名人，在法律形式和实质内容之间形成虚与实两种法律关系。

（一）借名购房合同的特征

借名购房合同纠纷多样，法律关系复杂，其特征主要为：

其一，合同主体具有特殊性，借名购房人与出名人多为亲戚、朋友关系。由于房产价值较大，基于规避风险的考虑，借名购房人一般选择的是借用家人、亲戚朋友的名义来购房。

其二，借名购房合同大多数没有书面协议，借名人举证困难。基于亲戚、朋友之间的信赖，借名人与出名人往往仅进行口头约定。一旦发生纠纷，借名人因无法提供有效证据证明借名关系成立而导致败诉的情况时有发生。

其三，法律关系复杂。借名购房看似简单，但其中往往涉及多方利益，蕴含复杂的法律关系，借名购房合同通常涉及三方主体和两个法律关系，三方主体即借名人、出名人、出卖人，两个法律关系即借名人与出名人之间的借名购房合同法律关系、出名人与开发商或出卖人之间的房屋买卖合同关系、出名人与第三人（房屋受让方、抵押权人）之间的房屋转让或抵押法律关系等。

其四，当事人诉求多样。因借名购房涉及多种法律关系，审判实践中，当事人的诉求也呈现多样化特点。如借名人要求确认其对房屋享有所有权或办理房屋过户手续；出名人要求借名人腾退房屋；在涉及经济适用房等政策性房屋时，出名人要求确认双方借名买房协议无效；在房屋存在转让或抵押的情况下，第三人（房屋受让方、抵押权人)要求继续履行合同或解除抵押合同等。

借名购房合同中,涉及双重法律关系:一为内部关系,即借名人和出名人之间的借名购房合同关系。二为外部关系,即借名人或出名人将房屋出卖给第三人,形成的其和第三人的房屋买卖合同关系。《民法典》并未将借名购房合同作为典型合同予以规定,故其为非典型合同,即无名合同。该类合同侧重于借名人和出名人之间的信赖关系,借名人将自己出资购买的房屋经他人允诺而登记于他人名下,其法律性质与委托合同相似,故可类推适用委托合同的相关规定。借名购房合同不是信托合同,在信托合同中,受托人不仅取得信托财产的所有权或其他权利,且其对信托财产有积极管理和处分的权利;而在借名购房合同中,借名人对财产仍有占有、使用、收益和处分的权利。此外,借名购房合同也不是通谋虚伪表示,在通谋虚伪表示中,表意人没有作出意思表示的真意,相对人对此明知并达成合意,因此该意思表示在当事人之间无效;而在借名购房合同中,借名人确有将房屋登记于他人名下且受法律拘束的意思表示,出名人也在这个意义上为允诺,双方达成真实的意思表示。

(二)借名购房合同的内容

1. 借名购房合同风险

借名人的风险,具体可能包括:(1)出名人事后否认借名购房事实的存在,拒绝履行借名协议及办理房屋过户手续。因借名购房行为多发生在亲戚、朋友之间,双方基于感情信任,多为口头约定,较少签订书面协议,而随着房价的大幅上涨,出名人为获取巨大的经济利益或基于其他原因,往往会不顾及亲情、友情,否认双方之间存在借名购房的事实,进而拒绝办理房屋产权过户手续。(2)违反政策、法规规定的借名购房合同可能被认定无效。在借名购买经济适用房、拆迁安置性住房等保障性住房时,即使双方签订了书面借名购房合同,但因该类房产是具有保障性质的政策性住房,国家对该类房产的交易具有严格规定和限制,借名购买政策性住房可能会被认定为违反国家政策、损害社会公共利益。且对此类房屋交易当地政府亦规定:假借他人之名购买获得移民安置用房者,一经查实要退回使用权,没收房屋所有权,可以并处骗取批准占有土地每平方米30元以下罚款;并对有意参与弄虚作假的有关责任人员给予行政处分。由于当地政府对该类房屋条件取得与交易设定的条件限制和程序限制较为严格,房屋有可能出现过户不能的情形。审判实践中,借名购房合同存在被法院认定无效的可能,借名人无法实现获得房屋产权的目的。(3)由于房屋产权登记在出名人名下,而房屋一般由借名人居住使用,一旦出名人反悔,借名人将面临被起诉腾退房屋的风险。对于借名购买,借名购房系借名人和出名人之间的约定,房屋所有权证载明出名人为所有权人,根据公示公信原则,一旦出名人涉诉,该房屋作为其财产将面临被查封或处分的风险。如果出名人死亡,则该房屋可能会被他人继承。出名人将房屋另行出售时,因房屋登记在出名人名下,第三人有理由相信出名人为房屋所有权人,房屋过户给第三人后,借名人将面临丧失房屋的可能。

出名人的风险。出名人同样承担着风险,尤其是在房产限购、限贷政策出台之后,出借自己的名义购房、办理按揭贷款,就会在房屋产权登记部门留下相关的购房记录,在银行也会有按揭贷款的征信记录。这些记录也不会消除,势必影响将来自己买房能否享受到一些优惠政策。此外,如果借名人按揭还款不及时,还会影响出名人的征信记录,导致今后贷款受阻。

2. 借名购房合同的性质

从法律性质角度来讲,借名购房行为应属于《民法典》第九百二十五条、第九百二十六条规定的间接代理。所谓间接代理,是指代理人以自己的名义从事法律行为,并符合《民法典》中关于间接代理构成要件的规定。在借名购房的法律关系中,实际购买人是委托人,名义购买人为受托人,名义购买人直接以自己的名义与第三人签订房屋买卖合同并将产权登记在自己名下。从借名购房合同的实际内容看,出名人与借名人在合同中约定买卖出名人将来一定时间内取得的房屋,借名人为此向出名人支付对价(当然现实中也有无偿转让买房资格的情况),虽然该买卖关系的标的物最终指向的是房屋,但该类买房合同实质是买房权的债权转让,并非涉案房屋的物权转让。实际购买人之所以借用他人名义购房,一般都是为了突破主体资格的限制,其中最为常见的是规避限购令、银行贷款、单位福利等政策对购房人户籍的限制。

3. 借名购房合同的法律后果

借名购房委托协议作为当事人的一种合意,应当符合《民法典》的相关规定,如果双方的协议违反了法律和行政法规的效力性强制性规定,该协议应当被认定为无效。借名购房委托协议的法律后果在有效和无效两种情形下完全不同。

借名购房委托协议有效的后果。在委托协议有效的情形下,受托人应当按照《民法典》第九百二十七条的规定,将处理委托事务所取得的财产转交给委托人。由此产生如下法律后果:其一,名义购买人成为所购房屋名义上的所有人,基于物权的公示公信效力,名义购买人在外观上享有对房屋占有、处分的全部权利。其二,实际购买人依据双方委托协议实质上享有对房屋占有、处分的最终权利。

借名购房委托协议无效的后果。借名购房委托协议存在《民法典》第一百五十四条有关合同无效内容的，该委托协议当然无效，一般认为由此产生如下法律后果：其一，实际购买人无权依委托协议向名义购买人主张房屋权利，名义购房人享有房屋的全部权利。其二，实际购买人的出资只能以债权的形式向名义购买人另行主张。

（三）借名购房合意的认定

在借名购房合同中，实际存在两个合意：一个是存在于借名人与出名人之间的关于房屋所有权归属的合意，也包含借名人使用出名人的名义购房的合意；另一个是借名人与第三人达成买卖房屋，并据此向登记机关表达关于房屋所有权登记的合意。本文主要讨论前一种合意。基于借名人与出名人的合意，应当承认双方之间形成合同关系，至于二者之间形成何种性质合同关系，在认识上存在争议。〔1〕讨论合同关系的意义在于两方面：一是借名人不能请求房屋所有权；二是借名人以合同之诉主张权利而不是确认物权。有法官认为，在借名买房中，登记权利人与第三人之间的房屋买卖合同是真实有效的，并且已经基于这一基础法律关系完成了房屋所有权登记，故是唯一合法的所有权人，借名人与登记权利人之间关于房屋所有权归属的约定只能约束合同双方当事人，没有直接设立房屋所有权的法律效力，借名人不能根据借名买房协议的约定直接取得房屋所有权。〔2〕北京市高级人民法院《关于审理房屋买卖合同纠纷案件若干疑难问题的会议纪要》第十条规定："借名人以出名人（登记人）为被告提起诉讼，要求确认房屋归其所有的，法院应当向其释明，告知其可以提起合同之诉，要求出名人为其办理房屋过户登记手续。"〔3〕换言之，虽然当事人约定了房屋所有权归属于借名人，但该约定并不发生物权效力，房屋所有权因此并未转移由借名人享有，只是在借名人与被借名人之间产生了以在符合法律规定和合同约定的条件时完成物权变动为主要内容的债权债务关系，即该约定仅具有债权效力，被借名人因此对借名人负有相应的协助办理房屋所有权转移登记的义务，借名人因此而成为这一关系下的债权人。〔4〕

---

〔1〕参见周峰、李兴：《隐名购房行为的法律性质认定与执法对策研究》，载《法律适用》2012年第8期；马一德：《借名买房之法律适用》，载《法学家》2014年第6期；马强：《借名购房合同案件所涉问题之研究——以法院裁判的案件为中心》，载《政治与法律》2014年第7期。

〔2〕参见周峰、李兴：《隐名购房行为的法律性质认定与执法对策研究》，载《法律适用》2012年第8期。

〔3〕北京市高级人民法院，京高法发〔2014〕489号。

〔4〕参见最高人民法院民事审判第一庭编：《民事审判指导与参考》（总第66辑），人民法院出版社2016年版，第116页。

二、借名购房合同的法律适用

(一)借名购房关系成立的认定

借名购房合同的法律认定一直是司法实践中的疑难问题之一,尤其是在实际购买人与名义购买人未作明确约定的情形下,如何判断实际购买人支付房款是基于出资还是借款难度很大。一般而言,借名购房案件审查的主要方面为:

其一,有无委托协议。由于房屋价值较大,实际购买人一般都会与名义购买人签订如代持协议等形式的委托协议,明确房屋的出资、实际产权人、名义产权人等重要内容。由于这类协议签订在双方发生纠纷之前,往往最能体现双方的真实意思表示,是判断双方之间是否存在借名购房合同关系的重要证据。

其二,房屋的实际出资人及出资情况。在借名购房案件中,购房款一般是由借名人出资,其出资数额收据也由出资人保管。不论是一次还是多次出资,也不论是现金还是银行卡或其他形式出资,实际出资人一般均有相关收据。在有银行按揭贷款的情况下,虽然按揭还款户名是名义购买人,但每月履行还款义务的是实际购房人。因此,能够提供出付款银行账单、收据、还款账单等证据的当事人是实际购房人的概率很高。

其三,房屋的实际居住及房产证保管情况。借名购房中,房屋的实际居住人一般都是实际购房人,房产证一般也由实际购房人保管,名义购房人仅仅是在房产证上挂名。房屋由谁实际居住和占有、房产证由谁保管也是判断借名购房合同关系成立与否的辅助标准之一。

如果主张自己是借名人的当事人没有提供借名登记约定的书面合同,也没有提交实际享有房屋权益的证据,亦没有参加房屋装修和在房屋实际居住,仅提供已出资的证据材料,法院一般不会认定借名购房合同关系成立。对于一方当事人已出资的事实,法院态度为诉争房屋的出资问题双方可另行解决即另案处理。如果借名购房合同双方没有书面约定,法官可依据查明的事实进行综合推定。个案中,虽出名人长期占有房屋,但无证据证明出名事实的,其主张借名购房不能成立。

【案例9－1】 郝甲诉陈某物权保护纠纷案

一审法院认为,不动产权属证书是权利人享有不动产的物权证明。根据涉案房屋不动产证书及商品房预售合同等相关文件记载,郝甲为不动产登记所有人。陈某主张陈某、郝乙与郝甲之间就涉案房屋存在借名买房关系,对此应从以下几方面予以分析:首先,陈某并未提交就涉案房屋存在借房买房的协议,虽郝乙书写说明提及借名买房之事,但自始至终,作为相对方的郝甲均未作出对应的意思表示,无法确认双方之间存在借名买房协议;其次,涉案房屋性质为经济适用住房,2007年购买该房时,陈某、郝乙并无相应购房资格,其借名购买涉案房屋已经违反了经济适用住房的相应规定;最后,涉案房屋于2019年1月15日郝甲取得产权证书,至今并不具备上市交易的条件。综上,陈某主张其系借名购买涉案房屋的权利人,但其未提交证据证明与郝甲之间存在借名买房协议,其与郝乙亦不具备购房资格,涉案房屋至今亦不具备上市交易的条件,因此依照现有证据和条件,均不足以认定陈某、郝乙为涉案房屋的实际权利人,涉案房屋权利人应按照不动产权属证书登记记载,确认为郝甲。现郝甲作为涉案房屋所有权人起诉要求搬离于法有据,予以支持。针对涉案房屋使用费请求,双方之间并无书面约定,而从房屋实际由陈某、郝乙占有使用长达10年,郝甲对此知情且未主张费用的情况来看,足以认定双方之间对于房屋使用并无有偿的约定,因此对于郝甲要求陈某支付房屋使用费的诉讼请求不予支持。就陈某主张的其本人及郝乙向郝甲账户打款,应为借款等其他法律关系,就此双方应另行解决。判决:陈某于本判决生效后六十日内从涉案房屋搬离。[1]

借名购买小产权房是否成立,亦根据具体案件事实认定。

【案例9－2】 陈连某、杨井某诉刘亚某所有权确认纠纷案

二审法院认为,首先,依查明事实,陈连某、杨井某自宋某莲处购得涉案房屋,并将涉案房屋登记在刘亚某名下,相应房屋所有权证、购房协议及购房款收据始终由陈连某、杨井某掌握,未曾交付给刘亚某。刘亚某虽提供了派出所证明证实其曾报案称房本丢失,但仅凭该报案记录并不足以证实上述材料曾在刘亚某手中。其次,涉案房屋变更登记在刘亚某名下时其与陈某鹏尚未结婚,仅以涉案房屋变更登记在刘亚某名下无法推定陈连某、杨井某有赠与的意思表示。最后,刘亚某亦未举证证实包括涉案房屋在内的峪口村村民住宅楼项目需峪口村本村村民申请并通过审核方允许购买,在此情形下,陈

---

〔1〕 参见国家法官学院、最高人民法院司法案例研究院编:《中国法院2021年度案例》(物权纠纷),中国法制出版社2021年版,第21～22页。北京市海淀区人民法院(2019)京0108民初51432号民事判决书。

连某、杨井某所主张其自先前购买人宋某莲处购买涉案房屋并变更到刘亚某名下仅系借名，符合情理，法院予以采信。刘亚某上诉请求不能成立，应予驳回；一审判决认定事实清楚，适用法律正确，应予维持。判决：驳回上诉，维持原判。[1]

实践中，案外人代借名人支付购房款是认定借名购房合同关系是否成立的疑难问题。在借名购房合同关系中，借名人为出名人购房进行了相应出资，是相对于借名人和出名人所言。只要能认定是借名人一方出资，即可认定是借名人出资。至于借名人的朋友、家人或者其他关系人代其出资，应属于借名人与其他人的法律关系，而非诉争案件应考察的内容。在审理借名购房纠纷案件时，要始终厘清一根主线，就是分清谁是借名人、谁是出名人，案件应当围绕双方的纠纷进行审理。除此之外，即使案外人有实际出资，亦不可断然认为实际出资人应为借名人。

【案例9－3】 张甲诉郭某猛等买卖合同纠纷案

一审法院认为，协议书和房屋权属确认书明确约定张甲借郭某猛之名购买涉案房屋，并对房屋权属及购买过程作出清晰确认。郭某猛在明知实际付款人的情况下，仍签署了房屋权属确认书，确认了张甲以郭某猛的名义购买了涉案房屋，并由张甲一次性支付了全部购房款。故郭某猛现在以张乙实际付款为由主张房屋产权归张乙所有，以此抗辩让张甲履行义务，本院不予采信。至于案外人张乙支付相关款项行为的性质，应属张乙与张甲之间的另一法律关系，本院不予处理，另行解决。郭某猛称在签署协议书和房屋权属确认书时，受原告张甲胁迫，未向本院举证，本院不予采信。在张甲与郭某猛这层法律关系中，双方签署了借名买房协议和权属确认书，确认由张甲支付全部房款，现房屋由张甲实际控制居住，房屋相关合同、房款发票、契税等手续原件均由张甲持有，房屋物业费、燃气费等后续费用由张甲支付，且基于签订合同当时双方人际关系，以上过程符合借名买房习惯，故本院对原告张甲与被告郭某猛之间的借名买卖关系予以认定。二审法院认为，郭某猛在签署《协议书》及《房屋权属确认书》后，又主张涉案房屋的购买人系案外人张乙，且未能提供相关证据加以证实，不足采信。相关当事人可另行主张。郭某猛作为涉案房屋《商品房预售合同》载明的买受人，签署《房屋权属确认书》，并无不当之处。对于郭某猛的此项上诉意见，本院不予采纳。综上所述，郭某猛的上诉请求缺乏事实和法律依据，本院不予支持。原审判决处理正确，应

〔1〕 参见国家法官学院案例研究开发研究中心编：《中国法院2019年度案例》（物权纠纷），中国法制出版社2019年版，第26页。北京市第三中级人民法院（2017）京03民终12522号民事判决书。

予维持。[1]

【案例9-4】 陆某诉某建设公司、王甲商品房买卖合同纠纷案

二审法院认为,本案中,王甲购买房屋时,金融政策明确规定借款人必须具有稳定合法收入来源,有按期偿还借款本息的能力。且对于2003年7月19日王甲以陆某的名义与上诉人签订购房合同一事,上诉人亦自认知悉实际购房人就是王甲。虽然个人住房借款是由陆某本人签名,但是综观全案的事实,结合王乙证言、借款合同、居委会证明和王甲本人陈述,可以认定王甲借陆某之名买房,实际是因王甲无固定工作,故借用了上班的陆某之名义,以达到方便办理按揭贷款的目的。原审法院认为陆某签名行为系对2003年7月19日所签合同的追认显属不当。综观整个购房过程,王甲在以陆某名义订购合同后,积极依约履行了相关付款的合同义务,其支付房屋价款的目的系取得所购房屋的财产所有权。而陆某在此过程中未履行任何合同义务,同时从合同签订、房屋交付到办理产权证明,陆某均未向某建设公司或王甲提出过异议或主张,故其并非真实合同主体。因此,本案中虽存在两份合同,2003年7月19日王甲借用陆某名义与上诉人所签订的购房合同、2007年5月18日王甲与上诉人所签订的购房合同,但合同的真实主体一致,均为王甲。故依法据实认定被上诉人王甲系借用被上诉人陆某的名义为自己购房。[2]

(二)借名购房合同的效力

《民法典》奉行合同自由原则。借名购房事实上是一种于存在借名人与出名人之间的约定,属于《民法典》规制的合同关系。尽管《民法典》没有明确规定这种合同类型,但这并不影响该法的适用,只是借名购房合同作为无名合同,应当适用《民法典》合同编通则部分规定并参照适用类似有名合同的相关规定。

判断借名购房合同是否有效,在原《合同法》实行期间,关键在于判断其是否违反法律禁止性效力性规定。禁止性规定可分为效力性禁止性规定和管理性禁止性规定两种,两者区分标准在于是否违反了公共利益。前者因违反公共利益无效,后者与公共利益无涉,应为有效。判断合同效力,应根据当事人订立借名购房合同的目的区分判断。倘若其目的在于规避政策性保障住房相关规定,则其因违

[1] 参见国家法官学院案例开发研究中心编:《中国法院2017年度案例》,中国法制出版社2017年版,第124~125页。

[2] 浙江省绍兴市中级人民法院(2009)浙绍民终字第485号民事判决书。

反公共利益而无效;倘若其目的在于规避限购政策或信贷政策,则其因未违反公共利益而应为有效。《民法典》颁布后,应注意判断效力依据的变化。其第一百五十三条规定:“违反法律、行政法规的强制性规定的民事法律行为无效。但是,该强制性规定不导致该民事法律行为无效的除外。违背公序良俗的民事法律行为无效。”其中的“公序良俗”,实际包括公共秩序与善良风俗两个方面,公共秩序是指法律秩序,善良风俗是指法律秩序之外的道德。公共秩序又可以进一步划分基本权利实现型公共秩序和管理秩序维护秩序,还可以进一步划分为基本权利之维护、弱者利益之保护、经济社会管理秩序之维护、婚姻家庭秩序之维护以及伦理道德之维护五大类。在民法典的法律体系下,该条违背公序良俗规定对于类似于借名买房的效力判断,在司法实践中更具有可操作性,借名购买经济适用房的行为,明显违反了弱者权利之保护以及经济社会管理秩序之维护,可直接适用“背俗无效”规则,得出该法律行为无效的结论。

实践中,应根据借名购房合同的具体情况区分三种情况效力认定,对于借名购房合同的效力不能一概而论。

其一,经济适用房借名购房合同的效力。

司法实践中,对购买经济适用住房的借名购房合同效力主要有三种观点:一为基于经济适用房的政策保障性质与购买资格的专属性,借名合同违反国家相关政策、法规的强制性规定,据此判决不予认可。二为借名购买经济适用房有违国家政策性房屋的购房政策,进而以损害社会公共利益为由认定无效。三为借名购买经济适用住房未被相关法律法规明确禁止,且经济适用住房在符合一定条件并缴纳税费之后允许上市交易,双方借名买房行为不存在非法目的,其实际效果与政策规范目的不存在明显背离,应为合法有效的行为。

购买政策性保障住房的借名购房合同,包括经济适用房、两限房等用于解决中低收入家庭住房困难的房屋。政策性保障住房是国家为保障特定人群的居住权利而提供的政策性住房,国家对该类房屋的取得及上市交易有特殊的规定和限制。如果当事人订立借名购房合同的目的在于购买该类房屋的,则其因违反公共利益而无效;借名人主张确认房屋归其所有或者依据双方之间的约定要求出名人办理房屋所有权转移登记的,法院一般不予支持。如借名购买的经济适用房的原购房合同系 2008 年 4 月 11 日(含)之前签订的,当事人在借名购房合同中约定在上市交易期限届满后再办理房屋所有权转移登记或在一审法庭辩论终结前该房屋已具备上市交易条件的,可以认定借名购房合同有效。实践中,经济适用房作为具有保障性质的政策性房屋,政府对其购买实行严格的准入和退出机制,经济适用房制度也是解决城市低收入家庭住房困难政策体系的组成部分,关系社会公共利益,以购房经济适用房为目的的借名购房合同一般被确认为无效。

应强调的是,关于借名购买经济适用住房的合同效力不能一刀切绝对化,区分具体情况处理。首先,经济适用住房是为低收入住房困难家庭提供的政策性保障住房,同时也是为了保障低收入人群的居住权和生存权。其次,实践中借名人往往并不具有购买经济适用住房的资格,其借名购买经济适用住房通常带有投机目的,若放任借名人抢占经济适用住房的资格,经济适用住房制度将无从实现其社会保障功能,还会侵害弱势群体的基本生存权,有违公序良俗原则。此外,若经济适用住房具备上市交易条件,且已经补缴了土地价款、印花税和契税,双方之间的借名买房行为并不损害他人及社会公共利益,应认定借名合同有效,借名人可要求出名人协助办理过户登记。综上所述,在经济适用住房不具备上市交易条件的情况下,借名购房合同违背了国家对政策性房屋的调控政策,损害了社会公众利益,有违公序良俗原则,应认定为无效。在经济适用住房具备上市交易条件且已缴纳相关税费,并对国家、集体或者第三人利益未造成损害的情况下,借名购房合同应为有效。换言之,国家允许经济适用住房上市交易,则借名购买经济适用住房的合同效力发生变化。

其二,规避房产限购政策的借名买房合同效力。

司法实践中,主要有两种不同观点,一为借名购房的目的在于规避国家限购政策,对于此种行为应予限制,否则无异于鼓励不诚信的当事人通过规避国家政策红线获取不当利益,不但与司法维护社会诚信和公平正义的职责不符,而且势必导致国家房地产宏观调控政策落空,影响经济社会协调发展,损害社会公共利益和社会秩序,故此种借名买房合同因违背公序良俗而应认定无效。二为限购政策主要体现在地方政府规章层面,法律、行政法规层面并没有此类限制,因此不能将违反法律、行政法规强制性规定作为合同无效的理由。

限购政策是为稳定房价、抑制不合理住房需求、严格限制各种名目的炒房和投机性购房,切实解决城镇居民住房问题而制定的维护社会公共利益和社会经济发展的国家宏观经济政策。主流观点认为,规避限购政策的借名买房合同阻碍国家宏观经济政策落实,影响经济社会协调发展,损害社会公共利益和社会秩序,违背公序良俗,应属无效。最高人民法院在个案中态度明确:借名买房合同虽因规避国家限购政策、违背公序良俗而应认定为无效,但借名人在其后因消除了限购政策障碍并经相关行政机关确认符合申购住宅条件,已经具备购房资格,从而消除了合同无效事由,案涉借名买房合同的效力得以补正。据此,违反限购政策的借名买房合同无效情形可以得到补正,即本不满足限购政策的借名人取得购房资格后,合同无效事由就此消除,借名买房合同应为有效。[1]

应注意的是,房地产限购政策属于调控政策,具有短期性、临时性、阶段性。该政策通过限制当事人的缔约自由来稳定急剧上升的房地产价格,不属于法律、

---

〔1〕 最高人民法院(2020)民再328号民事判决书。

行政法规的强制性规定，亦不会造成永久的履行不能。

其三，普通商品房的借名购房合同效力。

实务中，亦存在基于种种原因购买普通商品房的借名买房合同，例如为规避银行信贷规定、隐藏真实的财产信息，以及亲属之间借名购买等。基于意思自治与契约自由，此类借名购房合同若未违反《民法典》第一百四十四、一百四十六、一百五十三和一百五十四条关于无效事由的规定，通常应肯定其合同效力。此外，认定借名买房合同有效，体现了法律对于当事人意思自治的尊重，也有利于在纠纷发生时，按照当事人所事先约定的利益安排来确定当事人之间的权利义务，防范道德风险。

【案例9－5】　包某生、刘某兰诉李甲、孙某宁房屋购买人确认纠纷案

一审法院认为，顶名协议中甲方包某生、刘某兰及乙方李甲、丙方李乙的签名均系本人所签，应认定是其真实意思表示。孙某宁的签名虽非本人所签，但李甲在庭审中认可其代孙某宁签名时孙某宁在场未表态，庭审查明孙某宁在此后亦未提出过否认表示，因此应视为被告孙某宁同意李甲的代签行为。两被告主张协议中李甲签名的真实时间为2009年8月，李乙签名的真实时间为2010年2月7日，但未能提供有效证据证实，且两被告主张签名时间并不影响协议的效力。原告包某生、刘某兰自2007年4月起按月偿还银行贷款，该行为是对双方签订的顶名协议的实际履行。综上，该顶名协议是甲、乙、丙三方的真实意思表示，且不存在《合同法》规定的无效情形，应认定是有效协议。[1]

不过，实践中也有法院以借房购房合同规避信贷政策为由认定合同无效。

【案例9－6】　王某岩诉裴某涛、福建邦盛房地产开发有限公司商品房销售合同纠纷案

一审法院认为，原告王某岩因个人征信问题，与被告裴某涛、邦盛公司串通，用被告裴某涛名义签订了《商品房买卖合同》，系规避有关贷款制度，以合法形式掩盖原告实际用款的目的，该合同应认定为无效。原告要求被告邦盛公司返还首付款于法有据，本院予以支持。[2]

购买普通商品房的借名购房合同，多数目的在于规避限购政策或信贷政策。就规避限购政策而言，借名购房行为没有致使购房数量超出国家调控的总量，没

---

〔1〕　参见最高人民法院中国应用法学研究所编：《人民法院案例选》2013年第2辑（总第84辑），人民法院出版社2013年版，第167～168页。

〔2〕　参见国家法官学院案例开发研究中心编：《中国法院2013年度案例》（房屋买卖合同纠纷），中国法制出版社2013年版，第74页。

有侵犯社会公共利益；就规避信贷政策而言，借名购房办贷规避银行信贷政策的行为，规避的是首付款的支付比例及利率水平，而银行并不代表国家或者社会公共利益。因此，借名购买普通商品房的行为未侵犯社会公共利益，在符合一般合同成立、生效要件的情况下，借名购房普通商品房合同应认定为有效。有学者认为，房地产调控政策如"限购令""禁购令"等不属于法律和行政法规，其政策内容亦不属于效力性强制性规定，因此不能作为否定间接借名行为效力的依据。在自由市场，政府为保障住房供给的资助手段包括提供公共住房或房租补贴等，这些手段的财政优惠都源于政府的税收，而不包括限购这一明显过度干扰经济自由及侵蚀财产权制度的手段。我国各级地方政府为达到抑制房价的目的，采取"限购令"的形式管制房地产市场，是否符合比例原则本身就存有疑问。不仅如此，借名人因年龄等因素无法办理银行贷款，或者借名人欲享受低价购房的优惠条件，如团购、集资建房、公有住房私有（房改房）等情形，均不影响借名人使用他人名义购买房屋行为的效力。[1]

由于房地产调控政策多为政府部门规章或地方行政法规所规定，以借名买房行为违反政府规章或地方行政法规的强制性规定、以合法形式掩盖非法目的为由主张合同无效的，因缺乏法律依据，法院往往不予支持。但这不能说此类合同一定有效，笔者认为，在这种情形下应有所区分，区分的依据即社会公共利益标准。公共利益是相对于个人利益而言的，是指关系到全社会的利益，表现为某一社会应有道德准则。如果借名买房的行为，损害了社会的公共利益，该借名行为应当无效。反之，如果借名买房行为损害的是个别人的利益如银行的利益，除非具有恶意串通等其他合同无效的事由，则该借名购房合同原则上不应认定为无效。常见的是在借名人与出名人买卖房屋时，政府部门对当事人购房资格的限购令尚未颁布，或当时借名人不属于限购对象，其借名买卖原因在于规避信贷政策。如果当时以借名人的名义购房，有可能银行不予批贷，或者银行批贷的利率较高，也就是说，当时的政策并非不允许借名人购房，仅是对借名人的贷款行为予以限制。由于此时借名买房的行为损害的是银行利益而非社会公共利益，法院对出名人合同无效的主张不予支持。有的法院还会以借名人购买经济适用房是为了自住还是炒卖为标准确定合同效力。

【案例9－7】 崔某与白某连、隋某借名购房合同纠纷再审案

再审法院认为，申请人崔某与被申请人白某连所签订的由崔某出资，以白某连名义购买讼争房屋及办理购房贷款，待允许过户时将讼争房过户至崔某名下的协议系双方真实意思表示，协议内容不违反法律或行政法规的强制

---

〔1〕 参见冉克平：《论借名实施法律行为的效果》，载《法学》2014年第2期。

性规定，其具体情节也不能认定为违反社会公共利益，因此应认定协议有效，双方均应受协议约束，并应依协议约定履行自己的义务。被申请人隋某虽然未在上述两份协议上签字，但隋某已实际签订了经济适用房买卖合同及借款合同，说明其以自己的行为认可两份协议的效力，故亦应受协议约束。被申请人援引国务院《关于解决城市低收入家庭住房困难的若干意见》及《经济适用住房管理办法》的有关条款，主张申请人与被申请人之间的协议无效。对此，应认为，第一，本案申请人与被申请人双方约定由申请人出资以被申请人名义购买讼争房屋，待符合上市交易条件后再将房屋过户给申请人，该情形并未被上述文件所直接禁止。第二，上述文件只是对经济适用房购买资格作出一定限制，但并未绝对禁止经济适用房转让，在符合一定条件并缴纳税费之后，经济适用房允许上市交易。也即无购房资格人员只是不能直接从开发商处购买经济适用房，而无购房资格人员因他人转卖而取得经济适用房并未被上述文件所禁止。本案的情形与约定先由被申请人购买，待允许上市交易后再按照原价格转让给申请人的情形并无实质差异，只不过是简化了价款交付手续而已。而后者（约定先由被申请人购买，在允许上市交易后再按照原价格转让给申请人的情形）显然并不为法律、政策所禁止，因此本案情形亦不能评价为违反法律或政策的强制性规定。第三，依《立法法》第六十一条的规定，“行政法规由总理签署国务院令公布”。上述国务院《关于解决城市低收入家庭住房困难的若干意见》及《经济适用住房管理办法》并非由总理签署国务院令公布，在效力层级上均不属于行政法规，因此即便认为本案情形违反上述规范性文件，亦不构成合同无效的理由。民事活动是否损害国家或社会公共利益，应该结合案件实际情况作个别的、具体的判断。本案被申请人在当时并无购买经济适用房的实际需求和意愿，而申请人除讼争房屋外别无其他住房，其购买讼争房屋系用于自住，而非用于投资或投机，因此申请人与被申请人之间的借名买房行为不能认定存在非法目的，其实际效果与政策规范目的亦不存在明显背离。且依房管政策，经济适用房在上市交易（也即申请人与被申请人之间办理更名过户）时要缴纳各种税费，政府通过缴税费的方式已经收回一部分政策补贴投入，因此亦不能认定为损害国家或社会公共利益。《民法通则》第四条规定：“民事活动应当遵循自愿、公平、等价有偿、诚实信用的原则。”被申请人已在签订协议后从申请人处获得5000元补偿款，现房价大幅上涨，被申请人又主张借名买房协议无效，要求按原价格留买讼争房屋，该主张明显有违诚实信用和公平原则。综上，被申请人所谓协议书“以合法形式掩盖非法目的”“损害社会公共利益”的抗辩理由均不能成立。现讼争房屋已具备上市交易条件，被申请人应配合申请人办理房屋过户

手续。〔1〕

实践中,对单位团购房、集资房性质的借名买卖合同纠纷,只要双方意思表示真实,法院原则上按有效合同认定。

【案例9-8】 赵某华、耿某忠诉张某、陈某房屋买卖合同纠纷案

一审法院认为,二原告与被告陈某签订的转让协议系双方真实意思表示,双方在签订上述协议后,二原告及时向陈某交纳了购房权转让费和不低于二被告向房产开发公司交纳的房款,陈某亦向二原告交房,二原告接受房屋后对涉案房屋进行了装修并居住至今,双方已经实际履行了协议中的大部分内容,对于尚未履行的部分仍应当继续履行,因此,关于原告请求判令陈某履行转让协议的义务为原告办理房产过户手续的诉讼请求,符合法律规定,予以支持。张某虽未在该协议上签字,但自二原告与陈某签订上述协议至今接近六年,涉案房屋交付给二原告亦有二年有余,张某在此期间应当知情,但其一直没有主张自己的权利,现张某称对此不知情,明显与常理不符,不予采信。基于与陈某的合法夫妻关系,在陈某履行转让协议的过程中,涉及将涉案房屋转户到二原告名下,故张某对陈某履行协议应具有协助的义务。据此一审判决被告陈某履行其与赵某华、耿某忠签订的转让协议,将涉案房屋所有权转户到原告赵某华、耿某忠名下,被告张某对此负协助义务。二审法院持同样意见,维持原判。〔2〕

借名购房合同的内外效力。借名购房合同并不具有物权效力,也不能直接引起物权变动,其效力主要体现在对内的效力上。就对外效力而言,根据《民法典》第二百零九条的规定,我国采取的是登记生效主义的不动产物权变动模式,即除法律另有规定外,不动产物权变动原则上以登记完成为生效要件。而法律另有规定的情况,可分为三类:一是法律明确规定某些不动产物权的变动不实行登记生效原则;二是非法律行为的法律事实直接导致不动产物权变动的,物权变动自该法律事实发生时生效;三是法律规定人民法院、仲裁委员会等有权机关的法律文书、征收决定可以直接引起物权变动。借名购房合同不属于上述三类情况,在效力上不具有物权效力,不能直接引起物权变动。就对内效力而言,通常来说,借名购房合同会对房屋的使用与管理、物业费的交纳等作出约定,在性质上类似于委托合同。其内部权利义务一般为,借名人(实际权利人)享有对标的房屋的最终收益权,出名人(登记产权人)对外享有标的房屋的收益权,但应将收益转交借名人或按借名人指令支配;出名人负有根据借名人的主张将房屋所有权登记转移至

〔1〕 参见高治:《借名购买经济适用房的法律效力及权属》,载《人民司法·案例》2015年第4期。

〔2〕 参见国家法官学院案例开发研究中心编:《中国法院2014年度案例》(房屋买卖合同纠纷),中国法制出版社2014年版,第145~146页。

借名人名下的义务,在借名人提出主张,且不侵犯第三人利益,不违背法律、政策规定的情况下,出名人应将房屋所有权转让给借名人。

借名登记为真实意思表示的,借名人与出名人间虚假的房屋买卖意思表示无效。

【案例9-9】 陈甲诉陈乙房屋买卖合同纠纷案

二审法院认为,第一,陈甲与陈乙之间民事法律行为的性质为借名登记行为,双方签订的《房屋买卖合同》系虚假意思表示而无效。结合上述分析,应当认定陈甲与陈乙之间并不存在真实的房屋买卖行为,而是形成了借名登记的约定。即二人的内心意思与外部表示行为并不一致,双方合作完成了通谋虚伪行为,形成了真实与虚假两项意思表示。虚假的房屋买卖意思表示浮现于表面,真实的借名登记意思表示则被隐藏在内。综合以上,法院认定陈甲与陈乙之间针对诉争房屋形成借名登记的民事法律行为。第二,关于陈甲与陈乙之间民事法律行为的效力。双方隐藏的民事法律行为系借名登记行为,该行为并未违反法律、行政法规的强制性规定,应属有效。陈甲通过诉讼方式要求陈乙履行义务,协助将诉争房屋登记至陈甲名下,具备事实及法律依据,应予支持。但是,一审法院基于双方之间虚假意思表示实施的无效民事法律行为判令将房屋登记至陈甲名下,适用法律错误,法院予以纠正。第三,《民法总则》施行时,本案争议的法律事实尚在持续中且未履行完毕,本案适用《民法总则》的相关规定并无不当。原审判决裁判结果正确,但适用法律存在瑕疵,予以纠正。据此判决驳回上诉,维持原判。[1]

应注意的是,在外部关系中,出名人与出卖人的房屋买卖合同应属有效。因为在出名人与出卖人之间,唯有出名人一方掌握借名之事实,若认定买卖合同无效,则是否无效实际仅取决于出名人主张与否,从而使出名人可在房产升值时保有利益,在房产贬值时主张买卖合同无效并请求退还价金,这易导致道德风险且不利于出卖人的保护及法律关系的稳定,显有不当。因此,在司法实践中,主流观点并不否定出名人与出卖人之间房屋买卖合同的效力。

借名人与出名人为规避国家限购政策签订的买房合同,因违背公序良俗应认定的无效。

【案例9-10】 辽宁中集哈森冷气体液化设备有限公司与徐某欣执行异议纠纷再审案

最高人民法院认为,关于案涉房屋过户前徐某欣能否依据规避国家限购

〔1〕 参见国家法官学院、最高人民法院司法案例研究院编:《中国法院2020年度案例》(房屋买卖合同纠纷),中国法制出版社2020年版,第99~100页。

政策的借名买卖合同关系成为房屋所有权人并排除执行？2010年4月17日发布的《国务院关于坚决遏制部分城市房价过快上涨的通知》（国发〔2010〕10号），是基于部分城市房价、地价出现过快上涨势头，投机性购房势头再度活跃，增加了金融风险，不利于经济社会协调发展的现状，为切实稳定房价、抑制不合理住房需求、严格限制各种名目的炒房和投机性购房，切实解决城镇居民住房问题而制定的维护社会公共利益和社会经济发展的国家宏观经济政策。该通知授权"地方人民政府可根据实际情况，采取临时性措施，在一定时期内限定购房套数"。北京市人民政府为贯彻落实该通知要求而提出有关具体限购措施的京政办发〔2011〕8号文件，系依据上述国务院授权所作，符合国家宏观政策精神和要求。徐某欣在当时已有两套住房的情况下仍借曾某外之名另行买房，目的在于规避国务院和北京市的限购政策，通过投机性购房获取额外不当利益。司法对此种行为如不加限制而任其泛滥，则无异于纵容不合理住房需求和投机性购房快速增长，鼓励不诚信的当事人通过规避国家政策红线获取不当利益，不但与司法维护社会诚信和公平正义的职责不符，而且势必导致国家房地产宏观调控政策落空，阻碍国家宏观经济政策落实，影响经济社会协调发展，损害社会公共利益和社会秩序。故徐某欣与曾某外为规避国家限购政策签订的《房产代持协议》因违背公序良俗应认定为无效，徐某欣依据规避国家限购政策的借名买卖合同关系，不能排除对涉房屋的执行。

徐某欣依据规避国家限购政策的借名买卖合同关系也不能当然成为房屋所有权人。《物权法》第九条规定："不动产物权的设立、变更、转让和消灭，经依法登记，发生效力；未经登记，不发生效力，但法律另有规定的除外。"第十六条规定："不动产登记簿是物权归属和内容的根据。"根据前述法律确立的物权公示原则，除非法律另有规定外，不动产物权的变动应履行变更登记程序才能发生相应的法律效力。《最高人民法院关于适用〈中华人民共和国物权法〉若干问题的解释（一）》第二条规定："当事人有证据证明不动产登记簿的记载与真实权利状态不符，其与该不动产物权的真实权利人，请求确认其享有物权的，应予支持。"但司法解释的该条规定系适用于利用虚假资料骗取登记，登记机关人员错误登记、非基于法律行为导致物权变动后未及时更正登记等情况下，已经过法定程序取得权利的真实权利人与登记簿不一致导致的登记错误等情形。本案徐某欣借用曾某外名义签订《商品房买卖合同》、办理相关手续，故意将案涉房屋登记在曾某外名下，不属于前述法律规定的登记错误情形。

在借名买房并不违反公序良俗原则、不存在无效事由的情况下，借名人可以依据实质上的代持关系要求出名人将房屋过户至其名下，但此项权利系基于合同关系所产生的债权请求权，在经法定变更登记程序完成物权公示之前，借名人尚不能依据借名买房的合同关系未经公示程序即直接被确认为房屋的物权人，其所享有的债权请求权也不具有对世效力、排他效力和绝对效力。这不但符合我国法律关于物权变动的实然规定，也是借名人故意制造名义买房人与实际买房人不一致时应面临的权利风险。故仅依据借名买房协议，徐某欣并不能直接成为案涉房屋的所有权人，不享有排除执行的合法权益。原审判决认定徐某欣因借名买房关系对案涉房屋享有物权或所谓物权期待权而足以排除执行，认定事实及适用法律错误，本院予以纠正。

关于案涉房屋过户至徐某欣名下后是否能够排除执行。徐某欣与曾某外之间的借名买房合同虽因规避国家限购政策、违背公序良俗而应认定为无效，但徐某欣在其后因消除了限购政策障碍并经相关行政机关确认符合申购朝阳区存量住宅条件，已经具备购房资格，从而消除了合同无效事由，案涉借名买房合同的效力得以补正。2018 年年底，徐某欣向朝阳区法院提起合同纠纷诉讼，以房屋代持关系为由请求办理过户登记手续。朝阳区法院于 2020 年 7 月 17 日作出生效判决，认定徐某欣申购朝阳区存量住宅的初步核验通过，符合购房政策，判令曾某外配合办理案涉房屋所有权转移登记手续。后通过法院执行程序并经房屋登记机构确认，徐某欣于 2020 年 8 月 26 日取得案涉房屋的不动产权证书，成为房屋的所有权人。至此，在对曾某外的执行程序中，中集哈森公司主张继续执行已经归属于徐某欣的案涉房屋，已然不具有事实基础和法律依据，不应予以支持。在本案再审期间，中集哈森公司对朝阳区法院在沈阳中院轮候查封情况下实施执行行为及案涉房屋过户登记提出异议，但因其不属于本案审理范围，中集哈森公司可另行依法主张权利。……综上，徐某欣为规避国家限购政策而借名买房，有违公序良俗原则，案涉借名买房合同应认定为无效，但其嗣后通过消除限购政策补正了合同效力，并通过生效判决的执行而完成了不动产登记，成为案涉所有权人。在本院裁定提审后出现的新事实，已经从根本上改变了案涉房屋的权属关系，中集哈森公司在对曾某外的执行程序中主张继续执行案涉已经属于徐某欣的房屋，缺乏理据，不应支持。原审判决适用法律虽有错误，但徐某欣已经取得案涉房屋的所有权，足以排除法院的执行。判决：维持辽宁省高级人民法院（2018）辽民终 211 号民事判决。[1]

---

〔1〕 最高人民法院（2020）民再 328 号民事判决书。

(三)所有权归属与出资关系的区分

诉讼中,当事人以自己是出资人、购房属于借名购房为由,要求办理变更登记的房屋买卖合同纠纷,实质上是围绕所有权的确认和归属而展开。根据《民法典》第二百零九条、第二百一十四条、第二百一十六条及第二百一十七条的规定,结合《民法典》物权编上的公示公信原则可知,不动产物权的变动一般必须经依法登记,并且不动产登记簿是物权归属和内容的根据,不动产权属证书是权利人享有该不动产物权的证明。由此可见,不动产登记簿与不动产权属证书上登记的主体才是该不动产物权的权利人,除非确有证据证明登记错误,或登记权利人和实际权利人之间存在合法有效的法律关系。显然,这与单纯出资形成的借贷关系有所区别。货币作为种类物,占有即实现所有权转移,一方当事人将货币交付给对方之后,若无其他特别约定或法律规定,则立即丧失对该货币的所有权,并在双方之间形成新的借贷法律关系。借贷关系属于对人关系,交付货币一方取得相对权债权,对于取得货币一方其后利用该货币取得的财产,债权人自然无权主张。因此,对于此类纠纷案件的审理,必须将是否存在借名购房的事实作为核心,区分实际出资可能引起的借贷关系与所有权归属关系,切不可以一方当事人是实际出资人而轻率地将其认定为所有权人。在借名购房关系中,出卖人转移物权的意思仅指向出名人,房屋亦登记于出名人名下,故房屋的所有权属于出名人所有。至于借名人是否得请求出名人将房屋所有权转移至自己名下,取决于两者间合同效力,有效则有权,无效则无权。

执行异议之诉中借名买房的借名人权利认定是疑难问题。在执行异议之诉中出现借名买房情形,应采取债权说认定涉案房屋物权归属,亦即当案外人以借名买房为由主张涉案房屋所有权,请求停止对房屋的强制执行时,法院不应当支持诉讼请求。也就是说,借名买房人依据借名购房合同取得的是债权请求权,基于公示公信效力和权利外观主义,不能排除法院强制执行。

【案例9-11】 芦甲诉刘某霞案外人执行异议之诉纠纷案

一审法院认为,原告芦甲提供的证据不足以证明自己的主张。理由如下:首先,从公示状态及银行按揭贷款人来看,案涉房屋登记在被执行人芦乙名下,购房合同的签订者及按揭还贷账户均系卢乙。其次,从购买过程来看,2010年9月3日芦乙与房地产开发公司签订了《商品房买卖合同》,并由芦乙向银行按揭贷款支付房贷;虽然原告提供了大量银行转账明细,但并不能反映芦甲向芦乙银行卡转账偿还房贷的完全一一对应关系。最后,原告虽提供证据拟证明房产首付款系由其公司支付,部分房贷月供也系源于芦甲,且芦乙亦认可己方未曾出资;但原告与芦乙系同胞兄弟关系,同时也不能排除原告与芦乙之间存在其他经济关系,以及逃避强制执行的合理怀疑。不动产登记簿具有推定物权效力,而原告提供的证据不足以否定不动产登记簿记载的事实,故对原告要求确认其对案涉房产具有所有权及排除执行的相关诉讼请求不予支持。

二审法院认为,上诉人芦甲于原审提供的证据证明其于争议房产所属同一小区购买了另一房产,其提供的证据仅证明其对争议房产的购买存在部分出资关系,不能证明所有款项均系其支付,也不足以证明其与原审第三人芦乙之间存在借名买房的约定。且上诉人与原审第三人均称涉案房屋属于国家政策限制购买的房屋,借名买房是为规避国家限购政策,已违反国家利益及社会公共利益,由此产生的风险理应自行承担。对于其争议房产的出资,上诉人可另行主张权利。综上,原审驳回上诉人的诉讼请求,并无不当。上诉人的上诉请求缺乏事实及法律依据,法院不予支持。[1]

(四)借名购房合同中出名人处分房屋的效力

司法实践中,有的出名人受利益驱使将登记在自己名下的房屋出卖给第三人,对此产生的法律效果学界有不同观点。一为有权处分说。该说认为,为强化不动产登记的公示力,在形式上看,权利人处分该不动产,即使违背借名登记合同之约定,仍属有权处分,无需再考虑受让人是善意还是恶意。另外,借名人既然选择将自己购买的房屋登记于其他人名下,就应承担房屋被无权处分的风险。二为无权处分说。该说认为,登记名义人虽为形式上的所有权人,但真正所有权人仍属借名人,故登记名义人处分不动产,构成无权处分。买受人能否取得不动产所有权,应视其是否知道借名登记关系的存在,若知情,则无善意取得适用之余地;反之,则适用善意取得的规定,买受人取得不动产所有权。三为折中说。该说认为,登记名义人出卖该不动产虽属有权处分,但在买受人恶意之情形下,应按照无权处分处理。笔者赞同无权处分说。首先,当事人是否属于有权处分,应当依据其是否取得相应的处分权能来确定,而与相对人善意或恶意无关,因此折中说并不妥当。其次,当事人签订借名购房合同,一般都会约定借名人为真正的所有权人,出名人不得擅自转让该房屋,即禁止转让的约定实际上剥夺了出名人的处分权能。即使当事人未作出此种约定,也应当通过契约的补充解释来判断当事人的

〔1〕 参见国家法官学院、最高人民法院司法案例研究院编:《中国法院2020年度案例》(房屋买卖合同纠纷),中国法制出版社2020年版,第199页。

真实意思,即以当事人在合同中所作的价值判断为出发点,基于诚信原则并斟酌交易习惯来假设当事人的意思。在借名购房合同中,借名人仅欲假借他人之名进行房屋登记,并无向出名人让渡处分权能的意思。因此,出名人虽形式上登记为所有权人,但借名人才是真正的所有权人。最后,根据所有权处分说,即使受让人主观上为恶意,其仍可取得所有权,借名人无权向受让人主张权利,仅得向出名人请求违约损害或根据不当得利的相关规定请求获利之返还。借名人虽借他人名义进行登记,但因此承担如此巨大的风险,实则有悖比例原则。受让人明知出名人不是所有权人,仍购买,其应当承担无权处分的相应后果。另外,采取无权处分说,也无碍于交易安全,因为善意的买受人可以通过善意取得获得所有权。

借名人为真正的所有权人,有权处分登记于出名人名下的房屋。借名人可通过举证其为真正权利人请求出名人将房屋转移登记给借名人。认定真正权利人的依据主要有房屋产权证书保管情况、房屋购房款及相关税费的支付凭证、长期控制和占有房屋的事实等。在借名人将房屋出卖给第三人的情形中,借名人既可以请求出名人将房屋过户至自己名下,继而再登记于第三人名下,也可以让出名人直接转移给第三人。

实践中,借名人将其出资购买的房屋以出名人名义卖给第三人的,出名人向法院请求返还出售房屋房款不受法律保护。

【案例9-12】 汪某与武汉融广资产管理有限公司、邱某、胡某委托合同纠纷案

一审法院认为,《借名购房协议》合法有效,按照合同约定,不动产登记簿上记载的事项与实际状况不一致,汪某只是房屋的名义所有人,邱某享有实际权利。在借名购房的情形下,借名人邱某对房屋享有的所有权属于事实物权中的符合当事人本意的事实物权,故确认其权利自是当然之义。据此认定案涉房屋属基于《借名购房协议》约定的事实物权人所有,二审法院维持一审判决。[1] 本案中,汪某和邱某签订《借名购房协议》约定:邱某因故不便以自己的名义购买新的住房,委托汪某以汪某名义购买御景苑房屋一套。汪某接受邱某的委托,以汪某名义签订房屋买卖合同,但实际购房款及相关费用全部由邱某支付,邱某是实际出资人和实际所有人。后邱某以汪某的名义将房屋售与金某,汪某认为案涉房屋归其所有,向法院起诉请求返还出售房屋房款。

---

〔1〕 湖北省武汉市中级人民法院(2019)鄂01民终11246号民事判决书。

（五）借名购房与一房二卖的区分

实践中，出卖人与两个相对人先后签订两个《商品房买卖合同》，虽然形似一房两卖，但如果在合同签订、支付房款、交付房屋直至办理产权证明的全过程中，均由一个购房人具体经手办理、承担义务、享受权利，相关凭证和手续也均由其持有，合同一直是由出卖人和购房人（借名人）在履行，则出卖人不存在一房两卖以获取两次房款的意图和行为，故该《商品房买卖合同》的性质应认定为借用他人名义买房。

【案例9－13】　陆某诉某建设公司、王某商品房买卖合同纠纷案

二审法院认为，虽然购房手续上存在先陆某后王某的形式表象，但在合同签订、支付房款、交付房屋直至办理产权证明的全过程中，均由王某具体经手办理、承担义务、享受权利，相关凭证和手续也均由王某持有。这一客观事实不容否定。鉴于王某与陆某的特殊关系，以及合同一直是由某建设公司和王某在履行，某建设公司不存在“一房两卖”以获取两次房款的意图和行为。通过前述分析，本案商品房买卖合同的性质应认定为借用他人名义买房。王某依约付清了购房款项，上诉人与其另行订立购房合同、向其交付房屋并为其办理土地使用权证、房屋所有权证符合双方合同约定。至于上诉人与王某另行订立购房合同，无非是办理王某名下产权证明所需。[1]

---

〔1〕　浙江省绍兴市中级人民法院（2009）浙绍民终字第485号民事判决书。

三、借名购房合同纠纷处理

(一)借名购房纠纷的处理

在借名购房合同成立并有效的前提下,法官应审查是否具备办理过户到借名人名下的条件,即借名购房合同的最终履行问题。借名人要求房屋过户的请求权基础是合同请求权,因此房屋所有权转移登记应当依照《民法典》合同编通则中的相关规定及借名购房合同中房屋过户登记的约定进行办理。根据《民法典》第五百八十条的规定,法律上或者事实上不能履行的,其要求履行的诉讼请求不能获得支持。如存在借名人目前尚不具备购房资格、该房屋被登记人的债权人申请查封、涉及善意交易第三人利益或其他原因依法不能办理转移登记的情况,则不能支持借名人的诉讼请求。如果双方未约定办理房屋过户登记手续的期限,借名人要求过户,且具备过户条件的,应当根据《民法典》第五百一十一条第四项的规定,给登记人必要的准备时间。

对于有效的借名购房合同,所购房屋属于普通商品房性质的,借名人请求出名人办理产权过户手续的,法院应予支持。

【案例9-14】 金某善诉董某宝房屋买卖合同纠纷案

一审法院认为,诉争房屋实际购房人为金某善,房屋首付款及银行贷款亦由金某善支付。因此,对于金某善确认房屋归其所有并要求董某宝办理产权过户的请求,应予支持。董某宝已经表示过同意诉争房屋归金某善所有,之后虽又提出金某善支付的房款、偿还的银行贷款属于双方之间的债权债务,但其此项意见与双方所签订的协议书内容不符。即使据其所述,双方所签协议系无效协议,但是,这样也不能改变诉争房屋实际购买人、出资人均为金某善之事实。判决北京市朝阳区八里庄东里的一套房屋归原告金某善所有,被告董某宝于本判决生效后七日内协助原告金某善办理上述房屋的产权过户手续。二审法院持同样意见,维持原判。[1]

---

〔1〕 参见国家法官学院案例开发研究中心编:《中国法院2012年度案例》,中国法制出版社2012年版,第80页。

对涉及经济适用住房、限价房等政策性保障住房的借名购房纠纷案件的处理，目前法律、司法解释尚没有明确规定。对于合法借名登记购房行为，住房限购政策的实施致使借名人无法办理房屋过户登记的，应属于不可归责于双方当事人的原因导致合同目的无法实现的情形，当事人可以要求解除合同。对于借名人要求出名人继续履行合同，办理房屋过户登记的，经审查借名人具备购房资格的，法院可以支持借名人要求办理过户的诉讼请求；不具备资格的，法院应向当事人释明其可以变更诉讼请求，即要求解除合同，当事人坚持继续履行的，判决驳回诉讼请求。

【案例9－15】　徐某云诉朱某婷房屋买卖合同纠纷案

二审法院认为，通过本案查明的事实，可以确定徐某云与朱某婷之间存在借名买房的事实。但由于徐某云没有北京市户口，亦不在北京交纳社会保险，故即使双方之间的借名购房合同有效，根据北京市的限购政策，亦无法为其办理房屋过户手续。综上所述，上诉人的上诉请求缺乏事实依据，本院予以驳回。[1]

关于房屋所有权的确认。房屋产权登记机关对不动产当时权属关系及表现状态的认可和证明，并不创设具体的权利义务关系，当事人是否享有对所登记不动产的权利，仍取决于当事人之间的民事实体法律关系。在房屋产权归属发生争议时，为解决房屋产权归属问题，法院应根据当事人的真实意思表示，并结合房款支付及房屋交付、居住、使用等情况进行综合分析，以确定房屋产权归属。

【案例9－16】　张某与王乙房屋所有权确认纠纷案

一审法院认为，张某、王甲为诉争房屋向新沂市友谊商场支付部分购房款3万元，因其无法办理按揭款，便以王乙的名义，与新沂市友谊商场签订《商品房预售合同》(该合同中王乙的签名被告也无法确认是其所签)。从签订《商品房预售合同》、支付3万元购房款、新沂市友谊商场向张某和王甲交付诉争房屋、张某和王甲对诉争房屋进行装修并入住等事实以及由张某、王甲归还银行按揭贷款并取得房地产贷款证明、房产抵押贷款结清证明来看，诉争房屋实际出资人和实际购买人应为张某、王甲，而非王乙。对本案诉争的房屋，王乙虽然持有涉案房屋的所有权证书、买卖契约和抵押合同，但不能提供其对房屋实际享有所有权的充分证据，其辩称将房屋借给张某、王甲居住也未提供证据予以证实。王乙主张涉案房屋产权登记在其名下，其本人就是合法的真正的房屋所有权人，但涉案房屋产权登记在王乙名下，仅能证明

〔1〕 参见国家法官学院案例开发研究中心编：《中国法院2015年度案例》(房屋买卖合同纠纷)，中国法制出版社2015年版，第170页。

王乙系该房屋登记的权利人,该权利仅在外部关系上对善意第三人发生法律效力,并不能证明其为房屋的真正权利人,也不能解决原、被告之间内部争议的房屋产权确认问题。二审法院认为,关于涉案房屋是否系张某、王甲购买,房屋所有权是否可以确认归张某、王甲所有的问题。经法院查明,本案诉争的房屋实系张某、王甲借用王乙的名义购买,购房首付款3万元系由张某支付,按揭贷款由张某偿还,该房屋在购得后一直由张某、王甲居住和使用。王乙不能提供充分证据证明其为该房屋的实际购房者,其上诉请求缺乏事实依据,法院不予支持。一审判决认定事实清楚,适用法律正确,应予维持。据此,二审法院判决:驳回上诉,维持原判。[1]

【案例9-17】 顾甲、胡某诉顾乙、顾丙所有权确认纠纷案

一审法院认为,我国法律明确规定,民事活动应遵循公平、诚实信用的原则。404室房屋是以原、被告父亲顾某的名义申请购买的,房屋产权证上显示的权利人也是顾某,但从原、被告签订的《家庭协议》、404室房屋房款中的个人出资部分均由两原告支付、404室房屋购买后一直由两原告居住至今等一系列事实来看,404室房屋的真正购买人是两原告,之所以要以顾某的名义购买,是受当时市政府对居住困难户的解困政策所限制。但市政府及单位的补贴并不是针对顾某个人,而是针对整个居住困难户家庭的,而两原告之子顾丁当时虽未成年,但也是整个家庭的成员之一,也可以说,正是由于顾丁的户口迁入,整个家庭才达到了居住困难户的标准。综上,法院依法确认原、被告系争的浦东新区上浦路165弄48号404室的房屋产权应当归两原告所有。两被告虽辩称《家庭协议》是附条件的、两原告并未履行赡养两位老人的承诺等,但均未能提供有效的证据,其提供的家庭会议纪要也不能对《家庭协议》产生法律上的约束力,且证人蔡某、沈某的当庭证词均证明两原告对两位老人是尽了赡养义务的,故本院对两被告的上述辩称不予采信。[2]

关于房屋权属有合同约定的,法院应从约定处理。

【案例9-18】 廖某苏诉林某房屋确权纠纷案

一审法院认为,原、被告双方均认可系争房屋由案外人安某出资购买,权利人登记在被告林某名下。该房屋在数年内曾几经置换,2009年12月由原、被告及案外人共同签署的《关于家庭财产信托的确认协议》中对系争房屋的权属已明确作出书面约定,该份协议系当事人的真实意思表示且与法不

[1] 参见最高人民法院民事审判第一庭编:《民事审判指导与参考》2010年第4集(总第44集),法律出版社2011年版,第246~248页。

[2] 参见吴兆祥主编:《房屋买卖、租赁案件裁判要点与观点》,法律出版社2016年版,第112页。

悖,具有法律效力。现原告要求被告按协议内容履行,主张系争房屋归自己所有,并无不当,应依法予以支持。判决:一、上海市浦东新区锦绣路333弄48号301室房屋归原告廖某苏所有;二、被告林某协助原告廖某苏将上海市浦东新区锦绣路333弄48号301室房屋的产权变更登记至原告廖某苏名下。二审法院认为,上诉人作为具有完全民事行为能力人,对于2009年12月与被上诉人及案外人共同签署的《关于家庭财产信托的确认协议》中第五项约定,其名下的系争房屋实际产权人为被上诉人的内容,上诉人应当有正确理解。之后,上诉人也未以欺诈为由主张过撤销该协议,故上诉人以此来证明其受到欺诈及《关于家庭财产信托的确认协议》第五项内容是虚假的抗辩理由,依据不足,不予采信。《关于家庭财产信托的确认协议》是当事人之间确认房屋权利归属的有效证据,上诉人虽持有登记其名下的系争房屋的房产证,但其仅是名义产权人,原审法院认定系争房屋权利人为被上诉人并无不当。据此判决驳回上诉,维持原判。[1]

关于借名购房合同的赔偿损失问题。实践中,对于一方当事人原因导致借名购房合同无效、撤销或解除的,责任方应赔偿相对方因此而遭受的损失。

【案例9-19】　袁某锋诉易某初房屋买卖合同纠纷案

二审法院认为,双方订立《协议书》的目的是袁某锋取得集资房的产权,现因易某初不履行协议书,袁某锋不能取得房屋的所有权,根据《合同法》第九十四条第四项和第九十七条的规定,袁某锋可以解除合同并要求易某初赔偿损失。易某初不履行协议书的行为给袁某锋造成的损失是房屋的升值价值;易某初认为双方在协议中约定了清算和决算条款,即支付违约金3万元和返还名额转让费、集资房款,并同意按此约定赔偿袁某锋损失。根据《合同法》第一百一十三条第一款的规定,双方约定的违约金3万元低于房屋的升值价值,袁某锋主张以房屋升值价值计算损失,应予以支持;《协议书》约定袁某锋给付易某初名额转让费1.5万元,该款即是易某初对其所享有的其在西南油气万州作业区因职工身份关系所获得集资房权利的转让对价,是双方真实意思表示。袁某锋向易某初支付该款后才得以易某初的名义向西南油气万州作业区交纳集资房款11万元,故袁某锋获得集资房的价款为12.5万元,诉争房屋的价值不能再以交易时的市场价值计算,诉争房屋的现有市场价值与当时的价款之间的差值即是袁某锋因易某初拒绝交付房屋的违约行为所受到的损失。对于房屋单价的确定,一审法院通知双方选择评估机构,

〔1〕 参见万发文:《实际购房人需提供支付房款等证据证明其为所有权人》,载《人民司法·案例》2014年第4期。

易某初表示不到法院选择评估机构,根据《民事证据规定》第二十六条的规定,一审法院依法确定鉴定机构对诉争房现值进行评估,鉴定程序符合法律规定。易某初对鉴定结论不认可,但未提供充分证据否定鉴定结论的真实性,一审法院采纳该鉴定结论并无不当。对于房屋面积的确定一审法院通知双方到现场核实房屋面积,易某初未到现场,因其保管房屋钥匙,现场勘察未完成。二审中易某初陈述其收到通知时,勘察时间已过,但其未提供证据予以证明,一审法院根据《民事证据规定》第七十五条的规定,推定袁某锋主张的房屋使用面积为111.8平方米,符合法律规定。根据房屋单价和房屋面积计算得出的房屋现值,与当时12.5万元的差价即是袁某锋的损失,一审法院据此确定袁某锋的损失恰当。一审法院询问双方当事人,因易某初拒绝交付房屋,向双方释明。袁某锋据此变更诉讼请求要求赔偿经济损失。一审法院要求袁某锋提交评估申请,其当即申请对房屋现值进行评估,一审法院根据袁某锋申请启动鉴定程序,袁某锋根据鉴定结论变更诉讼请求符合法律规定。二审法院维持一审判决。[1]

借名人赔偿出名人损失的问题。随着房价上涨,借名人因借用出名人的名义购房而实际受益,而出名人因购房指标被占用而实际受损,且出名人可能存在无偿被借名的情况。因房价溢价损失的产生确实有限购政策、房价上涨因素的影响,即使双方积极履行变更登记手续,也仍可能给出名人造成损失。尽管此时可能难以认定借名人存在过错,但考虑借名人实际受益,应适用公平原则,由借名人承担出名人一定的损失。

【案例9-20】 王某兴诉北京朝阳荣鹤商贸中心房屋买卖合同纠纷案

二审法院认为,根据查明的事实,王某兴与荣鹤商贸中心在2001年确实存在借名合同关系,解决了荣鹤商贸中心的购房需求。但在取消企业买房的限制后,荣鹤商贸中心应当按照诚实信用原则及时办理产权变更手续,以使产权登记恢复至权利的真实状态。王某兴曾经于2010年明确提出产权变更事宜,虽然提出拟出资购买此房,但其提出需要厘清该房产的权利状态的意思表示是明确的,而荣鹤商贸中心却迟迟没有回应,直至2014年通过诉讼解决产权登记变更事宜。而此时限购政策已经实施,且房价上涨明显,X号房屋的产权登记在王某兴名下确实导致王某兴再行购买房屋的实际需求无法实现,一审法院结合限购政策的影响、房价上涨对王某兴的影响、荣鹤商贸中心获得的实际收益以及双方在办理产权变更手续中的消极态度,依据公平原

〔1〕 参见国家法官学院案例开发研究中心编:《中国法院2013年度案例》(房屋买卖合同纠纷),中国法制出版社2013年版,第219页。

则判决荣鹤商贸中心赔偿王某兴20万元并由荣鹤商贸中心承担案件诉讼费并无不当。但一审法院适用法律不妥,本院二审予以纠正。综上所述,一审法院判决结果正确,荣鹤商贸中心拒绝给付王某兴任何经济补偿的上诉请求缺乏依据,本院不予支持。判决驳回上诉,维持原判。[1]

(二)借名购房合同纠纷中诉的确定

在借名购房合同纠纷案件中,借名人应提起给付之诉还是确认之诉的问题,直接关系到法官的裁量,关系到诉讼请求是否得到法律支持,这也是实务中争议较大的问题。理论上存在两种观点:第一种观点认为,应当提起给付之诉,如果当事人提起确认之诉的应予以驳回。其主要理由为,在隐名购房行为中,登记产权人已依法取得房屋所有权,实际出资人享有的是对登记产权人的债权,其主张的请求权基础应是基于隐名购房合同协议的债权,而非对标的房屋的物权。故对实际出资人提出确权和恢复所有权登记诉请的,在不涉及第三人利益的情况下,法官应向其释明变更诉请为要求登记产权人向其转让房屋所有权,提起以房屋所有权为标的的给付之诉。如实际出资人坚持以确权和恢复产权登记为诉讼请求进行诉讼,应当驳回其诉讼请求。[2] 第二种观点认为,应当提起确认之诉,主张确权并恢复登记。其主要理由为,隐名购房人为事实物权人,登记权利人为名义物权人,当物权的归属、内容发生争议时,事实物权人可以要求确权,以排斥登记物权在法律上的地位和意义,人民法院对于具有事实和法律依据的事实物权,要依法予以确认。[3] 笔者认为,在大多数的情况下,纠纷产生的原因是出名人对于内部协议不认可,或没有内部协议而出名人认为其凭借登记成为实际权利人,应提起何种诉应根据个案具体情况而定。在有内部协议约定的情况下,借名人因出名人不履行内部协议约定的房屋交付义务而产生争议,应依内部协议提起给付之诉。在出名人不认可内部协议,并认为基于不动产的登记效力其已经成为房屋的权利人的情况下,出名人与借名人(实际权利人)之间的争议为权属争议,应提起确认之诉。在没有内部协议约定的情况下,法官审理时仍然需要首先明确谁是房屋的真实权利人,即仍需以确认权利归属为前提,不能直接要求履行或不履行,亦即当事人应提起确认之诉。确认之诉中的诉求,可以包含

---

〔1〕 参见国家法官学院案例开发研究中心编:《中国法院2018年度案例》(房屋买卖合同纠纷),中国法制出版社2018年版,第289页。

〔2〕 参见周峰、李兴:《隐名购房行为的法律性质认定与执法对策研究》,载《法律适用》2012年第8期。

〔3〕 参见魏海:《不动产事实物权的判定依据及冲突解决规则》,载《法律适用》2010年第4期。

两项:一是要求确认系争房屋为谁所有,二是要求对房屋进行变更登记。有必要说明的是,诉的确定与法官处理有联系并有区别的问题,下文将阐述法官对诉的处理模式。

(三)借名购房纠纷的处理思路

实践中,由于对借名购房中借名人的权利认识不同,法官在处理案件时主要有两种不同的模式:一种模式为在判决中确认借名人为真实所有权人,另一种模式为在判决中确认借名人的债权。前一种模式如:

【案例9-21】 马某与许某借名购房合同纠纷案

一审法院认为,根据《物权法》第十七条和第三十三条的规定,不动产权属证书及不动产登记簿不具有"绝对"的"证据力",不能仅依据不动产权属证书及不动产登记簿确定不动产的权属,而应当依据不动产真实的权利确定不动产的权属。案涉房屋所有权证和国有土地使用权证登记显示,案涉房屋的权利人为马某。许某则主张案涉房屋是其借用马某的名义购买,该房屋应属于其所有。基于双方当事人对于案涉房屋的权属存在争议,应当依据该不动产真实的权利状况对案涉房屋的权属予以确定。结合本案购房款的支付、房贷的偿还、承诺书、证人证言等证据综合分析,能够认定案涉房屋的真实权利人应为许某。故判决确认案涉房屋所有人为许某,马某应协助许某办理房屋所有权过户手续。[1]

【案例9-22】 刘某民、冯某敏诉刘某所有权确认纠纷案

一审法院认为,涉案房屋系由刘某民夫妻出资购买,但为了顺利办理按揭贷款才借用刘某名义签订购房合同,故案涉房房屋的实际所有权人应为刘某民夫妻。但由于涉案房屋尚有购房贷款未还清,在审理过程中,法院依职权追加他项权利人中国工商银行股份有限公司淄博博山支行(以下简称工行博山支行)作为第三人参加诉讼。工行博山支行在庭审过程中明确表示对于剩余购房贷款,将继续向贷款合同确定的合同相对人即刘某主张权利。此外,在庭审过程中,刘某民夫妻自认2014年5月至今的购房贷款是由刘某归还,故刘某将剩余购房贷款偿还完毕后,可以一并就实际支付的贷款向刘某民夫妻主张权利。涉案房屋的购房贷款现在尚未还清,无法办理不动产更正

〔1〕 江苏省徐州市泉州区人民法院(2012)泉民初字第1413号民事判决书;江苏省徐州市中级人民法院(2013)徐民终字第1454号民事判决书。

登记,对于刘某民夫妻要求刘某协助办理过户手续的诉讼请求,不予支持。判决:确认涉案房屋归刘某民、冯某敏所有。二审法院认为,原审法院依据刘某民夫妻提供的银行交易明细、取款记录以及刘某在录音、录像中的陈述等证据,综合认定涉案房产系刘某民夫妻出资购买,本案系刘某顶名购房的事实,并无不当。判决:驳回上诉,维持原判。[1]

【案例9-23】 陆某、徐某与宋某、章某所有权确认纠纷案

一审法院认为,二原告要求确认讼争房屋为其所有的诉讼请求,事实依据充分,法院予以支持。申请购房时,被告为名义上的购房人,但不是实际购房人,且房屋权属登记未作变更,其也非房屋所有权证中载明的所有权人,故二被告认为本案讼争房屋为被告所有的主张,法院不予采纳。判决:讼争房屋为原告所有。[2]

应注意的是,对该种模式处理有学者认为,基于《借名购房协议》约定产生的"事实物权"高于基于不动产登记产生的"法律物权"。但《借名购房协议》约定产生的所谓"事实物权",事实上只是债权。此种判决以"事实物权高于法律物权"为由,将物权一分为二,实事上坚持物债不分,甚至债权高于物权,将基于债权请求权的给付之诉与基于物权归属的确认之诉相混淆。[3]

后一种模式如:

【案例9-24】 胡某与杨某借名购房合同纠纷案

一审法院认为,综合购房款支付的证据以及房屋实际使用情况的事实,可认定胡某与杨某之间存在借名向甲公司购买案涉房屋的事实,胡某可以要求杨某协助将该房屋所有权移转登记至其名下。但在借名购房关系中,胡某作为借名人仅有要求协助办理所有权转移登记的债权;在转移登记实际完成之前,其并无案涉房屋物权;故法院对其关于确认所有权的诉讼请求不予支持。据此,判决杨某于判决生效之日起十日内协助胡某办理将案涉房屋所有权转移登记至胡某名下的过户手续,驳回胡某的其他诉讼请求。[4]

【案例9-25】 崔某与白某连、随某借名购房合同纠纷再审案

再审法院认为,现讼争房屋登记于被申请人白某连、随某名下,因此不能直接同认定讼争房屋归申请人崔某所有,申请人仅能依据借名买房协议要求

---

〔1〕 参见国家法官学院案例研究开发研究中心编:《中国法院2017年度案例》(物权纠纷),中国法制出版社2017年版,第35页。山东省淄博市中级人民法院(2015)淄民一终字第66号民事判决书。

〔2〕 浙江省海宁市人民法院(2011)嘉海民初字第3806号民事判决书。

〔3〕 参见周江洪等主编:《民法案例百选》,法律出版社2020年版,第387页。

〔4〕 北京市朝阳区人民法院(2014)朝民初字第01092号民事判决书;北京市第三中级人民法院(2014)三中民终字10845号民事判决书。

被申请人配合办理房屋过户登记手续。对申请人确认讼争房屋所有权的请求,不予支持。[1]

【案例9-26】 李甲、周某诉曾某、李乙所有权确认纠纷案

一审法院认为,李甲、周某以其与曾某之间存在借名买房合同关系为由提起诉讼,主张其与涉诉房屋的实际权利人,李甲、周某就其诉讼请求所依据的事实应尽到举证责任。在本案审理过程中,原告提供证据证明其对涉案房屋的购买确实存在出资关系,但是对于借名买房的主张法院不予支持。第一,在王某与李甲、曾某所签《北京市存量房屋买卖合同》及补充协议中,曾某明确作为购买人,而且顺位始终在李甲之前。合同中有李甲姓名,但是李甲姓名的颜色、字迹与曾某明显不同,法院确信李甲在购买房屋时确实在该合同上签字,但是结合曾某年龄较大无法贷款的事实,双方签订合同书写李甲姓名不排除考虑为银行贷款这一可能因素。第二,网签合同和房屋所有权证明确写明权利人是曾某,时隔多年,双方至今未变更登记。第三,将涉案房屋出售给第三人贾某前,李甲明确表示知道曾某将涉案房屋出售信息挂在链家公司公布,但是李甲并没有提出曾某无权处分的异议。第四,曾某、李乙称其未经李甲、周某同意擅自将涉案房屋出售给贾某,如果李甲、周某认为其相应权益受到损害,可以另行主张权利。判决:驳回李甲、周某的诉讼请求。二审法院认为,基本同意一审意见,同时结合李甲、周某与曾某、李乙存在亲戚关系的事实认为,即使双方存在借名买房关系,亦属于一种债权债务关系,李甲、周某无权直接要求确认涉案房屋归其所有。李甲、周某上诉请求确认其二人为涉案房屋实际购买人,并要求曾某、李乙协助将涉案房屋变更登记至其名下,超出一审诉讼请求范围,法院不予处理。综上所述,李甲、周某的上诉请求不能成立,应予驳回;一审判决结果正确,应予维持。判决:驳回上诉,维持原判。[2]

二者模式的共同之处主要有两点:一为都是用证据证明案涉房屋系借名购买的事实,二为处理结果均为出名人协助借名人办理房屋过户手续。最大的不同是在判决书中确认借名人的权利为物权还是债权。笔者认为,在判决书直接确认物权,其实质是物权变动。现行法律规定房屋所有权转移登记完成时才最终发生房屋所有权变动效果,购房人才享有法律认可的房屋所有权。在判决书中直接确认房屋所有权人,避开了不动产登记这一物权的公示方式,损害了法律赋予不动产登记生效要件的法律地位,将构成对现行法下主要不动产物权变动模式的违反和

---

〔1〕 参见高治:《借名购买经济适用房的法律效力及权属》,载《人民司法·案例》2015年第4期。

〔2〕 参见国家法官学院、最高人民法院司法案例研究院编:《中国法院2020年度案例》(物权纠纷),中国法制出版社2020年版,第7页。北京市第一中级人民法院(2019)京01民终6766号民事判决书。

背离。相反在后一种模式中,借名人与出名人基于合同关系,借名人只享有对出名人(登记权利人)的债权,并不对房屋享有所有权,故其确认所有权的请求不能得到支持。在借名人符合再行转让条件时,法律应支持借名人主张登记权利人协助办理过户登记的诉讼请求。这两种模式相比较而言,后一种模式更符合现行法律规定和法理,能较好地实现法律效果与社会效果的统一。司法实践中,后一种模式为主流观点。

应注意的是,对后一种模式处理有学者提出自己的观点。

【案例 9-27】 刘某 1 与刘某 3 合同纠纷案

刘某 3 借刘某 1 之名购买北京市的经济适用房。一审法院根据证人证言、付款凭据和居住事实等认定借名购房合同成立。案涉房屋性质虽为经济适用房,但其原购房合同的签署时间为 2005 年,已超过上市交易期限,且刘某 3 现具有在京购房资格。判决:刘某 1 协助刘某 3 办理房屋所有权登记变更手续。二审法院维持一审判决。[1]

学者认为,该案并没有直接判决案涉房屋归借名人所有,而是判决出名人协助借名人办理案涉房屋过户手续。此种判决没有物债不分,但对借名购房合同属于何种合同未做分析,也未援引相应的法律依据。[2]

法院判决明确借名所购房屋的所有权非直接归属于借名人。实践中,出名人与借名人的借名委托合同,被认定为规避房屋限购之法律行为,违反社会公共利益,依《民法典》第一百五十三条第二款之规定,当属无效。因此,借名人无权请求出名人转移房屋所有权,出名人应按《民法典》第一百五十七条第一句不当得利之规定,将购房款返还借名人。

【案例 9-28】 王某权诉周某等所有权确认纠纷案

一审法院认为,本案的争议焦点在于施某和王某苗出资购买系争房屋,但产权却登记在周某名下的行为,究竟系王某权主张的借名买房关系还是周某、施某所称的赠与。首先,从系争房屋购房款来源看,购房资金全部源于施某和王某苗二人,包括施某直接支付的 10 万元定金以及王某苗转给王某权的 220 万元。其次,从资金流向看,王某苗于 2015 年 5 月 11 日向王某权转账 220 万元,王某权当天直接向出售方黄某玉支付了 56 万元房款,该 56 万元与施某已经支付的 10 万元定金构成首期房款,王某权于 2015 年 6 月 6 日和 7 月 13 日向周某转账共计 170 万元,周某以收到的前述款项支付了剩余房款和中介服务费等费用,若系争房屋系施某和王某苗购买后赠与周某,仅

〔1〕 北京市第一中级人民法院(2017)京 01 民终 7801 号民事判决书。

〔2〕 参见周江洪等主编:《民法案例百选》,法律出版社 2020 年版,第 387 页。

需将购房所需款项直接转给周某即可,根本无必要先行转给王某权,再由王某权转给周某。由周某、王某权签字的2015年5月12日的《收款证明》明确载明黄某玉收到王某权支付的56万元首付款,因王某权限购,买受人变更为周某,前述56万元转为周某支付的首付款,周某虽辩称其在《收款证明》签字代表其认可王某权支付给黄某玉56万元的事实,不认可该证明载明的购房人由王某权变更为周某,但《收款证明》内容表述明确清晰,周某作为完全民事行为能力人在签字时并未提出任何异议,现其于本案中仅认可该证明的部分内容,法院难以采信。王某权向出售方黄某玉支付56万元房款、转账170万元给周某的行为以及前述《收款证明》的内容均与其当庭表示的施某、王某苗最初借王某权名义购买系争房屋,后因其属于限购对象而变更为买受人周某相符。施某辩称其早知王某权属限购对象,为了可以购房赠与周某,故意让王某权去签订网签合同并冒着宁可损失66万元房款的意见缺乏依据,且有悖常理,法院难以采信。综上,虽然施某、王某苗与周某对于系争房屋的实际归属事宜并未作出明确的书面约定,但结合资金走向、房款支付等事实,各方当事人提供的证据以及当事人陈述,法院认为王某权主张的借名买房的可信度远高于周某、施某所主张的赠与行为的可信度。周某虽辩称双方赠与关系,认为只要其实际居住、管理系争房屋就可证明其受赠了系争房屋,但基于周某与施某系母子关系,日常生活中施某夫妻二人委托管理房屋未尝不可,周某也未能提供其他证据证明其主张的赠与关系存在。故法院认定施某、王某苗借名买房事实的存在。

虽然法院认为施某、王某苗与周某之间系借名买房关系,但是根据王某权、施某陈述的名下产权房情况,无论是以王某权名义购房还是以周某名义购房,目的都是规避当时国家和上海市的住房限购政策,该借名买房的行为事实违反国家房产宏观调控政策,不利于房地产市场秩序的稳定,并且施某、王某苗当时对于可能面临的无法过户的风险应当有所预见,故对于王某权主张的直接确认系争房屋产权归属于施某和王某苗共有的诉讼请求,法院难以支持。然施某、王某苗与周某之间确系借名买房关系,虽然无法直接确认系争房屋归施某、王某苗所有,但王某权要求施某、王某苗取得系争房屋相应折价款的诉讼请求合法有据,该款项应由目前系争房屋登记的产权人周某负责支付,房屋折价款金额应以本案中评估的房屋市场价值为依据。因王某苗已经去世,其与施某应得利益的夫妻共同财产分割以及继承问题不属于本案纠纷的法律关系范围,本案不予处理,当事人如有争议,可另循法律途径解决。支付问题可在王某苗的继承关系明确后,由各继承人向周某主张其应得的继承份额。判决:确认王某苗与第三人施某共同获得上海市虹口区北苏州路某号房屋折价款388万元,前述款项由被告周某负责支付。二审法院判决:驳回上诉,维持原判。[1]

司法实践中,法官在认定借名人是否享有足以排除执行的民事权益时,是以《执行异议和复议规定》还是以原《物权法》及其司法解释作为法律依据,尚存争议有不同观点。最高人民法院的观点是涉及借名买房在执行异议之诉中,以《执行异议和复议规定》作为裁判的法律规范。

【案例 9－29】 范某诉杨某案外人执行异议纠纷再审案

最高人民法院认为,鉴于山东省高级人民法院未按《执行异议和复议规定》第二十八条审查是否签订合同、交付房款、是否实际占有,以及相关当事人对没有过户是否存在主观过错的事实,为规范此类案件审判的适用法律问题及审查条件、程序,将该案指令山东省高级人民法院再审。[2]

有学者认为,法院在审理"借名买房"执行异议时,因法律规范矛盾致使裁判结果不统一,法律规范矛盾与价值判断矛盾一样无法直接予以化解,其产生的"碰撞漏洞"需要通过法律补充的一般原则来填补,这就需要先厘清申请执行人与借名人之间的利益关系,才能解决现有的法律规范矛盾和价值判断矛盾,为司法裁判提供正确的价值衡量和规范选择。司法裁判进路可以从以下三个层次予以考量。一是考察借名人是否具有案涉房屋之上的生存保障利益。二是判断申请执行人作为非交易第三人是否具有信赖利益。三是不具生存保障利益的借名人与申请执行人之间的利益衡量。[3]

---

〔1〕 参见陈昶主编:《2020 年上海法院案例精选》,上海人民出版社 2022 年版,第 137～138 页。

〔2〕 最高人民法院(2017)民申 821 号民事裁定书。

〔3〕 参见王利明主编:《判决研究》2020 年第 1 辑(总第 91 辑),人民法院出版社 2020 年版,第 155～159 页。

专题十　房屋买卖中的面积误差纠纷

房屋面积是确定房屋使用价值和房屋交易价格的基础，也是购房人关注的重点。房屋买卖合同面积误差纠纷，是房屋买卖合同纠纷的主要类型之一。因商品房买卖面积误差问题而发生的纠纷逐年递增，商品房买卖纠纷中面积误差的认定和法律责任的承担亦是审判实践中难以把握的问题，因此有必要对这一问题进行剖析。

一、房屋面积误差的理解

(一)房屋面积的通常理解

根据修订前《房屋买卖合同解释》第十四条之规定,对于面积误差处理的一般原则:出卖人交付使用的房屋套内建筑面积或者建筑面积与商品房买卖合同约定面积不符,合同有约定的,按照约定处理;合同没有约定或者约定不明确的,按照以下原则处理:一是面积误差比绝对值在3%以内(含3%),按照合同约定的价格据实结算,买受人请求解除合同的,不予支持。二是面积误差比绝对值超出3%,买受人请求解除合同、返还已付购房款及利息的,应予支持。买受人同意继续履行合同,房屋实际面积大于合同约定面积的,面积误差比在3%以内(含3%)部分的房价款由买受人按照约定的价格补足,面积误差比超出3%部分的房价款由出卖人承担,所有权归买受人;房屋实际面积小于合同约定面积的,面积误差比在3%以内(含3%)部分的房价款及利息由出卖人返还买受人,面积误差比超过3%部分的房价款由出卖人双倍返还买受人。虽然修订后的《房屋买卖合同解释》第十四条规定已取消,但实践中商品房买卖合同仍普遍作同样规定。

交付的商品房面积通常以产权登记面积为准,实务中常以测绘结果表作为计算商品房交付面积的依据。对于商品房开发项目设计变更造成的房屋面积误差,应按上述原则处理。对于露台(楼顶平台)面积计入房屋买卖合同面积造成误差的,限制适用上述原则处理。依据原建设部(现住房和城乡建设部)1995年发布的《商品房销售面积计算及公用建筑面积分摊规则(试行)》中有关"建筑面积"的规定,商品房销售面积不含露台面积,因此在产权登记时,房管部门审核出卖人委托测绘单位测量的成果时,露台面积是不计入房屋建筑面积的。但在商品房销售中,买卖双方将有使用功能的露台面积计入房屋建筑面积,在签订合同时约定该房屋建筑面积为销售面积,由此产生了面积误差。买受人以商品房销售面积不含露台面积、其不享有露台所有权等为由,要求出卖人退还房款。这类面积误差不能认定为实测面积与合同约定不符,不适用上述面积误差的一般处理原则,应依据建筑物区分所有权和共有权的民法理论及双方当事人的约定处理。虽然房管部门在审核实测面积时,不确认露台面积为房屋建筑面积,但对于出卖人单独计价出售的可独立使用的露台可以另当别论,因为露台具有独立使用价值(功能),具有排他性,可归买受人所有。根据意思自治和有偿使用原则,双方已约定将计入露台面积的房屋建筑面积作为房屋买卖合同的标的物,由买受人支付约定的价款是公平合理的,也符合诚实信用原则。出卖人对独立使用的露台面积不单独计价,采取适当提高商品房面积售价,或者按“套”“单元”计价的方式来一并出售的,同样应予以保护;买方要求退还露台面积房款的,不予支持。不独立使用的露台,因不具有排他性,属整幢楼房业主共用,买受人使用时往往会与他人产生纠纷。买卖双方将露台面积计入房屋面积进行交易,损害了其他业主的合法权益;买受人要求出卖人退还露台房款的,应予以支持。

【案例10-1】 长城公司诉远洋大厦公司商品房买卖合同纠纷案

一审法院认为,远洋大厦公司承认实际欠付长城公司的房屋面积超过了合同中暂测面积的26.6%,故应承担违约责任。由于双方在合同中未约定实际欠付面积超过暂测面积的5%后如何具体追究违约责任,现长城公司要求适用《房屋买卖合同解释》的有关规定并无不当。根据《房屋买卖合同解释》的规定,实测面积小于合同约定面积的,面积误差比在3%以内(含3%)部分的房价款及利息由出卖人返还买受人。但长城公司在与远洋大厦公司签订的购房合同中,已经约定实际面积与暂测面积的差别不超过±5%(不含)时,应按照合同房屋售价进行结算,双方当事人应遵守该约定。故本案应以双方在合同中约定的5%作为追究远洋大厦公司违约责任的起点,即实际面积与暂测面积的差别在5%(不含)之内部分的房款,按照双方当事人在合同中约定的售价予以返还,而实际面积与暂测面积的差别在5%之外的房款,应按照《房屋买卖合同解释》规定,由远洋大厦公司双倍返还。长城公司主张所购房屋实际面积误差比超过3%的部分房价款均由远洋大厦公司双倍返还,明显不妥,故不予支持。二审法院亦持同样意见,维持原判。[1]

【案例10-2】 张某与H公司商品房买卖合同纠纷案

二审法院认为,在该预售合同中,双方当事人仅对房屋暂测建筑面积与实测建筑面积存有差异的情况进行了约定,但未对其中套内建筑面积及共用分摊建筑面积的增减进行明确约定,以致产生纠纷。因上述预售合同是某市房屋土地资源管理局等部门按照《某市房地产转让办法》制定的示范文本,而《某市房地产转让办法》已明确因共用分摊建筑面积的误差而造成建筑面积增减的,预售合同约定的转让价格保持不变。现H公司收取的房价款中包括了因共用分摊建筑面积增加而收取的款项,故原审法院判决H公司返

〔1〕 参见《最高人民法院公报》2004年第10期。

还该款并无不当。[1]

(二)房屋面积误差纠纷适用过错赔偿责任

实践中通常处理方式是,合同对房屋面积误差的处理方式作了明确约定的,若产权登记面积与合同约定面积发生差异,则按产权面积据实结算。但是,在商品房买卖合同关系中,因买卖双方对交易房屋所拥有的信息不对称,开发商在掌握优势信息的情况下,可能利用自身的优势,免除自己的责任或加重买方的责任,甚至严重损害购房人的利益。在商品房面积误差纠纷中,处于弱势地位的购房人在格式合同中通常只能被要求按房屋实际面积据实结算房屋价款。基于诚实信用原则和公平原则的考量,房屋面积误差应当在合理范围内,即《房屋买卖合同解释》原认可的3%。当事人双方的约定应受到该面积误差比的约束,而不是没有限制地据实核定。面积误差比超出了3%就应当认定为不合理,即推定开发商在没有明确告知作为消费者的购房人的情况下,随意变更房屋面积损害购房人的期待利益,应依据其过错对购房人进行赔偿。因此,在购房人承担超出合同约定面积部分房款的同时,开发商也应对其违背诚实信用和公平原则、侵害购房人信赖利益的行为承担责任。这样能实现双方利益的平衡,也更有利于促进商品房交易市场的健康发展。

【案例10-3】　谢某源等135户购房户诉四川富临房地产开发有限责任公司隐瞒公摊面积欺诈纠纷案

一审法院认为,原告谢某源等135户购房户分别与被告富临公司签订的《房屋购销合同》,均系当事人双方的真实意思表示,合同内容未违反法律和行政法规的强制性规定,属有效合同。综合双方对"富临花园"一期商品房的公摊面积之争议及各自理由,本院认为,商品房销售是以建筑面积为面积计算单位,建筑面积应当包括套内建筑面积(实得建筑面积)和应合理分摊的公用面积,原告购买的"富临花园"一期商品房的公用楼梯间、公共门厅和过道等属于应分摊的合理公用建筑面积,按常理原告在购买时也理应知晓,原告提出合同中未注明公摊面积即应视为双方作了"零公摊"的约定的主张不能成立。对于"富临花园"一期商品房地下室,其设计和建设是按照成都市规划局和府南河整治办公室对府南河沿岸小区建设的整体要求,为创造良好小区环境,保持小区整洁,各购房户停放自行车和堆放杂物使用的,其功能是为整栋建筑服务的。原告主张被告富临公司是将上述地下室作为地下车

---

〔1〕 参见邓基联主编:《房屋买卖合同纠纷》,法律出版社2010年版,第92页。

位用于出售并用于出租的证据不足,该地下室也未作为人防工程,因而被告富临公司在销售房屋时将地下室面积计入销售面积进行分摊并不违反国家建设部建房〔1995〕517号文件关于《商品房销售面积计算及公用建筑面积分摊规则》的规定,且产权监理部门对此也予以了确认。但富临公司作为开发商,在由其提供的自制格式文本与原告签订购房合同时,未按建设部有关文件的规定在合同中明确载明房屋的公摊面积;在其销售广告及宣传材料中,也没有相关内容的表述;庭审中,富临公司也未举出相关证据证明其履行了告知的义务。对此,被告富临公司具有一定过错,应当承担相应的民事赔偿责任。判决:(1)被告四川富临房地产有限公司赔偿原告谢某源等135户购房户损失2463295.27元(原告各自获得赔偿数额见判决书附件);(2)驳回原告谢某源等135户购房户的其他诉讼请求。[1]

房屋买卖中,出卖人没有隐瞒面积不违反合同约定的,不承担违约责任。

【案例10-4】 帕提古丽某某普诉肖某、李某圭房屋买卖合同纠纷案

一审法院认为,首先,关于解除帕提古丽某某普与肖某签订的《乌鲁木齐市存量房屋买卖合同》的诉讼请求。庭审中,双方均同意解除该合同,故本院对原告的该项诉讼请求予以支持,解除的时间为双方均认可的2021年12月19日。其次,关于返还房款210000元的诉讼请求。由于庭审中,肖某、李某圭均同意返还该房款,故对该项诉讼请求予以支持。再次,关于违约责任。本案中,帕提古丽某某普要求肖某、李某圭承担违约责任的理由有二:一是案涉房屋不能过户。但经本院询问,目前案涉房屋已经可以过户。二是在双方签订的《乌鲁木齐市存量房屋买卖合同》中约定:案涉房屋建筑面积为89.39平方米(含有产权储藏间_平方米,阁楼_平方米,车库_间,另送无产权储藏间14.84平方米,阁楼_平方米,车库_间);即案涉的地下室面积不应包含在建筑面积中,帕提古丽某某普要购买的是89.39平方米的房屋。但在庭审中,结合双方提供的证据及陈述的事实:第一,帕提古丽某某普作为《乌鲁木齐市存量房屋买卖合同》的相对人,其对合同条款应当尽到审慎核查的义务。虽然合同中是约定了肖某另送无产权储藏间,但在这半句话之后,又写明"该房屋的相关资料以权属登记信息为准"。既然有此约定,帕提古丽某某普就应当按照约定来核实和履行。第二,帕提古丽某某普作为购房人,是有义务查明案涉房屋的具体情况的,包括但不限于案涉房屋的朝向、位置、登记的权利人、建筑面积等等基本情况。经本院询问,帕提古丽某某普认可是看过案涉

---

〔1〕 参见最高人民法院中国应用法学研究所编:《人民法院案例选》2004年民事专辑(总第48辑),人民法院出版社2005年版,第277页。

房屋的房产证原件的,与肖某、李某圭在庭审中出示的原件是一致的。在肖某、李某圭出示的案涉房屋的房屋所有权证中不仅写明了案涉房屋的建筑面积是89.39平方米,也记载有"其中地下室面积为14.84平方米"的字样,这一点在乌鲁木齐市房屋产权交易中心和乌鲁木齐市自然资源和不动产登记中心联合给帕提古丽某某普出具的《关于帕提古丽玉苏普房屋产权信息的复函》中也写得非常清楚。按照帕提古丽某某普庭审中的陈述,其应该清楚案涉房屋建筑面积中是包含了地下室面积的。第三,虽然庭审中及庭审后,帕提古丽某某普陈述被告有隐瞒房屋实际面积的情况,但从帕提古丽某某普目前提供的证据中,均无法反映这一事实,故本院对帕提古丽某某普认为肖某、李某圭违约,而要求肖某、李某圭支付违约金、代办费、律师费的诉讼请求,不予支持。最后,诉讼保全保险费,系帕提古丽某某普为了维护自己合法权益,保证生效判决得以履行而支出的必要费用,对帕提古丽某某普的该项主张,予以支持。判决:(1)于2021年12月19日解除帕提古丽某某普与肖某签订的《乌鲁木齐市存量房屋买卖合同》;(2)肖某、李某圭共同向帕提古丽某某普返还购房款210000元;(3)肖某、李某圭共同向帕提古丽某某普支付保全保险费700元;(4)驳回原告帕提古丽某某普的其他诉讼请求。

二审法院认为,本案中双方均同意解除于2021年8月20日签订的《乌鲁木齐市存量房屋买卖合同》。原审法院判令解除双方之间的房屋买卖合同并无不当。本院予以支持。关于上诉人帕提古丽某某普要求被上诉人支持违约金140000元的上诉意见,本院认为,《乌鲁木齐市存量房屋买卖合同》中明确约定房屋建筑面积89.39平方米,另送无产权储藏间14.84平方米,该房屋的相关资料以权属登记信息为准。帕提古丽某某普作为买受人,对房屋的具体情况,面积等方面有义务查实。被上诉人提供的房屋所有权证写明了房屋的建筑面积及明确记载其中地下室面积为14.84平方米的内容。根据案件中查明的事实及双方提供的证据,能够确认案涉房屋建筑面积中包含了地下室的面积。故被上诉人不存在违约行为。上诉人帕提古丽某某普的该项请求本院不予支持。关于代办费及律师费是否应由被上诉人支付的问题,本院认为,上诉人在签订合同时,对合同各项约定是明知的,被上诉人没有隐瞒房屋的真实信息。上诉人未提供合法有效的证据证明被上诉人隐瞒房屋实际面积的事实,被上诉人不存在违约,故上诉人要求被上诉人承担代办费及律师费无事实及法律依据,该项费用应由上诉人自行承担。综上所述,上诉人帕提古丽某某普的上诉请求不能成立,应予驳回;一审判决认定事实清楚,适用法律正确,应予维持。判决:驳回上诉,维持原判。[1]

---

〔1〕 新疆维吾尔自治区乌鲁木齐市中级人民法院(2022)新01民终1950号民事判决书。

二、房屋买卖中的面积误差纠纷处理

(一)合同约定面积与实际面积不符时的处理

在商品房预售合同中,当事人约定的商品房结算面积与测量规范所确定的面积或者房屋的登记面积存在差异的,优先按其约定处理。该约定表明,双方当事人在签订合同之时已经明确预见到合同约定的面积(暂测面积)与房屋主管部门未来的实测面积存在差异,当事人明确约定最终的结算面积并不以实测面积为准,而是在合同约定面积的基础上进行调整,则前者约定优先于后者作为处理依据。商品房结算面积条款与国家有关部门发布的建筑物测量规范或者房屋初始登记的测量标准具有不同的功能和目的。前者的功能在于确定标的物的转让价格,属于当事人意思自治的范围;后者则主要是基于行政管理、公共政策的目的。当事人就房屋的某一部分面积是否计算价款、如何计算价款的约定不受测量规范或者登记规范的影响。当事人对结算面积的约定优先于测量规范所确定的房屋面积或者房屋的登记面积,法院应当根据当事人的约定确定商品房的转让价款。

【案例 10 -5】 北京市外交人员服务局与北京华富房地产发展有限公司商品房预售合同纠纷案

一、二审法院观点,双方当事人在合同中明确约定,外交服务局购买金岛花园梅苑公寓及地下车库总建筑面积 21710 平方米(不包括人防及管道层,含共有共用面积、分摊面积),如车库的暂测面积或实测面积超过 5000 平方米,超过部分不计入该物业总建筑面积,并且对超过部分不再结算。该物业的实测面积(不包括车库)与暂测面积之差超过暂测面积的 1.3%(含)时,超过部分不再结算。因此,华富公司要求外交服务局支付实测面积超过 21710 平方米价款的请求缺乏依据,对其请求不予支持。关于管道层的面积问题,签约时,按有关部门规定层高 2.2 米的管道层不计入建筑面积,因此,虽管道层属于交付的范围,但不属计价范围;后有关部门明确层高 2.2 米的管道层计入建筑面积,因此,虽管道层属于交付的范围,但不属计价范围。后有关部门明确层高 2.2 米(含 2.2 米)的管道层计入建筑面积,但该变化并不导致管道层建安费用的增加,因此,华富公司要求外交服务局按管道层的建筑面积支付价款的请求没有依据,对其请求不予支持。但应指出,管道层计入建筑面积虽不导致管道层建安费用增加,但增加了土地出让金的支付,该支出不属双方预料范围,故应由双方共同分担。最高人民法院认为,根据双方当事人的合同约定,外交服务局不应向华富公司支付涉案房屋实测面积超出合同约定面积部分的价款。外交服务局向华富公司支付其尚未支付的购房款的条件尚未成就。[1]

【案例10-6】　李某坤、陈某梅诉平远县盛世富港房地产开发有限公司商品房销售合同纠纷案

一审法院认为,关于原告要求被告支付超出产权登记面积部分的购房款人民币16457.09元及利息4295.30元的请求,根据最高人民法院《房屋买卖合同解释》第十四条的规定,因原、被告双方签订的《合同补充协议》第一条第一项、第二项约定了面积误差绝对值在0.6%以上(含本数)至3%以内(含本数)的,原、被告双方按产权登记面积及合同约定的房屋单价据实结算房款及契税,多退少补;面积误差比绝对值超过3%时,被告只需返还面积误差比绝对值减少3%(不含本数)部分的房价款及相应的利息。法院判决被告应向原告返还超出产权登记建筑面积部分的购房款16457.09元,以及利息3080.11元。[2]

在约定面积与实测面积存在差异的情况下,合同有约定的按约定处理,没有约定或约定不明的,按照法律规定处理,即当事人的约定优先于法律规定。合同约定优先适用法律、法规和规章关于面积误差的解决方案,从而使购房人可以援引对其有利的本地规章的,法院应予以支持。

【案例10-7】　陆某等诉上海新城创置房地产有限公司商品房预售合同纠纷案

一审法院认为,根据双方签订的预售合同,房款按实测建筑面积多退少补的前提是除法律、法规、规章另有规定外,而《上海市房地产转让办法》已对公摊面积增减是否影响房屋总价的增减作了明确规定,故原告要求被告退还因公摊面积新增加的房款,于法有据,法院予以支持。二审法院持同样意见,维持原判。[3]

---

〔1〕 参见最高人民法院民事审判第一庭编:《民事审判指导与参考》2011年第2辑(总第46辑),人民法院出版社2011年版,第174~178页。

〔2〕 参见国家法官学院案例开发研究中心编:《中国法院2019年度案例》(房屋买卖合同纠纷),中国法制出版社2019年版,第36页。广东省梅州市平远县人民法院(2017)粤1426民初403号民事判决书。

〔3〕 参见沈志先主编:《2011年上海法院案例精选》,上海人民出版社2012年版,第36页。

【案例 10-8】 郭某华、郑某芳诉定南县明达房地产开发有限公司商品房销售纠纷案

二审法院认为,被上诉人在一审提供的证据证明,案涉房屋于2020年5月20日完成竣工验收备案,被上诉人于2020年5月30日通知上诉人办理交房手续,案涉房屋已具备交付条件。上诉人亦已支付了全部购房款。案涉房屋实测面积为247.6平方米,与合同约定的预测面积231.48平方米,面积误差超过3%,对此,被上诉人存在违约行为。综合考虑被上诉人的过错程度,以及违约行为的后果等因素,案涉房屋实测面积超出合同约定预测面积的违约行为不影响上诉人合同目的实现。故,上诉人以面积误差超过3%,提出解除合同并要求被上诉人退还购房款、维修基金、办证费及支付利息的主张,本院不予支持。因被上诉人存在逾期交房的违约行为,一审考虑到疫情在一定程度上影响了被上诉人采取补救措施,酌情核减违约天数后,判令被上诉人向上诉人支付逾期交房违约金5906.6元,并无不妥,本院予以维持。综上所述,上诉人郭某华、郑某芳的上诉请求不能成立,应予驳回。一审判决认定事实清楚,适用法律正确,应予维持。判决:驳回上诉,维持原判。〔1〕

对于房屋预售合同约定的面积与实际交付的面积不一致的,按照修订前《房屋买卖合同解释》第十四条的规定,在实际面积超出约定面积3%的情况下,购房人有权选择购买或者选择解除合同。购房人既主张继续履行合同,又不愿意支付超出约定面积3%部分的房款,其实就是希望能够无偿获得超出部分的面积,因与司法解释规定精神不一致,其诉求不能得到法律支持。

【案例 10-9】 曾某、于某诉上海长三角物流有限公司、上海金禧房地产开发有限公司房屋买卖合同纠纷案

一审法院认为,最高人民法院《房屋买卖合同解释》第十四条第二项的规定两原告可以行使单方合同解除权,而本案两原告选择的是继续履行合同。依据该司法解释合同有约定的按约定,原、被告间的加盟投资协议在关于协议约定面积与实测面积不一致的处理方法中明确了以实测面积计算,费用多退少补。既然两原告选择继续履行合同,即应当受该条款的约束,补交超过面积部分相应的房款;当然两被告也受该条款的约束,对被告方的约束表现于超过协议部分面积的房款计算应当依据订立合同时的约定,而订立合同时未明确约定超过协议的面积的单价按市场价计算,则应当依据订立合同时的房价计算。两原告要求被告奉送3%的面积,两被告要求两原告按市场

〔1〕 江西省赣州市中级人民法院(2021)赣07民终4159号民事判决书。

价补超过面积部分的房款，双方的理由均不能成立。审理中，经法庭释明，两原告明确仅要求两被告对超过3%的部分奉送给两原告。即使按原协议价约定的单价3407元/平方米补交房款履行，两原告也不愿意接受。在此情况下，两原告要求继续履行显然已经缺乏根本性的基础，继续履行已不可能，故对两被告要求解除协议的反诉请求，法院予以支持。按照协议的规定，两原告若不能办理按揭贷款，也应当按时支付余款，但两原告因与两被告发生争议，未继续履行房款支付义务，导致房屋预售协议未进一步履行，被告至今未交房，原告至今未支付余款的责任在于双方，由双方各担其责。两原告要求两被告承担迟延交付责任的请求，不能成立，对其要求被告承担违约金及赔偿损失的诉讼请求，均不予支持。协议解除后，两被告已收取的购房款应当予以返还。二审法院亦持同样意见，维持原判。[1]

【案例10－10】　丹东万达广场有限公司诉韩某武房屋买卖合同纠纷案

一审法院认为，原、被告双方争议焦点为原告的请求是否已过诉讼时效的问题。双方为合同关系，故履行合同义务的时间以合同约定为准，计算诉讼时效也多从约定期限届满而对方不履行义务后开始。对于面积差额款的交付，双方在补充协议中有约定，即2015年2月15日交付房屋时结清，但双方均没有提供证据证明签订合同及补充协议或交付房屋时，原、被告一方已知晓或双方已确认最终经房产部门确认的房屋面积，故交付房屋时，双方都不知道房屋登记面积，该项关于面积差价款的约定不具备履行的条件，所以应视为对面积差价款的交付没有约定时间，而被告未完全履行合同义务，原告作为出卖人可随时要求其履行，被告主张原告的请求超过诉讼时效的意见不能成立。原、被告之间对于签订合同时约定面积与不动产登记中心登记房屋面积差额没有争议，原告也并未对差额面积款全部主张权利，仅对3%以内面积提出主张，被告对原告主张的差额款具体数额也没有提出异议，故对于原告的请求应予支持。判决：被告韩某武向原告丹东万达广场有限公司支付房屋面积差价款93367元。

二审法院认为，双方间的房屋买卖合同是各自的真实意思表示，应认定合法有效。但双方在补充协议中约定，涉案房屋的产权登记为双方最终结算购房款的依据。如合同约定面积与产权登记建筑面积不一致，则双方按产权登记建筑面积和合同约定单价，在交付房屋时结算购房款。被上诉人在2015年2月15日已经向上诉人交付了涉案房屋，而上诉人涉案房屋的产权登记证是在四个月后的同年6月23日取得的，即交付房屋时，房屋实际面积

〔1〕　参见沈志先主编：《2012年上海法院案例精选》，上海人民出版社2012年版，第90页。

或登记面积是不确定的、不为双方当事人所知晓的，双方无法在补充协议约定的结算时间进行结算，即补充协议约定的结算时间是不能履行或无法实现的，应视为双方没有约定面积差价款的交付时间。现上诉人又没有确凿证据证明被上诉人已经知晓经房产部门确认的房屋增加部分的面积。在此前提下，被上诉人作为出卖人随时可以向上诉人主张给付涉案房屋面积差价款，被上诉人该诉讼请求并未超过法定诉讼时效期限，上诉人的上诉理由不能成立。鉴于上诉人对被上诉人所主张的涉案房屋面积差3%的价款金额不持异议，故应按约向被上诉人履行给付该部分房屋价款的合同义务。综上所述，上诉人韩某武的上诉请求不能成立，应予驳回。一审判决认定事实清楚，适用法律正确，应予维持。判决：驳回上诉，维持原判。[1]

个案中，一、二审法院对面积误差处理意见并不相同。

【案例10－11】 李某婷、熊某强诉绥阳碧桂园房地产开发有限公司房屋买卖合同纠纷案

一审法院认为，对于面积差，原告所购买的房屋面积差异的处理应当按照《房屋买卖合同解释》第十四条“出卖人交付使用的房屋套内建筑面积或者建筑面积与商品房买卖合同约定面积不符，合同有约定的，按照约定处理；合同没有约定或者约定不明确的，按照以下原则处理：（一）面积误差比绝对值在3%以内（含3%），按照合同约定的价格据实结算，买受人请求解除合同的，不予支持；（二）面积误差比绝对值超出3%，买受人请求解除合同、返还已付购房款及利息的，应予支持。买受人同意继续履行合同，房屋实际面积大于合同约定面积的，面积误差比在3%以内（含3%）部分的房价款由买受人按照约定的价格补足，面积误差比超出3%部分的房价款由出卖人承担，所有权归买受人；房屋实际面积小于合同约定面积的，面积误差比在3%以内（含3%）部分的房价款及利息由出卖人返还买受人，面积误差比超过3%部分的房价款由出卖人双倍返还买受人”的规定处理。根据原、被告签订的《商品房买卖合同》和遵义顺成测绘有限公司的《测绘报告》，原告向被告所购买的该房屋套内面积相差10.98平方米，其房屋面积误差百分比为16.52%，根据双方合同约定的房屋单价12495.70元计算，被告应当退还两原告购买该房屋时多给付的房屋面积误差百分比在3%以内部分购房款，为12495.70元/平方米×66.47平方米×3%＝24917.68元，双倍退还两原告购买房屋时多付的房屋面积误差百分比超过3%的部分购房款，为12495.70元/平方米×（10.98平方米－66.47平方米×3%）×2倍＝224570.22元，对

〔1〕 辽宁省丹东市中级人民法院(2020)辽06民终1001号民事判决书。

两原告请求被告退还多交房屋面积误差百分比在3%以内的部分房款24917.68元，原审法院予以部分支持，对原告请双倍退还房屋面积误差百分比超过3%的部分房款224570.22元，原审法院予以支持。对原告请求被告支付多付房屋面积误差百分比在3%以内房款的利息，根据《房屋买卖合同解释》第十四条的规定，原审法院予以支持，其利息应从两原告付清购买房之次日(2019年4月8日)起计算，计算至两原告起诉之日(2020年1月9日)止，利率按照中国人民银行的同期存款年利率1.50%计算，其利息为24917.68元×1.50%÷365日×276日=282.63元，对其该请求，原审法院予以部分支持。对于原告请求的逾期交付商品房转移登记有关文书的违约金的请求，根据《房屋买卖合同解释》第十八条"由于出卖人的原因，买受人在下列期限届满未能取得房屋权属证书的，除当事人有特殊约定外，出卖人应当承担违约责任：(一)商品房买卖合同约定的办理房屋所有权登记的期限；(二)商品房买卖合同的标的物为尚未建成房屋的，自房屋交付使用之日起90日；(三)商品房买卖合同的标的物为已竣工房屋的，自合同订立之日起90日。合同没有约定违约金或者损失数额难以确定的，可以按照已付购房款总额，参照中国人民银行规定的金融机构计收逾期贷款利息的标准计算"之规定，故对原告的请求，被告以约定过高为由抗辩，原审法院酌情按每日万分之零点五予以支持。按原、被告双方《商品房买卖合同》约定，在90日内的违约金为830589.00元×0.02%=166.12元，90日后至转移登记文书起诉之日(2019年7月1日至2020年1月9日共192天)，830589.00元×0.5÷10000×192=7973.65元，两项共计8139.74元。对于被告的抗辩理由，因原审法院对其提供的《补充协议》不予认定，故其以《补充协议》约定为由不应当承担双倍补偿及违约金的抗辩理由不成立，原审法院不予支持；对于被告以原告未交纳相关税费为由，其应在约定期限告知原告交纳相关费用，并未提供相应证据，故其抗辩理由不成立，原审法院不予采信。判决如下：(1)由被告绥阳碧桂园房地产开发有限公司退还原告熊某强、李某婷购买"绥阳碧桂园"第一幢1层1－14号房屋面积误差百分比在3%以内的购房款24917.68元，并支付利息282.63元，限本判决生效后十日内付清；(2)由被告绥阳碧桂园房地产开发有限公司双倍退还原告熊某强、李某婷购买"绥阳碧桂园"第一幢1层1－14号房屋面积误差超出百分比3%的购房款224570.22元，限本判决生效后十日内付清；(3)由被告绥阳碧桂园房地产开发有限公司支付因未交付产权登记手续的违约金8139.74元，限本判决生效后一个月内付清；四、驳回原告熊某强、李某婷的其他诉讼请求。

二审法院认为，本院二审各方当事人争议的焦点问题：(1)双方签订的附件十二《补充协议》是否合法有效及双方面积差异应如何处理；(2)上诉人是否应当承担逾期交付办理商品房转移登记有关文书的违约责任。焦点一：首先，被上诉人对上诉人提交的附件十二《补充协议》尾部的签名系其本人所签的事实并无异议，虽然该协议的落款日期系在双方签订的《商品房买卖合同》的前一天，但该《补充协议》首部却明确载明系对双方《商品房买卖合同》的有关条款的变更和未尽事宜而达成该《补充协议》，且双方签订的《商品房买卖合同》第十五条的约定与该《补充协议》第七条的约定能够互相印证，故无论该《补充协议》的落款日期是否系笔误，均不影响该《补充协议》系双方对《商品房买卖合同》的补充约定的事实。其次，被上诉人虽辩称该《补充协议》并未加盖骑缝章，也无上诉人盖章，但本院经审查认为，是否加盖骑缝章并非《补充协议》是否生效的必备要件，且被上诉人亦不能提供相反证据证明上诉人所提交的《补充协议》并非其所签字认可的补充协议；同时，上诉人在二审中提交的《补充协议》原件并非没有加盖上诉人印章，而是加盖了上诉人销售中心专用章，且即使并未加盖上诉人印章，因上诉人对该补充协议明确表示认可，故亦不影响双方《补充协议》的效力，被上诉人的该辩解意见不能成立。最后，从《补充协议》第七条约定的内容来看，该条约定亦不存在免除上诉人主要义务、排除被上诉人主要权利等格式条款无效的情形，故《补充协议》对双方当事人均应具有约束力。综上，上诉人所提双方签订的附件十二《补充协议》系双方真实意思表示，不违反相关法律规定，合法有效的上诉理由成立，本院予以采纳；一审对该《补充协议》不予认定不当，本院予以纠正。如前所述，因双方当事人已对面积差异处理以《补充协议》的形式进行了变更约定，故应按照双方《补充协议》的约定进行处理。根据双方《补充协议》第七条“面积差异百分比超过正负3%以上(不含本数)的，买受人可选择多退少补或解除合同，选择多退少补的，按本款约定的退补单价进行退补……除此之外，买受人无需承担其他任何责任，买卖双方的其他各自的损失由买卖双方各自承担……”的约定，因本案中双方套内面积误差比超过3%，为10.98平方米，因被上诉人未选择解除合同，故上诉人应按照双方约定的退补单价，退还被上诉人相应差价。因双方补充协议并未对退补单价进行明确约定，故本院酌情参照双方《商品房买卖合同》约定的套内建筑面积单价12495.70元/平方米为标准进行退补，故上诉人应向被上诉人退还的面积差价款为10.98平方米×12495.70元/平方米=137202.79元；被上诉人请求上诉人支付房屋面积差价款利息的请求，因不符合双方《补充协议》的约定，本院不予支持。焦点二：双方《商品房买卖合同》明确约定上诉人应于2019年3月31日前，取得该商品房所有权初始登记，并将办理商品房转移登记的有关文书交付给被上诉人，逾期不交90日内，按已付房款0.02%承担违约责任，逾期超过90日的，被上诉人不退房的，上诉人自约定日期至实际交付办理商品房转移登记的有关文书之日止，按日向被上诉人支付已交付房价0.02%的违约金。上诉人虽主张逾期提交转移登记文书的原因在于包括被上诉人在内的小区业主要求变更规划设计及其他小区业主恶意阻工，但上诉人所提证据中并无被上诉人签名，不能证明系被上诉人要求上诉人变更规划设计；且即使上诉人变更规划设计，也应当及时通知被上诉人，但上诉人亦不能提供证据证明其已就规划设计变更问题通知了被上诉人并与其达成了延期交付办理商品房转移登记的有关文书的补充约定；而案外人阻工问题，亦非被上诉人的过错引起。因此，上诉人称其不应当承担逾期交付办理商品房转移登记的有关文书的违约责任的上诉理由不能成立，本院不予支持。一审根据本案实际，对逾期在90日内的违约金，按照双方合同约定计算，超过90日之外的违约金，酌情按每日万分之零点五予以支持，并无不当，应予维持，即上诉人应向被上诉人支付截至起诉之日止的违约金共计8139.74元。综上所述，绥阳碧桂园房地产开发有限公司的上诉请求部分成立，应予支持；其余请求不成立，应予驳回。一审判决认定事实及适用法律确有错误，本院予以纠正。判决：(1)维持一审法院民事判决第三项，即维持"三、由被告绥阳碧桂园房地产开发有限公司支付因未交付产权登记手续的违约金8139.74元，限本判决生效后一个月内付清"。(2)撤销一审法院民事判决第一、二、四项，即撤销"一、由被告绥阳碧桂园房地产开发有限公司退还原告熊某强、李某婷购买'绥阳碧桂园'第一幢1层1－14号房屋面积误差百分比在3%以内的购房款24917.68元，并支付利息282.63元，限本判决生效后十日内付清；二、由被告绥阳碧桂园房地产开发有限公司双倍退还原告熊某强、李某婷购买'绥阳碧桂园'第一幢1层1－14号房屋面积误差超出百分比3%的购房款224570.22元，限本判决生效后十日内付清……四、驳回原告熊某强、李某婷的其他诉讼请求。"(3)由上诉人绥阳碧桂园房地产开发有限公司退还被上诉人熊某强、李某婷购买"绥阳碧桂园"第一幢1层1－14号房屋面积10.98平方米误差的购房款137202.79元。(4)驳回被上诉人熊某强、李某婷的其他诉讼请求。[1]

关于当事人对面积误差处理有特别约定时的处理问题。最高人民法院认为，如果商品房买卖双方约定"交付面积与约定面积不符时房款总金额不变"，发生纠纷时，应当结合具体案件分析该约定的效力，分情况处理。如果合同条款是销售方自行拟定的格式条款，交付面积明显小于约定面积时，人民法院可根据《合同法》第四十条(对应《民法典》第四百九十七条)的规定认定该条款无效；如果是双方协商一

---

〔1〕 贵州省遵义市中级人民法院(2020)黔03民终3454号民事判决书。

致达成的条款,符合自愿原则,但面积相差太大,显失公平时,当事人可以根据《合同法》第五十四条[1]的规定申请撤销或变更,自当事人知道面积差异时起一年内不申请撤销或当事人以自己的行为放弃的,该约定有效;如果是双方协商一致达成的条款,符合自愿原则,且面积相差不大,人民法院应认定该约定有效。[2]

(二)广告中宣称赠与面积的纠纷处理

从性质上讲,将开发商在广告宣传中具体的面积赠送表述视为对购房人的要约,比较符合公平原则。从诉讼角度讲,开发商已实质赠送了没有产权证明的面积,且符合无偿赠与相关规定,购房人请求办理房产证的,法院不予支持。

【案例10-12】 杨某梅诉攀枝花市力山房地产开发有限公司商品房销售合同案

一审法院认为,安家公司在宣传资料和销售广告中就商品房开发规划范围内的房屋及相关设施作出了详细说明,并允诺若购买C户型的房屋,将赠与大约6.16平方米的面积,该说明和允诺对房屋价格的确定以及买受人与力山房地产公司订立《商品房买卖合同》应有重大影响。依据《房屋买卖合同解释》第三条的规定,即使杨某梅与力山房地产公司之间签订的《商品房买卖合同》中没有关于力山房地产公司赠与面积的约定,力山房地产公司的宣传资料和销售广告仍应当视为要约,在受要约人即杨某梅作出承诺后,力山房地产公司即受该意思表示约束。杨某梅与力山房地产公司签订的《商品房买卖合同》系双方真实意思表示,合法有效,双方当事人均应按照约定全面履行自己的义务。依据《四川省房产测绘实施细则(试行)》第4.2条关于"计算全部建筑面积的范围……19)房屋的飘窗,其窗台台面与房屋地面持平(落地)、具有房屋同等使用功能、净高在2.1米以上,按外墙的外边线与飘窗围护之间范围内的水平投影计算面积……"以及第4.4条关于"不计算建筑面积的范围……16)窗台台面高于房屋地面的飘窗……"的规定,杨某梅所购房屋客厅中的落地飘窗围护之间的范围应当计入建筑面积而未计入。由于力山房地产公司主张落地飘窗围护范围内的房屋面积为赠与原告的房屋面积,加之原告至今未交付该部分面积的购房款,且已占有使用该部分,故

---

[1] 《民法典》合同编未保留该条内容,相应内容体现在总则编第一百四十七条至一百五十一条中,并且不再赋予向法院请求"变更"的内容,只保留"撤销"。

[2] 参见最高人民法院民事审判第一庭本书编写组编:《民事审判实务问答》,法律出版社2005年版,第87页。

杨某梅主张力山房地产公司未向其赠与房屋面积,法院不予支持。由于力山房地产公司的宣传资料和销售广告中对赠与的房屋面积表述为“6.16平方米”,并未明确赠与面积的具体位置,故杨某梅关于力山房地产公司应当赠与6.16平方米的房屋室内面积的主张,法院不予支持。依据《合同法》第一百九十一条第一款“赠与的财产有瑕疵的,赠与人不承担责任……”的规定,力山房地产公司对其赠与的房屋面积未办理产权证明依法不承担责任。综上所述,法院作出驳回原告杨某梅的诉讼请求的判决。[1]

未将宣传图片中标注的赠送面积具体写入合同约定中的,购房人主张赠送面积的诉讼请求不受法律保护。

【案例10-13】 秦皇岛达润置业有限公司诉张某明房屋买卖合同纠纷案

一审法院认为,原、被告签订的《商品房买卖合同》是双方当事人的真实意思表示,内容符合法律规定,该合同合法有效,双方均应当按照合同的约定履行义务。原告认为双方在合同中约定面积为137.05平方米,最终测绘面积为168.66平方米,面积差为31.61平方米,被告应当补交该差价款。被告认为面积差为赠送面积,不应补交。现双方主要对案涉房屋面积差是否补交款项问题发生争议。合同是双方当事人确定权利义务的重要依据,双方在签订合同时没有约定赠送面积,约定以最终测绘面积为准,但是原告在单元门口张贴需补面积的通知,明确补交差价款的面积为5.57平方米,之外部分面积视为对赠送面积的认可。现考虑被告办理产权面积为最终测绘面积,面积的增加获得了相关利益,被告不支付赠送外部分面积差价款有失公平。故一审法院认为被告应补交5.57平方米的差价款,以合同约定的单价6902.02元计算,补交房款为38444.25元。原、被告双方在合同中约定差价款互不计息,故对原告主张利息的诉讼请求不予支持。2019年11月28日,原告向一审法院提起诉讼,原告的诉讼时效中断,故对被告的该项抗辩意见不予采纳。判决:一、被告张某明向原告秦皇岛达润置业有限公司支付购房差价款38444.25元;二、驳回原告秦皇岛达润置业有限公司的其他诉讼请求。

二审法院认为,上诉人张某明与被上诉人秦皇岛达润置业有限公司签订的《商品房买卖合同》,有双方签字盖章,是双方真实意思表示,合法有效。上诉人与被上诉人并未将宣传图片中标注的赠送面积具体写入合同约定中,上诉人在签订合同后已经入住多年并未提出异议。双方在《商品房买卖合同》第七条已对面积产生差异如何解决问题进行了明确约定。确认面积补差条款无效的

[1] 参见国家法官学院案例开发研究中心编:《中国法院2012年度案例》(房屋买卖合同纠纷),中国法制出版社2012年版,第36~37页。

相关诉讼请求,已被发生法律效力的另案判决驳回。且一审法院已经综合考虑本案实际情况,对被上诉人的诉请仅予以部分支持,在房屋价值多年来已经大幅增值的情况下,上诉人按原合同约定的价格支付部分差额面积购房款并不显失公平,亦有利于双方早日办理产权登记,避免案涉房屋物权归属长期处于不确定状态。综上所述,上诉人张某明的上诉请求不能成立,本院不予支持;一审判决认定事实清楚,适用法律正确,应予维持。判决:驳回上诉,维持原判。[1]

【案例 10-14】 尹某魁诉湖南资江置业有限公司商品房销售合同纠纷案

二审法院认为,资江置业公司是否应退还多收取的设备平台购房款的问题。尹某魁提出,案涉房屋在销售时,设备平台属于赠送面积,但房产分户图显示设备平台属于公摊面积,要求资江置业公司退还多收取的设备平台的购房款。经查,尹某魁提供的宣传资料户型图中案涉房屋的套内布局结构粗线图与资江置业公司为尹某魁办理的房屋《不动产权证书》中的房屋套内布局结构粗线图一致,设备平台均在房屋套内布局结构粗线图范围之外,故设备平台不属于套内面积。尹某魁与资江置业公司签订的《洞口县商品房买卖合同》约定,套内建筑面积为 102.07 平方米,而尹某魁案涉房屋《不动产权证书》载明的套内建筑面积为 101.89 平方米,二者面积误差比绝对值在合同约定的 3% 内,亦证实了设备平台不属于房屋的套内面积。房屋公摊面积是由房管部门根据相关规定并进行现场测绘确定的,设备平台即使属于公摊面积,并没有因此减少合同约定和宣传资料户型图中显示的套内面积,故尹某魁要求资江置业公司退还多收取的设备平台购房款的理由不能成立。[2]

附赠使用面具未能达到承诺总面积 10% 以上的,构成足以解除合同的严重违约情形。计算具体的损失额应考虑使用面积和建筑面积价值差、购房者过错两个因素。

【案例 10-15】 邱某、戴某丽诉房地产公司房屋买卖合同纠纷案

一审法院认为,(1)关于合同效力属于欺诈可撤销合同,抑或具有违约情形的有效合同。两原告提出了预备之诉,主位请求为撤销合同,备位请求为解除合同,房地产公司在建筑面积的基础上承诺通过改造增加约一倍使用面积,商品房买卖合同约定建筑面积的房屋已经按约交付。两原告对 157 平方米建筑面积部分未提出异议。两原告未能按照承诺改造房屋非因房地产公司主观虚假意思表示所至。所以因欺诈将建筑面积 157 平方米的房屋合同一并撤销,并不妥当。当主位请求法院不支持后,法院将对备位请求进行

---

〔1〕 河北省秦皇岛市中级人民法院(2022)冀 03 民终 1386 号民事判决书。
〔2〕 湖南省邵阳市中级人民法院(2022)湘 05 民终 1100 号民事判决书。

裁量。房地产公司宣传资料、样板房中通过改造在建筑面积外扩大约一倍使用面积的允诺虽然未记载在双方正式签订的合同条款中,但应当视为合同内容,房地产公司并未按照该合同内容实现,应属于违约。(2)本案中附赠使用面积未实现的情形能否达到解除合同的程度。司法解释规定出卖人交付使用的房屋套内建筑面积或者建筑面积与商品房买卖合同约定面积不符超过3%,买受人可请求解除合同。但改造后的使用面积与建筑面积不同,不能简单套用3%的基数。但对于涉案房屋F1—F3层楼可改造使用面积至庭审结束时仍处于破损无法使用状态,该面积达到总承诺面积的10%,属于严重违约。故本院对解除合同的备位请求予以支持。(3)此种违约情形如何量化损失赔偿额。关于具体损失,首先,原告有过错。两原告从已经从销售广告、样板房明知该房屋使用面积需要业主进行改造来实现。该种改造并不是完全合法合规。两原告仍承诺该要约,具有过错。其次,使用面积和建筑面积在价值上应当有所差别,评估意见是以建筑面积327平方米、157平方米的房屋作为基准进行评估。但经过改造可实现的使用面积和不动产登记簿可反映的建筑面积是存在价值差的。故本院参照评估结果结合以上两点因素酌定房屋差价损失为100万元。二审法院同意一审法院裁判意见。〔1〕

(三)因实测面积与合同面积不符的处理

原法律规定3%的误差范围,是根据当时的建筑施工技术条件及预售条件确定的。但从目前商品房预售条件看,多层房屋的预售要求其建筑结构封顶,小高层、高层房屋的预售要求主体施工达到总楼层的2/3,加上建筑施工技术水平的发展,实际测量误差达到1%已算误差很大。如果仍然采纳3%的误差标准,有可能给开发商制造虚假宣传的机会,引发道德风险。开发商与买受人信息不对称,在整个房屋建造、销售过程中,买受人对建筑面积是无法控制的,因此将误差造成的经济风险交由买受人承担不公平,而将这一风险交由开发商承担,则可以促使其不断改进施工技术。套内面积的使用价值要大于公摊面积,增加公摊面积可能降低房屋的得房率,如果要求买受人为此多支付房款,无疑增加了买受人的负担,不公平。因此开发商要求买受人就实测公摊面积增加部分补交房款的行为不合理,不应得到法律支持。

---

〔1〕 参见国家法官学院、最高人民法院司法案例研究院编:《中国法院2023年度案例》(房屋买卖合同纠纷),中国法制出版社2023年版,第110页。江苏省无锡市中级人民法院(2021)苏02民终2559号民事判决书。

【案例10－16】 朱某强等诉上海鑫辰置业发展有限公司商品房预售合同纠纷案

一审法院认为,《预售合同》在特别告知部分对转让办法的相关规定已予以明示,虽然该特别告知本身并非当事人约定的合同条款,但其刊载于《预售合同》之醒目位置,合同双方均知晓其具体内容,故转让办法应当适用。因公摊面积增加,实际使用面积减少,仍要求购房人支付总建筑面积增加产生的差价款,不合理。[1]

【案例10－17】 周某旭诉广州市万毅房地产有限公司房屋买卖合同纠纷案

一审法院认为,《民法典》于2021年1月1日开始施行。根据《民法典时间效力规定》第一条第二款的规定,本案属于民法典施行前的法律事实引起的民事纠纷案件,适用当时的法律、司法解释的规定。万毅公司与周某旭签订的《广州市商品房买卖合同(预售)》及其附件是双方当事人的真实意思表示,内容未违反法律、行政法规的强制性规定,合法有效,双方均应当遵守履行。关于周某旭主张的面积差价款72221.96元及利息的诉讼请求能否成立的问题。根据《本合同补充协议》第十三条的约定,以广州市有资质的测绘单位出具的房屋面积测量成果报告书中的面积作为面积确认的依据。根据广州市房地产测绘院于2020年6月11日出具的《房屋建筑面积测绘成果报告书》,涉案房屋实测套内面积为62.3827平方米,小于合同约定的套内面积63.2455平方米,面积误差比绝对值大于0.5%,故周某旭要求万毅公司向其支付面积差价款72221.96元[(63.2455平方米－62.3827平方米)×83706.49元]符合合同约定,一审法院予以支持。万毅公司抗辩称应待涉案房屋办理完不动产权证后再结算面积差价款与双方约定不符,一审法院采纳。对于面积差价款的利息,双方对面积差价款退还时间的约定不明,周某旭现提交的微信聊天记录中对方人员的身份情况本院无法确认,一审法院酌情从周某旭主张权利之日即自万毅公司收到周某旭要求退还面积差价款的函件的2021年1月15日起计算利息,利息以72221.96元为本金,按全国银行间同业拆借中心公布的贷款市场报价利率,计算至实际清偿之日止,周某旭主张的超出部分一审法院应予支持。对于周某旭以万毅公司取消涉案项目钢结构连桥,违反合同约定,给其造成损失为由要求万毅公司赔偿248138.96元的诉讼请求能否成立的问题。万毅公司将涉案项目以“万科未来森林”作为项目对外宣传的名称,可知万毅公司在涉案楼盘的前期销售过程中,将以钢结构连桥连接的屋顶森林景观系统等前卫设计作为该楼盘的主要卖点进行宣传,

---

〔1〕 参见国家法官学院案例开发研究中心编:《中国法院2012年度案例》(房屋买卖合同纠纷),中国法制出版社2012年版,第7页。

在万毅公司前期的宣传单及售楼处沙盘均显示,涉案项目屋顶森林景观系统由钢结构连桥连接,钢连桥及屋顶设置了绿化景观带。上述钢连桥连接的屋顶森林景观体系属于商品房开发规划范围内的房屋相关设施。另在万毅公司和周某旭所签署的商品房预售合同附件七《本合同补充协议》第二十七条关于特别提醒事项,万毅公司特别提醒买方注意"本项目中由于屋顶的钢连桥的影响,3#、7#楼的顶层房间采光可能会受到一定程度的影响",万毅公司已对屋顶钢连桥进行了非常具体且明确的描述,客观上对购房者订立商品房预售合同及确定房屋价格产生了重大影响,故即使万毅公司曾在宣传单或沙盘中标注相关广告或沙盘仅为要约邀请,不代表万毅公司对此作出了承诺,根据《房屋买卖合同解释》第三条"商品房的销售广告和宣传资料为要约邀请,但是出卖人就商品房开发规划范围内的房屋及相关设施所作的说明和允诺具体确定,并对商品房买卖合同的订立以及房屋价格的确定有重大影响的,应当视为要约。该说明和允诺即使未载入商品房买卖合同,亦应当视为合同内容,当事人违反的,应当承担违约责任"的规定,涉案项目的钢连桥结构应属于双方合同的内容。根据《补充协议》第十四条的规定,万毅公司可在不影响买方所购房屋及使用功能的前提下向政府部门申请修改及调整房屋修建性详细规划及设计建设方案,但买方因此遭受损失,卖方应予赔偿。现万毅公司取消钢连桥的建设,在一定程度上降低了周某旭收楼后的居住环境水平及生活品质,并因此将对房屋潜在价值产生不利影响,万毅公司已构成违约。周某旭现要求万毅公司赔偿损失,可予以支持。对于赔偿金额,考虑到房屋潜在价值受多种因素的影响,且对房屋价格具有重大影响的显性因素亦时常随市场行情变化而发生波动,不同楼层、不同方位的房屋即使在相同的时期签订的房屋买卖合同约定的单价也存在差异,房屋的差价无法进行精确的计算。另外,虽然媒体前期对涉案楼盘的宣传中提及项目"光是整个屋顶森林景观系统和建筑外墙的设计和建设,预计将要花费大约1亿元人民币",但该处的"1亿元"属于概数,并非实际造价,涉案项目共8栋建筑,其中住宅项目仅为其中的3栋,故仅以住宅项目户数分摊上述所谓"1亿元人民币"的工程造价明显不合理。此外,涉案项目钢连桥结构虽然取消,但项目屋顶森林景观系统及建筑外墙仍按原设计方案进行了建设,故周某旭的损失也无法简单地根据万毅公司宣传的屋顶森林景观系统和建筑外墙的设计和建设费用计算得出。一审法院综合考虑取消钢连桥的建设,对周某旭居住环境、生活品质及房屋潜在价值等造成的不利影响的程度,酌情判令万毅公司按照房屋实际总价款的1%的比例即52218.37元[(5294059元-72221.96元)×1%]赔偿周某旭损失。万毅公司于2019年9月20日以函件的形式告知周某旭公司决定取消钢连桥的建设,但该单方通知并不能免除其赔偿责任。判决:一、广州市万毅房地产有限公司向周某旭赔偿损失52218.37元;二、广州市万毅房地产有限公司向周某旭退还房屋面积差价款72221.96元并支付利息(利息以72221.96元为本金,自2021年1月15日起,按全国银行间同业拆借中心公布的贷款市场报价利率,计算至实际清偿之日止);三、驳回周某旭的其他诉讼请求。二审法院判决:驳回上诉,维持原判。[1]

【案例10-18】 吴某龙、韩某婷诉青岛海唐置业有限公司房屋买卖合同纠纷案

一审法院认为,对于房屋测绘报告,被告在集中交付房屋时能够向原告出示《不动产测量报告》,虽然该《不动产测量报告》系2019年5月24日所作的预测绘,但该测绘报告中关于案涉房屋的实用面积及建筑面积与2022年2月7日《不动产测量报告》中房屋的实测面积一致,原告的权利并未受到实际损害。而且在《商品房买卖合同(预售)》中对于房屋面积误差的救济措施亦进行了明确约定。因此,一审法院对于原告以被告未出示房屋测绘报告为由拒收房屋的主张,不予采信。

二审法院认为,关于上诉人主张的《不动产测量报告》问题,本院认为,被上诉人于2019年5月24日取得了案涉房屋所在的"翡翠天城项目B区(3—5号楼)"的《不动产测量报告》,该测量报告记载案涉房屋预测面积为88.62平方米。2022年2月7日,被上诉人取得了对"翡翠天城项目B区(3—5号楼)实测绘"的《不动产测量报告》,该测量报告记载案涉房屋面积与之前的测量报告一致。双方签订的《商品房买卖合同(预售)》补充协议中约定:除下列情形外,乙方拒绝接收房屋,甲方不承担任何责任。(1)房座主体结构质量不合格;(2)甲方交付的房屋未达到预售合同第九条约定的交付条件。若甲方在交付前取得竣工验收备案证明文件(系指建筑物单体竣工验收合格证明文件)的,则视为预售合同第九条、第十条、第十一条约定的交付条件均已满足。预售合同第九条约定的房屋测绘报告系指甲方委托测绘机构出具的包含乙方房屋在内的测绘数据,在房屋交付时,该测绘报告有可能尚未完成政府备案或审批,在保证乙方房屋面积数据准确的情况下,乙方应按该数据据实结算面积差价款(如有),且不得向甲方主张任何权利或赔偿。上诉人主张被上诉人2021年12月28日交付案涉房屋时未取得《不动产测量报告》故不符合交付条件,与该约定不符,本院不予支持。[2]

---

〔1〕 广东省广州市中级人民法院(2021)粤01民终29407号民事判决书。
〔2〕 山东省青岛市中级人民法院(2023)鲁02民终5931号民事判决书。

办理不动产权证的实测面积与合同约定面积不符的,以实测面积为准。

【案例10-19】 秦某与华龙公司商品房销售合同纠纷案

二审法院认为,《民法典时间效力规定》第一条规定,民法典施行后的法律事实引起的民事纠纷案件,适用民法典的规定。民法典施行前的法律事实引起的民事纠纷案件,适用当时的法律、司法解释的规定。但是法律、司法解释另有规定的除外。民法典施行前的法律事实持续至民法典施行后,该法律事实引起的民事纠纷案件,适用民法典的规定,但是法律、司法解释另有规定的除外。本案法律事实发生在民法典实施前,应当适用当时的法律。依法成立的合同受法律保护。本案中,秦某与华龙公司签订的《商品房买卖合同》是双方当事人的真实意思表示,且不违反法律、法规的强制性规定,合同合法有效,双方均应按照合同约定全面履行各自的义务。合同签订后,秦某按照合同约定17000元平方米的单价和期限向华龙公司支付了580平方米建筑面积的房屋价款共计9860000元,华龙公司理应按照合同约定的面积和期限向秦某交付房屋,但其实际向秦某交付的商品房面积仅为570.15平方米,比应交付面积少9.85平方米,与合同约定不符。《房屋买卖合同解释》第十四条规定:……根据上述规定,对于合同约定面积与房屋实测面积不符时有约定的从其约定,无约定或约定不明的按照法律规定处理。本案中,秦某与华龙公司在《商品房买卖合同》第五条中对面积确认及面积差异处理约定的方式为"根据当事人选择的计价方式,本条规定以【建筑面积】【套内建筑面积】(本条款中均简称面积)为依据进行面积确认及面积差异处理。当事人选择按套计价的,不适用本条约定。合同约定面积与产权登记面积有差异的,以产权登记面积为准。商品房交付后,产权登记面积与合同约定面积发生差异,双方同意按第1种方式进行处理:……"该条只约定了产权登记面积与合同约定面积不符时的处理方式,而未约定未办理产权登记时房屋实测面积与合同面积不符的处理方式,故应当依照《房屋买卖合同解释》第十四条规定的原则处理。依照《商品房买卖合同》约定,华龙公司应交付580平方米而实际交付570.15平方米,房屋实际面积小于合同约定面积,且面积误差比为1.7%[(580-570.15)×100%÷570.15=1.7%],小于3%。故秦某要求华龙公司返还购房面积误差房价款167450元及利息,应予支持。《商品房买卖合同》第八条约定:"出卖人应当在2011年8月15日前,依照国家和地方人民政府的有关规定,将具备下列第1种条件,并符合本合同约定的商品房交付买受人使用:1.该商品房经验收合格……"《商品房销售管理办法》第三十四条第一、二款规定:"房地产开发企业应当在商品房交付使用前按项目委托具有房产测绘资格的单位实施测绘,测绘成果报房地产行政主管部门审核后用于房屋权属登记。房地产开发企业应当在商品房交付使用之日起60日内,将需要由其提供的办理房屋权属登记的资料报送房屋所在地房地产行政主管部门。”依据上述合同约定与法律规定,华龙公司有义务至迟在2011年8月15日交付前委托有资质的机构对案涉房屋进行测绘,并在60日内将相关资料报送房屋所在地房地产行政主管部门。至2012年11月20日秦某通过工商银行将购房尾款4000000元转入华龙公司账户时,华龙公司理应知晓其实际向秦某交付的房屋面积少于合同约定面积9.85平方米,故秦某上诉主张超额支付购房款的利息从银行贷款发放日起算,本院予以支持,原审判决从2019年6月7日起计算利息欠妥,应予纠正。至于秦某上诉主张华龙公司支付超额支付首付部分多产生的利息,系重复计算,本院不予支持。华龙公司上诉主张案涉房屋尚未进行产权登记,面积误差暂无法确定,故多退少补的条件不成立。经查,秦某与华龙公司签订的《商品房买卖合同》并未约定房屋面积以产权登记为准。原审审理中,华龙公司对其委托延安市房产测绘所出具的测绘报告的真实性予以认可,秦某亦无异议。《房产测绘管理办法》第十八条规定:“用于房屋权属登记等房产管理的房产测绘成果,房地产行政主管部门应当对施测单位的资格、测绘成果的适用性、界址点准确性、面积测算依据与方法等内容进行审核。审核后的房产测绘成果纳入房产档案统一管理。”依据该规定,房地产行政主管部门只对测绘成果进行形式审查,只要测绘单位操作规范,产权登记证所登记的面积就以测绘成果表所记录的面积为准。此外,该办法第十七条还规定,买受人对测绘单位提供的测绘成果有异议的,可以委托国家认定的房产测绘成果鉴定结构鉴定。而本案中,双方当事人均未对该测绘成果提出异议,故该测绘报告确定的房屋测绘面积,可以作为确定案涉房屋建筑面积的依据,原审判决据此确认面积误差符合法律规定,华龙公司的上诉主张没有事实及法律依据,本院不予支持。[1]

(四)按套交易中的面积误差处理

按套交易的房屋买卖合同,是指双方当事人在房屋买卖合同中,针对特定的交易房屋仅约定了房屋买卖总价款,而对于房屋面积和买卖单价并未在房屋买卖合同中明确约定。这种并不常见的合同约定是当事人的真实意思表示,亦是有效的。在民事活动中,当事人在自愿的基础上作出的意思表示应得到法律保护,自愿意味着当事人愿意以自己与他人达成的协议处分自己的权利,也意味着当事人

〔1〕 陕西省延安市中级人民法院(2022)陕06民终1501号民事判决书。

必须要承担处分自己权利所给自己带来的后果。因此,出卖人对于房屋未经登记即出售在客观上有可能发生登记面积有差异的结果,应当有充分的预见。当面积出现误差时,一方当事人请求补足面积差价的,不应得到法律支持。

【案例 10 -20】　王某诉伍某健、叶某志房屋买卖合同纠纷案

一审法院认为,针对被告伍某健、叶某志提出的要求原告王某补足面积差价 4 万元的反诉请求,法院认为,被告伍某健、叶某志在与原告王某签订《房屋买卖协议》时,应当预见到房屋产权登记时最终核定的面积与拆迁安置时签订的《房屋拆迁安置协议书》上记载的面积有可能不一致。按套进行房屋交易不违反法律的禁止性规定,且系双方当事人真实意思的一致表示,因此,被告要求原告补足面积差价,不符合双方当时的约定,也不符合诚实信用原则,法院对此不予支持。[1]

按套交易的房屋买卖合同一般约定了总价款,同时约定了建筑面积。对于交付后实际测量面积与约定的建筑面积不符引发的诉讼纠纷,法院可以判决降低价款,并支持购房人要求开发商承担违约责任的请求。

【案例 10 -21】　林某诉厦门源昌房地产开发有限公司商品房预售合同纠纷案

二审法院认为,合同约定讼争车位按套计算总价款 28 万元,建筑面积 57.54 平方米,生效的(2014)厦民终字第 1085 号民事判决书认定 20 号车位产权证载明建筑面积 57.54 平方米,且所附房屋平面图记载车位宽 2.5 米、长 5 米,与讼争 21 号车位相邻。根据公平合理原则,讼争车位应参照最相类似车位即案外人陈某碧所购 20 号车位款 18 万元计价较为合理,源昌公司应返还林某多支付的购房款 10 万元。讼争车位纠纷系因源昌公司的原因引起,林某要求源昌公司按合同约定赔偿其直接经济损失,应予以支持。[2]

《商品房销售管理办法》的规定,商品房销售可以按套(单元)计价,按套(单元)计价的现售房屋,当事人对现售房屋实地勘察后可以在合同中直接约定总价款。双方合同中也没有关于后续办证需要根据实际面积补差价、退差价之类的内容,按公平原则应补足差价。

【案例 10 -22】　甲与乙房屋买卖合同纠纷案

一审法院认为,房屋买卖合同约定面积为 60 平方米,但实际面积为 65

---

〔1〕 参见国家法官学院案例开发研究中心编:《中国法院 2012 年度案例》(房屋买卖合同纠纷),中国法制出版社 2012 年版,第 213 页。

〔2〕 参见国家法官学院案例开发研究中心编:《中国法院 2018 年度案例》(房屋买卖合同纠纷),中国法制出版社 2018 年版,第 3 页。

平方米，超出约定建筑面积5平方米，买卖双方对于超出的面积如何处理并无特别约定。基于公平及等价有偿的原则，买方应当按照签订房屋买卖合同时的单价向卖房人补足超出面积部分对应的价款10000余元。[1]

（五）规划、设计变更面积增加处理

对于经过批准的规划、设计变更所引起的房屋面积误差问题，因没有相关法律、法规可以参照，其处理有一定难度。笔者认为，可参照以下因素考量差价款的支付问题：其一，开发商无隐瞒规划、设计变更的主观故意，购房人也未因开发商未履行告知义务的行为陷入错误认识，从而影响购房意思；相反，购房人在买房后（也有可能在购买时）知晓但未提出异议，开发商只是在履行明确告知义务的时间上存在瑕疵，不构成合同违约。其二，规划、设计的变更并未导致房屋结构形式、朝向变化，也未对房屋质量和使用功能产生影响，房屋经验收合格，开发商未及时告知的行为并未对购房人造成实质性经济损失。其三，购房人在房屋面积增加时不给付多出部分的房款有违公平原则。其四，价格确定应充分考虑到双方当事人的过错大小，同时结合商品房价格组成（除单纯开发成本外，还有税金、利润、代收费用以及地段、楼层、朝向、质量、材料差价等多种因素），确定房屋多出面积价格的计价标准。

【案例10－23】 朱某辉等诉淮安千禧房地产开发公司商品房预售合同纠纷案

一审法院认为，本诉被告千禧公司与三原告签订房屋买卖合同后，应按约定及时交付房屋，并办理产权登记手续。虽然所涉住宅楼的规划设计变更符合规划要求，但千禧公司在与买受人签订房屋买卖合同时，未能如实告知规划图纸变更事项，致使买受人不能根据自己的意愿作出选择。因此，虽然千禧公司要求补交房价的理由成立，但不能按照合同价计算差价，更不能以三原告未交付差价为由拒绝交房。鉴于双方未能就新增面积价格标准达成一致意见，而现有法律无明确规定等因素，法院认为按照政府部门安置房4116.79元/平方米的回购成本价计算能够较好地平衡双方的利益，同时千禧公司应承担自约定日至实际交付日的逾期交房违约金。二审法院亦持同样意见，维持一审判决。[2]

---

〔1〕 江苏省南京市江宁区人民法院（2022）苏0191民初511号民事判决书。

〔2〕 参见国家法官学院案例开发研究中心编：《中国法院2017年度案例》（房屋买卖合同纠纷），中国法制出版社2017年版，第25页。

个案中,买受人主张设计变更面积误差往往与其他诉讼请求相互交织在一起。

【案例10-24】 刘某文诉长沙长房福瑞房地产开发有限公司房屋买卖合同纠纷案

一审法院认为,(1)刘某文、长房公司签订的《长沙市商品房买卖合同》系双方当事人的真实意思表示,未违反法律、行政法规的强制性规定,合法有效,双方应按照合同约定全面履行自己的义务。刘某文向长房公司如数交纳了购房款,长房公司亦应按合同约定的标准向刘某文交付房屋。(2)关于长房公司是否存在延期交房的问题。刘某文认为,房屋存在质量问题,且长房公司至今未整改完毕,故刘某文有权拒绝收房,并要求长房公司承担延期交房责任。一审法院认为,根据合同第十条交付期限及条件条款约定:出卖人应于2021年12月30日前,依照国家和地方人民政府的有关规定,将经验收合格并符合本合同附件三所约定的装饰、设备标准,并符合买卖合同约定的商品房交付买受人使用;附件五补充协议第三条第一款载明:合同第十条关于商品房经验收合格是指勘察、设计、施工、监理、建设单位对该工程质量验收,如该商品房存在属于工程保修范围内的质量问题或装饰、装修、设备存在问题的,买受人有权要求修复,由出卖人按照实际情况予以修复或给予合理解决,但不能作为买受人拒绝收房的理由。在本案中,涉案房屋已于2021年12月2日验收合格,达到合同约定的交付条件,长房公司也于2021年12月16日通知刘某文收房,但刘某文至今未收房,故刘某文主张长房公司存在延期交房并应承担延期交房责任,一审法院依法不予支持。但是,因双方均认可涉案房屋存在一定瑕疵,截至庭审之日尚有部分瑕疵在整改中,长房公司应当在合理期限内将瑕疵整改完毕,刘某文亦应当在合理期限内办理收房手续。此外,长房公司瑕疵交付的行为,在一定程度上影响了刘某文对涉案房屋的使用和居住环境,损害了刘某文的合法权益,在该权益损害不能精准评估的情况下,一审法院酌情认定,长房公司应赔偿刘某文经济损失2000元。(3)关于刘某文要求长房公司按照合同规定将房屋规划和设计变更情况书面通知刘某文的问题。一审法院认为,首先,涉案房屋阳台的设计变更发生在刘某文、长房公司签订《长沙市商品房买卖合同》之前,当时刘某文并非合同当事人,根据法律规定,依法成立的合同,仅对合同当事人有约束力,故刘某文要求长房公司将合同成立之前规划和设计变更情况书面通知刘某文,没有合同依据。其次,根据合同约定,长房公司有权对房屋进行后期规划、设计变更和调整,且只有在设计变更影响导致该房屋结构形式、户型、朝向变化且影响买受人所购商品房质量或使用功能的前提下,长房公司才有书面通知买受人的义务,在本案中,涉案房屋阳台构造措施调整,得到了设计单位长沙市建筑设计院有限责任公司的同意,不涉及结构调整,不影响房屋质量或使用功能,不符合合同约定的书面通知条件,故刘某文主张长房公司按照合同规定将房屋规划和设计变更情况书面通知刘某文,一审法院依法不予支持。最后,在庭审中,长房公司已将涉案房屋阳台构造措施调整情况告知了刘某文,并提供了相应的证据,再次书面通知刘某文也无必要。四、关于面积差、工程设计费、误工费损失的问题。(1)关于面积差损失的问题。刘某文主张因阳台构造措施调整,造成刘某文房屋使用面积损失,按房屋单价计应为5621.04元。一审法院认为,根据长沙市规划勘测设计研究院出具的实测报告。涉案房屋所在的长房雍景湾1栋房屋的实测面积与预测报告载明的预测面积一致,即阳台构造措施调整,对房屋面积没有影响,故刘某文要求长房公司赔偿房屋使用面积损失5621.04元,没有事实和法律依据,一审法院不予支持。(2)关于工程设计费损失的问题。刘某文主张须对涉案房屋阳台墙壁、反坎加厚,需支付设计、施工费用5000元。一审法院认为,因双方并未在合同中对阳台墙壁、反坎的厚度问题进行约定,且涉案房屋质量已经验收合格,故刘某文对涉案房屋阳台墙壁、反坎加厚并要求长房公司承担相应的费用,没有合同和法律依据,一审法院依法不予支持。(3)关于误工费损失的问题。刘某文主张因长房公司违约,刘某文为维权花费3个工作日,应按刘某文收入支付刘某文误工费1623.61元。一审法院认为,根据一审法院查明的事实,长房公司除瑕疵交付外,不存在其他违约行为,但瑕疵交付责任,一审法院已依法作出处理,故刘某文要求长房公司承担误工费,一审法院依法不予支持。判决:(1)长沙长房福瑞房地产开发有限公司向刘某文支付赔偿金2000元;(2)驳回刘某文的其他诉讼请求。

二审法院认为,本案的争议焦点为:(1)长房公司是否应当对一般瑕疵交付行为承担赔偿责任。从本案证据来看,长房公司在交房时,刘某文主张涉案房屋存在大门细微划痕、窗户密封条2厘米裂口、浴室底部大理石反坎2厘米裂隙、地面有空鼓等一些质量问题和瑕疵,要求长房公司限期整改及承担延期交房责任。根据双方商品房买卖合同《补充协议》第三条的约定:“对商品房存在属于工程保修范围内的质量问题或装饰、装修、设备标准存在问题的(即存在非主体结构安全问题),买受人有权要求修复,由出卖人按照实际情况予以修复或者给予合理解决,但并不能作为买受人拒绝收房的抗辩理由,买受人以该商品房有未妥善之处、有施工规范允许范围内的正常工程误差、存在工程质量保修范围内的质量通病问题或装饰、装修、设备等存在问题为由拒绝收楼的,因此引起的逾期交房责任由买受人承担。”本案刘某文所主张的房屋瑕疵就属于工程保修范围内的质量问题或装饰、装修、设备标准方面的问题,上述问题并不涉及房屋主体结构安全问题,不影响房屋的正常使用。根据合同约定只需长房公司按照实际情况予以修复或者给予合理解决,结合本院查明事实,长房公司对刘某文主张的一般瑕疵已经在合理期限内整改完毕,刘某文于2022年3月13日办理了入伙手续,正式收房。综上,刘某文提出的一般瑕疵并不影响其对涉案房屋的使用和居住环境,在出卖人承担了及时更换、修理等修复责任后,一审法院判决长房公司对涉案房屋瑕疵承担赔偿责任缺乏合同依据和法律依据,本院予以纠正。(2)关于一审法院是否存在违反"不告不理"原则的问题。"不告不理"原则是民事诉讼法处分原则的部分体现,是指民事诉讼中必须由当事人提出诉讼请求,法院才能受理,并在审理中受原当事人提出的诉讼请求范围的约束,不审理诉讼请求范围以外的规定。是否违反该规定,应当结合具体的法律关系及诉讼请求予以认可。本案中,刘某文的诉讼请求是要求长房公司将房屋规划和设计的变更原因、变更经过和变更内容情况书面通知刘某文;要求长房公司赔偿房屋面积差损失、工程设计费损失、误工费损失以及要求长房公司承担延期交房责任。刘某文并未主张长房公司对涉案房屋存在瑕疵交付行为承担赔偿责任,一审判令长房公司对瑕疵交付行为赔偿刘某文经济损失2000元超出了刘某文诉讼请求,违反了民事诉讼"不告不理"原则,属于超诉判决,应予纠正。综上所述,长沙长房福瑞房地产开发有限公司的上诉请求成立,本院予以支持。判决:(1)撤销一审法院民事判决;(2)驳回刘某文的全部诉讼请求。[1]

(六)二手房买卖中的面积差异处理

对于二手房买卖出现面积差异问题如何处理,现行法律法规没有明确规定。二手房买卖中,影响房屋价格的因素很多,比如房屋周边环境、房屋质量、房屋建造年代,甚至包括房屋装修、物业管理等因素,比新商品房买卖的价格影响因素多。但是,二手房买卖合同却鲜有约定"该房屋按每平方米单价计算"或"房屋面积以产权登记为准"等内容,所以一般认定双方之间的房屋买卖是按套计价。而且,从目前二手房交易习惯来看,二手房买卖双方一般都会到实地看房,也就是说,买卖双方对房屋的实际情况包括面积情况都是非常清楚的。所以一般情况下,二手房都是按套计价,并非按每平方米单价出售,也不存在补交面积差价款的问题。除此之外,还可根据合同推断双方真实意思表示,判断交易双方是否对交易标的产生误解,导致对其中一方显失公平。实践中,房屋买卖合同未约定每平方米的单价,但明确约定计价方式为以套计价,且约定了出现面积误差时的处理

〔1〕 湖南省长沙市中级人民法院(2022)湘01民终6764号民事判决书。

方式的,不适用《房屋买卖合同解释》第十四条规定。

【案例10-25】 孙某红诉黄某波房屋买卖合同纠纷案

一审法院认为,被告黄某波在购房时与原告孙某红在协议中明确约定计价方式为以套计价,并未约定每平方米的单价,协议同时约定了出现面积误差时的处理方式,故不存在按每平方米计价的问题。被告作为完全民事行为能力人应当预见到产权登记时核定的面积与《房产预约买卖协议书》中载明的面积有可能不一致,且双方在协议中约定的交易方式和计价方法不违反法律、行政法规的效力性强制性规定,因此被告以协议约定的建筑面积与房产证上的核定面积不符为由拒付剩余购房款15466元的抗辩与双方约定不符,既缺乏事实和法律依据,也不符合诚实信用的基本原则,故本院不予采纳。原告主张被告支付剩余的购房款15466元,有事实和法律依据,本院予以支持。根据协议第五条、第十四条的约定,被告应于一手产权出证后三日内向原告支付购房款280000元;若被告不能按期向原告支付购房款,每逾期一日,由被告向原告支付购房款的0.05%作为违约金。现双方系于2013年3月5日在房管局办理了过户登记手续,故被告应于2013年3月8日前向原告支付剩余的购房款,而被告至今尚欠原告购房款15466元,故被告应自2013年3月9日起按日向原告支付未付购房款15466元的0.05%的违约金。原告关于被告自2013年3月9日起按全部购房款的0.05%支付违约金的主张,部分成立,本院予以部分支持。[1]

【案例10-26】 路某诉杨某房屋买卖合同纠纷案

一审法院认为,原告路某与被告杨某签订的《购房协议》,系双方当事人的真实意思表示,合法有效。即使双方约定的面积61平方米,与实际面积存在误差,这些误差也是双方认可的,接受的,且经过法院作出的(2016)盐法调确字第286号民事裁定书再次予以确认。原告不能以双方约定的房屋面积与房屋实际面积存在差异为由主张相应的房款,故法院对原告主张的诉求不予支持。判决:驳回原告路某的诉讼请求。

二审法院认为,民事主体从事民事活动,应当遵循诚信原则。本案中,路某应当遵循诚信原则承担协助、通知、保护、忠实等先合同义务,如实向对方披露可能影响交易的重要事实。建筑面积大小不仅关系到房屋的实际利用,也是评估房价的重要因素,足以影响交易。上诉人路某作为房屋所有人在2009年就已持有案涉房屋的产权证书,应当知道案涉房屋的实际产权面积,

[1] 参见国家法官学院案例开发研究中心编:《中国法院2016年度案例》(房屋买卖合同纠纷),中国法制出版社2016年版,第144~145页。

理应如实告知被上诉人杨某。但在合同订立过程中，上诉人路某并未向被上诉人杨某出示案涉房屋的产权证书，应当视为认可房屋面积误差，向被上诉人杨某出售的是案涉房屋全部面积，而不仅仅是《购房协议》载明的房屋面积。且双方就案涉《购房协议》、购房款及过户问题于2016年10月18日达成调解协议并经盐池县人民法院(2016)盐法调确字第286号民事裁定书予以确认，上诉人路某亦未提出案涉房屋面积存在误差。现上诉人路某仅以自己看错房屋面积，明显与常理不符，有违诚信原则，亦违反披露真实信息的先合同义务。综上，上诉人路某主张被上诉人杨某向其支付另外7.1平方米的购房款的主张不能成立，本院不予支持。综上所述，上诉人路某的上诉请求不能成立，应予驳回；一审判决认定事实清楚，适用法律正确，应予维持。判决：驳回上诉，维持原判。[1]

(七)测量规则不同造成面积误差的处理

商品房预售时双方在合同中约定的面积，一般都是出卖人依据商品房项目施工设计图纸自行测算或委托测绘单位测算的预测面积。预测和实测适用的测量规则有时不同(或测量规则发生不同的变更)，主要是公摊面积的计算方法不一样。有的开发商将《商品房销售面积计算及公用建筑面积分摊规则(试行)》中不属于公摊或没有规定作为公摊的面积计算为公摊面积，如将外墙、骑楼、人防工程的地下室、高层建筑的结构转换层等面积计入公摊面积。房管部门在审核实测面积时，没有把该公摊面积确认为房屋建筑面积，故造成面积误差，法院应根据预测面积的测量规则审查预测面积与实测面积是否存在误差。对于预测面积和实测面积适用的测量规则对公摊面积规定不同产生的面积误差，由于是测量规则不同造成的，并非买卖双方的原因所致，不应认定为实际面积误差。双方可对合同约定的销售面积作调整，但应维持原合同约定的总价款不变。一方以此面积误差要求补交或退还房款的，法院不予支持。对于已适用同一测量规则测绘后的面积误差，应认定为实际误差，依合同约定或司法解释规定处理。

(八)得房率缩水超过合理误差的处理

得房率降低对购房人造成的影响，主要是得房率缩水，套内建筑面积减少。

[1] 宁夏回族自治区吴忠市中级人民法院(2022)宁03民终720号民事判决书。

在建筑总面积不变的情况下,分摊面积也随之增加。根据房屋买卖合同约定的套内建筑面积与销售面积即可认定得房率,如果实际交付的房屋存在套内建筑面积缩水而公摊面积扩大的事实,得房率明显降低,且缩水与扩大的幅度均在3%以上,应认定开发商违约并承担违约责任。房屋买卖合同并未约定得房率,但开发商在公开场合对得房率作出承诺的,该承诺应当视为合同内容。对于得房率缩水超过合理范围给购房人造成的损失开发商应予以赔偿;赔偿数额以得房率造成套内建筑面积减少的价值为基数,在面积误差超过3%的范围内酌情予以确定。对于此类纠纷处理,应当通过损益相抵的原则计算最终赔偿数额。

【案例10-27】 朱某某诉杭州某置业有限公司商品房买卖合同纠纷案

二审法院认为,本案中,双方在《浙江省商品房买卖合同》第四条中约定:“该商品房建筑面积共90.81平方米,其中套内建筑面积78.38平方米,应分摊共有建筑面积12.43平方米。”虽然该合同中双方没有对“得房率”这样一个概念直接作出约定,但从上述合同条款中的相关数据完全可以计算出所购房屋的套内建筑面积、公摊面积与建筑面积之间的比率,而其中房屋套内建筑面积与建筑面积之间的比率也就是通常所讲的“得房率”。同时,由于房屋买卖合同标的物的特殊性,最终交付房屋的面积可能会与合同约定的面积存在一定范围内的差异,故双方又在合同第六条及《补充协议书》第五条中分别作出了“合同约定面积与产权登记面积有差异的,以产权登记为准。1.当事人选择建筑面积作为计价方式时……”及“2.按上述方式进行商品房建筑面积差异处理的,即不存在对商品房建筑面积构成部分套内建筑面积或公摊面积单项差异的处理……”等约定,但上述相关条款只是房屋买卖合同中房屋出卖人与买受人之间根据我国相关法律法规所采用的通常条款。这些条款主要是针对房屋面积的确认标准、价款的结算依据及面积差异的处理方式所作出的约定。本案中,杭州某置业有限公司最终实际交付的房屋在建筑面积上确实符合合同约定的标准,双方也是根据建筑面积的数字进行了房屋价款的结算,但该房屋套内建筑面积与建筑面积之间的比例与合同中所体现的比例确实存在较大差距,即“得房率”明显降低。在该种商品房买卖合同的履行过程中,虽然实际交付房屋的建筑面积通常会与设计建筑面积存在一定差异,但差异仍应当是在合理的范围内,而房屋建筑面积变化所导致的套内建筑面积的变化同样也应具有合理性。根据日常生活经验,普通购房者,特别是中小户型的购房者对房屋“得房率”这项指标确实较为重视,“得房率”在一定程度上会影响购房者的意愿。这一点从杭州某置业有限公司在销售中以“得房率”高作为该楼盘的其中一项优势进行宣传也可以得到印证。现由于与杭州某置业有限公司向朱某某所交付房屋的套内建筑面积相比,该房屋按合同中约定的套内建筑面积与建筑面积之间的比率计算所得的套内建筑面积明显减少,超出了合理的范围,故杭州某置业有限公司的行为已构成违约,法院对朱某某要求杭州某置业有限公司赔偿相应损失的请求,予以支持。对于损失的计算标准,考虑本案合同的性质、实际履行情况及杭州某置业有限公司的过错程度等因素,以交付房屋套内建筑面积与合同约定的标准套内建筑面积的差额为基数,参考合同约定的单价,酌情确定杭州某置业有限公司赔偿朱某某损失29787元。[1]

〔1〕 参见崔晓鹏:《得房率缩水纠纷中的司法衡平》,载《人民司法·案例》2016年第2期。

三、房屋面积误差特别情形的处理

（一）面积误差房屋又被转卖时的处理

当房屋的实际面积与合同约定的面积出现误差的时候，根据合同相对性原则，只有直接的合同当事人之间可以主张权利或承担义务。房屋是否转卖，并不影响权利人依据合同主张权利。

【案例10-28】 孙某乐诉天津豪业建设发展有限公司房屋买卖合同纠纷案

一审法院认为，原、被告的商品房买卖合同关系合法有效，双方均应依据合同内容行使权利、履行义务。现孙某乐已依合同向豪业公司交纳房款，其合同义务已经履行完毕，而豪业公司交付房屋的实际面积与合同约定面积不符，减少了6.09平方米，并未完全履行合同义务。被告豪业公司应依约定向原告孙某乐承担退还面积差价款的责任，原告孙某乐请求系其合同权利的正当行使，依法应予支持。关于豪业公司主张孙某乐已经将房屋转卖给第三人费某兰，已经不具备退款资格的抗辩理由，法院认为，孙某乐是否将房屋转卖给他人，并不影响双方之间业已存在的买卖合同关系，也不影响孙某乐诉讼请求系其合同权利的正当行使，豪业公司也不能因孙某乐将房屋转卖给他人而免除自己的合同责任。如采纳豪业公司的抗辩理由，则其无须向任何人承担退款责任，将获得不当利益，明显有违公平原则，故该抗辩理由不予采纳。关于费某兰提出的房屋面积差价款应退给第三人费某兰的主张，法院认为，房屋面积差价款的返还请求权是基于买卖合同的约定而产生的权利，依据合同的相对性原则，该返还请求权在与房屋开发商存在直接合同关系的当事人之间存在，而费某兰与豪业公司并无任何合同关系，孙某乐将房屋转卖给费某兰的过程中，也没有将房屋面积差价款的返还请求权让与给费某兰，因此，费某兰无权向被告索要房屋面积差价款。原告孙某乐与第三人费某兰之间的二手房买卖合同关系与本案讼争的商品房买卖合同关系不属于同一法律关系，双方如有争议，应另行解决。据此，判决被告豪业公司立即返还原告孙某乐房屋面积减少的差价房款19835.80元。[1]

二手房屋买卖发生后，开发商发现房屋面积有误差并退款给二手房卖方的，二手房卖方应将获得的房屋面积误差的退补款返还给买方。

【案例10－29】 林某燕诉陈某敏、傅某生房屋买卖合同纠纷案

一审法院认为，原告林某燕依照合同的约定履行了交付全部购房款的义务，被告陈某敏、傅某生虽履行了交付房屋的义务且没有过错，但其交付的房屋未能完全符合合同关于"房屋建筑面积334.48平方米"的约定，被告存在违约行为。原告要求被告承担赔偿损失的违约责任，符合法律规定。被告在转让讼争房屋后又基于讼争房屋从开发商处获取面积误差的退补款，缺乏依据，被告的辩解理由不能成立。被告应按照公平、诚信原则将其从开发商处获得的退款26643元返还原告，并支付原告自其主张权利之日起按中国人民银行同期贷款利率计算的利息。原告主张其购房的单价是7527元/平方米，缺乏依据，本院不予采纳。[2]

(二)补交面积差价款的依据确定

商品房买卖合同约定，购房人应于开发商向其出示测绘部门出具的产权登记面积文件之日起30日内补交面积差价款。对于该合同条款所约定的"测绘部门出具的产权登记面积文件"应当首先按照文义解释来诠解，不能认为开发商自行制作的简单的注明产权登记面积的告知性文件也属于此类文件。

【案例10－30】 北京炎黄置业有限公司诉胡某一商品房买卖合同纠纷案

二审法院认为，根据审理查明的事实，炎黄公司于2003年3月6日才向胡某一出示了测绘部门出具的产权登记面积相关文件，故胡某一应当在2003年4月5日前向炎黄公司支付房屋面积差价款。鉴于炎黄公司于2003年3月25日向原审法院提起了诉讼，胡某一此前未能支付房屋面积差价款未超过合同约定的期限，故其行为不构成违约，无须承担违约责任。原审法院以炎黄公司向胡某一送达的结算单中已注明实测面积为由，认定胡某一已收到实测报告，应依据合同支付违约金，不符合合同约定，显属不当，应予以

---

〔1〕 参见最高人民法院中国应用法学研究所编：《人民法院案例选》2010年第3辑（总第73辑），人民法院出版社2011年版，第138～139页。

〔2〕 参见国家法官学院案例开发研究中心编：《中国法院2012年度案例》（房屋买卖合同纠纷），中国法制出版社2012年版，第105页。

改正。[1]

【案例10－31】 天津海泰凤凰城置业有限公司诉天津滨海旺辉工程咨询有限公司商品房销售合同纠纷案

一审法院认为，原、被告签订的《天津市商品房买卖合同》合法有效，受法律保护，双方应依约履行各自的合同义务。因房屋实际面积为298.73平方米，合同中载明的销售建筑面积为286.69平方米，根据该合同第七条约定，被告应向原告支付差额房款166152元。被告抗辩称合同第七条无效，但未提出有力证据，一审法院不予采信。被告抗辩称，诉争房屋尚未交付，但根据一审法院作出的（2021）津0116执3855号结案通知书载明，被告认可原告已完成将房屋交付被告的义务，并申请结案，故被告的该抗辩亦无事实依据，且根据合同约定，交付房屋与交纳差额房款均设有独立的条款，当事人可以依据相关条款主张权利，被告以此为由不支付差额房款无合同依据，一审法院难以支持。原告主张被告支付保险费用1000元，无合同依据及法律依据，一审法院不予支持。综上所述，原告要求被告支付差额房款166152元的诉讼请求成立，其要求被告支付保险费的诉讼请求不成立。

二审法院认为，本案系商品房销售合同纠纷。本案二审争议焦点为旺辉工程咨询公司是否应当支付海泰置业公司购房款166152元。二审中旺辉工程咨询公司拒绝支付上述房屋面积差额的购房款，其理由有二：案涉商品房买卖合同中关于上述情形的约定为格式条款应为无效以及案涉房屋并未实际交付。对此一审法院依据双方当事人的举证情况和已查明的事实，逐一驳回其上述抗辩理由，本院不再赘述，一审法院的上述认定，有事实和法律依据，本院予以维持。二审中，旺辉工程咨询公司亦未提交新的证据和依据予以佐证，旺辉工程咨询公司的上诉主张，缺乏事实和法律依据，本院不予支持。[2]

对于现房而言，购房人到现场看过房屋的，应认定明知或应知涉案物业的登记面积。

【案例10－32】 李某辉诉佛山市南海区九江汇龙城商业发展有限公司房屋买卖合同纠纷案

一审法院认为，《民法典时间效力规定》第二十条规定，民法典施行前成立的合同，依照法律规定或者当事人约定该合同的履行持续至民法典施行

〔1〕 参见最高人民法院中国应用法学研究所编：《人民法院案例选》2005年第4辑（总第54辑），人民法院出版社2006年版，第199～200页。

〔2〕 天津市第三中级人民法院（2022）津03民终2787号民事判决书。

后,因民法典施行前履行合同发生争议的,适用当时的法律、司法解释的规定;因民法典施行后履行合同发生争议的,适用《民法典》第三编第四章和第五章的相关规定。本案是因民法典施行前履行合同发生争议的,适用当时的法律、司法解释的规定。(2020)粤0605民初1348号民事判决已判决认定李某辉已通过借款形式支付剩余购房款2780000元,加上李某辉已支付的首付款2787250元,李某辉已支付全部购房款予汇龙城公司,李某辉确不存在还需支付购房款的义务。李某辉诉请李某辉无须支付233025元购房款予汇龙城公司的请求及诉请以多付管理费扣减应付购房款的请求均以李某辉仍需向汇龙城公司支付购房款为前提,明显和生效裁判认定李某辉已付清购房款的事实冲突,李某辉的诉请不符合逻辑,没有理据。就汇龙城公司是否多收购房款及管理费的问题,第一,案涉房屋在转让于李某辉时是现房转让,李某辉曾查看案涉房屋,对房屋情况是知道或应当知道的,李某辉对以总价5567250元购买案涉房屋是清楚知悉并认可的。第二,双方在案涉合同中约定房屋建筑面积是856.5平方米,房产证所附的房产幢平面图显示房屋首层面积379.76平方米,二层416.01平方米,天面梯间24.88平方米。参照基底占地面积计算,比对双方签订案涉合同的附图,案涉合同约定属于汇龙城公司应交付于李某辉的房屋范围的首层走廊,并未计入登记面积。但李某辉在签订案涉房屋时已查看案涉房屋,对首层走廊的利用条件和利用状况是清楚知悉的,应知悉首层走廊不具备封闭使用和专属使用的条件,故证载面积和合同约定面积不一致,并未影响李某辉在签订合同时对案涉房屋的使用预期,也未对李某辉实际使用案涉房屋构成影响。第三,案涉合同明确载明房产证号,李某辉在签订案涉合同时已知道或应当知道案涉房屋的登记情况。李某辉主张没有查看房产证不知道房屋登记情况的意见,一审法院不予采纳。李某辉明知登记面积和合同约定的建筑面积不一致,仍签订案涉合同并接收房屋,证明李某辉是接受并认可以总价5567250元购买案涉房屋并接受房屋现状包括使用现状和登记现状。第四,物业服务费的收取建立在物业服务合同或物业服务约定基础上,以双方约定及提供物业服务的面积、内容为依据,李某辉仅以证载面积主张多付物业服务费没有依据。综上,李某辉建立在房屋面积差基础上的各项诉请均没有依据,一审法院不予支持。判决:驳回李某辉的诉讼请求。

二审法院认为本案为房屋买卖合同纠纷。根据双方当事人的诉辩意见,本案二审的争议焦点是:李某辉关于汇龙城公司多计面积多收取购房款和管理费的主张是否成立。首先,双方签订房屋买卖合同时,涉案物业是现楼,李某辉现场查看过涉案物业,对涉案物业情况包括利用方式是明知或应知的,对购房款5567250元对应的标的物是有清晰认知的。其次,合同明确载明房产证号，李某辉明知或应知涉案物业的登记面积，李某辉辩称没有查看房产证、不知道证载面积与合同约定面积不符，理据不足，本院不予采信。最后，如一审所述，证载面积820.65平方米与合同约定面积856.5平方米的差异是因为未将涉案物业的首层走廊面积纳入证载面积。但是，李某辉在签订合同时对于首层走廊的利用方式是清楚知悉的，前述不一致的情况对李某辉的使用预期不产生变化，亦未实际影响其使用涉案物业。李某辉在使用涉案物业近七年后，主张汇龙城公司多计面积多收取购房款，理据不足，本院不予支持。至于物业管理费，是根据李某辉和物业服务公司之间的物业服务合同约定的提供物业服务的面积进行计算，李某辉主张以证载面积计算物业管理费，缺乏理据，本院亦不予支持，并对李某辉的其他上诉请求予以驳回。综上所述，李某辉的上诉请求不成立，本院予以驳回。一审判决认定事实清楚，适用法律正确，本院予以维持。判决：驳回上诉，维持原判。[1]

（三）安置房登记面积与合同约定面积不符时的处理

所谓安置房是指因城市规划、土地开发等原因进行房屋拆迁，政府安置给被拆迁人居住使用的房屋。安置对象包括城镇居民中的被拆迁用户和征拆房屋的农户。安置房就是政府对拆迁对象的一种实物补偿。因安置对象是特定的动迁安置户，该类房屋买卖除受法律、法规的规范外，还受地方政策的约束，和一般的商品房交易有很大的不同。此类房屋在一定期限内不具备上市交易的条件，无法办理房产证。双方买卖安置房时通常是根据拆迁安置协议所记载的房屋面积、位置、楼层等条件确定房屋价格，而安置房绝大多数是期房，待房屋交付后才办理房产证，其房产证记载的面积与买卖合同约定的面积不一致的情形并不少见。对此类纠纷的处理，有约定的按约定；如果没有约定，也无法达成补充协议的，可按照合同条款或交易习惯确定。安置房实际面积小于或大于拆迁协议约定的面积，而当地政府又不补足差价或另收差价的，如果安置对象转卖安置房时与买方就安置房买卖房产证所载面积与买卖合同约定面积不一致的问题产生争议，法院可依前述方式处理。

【案例10－33】 王某诉薛某明、陈某红房屋买卖合同纠纷案

一审法院认为，关于薛某明、陈某红提出的要求王某就涉案房屋按照市场价支付面积差价的反诉请求，一审法院认为，首先，双方在签订合同后，就

〔1〕 广东省佛山市中级人民法院（2021）粤06民终17146号民事判决书。

已经按约履行。现双方对于房屋价款如何确定产生争议，虽房屋买卖中介余某萍反映当时可能按照面积单价确定房价，但是涉案合同中并未明确约定定价标准。按照常理，房屋买卖合同双方应该是在对房屋所处地段、楼层、结构、面积等各因素综合考虑的情况下协商确定的房屋价款，且双方在签订合同时，房屋产权证尚未办理，双方应当能预见最终产权登记时核定的面积与《房屋拆迁补偿安置协议书》上所载面积可能不符，此类情况在房屋拆迁补偿安置过程中亦为常见。双方在此情况下签订合同即表明按照房屋现状进行交易，即使今后面积产生误差，双方亦接受此种瑕疵给付。其次，双方在签订涉案合同时并未对出现登记面积与协议面积不符约定相应的处理办法，事后双方亦未对此情况达成补充协议，实践中亦无相应的交易习惯。最后，薛某明、陈某红并未因此额外交纳拆迁安置差价款，并未产生损失。故薛某明、陈某红要求王某支付面积差价的反诉请求没有事实及法律依据，一审法院不予支持。二审法院亦持同样意见，维持一审判决。[1]

【案例 10－34】　沈某云、耿某诉黄某文房屋买卖合同纠纷案

一审法院认为，黄某文和沈某云、耿某签订的《房屋买卖合同》系双方真实意思表示，对双方当事人具有拘束力。涉案房屋下系划拨土地，根据青阳县自然资源和规划局出具的情况说明，政府部门已经批准涉案房屋下的土地可以出让，可在交纳土地出让金后办理产权转移登记，故双方合同具有法律效力，对沈某云、耿某要求确认双方于 2017 年 1 月 24 日签订的《房屋买卖合同》有效的诉求，予以支持。合同签订后，沈某云、耿某已支付了全部购房款并实际占有使用房屋二年有余，现沈某云、耿某同意自行交纳土地出让金，故黄某文应配合沈某云、耿某办理涉案房屋的产权转移登记手续。故对沈某云、耿某要求黄某文继续履行《房屋买卖合同》并协助办理涉案房屋产权转移登记手续的诉讼请求，予以支持。黄某文辩称沈某云、耿某应补齐案涉房屋拆迁补偿安置协议上面积比房产证面积少 3 个平方米的差价款，否则不同意办理过户，该辩解不能抗辩沈某云、耿某要求黄某文协助办理过户的诉求，且双方在合同中约定测绘结果不影响成交价格，双方可以办理过户之时，黄某文不得私自以任何理由再增加房价，而房产证的面积即为房管部门测绘面积，故对黄某文的辩解不予采纳。判决：(1) 确认黄某文与沈某云、耿某于 2017 年 1 月 24 日就位于青阳县青山新城西区 ××#×× 室房屋签订的《房屋买卖合同》合法有效。(2) 黄某文继续履行与沈某云、耿某签订的《房屋买

---

〔1〕 参见国家法官学院、最高人民法院司法案例研究院编：《中国法院 2020 年度案例》(房屋买卖合同纠纷)，中国法制出版社 2020 年版，第 144 页。江苏省无锡市中级人民法院(2018)苏 02 民终 3562 号民事判决书。

卖合同》,并于本判决生效后五日内协助沈某云、耿某办理青阳县蓉城镇青山新城西区16幢306室房屋的产权转移登记手续,将上述房屋登记至沈某云、耿某名下。

二审法院认为,一审法院认定黄某文和沈某云、耿某签订的《房屋买卖合同》系双方真实意思表示,对双方当事人具有拘束力,并无不当。现上诉人主张案涉合同应认定无效,无事实及法律依据,本院不予支持。另黄某文还上诉称沈某云、耿某应按市场价值支付房屋多余面积对应的房款,否则其有权拒绝配合办理过户登记手续。本院认为,案涉房屋在双方所签合同中有"黄某文将其所有的位于青阳县青山新城西区××#××室房屋出卖给沈某云、耿某,房屋建筑面积为94.5平方米(以拆迁协议书为准,测绘结果不影响成交价格),房屋成交价格29万元"的明确约定,且该房屋在相关的拆迁协议书中列明的建筑面积亦为94.5平方米,故黄某文的此节上诉理由亦无事实及法律依据,一审法院不予支持,本院亦不予支持。综上所述,上诉人的上诉请求不能成立,应予驳回;一审判决认定事实清楚,适用法律正确,应予维持。判决:驳回上诉,维持原判。[1]

安置房办理房产证后房屋建筑面积大于买卖合同约定面积的,出卖人并非有权要求买受人按照房屋实际登记面积补足超出合同约定面积部分的差价。

【案例10-35】 贺某诉王某初房屋买卖合同纠纷案

一审法院认为,贺某与王某初之间的房屋买卖合同,是双方真实意思表示,且不违反法律法规的强制性规定,合法有效,双方均应恪守履行。贺某作为买受人已经按约支付全部价款,并实际入住、使用该房屋,而王某初已经取得涉案房屋的产权证,涉案房屋已经具备办理转移登记手续的条件,故贺某要求王某初继续履行合同,配合其办理产权变更等登记手续,法院予以支持,相应税费按照约定由贺某自行负担。关于王某初要求贺某按目前市场价补助超出70平方米部分面积的差价后才同意过户的抗辩意见,该院认为,首先,涉案房屋交易时为现房,双方在签订买卖合同时并未对房屋的实际面积进行测量,并未明确约定每平方米的交易单价,应视为双方是在对房屋所处地段、楼层、结构、面积等因素综合考量情况下协商确定的房屋价款;其次,双方在签订协议时,产权证未办理,应当能够预见最终产权登记时核定的面积与拆迁安置协议所载的安置面积可能不符,双方在此情况下签订合同既表明按照房屋现状进行交易,即使今后面积产生误差,双方亦接受此种瑕疵给付;最后,双方在签订协议时并未对出现登记面积与协议面积不符约定的相应的

---

〔1〕 安徽省池州市中级人民法院(2021)皖17民终1260号民事判决书。

处理办法,事后双方也未对此情况达成补充协议,而双方签订协议后,已经按约定履行,贺某已付清房款,王某初已将房屋交付,贺某已实际入住、使用房屋至今。综上,王某初要求贺某按照目前市场价补足超出70平方米面积的差价,没有事实和法律依据,不予支持。判决:(1)王某初继续履行与贺某2016年11月23日签订的《房屋买卖协议书》;(2)王某初协助将案涉某小区19号803室房屋过户登记至贺某名下(过户相关费用由贺某负担);(3)驳回贺某的其他诉讼请求。[1]

---

[1] 参见国家法官学院、最高人民法院司法案例研究院编:《中国法院2023年度案例》(房屋买卖合同纠纷),中国法制出版社2023年版,第153～154页。江苏省无锡市惠山区人民法院(2020)苏0206民初6361号民事判决书。

专题十一　房屋买卖合同程序纠纷

房屋买卖合同纠纷涉及诸多方面，本专题着重对合同的抗辩内容、诉讼时效及举证等三方面展开阐述。

一、抗辩权法律适用

抗辩权,是指权利人用以对抗他人请求权、阻止请求权效力的民事权利。抗辩权的作用在于防御,而不在于攻击,因此只有他人行使请求权,为妨碍该请求权实现才行使抗辩权。抗辩权与否认相对人的权利异议不同,抗辩权以承认相对人的请求权有效存在为前提。抗辩权不是形成权的一种,它只阻止请求权的行使,不能创设、变更和消灭权利。抗辩权的特征包括:(1)抗辩权主要针对请求权而存在,可以对抗一切请求权。(2)抗辩权的作用在于阻止请求权的效力实现,不在于变更和消灭相对人的权利。[1]

《民法典》第五百二十五条、第五百二十六条与第五百二十七条,分别规定了同时履行抗辩权、先履行抗辩权与不安抗辩权,共同构成了《民法典》合同编上的抗辩权制度。三种抗辩权作为《民法典》上的一项重要的制度,在维护当事人双方利益平衡,促成当事人相互协作,维护交易秩序方面具有重要意义。由于对该三种抗辩权的规定不仅过于原则和抽象,而且对于三种抗辩权的行使等诸多问题并未作出规定,该制度在法律适用上面临诸多难题。

违约责任与履行抗辩权关系。双务合同中的抗辩权主要有同时抗辩权、先履行抗辩权、不安抗辩权。买受人享有抗辩权,可以抗辩出卖人不当行为,并不承担违约责任。但行使抗辩权不当的,应当承担违约责任。

抗辩权的行使是对抗违约行为的一种救济手段,其行使条件应符合法律规定或合同约定。

(一)同时履行抗辩权

1. 同时履行抗辩权的含义

同时履行抗辩权,是指在双务合同中,双方当事人同时履行的情况下,一方当

---

〔1〕 参见中国社会科学院法学研究所著:《法律辞典》,法律出版社2003年版,第817页。

事人有证据证明另一方当事人在应当履行的时间内不履行或者履行不符合约定时所享有的拒绝履行债务或者拒绝履行相应义务的权利。[1]《民法典》第五百二十五条规定:"当事人互负债务,没有先后履行顺序的,应当同时履行。一方在对方履行之前有权拒绝其履行请求。一方在对方履行债务不符合约定时,有权拒绝其相应的履行请求。"这一条即是有关同时履行抗辩权的规定。

同时履行抗辩权的成立要件:一是须基于同一双务合同互负债务,在履行上存在关联性。二是当事人债务没有先后履行顺序。三是双方所负的债务已届履行期。四是对方未履行自己所负的债务或者履行债务不符合约定仍然提出履行请求。履行债务不符合约定的情况,包括部分履行、瑕疵履行等。[2]

同时履行抗辩权的效力。同时履行抗辩权属延期的抗辩权,只是暂时阻止对方当事人请求权的行使,非永久的抗辩权。对方当事人完全履行了合同义务,同时履行抗辩权消灭,当事人应当履行自己的义务。当事人行使同时履行抗辩权致使合同迟延履行的,该当事人不承担违约责任。[3]

2. 适用范围和判断标准

同时履行抗辩权的适用范围。学界和实务界中对于同时履行抗辩权的适用范围存有不同的观点。通说认为,此项抗辩权既适用于双务合同,也适用于有关债的关系。依《民法典》第五百二十五条规定,同时履行抗辩权的适用范围为双务合同,且仅限于应当同时履行债务的双务合同中对方有不履行债务或履行债务不符合约定的情形。至于有关债的关系和其他合同则均不属于适用范围。根据《民法典》立法精神,此项抗辩权主要适用于下列双务合同:买卖合同、互易合同、供用电、水、气、热力合同、租赁合同、承揽合同、货运合同、保险、有偿委托合同等。

界定同时履行抗辩权的范围,要求当事人之间互负的债务必须具有对价或牵连关系,即其债务之间互为条件,互为牵连。如果当事人之间的债务没有牵连性,则不能适用同时履行抗辩权。有法官提出,在当事人之间没有特别约定时,主债务与从债务之间也不具有对价关系,不能成立同时履行抗辩权。例如,违约金债务,是双务合同的从债务,其与主债务之间没有对价关系,因此无法适用同时履行抗辩权。而损害赔偿债务,理论上认为属于双务合同一方当事人违反合同后其主债务的转化形态,与原主债务具有同一性,其与对方所负债务之间仍然存在对价关系,所以,可以就损害赔偿债务成立同时履行抗辩权。[4]

---

〔1〕 参见谢怀栻:《合同法原理》,法律出版社2000年版,第162页。

〔2〕 参见黄薇主编:《中华人民共和国民法典合同编释义》,法律出版社2010年版,第145页。

〔3〕 参见黄薇主编:《中华人民共和国民法典合同编释义》,法律出版社2010年版,第145~146页。

〔4〕 参见王闯:《论双务合同履行中的同时履行抗辩权——兼评合同法第六十六条及其适用中的相关疑难问题》,载《法律适用》2000年第12期。

《民法典》第五百二十五条的规定，确立了“相应”性的标准，解决了正当履行的判断标准。所谓“相应”，就是要求履行和对待履行之间义务的内容或者相互履行的金钱价值应该大体相当。相应性可以说类似于一种对价性的抗辩，突出地反映了双务合同的等价交换的特点。这个标准的确立，能够判断在很多情况下是否正当地行使抗辩权，比如在部分履行的情况下，如果交付的不足非常少，如交付1000公斤的库尔勒香梨，只有3公斤未交付，只能就没有交付的3公斤拒绝履行支付价款的义务，而不能就全部的价款拒绝支付。有学者认为，如果说几乎都已经履行了，还有一小部分没有履行，这个时候可不可以行使同时履行抗辩权？这就要根据诚信原则来决定。这时的判断标准，一个就是标的物是否可分，还有一个同时履行抗辩权的行使主要是根据公平原则、诚信原则。判断当事人是否可以行使同时履行抗辩权的时候，就得根据公平原则和诚信原则去判断。[1]

司法实践中，合同标的发生变化，就是当事人的债权、债务内容发生变化。如果合同标的发生变化不影响合同双方的对待给付关系，合同标的发生变化仍具有同一性，同时履行抗辩权仍可以适用。

3. “同时履行”理解和适用

双方互负的债务应当同时履行且均已届清偿期，是行使和适用同时履行抗辩权的前提条件之一，但是由于法律对于“同时履行”的含义并未作出具体规定，以致实践中对此认识不尽一致。对此问题，法律上应作何理解，在理论与实务上都有重大意义。一种观点认为，所谓“同时履行”是指当事人互负债务，没有先后履行顺序。另一种观点认为，“同时履行”是同一时间履行。根据《民法典》第五百二十五条立法本意，同时履行抗辩权制度中的“同时履行”，并非仅指当事人互负债务，而没有先后履行顺序的，在同一时间或同一个时候履行，它同时还包括按照当事人的约定或合同的性质和交易习惯，在某一特定时间段内履行。实践中处理同时履行抗辩权应注意的是，对于“同时履行”的认定和适用不应局限于“一手交钱、一手交货”的情形，而应具体情况具体分析，只要双方约定履行的时间相差不大的，都可视为属于“同时履行”。如当事人以口头形式约定或以书面形式在合同中载明“货到验收合格后付款”“货到付款”或“款到发货”的，均可认定为“同时履行”的约定。如当事人没有约定一方应先履行，按照合同的性质也不能确定应先后履行的，则可推定为“同时履行”。否则，可能不适当限制同时履行抗辩权的适用，违反法律设立这一制度的目的。

应当注意的是，同时履行必须以各方“同时履行”为条件，如果一方有先为给

---

〔1〕 参见王利明主编：《合同法评论》2004年第4辑（总第4辑），人民法院出版社2005年版，第167页。

付的义务，而相对方给付义务在后，有先为给付义务的一方尚无权请求对方履行，而对方则有权请求其履行，此时，他只能先履行自己的义务而无权援用同时履行抗辩权。[1] 也就是说，被请求方如有先为给付的义务，不得以对方未履行对待给付而进行抗辩。判定抗辩者是否有先为给付的义务；除依据当事人签订的合同条款外，还应当考虑法律的规定和交易习惯，主要是指：其一，法律的规定。有的法律明确规定了当事人履行义务的先后顺序。其二，基于交易习惯。在雇佣合同中，如果没有特别约定，报酬应于劳务提供后支付，即雇佣人有先提供劳务，坐火车、飞机、看电影等先买票，再如住旅馆、坐出租车可后付钱等。

《民法典合同编通则解释》第三十一条第二款规定："当事人一方起诉请求对方履行债务，被告依据民法典第五百二十五条的规定主张双方同时履行的抗辩且抗辩成立，被告未提起反诉的，人民法院应当判决被告在原告履行债务的同时履行自己的债务，并在判项中明确原告申请强制执行的，人民法院应当在原告履行自己的债务后对被告采取执行行为；被告提起反诉的，人民法院应当判决双方同时履行自己的债务，并在判项中明确任何一方申请强制执行的，人民法院应当在该当事人履行自己的债务后对对方采取执行行为。"

同时履行抗辩权抗辩的义务应是明确的，不明确的义务则不构成抗辩权行使的条件。对因约定不明的合同义务应如何恰当履行产生的争议，当事人在不能自行协商解决的情况下，可请求法院确定合同含义以明确合同义务履行方式。但在合同含义未予确定之前，一方当事人以对方未履行该义务为由而停止履行合同明确约定应由其履行的合同义务，不符合同时履行抗辩权行使的法定条件。

适用同时履行抗辩权作为拒绝履行己方义务的风险较大，因为合同约定的履行期限是一个连续的过程，即便是在同一天的话，也存在不同的时间段，无法保证真正意义上"同时"履行。

4. "履行债务不符合约定"理解

《民法典》第五百二十五条规定了同时履行抗辩权的条件即"履行债务不符合约定"，但未明确规定"履行债务不符合约定"的定义及具体情形，以致实践中，对此认识存在差异，这实际涉及违反给付义务、附随义务时，同时履行抗辩权的认定问题。

根据立法精神，结合司法实践，笔者认为，所谓"履行债务不符合约定"主要是指履行债务的标的物的质量、数量或履行方式不符合约定。现实生活中，只要当事人履行债务有下列情形之一的，即应认定属于"履行债务不符合约定"：其一，瑕疵履行。即履行质量不符合约定，交付的标的物质量有瑕疵。其二，部分履

[1] 参见李永军：《合同法原理》，中国人民公安大学出版社 1999 年版，第 510 页。

行。即交付部分标的物,履行债务的标的物不符合约定。其三,履行方式不符合约定。如货运合同中,托运人未按照与承运人约定的方式包装货物,即属此类情形。实践中,正确理解和适用"履行债务不符合约定"应注意以下几点:一是对于出卖人交付的货物全部有瑕疵的,买受人有权拒绝受领,并可拒绝对方的履行要求(拒付全部货款)。二是对于出卖人交付的货物仅为部分有瑕疵的,则买受人可拒付该部分的货款。三是对于一方仅为部分履行,另一方已经受领且对方履行债务符合约定的,则其只能就对方未履行部分援用同时履行抗辩权。然而无论如何,一方已经受领履行以后,不得以对方没有履行而援用同时履行抗辩权,而只能就对方未为履行部分援用同时履行抗辩权。[1] 四是对于一方交付的标的物仅有细微瑕疵,且不影响另一方实现合同目的,依诚实信用原则,另一方不能据此主张同时履行抗辩权。五是对于一方交付的标的物在数量上仅是轻微不足(如出卖人按约定交付托运10吨苹果,买受人实际收货9.9吨少100公斤),依据诚实信用原则,不能视为"履行债务不符合约定",另一方不得以此为由拒付全部货款。若其据此主张同时履行抗辩权拒付全部货款的,法院对此不仅仅不予支持,而且可以根据对方当事人的诉讼请求判令其承担违约责任。

《民法典》第五百二十五条规定了同时履行抗辩权,但如何行使未作规定。从法理上讲,抗辩权是与请求权相对应而专门对抗请求权的权利,在一方当事人未行使请求权的情况下,另一方当事人请求确认享有同时履行抗辩权的请求并无法律依据,故应驳回诉讼请求。

设立同时履行抗辩权旨在维护双方利益的平衡,并非在法律上赋予提出抗辩的一方借对方没有履行合同给付义务来免除自己应履行合同给付义务的权利,而是将对方履行合同给付义务作为自己履行合同给付义务的条件。行使同时履行抗辩权的日的,在于使对方向自己提出的履行请求权的效力延期发生,其性质属于一种延期履行的抗辩权。同时履行抗辩权依其性质应由当事人行使,法官不能依职权主动适用。援用同时履行抗辩权,本质上属于合法行使权利的行为,不构成违约,但当事人不能因此滥用权利,尽管该权利的行使造成合同的暂时不能履行,其当事人双方仍然希望维持合同的效力,在不解除合同的情况下可以成为非违约方保护其利益的有效措施。

---

〔1〕 参见王泽鉴:《民法学说与判例研究》(第五册),中国政法大学出版社1998年版,第146页。

(二)后履行抗辩权

1.后履行抗辩权的含义

所谓后履行抗辩权,也称顺序抗辩权,先履行抗辩权,是指在双务合同中,约定有先后履行顺序的,负有先履行义务的一方当事人未依照合同约定履行债务,后履行债务的一方当事人可以依据对方的不履行行为,拒绝对方当事人请求履行的抗辩权。《民法典》第五百二十六条规定:"当事人互负债务,有先后履行顺序,应当先履行债务一方未履行的,后履行一方有权拒绝其履行要求。先履行一方履行债务不符合约定的,后履行一方有权拒绝其相应的履行请求。"这是后履行抗辩权的法律规定。司法实践中,如何正确理解和适用后履行抗辩权,有几个问题值得注意和研究。

后履行抗辩权的成立要件:一是需基于同一双务合同。二是当事人的债务有先后履行顺序。三是应当先履行的当事人不履行债务或者履行债务不符合约定。四是后履行一方当事人的债务已届履行期。[1] 也就是说,双方当事人因同一合同而互负债务。此互负的债务由于合同的约定而存在牵连关系,在订约时双方当事人已就合同履行的先后顺序作出约定,双方的履行存在因果关系,当先给付义务人不为给付时,根据双务合同债务的对价性和诚实信用原则,后给付一方的对待给付不发生并可以向先给付人追究违约责任。两个债务须有先给付顺序。至于该顺序是当事人约定的还是法律直接规定的,在所不问。先给付一方未履行或其履行不符合债的本旨。后给付一方可以就先给付一方履行期届满而不为给付或其不符合合同约定或法定的标准的给付提出抗辩,要求其予以补救并承担违约责任。对于一方当事人行使后履行抗辩权不符合条件的,不应得到法律支持。这里讲的义务,是指合同中约定的主给付义务,而非从给付义务。

后履行抗辩权的效力。后履行抗辩权属延期的抗辩权,只是暂时阻止对方当事人请求权的行使,非永久的抗辩权。对当事人履行了合同义务,后履行抗辩权消灭,当事人应当履行自己的义务。后履行一方当事人行使后履行抗辩权致使合同迟延履行的,该当事人不承担违约责任,迟延履行的责任由对方承担。后履行一方行使后履行抗辩权,不影响追究应当先履行一方当事人的违约责任。[2]

---

〔1〕 参见黄薇主编:《中华人民共和国民法典合同编释义》,法律出版社 2010 年版,第 146 ~ 147 页。
〔2〕 参见黄薇主编:《中华人民共和国民法典合同编释义》,法律出版社 2020 年版,第 147 页。

2. 后履行抗辩权的应用范围

在双务合同中,一方当事人享有的权利也就是对方所负担的义务,且双方所负的债务之间具有相应性。如果一方不履行的义务与另一方拒绝履行的义务之间不具有相应性,则不得行使抗辩权。根据《民法典》第五百二十六条的规定后履行抗辩的效力在于抗辩权行使后,并不消灭己方债务,仅可暂时免除给付义务,且暂缓行为不构成违约。作为典型的双务契约,买卖合同的性质决定了后履行抗辩权的行使存在可能性。出卖人基本义务是将符合法定和约定交付条件的标的物移转于买受人,买受人基本义务是及时收取标的物并支付价款以及对质量的检查通知。针对不当履行,后履行义务一方只能根据不当履行的具体情形行使抗辩权,如果轻微瑕疵未影响履行利益,抗辩一方不得拒绝履行己方主给付义务。换言之,在合同履行过程中,当事人行使抗辩权的范围与对方不当履行之间不形成对应关系,该抗辩权不能产生免除自身的给付义务。

合同抗辩的范围应限对价义务,一方不履行对价义务的,相对方才享有抗辩权。在买卖交易中,有交付标的物义务和其按照合同约定承担交易税费的义务,这是两种不同义务,前者是合同的主要义务,是纯私法上的义务,而后者并非合同的主要义务,它同时兼具私法和公法双重属性,二者不具有对等关系,不能适用先履行抗辩权。

司法实践中,根据先履行抗辩权适用的条件,应先履行债务的一方已履行了主给付义务,只是未履行从给付义务或附随义务,对方当事人是无权行使先履行抗辩权的,只有附随义务的履行与合同目的实现有密切关系,使其合同目的无法实现的,尚可主张后履行抗辩权。

从给付义务是否能符合后履行抗辩权的条件,是有争议的问题。双务合同上的给付义务,除主给付义务外,还有所谓的从给付义务,从给付义务是基于诚实信用原则而发生,其目的在于保障及促进满足债权人之给付利益,债权人当然可以主张债务人履行。虽然先履行抗辩权的行使要求双方的债务具有对价或对待关系,但是对价关系并非要求同等价格,而只是具有法律的对待关系或牵连关系即可。从给付义务是否可以形成合同履行上的牵连关系,虽有争议,但应予肯定,这是因为从给付义务往往与合同目的实现具有密切关系。有法官认为,后履行抗辩权成立要件中的双方当事人互负债务,既然系基于双务合同而产生,自然应当要求双方的债务之间具有对价或牵连关系,且原则上可以立于对价关系或牵连关系的双方债务,应当是双方的主给付义务。但当先履行一方不履行或不适当履行从给付义务,与合同相对方实现合同目的有密切关系时,应视为从给付义务与主给付义务具有牵连关系,合同相对方可以行使后履行抗辩权,拒绝履行相应的主给付义务。因为将从给付义务纳入双务合同履行上的牵连关系,虽然理论上尚存在争议,但在原则上应当采肯定说,并不排除后履行抗辩权向从给付义务的扩张。同时为了保证债权人的履行利益得到满足,在债务人未履行或不适当履行义务与债权人实现合同目的具有密切联系时,根据民法上诚实信用和等价有偿的基本原则,允许债权人行使后履行抗辩权,也具有价值上的合理性。〔1〕 笔者认为,在认定从给付义务未履行是否符合先履行抗辩权条件,应具体案件具体分析,不能一概而论,对于影响合同目的实现的,则可以行使先履行抗辩权,反之,则限制其行使先履行抗辩权。

在双务合同中,一方当事人享有的权利也就是对方所负担的义务,且双方所负的债务之间具有相应性。如果一方不履行的义务与另一方拒绝履行的义务之间不具有相应性,则不得行使抗辩权。

【案例 11－1】 广州市番禺碧桂园物业发展有限公司诉苏某、罗某房屋买卖合同纠纷案

二审法院认为,被上诉人碧桂园公司已依约将竣工验收合格的房屋交付上诉人苏某、罗某使用,上诉人本应按约定期限向被上诉人付清购房款,但房屋经鉴定存在一定质量问题,且多与被上诉人有关,需采取措施修缮。经两上诉人交涉,被上诉人至今未履行维修义务,上诉人因此拒付最后一期购房款虽不完全符合《合同法》中抗辩权的行使条件,但鉴于其主观无违约故意,客观又存在被上诉人履约不当情况,依公平合理原则,以上诉人清偿所欠购房款时向被上诉人支付迟延期间的法定孳息为宜,一审判决上诉人支付违约金有失公允,予以纠正。〔2〕

【案例 11－2】 三门峡水利管理局诉郑州市配套建设公司房屋买卖合同纠纷案

一审法院认为,房屋买卖合同的出卖人,在收取了买受人支付的大部分款项后,不能以房屋的工程款需优先受偿为由,拒绝按合同约定向房屋买受人交付房屋。〔3〕

实践中,常出现购房人支付全部购房款前要求开发商承担迟延交房的违约责任的现象,这为抗辩权行使问题。合同约定双方义务有先履行顺序的,在先履行义务方未履行义务时,后履行义务方有权不履行义务且不因此而承担违约责任。

---

〔1〕 参见李虎、张新:《主从给付义务关系可以产生后履行抗辩权》,载《法学》2007 年第 8 期。

〔2〕 参见最高人民法院中国应用法学研究所编:《人民法院案例选》2007 年第 3 辑(总第 61 辑),人民法院出版社 2008 年版,第 184 页。

〔3〕 参见《最高人民法院公报》2004 年第 8 期。

【案例11-3】 李某斌诉株洲润发置业有限公司房屋买卖合同纠纷案

一审法院认为,从原、被告提供的证据来看,原告李某斌在2013年7月18日被告株洲润发置业有限公司将房屋交付使用时,向被告株洲润发置业有限公司支付了130000元现金并出具了260000元的借条,也就是说在签订《商品房买卖合同》时,原告李某斌并未一次性支付购房首付款。原、被告签订的《商品房买卖合同》中约定的首付款支付时间为2011年9月16日,商品房的交付时间为2011年12月30日前。也就是说,合同的履行有先后顺序,李某斌先付清所有购房款,被告株洲润发置业有限公司才履行交房义务,故被告株洲润发置业有限公司主张的先履行抗辩权符合法律规定,而原告李某斌在房屋交付时未能支付全部购房款,其主张不符合不安抗辩权的行使条件和履行规范。故,原告李某斌请求被告株洲润发置业有限公司支付违约金373000元的诉讼请求,本院不予支持。原告李某斌2013年7月18日向被告出具260000元借条时,被告株洲润发置业有限公司已向原告交付了房屋。也就是说,双方已就《商品房买卖合同》的各项权利义务关系进行了结算,原告李某斌出具借条系其真实意思表示,且未违反相关法律规定,本院对该借条的内容予以认可。故,反诉原告株洲润发置业有限公司请求反诉被告李某斌"支付260000元购房款"的诉讼请求,本院予以支持。反诉原告株洲润发置业有限公司请求的违约金,因原、被告已于2013年7月18日就《商品房买卖合同》的各项权利义务关系进行了结算,应当以借条上约定的逾期责任为准,故本院仅支持其中160000元购房款按照月利率2%从2014年1月1日起计算至还款日止的逾期利息和100000元购房款按照月利率2%从2014年5月1日起计算至还款日止的逾期利息。[1]

行使抗辩权是对抗违约行为的一种救济手段,抗辩权成立的,抗辩权行使人可免于承担违约责任。

【案例11-4】 周某诉重庆渤能房地产开发有限公司房屋买卖合同纠纷案

二审法院认为,所涉楼房取得建设工程竣工验收备案时间是2012年11月19日,实际上比合同约定的2011年7月30日延迟了1年多才具备合格的交房条件。但是上诉人周某与被上诉人渤能公司签订的合同具有先后履行顺序,故渤能公司在未收到周某支付的全部价款之前,有权利不履行交房义务。因此渤能公司可以行使先履行抗辩权,不应当支付延迟交房违

---

〔1〕 参见国家法官学院案例开发研究中心编:《中国法院2017年度案例》(房屋买卖合同纠纷),中国法制出版社2017年版,第69页。

约金。[1]

二手房买卖合同中带有抵押情况下的履行顺序问题，由此影响抗辩权合法合理性判断问题。在购房人支付部分购房款后，出卖人未涤除抵押时，购房人有权行使先履行抗辩权。

【案例11－5】 姜某、仇某诉高某明、衡某爱房屋买卖合同纠纷案

一审法院认为，关于《上海市房地产买卖合同补充条款（一）》第一条的理解问题，结合高某明、衡某爱明知系争房屋上设有两个抵押登记，但其签订《上海市房地产买卖合同》前从未要求姜某、仇某先行涤除抵押，在签订《上海市房地产买卖合同》时也并未核对抵押涤除情况。合同签订后也并未要求姜某、仇某先行涤除抵押，且先支付房款后涤除抵押也符合二手房买卖的交易惯例，此也与双方的实际交易过程、微信聊天记录等相印证，故《上海市房地产买卖合同》补充条款（一）第一条约定不应理解为姜某、仇某在该合同签订时就应先行涤除系争房屋上所设立的全部抵押。关于支付房款与涤除抵押的顺序问题，鉴于双方在《上海市房地产买卖合同》仅对付款方式协商进行了变更，但未对涤除抵押的时间作具体约定，之后双方对此亦未重新达成合意，故涤除抵押的时间应当依据双方签订的《上海市房地产买卖合同》及其附件中的约定，在高某明、衡某爱支付房款后，姜某、仇某负有义务将该房款优先用于归还抵押贷款并涤除抵押。综合本案情况，截至2019年2月4日，高某明、衡某爱已累计支付2588888元，足够姜某、仇某偿还其向深圳平安普惠公司的最高额抵押贷款和部分银行贷款，但姜某、仇某未优先将已付房款用于归还贷款并涤除抵押，其直至2019年4月23日才注销平安普惠公司的抵押登记，且未向银行提前归还贷款；即便如姜某、仇某所述，其已于2019年2月17日偿还了平安普惠公司的贷款，但其并未在2月21日在双方见面协商时将该情况告知高某明、衡某爱，且在双方就合同履行问题协商未果的情况下径行发出解约通知，有失妥当。在姜某、仇某未涤除平安普惠公司的抵押登记的情况下，高某明、衡某爱的先履行抗辩成立，其有权暂停支付后续房款。此外，考虑到系争房屋上设立了两个抵押登记，且贷款总额的50%，要求高某明、衡某爱在未涤除任何抵押情况下继续支付房款的风险过大，也有失公平。综上，姜某、仇某在合同履行过程中存有过错，其单方要求解除合同缺乏依据，其向高某明、衡某爱发送解约通知也不发生相应法律效力，故法院对其要求确认合同于2019年2月21日解除及判令高某明、衡某

---

〔1〕 参见国家法官学院案例开发研究中心编：《中国法院2016年度案例》（房屋买卖合同纠纷），中国法制出版社2016年版，第64页。

爱配合办理网签合同注销手续的诉请不予支持。[1]

3. 先履行抗辩权对价性

在双务合同中,事人双方的债务须有对价关系才成立同时履行抗辩权,这点是没有争议的。但在适用后履行抗辩权的过程中互负债务是否须处于对价关系?笔者认为,后给付一方提出的拒绝的内容也一定要与先给付一方的履行请求存在对价关系。也就是说,合同当事人行使后履行抗辩权的基础和前提是双方当事人应当是因同一合同互负债务,在履行上有一定的关联性,两项债务间应当有对价关系。双务合同中,由于双方的权利义务互相依存、互为条件,所以确保双方均正确履行各自义务就显得尤为重要。双务合同履行中的抗辩权免去了一方履行后得不到对方履行的风险,加强了双方合同关系,有利于交易关系的稳定,是双务合同履行中的一项重要的债权保障法律制度。

《民法典合同编通则解释》第三十一条第一款、第二款规定:"当事人互负债务,一方以对方没有履行非主要债务为由拒绝履行自己的主要债务的,人民法院不予支持。但是,对方不履行非主要债务致使不能实现合同目的或者当事人另有约定的除外。

当事人一方起诉请求对方履行债务,被告依据民法典第五百二十五条的规定主张双方同时履行的抗辩且抗辩成立,被告未提起反诉的,人民法院应当判决被告在原告履行债务的同时履行自己的债务,并在判项中明确原告申请强制执行的,人民法院应当在原告履行自己的债务后对被告采取执行行为;被告提起反诉的,人民法院应当判决双方同时履行自己的债务,并在判项中明确任何一方申请强制执行的,人民法院应当在该当事人履行自己的债务后对对方采取执行行为。"

在司法实践中,认定后履行抗辩权的行使须互负债务存在对价关系是一个应把握的问题。

根据《民法典》第五百二十六条的规定,先履行抗辩的效力在于抗辩权行使后,并不消灭己方债务,仅可暂时免除给付义务,且暂缓行为不构成违约。作为典型的双务契约,房屋买卖合同的性质决定了先履行抗辩权的行使存在可能性。开发商的基本义务是将符合法定和约定交房条件的房屋移转于购房人,购房人的基本义务是及时收房并支付房款以及对房屋质量的检查通知。针对不当履行,后履行义务一方只能根据不当履行的具体情形行使抗辩权,如果轻微瑕疵未影响履行利益,抗辩一方不得拒绝履行己方主给付义务。换言之,在合同履行过程中,当事

---

[1] 参见国家法官学院、最高人民法院司法案例研究院编:《中国法院2021年度案例》(房屋买卖合同纠纷),中国法制出版社2021年版,第127~128页。上海市嘉定区人民法院(2019)沪0114民初11688号民事判决书。

人行使抗辩权的范围与对方不当履行之间不形成对应关系,则该抗辩权不能产生免除自身的给付义务的效果。

合同抗辩的范围应限于对价义务,一方不履行对价义务的,相对方才享有抗辩权。在房屋买卖交易中,有交付房屋并办理产权证书的义务和按照合同约定承担交易税费的义务,这是两种不同的义务。前者是合同的主要义务,是纯私法上的义务,而后者并非是合同的主要义务,它兼具私法和公法双重属性,二者不具有对等关系,不能适用先履行抗辩权。

【案例 11 -6】 黎某珍诉袁某华房屋买卖合同纠纷案

二审法院认为,双方均应按照 2013 年 11 月 4 日签订的《厂房转让合同》履行各自的义务。黎某珍按照合同约定承担交易税费的义务与袁某华给付厂房转让款义务性质不对等,不属于对价义务,不能适用先履行抗辩权。[1]

【案例 11 -7】 沈某扬诉锦程公司房屋买卖合同纠纷案

二审法院认为,本案双方当事人争议的焦点为,锦程公司是否放弃沈某扬支付购房款的权利。《中华人民共和国民法总则》第一百四十条规定……本案中,沈某扬未按照合同约定支付房款,已经违约,锦程公司有权不交付房屋。锦程公司不协助沈某扬办理房屋过户手续,本身就是在行使先履行抗辩权。双方当事人在《商品房买卖合同》中没有约定锦程公司未要求沈某扬支付购房款即视为其放弃了要求沈某扬支付购房款的权利,缺乏合同依据,亦与法律规定相悖。上诉人沈某扬上诉请求不能成立,应予驳回;一审判决认定事实清楚,适用法律正确,应予维持。判决:驳回上诉,维持原判。[2]

双务合同中抗辩权的行使系当事人的正当权利,并非违约,受法律保护。对方当事人拒绝或者迟延履行其义务时,一方在享有先履行抗辩权或同时履行抗辩权时,当然有权拒绝签订网签合同。

【案例 11 -8】 蒋某国诉李某房屋买卖合同纠纷案

二审法院认为,根据《房屋买卖合同》及《补充协议》的约定,蒋某国承诺在 2018 年 11 月 12 日前办理完解除抵押手续,如蒋某国逾期则应按照《房屋买卖合同》《履约服务合同》中违约条款的约定承担违约责任,《补充协议》第六条亦载明,本协议如有未尽之处,视为双方无约定或不需要进行约定。上述合同签订后,李某如约支付 20 万元定金,现蒋某国作为收受定金的一方,

---

〔1〕 参见国家法官学院案例开发研究中心编:《中国法院 2017 年度案例》(房屋买卖合同纠纷),中国法制出版社 2017 年版,第 141 页。

〔2〕 参见国家法官学院、最高人民法院司法案例研究院编:《中国法院 2021 年度案例》(房屋买卖合同纠纷),中国法制出版社 2021 年版,第 43 页。湖北省恩施土家族苗族自治州中级人民法院(2019)鄂 28 民终 747 号民事判决书。

未能在协议约定日期前办理完房屋解押手续，更于2018年12月19日在本案房屋上继续设立新的抵押权，违反协议约定，李某据此主张解除本案《房屋买卖合同》及《补充协议》，要求蒋某国双倍返还定金的诉讼请求，具有事实和法律依据，一审法院对此予以支持，处理正确，法院予以确认。关于蒋某国抗辩主张其未能成功解押因李某拒绝配合网签一节，经法院询问，蒋某国称其主张网签系解押前置流程的依据为《补充协议》第四条及《房屋买卖合同》第四条，同时该流程亦是我爱我家房屋买卖流程。经审查，上述合同条款并未就解押之前必须进行网签一事进行约定，在案证据亦无法显示双方就此达成一致意见，故李某在房屋仍设立有抵押的状态下拒绝签订与实际抵押情况不符的网签合同，并无不当。故针对蒋某国此项抗辩理由，法院不予采信。关于蒋某国上诉称根据《房屋买卖合同》第五条的约定，李某未在约定时间内向银行申请贷款一节，经法院审查，上述条款适用情况为若李某因自身原因无法获得贷款机构批准贷款而继续申请贷款，该适用条件与本案情形不符，故法院对蒋某国此项上诉意见亦不予支持。综上所述，蒋某国的上诉请求不能成立，应予驳回；一审判决认定事实清楚，适用法律正确，应予维持。判决：驳回上诉，维持原判。〔1〕

在出卖人未按约定配合开立托管账户，亦未以任何方式提供账户以供购房人支付首付款，事实上造成购房人无法继续履行其付款义务的，购房人依法可以行使后履行抗辩权。

【案例11－9】　田某霞诉王某房屋买卖合同纠纷案

一审法院认为，本案中田某霞与王某某作为王某的代理人签订的合同已经被生效判决认定有效。根据约定，田某霞应在过户前3个工作日内将剩余首付款以理房通托管的方式支付王某，但王某某均未配合开具托管账户，亦未以任何方式提供账户以供田某霞支付首付款。故王某主张系田某霞逾期支付首付款，构成违约的答辩意见及因此要求解除合同的反诉请求，法院依法不予支持。田某霞要求继续履行合同的诉讼请求，证据充分，理由正当，合同履行亦不存在障碍，法院依法予以支持。王某未按照合同的约定履行合同义务，已经构成违约，综合考虑王某的违约情况、田某霞支付购房款的金额、田某霞所受损失的情况，酌情确定王某的违约金。〔2〕

---

〔1〕　参见国家法官学院、最高人民法院司法案例研究院编：《中国法院2021年度案例》（房屋买卖合同纠纷），中国法制出版社2021年版，第245～246页。北京市第二中级人民法院（2019）京02民终7057号民事判决书。

〔2〕　参见国家法官学院案例开发研究中心编：《中国法院2018年度案例》（房屋买卖合同纠纷），中国法制出版社2018年版，第297页。

非金钱债务的先履行抗辩权行使。先履行非金钱债务的一方已履行了主给付债务，其在法律及事实上不能继续履行从给付债务，且未履行债务的行为没有给对方造成损失的，可以要求对方继续履行金钱债务，对方不得拒绝履行。

【案例 11－10】 常某诉齐某房屋买卖合同纠纷案

一审法院认为，按照原、被告双方签订的《售房协议》约定，原告常某应当先履行办理房产证义务，待房产证办妥后才能要求被告齐某交付剩余购房款2000元。但是，本案标的房屋已由原告交付被告使用，原告履行了前期主给付义务；标的房屋不仅被开发商拆迁，而且被告在拆迁房屋时没有通知原告，以致原告在法律及事实上无法为被告所购买的房屋办理房产证。根据《合同法》第一百一十条的规定，被告不能要求原告履行所约定的办理房产证义务。另外，原告出售给被告的房屋被开发商拆迁后，被告不仅得到了相应补偿，而且还获得了一定利益，故原告无须承担赔偿损失等违约责任。在原告不能办理房产证的情况下，被告应当依约支付原告剩余购房款2000元。据此，法院判决被告齐某支付原告常某剩余购房款2000元。[1]

拆迁安置房买卖中，房产公司以被拆迁人未支付超补偿面积差价款抗辩其交付产权调换的义务，缺乏法律依据，其抗辩不能成立。

【案例 11－11】 晋某雨、李某苗诉新疆金豪房地产开发有限公司房屋拆迁安置补偿合同纠纷案

再审法院认为，金豪房产公司以晋某雨未支付补偿面积差价款来抗辩其交付产权调换房屋的义务是不适当的。本案是房屋拆迁安置补偿合同纠纷，根据协议约定，在晋某雨夫妇二人向拆迁人履行交付房屋的义务之后，金豪房产公司应当给予其新安置房屋的补偿。由于双方当事人在合同中约定的超面积补偿差价，仅具有辅助主给付义务效果实现的功能，在晋某雨已经按合同约定向金豪房产公司履行了交付被拆迁房屋义务的情况下，未交付超补偿面积差价并不必然导致双方所签订的补偿协议目的不能实现。金豪房产公司作为拆迁人，理应及时向晋某雨夫妇交付补偿房屋，以保障晋某雨夫妇的居住权，这是因为晋某雨夫妇签订拆迁补偿协议是以丧失其所拥有的原居住房屋的所有权为代价的。因此，金豪房产公司以晋某雨夫妇未完成支付超面积补偿差价，抗辩其交付产权调换房屋的义务，缺乏法律依据。二审法院

---

〔1〕 参见史秀永：《非金钱债务的先履行抗辩权行使——内蒙古察右后旗法院判决常某诉齐某房屋买卖合同纠纷案》，载《人民法院报》2017年6月22日，第6版。内蒙古自治区察哈尔右翼后旗人民法院(2016)内0928民初811号民事判决书。

的适用法律存在错误，应予以纠正。[1]

先履行抗辩权要求当事人双方互负债务，且债务具有对价关系。商品房销售合同中，买受人支付购房款，出卖人交付房屋并转移所有权形成该种对价，亦构成双方的主给付义务，出卖人不得以买受人不交纳物业专项维修基金等从给付义务为抗辩事由而拒不向买受人交付房屋，此种约定亦属无效。

【案例11－12】　林某某诉台州景瑞置业有限公司商品房预售合同纠纷案

二审法院认为，本案的争议焦点在于台州景瑞置业有限公司是否存在逾期交房及如果存在逾期交房的事实，违约责任如何承担。1. 本案中，林某某与台州景瑞置业有限公司之间所签订的商品房买卖合同及附件，系真实的意思表示，且内容不违反法律法规禁止性规定，应为合法有效，双方须依合同履行。2. 原告主张违约金计算以301万元为本金，但其提供的证据无法证实其向被告支付了该金额，依照现有证据调整确定购房款为296万元。3. 被告作为格式条款的提供方，不应将买受人的从给付义务的履行作为对抗自身履行主给付义务的前置条件，从而排除对方在付清房款后在约定时间内收取房屋的主要权利，故逾期支付物业维修基金不应成为被告延期交房的有效抗辩，被告应按合同约定时间交付房屋，否则其构成逾期交房。4. 合同中，出卖人的主给付义务是交付讼争房屋并转移其所有权，买受人的主给付义务为支付购房款。买受人已履行了其主给付义务，出卖人应依约履行主给付义务，即为交付房屋，出卖人以买受人未交纳物业维修基金等为由拒绝交付房屋，构成了逾期交房，理应按约支付违约金。5. 物业维修基金的用途为新商品房和公有住房出售后的共用部位、公用设施设备维修，被告作为开发商已为其代付，原告应在约定交房之日前付清该款，本案原告直至2018年6月1日才支付，亦存在违约情形。根据本案的实际情况，结合买受人未及时交付物业维修基金的事实，将本案的违约金减半调整为259296元。[2]

实践中，一方先获得履行方的部分利益，再作出对待给付。此种部分履行，是否与后续支付购房款的履行处于对待给付地位存在一定争议。在应先履行义务的一方存在部分违约行为，但并未构成根本违约的情形下，相对方能否行使先履行抗辩权也存在一定争议。如合同约定应先由出卖人交付房屋，再由购房人支付购房款，在双方已就合同价款数额及支付时间达成一致的情形下，出卖人多次单方要求变更合同价款及支付时间，但并未明确表示拒绝交付房屋，仅因其变更要

〔1〕　参见国家法官学院案例开发研究中心编：《中国法院2018年度案例》（房屋买卖合同纠纷），中国法制出版社2018年版，第144页。

〔2〕　参见最高人民法院中国应用法学研究所编：《人民法院案例选》2021年第5辑（总第159辑），人民法院出版社2021年版，第92页。浙江省台州市中级人民法院（2018）浙10民终2165号民事判决书。

求导致交付房屋义务履行陷于迟延履行的状态。如果仅从出卖人的违约行为考量,其违约行为并非拒绝履行合同的主要义务,购房人能否以此行使抗辩权拒绝履行合同有待分析。出卖人的违约行为虽未必导致合同无法履行,但该行为破坏了双方此前对各自权利义务的最佳安排,导致双方原已确定的合同权利义务处于需重新协商的状态。在出卖人因自己的违约行为导致自己交付标的物时间推迟的情形下,仍要求购房人严守合同约定,按照合同原约定的日期支付价款显然不妥,应允许购房人适用先履行抗辩权。除分析给付是否处于对等地位外,还应从双方权利义务的整体安排出发,实现对双方权利义务的公平确定。在认定一方行使履行抗辩权的依据是否充分的问题上,还可从双方各自的损失与获益角度考量双方的利益平衡。

【案例 11 -13】 董某平诉郑某汉、颜某杰房屋买卖合同纠纷案

一审法院认为,从履约情况看,无论是董某平还是郑某汉、颜某杰,在合同履行过程中均不同程度存在违反合同约定的不诚信行为。在董某平方面,其在与郑某汉、颜某杰签订讼争合同后,并未遵守"契约应当严守"之精神,多次单方提出要求郑某汉、颜某杰提前支付合同价款或增加合同价款等要求,虽然郑某汉、颜某杰亦与之进行协商,但因董某平的单方变更合同要求,导致双方原已确定的合同权利义务,尤其是关于交房的时间问题,处于需重新协商的状态。基于双方买卖合同的双方有偿性质,一方的给付义务与对方的给付义务处于对等及关联状态,在董某平的交房日期发生变动的情况下,要求郑某汉、颜某杰仍应按照合同原约定的日期支付购房款显然过分苛责。……在郑某汉、颜某杰方面,董某平于 2016 年 10 月 16 日通知郑某汉、颜某杰交付讼争房屋钥匙,郑某汉、颜某杰却拒绝接收钥匙,亦拒绝与董某平就合同履行事宜进行协商。在并无证据表明董某平不履行买卖合同、不具备合同解除权的情形下,提起解除合同诉讼,缺乏继续履行合同的意愿与诚意,亦构成违约。判决从维护交易角度出发,驳回郑某汉、颜某杰要求解除合同的诉求,但并未认定董某平并不存在违约行为。导致双方未能按照原合同约定履约,系董某平及郑某汉、颜某杰各自的违约行为造成的。在双方纠纷经厦门市中级人民法院终审判决后,双方已重新就合同履行事宜进行协商并履行完毕,在此协商过程中,并无证据证明郑某汉、颜某杰存在故意拖延协商、拒不履行合同的行为。因此,董某平要求郑某汉、颜某杰仍按原合同约定的付款时间承担逾期付款责任缺乏依据。从损害赔偿的范围来看,董某平因合同未能依约履行的所受利益应从损害赔偿中予以扣除,此即"损益相抵"规则。郑某汉、颜某杰不能按期支付购房款与董某平未按期交付房产的违约金责任等同,故可认为双方对于房产与购房款的使用价值是等同的。因此董某平也难谓因郑某汉、颜某杰的违约行为受有损失。二审法院亦持同样意见,维持一审判决。[1]

4. 后履行抗辩权限制

实务中，对于后履行抗辩权的行使应遵循诚实信用原则与公平原则，具体来讲，主张后履行抗辩权应当及时、适当，即后履行抗辩权的行使受到必要的限制。

对非金钱债务的后履行抗辩权限制。先履行非金钱债务的一方已履行主给付债务，其在法律及事实不能继续履行从给付债务，且未履行债务的行为没有给对方造成损失的，可以要求对方继续履行金钱债务，对方不得拒绝履行。

拍卖合同中购房人明知房屋未经过消防验收的，不享有拒付房屋价款的抗辩权。

【案例 11－14】　重庆市亿桥置业有限公司与中国光大银行重庆分行、重庆天赐拍卖有限责任公司房屋拍卖合同纠纷案

一审法院认为，房屋拍卖合同中，买受人明知买受的房屋未经消防验收，且约定拍卖合同签订后由出卖人完成消防改造和验收。出卖人未按照约定完成消防验收应当承担违约责任。但是，出卖人未按照约定的时间完成涉案房屋的消防验收，并不构成买受人拒绝受领房屋和拒付房屋价款的理由，买受人以出卖人未按照约定的时间完成涉案房屋的消防验收为由，拒绝受领涉案房屋和拒付房屋价款，也构成违约。[2]

5. 与同时履行、不安抗辩权的区别

《民法典》规定后履行抗辩权，与该法规定的同时履行抗辩权、不安抗辩权共同构成我国双务合同抗辩权制度。三种抗辩权在适用条件上既有共性又有个性。最大的共性在于：三项抗辩权都存在于双务合同中，又具有对待或对价关系的债务之间，在单务合同以及在双务合同的从给付与主给付义务、附随义务与主给付义务之间原则上不发生这三项抗辩。[3] 所谓双务合同，是指双方当事人的义务互为对待给付或者对价关系合同。这种对待或对价关系意味着，双方当事人互相享有债权，并互相负有债务，一方当事人履行给付是另一方当事人履行给付的条

---

〔1〕 参见国家法官学院、最高人民法院司法案例研究院编：《中国法院 2020 年度案例》（房屋买卖合同纠纷），中国法制出版社 2020 年版，第 88～89 页。福建省厦门市中级人民法院（2018）闽 02 民终 5748 号民事判决书。

〔2〕 参见最高人民法院民事审判监督庭编：《审判监督指导》2011 年第 3 辑（总第 37 辑），人民法院出版社 2012 年版，第 134 页。

〔3〕 参见李新民、罗昆：《继续性合同中的履行抗辩权》，载《合同法评论》2004 年第 1 辑（总第 1 辑），人民法院出版社 2004 年版，第 45 页。

件和前提,一方之所以负有给付义务,在于换取对方的对待给付。双务合同的本质就在于双方当事人的给付之间存在牵连性或对待性。主要体现在:第一,发生上的牵连性,双方当事人的给付由同一个合同产生,彼此立于对待关系,从而一方当事人的债务不发生或因为违反法律、行政法规、公共利益而无效或因为欠缺行为能力及存在意思表示瑕疵而被撤销时,另一方当事人的债务也相应地不发生或无效或因被撤销而自始无效。第二,履行及存续上的牵连性,双方合同有效成立后,当事人所负的给付义务是否存在牵连性虽有歧义。[1] 但基于双务合同的目的在于双方交换财产利益,现代各国法制均不同程度直接或间接赋予其存续上的牵连性,如负有同时履行合同给付时可以拒绝自己的给付,另外,一方给付因不可归责于双方当事人的原因而给付不能时,另一方当事人亦可免除对待给付。[2] 换言之,双务合同给付义务上的牵连性决定了双方当事人合同利益实现上的紧密关联性。一方为给付旨在换取对方的对待给付利益,只有双方当事人都依照合同本旨为给付的履行,双方的利益才能实现。如果一方当事人提出自己给付而另一方当事人却拒绝对待给付,或不依合同旨为对待给付或因为某种原因导致给付能力出现了根本变化,则使对方当事人依合同而应享有的利益将遭到严重侵害。因此,法律基于合同履行中的诚实信用及公平原则,在双务合同履行中赋予当事人各种抗辩权,使其满足在给付利益实现危机时根据具体情况对抗对方当事人的请求,充分预防各种不公平及利益受侵害的情况发生。

在适用上三项抗辩权之间存在明显区别。后履行抗辩权与同时履行抗辩权在构成要件、适用情形等方面不同。后履行抗辩是对违约的抗辩,后履行抗辩权人可以在行使后履行抗辩权拒绝履行的同时追究对方的违约责任,前者是消极的保护,后者是积极的保护,守约方可根据需要和实际情况采取具体方法保护自己;而在同时履行抗辩权的情形下,双方可以行使抗辩权拒绝在双方履行前履行,任何一方都没有违约责任。在我国,以前立法并没有这方面的规定,而且在司法实践中确有对后履行一方保护不力的情况。原《民法通则》第一百一十三条规定,当事人双方都违反合同的,应当分别承担各自应负的民事责任。由于双务合同双方义务的互为条件性,实践中双方都有过错,都应当承担责任的情形比较少,有的法官却把应当先履行的当事人没有履行债务,应当后履行的当事人因而拒绝履行的情况认定为双方违约。所以明确规定后履行一方的抗辩权,有利于区分双方违约和单方违约。现实社会生活中,双方对合同履行的顺序未进行明确约定,是同时履行义务还是由一方先履行义务的确定问题常常发生纠纷,极易导致后履行抗

〔1〕 参见戴修瓒:《民法债编总论》,台北,三民书局1978年版,第264页。

〔2〕 关于此点,因危险负担采取的债权人主义或债务人主义不同立法而引起存续上牵连性的不同结论。参见郑玉波:《民法债编总论》,台北,三民书局1988年版,第375页。

辩权与同时履行抗辩权的混淆。

后履行抗辩权与不安抗辩权的区别,主要在于履行的顺序上。不安抗辩权是先履行方有确切证据后履行一方于合同成立后丧失或可能丧失履行能力。不安抗辩权产生的实体条件是对方有不能为对待给付的危险,使自己的交换目的不能实现,在对方履行期限届至以前,这种危险只是一种现实的危险,而不是一种现实。若待现实的危险转化为现实,则已无抗辩的机会和必要了。后履行抗辩权是对方的违约已成为现实,若在先履行的一方未按合同约定履行,则在后履行的一方无从产生后履行抗辩权,如果其不依约履行,则构成违约行为,先履行抗辩权的行使是拒绝履行,不安抗辩权的行使是中止履行,二者也有不同。实践中,当两种抗辩权发生冲突时,应当先审查不安抗辩权是否成立。

(三)不安抗辩权

1. 不安抗辩权的含义

所谓不安抗辩权,是指双务合同成立后,应当先履行的当事人有证据证明对方不能履行义务,或者有不能履行合同义务的可能时,在对方没有履行或者提供担保之前,有权中止履行合同义务。在双务合同中,应当先履行的当事人没有后履行抗辩权,故法律设立不安抗辩权,使其在对方无力履行的情况下享有拒绝履行合同义务的权利。《民法典》第五百二十七条规定:“应当先履行债务的当事人,有确切证据证明对方有下列情形之一的,可以中止履行:(一)经营状况严重恶化;(二)转移财产、抽逃资金,以逃避债务;(三)丧失商业信誉;(四)有丧失或者可能丧失履行债务能力的其他情形。当事人没有确切证据中止履行的,应当承担违约责任。”这是不安抗辩权的法律规定。因不安抗辩权带有主观预测,因此其具体程度难以把握,有些问题值得注意和研究。

根据《民法典》第五百二十七条第二款“当事人没有确切证据中止履行的,应当承担违约责任”之规定,其行为就属于违约行为,需承担违约责任。此行使条件于权利人而言非常重要,实践中对于不安抗辩权人取证能力和取证程度的要求也非常高。由于《民法典》第五百二十七条第一款对不安抗辩权人可行使不安抗辩权的四类法定情形仅是进行原则性规定,举证的标准尺度难以衡量,而实践中的证据种类多样、证明力大小不一,能否达到该条规定的“确切证据”的标准实难掌握。实践中,不安抗辩权人因被认定为举证不能导致不安抗辩权行使的失败。《民法典》第五百二十八条中规定的“中止履行后,对方在合理期限内未恢复履行能力且未提供适当担保的,视为以自己的行为表明不履行主要债务,中止履行的一方可以解除合同并可以请求对方承担违约责任。”可以看作不安抗辩权的法律效果。为了不使中止履行的状态遥遥无期,法律规定了在“对方在合理期限内未恢复履行能力且未提供适当担保的”情形下,权利人有权选择解除二者之间的法律关系,并且有权要求对方承担违约责任。至于该条规定的“合理期限”具体是多久,该条没有进一步明确。实践中,需要结合具体合同履行期限等进行判断。

在双务合同中,首先应根据双方签订的合同约定来确定双方的权利义务。在买受人发现出卖人当时不具有按期交货的可能性,未及时与出卖人沟通核实,在未通知出卖人的情况下自行中止合同的履行,不符合不安抗辩权的行使条件和履行规范,其不安抗辩权不能成立,则出卖人不应向买受人支付违约金。

不安抗辩权行使。买受人因拒不履行已生效的民事判决,法院将其列入失信被执行人名单,可以认定买受人属于有丧失或者可能丧失履行债务能力的情形,出卖人作为买卖合同的相对方有权中止履行合同。个案中,对有确切证据证明履行人有丧失或可能丧失履行债务能力的情形,不论其表现形态即应认定可行使不安抗辩权。

2. 不安抗辩权适用条件

《民法典》第五百二十七条规定了不安抗辩权制度,从该条规定可以归纳不安抗辩权的行使条件如下:

其一,双方当事人因同一双务合同而互负债务,且两债务间具有对价关系。在双务合同中,一方承担合同债务的目的,通常是取得对方当事人的对待履行,这就使双务合同当事人之间的债务具有对等性,即一方的权利是另一方的义务,反之亦然。因此,单务合同以及不完全的双务合同均不能产生不安抗辩权。

其二,负有先履行义务的一方当事人才能享有不安抗辩权。由于权利人依照合同约定先履行义务有可能要面临对待履行不能实现的风险,当这种风险即将成为现实时,法律赋予先履行一方中止履行合同的权利,因此不安抗辩权的“不安”是立足于先履行义务的一方当事人,其主要目的在于保护当事人的合理期待权,保障交易的安全性。

其三,不安抗辩权适用的双务合同属于异时履行。异时履行是指双方履行存在的时间顺序,即一方先履行另一方后履行。根据《民法典》规定,对一些买卖合同,除法律有特别规定外,一般采用同时履行主义。而对于以下合同,则明确规定,除当事人有特别规定外,应采用异时履行主义,这些合同包括租赁、承揽、保管、仓储、委托、行纪、居间等。

其四,先履行方债务已届清偿期。如果履行期未届至,先履行方只能暂时停止履行的准备,无从停止履行。

其五,先履行方有确切证据证明后履行方于合同成立后丧失或可能丧失履行能力。它包括三个要素:一是后履行方丧失或可能丧失履行能力。二是后履行方丧失或可能丧失履行能力发生于合同成立之后。三是先履行方对事实负有举证责任。

司法实践中,一方当事人符合不安抗辩权适用条件的,则成立不安抗辩权,反之,则不成立。在发生纠纷后,是否成立不安抗辩权,由法官行使自由裁量权裁量。

实践中应注意的是,合同一方当事人以案外人违约为由主张行使不安抗辩权的,不应得到法院支持,《民法典》颁布前,因《合同法》关于不安抗辩权行使条件的规定较为原则,《最高人民法院关于当前形势下审理民商事合同纠纷案件若干问题的指导意见》对司法实践中认定当事人可以行使合同履行不安抗辩权的若干情形提出了较为明确的意见,这也为相关案件的审理提供了依据。

3. 不安抗辩权效力

先履行方行使不安抗辩权将对双方当事人产生何种影响,这就是不安抗辩权的效力。有学者认为,不安抗辩权的首先法律效力是阻止请求权,基本效力是免除违约责任的法定事由,延伸效力是为相对方设立不真正义务,最终效力是解除合同。[1]

根据后履行方在合理期限内是否提供担保或恢复履行能力,不安抗辩权的效力划分为两个层次。

(1)第一次效力

其一,先履行方可中止履行合同,但应通知对方,并给对方一合理期限,使其恢复履行或提供适当的担保。中止履行既是行使权利的行为,又是合法的行为,当先履行方履行期满不履行债务或迟延履行,并不构成违约。中止履行,乃暂停履行或延期履行之含义,因此它不同于解除合同,其目的不在于使既有合同关系消灭,而是维持合同关系。如果先履行方解除合同,则其行为构成违约,后履行方可要求其承担违约责任。先履行方中止履行,应当通知后履行方,通知方式以口头或书面形式均可。《民法典》第五百二十八条规定,当事人行使不安抗辩权中止履行后,对方在合理期限内未恢复履行能力的,权利人可以解除合同。但是,由于法律对于"合理期限"的上限(具体时间)并未明确,以致实践中对此认识与理解不一。同时,还影响权利人及时行使合同解除权,而使此类合同关系可能长期处于悬而未决的不确定状态。因此,亟待最高人民法院对"合理期限"作出司法解释,以便于统一执法和规范司法操作。根据《民法典》立法精神和合同自由原

---

〔1〕 参见冉富强等:《合同责任研究》,吉林大学出版社2008年版,第142页。

则,并参考国外立法例,借鉴英美法系预期违约制度的有关规定,笔者认为,该合理期限的确定,宜采取当事人约定与司法解释相结合的办法,即由最高人民法院规定此限的具体时间为30日。同时,应当允许当事人自行约定"合理期限"的具体时间。即行使不安抗辩权的一方在中止履行时,可以根据合同的性质与对方当事人通过协商约定"合理期限"的上限。当事人约定合理期限的,其上限不受30日的限制。且只有在当事人双方未约定合理期限的具体时间或者约定不明确的情况下,才可以适用合理期限为30日的规定。这样既便于统一执法和司法操作,又利于促使对方及时提供适当的担保,同时还利于保障权利人及时行使合同解除权。

其二,在合理期限内,后履行方未提供担保且未恢复履行能力而要求对方履行的,先履行方可以拒绝。

其三,在合理期限内,后履行方提供担保或恢复履行能力,先履行方应当继续履行合同。后履行方提供担保或恢复履行能力,先履行方不获对待给付的危险消失,因此应当恢复履行合同。此时,充分体现了不安抗辩权的一时抗辩权的性质。先履行方恢复履行后,如何计算履行期限?是按原定期限履行还是按重新确定的期限履行,《民法典》无明文规定。笔者认为,如果仍按原期限履行,先履行方往往会迟延。因中止履行是合法行为,意味默示允许先履行得到一段延长时间,因此应当排除提供担保或恢复履行能力的时间,重新确定新的履行期限。

(2)第二次效力

如果合理期限届满,后履行方未提供适当担保且未恢复履行能力,则发生第二次效力,即先履行方可以解除合同。《民法典》明确赋予先履行方以解约权,这是对大陆法系各国不安抗辩权制度的重大发展,从而使得该制度能够为先履行方提供更加充分的法律保护。也有法官认为,所谓的不安抗辩权的第二次效力实际上不属于不安抗辩权的效力,而是先履行方承担违约责任的权利,即债权请求权。[1] 我国不安抗辩权制度也存在缺憾,这主要表现在法律赋予先履行方解约权的同时,并未规定先履行方还可以请求损害赔偿。对此,将放在后段中分析。

合同一方当事人在合同履行中根本违约,合同相对方依据《民法典》第五百二十七条之规定行使不安抗辩权而中止履行合同的情形,不构成违约。

实践中应当注意的是,不安抗辩权在抗辩性质上具有延期性和消灭性的双重性,因此,权利人行使此项抗辩权的法律效力并非仅限于可以中止履行,而是可能发生二次法律效力。需要强调的是,先履行方行使不安抗辩权中止履行后,应当及时通知后履行方,但是关于通知的效力、通知的内容、通知的方式及通知的时间,法律并无明确规定。先履行方未及时通知后履行方甚至根本未通知的,由于

〔1〕 参见李勇主编:《买卖合同纠纷》,法律出版社2011年版,第143页。

先履行方未及时主张行使不安抗辩权，可能因构成抗辩权而不再行使抗辩权，所以先履行方可能承担违约责任。也就是说，不安抗辩权是先履行方享有的一项权利，在先履行方履行期限届满后，应对中止履行合同的行为作出合理解释，否则将构成违约。不安抗辩权是以及时通知产生向对方当事人主张不安抗辩权的效果的。在怠于通知对方当事人的情况下，对方当事人信赖其不主张不安抗辩权时将可以后履行抗辩权对抗不安抗辩权的履行请求或要求提供担保的请求。关于何为"及时"，法官认为，应当认定为自先履行方发现存在成就不安抗辩权的法定条件之后，至实际中止履行之时或之后较短时间后，如一周或 10 天；对于约定分期履行而且各期履行之间间隔时间较长的，该期间还可以放宽，具体时间由法院综合案件的具体情况来确定。[1] 笔者亦赞同此种观点。

4. 履约能力恶化程度理解

合同履行中，后履行方履约能力的恶化程度是引发不安抗辩权成立的质变条件，最终决定先履行方能否根据已有事实主张不安抗辩权。关于履约能力恶化程度，《民法典》虽未明确规定，但从第五百二十七条第四项规定的立法精神上可以看出"恶化"的程度须达到后履行方丧失或可能丧失履约能力。履约能力的恶化程度应是指后履行方因经营不善，已陷于破产或资不抵债或履约资金明显减损的状况。[2] 从目前我国的经济发展现状分析，下列情形可作为判断当事人是否具有"丧失或可能丧失履约能力"从而达到严重恶化的参考依据：（一）破产；（二）严重亏损导致履约能力的丧失；（三）商品或产品严重积压、流动资金十分困难而难于对待给付；（四）拖欠他人债务严重而无力偿付；（五）管理混乱，缺乏对待给付保障；（六）身负巨额债务，有多个合同义务不能按期履行；（七）恶意经营、私分或压价出售财产，以致财产显著减少，难为对待给付；（八）因保管不善等原因造成履约的特定物（不可替代物）灭失，而不能履行；（九）买卖合同中出卖人"一女两嫁"，将约定交付的特定物卖与他人，以致履行不能；（十）承揽合同中承揽人签约后丧失履约的行为能力，不能按约定亲自完成工作成果；（十一）劳务雇佣合同中提供劳务的当事人签约后丧失履约的行为能力；（十二）其他经营状况严重恶化的情形。这里还有必要谈到一个问题，《民法典》采取列举与概括相结合的办法界定了不安抗辩权的适用范围，由于法律对于"丧失或者可能丧失履行债务的其他情形"并未作明确规定，因此，需要最高人民法院在司法解释中予以明确，以便统一执法。根据合同立法精神和不安抗辩权的内涵要求，笔者认为，上述履约能力严重恶化程度的情形，也可以视

---

〔1〕 参见李勇主编：《买卖合同纠纷》，法律出版社 2011 年版，第 146 页。

〔2〕 参见史振郭：《关于不安抗辩权若干问题的探讨》，载《福建师范大学学报（哲学社会科学版）》2001 年第 2 期。

为“丧失或者可能丧失履行债务能力的其他情形”范围之列。

在司法实践中,依照履约能力恶化具体程度在相应的范围内主张不安抗辩权,应否对未恶化部分继续履行,应作分析。如果后履行方已经预付定金,不安抗辩权行使范围的大小,是否能在定金以外的额度内行使?应该看到,对未恶化部分继续履行的观点,显然是受《民法典》第五百二十五条、第五百二十六条中“有权拒绝其相应的履行要求”的影响。但《民法典》第五百二十七条关于不安抗辩权并没有作量化分析和适用,故量化适用的做法并没有相应的法律依据。笔者认为,《民法典》第五百二十七条关于不安抗辩权的法律规定相对于《民法典》第五百二十五条、第五百二十六条的规定来讲,是一个特殊规定,故应明确并坚持不安抗辩权的行使范围是没有履行的全部债务,而不是未恶化部分,即使恶化程度仅仅危及对方部分债权的实现,依然应允许其行使中止全部债务权利。

应当注意的是,不安抗辩权区别于同时履行抗辩权,同时履行抗辩权具有较强的客观性,而不安抗辩权在某种程度上说,带有主观预测,因此其具体程度的把握困难大。对存在定金的场合亦不宜过分严格要求,这是由先履行方的“予信”地位所决定的,这种地位决定了先履行方比后履行方更需要法律上的保护,以平衡其承担高风险的可能。实务中,抗辩权人在把握相对人履约能力恶化程度的底线上,应明确提出以“有难为对待给付之虞”作为评价相对人资信恶化程度的底线标准,可以使不安抗辩权的行使更具有操作性,降低、防止不安抗辩权最大限度被滥用的危险。在市场经济条件下,市场风险无时不在,《民法典》有关不安抗辩权的规定,有力地保护了有关当事人的合法权益。但是,当事人没有确切证据证明后履行方恶化程度已经达到法律规定的程度就中止履行,则属违约,应承担违约责任。也就是说在某些类型合同中,对履约能力的恶化程度界定上的特殊性,即只要违约,则可以行使不安抗辩权。

《民法典》第五百二十七条规定了不安抗辩权、中止履行条件、不当中止履行的后果。在双务合同中,首先应根据合同来确定双方的权利义务。如果购房人发现开发商当时不具有按期交房的可能性,未及时与开发商沟通核实,在未通知开发商的情况下自行中止合同的履行,不符合不安抗辩权的行使条件和履行规范,其不安抗辩权不能成立,开发商不应向购房人支付违约金。

【案例 11-15】 周某诉重庆某房地产开发有限公司房屋买卖合同纠纷案

二审法院认为,双方签订的购房合同第八条第二款表达的含义为合同履行有先后顺序,乙方先付清所有合同价款,甲方才履行交房义务。周某在合同约定的房款交付日期之前,发现某公司财务资料、银行账户以及包括部分项目在内的资产先后被查封、冻结或扣押等不能按期交房的情况出现时,未及时与对方沟通核实,在未通知对方的情况下就自行中止了合同的履行,不符合不安抗辩权的行使条件和履行规范。而某公司在未收到周某支付的全部价款之前，可以行使先履行抗辩权，有权利不履行交房义务。二审法院维持一审法院驳回周某诉讼请求判决。[1]

【案例 11-16】　天津生态城市景观有限公司诉中铁上海工程局集团有限公司第四分公司等房屋买卖合同纠纷案

一审法院认为，中铁上海第四分公司向景观公司购买商品房，双方签订的《协议书》系双方当事人真实意思表示，内容不违反法律法规的强制性规定，应属合法有效。该协议书约定，中铁上海第四分公司缴付首付款后，负有与景观公司签订《商品房买卖合同》的义务，还应当支付剩余房款。中铁上海第四分公司主张景观公司未办理涉案房屋初始登记影响办理产权登记，行使不安抗辩权。但不安抗辩权行使并不符合《合同法》第六十八条、第六十九条的规定。根据在案证据，中铁上海第四分公司仅在第二次庭审中提出不安抗辩权的主张，在此之前并未对此向景观公司进行过明确通知，中铁上海第四分公司也并未提交确切证据证实景观公司有丧失或者可能丧失履行债务能力的其他情形。因此，法院对中铁上海第四分公司该项主张不予支持。中铁上海第四分公司未及时积极主动地与景观公司洽谈并签订正式《商品房买卖合同》并支付剩余房款的行为，已构成违约，应当承担相应的违约责任。二审法院亦持同样意见，维持一审判决。[2]

合同中明确约定在购房人付清全部房款等费用后，开发商方可交房，即购房人应先履行付款的义务，开发商才履行交房的义务。购房人在未支付全部购房款前，行使的不是不安抗辩权，不能要求开发商承担迟延交房的违约责任。

【案例 11-17】　李某斌诉株洲润发置业有限公司房屋买卖合同纠纷案

一审法院认为，原、被告签订的《商品房买卖合同》中约定的首付款支付时间为2011年9月16日，商品房的交付时间为2011年12月30日前，也就是说，合同的履行有先后顺序，李某斌先付清所有购房款，被告株洲润发置业有限公司才履行交房义务，故被告株洲润发置业有限公司主张的先履行抗辩权符合法律规定，而原告李某斌在房屋交付时仍未能支付全部购房款，其主张不符合不安抗辩权的行使条件和履行规范。故原告李某斌请求被告株洲

---

〔1〕 参见最高人民法院中国应用法学研究所编：《人民法院案例选》2016年第6辑（总第100辑），人民法院出版社2016年版，第86页。

〔2〕 参见国家法官学院、最高人民法院司法案例研究院编：《中国法院2020年度案例》（房屋买卖合同纠纷），中国法制出版社2020年版，第46页。天津市第二中级人民法院（2018）津02民终8177号民事判决书。

润发置业有限公司支付违约金373000元的诉讼请求,本院不予支持。[1]

行使抗辩权必须遵循合同相对性,即抗辩权的依据必须是合同相对方的违约事实。

【案例11-18】 俞某新与福建华辰房地产有限公司、魏某瑞商品房买卖(预约)合同纠纷案

最高人民法院认为,俞某新主张不安抗辩权的理由是华辰公司丧失商业信誉,依据是其与福州华辰公司签订另一购房合同后,福州华辰公司将合同约定的房屋设定抵押。然而,福州华辰公司与华辰公司是两个不同的法人,以案外人违约为由在本案履行中行使不安抗辩权,不符合合同相对性原则。根据《合同法》第六十八条的规定,俞某新关于其行使不安抗辩权的主张,依据不足。《合同法》第六十九条规定了行使不安抗辩权的要件,即使俞某新有权行使不安抗辩权,也应当及时通知对方。但无证据证明俞某新履行过通知义务。因此,俞某新关于其行使不安抗辩权的主张,缺乏事实和法律依据。[2]

不安抗辩权行使。购房人因拒不履行已生效的民事判决,法院将其列入失信被执行人名单,可以认定购房人属于有丧失或者可能丧失履行债务能力的情形,出卖人作为房屋买卖合同的相对方有权中止履行合同。个案中,对有确切证据证明后履行人有丧失或可能丧失履行债务能力的情形,其不论表现形态即应认定行使不安抗辩权。

【案例11-19】 郭某诉胡某房屋买卖合同纠纷案

一审法院认为,郭某因拒不履行已生效的(2013)翔民初字第413号民事判决,法院于2014年6月25日将其列入失信被执行人名单。因此,可以认定郭某有丧失或者可能丧失履行债务能力的情形,而胡某一直未办理解押的行为可认定为其履行房产买卖及代办协议的意思表示。在诉讼中,胡某已明确主张行使不安抗辩权,之后,郭某的失信被执行人名单信息仍未被屏蔽或撤销,其既未提供担保,亦未能证明自己具有履行能力,故胡某要求解除房产买卖及代办协议的主张,符合法律规定,应当予以支持。基于此,郭某要求胡某继续履行双方所签的房产买卖及代办协议并承担违约责任的诉讼请求,缺乏事实与法律依据,法院不予支持。[3]

---

〔1〕 参见国家法官学院案例开发研究中心编:《中国法院2017年度案例》(房屋买卖合同纠纷),中国法制出版社2017年版,第69页。

〔2〕 参见《最高人民法院公报》2011年第8期。

〔3〕 参见何春晓、张春雷:《如今"老赖"买房也挺难卖房者主张解除合同获支持》,载《人民法院报》2017年3月4日,第3版。

【案例11－20】　付某与孔某房屋买卖合同纠纷案

最高人民法院审查认为，孔某属于应当先履行债务的当事人，具备行使不安抗辩权的前提条件。付某同时持有两个身份证，使得孔某不能排除对于付某身份的合理怀疑，其完全有理由对付某是否真实持有诉争房屋第二、三层以及付某是否有诈骗其购房款的可能产生怀疑，应当属于付某有丧失或者可能丧失履行债务能力的情形。因此，孔某依法行使不安抗辩权的理由成立，应予支持。申诉人付某的申诉理由均不成立，应予驳回。[1]

---

〔1〕 参见杜万华主编：《最高人民法院民商事案件审判指导》（第3卷），人民法院出版社2015年版，第38页。

二、房屋买卖合同诉讼时效

（一）诉讼时效理解

违约损害赔偿所生债权诉讼时效问题。无论是约定赔偿责任还是法定赔偿责任，其所生债权同样适用诉讼时效制度。在司法实践中值得关注的是，有些违约赔偿是一次性产生的，而有些则是持续的。对于前者，有些合同中约定了固定违约金，或者违约行为产生的损失是固定的。该类违约责任损害赔偿的诉讼时效就从违约行为发生时计算。对于后者，有些违约行为是持续性的。当事人亦在合同中约定例如日万分之几损害赔偿计算方法，或者实际损失随违约行为的持续不断扩大。实践中，关于按日累计的违约金应当如何计算诉讼时效，现行法律没有明确规定，各地法院做法不同。有的法院参照最高人民法院专利或著作权司法解释规定，以起诉为时间点向前倒推两年，只计算此后的违约行为所产生的损害赔偿。主流观点认为，当事人在合同中约定违约延迟履行义务所应交纳的违约金按日累加计算。该"累加计算"的延迟履行违约金是双方当事人在合同中所确定的一个整体的合同权利，而不是按照违约的天数具体分割为若干分别计算诉讼时效的独立权利。如果将违约金请求权分割为若干独立的请求权，并以分别起算的诉讼时效予以限制，必将导致改变双方当事人在合同中约定的"累加计算"的本意，违背当事人意思自治的基本原则。即按日累计的违约金属于一个整体的合同权利，不能按违约时间分别计算诉讼时效。[1]

【案例 11－21】 泛华工程有限公司西南公司与中国人寿保险（集团）公司商品房预售合同纠纷案

最高人民法院认为，按照双方当事人在《商品房预售（预约）合同》中的约定，泛华公司如违反约定的期限延迟移交房屋，应向人寿（集团）公司交纳违约金，违约金每日按房价款的 0.2‰累加计算。泛华公司上诉提出人寿（集团）公司从未催促泛华公司交付房屋，其关于违约金的主张已经超过诉

---

〔1〕 参见江必新等：《最高人民法院指导性案例裁判规则理解与适用》（合同卷二），中国法制出版社 2012 年版，第 407 页。

讼时效,不予支持。结合本案查明事实分析,人寿(集团)公司购买泛华大厦的目的系为解决办公用房之需,因泛华公司一直未能交付讼争房屋,人寿(集团)公司至今仍于他处租赁房屋办公。于此情形下,依泛华公司的上诉主张人寿(集团)公司于房屋交付期限届至后长期不主张权利,既不符合本案《商品房预售(预约)合同》的订立目的,亦有违常理。且泛华公司于上诉请求中一方面主张,根据相互往来函件,双方已对交房期限达成了新的变更,另一方面又认为双方对交房事宜从来没有协商过,人寿(集团)公司从来未催促过泛华公司交付房屋。该两项上诉主张,前后表述矛盾,最高人民法院不予采信。2004年4月14日,中国人寿重庆分公司向泛华公司发出《关于催交我司购买的办公用房的公函》的函件,要求泛华公司于2004年6月底前交付竣工验收合格的房屋,对此泛华公司予以拒收,此时应视为权利人主张权利而义务人拒绝履行义务,权利人始知其权利遭到侵害,诉讼时效应从此争议发生之日起计算。故泛华公司关于本案违约金债权已经超过诉讼时效的上诉主张,与事实不符亦无法律依据,不予支持。[1]

关于诉讼时效的适用范围,理论界和实务界的主流观点认为其一般适用于请求权。就请求权的概括性分类而言,当有债权请求权和物权请求权。依法学理论,所谓债权请求权,是指权利人基于债的关系而产生的、请求特定人为特定行为的权利,是债权本身所包含的基本权能。债权一旦到期,如债务人未履行给付义务,债权人得请求诉讼保护。债权人该权利的行使与否关乎他人的利益,如权利人长期不行使权利,其与义务人之间的关系就会长期处于不稳定状态,势必影响经济交易秩序。因此,法律对上述请求权有必要进行时间上的限制,即债权人请求诉讼保护具有一定的期间,该期间即为诉讼时效,故债权请求权适用诉讼时效当无异议。所谓物权请求权,是指物权遭受不法侵害后,物权人为恢复物权圆满状态而依法享有的请求权。具体包括三种:返还原物请求权、排除妨害请求权、消除危险请求权。就物权请求权应否适用诉讼时效的问题,理论上存在很大争议。主流观点认为,该项请求权不适用诉讼时效,其原因在于,物权请求权依附于物权而存在,既然物权不受约于诉讼时效,而物权请求权一直伴随物权而发生,故亦不受诉讼时效限制。

购房人在约定交房期限届满之日起超过两年请求出卖人交房是否超过诉讼时效期间,实务认识并不一致。最高人民法院民一庭倾向性意见:一、商品房买卖合同约定的出卖人交付房屋的期限届满,买受人根据合同约定可以请求出卖人交付房屋。其请求权属于债权请求权,应当适用《民法通则》有关诉讼时效的规定。

---

〔1〕 参见《最高人民法院公报》2008年第2期。最高人民法院(2005)民一终字第85号民事判决书。

但在诉讼时效期间的起算上,应当区分具体情况:房屋具备法定交付条件,诉讼时效期间自合同约定的交付期限届满之日计算;如果房屋尚不具备法定的交付条件,诉讼时效期间应从房屋具备法定的交付条件之日起计算。二、出卖人已经将房屋交付于买受人,买受人亦已实现对房屋的占有,买受人请求出卖人转移房屋所有权,办理房屋所有权登记的请求权具有物权属性,不适用诉讼时效的规定。[1]

房屋交付后,权属证书的办理是否适用诉讼时效是有争议的。详见办理不动产证纠纷专题阐述。

(二)诉讼时效起算点

按日累计的违约金请求权诉讼时效起算点,有的法院采取另一种观点,在诉讼时效没有中断、中止的情形下,从债权人起诉之日倒计二年起至实际履行之日止,按合同约定的标准计算违约金。其观点实际上是将每日的迟延履行违约金看作单个独立的债权,债权人起诉请求的违约金实际上是由多个债权组成的,每个债权的诉讼时效单独起算。如此则债权人起诉之日起倒计二年之外的违约金请求权已超过诉讼时效,法院不予支持。

【案例 11－22】 曹某娟、李某杰诉广州市龙湾实业集团股份有限公司等商品房销售合同纠纷案

一审法院认为,依照《民法通则》第一百三十五条"向人民法院请求保护民事权利的诉讼时效期间为二年"的规定,原告未能提供证据证明其有诉讼时效中断等证据,故被告应从原告起诉之日倒计二年即 2008 年 8 月 17 日按合同约定的已付房款的每日万分之三的标准支付逾期交付房屋违约金,违约金计至交付房屋的 2008 年 12 月 2 日。被告认为有口头通知原告收楼,但并没有提供证据,原告又未予认可,故对此不予采信。二审法院维持了一审判决被告支付逾期交楼违约金和逾期办证违约金判项。[2]

合同解除诉讼时效起算点问题。商品房因存在保修期,其诉讼时效的起算不同于一般合同。双方当事人在签订商品房买卖合同时没有就房屋保修期限作出约定的,保修期限最低为 5 年。在保修期限的 5 年内房屋发生质量问题的,购房

---

〔1〕 参见最高人民法院民事审判第一庭编:《中国民事审判前沿》2005 年第 1 集(总第 1 集),法律出版社 2005 年版,第 218 页。

〔2〕 参见国家法官学院案例开发研究中心编:《中国法院 2013 年度案例》(房屋买卖合同纠纷),中国法制出版社 2013 年版,第 63 页。

人主张包括合同解除在内权利的自然不应存在诉讼时效问题。笔者认为，在房屋保修期间发生漏水等质量问题，购房人请求解除商品房买卖合同的，法律应予支持。在保修期间内，其诉讼时效不予考虑。解除商品房买卖合同的诉讼起算，应在保修期满之日。

【案例 11－23】 刘某厚诉西安新兴集团有限公司商品房买卖合同纠纷再审案

再审法院认为，刘某厚 1997 年入住所购房屋后屋面即发生大面积渗漏现象，在长达近六年的时间内，经新兴公司多次维修均未能修复，现房屋受损严重，严重影响刘某厚正常居住使用，达不到其当初购买房屋居住之合同目的。直至起诉前房屋仍存在严重渗漏，不得不诉至法院请求解除合同，退房还款。再审法院适用了《房屋买卖合同解释》第十三条的规定，对刘某厚的诉讼请求予以支持，否定了二审法院适用该解释第十五条的规定而作出的判决。再审法院认为，解除权一年的法定期间仅指迟延交付房屋或迟延交付购房款的这两种情形，不适用因房屋质量引起的纠纷。再审法院作出判决：撤销一审、二审判决，解除合同退房，新兴公司返还刘某厚购房款 116 万元。[1]在本案中，刘某厚的两套商品房均出现质量问题，且不能达到正常居住使用的合同目的，应享有购房合同的解除权。其自从发现自己的房屋存在漏水问题后就一直向新兴公司主张解除合同退还购房款，新兴公司一直以维修为由拒绝退房。源于刘某厚享有的合同解除权的除斥期间最迟的起算点应当是保修期届满之日，因此，其享有的解除后请求权的诉讼时效最迟应当从保修期满后他向新兴公司第一次主张退房之日起算。也就是说，刘某厚的合同解除后请求权应当自其解除合同之日两年内行使。在这两年期间，刘某厚可以向新兴公司主张退还房款、赔偿因房屋漏水给自己造成的损失等请求权。

合同约定条款因政策变更诉讼时效起算问题。《民法通则》第一百三十五条和第一百三十七条规定，诉讼时效期间为二年，从知道或者应当知道权利被侵害时起计算。这个期间是权利人请求法院保护其民事权利的法定期间，能够行使请求权起算必须具备两个要件：一是客观上权利受到侵害，二是主观上权利人知道或应当知道权利被侵害的事实及侵害人。所谓“应当知道”是一种法律上的推定，就是不管当事人实际上是否知道权利被侵害的事实及侵害人，只要客观上存在知道的条件和可能，由于当事人主观上的过错，应当知道而没有知道的，法律上视为其知道。后《民法总则》诉讼时效已改为三年，《民法典》第一百八十八条亦

---

〔1〕 参见车辉等：《合同解除与诉讼时效——由一起购买的商品房渗水纠纷引发的思考》，载《判解研究》2008 年第 6 辑（总第 44 辑），人民法院出版社 2009 年版，第 61 页。

规定为三年,但起算依旧是从知道或应当知道权利被侵害时。

【案例11－24】 苏某萍诉广西南宁星江物业发展有限公司商品房销售合同案

二审法院认为,虽然双方当事人在合同中约定星江物业应在商品房综合验收后90日内将办理权属登记的资料报产权登记机关备案。而在合同履行过程中,南宁市人民政府于2005年5月23日颁布实施的《南宁市住宅小区建设管理的若干规定》已取消了综合验收制度,取而代之的是单项验收制度。因此,星江物业无须再履行双方签订的合同中关于小区综合验收的义务。由于双方在合同中约定的星江物业应在商品房综合验收后90日内将产权登记资料备案的义务已不能履行,之后,双方又没有就报备案的期限进行协商并达成补充协议,根据《房屋买卖合同解释》第十八条第一款的规定,星江物业应自房屋交付使用之日起90日内按合同约定完成房屋初始登记义务。由于星江物业公司已在2004年5月9日于上述规定施行前将房屋交付给苏某萍使用,因此,星江物业完成房屋初始登记义务的法定期间在上述规定施行前即已届满,苏某萍于上述规定施行之日后,即可开始就未能取得房屋权属证书而请求星江物业对其逾期备案的违约行为偿付逾期备案违约金。根据本案合同约定的违约条款,双方已明确约定了逾期备案违约金的具体数额,即已付房款的1%,故该违约金债权为一时性债权,应从合同约定或法定的期限届满之次日起算诉讼时效期间。又因本案房屋初始登记履行期间在上述规定施行后由约定而转化为法定,且法定期间亦已于上述规定施行前届满,因此,本案逾期备案违约金之债权请求权的诉讼时效期间应从上述规定施行之日即2005年5月23日起至2007年5月23日止。在上述诉讼时效期间内,没有发生提起诉讼、权利人即苏某萍提出偿付逾期备案违约金之要求,以及义务人星江物业公司同意履行给付逾期备案违约金之义务等诉讼时效中断的法定情形,故本案逾期备案违约金债权的诉讼时效期间早已届满。由于苏某萍怠于行使权利以致超过了法律规定的诉讼时效期间,导致其丧失了胜诉权,故一审判决驳回苏某萍要求星江物业公司支付逾期备案违约金的请求是正确的,应予维持。〔1〕

〔1〕 参见国家法官学院案例开发研究中心编:《中国法院2014年度案例》(房屋买卖合同纠纷),中国法制出版社2014年版,第75～76页。

(三)逾期办证违约责任请求权的诉讼时效处理

关于办理房屋所有权登记的请求权是否适用诉讼时效的问题,理论上的认识模糊有待于厘清。对此问题主要有两种观点。一种观点认为,虽然不动产权属登记为确立物权的形式,但是作为买卖合同而言,无论出卖人是否已经交付房屋,买受人基于买卖合同请求出卖人协助办理权属证书显然是行使债权请求权,当然适用诉讼时效。另一种观点认为,出卖人已经将房屋交付给买受人,买受人已经实现对房屋的占有,买受人请求出卖人办理不动产登记的请求权具有物权属性,不适用诉讼时效的规定。笔者同意后一种观点。就房屋买卖而言,出卖人的义务主要包括两个方面:交付房屋给买受人占有、使用,为买受人办理或协助其办理权属证书。买受人实际占有房屋和办理权属登记乃是其完整地享有物权的方式,二者共同构成物权完整的统一体,在买卖过程中,同为主给付义务。如果房屋已经完成交付,则买受人亦就房屋享有一定物权权利,该权利源于占有和合意。出卖人将房屋交付给买受人以及买受人接受交付的房屋并实际占有、使用的事实,足以表明出卖人有真心转移房屋所有权的意思表示,故物权的转移在买卖双方之间已达成合意且大部分合同内容已得以履行,只是尚未完成具有公示意义的权属登记。因此,在房屋已完成交付的前提下,买受人请求出卖人办理权属证书的请求权不同于一般的债权请求权,而是一种具有物权性质的请求权,不适用诉讼时效。最高人民法院法官认为,办理房屋所有权证书的请求权与要求承担逾期办证违约责任的请求权性质不同,逾期办证违约责任请求权属于单纯的债权,从督促权利人及时行使权利以及尽快稳定社会秩序的角度出发,逾期办证责任的请求权应当适用诉讼时效。[1] 有法官认为,办证请求权属于物权请求权而不适用诉讼时效,即便逾期办证违约金因超过诉讼时效而未获法院支持,买受人仍然可以请求开发商继续履行办证义务。[2]

【案例 11－25】　刘某堂诉李某超房屋买卖合同纠纷案

一审法院认为,在房屋买卖合同中,出卖人已将房屋交付了买受人,买受人亦已实际占有使用房屋的,买受人请求出卖人转移房屋所有权,办理房屋所有权登记的请求权具有物权属性,不适用诉讼时效的规定。本案中,刘某堂已经按照约定向李某超支付了全部购房款,且诉争房屋自 2006 年 5 月 20

〔1〕　参见杜万华主编:《〈第八次全国法院民事商事审判工作会议(民事部分)纪要〉理解与适用》,人民法院出版社 2017 年版,第 331 页。

〔2〕　参见林金文:《开发商逾期办证违约责任的诉讼时效》,载《人民司法·案例》2018 年第 35 期。

日起至今一直由刘某堂占有使用,故刘某堂要求李某超办理房屋所有权登记的请求权,不适用诉讼时效的规定。二审法院认为,办理房屋所有权转移的登记手续系物权变动的公示方式,故该行为具有物权属性。对于刘某堂而言,其签订买卖合同的目的是取得房屋所有权。现刘某堂已经履行了全部合同义务并占有了房屋,而后若办理了房屋所有权转移的登记手续,即可实现物权,故刘某堂要求李某超履行协助过户义务系物权请求权,不受诉讼时效的限制,原审法院未采信李某超关于超过诉讼时效的抗辩意见并无不当。[1]

适用诉讼时效制度,对于约定为按日计付的违约金等继续性债权以按日形成的每个个别债权分别单独适用诉讼时效。换言之,合同明确约定逾期办证违约金按日计算,故诉讼时效也应按日分别推算。

【案例 11-26】 邱某仪诉宏都公司商品房预售合同纠纷案

一审法院认为,原告邱某仪诉请要求被告宏都公司支付逾期办证违约金,宏都公司对于逾期办证的事实无异议,但认为邱某仪主张的逾期办证违约金部分已过诉讼时效。法院认为,邱某仪的主张为逾期办证违约金,该请求权为债权性质,应适用诉讼时效的规定。双方合同明确约定逾期办证违约金按日计算,故诉讼时效也应按日分别推算。《民法总则》第一百八十八条规定:"向人民法院请求保护民事权利的诉讼时效期间为三年。法律另有规定的,依照其规定。诉讼时效期间自权利人知道或者应当知道权利受到损害以及义务人之日起计算……"《民法通则》第一百三十五条规定:"向人民法院请求保护民事权利的诉讼时效期间为二年。法律另有规定的除外。"《民法总则》于 2017 年 10 月 1 日实施,当权利人之权利受到损害的事实发生在 2015 年 9 月 30 日之前,且未在 2017 年 9 月 30 日之前主张的,该诉讼时效期间已届满,义务人已经确定取得了不履行义务的诉讼时效抗辩,该抗辩权不因民法总则施行而消灭;当权利人之权利受到损害的事实发生在 2015 年 10 月 1 日之后,在 2017 年 10 月 1 日起诉的,义务人的诉讼时效抗辩系在民法总则施行后产生,基于新法优于旧法,诉讼时效因民法总则的施行而变更,适用三年的诉讼时效期间。因此,对于原告邱某仪主张从 2015 年 3 月 5 日至 2018 年 6 月 6 日的逾期办证违约金,其诉讼时效应分段考虑,2015 年 3 月 5 日至 2015 年 9 月 30 日的逾期办证违约金应适用民法通则关于两年普通诉讼时效的规定,被告宏都公司抗辩已超过法定诉讼时效,法院予以采纳;2015 年 10 月 1 日至 2018 年 6 月 6 日的逾期办证违约金应适用民法总则关于三

---

〔1〕 参见国家法官学院案例开发研究中心编:《中国法院 2017 年度案例》(房屋买卖合同纠纷),中国法制出版社 2017 年版,第 218～219 页。

年诉讼时效的规定，原告邱某仪于2019年6月4日起诉，被告宏都公司抗辩原告邱某仪主张的2015年10月1日至2018年6月6日的逾期办证违约金已过三年诉讼时效，法院予以采纳。因此，本案逾期办证违约金应以总房价1555701元为基数，从2016年6月4日起计至2018年6月6日止，共732天，按照每日0.01%的标准计算，共计113877.31元（1555701元×0.01%×732天=113877.31元）。判决：被告宏都公司向原告邱某仪支付逾期办证违约金113877.31元。[1]

对于逾期办证违约责任请求权的诉讼时效起算点问题，多数人持继续性债权部分丧失论的观点，即逾期办证按日按月进行计算，每日或每月的违约金均为独立债权，应单独适用诉讼时效，诉讼时效逐日逐月届满。[2] 有法官认为，当事人在合同中约定以日或月为单位累计计算违约金数额的，属于继续性债权，以每个个别的债权分别适用诉讼时效，同时，这样的处理方式可促使出卖人尽快履行办证的义务，也可对买受人给予适当的补偿，有利于平衡当事人之间的利益，在司法实践中具有积极意义。[3] 最高人民法院民一庭的倾向性意见为，诉讼时效期间应从房屋具备法定的交付条件之日起计算。[4]《八民纪要》第十八条第一款规定："买受人请求出卖人支付逾期办证的违约金，从合同约定或法定期限届满之次日起计算诉讼时效期间。"明确了逾期办证违约金诉讼时效起算的一般原则，即当事人有约定的，从其约定；无约定的，以法律规定的办理房屋所有权证明期限届满之次日作为起算点。对该条规定，应结合房屋买卖中当事人约定的违约金计算方式以及逾期办证违约行为的特点加以全面、正确理解。虽然此种继续性债权的诉讼时效也是两年，但在买受人于办证期限届满超过两年后起诉主张违约金时，由于逾期办证违约行为仍在继续，故对于自起诉之日倒推两年的违约金，一般仍应予以保护；自起诉之日回溯超过两年的部分，应认定为已超过诉讼时效期间。[5]

一般来说，如果当事人在合同中明确约定逾期办证违约金数额的，该违约、请求权为一时性债权，从约定或法定的期限届满之日的次日起算诉讼时效；如果当事人在合同中约定以日或月为单位累计计算违约金数额的，该违约请求权属于继续性债权，对每个个别的债权分别适用诉讼时效。

---

〔1〕 参见国家法官学院、最高人民法院司法案例研究院编：《中国法院2021年度案例》（房屋买卖合同纠纷），中国法制出版社2021年版，第47页。广东省广州市从化区人民法院（2019）粤0117民初2498号民事判决书。

〔2〕 参见崔建远：《继续性债权与诉讼时效》，载《人民法院报》2003年6月27日，第3版。

〔3〕 参见韩延斌：《商品房买卖纠纷中逾期办证责任的认定》，载《人民司法》2006年第5期。

〔4〕 参见最高人民法院民事审判第一庭编：《中国民事审判前沿》2005年第1集（总第1集），法律出版社2005年版，第218页。

〔5〕 参见最高人民法院民事审判第一庭编：《民事审判指导与参考》2016年第4辑（总第68辑），人民法院出版社2017年版，第246页。

【案例 11－27】 梁某与广西某房地产开发有限公司商品房买卖合同纠纷再审案

再审法院认为,双方在《商品房买卖合同》第十五条约定,出卖人应当在商品房交付使用后 380 日内,将办理权属登记需由出卖人提供的资料报产权登记机构备案。如因出卖人的责任,买受人不能在规定期限内取得房地产权属证书,买受人不退房,逾期时间在 30 日内的出卖人按已付房价款的万分之一支付违约金,超出 31 日的按已付房价款的万分之三支付违约金。某公司于 2010 年 1 月 12 日交房,按照约定应于 380 日内(2011 年 1 月 27 日前),将办理权属登记需由其提供的资料报产权登记机关备案,但至今仍未完成资料报备义务,已经构成违约。某公司的违约行为,是导致梁某无法取得房屋权属证书的原因,符合《房屋买卖合同解释》第十八条规定的出卖人应当承担违约责任的情形。根据双方约定,某公司逾期将办理权属登记需要由其提供的资料报产权登记机关备案超过 31 日的,按梁某已付购房款的万分之三计付违约金。该约定是违约金的计算方式,某公司的违约行为达到相应条件时即可以准确计算出违约金的具体数额,梁某主张的违约金债权范围是明确的,属于非持续性债权,与某公司违约行为超过 31 日后的持续时间没有关联性,所以,梁某起诉请求某公司支付违约金,应当适用诉讼时效制度。梁某向法院起诉主张违约金的法定期限,应当为 2011 年 1 月 27 日后的 2 年,即 2013 年 1 月 27 日前。梁某于 2015 年 7 月 6 日提起诉讼,又无证据证明诉讼时效有中断、中止或延长的情形,故其起诉已经超过诉讼时效,依法丧失胜诉权。原审判决以某公司的违约行为处于持续状态,认定梁某起诉主张违约金的诉讼时效未超过法律规定不当,应予纠正。由于梁某已经丧失违约金的胜诉权,某公司的违约行为是否给其造成损失、约定的违约金是否足以弥补损失、合同约定的违约金应否调整等问题,依法不予审理。遂判决驳回梁某关于广西某房地产开发有限公司向其支付逾期办证违约金的诉讼请求。[1]

【案例 11－28】 甲某与乙公司商品房买卖合同纠纷案

二审法院认为,被上诉人的违约行为从 2000 年 11 月 9 日起一直延续到 2004 年 12 月 13 日止。违约金的计算应该从 2000 年 11 月 9 日起至 2004 年 12 月 15 日止,因为上诉人于 2004 年 12 月 15 日才起诉被上诉人要求支付逾期办证违约金。由于上诉人未举证证明其在起诉日(2004 年 12 月 15 日)前向被上诉人主张过权利,起诉日之前 2 年之内(从 2002 年 12 月 15 日起至

---

〔1〕 广西壮族自治区高级人民法院(2017)桂民再 369 号民事判决书。

> 2004年12月13日止)的违约金请求权未超过诉讼时效,起诉日之前2年之前(从2000年11月9日起至2002年12月14日止)的违约金请求权已超过诉讼时效。故对2002年12月15日起至2004年12月13日止这一违约期间的违约金请求权应予支持,对2000年11月9日起至2002年12月14日止的违约金请求权,因其已超过诉讼时效,不予支持。[1]

逾期办证违约金诉讼时效中断的,中断之前超过诉讼时效的逾期办证违约金部分不受法律保护。中断之后,未超过诉讼时效的逾期办证违约金部分受法律保护。

【案例11-29】 王某诉置业公司商品房买卖合同纠纷案

> 二审法院认为,关于王某在本案中起诉是否超过诉讼时效问题,逾期办证违约金按逾期时间逐日增长,故该债权应当属于继续性债权,该类债权因其独特性,每一天的违约金应作为一个"个别债权"单独适用诉讼时效。双方签订合同约定了办证时间,从约定办证截止日的次日起,王某应当知道置业公司出现违约,其权益受到侵害,逾期办证违约金的诉讼时效应当起算。另外依据相关法律规定,2015年10月1日之前的债权应当适用两年诉讼时效,2015年10月2日之后的债权应适用三年诉讼时效。本案中,王某与置业公司于2017年6月16日签订协议,约定由王某自行办理不动产证,违约金诉讼时效应为中断。据此,王某主张2015年1月1日至6月16日的违约金已超过诉讼时效,不应予以支持;2015年6月17日至2017年6月16日的违约金诉讼中断前并未超过两年诉讼时效,且中断后至王某提起本案诉讼止,也未超过两年或三年的诉讼时效,故应予以支持。据此,王某主张的2015年6月17日至2017年6月16日违约金58299.11元(508452元×银行贷款利率4.41%上浮30%为5.733%×2年)应予以支持,其余部分已超过诉讼时效,不再予以支持。判决:一、变更一审判决第一项为:置业公司支付王某违约金58299.11元;二、驳回王某的其他诉讼请求。[2]

也有学者认为,根据违约金请求权的债权性质,结合格式条款的解释方法,并考虑我国目前关于时效期间规定严重过短的情况,在商品房买卖合同中,将按日或月进行计算的延期办证违约金请求权确定为未定期债权,并适用未定期债权时效起算的司法解释之相关规定,即从买房人请求支付之宽限起算届满之日起计算

---

〔1〕 参见北京市高级人民法院编:《审判前沿——新类型案件审判实务》2006年第1集(总第15集),法律出版社2006年版,第193页。

〔2〕 参见国家法官学院、最高人民法院司法案例研究院编:《中国法院2022年度案例》(房屋买卖合同纠纷),中国法制出版社2022年版,第160页。山东省淄博市中级人民法院(2019)鲁03民终4141号民事判决书。

时效。而对开发商延期两年以上办理房产证的行为，如果买房人在两年之后才提出违约金赔偿的诉讼或仲裁请求，那么应将买房人取得房产证书之日作为违约金请求时效的起算时间。[1] 笔者同意此观点，将按日按月计算的违约金请求权定性为未定期债权，其诉讼时效从办证之日起算，这样能公平合理地解决逾期办证纠纷。

办证不能时买卖合同解除权的行使是适用诉讼时效还是除斥期间，涉及《房屋买卖合同解释》第十一条与第十五条的适用问题。其第十一条第二款规定："法律没有规定或者当事人没有约定，经对方当事人催告后，解除权行使的合理期限为三个月。对方当事人没有催告的，解除权人自知道或者应当知道解除事由之日起一年内行使。逾期不行使的，解除权消灭。"需要厘清其第十一条第二款是否适用第十五条，笔者认为，这里涉及法律解释的问题，从逻辑解释角度讲，这两个条款之间存在先后逻辑关系。第十一条第一款规定的是在出卖人迟延交付房屋或者买受人迟延支付购房款时合同相对方享有的合同解除权；第二款在同一条内紧接其后规定，应理解为第二款中的1年除斥期间是针对第一款的合同解除权规定的，在法律没有明确规定的情况下并不类推适用于该司法解释的其他解除权类型。从系统解释的角度看，其第十一条与第十五条是并列关系，而不是总则与分则的关系，第十一条第二款规定在前，第十五条规定在后，因此在《房屋买卖合同解释》第十五条没有明确规定除斥期间的情况下，第十一条第二款的效力不及于第十五条所规定的情形。从目的解释的角度看，商品房买卖合同纠纷中常有开发商违规操作致使买受人不能办理房产证的情况，严重损害了买受人的合法权益。其第十五条规定买受人的合同解除权是为了使买受人获得救济，从不能实现缔约目的的合同中解脱出来。如果仍以1年除斥期间为由判决驳回买受人解除合同的诉讼请求，则意味着第十五条规定失去存在价值。对于买受人因出卖人的原因无法办证而享有的合同解除权，除非买卖合同有特别约定，目前法律尚无期限限制。

(四)诉讼时效适用限制

民事权利分为支配权、抗辩权、形成权和请求权，诉讼时效的客体为债权请求权，主要适用于给付之诉。而确认合同效力的诉讼属于确认之诉，确认之诉系程序请求权，而非实体请求权，更非债权请求权，不适用诉讼时效。

应当注意的是，虽然确认合同无效之诉不适用诉讼时效，但如果合同经确认

---

[1] 参见江帆：《延期办证的违约金债权时效问题分析》，载《人民司法·应用》2011年第21期。

无效后，当事人关于返还财产及赔偿损失的请求，应当适用法律关于诉讼时效的规定。也就是说，确认合同有效不适用诉讼时效制度。

【案例 11－30】　姜某诉李某 1、李某 2 房屋买卖合同纠纷案

二审法院认为，第二审人民法院应当对上诉请求的有关事实和适用法律进行审查。本案所涉确认合同无效请求权不是债权请求权，不适用诉讼时效的有关规定，即双方签订的房屋买卖协议距今虽有多年，但姜某主张合同有效的请求并不受诉讼时效的限制。故李某 1、李某 2 所提姜某诉请已过诉讼时效等相关上诉意见，缺乏依据，本院不予采信。采用合同书形式订立合同，在签字或者盖章之前，当事人一方已经履行主要义务，对方接受的，该合同成立。依法成立的合同，对当事人具有法律约束力。当事人应当按照约定履行自己的义务，不得擅自变更或者解除合同。当事人对自己提出的诉讼请求所依据的事实或者反驳对方诉讼请求所依据的事实，应当提供证据加以证明。本案中，根据双方当事人陈述及已查明事实，涉诉宅院只是登记在李某 2 名下，并非其个人财产，应当属于李某 1 家庭共同财产，此点从李某 2 开始时自己都不知道涉诉宅基地登记在自己名下，也没有参与涉诉买卖的过程能够得出。姜某系该村村民，李某 1 在涉诉买房协议上捺印，结合房款数额、房款交付情况、集体土地建设用地使用证交付情况可知，卖房系李某 1 之真实意思表示。对于李某 2 所称其不知情一节，结合当时李某 2 已婚且不常在家居住、出卖涉案宅院之后李某 1 一家居住在前院、当地农村风俗习惯以及姜某买房后一直居住于涉诉房屋处且有建房行为等事实，以及李某 2、李某 1 在此长达 20 余年时间内对此不知情且无维权行为，此与常理不符，故对其相关抗辩，一审法院不予采信，并无不当。1994 年 4 月 3 日所签订的房屋买卖协议系李某 1 作为家庭中长辈对家庭财产进行处分，此更符合常理及习俗；该协议不违反法律规定，应属有效。李某 1 签订涉案协议之后，将涉案宅院实际交付姜某，姜某给付相应对价，李某 1 予以接受，故一审判决认定双方之间成立涉案宅院的房屋买卖协议，并无不当。据此，李某 1、李某 2 所提一审认定事实、适用法律错误等相关上诉意见，依据不足，本院不予采信。[1]

---

〔1〕 北京市第三中级人民法院（2023）京 03 民终 3966 号民事判决书。

三、房屋买卖合同纠纷举证

(一)房屋买卖合同争议举证理解

《民事诉讼法》第六十四条第一款规定:“当事人对自己提出的主张,有责任提供证据。”《民事诉讼法解释》第九十条第一款规定:“当事人对自己提出的诉讼请求所依据的事实或者反驳对方诉讼请求所依据的事实,应当提供证据加以证据,但法律另有规定的除外。”《民事证据规定(修订)》第一条规定:“原告向人民法院起诉或者被告提出反诉,应当提供符合起诉条件的相应的证据。”法律和司法解释规定了“谁主张,谁举证”的责任,或称举证责任,又叫证明责任。

举证责任是指在诉讼中,当法官或陪审团无法确定某种事实(确定某种法律效果的权利发生、变更或消灭所必要的事实)的存在时,对当事人所产生的不利后果。具体来说,是指对于当事人有利的法律效果(或者当事人的请求)未获得法庭承认。[1] 也有学者认为,证明责任中的“责任”,应该是指两个方面,即举证的义务与举证不能时的法律后果。[2] 举证责任,是指当事人对自己提出的主张有收集或提供证据的义务,并有运用该证据证明主张的案件事实成立或有利于自己的主张的责任。[3] 原告在诉讼中主张显失公平的事实是由举证完成的,法官认定的事实是裁判的根据。所谓以“事实”为基础,既包括案件的客观事实,也包括依照法律所推定的事实。[4] 在二者的关系上,事实真实是基础,法律真实是补充。

在房屋买卖合同纠纷案中,同样适用“谁主张,谁举证”的一般原则。对于待证事实处于真伪不明的状态,由负有举证责任的人承担不利后果。

1. 原告应对诉求承担举证责任

在房屋买卖合同纠纷中,应按“谁主张,谁举证”的原则分配举证责任。主张

---

〔1〕 参见叶自强:《举证责任》,法律出版社 2011 年版,第 36 页。
〔2〕 参见樊崇义主编:《证据法学》,法律出版社 2003 年版,第 136 页。
〔3〕 参见何家弘、张卫平著:《简明证据法学》(第四版),中国人民大学出版社 2016 年版,第 231 页。
〔4〕 参见叶自强:《举证责任》,法律出版社 2011 年版,第 76 页。

合同义务履行的一方,应对合同义务履行事实承担举证责任。

【案例11-31】　闫某兴诉广西地大房地产投资有限公司商品房销售合同纠纷案

一审法院认为,原告主张被告逾期交付商品房应依约支付违约金,被告辩称其已电话通知原告并出具了《入住通知书》通知业主办理业主入住手续,视为实际履行了合同约定的交房义务。根据双方合同第十一条关于商品房交接的约定,被告应书面通知原告办理交付手续,双方进行验收交接时,被告应当出示该合同第八条的证明文件,并签署房屋交接单。现被告无证据证明其向原告发出了书面通知及履行交接手续,故本院认定被告至今未按期向原告交付商品房,被告应承担逾期交付房屋的违约责任。[1]

2. 对争议问题的举证

当事人主张对方提供的合同文本原件不真实的,应当向法院提供自己持有的合同文本原件及其他相关证据。如果不能向法院提供合同文本原件,亦不能提供其他确有证明力的证据以否定对方当事人提供的合同文本原件的真实性,法官应当依据优势证据原则,认定对方当事人提供的合同文本原件真实。

【案例11-32】　福建三木集团有限公司与福建省泉州市煌星房地产发展有限公司商品房预售合同纠纷案

最高人民法院认为,本案诉讼中,三木公司自始认可双方订立三份《商品房合同》及该公司签章与法定代表人签名的事实。公章是机关、团体、企业、事业等单位确认其对外从事民事活动效力的法定凭证。法人的法定代表人是依据法律或者法人组织章程的规定代表法人行使职权的负责人,有权代表法人从事民事活动,其执行职务的行为所产生的一切法律后果应当由法人承担。因此,在双方对三份《商品房合同》上三木公司签章及法定代表人陈某宏签名之事实真实性无异议、三木公司不能举证证明三份《商品房合同》内容为煌星公司单方擅自填写及依约履行1.3487亿元购房款收付、股权转让行为已完成的情况下,三份《商品房合同》中所为的陈述内容应当认定是双方协商一致的结果,无据认定为属于受欺诈而订立的合同。三木公司提供的煌星公司填报的《商品房预售申请表》、泉州市房地产管理局出具的《证明》及第2824号《房屋所有权证》亦证明:案涉大厦预售总面积为36039平方米,而三份《商品房合同》项下房产总面积为9061.34平方米。因此,一审法院依

---

〔1〕 参见国家法官学院案例开发研究中心编:《中国法院2012年度案例》(房屋买卖合同纠纷),中国法制出版社2012年版,第40页。

据煌星公司取得的案涉大厦《国有土地使用权证》及含三份《商品房合同》项下房产的《房屋所有权证》,认定三份《商品房合同》项下房产已经获准预售,三份《商品房合同》真实、合法、有效,依据充分。三木公司以上述证据否认双方房屋买卖的真实交易关系,主张煌星公司隐瞒了案涉大厦房产真实情况及没有预售资格构成欺诈,请求撤销三份《商品房合同》于法无据。[1]

【案例 11-33】 高某诉连云港泰宇建设开发有限公司商品房销售纠纷案

二审法院认为,本案中,泰宇公司认为高某的面积补偿款已经超过诉讼时效,但其所举证据不能证明高某在办理房产证之前知晓存在面积误差的事实,本院对泰宇公司的该上诉意见,不予采纳。泰宇公司还主张扣除代付的电费,仅提供物管处提供的住户用电度数明细,因高某对于电费数额不认可,泰宇公司没有其他证据证明电表数额的合理性,亦无法提供实际交纳电费的标准,故对于泰宇公司的该上诉意见,本院不予支持。综上,上诉人泰宇公司的上诉没有事实和法律依据,本院依法不予支持,一审判决认定事实清楚,适用法律正确。判决:驳回上诉,维持原判。[2]

3. 被告抗辩的承担举证责任

对所购房屋显而易见的瑕疵,业主主张已经在开发商收执的《业主入住验收单》上明确提出书面异议,开发商拒不提交有业主签字的《业主入住验收单》,却以业主已经入住为由,主张业主对房屋现状认可的,根据《民事证据规定》,可以推定业主提出异议的主张成立。

【案例 11-34】 黄某诉甲房产公司商品房预售合同纠纷案

二审法院认为,房屋是价值昂贵的不动产,日常生活经验法则说明,对所购房屋显而易见的瑕疵,业主收房时一般不会轻易忽视。上诉人黄某在一审中一再陈述,收房时对窗外有装饰钢梁一事,其已在《业主入住验收单》上明确提出书面异议。《业主入住验收单》是被上诉人甲房产公司单方保存的证据,经法院要求,甲房产公司拒不提交。2001 年《民事证据规定》第七十五条规定:"有证据证明一方当事人持有证据无正当理由拒不提供,如果对方当事人主张该证据的内容不利于证据持有人,可以推定该主张成立。"据此,可以推定黄某关于收房时已对窗外有钢梁一事提出书面异议的主张成立。一审法院认定黄某在交接房屋时未提出异议,不符合事实,应当

---

〔1〕 参见《最高人民法院公报》2006 年第 5 期。最高人民法院(2004)民一终字第 104 号民事判决书。
〔2〕 江苏省连云港市中级人民法院(2021)苏 07 民终 5118 号民事判决书。

纠正。[1]

(二)房屋买卖合同争议举证分配

举证责任的分配是证据法学上的重要概念,是指法院按照一定的标准,将事实真伪不明的风险在双方当事人之间进行分配,在待证事实真伪不明时,由负有举证责任的一方承担不利后果。举证责任的分配又是举证责任制度的核心所在。

关于举证责任的基本原则,《民事诉讼法》及相应司法解释、证据规定均作出了原则性规定。然而,相关规定及学理解释并不能很好地确定举证责任的归属,简单依据“谁主张,谁举证”原则无法应对复杂的现实情况。在实践中,能够反映案件事实真相的有关材料因时间推移、客观环境的变化以及人为破坏等原因而丧失其证明价值,加上证明手段的匮乏以及科技发展水平的制约,以至于经常会出现法官及当事人虽已穷尽所有的方法来发现和调查证据,仍不能认定案件事实的状况。即使案件事实的真伪无法确定,法官仍然必须对案件作出裁判,此时只能依赖举证责任的分配。在证据僵局现象出现时,即双方当事人的证据均不能达到法官的内心确信标准时,案件事实将陷入真伪不明的状态,法官只能加重一方当事人的举证责任,以通过其举证不能的方式来否定其主张事实之存在,在此过程中,自由裁量权即自由心证的存在就具备了必要性。

房屋买卖合同争议举证分配合同法律关系是民事合同关系的一种,在分配举证责任上,当然也应当遵循民事诉讼举证分配的一般规则。

法官运用公平原则和诚实信用原则对当事人的举证责任进行再分配,是行使法官自由裁量权的体现,但该自由裁量权的行使并不代表可以随意而为,还应当综合以下因素:其一,合理评估双方当事人收集评估证据的能力、便利条件、难易程度,将举证责任分配给更有能力、更有条件收集证据的一方,从而使当事人更趋于平等对抗的诉讼地位,方符合公平原则。其二,依据待证事实发生的盖然性来作出判断。法官可以根据一般的客观规律、生活经验、交易习惯等来确定待证事实发生的可能性,把举证责任分配给如果待证事实成立则对其有利的一方,以此来补强待证事实成立的高度盖然性。其三,结合纠纷发生的前因后果,当事人前后的言行表现是否一致,以形成谁更遵守诚实信用原则的内心确信,进而确定举证责任的分配来印证这一内心确信。

举证责任的分配要根据不同的案件事实,区分争议点是承包人双方内部关系还是与发包人之间的外部关系,合理分配举证责任,并注意举证责任的转移。

---

〔1〕 参见《最高人民法院公报》2006 年第 2 期。

1. 房屋买卖合同关系成立

【案例11-35】 李某辉诉成都倍特劲远房产经营有限公司等房屋买卖合同纠纷案

一审法院认为,被告虽否认原、被告双方建立了房屋买卖合同关系,但未提供任何证据证明原告系因何原因居住在涉诉房屋,亦不能提供双方具有租赁关系或原告以其他方式取得该房之证明。原告先后共计支付54325.92元购房款,履行了《房屋买卖合同》中买受人的主要义务,即给付购房款,1995年被告将案涉房屋交付给原告使用,即可视为被告接受原告履行的主要义务,且在原告居住的长达十余年间,被告一直未就房屋权属或租金提出异议或主张权利。根据日常生活经验及基本逻辑,应认定原被告间建立了买卖合同关系。故确认原告李某辉与被告成都倍特建设开发有限公司关于倍特科技苑一套房屋的买卖合同关系成立并有效。二审法院亦持同样意见,维持一审判决。〔1〕

【案例11-36】 王某亭诉王某、李某文房屋买卖合同纠纷案

二审法院认为,根据查明事实,王某亭与王某、李某文之间未就诉争房屋签订书面房屋买卖合同,虽王某亭主张其与李某文曾于2000年9月电话协商卖房事宜,但其亦认可当时未就准确房价和房屋交付、过户等买卖合同基本内容进行磋商,王某亦未参与协商,现王某、李某文直接否认电话协商卖房事宜,王某亭就曾经电话协商卖房事宜未能进一步举证证明。虽然王某亭现在使用本案诉争房屋,但王某亭除银行电汇凭证外未提交充分证据证明双方之间达成了买卖房屋的合意,电汇凭证亦没有指向具体房屋,因此对王某亭要求确认其与王某、李某文关于北京市朝阳区裕民东里某房屋存在房屋买卖合同关系,王某、李某文协助办理该房屋产权过户的诉讼请求,依据不足,难以支持。原审法院依据现有证据所作判决不当,本院予以纠正。〔2〕

主张合同成立一方就合同成立事实举证不能的,承担不利后果。

【案例11-37】 周某顺诉张某明房屋买卖合同纠纷案

二审法院认为,周某顺起诉要求确认案涉房屋买卖合同有效并要求张某明协助办理过户,应首先证明周某顺与张某明之间存在房屋买卖合同关系。

---

〔1〕 参见国家法官学院案例开发研究中心编:《中国法院2012年度案例》(房屋买卖合同纠纷),中国法制出版社2012年版,第62页。

〔2〕 参见国家法官学院案例开发研究中心编:《中国法院2015年度案例》(房屋买卖合同纠纷),中国法制出版社2015年版,第123页。

张某明及其前妻尹某莲虽在纪委对其进行调查的笔录中，承认与周某顺存在房屋买卖合同关系，然纪委所作的调查主要针对的是张某明是否超生问题，鉴于张某明与周某顺的姐姐周某赟存在的特殊关系，张某明辩称其在调查笔录中关于案涉房屋买卖的陈述是为了规避超生问题的处罚所作的虚假陈述，具有一定的合理性。纵观本案，周某顺无法提供案涉房屋买卖合同签订及履行的任何书面证据，其所提供的关于案涉房屋买卖合同关系成立的证据均存有疑点，且周某顺从未向张某明提出房屋产权过户要求。周某顺提供的证据无法形成相互印证的、完整的证据链条，不足以证明其主张，应承担举证不能的不利后果。故原审法院驳回周某顺的全部诉讼请求，并无不当，本院予以维持。[1]

【案例 11－38】　唐某与程某莉房屋买卖合同纠纷案

最高人民法院认为，唐某否认与程某莉签订过房地产买卖合同，程某莉未能充分举证证明其与唐某之间就涉案房屋成立了买卖合同关系，应该承担举证不能的法律后果。同时，从涉案《房地产买卖合同》的签订及履行过程来看，没有证据显示唐某有出卖涉案房屋的意思表示，也没有证据表明唐某曾委托他人办理过房屋买卖及转移登记。因此，应该认定唐某与程某莉之间没有就涉案房屋成立房屋买卖合同关系，涉案《房地产买卖合同》对唐某没有法律约束力，程某莉应该将其占有的涉案房屋返还给唐某。至于程某莉主张的就该房屋支付过 8 万元价款的问题，唐某否认收到过该笔购房款。程某莉在本院再审中仍主张其与唐某之间成立了合法的房屋买卖合同关系，虽经合议庭释明，其仍没有向负有返还购房款义务的相对人提出返还购房款的主张。本判决生效后，程某莉可另案向负有返还义务的相对人主张返还购房款。[2]

主张口头成立房屋买卖合同的，亦需通过间接证据加以推理证实。

【案例 11－39】　倪某、王某诉李某兴、吴某玲房屋买卖合同纠纷案

二审法院认为，倪某、王某主张双方之间的房屋买卖合同成立，有责任提供证据证明该主张。本案中不存在书面的合同，审查的重点在于倪某、王某所称与李某兴曾订立口头形式的房屋买卖合同是否能得到证实。口头合同不存在有形载体，只能通过间接事实予以推理证实。为证实口头合同成立这一直接事实，倪某、王某所主张的间接事实主要包括其已支付全部购房款，以

---

〔1〕　参见国家法官学院案例开发研究中心编：《中国法院 2015 年度案例》（房屋买卖合同纠纷），中国法制出版社 2015 年版，第 192 页。

〔2〕　最高人民法院（2012）民抗字第 55 号民事判决书。

及谢某作为李某兴的代理人办理售房事宜。首先,就合同成立方式,倪某、王某主张谢某是李某兴的代理人,但未能提供证据证明谢某就出售诉争房屋相关事宜获得了李某兴的授权。即使存在所谓的代理行为,谢某出售李某兴所有的诉争房屋亦属无权代理,无权代理的效力还取决于是否构成表见代理。显然,本案中不存在任何情形使得倪某、王某有理由相信谢某有出售房屋的代理权。……本案中对于房屋价款的数额来源于倪某、王某和谢某的陈述,没有任何证据证明李某兴本人对此予以认可或者授权谢某商定房屋价款,故房屋价款这一最主要的合同要素难以确定。其次,倪某、王某主张的已付购房款均指向谢某,并未直接支付给李某兴;倪某、王某主张其中50万元通过谢某转交给陈某竹,但无任何证据证明陈某竹获得李某兴的任何授权,故不论倪某、王某主张的支付购房款的事实是否得以证实,其主张的事实本身就无法与李某兴形成关联性,故无法以支付全部购房款的主张推理出合同成立的事实。综上,倪某、王某难以证明其与李某兴之间就诉争房屋成立买卖合同关系。〔1〕

实践中,原、被告双方提供了多份证据,且证据的证明内容互相矛盾,认定证据的证明效力是疑难问题。

【案例11-40】 王某亭诉李某房屋买卖合同纠纷案

一审法院认为,虽然原、被告就诉争房屋签订了《存量房买卖合同》,合同中有原告将诉争房屋出售给被告以及成交价格等内容,但该合同对于被告支付房屋价款的具体付款方式及期限等未作出明确、具体的约定,原告亦未提供充足证据证明双方对此另有约定。作为以房屋买卖为标的房屋买卖合同,对于支付房屋价款的具体付款方式及期限等重要内容未作明确、具体的约定,有悖常理。被告向本院提供了由原告自己书写并签名的赠与合同用以证明本案诉争房屋过户是因赠与而不是因买卖。原告对该赠与合同的真实性予以认可,但认为该合同是单方所写,不是严格的赠与合同,赠与无效,是无权处分,且该合同是按照被告的要求写的,原告对赠与事实不清楚。而原告作为具有完全行为能力的成年人,应当对自己的行为和后果有明确的认知和判断,并承担民事责任。原告也未提供充分证据证明其在书写赠与合同时,存在重大误解,不清楚合同的真实内容的情形。故对于原告上述理由本院不予采信。依据原告自己书写的赠与合同的内容,原告明确表示了是以买卖的方式无偿(赠与)过户给被告,该内容印证了被告的主张。被告亦依据

〔1〕 参见最高人民法院中国应用法学研究所编:《人民法院案例选》2017年第12辑(总第118辑),人民法院出版社2018年版,第88~89页。北京市第二中级人民法院(2015)二中民终字第11634号民事判决书。

赠与合同的内容与原告办理了房屋登记所需的手续并交纳了相关税、费，应视为被告作为受赠人明确表示接受了赠与，取得了受赠房屋的所有权，双方的赠与合同成立，且赠与合同事实上已履行完毕。[1]

2. 合同无效纠纷举证

对购房人主张房屋买卖合同无效，亦应承担举证责任，其举证不充分的，其诉求不受法律支持。

【案例 11－41】　山东现代达驰建筑安装有限公司诉菏泽威联房地产开发有限公司、苏某洋申请执行人执行异议案

二审法院认为，关于涉案商品房买卖合同的效力问题。达驰公司主张威联公司与苏某洋签订的商品房买卖合同无效，但未能提供有效证据证明其主张。该合同上有买卖双方的签章，达驰公司主张系威联公司二期项目部伪造公司公章与苏某洋恶意串通，但其提供的样本公章不是威联公司的备案公章，故对公安机关的鉴定结论不予采信，达驰公司主张二者恶意串通的证据不足。苏某洋与威联公司订立合同在先，并支付了房款，实际占有涉案房屋，苏某洋对房屋被查封并不知情，也无过错。且(2007)菏民三初字第 27 号案查封案涉房屋时威联公司工作人员明知该房屋已经出售，现又以房屋未出售、威联公司与苏某洋签订的商品房买卖合同无效辩称，理由不成立。[2]

【案例 11－42】　北京结识朋图书中心诉北京华银京华房地产开发有限责任公司、金某房屋买卖合同纠纷案

一审法院认为，二被告之间的买卖合同虽显示 2000 年签订，但该合同至今未进行商品房预售备案登记。金某称其以 45 万元现金方式支付房款，但未提供 45 万元现金合法来源的凭证及实际交付的其他证据，亦未就家中何以存留 45 万元现金予以合理解释。被告华银京华公司在 2000 年 2 月收取房款后，迟至 2012 年 9 月才为被告金某开具发票。金某至今未取得涉案房屋所有权证书，也未提供证据证明其主张过权利。上述情形均有悖常理。另外，被告虽提交燃气设备维修任务单、联通业务受理单、买卖合同、电费凭证、歌华有线专用发票欲证明其实际入住，但却未提供相应物业、供暖证明，证明其实际入住情况。且其提交的购房发票、公共维修基金发票上的时间显示票据均为涉案房屋被查封后出具。综合上述情况，本院认为二被告存在恶意串

---

〔1〕 参见国家法官学院案例开发研究中心编：《中国法院 2015 年度案例》（房屋买卖合同纠纷），中国法制出版社 2015 年版，第 158～159 页。

〔2〕 参见国家法官学院案例开发研究中心编：《中国法院 2015 年度案例》（房屋买卖合同纠纷），中国法制出版社 2015 年版，第 85 页。

通转移财产，损害债权人利益的情节。故原告以二被告恶意串通损害其权利为由，要求确认二被告之间订立的位于北京市丰台区马家堡东路某房屋的《内销商品房预售契约》无效的请求，并无不当，本院应予支持。二审法院认为，案件争议焦点在于金某与华银京华公司是否存在恶意串通，损害结识朋中心利益的情节。根据已经查明的事实，分析金某与华银京华公司所陈述的交易过程的特点，足以认定本案《内销商品房预售契约》存在虚假成分。金某持此合同提起执行异议，阻却结识朋中心依法申请对华银京华公司的强制执行程序，显有恶意串通损害结识朋中心利益之意。原审法院结合本案案情，认定本案《内销商品房预售契约》无效，处理正确，本院予以确认。[1]

亲戚之间对明知有其他亲属居住而签订的二手房买卖合同，没有按约定一次性付全款，不受第三方监管的，并不当然构成恶意串通买卖，并不当然侵害居住人的居住权和期待利益。

【案例 11－43】 陈某璐诉周某兰、周某虹确认房屋买卖合同无效纠纷案

二审法院认为，具体到本案，二被上诉人在签订诉争房屋买卖合同时是否存在恶意串通是确认本案合同是否有效的必要性要件。从恶意串通的认定标准分析，由于合同双方恶意串通的意思表示是隐藏于当事人内心的，只能从履行合同的客观行为即外在表现来综合分析认定。本案上诉人主张被上诉人双方构成恶意串通并未提供直接证据，现有事实是上诉人自 2003 年入住诉争房屋，买受人周某虹明知该房屋曾经存在过诉讼争议，也明知上诉人在此居住，且买房前实地看房等。分析认为，由于被上诉人双方是姑侄亲属关系，双方尤其是买受人周某虹应当知道该房曾经有过确权和腾房诉讼，也知道案外人陈某与周某兰之女从 2011 年下半年就开始离婚诉讼，至今仍在诉讼中，双方矛盾较深等事实，再结合上诉人所主张的事实，确实构成该买卖行为的瑕疵，但瑕疵属于房屋交付履行瑕疵，对于该买卖合同的效力尚不足以构成恶意串通。同时，作为房屋出卖人周某兰，在另案生效判决中已经被认定是诉争房屋的合法产权人，且另案经过申诉也被驳回，陈某作为另案的当事人并未提起抗诉。在该文书已经生效的前提下，周某兰有权处分自己名下的财产，与买受人周某虹签订买卖合同，且周某虹已办理过户手续，并取得了诉争房屋的产权证，双方之间的买卖合同应为有效合同。作为买受人的周某虹购买有履行瑕疵的房屋，风险应自担。因此，对上诉人主张的恶意串

---

〔1〕 参见国家法官学院案例开发研究中心编：《中国法院 2015 年度案例》（房屋买卖合同纠纷），中国法制出版社 2015 年版，第 104 页。

通因缺乏充分事实和证据,本院不予支持。[1]

二手房买卖合同无效推定的问题。房屋二重买卖中,后买受人在先买受人已经居住房屋的情形下仍与出卖人订立买卖合同并办理过户登记,若按传统观点,这种单纯知情即知道或应当知道房屋已买卖的事实,也不能推定为恶意,则完全无适用《民法典》第一百五十四条的规定认定后买卖合同无效的可能。但司法实践认为这不符合社会通行观念,有必要予以修正,并在现行法律框架内妥当解释,合理确定,即后买受人在先买受人已经居住房屋的情形下仍与出卖人订立买卖合同并办理房屋过户登记,属应当知道房屋已买卖的事实,其意思表示推定为恶意,并可适用《民法典》第一百五十四条的规定,认定后买卖合同无效。

【案例 11-44】　冯某诉陆某荣、谢某芳房屋买卖合同纠纷案

一审、二审法院认为,谢某芳与冯某之间的《房屋买卖合同》已由生效判决确认为有效合同,并判决由谢某芳将本案争议的房屋产权过户给冯某。谢某芳明知其出售的房屋存在争议,在自己与冯某一案的一审判决后,二审审理过程中又将房屋出售给陆某荣,并将房屋产权及时过户给陆某荣,明显存在恶意损害冯某利益的行为。陆某荣称并不知道诉争房屋已出售给冯某,其是善意第三人,应取得房屋产权。但法院认为,按一般常理,买卖房屋是家庭中的大事,也是日常生活中的重要事情,陆某荣在购买谢某芳的房屋时,理应尽到作为购房人的注意义务,对所购房屋的状况作详细了解,而陆某荣到实地查看楼房时,对房屋楼层是 7 楼还是 8 楼及房屋出租使用情况未核实清楚,就与谢某芳签订了房屋买卖合同,并支付房款,与常理不符,其主张购买房屋属善意的理由难以成立。综上分析,谢某芳与陆某荣之间签订买卖合同是在谢某芳与冯某签订买卖合同且实际入住之后所为,其缔结、履行情况以及合同内容等存在诸多不合常理之处,与日常生活经验法则相悖,能够推定谢某芳与陆某荣之间的房屋买卖合同属恶意串通,损害了冯某的利益,其买卖合同应属无效。谢某芳与陆某荣虽在冯某诉谢某芳房屋买卖合同纠纷案[(2010)万民初字第 4537 号]的二审过程中对所购房屋进行了过户登记,但并不影响二人之间的合同无效。[2]

法人间房屋买卖中恶意串通是认定合同无效的难点,实践中多采用事实推定加以确定。

---

〔1〕 参见国家法官学院案例开发研究中心编:《中国法院 2019 年度案例》(房屋买卖合同纠纷),中国法制出版社 2019 年版,第 104 页。天津市第二中级人民法院(2017)津 02 民终 2044 号民事判决书。

〔2〕 参见国家法官学院案例开发研究中心编:《中国法院 2014 年度案例》(房屋买卖合同纠纷),中国法制出版社 2014 年版,第 118～119 页。

【案例11－45】 普洱市人民政府驻北京联络处诉四川方桥科技有限公司、北京通发信息科技有限公司房屋买卖合同纠纷案

二审法院认为，普洱市联络处依约支付了定金，并实际占有使用诉争房屋至今。通发公司虽在签约后交付了房屋，但一直未能协助普洱市联络处办理产权过户手续，将诉争房屋过户至普洱市联络处名下，而其将诉争房屋出售于方桥公司则显属逃避履行合同义务的恶意违约行为。方桥公司虽称购买诉争房屋系基于其与通发公司间的以房抵债之约定，但作为购买方，方桥公司购买涉案房产时，在明知诉争房屋由他人使用、非由通发公司实际支配控制的情形下，并未实地看房，没有对诉争房屋的相关情况进行考察，无证据表明其履行了作为交易主体所应尽到的谨慎注意义务，与交易常理不符。且结合审理查明事实，关于抵作购房款的490万元资金，方桥公司无法就该款项在其与标准前锋公司成都分公司、西南机械公司、通发公司等公司之间的往来流向作出合理解释。综合考虑方桥公司、通发公司、成都前锋公司、标准前锋公司与首创资产管理公司为关联企业，通发公司、成都前锋公司及首创资产管理公司的主要领导曾系同一人等情形，为维护诚实信用原则和市场正常交易秩序，原审法院认定通发公司与方桥公司所签订之编号为CW79370的《存量房屋买卖合同》因损害普洱市联络处的合法权益而无效的意见正确，本院予以维持。〔1〕

一房两卖案件审理中，应合理分配对在后交易中双方有恶意串通事实的举证责任。

【案例11－46】 王某民与张某旗、邓某房屋买卖合同纠纷案

再审法院认为，邓某作为一名房产中介从业人员（虽然其在原一审、二审期间刻意隐瞒这一身份），购买一套二手房不进行实地勘查，未进行房屋的实际交接就支付了几乎全额的价款的做法不符合日常生活经验，在庭审中主张交易价格为18万元以及已支付了17.6万元亦没有充分的证据予以支持，因此可以推定其对涉案房屋存在权利瑕疵的情况应该是明知的，其行为与张某旗一房二卖的恶意行为相配合，应认定为恶意串通，其与张某旗所签订的《房地产买卖契约》具备恶意串通订立的合同的构成要件，应认定为无效合同。〔2〕

推翻公证合同的问题。认为经过公证且已办理过户的房屋买卖合同无效，必

---

〔1〕 参见国家法官学院案例开发研究中心编：《中国法院2014年度案例》（房屋买卖合同纠纷），中国法制出版社2014年版，第86～87页。

〔2〕 参见最高人民法院审判监督庭编：《全国法院再审典型案例评注》（上），中国法制出版社2011年版，第40页。

须具有充分证据,否则法律不予支持其诉求。

【案例 11－47】　董某喜、郭某兰诉孙某景房屋买卖合同纠纷案

二审法院认为,董某喜、郭某兰的诉讼请求为确认经公证的案涉房屋买卖契约无效,其理由是该二人并未在公证案卷中的买卖契约及公证谈话笔录上签字及摁手印,买卖契约非其真实意思表示。根据《民事诉讼法解释》第九十三条的规定,公证处所作出的〔2006〕旅证民字第 1197 号《公证书》并未被依法撤销,除非董某喜、郭某兰能够提供相反的证据予以推翻,否则该公证书证明的原产权人董某喜于 2006 年 5 月 7 日将案涉房屋作价 93000 元卖给孙某景的事实成立。董某喜、郭某兰曾于 2009 年就同一事实、同一理由向一审法院提起相同的诉讼请求,并在该案中就上述公证卷宗中的案涉房屋买卖契约以及公证谈话笔录上"董某喜、郭某兰"签名处所涉指纹是否为董某喜、郭某兰本人的指纹申请司法鉴定,一审法院委托鉴定机构作出《司法鉴定意见书》,鉴定结论为上述两份文件所涉指纹为董某喜、郭某兰本人的指纹。该鉴定意见书作出后,董某喜、郭某兰均未提出异议。后董某喜、郭某兰撤回了该案的诉讼。现董某喜、郭某兰在本案中再次申请对上述两份文件中董某喜、郭某兰的签字及手印进行鉴定,根据《民事证据规定》第二十七条第一款规定,现董某喜、郭某兰亦未提供证据证明前案中的《司法鉴定意见书》具有应予重新鉴定的情形,一审法院对其在本案中重新鉴定的申请不予准许,并无不当。前案的《司法鉴定意见书》经本案双方当事人质证后,亦可作为本案的证据予以采信。根据《合同法解释(二)》第五条的规定,案涉房屋买卖契约上"董某喜、郭某兰"签字处的指纹已有明确的鉴定结论为系该二人所摁,且该买卖契约的签订也经过了生效公证书的公证,董某喜、郭某兰主张该买卖契约无效,缺乏事实及法律依据,一审法院不予支持,并无不当,本院予以维持。〔1〕

3. 合同违约纠纷的举证责任

在房屋买卖合同纠纷中,应按"谁主张,谁举证"的原则分配举证责任。主张合同违约责任的当事人,应对对方当事人履行合同不符合约定的事实承担举证责任。

【案例 11－48】　闫某兴诉广西地大房地产投资有限公司商品房销售合同纠纷案

一审法院认为,原告闫某兴主张被告广西地大房地产投资有限公司逾期交付商品房应依约支付违约金,被告辩称其已电话通知原告及出具了《入住

---

〔1〕 参见国家法官学院案例开发研究中心编:《中国法院 2017 年度案例》(房屋买卖合同纠纷),中国法制出版社 2017 年版,第 163～167 页。

通知书》通知业主办理业主入住手续,视为实际履行了合同约定的交房义务。根据双方合同第十一条关于商品房交接的约定,被告应书面通知原告办理交付手续,双方进行验收交接时,被告应当出示该合同第八条的证明文件,并签署房屋交接单。现被告无证据证明其向原告发出了书面通知及履行交接手续,故本院认定被告至今未按期向原告交付商品房,被告应承担逾期交付房屋的违约责任。[1]

【案例11-49】 陈某诉吴某房屋买卖合同纠纷案

一审法院认为,关于反诉原告的诉求。反诉原告吴某主张反诉被告陈某违约在先,依据《房产买卖协议书》第十一条的规定,反诉原告有权没收反诉被告支付的购房定金。经核实反诉原告提交的各份证据之内容:第一份证据"独家房产销售委托书"体现反诉原告委托转售讼争房产时即已明示了讼争房产涉及的土地来源、状态;第二份证据"合同书"、第三份证据"公证书"、第四份证据"证明"、第六份证据"发票"除证明反诉原告拥有讼争房屋使用权的合法权益外,还印证讼争房产所涉及的土地来源及状态;第五份证据"证明、情况说明"证明关于未能签订合同的原因在于反诉被告及自始至终均披露讼争房产的性质、状况;第七份证据"房产买卖协议书"证明双方约定的具体权利义务。该七份证据形成了有效的证据链,足以证明讼争协议订立和生效的事实,反诉原告已完成举证责任。反诉被告未按约定履行直接与厦门某大酒店签订讼争房屋买卖合同的义务,违反了《房产买卖协议书》第十一条的规定,构成违约。因此,反诉原告有权没收反诉被告支付的购房定金,反诉原告诉求应予支持。[2]

购房人主张违约金过低而请求调整时需承担相应的举证责任。在当事人请求法院对约定违约金进行调整的情况下,仍应由主张调整违约金的一方承担举证责任,其举证范围为证明实际损失的大小和约定违约金过分高于或低于实际损失。合同违约引发的纠纷中,如果合同中约定了违约金计算方式,守约方以约定的违约金过低为由要求调高违约金数额,但又未能举证证明实际损失存在的,法院不予支持。

【案例11-50】 乌审旗华宇工贸有限公司与西安雅荷房地产开发有限公司商品房买卖合同纠纷案

一审法院认为,华宇公司认为合同约定的违约金低于其实际经济损失,

---

〔1〕 参见国家法官学院案例开发研究中心编:《中国法院2012年度案例》(房屋买卖合同纠纷),中国法制出版社2012年版,第40页。

〔2〕 福建省厦门市思明区人民法院(2010)思民初字第3594号民事判决书。

主张按《房屋买卖合同解释》的规定以同年度同地段房屋租金标准调高违约金。对此,二审法院认为,首先,该司法解释第十七条规定的适用前提是“商品房买卖合同没有约定违约金数额或者损失赔偿额计算方法”,而本案商品房买卖合同中约定了逾期交房违约金的计算方式,故不应适用上述司法解释中关于按租金标准调高违约金的规定。其次,华宇公司在合同约定的交房日至实际交房日前未将本案所涉房屋出租,也没有提供足以证明其实际损失的相应证据。且本案所涉房屋于2007年9月29日已经验收合格符合交房条件,及华宇公司要求对局部工程进行改造,对逾期交房损失的扩大有一定责任,故本案应当按照合同约定的逾期交房违约金的计算方式确定违约赔偿额。华宇公司主张按同年度同地段租金标准调高违约金没有事实和法律依据,本院不予支持。原审法院依据华宇公司提供的2007~2008年度同地段房屋月租金65元/平方米认定损失赔偿额系适用法律错误,应予纠正。雅荷公司认为双方在合同中约定了逾期交房违约金的计算方式,不应当调高违约金的上诉理由,本院予以支持。依据合同中关于出卖人逾期交房,按日向买受人支付已交付房屋价款万分之一的违约金的约定,雅荷公司应当向华宇公司支付违约金1488451元。[1]

【案例11-51】 韩某广诉北京华风腾龙房地产开发有限公司商品房预售合同纠纷案

二审法院认为,本案被上诉人在一审并未提供证据证明上诉人的损失,且亦未能证明合同约定的万分之二是过高的标准。对此,原审法院根据被上诉人单方的提法即作出降低违约金的判决显属不妥。[2]

违约方抗辩违约金过高而要求降低的,应承担举证责任,否则法院不予支持。

【案例11-52】 陈某诉马某等房屋买卖合同纠纷案

二审法院认为,陈某不具备在京购房的资格是事实,其上诉提出的房地产中心承诺可以为陈某变通购房资格,只是需要费用的说法虽提交了光盘等证据,该证据只能证明房地产中心个别工作人员现在承诺可以协助解决购房资格问题,但无法证明房地产中心在陈某购买涉案房屋时对其作出过承诺。因此,陈某以此证明其与马某一方签约时是因得到了房地产中心的承诺才去签约的,现其不能继续履行合同是因其购房资格没有取得,不得已解除合同,其并非故意违约,不应承担违约责任的说法缺乏事实与法律依据,法院不予

---

〔1〕 陕西省高级人民法院(2011)陕民二终字第00005号民事判决书。

〔2〕 参见国家法官学院案例开发研究中心编:《中国法院2012年度案例》(房屋买卖合同纠纷),中国法制出版社2012年版,第21页。

支持。原审法院对此认定正确,法院予以维持。[1]

违约金过高的证明标准。就整体而言,我国确立了优势证据证明标准。证明标准具有内在的层次性,这种层次性体现不同的证明对象和待证事实不同程度的盖然性要求。由于证明对象和待证事实不同,证明标准需要分为一定的层级,有的需要提高证明标准,有的需要降低证明标准。在违约金过高的举证中,违约方不可能举出守约方损失的全部证据,出于公平公正考虑,对于违约方的举证证明标准应降低,所以违约方举出让法官对违约金约定公平性产生怀疑的证据即可认定违约方主张的事实存在,认定违约方达到证明标准。

【案例 11-53】 某房地产公司诉段某房屋买卖合同纠纷案

二审法院认为,衡量违约金是否过高的标准是违约造成的损失,对认定违约金是否过分高于损失的举证责任承担问题,考虑到违约方不可能举出守约方损失的全部证据,那么其只要举出让法官对违约金约定公平性产生怀疑的证据即可。本案中段某一审提出 200 万元违约金远远高于其欠付的购房款按同期银行贷款利率计算的利息,故其已经完成了其相应的举证责任,而房地产公司在一审、二审中未举出因段某违约给其造成实际损失的充分证据,故一审判决以段某所欠购房款为基础,以同期银行贷款利率的 1.3 倍为基础判定段某向房地产公司承担 362185.42 元的违约金,符合《合同法解释(二)》第二十九条的规定,二审法院予以维持。[2]

4. 逾期办证违约责任纠纷中的举证责任

对于逾期办证纠纷,首先应由购房人举证证明其与开发商存在依法成立、有效的房屋买卖合同且其交清了房款,如果从收房至取得房产证这一期间超过合同约定或法定的办证期限,就可以推定是开发商一方的原因造成的办证迟延,视为购房人完成了举证责任。换言之,购房人不需要证明是开发商一方的原因造成办证迟延这一责任构成要件。其后,举证证明非开发商一方原因导致逾期办证的责任转移到开发商,开发商抗辩非自身原因导致逾期办证的,应举证证明在这一期间存在免责事由或其在约定期限内履行了办理大证并通知购房人等相关义务。这是逾期办证违约责任纠纷案件中较为特殊的举证责任分配规则,即法律规定对于出卖人的原因造成的迟延出卖人应当承担违约责任,但司法实践中却往往推定迟延对于开发商的原因造成,而将举证证明"非开发商的原因"的责任倒置给开发商。司法实践的做法主要是考虑到登记办证期间,开发商对登记办证各环节具

---

〔1〕 北京市第一中级人民法院(2015)一中民终字第 06674 号民事判决书。

〔2〕 甘肃省高级人民法院(2015)甘民一终字第 91 号民事判决书。

有全局性的了解,对于是否存在非开发商原因的免责事由更为清楚,相对购房人而言也更有举证能力,因此将举证责任分配给开发商,以便更好地平衡双方当事人的利益。开发商举证不能的,应承担对其不利的法律后果。

【案例 11－54】　甲某与乙公司商品房买卖合同纠纷案

一审法院据以判定被上诉人乙公司没有逾期办证的主要证据是北京市某区房屋土地发证事务所向某房地局交易管理科出具了证明,证明乙公司开发的房屋具备产权登记发证条件,已在该所登记备案。此后,乙公司为涉诉房屋所在楼宇内的部分买受人办理了房产证。上诉人甲某诉称,根据《城市房屋权属登记管理办法》的规定,被上诉人乙公司应该首先办理所建房屋初始登记而后才可以办理业主的分户转移登记。而被上诉人所提交的办理初始登记的时间是 2005 年 1 月 7 日。针对上述争议,二审法院依职权调取了乙公司开发的房屋的产权登记发证档案材料,包括北京市房屋产权登记申请书、乙公司承诺书、竣工项目地价款核实复函、北京市某区房屋土地登记发证事务所出具的回复函、业务受理单、收缴证件附页。查明被上诉人作为申请人于 2004 年 12 月 13 日才向某区国土房管局服务大厅报送了其开发的楼房的初始登记所需的完备材料,至此,被上诉人才完成了报送办理新建房屋初始登记的法定义务。二审法院认为,被上诉人迟至 2004 年 12 月 13 日才办理报送初始登记,因此被上诉人关于逾期办证的责任不在自己的抗辩,与本院查明的事实不符,不予采信。被上诉人自 2000 年 11 月 9 日起至 2004 年 12 月 13 日止应对上诉人承担逾期办证的违约责任。[1]

交纳住宅专项维修资金是业主应尽的义务。购房人或开发商未按规定交存首期住宅专项维修资金的,房地产管理部门有权不予办理房屋登记手续,开发商由于代收后未尽代缴义务或者依法应垫付预交而没有垫付预交造成逾期办证的,应承担合同约定的违约责任。

【案例 11－55】　刘某某诉泉州安盈房地产开发有限公司商品房预售纠纷案

二审法院认为,安盈公司提供的证据不足以证明其未能按期完成不动产首次登记系洛江房管部门造成的,应承担举证不能的不利后果。安盈公司直至 2018 年 5 月 18 日才将其需要提供办理权属登记的资料交付刘某某,一审判决据此认定预期办证违约金应从 2016 年 10 月 26 日计算至该日止(并最终按刘某某的诉求 787 元予以确认)正确。安盈公司主张逾期办证违约金只

---

〔1〕 参见北京市高级人民法院编:《审判前沿——新类型案件审判实务》2006 年第 1 集(总第 15 集),法律出版社 2006 年版,第 192 页。

能计算至2018年4月28日，缺乏依据，不予采纳。[1]

5.借名购房合同纠纷的举证责任

在借名购房合同纠纷中，依据“谁主张，谁举证”的举证责任分配原则，借名人主张是借名购房的，应当举证证明其主张成立；如举证不能，应承担不利后果。一般说来，如果双方之间存在借名约定，借名买房的事实是可以直接确认的。在个案中，比较困难的是在没有借名约定书面证据的情形下，当事人经常会以实际出资来主张其为实际购房人。在现实的房屋买卖中，实际出资人并非一定是购房人，如父母为子女出资购房、购房人向出资人借贷购房、出资人将出资赠与购房人等等。是否为实际购房人，要看出资人是否具有购房的真实意思表示，举证责任应当由实际购房人承担。对于借名购房合同关系是否成立的认定，一般是从是否签订书面合同角度审查。虽然借名人与出名人未签订书面借名购房合同，但从房款支付、房屋装修、房屋使用及房产证原件的持有情况并结合在案证据来看，双方之间存在借名购房合同关系具有盖然性的，可以认定双方在事实上已经形成了借名购房合同关系。

【案例11－56】　熊甲诉谢某、熊乙房屋买卖合同纠纷案

一审法院认为，关于购房款由谁出资的问题。原告熊甲主张还款账户虽以熊乙为名，但首付、分期和涉案房产面积补差款都由原告支付，而被告谢某、熊乙没有稳定工作且刚生孩子，没有能力支付房款，并提供延铭公司证明及分期付款的兴业银行存款回单为证。被告谢某主张讼争房产于被告夫妻关系存续期间购买，是原夫妻共同财产，并提供《民事调解书》、延铭公司新出具的撤销前份证明之证明及证人邓某林证言为证。本院认为，从被告谢某、熊乙公证委托熊甲就讼争房产行使抵押、出售等几乎完全的物权可知，被告熊乙只是名义上的购买人，因正常情况下房产所有权人不会将所有权几乎全部让渡给受托人。另外，原告熊甲提供了一笔201488元的银行进账单并提供账户名为熊乙的兴业银行按揭还款明细，被告熊乙承认这些款项都由原告支付。被告谢某表示其于2005年4月回湖南，且2004年至2007年没有稳定收入，钱款由前妻熊乙管理，故对购房人出资款及按揭贷款毫不了解。本院认为，买房如此重大的事项，丈夫毫不知情有违常理。因此，房产由原告熊甲出资购买。二审法院认为，首先，《协议书》系双方当事人所签订，谢某在原审审理过程中自认有签字，但又称不知道《协议书》存在，其对该主张应

---

〔1〕 参见最高人民法院中国应用法学研究所编：《人民法院案例选》2021年第10辑（总第164辑），人民法院出版社2022年版，第100～101页。福建省泉州市中级人民法院(2018)闽05民终7794号民事判决书。

承担举证责任。根据《协议书》约定,谢某、熊乙应于落户手续办理完毕次日,将讼争房屋返还熊甲。其次,双方约定讼争房产系由熊甲出资购买,且谢某自认对购房出资款及按揭贷款情况不了解,熊乙亦承认购房款系由熊甲支付,同时,结合双方所提供的证据及证据规则,熊甲所提供证据明显具有较强证明力,故认定讼争房产系由熊甲出资购买。[1]

【案例 11-57】 岑甲诉黄某等确认房屋所有权纠纷案

一审法院认为,本案原、被告因为存在亲情关系,一直以来对诉争房屋的权属均未提出过异议,现因亲情关系或者其他情况发生变化后,双方各执一词。虽然诉争房屋登记在被告黄某夫妻名下,但根据转让方杨某平的证言及原钟山县公安镇办证人员钟某忠的证言,房款实际上系原告岑甲支付,而岑甲的父亲证实其借了 5000 元给岑甲购买该房,且购房款的收据原件及房产证原件均在原告岑甲手上,证人岑乙亦证实该房屋一直由原告岑甲管理使用至今,另一证人曾某成也证实系原告岑甲雇请其安装水电的事实,以上证据足以证实本案诉争房屋的实际购买人系原告岑甲而非被告黄某夫妻。因此,原告岑甲主张本案诉争房屋归其所有的诉讼请求,符合法律规定,本院予以支持,被告黄某对其提出的原告盗取其房产证及购房发票原件的主张,并未能提供相关证据予以证实,故本院不予采信。[2]

对于借名购房合同中的产权人,法律上一般推定不动产权属证书上的登记人是产权人,实际购房人要推翻法律上的这种推定,必须提供充分的证据来证明实际购房人与名义产权人之间存在委托代理关系,同时还必须有证据证明购房款是实际购房人直接支付的。主张自己是实际购房人的当事人的举证,不能推翻产权证书上的登记人是产权人这一推定的,法院依旧维持产权证上的登记状况。

【案例 11-58】 赵某与钱某所有权确认纠纷案

一审法院认为,钱某依法取得讼争房屋所有权证,是该房屋的所有权人。赵某依据的协议书,其内容和注明的签署日期,均与法庭查明的事实不符,矛盾之处有悖常理。虽赵某提供了证人证言证明赵某是实际购房人,但因证人与赵某有利害关系,故法院不予采信。赵某主张该协议有效,应承担举证责任,现有证据和庭审查明的事实,不足以证明该协议书真实有效,据此,法院

---

〔1〕 参见国家法官学院案例开发研究中心编:《中国法院 2014 年度案例》(房屋买卖合同纠纷),中国法制出版社 2014 年版,第 106~107 页。

〔2〕 参见国家法官学院案例开发研究中心编:《中国法院 2017 年度案例》(房屋买卖合同纠纷),中国法制出版社 2017 年版,第 216 页。

判决驳回赵某的诉讼请求。[1]

【案例11-59】 廖某某诉林某所有权确认纠纷案

二审法院认为,原、被告双方均认可系争房屋系案外人安某出资购买,权利人登记在被告林某名下。该房屋在数年内曾几经置换,在2009年12月由原、被告及案外人共同签署的《关于家庭财产信托的确认协议》中对系争房屋权属已明确作出书面约定,该份协议系当事人的真实意思表示且与法不悖,具有法律效力。《关于家庭财产信托的确认协议》是当事人之间确认房屋权利归属的有效证据,虽然林某持有登记在其名下的系争房屋的房产证,但其仅是名义产权人,原审法院认定系争房屋权利人为被上诉人并无不当。[2]

【案例11-60】 郑某玲、许甲诉许乙、朱某房屋买卖合同纠纷案

二审法院认为,根据《物权法》第十六条、第十七条的规定,许乙、朱某以其名义签订购房合同,现诉争房屋所有权证登记为共同共有,应当认定诉争房屋为许乙、朱某的共同财产。现许甲、郑某玲以其借许乙、朱某名义购房为由,要求许乙、朱某协助将诉争房屋转移登记至其名下。根据《民事诉讼法》第六十五条、《民事证据规定》第二条的规定,许甲、郑某玲提供的证据仅能证明其对房屋的购买确实存在出资关系,但不足以证明其与许乙、朱某之间存在借名登记的约定,故二审法院难以认定许甲、郑某玲与许乙、朱某之间存在借名购房的权利义务关系。因此,原审法院依法驳回许甲、郑某玲的诉讼请求,并指出诉争房屋的出资问题可另行解决,认定事实清楚,适用法律正确。二审法院予以维持。许甲、郑某玲的上诉请求不成立,不予支持。综上,原判正确,应予维持。[3]

出资人提出借名购房的主张时,必须有充分的证据证明存在借名的事实、出资的事实,法官应综合分析出资人提供的证据,判断出资购买并实际使用该房屋是否为物权人的意思表示,从而认定出资人(实际购房人)是否为真正的权利人。

【案例11-61】 何某诉周甲房屋所有权确认纠纷案

一审法院认为,原告何某主张向被告周甲转账153000元用于支付诉争房屋的首付款、向案外人赵某杰转账80000元用于支付诉争房屋的差额款及向被告周甲转账9000元用于支付房屋贷款,对该事原告提交了银行交易明

---

〔1〕 参见最高人民法院民事审判第一庭编:《民事审判指导与参考》2012年第3辑(总第51辑),人民法院出版社2012年版,第229页。

〔2〕 参见吴兆祥主编:《房屋买卖、租赁案件裁判要点与观点》,法律出版社2016年版,第117页。

〔3〕 参见国家法官学院案例开发研究中心编:《中国法院2016年度案例》(房屋买卖合同纠纷),中国法制出版社2016年版,第116~117页。

细予以证实,本院予以确认。被告抗辩因其文化程度低,故委托原告代为办理贷款手续,对此被告未提交证据证实,对被告该抗辩本院不予采信。原告主张 2015 年 1 月 5 日第三人周乙取款 9900 元用于偿还诉争房屋贷款 9200 元,其提交的农业银行对账单与被告提交的工商银行自助服务终端凭条相互印证,对该事实本院予以确认。原告当庭提交录音一份欲证明第三人刘甲及周乙认可以被告周甲名义购房,被告及第三人不认可该录音,对该证据的真实性、合法性与关联性均无法认定,故对该录音本院不予采信。证人刘乙的证言系从他人处得知因周乙与何某无法办理贷款故以周甲名义购房,被告与第三人对此不认可,因原告未向法庭提交其他证据证实原、被告之间有借名购房的合意,故对刘乙的证言本院不予采信。被告当庭提交借款条、收款条、黄骅市东达运输有限公司出具的证明、被告与案外人刘丙签订的房屋买卖协议欲证明诉争房屋房款由被告实际支付,因被告提交的证据均系复印件,且与本案无关联性,故对上述证据本院不予采信。依据查明的事实,原告虽支付了部分房款,可原告提交的证据不足以证实原告何某、第三人周乙与被告周甲之间存在借名购买诉争房屋的约定,其要求确认诉争房屋为原告与周乙在夫妻关系存续期间的共同财产,该主张于法无据,本院不予支持。[1]

【案例 11－62】　刘甲诉郭某卿等房屋买卖合同纠纷案

一审法院认为,本案中,刘甲主张与刘乙存在借名买房关系,并依据该合同关系要求刘乙的继承权利人协助其办理 30 号房屋的产权过户手续,刘甲对此承担举证责任。刘甲提交的刘乙书写证明材料及郭某卿庭审中陈述可证实,30 号房屋由刘甲实际出资购买。刘丙、刘丁、刘戊虽对此不予认可,但未提交相应反证,本院对其抗辩不予采信。现刘甲虽已证实购买 30 号房屋由其出资,但该出资行为不能直接证实其与刘乙存有借名买房的合同关系,且从刘乙书写证明中"当时因经济问题经与外孙刘甲协商,同意由他筹资所买,因此待我等离世后该房产权应由外孙刘甲所有,他人无权干预"内容可知,刘乙系表达对其死后房屋归属的意见,并未直接阐述与刘甲存在借名买房合同关系。刘甲提交的水电等费用证明亦不能证实借名买房合同关系的成立。综上,刘甲提交的证据尚不足以证实其与刘乙之间存在借名买房合同的约定,本院对其诉讼请求不予支持。[2]

产权证登记所有人与实际购房人不一致时,主张自己是实际购房人的当事人

---

〔1〕 参见国家法官学院案例开发研究中心编:《中国法院 2018 年度案例》(房屋买卖合同纠纷),中国法制出版社 2018 年版,第 182 页。

〔2〕 参见国家法官学院案例开发研究中心编:《中国法院 2019 年度案例》(房屋买卖合同纠纷),中国法制出版社 2019 年版,第 142 页。

应以足够证据证明不动产归实际购房人所有。

【案例11－63】 陈某安诉魏某福房屋所有权纠纷案

一审法院认为,原告陈某安主张诉争房屋系原告以魏某福名义出资购买,原告提供了分期交纳房款的收据、银行取款凭证、房屋装修费票据以及证人证言,以上证据能够形成完整的证据链条,其证明力明显大于被告交纳房款经过的证据的证明力,能够证实原告的主张,且该房屋自交付后一直由原告夫妻居住,应认定诉争房屋系原告以魏某福名义出资购买。被告主张其享有诉争房屋所有权,被告除提供房屋所有权证书外,关于交纳购房款经过及购房款来源,被告均不能提供证据予以证明,被告的主张本院不予认定。不动产权属证书是权利人享有该不动产物权的证明,此证书是权利的外在表现形式,属于行政确认,而非行政确权。当事人是否享有不动产的权利,仍应取决于当事人之间的民事实质法律关系。诉争房屋系原告以魏某福名义出资购买,应认定房屋所有权属原告所有。[1]

借名买房未签订书面协议,而主张借名买房的当事人举证不能的,法院不能认定借名买房事实存在。

【案例11－64】 侯甲、侯乙诉侯丙确认合同无效纠纷案

一审法院认为,关于侯丙主张的借名买房问题。侯丙主张其借侯丁名义购买涉案房屋,侯甲、侯乙对此予以否认。首先,涉案房屋来源问题,侯丙与侯甲、侯乙意见不一致,但针对各自主张,双方所提供的证据均不足以证明各自主张,且双方均认可家庭成员中没有中国石化国际事业公司的员工,但对于如何取得涉案房屋,双方均未作出合理解释,并且未提供相关证据证明,本院亦无法核实相关情况。其次,对于购房款的交付,双方也意见不一,但双方同样未提供充足有效的证据证明各自的主张。再次,房屋的装修、使用情况及房屋手续的持有情况,双方意见不一致,且均未提供充足有效的证据证明各自主张。最后,侯丁生前留有公证遗嘱将涉案房屋留给侯丙,亦与侯丙的主张相矛盾。在侯丁与侯丙未就借名买房签订书面合同,且上述情况均无法通过双方提供的证据予以确认的情况下,本院无法采信侯丙的主张。二审法院亦持同样意见,维持一审判决。[2]

---

〔1〕 参见国家法官学院案例开发研究中心编:《中国法院2017年度案例》(房屋买卖合同纠纷),中国法制出版社2017年版,第209～210页。

〔2〕 参见国家法官学院案例开发研究中心编:《中国法院2019年度案例》(房屋买卖合同纠纷),中国法制出版社2019年版,第253页。

【案例 11－65】　韩某庆诉丁某合同销售纠纷案

二审法院认为,本案的争议焦点是韩某庆主张其与丁某之间构成借名买房关系是否成立。当事人对自己提出的诉讼请求所依据的事实或者反驳对方诉讼请求所依据的事实,应当提供证据加以证明,但法律另有规定的除外。主张法律关系存在的当事人,应当对产生该法律关系的基本事实承担举证证明责任。本案中,各方之间并未形成书面的借名买房协议,韩某庆作为提出主张一方,欲否定不动产登记之推定效力,应进一步举证证明其与丁某存在借名买房关系,人民法院亦应结合房屋出资、房屋占有使用、房产证持有等方面对双方法律关系的性质综合进行判断。根据现有证据,虽然涉案房屋确曾由韩某庆、李某长期控制,按揭贷款亦由二人偿还,但经过本院审查,房屋首付款系现金形式支付,韩某庆未提供证据证明现金来源于己方或其与李某的夫妻共同财产,故本院对其支付全部购房款的主张无法予以采信。另外,涉案房屋交付后由李某之兄主持装修,购买房屋的合同、发票、不动产登记证等资料均由丁某持有,上述情形的存在与借名买房法律关系特征不符,韩某庆虽解释装修款由其与李某支付、购房资料被李某擅自取走,但未就此提供证据,故本院亦不予采信。综合上述案件情况,本院认为韩某庆就借名买房的主张提供的证据未达到高度盖然性的证明标准,本院对其上诉意见无法予以采纳。关于韩某庆对涉案房屋的出资,因与本案纠纷非同一法律关系,双方可另行解决。综上所述,韩某庆的上诉请求不能成立,应予驳回;一审判决认定事实清楚,适用法律正确,本院予以维持。判决:驳回上诉,维持原判。[1]

对于口头约定转让购房资格的,法官亦根据证据确定争议事实。

【案例 11－66】　陈甲、张某环诉陈乙、苗某兰房屋买卖合同纠纷案

一审法院认定,就本案所争议的事实,陈甲、张某环与陈乙、苗某兰分别提交了相关的证据并作出相反的陈述,但都没有足够的依据否定对方的证据及陈述,因此,结合本案具体情况,综合对比双方证据的证据效力和证明力及各自证据之间的相互关系,陈甲、张某环提供的证据的证明力要大于陈乙、苗某兰提供的证据的证明力。一方面,陈乙、苗某兰称其资金紧张而向陈甲、张某环借款购买本案争议的房屋,但从本案已查明的事实来看,上述所谓借款足以支付全部购房款,不符合日常生活中借款购房的一般情况。另一方面,陈甲、张某环提交的一份录音材料中也显示陈乙明确承认是陈甲、张某环出资购房而登记于其名下,陈乙、苗某兰在庭审中虽对录音提出异议,但未提交相反证据证明,也未申请对录音进行鉴定,故根据民事诉讼证据规则中的高

---

〔1〕 北京市第三中级人民法院(2023)京 03 民终 10433 号民事判决书。

度盖然性规则,运用逻辑推理及日常生活经验,对陈甲、张某环所提交的有关证据予以认定,对该证据所证明的事实予以确认,陈乙、苗某兰应当为陈甲、张某环办理房屋所有权变更手续。陈乙、苗某兰所提反诉主张不能成立,不予支持。二审法院判决:驳回上诉,维持原判。[1]

在借名人具备购房资格的情况下向其员工借名再与关联公司进行房屋买卖,无法举证证明其借名购房的真实性和必要性,而经法官查明和判断双方真实目的在于通过关联公司进行房屋买卖的交易取得银行的贷款,对此行为无法得到法院支持。

【案例 11 - 67】 建筑公司诉刘某借名买房合同纠纷案

一审法院认为,首先,建筑公司应就与刘某达成借名买房合意,负有举证责任。一则建筑公司未提供书面协议或其他直接证据证明借名买房关系存在。二则结合涉案房屋的出资、房产证的持有及相关税费票据、收据的持有、房屋实际占有使用的情况来看,建筑公司对其主张的举证未能形成完整的证据链,不足以形成该法律关系存在的明显证据优势。其次,借名买房的缘由是证明借名买房关系存在与否的另一因素,故建筑公司应当对借名买房的缘由作出合理解释,负有举证责任。第一,本案中建筑公司称购房之时尚未有限购政策,完全可以以公司的名义购买涉案房屋,而建筑公司仅以公司资金问题、贷款手续烦琐为由进行解释,依据不足。第二,案涉房屋交易之时,建筑公司、房地产公司实际控制人均为张某,建筑公司与房地产公司进行涉案房屋的买卖行为并无实际意义。结合案涉房屋的钱款往来可以看出,刘某与房地产公司签订房屋买卖合同,最终目的通过房屋买卖交易取得银行的贷款,而并非借名买房。故主张借名买房者应当对借名买房的法律关系存在承担更多的举证责任,以达到确认借名买房关系存在的高度盖然性标准。判决:驳回建筑公司的全部诉讼请求。

二审法院认为,本案的争议焦点系刘某与建筑公司之间是否存在借名买房关系。因双方之间并未形成书面的借名买房协议,故其是否存在口头约定或事实上的借名买房关系,应当综合房屋的出资情况、房屋的占有使用情况、购房票据及产权证书等票据原件的持有情况以及对于借名购房有无合理解释四个方面进行综合判断。一审法院依据以上四点,结合各方所提交的证据以及举证责任的承担情况综合判断,认定双方之间借名买房关系成立依据不足,理由充分,法院予以确认。建筑公司未就其上诉请求提交证据予以证明,

---

〔1〕 参见国家法官学院案例开发研究中心编:《中国法院 2013 年度案例》(房屋买卖合同纠纷),中国法制出版社 2013 年版,第 142 ~ 143 页。

故法院对其上诉请求不予支持。综上所述,建筑公司的上诉请求不能成立,应予驳回;一审判决结果正确,应予维持。判决:驳回上诉,维持原判。[1]

主张法律关系存在的当事人,应当对产生该法律关系的基本事实承担举证证明责任。

【案例 11－68】　彭某诉王某亭、彭某京合同纠纷案

一审法院认为,本案中,彭某主张其与王某亭就西城区×胡同×号×楼×号房屋存在借名买房合同关系,称因以王某亭名义购买上述房屋可享受父母工龄的优惠,故借用王某亭名义进行房屋购买,并称在房屋购买前后一直在案涉房屋内居住,且持有案涉房屋的×××号房产证原件;同时,彭某提交2002年签有王某亭名字的赠与证明。法院认为,王某亭与彭某系母子关系,结合当事人陈述,彭某与王某亭、彭某京等在案涉房屋进行房改前均在此居住,后因家庭矛盾王某亭与彭某京搬出案涉房屋在他处居住,故而彭某仅以其对案涉房屋购买进行过出资及在案涉房屋居住为由,主张其与王某亭之间存在借名买房合同关系,缺乏依据。彭某虽持有案涉房屋原产权证原件,而彭某在2004年取得房屋产权证后至2022年王某亭去世前相当长的期间内,从未向王某亭主张要求办理案涉房屋的过户手续,王某亭在世时又以公证遗嘱方式将案涉房屋予以处分;又因彭某所提交的赠与证明,仅能证明王某亭于2002年具有将其名下案涉房屋赠与彭某之意,但不足以证明王某亭具有西城区×胡同×号×楼×号房屋由彭某出资购买、产权归彭某所有的意思表示或确认,故法院认为彭某主张其与王某亭存在借名买房合同关系,缺乏法律和事实依据。综上,法院对彭某要求王某亭及彭某京协助办理案涉房屋产权过户手续的诉讼请求不予支持。判决:驳回彭某的全部诉讼请求。

二审法院认为,当事人约定一方以他人名义购买房屋,并将房屋登记在他人名下,借名人实际享有房屋权益,借名人依据合同约定要求登记人(出名人)办理房屋所有权转移登记的,可予支持。当事人一方提供证据证明其对房屋的购买确实存在出资关系,但不足以证明双方之间存在借名登记的约定,其主张确认房屋归其所有或要求登记人办理房屋所有权转移登记的,不予支持。结合本案事实,彭某主张与王某亭存在借名买房合同关系,应当提供证据证实存在该事实。但彭某并未提供相应证据,其主张借名买房合同关系的基础事实依据不足,虽然其主张存在出资关系,保管房屋购房手续及居住在涉案房屋等诸多事实,但从王某亭作出赠与证明及之后对涉案房屋遗嘱

〔1〕参见国家法官学院、最高人民法院司法案例研究院编:《中国法院2022年度案例》(房屋买卖合同纠纷),中国法制出版社2022年版,第271～272页。北京市第一中级人民法院(2021)京01民终984号民事判决书。

处分,均不能表明王某亭同意彭某借其名义购房,彭某实际享有房屋权益的意思表示,故本院对彭某上诉主张存在借名买房合同关系一节,本院亦不能予以确认。原审法院综合分析全案事实驳回彭某诉讼请求并无不妥。综上所述,彭某的上诉请求所持事实及法律依据并不充分,不能成立,应予驳回;一审判决认定事实清楚,适用法律正确,处理结果并无不当,应予维持。判决:驳回上诉,维持原判。[1]

【案例11-69】 杨某贞、郝某英诉杨某、周某娜合同纠纷案

二审法院认为,结合杨某贞、郝某英的上诉请求及各方庭审陈述,本案争议焦点为杨某贞、郝某英与杨某、周某娜之间就诉争房屋是否存在借名买房关系。本案应由杨某贞、郝某英就存在借名买房关系承担举证证明责任。本院认为,借名买房一般是指当事人约定一方(借名人)借用另一方(出名人)名义实际出资购买房屋,将房屋登记在出名人名下,但由借名人实际享有房屋权益,出名人在符合约定条件时将房屋转移登记给借名人的行为,是否存在借名登记约定是借名买房关系成立的关键。根据本案查明事实,杨某贞、郝某英与杨某、周某娜并未就借名买房签订书面协议,现缺乏证明双方之间借名买房关系成立的直接证据。在此情况下,需通过考察购房款出资、参与交易、权证资料保管、对房屋占有使用收益维护等的管领状态以及双方身份关系、借名动机等情况,运用逻辑推理和经验法则综合判断是否存在借名买房法律关系。同时,从证明标准来看,不动产登记簿是物权归属和内容的根据,不动产登记簿的公示公信力关乎不动产的静态归属及动态流转安全,除有证据证明不动产登记簿确有错误外,房屋产权应以不动产登记簿为准。当事人以借名买房、借名登记等为由请求变更不动产权属的,实质系推翻不动产登记簿的物权公示效力,同时一旦认定借名买房关系成立,借名人一般无须再支付对价即可取得他人名下房产,因此借名买房关系的认定应当更为审慎并采取较高的证明标准。根据本案现有证据,可以认定当事人双方对诉争房屋购房款均有出资,其中杨某贞、郝某英出资了绝大部分,杨某与周某娜出资了小部分,周某娜主张对方的出资系对己方的赠与,郝某英一方则主张对方出资系对己方的借款。双方均不同程度参与购房过程,但对于房屋实际由谁购买各执一词,周某娜出示的微信聊天记录可以显示其与杨某曾起意买房,而杨某贞、郝某英一方提交的聊天记录则显示其方深度参与甚至主导了看房等购房过程。此外,杨某贞、郝某英还持有居住使用诉争房屋产生的相关凭证。然而,本案由于双方当事人之间系共同生活的直系亲属,因此无论

[1] 北京市第二中级人民法院(2023)京02民终7363号民事判决书。

由哪一方居住使用诉争房屋、持有权证资料等，均无法反映该方系基于排他性占有的意思享有房屋权益。同时，直系家庭成员之间的金钱往来，可能存在借贷、赠与、单独或共同出资购房等多种可能性。此外，购房后双方亦曾到房屋登记主管部门多次变更诉争房屋产权登记，侧面也反映了双方就家庭之间房屋产权归属一直处于协商状态，而目前的登记状态至少是各方阶段性协商的结果。综合衡量本案情节，本院认为现有证据不足以得出诉争房屋系杨某贞、郝某英一方借名购买的唯一性或者高度盖然性结论。杨某贞、郝某英提供的证据不足以证明当事人之间就案涉房屋存在借名买房关系，其应承担举证不能的不利后果，故本院对其诉讼主张不予采纳。特别指出，本案仅对当事人双方之间是否存在借名买房关系作排除性认定，就双方对诉争房屋的出资性质不作审查，双方可另行协商解决。综上所述，杨某贞、郝某英的上诉请求不能成立，应予驳回；一审判决认定事实清楚，适用法律正确，应予维持。判决：驳回上诉，维持原判。[1]

6. 关于房屋质量争议举证

【案例 11－70】　俞某等诉北京长廊房地产开发有限公司房屋买卖合同纠纷案

二审法院认为，原审审理过程中，依据当事人的申请就涉案住宅楼A、B、C、D座外墙砖施工质量进行了鉴定，但是鉴定结论无法证明涉案住宅楼抹灰找平层起砂和粉化导致外墙饰面砖空鼓、脱落的具体成因及形成时间，再行依据现有证据，结合涉案住宅楼于2006年已通过竣工验收以及上诉人提交的证据材料中陈述的2008年年底涉案住宅楼开始陆续出现外墙装饰砖空鼓、脱落的事实，本院认定上诉人基于本案纠纷要求开发商即长廊房地产公司修复涉案住宅楼外墙装饰层的诉请，因已经超过保修期，且外墙砖脱落之成因上诉人未能充分举证证明，故对其诉讼请求，本院不予支持。原审法院基于案件基本事实，一并适用判决处理并无不妥之处。[2]

【案例 11－71】　王某贤诉谭某辉房屋买卖合同纠纷案

二审法院认为，谭某辉作为定金的收受方，不存在未依约将10×号房屋售予王某贤的行为，王某贤亦未能举证证明10×号房屋存在质量瑕疵，或谭某辉存在故意隐瞒标的物质量状况的违约情形，应承担举证不能的法律后

〔1〕　北京市第二中级人民法院(2023)京02民终8202号民事判决书。

〔2〕　参见国家法官学院案例开发研究中心编:《中国法院2016年度案例》(房屋买卖合同纠纷)，中国法制出版社2016年版，第156页。

果,故王某贤主张双倍返还定金不成立。据此,判决判回上诉,维持原判。[1]

7. 合同欺诈纠纷举证

买受人未询问、开发商未告知的举证责任分配,是合同欺诈纠纷的难点问题。对此,应由主张该事实的一方即买受方负责举证。因为在该情形下,开发商往往系以积极作为的方式进行欺诈,而买受人也比较容易取得并保有虚假证明等书面及言词证据,由主张积极事实的一方即买受人承担举证责任符合证明责任分配的立法精神。对于买受人已进行的询问而言,则只能要求买受人就尽到审慎合理审查注意义务方面的事实承担举证责任。该部分举证责任完成后,即应将举证责任转移给开发商,即由其对已经履行告知(包括书面、口头、电子数据交换等方式)之事实承担证明责任,如开发商不能举证或举证不完全(达不到相当的证明程度),方可认定开发商的行为构成故意隐瞒。

【案例11-72】 宋某莹诉威海华油置业有限公司商品房预售合同纠纷案

二审法院认为,本案二审期间双方当事人争议的焦点有两个:一是涉案商品房预售合同是否系上诉人宋某莹签订及其效力应如何认定;二是被上诉人是否存在故意隐瞒没有取得商品房预售许可证的事实应否承担惩罚性赔偿责任。关于第一个焦点问题,上诉人对涉案商品房买卖合同中的签名未有异议,故应认定上诉人该签名的真实性,并应据此认定该商品房买卖合同系上诉人所签。上诉人主张该合同系伪造,证据不足,本院不予支持。虽然双方签订商品房预售合同时,被上诉人尚未取得商品房预售许可证,但被上诉人已于上诉人起诉前取得预售许可证,上诉人现又无证据证明该合同不是其真实意思表示,故涉案商品房预售合同应认定为有效。关于第二个焦点问题,涉案合同签订时,上诉人未询问和审查被上诉人有无商品房预售许可证,被上诉人亦无证据证明履行了向上诉人告知其尚未取得商品房预售许可证的事实,但不能据此推定被上诉人系故意隐瞒其未能取得商品房预售许可证,此后被上诉人取得该商品房预售许可证的事实亦可佐证其签订合同时并不存在欺诈或故意隐瞒之恶意,故上诉人以被上诉人构成欺诈为由要求其承担惩罚性赔偿责任,证据不足,理由不当,不予支持。综上,上诉人上诉理由不当,证据不足,本院不予支持。原审判决正确,应予维持。[2]

---

[1] 参见国家法官学院案例开发研究中心编:《中国法院2017年度案例》(房屋买卖合同纠纷),中国法制出版社2017年版,第112页。

[2] 参见国家法官学院案例开发研究中心编:《中国法院2013年度案例》(房屋买卖合同纠纷),中国法制出版社2013年版,第25~26页。

【案例 11－73】　傅某新诉苏某举、北京我爱我家房地产经纪有限公司房屋买卖合同纠纷案

二审法院认为，根据已查明的事实，原审法院在本案审理中经调查确认诉争房屋发生过有人缢死的事实，傅某新未提供证据证明苏某举、我爱我家在签订合同时即知晓并隐瞒这一事实，现傅某新上诉主张苏某举、我爱我家以欺诈手段与其签订了合同，据此要求撤销合同，依据不足。判决：驳回上诉，维持原判。[1]

【案例 11－74】　李某稼诉刘某堂房屋买卖合同纠纷案

一审法院认为，根据原告提供的证据可以证明，被告与合作社订立的《合作住宅售购协议书》中载明的面积 74.22 平方米为暂定面积，且被告认可之后××号房屋面积未经实测，被告未对原告进行告知即为原告签订《北京市存量房买卖合同（经纪成交版）》的行为确有欠妥之处。但双方在合同中约定的销售面积 74.22 平方米，系房屋所有权证载明的面积，虽未经实测，却也是在国家房屋土地行政管理部门登记的面积。原、被告依此面积签订买卖合同，有合法依据，且现行法律允许房屋买卖存在面积误差，如误差不超过 +3%，则据实测面积计算价款；如误差超过 +3%，买受方可要求解除合同。本案中，××号房屋面积未经实测，原告在此情况下，以被告欺诈为由要求撤销合同缺乏依据，理由不够充分，法院不予支持；其要求被告退还定金 5 万元，无事实依据，本院亦不予支持。二审中李某稼撤回上诉。[2]

8. 表见代理有理由举证

表见代理制度不仅要求代理人的无权代理行为在客观上具有代理权的表象，而且要求相对人在主观上善意且无过失地相信行为人有代理权。合同相对人主张构成表见代理的，应当承担举证责任，不仅应当举证证明代理行为存在，诸如合同书、公章、印鉴等有权代理的客观表象，而且要证明其善意无过失地相信行为人具有代理权。因相对人过错相信代理权存在的，则表见代理不成立。

【案例 11－75】　林某强诉福建省平潭县兴容房地产有限公司等商品房预售合同纠纷案

二审法院认为，林某强向兴容房地产有限公司订购兴容华府单元房，并支付 3 万元，各方均对此不持异议，事实清楚。林某强主张其汇付给念某 12

---

〔1〕 参见国家法官学院案例开发研究中心编：《中国法院 2014 年度案例》（房屋买卖合同纠纷），中国法制出版社 2014 年版，第 90 页。

〔2〕 参见国家法官学院案例开发研究中心编：《中国法院 2015 年度案例》（房屋买卖合同纠纷），中国法制出版社 2015 年版，第 107～108 页。

万元，属购房款项，念某的收款行为构成表见代理，但林某强将二笔汇款汇入念某个人账户，在本案中念某仅为公司的职员，林某强并未举证念某获得公司对外签约或收款的授权，上诉提出念某系公司股东，也未提供相应证据证明，故本案不符合表见代理的特征，上诉人诉请返还12万元，可另行主张。据此，上诉理由，本院不予支持，原审程序合法，认定的事实清楚，适用法律正确，依法应予以维持。[1]

【案例11－76】 印某诉崔某苏房屋买卖合同纠纷案

一审法院认为，崔某苏系涉案房屋登记所有权人，张某甲系崔某苏丈夫张某乙的妹妹，张某甲以崔某苏名义与印某签订房屋买卖合同时向印某出示了崔某苏的身份证原件、委托书、房屋钥匙、电卡等相关材料，印某在签订房屋买卖协议时已经尽到了必要的注意义务，原告的信赖利益应当得到法律保护。二审法院认为，原审法院所作判决并无不当，应予维持。[2]

9.房屋买卖合同中有权代理行为举证

根据证据优势原则和日常生活经验法则，正确认定当事人之间买卖涉案房屋行为的知情和认可情况，确认当事人的真实意思表示，确定有权代理行为的法律要件。

【案例11－77】 韩某诉崔某飞、韩某明房屋买卖合同纠纷再审案

再审法院认为，根据原审法院查明的事实，韩某明在出售涉案房屋之前曾贴过出售广告，韩某明家因为韩某参加工作而宴请宾客，宴客时韩某在家，当时出售广告已经张贴出来。结合韩某曾委托韩某明代办、代取房屋所有权证的行为看，韩某在本案原审及再审审查期间坚持的“韩某明背着韩某将涉案房屋出售给崔某飞，韩某本人并不知情”主张显然不符常理，且无相关证据证明。同时，根据再审查明的事实看，崔某飞一方于2010年3月4日向韩某明支付了173000元购房款，2010年3月8日韩某明账户支出了12万元，韩某账户存了12万元。对在自己账户同日出现的同等数额的重大收支情况，韩某、韩某明庭审中仅辩解两笔款项没有关系，并未作出合理解释。崔某飞购买涉案房屋时主观是善意的，支付了合理对价，至韩某提起诉讼时已实际占有、使用涉案房屋达4年之久。根据证据优势原则和日常生活经验法则，可以认定韩某当时对韩某明与崔某飞买卖涉案房屋的情况是知情和认可的，

---

〔1〕 参见国家法官学院案例开发研究中心编：《中国法院2013年度案例》（房屋买卖合同纠纷），中国法制出版社2013年版，第6页。

〔2〕 参见国家法官学院案例开发研究中心编：《中国法院2014年度案例》（房屋买卖合同纠纷），中国法制出版社2014年版，第92页。

并以自己的行为对房屋买卖作出了真实意思表示,符合有权代理的法律要件,韩某明对涉案房屋是有权代理韩某进行处分的,韩某应对代理人韩某明的行为承担民事责任。故崔某飞提出的韩某明系有权代理的意见应予支持。综上,一审、二审判决认定事实清楚,但二审判决依据《物权法》第一百零六条规定,将韩某明认定为无处分权人,属于适用法律错误,从而导致判决结果错误,应予撤销;一审判决依据《合同法》第四十九条规定,认定韩某明出售涉案房屋的行为构成表见代理,在适用法律上存在瑕疵,但判决结果正确,应予维持。[1]

10. 支付购房款纠纷举证

【案例 11－78】　李某海诉叶某秀等房屋买卖合同纠纷案

二审法院认为,购房款的数额是房屋买卖合同中最主要的条款,本案作为买方的上诉人与卖方的被上诉人对购房款数额至今未达成一致意见,双方的房屋买卖合同尚未成立。根据双方提交的证据,无法认定双方在缔约过程中存在过错,故上诉人以被上诉人存在重大过错为由主张要求赔偿250000元购房款在2008年6月至2009年2月在相同地段可购买房屋的价值与上诉人起诉时相同款项可购买房屋的价值的差价损失的上诉理由不能成立。但上诉人已经支付了部分购房款,现双方房屋买卖合同未成立,原审结合案件事实及当地的实际情况根据公平合理原则确定从2011年9月29日即上诉人第一次起诉时起支付因合同不成立而返还的购房款的利息(按月利率1.2%)并无不当。至于2009年2月4日在杭州联合农村合作银行下沙支行高沙分理处存入叶某秀账户的30000元是否为购房款的问题,上诉人认为该笔款项系上诉人支付的购房款,上诉人又没有其他证据相印证,上诉人提供的证据不足以证明由他人存入的款项系其支付的购房款,应承担举证不能的不利后果。综上,上诉人的上诉理由均不能成立,本院对其上诉请求不予支持。原审判决并无不当,应予支持。[2]

【案例 11－79】　王某江诉李某才房屋买卖合同纠纷案

一审法院认为,根据受审法院银行查询结果,原告与被告存在相同日期、相同网点、相同柜员号,且交易顺序相连的情况下,分别进行存款提取及存入的行为,且无证据证明原告与被告除房屋买卖关系之外尚有其他金钱往来关

[1] 吉林省高级人民法院(2015)吉民提字第120号民事判决书。

[2] 参见国家法官学院案例开发研究中心编:《中国法院2014年度案例》(房屋买卖合同纠纷),中国法制出版社2014年版,第218页。

系。原告关于上述行为系被告交付购房款的主张在发生概率上具有明显优势,其他巧合发生的概率极低。故受审法院认定原告已向被告支付购房款28万元,原告应当再向被告支付购房款2万元。[1]

开具增值税发票证明已付购房款问题。购房人除增值税发票之外不能举证证明其已履行付款义务的情况下,证明责任并未转移至出卖人,购房人仍应承担进一步的举证责任,否则应承担举证不能的法律后果。

【案例11-80】 欧某群与海南龙浴温泉度假村有限公司商品房销售合同纠纷再审案

最高人民法院认为,于本案而言,在叶某胜、华泰美公司与利远公司股东翟某录、刘某霞、翟某志股权转让合同关系实际存在,且不能完全排除欧某群代替案外人叶某胜支付500万元股权转让款的情况下,结合翟某录为该500万元出具了收条但未就3575096元现金出具收条的基本事实,欧某群仅以利远公司开具并交付全部增值税发票为由主张已付清全部购房款项事实依据并不充分。[2]

11.购房人主张赔偿损失举证

【案例11-81】 谢某玲诉郑州元龙房地产开发有限公司房屋买卖合同纠纷案

一审法院认为,针对谢某玲的室内损失,鉴于房屋漏水给谢某玲造成的房屋及室内物品损失真实存在,并因长期得不到解决而给谢某玲生活造成诸多不便,故在庭审中,针对举证责任分配,法院向元龙公司释明:"被告,根据勘察笔录你方认可的内容可以认定,除裂缝外(裂缝原因未鉴定)的各项损失与房屋漏水有因果关系,但你方在答辩及当庭陈述过程中明知有《具结书》内容存在的情况下,仍不认可损失的因果关系。考虑以上原因及本案争议标的较小,鉴定时间及成本较大,现向你释明:提醒你方注意针对原告提交的《谢某玲观澜小区3007室装修预算》中各项费用计算标准、方式、高低进行答辩。"在法院释明后,元龙公司仍坚持原答辩及质证意见。一审法院为,本案系业主与开发商之间的房屋买卖合同纠纷,属于《消费者权益保护法》调整范围,在作为消费者的谢某玲提供相关证据证明其室内损失系由元龙公司行为所致且损失数额为18748元的情况下,作为经营者的元龙公司亦负有对

---

〔1〕 参见国家法官学院案例开发研究中心编:《中国法院2015年度案例》(房屋买卖合同纠纷),中国法制出版社2015年版,第179页。

〔2〕 最高人民法院(2016)民再第133号民事判决书。

客观存在的损失数额进行概括性陈述并提供相应证据予以证明的义务，但其未尽义务，故法院对谢某玲提交的《赔偿明细》和《装修施工合同》予以采信，认定谢某玲室内损失数额为18748元。结合法院在事实查明部分认定的误工、交通费及干洗受污衣物损失，因房屋漏水等质量问题给谢某玲造成的损失共计21969元，该金额系本案中能够认定的自谢某玲接收房屋至今的全部合理损失，将元龙公司已赔偿的12000元扣除后，元龙公司仍应当向谢某玲赔偿损失9969元。二审法院亦持同样意见，维持一审判决。[1]

侵犯优先购买权赔偿损失纠纷举证。

【案例11-82】　天雨丰华（北京）文化发展有限公司诉鲁能英大集团有限公司承租人优先购买权纠纷案

二审法院认为，天雨丰华公司与房屋管理人鲁能物业公司之间的租赁合同于2008年12月20日解除，当作为所有权人的鲁能英大公司于2009年6月将房屋转让他人时，双方业已不存在租赁关系。由于天雨丰华公司提交的证据不足以证明鲁能英大公司在转让房屋时双方存在租赁关系，故天雨丰华公司与鲁能英大公司不存在承租人优先购买权之法律关系，从而天雨丰华公司无权向鲁能英大公司主张优先购买权损害赔偿。该院对鲁能英大公司的上诉请求予以支持。一审法院认定鲁能英大公司侵害了天雨丰华公司的优先购买权并判令赔偿损失不当，该院予以纠正。[2]

开发商与购房人签订"降价差额三倍返还"的相关协议，因该协议通常赔偿幅度很大，因此要求极为严格，购房人需严格按照协议约定方能获得赔偿。

【案例11-83】　朱某菁诉云南实力房地产开发经营集团公司等房屋买卖合同纠纷案

一审法院认为，原告朱某菁无确实、充分证据证明其已满足享受"降价差额三倍返还"的条件，且其与被告实力集团签订的《〈商品房购销合同〉住宅变更协议》已经对原《补充协议》的内容进行了变更，不再享有要求被告补偿差价的权利。故原告依据该《补充协议》要求被告三倍返还购房差价的主张不成立，本院不予支持。据此判决，驳回原告朱某菁的诉讼请求。[3]

---

〔1〕参见国家法官学院、最高人民法院司法案例研究院编：《中国法院2020年度案例》（房屋买卖合同纠纷），中国法制出版社2020年版，第37～38页。河南省郑州市中级人民法院（2018）豫01民终13321号民事判决书。

〔2〕参见国家法官学院案例开发研究中心编：《中国法院2015年度案例》（房屋买卖合同纠纷），中国法制出版社2015年版，第150～151页。

〔3〕参见国家法官学院案例开发研究中心编：《中国法院2017年度案例》（房屋买卖合同纠纷），中国法制出版社2017年版，第38页。

12. 适用定金罚则纠纷举证

【案例11－84】 祁某华诉王某玄未依约签订房屋买卖协议被判双倍返还定金纠纷案

二审法院认为,本案争议焦点为究竟是哪一方当事人的原因导致买卖合同未能订立。综合分析一审、二审在案的证据材料,应当认定由于被上诉人王某玄的原因导致双方买卖合同未能订立。理由如下:(1)被上诉人一审提供的证人康某文在第一次庭审中陈述:“双方约定2004年3月20日到场签约,但王先生未到场。”上述庭审笔录已经双方当事人及证人签字认可,其证明效力应予确认。在此情况下,原审法院却又再次开庭,要求证人对第一次庭审陈述是否属实作出确认,导致证人第二次庭审时陈述的内容与第一次完全相反,此种做法违反了程序法的规定。在证人陈述的内容不利于证人提供方,且没有充分证据和理由否认证人第一次庭审陈述内容的情况下,对证人第一次庭审陈述内容的真实性应予确认,即2004年3月20日,被上诉人王某玄未到场签约。(2)上诉人一审提供的公证书表明,上诉人在双方签约的前一天,发函给被上诉人的代理人,要求敦促被上诉人按约定时间签约,否则要求被上诉人双倍返还定金。此证明,至签约前一天,上诉人购房的意思没有改变,没有悔约的意思。(3)被上诉人于2004年3月15日,即本案双方当事人约定讼争房屋买卖合同前五天,已与闫某华签订讼争房屋买卖合同,将讼争房屋出售给闫某华。被上诉人在与上诉人立有定金合约,并收取上诉人1万元定金的情况下,却又与他人签订房屋买卖合同,足见其没有与上诉人签约的诚意,而且也不可能再将房屋出卖给上诉人,否则将造成一房两卖。由此可见,导致双方未能签订房屋买卖合同的原因是被上诉人违约。原审法院认定上诉人主张被上诉人违约证据不足,本案不适用定金罚则是错误的,应予更正。本案应判决由违约方,即被上诉人王某玄双倍返还定金给上诉人祁某华。另,本案讼争房屋出卖人并非房地产开发企业,原审法院适用《房屋买卖合同解释》第四条不当,应予纠正。判决:撤销一审判决,驳回原告的其他诉讼请求,改判被上诉人返还上诉人定金20000元。[1]

13. 与其他关系区分举证

关于房屋买卖合同关系与借款担保履行区分的举证。实践中,民间借贷的债

〔1〕 参见最高人民法院中国应用法学研究所编:《人民法院案例选》2006年第1辑(总第55辑),人民法院出版社2006年版,第152～153页。

权人要求债务人履行担保还款行为与真实的房屋买卖合同争议时,需要查明双方是否存在房屋买卖的真实意思表示,有房屋买卖真实意思表示的则认定为房屋买卖,反之则认定为借款担保履行。

【案例11-85】　段某明诉王某英房屋买卖合同纠纷案

二审法院认为,通过双方在一审、二审中举证、质证,结合双方的陈述,以及本案查证的案件事实,即王某英急需用钱,于2002年5月13日以明显低于购买价和市场价的方式与段某明签订《房屋买卖合同》,且在合同中约定签订合同当日仅支付170000元,而在水电费、煤气费、物管费等费用结清时才支付尾款680000元,当日段某明通过转账方式支付王某英170000元,而同时王某英又通过转账方式向段某明支付20000元。对于段某明收取王某英20000元款项的行为,段某明陈述系王某英需要购买汽车,故支付20000元的定金,对此陈述段某明未提交相应证据予以证实。结合王某英与段某明的电话录音以及其他证据判断,段某明的陈述有违市场规则和生活常理,对其主张二审法院未予采信。对于房屋买卖关系是否系双方真实意思表示,结合双方证据所能证明的内容以及双方证据的优势性,即可看出段某明与王某英之间所形成的系借贷关系,双方所签订的《房屋买卖合同》系为了履行借贷关系而提供的担保。签订《房屋买卖合同》并非双方真实意思表示,该《房屋买卖合同》并未成立,亦未生效。故段某明起诉要求继续履行《房屋买卖合同》的主张缺乏事实和法律依据。对于双方所形成的借贷关系,可另案主张。[1]

【案例11-86】　詹某琦诉张某气等房屋买卖合同纠纷案

一审法院认为,三被告主张其与原告之间是民间借贷法律关系,对该主张三被告负有举证责任,应当提供相应的证据证明。本案中,三被告提供的中国建设银行转账凭证及自动柜员机客户通知书,仅证明了被告方曾转账支付原告2笔款合计7000元的事实,不能证明其主张。被告提供的录音证据也不足以证明原、被告之间确立了民间借贷的法律关系,不足以反驳原告提供的《房屋买卖预约合同》所证明的事实。根据原告提供的《房屋买卖预约合同》,原、被告双方订立合同的目的系转让讼争房屋,并对讼争房产的成交总价、履行方式及违约责任设定了相关的权利义务,三被告亦确认在该协议上签名的事实,应当认定双方就讼争房屋的买卖达成了合意。且原告持有三被告与厦门泉舜房地产有限公司签订的《商品房买卖合同》亦可佐证上述事实,故本院认定双方之间确立的是房屋预约买卖的法律关系。被告主张原、被

---

〔1〕 参见国家法官学院案例开发研究中心编:《中国法院2016年度案例》(房屋买卖合同纠纷),中国法制出版社2016年版,第137~138页。

告之间确立的是民间借贷法律关系,但其所提供的证据不足以证明,应当承担举证不能的法律后果,被告的该主张,本院不予采纳。因张某气等未在法定期内预交二审案件受理费,二审法院裁定按自动撤回上诉处理。[1]

【案例11-87】 田某燕诉史某梅、马某巍房屋买卖合同纠纷案

一审法院认为,原、被告均认可就涉案房屋签订的《北京市存量房屋买卖合同》系作为借款的担保,该合同中的成交价格明显低于合同签订时的市场交易价格,且田某燕并非通过正常方式交付涉案房屋,基于上述情节,难以认定房屋交易系双方签订该合同时的真实意思表示。即使如田某燕所述,但根据现有证据,史某梅、马某巍及马某巍之母康某芝于借款后陆续向田某燕及其丈夫杨某好偿还了部分款项,虽然双方之间另有其他借款关系,但并无证据表明已还款项指向其他借款而非2010年5月10日的600000元借款,亦无证据表明田某燕曾经以合法途径要求史某梅、马某巍二人偿还借款,故田某燕之请求于法无据,不予支持。二审法院认为,双方之间系民间借贷关系,《北京市存量房屋买卖合同》的性质系以史某梅、马某巍所有的房屋为借款关系提供担保,而非一般意义上的房屋买卖交易。现田某燕要求过户的请求有违当事人签订该合同时的真实意思表示,不予支持。田某燕与史某梅、马某巍之间的债权债务关系,可另行解决。[2]

房屋买卖合同关系与借贷关系的区分举证。在对法律关系是房屋买卖合同关系还是借贷关系纠纷的争议中,主张合同关系方提交的商品房买卖合同及商品房预告登记等直接证据,足以证明双方之间成立商品房买卖合同关系;主张系借贷合同关系方缺少借款合同等基础证据,经法院释明后仍无法说明款项性质、借款期限、利率等信息,其主张的借贷关系不能成立。

【案例11-88】 郭某诉绥棱县大成投资有限责任公司房屋买卖合同纠纷案

一审法院认为,绥棱县大成公司拜泉棚改项目部是被告绥棱县大成公司的内设机构,代表绥棱县大成公司在拜泉县进行时尚嘉园小区的开发建设及与相关部门、人员进行各项业务往来,绥棱县大成公司拜泉棚改项目部从事的民事行为视为被告绥棱县大成公司从事的民事行为。本案中原告郭某与绥棱县大成公司拜泉棚改项目部签订了《商品房买卖合同》,并由绥棱县大成公司拜泉棚改项目部财务部门出具了收到购楼款收据,应视为郭某与被告绥棱县大成公司签订了商品房买卖合同。合同内容真实,不违反法律、行政

---

〔1〕 参见国家法官学院案例开发研究中心编:《中国法院2013年度案例》(房屋买卖合同纠纷),中国法制出版社2013年版,第112页。

〔2〕 参见国家法官学院案例开发研究中心编:《中国法院2014年度案例》(房屋买卖合同纠纷),中国法制出版社2014年版,第129~130页。

法规的强制性规定,应认定原告与被告绥棱县大成公司之间的《商品房买卖合同》合法有效。至于被告绥棱县大成公司辩称该合同系原告郭某与石某太之间的借贷行为,但因被告绥棱县大成公司未提交借款合同这一直接证据,在原告郭某不予认可的情况下,对借款数额、期限、利率等借贷关系的基础事实无从查实,本院对被告绥棱县大成公司的抗辩意见不予采信。[1]

【案例 11－89】　广西嘉美房地产开发有限责任公司与杨某鹏商品房买卖合同纠纷案

最高人民法院认为,当事人于再审期间的争议焦点是:嘉美公司与杨某鹏之间是借贷关系还是商品房买卖合同关系。嘉美公司主张为借贷关系,但缺少了关键性的证据《借款合同》。杨某鹏主张其与嘉美公司之间为商品房买卖合同关系,双方从未签订过借款合同。但与其主张相矛盾的是:第一,杨某鹏未持有其所称交付 340 万元购房款后应当取得的《销售不动产统一发票》原件;第二,杨某鹏否认先后分九次收到的嘉美公司打入其不同账户的 61.1 万元是嘉美公司支付的借款利息,但却以商业秘密为由拒不说明该款项的性质。再审庭审中,虽然合议庭向其释明其有关商业秘密的说法不能成立,其有义务向法院说明上述款项性质,但杨某鹏仍然未作出说明。因此,在双方证据均有缺陷的情况下,应当结合双方提交的证据,探究合同签订时双方当事人的真实意思,进而对当事人之间的法律关系作出判断。认定当事人之间是否存在债权债务关系,书面合同并非不可缺少的要件。只要确认双方当事人就借贷问题达成了合意且出借方已经实际将款项交付给借款方,即可认定债权债务关系成立。杨某鹏向嘉美公司支付 340 万元并收取利息的行为,足以认定双方之间成立了债权债务关系。嘉美公司从杨某鹏处取得 340 万元的真实意思是融资还债,其与杨某鹏签订《商品房买卖合同》的目的,则是担保债务的履行。[2]

关于以房抵债关系的区分举证。双方虽签订了房屋买卖书面合同,但双方并未按合同约定实际履行,出卖人(实为债务人)未向购房人(实为债权人)交付房屋使用,购房人也未实际向出卖人交付购房款的情形,实质上出卖人与购房人达成的是将房屋作为抵押,当出卖人不能清偿债务则转移房屋所有权的合意,故不能认定双方成立真实的房屋买卖关系。

---

〔1〕 参见国家法官学院案例开发研究中心编:《中国法院 2017 年度案例》(房屋买卖合同纠纷),中国法制出版社 2017 年版,第 240 页。

〔2〕 参见最高人民法院民事审判第一庭编:《民事审判指导与参考》2014 年第 2 辑(总第 58 辑),人民法院出版社 2014 年版,第 201～204 页。

【案例11－90】 杨某珍诉秦某、苏某先农村房屋买卖合同纠纷案

一审法院认为，苏某先与秦某所签房屋买卖协议中只是就涉诉房屋的价款作出了约定。该协议并不能证明秦某向苏某先已经支付了40万元的转让费用。除此之外，秦某就其所主张的以现金方式支付了40万元转让费用的事实既不能提供付款收据，也不能提供相关的取款凭证证明，且秦某的证人张某雄、秦某正、王某也不能证明其该项主张。苏某先对此亦不予认可。综上，苏某先与秦某的交易有悖常理，本院认定苏某先与秦某之间就涉诉房屋不存在真实的房屋买卖关系。〔1〕

书面合同是确定当事人法律关系的逻辑起点和基本依据，相对于传来证据、间接证据具有较高的证明力。仅应在确有充分证据证明当事人实际履行行为与书面合同表现的效果意思差异显著时，才可依前者确定当事人之间的法律关系。也就是说，应以负担证明责任的人提供证据证明其主张的法律事实所要达到的证明程度来确定争议合同关系。商品房买卖合同一方主张合同名为房屋买卖实为民间借贷的，在无充分证据佐证当事人之间存在隐藏法律关系且该隐藏法律关系终局地对当事人产生约束力的场合，不宜简单地以交易习惯为由否定房屋买卖法律关系的存在。

【案例11－91】 洪某风与昆明安钡佳房地产开发有限公司房屋买卖合同纠纷案

最高人民法院认为，本案中，洪某风已经完成双方当事人之间存在房屋买卖法律关系的举证证明责任，安钡佳公司主张其与洪某风之间存在民间借贷法律关系。按照《民事诉讼法解释》第一百零八条的规定，安钡佳公司之举证应当在证明力达到足以使人民法院确信该待证事实的存在具有高度可能性的程度。安钡佳公司为反驳洪某风主张事实所作举证，没有达到可能性之证明标准。较高度可能性这一一般证明标准而言，合理怀疑排除属于特殊证明标准。《民事诉讼法解释》第一百零九条规定了排除合理怀疑原则适用的特殊类型民事案件范围。一审法院认定双方当事人一系列行为明显不符合房屋买卖的“交易习惯”，进而基于合理怀疑得出双方之间名为房屋买卖实为借贷民事法律关系的认定结论，没有充分的事实及法律依据，也不符合前述司法解释的规定精神，应予纠正。〔2〕

〔1〕 参见国家法官学院案例开发研究中心编：《中国法院2018年度案例》（房屋买卖合同纠纷），中国法制出版社2018年版，第244页。

〔2〕 参见最高人民法院民事审判第一庭编：《民事审判指导与参考》2015年第3辑（总第63辑），人民法院出版社2016年版，第194～195页。

(三)房屋买卖合同争议举证采信

1.证据采信理解

在法官与当事人的交流中,提出证据属于当事人,对证据的采信、事实和法律的判断则属于法官。对原告举证不充分的,法官行使自由裁量权裁定。

从理论上讲,对证据采信就是对证据的判断,就是自由心证的过程。判断证据证明力强弱及其取舍、斟酌,实践中主要凭借法官的自我理性判断,进而对案件事实的认定必须建立在内心深处对自己主观判断确认真实无疑的基础之上。这种自由心证的强度依次分为微弱的心证、盖然的心证、盖然的确信心证和必然的确信心证四个程度。这就要求法官必须具有良好的法律知识、社会经验、逻辑推理和道德良知,最大限度地发挥高度盖然性的积极作用,以使法律事实尽可能地接近客观事实。

高度盖然性证明标准(优势证据标准),是现行我国民事证据采用的证明标准。该标准意在降低判决事实基础的要求,法官可以借鉴现代自由心证的规则,基于高度盖然性(事物发展的高度概率)认定案件事实,在证据优势基础上形成内心确认,得出待证事实虽还不能排除其他可能性,但十之八九是如此的结论即可认定为法律事实。适用高度盖然性标准需要注意以下几点:其一,不能违背法定的证据规则。其二,不能主观臆断。其三,必须达到确信的程度。其四,不允许仅凭微弱的证据优势认定案件事实。其五,要求最终认定的证据能够形成完整的证据链,得出唯一的证明结论。

法官应当在审查房屋买卖合同、交付凭证等直接证据形式上的真实性、合法性、关联性之外,还应当根据证据取得的方式、证据形成原因、证据形式、证据提供者情况及与案件的关系等,对证据的证明力进行审查和判断,并对比双方当事人提供证据的证明力大小,按照民事诉讼证据盖然性标准,形成内心确信,作出最终采信认定。

法官在审查证人证言时,应当严格按照《民事诉讼法》《民事诉讼法解释》和《证据规定》等规定进行,特别是对于客观证据较为薄弱的案件,更要注意甄别证人证言的真实性、合法性。在认定证人证言的时候,还可以灵活运用对质等方法,以便更好地查清案件事实。

在民事案件中,法官职权的介入及心证的运用一般发生在当事人的证明方法皆已穷尽的情形之下,因法官无法以事实不清为由拒绝裁判,此时案件进展的推动力由当事人转至法官。民事诉讼待查的事实均系既往事件,法官审理案件只能立足于过去，依据证据认证规则衡量各方当事人提交的证据，据此认定案件事实，并对案件进行裁判，这个过程是法官心证产生的过程。法官须依照逻辑规律和经验法则对证据的证明力进行分析判断。实践中，法官主要依据自身的经验法则，结合当事人本人的陈述，以及对细节的反复推敲，运用高度盖然性的证明标准，最终达到自身的内心确信。并在判决说理部分对争议焦点进行充分、合理、合情的阐述，展示其行使自由裁量权的过程，使其采信证据确认争议事实让当事人接受，实现判决达到定分止争的目的。

房屋买卖合同与借款协议并存时，应根据举证证明判断债务人所交钱款的性质。

【案例 11－92】 郭某某与吴某某、林某某房屋买卖合同纠纷案

一审法院认为，虽然郭某某与吴某某、林某某之间的房屋买卖关系成立，但郭某某尚无充分证据证明其已按照《转让房屋产权协议书》的约定履行自身的支付房款义务，故判决驳回郭某某的诉讼请求。二审期间，郭某某申请证人张某国到庭，就 80 万元还款的事实予以证明。张某国在庭审中陈述，张某国与郭某某有业务往来，在催讨相关款项的过程中来到上海。其间，听郭某某说到银行预约取款 80 万元还钱。第二天，看到郭某某与吴某某在一起吃东西，听到郭某某说，老吴，你把钱放好，路上当心一点。吴某某对此并不予认可，因该证据是孤证，且证明力较低，法院无法确认钱款交付的事实。郭某某支付的 112 万元，支票存根上用途原记载为还款，事后由郭某某添加"房款"字样，二审法院认为应当以原记载为准，故原审法院确认该款系对借款的还款是正确的。且郭某某之后又向吴某某支付了 231000 元，该款项与其应当支付的租金数额相同，《转让房屋产权协议书》明确约定全额支付房款后无须支付房屋租金，郭某某的该支付行为与约定相悖，进一步证明了系争 112 万元款项不是房款的可能性。郭某某认为 231000 元是房价差的钱款，但无证据予以证明，法院难以采信。综上所述，可以认定系争 112 万元为还款，而非房款。二审判决驳回上诉，维持原判。[1]

个案中，在无法直接证明待证事实存在的情况下，应当综合分析证据，结合日常生活经验法则，从前提事实中推导出具有高度盖然性的推定事实。

【案例 11－93】 成某云诉云南大朝房地产开发经营有限公司商品房预售合同纠纷案

二审法院认为，对于成某云支付的 60 万元购卡费，并未明确约定为定金性质。而对于成某云所交纳 100 万元款项的性质，二审法院通过推定，根据

〔1〕 上海市高级人民法院（2012）沪高民一（民）终字第 29 号民事判决书。

证据优势原则，确认《承诺书》系成某云根据大朝公司的要求所出具并于当日实际交纳100万元定金。同时认为，大朝公司在未解除合同的情况下与案外人签订《商品房购销合同》，已构成根本性违约，应向成某云双倍返还定金。同时，双方合同目的已不能实现，成某云支付的60万元预付款亦应当返还。〔1〕

关于鉴定意见是否具有优于其他证据的证明力问题。鉴定意见作为证据的一种，是法官处理案件的重要依据，但不是唯一的依据，鉴定意见也不必然具有优先于其他证据的证明效力，其可信程度及是否采纳等仍然要由法官综合其他证据予以分析判断。鉴定意见并不当然等同于案件事实，只有经查证属实才能作为认定案件事实的根据。

【案例11－94】　陆某胜诉陆某功房屋买卖合同纠纷案

二审法院认为，陆某根与陆某功是否存在房屋买卖关系，应从协议的主要内容、实际履行行为，结合证人证言、日常生活经验等方面综合审查分析，以确定房屋买卖是否是陆某根的真实意思表示。首先，原东村民委员会主任李某友等关于案涉房屋买卖关系发生时间、地点等基本事实的陈述，内容一致，并无分歧，证明买卖房屋协议系双方自愿达成的合意。其次，陆某功对房款支付情况已作合理说明，章某某等证人证明陆某功代陆某根偿还债务的事实。再次，从合同履行情况看，陆某功对案涉房屋已居住使用多年，陆某根去世后，陆某胜一直未对陆某功在案涉房屋中居住的行为提出异议。最后，虽然司法鉴定意见倾向认定房屋转让协议上“陆某根”的签名不是陆某根本人所写，但在笔迹鉴定中，用以比对的样本极其重要，本案送检的样本与检材的时间并非同年，故鉴定意见是倾向性意见。鉴定意见并不当然等同于对案件事实的认定，陆某胜仅凭鉴定意见要求确认房屋买卖协议无效的请求，不能得到支持。〔2〕

个案中，法官根据双方的举证裁量争议事实。

【案例11－95】　胡某某诉置业公司房屋买卖合同纠纷案

一审法院认为，胡某某举证并陈述的置业公司官网发布的新闻截图打印件显示：“签署《商品房买卖合同》《无理由退房协议书》之日起至办理入住手续前的任何时间均可无理由退房。”置业公司举证《某项目购房特别提示（住

〔1〕　参见国家法官学院案例开发研究中心编：《中国法院2014年度案例》（房屋买卖合同纠纷），中国法制出版社2014年版，第65页。

〔2〕　参见国家法官学院案例开发研究中心编：《中国法院2017年度案例》（房屋买卖合同纠纷），中国法制出版社2017年版，第132页。

宅)》亦明确载明:“参与无理由退房的产品买受人有权选择是否签署《无理由退房协议书》。若未签署《无理由退房协议书》则默认放弃无理由退房,并承诺不再追究出卖人任何责任。”上述内容通过加粗印刷字体提示原告注意,同时要求原告在知悉并同意接受的情况下抄录并签名确认。胡某某称上述内容系格式条款,置业公司未履行提示和说明义务。胡某某陈述与其抄录内容并签名确认的事实不符,本院不予采纳。胡某某在知悉参与无理由退房需要签订《无理由退房协议书》的情况下,未举证证明其与置业公司签署《无理由退房协议书》。且从合同履行角度,涉案商品房买卖合同已办理合同信息登记备案,并办理预售商品房抵押权预告登记,以贷款方式支付完毕剩余购房款。在此情形下,以置业公司“无理由退房”为由主张解除合同,既缺少事实和法律依据,也有违商事合同行为的稳定性,不利于维护正常市场交易秩序,故本院不予支持。关于胡某某主张置业公司在其购房过程中故意隐瞒大型墓地建设是否构成享有合同法定解除权的问题,胡某某除陈述外未向法庭举证依法或依约应由置业公司公示的涉案房屋周边“不利因素”的具体范围及相应的法律或合同依据,即胡某某本案陈述置业公司故意隐瞒其公示的涉案大型墓地举证不成立。胡某某以此为由要求解除合同亦缺少《民法典》第五百六十三条合同法定解除条件的有效举证,本院不予支持。[1]

2. 被告抗辩证据判断标准

被告抗辩证据达到何种判断标准是疑难问题。一般认为,被告证明自己抗辩主张的证明标准,不应当适用一般举证所需要的高度盖然性标准。在诉讼中,只要被告举示的抗辩证据能够证明抗辩主张的合理性和可能性,动摇法官对原、被告双方存在借贷合意的确信,应视为被告完成抗辩举证义务,即便未达到高度盖然性标准,也不影响其证据不能成立抗辩主张。在具体案件审理中,法官可以结合个案特点,综合考虑原、被告双方之间的关系等案件相关事实,来评判被告举示的证据能否证明其抗辩主张的合理性和可能性,并在此基础上界定其内心对借贷合意的确信是否因被告举示的证据而发生动摇,同时对被告抗辩是否完成了举证义务作出判断。换言之,被告抗辩证据判断标准要低于盖然性证明标准。

〔1〕 参见国家法官学院、最高人民法院司法案例研究院编:《中国法院 2023 年度案例》(房屋买卖合同纠纷),中国法制出版社 2023 年版,第 57 页。河南省郑州市中原区人民法院(2021)豫 0102 民初 5143 号民事判决书。

专题十二　房屋买卖合同其他纠纷

本专题着重对限购政策下房屋买卖合同、商品房预售合同、一房两卖、执行异议等七个方面展开阐述。

一、限购政策下房屋买卖合同纠纷

在我国房地产市场过热和房价过高的大背景下，国务院引导各地陆续出台了限购政策，经过几年的努力，房价过快上涨的势头得到了有效控制。在限购政策陆续出台的过程中，各地不断爆出“限购令”引发的房屋买卖合同纠纷，由此产生了一系列民事审判上的新问题。在限购政策对房屋买卖合同的履行、解除、违约金和定金等诸多问题的影响上，各地法院做法不尽一致，出现大量同案不同判现象，因此有必要对此进行研究。

（一）限购政策的定性

2011年1月26日，国务院办公厅发布了《关于进一步做好房地产市场调控工作有关问题的通知》（国办发〔2011〕1号），规定：“原则上对已拥有1套住房的当地户籍居民家庭、能够提供当地一定象限纳税证明或社会保险交纳证明的非当地户籍居民家庭。限购1套住房（含新建商品住房和二手住房）；对已拥有2套及以上住房的当地户籍居民家庭，要暂停在本行政区域内向其售房。”其后，各地出台了限购令。实践中，限购政策的定性问题，即是不可抗力抑或是情势变更，是争议的焦点，因为定性直接关系到案件的处理结果，决定了原、被告权利义务的范围。

限购政策是否构成不可抗力。许多购房人以政策调整是不可抗力为由，单方面终止履行购房合同。因中央在2010年1月就已酝酿相关规定，且限购政策也并未达到当事人不能避免并且不能克服的客观程度，不应认定为不可抗力。住房限购政策具有公共政策的性质，是政府在多次出台房地产调控政策的市场背景下，利用行政手段干预市场的行为，本身是有可预见性的，不属于法律规定的不可抗力。与限购政策相配套的提高首付比例的房贷政策同样也不构成不可抗力。

【案例12-1】 北京航丰园科技发展有限责任公司诉王某力、张某山商品房销售合同纠纷案

二审法院认为，虽然2007年9月27日发布的《关于加强商业性房地产信贷管理的通知》发生在双方签订合同之后，但北京农村商业银行南菜园支行作为航丰园公司按揭贷款业务的合作银行，早在2006年8月就将提高首付款比例的问题通知航丰园公司，故不属不可抗力。[1]

限购政策构成情势变更是购房人的抗辩理由之一。此类案件能否适用情势变更规则，应该分情况而论。如果购房人在限购令出台之前签订了购房合同，之后国务院或者本地出台限购令导致购房后无法过户等不利后果的，属于情势变更，购房人可据此请求撤销合同并返还定金；反之，则不能以此处理。从法律上讲，限购政策应理解为情势变更而不是不可抗力。在表现形式上，政府对房地产市场宏观调控措施的改变，属于社会经济形势的范畴而非自然力或罢工、战争等社会性异常现象。在造成的直接结果上，情势变更表现为合同履行对一方当事人明显利益失衡，显失公平，不能实现合同目的而非合同根本不能履行。情势变更的法律后果为合同一方享有解除合同的请求权，如欲解除合同并免除违约责任，必须请求法院作出裁判。不可抗力则是法定的免责事由，当事人享有的是形成权，只要当事人依法取得了确切证据，并履行了通知、防止损失扩大等义务即可免除或减轻责任。限购政策显然并不构成一方免除责任的当然理由。从社会效果上看，若把限购政策界定为不可抗力，容易导致不可抗力制度的滥用，从而影响经济秩序。《最高人民法院关于当前形势下审理民商事合同纠纷案件若干问题的指导意见》中指出，人民法院应当依法把握情势变更原则的适用条件，严格审查当事人提出的"无法预见"的主张。由此可知，认定限购政策是否属于情势变更的关键是分析其不可预见性。笔者认为，限购政策具有三方面的不可预见性：其一，施行地区不可预见。根据国务院的通知，在房价、地价上涨势头过快、投机性购房活跃的地区，需要施行房产新政，但国务院对具体哪些城市和地区必须施行房产限购政策，未作明确要求，从这一点讲房屋限购地区具有不可预见性。其二，施行时间不可预见。在已经施行限购政策的地区，政策的出台时间有先后顺序。其三，内容不可预见。各地政府结合本地区实际情况，对限购政策有不同理解和规定，这也是无法预见的。

关于房贷政策变化是否构成情势变更的问题。房贷政策是提高购房人首付比例的政策，亦为限购政策的配套措施。有的购房人认为房贷政策造成合同签订后无法按时申请到银行按揭贷款的，应构成情势变更。但是房款首付比例提高并不必然导致购房人无履约能力，也不必然导致继续履行对一方当事人显失公平，并非不可预见，若轻易适用情势变更规则解除合同，则有违意思自治和契约严守的原则。

---

[1] 参见国家法官学院案例开发研究中心编：《中国法院2012年度案例》（房屋买卖合同纠纷），中国法制出版社2012年版，第53页。

【案例12-2】　张某招诉惠元(厦门)房地产发展有限公司商品房预售合同纠纷案

二审法院认为,合同系双方当事人的真实意思表示,合同约定在上诉人无法如期获得银行贷款时,应以现金补足房款。故张某招以政策变化作为不能签订《商品房预售合同》的理由不能成立。讼争《商品房预售合同》无法签订,系张某招自身原因所致,其主张返还定金没有法律依据。[1]

【案例12-3】　邓某诉孔某能房屋买卖合同纠纷案

二审法院认为,该合同第三条第四项约定,如银行房贷政策或乙方(邓某)个人资信,影响按揭额度或不能批下的,不足部分或全额按揭款由乙方在接到丙方(房产中介公司)通知、法定放贷时间三日内以现金补足。故根据双方合同约定,国家政策的改变,导致银行房贷政策的变化,并非邓某贷款不成拒绝履行合同的法定事由。邓某未按约履行付款义务,应承担违约责任。[2]

实践中,法院对房贷政策变化的认识并不一致,有的法院认为其构成不可抗力,而有的法院认为构成情势变更。

【案例12-4】　史某伟诉崔某侠等房屋买卖合同纠纷案

二审法院认为,房产新政的出台属于国家房地产宏观调控经济政策的重大调整,是双方当事人在签订合同时无法预见和控制的,由此造成史某伟无法获得贷款,合同履行存在障碍,双方对此均无过错,如判决继续履行合同,超出了史某伟的履行能力,显失公平。补充协议中遇国家政策及银行政策调整,以国家政策及银行政策调整为准的约定,不足以涵盖本案发生的情形。因此,本案属于法律规定的不可归责于双方当事人的事由导致合同无法继续履行的情形,原审判决认定构成不可抗力不当,应予调整,但其判决结果并无不当。[3]

限购政策属于不可归责于双方的事由。为了统一执法尺度,一些地方法院制定了有关限购政策定性的规定。北京市高级人民法院民一庭《关于妥善处理涉及住房限购政策的房屋买卖合同纠纷案件若干问题的会议纪要》中规定,住房限购政策在性质上具有公共政策的性质,确实会对房屋买卖合同能否继续履行造成重

---

〔1〕 参见国家法官学院案例开发研究中心编:《中国法院2012年度案例》(房屋买卖合同纠纷),中国法制出版社2012年版,第31页。

〔2〕 参见最高人民法院中国应用法学研究所编:《人民法院案例选》2011年第2辑(总第76辑),人民法院出版社2011年版,第127页。

〔3〕 参见国家法官学院案例开发研究中心编:《中国法院2012年度案例》(房屋买卖合同纠纷),中国法制出版社2012年版,第113页。

大影响。合同订立后住房限购政策的实施致使买受人无法办理房屋过户登记,属于不归责于双方当事人的原因导致合同目的无法实现,当事人要求解除合同的,除合同另有约定外,一般应予支持。持该种定性意见的还有天津市高级人民法院、安徽省高级人民法院、浙江省高级人民法院的相关规定。有法官认为,将限购、限贷政策认定为"不可归责于双方的事由"符合现有制度的设计,具有合理性。在审理此类案件时,对于明显受新政影响的房屋买卖合同,可以将新政实施作为合同解除的情形。支持合同解除的理由可以按如下思路论证,将限购、限贷政策的变化认定为"不可归责于双方的事由",并将其落脚点确定在对买受人一方的"履行能力产生重大影响",进而依据公平原则予以处理。[1]

个案中,在认定"不可归责于双方的事由"时,法官应查明违约方是否存在过错,如果对合同不能履行存在过错,则应限制按"不可归责于双方的事由"来处理。

【案例 12-5】 张某某诉林某某、马某房屋买卖合同纠纷案

一审法院认为,由于购房资格是顺利履行房屋买卖合同必须具备的前提性条件,一旦丧失购房资格将导致整个合同无法继续履行。此时,双方当事人对导致合同无法继续履行均无过错,属于可以按照"不可归责于双方当事人的事由"处理,任何一方当事人都可以诉请解除合同。二审法院认为,涉案房屋买卖合同及协议履行过程中,上诉人并不存在违约行为,而被上诉人未按约履行办理产权过户等合同义务,故系被上诉人违约致涉案房屋买卖合同及协议未能继续履行的后果应由被上诉人承担。[2]

房屋限购政策不属于构成情势变更原则适用条件。房屋限购政策是直接针对购房人,而非针对开发商。如果没有充分正当理由,不得认定房屋限购政策的出台对于开发商履行商品房买卖合同义务构成情势变更。开发商如果按期履行商品房买卖合同约定义务,本来不会受房屋限购政策的负面影响;因其自身原因迟延履行,已经构成违约后受到新出台的房屋限购政策影响的,不属于情势变更原则所指"继续履行合同"对于一方当事人明显不公平或者不能实现合同目的的特定情形。开发商应因自己迟延履行合同的过错,自行承担由房屋限购政策产生的法律政策风险。

【案例 12-6】 长沙市雨花区市容环境卫生管理局诉湖南恩瑞置业有限公司商品房销售合同纠纷案

二审法院认为,长沙市雨花区环卫局多次向雨花区政府和长沙市政府申

〔1〕 参见《房屋买卖合同纠纷裁判思路与裁判规则》,法律出版社 2016 年版,第 349 页。

〔2〕 上海市第一中级人民法院(2016)沪 01 民终字第 12054 号民事判决书。

请土地出让金减免,区政府也报请市政府审批,但市政府未批准减免。双方争议的实质是市政府未批准土地出让金减免的后果应由谁承担。从《协议书》第七部分"双方的权利义务"中特别约定可知,土地出让金减免不成功的后果应由恩瑞公司承担,而非由雨花区环卫局承担;雨花区环卫局需要承担的义务是配合恩瑞公司向湖南恩瑞集团追缴原恩瑞公司(股权转让前)所欠雨花区环卫局的406万元,而诉讼中恩瑞公司并没有主张、更没有提供证据证明雨花区环卫局违反了该项义务。因此,恩瑞公司主张雨花区环卫局未按合同约定成功减免土地出让金违约在先,其不按合同约定交付房屋不构成违约,不应承担违约责任的理由不能成立。长沙市房屋限购政策文件系2017年9月22日作出,次日生效,而《协议书》签订于2014年,约定交房期限为2015年8月31日。如《协议书》按期履行,上述限购政策文件对《协议书》没有任何影响。恩瑞公司因自身原因迟延履行,导致《协议书》的履行受房屋限购政策的影响,应自行承担由此产生的法律政策风险。因此,恩瑞公司以限购政策为由主张其不构成违约也不能成立。恩瑞公司在《协议书》明确约定土地出让金减免不成功后果由其承担的情况下,仍然以此为由停止案涉商品房项目的开发,拒绝按期交付房屋,显然属于恶意违约。土地出让金不能减免成功的风险在《协议书》签订时就已预见到,商品房开发成本上涨系正常的市场风险,不构成法律上的情势变更。恩瑞公司主张其非恶意违约,系情势变更导致合同无法履行的理由不能成立。恩瑞公司不能如期交房构成根本违约。雨花区环卫局依法可以行使合同解除权。恩瑞公司应按照《协议书》明确约定承担违约责任。判决:驳回上诉,维持原判。[1]

(二)限购政策对房屋买卖合同的影响

限购政策对房屋买卖合同的影响,主要涉及合同履行、解除、效力及违约金、定金等诸多方面,具体而言:

1. 当事人的注意义务

限购政策的出台是一个逐步推进的过程,其带来的风险可以防范和控制,房屋买卖双方均负有注意义务。如果一方已经尽到提醒义务,则应推定相对方知悉相关限购政策,限制相对方以限购政策影响为由主张的诉讼请求。

---

〔1〕 参见最高人民法院中国应用法学研究所编:《人民法院案例选》2020年第10辑(总第152辑),人民法院出版社2021年版,第43~44页。湖南省高级人民法院(2018)湘民终196号民事判决书。

【案例 12－7】 郑某平、高某永诉天津集团泊置业有限公司商品房预售合同纠纷案

二审法院认为，郑某平、高某永与团泊公司所签《楼宇认购书》的时间在国办发〔2011〕1 号和津政办发〔2011〕19 号两个“限购令”之后，郑某平、高某永关于只在《楼宇认购书》签订之后才知道限购令的主张，因未提交证据予以证明，一审法院不予采信并无不妥。双方所签《楼宇认购书》约定：“在签署本认购协议之前，乙方（郑某平、高某永）已对调控政策及对购房或按揭贷款的影响有充分、合理的预期，乙方若因上述原因不能购房的，并且在上述情形发生起 7 日内不能全额交付房款、办理购房手续的，甲方有权将上述房产收回另行出售，乙方已付定金不予退还。”〔1〕

2. 购房人存在过错时的赔偿责任

在限购政策施行后，购房人明知或应当知道其在限购地已有二套房产的情形下，不得再在限购地购买住房，还继续向开发商或卖房人购买房产的，购房人的行为存在过错，限购政策不能作为其抗辩理由。浙江省高级人民法院民一庭《关于审理受房地产市场调控政策影响的房屋买卖合同纠纷案件的若干意见（试行）》第七条规定：“调控政策实施后，因一方当事人隐瞒或虚构事实情况，导致订立的合同违背调控政策而无法继续履行，另一方当事人请求依法变更或撤销合同，并要求对方当事人承担因此所受损失的，可予以支持。双方当事人均知道或应当知道订立的合同违反调控政策的强制性规定，一方当事人请求确认合同有效、继续履行的，不予支持。”

【案例 12－8】 黄某琤诉洪某兰房屋买卖合同纠纷案

判决观点：福州市限制居民家庭购房套数政策以及福州房地产调控十一条意见实行的日期分别为 2010 年 10 月 10 日和 2011 年 2 月 28 日，而原、被告签订买卖合同的时间为 2011 年 8 月 2 日。被告洪某兰应当知道其在福州已有二套房产的情形下，不得在五城区内购置住房，还继续向原告购买房产，被告的行为存在过错。〔2〕

关于一方隐瞒或虚构具备购房资格，导致合同因违反住房限购政策而无法继续履行的处理。湖北省高级人民法院《民事审判工作座谈会会议纪要》第四十条规定：“住房限购政策实施后，因一方当事人故意隐瞒或虚构事实，导致订立的合

〔1〕 参见国家法官学院案例开发研究中心编：《中国法院 2014 年度案例》（房屋买卖合同纠纷），中国法制出版社 2014 年版，第 48 页。

〔2〕 参见国家法官学院案例开发研究中心编：《中国法院 2014 年度案例》（房屋买卖合同纠纷），中国法制出版社 2014 年版，第 82 页。

同违反住房限购政策而无法继续履行,另一方当事人请求解除或撤销合同,并要求对方当事人赔偿其因此所受损失的,应予支持。”

3. 违反限购政策的合同效力

有观点认为,若购房合同是在限购令发布前签订的,则购房合同有效;若购房合同是在限购令发布后签订的,则购房合同无效。如果购房合同是在限购令发布后签订,而合同双方又都明知限购令的存在,那么合同因违反法律法规禁止性规定而无效。笔者不同意上述观点。首先,合同的效力与合同的履行是两个不同的概念,不能以所签订合同是否能够履行来判断合同的法律效力。对于房屋买卖合同,只要签约主体合法,双方意思表示真实,合同内容不违反法律、行政法规的效力性强制性规定,房屋买卖合同就依法产生法律效力。其次,根据现行法律的规定,合同法实施以后,法院确认合同无效,应当以全国人大及其常委会制定的法律和国务院制定的行政法规的效力性强制性规定为依据,不得以地方性法规、行政规章为依据。国务院出台的住房限购政策,是国家行政规范性文件;地方政府的住房限购政策,是地方行政规范性文件,二者属于管理性强制性规范,不是由立法机关制定和发布,因而不属于法律,不应当成为判断合同效力的依据。《行政法规制定程序条例》第五条第一款规定:“行政法规的名称一般称‘条例’,也可以称‘规定’、‘办法’等。”第二十七条第一款规定:“国务院法制机构应当根据国务院对行政法规草案的审议意见,对行政法规草案进行修改,形成草案修改稿,报请总理签署国务院令公布施行。”由于限购令文件只是一个通知,也未由国务院总理签发国务院令公布施行,所以限购含文件也不属于行政法规。从制定机关和内容来看,上述限购令文件只能定性为行政规范性文件,即“行政机关为实施法律和执行政策,在法定权限内制定的除行政法规和规章以外的决定、命令等普遍性行为规则”。[1] 因此,从原则上来说,住房限购政策一般不影响房屋买卖合同的效力。应当注意的是,限购政策不属于法律和行政法规的范畴,故当事人不能以购房人因限购政策而不符合购房资格为由主张合同无效,但最高人民法院有以违背公序良俗无效的实例判决。更多内容详见专题四合同效力的阐述。

购房人在签约时属于限购对象,但出卖人愿意接受这一条件,并愿意等待一定时间以履行合同的,系合同双方的意思自由和真实意思表示,该约定并不违反法律和行政法规的强制性效力性规定,其房屋买卖合同有效。合同双方对于房屋买卖的合意并非始于网签。网签合同仅是基于行政登记备案的需要,由买卖双方在过户之前进行的相应行政备案手续。买卖双方在网签合同时受限购政策约束,

---

〔1〕 参见江必新、邵长茂:《新行政诉讼法修改条文理解与适用》,中国法制出版社 2015 年版,第 195 页。

但在合同约定过户截止日前，购房人的购房资格障碍消除、重新网签即可交易的情形下双方重新网签并非缔结新的合同，而系履行原合同的附随义务。

【案例 12－9】 陈某姬诉徐某睛房屋买卖合同纠纷案

一审法院认为，涉案合同履行期限的跨度时间以及先交房后过户的交易方式皆异于一般流程，结合买方社保交纳情况及补充协议约定，卖家在签约时对买方限购情况是明知的。虽然买方在购房时社保交纳不足 2 年，但不能否定合同效力。而其在约定过户前已具备购房资格，并非新政限购对象，若双方及时重新网签，并不影响交易进行。重新网签的性质，仅是行政登记之需，在交易中心网络系统上登记一个新的签约日期，同时也是履行合同的环节之一，并非双方就房屋买卖权利义务的重新约定，因此，徐某睛在陈某姬社保缴满 2 年后有义务配合其重新网签合同。二审亦持同样意见，维持一审判决。[1]

4. 限购政策中合同的解除

限购政策能否作为解除房屋买卖合同的理由应根据限购政策的内容和合同的约定来确定。限购政策的出台对购房人的影响主要为两方面：一方面为部分购房人无法办理房屋所有权登记，另一方面为合同继续履行的，购房人需等待政策变化后再办理过户手续。因后一种情形发生较少，也不存在合同解除问题，本文仅讨论第一种情形。限购政策造成购房人不能办理房产所有权登记的，可以认定为合同目的无法实现，法院可以支持购房人解除合同的请求。如限购政策并未达到使合同不能继续履行、无法实现合同目的的程度，为维护交易秩序，当事人不能请求解除合同。最高人民法院民一庭意见：房屋买卖合同签订后，当事人确因住房限购政策的实施而不能办理房屋所有权变更登记的，买受人若请求解除合同，并要求出卖人返还收受的购房款或定金的，人民法院对其请求可予以支持。[2]

对于国家房屋宏观调整政策的出台是否可以作为解除合同的理由，法官应慎重认定，要根据房屋新政的实施对购房人的履约能力产生的影响来考虑，确认该政策是否足以使当事人继续履行合同达到不可能的程度。因为合同法的根本目的在于保护守约方的权利，处罚违约行为，维护社会的基本信用，故法官应对解除合同的条件进行适量适度控制。具体而言：其一，要考虑政策措施与当事人的经济收入之间的关系，也就是利益衡量的原则。不同收入阶层的人应对风险的能力

---

〔1〕 参见国家法官学院案例开发研究中心编：《中国法院 2019 年度案例》（房屋买卖合同纠纷），中国法制出版社 2019 年版，第 263 页。

〔2〕 参见最高人民法院民事审判第一庭编：《民事审判指导与参考》2012 年第 2 辑（总第 50 辑），人民法院出版社 2012 年版，第 124 页。

也不同,因此具体案件中要考查当事人的实际履约能力。其二,要考虑政策措施本身的严厉程度,国家出台的房市政策有的缓和、有的严厉,政策措施宽严本身对当事人的影响也会不同。其三,要考虑当事人在买卖合同中的具体约定。如果当事人在合同中约定“因故无法办理贷款,由购房人自行筹集资金支付”,则表明购房人在签订合同时已经预见政策的调控以及政策可能带来的风险。此时购房人因房屋新政实施而不能办理按揭贷款时,购房人应该依约自行筹集资金支付房款,而不能以此为由解除合同。

【案例 12-10】 吴某錞、奚某华诉泉舜集团(厦门)房地产股份有限公司商品房预售合同纠纷案

双方于2012年12月20日签订《商品房认购协议书》,该合同于当日生效,而国务院限购政策于2011年1月26日出台,厦门地方政府的实施细则于2011年2月20日出台,二者均未对之前的合同作出具有溯及力的规定。原告不符合购房条件,一审法院支持原告解除合同的请求并判决退还定金和预付款,二审调解结案。[1]

限购政策下的房屋买卖合同解除,应全面考虑合同约定,买受人将来能否取得资质、出卖人交易前是否知情,以及公平原则等因素确定。换言之,不具备购房资质并不当然导致房屋买卖合同解除。

【案例 12-11】 陈某诉李某锦房屋买卖合同纠纷案

二审法院认为,关于双方合同是否应予解除的问题。首先,合同不具备法定解除的情形。双方对陈某不具有购房资质的事实应系明知。李某锦对其取得售房尾款的时间不确定性也是有预见的,现其主张不能尽快取得购房款,致使合同目的无法实现一节,不予支持。另外,综合案涉房屋尚未解除抵押,而陈某将取得购房资格,且愿意自筹全部剩余购房款的事实考虑,现在不存在合同目的无法实现之结果。其次,李某锦不享有约定解除权。在办理房屋解押之前,陈某应再付李某锦首付款10万元,但没有证据证明李某锦曾催告陈某支付该笔款项。亦没有证据证明陈某曾承诺为李某锦解除抵押筹集100万元。且该“承诺”与合同约定贷款支付购房尾款的支付方式自相矛盾,故李某锦关于陈某未履行筹集解押款违约一节没有合同依据。判决:一、维持一审判决第一、五项;二、撤销一审判决第二、三、四、六项;三、驳回李某锦

---

〔1〕 参见国家法官学院案例开发研究中心编:《中国法院2013年度案例》(房屋买卖合同纠纷),中国法制出版社2013年版,第20页。

的反诉请求。[1]

应当注意的是,是否依据限购政策解除合同还应审查以下两方面的内容:其一,查明诉讼的真实目的。要求当事人提供充分证据,包括房款划转时间证明、交易手续时间证明,证明合同的真实性及合同签订日期的真实性,并结合购房前后的房价差距,确定买房人诉讼的真实目的。其二,在购房后房价下降明显,合同真实有效,合同签订日期真实准确,购房人却主动要求解除合同的,审理时应首先坚持司法与国家调控导向一致,以判决支持解除合同为一般原则。同时,在双方已经办理网签或未办理网签但已经支付购房款并实际占有使用房屋的两种情形下,应考虑适当保护卖房人的利益,判决驳回解除合同的诉讼请求。

对于购房人能否解除受房贷政策影响的房屋买卖合同,最高人民法院民一庭意见:房屋买卖合同约定以按揭贷款方式付款,买受人以因房贷政策变化不能办理按揭贷款导致无履约能力,请求解除合同,并要求出卖人返还所收受的购房款或定金的,对其请求可予支持。房屋买卖合同签订后,由于相应住房限购政策的实施,当事人无法办理房屋所有权变更登记,买受人请求解除合同,并要求出卖人返还收受的购房款或定金的,对其请求可予支持。[2] 同时认为,本着民有所约、视同法律的理念,应当优先按照合同约定处理双方的纠纷。[3]

5. 房贷政策对合同履行的影响

房贷政策对房屋买卖合同的影响,要根据房贷政策的实施对购房人履约能力的影响来确定,即是否足以使其继续履行合同达到不可能的程度。因为合同法的根本目的在于保护守约方的权利,处罚违约行为,维护社会的基本信用,如果解除合同的条件比较宽松,无疑会给他人随意解除合同提供理由,不利于保护守约方的权益,不利于维护交易安全。笔者认为应从以下几个方面考虑影响程度:其一,房贷政策与当事人的经济收入之间的关系,坚持利益衡量原则。不同收入阶层的人应对风险的能力不同,在个案中要考查当事人实际的履约能力。其二,房贷政策本身的严厉程度,国家出台的房市政策有的缓和、有的严厉,政策措施本身对当事人的影响也会不同。其三,合同约定。在合同约定"因故无法办理贷款,由购房人自行筹集资金支付",这种情况下购房人在签订合同时已经预见政策的调控和

---

〔1〕 参见国家法官学院、最高人民法院司法案例研究院编:《中国法院 2022 年度案例》(房屋买卖合同纠纷),中国法制出版社 2022 年版,第 110 页。北京市第二中级人民法院(2020)京 02 民终 6998 号民事判决书。

〔2〕 参见刘德权、王松卷主编:《最高人民法院司法观点集成》(民事卷)(第 2 版),人民法院出版社 2014 年版,第 1545 页。

〔3〕 参见刘德权、王松卷主编:《最高人民法院司法观点集成》(民事卷)(第 2 版),人民法院出版社 2014 年版,第 1545 页。

政策可能带来的风险,此时购房人因房贷政策实施导致其不能办理按揭贷款时,购房人应该依约自行筹集资金支付房款,而不能以此为由解除合同。此类案件,应当结合案件具体情况,区分为以下几种:其一,如果房贷新政对购房人的履约能力产生重大影响,合同继续履行存在重大困难,如首付款比例提高导致资金缺口巨大,则购房人可以以无法按期办理贷款为由请求解除合同,出卖人应当退还定金和已付购房款。若出卖人因此受有损失的,可要求购房人分担。其二,如果房贷新政对购房人的履约能力没有造成重大影响或出卖人有证据证明其有充分履约能力的,购房人据此要求解除合同的,属于违约,需承担违约责任。

【案例 12-12】 辛某诉陈某波房屋买卖合同纠纷案

一审法院认为,根据查明的事实,双方在房屋买卖合同中约定原告以商业贷款的方式向被告支付首付款,且原告购买被告的房屋是其购买的第三套房屋,属于北京市人民政府《贯彻落实国务院关于坚决遏制部分城市房价过快上涨文件的通知》中暂停发放贷款之情形,该情形属于政策变化所导致的合同成立后客观情况的变化,是原告在订立房屋买卖合同时无法预见的重大变化。原告已经失去了继续履行合同的能力,要求原告继续履行合同已属不能,故根据民法公平原则,并结合案件的实际情况法院确认解除双方签订的《北京市存量房买卖合同》及《补充协议》。二审法院亦持同样意见。[1]

【案例 12-13】 李某贤诉盘锦天川房地产开发有限公司房屋买卖合同纠纷案

一审法院认为,原、被告签订的认购书约定剩余购房款由原告通过办理按揭贷款支付,但认购书签订后国家调整银行房贷政策,这是双方签订合同时无法预知的,并直接导致原告李某贤无法按时取得足额贷款,以按揭贷款方式购买房屋的目的将无法达到,故原告的诉求本院予以支持。[2]

对于属于限购对象的购房人,法院不支持其关于继续履行合同并办理房产证的诉求。

【案例 12-14】 张某玲诉杨某祥房屋买卖合同纠纷案

一审法院认为,本案中,张某玲已支付了定金 200000 元及首付款 800000 元,案涉房产的产权已办理出来,抵押权也于 2017 年 3 月 30 日注销,合同约定双方应于案涉房产抵押权登记注销后五个工作日内办理送件过户手续。

---

〔1〕 参见国家法官学院案例开发研究中心编:《中国法院 2012 年度案例》(房屋买卖合同纠纷),中国法制出版社 2012 年版,第 122 页。

〔2〕 参见国家法官学院案例开发研究中心编:《中国法院 2013 年度案例》(房屋买卖合同纠纷),中国法制出版社 2013 年版,第 97 页。

但2016年10月5日,福建省厦门市人民政府办公厅发布厦门市人民政府办公厅《关于进一步促进我市房地产市场平稳健康发展的意见》,规定对于拥有2套及以上住房的本市户籍居民家庭暂停在本行政区域内向其销售建筑面积180平方米及以下的商品房。张某玲属于厦门市户籍,名下已经有3套房产,属于上述意见中的限购对象。因此,房屋买卖合同双方就自2016年10月5日起无法到厦门市不动产登记中心办理过户,直至本次限购政策解除。张某玲由于其拥有房产的情况,属于本次限购对象,在现行限购政策下,不能再次购房,案涉房产买卖合同无法继续履行,张某玲请求将案涉房产的不动产权转移登记至张某玲名下,本院不予支持。二审法院准许张某玲、杨某祥撤回上诉。[1]

【案例12-15】 王甲诉王乙房屋买卖合同纠纷案

二审法院认为,王甲与王乙签订的《二手房买卖合同》约定王乙在收到王甲支付全款后无条件配合过户及办理公证委托手续。因王甲不具备北京购房资格,目前客观不能履行,王甲起诉要求王乙办理转移登记手续,没有法律依据,一审法院判决驳回王甲的该项诉讼请求,本院予以确认。房子是用来住的,而不是用来炒的。以委托售房的方式进行房屋交易,目的在于逃避住房限购政策,减少交易环节,逃避监管,本质上就是炒房牟利,所以这种房屋交易方式不受法律保护。[2]

购房人应对受房贷政策影响而履约能力不足的事实承担举证责任。限购政策实施后首付比例要求提高,购房人能举证证明确实影响其履约能力,房屋买卖合同事实上已不可能继续履行,且该履行障碍并非购房人的信用低等个人原因所致,购房人主张解除房屋买卖合同的,可予以支持。

购房人以限贷政策导致贷款年限缩短、首付款和月供增加为由,主张合同无法继续履行,要求解除房屋买卖合同的,法官应综合审查合同签订、履行的情况以及限贷政策的实际影响后认定。对不足以导致购房人无法履行合同的,不予支持。

【案例12-16】 杨某美诉单某艳、北京万洋房地产经纪有限公司房屋买卖合同纠纷案

一审法院认为,杨某美以新政下停止办理25年贷款的情况导致其无法继续履行合同为由,提出解除合同等诉讼请求。杨某美所提交的证据中,贷

---

〔1〕 参见国家法官学院案例开发研究中心编:《中国法院2019年度案例》(房屋买卖合同纠纷),中国法制出版社2019年版,第258页。

〔2〕 参见国家法官学院案例开发研究中心编:《中国法院2019年度案例》(房屋买卖合同纠纷),中国法制出版社2019年版,第272页。

困证明、国家助学贷款借款合同等形成时间为2010年、2012年,不能证明杨某美现在的经济状况。根据当事人在庭审中的陈述,新政出台后,因贷款年限缩短,杨某美将增加支付首付款。但本院认为,首先,双方仅在合同中约定了贷款金额约80万元,实际金额以银行批贷为准,如贷款金额将减少数万元,仍不违背合同约定的贷款金额范围。其次,虽然杨某美所提交的工资流水和公积金查询书能证明其经济状况,但不能仅凭该证据直接认定该部分收入为其全部收入并直接导致合同履行不能,仍需要结合新政给房屋买卖合同履行带来的变化并判断该变化程度是否足以导致购房人履约确实困难。因杨某美称其需要增加支付6万元首付款,本院认为既不违反合同约定,又未达到合同履行确实困难的程度。现单某艳和万洋公司均不同意解除合同,杨某美无其他解除合同的合理理由,本院对杨某美要求解除合同、撤销网签以及单某艳退还定金、物业费的诉讼请求,不予支持。[1]

对于限购政策实施前订立且并未明确约定以按揭贷款方式付款的合同,购房人以其受限贷政策影响而无法继续履行为由,请求解除合同的,法院一般不予支持。

6. 以规避限购政策为目的的借名购房合同

借用他人名义买房在实践中屡见不鲜,借名买房的原因或许是因为受限于房产限购政策或银行贷款对借款人的资格要求,或许是为了满足被借名人落户需要。特别是限购政策施行之后,部分有购房需求的人失去购房资格,即使能签订房屋买卖合同,也无法在房地产中心进行交易过户或者办理贷款。在此情况下,个别购房人采用了借名的方式买房,即以父母、子女或者其他人的名义购房,而购房款却由购房人自己支付。由于名义购买人的贷款征信、限购政策下的政策优惠等资格优势,实际购买人为了达到买房的目的,通过借用具有相应资格或条件的购房人的名义进行购买,主观上存在恶意规避政策的故意,违反相关的法律规定,规避国家限购政策,严重扰乱有关部门的监管秩序,同时使国家的有关土地、房产税费流失。此类合同,法院一般认定为无效。但有的法院还保留了支持实际购房人确认其为房屋产权人的请求的可能性。浙江省高级人民法院民一庭《关于审理受房地产市场调控政策影响的房屋买卖合同纠纷案件的若干意见(试行)》第八条规定:"实际买受人为规避限购、禁购政策,以他人名义与出卖人订立合同并办理房屋权属证书后,以其系实际买受人为由,请求确认其为房屋产权人的,不予支持,但调控政策重新调整并准许其取得产权的除外。"

---

[1] 参见国家法官学院案例开发研究中心编:《中国法院2019年度案例》(房屋买卖合同纠纷),中国法制出版社2019年版,第77~78页。

7. 限贷政策成为撤销合同的法定理由

合同撤销需严格依据法律规定，商品房认购书签订时不具有可撤销情形的不能撤销，生效合同除了具备法定的撤销和解除事由，或者由合同双方约定变更或者解除外，原则上不允许单方擅自变更或者解除。现行法律没有将限贷政策作为合同撤销事由，故限贷政策下合同履行不能不应作为法定撤销事由处理。

【案例12－17】 刘某某、李某某诉城建公司商品房预售合同纠纷案

一审法院认为，本案争议的焦点是双方没有按期签订《商品房买卖合同》以及刘某某、李某某无法办理七成按揭贷款的原因和责任属于哪一方。首先，刘某某、李某某均为成年人，对国家有关的限购和限贷政策应该知晓，城建公司的工作人员亦告知有关的政策，刘某某、李某某亦在城建公司提交的限购政策通知上签名确认。在本案中刘某某、李某某无法向法院提供有关城建公司误导或刻意隐瞒有关限贷政策的事实和证据。其次，刘某某、李某某申请的贷款是经过银行的核实进行审批，合同约定贷款的成数及年限以银行最终审批为准，贷款额度与城建公司承诺无直接的关系。因此，刘某某、李某某无法向银行办理七成按揭贷款，主要是因为刘某某、李某某隐瞒在惠州购房贷款的事实，以及受限贷政策影响等客观原因。以上的有关事实并不符合认购书予以撤销的条件，刘某某、李某某请求撤销刘某某、李某某与城建公司签署的《商品房订购书》证据不充分，不予采纳，应予驳回。二审法院亦持同样意见，维持一审判决。[1]

（三）限购政策下房屋买卖合同纠纷的处理

实践中，对于限购政策引发的房屋买卖合同纠纷，法院应坚持合同自由、诚实信用、公平原则，依照合同约定，结合受诉法院所在地的实际情况，妥善处理。对此类案件的处理应非常慎重，要及时统一裁判尺度，案件审理既要实现个案的权益平衡，积极引导对类似案件的规范处理，同时还要考虑国家出台限购政策对于规范房地产市场的导向作用，案件处理的结果不能背离限购政策的基本宗旨和目标。在个案审理中应结合案情，不应采取“一刀切”的做法，应区别不同情况，本着有约定的从其约定，没有约定的按法定的精神处理。

---

〔1〕 广东省广州市中级人民法院（2014）穗中法民五终字第6号民事判决书。

1. 承担定金责任

一方当事人明知自己不符合购房条件仍签订购房合同的，可以要求解除购房合同，但应当承担定金责任。

【案例 12－18】　郑某平、高某永诉天津集团泊置业有限公司商品房预售合同纠纷案

二审法院认为，双方所签《楼宇认购书》约定："在签署本认购协议之前，乙方（郑某平、高某永）已对调控政策及对购房或按揭贷款的影响有充分、合理的预期，乙方若因上述原因不能购房的，并且在上述情形发生起 7 日内不能全额交付房款、办理购房手续的，甲方有权将上述房产收回另行出售，乙方已付定金不予退还。"故郑某平、高某永主张解除合同、全额返还定金，因团泊公司已经履行了合同约定的告知义务，现因上诉人自身原因未能在双方约定的期间交付房款、办理购房手续，系上诉人违约行为所致，故一审人民法院对上诉人请求返还定金的诉讼请求不予支持是正确的。综上，一审人民法院根据案情分析，确认后所作判决并无不妥。上诉人的上诉请求，缺乏事实和法律依据，本院不予支持。[1]

【案例 12－19】　张某如诉沈某房屋买卖合同纠纷案

一审法院认为，由于张某如故意隐瞒相关事实导致房屋买卖合同无法继续履行，其无权要求被告返还定金。由于房屋买卖合同因张某如违约无法继续履行，应予以解除。二审法院亦持同样意见，维持原判。[2]

2. 承担违约责任

《八民纪要》第二十条规定："房屋买受人在合同签订后由于相应住房限购政策的实施而无法办理房屋所有权转移登记的，买受人以不可归责于双方当事人的原因导致合同目的无法实现为由，请求解除合同，返还所支付的购房款和定金的，可以支持。当事人主张赔偿损失的，原则上不予支持。"第二十一条规定："人民法院对因国家宏观调控政策调整导致双方当事人解除房屋买卖合同后的损失，应适当区分基本住房、改善性住房和投资性住房予以公平处理，依法保护普通民众特别是弱势群体和低收入阶层的利益。对购买基本住房或改善性住房的，出卖人在解除合同后请求买受人赔偿损失的，原则上不予支持；对购买投资性住房的，出

[1] 参见国家法官学院案例开发研究中心编：《中国法院 2014 年度案例》（房屋买卖合同纠纷），中国法制出版社 2014 年版，第 48～49 页。

[2] 参见石海朝：《明知不符购房条件仍签购房合同者需承担违约责任》，载《人民司法·案例》2014 年第 4 期。

卖人在合同解除后请求买受人承担相应补偿责任的,人民法院应当依据公平原则进行处理,合同约定定金的,补偿数额原则上以定金数额为限,没有约定定金的,原则上不超过合同标的额的10%;对购买投资性住房的,应依据合同法的相关规定处理。"

【案例12-20】 张某玲诉杨某祥房屋买卖合同纠纷案

一审法院认为,关于逾期履行违约金问题。限购政策的出现导致交易无法继续履行,这属于案涉房产买卖双方不可预测的情形,这种情况的变化并非出于买卖双方的主观意愿,属于客观因素导致合同目的无法实现,由于导致购房合同无法继续履行的后果不可归责于任何一方。因此,张某玲请求杨某祥支付逾期履行违约金,没有法律依据,本院不予支持。二审法院准予张某玲、杨某祥撤回上诉。[1]

【案例12-21】 何某某诉上海荣启置业有限公司商品房预售合同纠纷案

二审法院认为,鉴于合同已明确规定,如上诉人何某某未获得银行按揭贷款或者所获贷款数额少于房款余额的,应由其自行补足房款余额,故上诉人称其因国家房贷政策调整,未能获得贷款而导致错过付款时间的问题,不能作为其可以迟延付款的合理理由。现上诉人提出的国家房贷政策的变化因素不属于情势变更之范畴,应由申请贷款方自行承担相应的法律后果,故上诉人要求适用情势变更之规定,免除其过错责任缺乏依据。[2]

个案中,违反合同约定一方可以解除合同,但不能免除违约责任。

【案例12-22】 黄某琤诉洪某兰房屋买卖合同纠纷案

一审法院认为,原告于2011年9月26日向被告发函解除合同,被告收到函件并回函同意解除,因此原、被告之间的买卖合同已经解除。被告应承担合同解除的违约责任。对于原告关于被告违约须支付100000元违约金、自违约之日起按成交价每日万分之五计算的违约金、承担守约方付出的律师代理等费用的主张,本院认为,根据《合同法》第一百一十四条的规定,鉴于双方合意解除合同,减轻了可能给原告造成的损失,现原告没有证据证明损失达到100000元,庭审中被告也提出约定的违约金予以减少的请求,且考虑到在购房行为中,中介方麦田公司也未对被告的购房资格进行审查并告知,可适当减轻被告的违约责任,本院确认被告支付原告违约金35000元。关于

---

〔1〕 参见国家法官学院案例开发研究中心编:《中国法院2019年度案例》(房屋买卖合同纠纷),中国法制出版社2019年版,第258页。

〔2〕 上海市第一中级人民法院(2014)沪一中民二(民)终字第3496号民事判决书。

原告主张的律师代理费5000元,符合合同约定,本院亦予以支持。[1]

对于限购政策施行后原房屋买卖合同是予以解除,还是继续履行,抑或进行损失赔偿的问题,最高人民法院民一庭在个案中的意见:为遏制当前部分一、二线城市房地产市场价格上涨过快,国家出台了一系列调控政策。由于相关政策不断升级且陆续出台,实务中因合同订立、履行等遇到阻碍而产生的纠纷不在少数,有的还诉至法院。人民法院需要根据不同情况,作出妥善处理。由于张某被认定为限购对象,不具备购房的主体资格。依据《民法典》第五百八十条第二款“有前款规定的除外情形之一,致使不能实现合同目的的,人民法院或者仲裁机构可以根据当事人的请求终止合同权利义务关系,但是不影响违约责任的承担”的规定,人民法院不宜判令合同继续履行,应判决解除房屋买卖合同。不过,结合双方履约情况分析,张某作为守约一方,已经履行合同义务。如果李某也依约履行,双方完全可以在政策出台前完成房屋过户手续,合同目的就能够实现。因此,对张某请求合同继续履行的主张虽不能支持,但是张某主张追究李某的违约责任并赔偿其所受损失的合理诉求,人民法院还是应当在查明事实基础上予以保护。[2]

房屋买卖合同依约定期限能够实际履行,但因一方当事人的原因而处于迟延履行状态,而在此期间由于住房限购政策的实施,合同无法继续履行的,对守约方要求解除合同,并要求另一方承担赔偿损失等违约责任的诉讼请求,法律应予支持。违约方要求解除合同的,法律亦应予以支持,但守约方可就违约方解除合同导致的损失主张赔偿。违约方对合同履行不能存在过错,对由此所致合同另一方之损失应予以赔偿。违约方以限购政策为由主张免除违约责任的,不予支持。

【案例12-23】 张某某诉林某某、马某房屋买卖合同纠纷案

二审法院认为,由此所致上诉人之损失,被上诉人应予以赔偿。现上诉人主张房屋差价损失及其他间接损失。根据合同约定,一方违约导致合同解除的,违约方应承担的违约金为总房价款的20%。考虑涉案补充协议约定的办理产权过户手续日期前,被上诉人已发函要求解除合同,并于2016年3月29日将已收取的224万元购房款退还给了上诉人。虽然上诉人于4月4日将224万元购房款再次转给了被上诉人,鉴于被上诉人的还款行为不失为一种止损措施,故因上诉人再次付款而扩大的损失应由上诉人自行承担。结合合同的实际履行状况,涉案房屋的出售价格为400万元,上诉人支付了224万元购房款,并未付清全部购房款。由此,综合考虑涉案房屋市场价值上涨的事实,一审法院认为由被上诉人补偿上诉人30万元不妥,法院依法予以纠

---

〔1〕 参见国家法官学院案例开发研究中心编:《中国法院2014年度案例》(房屋买卖合同纠纷),中国法制出版社2014年版,第82页。

〔2〕 参见最高人民法院民事审判第一庭编:《民事审判实务问答》,法律出版社2021年版,第100页。

正。据此判决林某某、马某支付张某某补偿款60万元。[1]

违反限购政策致使合同解除的违约责任问题。在限购政策出台后,购房人明知自身不符合购房条件,仍与出卖人签订房屋买卖合同,导致合同无法履行而解除合同的,购房人存在过错应承担违约责任,但双方合意解除的可减轻购房人的违约责任。

在判断限购限贷新政策是否导致房屋买卖合同无法继续履行而解除时,应根据具体案件情况,结合个案中合同履行程度、合同履约条款规定、当事人因新政实施的实际成本增加比例、购房人资金回笼状况、资信情况等因素综合考量,避免"一刀切"导致利益显著失衡,有违公平原则。

【案例12-24】 魏某诉宋某华等房屋买卖合同纠纷案

二审法院认为,本案争议焦点系涉案合同是否因新政实施而无法继续履行,即宋某华、林某婧是否应承担违约责任。根据本案查明的事实,首先,在新政出台后,宋某华、林某婧仍向魏某支付了定金30万元;后宋某华、林某婧向链家公司表示可以继续履行合同。其次,宋某华、林某婧虽于2017年4月29日向魏某发送短信协商解约,但直至2017年7月19日宋某华、林某婧诉至法院要求解除合同之时,双方始终未对是否继续履行合同达成一致意见。最后,双方均认可,宋某华、林某婧于2017年3月将其名下另外一套房屋售予案外人,售价为753万元。宋某华、林某婧主张由于新政实施导致首付款增加120余万元,并自认资金缺口80万元左右。法院结合涉案合同的履行情况、购房成本增加比例、宋某华和林某婧工作资信状况及出售另外一套房屋后的资金回笼情况,认定新政实施未对宋某华、林某婧的履约能力造成严重影响,故对宋某华、林某婧主张解除合同后免除违约责任的上诉请求,不予支持。[2]

应当注意的是,双方当事人在限购政策出台之前签订了房屋买卖合同,并且购房人依约支付了全部购房款,然而由于当地房价不断上涨出卖人反悔而拖延办理过户手续,后当地实施限购政策,购房人丧失购房资格的,法院不能支持继续履行合同,但是对于购房人主张追究出卖人违约责任并赔偿其所受损失的合理诉求,应当在查明事实基础上予以支持。

双方对因限购政策解除房屋买卖合同均有过错的,赔偿利息损失的标准就不能按照开发商单方违约标准予以认定,应当根据案件的情况由法官行使自由裁量

---

〔1〕 上海市第一中级人民法院(2016)沪01民终字第12054号民事判决书。

〔2〕 参见国家法官学院、最高人民法院司法案例研究院编:《中国法院2020年度案例》(房屋买卖合同纠纷),中国法制出版社2020年版,第265~266页。北京市第二中级人民法院(2018)京02民终5568号民事判决书。

权裁定。

【案例 12 - 25】　熊某诉某置业公司商品房销售合同纠纷案

二审法院认为,关于熊某对本案商品房买卖合同的解除是否有过错的问题。本案商品房买卖合同系因南昌市住房限购政策实施,熊某属于限购对象,其所购房屋无法办理所有权登记手续而解除。对于自己属于限购对象,所购房屋无法办理所有权登记手续,熊某自合同订立时就明知,故熊某对商品房买卖合同不能履行存在过错。虽然熊某称某置业公司销售人员曾承诺可以办理所有权登记手续,但因该承诺违反国家限购政策,事实上难以实现,熊某订立合同时应清楚知道这一点,其轻信某置业公司的承诺,超出了一个理性购房者的心理预期。故某置业公司未兑现承诺,并不构成对熊某的欺诈。原审判决认定熊某与某置业公司对商品房买卖合同的解除均有过错有事实依据,熊某上诉称其对合同解除无过错,理由不能成立,法院不予支持。关于原审判决按两年定期存款利率计算 4330305 元购房款的利息是否适当的问题。熊某上诉主张应按《房屋买卖合同解释》第十八条第一款第一项、第二款的规定,参照中国人民银行规定的金融机构计收逾期贷款利息的标准计算 4330305 元购房款的利息。而从上述规定的内容看,参照中国人民银行规定的金融机构计收逾期贷款利息的标准计算购房款利息的条件是出卖人的原因导致买受人在合同约定的期限内未能取得房屋权属证书。如上所述,熊某未能在合同约定的期限内取得房屋权属证书并非某置业公司单方面违约所致。故该司法解释的规定并不适用于本案。原审法院基于合同解除并非某置业公司违约所致,熊某、某置业公司对合同解除都有过错,行使自由裁量权酌定某置业公司按两年定期存款利率计付 4330305 元购房款占用期间的利息,符合本案实际,也未显失公平。故熊某该上诉主张不能成立,法院不予支持。判决:驳回上诉,维持原判。[1]

购房人违约在先,后以限贷政策的出台为由解除合同的,应向居间人支付必要费用和合理报酬。

【案例 12 - 26】　某房产经纪公司诉姜某某居间合同纠纷案

一审法院认为,原告未举证证明其不能办理按揭贷款,亦无证据证明确因不能办理按揭贷款等导致无法继续履行合同,相反在《存量房屋买卖中介合同》第二十二条对被告申请的按揭贷款额度不能足额批下的情形另有替代支付的约定,可视为被告对因贷款障碍导致的房款支付方式有一定的预见及准备。另外,国务院〔2010〕10 号文件并未明确禁止各地发放第三套及以上

〔1〕 江西省高级人民法院(2014)赣民一终字第 121 号民事判决书。

住房贷款，事实上宁波市政府于2010年10月9日发布《关于进一步贯彻落实国务院坚决遏制房价过快上涨文件精神的通知》要求规定各商业银行要暂停发放居民家庭购买第三套及以上住房贷款，因此，被告据此拒付中介服务费显属无理。《存量房屋买卖中介合同》第六条另行规定了办理过户手续的收费项目及收费标准，原告代办房屋过户的费用并不在被告承担的居间服务费之间，故对被告的要求支付四分之一中介服务费的辩称，法院亦不予采信。综上，法院判决被告姜某某支付原告经纪公司中介服务费13705元。[1]

3. 依公平原则处理

司法实践中，依公平原则处理限购政策下房屋买卖合同继续履行和赔偿损失争议已成为主流意见，有的地方法院已制定相应规定对合同解除后双方当事人的利益均衡进行规范。北京市高级人民法院《关于涉及住房限购政策的房屋买卖合同纠纷案件处理的暂行意见》中规定，对于因住房限购政策实施导致当事人解除合同后，出卖人应当将收受的购房或定金返还给买受人，买受人应将接收的房屋返还给出卖人。因解除合同造成的损失按照公平原则处理。天津市高级人民法院《关于依法妥善审理房屋买卖合同纠纷案件的通知》第七条第二款在上述条款内容上补充了"如因一方当事人过错导致当事人利益严重失衡，损失方要求加大对方承担比例的，可酌情予以支持"。双方当事人在住房限购政策实施前已签订房屋买卖合同，限购政策实施后购房人不具备购房资格，但是，购房人已经支付了购房款并且实际占有使用房屋，解除合同会导致当事人利益明显失衡，故应从公平原则的角度出发，支持合同继续履行。

【案例12-27】 高某诉向某猛、徐某香房屋买卖合同纠纷案

二审法院认为，经审查，高某作为房屋买受人虽不具备南宁市人民政府办公厅《关于贯彻执行住房限购措施有关问题的通知》中规定的购房资格，但在该通知实施(2011年3月1日)之前，高某与向某猛、徐某香已于2007年7月31日订立《转让房屋协议书》，且向某猛、徐某香已于2010年6月28日办理了讼争房屋的上市交易审批手续，高某亦已依约付清全部购房款并实际占有使用房屋将近5年，本案中如解除双方签订的《转让房屋协议书》会导致双方之间利益明显失衡，不利于维护交易安全及保护善意购房人的合法权益，一审判决根据本案实际情况判令向某猛、徐某香协助高某办理房屋过户登记手续正确，本院予以维持。向某猛、徐某香以高某不符合在南京市市区范围内购房的资格，无法办理房屋过户手续为由请求解除双方签订的《转让

---

[1] 浙江省宁波市鄞州区人民法院(2011)甬鄞商初字第702号民事判决书。

房屋协议书》并由高某向其返还房屋，理由不充分，一审判决驳回其反诉请求正确，本院予以维持。综上，一审判决认定事实清楚，适用法律正确，实体处理适当，本院予以维持。向某猛、徐某香上诉所述及请求，理由不充分，本院不予支持。[1]

【案例 12－28】　林某淑诉李某辉房屋买卖合同纠纷案

一审法院认为，虽然本案被告经几次政策变化一直处于暂不具备购房资格的状态，但可合理推断林某淑以其行为表明自己愿意等待李某辉继续缴纳社会保险或个人所得税，直至符合购买 1005 号房屋的资格后再完成房屋的过户手续。而李某辉亦自 2016 年 4 月起开始连续在北京市通州区缴纳社会保险，积极满足购买 1005 号房屋的条件。同时，从公平的角度考虑，李某辉已经支付超过买卖合同、《房屋协议书》中约定的 1005 号房屋的全部购房款，2010 年 12 月至今 1005 号房屋的价格亦上涨数倍，李某辉自 2010 年 12 月起对 1005 号房屋进行了装修、居住至今，并缴纳了居住期间的相关费用，林某淑在此时要求解除《房屋协议书》会造成双方利益的明显失衡。林某淑要求解除《房屋协议书》，并要求李某辉腾退 1005 号房屋的诉讼请求，没有事实和法律依据，法院依法不予支持。林某淑提供的证据亦不足以证明李某辉构成违约，故对林某淑要求李某辉支付违约金 25.2 万元的诉讼请求，法院亦不予支持。判决驳回林某淑的全部诉讼请求。林某淑不服判决提起上诉，后申请撤诉。[2]

房屋买卖合同依约定期限本可以履行，但因开发商原因而处于迟延履行状态，在此期间由于房屋调控政策的实施而无法继续履行的，对于守约方要求开发商承担赔偿损失等违约责任或继续履行的诉讼请求，法院应予支持。

【案例 12－29】　李某啟诉北京隆源建业房地产开发有限公司商品房预售合同纠纷案

一审法院认为，本案中，原告家庭不具备北京市人民政府办公厅《关于贯彻落实国务院办公厅文件精神进一步加强本市房地产市场调控工作的通知》规定的购房资格，但买卖双方在规定实施（2011 年 2 月 17 日）之前已经订立了房屋买卖合同，且已经支付了全部购房款并实际占有使用房屋，若解除合同会导致当事人之间利益明显失衡，故对原告要求继续履行合同并办理涉案

---

〔1〕 参见国家法官学院案例开发研究中心编：《中国法院 2014 年度案例》（房屋买卖合同纠纷），中国法制出版社 2014 年版，第 122 页。

〔2〕 参见国家法官学院、最高人民法院司法案例研究院编：《中国法院 2020 年度案例》（房屋买卖合同纠纷），中国法制出版社 2020 年版，第 115 页。

房屋过户登记的诉讼请求，本院予以支持。[1]

因限购政策提高首付比例而无法继续履行合同，且房屋买卖合同约定此时各方互不承担违约责任的，购房人可以单方解除房屋买卖合同且不承担违约责任。

【案例 12－30】 梅某辉诉于某房屋买卖合同纠纷案

一审法院认为，现梅某辉提出解除合同的主张，于某予以同意，本院对此亦不持异议，而本案的争议焦点在于梅某辉单方提出解除合同是否应承担违约责任。对此本院认为，根据双方合同约定，梅某辉需通过银行贷款方式支付部分购房款，而本市于双方签订合同后的 2016 年 9 月 30 日出台实施的购房新政，对于首付款的比例进行了调整，导致梅某辉在此购房新政条件下，无法按预期获取拟贷款金额，其因此需要自筹的购房款达 95 万元，此种情形确实已经给梅某辉的履约能力造成了重大影响。现于某虽对梅某辉的履约困难不予认可，但没有证据证明梅某辉具备充分履约能力。因此，梅某辉以此为由提出解除合同及未按合同约定给付相应定金的行为，符合双方合同中有关在协议履行期间因出台新的限购政策且该政策导致协议无法继续履行的，双方互不承担违约责任的约定内容，故梅某辉无须对此承担违约责任。于某有关梅某辉的行为已构成违约的答辩意见，缺乏事实和法律依据，本院不予采信，同时，于某没有证据证明其因梅某辉的解约行为已产生的实际损失，故于某应当将其收取的定金全部退还。[2]

因限购政策解除预购合同的，买卖双方均无过错，均不应承担违约责任，卖房人应退还定金和预付款但不必承担预付款的利息赔偿责任。

【案例 12－31】 吴某錞、奚某华诉泉舜集团（厦门）房地产股份有限公司商品房预售合同纠纷案

一审法院认为，因法律未对利息作出相关规定，且被告对合同目的之不能实现并无过错，原告对该款项利息的请求本院不予支持；剩余 28 万元预付购房款因原告主张解除合同，被告亦应予以返还。该款项为双方合意、原告自愿支付给被告，双方亦未就利息事项达成协议，故原告对部分款项利息的请求本院亦不予支持。二审调解结案中亦不包括利息。[3]

---

〔1〕 参见国家法官学院案例开发研究中心编：《中国法院 2018 年度案例》（房屋买卖合同纠纷），中国法制出版社 2018 年版，第 69 页。

〔2〕 参见国家法官学院案例开发研究中心编：《中国法院 2018 年度案例》（房屋买卖合同纠纷），中国法制出版社 2018 年版，第 100 页。

〔3〕 参见国家法官学院案例开发研究中心编：《中国法院 2013 年度案例》（房屋买卖合同纠纷），中国法制出版社 2013 年版，第 20 页。

限购政策和违约行为共同致使房屋买卖合同无法履行的，双方当事人均有权解除合同。违约方因存在违约行为，仍应当承担违约责任。法院在审理此类案件时，还需考虑限购政策等因素，基于公平原则认定违约损害赔偿数额。

【案例12－32】　李甲诉黄某玲房屋买卖合同纠纷案

一审法院认为，原告李甲未满18周岁，与父亲李乙、母亲李丙同属一户，原告家庭系宁波市户籍居民家庭，在宁波市已拥有2套以上住房的宁波市户籍居民家庭不能在本市购房，亦不能办理房屋过户手续。因受限购政策影响，原、被告签订的房地产买卖合同自2011年2月23日下午起实际已无法继续履行。原告要求解除合同，本院依法予以支持。但就本案而言，合同在解除之前的2011年2月22日是完全可以履行的，原告在具备付款条件的情况下未能支付购房余款又拒绝出具欠条，导致合同最终未能履行，原告的行为构成违约。但是因为双方协商提前至2月22日办理过户手续，时间紧迫，原告一时未能备足购房余款确属情况有变所致；且被告同意原告出具欠条也就意味着同意原告稍后付款。另原告的付款义务是合同明确约定的，是一项积极义务，出具欠条只是原告对付款义务的确认，并不代表其已经履行；且若原告不出具欠条，原告的付款义务仍然可依合同来确定；故在被告允许原告2月22日之后付款且购房合同对原告的付款义务有明确约定的情况下，原告出具欠条与否意义不是很大，双方为此导致合同最终未能履行均有一定的责任，且合同最终被解除是由于限购政策的影响。结合本案的实际情况，根据公平原则，本院认为，被告应酌情返还原告定金10万元。二审法院认为，本案合同目前虽确因房产限购政策而无法继续履行，但导致该合同未能在限购政策正式施行前获得履行的责任，在李甲一方。原审法院判令黄某玲返还15万元定金的10万元，已考虑房产调控政策对双方的影响。李甲现上诉请求全额返还定金，理由不能成立，本院不予支持。〔1〕

应当注意的是，限购政策实施一段时间后其房屋价格明显下降，合同真实有效，购房人却主动要求解除合同的，法官在审理时应首先坚持司法与国家调控导向一致，以判决支持解除合同为一般原则。同时，在买卖双方已经网签或未办理网签但已经支付购房款并实际占有使用房屋的两种情形下，应考虑适当保护卖房人利益，判决驳回解除合同，从而适当引导当事人理智面对房价回归，对潜在诉讼当事人起到引导作用。

---

〔1〕　参见最高人民法院中国应用法学研究所编：《人民法院案例选》2012年第3辑（总第81辑），人民法院出版社2012年版，第142～143页。

【案例12－33】　冷某伟诉申某爱等房屋买卖合同纠纷案

一审法院认为，冷某伟与申某爱、尹某俊之间的交易关系发生在限购政策出台之前，且冷某伟已经支付了大部分的房款，申某爱、尹某俊也已经将房屋交付给冷某伟，冷某伟也已实际入住，故冷某伟以其无购房资格、合同目的无法实现为由解除合同，缺乏依据，法院不予支持。〔1〕

对房贷政策变化引发的纠纷，应尽量通过调解使当事人自愿解除合同或变更合同。在当事人无法协商处理的情况下，合同有约定的，按照约定处理。没有约定的情况下，一般可认定，房贷政策的实施对购房人的履约能力产生了重大影响，合同继续履行存在一定困难，因此对购房人因房贷政策不能按预期办理按揭贷款而请求解除合同的诉求法院一般予以支持。单纯因限购政策实施导致合同目的无法实现而解除合同的，当事人无须承担违约责任。对房屋买卖合同是在限购政策出台之前签订，双方前去办理过户登记的时间也是在合同约定的履行期内，不存在一方违约的情形，即限购政策是不能办理产权变更登记的唯一原因，购房人要求解除房屋买卖合同的，法院可支持其解除合同，对其已经支付给卖房人的购房款、定金可以支持返还。一般情况下，卖房人因解除合同而没有损失的，买卖双方应依据公平原则分担，由购房人对卖房人进行相应的补偿。但是，如果卖房人能够证明购房人有充分履约能力的，购房人依据房贷政策主张解除合同的理由不能成立，购房人应当继续履行合同，否则构成违约并应当依法承担违约责任。

【案例12－34】　辛某诉陈某波房屋买卖合同纠纷案

一审法院认为，虽然原、被告双方的合同是由于不可归责于任何一方的原因解除，但是被告在签订合同过程中，为订立合同付出了人力物力，同时丧失了其他的订约机会，因此根据公平原则，原告应给予被告一定的补偿，补偿的数额本院酌定为4万元。二审法院认为，原审法院根据公平原则酌定辛某支付陈某波适当的补偿数额并无不当，辛某的上诉理由不能成立。〔2〕

【案例12－35】　北京北亚华欣置业有限公司诉刘某商品房预售合同纠纷案

一审法院认为，因合同的解除系由于国家政策调整所致，双方对此均不存在过错，双方均不应为此承担违约责任。故北亚华欣公司要求刘某支付总购房款百分之十的违约金、支付逾期办理注销预售登记与解除网上签约备案手续的违约金之请求及刘某要求北亚华欣公司支付首付款占用利息之反诉

〔1〕　参见国家法官学院案例开发研究中心编：《中国法院2013年度案例》（房屋买卖合同纠纷），中国法制出版社2013年版，第128页。

〔2〕　参见国家法官学院案例开发研究中心编：《中国法院2012年度案例》（房屋买卖合同纠纷），中国法制出版社2012年版，第122页。

请求,本院不予支持。[1]

对商业用房按揭贷款提高首付比例的新政策中解除,应区分案件情况而定。

【案例 12-36】 北京航丰园科技发展有限责任公司诉王某力、张某山商品房销售合同纠纷案

航丰园公司在涉案合同签订前已经知晓办理商品房贷款首付比例提高事项,其不能证明告知通知到达张某山,解除合同的通知单方加重张某山的义务,鉴于房屋现在已经符合办理贷款条件,张某山可以支付房款。二审法院认为,对航丰园公司以张某山没有按照新的贷款政策补交首付款,致使合同无法履行为由,要求解除合同并承担赔偿责任的请求不予支持。原审判决解除双方当事人签订的《商品房买卖合同》不当。依法判决撤销原审判决,驳回航丰园公司的诉讼请求。[2]

司法实践中,当事人主张解除双方签订的房屋买卖合同的常见情形有三种:(1)购房人以未能如期获得银行贷款,且不能归责于自身为由要求解除合同。(2)购房人由于不符合限购条件,即超过购买房屋数量限制或不能提供一年以上纳税证明或社会保险交纳证明,以不能办理过户为由,要求解除合同。(3)卖房人由于房价的上涨,利用购房人不能满足限购条件的客观情况,主张解除合同。对于前两种情形,笔者在前文中已作阐述,在此不再重复。对于第三种情形,笔者认为,对于国家限购政策出台以前签订的房屋买卖合同,购房人已付清房款且卖房人也已交房的,卖房人无权以国家限购政策为由主张解除合同。

【案例 12-37】 陈某诉张甲等房屋买卖合同纠纷案

二审法院认为,昆明市的限购政策,仅规定购房人的购房资格,而未规定卖房人的卖房条件,且双方的《房屋转让合同》签订于昆明市政府出台限购政策之前,且房款已经支付,房屋已经交付,张甲、杨某英、张乙作为房屋的出卖人不应以对签订合同之后地方政府对购房人的限制为其不履行合同的理由。张甲、杨某英、张乙应本着诚实信用原则积极履行合同义务。故认定,张甲于 2011 年 9 月 20 日向陈某发出《解除〈房屋转让合同书〉通知书》,所主张的理由不属于法定或约定的理由,该通知书并不发生法律效力,其主张合同已经解除于法无据,不予支持。[3]

---

〔1〕 参见国家法官学院案例开发研究中心编:《中国法院 2013 年度案例》(房屋买卖合同纠纷),中国法制出版社 2013 年版,第 36 页。

〔2〕 参见国家法官学院案例开发研究中心编:《中国法院 2012 年度案例》(房屋买卖合同纠纷),中国法制出版社 2012 年版,第 53 页。

〔3〕 参见最高人民法院中国应用法学研究所编:《人民法院案例选》2014 年第 4 辑(总第 90 辑),人民法院出版社 2016 年版,第 133 页。

二、商品房预售合同纠纷

商品房预售合同或称预购合同，一般是指开发商将正在建设中的商品房预先出售给购房人，并由购房人支付定金或房价款，在未来确定的日期将约定的房屋交付给购房人所签订的合同。有法官认为，商品房预售合同是指取得或即将事后取得商品房预售资格的商品房开发商或销售商等商品房预售人在商品房建设工程尚未启动或尚未竣工，商品房尚未现实存在的情况之下，与商品房预购人约定在一定的期限之后，由商品房预售人将完工之后的商品房交付商品房预购人，商品房预购人提前支付一定价金，交付商品房时全额支付的不动产买卖合同。[1]

商品房预售完全是现代经济的产物，这一特殊交易方式在实践中越来越多地引起预购权利与他人权利的冲突。商品房预售的法律纠纷多而复杂，有必要对相关问题予以探讨。

（一）商品房预售合同责任认定

1. 预售合同违约责任

司法实践中，商品房预售合同纠纷中最为普遍的是由开发商违约引发的。商品房预售合同中，开发商违约行为面广，涉及预售的各个方面。开发商预售楼房未履行告知义务，造成购房人利益受损是多发类型。

【案例 12－38】 某房地产开发有限公司诉李某某确认合同无效纠纷案

二审法院认为，房地产开发企业违反诚实信用原则，能够办理商品房预售许可证而未办理，并以在起诉前未取得商品房预售许可证为由请求确认商品房预售合同无效，企图获取较合同有效时更大利益的，属于恶意抗辩，人民

---

〔1〕 参见最高人民法院民事审判第一庭编：《民事审判指导与参考》2016 年第 4 辑（总第 68 辑），人民法院出版社 2017 年版，第 156 页。

法院不予支持。[1]

【案例 12－39】　傅某田、傅某仙诉房地产公司商品房预售合同纠纷案

二审法院认为，房地产公司不能兑现入学承诺构成违约。傅某田、傅某仙购买房屋的主要目的系考虑外孙入学问题，房地产公司违约行为导致合同目的不能实现，买受人有权解除合同。合同解除后，房地产公司应退还购房款，并承担因购买房屋所支付的工程费、税费及赔偿上述款项的利息损失。关于傅某田、傅某仙主张的损失赔偿问题，酌情认定为 2 万元。经法院向房地产公司释明双务合同解除的法律后果，房地产公司主张傅某田、傅某仙返还房屋及协助将房屋过户登记至公司名下，该请求合理合法，予以支持。鉴于合同解除系房地产公司违约行为所导致，若房屋过户产生税费，应由房地产公司自行承担。判决：一、撤销一审判决；二、解除傅某田、傅某仙与房地产公司签订的《浙江省商品房买卖合同》；三、房地产公司支付购房款等 1352668.56 元并赔偿利息损失及其他损失 2 万元；四、傅某田、傅某仙协助房地产公司将案涉房屋过户登记至房地产公司名下（房屋过户产生的税费由房地产公司自行承担）；五、驳回傅某田、傅某仙的其他诉讼请求。[2]

在商品房预售中，作为合同附件的房屋平面图标注的房型、位置等房屋信息与合同中的房屋信息存在认识分歧的情况下，如合同签订时缺乏现房参照，购房人诉讼主张按房屋平面图标注内容确定买卖标的额的，一般应予支持。开发商若主张房屋平面图标注内容错误，应由其承担举证证明责任；如其举证不能，即应承担不利的诉讼后果。开发商向购房人交付的房屋与商品房买卖合同附件房屋平面图中双方共同确认的房屋户型位置不一致，构成违约。

预售合同中订购的是期房，而开发商交付的房屋不符，优化设计变更不能成为开发商单方变更商品房预售合同的抗辩理由。

【案例 12－40】　郑某丽与北京利晖房地产开发有限公司商品房预售合同纠纷案

一审法院认为，郑某丽、利晖公司订立的预售契约、补充协议及相应附件是双方当事人真实意思表示，不违反相关法律法规的强制性规定，应认定合法有效。上述协议内容对如何处理房屋面积误差约定明确，不属于《房屋买卖合同解释》第十四条第二项规定的"购房合同双方对面积误差约定不明"

---

〔1〕 人民法院案例库 2023－07－2－091－002。陕西省西安市中级人民法院（2018）陕 01 民终 8145 号民事判决书。

〔2〕 参见国家法官学院、最高人民法院司法案例研究院编：《中国法院 2022 年度案例》（房屋买卖合同纠纷），中国法制出版社 2022 年版，第 88 页。浙江省金华市中级人民法院（2020）浙 07 民终 1953 号民事判决书。

的情况,且郑某丽、利晖公司均已签字、盖章予以认可,双方应按此履行。故判决驳回郑某丽的诉讼请求。二审法院维持原判。[1]

在个案中,违约赔偿数额由法官行使自由裁量权裁定。

【案例12-41】 潘某根、李某会诉上海骏丰置业发展有限公司商品房预售合同纠纷案

二审法院认为,原审法院依据骏丰公司的过错程度,结合潘某根、李某会已付房款的情况及房地产市场行情酌定判令骏丰公司赔偿潘某根、李某会110万元尚属合理,可以维持。对骏丰公司的上诉请求,本院不予支持。[2]

2. 预售合同缔约过失责任

在预售合同中认定缔约过失,重要依据是时间,缔约过失发生在缔约阶段,并非整个商品房买卖交易的全过程。预售合同的预约和本约,都存在如何认定缔约过失责任的问题,但在认定具体方面有差别。预约合同处在缔约阶段,合同当事人以恶意竞争为目的邀约假意磋商等情形使合同相对方丧失其他缔约机会的,应认定为缔约过失责任。本约合同处在缔约阶段,以开发商有无商品房预售许可证划界,无商品房预售许可证的则应认定为缔约过失责任,反之则应认定为违约责任。根据可归责于一方事由,确定责任大小。由于主观原因未取得商品房预售许可证导致合同无效的,则应承担缔约过失责任。由于国家政策或其他客观情况变更导致开发商无法取得商品房预售许可证而致合同无效的,则应当综合考量是否属于情势变更,如属于情势变更,当事人可申请依法解除合同而不再承担缔约过失责任,但此时同样适用《房屋买卖合同解释》第四条的规定。实践中,由法官根据具体案情裁量。

【案例12-42】 李某与房地产公司商品房预售合同纠纷案

一审法院认为,现房地产公司未履行如实告知义务,应承担过失赔偿责任。至于赔偿数额的具体计算方法,可参考价格认证中心出具的意见。据此,一审判决房地产公司赔偿李某34500元。一审判决后双方当事人均未上诉。[3] 该案中,赔偿数额应包括房地产公司应告知而未告知,致使李某多支出的交易成本或者因此造成的损失。本案采用的是对铺设管道房屋价格与

〔1〕 参见北京市高级人民法院民一庭编:《北京民事审判疑难案例与问题解析》(第2卷),法律出版社2007年版,第53页。

〔2〕 参见国家法官学院案例开发研究中心编:《中国法院2012年度案例》(房屋买卖合同纠纷),中国法制出版社2012年版,第5页。

〔3〕 参见最高人民法院民事审判第一庭编:《最高人民法院民事案件解析》(房屋买卖、租赁纠纷),法律出版社2010年版,第393页。

未铺设管道的价格进行比对,确定房地产公司赔偿数额。

3. 预售合同赔偿范围

确定预售合同赔偿范围,应当根据商品房预售合同的不同性质与当事人承担的不同责任,其后根据个案具体确定赔偿范围,以平衡合同双方当事人的权益。具体来讲,如果预约合同无继续缔约的可能性,应判决赔偿损失,但受不超过可预见损失和履行利益规制,以不超过履行本约合同的利益为最高赔偿额的规制为原则,并且应当包括间接损失,但应注意个案中有例外。对于本约合同而言,缔约过失的赔偿范围应当以信赖利益为限度,违约责任的范围应当以完全性利益赔偿为原则。

实践中,应重视在商品房预售合同纠纷的处理中适用惩罚性赔偿,进一步发挥惩罚性赔偿制度对商品房销售市场的规范功能。应当注意的是,《房屋买卖合同解释》修订后,取消了原第九条关于惩罚赔偿的规定,其后应按《民法典》《消费者权益保护法》相关规定确定赔偿数额。

【案例 12－43】 高某南诉荣鹏房地产公司商品房预售合同纠纷案

一审法院认为,荣鹏公司销售给高某南的房屋为预售房屋,在与高某南订立商品房预售合同时不具备商品房预售许可证,根据《房屋买卖合同解释》第二条的规定,荣鹏公司至今仍不具备商品房预售许可证,荣鹏公司作为专业的房地产开发公司应当知道预售商品房应具备商品房预售许可证,荣鹏公司在明知自己不具备预售许可证、不具备预售商品房资格且未将此事实告知高某南的情况下与高某南订立商品房预售合同的行为违反了法律的强制性规定,对此荣鹏公司有过错。根据《房屋买卖合同解释》第九条的规定,荣鹏公司应当返还高某南已付购房款及利息、赔偿损失,并向高某南承担不超过已付购房款一倍的赔偿责任。原审法院在荣鹏公司违法售房的基本事实清楚、法律规定明确的情况下仍以高某南未提交证据予以证明为由驳回了高某南要求荣鹏公司承担赔偿责任的请求不妥。荣鹏公司应当承担赔偿责任之数额,由本院酌定。二审法院维持预售合同无效判项,撤销驳回判项,改判被告赔偿高某南 6 万元。[1]

商品房买卖合同中开发商因重复出售合同标的物并构成严重违约,致使购房人不能实现合同目的形成的纠纷,依照修订前《房屋买卖合同解释》规定处理,由开发商承担返还购房人已付购房款义务,并应承担赔偿不超过已付购房款一倍的

---

〔1〕 参见北京市高级人民法院民一庭编:《北京民事审判疑难案例与问题解析》(第 2 卷),法律出版社 2007 年版,第 62 页。

义务,但修订后该规定已取消。

【案例 12－44】 史某军诉荥阳市房地产开发(集团)有限公司商品房预售合同纠纷案

一审法院认为,被告所建虽为职工住宅楼,但被告具有房地产开发、经营、销售资格,并将建成的房屋向自己职工以外的其他人员公开销售,其房屋销售的性质就是商品房销售,故可参照适用。原告要求被告返还已付购房款 9 万元,并赔偿已付购房款的一倍的诉讼请求,理由正当,不违反有关法律的规定,应予支持。[1] 本案的特殊性还在于双方是口头预售协议,但同样得到法院认可。

【案例 12－45】 刘某诉北京 AL 温泉房地产开发有限责任公司、新府山庄 ABC 温泉公寓开发中心商品房预售合同纠纷案

一审法院认为,二被告 AL 公司及 ABC 中心向刘某出售房屋时,隐瞒了该项目未经国家有关部门审批、没有取得商品房预售许可证明的事实,一审、二审法院依据《房屋买卖合同解释》第九条之规定,判决 AL 公司及 ABC 中心退还刘某购房款 35 万元、赔偿 30 万元并支付利息,严格适用法律规定,有效平衡受害人与不良开发商的利益,是合理正确的。[2]

【案例 12－46】 刘某诉北京正圆世嘉房地产开发有限公司商品房预售合同纠纷案

一审法院认为,原告请求确认原、被告之间的《北京市商品房买卖合同》无效,返还已付购房款,赔偿已付购房款一倍的赔偿金的诉讼请求,理由正当、证据充分,本院予以支持。二审法院认为,正圆世嘉公司在法院已对 A 别墅采取了查封措施之后,仍继续收取刘某房款,该行为亦属不当。综上所述,原判正确,应予维持。[3]

商品房预售合同无效后,对于无效造成的损失如何承担的问题在司法实践中极有争议。笔者认为,应当根据当事人对造成合同无效的过错程度承担相应的责任,对于具体的个案则采取不同的计算方法。一般情况下,由法官根据当事人过错程度行使自由裁量权确定经济损失数额。

---

〔1〕 参见最高人民法院中国应用法学研究所编:《人民法院案例选》2006 年第 2 辑(总第 56 辑),人民法院出版社 2006 年版,第 217 页。

〔2〕 参见北京市高级人民法院编:《审判前沿——新类型案件审判实务》2008 年第 2 集(总第 20 集),法律出版社 2008 年版,第 43 页。

〔3〕 参见国家法官学院案例开发研究中心编:《中国法院 2013 年度案例》(房屋买卖合同纠纷),中国法制出版社 2013 年版,第 43 页。

【案例12－47】　武汉民生咏辉房地产有限公司与中国工商银行武汉市分行桥口区支行、武汉浩钿实业发展有限公司预售商品房纠纷案

一审法院在认定《购屋合同》无效后认为，因合同无效造成签订合同时的房价与现在房价之间的差价损失，咏辉公司应承担主要责任，桥口支行承担相应责任。据此判决：桥口支行与咏辉公司签订的《购屋合同》无效；咏辉公司返还桥口支行资金7157400元；赔偿损失7164160元。最高人民法院认为，咏辉公司与桥口支行签订的《购屋合同》，因其未取得土地使用权证及预售商品房许可证，应认定无效。咏辉公司应当向桥口支行返还购房款，并对造成合同无效承担主要责任，赔偿桥口支行因此而遭受的经济损失。桥口支行明知咏辉公司尚不具备售房的法定条件，仍与其签订《购屋合同》并支付购房款，亦应对合同无效及经济损失承担一定责任。一审判决认定事实清楚，适用法律正确，但对经济损失及双方分担数额的计算有误，应予纠正。对一审法院判决赔偿桥口支行经济损失7164160元变更为4516865.22元。[1]该案按照《最高人民法院关于审理房地产管理法施行前房地产开发经营案件若干问题的解答》第四十七条规定判决是可行的。适用此条规定，应注意以预购方已交付购房款所占签订合同时的房价款的比例，确定预购方的损失数额，然后，再根据出售方和预购方对造成合同无效的责任大小，分别计算出各自承担损失的数额。

实践中，双方对造成预售合同无效均有过错，则应通过划分过错责任比例确定双方承担损失额度。

【案例12－48】　董某林诉仪征市中宏基房地产开发有限公司商品房预售合同纠纷案

一审法院认为，被告未取得讼争房屋的预售许可证明，且未建设讼争房屋，其对合同无效负有一定的责任。买受人即原告在双方将A号房屋变更为B号房屋时，对B号房屋是否取得预售许可证明未尽审查义务，也未按合同约定一次性付款，对合同无效也负有一定的责任。双方过错相当，因此应各半承担损失赔偿责任。从本案查明的事实分析，原告收到被告解除合同通知的时间可确定为2009年1月6日。原告收到了通知，即应主张自己的权利，但其并未向被告主张权利，因此，2009年1月7日以后的损失应由原告自己承担。故法院判决被告向原告返还购房款160000元，驳回原告的其他诉

〔1〕　参见最高人民法院民事审判第一庭编：《最高人民法院民事案件解析》（房屋买卖、租赁纠纷），法律出版社2010年版，第9页。

讼请求。[1]

【案例12－49】 济宁市工腾房地产开发有限责任公司与嘉祥县人民法院预售合同纠纷案

最高人民法院再审认为，工腾房地产公司与嘉祥县人民法院之间签订《商品房团购意向书》及《商品房团购补充协议》，双方当事人针对商品房团购所达成的协议条款已具备合同成立的基本要求，其性质为商品房预售合同。因工腾房地产公司未办理商品房预售许可证等手续，导致《商品房团购意向书》及《商品房团购补充协议》为无效合同，合同无法继续履行。从导致合同无效的原因看，工腾房地产公司的过错程度比较明显，依法应当承担合同无效的主要责任；而嘉祥县人民法院作为司法机关，在民事领域进行活动时能够知道没有商品房预售许可证而签订合同的法律后果，因过失未能履行谨慎、合理的注意义务，应当承担相应的过错责任。嘉祥县人民法院购房损失主要是因丧失与第三人缔约机会而产生的，即因建筑材料价格上涨而带来的购房差价损失。嘉祥县人民法院与德联房地产公司另行签订购房合同，致使购房费用每平方米增加240元，该损失是客观、现实存在的。因商品房预售无效而造成的实际损失，属于缔约过失责任的信赖利益赔偿范围之内。因此，由工腾房地产公司按照全部损失的70%赔偿嘉祥县人民法院经济损失3531864元。一审、二审判决确认《商品房团购意向书》及《商品房团购补充协议》为无效合同适用法律正确，对合同当事人的缔约过失责任分配公正合法，对合同无效后损害赔偿的认定客观合理。

(二)商品房预售合同法律适用

1.预售合同的免责事由

商品房预售合同履行过程中开发商逾期交房责任的界定是实践中经常遇到的问题。在处理相关争议时，应注意合同约定的免责事由与当事人提供证据之间的因果关系。也就是说，提出免责事由方必须有证据证明免责事由，证据不充分或不能证明的，则不予支持。

---

[1] 参见国家法官学院案例开发研究中心编：《中国法院2013年度案例》（房屋买卖合同纠纷），中国法制出版社2013年版，第46页。

【案例 12－50】　广东省中振投资有限公司诉武汉泰合房地产开发有限公司、中国银行湖北宝丰支行预售商品房合同纠纷案

最高人民法院认为，泰合公司与中振公司签订的并经过公证的《武汉泰合广场商品房买卖合同》系双方自愿签订，符合有关法律规定，应属有效。按合同约定，泰合公司应于 1995 年 12 月 31 日将经竣工验收合格的房屋交付中振公司，但房屋至 1996 年 12 月 25 日方才竣工验收，且也一直没有交付给中振公司，因此泰合公司逾期交付房屋的事实属实。泰合公司提交法院的其在 1995 年 3 月 20 日给武汉市有关部门的《关于泰合广场工期延误的报告》中所列延期事由基本发生在双方签订房屋买卖合同之前，不符合合同约定的可以延期交付的免责条件。在本院审理期间，除泰合公司提供给武汉市有关部门的工程延期报告和泰合广场工程在 1995 年中的施工情况说明可证明因中振公司改变设计导致工程延期一个月外，其他事由没有相关证据证明，本院不予采信。泰合公司没有提供证据证明中振公司在委托对外招商招租的同时放弃追究其逾期交房的违约责任。故泰合公司应按合同约定承担逾期交房的违约责任。[1]

在商品房预售合同纠纷案中，开发商常以不可抗力作为逾期交房主张免责事由。对于雨天、中高考、市政工程等诸多因素是否能达到不可抗力的情形，根据《民法典》第五百九十条的规定，当事人一方因不可抗力不能履行合同的，根据不可抗力的影响，部分或者全部免除责任，但是法律另有规定的除外。当事人迟延履行后发生不可抗力的，不免除其违约责任。不可抗力是指不能预见，不能避免并不能克服的客观情况。当事人一方因不可抗力不能履行合同的，应当及时通知对方，以减轻可能给对方造成的损失，并应当在合理期限内提供证明。从上述规定可以看出，天气因素对施工确实有影响，但风雨天气均为正常的天气现象，开发商在建设前就应当参考当地的天气记录，根据气象部门的天气预测合理计算工期，在气象台合理预测的基础上留存足够的工期，故该情形并不构成不可抗力。开发商将中高考作为不可抗力的免责条款，中高考是按照国家规定时间进行，属于开发商在开工建设前考虑的内容，是应当在建设过程中承担的风险，开发商以合同形式将风险转嫁给购房人，免除己方责任的行为是无效的，亦不属于不可抗力的情形。

【案例 12－51】　黄某文、冯某英诉亿诚公司预售商品房合同纠纷案

一审法院认为，根据合同约定，亿诚公司应于 2016 年 9 月 30 日前交房，但至起诉时亿诚公司仍未交房，则亿诚公司应当承担逾期交房的违约责任。

---

〔1〕 参见最高人民法院民事审判第一庭编：《最高人民法院民事案件解析》（房屋买卖、租赁纠纷），法律出版社 2010 年版，第 23 页。

诉讼中,亿诚公司认为逾期交房的天数存在中高考、雨水天气等应当扣减违约天数的情形,并顺延交房时间,但却无证据证明工程因雨水、中高考实际停工、顺延工期的情形。根据合同约定,亿诚公司支付的违约金为3468元。黄某文、冯某英认为合同约定的违约金过低并请求予以调整,但无证据证明合同约定的违约金过分低于实际损失。黄某文、冯某英认为合同在订立时其责任分配不均,亿诚公司的责任明显过轻,显失公平。合同显失公平,根据规定原告一方有权自知道或者应当知道撤销事由之日起一年内行使变更或撤销权利,但期间经过,现撤销权已消灭。判决:被告亿诚公司向原告黄某文、冯某英支付自2016年10月1日起至2019年1月20日止的逾期交房违约金3468元。[1]

在商品房预售过程中,当事人对合同内容及签名提出质疑时,应以查明的证据进行分析判断。

【案例12-52】 李某兰与北京碧水庄园房地产开发有限公司商品房预售合同纠纷案

一审法院认为,李某兰认可碧水公司所提交的《北京市外销商品房预售契约》第4页上乙方签字为其所签,但否认该协议的第5、7页及《补充契约(一)》第4页的签字为其所签,并提出笔迹鉴定申请。因《房屋预售契约》的第5、7页及《补充契约(一)》的第4页上的签名是否李某兰本人签名不影响合同正本的效力,一审法院依据案件事实情况驳回李某兰笔迹鉴定的申请。一审法院认为,李某兰与碧水公司所签订的预售契约是双方真实意思表示,且不违反法律的有关规定,该契约合法有效。双方均应按照约定履行。在李某兰尚未交契税、公共维修基金等相应款项的情况下,李某兰要求碧水公司为其办理产权证明于法无据。一审法院驳回原告起诉,二审法院维持一审判决。[2]

责任限制格式条款不能适用于签约时被隐瞒的风险事项,当事人不能依此主张免责。

【案例12-53】 张甲等诉上海亚绿实业投资有限公司商品房预售合同纠纷案

二审法院认为,在亚绿公司单方隐瞒已知的现实延误风险,并且有能力

---

〔1〕 参见国家法官学院、最高人民法院司法案例研究院编:《中国法院2021年度案例》(房屋买卖合同纠纷),中国法制出版社2021年版,第9页。广西壮族自治区柳州市柳城县人民法院(2019)桂0222民初390号民事判决书。

〔2〕 参见北京市高级人民法院民一庭编:《北京民事审判疑难案例与问题解析》(第2卷),法律出版社2007年版,第90页。

重新规划交房期限的前提下,购房者有理由相信亚绿公司已经对交房期限的现实可行性作出了承诺。诚实信用原则下的购房者信赖利益价值高于格式条款提供者亚绿公司的责任风险限定利益。交房期限条款与系争责任限制条款之间的互补逻辑关系应解释为:系争责任限制条款的适用范围限于签约后发生的约定风险事项,不能适用签约时被隐瞒的现实风险事项。二审法院撤销一审判决,亚绿公司向张甲、张乙支付逾期交房违约金32292.15元。[1]

2. 强制要求签订预售合同

意向购房人在交纳了诚意金后能否强制要求开发商以某一特定价款签订商品房预售合同,首先需要厘清诚意金的性质。所谓诚意金,也称意向金,是指购房人向开发商表示购买诚意而付给开发商的一定金额。诚意金与定金性质不同,法律后果也不相同,具体体现在以下方面:其一,效力不同。定金是法律概念,而诚意金仅是商业用语。其二,风险不同。定金在现行法律条文中有较为丰富的规定,诚意金则没有法律上的规定,风险较大。诚意金交付后,如双方当事人未达成合同,不发生丧失或双倍返还的效力。其三,适用条件不同。在认定款项是否系定金性质时,条件较为严格。诚意金则没有相关要求,只要双方签订了诚意金的凭证,一般应当认定诚意金的存在事实。其四,与主合同关系不同。交付定金的协议是从合同,而交付诚意金的协议一般是为另一个不同内容的合同,两个合同之间没有主从关系。就合同成立而言,必须采用要约与承诺的形式,其要约的要求包括要约内容的具体明确。开发商在诚意金收据上并未就房屋价款、交款时间、收房时间等一系列重要内容加以约定,因此交纳诚意金的行为不是要约,而是要约邀请。合同的成立需要双方在遵循地位平等与意思自治精神基础上达成一致意见。在开发商明确表示不同意与意愿购房人签订商品房预售合同的情况下,明显双方在购房事宜上未达成一致的意思。因诚意金不具有立约定金性质,意向购房人无权强制开发商与其签订商品房预售合同。

【案例12-54】　薛某宝诉北京祁连房地产开发有限公司房屋买卖合同纠纷案

一审法院认为,根据本案查明的事实,原告薛某宝自始未与被告房地产公司就150×号房屋签订任何书面的《商品房认购合同》和《商品房预售合同》。薛某宝虽向房地产公司交纳款项1万元,但是房地产公司出具的交款收据上仅载明系K2玉兰湾诚意金,并未载明该1万元系150×号房屋的款项。即使如薛某宝所述其与房地产公司的销售人员就150×号房屋的总价

---

〔1〕 参见茆荣华主编:《2018年上海法院案例精选》,上海人民出版社2020年版,第57页。

款达成一致意见,但是薛某宝与房地产公司之间也并未就购买150×号房屋的付款时间、付款方式、交房时间及完成房屋权属转移登记时间等《商品房预售合同》应有的重要内容进行协商并达成一致意见,故双方未就150×号房屋达成《商品房预售合同》。因此,薛某宝要求房地产公司与其按照238万元的价款与其签订150×号房屋的《商品房预售合同》的诉讼请求,有违合同自愿原则和相关法律规定,故对薛某宝的上述诉讼请求,本院不予支持。[1]

3. 预售合同的撤销

当事人因对行为的性质、对方当事人、标的物的品种、质量、规格和数量等的错误认识,使行为的后果与自己的意思相悖,并造成较大损失的,可以认定为重大误解,有权申请撤销协议。

【案例12-55】 朱某与徐州中川房地产公司商品房预售合同纠纷案

二审法院认为,朱某与中川公司于2013年3月15日签订的《商品房订购协议》是基于中川公司工作人员向其承诺可以帮助其办理50万元公积金贷款这一前提条件,中川公司工作人员的上述承诺致使朱某对其如何履行与中川公司之间签订的《商品房订购协议》所涉及的付款方式内容产生重大误解。对于如何办理公积金贷款,作为购房者显然不具备较全面的认知程度,而对于销售者而言则应该具备较全面的业务能力。朱某不能履行《商品房订购协议》的原因系中川公司不能履行帮助其办理50万元公积金贷款的承诺所致。故朱某请求法院撤销《商品房订购协议》,予以支持。原审判决未能考虑上述因素判决驳回朱某诉讼请求是错误的。[2]

4. 责任承担方式

在商品房预售合同中,应区分预约合同和本约合同两种情形界定责任的不同方式。对于构成预约合同的预售合同,应当根据预约合同内容的具体效力和具体的案情确定具体的责任方式。对于构成本约的预售合同,应根据案情具体认定违约方应当承担缔约过失责任还是违约之后,再进一步细分。在确定为缔约过失责任前提下,实际履行合同已无可能或有失公平,则判其赔偿损失;而如果实际履行合同存在可能且不失公平,则可以判其继续履行。在确定应承担违约责任的前提下,可以在强制履行、赔偿损失、违约金、减价等法定方式中选择适用。个案中,法

---

〔1〕 参见国家法官学院案例开发研究中心编:《中国法院2017年度案例》(房屋买卖合同纠纷),中国法制出版社2017年版,第7~8页。

〔2〕 江苏省徐州市中级人民法院(2013)徐民终字第1389号民事判决书。

院经过专业评估和实地调查以后,认为可以继续履行合同不失公平,可以判处继续履行。也就是说,法院在判定具体的责任承担方式时,主要依据涉案合同应当承担的责任性质,在法定的责任承担方式基础上,要从履行的现实可能性与社会公平的角度出发,依法合理地自由裁量,判定个案的责任承担方式。同样案情的法律关系,可视现实情况的不同,判处完全不同的责任承担方式。但法院在行使该自由裁量权时,应当在合法的基础上进行充分的说理。[1]

5. 适用情势变更原则

预售商品房合同履行并非即时结束,在合同履行期间发生情势变更情形如何适用情势变更规则有待研究。

情势变更原则适用要件主要有以下几点:其一,情况的发生具有不可预见性。情势变更的发生,须是房屋买卖双方在订立合同时所不能预见或不可能预见的。确定当事人预见力,应根据预售商品房时的市场、价格和交易政策等方面进行客观考察。其二,由于不可归责于当事人的事由引发。情势变更的发生,须是因不可归责于当事人的事由。如果当事人主观有过错,则应限制适用情势变更原则而应由合同主体承担其责任。其三,双方利益显失公平。情势变更的适用前提为预售合同正常履行之后双方利益显失公平。如开发商与购房人签订合同后,在建造商品房的过程中建材价暴涨,如按原合同履行,开发商不但不会盈利,反而按其造价呈严重亏损状态。其四,事件发生在合同履行期间。情势变更发生期间须为双方签订合同后的法律行为生效至法律关系消灭前这一期间,只有在这一期间发生的情势变更才可适用。如开发商已交付商品房,购房人业已接收房屋,此后所发生的情势变更则不适用。限制适用情势变更情形主要有以下几种:其一,预售合同订立之前或合同履行之后发生的情势变更;其二,合同订立之后,合同内容与实际标的物不一致,有合同履行上的瑕疵,即使无情势变更情形也使合同对价关系失衡,此后所发生的情势变更;其三,签订预售合同时对其后可能出现的情势变更已预见并载入合同中,而合同履行期间又出现所预见的情势变更;其四,由于合同一方过错,给另一方造成损失,或者致使履行延迟,或者逾期未交纳足额房款,在延期或逾期时所发生的情势变更;其五,预售合同履行中出现的一般商业风险。

适用情势变更原则的具体处理有以下几种方式:其一,变更预售合同内容,继续履行合同。如果通过变更预售合同的有关内容能够排除不公平的结果,原则上则应在新的条件下,仅就合同中相应的条款予以变更,使之趋于对等,仍然维持原

---

〔1〕 参见最高人民法院民事审判第一庭编:《民事审判指导与参考》2016 年第 4 辑(总第 68 辑),人民法院出版社 2017 年版,第 181 页。

合同的存在。其二,解除预售合同或中止该合同的履行。如果通过变更预售合同的内容仍不足以排除不公平的结果,采取终止预售合同即可消除显失公平的现象,则采用中止合同的方式。因情势变更,合同双方的对价关系完全被破坏,合同目的已经无法实现,可采取解除合同的方式。对双方当事人在情势变更之前所履行的部分仍然有效,已经履行不公平给付一方享有求偿请求权,请求对方予以返还不公平部分。其三,延期给付。根据案件具体情况,通过变更合同使双方对价关系趋于对等,判决延期交付商品房,延期的长短既要考虑开发商的能力,又要保护购房人的合法权益。其四,变更预售合同的给付标的。因情势变更造成商品房给付不能的,经双方协商一致可以用其他同类物代替给付。如果协商不成,法院也可判决用同地段、同等结构的商品房代替给付。其五,免责问题。基于情势变更是一种客观情况,它要求合同当事人在主观上均不得有过错。故其后果是变更或解除合同。

(三)商品房预售合同与相关合同的区别

由于商品房预售合同的标的物在签订合同时并未现实存在,所以,理论界和实务界对商品房预售合同的性质问题存在不同认识,常常与诸多表面上相似的合同混淆并发生争议。

1.预售合同与建设工程承包合同的区别

商品房预售合同与房屋建设工程承包合同,二者有相似之处,如一方在房屋建成之前,分期向另一方付款。从建设房屋的资金来源看,建设工程承包合同的建房资金一般是由获得房屋的一方以工程款的形式支付的;房屋预售合同的建房资金,全部或大部分是由购房人以预付款的形式支付的。因此,仅看合同的某些内容不能界定合同的性质。一个合同表现一种民事法律关系,界定合同的性质应以法律关系的实质为依据。建设工程承包合同属于加工承揽法律关系的范畴,我国民事法律特别是《民法典》,对加工承揽法律关系有明确规定,该法第七百七十条第一款规定:“承揽合同是承揽人按照定作人的要求完成工作,交付工作成果,定作人支付报酬的合同。”第七百八十三条规定:“定作人未向承揽人支付报酬或者材料费等价款的,承揽人对完成的工作成果享有留置权……”对于商品房预售合同,我国民事法律有不少规定。预售即预买预卖,是买卖的一种特殊形式,关于它的性质,《民法典》第五百九十五条明确规定:“买卖合同是出卖人转移标的物的所有权于买受人,买受人支付价款的合同。”通过比较上述法律规定,可以看出建设工程承包合同与房屋预售合同的本质区别在于合同标的物所有权归属以及所有权是否发生转移。建设工程承包合同标的物属于定作人,双方当事人履行合同时不发生所有权变动,承揽人的义务是交付标的物,这个交付行为只是标的物占有权的转移,不发生所有权的转移。定作人向承揽人支付金钱,不是标的物的价款,而是承揽人完成工作的报酬。商品房预售合同(买卖合同)的本质是标的物所有权的转移,合同订立时标的物所有权属于卖方,买方支付标的物的对价的目的是取得标的物所有权。

【案例12-56】 贵阳市城乡房地产开发公司、贵州黔能企业(集团)公司与贵州省新新建筑工程公司、扬某明等商品房预售、拆迁安置合同纠纷案

最高人民法院认为,城乡公司与黔能公司签订的《代征代建工程承包合同》及其补充合同,虽名为代征代建,但城乡公司独立办理了建设、规划等工程项目审批手续,并取得了该项目的国有土地使用权,因此双方的合同实际上是商品房预售合同。[1] 本案房屋原始所有权属于城乡公司。黔能公司与城乡公司签订合同,是以法律形式使城乡公司转移所有权,使黔能公司取得所有权。根据我国关于不动产所有权转移的法律规定,经过双方履行合同,并依法办理房屋所有权登记手续以后,黔能公司才能取得所有权。一审、二审法院认定涉案合同及补充合同为商品房预售合同,而非工程承包合同正确。现实生活中,当事人订立合同的名称与内容不一致是经常发生的如本案,应当根据合同的内容探究并认定合同当事人之间的法律关系。

2. 预售合同与以房抵债合同的区别

商品房预售合同与以房抵债合同从理论上是容易区分的,因其概念根本不同。但由于现实社会生活中的复杂性,当出现多个主体、多重法律关系时,极易出现争议。

【案例12-57】 中国人民银行清远市中心支行与广东省第一建筑工程公司建设综合开发分公司、清远市华泰工贸有限公司预售商品房合同纠纷案

最高人民法院认为,省一建城建分公司与清远金融市场签订的《房地产预售契约》有效。讼争项目办理了立项、规划、报建审批手续,省一建城建分公司领取了预售商品房许可证,已具备了预售商品房的法定条件。签订合同是双方当事人真实意思表示,合同内容合法,且已经广州市房地产交易所监证,一审判决认定合同有效是正确的,应予维持。关于《房地产预售契约》与

---

〔1〕 参见最高人民法院民事审判第一庭编:《最高人民法院民事案件解析》(房屋买卖、租赁纠纷),法律出版社2010年版,第62页。

《抵债协议书》的关系问题。最高人民法院认为,《房地产预售契约》与《抵债协议书》是两份各自独立的合同,既不存在主从关系,也不存在包容关系。首先,两份合同的主体不一致,《抵债协议书》是清远金融市场与华泰公司签订的,而《房地产预售契约》是清远金融市场与省一建城建分公司签订的。没有证据证明《抵债协议书》的合同当事人以口头或书面的方式将以房抵债的合同内容告知省一建城建分公司,也没有证据证明省一建城建分公司事后对他人处分自己财产的行为予以追认。其次,从法理上讲从合同应是以主合同存在为前提才成立的合同,从合同应随主合同的变更或消灭而变更或消灭。本案《房地产预售契约》并不是以《抵债协议书》存在为前提,也不存在相互依存的关系。再次,从合同的内容上看,最高人民法院(1998)民终字第195号终审判决书认定,五方当事人签订的"五方协议"和以此合同为基础的"两方协议"、"三方协议"、"四方协议"及部分当事人之间签订的相关协议均应认定无效。根据这一认定和合同无效处理原则,华泰公司并不享有南方国际新闻大厦房地产项目权益,即使有投资也应按一般债权处理,故以华泰公司处分讼争房地产项目抵偿人行清远支行债务为主要内容的《抵债协议书》无效。最后,预售商品房是要式法律行为,预售方应具备严格的法定条件并履行法定程序才能售房。从内容上看,立项、土地出让、规划、预售许可的政府审批文件上,始终记载着省一建城建分公司的名字,而没有华泰公司的名字,认定省一建城建分公司是讼争项目的权利人,证据是充分的,华泰公司缺乏主张权利的法定凭证,不是讼争项目的权利人,无权以自己名义处分讼争项目的部分房产。[1]

3. 商品房预售合同与代建合同的区别

如何区分商品房预售合同与代建合同是司法实践中的难题。两类合同从外观上有许多相似之处,如一方在房屋建成之前,分期分批向另一方付款。从建设房屋的资金来源看,两类合同中建房的资金均由获得房屋所有权的一方支付,但两类合同存在本质上的不同。商品房预售合同本质为买卖合同。《民法典》第五百九十五条明确规定:"买卖合同是出卖人转移标的物的所有权于买受人,买受人支付价款的合同。"代建合同的本质属于承揽合同。《民法典》第七百七十条第一款规定:"承揽合同是承揽人按照定作人的要求完成工作,交付工作成果,定作人支付报酬的合同。"因此,仅依合同的某些内容并不能确定合同的性质。也就是说,二者的本质区别在于合同标的物所有权的归属,商品房预售合同标的物的所

〔1〕 参见最高人民法院民事审判第一庭编:《最高人民法院民事案件解析》(房屋买卖、租赁纠纷),法律出版社2010年版,第89~90页。

有权属于卖方,合同双方当事人履行合同发生所有权的转移。而代建合同标的物的所有权属于定作人,合同双方当事人履行合同并不发生所有权的转移,且代建合同的前提为委托代建方为建设项目的土地使用权人及建设房屋的所有权人。

【案例12－58】　新疆维吾尔自治区邮政局与乌鲁木齐市圣博特房地产开发有限公司商品房预售合同纠纷案

最高人民法院认为,圣博特公司与邮电管理局签订的邮电一期《代建职工住宅楼协议书》约定,代建价格为圣博特公司履行全部合同义务、邮电管理局获得合同项下房屋及院落无瑕疵的完整财产所有权的全部对价。上述约定表明圣博特公司按照邮电管理局的要求开发犁铧街邮电一期住宅小区。圣博特公司通过与新疆维吾尔自治区乌鲁木齐市土地管理局签订《国有土地使用权出让合同》,交纳土地出让金取得犁铧街邮电一期住宅小区建设用地的土地使用权,办理了开发商品房的相关手续,取得了商品房预售许可证,双方签订的《代建职工住宅楼协议书》符合商品房预售合同的法律特征,且没有违反法律、行政法规的禁止性规定,应为有效。邮电管理局称双方所签合同为代建合同没有法律依据。[1] 法官分析认为,1997年1月6日,双方当事人签订《代建职工住宅楼协议书》,从双方所签订的合同名称来看,似乎其合同性质为代建合同。但从上述两种合同的本质区别来看,圣博特公司与邮电管理局签订的代建合同名为代建合同,实为商品房预售合同。理由如下:(1)圣博特公司作为房地产开发企业,在签订合同前及合同履行过程中取得了建设用地的土地使用权,并办理了商品房开发的相关手续;(2)圣博特公司取得了商品房的预售许可证;(3)双方在合同中约定代建价格为圣博特公司履行全部合同义务,邮电管理局获得合同项下房屋及院落无瑕疵的完整财产所有权的全部对价。工程竣工交付使用后,圣博特公司在3个月内将房屋产权证、土地使用权证及相关手续办理到邮电管理局名下。双方之间的约定表明,圣博特公司按照邮电管理局的要求开发犁铧街住宅小区。双方之间的约定符合商品房预售合同的法律特征。虽然圣博特公司将土地使用权提前转让在邮电管理局名下,但并未改变双方当事人合同约定的意思表示,提前转让土地使用权的行为并没有变更双方之间法律关系的性质。邮电管理局称双方之间为无名合同关系没有法律依据。代建合同的前提为委托代建方为建设项目的土地使用权人及建设房屋的所有权人,本案中建设用地的使用权人是圣博特公司而并非邮电管理局,故双方之间的合同约定不符合代建合

〔1〕 参见最高人民法院民事审判第一庭编:《民事审判指导与参考》2009年第3集(总第39集),法律出版社2010年版,第230～232页。

同的法律特征,也不是无名合同。[1]

4. 预售合同与商品房预约合同的区别

商品房预约合同,也可称为预约合同,是指约定将来订立一定契约的契约,当事人双方只负有签订正式合同的义务。从其实质意义上看,商品房预约合同多表现为认购书。商品房预售合同从性质上讲,一类是本合同,当事人之间负有的是履行合同约定的相互交付义务,不是将来订立合同的义务,而构成本约的本合同显然是区别于预约合同的。而在预售合同中还存在另一类预约合同,这类合同具有预约性质则自然归属于预约合同范畴。实践中,商品房预订单、认购书、意向书为预售合同的本合同还是预约合同时有争议。笔者认为,可以依据预约合同和本约合同的构成要件区分预订单、认购书、意向书等预售合同的类型。预订单、认购书、意向书等协议内容不仅有订立本约的目的并指向期限、定金、责任或预付款等合同基本条款的,应当认定为预约合同。除以上条款外,同时包含具体的商品房及其交易信息的,应当认定为本约合同。也就是说,要根据预订单、认购书、意向书等协议的具体内容,区分本、预约合同。需要强调的是,预售合同并非全部是本约合同,也并非全部是预约合同,应在个案中甄别。

---

〔1〕 参见最高人民法院民事审判第一庭编:《民事审判指导与参考》2009 年第 3 集(总第 39 集),法律出版社 2010 年版,第 232 ~233 页。

三、一房二卖合同纠纷处理

（一）一房二卖合同履行顺序

合同履行，是指债务人依据法律和合同的规定作出给付的行为。从一定意义上讲，合同履行是其他一切法律制度的归宿或延伸，是债权得以实现的前提，也是建立信用经济的基础。在房屋买卖过程中，房屋属于特定物，在一房二卖、一房数卖的情况下，通常不可能实现两个合同都得到全面履行。纠纷发生时，哪份合同应该得到优先履行，谁更应该取得房屋所有权，是摆在法官面前不可回避的问题。一房二卖情况下合同履行顺序的处理原则为，其一，确认合同效力。合同效力确定，必须以《民法典》第一百四十六条的规定为依据，不具有法律规定无效的情形的，各房屋买卖合同均应为有效。厘清签订在先合同有效、出卖人签订在后合同属于无权处分即无效等问题，防止误区影响正确界定效力。其二，确定合同如何履行。在合同均为有效的前提下，要确定哪份合同优先履行。这里明确两个原则，一是物权优先于债权原则，二是债权平等原则。所谓物权优于债权，是指物权优先性，主要表现在同一标的物之上同时存在物权和债权时，物权优先。即如果其中一个买受人已经办理了转移登记，取得了房屋所有权，而其他买受人享有要求办理房屋转移登记的合同债权，依据上述物权优先于债权的原则，已经取得房屋所有权的买受人应当优先得到保护。所谓债权平等原则，是指债权人之间的债权除具有优先受偿权（如担保物权或法定优先权）者外，不考虑其发生时间之先后，金额多少，债权发生之原因，债权人都应当平等地接受清偿。对于各买受人均未办理转移登记的，由于各买受人享有的均是合同债权，依据债权平等性的原则，到底由谁取得房屋的所有权以及履行哪个合同，可以由出卖人自主选择决定。需要特别指出的是，在纠纷未进入诉讼程序的情况下，应充分尊重当事人的意思自治，出卖人有权根据自己的意思选择合同履行的相对方。在一方当事人已经提起诉讼的情况下，出卖人的选择权应当受到限制，合同如何履行应由法院依据公平合理的原则予以判断。最高人民法院民一庭意见：后买受人只要不具有侵害先买受人合法权益的恶意，不具有与出卖人恶意串通的行为，其买卖合同就应认定为有效。当以同一标的物为标的的数个买卖合同均为有效的情况下，根据债权平等的原则,各受让人均可要求继续履行合同。但鉴于标的物的特定性,谁能够依据合同最终取得标的物所有权,应区分不同情形加以判定。根据《合同法》等法律、司法解释的规定,合同得不到履行、不能取得标的物的买受人,可以向出卖人请求解除合同、赔偿损失。[1]

司法实践中,通常确定合同履行顺序为,其一,已经办理房屋所有权转移登记的,该项规则体现的是物权优先于债权的原则。其二,均未办理房屋所有权转移登记的,已经合法占有房屋的。该项规则依据除占有保护制度的延伸外,主要出于维护居住现状、稳定社会关系等司法效率原则的考虑。其三,均未办理房屋所有权转移登记的,又未合法占有房屋的,应综合考虑各买受人实际付款数额的多少及先后,是否办理了网签、合同成立的先后等因素,公平合理地予以确定。该项规则的依据是在债权平等原则的基础上,依据合同履行的程度结合公平原则予以确定。这实际上是赋予法官的自由裁量权,允许法官在一定的裁量区域内依据个案具体情况裁量,酌定优先合同履行顺序,行使对当事人意思自治的司法干预。有法官认为,对于一房数卖,房屋尚未办理产权登记时,优先履行受领房屋一方买受人的合同;均未受领的,优先履行先付款一方买受人的合同;均未受领且均未付款的,优先履行合同先订立一方买受人的合同。具体如下:(1)受领在先规则;(2)付款在先规则;(3)合同订立在先规则。[2]

【案例12-59】 刘某诉朴某德房屋买卖合同纠纷案

二审法院认为,具体到本案,朴某德与刘某、陈某先后分别签订房屋买卖合同,均系各方当事人真实意思表示,且内容不违反法律、行政法规的强制性规定,应均为有效合同。刘某、陈某均未办理房屋所有权转移登记,而陈某依据有效合同已经合法占有、使用101号房屋并对房屋进行了装修,同时考虑陈某已经实际支付500万元购房款的事实,法院认定按照上述原则,应当优先履行朴某德与陈某之间达成的房屋买卖合同。而陈某在购买101号房屋时是否知晓朴某德与刘某之间的买卖一节并不影响其合同的依法履行。因此,原审法院判决继续履行刘某、朴某德之间签订的《北京市存量房屋买卖合同》,违背了上述确认优先履行顺序之原则,侵害了陈某的合法权益,法院予以纠正。本案中,陈某明确表示要求继续履行其与朴某德签订的合同,故对刘某主张的要求继续履行合同的相关诉请,法院不予支持。刘某因朴某德一

---

〔1〕 参见刘德权主编:《最高人民法院司法观点集成》(第2版)(民事卷③),人民法院出版社2014年版,第1548页。

〔2〕 参见林金文:《一房数卖时的权利保护顺位》,载《人民司法·案例》2018年第5期。

房二卖造成的损失,可依法另行追偿。[1]

【案例12-60】　北京市朝阳区工业局诉中国昆仑工程公司、北京朝海物业管理有限公司第三人撤销之诉纠纷案

二审法院认为,二中院在2010年4月作出(2009)二中民终字第16402号民事判决时,朝阳工业局不是该案当事人,昆仑公司与朝阳工业局分别同朝海物业公司签订的合同均为有效,均未办理房屋所有权转移登记,因朝阳工业局已实际占有涉案房屋,无须再考虑昆仑公司与朝阳工业局实际付款数额的多少及先后、合同成立先后等因素。比照前述原则,《合同书》实际已无法继续履行,因此二中院在原判决中认定《合同书》继续履行不当。[2]

【案例12-61】　三门峡水利管理局诉郑州市配套建设公司房屋买卖合同纠纷案

一审法院认为,配套建设公司与水利管理局的合同签订在先,与左某鹏等24位购房人的房屋买卖合同签订在后,左某鹏等24人所购房产虽然在房产管理部门办理了登记手续,但所购房产并未交付,也未实际取得房屋所有权证。因此,配套建设公司将房产出售给左某鹏等24人的行为,不能对抗水利管理局作为购房人的权利。此外,荥阳一建虽然因工程价款优先受偿权而占有部分房产,但并未实际取得所有权,它通过与配套建设公司的合同所取得的权利只是对房屋的占有权、使用权、收益权,不能对抗水利管理局所享有的权利。此外,房屋尚未竣工交付使用,荥阳一建和左某鹏等24位购房人的权利也可以通过其他途径进行保护。配套建设公司作为房屋买卖合同的出卖人,在收取了买受人支付的大部分款项后,不能以房屋的工程价款需优先受偿为由,拒绝按合同约定向房屋买受人交付房屋。因此,水利管理局的诉讼请求应予以支持。二审程序中,配套建设公司撤回上诉。[3]

(二)一房二卖处理

一房二卖在实践中带有普遍性现象之一,如何处理该类纠纷即会产生一定的争议。处理此类纠纷的基本原则为,其一,要坚持合同自由与鼓励交易的原则。

〔1〕 参见国家法官学院案例开发研究中心编:《中国法院2016年度案例》(房屋买卖合同纠纷),中国法制出版社2016年版,第100页。

〔2〕 参见最高人民法院中国应用法学研究所编:《人民法院案例选》2015年第2辑(总第92辑),人民法院出版社2016年版,第126页。

〔3〕 参见《最高人民法院公报》2004年第8期。

在认定合同效力时要尊重当事人的意愿，以合同有效为原则，在认定合同的内容及如何履行存在争议时，应当采取当事人约定优先的原则，尽量促成合同的继续履行，实现当事人签订合同的目的。其二，要坚持合同信守与诚实信用原则。依法成立生效的合同，当事人应当严格依约履行，原则上不允许擅自变更和解除合同，违反合同的当事人应当承担相应的违约责任，使其不能从违约行为中获利，以维护和引导房屋交易市场的诚信有序发展。其三，要坚持原则性与灵活性相结合的原则，正视现阶段房屋交易市场不完善和部分当事人法律意识不高的现实，既强调法院在处理同类纠纷时的统一性和规范性，给当事人以合理的预期，也赋予法官以自由裁量权，在处理个案时具备一定的灵活性，在公平保护双方利益的前提下向相对弱势方适度倾斜。应当注意的是，在处理一房二卖中，原则上并不因为在后买受人的主观上是善意还是恶意而使处理结果有所不同。但在先买受人能证明存在可以行使撤销权或存在双方恶意串通损害第三人的例外，否则，在先买受人不能主张过户，只能要求出卖人承担违约责任。

在一房二卖合同均有效的前提下，一买卖合同买受人取得房屋所有权证，而另一买卖合同买受人则只能行使债权请求权。

【案例12－62】 赵某保与天津市新厦房地产开发经营公司破产清算组、天津市嘉盛房屋置换有限责任公司、刘某华确认房屋所有权纠纷案

最高人民法院认为，根据本案查明的事实，开源支行依法对新厦公司享有债权，其与嘉盛公司签订《债权转让合同》，将该债权转让给嘉盛公司，嘉盛公司支付了转让款。同时，该合同约定，嘉盛公司有权以自己的名义对外销售抵押物。该《债权转让合同》是双方当事人真实意思表示，不违反法律、行政法规的强制性规定，应为有效。2003年8月14日，赵某保与新厦公司签订《商品房买卖合同》，虽然双方当事人倒签合同缔约时间，但该合同亦为当事人的真实意思表示，亦应认定为有效合同。此后，嘉盛公司与刘某华签订合同，将讼争房屋出卖给刘某华，刘某华支付了全部购房款，办理了房屋过户手续，取得了讼争房屋的产权证明，并实际占有使用该房屋至今，一审法院认定该房屋买卖合同有效，适用法律并无不当。鉴于讼争房屋已经办理房产过户手续，刘某华取得了讼争房屋的产权证，应认定该房屋已经发生了物权变动的法律后果。赵某保在与新厦公司签订《商品房买卖合同》后，未办理房产过户手续。一审法院认为赵某保只对新厦公司享有债权请求权，其不能对抗刘某华依法取得物权的效力，依据充分。据此，赵某保要求新厦公司为其办理讼争房屋过户手续的上诉请求，本院不予支持。赵某保基于其与新厦公司的合同关系而产生的债权纠纷,可另寻法律途径解决。[1]

在一房二卖合同均为有效、均未办理产权登记和预告登记时,出卖人已先行将系争房屋交付给后手购房人占有、使用,其后手购房人的房屋所有权应得到优先保护。

【案例12-63】　杨某某诉王某某房屋买卖合同纠纷案

一审法院认为,虽然第三人与原告先后与被告签订了房屋买卖的协议或合同,但被告已按约定先将系争房屋交付给原告,原告自2012年3月起即开始占有、使用系争房屋,并对房屋进行了装修,且已支付了水、电、煤等费用。现系争房屋已由原告在先实际占有,故第三人与被告签订的《协议书》已不具备实际及履行条件。据此,应本着尊重现状、维持稳定的精神,合理保护在先实际占有的取得人的交易安全利益,故原告与被告签订的《居间合同(出售)》应当优先履行。第三人因被告不能履行合同的后果可另行主张。第三人季某某不服一审判决,上诉后又申请撤诉。[2]

购房人支付全部购房款并实际占有房屋的,应予优先保护。

【案例12-64】　宜昌市基督教委员会诉赵某等第三人撤销诉讼纠纷案

一审法院认为,本案的争议焦点为宜昌市基督教委员会与赵某的房屋所有权及土地使用权属过户请求权保护顺位问题。最高人民法院发布的《八民纪要》第十五条规定,审理一房数卖纠纷时,如果数份合同均有效且买受人均要求履行合同的,一般应按照已经办理房屋所有权变更登记、合法占有房屋以及合同履行情况、买卖合同成立先后等顺序确定权利保护顺位。本案中,宜昌市基督教委员会已经支付了全部购房款并且实际占有使用了该房屋,还持有案涉房屋的房产证和土地使用证,这表明该交易的绝大多数义务已经充分得以履行,也反映了出卖人李某、刘某的真实意愿。而本案另一购房人赵某尚有5.11万元购房款未支付,且未实际占有使用该房屋,其房屋买卖合同的履行程度与前者相比较低。为维护交易秩序的稳定,法院将优先保护宜昌市基督教委员会的房屋所有权及土地使用权属过户请求权。故对宜昌市基督教委员会请求李某、刘某配合办理房屋及土地使用权等不动产权属转移过户手续的诉请,法院予以支持。法院于2018年8月29日作出(2018)鄂0502民初1994号民事调解书的内容损害了宜昌市基督教委员会的民事权益,依法应当予以撤销。判决:一、撤销本院(2018)鄂0502民初1994号民事调解

---

〔1〕　参见最高人民法院民事审判第一庭编:《最高人民法院民事案件解析》(房屋买卖、租赁纠纷),法律出版社2010年版,第257~258页。

〔2〕　参见郭伟清主编:《2015年上海法院案例精选》,上海人民出版社2016年版,第32页。

书;二、确认宜昌市基督教委员会与李某、刘某于2018年3月22日签订的《房屋买卖合同》合法有效;三、李某、刘某应配合宜昌市基督教委员会办理宜昌市西陵区珍珠路××号的房屋产权证及土地使用权证等不动产权属转移过户手续。

二审法院认为,宜昌市基督教委员会就其已向李某支付案涉房屋全款的事实向法院提交了相应的银行转账流水、收据等证据予以证实,前述证据能够相互印证,达到一般证明标准,在不能提供有效相反证据的情形下,足以证实宜昌市基督教委员会已经全款支付购房款。且从李某于2018年4月13日向赵某出具的收据内容看,该收据上明确了赵某支付给李某的房款数额为14.89万元以及李某使用信用卡的转账11万元,"合计25.89万元(原文如此)",承诺"于2018年8月30日前将所收到的赵某的钱款全部归还赵某"。由此可见,在李某向赵某出具该收据时,双方已就之前支付的购房款以及信用卡欠款达成了全部归还赵某的合意。赵某辩称该借据载明的归还的款项仅系信用卡欠款,但明显与该借据上的文字表述不符。故有理由相信赵某在当时已同意李某退还之前已经支付的购房款,即双方当时协议解除房屋买卖合同的意思明显。一审法院据此优先保护宜昌市基督教委员会的房屋所有权及土地使用权属过户请求权并无不当,法院予以维护。判决:驳回上诉,维持原判。[1]

交付租金并签订房屋租赁合同应视为一房数卖中的合法占有。

【案例12-65】 周某酉诉周某明、长乐中心商业广场房屋买卖合同诉讼纠纷案

二审法院认为,本案双方当事人对争议焦点为周某酉要求确认本案诉争商铺的产权办理及要求办理产权证书的请求能否得到支持。本案中,周某明与许某霞于2012年10月签订《长乐中心商业广场商铺买卖合同》,周某明与周某酉于2013年1月就同一商铺也签订《长乐中心商业广场商铺买卖合同》,两份合同均合法有效,现许某霞、周某酉在签订合同均未办理产权过户手续。双方当事人对一审查明的基本事实没有异议。本案属典型的"一房二卖"纠纷,买受人周某酉与许某霞均希望获得同一商铺的所有权。由此产生争议。在处理类似纠纷时,数份合同均有效且买受人均要求履行合同的,一般应按照已办理房屋所有权变更登记、合法占有房屋及合同履行情况、买卖合同成立先后等顺序确定权利保顺位。本案中,2012年10月26日,周某酉

〔1〕 参见国家法官学院、最高人民法院司法案例研究院编:《中国法院2021年度案例》(房屋买卖合同纠纷),中国法制出版社2021年版,第193页。湖北省宜昌市中级人民法院(2019)鄂05民终2895号民事判决书。

与甘某波签订租赁房屋协议，并约定在2012年10月底前房屋交付给甘某波。许某霞于2013年2月5日才与甘某波签订租赁房屋协议，甘某波陈述第一年租金支付给了周某西。周某西与甘某波签订租赁房屋协议，并将房屋交付给甘某波使用，应视为周某西对诉争房屋先行受领并占有使用。依据上述先后顺序确定权利保护顺位标准，周某西对诉争房屋先行受领占有使用，其主张履行买卖合同、办理过户手续的请求应予支持。判决：驳回上诉，维持原判。[1]

一房二卖案件中，如已实际占有房屋的购房人系合法占有，且已支付全部或者大部分购房款，对未及时办理过户登记亦不存在过错，应当认定出卖人已无权处分房屋。此时，对于已完成过户登记的后手购房人要求已实际占有房屋的前手购房人迁出的，法院应不予支持。

【案例12-66】　侍某某诉潘某某房屋转让诉讼纠纷案

二审法院认为，2014年9月20日，任某、袁某某、任某某、陈某与潘某某签订房产转让协议，约定潘某某按协议约定付清房款时，房屋的产权归潘某某所有。后潘某某按协议约定付清了房款，任某某出具收条确认房屋产权归潘某某所有，且房屋也实际交付于潘某某使用。碍于政策限购，双方未办理产权登记和过户手续。因袁某某、任某某已将房屋卖与潘某某，并确认潘某某是房屋的所有权人，故袁某某、任某某对诉争房屋应无权再另行处分。……依据上述规定，侍某某虽与任某某、袁某某签订了房屋买卖合同，并办理了房屋过户登记手续，但因任某某是无权处分人，故侍某某取得该房屋所有权的前提条件是其受让该不动产时是善意的，即其不知道任某某无处分权且无重大过失。纵观侍某某在本案中陈述的其受让诉争房屋的过程，第一，其在不同案件中对其发现本案房源的陈述前后不一致；第二，侍某某认可其知晓贷款公司（担保公司）处理的房屋可能存在房主与其他人有债务纠纷的风险；第三，房屋买卖合同签订前看房遇阻，发现诉争房屋出售方无房屋门禁卡，其无法进入房屋察看，此时侍某某即应对诉争房屋存在权利瑕疵（承租人的优先购买权或房屋已经出卖给他人）产生合理怀疑，但侍某某并未就此作进一步了解；第四，房屋买卖合同签订时，袁某某、任某某在场，侍某某可向其询问为何无门禁卡和钥匙，以及诉争房屋是否存在权利瑕疵，但侍某某仍未予询问；第五，房屋过户后，其在没有门禁卡和诉争房屋钥匙而无法进入诉争房屋的情况下，仅与潘某某交涉而并未要求任某某、袁某某或唐某某履行

---

〔1〕 参见国家法官学院、最高人民法院司法案例研究院编：《中国法院2021年度案例》（房屋买卖合同纠纷），中国法制出版社2021年版，第197～198页。湖南省岳阳市中级人民法院（2019）湘06民终2199号民事判决书。

交房义务。综上可见,虽然袁某某、任某某再次出卖诉争房屋时已办理了产权证,但侍某某在受让该房屋时的行为有诸多不合常理之处,其应当知道袁某某、任某某对诉争房屋已无处分权,且其自身亦存在重大过失,不符合受让不动产时不知道转让人无处分权且无重大过失的要求。故其不能取得诉争房屋所有权,进而无权要求潘某某迁出诉争房屋。[1]

在一房二卖情形下,合法占有使用房屋的买受人有权依据法律规定提起第三人撤销之诉。

【案例12-67】 何某诉张某、房地产公司第三人撤销之诉纠纷案

二审法院认为,何某、张某均与房地产公司签订有房屋买卖合同,何某在得知张某与房地产公司就诉争房屋过户问题达成民事调解书后,有权依据法律规定提起第三人撤销之诉。对于案涉两份买卖合同的效力。房地产公司与何某、张某分别签订的商品房买卖合同均系当事人真实意思表示,且不违反法律、行政法规的效力性强制性规定,均属有效。在两份房屋买卖合同均未办理所有权转移登记的情况下,应当优先依据是否合法占有房屋作为确定合同履行的顺序。张某提交其与房地产公司签订的租赁合同已于2012年12月到期,且其提交的租金收条仅对应该份租赁合同所约定的6年租金,此后张某亦未实际居住、使用该房屋。相反,何某提交了交纳诉争房屋物业费的凭证,一审法院认定何某实际占有使用诉争房屋正确,法院予以确认。何某与房地产公司的商品房买卖合同应当优先履行,故何某要求撤销案涉民事调解书于法有据,应予支持。判决:驳回上诉,维持原判。[2]

在一房数卖时的权利保护顺位中,房屋买卖合同备案登记属于行政管理手段,不具有物权变动公示效力,不能对抗第三人,亦不能依此主张优先履行。

【案例12-68】 阳某与桂林市某房产开发有限公司、张某商品房买卖合同纠纷案

二审法院认为,本案中,房屋所有权人某公司就讼争房屋分别与张某和阳某订立了两个有效的商品房买卖合同,且均未办理房产所有权证,而讼争房屋已由阳某先行占有六年多,故在买受方张某与阳某对讼争房屋的合同履行发生争议时,应优先履行实际占有方阳某的合同。由于房地产合同备案登

---

〔1〕 参见国家法官学院、最高人民法院司法案例研究院编:《中国法院2021年度案例》(房屋买卖合同纠纷),中国法制出版社2021年版,第94~95页。江苏省无锡市中级人民法院(2018)苏02民终5071号民事判决书。

〔2〕 参见国家法官学院、最高人民法院司法案例研究院编:《中国法院2022年度案例》(房屋买卖合同纠纷),中国法制出版社2022年版,第138~139页。北京市第一中级人民法院(2020)京01民终6768号民事判决书。

记手续属行政管理手段，不具有物权变动的效力，故张某以此主张优先履行，不予支持。阳某与某公司签订的商品房买卖合同约定购房余款以银行按揭方式，但未能办理银行按揭并不是阳某自身原因造成，亦不影响合同效力，故一审判决以阳某对讼争房屋不享有物权期待权，没有法律依据，依法应予纠正。桂林市中级人民法院(2011)桂市民终字第287号民事判决书主文及桂林市秀峰区人民法院(2010)秀民初字第713号民事判决书主文存在错误判决，损害了阳某的民事权益，阳某及某公司上诉请求撤销上述判决，有事实和法律依据，依法予以支持。[1]

在商品房买卖合同中，因出卖方故意隐瞒所售房屋已经出卖给第三人的事实又出卖给买受人的，导致合同无效或者被撤销、解除的，对出卖方应适用于惩罚性赔偿原则。商品房买卖合同中，惩罚性赔偿原则并非以“双倍返还”为限，双方当事人愿意在合同中加入惩罚性赔偿的内容，并不违背法律法规的强制性规定，该条款可以视为双方给自己可能造成的损害，而采取的额外保护措施，法院对此应予支持。

【案例12－69】　胡某卿诉临沂沂兴房地产开发有限公司房屋买卖合同纠纷案

一审法院认为，被告沂兴公司故意隐瞒所售房屋已经出卖给第三人的事实，又与原告签订商品房买卖合同显系不诚信行为，故原告请求被告承担赔偿责任，并返还定金理由正当，符合相关法律规定，本院予以支持。但根据《担保法》第九十一条关于定金不得超过主合同标的额的20%规定及《最高人民法院关于适用〈中华人民共和国担保法〉若干问题的解释》第一百二十一条关于当事人约定的定金数额超过主合同标的额20%的，超过的部分，人民法院不予支持的规定，原、被告约定的定金数额为50000元过高，以调整为37589元(187944×20%)为宜，其余12411元应视为购房款，故原告实际支付的购房款应为142411元(130000元＋12411元)。[2]

关于交易在后的买受人明知存在前合同对一房二卖担责问题。后买受人明知出卖人已与前买受人就特定房屋订立买卖合同，但仍与出卖人就该房屋订立买卖合同的情况，是否需要承担一定责任、承担何种责任判断，笔者认为，应以是否成立恶意串通为标准。恶意串通，是指合同的双方当事人非法勾结，为牟取私利，而共同订立的损害国家、集体或第三人利益的合同。判断后买人是否承担合同无

---

〔1〕 广西壮族自治区高级人民法院(2017)桂民终字75号民事判决书。

〔2〕 参见最高人民法院中国应用法学研究所编:《人民法院案例选》2016年第6辑(总第100辑)，人民法院出版社2016年版，第80页。

效的责任,应审查后买受人的行为是否属于《民法典》第一百四十六条第一款规定的行为人与相对人以虚假的意思表示实施的民事法律行为无效情形。后买受人在明知出卖人已将标的物出卖于他人,但仍与出卖人将该标的物成立买卖合同,一般而言其目的是只为取得标的物,在没有证据证明有其他恶意的情况下,后合同在债的履行上与前合同构成竞争关系,前合同尚有履行的可能,即使不能履行,前合同的损失亦可因违约责任的承担得以弥补。故一般情况下,不适用恶意串通、损害第三人利益而导致合同无效的规定,其后买受人自然无须担责。关于后买受人是否承担侵权责任的问题,在房屋所有权没有办理转移登记的前提下,前买受人仅享有对房屋的债权。按照民法原理,债权无对世效力,不能对抗第三人,从而不能成为侵权对象。因此,后买受人虽然明知,但也不存在侵犯他人合法权利的行为,不应承担侵权责任。因此,后买受人与出卖人签订的合同依然有效,应得到同等保护。

对于一房二卖中恶意串通认定,最高人民法院认为,鉴于恶意串通在性质上是一种纯主观的状态,除恶意串通当事人自认外,还应根据客观证据加以确定。鉴于恶意串通涉及主观评价,其构成要件通常难以简单地通过成文法加以规定,更多的应是根据司法实战,进行类型的总结。实践中,以下几项因素的相互作用常被用来证明串通恶意的存在。(1)第一买受人已实际入住的事实。(2)第二买受人的身份。有的案例中,第二买受人为出卖人公司法定代表人的配偶、第二买卖合同在第一买卖合同基础上修改而成等事实,被认定为恶意串通的证明。(3)合同约定的价格及对价是否实际支付。[1] 最高人民法院在个案裁判中指出,判断行为人主观上是否有恶意则需结合具体情予以综合评判。[2]

交易在前的买受人不要求出卖人过户但要求给他人出具委托书,前手买受人持他人委托书又与交易在后的买受人签订房屋买卖合同从中谋利。前手买受人内部发生纠纷,其前手买受人之一向前主出卖主张权利的,其诉讼请求不受法律支持。

【案例 12-70】 杜某兴诉张某明等房屋合同纠纷案

二审法院认为,杜某兴与张某明、李某秋于 2010 年 7 月 10 日签订房产转让合同书后,张某明、李某秋已将涉案房屋连同房产证、煤气卡等交付杜某兴,同时应杜某兴的要求给陈某的母亲梁某洁出具公证的授权委托书。杜某兴要求张某明、李某秋给梁某洁出具授权委托书的行为,实质是达到直接再次转让过户并避税的目的,其购买涉案房屋是为了再次转让。依据张某明、

---

〔1〕 参见杜万华主编:《〈第八次全国法院民商事审判工作会议(民事部分)纪要〉理解与适用》,人民法院出版社 2017 年版,第 295 页。

〔2〕 参见《最高人民法院公报》2010 年第 10 期。

李某秋给梁某洁的授权委托书的内容，在办理涉案房屋的转让过户手续时，梁某洁即可代表张某明、李某秋办理转让过户事宜，无须张某明、李某秋参与。陈某联系好买家马某花后，梁某洁依据授权委托书，于2010年8月将涉案房屋转让过户给马某华，梁某洁以上行为是应杜某兴、陈某的要求，完成涉案房屋的再次转让过产，故亦不存在梁某洁超越代理权限的情形。在涉案房屋转让过户给马某花后，杜某兴在一年多的时间内对此并未提出异议，其关于对该转让行为不知情的辩解意见不符合客观事实，本院不予采信。杜某兴与陈某因合伙事宜发生纠纷，双方可通过协商或诉讼途径予以解决。故杜某兴的诉讼请求缺乏事实和法律依据，原审法院判决不当，本院予以纠正。原审法院判决驳回杜某兴对梁某洁的诉讼请求及驳回杜某兴的其他诉讼请求的判项并无不当，本院予以维持。据此改判驳回杜某兴要求解除与张某明签订房产转让合同和返还购房款诉讼请求。[1]

先后签订的买卖同一车位的两份合同（且均经不动产登记机构备案登记），根据《民法典》的规定，先前的预告登记产生了物权变动的效力，后面的预告登记未经先前预告登记权利人的同意又预告登记，应不产生物权效力。

【案例12－71】　陈某菲诉厦门象屿建设集团有限责任公司商品房买卖合同纠纷案

一审法院认为，关于原告的第二项诉请。查原、被告签订的编号为10127314号《商品房买卖合同》，其中第十五条“关于产权登记的约定”中约定被告履行义务的前提为“出卖人（即被告）应当在商品房交付使用后365日内”，履行义务的内容（不包括违约责任）为“将办理权属登记需由出卖人提供的资料报产权登记机关备案”。首先，据已查明的被告并未向原告交付讼争车位的事实，可认定被告承担该项约定义务的前提条件尚未成就；其次，据该条约定，被告的义务内容仅系“将办理权属登记需由出卖人提供的资料报产权登记机关备案”并非原告的第二项诉请内容即“办理金象嘉园二期1层21号车位的产权证”，因此，被告的第二项诉请缺乏事实及合同依据，法院不予支持。二审法院认为，上诉人象屿公司与被上诉人陈某菲签订的《商品房买卖合同》合法有效，此乃物权变动的原因关系，与物权变动合同关系相区别。原审判决被上诉人向上诉人陈某菲交付编号为10127314号《商品房买卖合同》正本及购买金象嘉园二期1层21号车位发票原件正确。上诉人的

---

〔1〕参见国家法官学院案例开发研究中心编：《中国法院2014年度案例》（房屋买卖合同纠纷），中国法制出版社2014年版，第126页。

上诉理由缺乏法律根据,应予驳回。原审判决认定事实清楚,适用法律正确。[1]

因中介诈骗形成的一房二卖的处理。二手房交易中不时出现的中介诈骗所形成的一房二卖多重买卖纠纷处理是疑难问题。对该特殊纠纷,当各方购房人都要求履行,特别是先占有人和先登记权利人之间产生冲突时,应遵循不同逻辑前提进行审判。

【案例12-72】 陈某与王某腾退房屋纠纷再审案

再审法院认为,1. 虽然陈某持有房屋所有权证,但王某享有《物权法》第三十三条的规定就不动产权属证书登记错误请求确认物权归属、内容争议的权利。2. 生效刑事判决已确认王某为合法权利人、陈某为受害人并有权获得罪犯的非法所得的退还,故陈某持有的所有权证登记错误,已不能证明诉争房屋为陈某所有。根据《物权法》第十七条的规定,法院应支持刑事判决对房屋已归王某所有的认定。3. 陈某在王某购买房屋后近两年实际支付房款240万元,在房屋价格上涨的趋势下,相对王某支付的房款,应非支付合理对价,故不构成善意取得。再审法院撤销一审和二审判决,判决确认诉争房屋归王某所有。[2]

《八民纪要》第十五条规定:审理一房数卖纠纷案件时,如果数份合同均有效且买受人场要求履行合同的,一般应按照已经办理房屋所有权变更登记、合法占有房屋以及合同履行情况、买卖合同成立先后等顺序确定权利保护顺位。但恶意办理登记的买受人,其权利不能优先于已经合法占有该房屋的买受人。对买卖合同的成立时间,应综合主管机关备案时间、合同载明的签订时间以及其他证据确定。

【案例12-73】 某某与某公司执行异议之诉再审纠纷案

最高人民法院认为,在"一房数卖"纠纷案件中,如果数份合同均有效且买受人均要求履行合同的,一般应按照已经办理房屋所有权变更登记、合法占有房屋以及合同履行情况、买卖合同成立先后等顺序确定权利保护顺位。但恶意办理登记的买受人,其权利不能优先于已经合法占有该房屋的买受人。[3]

---

〔1〕 参见最高人民法院中国应用法学研究所编:《人民法院案例选》2010年第3辑(总第73辑),人民法院出版社2011年版,第145~146页。

〔2〕 参见《人民司法·案例》2019年第5期(总第844期)。四川省高级人民法院(2017)川民再382号民事判决书。

〔3〕 最高人民法院(2021)民申6992号民事裁定书。

鉴于一房二卖的复杂性和多样性，有法官认为，实践中，一般只有出卖人明知存在“一房多卖”的情况，各个买受人之间很可能并不清楚其他买受人的存在，甚至在公司为出卖人的情况下，因为各个股东之间的矛盾纠纷，股东以公司名义出卖房屋的，作为出卖人的公司也可能不清楚是否还存在其他买受人，在某一个买受人起诉出卖人要求承担继续履行违约责任的诉讼中，如果出卖人未披露其他买受人的存在，法院很有可能依据现有的事实，作出支持买受人的判决。待到其他买受人知悉情况时，该判决已经生效或已经进入执行程序，此时作为保护顺位在先的买受人可通过案外人申请再审或第三人执行异议之诉程序获得相应的救济。[1]

在一物数卖，存在多个不动产买卖合同的情形下，应准确把握物权登记与合同效力的认定。应当注意的是，未办理物权过户登记不影响不动产买卖合同自成立时生效，已办理物权变更登记的买卖合同也不必然有效，如《民法典》第一百五十四条规定，行为人与相对人恶意串通，损害他人合法权益的民事法律行为无效。对于交易不真实，恶意串通损害他人合法权益的，即使办理了物权登记，亦应认定无效。实践中，住房建设部门为对新建商品房的销售进行管理，完成宏观调控的任务，要求当事人对预售商品房买卖合同进行网签备案。需要注意的是，网签备案并非物权登记，也不是商品房买卖合同的生效要件，但明知不动产已网签备案给他人，虚构交易关系签订买卖合同，不能认定该商品房买卖合同有效。[2]

---

〔1〕 参见最高人民法院民事审判第一庭编：《民事审判指导与参考》2017 年第 4 辑（总第 68 辑），人民法院出版社 2017 年版，第 42 页。

〔2〕 参见最高人民法院民法典贯彻实施工作领导小组编著：《中华人民共和国民法典物权编理解与适用》，人民法院出版社 2020 年版，第 87 页。

四、执行异议处理

（一）执行异议处理原则

案外人或申请执行人执行异议之诉的诉讼请求是排除法院的执行措施，由于排除的执行措施往往涉及其他实体的法律权益，并且该实体权益又常被作为排除法院执行行为的理由，因此，其他诉求往往一并提出，诸如确权、许可或停止对标的物的执行。笔者认为，应针对不同诉求作出相应的判决。当事人要求确权的，应根据《民法典》物权编的规定，即不动产物权变动采取登记生效的原则，因此，对于不动产没有办理物权变动登记的，不宜确权。但当事人以房屋买卖合同方式转移物权的，可在判决中明确合同效力，并对标的物是否停止执行作出实体判决。

【案例 12－74】 邢某林诉邵某等申请执行人执行异议纠纷案

一审法院认为，邵某作为诉争房屋的买受人，于本院查封之前即已支付了全部价款，并已实际占有诉争房屋，虽然其与沈阳市中压成套开关厂未办理产权过户手续，但目前尚无证据证明未办理过户系邵某的过错所致。依据《查封、扣押、冻结规定》第十七条的规定，对于邵某所购买的诉争房屋，法院不得查封。原告称邵某违法购买诉争房产，因证据不足，本院不予采信。因此，对原告要求恢复对查封标的执行主张，本院不予支持。判决：驳回原告邢某林的诉讼请求。原告上诉后又撤诉。[1]

执行异议之诉涉及案外人、申请执行人和被执行人三方当事人的利益，与普通商品房买卖纠纷等案件并不相同，在审查和证明标准上应注意其特殊性。对于购房人已支付的价款是否超过合同约定总价款的百分之五十的问题，如果购房人仅提供开发商出具的收据或发票，或者开发商对付款事实表示认可，尚不足以认定该条件已满足。法官还应对购房人的购房款转账凭证予以查实，现金支付购房款的，应对购房款来源等事实予以查实，在此基础上才能对购房人是否对房屋享有足以排除强制执行的权利认定。

---

〔1〕 参见国家法官学院案例开发研究中心编：《中国法院 2015 年度案例》（房屋买卖合同纠纷），中国法制出版社 2015 年版，第 154 页。

【案例 12－75】 乙信用社诉王某、甲公司案外人执行异议纠纷案

二审法院认为，关于案涉房屋房款缴付问题。虽然王某不能提交向甲公司支付房款的转账凭证及正规销售发票，但其提交的原始收据，已可以证明已交纳全部房款，在乙信用社不能提供反证的情况下，可以支持一审法院关于王某已支付全部房款的认定。

最高人民法院法官在分析此案时认为，仅凭甲公司出具的房款收据尚不足以认定王某已支付了全部购房款。理由如下：第一，甲公司于 2011 年 1 月 4 日出具房款收据，载明金额为 631106 元，王某二审答辩时自称支付方式是现场刷卡，因时间较长，查不到记录，但现场刷卡属于通过银行转账支付方式，即使王某的刷卡支付凭证丢失，也可以由其提供付款账户的银行流水账单，或者由甲公司提供收款账户的银行流水账单，或者从银行调取后台转账记录等证明王某已经支付购房款的事实。即使所有转账凭证因客观原因确实已不存在，也应对王某所付款的来源予以查实。第二，王某支付全部购房款后，甲公司只出具房款收据，未出具正式发票，交易行为亦不规范。王某对其是否索要过正式发票、因何原因未取得正式发票等应作出说明和合理解释。第三，因涉及申请执行人乙信用社的利益，案涉房屋买卖合同双方当事人的自认或默认并不足以认定已经支付购房款的事实。第四，甲公司是本案当事人、执行程序中的被执行人，其利益与执行程序中的案外人王某、申请执行人乙信用社均可能存在冲突，与案件处理结果有直接的利害关系，故其所出具的房款收据证明力较低，在无其他证据补强、形成可靠的证据链条的情况下，一审、二审判决仅凭一孤证就认定王某已经支付全部购房款，属于认定的基本事实缺乏证据证明。

最高人民法院民一庭认为，执行异议之诉不仅涉及案外人和被执行人的利益，还涉及申请执行人的利益。人民法院审理执行异议之诉案件，应全面考虑不同当事人之间的利害关系，充分保护各方当事人的合法权益，在适用《执行异议和复议规定》第二十九条规定对案外人权利予以特别保护时，应当从严审查、严格把握。尤其对于购房人已支付的价款是否超过合同约定总价款的百分之五十的事实，转账支付购款的，应对购房款转账凭证予以查实，现金支付购房款的，应对购房款来源等事实予以查实，在保护案外人合法权益时，也应防止被执行人与案外人恶意串通损害执行人的权益。[1]

执行异议之诉中，应坚持实体审理为原则，以分辨涉案房产的真实权属。

---

〔1〕 参见最高人民法院民事审判第一庭编：《民事审判指导与参考》2018 年第 3 辑（总第 75 辑），人民法院出版社 2018 年版，第 213～217 页。

【案例12－76】 L公司与G银行执行异议之诉纠纷案

一审法院认为,本案系案外人提起的执行异议之诉,其核心在于审查提出执行异议的案外人就执行标的是否享有足以排除强制执行的民事权益;而对执行标的享有的民事权益是否足以排除强制执行,应根据民事权益的实体法性质和效力进行判断,本质上涉及对双方主张的实体权利的位阶、优先性进行衡量。本院查封涉案房产在先,L公司与吴某解除合同在后,在对执行异议是否成立的判断标准上,应坚持较高的、外观化的判断标准,以高效的形式审查为原则,故本院在L公司就涉案房产提出的执行异议一案中,驳回了L公司的执行异议请求。但执行异议之诉中,应坚持实体审理为原则,以分辨涉案房产的真实权属,努力实现实质正义,故绿地公司的异议请求能否排除执行,并不仅以涉案房产的查封时间与L公司与吴某解除合同的时间来判断,应根据L公司所主张的权利来源、性质与G银行债权的来源、性质作出比较后综合判断,进而判定L公司的诉讼请求能否得到支持。本院综合考虑如下因素:第一,关于G银行的债权性质的判定。G银行对涉案房产申请执行的权利源于吴某承担的保证责任,保证责任从属于主债务,具有从属性。同时,吴某只是多位保证人中的一人,债务人和其他保证人的财产亦可作为被执行财产,执行涉案房产仅为G银行实现其债权的众多方式之一。G银行是普通金钱债权人,申请查封了涉案房产,其对涉案房产仅享有一定的信赖利益,但其享有的金钱债权并不优先于实际权利人享有的物权予以保护。第二,关于L公司所主张的权利来源和性质。《九民纪要》第一百二十四条第二款规定,“在金钱债权执行中,如果案外人提出执行异议之诉依据的生效裁判认定以转移所有权为目的的合同(如买卖合同)无效或应当解除,进而判令向案外人返还执行标的物的,此时案外人享有的是物权性质的返还请求权,本可排除金钱债权的执行,但在双务合同无效的情况下,双方互负返还义务,在案外人未返还价款的情况下,如果允许其排除金钱债权的执行,将会使申请执行人既执行不到被执行人名下的财产,又执行不到本应返还给被执行人的价款,显然有失公允。为平衡各方当事人的利益,只有在案外人已经返还价款的情况下,才能排除普通债权人的执行”。本案中,房山法院已作出判决,L公司与吴某之间以转移所有权为目的订立的《商品房预售合同》已被认定解除。涉案房产即使预告登记于吴某名下,但法院已判决吴某需要协助L公司办理涉案房产的网上签约注销手续。吴某虽向L公司支付了首付款,但房山法院判决吴某向L公司支付违约金、返还垫付款及利息等,该金额已超过吴某支付的首付款,故本案不涉及因案外人未返还价款而导致“申请执行人既执行不到被执行人名下的财产,又执行不到本应返还给被执行人的价款”的情形。因此,基于L公司对涉案房产享有的系物权性质的返还请求权,G银行享有的系普通债权,本院认定L公司对涉案房产享有的权利足以排除G银行的强制执行。关于解除查封问题,解除查封系人民法院在保全和执行程序中的程序性问题,相关当事人对该措施有异议,可以通过执行行为异议、复议等程序解决,不属于人民法院执行异议之诉案件的审理范围。判决:一、停止对位于北京市房山区拱辰街道广阳家园C、D区广阳家园C、D项目6#号商务办公楼2层×××号房屋(房山区天星街1号院16号楼2层×××号房屋)的执行;二、驳回原告L公司的其他诉讼请求。[1]

对一般购房人物权期待权,须严格审查适用条件。

【案例12-77】 李某琨诉陈某等案外人执行异议纠纷案

一审法院认为,即使李某琨与王某屏、张某确实签订了房屋买卖合同,但合同签订时间和是否已实际履行均无法认定,并且也无证据证明原告在法院查封房屋前已实际占有房屋。本案情形并不符合《执行异议复议规定》第二十八条规定,故对李某琨要求停止对贵阳市云岩区富水中路房屋强制执行并解除查封的诉讼请求不予支持。二审法院认为,李某琨提交的证据不能证明其在法院查封前已合法占有涉案房屋,故判决驳回上诉,维持原判。[2]

(二)物权期待权成立认定

在执行程序中,基于对消费者生存权的维护,赋予消费者对买受房屋享有排除另案执行效力的物权期待权。具体应适用《执行异议和复议规定》第二十八条、第二十九条之规定,在满足法定条件情况下,房屋消费者物权期待权可排除另案强制执行。

1. 物权期待权的保护条件

一般认为,房屋消费者物权期待权的保护条件包括,其一,异议指向标的物必须是房地产经营者所开发的商品房。只限于一手房买卖,只有从经营者处接受商品的人才能称为消费者,而二手房交易的买受人显然不能称为消费者。消费者保护的标准,既不要求主观上无过错,也不要求交付全部价款,更不要求占有房屋,总体上比较宽泛。其二,保护的对象必须是消费者。按照《消费者权益保护法》第二条的规定,消费者是为生活消费需要而购买商品、使用商品或者接受服务的

---

〔1〕 北京市西城区人民法院(2021)京0102民初14629号民事判决书。

〔2〕 参见《人民司法·案例》2019年第23期(总第862期)。贵州省贵阳市中级人民法院(2017)黔01民终4468号民事判决书。

人。已交付购买商品房的全部或者大部分款项的消费者应优先保护的规定,是为了保护个人消费者的居住权而设置的,消费者购房应是直接用于满足其生活居住需要,而不是用于经营,不应作扩大解释。如果案外人所购房屋的性质为居住用房,则认定为消费者。如果所购房产为写字楼、门面房等经营性用房,则不是消费者。其三,交付了50%以上的购房款。既然消费者物权期待权保护体现了对消费者生存权的倾斜,只要其交纳的购房款超过50%,就应保护。

《九民纪要》第一百二十五条规定:"……对于其中'已支付的价款超过合同约定总价款的百分之五十'如何理解,审判实践中掌握的标准也不一致。如果商品房消费者支付的价款接近于百分之五十,且已按照合同约定将剩余价款支付给申请执行人或者按照人民法院的要求交付执行的,可以理解为符合该规定的精神。"从该规定可以看出,50%并非红线,而是可以变通的。因楼盘"烂尾"支付房款未达总房价50%的不能因此驳回其执行异议。

【案例12－78】 王某皓与黄石市聚德典当有限责任公司执行异议之诉再审案

最高人民法院认为,本案系再审申请案件,审查的重点问题是:王某皓对涉案房屋享有的民事权益是否足以排除强制执行。根据《最高人民法院关于建设工程价款优先受偿权问题的批复》的规定,建设工程价款优先受偿权优于抵押权和一般债权,但不能对抗已经交付所购商品房全部或者大部分价款的消费者。基于此,从逻辑上可以推论,抵押权和一般债权均不能对抗消费者的物权期待权。而对于消费者物权期待权的保护,《执行异议和复议规定》第二十九条规定,"金钱债权执行中,买受人对登记在被执行的房地产开发企业名下的商品房提出异议,符合下列情形且其权利能够排除执行的,人民法院应予支持:(一)在人民法院查封之前已签订合法有效的书面买卖合同;(二)所购商品房系用于居住且买受人名下无其他用于居住的房屋;(三)已支付的价款超过合同约定总价款的百分之五十"。而在确定商品房消费者是否符合上述第二十九条所罗列的条件时,应从是否满足具体居住需要以及已付房款接近50%时,是否同意将剩余价款交付执行等因素来综合考虑。本案中,王某皓系真实的购房消费者,其在涉案房屋被查封前,即与开发商银鹤置业公司签订涉案房屋买卖合同,而后便交纳了将近50%的房款。后因涉案楼盘"烂尾"等原因,导致其无法按照涉案房屋买卖合同的约定交纳剩余房款,王某皓对合同无法正常履行并无明显过错,且其在再审申请环节也表示愿意依法依约交纳剩余房款。一审、二审法院未充分考虑上述情况,仅以王某皓未在涉案房屋查封前交纳50%房款为由驳回其诉讼请求不当。同时,基于湖北省黄石市中级人民法院(2010)黄民二初字第8号民事调解书,聚德典当公司对银鹤置业公司享有的债权系普通金钱债权,该债权与涉案房屋并不直接关联，且(2010)黄民二初字第8号民事调解书确认的月综合费率为6%。而王某皓对涉案房屋则具有一定的居住权益。故针对王某皓对执行标的享有的民事权益是否足以排除执行，还需要结合王某皓、聚德典当公司对涉案房屋各自享有的权利性质，以及涉案房屋的功能等方面综合判断。裁定：一、指令湖北省高级人民法院再审本案；二、再审期间，中止原判决的执行。[1]

消费者购买商品房必须是为满足生活需要且名下无其他用于居住的房屋，才享有比建设工程价款优先受偿权更优先的权利。

【案例12－79】　张某某诉安徽三建工程有限公司等案外人执行异议之诉纠纷案

最高人民法院认为，消费者购买商品房必须是为满足生活需要且名下无其他用于居住的房屋，才享有比建设工程价款优先受偿权更优先的权利。消费者在同一小区购买了两套房屋，法院已基于其消费者的身份排除了其中一套房屋的执行，消费者拥有的房产已满足其基本居住需要，故第二套房屋不符合为满足基本居住需要而购买房屋的情形，不能按照消费者购房所具有的优先权利对抗工程款优先受偿权。[2]

【案例12－80】　魏某泽与赵某川、中卫市楚雄房地产开发有限责任公司执行异议之诉纠纷案

最高人民法院认为，以房抵债者不是消费者购房人，无论是否符合《执行异议和复议规定》第二十八条、第二十九条规定的条件，都不能对抗涉案房屋的抵押权，不能排除基于抵押权对涉案房屋的强制执行。[3]

在商品房消费者的生存权与建设工程价款优先受偿权发生冲突时，应优先保护商品房消费者的生存权。

【案例12－81】　中建一局集团第二建筑有限公司诉刘某某、运城市国科房地产开发有限公司申请执行人执行异议之诉纠纷案

最高人民法院认为，商品房消费者满足在人民法院查封之前已签订合法有效的书面买卖合同、所购商品房系用于居住且其名下无其他用于居住的房屋、已支付的价款超过合同约定总价款的百分之五十的条件，对房屋享有足以排除强制执行的民事权益。在商品房消费者的生存权与建设工程价款优

---

〔1〕 最高人民法院(2019)民申6849号民事判决书。

〔2〕 最高人民法院(2022)民终26号民事判决书。

〔3〕 最高人民法院(2021)民终681号民事判决书。

先受偿权发生冲突时，应优先保护商品房消费者的生存权。[1]

【案例 12－82】 D 资产公司与 X 某、G 公司执行异议之诉纠纷案

二审法院认为，本案是申请执行人执行异议之诉，争议的焦点为被上诉人 X 某对涉案房屋是否享有足以排除强制执行的民事权益。根据《民事诉讼法解释》第三百一十一条“案外人或者申请执行人提起执行异议之诉的，案外人应当就其对执行标的享有足以排除强制执行的民事权益承担举证证明责任”的规定，被上诉人 X 某应当就其对涉案房屋享有足以排除强制执行的民事权益承担举证证明责任。本案中，被上诉人 X 某作为买受人，购买登记在被执行的房地产开发企业 G 公司名下的商品房，属于《执行异议和复议规定》第二十九条规定的商品房消费者，故一审法院适用该规定进行审查并无不当。被上诉人 X 某为商品房消费者，其享有的权利符合消费者生存权保护的权利，商品房消费者生存权优先于抵押权和其他债权。故若 X 某的举证能够满足上述司法解释第二十九条规定的商品房消费者权利保护的情形，即可以排除本案对涉案房产的强制执行。根据一审法院查明的事实，被上诉人 X 某与 G 公司签订《商品房买卖合同》的时间是 2014 年 5 月 27 日，是在涉案房产抵押登记和法院查封之前；X 某所购涉案房产系用于居住且其名下无其他用于居住的房屋；X 某已支付全部购房款 674262 元，故被上诉人 X 某的举证满足上述司法解释第二十九条规定的情形，其对涉案房产享有的权利可以排除本案对涉案房产的强制执行。[2]

赋予保护生存权的商品房消费者指的是向房地产开发企业购买商品房的买受人。

【案例 12－83】 林某某诉兴业资产管理有限公司等案外人执行异议之诉纠纷案

二审法院认为，商品房消费者指的是向房地产开发企业购买商品房的买受人，即合同相对方必须是房地产开发企业。商品房消费者向不属于房地产开发企业的公司购买房产并签订房屋买卖协议，其所享有的实体权利不符合对商品房消费者生存权保护的规定，也就不足以阻却抵押权人对房产的强制执行。[3]

消费者购买商品房并非用于居住，不享有比建设工程优先受偿权和抵押物优先受偿权更优先的权利。

---

〔1〕 最高人民法院（2022）民终 150 号民事判决书。

〔2〕 广东省佛山市中级人民法院（2020）粤 06 民终 2924 号民事判决书。

〔3〕 福建省宁德市中级人民法院（2022）闽 09 民终 1587 号民事判决书。

【案例12－84】　张某某诉北京市农业融资担保有限公司、北京九洲兴建筑工程公司案外人执行异议之诉纠纷案

二审法院认为，商品房消费者生存权优于建设工程价款优先受偿权，建设工程价款优先受偿权优先于抵押权，故可以得出商品房消费者生存权优先于抵押权的结论。保护商品房消费者的生存权需要满足三个条件：消费者对登记在被执行的房地产开发企业名下的商品房提出异议，在人民法院查封之前已签订合法有效的书面买卖合同；消费者所购商品房系用于居住且名下无其他用于居住的房屋；消费者已支付的价款超过合同约定总价款的百分之五十。消费者购买商品房用于办公，不符合所购商品房系用于居住的条件，故其权利不能据此进行优先保护。[1]

法人由于不存在生活消费的问题，不在消费者之列，不享有优于建设工程价款优先受偿权的权利。

【案例12－85】　射阳县华龙农村小额贷款有限公司诉盐城市虹宇建筑工程有限公司、苏兴阳置业有限公司案外人执行异议之诉纠纷案

二审法院认为，从自然属性看，消费者必然是自然人，法人或者其他组织由于不存在生活消费的问题，不在消费者之列。而商品房买受人与出卖人之间是通过以房抵债形成商品房买卖合同，且商品房买受人为法人，也不属于基于生存、生活需要而购买商品房的消费者型买房人，其对房屋享有的物权期待权是一般不动产买受人的物权期待权，并不优于承包人享有的建设工程价款优先受偿权。[2]

2. 能够排除强制执行的情形

【案例12－86】　史某莹诉中国华融资产管理股份有限公司云南省分公司、昆明明丰房地产开发有限公司案外人执行异议纠纷案

一审法院认为，本案争议焦点在于：史某莹对案涉房屋享有何种权利，该权利是否能够足以排除执行，史某莹关于执行异议的诉请能否成立。就本案的具体情况分析，史某莹向房地产开发企业明丰公司认购商品房，现被执行的房产系登记于房地产开发企业名下的商品房，该情形应适用《执行异议和复议规定》第二十八条的规定。第二十九条适用的前提是，房屋消费者物权期待权保护，赋予消费者对买受房屋的物权期待权以排除执行的效力。故本

〔1〕　北京市第三中级人民法院（2023）京03民终531号民事判决书。
〔2〕　江苏省盐城市中级人民法院（2019）苏09民终3850号民事判决书。

案应审查,史某莹关于排除执行异议的请求是否符合上述第二十九条规定的三种情形。(1)在人民法院查封之前已签订合法有效的书面买卖合同。首先,云南省高级人民法院于2014年3月19日作出(2014)云高执字第1—2号执行裁定,查封、扣押、冻结包括被执行人明丰公司在内的相关财产。其中包括史某莹认购的房屋。而史某莹与明丰公司签订的认购协议在2009年12月1日。其次,如何认定史某莹与明丰公司签订的《"滇池泊屋"房产认购协议》,华融资产云南分公司认为,被认购协议并非正规的《商品房买卖合同》,其性质为商品房预约合同;史某莹认为,该认购协议已经具备商品房买卖合同的要件,应认定为商品房买卖合同。法院认为……本案认购协议明确了当事人的名称、商品房基本状况,明确了具体的位置、房号、价款、交付方式,且史某莹已经按照认购协议书的约定交付全部款项。综合上述情形,该认购协议已经具备商品房买卖合同的基本要素,可以认定为《执行异议和复议规定》第二十九条规定的合法有效的书面买卖合同。(2)所购商品房系用于居住且买受人名下无其他用于居住的房屋。从史某莹提交的2016年7月8日昆明市房屋交易产权处出具的查询结果看,其在昆明市主城五区和三个国家开发(度假)区范围内没有登记的住房,故符合《执行异议和复议规定》第二十九条第二款"所购商品房系用于居住且买受人名下无其他用于居住的房屋"的规定。(3)已交付的价款超过合同约定总价款的50%。在认购协议中约定涉案房产的价格为795368元,史某莹已经向明丰公司全部缴付,即使按照《滇池泊屋小区商品房准售房源及房价公示》信息上公示的涉案房屋价格为937398元,史某莹所付价款亦超过50%。综上,本案情形符合《执行异议和复议规定》第二十九条规定条件,史某莹与明丰公司签订认购协议并交纳房款,其享有对涉案房产的物权期待权,据此也享有足以排除执行的民事权益,其关于本案的执行异议请求成立。[1]

买受人在《房产买卖协议》签订后,已经依约定支付了大部分房屋价款,并实际占有了案涉房屋,虽然并未办理过户登记,但作为合法占有人有权要求出卖人为其办理案涉房屋的过户登记手续。普通债权人的权利内容,指向的是出卖人(本案保证人)的一般责任财产。作为买受人的权利内容,则以案涉房屋这一特定财产为唯一客体,除依法享有要求办理过户登记的物权期待权之外,其作为合法占有人还依法享有主张房屋的所有人能够主张的排他性权利。

〔1〕 参见最高人民法院中国应用法学研究所编:《人民法院案例选》2017年第12辑(总第118辑),人民法院出版社2018年版,第99～100页。

【案例12－87】 刘某生与杜某清案外人执行异议纠纷案

最高人民法院认为，本案中，杜某清对陈某明的担保债权业经人民法院生效判决予以确认，而刘某生与陈某明、陈某玲签订的《房产买卖协议》的效力亦经人民法院的生效判决予以确认，杜某清和刘某生均系陈某明的债权人，二者的法律地位平等，但各自的债权内容有别。具体而言，杜某清作为债权人，在债务人厦门圣达威服饰有限公司和其他保证人未清偿债务的情况下，有权要求保证人陈某明以其全部财产承担连带清偿责任，其债权指向的责任财产范围，是陈某明的全部个人财产，包括陈某明在案涉房屋中扣除尚欠银行贷款部分的应有份额。而刘某生作为债权人，在案涉《房产买卖协议》签订后，已经依约定支付了大部房屋价款，并实际占有了案涉房屋，虽然并未办理过户登记，但刘某生作为合法占有人有权要求出卖人陈某明、陈某玲为其办理案涉房屋的过户登记手续。由此可见，杜某清作为债权人的权利内容，指向的是陈某明的一般责任财产，并非指向案涉房屋这一特定财产；而刘某生作为债权人的权利内容，则以案涉房屋这一特定财产为唯一客体。《物权法》第二百四十五条规定："占有的不动产或者动产被侵占的，占有人有权请求返还原物；对妨害占有的行为，占有人有权请求排除妨害或者消除危险；因侵占或妨害造成损害的，占有人有权请求损害赔偿。"由此可见，刘某生作为案涉房屋的买受人，除依法享有要求办理过户登记的物权期待权之外，其作为合法占有人还依法享有向任何人主张房屋的所有人能够主张的排他性权利。本案中，陈某明将案涉房屋出售给刘某生并取得房屋价款的行为，虽然在客观上导致了其责任财产中的一部分从实物形态转化为货币形态，但其责任财产的范围并未因此而不当减损，杜某清作为债权人的权利并未因此而受到损害，其仍然有权就房屋价款中陈某明的应有份额主张相应的权利。相反，在案涉《房产买卖协议》合法成立，且已经实际履行的情况下，查封案涉房屋并将其作为杜某清债权执行标的的结果，不仅在客观上不当扩张了陈某明的责任财产范围，亦直接损害了刘某生的合法权利。根据《查封、扣押、冻结规定》第十七条的规定，是执行程序中对案外人的异议进行形式审查的判断标准，并非是对案外人权利的最终确认，案外人实体民事权利的内容是执行异议之诉的审理范围。原审法院将该条规定作为审理本案的法律依据，混淆了执行异议的审查与执行异议之诉的审理之间的差别，本院予以纠正。被申请人杜某清关于不能排除陈某明与刘某生恶意串通损害其合法权益等诉讼理由，不仅未能提供相应的证据予以支持，亦明显与本院认定的案件事实不符，本院不予支持。[1]

---

〔1〕 最高人民法院（2017）民再355号民事判决书。

由被执行人出资购买并登记在其子女名下的房屋,能排除强制执行。

【案例 12-88】 某某与某公司执行异议之诉再审纠纷案

最高人民法院认为,尽管申请执行人举证证明被执行人的子女在购房时不具有相应能力以支付数额巨大的购房款,房屋的款项系被执行人支付,但基于双方系父母子女关系,且房屋登记在子女名下,故子女基于其父母代为出资购买房屋而取得房屋所有权。申请执行人主张被执行人子女购房时不具有相应能力支付数额巨大的购房款的理由,不足以否定其为案涉房屋所有权主体的判定。[1]

案涉房屋被查封前,案涉房屋以抵顶工程款的形式抵顶给建筑公司,建筑公司再以房票的形式转售给案外人,案外人与被执行人单独补充签订房屋预售合同并实际入住,案涉房屋因未办理竣工验收而导致一直未办理过户手续,应认定案外人依法享有足以阻却执行的实体权利。

【案例 12-89】 闫某防与坚实公司执行异议之诉再审纠纷案

最高人民法院认为,本案中,闫某防与坚实公司签订了《房屋预售合同》,虽然因合同中记载了于 2013 年 11 月 28 日取得的房屋预售许可证号,而无法确认该合同的具体签订时间,且合同并未在房屋管理部门办理备案,但根据坚实公司 2013 年 11 月 14 日出具的购房款收据,以及闫某防于案涉房屋查封前的 2014 年 9 月入住的事实,原审法院认定闫某防与坚实公司在人民法院 2017 年 4 月 24 日查封案涉房屋之前已经形成了商品房预售合同关系,并已实际占有使用案涉房屋,并无不当。关于二审法院认定闫某防支付案涉房屋购房款是否有事实依据的问题。根据二审查明的事实,2013 年 10 月 4 日,坚实公司、黑龙江省力业建筑工程有限公司(苏某某)及闫某防签订三方抹账协议,该协议约定坚实公司将案涉房屋抵顶给黑龙江省力业建筑工程有限公司(苏某某)用以偿还欠付工程款,黑龙江省力业建筑工程有限公司(苏某某)与坚实公司协商同意以房票形式直接转开给闫某防。同日,坚实公司为闫某防出具收到 885600 元的收据,收款方式为抹账(防水)。苏某某出具收到 885600 元"上款系苏某某工地抹账给闫某防房款"的收据。2013 年 11 月 14 日,坚实公司为闫某防出具案涉房屋收据,收据载明:收款方式现金,人民币 404991.6 元。坚实公司 2013 年会计账体现,2013 年 11 月 30 日收苏某某抹账认购房款(闫某防)。以上证据能够相互印证,二审法院据此认定闫某防给付坚实公司案涉房屋全部购房款并无不当。此外,案涉房屋因工程未办理竣工验收而未办理过户手续,并非闫某防的过错。综上,本案

---

〔1〕 最高人民法院(2020)民申 5648 号民事裁定书。

符合《执行异议和复议规定》第二十八条规定的情形，闫某防对案涉房屋享有足以排除强制执行的民事权益。由于《执行异议和复议规定》第二十八条与第二十九条在适用情形上存在交叉，即只要符合其中一条的规定，买受人即享有足以排除强制执行的民事权益，二审法院适用《执行异议和复议规定》第二十八条的规定作出判决，并无不当。[1]

虽然收款收据载明收款方式为"工程款抵房款"，但并不因此改变购房人与开发商之间直接建立商品房买卖法律关系的性质，故申请执行人认为双方之间并非商品房买卖合同关系的理由不能成立。而案涉房屋交付后，购房人已支付全部购房款且实际装修入住，其名下也无不动产登记信息记录，因此其可以排除强制执行。

【案例 12-90】 中国东方资产管理股份有限公司甘肃省分公司、李某笏等申请执行人执行异议之诉纠纷案

最高人民法院认为，本案为申请执行人执行异议之诉，争议焦点为：李某笏是否对案涉房屋享有足以排除强制执行的民事权益。在东方资产甘肃分公司对法院查封的案涉房屋办理了抵押登记，可就抵押财产优先受偿的情况下，根据《执行异议和复议规定》第二十七条"申请执行人对执行标的依法享有对抗案外人的担保物权等优先受偿权，人民法院对案外人提出的排除执行异议不予支持，但法律、司法解释另有规定的除外"的规定，李某笏欲排除案涉房屋的执行，应具备《执行异议和复议规定》第二十九条规定的条件，即（一）在人民法院查封之前已签订合法有效的书面买卖合同；（二）所购商品房系用于居住且买受人名下无其他用于居住的房屋；（三）已支付的价款超过合同约定总价款的百分之五十。根据东方资产甘肃分公司的上诉请求和理由以及本案查明的事实，本院分析如下：首先，华屹置业公司与李某笏于 2016 年 4 月 14 日签订《商品房买卖合同》，早于人民法院查封的时间。东方资产甘肃分公司上诉认为案涉购房合同未经网签和备案，有倒签的可能性，但并未提供证据予以证明。对于其上诉主张李某笏与华屹置业之间的购房合同系以交付案涉房屋的方式来抵销工程款，应当认定为以物抵债协议，而非商品房买卖合同的理由，本院审查认为，东方资产甘肃分公司在本案诉讼中并不否认华屹置业公司与甘肃省东乡族自治县第三建筑工程公司达成协议，以包括本案所涉房屋在内的 2 套房屋抵顶华屹置业公司所欠工程款的事实。而华屹置业公司在与李某笏签订《商品房买卖合同》的同时，向李某笏出具收款收据，记载事项与上述事实吻合。此时，虽然收款收据载明收款方

---

[1] 最高人民法院(2019)民申 1560 号民事裁定书。

式为“工程款抵房款”,但并不因此改变李某笏与华屹置业公司之间直接建立商品房买卖法律关系的性质,故东方资产甘肃分公司认为李某笏与华屹置业公司之间并非商品房买卖合同关系的理由不能成立。其次,案涉房屋交付后,李某笏已实际装修入住,且根据永靖县自然资源局出具的《不动产登记信息查询结果(家庭住房状况)》显示,李某笏名下并无不动产登记信息记录。最后,华屹置业公司向李某笏出具的收款收据载明李某笏已支付了全部房款,亦超过合同约定总价款的50%。因此,李某笏对案涉房屋提出的执行异议,符合《执行异议和复议规定》第二十九条所规定的条件,可以排除强制执行。[1]

夫妻协议离婚,离婚协议约定共有房产归一方所有,但由于种种原因未变更登记,如存在按揭贷款无法过户,房产仍然登记在一方名下,如果之后存在对于该方的强制执行,离婚协议约定享有所有权的一方能否排除法院的强制执行,应结合具体案情分析判断。夫妻离婚后房产仍登记在其中一方,无法变更登记,若要排除强制执行,首先必须排除夫妻双方恶意逃避债务“假离婚”的情况,否则离婚协议被认定无效,当然也无法排除强制执行。签署离婚协议的时间晚于或接近第三方执行债权形成的时间,势必会受到法院严格审查,结局可能不同。未能办理变更登记非夫妻一方的原因。若因夫妻一方自己怠于行使权利,或者存在过错,则必然影响法院的判断。第三人申请强制执行的债权不具备优先性,若是以案涉房产为借款提供抵押担保结果不同。

【案例12-91】 刘某与周某等执行异议之诉再审纠纷案

最高人民法院二审认为,男女双方之间的离婚协议,往往基于双方之间权利义务的统筹安排,有关财产的分割也往往涉及其他有关义务的承担,另外还包含情感补偿、子女抚养以及对一方生存能力等因素的考量,在财产分配上对于抚养子女一方作适当倾斜的情形较为常见。此类离婚财产分割协议,如无明显的不正当目的,亦未严重损害相关利害关系人的合法权益,则既为法律所允许,也为风俗所提倡。夫妻离婚时对共同财产的分割,经过一段时间后,在有关当事人之间以及相关方面已经形成了比较稳定的社会关系,如果不存在合理的必要性,不宜轻易打破这种稳定的社会关系。判决:撤销贵州省高院的民事判决,判令停止对案涉房产的强制执行。

最高人民法院再审认为,周某的金钱债权请求权与刘某的所有权变更登记请求权相比较,在性质和内容上也不具有优先性。裁定、驳回周某再审

---

〔1〕 最高人民法院(2023)民终123号民事判决书。

申请。[1]

被拆迁人对拆迁安置房产的优先取得权能够阻却其后设定抵押权的强制执行。

最高人民法院民一庭意见：被拆迁人与拆迁人按照产权调换方式签订拆迁补偿安置协议，明确了拆迁安置房产的位置和用途，此后该拆迁安置房产设定抵押权，被拆迁人请求排除抵押权人申请的强制执行，应予支持。[2]

应当注意的是，《民法典》修改后的《房屋买卖合同解释》删除了被拆迁人对拆迁安置房产的优先取得权规定。在此情况下，被拆迁人对安置房优先就没有明确的法律依据了，但是实务中仍然坚持被拆迁人对被安置人享有优先权，例如江苏省高级人民法院修改后的执行异议和执行异议之诉审理指南规定："案外人作为被征收人，对被执行人名下尚未办理产权登记手续的房屋提起案外人执行异议之诉，请求排除执行，同时具有下列情形的，应予支持：(1)案外人作为被征收人与房屋征收部门签订了合法有效的征收补偿协议；(2)案外人以其所有的房屋以产权置换补偿的形式取得案涉房屋；(3)征收补偿协议明确约定了安置用房的位置及房号，该房屋已经特定化；(4)案外人是否实际占有房屋、是否支付房屋面积差价以及对未办理房屋过户是否存在过错，均不影响其享有排除执行的权利。"

3. 不能够排除强制执行的情形

房屋买卖双方为规避国家税费未能及时办理过户手续是否属于"非因买受人自身原因未办理过户登记"？问：案外人与被执行人签订房屋买卖合同后，为规避国家税费，约定五年后办理房屋过户手续。后因被执行人与债权人发生纠纷，法院对房屋进行查封。案外人提出执行异议之诉，主张其与被执行人在法院查封案涉房屋之前已签订合法有效的买卖合同，其已经支付全部购房款并占有，非因买受人自身原因未办理过户登记，依据《执行异议和复议规定》第二十八条的规定，请求排除法院对房屋的强制执行，应否支持？答：案外人与被执行人签订房屋买卖合同后，为规避国家税费，约定五年后办理房屋过户手续，未能在债权人申请法院查封房屋之前办理过户手续，不属于《执行异议和复议规定》第二十八条规定的"非因买受人自身原因未办理过户登记"。[3]

购房人虽已全额交纳房款，但其仅享有依据商品房买卖合同要求开发商履行

---

〔1〕 最高人民法院(2018)民终462号民事判决书；最高人民法院(2019)民申5165号民事裁定书。

〔2〕 参见最高人民法院民事审判第一庭编：《民事审判指导与参考》2018年第2辑(总第74辑)，人民法院出版社2018年版，第164页。

〔3〕 参见最高人民法院民事审判第一庭编：《民事审判指导与参考》2022年第2辑(总第90辑)，人民法院出版社2022年版，第255页。

相关义务的请求权,故不享有该房屋所有权,亦不能排除法院强制执行。

【案例12-92】 孔某靓与长城新盛信托有限责任公司、内蒙古中银房地产集团股份有限公司案外人执行异议纠纷案

最高人民法院认为,本案争议的焦点问题是:孔某靓对案涉房屋是否享有足以排除人民法院强制执行的民事权益。根据查明事实,新盛公司与中银公司、杨某森、赵某、华厦公司合同纠纷案,经新盛公司申请,法院于2015年1月20日中银公司名下呼国用(2008)第00137号土地使用权及位于内蒙古呼和浩特市赛罕区的相关房产办理了财产保全,其中20层查封的房屋期限即将届满时,法院又根据新盛公司的申请办理了续封手续,孔某靓提出执行异议,在异议被驳回后提起本案诉讼。新盛公司辩称其申请查封的系20层1—25号房产,根据孔某靓的购房合同显示,其购买房产的房号为20层20071号、20072号、20076号、20077号、20078号、20086号、20087号,故新盛公司并未申请查封孔某靓所诉房产。经查,根据孔某靓提供的《商品房买卖合同》所附20层,包括在被查封房产范围之内。新盛公司该辩称意见系因中银公司对20层房产编号与房产管理部门不同导致,新盛公司亦无证据证明该层除25套房产之外还存在其他房产的事实,故其该辩称意见不能成立,本院不予支持。根据《执行异议和复议规定》第二十八条的规定,孔某靓虽然与中银公司已签订书面《商品房买卖合同》并全额交付了购房款,但在合同约定交房时间为2015年5月1日之前,即2015年1月20日,执行法院已对案涉房产采取了查封措施,在法院查封之前孔某靓并未合法占有该房产,更未办理相关房产登记手续,不符合该条规定的情形,一审判决据此未支持孔某靓排除执行的诉讼请求,事实及法律依据充分,并无不妥。孔某靓上诉认为一审适用《执行异议和复议规定》第二十八条错误,本案应适用该规定第二十九条确认其对案涉房产享有物权期待权,足以排除法院强制执行。经审查,根据孔某靓与中银公司签订的《商品房买卖合同》约定,案涉房产的用途为"仅作商业使用",并非用于居住。孔某靓上诉主张其购买上述房产系为了居住,该主张与《商品房买卖合同》载明的房屋用途矛盾,亦与其一次性购买六套房产的行为相矛盾,且二审庭审中,孔某靓称其经常居住地在宁夏回族自治区银川市,并非呼和浩特市,据此本案亦不符合《执行异议和复议规定》第二十九条规定的情形,孔某靓主张适用该条规定排除法院强制执行的上诉理由不能成立,本院不予支持。另外,依据《物权法》第九条的规定,因案涉房屋并未办理所有权登记,孔某靓仅享有依据《商品房买卖合同》要求中银公司履行相关合同义务的请求权,尚不享有案涉房屋所有权,故一审法院予支持其确认案涉房产享有所有权的诉讼请求,并无不妥,本院对此予以维持。综上,孔某靓的上诉理由不能成立,应予驳回。判决:驳回上诉,维持原判。[1]

本案买受人在《房产买卖协议》签订后，已经依约定支付了大部分房屋价款，并实际占有了案涉房屋，虽然并未办理过户登记，但作为合法占有人有权要求出卖人为其办理案涉房屋的过户登记手续。而本案普通债权人的权利内容，指向的是出卖人(本案保证人)的一般责任财产。作为买受人的权利内容，则以案涉房屋这一特定财产为唯一客体，除依法享有要求办理过户登记的物权期待权之外，其作为合法占有人还依法享有主张房屋的所有人能够主张的排他性权利。

商品房预售合同登记备案不同于物权预告登记，不具备物权预告登记的法律效力。购房人仅以商品房预售合同已经备案为由，主张排除法院对登记在开发商名下的房屋强制执行的，不予支持。

【案例 12－93】 湖南省第三工程有限公司诉龙某文、湘西自治州天之丰房地产开发有限公司案外人执行异议纠纷案

二审法院认为，《商品房买卖合同》备案登记不等于预告登记，龙某文主张《商品房买卖合同》已经备案，因此，可以排除人民法院强制执行的主张不能成立。《执行异议和复议规定》第三十条规定："金钱债务执行中，对被查封的办理了受让物权预告登记的不动产，受让人提出停止处分异议的，人民法院应予支持；符合物权登记条件，受让人提出排除执行异议的，应予支持。"据此，对于已经办理商品房买卖预告登记的商品房，人民法院不得执行。但是，《商品房买卖合同》备案登记不等于预告登记，不具备预告登记的效力。[2]

购房人期待权阻却执行是否成立，应对其提出的执行异议之诉进行严格的审查即是否符合构成要件，对于其享有的权利性质作出认真的分析，以妥善地平衡各方当事人之间的关系。

【案例 12－94】 黄某贞与蔡某英案外人执行异议纠纷案

最高人民法院认为，根据《查封、扣押、冻结规定》第十七条"被执行人将其所有的需要办理过户登记的财产出卖给第三人，第三人已经支付部分或者全部价款并实际占有该财产，但尚未办理产权过户登记手续的，人民法院可以查封、扣押、冻结；第三人已经支付全部价款并实际占有，但未办理过户登记手续的，如果第三人对此没有过错，人民法院不得查封、扣押、冻结"的规定，黄某贞在尚未办理涉案房屋产权变更登记的情形下，必须满足支付全部

---

〔1〕 最高人民法院(2020)民终 580 号民事判决书。

〔2〕 参见最高人民法院中国应用法学研究所编：《人民法院案例选》2017 年第 10 辑(总第 116 辑)，人民法院出版社 2018 年版，第 115 页。

价款并实际占有使用且对未办理过户手续没有过错的条件，才能产生阻却执行措施的结果。但根据本案查明的事实，黄某贞与繁荣公司签订《房产认购协议书》，其在起诉时主张已支付合同总价款50%购房款共计1424905元，此种情况并不符合“已经支付全部价款”的条件，黄某贞在一审庭审时也确认并未实际入住诉争房产。因此，在黄某贞对诉争房产未支付全部价款且未实际占有入住的情况下，其主张对诉争房产享有的实体权利足以阻却执行措施，缺乏相应的事实和法律依据，最高人民法院不予支持。[1]

债务双方针对未届履行期限之债签订以物抵债协议，第三人受让债权后与债务人签订购房合同的，不得享有物权期待权为由排除强制执行。

【案例12－95】 李某、周某娥诉沈某琴、庞某清、长兴畅宇房地产开发有限公司案外人执行异议纠纷再审案

再审法院认为，案涉基础法律关系是以房抵债，并非商品房买卖合同关系，《执行异议和复议规定》第二十八条保护普通商品房买卖合同关系中买受人的物权期待权，若认定二人依据以房抵债协议所享过户请求权可对抗畅宇公司其他债权人的执行申请，会破坏债权平等性，二审不适用《执行异议和复议规定》第二十八条并无明显不当。二人的再审申请不符合法律规定，裁定驳回。[2]

预查封的标的是被执行人基于合同而享有的预期利益，商品房买卖合同解除不必然预查封解除，出卖人享有的商品房所有权也不必然足以排除执行。

【案例12－96】 福建聚源房地产开发有限公司诉李某某案外人执行异议纠纷案

二审法院认为，本案的关键在于确认聚源公司对案涉房屋主张的实体权利是否存在，以及该实体权利是否足以排除强制执行。首先，如前所述，聚源公司仍享有房屋的所有权，但聚源公司已收取案涉房屋的全部购房款，《商品房买卖合同》项下的利益已经全部实现，且在案涉房屋《商品房买卖合同》解除后，聚源公司未予返还所收取的购房款或将所应返还的购房款交付执行，故对案涉房屋强制执行并不损害聚源公司的权益。其次，案涉房屋已依法设立担保物权，建行漳浦支行作为抵押权人对案涉房屋强制执行所得价款享有优先受偿权，聚源公司尚未履行（2017）闽0623民初2765号民事判决书确定

---

〔1〕 参见人民法院出版社编：《最高人民法院民商事案件审判指导》（第6卷），人民法院出版社2019年版，第559页。

〔2〕 参见《人民司法·案例》2019年第23期（总第862期）。浙江省高级人民法院（2018）浙民申3662号民事判决书。

的连带偿还责任,排除案涉房屋的强制执行,有损建行漳浦支行的合法权益。聚源公司关于案涉房屋仅进行预抵押登记,建行漳浦支行不享有优先受偿权的上诉理由与生效的法律文书相悖,不予采纳。最后,根据《合同补充协议》第九条关于"出卖人累计2个月为买受人代付借款本息后,有权解除本合同并要求贷款银行依法处分抵押物"的约定,案涉房屋亦应由建行漳浦支行依法处分。综上所述,聚源公司虽然享有涉案房屋的所有权,但该权益尚不足以排除强制执行。聚源公司关于案涉房屋归其所有的上诉理由成立,应予采纳,但其据此排除强制执行的上诉请求不能成立,应予驳回。[1]

父母以未成年子女名义购买并登记为子女所有的房屋,能因父母债务而被强制执行。

【案例12-97】 王某轩、贺某明执行异议再审纠纷案

最高人民法院认为,一、原判决认定事实有证据证明。(一)原判决认定王某轩没有独立经济来源不属于缺乏证据证明。《民事诉讼法解释》第九十三条规定:"下列事实,当事人无须举证证明:(一)自然规律以及定理、定律;(二)众所周知的事实;(三)根据法律规定推定的事实;(四)根据已知的事实和日常生活经验法则推定出的另一事实;(五)已为人民法院发生法律效力的裁判所确认的事实;(六)已为仲裁机构生效裁决所确认的事实;(七)已为有效公证文书所证明的事实。前款第二项至第四项规定的事实,当事人有相反证据足以反驳的除外;第五项至第七项规定的事实,当事人有相反证据足以推翻的除外。"王某权、姚某春以王某轩名义签订案涉房屋购房合同时,王某轩仅13岁,属无劳动能力的限制民事行为能力人,王某轩亦未举证证明其通过继承、奖励、父母之外第三人的赠与、报酬、收益等有合法经济来源。《合同法》第一百八十七条规定:"赠与的财产依法需要办理登记等手续的,应当办理有关手续。"房屋则是需要办理登记等手续的财产,在案涉房屋登记在王某轩名下之前,王某轩尚未取得赠与财产,更谈不上对赠与财产即案涉房产进行合理使用取得收益。因此,原判决认定王某权、姚某春以王某轩的名义签订案涉房屋购房合同时,王某轩没有独立经济来源不属于缺乏证据证明。(二)原判决认定案涉房屋系家庭共同财产有证据证明。王某权、姚某春以王某轩名义签订案涉房屋购买合同的时间是2010年11月2日,王某权与贺某明签订借款合同的时间是2012年8月24日,王某权、姚某春将案涉房屋登记在王某轩名下的时间是2013年6月4日。王某权、姚某春将涉案18套

---

〔1〕 参见最高人民法院中国应用法学研究所编:《人民法院案例选》2020年第9辑(总第151辑),人民法院出版社2021年版,第100~101页。福建省漳州市中级人民法院(2019)闽06民终93号民事判决书。

房屋登记在未成年子女王某轩名下时,王某权、姚某春尚未归还贺某明借款,因此王某轩认为其取得案涉房屋未损害贺某明利益的理由不成立。另外,案涉房屋一直由王某权、姚某春夫妻用于经营,明显超出王某轩的基本生活需要。因此,原判决综合分析房屋购买时间、产权登记时间、王某权对贺某明负债情况及购房款的支付,认定案涉18套房屋应为王某权、姚某春、王某轩的家庭共有财产有证据证明。二、原判决适用法律不属确有错误。《物权法》第十七条规定:"不动产权属证书是权利人享有该不动产物权的证明。"第三十三条规定:"因物权的归属、内容发生争议的,利害关系人可以请求确认权利。"根据上述规定,不动产权属证书是权利人享有该不动产物权的证明,一般情况下,登记权利人即推定为实际权利人,但有证据证明购房款实际出资人不是登记权利人时,亦要根据实际出资情况确定房屋的归属。王某权、姚某春对王某轩的赠与是否成立,不影响原判决认定案涉18套房屋应为王某权、姚某春、王某轩的家庭共有财产,故王某轩认为原判决适用法律错误的理由不成立。[1]

案外人在诉讼期间将名下其他房屋过户给他人的,不符合"所购商品房系用于居住且名下无其他用于居住的房屋"之情形。

【案例12-98】 桑某良诉西藏信托有限公司、盘锦龙驿房地产开发有限责任公司案外人执行异议纠纷案

最高人民法院认为,本案的争议焦点问题是:桑某良对案涉房屋是否足以排除强制执行的民事权益。关于桑某良是否在法院查封前签订合法有效买卖合同的问题。桑某良虽提交了其与龙驿公司签订的载明签署时间在原审法院查封前的《商品房买卖合同》,但根据山西瑞明会计师事务所有限公司出具的《审计报告》、龙驿公司2016年5月24日出具的收款收据和《入住通知单》、2016年5月25日记账凭证、2019年3月3日杨某香与龙驿公司签订《房屋抵偿借款确认书》、2019年3月10日桑某良与杨某香签订《房屋抵偿借款确认书》的时间均为原审法院查封之后。另外,桑某良提供的《商品房买卖合同》的签订日期虽然是2015年11月20日,但该合同第八条约定的交付期限为买卖合同签订日前的2014年6月30日。上述情形均不符合商品房买卖合同的常理,原审判决认定不符合《执行异议和复议规定》第二十九条第一项规定,并无不当。

关于案涉房屋是否系桑某良用于居住的唯一住房的问题。桑某良虽然提供了其与妻子韩某在辽宁省盘锦市域范围内无房屋所有权登记记录的不

---

〔1〕 最高人民法院(2017)民申3404号民事裁定书。

动产登记资料查询结果,但根据西藏信托二审提交的《不动产登记信息》及《房屋买卖合同》显示,2019 年 11 月 12 日即本案第一次二审期间,桑某良、韩某将其名下位于辽宁省盘锦市大洼区的住房出售给桑某云,并办理了变更登记。桑某良原审中提交的无房屋所有权登记的记录的不动产登记资料查询结果系桑某良在案涉房屋查封及提起本案执行异议时,其名下尚有其他可用于居住的住房,只是在本案诉讼过程中变更登记至桑某云名下。原审判决认定案涉房屋系桑某良唯一房屋不当,本院予以纠正,本案不符合《执行异议和复议规定》第二十九条第二项的规定。

综上,桑某良的上诉请求不能成立,应予驳回;原审判决认定部分事实虽然有误,但适用法律正确,判决结果并无不当。判决:驳回上诉,维持原判。[1]

(三)物权期待权疑难问题

1. 过错与执行的关系问题

购房人物权期待权在权利性质上属债权请求权,并非物权,法律赋予其债权物权化的特殊保护。但是,购房人应当在合理期限内及时行使权利,促成产权变更登记,以维护自身合法权益。若严重滞后于合理期限行使权利,致使争议房屋未能完成过户登记的,应当认定购房人存在过错,不能排除法院对争议房屋的强制执行。

【案例 12-99】　陈某锋、向某与谭某泉、陈某利案外人执行异议纠纷再审案

再审法院认为,陈某锋、向某取得房屋登记部门的业务受理通知书并非取得该争议房屋的物权,其只是房屋权属登记程序的第一环节。而不动产物权变动应以登记公示为原则,即使支付全部价款、实际占有,但未过户的,第三人对该不动产享有对相对人的债权及债权请求权(或物权期待权),而非物权。该不动产应为相对人的财产,法院仍可因相对人的债务纠纷,对该不动产原则上可予查封。而《查封、扣押、冻结规定》第十七条规定系对第三人的债权赋予了物权的排他性,即债权物权化,是对我国不动产物权变动登记原则的突破,其适用应当从严掌握。本案对陈某锋、向某已履行全部付款义务并实际占有争议房屋的事实无争议,而对其就未办理过户登记手续的事实

〔1〕 最高人民法院(2021)民终 1017 号民事判决书。

是否存在过错争议很大。陈某锋、向某在2004年就争议房屋申请变更登记未果时,就知晓陈某利不愿意按要求交纳税费的事实。陈某利未按合同履行义务,系违约行为,陈某锋、向某理应及时有效行使其债权请求权,即通过诉讼或仲裁向与陈某利请求继续履行,协助办理过户登记手续,或请求解除合同等。而陈某锋、向某从2004年至2011年长达七年之久未采取有效措施主张其债权,致使2011年争议房产被法院查封。对此,陈某锋、向某有过错,其怠于行使权利的行为使其无法享有《查封、扣押、冻结规定》第十七条规定债权物权化的排他效力,不能产生对抗法院执行的效力。综上,再审认为原二审判决认定事实清楚,适用法律正确,依法应予以维持。[1]

房屋上相关权益名实不符的争议和法律风险本可避免,真实权利人非客观原因限制而有意不及时办理权属变更应自行承担相应不利后果。案外人主张系房屋的真实权利人对房屋享有支配权,但在长达十多年期间有条件进行权属变更的情形下始终未进行变更并非因客观原因限制(而是为了节约交易成本),即使案涉房屋的相关权益确系案外人通过原始建造及分配取得,但未及时办理权属变更、长期将房屋权属登记在第三人名下的有意安排系对自身权益的处分,应认定其在知晓法律风险的情形下自愿接受不动产物权登记规则及对外公示效力的约束。案涉房屋上相关权益名实不符的争议和法律风险本可避免,故案外人对前述有意行为应自行承担相应不利后果,其主张享有的民事权益不足以对抗执行。也就是说,为节约成本而不办理房屋权属变更,应自行承担不利后果,不能排除执行。

【案例12-100】 王某伦与程某、四川南充恒兴房开公司执行异议之诉与公司执行异议之诉再审纠纷案

最高人民法院认为,一、程某对案涉三套争议房屋是否享有民事权益。本案系案外人程某对于人民法院对案涉房屋作出的查封行为不服,在执行程序中提出异议获支持后引发的申请执行人执行异议之诉。程某作为案外人,应就其对争议房屋享有足以排除执行的民事权益承担举证证明责任,具体包括程某是否享有民事权益及民事权益的确切内容。据程某在执行程序和本案诉讼中的陈述,其主张与张某勤合伙向北门服务部购买土地后,借用六合公司的资质开发修建北门经济适用住房项目,并与张某勤结算分配获得争议房屋。本院经审理认为,程某提交的在案证据并不足以证实其前述主张,其与六合公司、恒兴公司之间关于案涉房屋项目是借资开发还是合作开发抑或

---

〔1〕 参见《人民司法·案例》2019年第23期(总第862期)。重庆市高级人民法院(2016)渝民再131号民事判决书。

存在其他关系的事实并不确切，程某对案涉三套房屋享有民事权益的主张不能成立。一审、二审法院认定程某借用六合公司资质建房并分配取得三套房屋的事实依据不足。二、程某享有的民事权益能否排除执行。不动产物权的设立、变更、转让和消灭，经依法登记，发生效力，但法律另有规定的除外。在不动产物权登记制度下，不动产权属登记是权利人享有物权的重要证明，具有法定的公示公信力。案涉争议房屋的所有权自2002年就初始登记在六合公司名下，后变更至恒兴公司名下直至2014年被查封。程某主张系房屋的真实权利人，对房屋享有支配权，但依其在本案中的陈述，其在长达十多年期间，在有条件进行权属变更的情形下始终未进行变更，并非因客观原因限制，而是为了节约交易成本。故即使案涉房屋的相关权益确系程某通过原始建造及分配取得，但其未及时办理权属变更、长期将房屋权属登记在恒兴公司名下的有意安排系对自身权益的处分，应认定其在知晓法律风险的情形下自愿接受不动产物权登记规则及对外公示效力的约束。案涉房屋上相关权益名实不符的争议和法律风险本可避免，但基于程某的前述有意行为，其应自行承担相应不利后果。因此，程某主张享有的民事权益不足以对抗本案执行。判决：撤销一审、二审判决，准许执行案涉房屋。[1]

从维护交易安全的角度分析，取得预售许可证表明开发商已经可以公开销售房屋，购房人有理由相信抵押权人已经同意转让抵押物，且其所交付的购房款已经用于提前清偿抵押权所担保的债务。从交易成本支出和交易风险分析，抵押权人更有能力控制开发商的销售行为，且其实施各种控制行为的成本更为低廉、效果更为直接，故将开发商违约（私自收取售房款）的风险分配给抵押权人更符合公平原则。

【案例12－101】　中信信托有限责任公司诉于某、闫某、内蒙古科建房地产开发有限公司等案外人执行异议纠纷案

一审法院认为，中信公司出具同意预售的证明，对于购房人而言，系同意转让涉案房屋的意思表示。中信公司已经同意销售作为抵押物的涉案房屋，故中信公司在涉案房屋的交换价值实现之日即丧失了对涉案房屋的物上追及力。抵押权的效力仅及于转让价金。而且中信公司亦是按照上述规定，作出了相应交易安排，即与科建公司在抵押合同中对销售款的流向进行了约定，明确要求预售资金符合比例地进入指定账户，并由银行对预售资金进行监督，以确保其资金安全，从而保障其就抵押物转让所得价款用于清偿其债务。据此，中信公司应当对涉案房屋的转让价金行使权利，其无权就涉案房

〔1〕 最高人民法院（2022）民再265号民事判决书。

屋本身行使抵押权,在购房人已经支付对价并且是善意的情况下,购房人对涉案房屋享有的权利足以排除中信公司基于抵押权而申请的强制执行。据此,判决驳回中信公司的诉讼请求。二审法院认为,取得预售许可证表明房地产开发商已经可以合法地向社会公开销售涉案房屋,对于购房人而言,其有充分理由相信抵押权人已经同意转让抵押物,甚至相信其所交付的购房款已经用于提前清偿抵押权所担保的债务。从交易成本支出和交易风险分析,购房人对于房地产开发商如何使用所收取的售房款项并不关心,也无力控制;购房人也欠缺能力和手段对房地产开发商清偿抵押权人借款的情况进行调查。与此相反,抵押权人则更有能力控制开发商的销售行为,其既可以在设定抵押时与开发商约定取得预售许可证之前应先清偿其债务,也可以通过出借款项时设定一定的条件限制开发商在未清偿债务之前取得预售许可证,而且抵押权人实施各种控制行为的成本更少且效果更直接,所以,将开发商违约(私自收取售房款)的风险分配给抵押权人更符合公平原则。遂判决:驳回上诉,维持原判。〔1〕

2. 工程款抵债涉及执行问题

建设工程发包人以房屋折抵工程款,在法院查封前承包人已将该房屋转售第三人,第三人已支付全部购房款并实际占有了房屋,发包人亦为第三人进行更名确认并开具房款收据,该第三人享有物权期待权,可以在金钱债务执行中请求排除执行。

【案例12-102】 马某诉岳某娟、安某春、黑龙江禹泰房地产开发有限公司等案外人执行异议纠纷案

一审法院认为,《执行异议和复议规定》第二十八条是关于无过错不动产买卖物权期待权的保护条件,而第二十九条是关于无过错商品房消费者物权期待权的保护条件。当案件同时符合登记在被执行人名下的不动产与登记在被执行的房地产开发企业名下的商品房两种情形时,二者系选择适用的关系;案件所涉事实满足其中一条的适用条件,但并排斥对另一条的适用,即不动产买受人只要满足第二十八条或第二十九条之一,即可达到排除执行的目的。本案中,翰盈公司、张某、张某伟、岳某娟各方先后签订了房屋抵账协议、房屋买卖协议、房屋买卖合同及更名确认单等协议,均系各方当事人的真实意思表示,翰盈公司与张某之间虽以消灭债权债务为目的,但直接效果是

---

〔1〕 参见《人民司法·案例》2020年第14期(总第889期)。北京市高级人民法院(2019)京民终1374号民事判决书。

涉案房屋所有权的转移。房屋买卖合同对涉案房屋的位置、面积、价款等均作出明确的约定,签订时间均早于涉案房屋的查封时间,应当认定买受人在查封之前已签订了合法有效的书面合同。后岳某娟支付了全部购房款,并于查封之前实际占有、使用涉案房屋,且至今未能办理过户登记并非其自身原因,因此可以参照上述第二十八条的规定,认定岳某娟就执行标的享有足以排除强制执行的民事权益。虽然翰盈公司用其名下的土地使用权为债权人马某做了抵押,但是马某取得的不动产登记证明中明确记载房屋不做抵押,因此涉案房屋未设立抵押。另外,办理土地使用权抵押登记时,雅苑项目并未竣工验收,属于在建工程,并未办理抵押登记手续,抵押权人的优先受偿权不能及于在建工程或新增建筑物。另外,涉案房屋的转让源自翰盈公司所欠工程承包人的建设工程价款,系工程承包人接受发包人的抵债要求后,为使债权变现而处分债权的结果,根据《最高人民法院关于建设工程价款优先受偿问题的批复》的规定,建筑工程的承包人对所建不动产的优先受偿权优于抵押权和其他债权,故即使认定抵押权的效力及于涉案房屋,该抵押权亦不能对抗房屋买受人。综上所述,案外人岳某娟对执行标的享有足以排除执行的民事权益,法院对马某提出继续执行涉案房屋的诉讼请求不予支持。法院判决驳回马某的诉讼请求。〔1〕

【案例 12 -103】 南京澳林地产有限公司与宿迁澳林置业有限公司建设工程施工合同纠纷再审案

最高人民法院认为,关于以房抵工程款协议问题。首先,案涉《商品房抵工程款协议书》属于在债务履行期限届满前达成的以物抵债协议,《九民纪要》第四十四条适用对象为债务履行期限届满后达成的以物抵债协议,第四十五条并未对协议的效力作出规定,南京澳林公司、宿迁澳林公司据此主张协议有效并无法律依据。原判决认定协议无效并无不当。其次,在案涉《商品房抵工程款协议书》无效的情况下,不存在新债消灭旧债和该协议能否实际履行的问题,原判决认定宿迁澳林公司应当继续履行支付工程款及延期付款利息的债务并无不当。最后,由二审判决可知,南京澳林公司在上诉请求事实与理由中仅阐述了宿迁澳林公司不应当承担付款义务,而并未涉及若宿迁澳林公司应承担债务时南京澳林公司是否构成债务加入、是否对该债务承担连带责任的问题,未对连带责任的认定提出异议。《民事诉讼法》第一百六十八条规定:"第二审人民法院应当对上诉请求的有关事实和适用法律进

---

〔1〕 参见《人民司法·案例》2020 年第 14 期(总第 889 期)。北京市第四中级人民法院(2019)京 04 民初 548 号民事判决书。

行审查。”故二审法院对此未予以审查,维持一审判决,并无不当。[1]

【案例 12 - 104】 江苏苏兴建设工程有限公司与黄山市黄山区名人国际艺术家庄园置业有限公司建设工程施工合同纠纷案

最高人民法院认为,黄山名人公司与江苏苏兴公司签订《工程款抵扣购房款协议二》约定,黄山名人公司以其开发的金龙岛项目的 68 套房产抵扣其应付工程款 68996390 元。但经双方确认,仅过户了 5 套房产、完成抵房备案手续 24 套,其余房屋均未办理备案手续及交付,上述协议未实际履行完毕,且黄山名人公司未证明剩余房产未办理备案及交付是江苏苏兴公司的原因所致,故黄山名人公司在上述协议未实际履行完毕的情况下不能免除其支付该部分工程款的义务,其仍应当就其未实际履行的以房抵款协议部分金额承担直接给付工程款的责任。[2]

3. 执行的限制问题

当事人通过以房抵债方式取得的商品房,不享有物权期待权。

【案例 12 - 105】 贾某与中天公司、丰和公司执行异议之诉再审纠纷案

最高人民法院认为,中天公司主张享有建设工程价款优先受偿权,申请执行涉案房屋,贾某援引《执行异议和复议规定》第二十八条要求排除执行。本案争议焦点是案外人贾某对案涉房屋是否享有足以排除强制执行的民事权利。法院查明,贾某与丰和公司签订的《商品房买卖合同》,真实意思是偿还对贾某的债务,其实质是以房抵债协议。以房抵债是债务履行的一种变通,不是通常的商品房买卖。以房抵债协议并不形成优于其他债权的利益,在完成权属变更登记前,贾某仅享有普通债权,据此种协议认定贾某享有物权期待权,可排除建设工程价款优先受偿权的强制执行,缺乏法律依据。[3]

不具有商品房买卖合同的性质,而为借款担保的不能排除强制执行。

【案例 12 - 106】 北京首都旅游集团有限责任公司与黑龙江华风家俱装饰材料市场有限公司申请执行人执行异议之诉纠纷案

最高人民法院认为,当事人之间为借款担保而签订《商品房买卖合同》,并办理房屋移交和备案登记,但双方并未形成真实的房屋买卖合同关系。在人民法院因执行案件将该房屋查封之后,无论该房屋的名义买受人是否形成以物抵债或者以借款转变为购房款,都不能改变《商品房买卖合同》系为借

〔1〕 最高人民法院(2020)民申 6153 号民事裁定书。
〔2〕 最高人民法院(2019)民终 1349 号民事判决书。
〔3〕 最高人民法院(2022)民再 126 号民事判决书。

款担保的性质。名义买受人(案外人)对该房屋享有的权利不能排除人民法院对作为该房屋实际所有权人(被执行人)的执行。[1]

并非购买房屋居住的消费者,故对涉案房屋亦不可能产生物权期待权。

【案例12-107】 孟某明与黄石市黄石港区永诚小额贷款有限责任公司执行异议之诉再审纠纷案

最高人民法院认为,《执行异议和复议规定》第二十九条的规定,是对房屋消费者的物权期待权的保护,而以物抵债协议首先以消灭金钱债务为目的,物的交付仅为以物抵债的实际履行方式,此即与《查封、扣押、冻结规定》《执行异议和复议规定》中基于买卖产生的物权期待权有基础性的差别。因而,基于以物抵债而拟受让不动产的受让人,在完成不动产法定登记之前,该以物抵债协议并不足以形成优先于一般债权的权益。就本案而言,原审已查明,孟某明虽在查封前与梅林美公司签订了合同,并以工程款抵扣了全部购房款,但此房屋已于查封前抵押给了永城公司,并在鄂州市房屋产权登记中心办理了抵押登记,而且此房屋亦未交付孟某明居住。双方所签以工程款抵扣房款的买卖合同实际是孟某明实现自己债权的一种方式,孟某明并非购买房屋居住的消费者,故孟某明对涉案房屋亦不可能产生物权期待权。另外,本案系案外人提起的执行异议之诉,建设工程价款优先权仅是在房屋变价款分配顺位上的优先权利,不能达到阻却执行的效果,且孟某明提交的证据不足以证明其对涉案房屋享有优先权,故原审据此认定孟某明提交的证据不足以排除强制执行的基本事实并不缺乏证据证明,适用法律亦无不当。[2]

【案例12-108】 韩某兰、唐某银申请执行人执行异议之诉再审纠纷案

最高人民法院认为,以房抵债者,不是基于生存权,而是为实现债权,因此,以房抵债者不是消费者,不具有优先于抵押权人的权利。[3]

4. 其他疑难问题

商品房买卖合同解除后,开发商就房屋享有的原始所有权未发生变动,购房人也不再享有房屋物权期待权。在没有证据证明开发商与购房人或其他被执行人存在恶意串通共同损害一般金钱债权人民事权益的情况下,对于开发商在执行异议之诉中提出排除执行的诉讼请求,法院应予支持,且不因购房人因合同解除后所享有的已付购房款项返还请求权和一般金钱债权人基于此对购房人所享有

---

〔1〕 最高人民法院(2019)民终1548号民事判决书。

〔2〕 最高人民法院(2019)民申4491号民事裁定书。

〔3〕 最高人民法院(2021)民申1134号民事裁定书。

的到期债权未获满足而受到阻碍和否定性评价,购房人及其债权人可另寻诉讼或其他途径解决。

【案例12-109】 远洋公司诉吉林银行、王某、黑某娜等案外人执行异议纠纷案

一审法院认为,被告王某、黑某娜虽然对涉诉房屋进行了相应的合同备案及预告登记,但《物权法》第二十条规定:"预告登记之日,债权消灭或者自能够进行不动产登记之日起三个月内未申请登记的,预告登记失效。"预告登记的作出并不引起不动产物权的设立或变动,而是使登记申请人取得一种请求将来发生物权变动的权利,故预告登记不等同于物权登记。《城市房地产管理法》第四十五条第二款规定……由此可见,商品房预售合同登记备案系对商品房预售人即原告远洋公司销售商品房行为的规范措施,无法产生物权变动的公示效力。二被告在未依约偿还银行贷款的情况下,自始尚未取得涉诉房屋所有权。又根据《物权法》第九条、第三十条、第三十一条的相关规定,涉诉房屋的所有权仍归其开发建造者原告所享有。由于王某、黑某娜怠于履行向光大银行偿还贷款义务,其与原告签订的商品房买卖合同已经法院判令解除,进而客观上导致二被告就涉诉房屋所享有的物权期待权不能实现。综上,原告就涉诉房屋享有所有权,二被告王某、黑某娜就涉诉房屋不再享有物权期待权。故涉诉房屋作为王某、黑某娜的财产已失去权利基础,王某、黑某娜也无法要求继续办理涉诉房屋所有权转移登记,预告登记亦无法转为正式登记;随之,法院将涉诉房屋作为王某、黑某娜的财产进行的预查封无法转为正式查封,吉林银行主张就涉诉房屋优先受偿权的目的无法实现。在王某、黑某娜的物权期待权因其自身原因导致无法实现的情况下,原告通过诉讼途径行使合同解除权,使得涉诉房屋的原始所有权未能发生变动,在现有证据均不足以证明原告与被告王某、黑某娜或其他被告存在恶意串通,损害吉林银行民事权益的情况下,原告就涉诉房屋所享有的实体权利优于查封在先的吉林银行的一般金钱债权请求权。判决:对原告提出的不得执行涉诉房屋的诉讼请求予以支持。[1]

【案例12-110】 宜昌博高建筑工程有限公司与洪某林第三人撤销之诉再审纠纷案

最高人民法院认为,以物抵债的协议抵偿的金钱债权为普通债权,其目的在于消灭旧的金钱之债,该部分普通债权不应优先于已在先办理抵押的

---

〔1〕 参见《人民司法·案例》2021年第2期(总第913期)。辽宁省沈阳市中级人民法院(2019)辽01民初1053号民事判决书。

债权。[1]

房地产开发企业因执行标的被查封,法院作出解除合同另案生效法律文书,而提出案外人执行异议之诉,请求排除强制执行的,法院不予支持。房地产开发企业为被执行人的按揭贷款提供反担保或阶段性担保并为被执行人偿还的按揭贷款部分,可以从该房屋变价款中优先支付。

【案例 12-111】 河南宏光正商置业有限公司与周某某、刘某某案外人执行异议之诉再审案

最高人民法院认为,刘某某在合同签订后通过现金转账和银行按揭贷款支付了购房款,应视为其与宏光正商置业公司的商品房买卖合同关系成立。根据刘某某与宏光正商置业公司签订的商品房买卖合同约定,宏光正商置业公司应当在 2016 年 6 月 15 日交房,并在 8 月 15 日前(房屋交付的 60 日内)办理房屋权属的初始登记。涉案房屋 2014 年 10 月 21 日在郑州市住房保障和房地产管理局直属分局办理合同信息备案,该合同信息备案登记具有对外的公示效力,刘某某对于涉案的房产也享有相应的财产权利,当刘某某成为被执行人时,涉案的房产可以成为人民法院执行的对象。宏光正商置业公司以刘某某违约,商品房买卖合同的目的不能实现为由,向郑州高新区法院起诉请求解除八套房屋的商品房买卖合同,获得了相应的生效调解书和判决书,要求排除执行。但因宏光正商置业公司起诉,郑州高新区法院作出解除商品房买卖合同判决书、调解书的时间均在执行法院 2015 年 1 月 21 日查封涉案房产之后,依据《执行异议和复议规定》第二十六条第二款"金钱债权执行中,案外人依据执行标的被查封、扣押、冻结后作出的另案生效法律文书提出排除执行异议的,人民法院不予支持"的规定,依法不能对抗人民法院的执行。但经人民法院的生效裁判认定,宏光正商置业公司已为被执行人刘某某偿还的按揭贷款部分,应当从拍卖房产的变价款中优先支付给宏光正商置业公司。裁定:驳回宏光正商置业公司的再审申请。[2]

买房人在购买案涉房屋时知晓该房屋设有银行按揭贷款但未重新办理抵押,该交易安排不具有违法性,因而买房人并不因此而具有法律上的可责难性。买房人对案涉房屋的风险预期,应当限于如未按时、足额偿还按揭贷款而产生的抵押权人主张权利的风险,不应扩大至抵押贷款未还清前房屋仍登记在原权利人名下、因原权利人的行为而产生的一切风险。

---

〔1〕 最高人民法院(2020)民申 5284 号民事裁定书。

〔2〕 最高人民法院(2020)民申 1103 号民事裁定书。

【案例 12－112】 袁某与天府银行申请执行人执行异议之诉再审纠纷案

最高人民法院认为,并非人民法院作出的所有法律文书均能够直接引起物权变动。本案调解书作出时,案涉房屋仍登记在吴某名下,未经登记尚不能确定为袁某夫妇的共同财产,袁某夫妇之间就该房屋的分配,不能对外产生物权变动的效力,其依据民事调解书主张已经取得案涉房屋的所有权,不能成立。《执行异议和复议规定》第二十八条规定符合条件能够排除执行的,人民法院应当支持。本案中,袁某购买案涉房屋时知晓该房屋设有银行按揭贷款但未重新办理抵押,该交易安排不具有违法性,因而袁某并不因此具有法律上的可责难性。袁某对案涉房屋的风险预期,应当限于如未按时、足额偿还按揭贷款而产生的抵押权人主张权利的风险,不应扩大至抵押贷款未还清前房屋仍登记至原权利人名下,因原权利人的行为而产生的一切风险。作为已支付大部分房款并长期居住在案涉房屋的买受人,袁某诉请办理权属变更登记符合常理,并非必然以恶意对抗执行的目的。因此,不应认定未办理过户登记系袁某自身过错。综合考虑,袁某对案涉房屋享有的权利应予以优先保护,符合法律保障生存权、居住权的精神,更具有正当性和合理性。判决:驳回天府银行的执行申请。[1]

不动产买卖合同出卖人未按约定办理过户登记,又以该不动产设定抵押且办理抵押登记,相关情节符合《执行异议和复议规定》第二十八条规定排除执行的,买受人请求出卖人和抵押权人涂销抵押登记的,法院依法予以支持。换言之,物权期待权人可以行使涂销抵押权。

【案例 12－113】 龚某某、李某诉中国农业银行股份有限公司重庆沙坪坝支行、重庆大豪物业管理有限公司房屋买卖合同纠纷案

二审法院认为,本案的争议焦点:是否有权请求涂销抵押权登记,以及涉案房屋是否应确认龚某某、李某所有。对于第一个争议焦点,《执行异议和复议规定》第二十八条规定似乎仅赋予买受人消极排除他人对合同项下不动产进行强制执行的权利,并未明确买受人能否积极行使权利,排除第三人的权利主张,将不动产过户登记至自己名下。但是,基于对该条文的目的解释,以及实现物权纠纷的定分止争、促进物的最大化利用,应支持买受人的诉讼请求。该条例外的作出特别规定,赋予优先效力,优先于其他权利人,特别是保护买受人的物权期待权。本案中已生效的执行异议之诉判决亦明确龚某某、李某的权利可以对抗抵押权,买受人债权优先于抵押权获得保护,龚某某、李某有权请求涂销抵押权登记。同时,《物权法》的功能在于定分止争,促进物

〔1〕 最高人民法院(2020)民再233号民事判决书。

的最大化利用，若判决驳回买受人的请求，将使权利陷入对的僵局，并不解决纠纷。与此类似法理的情形有，《物权法》第二百零二条，抵押权人在主债权诉讼时效完成后请求实行抵押权的，人民法院不予支持。但司法实践中，对于抵押权人在主债权诉讼时效届满后，能否请求涂销抵押权登记一直存在争议。《九民纪要》第五十九条规定：因抵押权人在主债权诉讼时效届满前未行使抵押权，抵押人在主债权诉讼届满后请求涂销抵押权登记的，人民法院判决支持抵押人涂除抵押权的诉讼请求。该项裁判规则最终对抵押人提供了积极救济。综合以上理由，尽管本案抵押权没有法定消灭的事由，为使抵押物发挥其价值，对买受人要求涂销抵押权的诉请，法院予以支持。对于第二个争议焦点，《物权法》第三十三条规定，根据龚某某、李某提出该诉请所依据的事实及理由，本案系商品房买卖合同纠纷，所述争议为合同的效力与合同的履行问题。当事人之间签订房屋买卖合同只是房屋物权变动的原因，物权是否能够发生变动这属于物权变动的结果。由此可见，本案并非因物权的归属、内容发生争议，故龚某某、李某请求确权，于法无据，法院不予支持。判决：一、撤销一审判决；二、农行沙坪坝支行、大豪公司共同涂销涉案房屋抵押登记并由大豪公司配合办理过户；三、驳回龚某某、李某的其他诉讼请求。[1]

---

〔1〕 参见最高人民法院中国应用法学研究所编：《人民法院案例选》2021 年第 6 辑（总第 160 辑），人民法院出版社 2021 年版，第 123～124 页。重庆市第一中级人民法院（2019）渝 01 民终 5241 号民事判决书。

五、房屋买卖特殊情形处理

(一)不当得利处理

开发商是否缴税、缴税的具体金额、种类对房屋总价款并不产生任何影响。换言之,如果增值税税率并非下降而是上调,对房屋总价亦无影响。开发商根据所售房屋总价款及当时所执行的税率估算自身需缴纳的增值税款并在合同中予以确认,系出于征税便利所为,并不意味着该部分税款自始即与房屋价款相分离。合同亦未明确约定税金调低的部分由购房人享有。购房人根据所谓的不含税总价乘以现行税率机械相加的结果主张调差,属于擅自变更合同价款的行为,完全超出了双方签订合同时的真实意思表示,没有合同和法律依据,不应得到支持。增值税的纳税人为开发商并非购房人,根据权利义务相对等的原则,税率上调或下调的后果也均应由开发商承担与购房人无关。双方通过合同作出固定房屋总价款的约定,在没有特别约定情况下,购房人因增值税率下调主张开发商少缴税款为不当得利,并要求返还的诉求法律不支持。

【案例 12 –114】 王某诉房地产公司渭南分公司商品房买卖合同纠纷案

二审法院认为,双方在商品房买卖合同中约定了涉案商品房平方米单价6236.28 元及房屋总价款 1218756 元。除合同约定:面积差异处理方式的相关约定影响购房总价款外,合同附件、附录中的其他约定均不影响购房总价款之约定。王某主张涉案购房合同总价款包括两个部分:一部分为房屋价款(不含增值税)另一部分为增值税税款。尽管合同附件十一补充协议第十三条第一项列明内容“买卖双方明确知悉且同意:合同约定的该商品房总房价款为已包含增值税的价款,该商品房适用的增值税税率为 11%”。但不应将二者分列对待,理由如下:第一,按照增值税相关政策、法规规定,增值税赋税义务人是售销方。针对本案,被上诉人房地产公司渭南分公司是增值税法定纳税义务人,被上诉人将增值税计入营销成本具有合法性。第二,增值税虽然属于价外税,但不可能独立形成;合同约定的价款即使没有说明含增值税意思表示,也必然包含增值税部分。第三,按照买卖合同交易习惯,合同约定价款应当是明确、稳定的,不会因税收税率变化而浮动,否则,合同价款将处于非稳定的状态;王某主张的所谓房屋不含增值税是计算而得出,即该价款并非处于稳定状态,显然不符合买卖合同交易习惯。综上,王某将增值税部分从房屋价款中分离并分类承担义务的认识理由欠妥,即增值税是否纳税及纳税数额与买受人无法定权利义务关系。关于合同附件、附录中约定的代收代缴项目及预收项目是否包含增值税。双方在合同附录一明确约定,出卖人代收代缴:物业服务费、采暖费、车位管理费、电梯费共计四项,增值税项目显然不在代收代缴项目之内,也不在买受人自行缴纳范围之内。另外,根据合同约定,无论是签订合同时,还是交付房屋时,均未约定增值税属于代收代缴、预收项目;即使在办理房屋《不动产权证》时,增值税是否缴纳与买受人自身赋税义务无关。故王某主张增值税属于房地产公司渭南分公司代收代缴的理由,缺乏事实依据。按照相关增值税政策及法规规定,增值税纳税义务人是商品销售方。针对本案,商品房出卖人是房地产公司渭南分公司,房地产公司渭南分公司是法定增值税义务人,故增值税项目不存在代收缴问题。故上诉人主张涉案房屋价款中增值税部分属于代收代缴项目,事实依据不足,该项主张理由亦不能成立。另外,从合同附件、附录之约定分析,也不能得出房地产公司渭南分公司转嫁增值税风险之意思表示,即增值税税率调高并不造成购房总价款的提高。关于被上诉人出具的增值税发票中未含增值税金额与双方签订商品房买卖合同时预期不含金额存在差额,导致买受人应缴纳契税数额发生变化问题,该项争议因当事人在一审诉讼中未提出诉讼主张,本案不予涉及。判决:驳回上诉,维持原判。[1]

开发商在房屋交付前欠付供热费,而合同未有约定,协商亦未果,购房者为止损不得已向供热公司交纳供热费,开发商对此构成不当得利,购房者有权向开发商主张返还垫付款。

【案例12-115】　韩某子诉民俗风情园公司商品房买卖合同纠纷再审案

再审法院认为,关于案涉房屋的供热关系问题,民俗风情园公司与供热公司签订供热联网、供用热合同形成了供热服务合同关系,民俗风情园公司依约定需向供热公司交纳涉诉小区的供热管网建设费、热损失费用、房产出售并履行变更手续前的连年实际供热收取的热费,即房屋交付前,涉诉房屋连年实际热费应由民俗风情园公司负担。房屋交付后,韩某子与供热公司之间产生供热服务关系的变更,故本案双方当事人与供热公司就诉涉房屋存在同一供热关系而非重建供热关系。因诉涉房屋连年供热,费用的收取具有连

〔1〕　参见国家法官学院、最高人民法院司法案例研究院编:《中国法院2022年度案例》(房屋买卖合同纠纷),中国法制出版社2022年版,第307~308页。陕西省渭南市中级人民法院(2020)陕05民终23号民事判决书。

续性，故供热公司要求诉涉房屋产权人变更时结清之前所欠费用，符合供热管理相关规定及供热合同约定。其向韩某子收取之前所欠热费、滞纳金等费用，也是基于诉涉房屋存在欠费的事实及继续享有该房屋供热服务的需求。二审法院认为，供热公司向韩某子收取房产交付之前欠费缺乏事实及法律依据，属适用法律错误。韩某子于一审、二审诉讼提交的证据足以证明诉涉房产交付前欠费欠交的热费由其垫付的事实。其垫付的热费系因民俗风情园公司对所欠热费未予处理，导致无法继续办理供热服务手续而采取的、及时减损的自助行为，系民俗风情园公司未履行前合同义务造成，民俗风情园公司就此费用构成不当得利，应承担相应民事责任。至于供热公司收取的热费及滞纳金等费用是否计算错误及民俗风情园公司与供热公司之间结算问题均与本案无关。一审判决结论正确，应予维持。二审判决适用法律错误，应予纠正。判决：撤销二审判决，维持一审判决。吉林省检察院经审查决定，不支持民俗风情园公司的监督申请。[1]

一房二卖情形下不当得利的构成及返还范围的认定。

【案例 12－116】 清远第二发电有限公司与兰州银行股份有限公司不当得利纠纷再审案

最高人民法院认为，构成不当得利，以一方取得的利益“无法律根据”为要件。“一房二卖”的情况下，两个买受人签订的合同均为有效，同时另一方占有了房屋且对另一买受人已经取得房屋产权并不知情，且占有为有权占有。占有房屋的一方在申请房屋产权登记时知道房屋已经过户到另一方买受人名下，其申请办理的附条件的房屋产权登记也因登记权利人起诉被法院裁判予以撤销，其占有已经丧失了法律依据。在认定不当得利返还范围时，应当自法律根据消灭时开始计算，并根据受益人是善意还是恶意的不同主观状态而作区别。受益人不知道且不应当知道没有法律根据时，仅返还现存的利益；在明知没有法律根据后，返还的利益应当包括取得的全部利益及其损失。[2]

（二）个人所得税分担

在房屋买卖合同纠纷中，因房屋为出卖人继承所得而额外增加的个人所得税

〔1〕 参见《人民司法·案例》2022 年第 20 期（总第 967 期）。吉林省高级人民法院（2021）吉民再 80 号民事判决书。

〔2〕 参见杨临萍主编：《最高人民法院第六巡回法庭裁判规则》，人民法院出版社 2022 年版，第 501～502 页。最高人民法院（2021）民再 249 号民事判决书。

如何分担,在审判实践中存在一定争议。对于当事人在房屋买卖合同中作出的“一切税费由买受人负担”等类似约定,应根据个案,结合双方当事人举证,考察动机的表示、买受人的过失及出卖人的认识可能性等,进行意思表示解释,探寻当事人的真意。

【案例 12 -117】 岳某某与吴某某房屋买卖合同纠纷案

一审法院认为,本案的争议焦点在于,由于继承产生的额外税费能否适用于《房屋买卖合同》《房地产买卖居间协议》的约定。从本案查明事实来看,被告并无证据证明其已明确告知原告或原告已经知晓了系争房屋为继承所得且不符合“满五唯一”政策条件的事实,因此双方合同中对于净到手价和税费承担的约定并不包含因继承产生的所得税,这一点从原告提交的微信聊天记录可进一步佐证。从双方签订的《房屋买卖合同》中关于税费承担的约定也可以看出,原告自愿承担的仅为交易税费,并不包括被告继承系争房屋而额外产生的所得税。故双方对于所得税的负担并未进行事先约定。根据《房屋买卖合同》的约定,双方未另行约定部分应按国家法律、法规予以确定,因此,在双方无法就该笔税费承担达成一致的情况下,应依据法律规定由被告承担,被告以该笔税费应由原告承担为由拒不配合履行过户义务,显属违约,理应承担违约责任。关于违约金的计算标准,被告并无证据证明原告损失显著低于违约金,故本院对违约金计算标准不予调整。法院遂判决:一、被告吴某某应于本判决生效之日起十日内配合原告岳某某办理将上海市浦东新区××村××号××室的房屋过户登记至原告岳某某名下的手续;二、被告吴某某应于本判决生效之日起十日内支付原告岳某某以 161 万元为基数按日万分之五为标准计算的自 2019 年 10 月 1 日起至上述房屋实际登记至原告岳某某名下之日止的违约金。[1]

(三)托管利益的处理

购买商铺后,托管对其利益是常见的争议纠纷。

【案例 12 -118】 张某、王某诉甘肃某房地产开发有限公司、甘肃某商业管理股份有限公司成县分公司商品房销售纠纷案

二审法院认为,关于上诉人张某、王某与被上诉人某公司在 2021 年 1 月 16 日之后的商铺托管如何认定,商铺收益款如何计算。根据案件查明的事

[1] 上海市浦东新区人民法院(2020)沪 0115 民初 21117 号民事判决书。

实，张某、王某与某公司于2016年1月10日签订了《商铺运营委托合同》，约定自2016年1月10日起至2019年1月9日止共36个月，张某、王某将其购买的案涉商铺全权委托给某公司进行统一运营，合同签订当日，某公司即一次性向二原告支付了三年的商铺收益款共17.4万元。2016年10月17日，某公司注册成立了某分公司具体负责“某成州购物中心”的运营。2019年3月4日，张某与某分公司签订了《商业托管协议书》，约定托管期限一年，自2019年1月10日起计算，某分公司于2019年3月4日向二原告支付2019年度商铺收益款39150元，于2020年1月16日支付2020年度商铺收益款43500元。根据《民法典》第五百五十七条第一款规定，有下列情形之一的，债权债务终止：（一）债务已经履行……二上诉人与某公司、某分公司签订商铺托管合同时，虽然某公司未履行交房手续，但上诉人与某公司签订的商铺托管合同，约定由某公司、某分公司将其购买的商铺统一进行运营，并且二上诉人也实际领取了2020年度以前的商铺托管收益款，应视为二上诉人对购买的商铺获得了处分权和收益权，视为某公司已交付了商铺，故对二上诉人主张商铺托管合同无效不予支持。因双方实际履行了2020年度以前的商铺托管收益款，对故一审法院判决驳回二上诉人要求被上诉人返还自2016年1月9日至实际交付期间商铺租金的诉求并无不当，本院予以支持。2020年度的托管期限届满后，双方虽因收益款的金额问题产生纠纷而未续签合同，但某分公司实际仍对商铺统一进行经营管理并获取收益，双方之间已形成了事实上的合同关系，故某分公司未及时向原告支付商铺收益款的行为，属于违约行为，应承担继续履行的义务。结合本案相关证据，某分公司在2020年是按商铺总价款5%的比例向二上诉人支付收益款43500元，故参照该年度支付标准，某分公司应向二上诉人支付2021～2022年度商铺收益款共8.7万元。因某分公司系某公司的下属分支机构，不具有企业法人资格，无独立承担民事责任的能力，故拖欠的收益款8.7万元应由某公司承担。一审法院据此处理，并无不当之处。关于2023年1月9日之后的商铺占用费，该商铺至今由被上诉人甘肃某商业管理股份有限公司实际占用，故应由该公司承担商铺占用费，以年商铺收益款43500元为标准，支付自2023年1月10日起至商铺实际返还之日止的占用费。综上所述，上诉人张某、王某在本案中所持主要上诉理由不能成立，本院不予支持。但对商铺实际占有使用的费用应计算至实际返还之日的上诉请求，符合本案实际，本院依法予以支持。[1]

〔1〕 甘肃省陇南市中级人民法院（2022）甘12民终1370号民事判决书。

六、商品房消费者优先权理解

2023 年 2 月 14 日最高人民法院审判委员会第 1879 次会议通过，自 2023 年 4 月 20 日起施行的《最高人民法院关于商品房消费者权利保护问题的批复》（以下简称《批复》），[1] 该批复规定：一、建设工程价款优先受偿权、抵押权以及其他债权之间的权利顺位关系，按照《最高人民法院关于审理建设工程施工合同纠纷案件适用法律问题的解释（一）》第三十六条的规定处理。二、商品房消费者以居住为目的购买房屋并已支付全部价款，主张其房屋交付请求权优先于建设工程价款优先受偿权、抵押权以及其他债权的，人民法院应当予以支持。只支付了部分价款的商品房消费者，在一审法庭辩论终结前已实际支付剩余价款的，可以适用前款规定。三、在房屋不能交付且无实际交付可能的情况下，商品房消费者主张价款返还请求权优先于建设工程价款优先受偿权、抵押权以及其他债权的，人民法院应当予以支持。该批复是商品房消费者权益保护的规定，也是商品房消费者优先权行使的法律依据。该批复的实行，对商品房买卖纠纷的处理产生深远影响。

《批复》将“用于居住且买受人名下无其他用于居住的房屋”修改为“以居住为目的购买房屋”，删除了原来的刚性规定，更符合实际和制度现状。2023 年 3 月 5 日国务院发布的《政府工作报告》中提出：“（八）保障基本民生和发展社会事业。加强住房保障体系建设，支持刚性和改善性住房需求，解决好新市民、青年人等住房问题，加快推进老旧小区和危旧房改造。”由此可见，随着居民消费升级，目前国家鼓励居民购买改善型住房。另外，最高人民法院同样认为对唯一住房“不能作过于机械的理解。法院应综合案件的实际情况，衡量利益，作出取舍和判断”。[2] 本条中，“以居住为目的”是对于消费者主体的潜在要求，对应的是《执行异议和复议规定》第二十九条的“用于居住”，故《批复》实质上删除了唯一住房的限制，放宽了对于购房人房产数量的要求。

关于《批复》“以居住为目的购买房屋”理解问题。虽然《九民纪要》将“买受人名下无其他用于居住的房屋”进行了扩大解释，实际上，在对房屋地域和数量的

---

〔1〕 参见《最高人民法院关于商品房消费者权利保护问题的批复》（法释〔2023〕1 号）。

〔2〕 参见最高人民法院民事审判第二庭编著：《〈全国法院民商事审判工作会议纪要〉理解与适用》，人民法院出版社 2019 年版，第 629 页。

要求松动后,已经与“买受人名下无其他用于居住的房屋”的原文文义有较大差距,最高人民法院已非执着关注房屋的数量,而是“对于消费者购房的认定应着重把握是否为居住需求”。[1] 现实生活中,购房人将资金用于购买改善性住房时虽然通常名下已并非只有一套房屋,大部分情况下改善型住房的购房人需投入所有积蓄甚至进行举债,在合同签订后已经支付了房屋全款,如果直接排除其对房屋享有的权利,势必损害其居住权利亦不公平。因此,对购房人的保护应当重点关注案涉房屋是否实际用于居住,如果购房人虽然在某一地区拥有不止两套房屋,但是被查封的房屋仍是其用于实际居住的,其权利应当得到保障。这里的关键是,究竟是在多大的地域范围内拥有两套房屋或两套房以上,亦是实践中争议的问题之一,对此应在个案中法官根据具体案情确认。应当注意的是,认定标准放宽后不代表没有任何限制,“以居住为目的购买房屋”本身仍要求购房人承担一定的举证责任,需要购房人能够举示出用于居住相关证据,由法官结合具体情况进行判断。对于已经交付使用的房屋,如果日常居住的,购房人应当证明交纳各种费用的票据、居住人为自己或其家庭成员,并非用于出租或出借他人使用。对于尚未交付使用的房屋,则法官应当根据其他证据予以综合判断。如果购房人或其家庭成员名下有多套房屋且使用面积远超人均水平,或购房人已有房屋与被执行房屋的面积、地理环境等要素差距不大,一般认为此种情况原则上不符合“用于居住”条件,购房人不能排除强制执行。也就是说,购房人是否拥有一套房屋不是判断用于居住的唯一标准,购房人承担“以居住为目的购买房屋”的举证责任。

关于购房人支付全款后享有顺位利益理解问题。一般商品房支付方式为一次性全款、按揭贷款或分期付款。对于按揭贷款模式下的商品房买卖关系,银行将贷款直接支付给开发商,购房人已经完成了房屋全款的支付义务,后续只是履行向银行的还款义务。因此前两种方式均已支付了全部房款,满足《批复》的要求,故未支付全款基本只存在于少数分期付款的情况下。商品房分期付款的支付期限一般早于开发商交付房屋及办理登记的时间,如购房人未按照合同约定支付全部房款,开发商有两种处理选择:一是选择解除商品房买卖合同,合同解除后购房人已无债权基础,当然不能要求排除执行,且购房人为违约方,此种情况下即使房屋不能交付且无实际交付可能,其购房人价款返还请求权亦非优先于其他债权;二是选择继续履行商品房买卖合同,在购房人没有按照合同约定支付房款的情况下,则开发商对于其享有到期债权,开发商的其他债权人例如建设工程优先权人以及抵押权人等亦可以代位主张。《执行异议和复议规定》施行后,唯一住房已非执行障碍。故即使购房人在诉讼中获得了被执行人的房屋且该房屋系其

---

〔1〕 参见最高人民法院民事审判第二庭编著:《〈全国法院民商事审判工作会议纪要〉理解与适用》,人民法院出版社 2019 年版,第 629 页。

唯一住房,该房屋也将被采取执行措施,拍卖变卖后的价款依然要偿还给开发商的其他债权人,最终购房人也无法保留房屋用于居住。从这个意义上讲,将房屋留给没有付清全款的购房人并无实际意义。也就是说,购房人支付全款是享有优先权的基础性条件,也是《批复》第二条规定享有优先权的必然性要求。

关于《批复》作为优先权利判断标准适用范围问题。虽然《批复》第二条规定有优先权购房人的范围与《执行异议和复议规定》第二十九条内容上存在差异,对此是否排除适用《执行异议和复议规定》第二十九条规定有不同观点。但主流观点认为,《批复》应当作为优先权利的判断标准,并适用执行异议和执行异议之诉。主要理由为,在各类程序中,实体权利的判断标准应当保持一致,否则会造成适用法律的矛盾。首先,实体权利的顺位直接决定是否可以排除其他债权人的强制执行,无需再增加其他条件。根据《执行异议和复议规定》第二十四条的规定,实体权利的优先顺位是法院审查的重点内容,即如果购房人符合优先权的适用条件,则其应当能够排除其他劣后顺位的债权人的强制执行。为了保证司法公正性,对于购房人优先权利以及是否能够排除执行的标准亦应当保持一致,如果认定标准不同,拥有实体权利却无法在程序中得到保障或与之相反,势必将引起适用混乱。其次,执行异议和执行异议之诉对于购房人优先权的判断标准没有区分的必要。就唯一住房是否要分执行异议和执行异议之诉不同情况进行考量,虽然《执行异议和复议规定》名义上适用于执行异议程序,但《九民纪要》第一百二十五条明确规定:“人民法院在审理执行异议之诉案件时,可参照适用此条款。”由此可见,就购房人优先顺位的条件最高人民法院倾向于执行异议与执行异议之诉采用相同的判断标准。此外,虽然执行异议系形式审查,但其标准一般可以作为实际情况的推定条件,例如《执行异议和复议规定》第二十五条,但唯一住房在一定程度上只能是“以居住为目的购买房屋”的判断标准之[illegible]。该条件已经不符合现实的社会生活,不宜再作为刚性的判断标准。最后,《批复》可与《执行异议和复议规定》第二十四条相结合作为购房人排除执行的法律依据。《执行异议和复议规定》第二十四条本身系执行异议审查的原则性规定,第二十九条系就购房人作出的特别规定,在第二十九条标准变更后,购房人可直接依据《批复》以及第二十四条要求排除强制执行。关于第二十四条第三项“该权利能否排除执行”,最高人民法院认为,“从实践看,能够产生排除效力的实体权利主要包括四类:……(2)物权期待权。根据查封规定和《最高人民法院关于建设工程价款优先受偿权问题的司法解释》(现已废止),登记财产的无过错买受人和商品房的消费者对购买的标的物虽然并不拥有所有权,仅仅享有物的登记请求权或者交付请求权,仍属于债权范畴,但又与一般债权仅是向相对人的请求权不同,例如保护消费者的生存权等,法律基于特殊的价值取向赋予其具有排除一般债权,甚至是抵押权执行的效力,学理上通称为物权期待权"。[1] 由于物权期待权并非必然优先于其他权利,也就不必然能排除执行,故再结合《批复》的规定,满足该条规定条件的物权期待权即属于具有优先性、能够排除执行的权利。《批复》已经实际变更了《执行异议和复议规定》第二十九条,应当按照前者判断购房人是否有权排除执行,关键是对以居住为目的购买房屋的理解和把握问题。

《批复》在适用中需要注意的是,其一,《批复》明确只有在一审法庭辩论终结前已实际支付全部房款的购房人才享有优先顺位权,一方面降低了对于前期款项支付时间及金额的标准,另一方面统一了对于支付房款总额的要求。换言之,购房人在发生争议时或者在诉讼中享有的优先顺位权,成立时间在一审法院法庭辩论终结前。《批复》放宽了购房人支付全部房款的时间,这样有利于对购房人的优先权保护。其二,《批复》在第三条中并未对购房人的范围加以限定,一般认为购房人仍应当满足"以居住为目的购买房屋",但不需要付清全款。在房屋不能交付且无实际交付可能的情况下,让尚未付完全款的购房人再支付剩余价款,然后再规定其对于已经支付的全款享有优先受偿权显然多余无实际意义,且与保护购房人的立法意图相悖,故付清全款的要求不能沿用至第三条。其三,执行异议之诉中对购房人支付购房款等事实应从严审查、严格把握。尤其对于购房人已支付价款的事实,转账支付购房款的,应对购房款转账凭证予以查实,现金支付购房款的,应对购房款来源等事实予以查实,在保护案外人合法权益时,也应防止被执行人与案外人恶意串通损害申请执行人的权益。

虽然双方事后未能签订《房屋买卖合同》,但双方当事人均同意上述款项属于《批复》第二条规定的"消费者交付购买商品房的款项"。个案中,法官根据具体案情裁定购房人的优先受偿权。

【案例12-119】 中国长城资产管理股份有限公司广西壮族自治区分公司与彭某丽、谢某乐等破产债权确认纠纷再审案

最高人民法院认为,本案系破产债权确认纠纷再审审查案件。金穗公司进入破产程序后,共有102位购房者申报的债权被破产管理人确定为优先债权,长城资产广西分公司对此提出异议,形成本案破产债权确认之诉。本案再审审查应当围绕当事人申请再审的理由是否成立以及原判决适用法律是否正确、处理意见是否妥当,重点审查原判决关于购房消费者对金穗公司享有的购房债权本金享有优先受偿权的处理意见是否有误。房地产开发企业破产案件中,破产债权类型纷繁复杂,存在诸多价值冲突和利益平衡,破产债权的清偿顺序,对各方当事人的切身利益影响巨大。为切实平衡好房地产开

[1] 参见江必新、刘贵祥主编:《最高人民法院关于人民法院办理执行异议和复议案件若干问题规定理解与适用》,人民法院出版社2015年版,第340页。

发企业、购房人、其他债权人之间的关系，公平保护各方当事人的合法权益，最高人民法院先后出台了《批复》《查封、扣押、冻结规定》《执行异议和复议规定》等司法解释，并就山东省高级人民法院处置济南彩石山庄房屋买卖合同纠纷案作出答复。上述解释和答复意见均赋予已支付全部或大部分购房款的购房消费者特殊的法律保护，不仅可以对抗其他优先权利，而且能够排除强制执行，体现了优先保护处于相对弱势的房屋买受人的法律精神，确立了购房消费与普通消费应当予以区别对待的原则。彭某丽、谢某乐与金穗公司之间签订的是《内部认购申请书》，据此交付的款项为“认购订金”，约定“该款项于正式签订《房屋买卖合同》时自动转为房款”。虽然双方事后未能签订《房屋买卖合同》，但双方当事人均同意上述款项属于《批复》第二条规定的“消费者交付购买商品房的款项”。原判决根据前述司法解释以及答复意见的逻辑关系，并基于对案涉购房消费者的统一平等保护以及实现案件处理的实质公平，认为彭某丽、谢某乐作为购房消费者享有的购房款返还请求权优先于长城资产广西分公司享有的抵押权予以受偿，驳回长城资产广西分公司的诉讼请求，符合本案实际，处理意见较为公允，本院予以认可。长城资产广西分公司通过收购债权而获得抵押权，其基于处置不良债权所享有的经营性债权，在破产清偿中不应优于彭某丽、谢某乐作为消费者享有的对已付购房款本金债权予以受偿，其关于作为抵押权人的合法权益受损的主张，理据不足。长城资产广西分公司关于其依法行使异议权提起本案诉讼不属于行使债权人会议职权的再审事由，因与本案实体争议处理缺乏实质关联，不影响原判决结果公正性。综上，长城资产广西分公司的再审申请不符合《民事诉讼法》第二百条第六项规定的情形，本院不予支持。裁定：驳回中国长城资产管理股份有限公司广西壮族自治区分公司的再审申请。[1]

〔1〕 最高人民法院(2021)民申1380号民事裁定书。

七、农村房屋买卖合同个别有效实务问题

现在因农村房屋和宅基地转让产生纠纷诉至法院的案件,大多是由于土地和房屋升值或者是征地拆迁补偿,有的是土地被规划为城镇范围所出售的房屋面临巨额利益,使得当初转让房屋的人感觉吃亏,进而产生反悔之意。

现行的法律法规中,由于农村房屋法律定位模糊,农民对其自有房屋是否有处分权在立法上存在矛盾,导致在实践中出现很多社会问题。在发生的涉及农村房屋买卖纠纷,绝大多数农村房屋买卖合同被法院确认无效,只有极少数的房屋买卖合同被认定为有效,这为当前的主流观点和普遍做法。但是,从理论上、法律规定上,对农村房屋买卖合同确认无效有可研究之处。在实践中,个别法院并未区分个案的具体情况,对凡是农村房屋买卖合同的一律按无效处理有失偏颇。

(一)农村房屋买卖合同法律规定理解

实践中,处理农村房屋买卖合同的效力,存在有效或无效两种观点。根据地随房走的原则,农村房屋买卖牵涉宅基地买卖。宅基地属于农民集体所有,由集体经济组织经营管理,宅基地使用权是本集体经济组织成员享有的权利,其主体只能是农村集体经济组织内的成员。由于房屋是建筑在土地上的,为土地的附着物,具有不可分离性,而宅基地使用权是集体经济组织成员享有的权利,与特定的身份关系相联系,农村村民转让宅基地使用权有一定限制。

现行法律、行政法规经常被作为法院判决合同效力的依据主要有:《民法典》第三百六十三条规定,“宅基地使用权的取得、行使和转让,适用土地管理法等法律和国家有关规定”。该条规定与原《物权法》第一百五十三条内容相同。《土地管理法》第四十三条第一款规定,“任何单位和个人进行建设,需要使用土地的,必须依法申请国有土地;但是,兴办乡镇企业和村民建设住宅经依法批准使用本集体经济组织农民集体所有的土地的,或者乡(镇)村公共设施和公益事业经依法批准使用农民集体所有的土地的除外”。第六十二条第一款规定,“农村村民一户只能拥有一处宅基地,其宅基地的面积不得超过省、自治区、直辖市规定的标

准”。第六十三条规定,“农民集体所有的土地的使用权不得出让、转让或者出租用于非农业建设;但是符合土地利用总体规划并依法取得建设用地的企业,因破产、兼并等情形致使土地使用权依法发生转移的除外”。对《土地管理法》第六十二条和第六十三条可以理解为,其第六十二条规定是同时调整农村宅基地和房屋的规范。该条包括三层含义:一是农村宅基地使用权分配实行“一户一宅”原则;二是允许农村房屋的买卖;三是农村房屋买卖的法律后果是不得再申请宅基地。其第六十三条只调整宅基地以外的其他非农业建设用地。从条文的前后分别设置的情况分析,第六十二条与第六十三条是并列关系,而不是从属关系。从条文的前后调整对象分析,该条只是针对土地使用权,没有对房屋作出规定。从条文内容分析,非农业建设不应当包括村民住房用地,否则与该条中但书部分“因破产、兼并等情形致使土地使用权依法发生转移的除外”的内容不相吻合。因此,上述条文作为禁止农村房买卖的法律规范并不妥当。上述法律作为对农村宅基地及房屋转让行为的效力认定依据,在理论界和司法实务界一直存在不同意见。包括原《物权法》在内法律没有明确规定城市居民不得购买农村房屋,更没有规定不能在农民之间买卖。《土地管理法》相关规定是关于农村宅基地流转的规定应为管理性的强制性规范,而不是效力性强制性规定,不能以此确认买卖合同效力。《民法典》第二百一十五条规定区分原则,物权登记是否完成或者能否完成无关合同效力,因此这类合同应认定为有效。一般认为,应通过目的限缩的方法予以填补法律对强制性规定种类,对《土地管理法》关于判断买卖合同效力规定进行区分,如果仅是管理性的强制性规范则限制其确认合同效力。在这里应注意,《民法典》第三百六十三条规定,虽将“法律”和“国家有关规定”以并列的方式列明,但并不能推断出该条的国家有关规定是判断合同效力的依据,笔者认为,这里的符合国家有关规定仅指取得转让行为符合有关管理性规定,而不能作为判断合同效力的依据,因为《民法典》对判断合同效力依据明确规定里并没有国家有关规定。

当前,法院判决农村房屋买卖合同效力依据多有不同,有的是依据原《物权法》、《土地管理法》,有的是适用原《合同法》及国务院办公厅的两个通知,也有的兼而有之。在具体适用的条款上,很多法官将《土地管理法》第四十三条和第六十三条作为判决农村房屋卖合同效力的依据。也有的法官将原《合同法》第五十二条第五项作为判决依据,还有的法官将原《合同法》第六十条、原《物权法》第九条或第一百零六条作为判决依据等,其可见适用依据较为混乱的现象,影响裁判的公信力。

在现有法律对农村房屋买卖规定不明确的前提下,对其法律限制性规定理解不同,又基于农村房屋与其所依附着的土地紧密关联和我国传统的房随地走、房地一体的习惯思维的影响,各地法院对此类合同效力认定出现了不同的裁判模式。一种是以无效为原则,以有效为例外的裁判模式如北京高院下发的《关于农村私有房屋买卖纠纷合同效力认定及处理原则研讨会会议纪要》(京高法〔2004〕391号),以及山东高院下发的《全省民事审判工作座谈会纪要》(鲁高法〔2005〕201号)。另一种是有效的裁判模式,如浙江高院下发的《关于审理房屋纠纷案件研讨会纪要》(浙高法〔1992〕82号),以及江苏高院《关于审理房地产案件若干问题的意见》。[1] 这种规定是从维护交易秩序的稳定和安全的出发点考虑,认为合同是双方真实的意思表示,只要不违反法律和行政法规,法院就这认定合同有效。对此类合同效力裁判模式,上海高院提出:对于将房屋出售给本乡(镇)以外的人员,未经有关组织和部门批准,如果合同已实际履行完毕,且购房人已实际居住使用该房屋的,对合同效力暂不表态,实际处理中应本着尊重现状、维持稳定的原则,承认购房人对房屋的现状以及继续占有、居住和使用该房屋的权利。[2] 事实上,这种尽可能地照顾买方的利益的裁判思路,笔者认为更符合当前处于改革深水区的现实社会,对处理此类纠纷更为公平、合理和灵活,更符合新疆少数民族地区农村房屋买卖合同实际现状并取得最佳处理效果。

在对城镇居民在农村购买宅基或者房屋合同效力上,最高人民法院认为,依法保障农户宅基地用益物权,促进宅基地制度的严格管理与完善。宅基地使用权承载着广大农民居者有其屋的社会功能,是农村土地管理制度的重要内容。对违反法律、行政法规以及相关国家政策的宅基地转让行为,以及其他变相导致农民丧失宅基地使用权的行为,应当依法确认合同无效。[3] 依据目前的国家政策,人民法院不应支持城镇居民要求在农村购买宅基地或者房屋的诉讼请求。[4]

确认合同效力依据与规范性文件关系问题。国务院办公厅1999年5月6日发布的《关于加强土地转让管理严禁炒卖土地的通知》规定,农村的住宅不得向城市居民出售。2004年12月24日国务院《关于深化改革严格土地管理的决定》再次强调,禁止城镇居民在农村购置宅基地。国家不允许宅基地使用权向城镇居民转让。根据原《合同法解释(一)》第四条规定:"合同法实施以后,人民法院确认合同无效,应当以全国人大及其常委会制定的法律和国务院制定的行政法规为

---

〔1〕 参见浙江高院下发的《关于审理房屋纠纷案件研讨会纪要》(浙高法〔1992〕82号)规定:"买卖农村的私有房屋,如双方自愿并立有契约,买方已交付了房款,并实际使用和管理了房屋,又没有其他违法行为,只是买卖手续不完善的,应认定买卖关系有效,但其应补办有关手续。"

〔2〕 参见上海市高级人民法院《关于审理农村宅基地房屋纠纷案件的原则意见》(沪高法〔2004〕4号)。

〔3〕 参见《最高人民法院印发〈关于为推进农村改革发展提供司保障和法律服务的若干意见〉的通知》(2008年12月3日,法发〔2008〕36号)。

〔4〕 参见全国民事审判工作座谈会文件:《坚持司法为民,坚持司法和谐,推动公正高效权威民事审判制度建设》(2007年4月9日),载最高人民法院民事审判第一庭编:《民事审判指导与参考》2007年第2集(总第30集),法律出版社2007年版,第57~58页。

依据，不得以地方性法规、行政规章为依据。”从这个方面讲，国务院1999年和2004年两个文件并非行政法规，不能作为认定合同无效的依据。对此，最高人民法院认为，《民法通则》第六条规定，民事活动必须遵守法律，法律没有规定的，应当遵守国家政策。因此，在审理案件时，如果法律对某类纠纷没有明确规定，应当首先查找国家政策对此有没有规定，国家政策有规定的，适用国家政策进行裁判，而不能根据法官个人的理解进行自由裁量。[1]

应当注意的是，最高人民法院将上述国务院的两个文件作为国家政策，要求法官裁判时适用国家政策界定买卖合同效力。

应深入研究的是，对于农民之间买卖房屋的以及城镇化中农民搬到城市居住后出售农村房屋等诸多问题均未涉及，这就需要在理论和实践中加大探索力度并配合不断深化改革走出一条创新之路。应深层次思考的是，在判断合同无效时，是依据效力性强制性法律规范，而不能适用管理性强制法律规范，国务院的两个文件不是法律当然更不具有效力性强制性，作为判断合同效力需要有说服力解释，以解决理论与审判中的困惑。

（二）农村房屋买卖合同有效类型分析

根据各地法院审判并公布的，农村房屋买卖合同有效的案例，大致可分为以下类型：

其一，同村不同组或同一集体经济组织的，即以同村人标准。

【案例12－120】　韦某灵、韦某绍诉石某祥房屋买卖合同纠纷案

一审法院认为，原告韦某灵与被告石某祥系同一个集体组织内的成员、双方在本集体经济组织进行房屋买卖，没有违反我国法律法规的强制性规定。所以，原、被告双方之间签订的房屋买卖合同（协议）应为有效合同，故原告起诉请求确以房屋买卖行为无效，理由不成立，本院不予支持。被告石某祥对买卖自留地被确认无效不服，上诉后又撤回。[2]

---

〔1〕　参见全国民事审判工作座谈会文件：《坚持司法为民，坚持司法和谐，推动公正高效权威民事审判制度建设》（2007年4月9日），载最高人民法院民事审判第一庭编：《民事审判指导与参考》2007年第2集（总第30集），法律出版社2007年版，第57～58页。

〔2〕　参见国家法官学院案例开发研究中心编：《中国法院2013年度案例》（房屋买卖合同纠纷），中国法制出版社2013年版，第198页。

【案例12－121】 张甲诉张乙确认房屋买卖合同无效纠纷再审案

再审法院认为,张甲与张乙同属同一经济组织成员,双方买卖农村集体土地上的私有房屋,虽未经相关部门办理宅基地审批手续,但不影响买卖合同的效力,双方买卖房屋协议应属有效。原审判决认定张甲与张乙签订的房屋买卖协议无效,显属不妥。〔1〕

对同村的村民没有宅基地,应允许其村民互相交易房屋,即虽地权未过户,但不受房随地走的限制。

【案例12－122】 王某容诉杨某、田某道农村房屋买卖合同纠纷案

一审法院认为,被告杨某与原告王某容、被告田某道系同一村民小组村民,且被告名下没有其他宅基地,不违反"一户一宅"原则,故被告杨建具有购买该房屋的主资格。综上所述,该房屋买卖合同当事人主体适格,意思表示真实且不违反法律规定,该合同认定为有效。〔2〕

其二,买房后将其户籍迁到该房屋所在地,即以农村户籍所在地标准。买房者在买房时,并不具有房屋所在地的户籍,在买房时将其户籍迁到房屋所在地,买房者户籍仍为农民且无其他宅基地,房屋买卖合同有效。

【案例12－123】 崔某华诉朱某梅农村房买卖合同纠纷案

一审法院认为,原、被告在2000年2月23日签订房屋买卖协议时,被告不是北京市房山区城关街办事处东街村村民,依法不能享有该集体成员才能享有的宅基地使用权,后被告将户籍迁至北京市房山区城关街办事处东街村亦在该村居住,被告的户籍仍为农民且又无其他宅基地使用。北京市法院民事审判实务疑难问题研讨会确定:"买卖双方都是同一集体经济组织的成员,或者诉讼时买受人已将户口迁入所购买房屋所在地的集体组织的,可以认定合同有效。"原告要求确定与被告所签订的《房屋买卖合同》无效的意见,不符合相关的司法精神,法院不予支持;对被告的抗释意见,法院予以采纳。〔3〕

【案例12－124】 白某某与王某某农村房屋买卖合同纠纷案

二审法院认为,白某某与王某某签订的《房屋买卖合同》是出自双方真实意思表示,该协议经顺义县高丽营镇唐自头村民委员会确认,并已履行完

---

〔1〕 参见北京市高级人民法院编:《审判前沿——新类型案件审判实务》2010年第5集(总第35集),法律出版社2011年版,第58页。

〔2〕 参见国家法官学院案例开发研究中心编:《中国法院2014年度案例》(房屋买卖合同纠纷),中国法制出版社2014年版,第200页。

〔3〕 参见国家法官学院案例开发研究中心编:《中国法院2012年度案例》(房屋买卖合同纠纷),中国法制出版社2012年版,第181页。

毕。虽王某某购房时并非当地集体经济组织成员，但其户口现已迁至涉案宅院，且其家庭成员中包括该集体经济组织成员，涉诉宅院内的建筑及附属物已进行改扩建、翻建，从尊重历史，照顾现实原则考虑，原审认定该合同有效，并无不当。本院对白某某的上诉意见，不予采纳。综上，原审判决正确，本院予以维持。[1]

【案例12－125】　贺某祥诉赵某忠房屋买卖合同纠纷案

二审法院认为，根据德令哈市公安局尕海派出所户籍登记证实，上诉人贺某祥在尕海镇郭里木新村生活并依法登记该村所在地常住户口，成为该村集体经济组织成员，即上诉人贺某祥与被上诉人赵某忠系同村村民。2008年7月21日、2011年11月7日，上诉人贺某祥与被上诉人赵某忠签订《房屋买卖合同》两份，根据合同约定，被上诉人赵某忠将砖木结构房屋四间（40×15平方米）以36000元的价格卖给上诉人贺某祥，该合同内容为双方真实意思表示，该房屋转让发生在本村村民之间且没有违反法律、行政法规的强制性规定，应为有效合同。被上诉人赵某忠请求确认双方签订的房屋买卖合同无效，上诉人贺某祥返还房屋四间的诉讼请求，违反诚实信用原则，本院不予支持。[2]

个案中，购房人在购房前为城镇户口，购房后为集体组织成员的房屋买卖合同有效。

【案例12－126】　王某华诉吕某房屋买卖合同纠纷案

一审法院认为，房屋买卖协议系双方真实意思表示，签约时吕某确系城镇居民。虽然我国法律、行政法规明确禁止宅基地买卖，相关的国家政策亦多次禁止城镇居民购买农村房屋，但从公共利益层面看，村集体利益未受到损害，该协议也不存在其他损害社会公共利益的情形。而且《民法总则》第七条规定，民事主体从事民事活动，应当遵循诚信原则，秉持诚实，恪守承诺。如果认定无效或解除合同，那么鉴于恢复原状的法律后果，失信者反将获益，故对王某华的诉讼请求不予支持。被告吕某已为讷河市讷河镇长青村8村村民，已具备集体成员资格，亦具备购买所在村宅地的主体资格，故对其要求王某华继续履行买卖协议的反诉请求予以支持，王某华应协助吕某办理房屋产权变更登记手续。[3]

---

〔1〕 北京市第三中级人民法院（2014）三中民终字第12486号民事判决书。

〔2〕 参见国家法官学院案例开发研究中心编：《中国法院2015年度案例》（房屋买卖合同纠纷），中国法制出版社2015年版，第182～183页。

〔3〕 参见《人民司法·案例》2021年第2期（总第913期）。黑龙江省讷河市人民法院（2020）黑0281民初154号民事判决书。

其三,多次转让以最后一手确定,以身份确定标准。最初购买房屋的身份为城镇居民,但其购买的目的并非对农村土地和房屋进行炒卖,而是为农村居民的亲戚所购买。在诉讼前,其争议房屋的所有权已经再次产生转变。在进行审判活动时,既要考虑国家政策性规定,也要考虑立法现状以及具体案件的实际情况。对同一房屋经过多次买卖、转让的效力,可以依据最后一手买受人的身份情况。

【案例 12-127】 吴某芬诉陶某蓉、陶某东房屋买卖合同纠纷案

一审法院认为,按照法律规定,农村宅基地的所有权属于农民集体所有,宅基地使用权人在对宅基地行使收益和处分权利时,应当受到限制。一般情况下,城市居民购买农村房屋的行为无效。但是,被告陶某蓉与原告吴某芬签订《房屋买卖协议》,不是为了占有使用该房,交易目的是被告陶某东占有使用。从被告陶某蓉签订买房协议时起,被告陶某东便一直居住使用诉争房屋。因此原告在出售房屋的同时,又将自己的部分承包土地经村、社同意转包给被告陶某东,据此,陶某东由天全县迁入该集体经济组织,与原告为同一集体经济组织成员。所以,尽管被告陶某蓉为城镇居民,与吴某芬签订房屋买卖协议的是被告陶某蓉,但在买卖协议签订后,被告陶某蓉按协议付清了房款,且经诉争房屋所在地集体组织同意,政府相关部门审查后,被告陶某蓉取得了集体土地使用权证。事后,被告陶某东在购买诉争房屋后,也经政府相关部门审查并颁发了房屋所有权证及集体土地使用证。故对同一房屋经过多次买卖,其效力可依据最后一手买受人的身份确定。现被告陶某东是诉讼房屋所在地集体经济组织成员,购买同一集体组织成员房屋,并不违反法律规定。且现在诉争房屋所在地的村、组已由原六合乡辖区,划归严道镇。综上所述,对原告的诉讼请求,本院不予支持。[1]

【案例 12-128】 姜某芝诉陈某亮、乔某农村房屋买卖合同纠纷案

一审法院认为,原告的诉讼请求应予驳回,理由如下:……其三,被告将本案涉诉宅院卖与第三人后,被告作为非民主村村民却拥有该村宅基地的非法状态即已消除,第三人作为民主村村民,其有权在本村购买宅基地,在其支付了合理对价后即取得了该诉争宅基地的使用权及房屋所有权;且从被告与第三人房屋买卖这一市场交易行为的过程看,不存在恶意串通损害国家、集体或者个人合同权益的情形。[2]

---

〔1〕 参见国家法官学院案例开发研究中心编:《中国法院 2012 年度案例》(房屋买卖合同纠纷),中国法制出版社 2012 年版,第 188 页。

〔2〕 参见国家法官学院案例开发研究中心编:《中国法院 2018 年度案例》(房屋买卖合同纠纷),中国法制出版社 2018 年版,第 129~130 页。

农村房屋连环买卖最终回归集体内部的应肯定有效。

【案例12－129】　张某友诉闫某、唐某梅农村房屋买卖合同纠纷案

一审法院认为，首先，张某友将案涉房屋出卖给闫某，闫某、唐某梅又将房屋转售给雷某清，最终实现了宅基地使用权在集体经济内部的流转，虽然张某友与被告闫某之间的交易有违《土地管理法》的相关规定，张某友起诉时涉案宅基地使用权及房屋已转让至雷某清处，雷某清作为某村村民享有购买集体经济组织内部宅基地使用权的资格，且雷某清在受让涉案宅基地使用权及房屋时是善意的，并支付了合理对价。故，张某友与闫某之前前手交易的非法状态因闫某、唐某梅与雷某清之间的后手交易而消除，从连环交易的整体上予以考虑，不宜直接认定张某友与闫某之间的房屋买卖协议无效。其次，民事活动应当遵循平等自愿、诚实信用原则，依法成立的合同若不存在《合同法》所规定的可撤销或无效情形，应当对当事人具有法律约束力。张某友与闫某之间以及闫某、唐某梅与雷某清之间的房屋买卖协议均系当事人的真实意思表示，不存在欺诈、胁迫或者恶意串通损害国家、集体或第三人的合法权益等无效情形，当事人亦按照合同约定履行了义务，所以本案前后两手房屋买卖协议均为合法有效，张某友要求返还房屋的请求不能成立。综上，张某友主张的其与闫某之间的房屋买卖无效及返还其房屋和宅院的诉讼请求，缺乏事实和法律依据，不予支持。判决：驳回原告张某友的诉讼请求。[1]

其四，外地、外村农民购买的，即同意购买型。

【案例12－130】　安某林诉杨某建、张某碧农村房屋买卖合同纠纷案

二审法院认为，对失去宅基地的村民，应当重新分配宅基地。被上诉人杨某建、张某碧家的房屋因受地质灾害与滑坡影响变成危房，其所在的村镇要求其立即搬迁避让，且安某林所在的绿水村周家院社也同意其迁入。上诉人安某林要求确认与杨某建、张某碧签订的《房屋买卖协议》无效的理由不成立。二审法院维持一审法院驳回安国林诉讼请求的判决。[2]

【案例12－131】　傅某兵诉李某良、文某莲房屋买卖合同纠纷案

二审法院认为，根据查明事实，本案李某良与傅某兵、文某莲夫妻都是农村村民，且是同一镇的相邻村，所买卖房屋处于两村交界地段，房屋本身就是

---

〔1〕 参见国家法官学院、最高人民法院司法案例研究院编：《中国法院2023年度案例》（房屋买卖合同纠纷），中国法制出版社2023年版，第192页。北京市密云区人民法院（2021）京0118民初3817号民事判决书。

〔2〕 参见国家法官学院案例开发研究中心编：《中国法院2012年度案例》（房屋买卖合同纠纷），中国法制出版社2012年版，第194页。

建造在农村宅基地上,买卖时双方所在村的村主任均参与并予以了见证,李某良购买后亦确实是用于自住,双方的买卖行为属于农村村民之间为了满足自住需要,根据就近原则进行的房屋买卖行为,该行为并不损害农民集体土地的所有权,也没有改变土地用途,不违反我国法律、行政法规的强制性规定,亦不违反国家相关政策,该买卖行为有效。[1]

其五,城镇居民购买或同村非农业户口村民购买的,办理相关手续型。

【案例12-132】 孙某某诉赵某某房屋买卖合同纠纷案

赵某某是海淀区城镇居民,1988年11月7日购买孙某某在石景山黑石头板凳沟满井村7间房屋,双方亦向石景山区房地产管理缴纳房屋买卖手续费、房产登记费及契税等费用,并取得产权证书。经黑石头大队批准,孙某某原有林权证变更至赵某某名下。承办法官认为,应确认该买卖协议有效。[2]

【案例12-133】 马某某诉陈某某房屋买卖合同纠纷案

一审法院认为,1989年3月31日,陈某某与马某某签订买卖合同,陈某某将自家北京市海淀区海淀乡肖家河河北新营13号南院内北房3间卖与城市居民马某某。马某某向有关部门缴纳了相应契税,肖家河村民委员会于1994年11月30日,海淀乡政府于1994年12月5日对买卖房屋进行了审批,马某某于1996年6月10日取得北京市房地产管理局颁发的房产证。马某某自购买房屋后,在其南院居住并加盖房屋、种植树木。2005年3月,马某某将户口迁入诉争房屋所在地,其全家在本市别无住房。法院认定涉案买卖合同有效。[3] 该类买卖合同发生于1989年3月31日前,而第七届人大常委会第五次会议于1988年12月29日才作出《关于修改〈中华人民共和国土地管理法〉的决定》,这是我国土地管理法从1986年6月25日颁布以后的第一次修正。在这次修正中虽然增加了关于土地使用权转让的规定,但由于国务院对于土地使用权转让的具体办法尚未作出明确规定,所以在1989年时,国家对于农村房屋买卖没有相关的政策性规定。可以说,在双方当事人进行交易时,国家对于农村房屋,无论是立法层面还是政策层面都是不明确或不严格的。这类房屋买行为已经过政府审批办理相关手续,买房人取得房产证,并将户口迁入房屋所在地。最后,买房人在争议发生时已经居住房屋十

---

〔1〕 参见国家法官学院案例开发研究中心编:《中国法院2013年度案例》(房屋买卖合同纠纷),中国法制出版社2013年版,第192页。

〔2〕 参见北京市高级人民法院编:《审判前沿——新类型案件审判实务》2010年第2集(总第32集),法律出版社2010年版,第41页。

〔3〕 参见北京市高级人民法院编:《审判前沿——新类型案件审判实务》2009年第3集(总第27集),法律出版社2010年版,第96页。

几年,行使房屋占有使用权利。

【案例12－134】　张某某农村房屋买卖合同纠纷再审案

再审法院认为,1993年10月13日刘某某与张某某签订《卖房协议》系双方当事人真实意思表示,该协议有当地村民委员会签字盖章,事后张某某取得了涉案房屋的《集体土地建设用地使用证》,虽然张某某提供的《集体土地建设用地使用证》存在一些瑕疵,但刘某某未能提供证据否认该使用证的真实性,北京市国土资源局昌平分局在有关答复中说明了涉案房屋宅基地登记审批表与《集体土地建设用地使用证》中名称不统一的问题。本案证据显示张某某虽然是城镇非农业户口居民,但其购买农村私有房屋,经过有关部门的批准,不存在非法取得的情形。另外,本案已经实际履行多年,张某某对涉案房屋进行了装修与翻建,并一直占有使用涉案房屋,已经形成较为稳定的社会关系。故原判认定刘某某与张某某签订的《卖房协议》无效欠妥,本院再审予以纠正。[1]

【案例12－135】　陈某亿诉陈某进房屋买卖合同纠纷案

一审法院认为,原告陈某亿与被告陈某进是1998年5月7日签订的《售房协议书》,本案适用原告陈某亿与被告陈某进签订《售房协议书》时有效的法律规定。原告陈某亿与被告陈某进签订《售房协议书》后,原告陈某亿交房,被告陈某进支付购房款,原告陈某亿与被告陈某进签订协议书、交房、支付购房款的行为是双方自行处分其民事权利的行为,是双方真实意思的表示。厦门市杏林区杏林镇西亭村民委员作为证明人在原告陈某亿与被告陈某进签订的《售房协议书》上盖章确认,且在1998年4月18日出具证明,证明被告陈某进为该村非农户,无民房居住,另涉诉的房屋、土地使用权的转让,政府有关部门核发了农村房屋所有权证、集体土地使用证,确认房屋所有权人、土地使用权人为被告陈某进,亦即涉诉的房屋所有权、土地使用权的转让,政府部门已予确认,并依法办理了相关的变更登记手续,同时亦说明原告陈某亿、被告陈某进的行为未给国家、集体或他人的合法权益造成损害,故原告陈某亿、被告陈某进的行为是有效的民事行为,其签订的协议是有效协议。原告陈某亿以协议涉及农村宅基地的买卖事宜,违反了有关农村宅基地不得出售的法律规定,侵犯了有关农村集体的权益为由,诉请要求确认原、被告签订的售房协议无效,本院不予支持。[2] 该案由法院确认有效原因,是原、被告双方买卖房屋办理变更登记,取得了农村房屋所有权证和集体土地使用

〔1〕北京市高级人民法院(2014)高民提字第2249号民事判决书。

〔2〕参见国家法官学院案例开发研究中心编:《中国法院2014年度案例》(房屋买卖合同纠纷),中国法制出版社2014年版,第197页。

权证。

其六,农民因土地征用而成为非农业户口而生活在农村的。农村居民因土地征用而成为非农业户口,仍生活在农村的,其在农村购房行为不应视为城镇居民购买农村住宅,在购买宅基地问题上可以享有农民待遇,买卖合同有效。

【案例 12-136】 李某国诉李某元房屋买卖合同纠纷案

一审法院认为,原告属农业户口,但因土地征用而由农业户口转为居民户口,全村农民集体转为非农业户口,若需购房,应按农业户口处理,故被告李某元可按农业户口享受购房条件。李某元虽原有宅基地,但购入讼争房屋后,其面积并未超过《宁波市宅基地管理办法》确定的高限标准,故原、被告签订的卖屋契约有效,被告亦已履行付款义务,原告主张无效系属理解偏颇,亦有违诚信。故原告的诉讼请求本院不予支持。二审法院持同样意见维持原判。[1]

其七,出卖人户口迁出农村变为城镇居民户口,购房人将外村农村户口迁入房屋所在地农村的。

【案例 12-137】 徐某珍诉李某山房屋买卖合同纠纷案

二审法院认为,根据本案现已查明的事实,诉讼房屋买卖口头协议系双方真实意思表示,且已经实际履行 8 年有余,李某山已对涉讼房屋形成稳定占有关系;李某山于 1999 年 2 月购买涉讼房屋时系农民户口,其与家人并于同年 11 月将户口迁至涉讼房屋所在地,南关村委会对于上述买卖及迁户事实均予认可;涉讼房屋买卖协议签订前,徐某珍已将户口迁至城关街道并转为城镇居民户口,另有固定住所,其在签订买卖协议并实际履行后,又以转让农村宅基地违反法律规定为由要求确认买卖协议无效,有违诚实信用原则。原审法院综合考量全案情况,从有利于稳定现有房屋占有关系及维护诚实信用原则出发作出相应处理,并无不妥,本院予以维持。徐某珍的上诉请求,依据不足,本院不予支持。[2]

其八,城镇居民为集体经济组织成员亲属购买该村房屋合同有效。

【案例 12-138】 赵某、冯某诉张某农村房屋买卖合同纠纷案

一审法院认为,本案中,根据原告方陈述,其主张涉诉房屋买卖合同无效的理由主要有二:一是涉诉房屋宅基地登记的使用权人为冯某父亲,《房屋买

---

〔1〕 参见最高人民法院中国应用法学研究所编:《人民法院案例选》2009 年第 3 辑(总第 69 辑),人民法院出版社 2010 年版,第 101 页。

〔2〕 参见国家法官学院案例开发研究中心编:《中国法院 2016 年度案例》(房屋买卖合同纠纷),中国法制出版社 2016 年版,第 205 页。

卖协议》没有经过冯某的同意；二是被告张某不是顺义区某村村民。就原告方主张涉诉协议无效的理由一，根据物权效力与债权效力区分对待的原则，无权处分本身否定合同效力的辩称意见已被合同相关法律规定所否定。冯某在庭审中自述其当时对买卖涉诉房屋的事知情未提出异议，且在此后也未向被告张某提出异议，另结合二原告的夫妻关系、农村房屋交易习惯、证人证言及被告养女在涉诉宅院落户并居住20余年等情形，法院对原告方主张合同无效的该项事由不予采信。就原告方主张涉诉协议无效的理由二，依据《土地管理法》的相关规定，宅基地属于农民集体所有。农村房屋是农村集体经济组织为保障本集体经济组织成员的居民而允许在农民集体所有的宅基地建造的房屋。本案中，张某并非该村村民，然而其是为养女购买涉诉房屋，当时张某的养女为未成年人。根据派出所的证明信及北京农商银行客户回单，张某养女的户籍地址即为涉诉房屋坐落的顺义区，虽然因大中专招生张某养女户口农转非，但其仍享受该村集体经济组织成员待遇。就张某养女与张某的关系，根据两份单位证明及张某养女所述，其为张某的养女，且在1991年被收养之时《收养法》尚未实施。因此，张某购买涉诉房屋的行为与纯粹的城镇居民购买农民宅基地及房屋不应等同，其实质交易结果并未导致诉争院落违背宅基地为该村集体所有这一根本保护原则。因此，涉诉房屋买卖协议并未违反法律、行政法规的强制性规定，不存在合同无效的情形。综上，原告方现有证据并无法证明涉诉房屋买卖协议存在合同法所规定的认定无效的情形，故对于原告方的诉讼请求，法院不予支持。判决：驳回赵某、冯某的全部诉讼请求。〔1〕

其九，法院确认农村买卖合同有效。实践中，有的法院认为买卖农村房屋，只要是缔约合同双方的真实意思表示，没有违反法律、行政法规的效力性强制性规定，故房屋买卖合同有效。

【案例12－139】　杨某孝诉陈太松、杨某敏农村房屋买卖合同纠纷案

一审法院认为，原告和被告买卖房屋的行为是双方真实意思表示，符合双方的利益；而且房屋买卖并不妨碍村集体对系争房屋所占宅基地的利用进行监督管理，不损害原告村集体的利益；同时买卖对社会也是有益的。法律对此不应加以禁止，反而应当从促进社会经济发展、鼓励交易、维护交易安全

〔1〕　参见国家法官学院、最高人民法院司法案例研究院编：《中国法院2021年度案例》（房屋买卖合同纠纷），中国法制出版社2021年版，第150～151页。北京市顺义区人民法院（2019）京0113民初17092号民事判决书。

和秩序出发，确认双方交易的合法有效。[1]

【案例12-140】 巫某莉、洪某华诉秦某新房屋买卖合同纠纷案

一审法院认为，案涉《房产转让协议》形式上经原、被告本人签字确认，由兴东街道司法所盖章见证，结合原告真实的签约动机，该份合同应当是双方真实意思表示。针对该案争议焦点，该院认为：该案中被告在签订该份合同时确实是城镇户口，但案涉《房产转让协议》并不无效。首先，现行法律、行政法规并没有明确关于城镇居民购买农村房屋的禁止性规定。其次，从公共利益层面看，案涉房屋所在土地已经征收转为国有土地，原有宅基地的性质和巫某莉的农民身份都已发生转变；第三人杨某合法占有并实际居住使用案涉房屋，当地集体经济组织未否定案涉《房产转让协议》，继而认可其被拆迁人资格，村集体利益未受损害，该合同也不存在其他损害社会公共利益的情形。最后，案涉《房产转让协议》的买受人虽然记载为秦某新，但其母亲为购房出资并实际居住使用人，可以认定为第三人和被告家庭共同购房，第三人本身就是案涉房屋所在集体经济组织成员，依法可以购买本村房屋。基于上述分析，原告的诉请在法律层面并无依据，而在法律原则层面原告的请求有违诚实信用原则，也不应得到支持，主要表现在以下三方面：一是原告诉称自己签订《房产转让协议》时明知农村房屋不得出售给城镇居民的规定，而其为了筹集资金建房依然签订了该份合同；二是案涉《房产转让协议》签订后原告并无异议，直到多年之后拆迁拿房时才对该份合同提出异议；三是案涉《房产转让协议》的无效将导致原告违规出卖房屋获利后又因房屋增值等因素再次获益。判决驳回巫某莉、洪某华诉讼请求。二审法院同意一审法院裁判意见，驳回上诉，维持原判。[2]

宅基地房屋经多次流转，非本村村民购买房屋，合同有效。

【案例12-141】 A诉C房屋买卖再审纠纷案

再审法院认为，一般情况下，如果村民将自己申请的宅基地卖给集体经济组织成员之外的人，则认为该买卖行为导致农村宅基地流失、侵害了集体经济组织的利益，应认定为无效；但如果农村房屋经过多手交易，宅基地及其上房屋最终又流转回本村集体经济组织成员手里，则并未侵害集体经济组织的利益，不宜再认定前手的农村房屋买卖行为无效。本案又与一般的农村房

---

〔1〕 参见国家法官学院案例开发研究中心编：《中国法院2018年度案例》（房屋买卖合同纠纷），中国法制出版社2018年版，第126页。

〔2〕 参见国家法官学院、最高人民法院司法案例研究院编：《中国法院2020年度案例》（房屋买卖合同纠纷），中国法制出版社2020年版，第123～124页。江苏省南通市中级人民法院（2018）苏06民终2451号民事判决书。

屋“连环买卖”不同。B并非村民,其无权购买房屋,但是房屋又发生了二次流转,最终卖给C,且办理了宅基地转移登记手续。根据《民法典》第二百零九条的规定,在该宅基地登记在C名下的现状下,从交易的连续性和整体性考虑,A要求确认其与B签订的《买卖协议》无效的诉讼请求本院不予支持。至于A所述宅基地登记在C名下不具有合法性一节,不属于民事诉讼审查范围,本案不做评价。判决驳回A的诉讼请求。

再审法院认为,B虽非该村村民,但是涉案房屋经过拍卖,C于1998年取得涉案房屋,且办理了宅基地转移登记手续,两审法院从交易的连续性和整体性考虑,对A要求确认其与B签订的《买卖协议》无效的诉讼请求不予支持,并无不当。驳回A的再审申请。[1]

【案例12－142】　汪某生诉邓某文、王某梅房屋买卖合同纠纷案

二审法院认为,集体经济组织成员向本集体经济组织以外的农村村民或者城镇居民转让农村住房和宅基地的,因违反集体经济组织成员权属性,应当认定无效;但涉案房屋坐落地的集体土地已纳入城镇规划范围,涉案房屋属于拆迁范围,已不再具有原农村宅基地的属性,且双方签订涉案房屋买卖协议十五年来无争议,只因涉案房屋涉及征地拆迁补偿款而引发争议,遵循诚实信用原则,确定涉案房屋买卖协议有效更能维护经济秩序,因此,一审法院确认涉案《房屋买卖协议书》有效并无不当。判决:驳回上诉,维持原判。[2]

(三)农村房屋买卖合同有效界定

在现行法律对农村房屋合同没有明确规定和现行土地管理制度设计不完善的前提下,如何确认农村房屋买卖合同的效力,笔者认为,结合具体案情,区分不同情况处理,现阶段应认定合同无效为原则,以认定有效为例外。其有效范围主要为两类:一类是本集体组织成员之间房屋买卖合同只要符合合同法关于有效合同要件,原则上应认定为有效;另一类是非本集体经济组织成员的农民之间房屋买卖合同,只要房屋所在地集体组织内部对其行为认可,即取得有关组织和部门的批准,并符合合同法关于有效合同要件,此类合同应认定为有效。具体考虑以

---

〔1〕　北京市高级人民法院(2023)京民申3019号民事判决书。

〔2〕　参见国家法官学院、最高人民法院司法案例研究院编:《中国法院2023年度案例》(房屋买卖合同纠纷),中国法制出版社2023年版,第196页。重庆市第三中级人民法院(2021)渝03民终10号民事判决书。

下因素：

其一，要坚持尊重历史，照顾现实原则。由于农村房屋买卖纠纷主要发在村民与城镇居民之间，这类房屋买卖行为多发生于20世纪90年代或21世纪初，至少时隔10年以上，有的长达20多年。绝大多数买卖行为履行了合同义务，出卖人交付了房屋，买受人入住并给付房款。有的办理了房屋登记变更或宅基地变更登记手续，也有的虽未办理相关变更登记手续，但买卖房屋所在地的村委会或乡政府明知并同意，视为其管辖下村民。部分房屋已经过装修、翻建、改建等添附行为，有的原房屋已完全拆除，买房人重建了房屋。因此，农村房屋买卖合同的效力应视双方的具体情况处理：一是要充分考虑买房人主体身份、主张无效的实际原因等具体情况。二是要查明出卖人有无在本村居住，有无第二套住宅，还是搬到城镇居住及居住时间长短。三是要认真审查房屋的现实情况，包括协议的履行、房屋权属、是否经过审批、登记、有无翻建、改建、是否具备腾房条件等进行综合衡量。四是审查买房人对房屋长期、稳定的占有、使用状态，这种状态是应当保护的重要价值利益。类似房屋、土地这类重大财产事关财产权属关系稳定，保护买房人对房屋长期稳定的占有状态，保证买房人最基本的生存条件，应为法官重要考虑的价值取向。

其二，要坚持综合利益衡量，实现利益平衡的原则。确认农村房屋买卖合同效力，要全面考虑合同无效对双方当事人利益的影响，尤其是出卖人因土地升值或拆迁、补偿所获利益，以及买受人因房屋现值和原买卖价格差并受到的损失；对于买受人翻建、扩建或新建房屋的，还要考虑对其添附价值进行补偿；对主张返还、腾退房屋的，要考虑对房屋买受人的妥善安置问题，避免单纯判决腾退房屋造成“案结事起”的后果。

其三，注重实现农村社会稳定与依法裁决的关系。例如，新疆近年来经济的快速发展，吸引了附近甘肃、青海、宁夏等地农民到乌鲁木齐市周边农村承包土地种粮，有的全家几代人十余口来疆十几年，其后在村里购房居住，原老家的房屋和土地均不在了。在有的村外地农民在村里买房的，不下一二十家。如果处理不妥，将引发一系列不稳定因素。这就要求法院注重实现裁判的法律效果和社会效果的有机统一，并在此目标下创新思路，提高审判艺术。判决要以“有利于妥善解决现有纠纷、有利于规范当事人交易行为”为指导，起到制约农民审慎处分自己房屋的积极效果。在司法实践中认定农村房屋买卖合同有效案件呈逐年上升趋势，其主要原因为：一是部分城镇居民在购买农村房屋后进行了依法登记和产权变更手续；二是撤村建居所涉房屋已不属于农村房屋，或者出卖方已经转为城镇居民；三是法院认定买卖行为发生的时间较长，购买方已经在农村长时间居住，且房屋已经翻盖或者重建，从保障当事人居住权和稳定农村社会关系的角度认定有效，这样更能为社会大众所接受；四是对外地农民购买不是其户籍所在地农村房屋买卖合同效力采取宽容态度，综合各种因素确认。

司法实践中，正确界定个别农村房卖合同有效是必要的，其意义深远。从保障农民的发展权利来看，其发展权作为人权的重要内容，是每一个人都应当享有的权利，农民也不例外。目前，绝大多数的农民已经解决温饱问题，有的在外打工、经商、办企业，并最终在外定居，有的在城市买了商品房而不再到农村居住，等等。对此，法律应以宽容的心态为农民的发展提供更宽广的空间，而不是使其世代固守一方土地，不然无异于对农民发展权的剥夺。从农村土地与房屋转让后果讲，宅基地以及宅基地上的房屋进行转让非用于农业生产，其使用权转让并不会对农业生产和发展造成不利影响。农村房屋转让仅限于村民与村民之间，不改变农村土地的性质。虽然宅基地土地使用权属集体所有，但农村房屋的所有权属农村村民私有，对权属合法、四至明确，宅基地已经依法批准使用、符合土地利用总体规划的农村房屋，在当事人意思自治的情况下转让不违反法律效力性强制性规定，对此不宜严格限制，而是加以规范和引导。也就是说，农村房屋在农村之间流转，归根结底是宅基地使用权在农村集体经济组织内部的流转，这有利于农民对房屋处分权的实际实现，更可以通过流转使闲置的宅基地得以充分利用，解决资源配置不合理的难题。